BiG 1 빅 폰트(Big Font)
BiG 2 빅 픽쳐(Big Picture)
BiG 3 빅 북(Big Book)

ITQ 정보기술자격
OA마스터

HANGUL 2020
POWERPOINT 2021
EXCEL 2021

렉스미디어 자료 다운로드 방법

1. 렉스미디어 홈페이지(www.rexmedia.net)에 접속한 후 [자료실]을 클릭합니다.

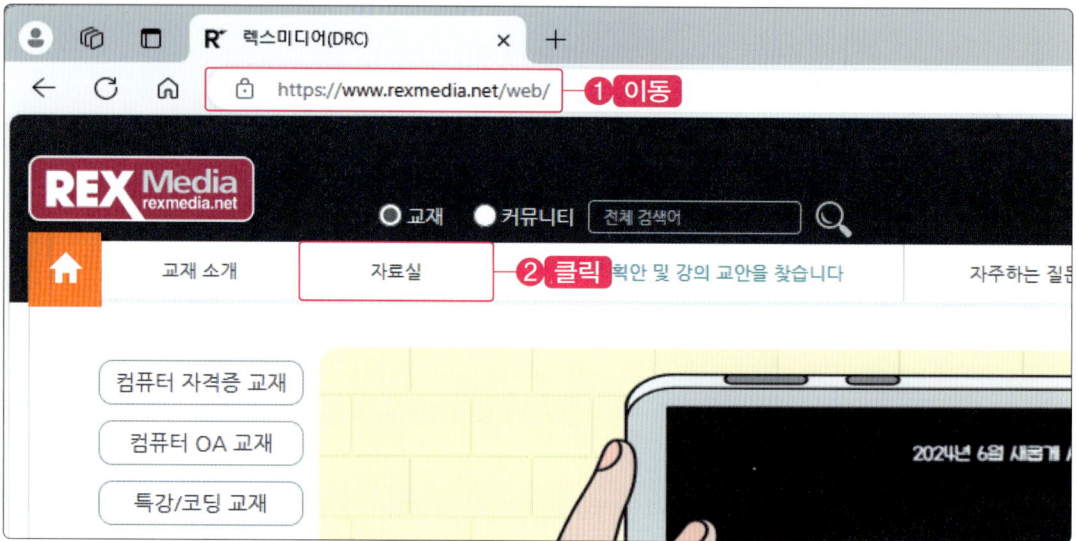

2. 렉스미디어 자료실 페이지가 나타나면 [마스터]를 검색합니다.

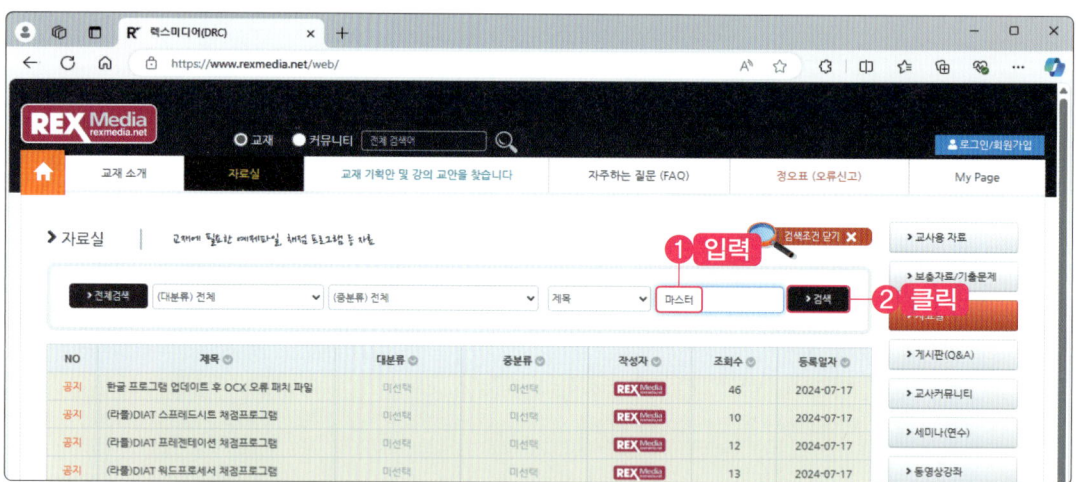

3. 검색 결과가 나타나면 [빅라플 ITQ OA마스터2021_학습자료(예제 및 완성)]을 클릭합니다.

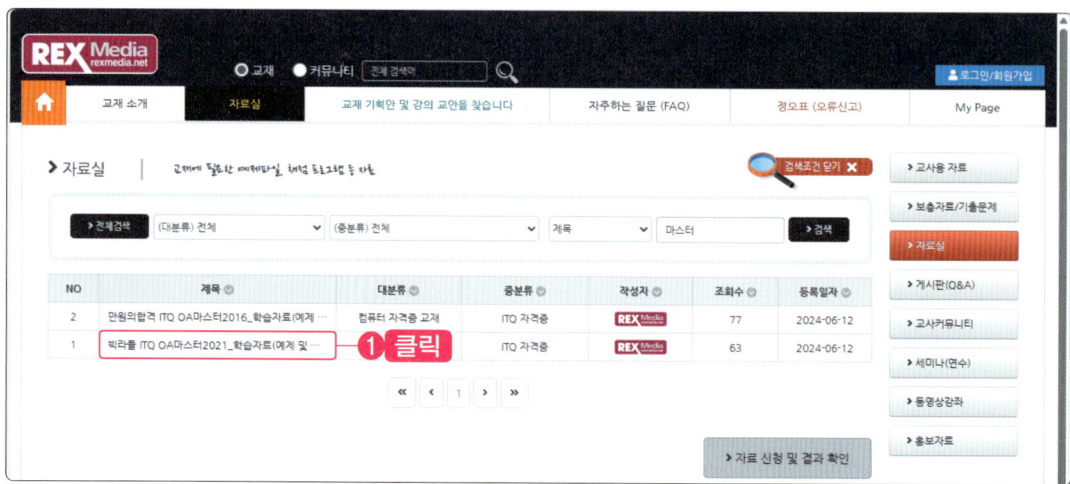

렉스미디어 자료 다운로드 방법

4. '빅라플 ITQ OA마스터2021_학습자료(예제 및 완성)' 게시물이 나타나면 [다운로드]를 클릭합니다. 다운로드가 완료되면 [폴더에 표시]를 클릭합니다.

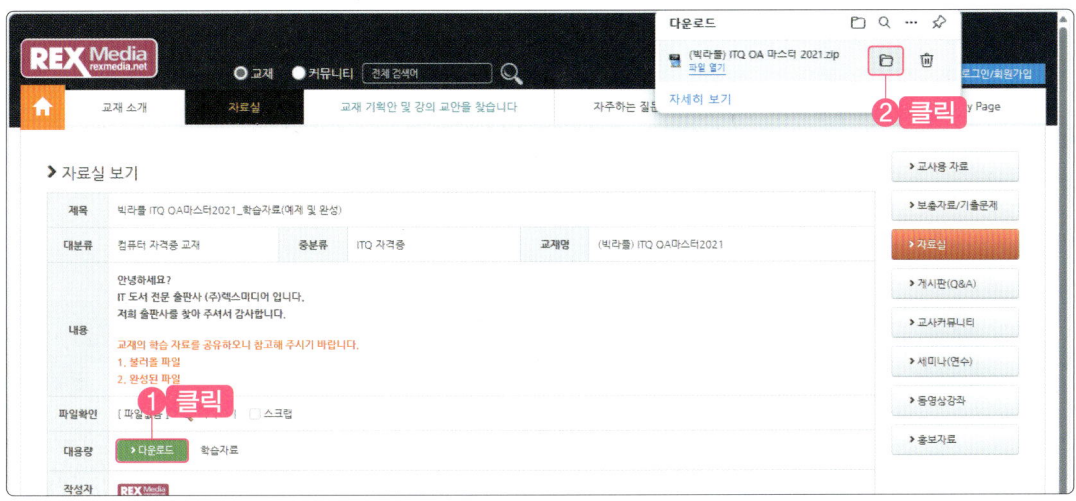

5. [다운로드] 폴더가 나타나면 압축을 해제합니다. 다음과 같이 **(빅라플) ITQ OA 마스터 2021** 자료가 다운로드된 것을 확인할 수 있습니다.

❶ [(빅라플) ITQ 엑셀2021]에서 사용하는 소스파일과 완성파일이 담겨져 있습니다.
❷ [(빅라플) ITQ 파워포인트2021]에서 사용하는 소스파일과 완성파일이 담겨져 있습니다.
❸ [(빅라플) ITQ 한글2020]에서 사용하는 소스파일과 완성파일이 담겨져 있습니다.
❹ [ITQ] 시험에 사용되는 파일이 담겨져 있습니다.
❺ ITQ 수험자용 프로그램입니다.(설치 후 사용하세요)

6. ITQ 폴더를 복사한 후 [내 PC\문서] 폴더에 붙여넣기 합니다.

채점 프로그램다운로드 방법

◆ 채점 프로그램 다운로드

1. 렉스미디어 **홈페이지**(www.rexmedia.net)에 접속한 후 **[자료실]**을 클릭한 다음 자료실 페이지가 나타나면 **[BIG라플 BIG 스탠드 ITQ 채점 프로그램]**을 클릭합니다.

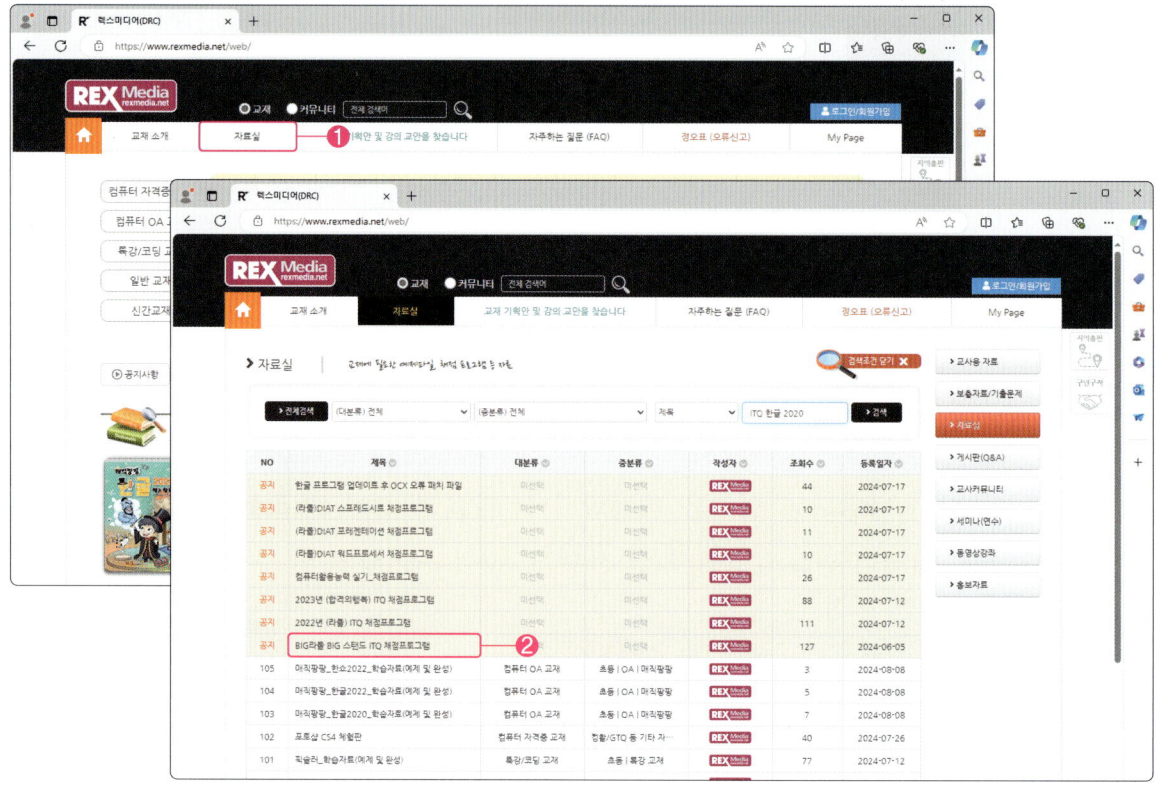

※ 채점 프로그램은 주기적으로 업데이트를 실시합니다.

◆ 채점 프로그램 사용 방법

1. **채점 프로그램을 설치**한 후 **설치된** 프로그램을 실행시킨 다음 **원하는 과목을 선택**합니다.

채점 프로그램 다운로드 방법

2. 한글 2020 화면이 나타나면 **원하는 회차를 선택**합니다.

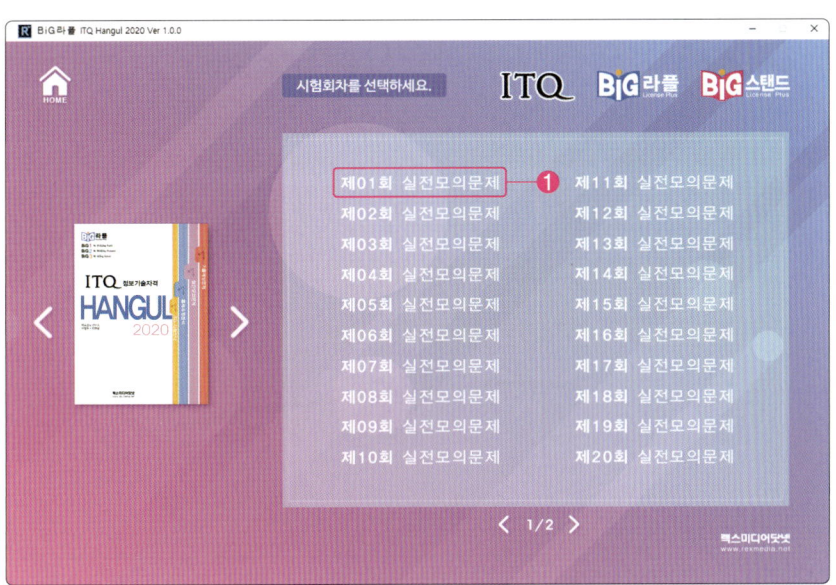

3. 채점 화면이 나타나면 **정답파일을 선택**한 후 **학생답안 파일을 불러온** 다음 **채점 단추를 클릭**합니다. 채점이 완료되면 항목별 점수 및 총점수를 확인 할 수 있습니다. 각 항목별 버튼을 클릭하면 채점 결과를 확인 할 수 있습니다.

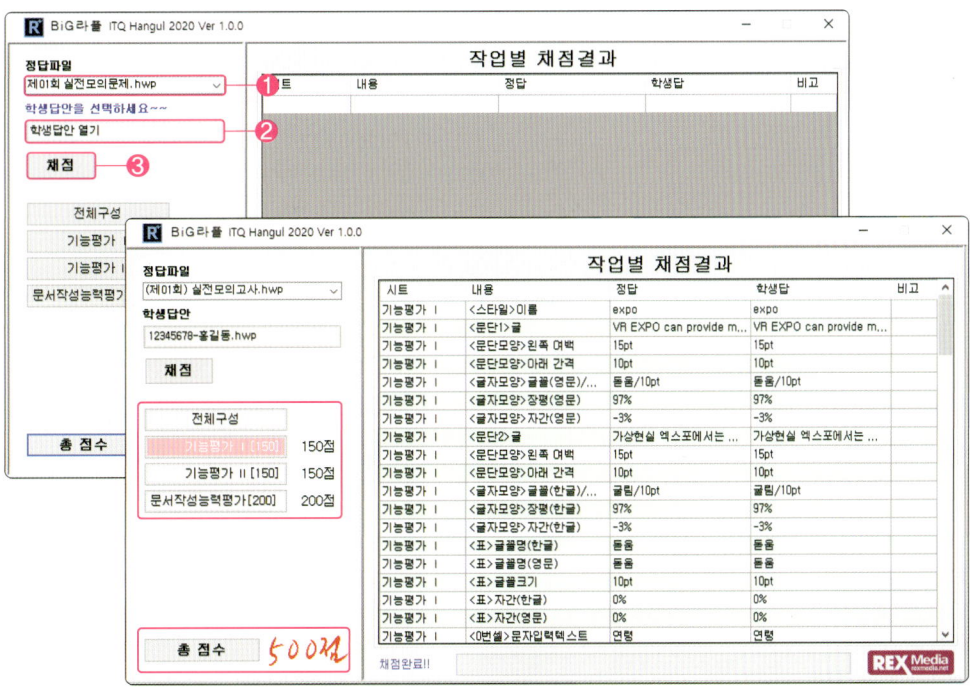

※ **채점 프로그램 사용시 주의사항**

- 한컴오피스 프로그램이 정품이 아닌 경우 채점 프로그램이 정상적으로 실행되지 않습니다.
- 렉스미디어에서 제공하지 않은 파일로 답안을 작성할 경우 오류가 발생할 수 있습니다.
- 채점 프로그램은 한컴오피스 프로그램의 한계로 100% 정확한 채점은 어렵습니다. 학습에 도움을 드리고자 제공하오니 참고용 자료로 활용해 주시기 바랍니다.

이 책의 구성

출제유형분석
ITQ 시험의 출제유형을 작업별로 분석하여 자세하게 설명하였습니다.

따라하기 제공파일
따라하기에서 사용하는 소스파일과 완성파일입니다.

문제
작업별로 풀어야 할 문제입니다.

체크! 체크!
작업별로 문제를 풀어가는 과정을 요약한 것입니다.

한가지 더!
ITQ 시험의 출제유형과 관련은 있지만 따라하기에서 다루지 못한 내용입니다. ITQ 시험의 출제유형을 이해하는 데 도움이 되는 경우 설명하였습니다.

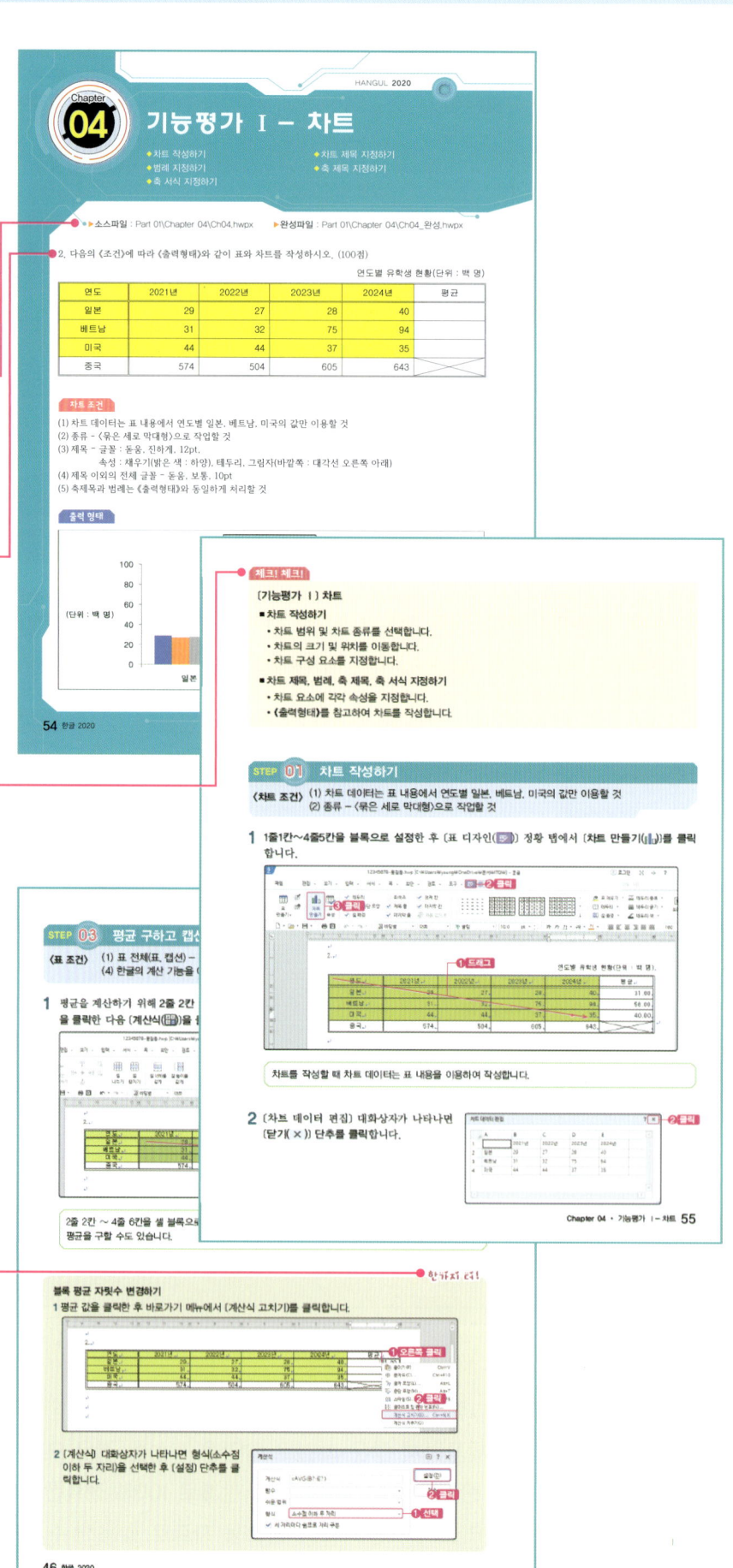

이 책의 구성

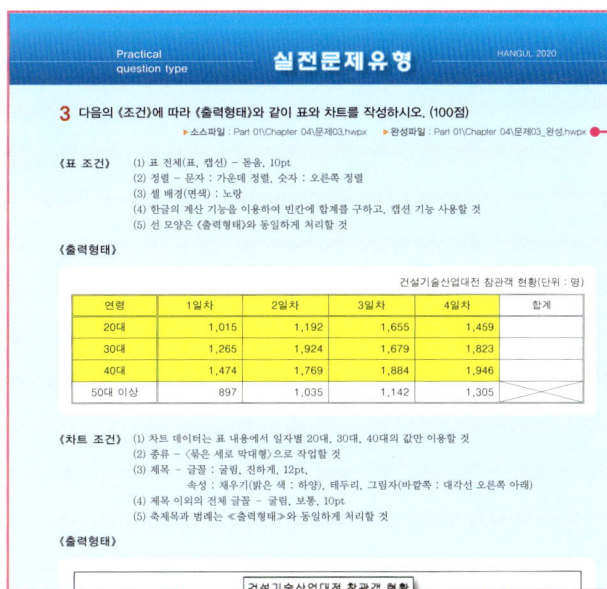

실전문제유형
작업별로 실전문제유형 문제를 마련하여 ITQ 시험을 쉽고 빠르게 준비할 수 있도록 하였습니다.

실전문제유형 연습파일
실전문제유형 문제에서 사용하는 소스파일과 완성파일입니다.

실전모의문제
실전모의문제 8회를 마련하여 ITQ 시험에 100% 대비할 수 있도록 하였습니다.

기출예상문제
기출예상문제 1회를 마련하여 ITQ 시험에 100% 대비할 수 있도록 하였습니다.

ITQ 시험 안내

ITQ 시험이란?
- 정보기술 능력 또는 정보기술 활용능력을 객관적으로 평가하는 시험입니다.
- 정보기술 관리 및 실무능력 수준을 지수화하고 등급화 시키는 국가 인증 시험입니다.
- 산업인력의 정보 경쟁력을 높이고 정보화를 촉진시키기 위한 목적의 국가공인자격을 말합니다.

공정성, 객관성, 신뢰성이 확보된 첨단 OA자격 시험
- 2002년 1월 11일 정보통신부(현 과학기술정보통신부) 공인을 획득한 국가공인자격 시험입니다.
- 1957년 산업발전법에 의거하여 설립된 한국생산성본부에서 시행합니다.

현장실무 위주의 시험
- 실무중심의 작업형문제로 출제되어 현장 활용도가 높습니다.
- 단체 구성원의 정례화된 목표 지향이 용이하며, 개인의 변별력을 확보할 수 있습니다.
- 특히 구성원의 업무 차별화에 따른 과목 선택이 가능합니다.

발전성과 활용성이 탁월
- 동일 시험과목에 응시가 가능하며, 취득한 성적별로 A · B · C등급을 부여하여 업그레이드 할 수 있습니다.
- 많은 공공기관, 대기업, 중소기업, 대학 등에서 정보기술자격 제도로 ITQ를 채택하여 활용하고 있습니다.

학습이 용이
- 8과목 중 1과목만 취득하여도 국가공인자격이 부여됩니다.
- 쉽고 자세한 학습용 교재가 다양하게 개발되어 있으며, 교육 커리큘럼이 우수합니다.

실기시험만으로 평가
- 필기시험이 없습니다.
- 실질적으로 업무에 필요한 실무 작업형의 문제로 실기시험만으로 평가하는 미래형 첨단 IT자격입니다.

시험 일정 및 검정 수수료
- 시험 일정 및 검정 수수료는 https://license.kpc.or.kr 홈페이지의 [접수/수험표 확인]에서 확인할 수 있습니다.

시험 시행처 안내
- 주관 : 한국생산성본부 ITQ센터(https://license.kpc.or.kr)
  서울 종로구 새문안로 5가길 32 생산성빌딩
- 전화 : 1577-9402(유료)

ITQ 시험 안내

ITQ 시험 과목 및 시험 프로그램

시험 과목	시험 프로그램	시험 방법	시험 시간
아래한글 한셀 한쇼	한컴오피스 2020/2016(NEO) 병행 ※한셀/한쇼 과목은 NEO버전으로만 운영	실무 작업형 실기시험 하루에 3과목까지 응시가능	과목당 60분
MS 워드 한글 엑셀 한글 파워포인트 한글 액세스	MS 오피스 2021/2016 병행		
인터넷	내장브라우저 IE8:0 이상		

ITQ 시험 등급

ITQ 시험은 과목별로 500점 만점을 기준으로 A 등급부터 C 등급까지 등급별 자격을 부여합니다. 이 중 3과목 이상 A 등급을 취득하면 OA 마스터 자격을 부여하는데, 한두 과목에서 낮은 등급을 받았을 경우 다시 응시하여 A 등급으로 업그레이드하면 됩니다.

A 등급	B 등급	C 등급
400점~500점	300점~399점	200점~299점

※ OA 마스터 신청시 아래한글과 MS 워드는 같은 종목으로 인정됩니다.

ITQ 한글 2020 버전의 문항 및 배점

문항	배점	주요내용
1. 스타일	50점	한글/영문 텍스트 작성능력과 스타일 기능 사용 능력을 평가 ▶ 한글/영문 텍스트 작성, 스타일 이름, 글자 모양, 문단 모양
2. 표와 차트	100점	표를 작성하고 이를 이용해 간단한 차트를 작성할 수 있는 능력을 평가 ▶ 표 내용 작성, 정렬, 셀 배경색, 표 계산 기능, 캡션 기능, 차트 기능
3. 수식편집기	40점	수식편집기의 사용 능력을 평가 ▶ 수식편집기를 이용한 수식 작성
4. 그림/그리기	110점	다양한 기능을 통합한 문제로 그림/그리기, 책갈피 및 하이퍼링크[하이퍼텍스트] 등 문서작성시의 응용능력을 평가 ▶ 하이퍼링크[하이퍼텍스트], 그림 삽입 및 효과 지정, 그림 크기 설정 및 앞뒤 배치, 글맵시 작성, 도형에 문자열 입력하기
5. 문서작성능력	200점	문서작성을 위한 다양한 능력을 평가 ▶ 글꼴/머리말, 쪽 번호, 책갈피, 덧말 넣기, 문단 첫 글자 장식, 각주, 그림 삽입 및 자르기, 그림 편집, 들여 쓰기, 한자, 문자표, 문단 번호, 줄 간격, 표 작성, 그러데이션, 장평, 자간 등

ITQ 시험 안내

ITQ 파워포인트 2021 버전의 문항 및 배점

문항	배점	주요내용
전체 구성	60점	슬라이드 크기, 슬라이드 개수 및 순서, 슬라이드 번호, 그림 편집, 슬라이드 마스터 등 전체적인 구성 내용을 평가
1. 표지 디자인	40점	도형과 그림을 이용한 제목 슬라이드 작성 능력 평가 ▶ 도형에 그림 삽입 및 도형 효과, 워드아트, 로고 삽입(투명한 색 설정)
2. 목차 슬라이드	60점	목차에 따른 하이퍼링크와 도형, 그림 배치 능력을 평가 ▶ 도형 편집 및 효과, 하이퍼링크, 그림 편집
3. 텍스트/동영상 슬라이드	60점	텍스트 간의 조화로운 배치 능력을 평가 ▶ 텍스트 편집 / 목록 수준 조절 / 글머리 기호 / 내어쓰기, 동영상 삽입
4. 표 슬라이드	80점	파워포인트 내에서의 표 작성 능력 평가 ▶ 표 삽입 및 편집, 도형 편집 및 효과
5. 차트 슬라이드	100점	프리젠테이션을 위한 차트를 작성할 수 있는 종합 능력 평가 ▶ 차트 삽입 및 편집, 도형 편집 및 효과
6. 도형 슬라이드	100점	도형을 이용한 슬라이드 작성 능력 평가 ▶ 도형 및 스마트아트 이용 : 실무에 활용되는 다양한 도형 작성, 그룹화 / 애니메이션 효과

ITQ 엑셀 2021 버전의 문항 및 배점

작업 유형	문항	배점	주요 내용
제1작업	표 서식 작성 및 값 계산	100점 (표 서식 작성)	▶표 작성 능력과 조건에 따른 서식 변환 능력을 평가 • 데이터 입력, 도형을 사용한 제목 작성, 셀 서식 등
		140점 (값 계산)	▶함수 사용 능력을 평가 • 함수를 사용한 수식 작성, 조건부 서식
제2작업 (두 문항 출제)	필터/서식/ 목표값 찾기	80점	▶데이터 필터 능력, 표 서식 지정 능력, 목표값 찾기 능력을 평가 • 고급필터, 표 서식, 목표값 찾기
제3작업 (한 문항 출제)	정렬 및 부분합/ 피벗 테이블	80점	▶데이터를 정렬하는 능력과 그룹별로 요약하는 능력, 필요한 필드를 추출하여 보기 쉬운 결과물로 만드는 능력을 평가 • 정렬, 부분합, 피벗 테이블
제4작업	그래프	100점	▶데이터를 차트로 표현하는 능력을 평가 • 차트 종류, 차트 위치, 차트 구성 요소 설정 등

ITQ 회원 가입 및 시험 접수 안내

◆ **ITQ 회원 가입하기**

1 ITQ 자격 검정 사이트(https://license.kpc.or.kr)에 접속한 후 오른쪽 위의 [회원가입]을 클릭합니다.

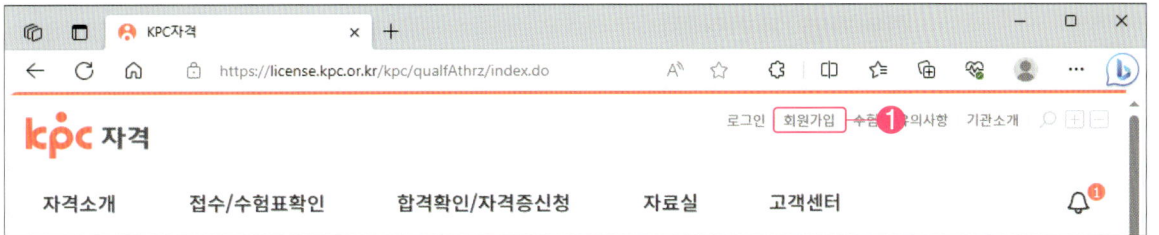

2 [회원가입] 페이지가 나타나면 [전체 약관 동의]를 체크하여 선택합니다.

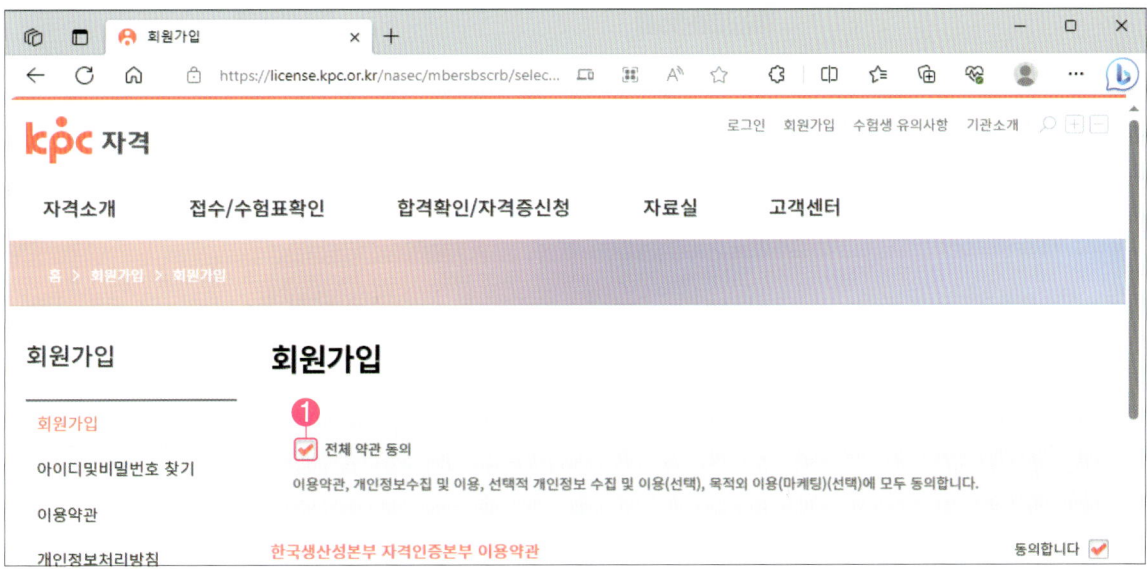

3 페이지의 아래쪽에 수험자의 기준에 맞는 단추를 클릭합니다.

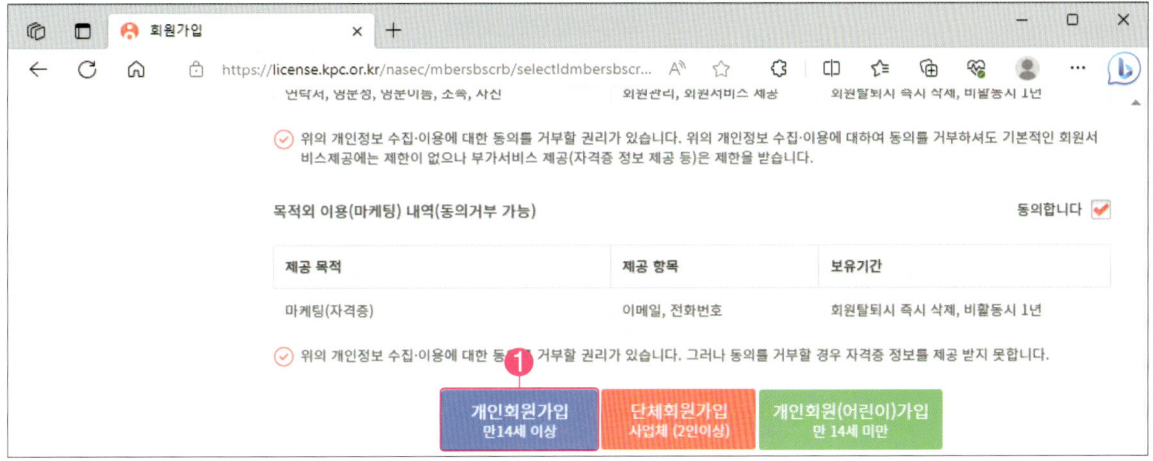

※ 회원 가입 절차는 시험 주관사에 의해 변경될 수도 있습니다.
※ 회원가입 (만14세 미만 개인회원)
　만14세 미만 학생은 [개인회원(어린이) 가입 만14세 미만]을 클릭합니다.

ITQ 회원 가입 및 시험 접수 안내

4. 회원가입(개인회원)의 [본인인증] 페이지가 나타나면 '본인인증' 절차를 진행합니다.
본인 명의의 휴대폰이 있는 수험자는 '휴대폰 본인인증'을 클릭, 휴대폰이 없는 수험자는 'IPIN 인증'을 클릭합니다.

회원가입 (만14세 미만 개인회원)

회원가입(만14세 미만 개인회원) 페이지가 나타나면 '보호자(법적대리인) 본인인증'의 [동의합니다]를 체크하여 선택합니다.

1. 만14세 미만 개인회원일 경우 '보호자(법적대리인) 본인인증' 절차를 진행한 후 '14세미만 본인인증' 절차를 진행해야 합니다.

5. [개인정보 입력] 페이지가 나타나면 '기본 정보' 및 '추가 정보'를 입력한 후 [가입하기] 단추를 클릭합니다. 회원가입을 묻는 대화상자가 나타나면 [예] 단추를 클릭합니다.

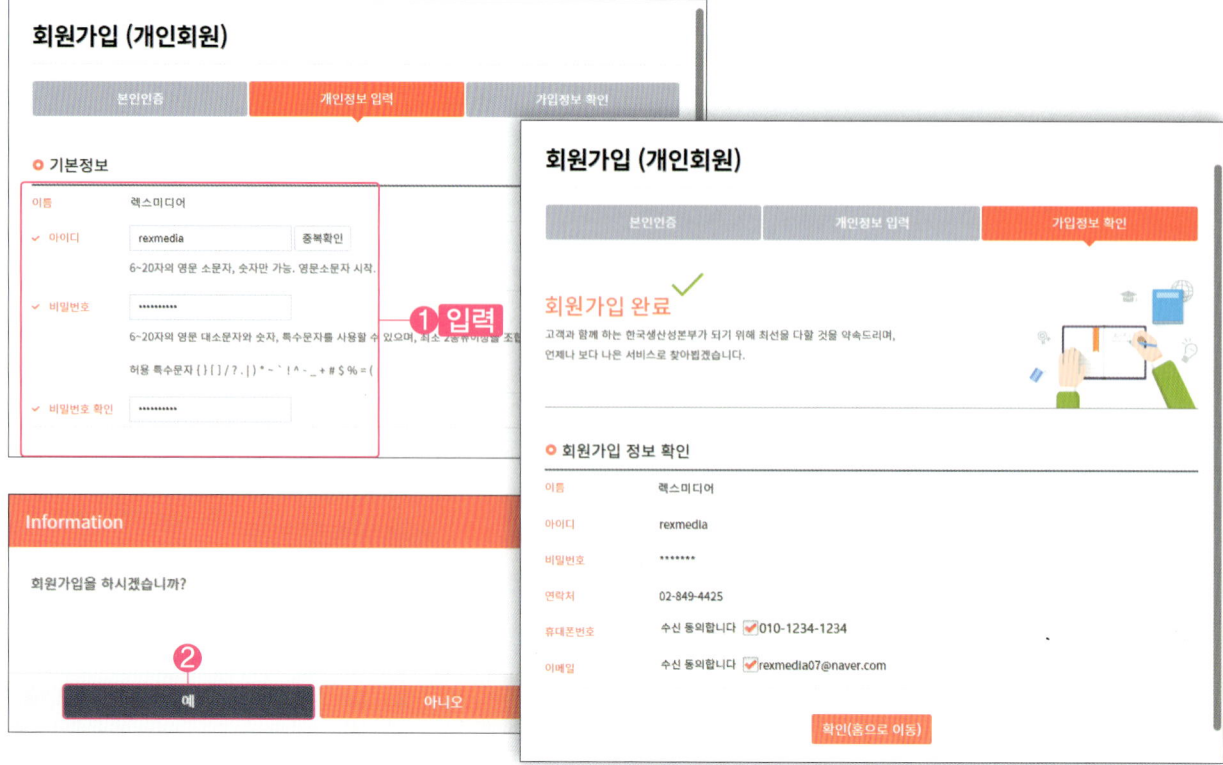

12 ITQ 시험 접수 안내

ITQ 회원 가입 및 시험 접수 안내

◆ **ITQ 시험 접수 안내**

- 응시 원서의 입력 항목에 따라 지역 및 고사장을 선택하고 신상명세 입력, 본인 사진을 등록합니다.
  - 사진 등록을 위한 이미지 파일은 온라인 편집이 가능합니다.
- 응시 원서 작성이 끝나면 결제 화면에서 신용카드 및 온라인 이체로 응시료를 결제합니다.
  - 결재 금액은 응시료 + 인터넷 접수 건별 소정의 수수료가 산정됩니다.
- 응시 원서 작성과 온라인 결제가 끝나면 ITQ 시험 접수 확인증이 화면에 출력되고 인쇄 기능이 지원됩니다.

이 책의 차례

♠ 한글 2020

PART 01 출제유형 분석

- Chapter 1 • 수험자 유의사항 및 답안 작성요령 …………… 3
- Chapter 2 • 기능평가 Ⅰ – 스타일 …………… 10
- Chapter 3 • 기능평가 Ⅰ – 표 …………… 22
- Chapter 4 • 기능평가 Ⅰ – 차트 …………… 40
- Chapter 5 • 기능평가 Ⅱ – 수식 …………… 58
- Chapter 6 • 기능평가 Ⅱ – 도형 그리기 …………… 68
- Chapter 7 • 문서작성 능력평가 – Ⅰ …………… 96
- Chapter 8 • 문서작성 능력평가 – Ⅱ …………… 114

PART 02 실전모의문제

- 제01회 실전모의문제 …………… 144
- 제02회 실전모의문제 …………… 148
- 제03회 실전모의문제 …………… 152
- 제04회 실전모의문제 …………… 156
- 제05회 실전모의문제 …………… 160
- 제06회 실전모의문제 …………… 164
- 제07회 실전모의문제 …………… 168
- 제08회 실전모의문제 …………… 172

PART 03 기출예상문제

제1회 정보기술자격(ITQ) 시험

이 책의 차례

파워포인트 2021

PART 01 출제유형 분석

- Chapter 1 • 수험자 유의사항 및 답안 작성요령 …………… 3
- Chapter 2 • 전체 구성 …………… 10
- Chapter 3 • 표지 디자인 …………… 24
- Chapter 4 • 목차 슬라이드 …………… 40
- Chapter 5 • 텍스트/동영상 슬라이드 …………… 56
- Chapter 6 • 표 슬라이드 …………… 70
- Chapter 7 • 차트 슬라이드 …………… 86
- Chapter8 • 도형 슬라이드 …………… 108

PART 02 실전모의문제

- 제01회 실전모의문제 …………… 144
- 제02회 실전모의문제 …………… 148
- 제03회 실전모의문제 …………… 152
- 제04회 실전모의문제 …………… 156
- 제05회 실전모의문제 …………… 160
- 제06회 실전모의문제 …………… 164
- 제07회 실전모의문제 …………… 168
- 제08회 실전모의문제 …………… 172

PART 03 기출예상문제

제1회 정보기술자격(ITQ) 시험

이 책의 차례

🍀 엑셀 2021

PART 01 출제유형 분석

Chapter 1 • 수험자 유의사항 및 답안 작성요령 ········· 3

Chapter 2 • 표 서식 작성 ········· 14

Chapter 3 • 값 계산 ········· 42

Chapter 4 • 필터 및 서식 ········· 68

Chapter 5 • 목표값 찾기 ········· 80

Chapter 6 • 정렬 및 부분합 ········· 90

Chapter 7 • 피벗 테이블 ········· 104

Chapter 8 • 그래프 ········· 118

PART 02 실전모의문제

제01회 실전모의문제 ········· 144

제02회 실전모의문제 ········· 148

제03회 실전모의문제 ········· 152

제04회 실전모의문제 ········· 156

제05회 실전모의문제 ········· 160

제06회 실전모의문제 ········· 164

제07회 실전모의문제 ········· 168

제08회 실전모의문제 ········· 172

PART 03 기출예상문제

제1회 정보기술자격(ITQ) 시험

BiG 1 빅 폰트(Big Font)
BiG 2 빅 픽쳐(Big Picture)
BiG 3 빅 북(Big Book)

ITQ 정보기술자격
HANGUL 2020

PART 01
출제유형분석

PART 01
출제유형분석 차례

BIG 라플

Chapter 1 수험자 유의사항 및 답안 작성요령 ········· 3
  • 수험자 등록하기   • 답안 작성 준비하기
  • 답안 저장하고 전송하기

Chapter 2 기능평가 Ⅰ- 스타일 ········· 10
  • 문제 번호와 내용 입력하기   • 새 스타일 만들고 적용하기

Chapter 3 기능평가 Ⅰ- 표 ········· 22
  • 문제 번호 입력하고 표 작성하기   • 셀 배경색과 셀 테두리 지정하기
  • 합계 구하고 캡션 넣기

Chapter 4 기능평가 Ⅰ- 차트 ········· 40
  • 차트 작성하기   • 차트 제목 지정하기
  • 범례 지정하기   • 축 제목 지정하기
  • 축 서식 지정하기

Chapter 5 기능평가 Ⅱ- 수식 ········· 58
  • 문제 번호 입력하고 첫 번째 수식 작성하기   • 두 번째 수식 작성하기

Chapter 6 기능평가 Ⅱ- 도형 그리기 ········· 68
  • 문제 번호 입력하고 배경 도형 작성하기   • 제목 글상자 작성하기
  • 그림과 글맵시 삽입하고 편집하기   • 목차 도형 작성하기
  • 책갈피 삽입하고 하이퍼링크 지정하기

Chapter 7 문서작성 능력평가 Ⅰ ········· 96
  • 내용 입력하고 제목 작성하기   • 머리말 삽입하기
  • 문단 첫 글자 장식하기   • 각주 삽입하기
  • 그림 삽입하기

Chapter 8 문서작성 능력평가 Ⅱ ········· 114
  • 소제목 작성하기   • 문단 번호 모양 지정하기
  • 표 제목 작성하기   • 표 작성하기
  • 기관 이름 작성하기   • 페이지 번호 매기기

BIG 라플

• 각 페이지에서 문제를 해결할 수 있도록 문제조건을 상단에 추가하였습니다.
• 시험에 나오는 내용만 학습합니다.
• 시험문제는 흑백이지만, 교육 효과를 위해 칼라로 학습합니다.
• 실제 문제보다 글자와 화면이 조금 큽니다.

수험자 유의사항 및 답안 작성요령

◆ 수험자 등록하기 ◆ 답안 작성 준비하기
◆ 답안 저장하고 전송하기

▶ 소스파일 : 없음   ▶ 완성파일 : Part 01\Chapter 01\Ch01_완성.hwp

수험자 유의사항

- 수험자는 문제지를 받는 즉시 문제지와 **수험표상의 시험과목(프로그램)이 동일한지 반드시 확인**하여야 합니다.
- 파일명은 본인의 "수험번호-성명"으로 입력하여 답안폴더(내 PC\문서\ITQ)에 하나의 파일로 저장해야 하며, 답안문서 파일명이 "수험번호-성명"과 일치하지 않거나, 답안파일을 전송하지 않아 미제출로 처리될 경우 실격 처리합니다(예:12345678-홍길동.hwp).
- 답안 작성을 마치면 파일을 저장하고, '답안 전송' 버튼을 선택하여 감독위원 PC로 답안을 전송하십시오. 수험생 정보와 저장한 파일명이 다를 경우 전송되지 않으므로 주의하시기 바랍니다.
- 답안 작성 중에도 **주기적으로 저장하고, '답안 전송'**하여야 문제 발생을 줄일 수 있습니다. 작업한 내용을 저장하지 않고 전송할 경우 이전에 저장된 내용이 전송되오니 이점 유의하시기 바랍니다.
- 답안문서는 지정된 경로 외의 다른 보조기억장치에 저장하는 경우, 지정된 시험 시간 외에 작성된 파일을 활용할 경우, 기타 통신수단(이메일, 메신저, 네트워크 등)을 이용하여 타인에게 전달 또는 외부 반출하는 경우는 부정 처리합니다.
- 시험 중 부주의 또는 고의로 시스템을 파손한 경우는 수험자가 변상해야 하며, 〈수험자 유의사항〉에 기재된 방법대로 이행하지 않아 생기는 불이익은 수험생 당사자의 책임임을 알려 드립니다.
- 문제의 조건은 한컴오피스 2022 버전으로 설정되어 있으니 유의하시기 바랍니다.
- 시험을 완료한 수험자는 답안파일이 전송되었는지 확인한 후 감독위원의 지시에 따라 문제지를 제출하고 퇴실합니다.

답안 작성요령

- **온라인 답안 작성 절차**
  수험자 등록 ⇒ 시험 시작 ⇒ 답안파일 저장 ⇒ 답안 전송 ⇒ 시험 종료

- **공통 부문**
  - 글꼴에 대한 기본설정은 함초롬바탕, 10포인트, 검정, 줄간격 160%, 양쪽정렬로 합니다.
  - 색상은 조건의 색을 적용하고 색의 구분이 안 될 경우에는 RGB 값을 적용하십시오.
    (빨강 255,0,0 / 파랑 0,0,255 / 노랑 255,255,0).
  - 각 문항에 주어진 ≪조건≫에 따라 작성하고 언급하지 않은 조건은 ≪출력형태≫와 같이 작성합니다.
  - 용지여백은 왼쪽·오른쪽 11mm, 위쪽·아래쪽·머리말·꼬리말 10mm, 제본 0mm로 합니다.
  - 그림 삽입 문제의 경우 「내 PC\문서\ITQ\Picture」 폴더에서 지정된 파일을 선택하여 삽입하십시오.
  - 삽입한 그림은 반드시 문서에 포함하여 저장해야 합니다(미포함 시 감점 처리).
  - 각 항목은 지정된 페이지에 출력형태와 같이 정확히 작성하시기 바라며, 그렇지 않을 경우에 해당 항목은 0점 처리됩니다.
    ※ 페이지구분 : 1페이지 - 기능평가 I (문제번호 표시 : 1. 2.),
          2페이지 - 기능평가 II (문제번호 표시 : 3. 4.),
          3페이지 - 문서작성 능력평가

- **기능평가**
  - 문제와 ≪조건≫은 입력하지 않으며 문제번호와 답(≪출력형태≫)만 작성합니다.
  - 4번 문제는 묶기를 했을 경우 0점 처리됩니다.

- **문서작성 능력평가**
  - A4 용지(210mm×297mm) 1매 크기, 세로 서식 문서로 작성합니다.
  - ◯ 표시는 문서작성에 대한 지시사항이므로 작성하지 않습니다.

체크! 체크!

수험자 유의사항 및 답안 작성요령

- **수험자 등록** : 수험번호를 입력한 후 수험 정보를 확인한 다음 감독위원의 지시사항에 따릅니다.
- **[전체 구성] 페이지 설정** : 용지 종류(A4 용지(210×297mm)) 및 용지 여백(왼쪽.오른쪽 11㎜, 위쪽.아래쪽.머리말.꼬리말 10㎜, 제본 0㎜)을 지정한 후 구역을 3개로 나눕니다.
- **답안 저장 및 전송**
  - 저장 위치(내 PC₩문서₩ITQ)를 선택한 후 파일명(수험번호-성명)으로 저장한 다음 감독위원 PC로 답안을 전송합니다.
  - 저장 위치 및 파일명을 잘못 지정할 경우 답안 전송이 되지 않으니 꼭! 확인해야 합니다.

STEP 01 수험자 등록하기

1 KOAS 수험자용 프로그램을 실행하기 위해 바탕화면에서 **KOAS 수험자용 아이콘을 더블클릭**합니다.

2 [수험자 등록] 대화상자가 나타나면 **수험자와 수험번호를 입력**한 후 **수험과목(아래한글)을 선택**한 다음 [**확인**] **단추를 클릭**합니다.

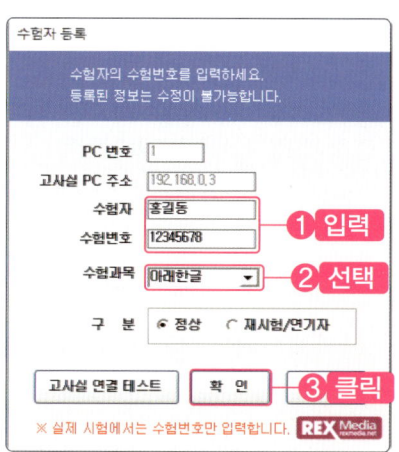

> 실제 시험에서는 수험번호(본인의 수험번호)만 입력합니다.

3 수험번호와 구분이 맞는지 묻는 대화상자가 나타나면 수험번호와 구분을 확인한 후 [**예**] **단추를 클릭**합니다.

4 [수험자 정보] 대화상자가 나타나면 수험번호, 성명, 수험과목, 좌석번호, 답안 폴더를 확인한 후 [**확인**] **단추를 클릭**합니다.

5 컴퓨터가 잠금 상태가 되면 감독위원이 시험을 시작할 때까지 대기합니다.

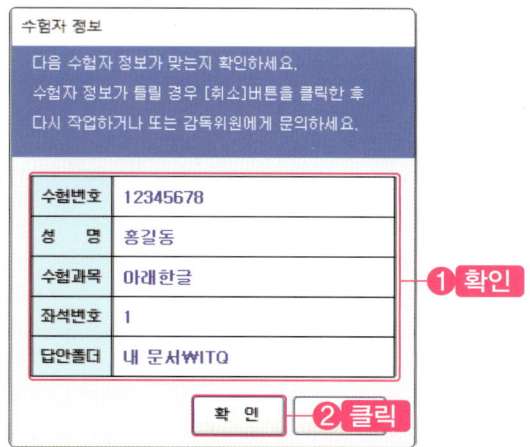

4 한글 2020

STEP 02 답안 작성 준비하기

〈전체구성〉
- 글꼴에 대한 기본설정은 함초롬바탕, 10포인트, 검정, 줄간격 160%, 양쪽정렬로 합니다.
- 용지여백은 왼쪽.오른쪽 11mm, 위쪽.아래쪽.머리말.꼬리말 10mm, 제본 0mm로 합니다.
- 각 항목은 지정된 페이지에 출력형태와 같이 정확히 작성하시기 바라며, 그렇지 않을 경우에 해당 항목은 0점 처리됩니다.
  ※ 페이지구분 : 1페이지 – 기능평가Ⅰ (문제번호 표시 : 1. 2.),
                2페이지 – 기능평가Ⅱ (문제번호 표시 : 3. 4.),
                3페이지 – 문서작성 능력평가

1 한글을 실행하기 위해 [시작(⊞)]을 클릭한 후 앱 뷰에서 [한글 2020(호)]을 클릭합니다.

2 [문서 시작 도우미] 대화상자가 나타나면 [새 문서]를 클릭합니다.

3 한글 화면이 나타나면 [서식] 도구 상자에서 **글꼴(함초롬바탕), 글자 크기(10), 글자 색(검정), 정렬 방식([양쪽 혼합(≡)]), 줄 간격(160)**을 확인합니다.

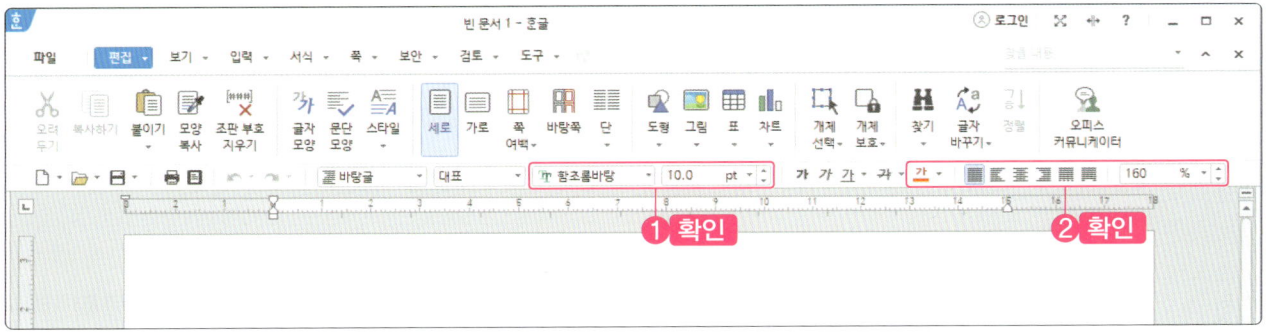

> 글자 색은 [서식] 도구 상자에서 [글자 색(가)]의 [목록(▼)] 단추를 클릭하면 확인할 수 있습니다.

4 편집 용지를 설정하기 위해 [쪽] 탭을 클릭한 후 [편집 용지(📄)]를 클릭합니다.

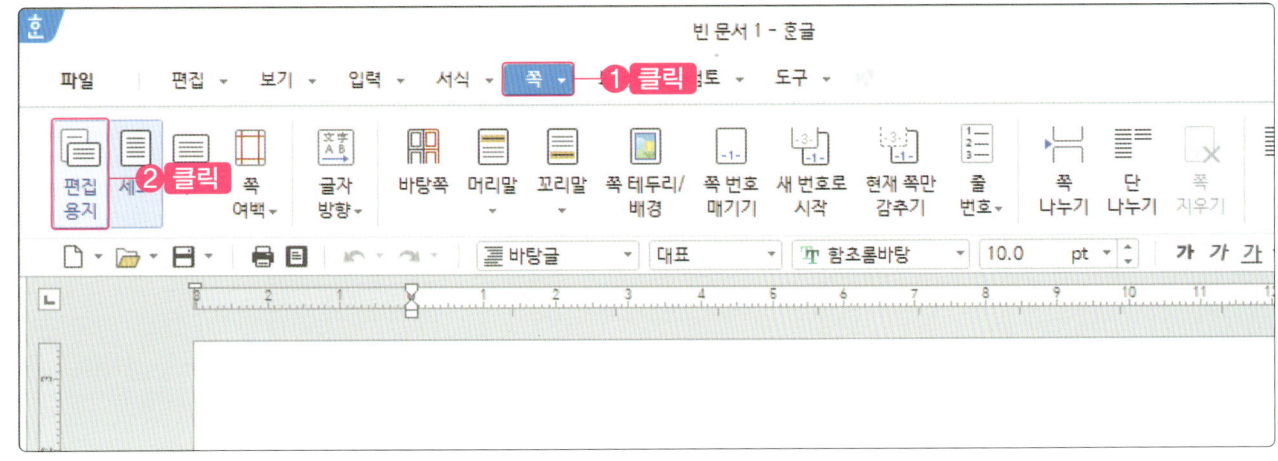

> [쪽] 탭의 [목록(▼)] 단추를 클릭한 후 [편집 용지]를 클릭하거나 F7을 눌러 편집 용지를 설정할 수도 있습니다.

〈조건〉
- 용지여백은 왼쪽.오른쪽 11mm, 위쪽.아래쪽.머리말.꼬리말 10mm, 제본 0mm로 합니다.
- 각 항목은 지정된 페이지에 출력형태와 같이 정확히 작성하시기 바라며, 그렇지 않을 경우에 해당 항목은 0점 처리됩니다.
  ※ 페이지구분 : 1페이지 – 기능평가 I (문제번호 표시 : 1. 2.),
                  2페이지 – 기능평가 II (문제번호 표시 : 3. 4.),
                  3페이지 – 문서작성 능력평가

5 〔편집 용지〕 대화상자가 나타나면 〔기본〕 탭에서 **용지 종류(A4(국배판) [210×297 mm]), 용지 방향(세로), 제본(한쪽)**을 확인한 후 **왼쪽/오른쪽 용지 여백(11), 위쪽/아래쪽/머리말/꼬리말 용지 여백(10), 제본 용지 여백(0)**을 입력한 다음 〔설정〕 단추를 클릭합니다.

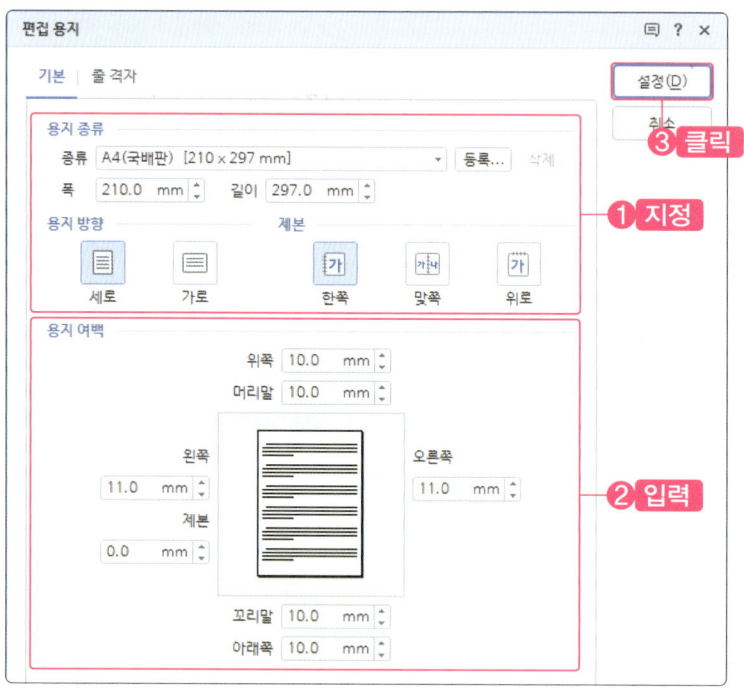

6 문서를 3페이지의 구역으로 나누기 위해 〔쪽〕 탭을 클릭한 후 〔구역 나누기(⬇)〕를 2번 클릭합니다.

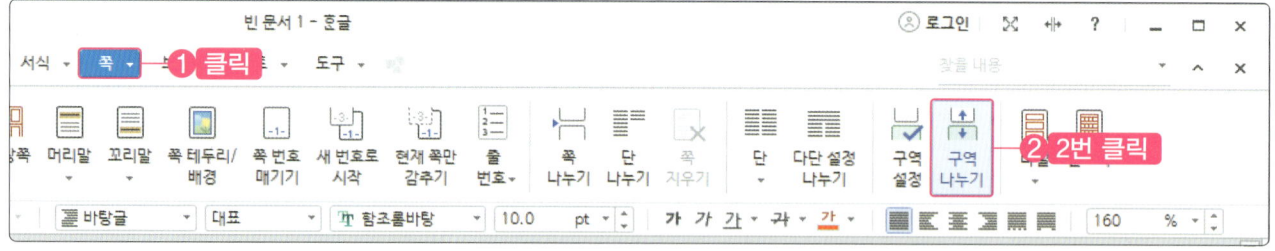

> 한가지 더!

구역 나누기와 쪽 나누기
- **구역 나누기** : 〔쪽〕 탭을 클릭한 후 〔구역 나누기〕를 클릭하거나 Alt + Shift + Enter 를 누르면 문서를 구역으로 나누어 구역마다 편집 용지나 개요 번호 모양 등을 다르게 지정할 수 있습니다. 문서를 구역으로 나누면 시험의 '문서작성 능력평가'에서 쪽 번호를 매길 경우, 이전 페이지에는 쪽 번호가 매겨지지 않습니다.
- **쪽 나누기** : 한글에서는 내용이 1페이지를 넘어가면 자동으로 페이지가 나누어지지만 〔쪽〕 탭을 클릭한 후 〔쪽 나누기〕를 클릭하거나 Ctrl + Enter 를 누르면 내용이 1페이지를 넘어가지 않아도 강제로 페이지를 나눌 수 있습니다. 강제로 페이지를 나누면 시험의 '문서작성 능력평가'에서 쪽 번호를 매길 경우, 이전 페이지에도 쪽 번호가 매겨집니다.

7 문서가 3페이지의 구역으로 나누어집니다.

STEP 03 답안 저장하고 전송하기

수험자 유의사항
파일명은 본인의 "수험번호-성명"으로 입력하여 답안폴더(내 PC\문서\ITQ)에 하나의 파일로 저장해야하며, 답안문서 파일명이 "수험번호-성명"과 일치하지 않거나, 답안파일을 전송하지 않아 미제출로 처리될 경우 실격 처리합니다(예:12345678-홍길동.hwpx).

1 답안을 저장하기 위해 [**파일**] **탭을 클릭**한 후 [**저장하기**]를 **클릭**합니다.

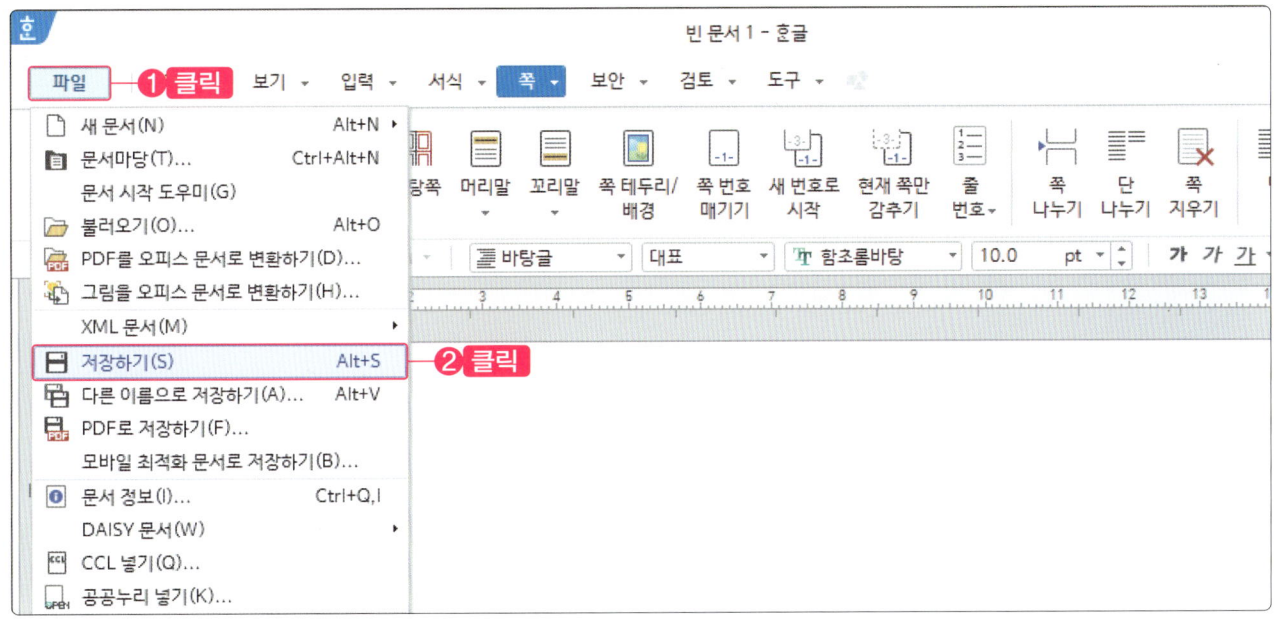

[서식] 도구 상자에서 [저장하기(🖫)]를 클릭하거나 Alt+S를 눌러 답안을 저장할 수도 있습니다.

2 [다른 이름으로 저장하기] 대화상자가 나타나면 **저장위치(내 PC\문서\ITQ)를 선택**한 후 **파일 이름(12345678-홍길동)을 입력**한 다음 [**저장**] **단추를 클릭**합니다.

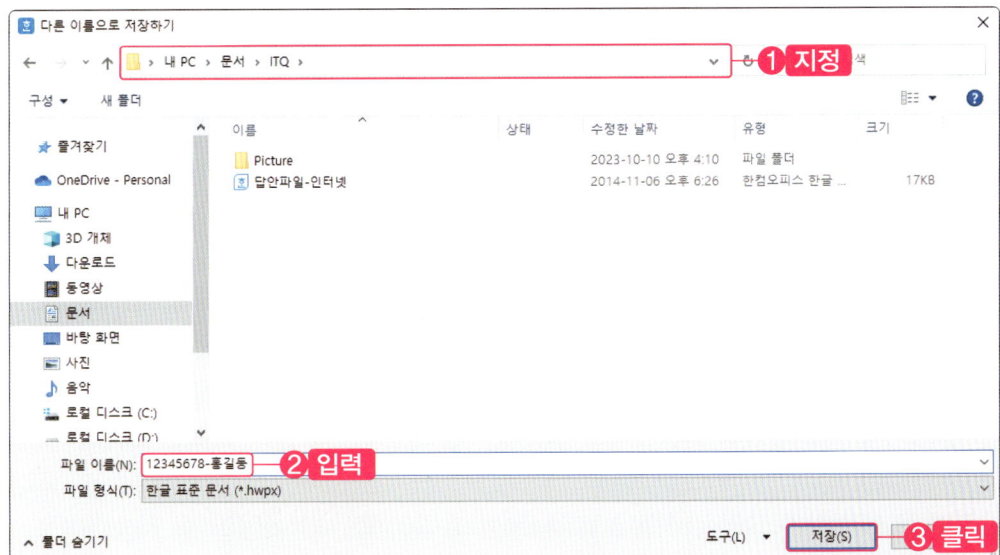

- 시험에서는 본인의 수험번호와 성명을 조합하여 '수험번호-성명' 형식의 파일 이름을 입력합니다.
- 파일 형식은 [한글 표준 문서(.hwpx)]를 선택합니다.

3 다음과 같이 답안이 저장됩니다.

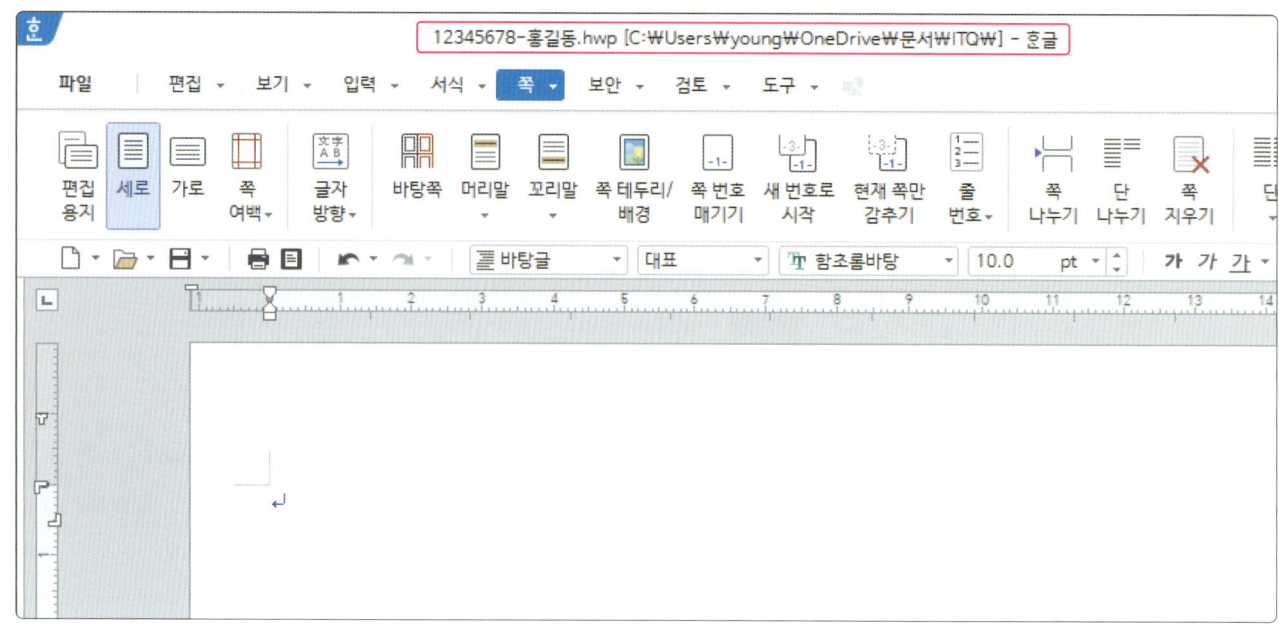

> 시험에서 위치나 파일 이름을 잘못 지정하여 답안을 저장한 경우에는 [파일] 탭에서 [다른 이름으로 저장하기]를 클릭해 답안을 다시 저장한 후 잘못 저장한 답안을 삭제합니다.

4 답안을 전송하기 위해 KOAS 수험자용 프로그램에서 [**답안 전송**] 단추를 클릭합니다.

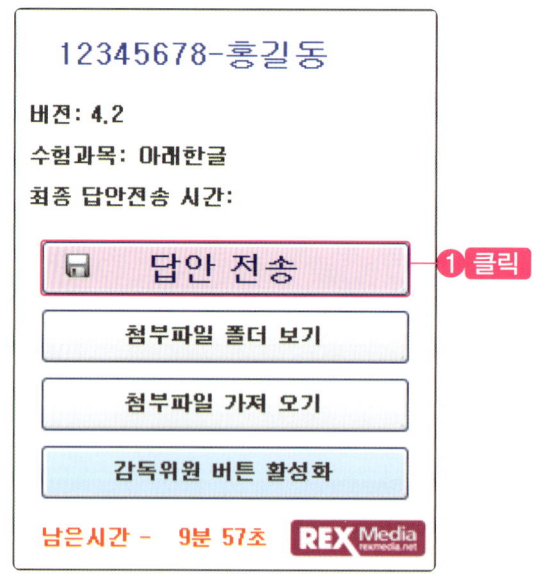

> - 답안을 작성하는 도중에 주기적으로 [파일] 탭에서 [저장하기]를 클릭하거나 Alt+S를 눌러 답안을 저장한 후 감독위원 PC로 전송해 두면 오류가 발생한 경우, 전송된 답안을 불러와서 복구할 수 있습니다. 전송된 답안은 KOAS 수험자용 프로그램에서 [답안 가져오기] 단추를 클릭하여 불러오므로 오류가 발생한 경우, 감독위원에게 문의합니다.
> - [첨부파일 폴더 보기] 단추를 클릭하면 답안을 작성할 때 사용할 그림이 있는지 확인할 수 있습니다.

5 지금 전송할 것인지 묻는 대화상자가 나타나면 [**예**] **단추를 클릭**합니다.

6 〔답안전송〕 대화상자가 나타나면 **파일 목록(12345678-홍길동.hwpx)과 존재(있음)를 확인**한 후 〔**답안전송**〕을 **클릭**합니다.

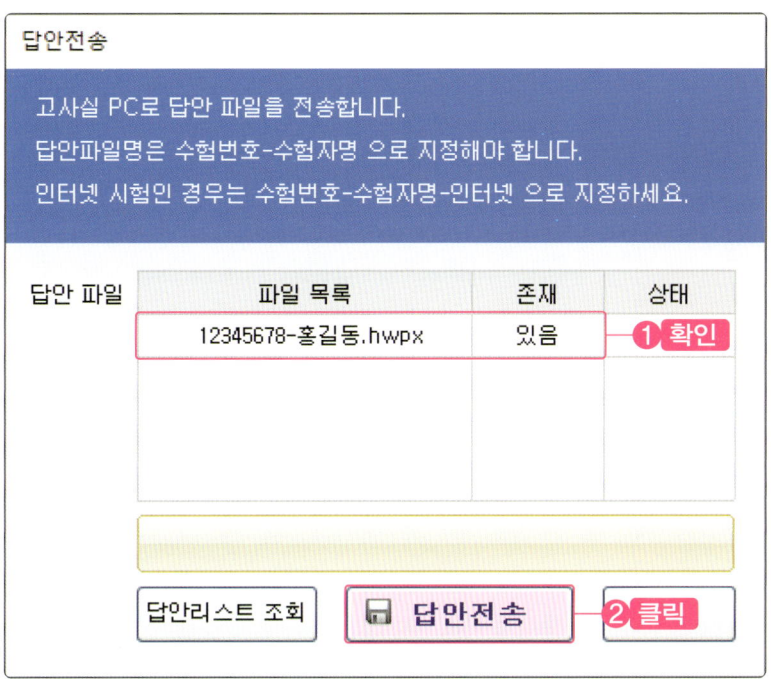

7 답안파일 전송을 성공하였다는 메시지가 나타나면 〔**확인**〕 단추을 **클릭**합니다.

8 〔답안전송〕 대화상자가 다시 나타나면 〔**상태**〕에 '**성공**'이 표시되는지 **확인**한 후 〔**닫기**〕 단추를 **클릭**합니다.

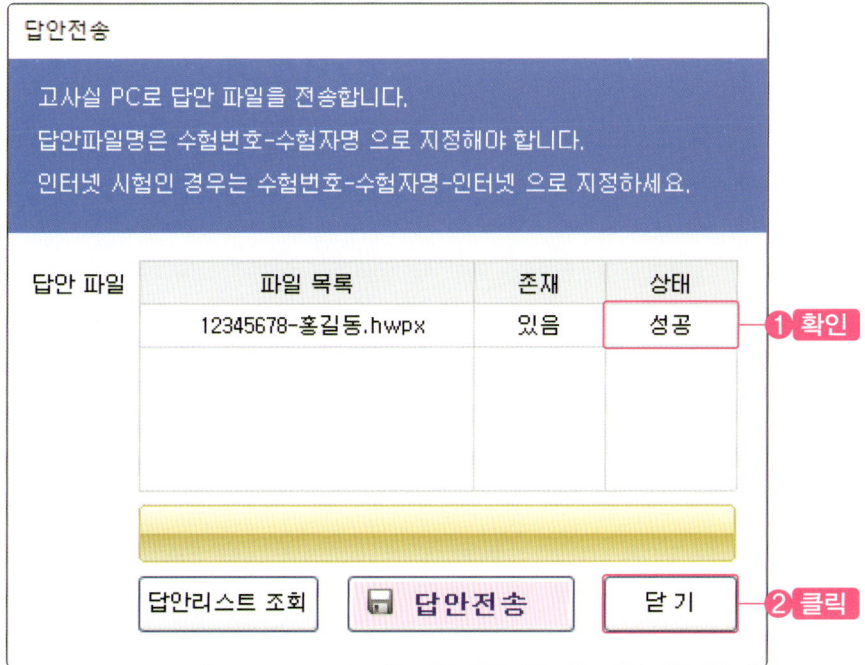

기능평가 Ⅰ - 스타일

◆ 문제 번호와 내용 입력하기　　◆ 새 스타일 만들고 적용하기

▶ 소스파일 : Part 01\Chapter 02\Ch02.hwpx　　▶ 완성파일 : Part 01\Chapter 02\Ch02_완성.hwpx

1. 다음의 《조건》에 따라 스타일 기능을 적용하여 《출력형태》와 같이 작성하시오. (50점)

조건

(1) 스타일 이름 - student
(2) 문단 모양 - 왼쪽 여백 : 15pt, 문단 아래 간격 : 10pt
(3) 글자 모양 - 글꼴 : 한글(굴림)/영문(돋움), 크기 : 10pt, 장평 : 95%, 자간 : 5%

출력 형태

International students are those students who chose to undertake all or part of their tertiary education in a country other than their own and move to that country for the purpose of studying.

유학생은 고등 교육 기관의 전부 또는 일부를 자국 이외의 국가에서 선택하여 공부 목적으로 해당 국가로 이주한 학생이다.

체크! 체크!

[기능평가 Ⅰ] 스타일

- 문제 번호와 내용 입력하기
  - 문제 번호를 입력한 후 내용을 입력합니다.
    (답안을 작성하지 못한 경우에도 문제 번호는 입력합니다.)
- 새 스타일 만들고 적용하기
  - 스타일을 추가하여 문단 모양과 글자 모양을 지정합니다.
    (장평, 자간을 먼저 지정한 후 한글 글꼴과 영문 글꼴을 지정합니다.)
  - 오른쪽 끝 글자를 확인해서 오탈자를 체크합니다.

STEP 01 문제 번호와 내용 입력하기

답안 작성요령
※ 페이지구분 : 1페이지 - 기능평가Ⅰ (문제번호 표시 : 1. 2.),
2페이지 - 기능평가Ⅱ (문제번호 표시 : 3. 4.),
3페이지 - 문서작성 능력평가

1 1페이지의 첫 번째 줄에 **문제 번호(1.)를 입력**한 후 Enter를 **4번** 누릅니다.

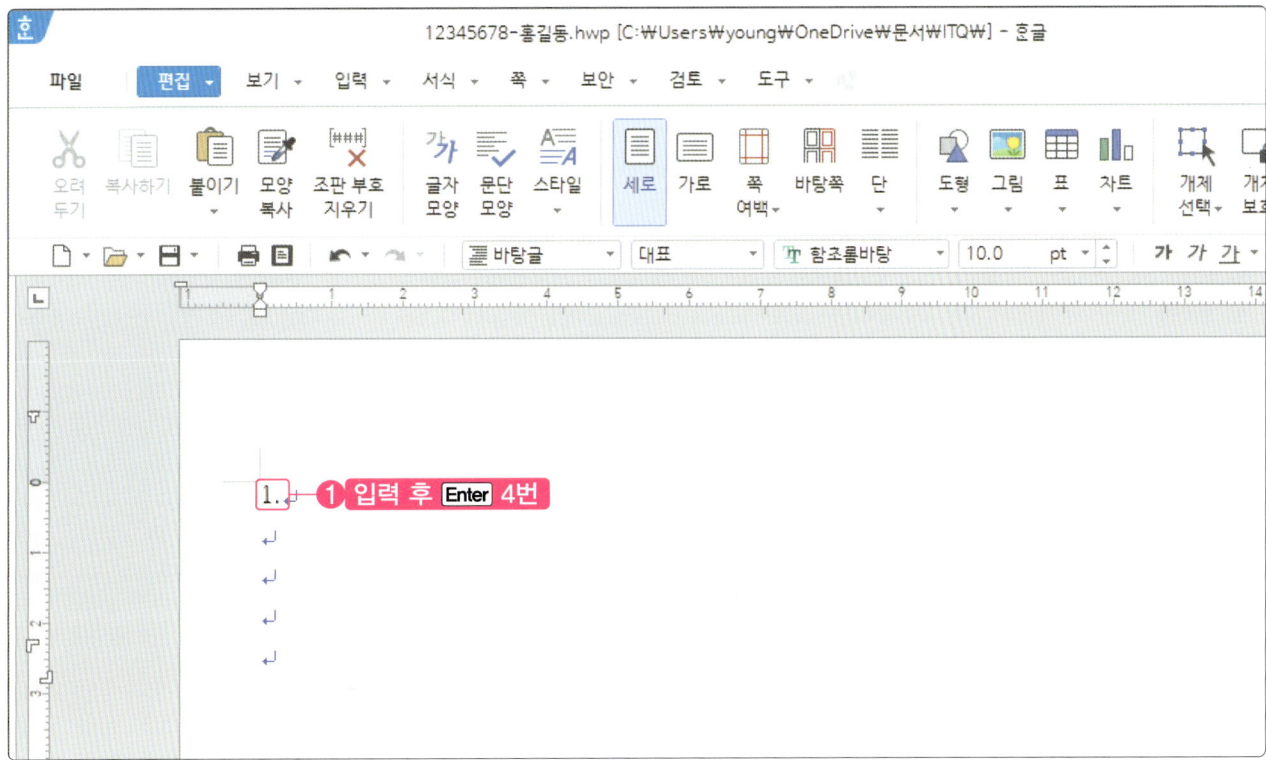

- 답안을 작성하지 못한 경우에도 문제 번호는 입력합니다.
- [보기] 탭을 클릭한 후 [조판 부호]를 선택([문단 부호]도 함께 선택됩니다)하면 Enter를 눌러 문단을 바꾼 곳(↵ 표시)과 를 눌러 한 칸을 띄운 곳(∨표시)을 확인할 수 있고, [문단 부호]만 선택하면 Enter를 눌러 문단을 바꾼 곳만 확인할 수 있습니다. 문단은 Enter를 누른 곳에서부터 다음 Enter를 누른 곳까지입니다.

2 다음과 같이 **내용을 입력**합니다.

> International students are those students who chose to undertake all or part of their tertiary education in a country other than their own and move to that country for the purpose of studying.
> 유학생은 고등 교육 기관의 전부 또는 일부를 자국 이외의 국가에서 선택하여 공부 목적으로 해당 국가로 이주한 학생이다.

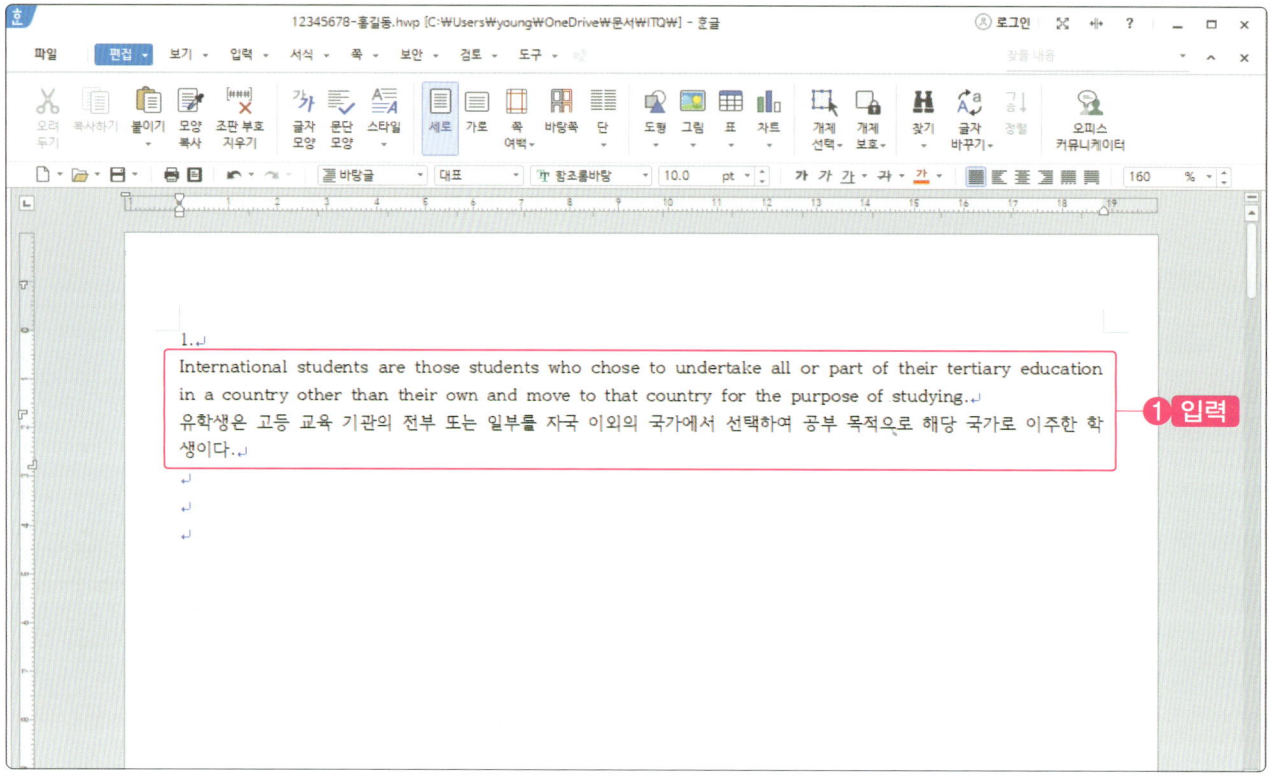

> 한글에서는 내용이 1줄을 넘어가면 자동으로 줄이 바꾸어지므로 문단을 바꾸기 전에는 Enter 를 눌러 강제로 줄을 바꾸지 않습니다. 여기서는 'International students ~ purpose of studying.'를 입력한 후 Enter 를 눌러 줄을 바꾼 다음 '유학생은 고등 교육 ~ 이주한 학생이다.'를 입력합니다.

STEP 02 새 스타일 만들고 적용하기

〈조건〉
(1) 스타일 이름 – student
(2) 문단 모양 – 왼쪽 여백 : 15pt, 문단 아래 간격 : 10pt
(3) 글자 모양 – 글꼴 : 한글(굴림)/영문(돋움), 크기 : 10pt, 장평 : 95%, 자간 : 5%

1 입력한 내용을 블록으로 설정한 후 [서식] 탭을 클릭한 다음 [스타일 추가하기(⊞)]를 클릭합니다.

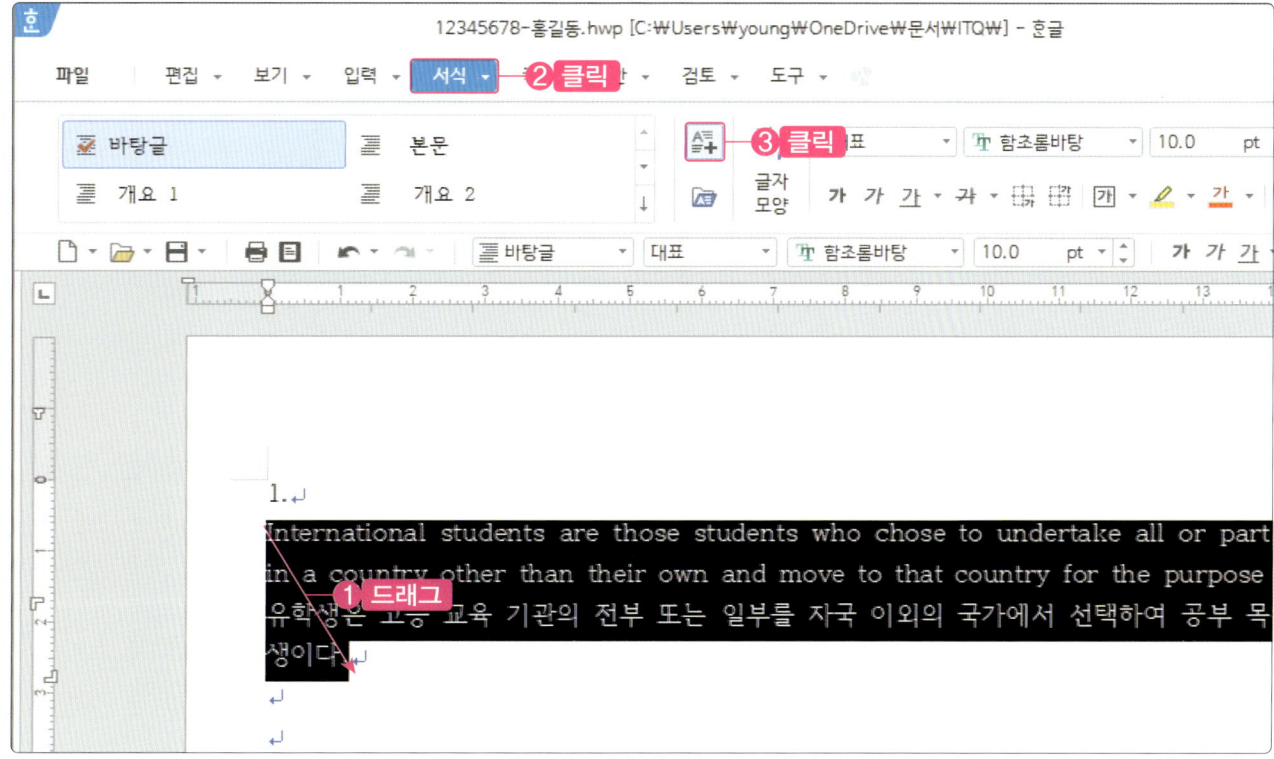

- 스타일은 [글자 모양]이나 [문단 모양] 등을 미리 지정하여 하나의 형식으로 만들어 놓은 것입니다. 스타일을 만들어 놓으면 글자 모양이나 문단 모양 등을 한 번에 지정할 수 있습니다.
- [서식] 탭의 [목록(▼)] 단추를 클릭한 후 [스타일]을 클릭하거나 **F6**을 눌러 새 스타일을 만들 수도 있습니다.
- 내용을 블록으로 설정하라는 것은 내용을 드래그하여 선택하라는 것입니다. 새 스타일을 만든 후 바로 새 스타일을 적용하기 위해 내용을 블록으로 설정한 것입니다.

2 [스타일 추가하기] 대화상자가 나타나면 **스타일 이름(student)을 입력**한 후 [문단 모양] 단추를 클릭합니다.

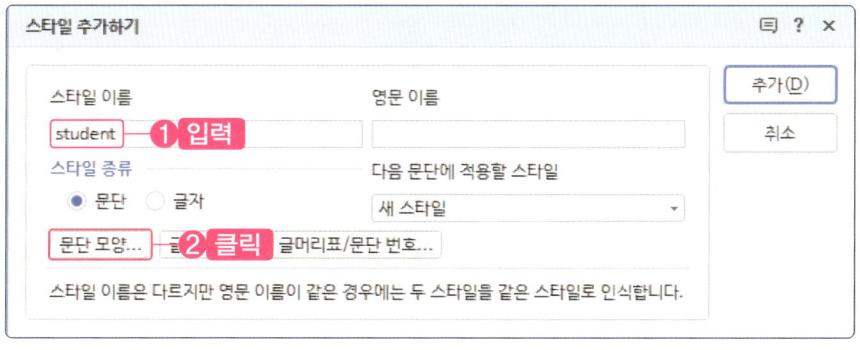

〈조건〉　(2) 문단 모양 – 왼쪽 여백 : 15pt, 문단 아래 간격 : 10pt

3 〔문단 모양〕 대화상자의 〔기본〕 탭이 나타나면 **왼쪽 여백(15)과 문단 아래 간격(10)을 입력**한 후 〔**설정**〕 **단추를 클릭**합니다.

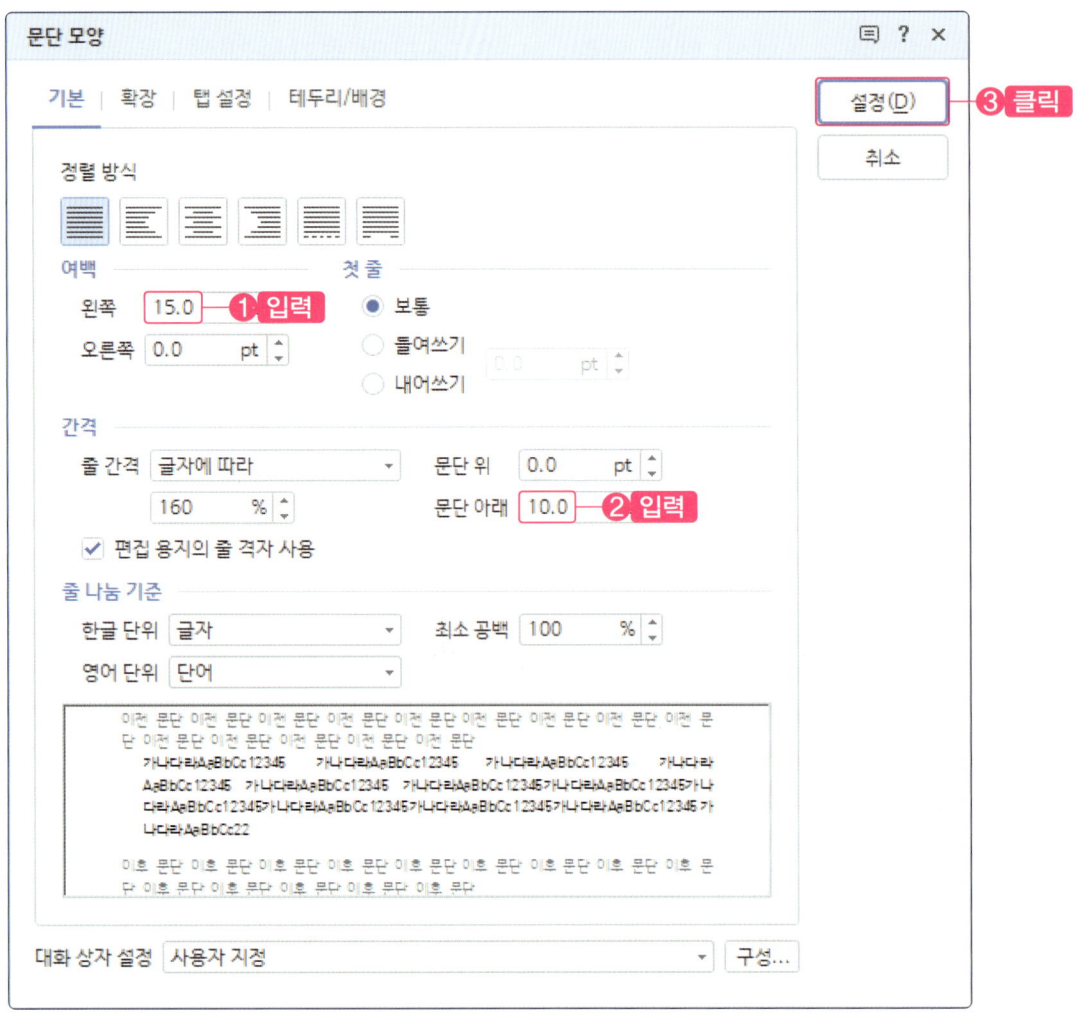

> 문단 위는 Enter 를 누른 곳의 위쪽을 말하고, 문단 아래는 Enter 를 누른 곳의 아래쪽을 말합니다.

4 〔스타일 추가하기〕 대화상자가 다시 나타나면 〔**글자 모양**〕 **단추를 클릭**합니다.

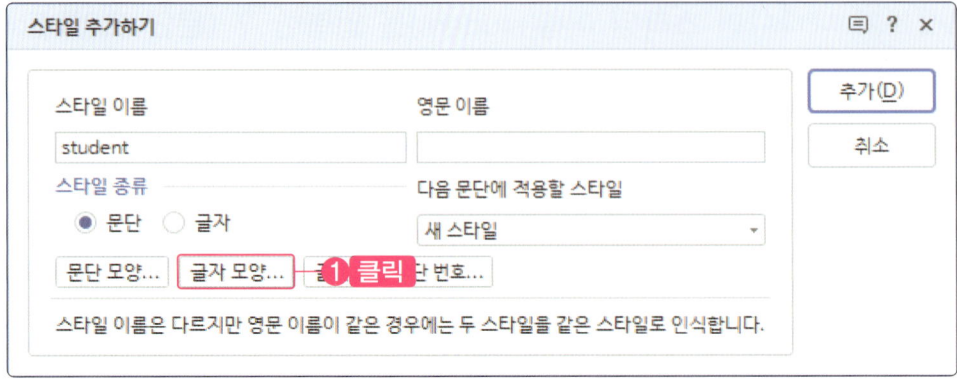

<조건> (3) 글자 모양 - 글꼴 : 한글(굴림)/영문(돋움), 크기 : 10pt, 장평 : 95%, 자간 : 5%

5 〔글자 모양〕 대화상자의 〔기본〕 탭이 나타나면 **장평(95)을 입력**한 후 **자간(5)을 입력**합니다.

장평은 글자의 세로에 대한 가로의 비율이고, 자간은 글자와 글자 사이의 간격입니다. 장평이 100%보다 작으면 글자의 가로 폭이 세로 폭보다 좁아지고, 100%보다 크면 글자의 가로 폭이 세로 폭보다 넓어집니다.

6 **언어(한글)와 글꼴(굴림)을 선택**합니다. 그런다음 **언어(영문)와 글꼴(돋움)을 선택**한 후 〔설정〕 **단추를 클릭**합니다.

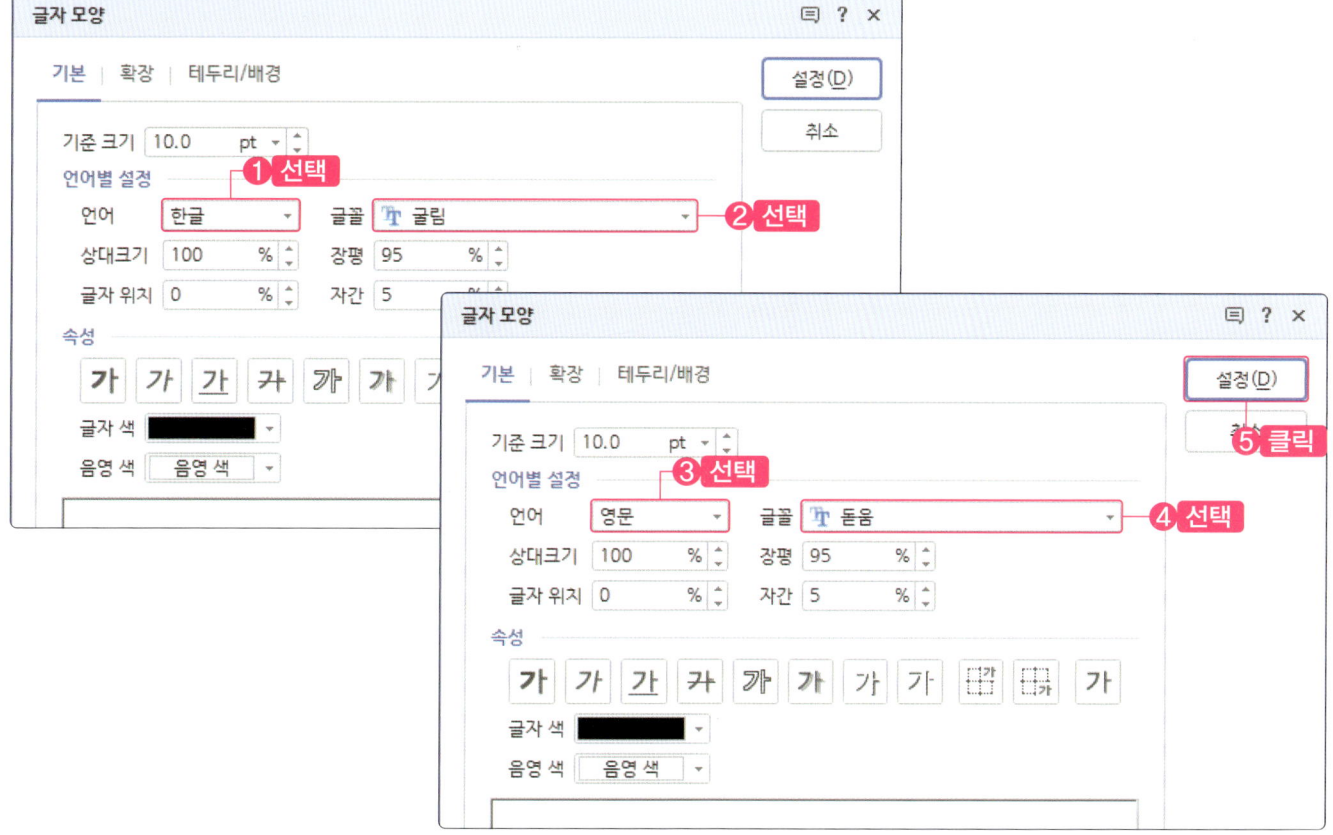

⟨조건⟩　(1) 스타일 이름 – student
　　　　(2) 문단 모양 – 왼쪽 여백 : 15pt, 문단 아래 간격 : 10pt
　　　　(3) 글자 모양 – 글꼴 : 한글(굴림)/영문(돋움), 크기 : 10pt, 장평 : 95%, 자간 : 5%

7 〔스타일 추가하기〕 대화상자가 다시 나타나면 〔**추가**〕 **단추를 클릭**합니다.

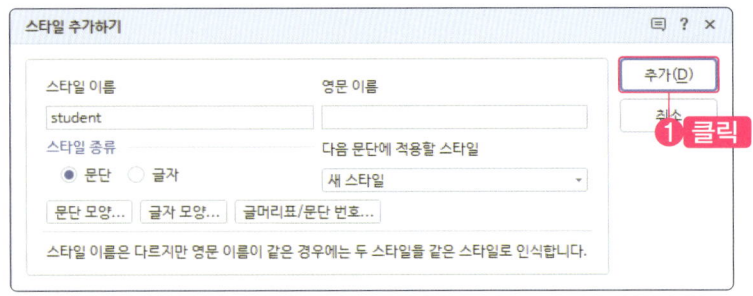

8 스타일이 추가되면 〔서식〕 탭에서 〔**student**〕를 클릭합니다.

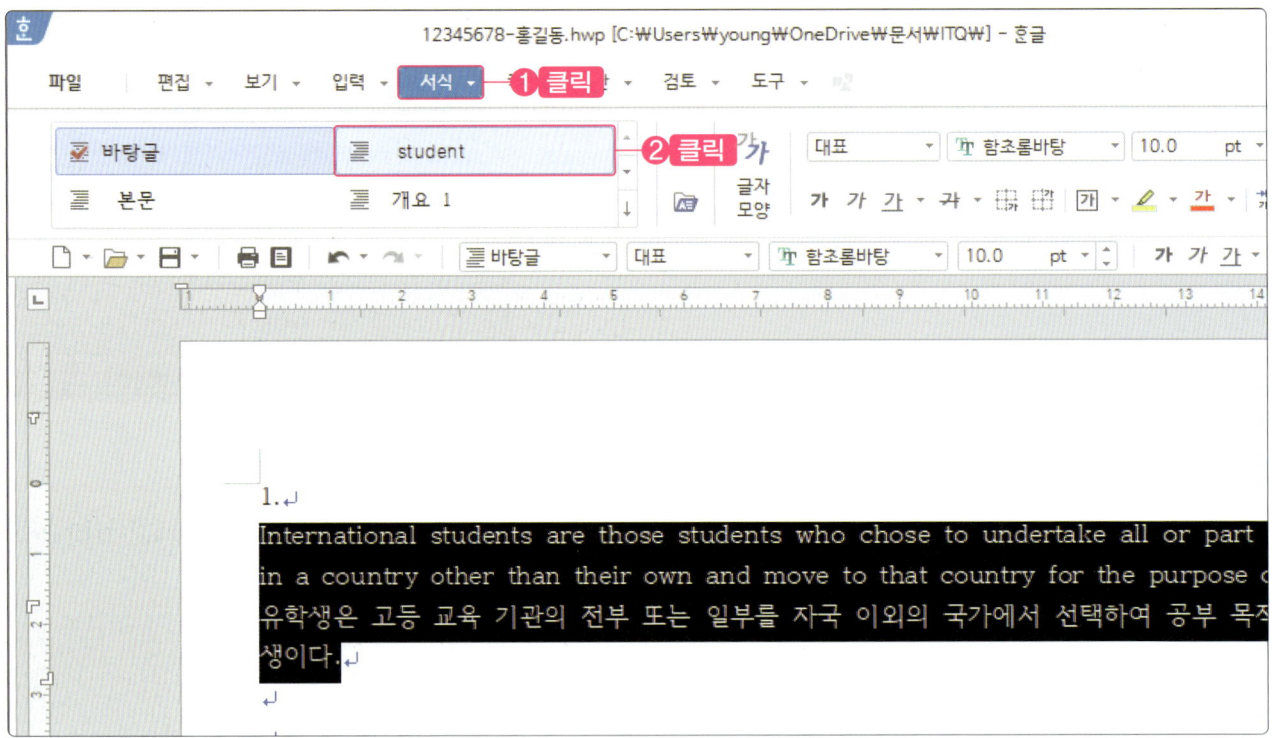

9 다음과 같이 스타일이 지정됩니다.

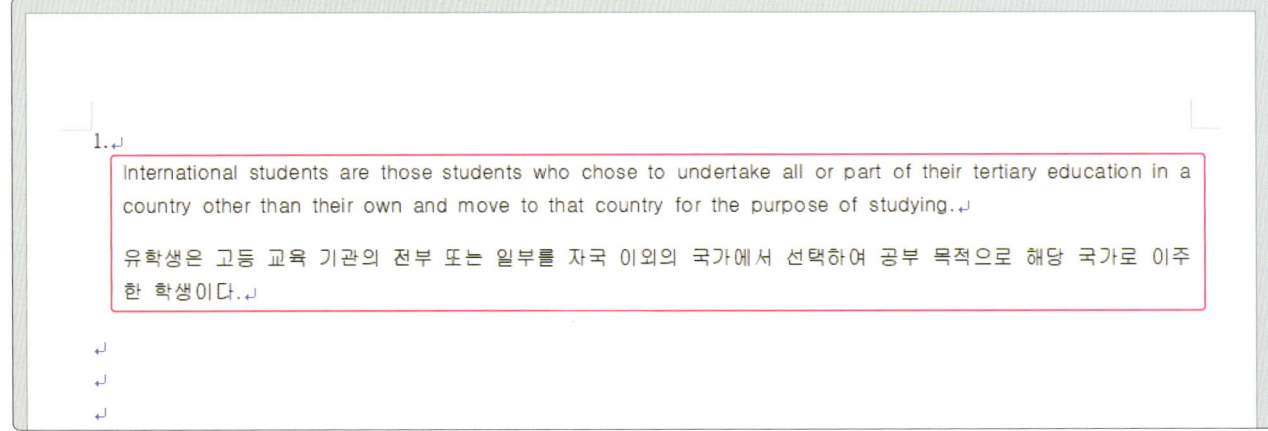

1 다음의 《조건》에 따라 스타일 기능을 적용하여 《출력형태》와 같이 작성하시오. (50점)

▶ 소스파일 : Part 01\Chapter 02\문제01.hwpx ▶ 완성파일 : Part 01\Chapter 02\문제01_완성.hwpx

《조건》
(1) 스타일 이름 – divide
(2) 문단 모양 – 왼쪽 여백 : 10pt, 문단 아래 간격 : 10pt
(3) 글자 모양 – 글꼴 : 한글(굴림)/영문(돋움), 크기 : 10pt, 장평 : 105%, 자간 : -5%

《출력형태》

A digital divide is an economic and social inequality with regard to access to, use of, or impact of information and communication technologies.

정보격차는 교육, 소득 수준, 성별, 지역 등의 차이로 인해 정보에 대한 접근과 이용이 차별되고 그 결과 경제적, 사회적 불균형이 발생하는 현상이다.

2 다음의 《조건》에 따라 스타일 기능을 적용하여 《출력형태》와 같이 작성하시오. (50점)

▶ 소스파일 : Part 01\Chapter 02\문제02.hwpx ▶ 완성파일 : Part 01\Chapter 02\문제02_완성.hwpx

《조건》
(1) 스타일 이름 – virtual
(2) 문단 모양 – 첫 줄 들여쓰기 : 10pt, 문단 아래 간격 : 10pt
(3) 글자 모양 – 글꼴 : 한글(굴림)/영문(돋움), 크기 : 10pt, 장평 : 105%, 자간 : -5%

《출력형태》

   Virtual Reality(VR) is a computer-generated environment with scenes and objects that appear to be real, making the user feel they are immersed in their surroundings.

   가상현실을 통해 우리는 마치 우리가 주인공이 된 것처럼 비디오 게임에 몰입하고, 심장 수술을 수행하는 방법을 배우거나, 성능을 극대화하기 위해 스포츠 훈련의 품질을 향상할 수 있다.

Practical question type
실전문제유형

3 다음의 《조건》에 따라 스타일 기능을 적용하여 《출력형태》와 같이 작성하시오. (50점)

▶소스파일 : Part 01\Chapter 02\문제03.hwpx   ▶완성파일 : Part 01\Chapter 02\문제03_완성.hwpx

《조건》
(1) 스타일 이름 – construction
(2) 문단 모양 – 왼쪽 여백 : 15pt, 문단 아래 간격 : 10pt
(3) 글자 모양 – 글꼴 : 한글(굴림)/영문(돋움), 크기 : 10pt, 장평 : 95%, 자간 : 5%

《출력형태》

Construction technology refers to changing the natural environment and making structures in the natural environment for a more convenient and comfortable life for humans.

건설기술은 인간이 더욱더 편리하고 안락한 생활을 위하여 자연환경을 변화시키고, 그 자연환경에 구조물을 만드는 것을 말하며 수송 시스템, 산업 및 에너지 관련 프로젝트의 설계에 사용된다.

---

4 다음의 《조건》에 따라 스타일 기능을 적용하여 《출력형태》와 같이 작성하시오. (50점)

▶소스파일 : Part 01\Chapter 02\문제04.hwpx   ▶완성파일 : Part 01\Chapter 02\문제04_완성.hwpx

《조건》
(1) 스타일 이름 – unification
(2) 문단 모양 – 왼쪽 여백 : 15pt, 문단 아래 간격 : 10pt
(3) 글자 모양 – 글꼴 : 한글(돋움)/영문(굴림), 크기 : 10pt, 장평 : 95%, 자간 : 5%

《출력형태》

In 1960s, public discussions on unification issues sprang up in various sectors in South Korean society and government felt the need set up a consistent unification policy.

1960년대 통일 문제에 대한 대중의 논의는 한국 사회의 여러 분야에서 시작되었고, 정부는 국민들의 말에 귀를 기울이고 일관된 통일 정책을 수립할 필요성을 느꼈다.

5 다음의 《조건》에 따라 스타일 기능을 적용하여 《출력형태》와 같이 작성하시오. (50점)

▶ 소스파일 : Part 01\Chapter 02\문제05.hwpx   ▶ 완성파일 : Part 01\Chapter 02\문제05_완성.hwpx

《조건》
(1) 스타일 이름 – data
(2) 문단 모양 – 왼쪽 여백 : 15pt, 문단 아래 간격 : 10pt
(3) 글자 모양 – 글꼴 : 한글(돋움)/영문(굴림), 크기 : 10pt, 장평 : 95%, 자간 : 5%

《출력형태》

Data analytics has become an important technological factor in medical and public health in collecting and screening data for COVID-19 treatment research and clinical trials.

데이터 분석은 코로나19 치료 연구 및 임상 시험을 위한 데이터 수집과 선별에 있어 의료 및 공중 보건의 중요한 기술적 요소가 되었다.

6 다음의 《조건》에 따라 스타일 기능을 적용하여 《출력형태》와 같이 작성하시오. (50점)

▶ 소스파일 : Part 01\Chapter 02\문제06.hwpx   ▶ 완성파일 : Part 01\Chapter 02\문제06_완성.hwpx

《조건》
(1) 스타일 이름 – copyright
(2) 문단 모양 – 왼쪽 여백 : 15pt, 문단 아래 간격 : 10pt
(3) 글자 모양 – 글꼴 : 한글(굴림)/영문(바탕), 크기 : 10pt, 장평 : 95%, 자간 : 5%

《출력형태》

Copyright enriches the life of people. For culture and arts of life and development of scientific journals toward intellectual life, the copyright protection is essential.

저작권자는 자신의 저작권이 침해되었을 경우 해당 저작물에 대한 복제 및 전송 중단 요청 민사상 손해배상 청구, 형사 고소를 할 수 있다.

Practical question type
실전문제유형

7 다음의 《조건》에 따라 스타일 기능을 적용하여 《출력형태》와 같이 작성하시오. (50점)

▶소스파일 : Part 01\Chapter 02\문제07.hwpx   ▶완성파일 : Part 01\Chapter 02\문제07_완성.hwpx

《조건》
(1) 스타일 이름 – goyang
(2) 문단 모양 – 왼쪽 여백 : 15pt, 문단 아래 간격 : 10pt
(3) 글자 모양 – 글꼴 : 한글(굴림)/영문(돋움), 크기 : 10pt, 장평 : 95%, 자간 : 5%

《출력형태》

Goyang international flower foundation has stepped forward to the center of world floriculture industry since 1997. Until now, we had 9 times of Goyang Autumn Flower Festival.

1997년에 처음 개최된 고양국제꽃박람회는 현재까지 총 370만 명에 이르는 관람객이 방문하여 국제박람회로 자리매김하고 있습니다.

8 다음의 《조건》에 따라 스타일 기능을 적용하여 《출력형태》와 같이 작성하시오. (50점)

▶소스파일 : Part 01\Chapter 02\문제08.hwpx   ▶완성파일 : Part 01\Chapter 02\문제08_완성.hwpx

《조건》
(1) 스타일 이름 – metaverse
(2) 문단 모양 – 왼쪽 여백 : 15pt, 문단 아래 간격 : 10pt
(3) 글자 모양 – 글꼴 : 한글(돋움)/영문(굴림), 크기 : 10pt, 장평 : 95%, 자간 : -5%

《출력형태》

Due to the influence of COVID-19, the demand for non-face-to-face services has increased for "social distancing" has increased. Metaverse provides a platform for people to gather and work online.

코로나 19의 영향으로 비대면 서비스의 수요가 높아지고 '사회적 거리두기'를 위해 실내에 머무는 시간이 증가했다. 메타버스는 온라인에서 사람들이 모이고, 활동할 수 있는 플랫폼을 제공해주고 있다.

9 다음의 《조건》에 따라 스타일 기능을 적용하여 《출력형태》와 같이 작성하시오. (50점)

▶ 소스파일 : Part 01\Chapter 02\문제09.hwpx   ▶ 완성파일 : Part 01\Chapter 02\문제09_완성.hwpx

《조건》
(1) 스타일 이름 – agriculture
(2) 문단 모양 – 왼쪽 여백 : 15pt, 문단 아래 간격 : 10pt
(3) 글자 모양 – 글꼴 : 한글(굴림)/영문(돋움), 크기 : 10pt, 장평 : 95%, 자간 : -5%

《출력형태》

The participation of urban residents in agricultural activities is spreading. Some of those activities are exemplified by growing vegetables or flowers in kitchen gardens or working on an educational farm.

도시지역에서 다양한 형태로 전개되는 농업은 신선하고 안전한 농산물을 공급하는 역할을 비롯하여, 체험이나 학습 기회를 제공하고 생물다양성을 유지하면서 이산화탄소를 저감하는 등의 역할이 높게 평가되고 있다.

10 다음의 《조건》에 따라 스타일 기능을 적용하여 《출력형태》와 같이 작성하시오. (50점)

▶ 소스파일 : Part 01\Chapter 02\문제10.hwpx   ▶ 완성파일 : Part 01\Chapter 02\문제10_완성.hwpx

《조건》
(1) 스타일 이름 – climate
(2) 문단 모양 – 왼쪽 여백 : 10pt, 문단 아래 간격 : 10pt
(3) 글자 모양 – 글꼴 : 한글(굴림)/영문(돋움), 크기 : 10pt, 장평 : 105%, 자간 : -5%

《출력형태》

Climate change is one of the greatest challenges facing humanity. To address climate change, countries adopted the Paris Agreement to limit global temperature rise to well below 2 degrees Celsius.

온실효과란 태양으로부터 지구로 유입되었다가 대기 중 온실기체에 의해 다시 우주로 방출되는 열의 일부를 온실가스가 흡수하여 대기를 따뜻하게 유지시켜 지구가 마치 온실의 유리처럼 보온되는 것을 말한다.

Chapter 03 기능평가 Ⅰ - 표

◆ 문제 번호 입력하고 표 작성하기 ◆ 셀 배경색과 셀 테두리 지정하기
◆ 평균 구하고 캡션 넣기

▶소스파일 : Part 01\Chapter 03\Ch03.hwpx   ▶완성파일 : Part 01\Chapter 03\Ch03_완성.hwpx

2. 다음의《조건》에 따라《출력형태》와 같이 표와 차트를 작성하시오. (100점)

표 조건

(1) 표 전체(표, 캡션) - 굴림, 10pt
(2) 정렬 - 문자 : 가운데 정렬, 숫자 : 오른쪽 정렬
(3) 셀 배경(면색) : 노랑
(4) 한글의 계산 기능을 이용하여 빈칸에 평균(소수점 두 자리)을 구하고, 캡션 기능 사용할 것
(5) 선 모양은《출력형태》와 동일하게 처리할 것

출력 형태

연도별 유학생 현황(단위 : 백 명)

연도	2021년	2022년	2023년	2024년	평균
일본	29	27	28	40	
베트남	31	32	75	94	
미국	44	44	37	35	
중국	574	504	605	643	

> **체크! 체크!**
>
> 〔기능평가 Ⅰ〕 표
>
> ■ 문제 번호 입력하고 표 작성하기
>   • 문제 번호를 입력한 후 표를 작성합니다.
>   (답안을 작성하지 못한 경우에도 문제 번호는 입력합니다.)
>   • 표를 작성한 후 정렬을 지정합니다.
> ■ 셀 배경색과 셀 테두리 지정하기
>   • 색상 테마를 '오피스' 테마로 변경한 후 셀 배경색을 지정합니다.
>   • 이중 실선 및 대각선 테두리를 지정합니다.
> ■ 평균 구하고 캡션 넣기
>   • 블록 계산식을 이용하여 합계 또는 평균을 구합니다.
>   • 캡션을 삽입한 후 위치 및 정렬을 지정합니다.

STEP 01 · 문제 번호 입력하고 표 작성하기

〈표 조건〉
(1) 표 전체(표, 캡션) - 굴림, 10pt
(2) 정렬 - 문자 : 가운데 정렬, 숫자 : 오른쪽 정렬

1 문제 번호(2.)를 입력한 후 Enter를 4번 누릅니다.

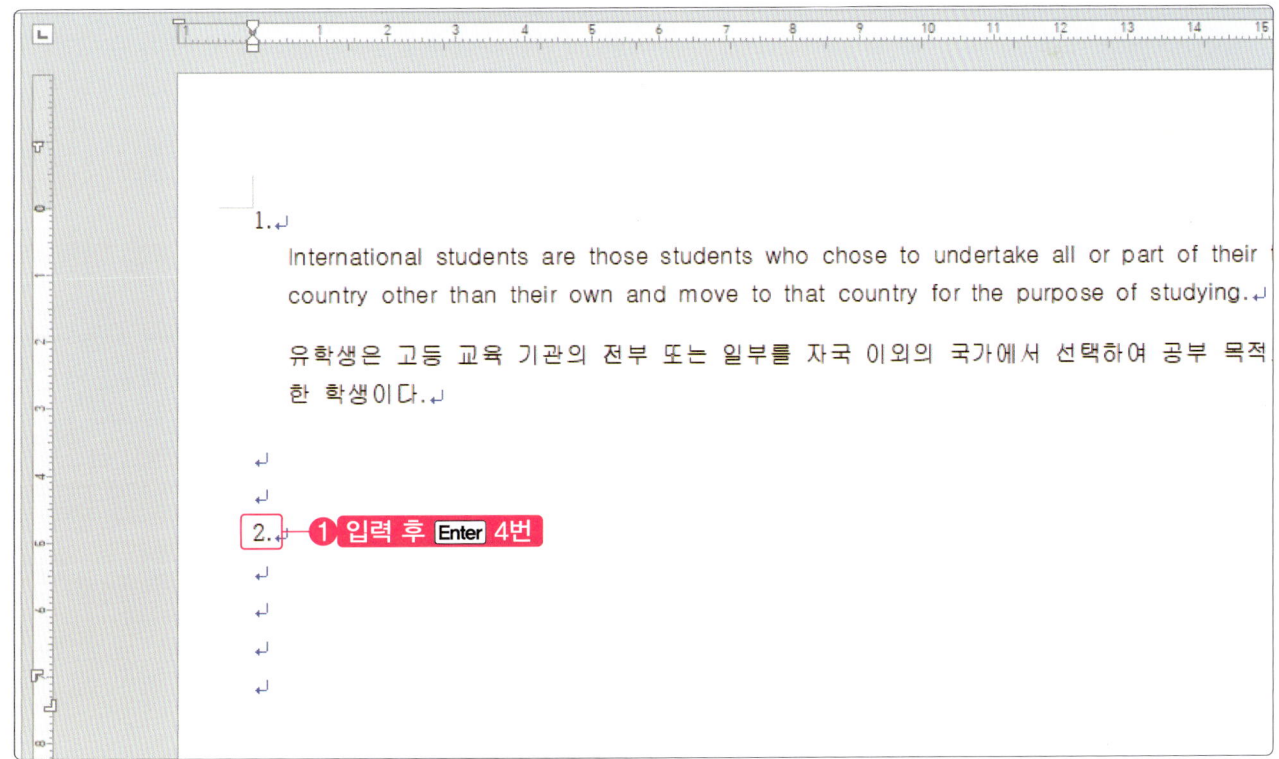

> • 답안을 작성하지 못한 경우에도 문제 번호는 입력합니다.
> • **파일 열기** : 〔파일〕 탭-〔불러오기〕를 클릭한 후 〔불러오기〕 대화상자가 나타나면 찾는 위치(Part 01₩Chapter 03)를 지정한 다음 파일(Ch03.hwpx)을 선택하고 〔열기〕 단추를 클릭합니다.

2 문제 번호 아래 문단에 커서를 위치한 후 [입력] 탭을 클릭한 다음 [표(⊞)]를 클릭합니다.

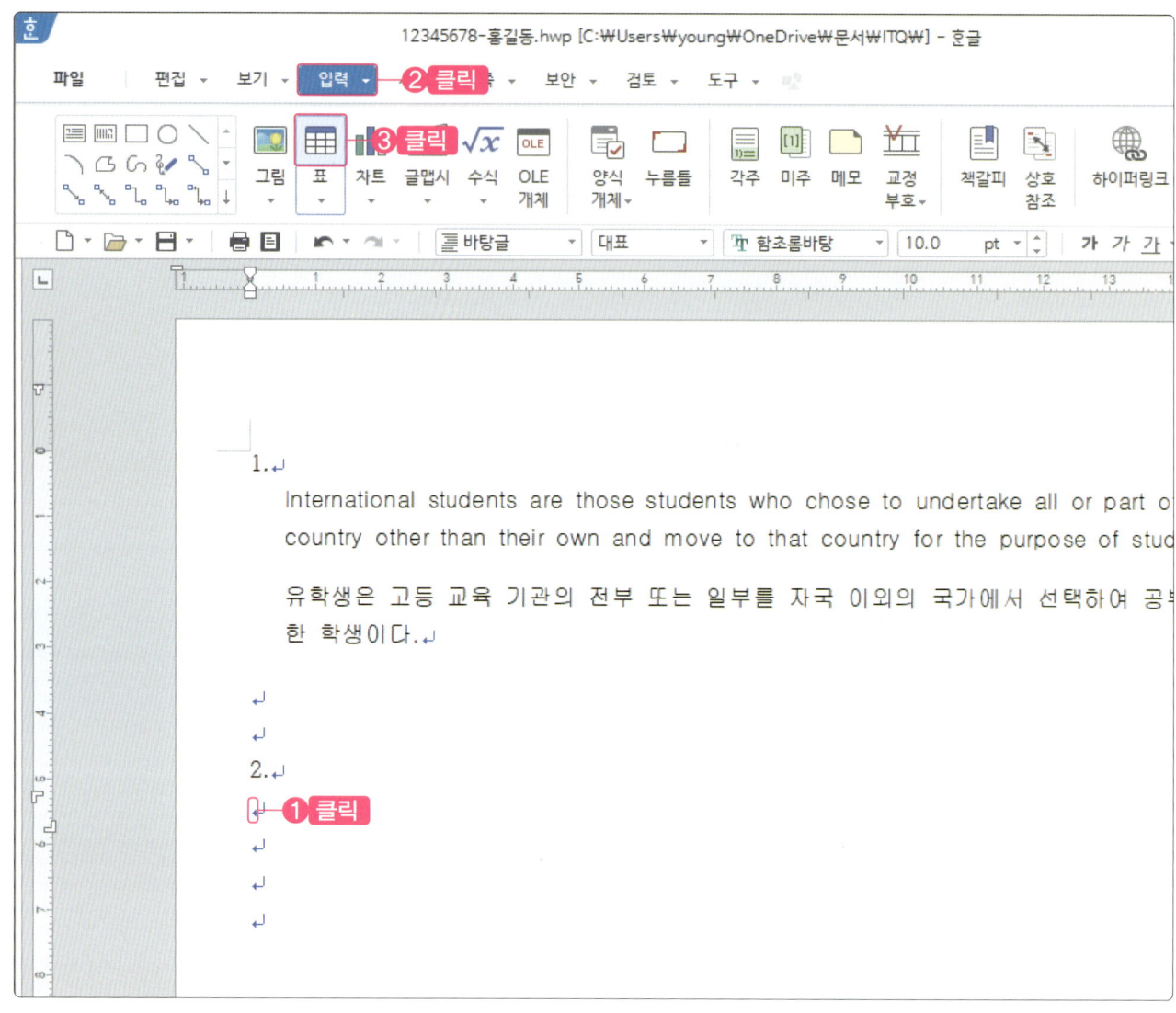

[입력] 탭의 [목록(▼)] 단추를 클릭한 후 [표]-[표 만들기]를 클릭하거나 Ctrl+N, T를 눌러 표를 만들 수도 있습니다.

3 [표 만들기] 대화상자가 나타나면 **줄 개수(5)와 칸 개수(6)를 입력**한 후 [글자처럼 취급]을 선택한 다음 [만들기]를 클릭합니다.

[글자처럼 취급]을 선택하면 표를 하나의 글자처럼 취급합니다.

〈표 조건〉 (1) 표 전체(표, 캡션) – 굴림, 10pt
(2) 정렬 – 문자 : 가운데 정렬, 숫자 : 오른쪽 정렬

4 표가 삽입되면 다음과 같이 **셀에 내용을 입력**합니다.

연도	2021년	2022년	2023년	2024년	평균
일본	29	27	28	40	
베트남	31	32	75	94	
미국	44	44	37	35	
중국	574	504	605	643	

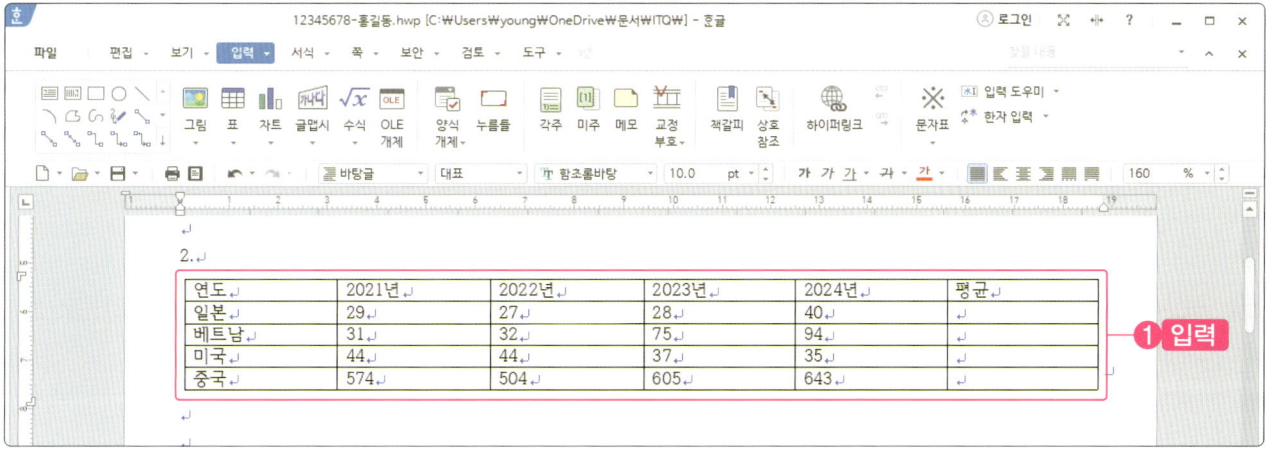

5 표 전체를 셀 블록으로 설정한 후 [서식] 도구 상자에서 **글꼴(굴림)과 글자 크기(10)를 선택**한 다음 [**가운데 정렬(≡)**]을 클릭합니다.

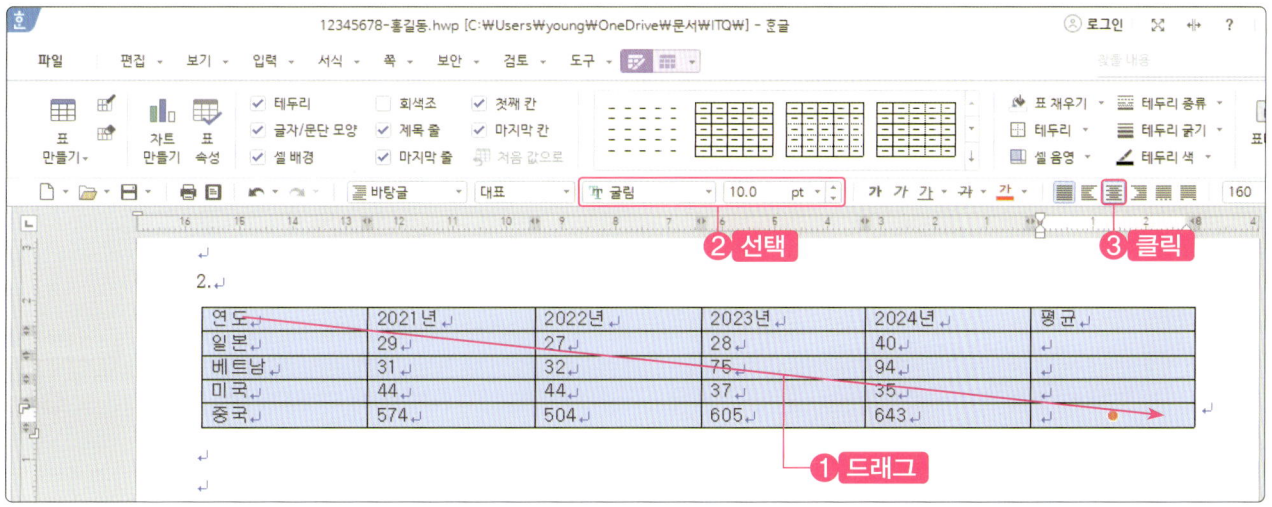

- 셀 블록으로 설정하라는 것은 셀을 드래그하여 선택하라는 것입니다. 셀 블록을 해제하려면 문서에서 빈 곳을 클릭하거나 Esc 를 누르면 됩니다.
- 시험에서 《표 조건》을 보면 '(2) 정렬 – 문자 : 가운데 정렬, 숫자 : 오른쪽 정렬' 같이 명시되어 있습니다. 여기서는 표 전체를 셀 블록으로 설정하여 가운데 정렬을 지정한 후 숫자가 입력되어 있는 셀만 따로 셀 블록으로 설정하여 오른쪽 정렬을 지정합니다.

〈표 조건〉 (1) 표 전체(표, 캡션) – 굴림, 10pt
(2) 정렬 – 문자 : 가운데 정렬, 숫자 : 오른쪽 정렬

> **한가지 더!**
>
> **키보드를 사용하여 셀 블록으로 설정하기**
> - F5 한 번 : 커서를 둔 셀만 셀 블록으로 설정합니다.
> - F5 두 번+←/→/↑/↓ : 커서를 둔 셀부터 왼쪽/오른쪽/위쪽/아래쪽으로 연속적인 셀을 셀 블록으로 설정합니다.
> - F5 세 번 : 표 전체를 셀 블록으로 설정합니다.
> - Shift +클릭 : 커서를 둔 셀부터 Shift 를 누른 상태에서 클릭한 셀까지 연속적인 셀을 셀 블록으로 설정합니다.
> - Ctrl +클릭 : Ctrl 을 누른 상태에서 클릭한 비연속적인 셀을 셀 블록으로 설정합니다.
>
> **키보드를 사용하여 셀 블록으로 설정하기**
> - 왼쪽 정렬 : Ctrl + Shift + L
> - 가운데 정렬 : Ctrl + Shift + C
> - 오른쪽 정렬 : Ctrl + Shift + R

6 2줄 2칸~5줄 6칸을 셀 블록으로 설정한 후 [서식] 도구 상자에서 [오른쪽 정렬(≡)]을 클릭합니다.

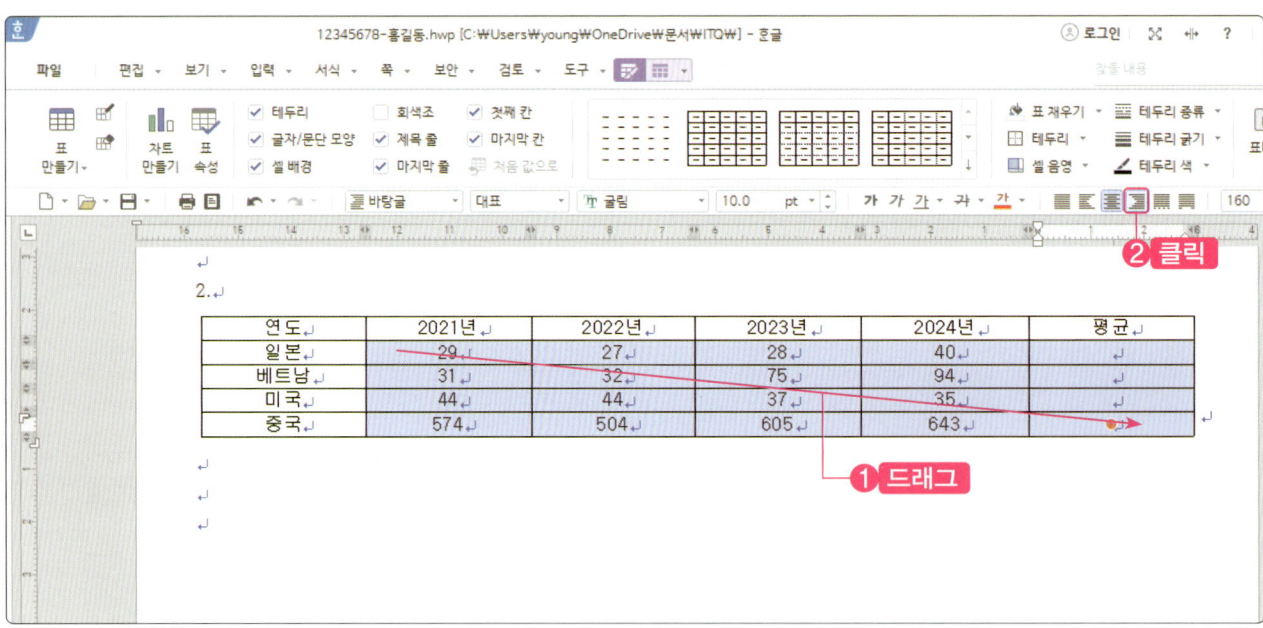

STEP 02 셀 배경색과 셀 테두리 지정하기

〈표 조건〉 (3) 셀 배경(면색) : 노랑
(5) 선 모양은 《출력형태》와 동일하게 처리할 것

1. 셀 배경색을 지정하기 위해 **1줄 1칸 ~ 4줄 5칸을 셀 블록으로 설정**합니다.

2. [표 디자인(📝)] 정황 탭을 클릭한 후 [표 채우기]의 [목록(▼)] 단추를 클릭한 다음 [색상 테마(▶)] -[오피스]를 클릭하고 색상 테마가 변경되면 [**노랑(RGB: 255,255,0)**]을 클릭합니다.

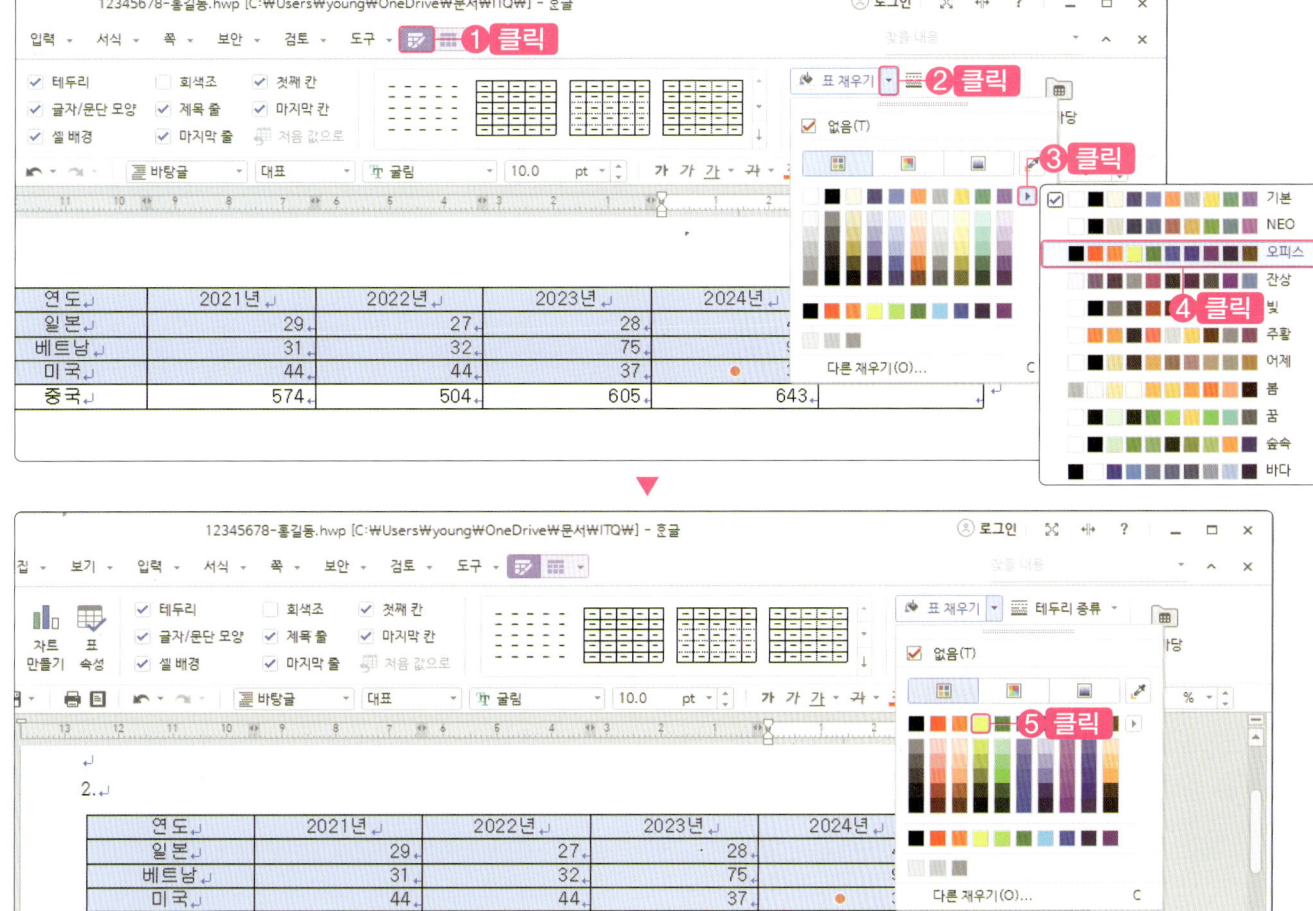

[색상 테마]가 '오피스'로 되어 있을 경우에는 [색상 테마]를 변경하지 않아도 됩니다.

3 셀 테두리를 지정하기 위해 **1줄 1칸 ~ 5줄 6칸을 셀 블록으로 설정**합니다.

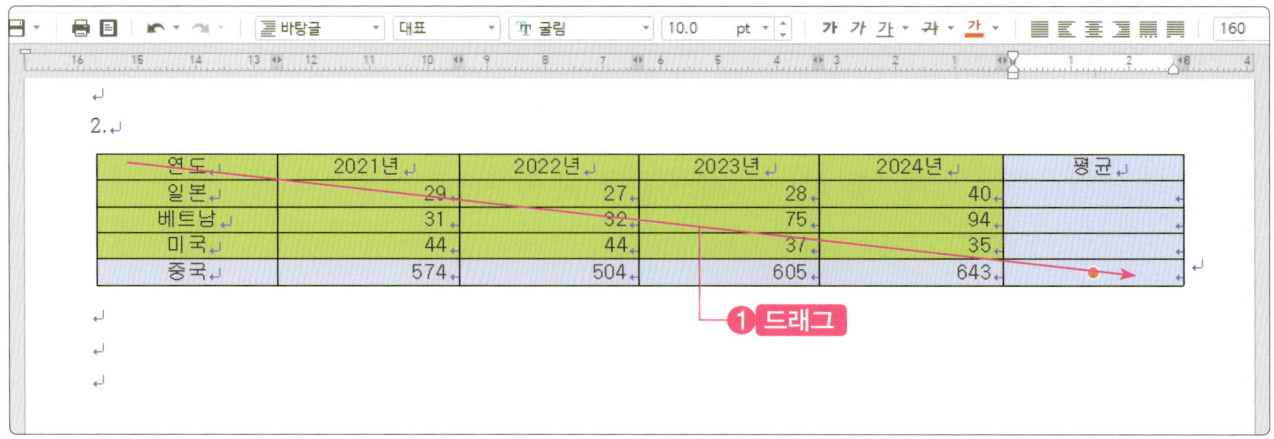

4 표 전체가 셀 블록으로 설정되면 〔**표 레이아웃( )〕 정황 탭의 〔목록( )〕 단추를 클릭**한 후 〔셀 테두리/배경〕-〔**각 셀마다 적용**〕을 클릭합니다.

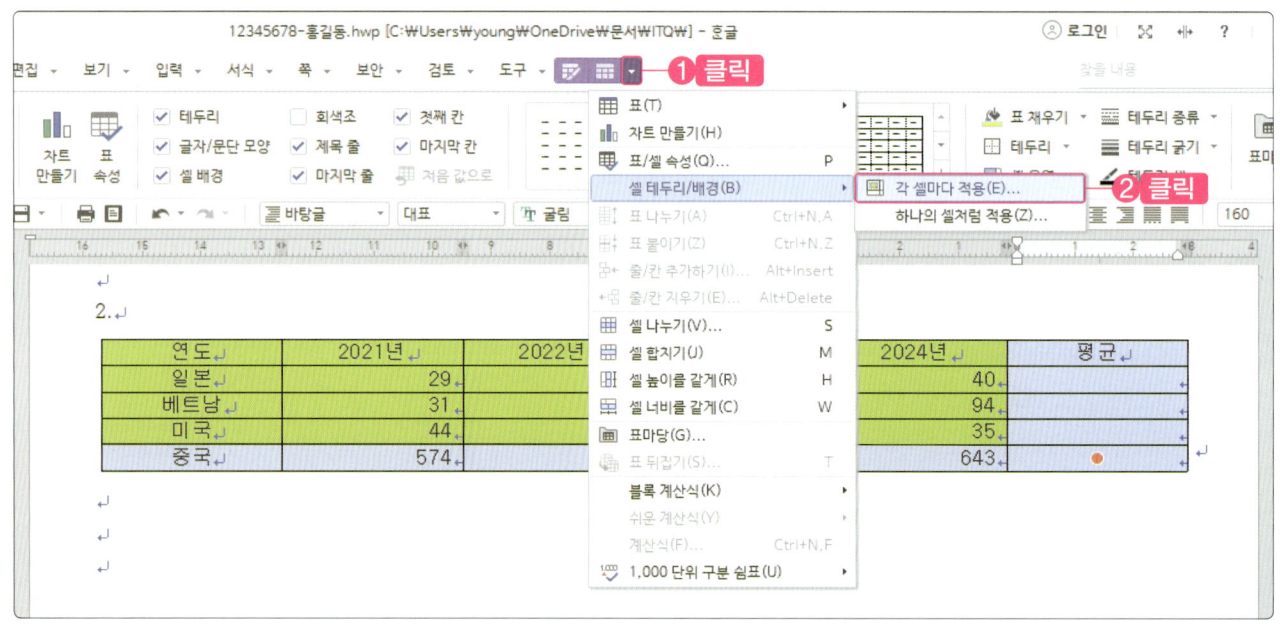

> 표 전체를 셀 블록으로 설정한 후 바로가기 메뉴에서 〔셀 테두리/배경〕-〔각 셀마다 적용〕을 클릭하여 셀 테두리를 지정할 수도 있습니다.

한가지 더!

각 셀마다 적용과 하나의 셀처럼 적용

다음과 같이 〔각 셀마다 적용〕을 선택하면 각 셀마다 셀 테두리나 셀 배경색 등을 지정하지만 〔하나의 셀처럼 적용〕을 선택하면 셀 블록으로 설정한 셀을 하나의 셀처럼 간주하여 셀 테두리나 셀 배경색 등을 지정합니다.

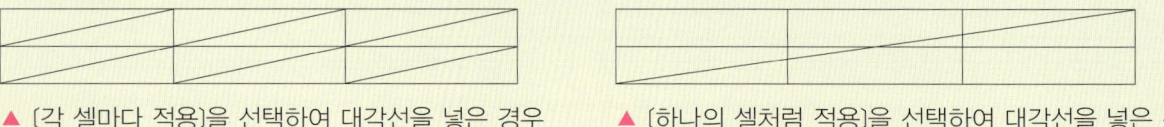

▲ 〔각 셀마다 적용〕을 선택하여 대각선을 넣은 경우   ▲ 〔하나의 셀처럼 적용〕을 선택하여 대각선을 넣은 경우

5 〔셀 테두리/배경〕 대화상자가 나타나면 〔테두리〕 탭에서 **테두리 종류(이중 실선(═))를 선택**한 후 〔**바깥쪽(▣)**〕을 **클릭**한 다음 〔**설정**〕 **단추를 클릭**합니다.

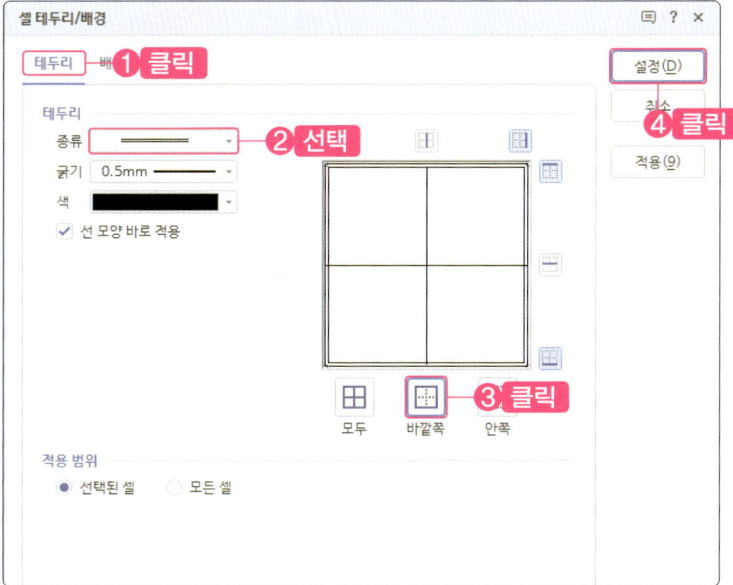

테두리 종류(이중 실선)를 선택하면 테두리 굵기가 자동으로 0.5mm가 지정됩니다.

6 1줄 1칸 ~ 1줄 6칸을 셀 블록으로 **설정**한 후 〔표 레이아웃(▦)〕 정황 탭의 〔목록(▾)〕 **단추를 클릭**한 후 〔셀 테두리/배경〕-〔**각 셀마다 적용**〕을 **클릭**합니다.

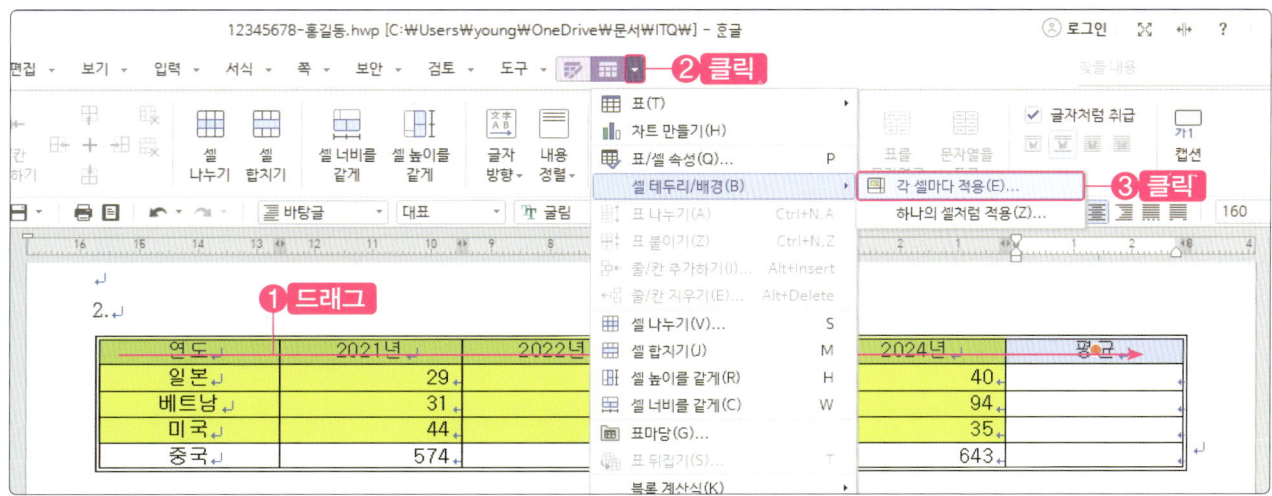

7 〔셀 테두리/배경〕 대화상자가 나타나면 〔테두리〕 탭에서 **테두리 종류(이중 실선(═))를 클릭**한 후 〔**아래(▣)**〕를 **클릭**한 다음 〔**설정**〕 **단추를 클릭**합니다.

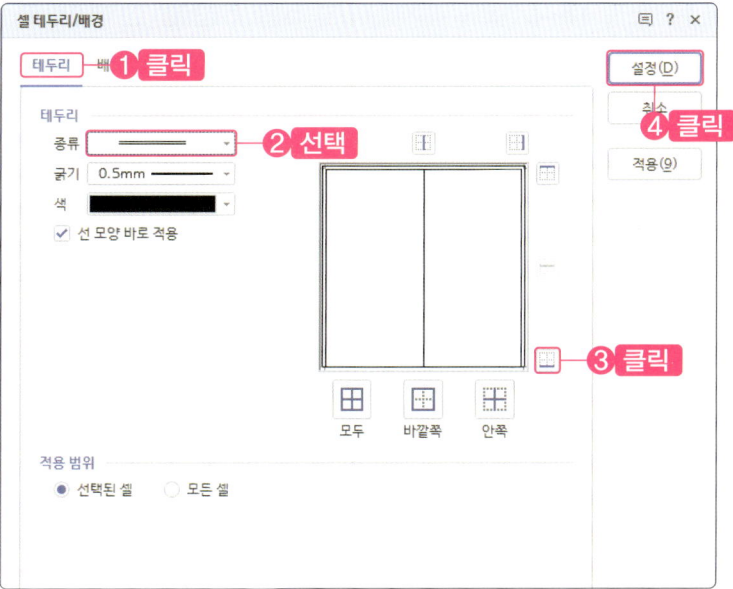

Chapter 03 · 기능평가 Ⅰ-표 **29**

8 1줄 1칸 ~ 5줄 1칸을 셀 블록으로 설정한 후 [표 레이아웃()] 정황 탭의 [목록()] 단추를 클릭한 후 [셀 테두리/배경]-[각 셀마다 적용]을 클릭합니다.

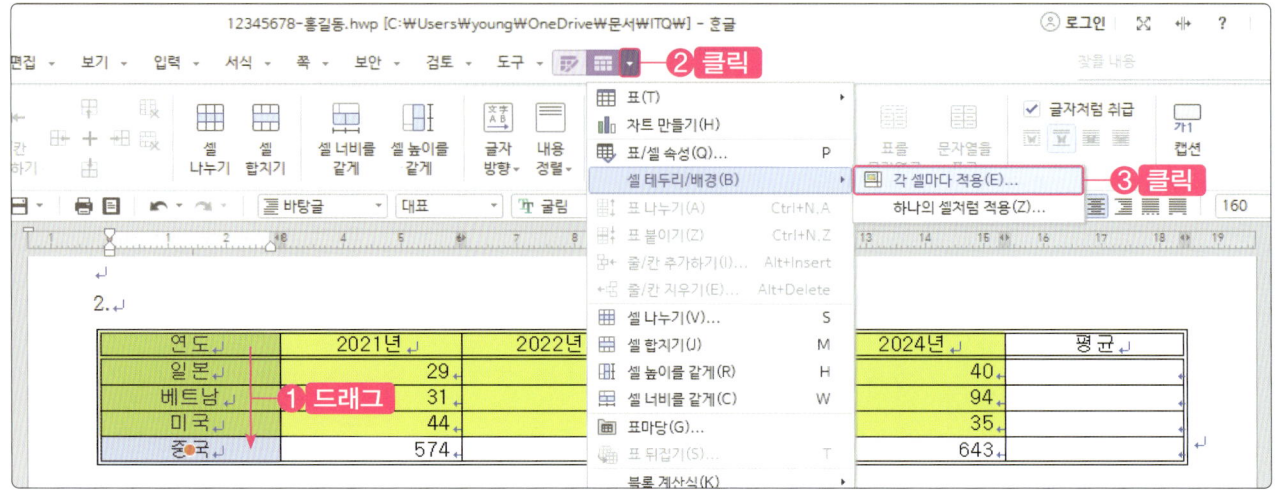

9 [셀 테두리/배경] 대화상자가 나타나면 [테두리] 탭에서 **테두리 종류(이중 실선(═))**를 클릭한 후 [오른쪽()]을 클릭한 다음 [설정] 단추를 클릭합니다.

10 셀에 대각선을 넣기 위해 5줄 6칸을 선택한 후 [표 레이아웃()] 정황 탭의 [목록()] 단추를 클릭한 후 [셀 테두리/배경]-[각 셀마다 적용]을 클릭합니다.

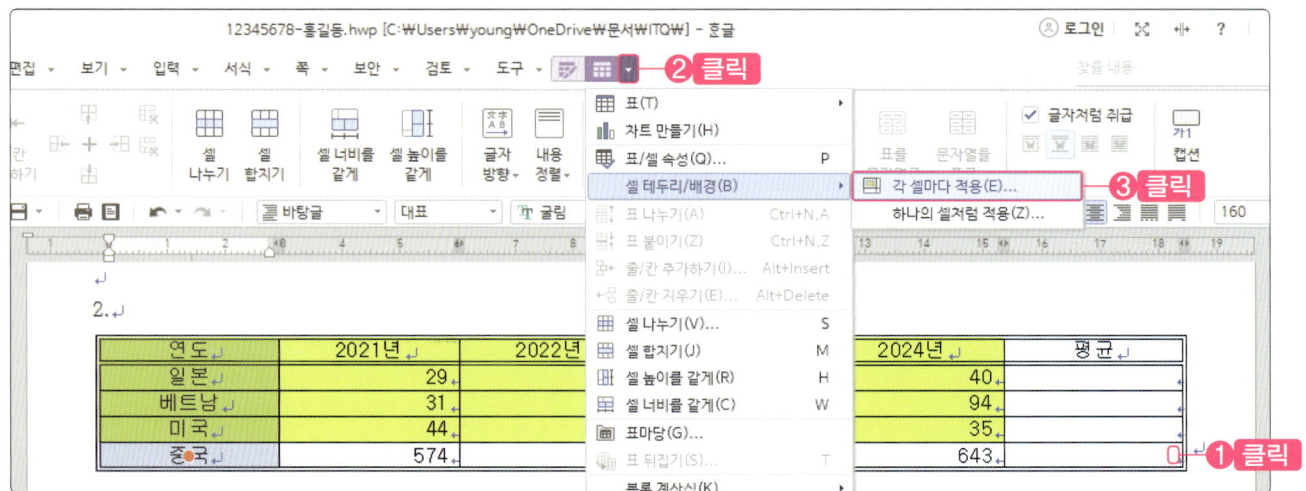

11 〔셀 테두리/배경〕 대화상자가 나타나면 〔대각선〕 탭에서 **대각선 종류(실선)를 선택**한 후 ◥(1)과 ◢(A)를 **선택**한 다음 〔설정〕 **단추를 클릭**합니다.

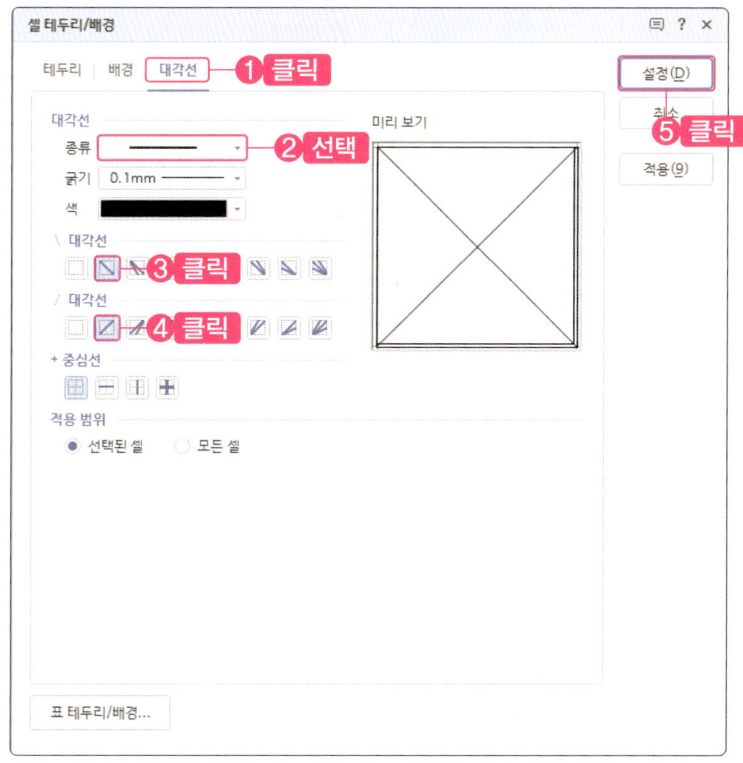

12 다음과 같이 5줄 6칸에 대각선이 지정됩니다.

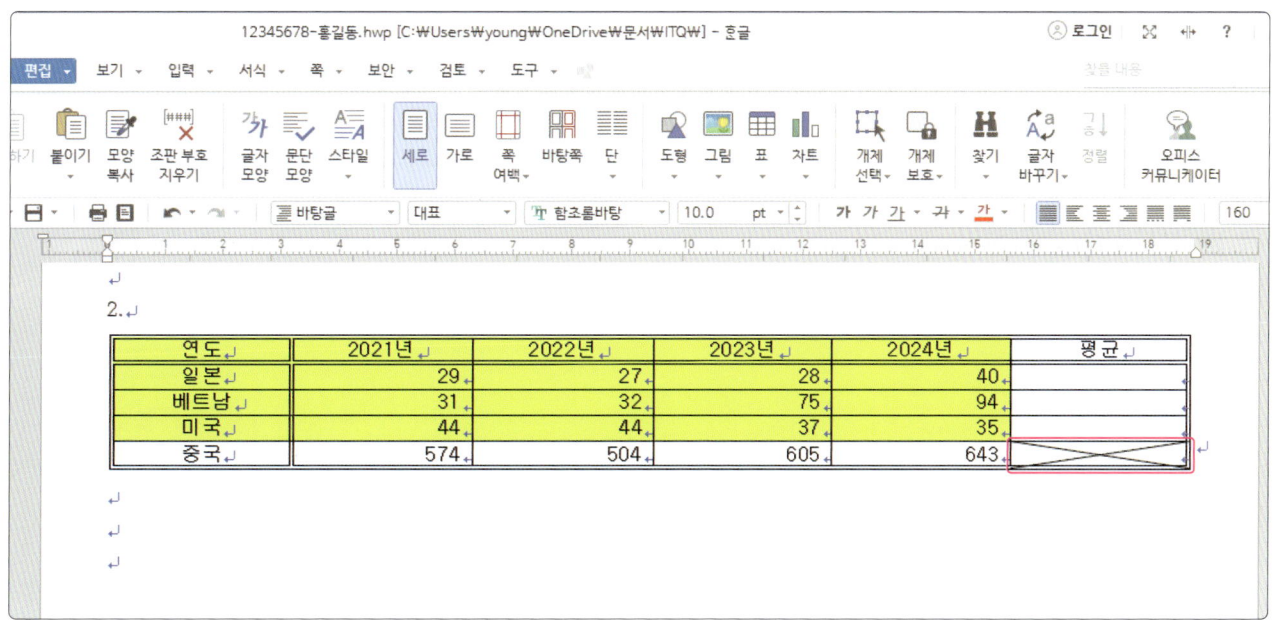

STEP 03 평균 구하고 캡션 넣기

〈표 조건〉 (1) 표 전체(표, 캡션) – 굴림, 10pt
(4) 한글의 계산 기능을 이용하여 빈칸에 평균(소수점 두 자리)을 구하고, 캡션 기능 사용할 것

1 평균을 계산하기 위해 **2줄 2칸 ~ 4줄 6칸을 셀 블록으로 설정**한 후 **[표 레이아웃(▦)] 정황 탭을 클릭**한 다음 **[계산식(🖩)]을 클릭**하고 **[블록 평균]을 클릭**합니다.

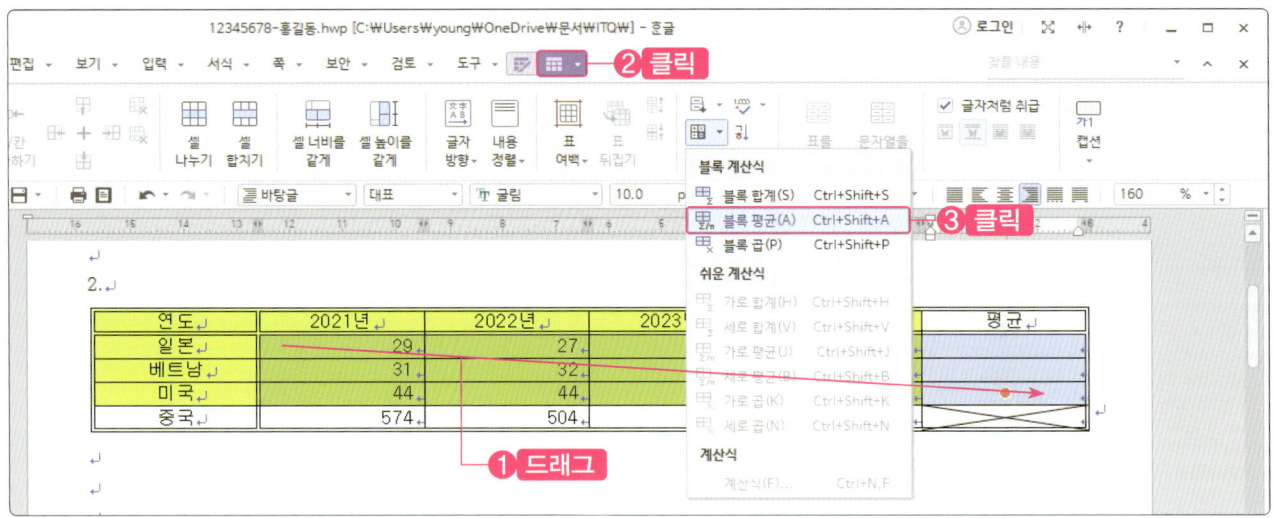

> 2줄 2칸 ~ 4줄 6칸을 셀 블록으로 설정한 후 바로가기 메뉴에서 [블록 계산식]-[블록 평균]을 클릭하여 평균을 구할 수도 있습니다.

한가지 더!

블록 평균 자릿수 변경하기

1 평균 값을 클릭한 후 바로가기 메뉴에서 [계산식 고치기]를 클릭합니다.

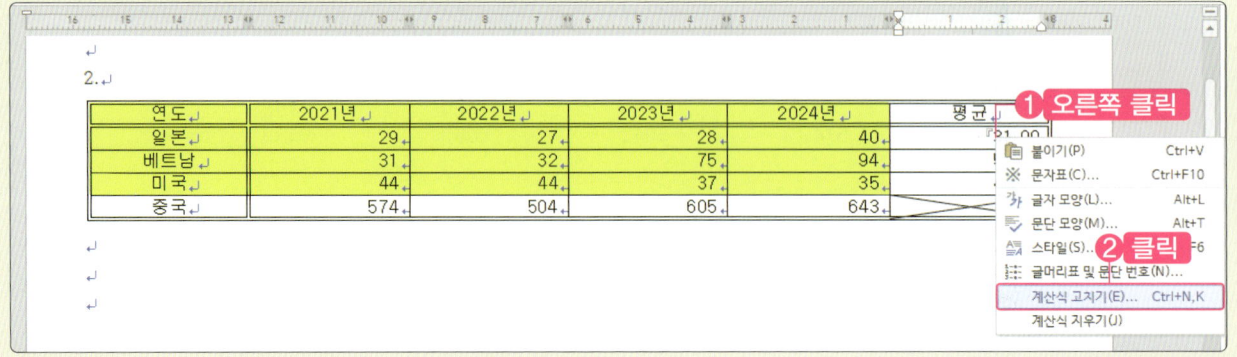

2 [계산식] 대화상자가 나타나면 형식(소수점 이하 두 자리)을 선택한 후 [설정] 단추를 클릭합니다.

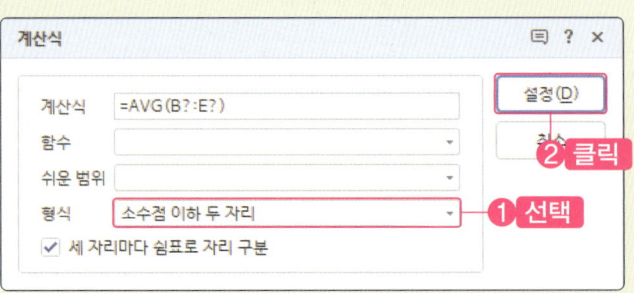

〈표 조건〉 (1) 표 전체(표, 캡션) – 굴림, 10pt
(4) 한글의 계산 기능을 이용하여 빈칸에 평균(소수점 두 자리)을 구하고, 캡션 기능 사용할 것

2 평균이 구해지면 캡션을 넣기 위해 **표를 선택**한 후 〔표 레이아웃(▦)〕 **정황 탭을 클릭**한 다음 〔캡션(🔲)〕의 〔목록(▼)〕 **단추를 클릭**하고 〔위〕를 **클릭**합니다.

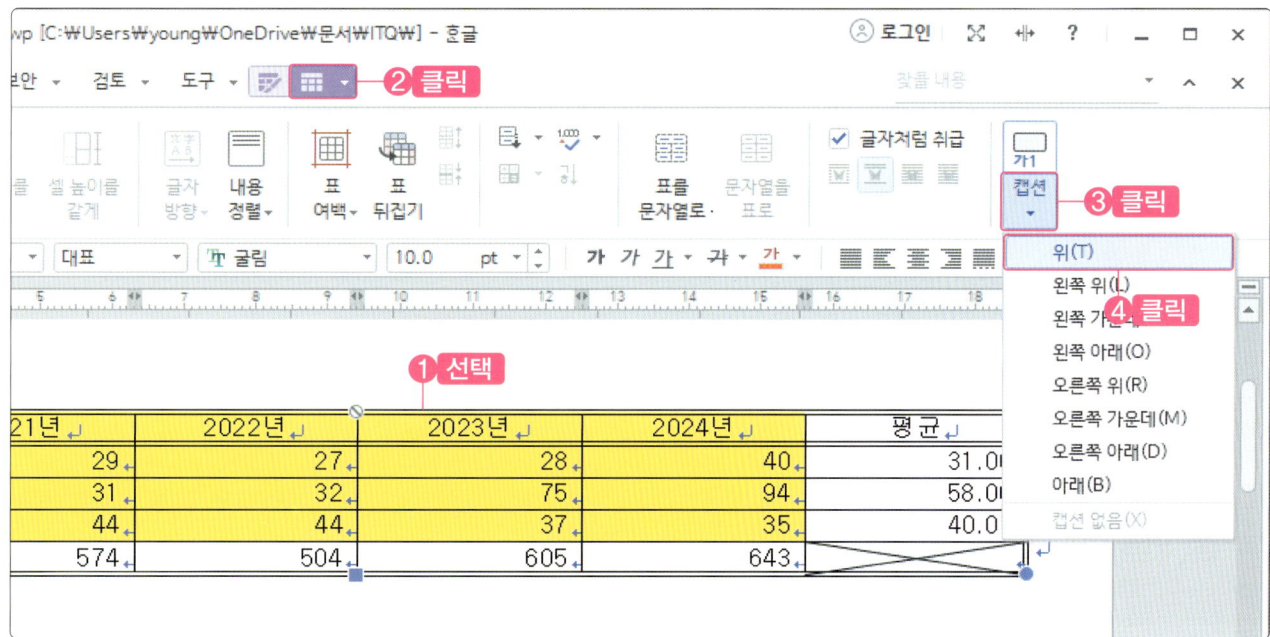

- 캡션은 표, 도형, 글상자 등에 붙이는 참조 번호나 간단한 설명 등을 말합니다.
- 표로 마우스 포인터를 가져가면 마우스 포인터가 ⛶ 모양으로 변경되었을 때 클릭하면 표를 선택할 수 있고, 문서에서 빈 곳을 클릭하거나 Esc를 누르면 표를 선택해제할 수 있습니다.
- 표를 선택한 후 바로가기 메뉴에서 〔캡션 넣기〕를 클릭하여 캡션을 넣을 수도 있습니다.
- 표를 선택한 후 〔표(▦)〕 정황 탭을 클릭한 다음 〔캡션(🔲)〕의 〔목록(▼)〕 단추를 클릭하고 〔캡션 없음〕을 클릭하거나 바로가기 메뉴에서 〔캡션 없음〕을 클릭하면 캡션을 지울 수 있습니다.

3 캡션이 넣어지면 다음과 같이 **캡션 내용을 수정**한 후 **캡션 내용을 블록으로 설정**한 다음 〔서식〕 도구 상자에서 **글꼴(굴림)과 글자 크기(10)를 선택**하고 〔오른쪽 정렬(▤)〕을 **클릭**합니다.

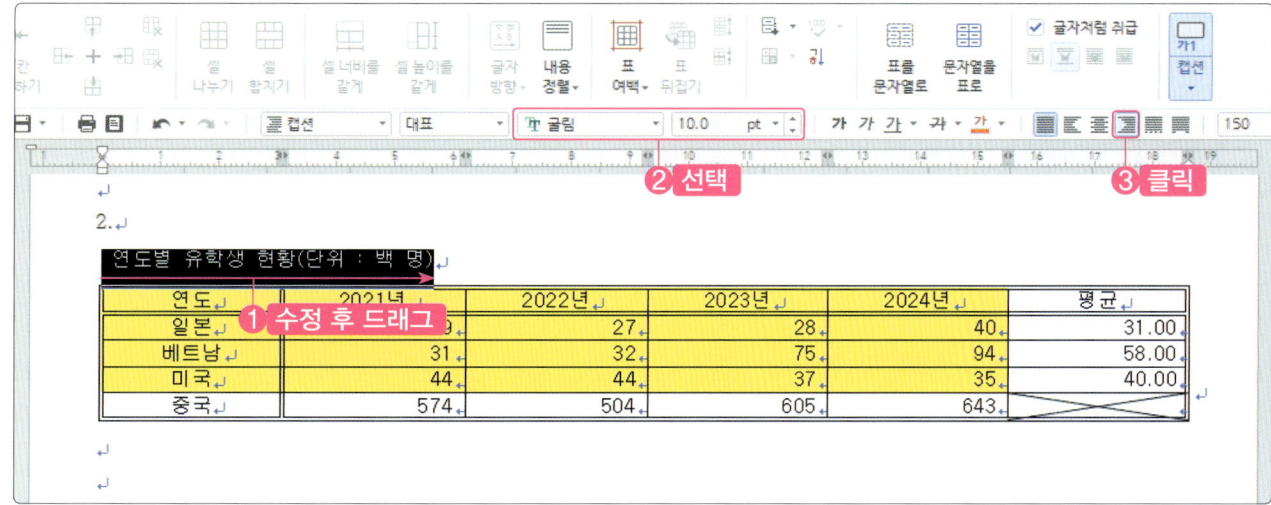

4 표 전체를 셀 블록으로 설정한 후 Ctrl을 누른 상태에서 ↓를 눌러 표의 크기를 조절합니다.

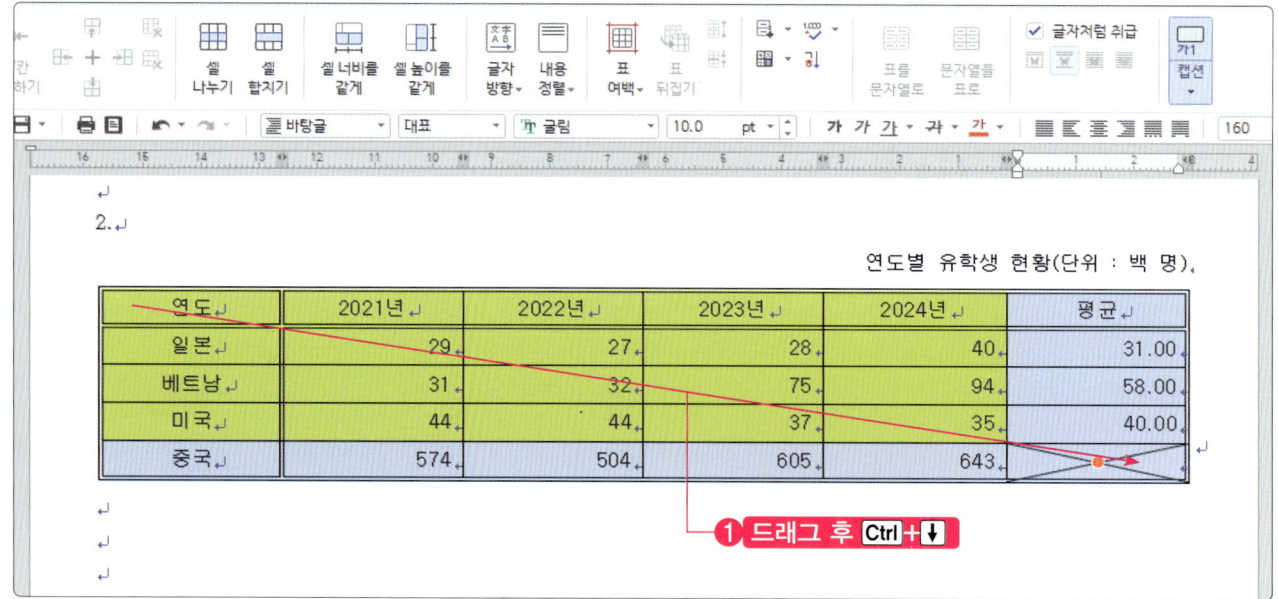

키보드를 이용하여 셀 블록 설정하기

- Ctrl + ← : 셀 블록으로 설정한 모든 칸의 너비를 줄이면서 표의 너비를 줄입니다.

- Ctrl + → : 셀 블록으로 설정한 모든 칸의 너비를 늘리면서 표의 너비를 늘립니다.
- Ctrl + ↑ : 셀 블록으로 설정한 모든 줄의 높이를 줄이면서 표의 높이를 줄입니다.
- Ctrl + ↓ : 셀 블록으로 설정한 모든 줄의 높이를 늘리면서 표의 높이를 늘립니다.
- Alt + ← : 표의 크기는 변하지 않고 셀 블록으로 설정한 마지막 칸의 너비를 줄이면서 이웃한 오른쪽 칸의 너비를 늘립니다.
- Alt + → : 표의 크기는 변하지 않고 셀 블록으로 설정한 마지막 칸의 너비를 늘리면서 이웃한 오른쪽 칸의 너비를 줄입니다.
- Alt + ↑ : 표의 크기는 변하지 않고 셀 블록으로 설정한 마지막 줄의 높이를 줄이면서 이웃한 아래쪽 줄의 높이를 늘립니다.
- Alt + ↓ : 표의 크기는 변하지 않고 셀 블록으로 설정한 마지막 줄의 높이를 늘리면서 이웃한 아래쪽 줄의 높이를 줄입니다.
- Shift + ← : 표의 크기는 변하지 않고 셀 블록으로 설정한 마지막 셀의 너비를 줄이면서 이웃한 오른쪽 셀의 너비를 늘립니다.
- Shift + → : 표의 크기는 변하지 않고 셀 블록으로 설정한 마지막 셀의 너비를 늘리면서 이웃한 오른쪽 셀의 너비를 줄입니다.
- Shift + ↑ : 표의 크기는 변하지 않고 셀 블록으로 설정한 마지막 셀의 높이를 줄이면서 이웃한 아래쪽 셀의 높이를 늘립니다.
- Shift + ↓ : 표의 크기는 변하지 않고 셀 블록으로 설정한 마지막 셀의 높이를 늘리면서 이웃한 아래쪽 셀의 높이를 줄입니다.

실전문제유형

1. 다음의 《조건》에 따라 《출력형태》와 같이 표와 차트를 작성하시오. (100점)

▶ 소스파일 : Part 01\Chapter 03\문제01.hwpx   ▶ 완성파일 : Part 01\Chapter 03\문제01_완성.hwpx

《표 조건》
(1) 표 전체(표, 캡션) - 굴림, 10pt
(2) 정렬 - 문자 : 가운데 정렬, 숫자 : 오른쪽 정렬
(3) 셀 배경(면색) : 노랑
(4) 한글의 계산 기능을 이용하여 빈칸에 평균(소수점 두 자리)을 구하고, 캡션 기능 사용할 것
(5) 선 모양은 《출력형태》와 동일하게 처리할 것

《출력형태》

계층별 디지털 정보화 수준(단위 : %)

구분	2021년	2022년	2023년	2024년	평균
저소득층	86.8	87.8	95.1	95.7	
장애인	74.6	75.2	81.3	82.6	
농어민	69.8	70.6	77.3	79.9	
고령층	63.1	64.3	68.6	72.3	

2. 다음의 《조건》에 따라 《출력형태》와 같이 표와 차트를 작성하시오. (100점)

▶ 소스파일 : Part 01\Chapter 03\문제02.hwpx   ▶ 완성파일 : Part 01\Chapter 03\문제02_완성.hwpx

《표 조건》
(1) 표 전체(표, 캡션) - 굴림, 10pt
(2) 정렬 - 문자 : 가운데 정렬, 숫자 : 오른쪽 정렬
(3) 셀 배경(면색) : 노랑
(4) 한글의 계산 기능을 이용하여 빈칸에 합계를 구하고, 캡션 기능 사용할 것
(5) 선 모양은 《출력형태》와 동일하게 처리할 것

《출력형태》

연평균 가상증강현실산업 매출액(단위 : 억 원)

구분	2021년	2022년	2023년	2024년	2025년
가상현실	4,416	4,747	5,327	5,923	6,385
증강현실	2,670	2,889	3,235	3,539	3,805
홀로그램	431	481	552	557	574
합계					

3 다음의 《조건》에 따라 《출력형태》와 같이 표와 차트를 작성하시오. (100점)

▶ 소스파일 : Part 01\Chapter 03\문제03.hwpx   ▶ 완성파일 : Part 01\Chapter 03\문제03_완성.hwpx

《표 조건》
(1) 표 전체(표, 캡션) - 돋움, 10pt
(2) 정렬 - 문자 : 가운데 정렬, 숫자 : 오른쪽 정렬
(3) 셀 배경(면색) : 노랑
(4) 한글의 계산 기능을 이용하여 빈칸에 합계를 구하고, 캡션 기능 사용할 것
(5) 선 모양은 《출력형태》와 동일하게 처리할 것

《출력형태》

건설기술산업대전 참관객 현황(단위 : 명)

연령	1일차	2일차	3일차	4일차	합계
20대	1,015	1,192	1,655	1,459	
30대	1,265	1,924	1,679	1,823	
40대	1,474	1,769	1,884	1,946	
50대 이상	897	1,035	1,142	1,305	

4 다음의 《조건》에 따라 《출력형태》와 같이 표와 차트를 작성하시오. (100점)

▶ 소스파일 : Part 01\Chapter 03\문제04.hwpx   ▶ 완성파일 : Part 01\Chapter 03\문제04_완성.hwpx

《표 조건》
(1) 표 전체(표, 캡션) - 돋움, 10pt
(2) 정렬 - 문자 : 가운데 정렬, 숫자 : 오른쪽 정렬
(3) 셀 배경(면색) : 노랑
(4) 한글의 계산 기능을 이용하여 빈칸에 합계를 구하고, 캡션 기능 사용할 것
(5) 선 모양은 《출력형태》와 동일하게 처리할 것

《출력형태》

남북 주요도시 인구 현황(단위 : 천 명)

지역	서울	부산	평양	청진	합계
1970년	5,681	2,041	981	300	
2000년	10,072	3,732	2,771	593	
2010년	9,723	3,413	2,901	642	
2020년	9,630	3,392	2,940	650	

5 다음의 《조건》에 따라 《출력형태》와 같이 표와 차트를 작성하시오. (100점)

▶ 소스파일 : Part 01\Chapter 03\문제05.hwpx   ▶ 완성파일 : Part 01\Chapter 03\문제05_완성.hwpx

《표 조건》
(1) 표 전체(표, 캡션) – 굴림, 10pt
(2) 정렬 – 문자 : 가운데 정렬, 숫자 : 오른쪽 정렬
(3) 셀 배경(면색) : 노랑
(4) 한글의 계산 기능을 이용하여 빈칸에 합계를 구하고, 캡션 기능 사용할 것
(5) 선 모양은 《출력형태》와 동일하게 처리할 것

《출력형태》

주요 국가의 데이터 시장규모(단위 : 10억 달러)

구분	2021년	2022년	2023년	2024년	합계
미국	16.60	21.20	24.70	30.62	
유럽	4.10	5.34	6.30	7.60	
영국	2.15	2.68	3.06	3.59	
프랑스	0.55	0.74	0.91	1.15	

6 다음의 《조건》에 따라 《출력형태》와 같이 표와 차트를 작성하시오. (100점)

▶ 소스파일 : Part 01\Chapter 03\문제06.hwpx   ▶ 완성파일 : Part 01\Chapter 03\문제06_완성.hwpx

《표 조건》
(1) 표 전체(표, 캡션) – 굴림, 10pt
(2) 정렬 – 문자 : 가운데 정렬, 숫자 : 오른쪽 정렬
(3) 셀 배경(면색) : 노랑
(4) 한글의 계산 기능을 이용하여 빈칸에 평균(소수점 두 자리)을 구하고, 캡션 기능 사용할 것
(5) 선 모양은 《출력형태》와 동일하게 처리할 것

《출력형태》

유형별 저작권 상담 현황(단위 : 백 건)

유형	2021년	2022년	2023년	2024년	평균
인터넷상담	8.7	1.7	1.7	4.1	
내방상담	8.2	11.2	7.4	0.8	
서신상담	0.7	0.8	1.2	1.1	
전화상담	430.7	426.4	434.9	429.4	

실전문제유형

7 다음의 《조건》에 따라 《출력형태》와 같이 표와 차트를 작성하시오. (100점)

▶ 소스파일 : Part 01\Chapter 03\문제07.hwpx   ▶ 완성파일 : Part 01\Chapter 03\문제07_완성.hwpx

《표 조건》
(1) 표 전체(표, 캡션) - 돋움, 10pt
(2) 정렬 - 문자 : 가운데 정렬, 숫자 : 오른쪽 정렬
(3) 셀 배경(면색) : 노랑
(4) 한글의 계산 기능을 이용하여 빈칸에 평균(소수점 두 자리)을 구하고, 캡션 기능 사용할 것
(5) 선 모양은 《출력형태》와 동일하게 처리할 것

《출력형태》

박람회 개최 유발 효과(단위 : 십억 원)

구분	2021년	2022년	2023년	2024년	평균
수익사업	7.8	4.9	8.5	5.2	
집행액	7.6	6.3	7.3	5.1	
수출입상담액	23.7	33.1	40.9	40.1	
총생산유발액	44.2	69.1	114.1	211.3	

8 다음의 《조건》에 따라 《출력형태》와 같이 표와 차트를 작성하시오. (100점)

▶ 소스파일 : Part 01\Chapter 03\문제08.hwpx   ▶ 완성파일 : Part 01\Chapter 03\문제08_완성.hwpx

《표 조건》
(1) 표 전체(표, 캡션) - 굴림, 10pt
(2) 정렬 - 문자 : 가운데 정렬, 숫자 : 오른쪽 정렬
(3) 셀 배경(면색) : 노랑
(4) 한글의 계산 기능을 이용하여 빈칸에 합계를 구하고, 캡션 기능 사용할 것
(5) 선 모양은 《출력형태》와 동일하게 처리할 것

《출력형태》

메타버스 관련 기술 시장 규모(단위 : 십억 달러)

구분	2020년	2025년	2030년	2040년	합계
가상현실	12	138	450	911	
증강현실	33	338	792	968	
혼합현실	14	228	498	866	
확장현실	23	78	360	870	

실전문제유형

9. 다음의 《조건》에 따라 《출력형태》와 같이 표와 차트를 작성하시오. (100점)

▶ 소스파일 : Part 01\Chapter 03\문제09.hwpx   ▶ 완성파일 : Part 01\Chapter 03\문제09_완성.hwpx

《표 조건》
(1) 표 전체(표, 캡션) - 돋움, 10pt
(2) 정렬 - 문자 : 가운데 정렬, 숫자 : 오른쪽 정렬
(3) 셀 배경(면색) : 노랑
(4) 한글의 계산 기능을 이용하여 빈칸에 합계를 구하고, 캡션 기능 사용할 것
(5) 선 모양은 《출력형태》와 동일하게 처리할 것

《출력형태》

도시농업관리사 자격증 발급 현황(단위 : 명)

구분	서울	부산	대구	인천	합계
2024년	260	180	105	85	
2023년	219	168	76	73	
2022년	262	223	109	74	
2021년	279	230	81	73	

10. 다음의 《조건》에 따라 《출력형태》와 같이 표와 차트를 작성하시오. (100점)

▶ 소스파일 : Part 01\Chapter 03\문제10.hwpx   ▶ 완성파일 : Part 01\Chapter 03\문제10_완성.hwpx

《표 조건》
(1) 표 전체(표, 캡션) - 굴림, 10pt
(2) 정렬 - 문자 : 가운데 정렬, 숫자 : 오른쪽 정렬
(3) 셀 배경(면색) : 노랑
(4) 한글의 계산 기능을 이용하여 빈칸에 평균(소수점 두 자리)을 구하고, 캡션 기능 사용할 것
(5) 선 모양은 《출력형태》와 동일하게 처리할 것

《출력형태》

분야별 온실가스 배출량 및 흡수량(단위 : 백만톤 CO2eq)

구분	2020년	2021년	2022년	2023년	평균
에너지	602	616	636	612	
산업공정	54	57	56	52	
농업	21	21	21	21	
폐기물	17	18	18	17	

기능평가 I – 차트

- 차트 작성하기
- 범례 지정하기
- 축 서식 지정하기
- 차트 제목 지정하기
- 축 제목 지정하기

▶ 소스파일 : Part 01\Chapter 04\Ch04.hwpx   ▶ 완성파일 : Part 01\Chapter 04\Ch04_완성.hwpx

2. 다음의 《조건》에 따라 《출력형태》와 같이 표와 차트를 작성하시오. (100점)

연도별 유학생 현황(단위 : 백 명)

연도	2021년	2022년	2023년	2024년	평균
일본	29	27	28	40	
베트남	31	32	75	94	
미국	44	44	37	35	
중국	574	504	605	643	

차트 조건

(1) 차트 데이터는 표 내용에서 연도별 일본, 베트남, 미국의 값만 이용할 것
(2) 종류 - 〈묶은 세로 막대형〉으로 작업할 것
(3) 제목 - 글꼴 : 돋움, 진하게, 12pt,
    속성 : 채우기(밝은 색 : 하양), 테두리, 그림자(바깥쪽 : 대각선 오른쪽 아래)
(4) 제목 이외의 전체 글꼴 - 돋움, 보통, 10pt
(5) 축제목과 범례는 《출력형태》와 동일하게 처리할 것

출력 형태

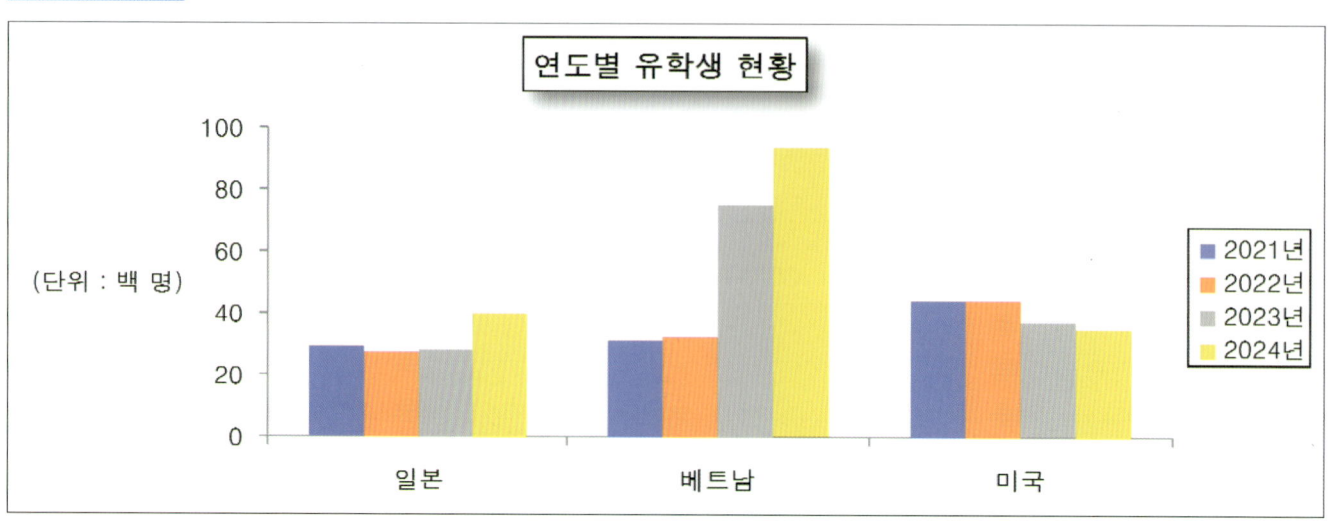

체크! 체크!

〔기능평가 Ⅰ〕차트

- **차트 작성하기**
  - 차트 범위 및 차트 종류를 선택합니다.
  - 차트의 크기 및 위치를 이동합니다.
  - 차트 구성 요소를 지정합니다.
- **차트 제목, 범례, 축 제목, 축 서식 지정하기**
  - 차트 요소에 각각 속성을 지정합니다.
  - 《출력형태》를 참고하여 차트를 작성합니다.

STEP 01 차트 작성하기

〈차트 조건〉 (1) 차트 데이터는 표 내용에서 연도별 일본, 베트남, 미국의 값만 이용할 것
(2) 종류 – 〈묶은 세로 막대형〉으로 작업할 것

1 **1줄1칸~4줄5칸을 블록으로 설정**한 후 〔표 디자인(📝)〕 정황 탭에서 〔**차트 만들기**(📊)〕를 **클릭**합니다.

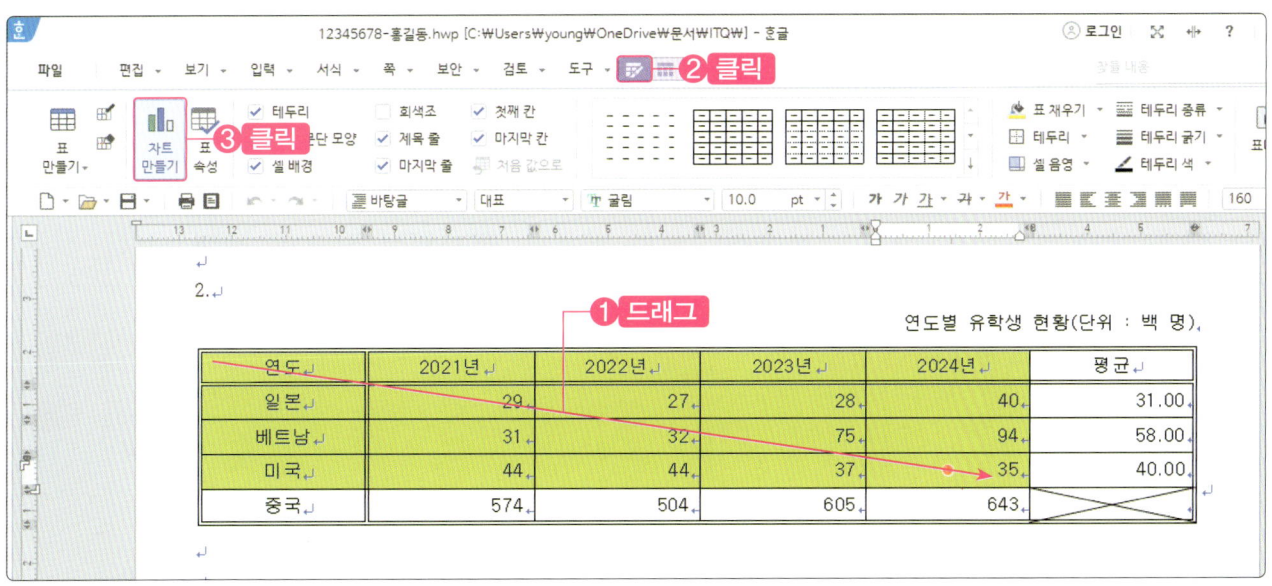

> 차트를 작성할 때 차트 데이터는 표 내용을 이용하여 작성합니다.

2 〔**차트 데이터 편집**〕 대화상자가 나타나면 〔**닫기**(×)〕 **단추를 클릭**합니다.

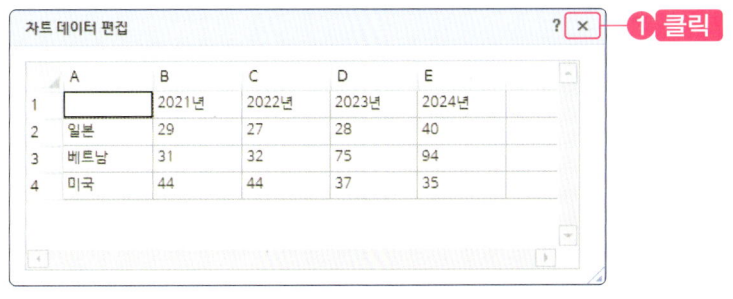

3 차트가 삽입되면 **크기 조절점을 드래그하여 크기를 조절**합니다.

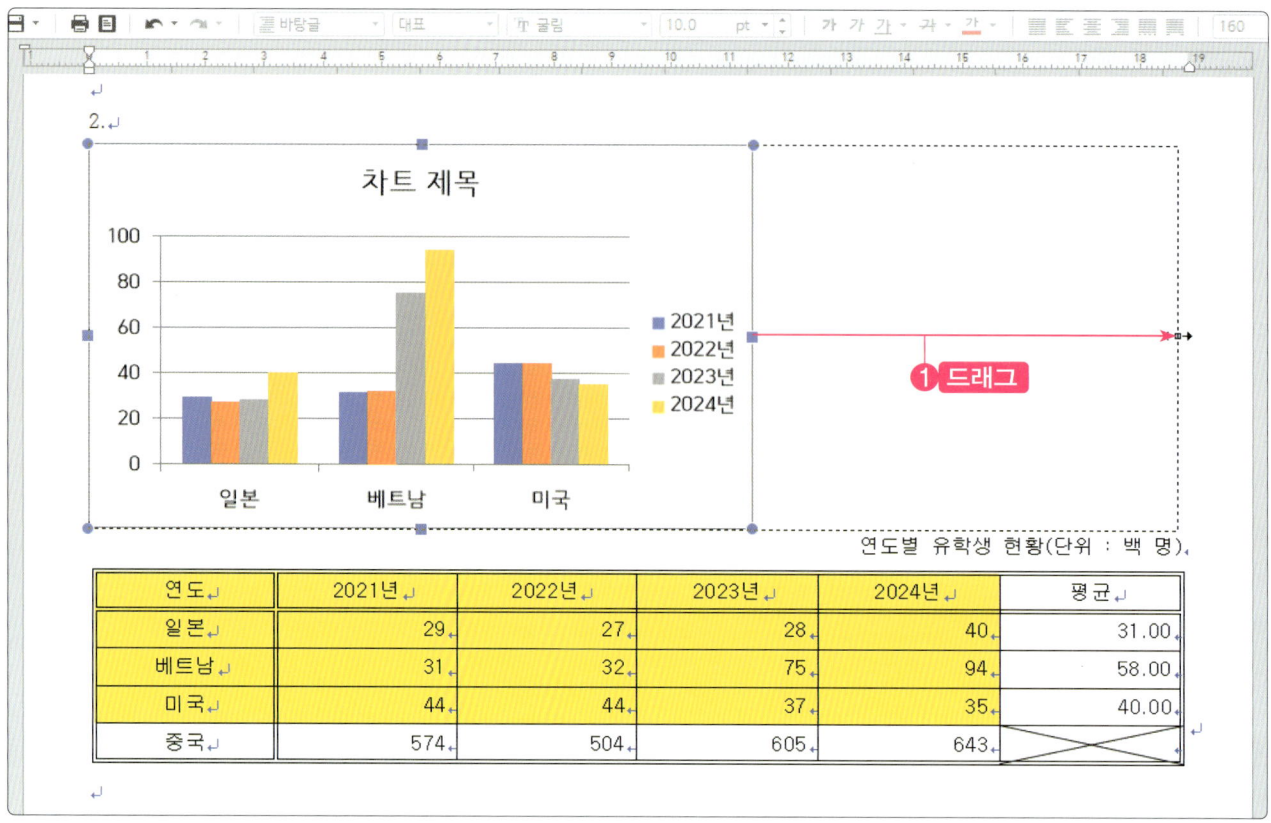

차트로 마우스 포인터를 가져가서 마우스 포인터가 모양으로 변경되었을 때 클릭하면 차트를 선택할 수 있고, 차트를 선택한 후 차트의 크기 조절점(□)을 드래그하면 차트의 크기를 조절할 수 있습니다.

4 차트의 크기가 조절되면 [차트 서식( )] 정황 탭에서 [**글자처럼 취급**]을 **선택**합니다.

[글자처럼 취급]을 선택하면 차트를 하나의 글자처럼 취급하여 정렬(왼쪽/가운데/오른쪽)을 할 수 있습니다.

5 **차트를 선택**한 후 **아래로 드래그하여 차트 위치를 이동**시킵니다.

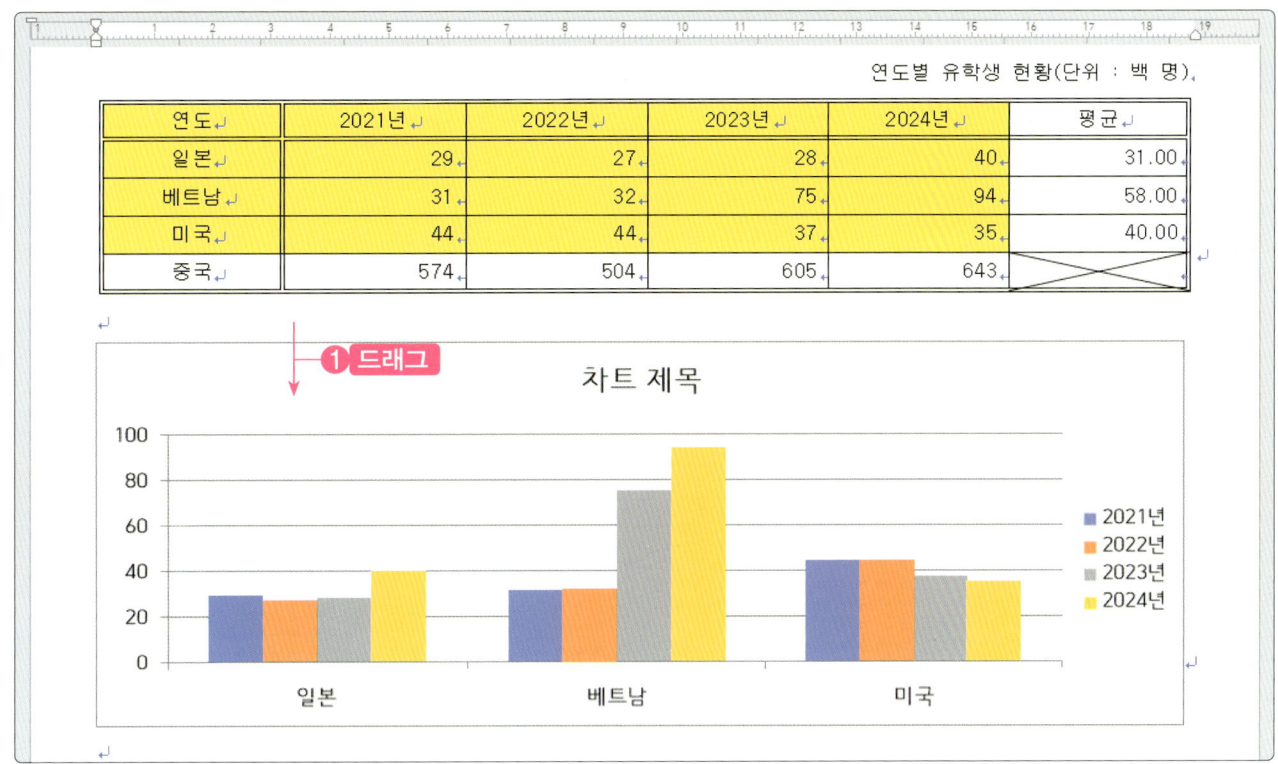

6 차트의 종류를 변경하기 위해 [**차트 디자인(**📊**)**] 정황 탭을 **클릭**한 후 [**차트 종류 변경**]을 클릭한 다음 **차트 종류를 선택**합니다.

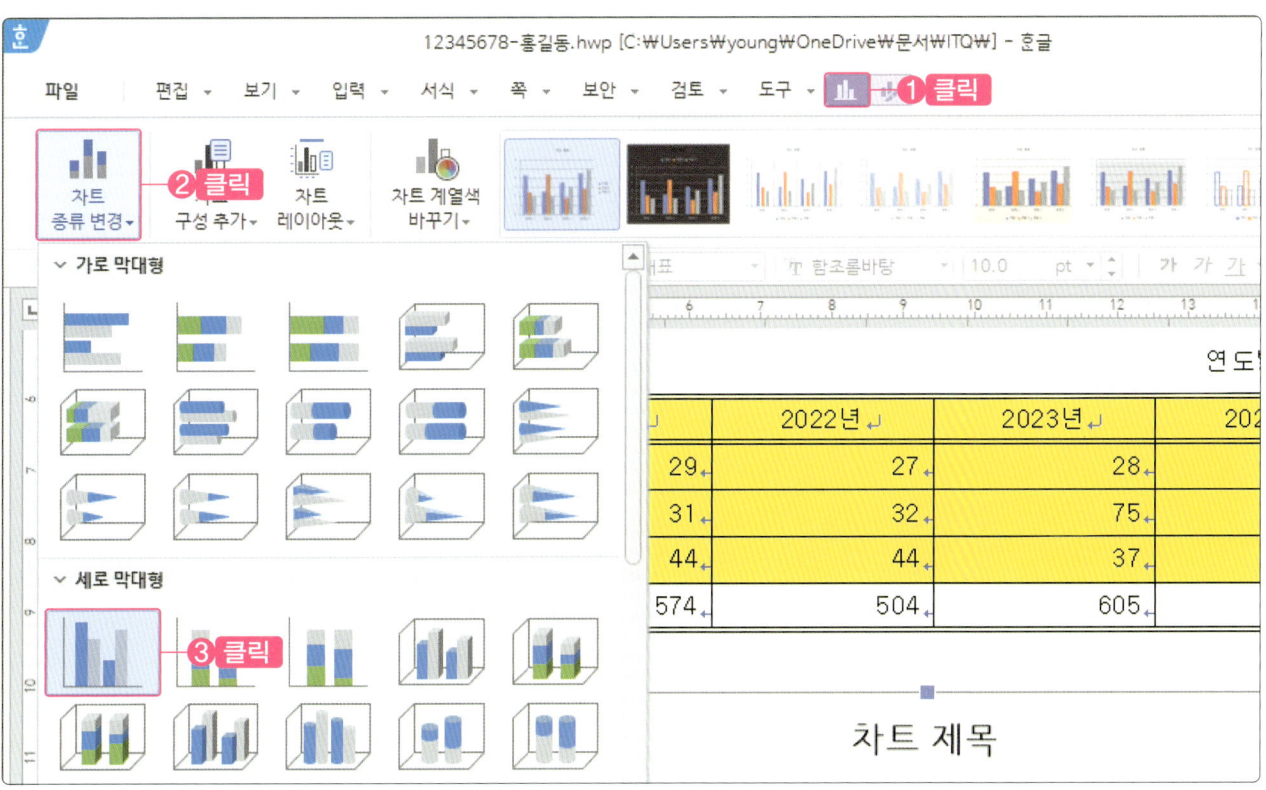

> 한글 2020부터는 [차트 마법사]가 없습니다. 차트를 선택한 후 [차트 디자인(📊)] 정황 탭 및 [차트 서식(🎨)] 정황 탭에서 차트를 지정합니다.

7 축 제목을 추가하기 위해 [**차트 디자인(**![icon]**)**] 정황 탭을 **클릭**한 후 [**차트 구성 추가**]를 **클릭**한 다음 [축 제목]-[**기본 세로**]를 **클릭**합니다.

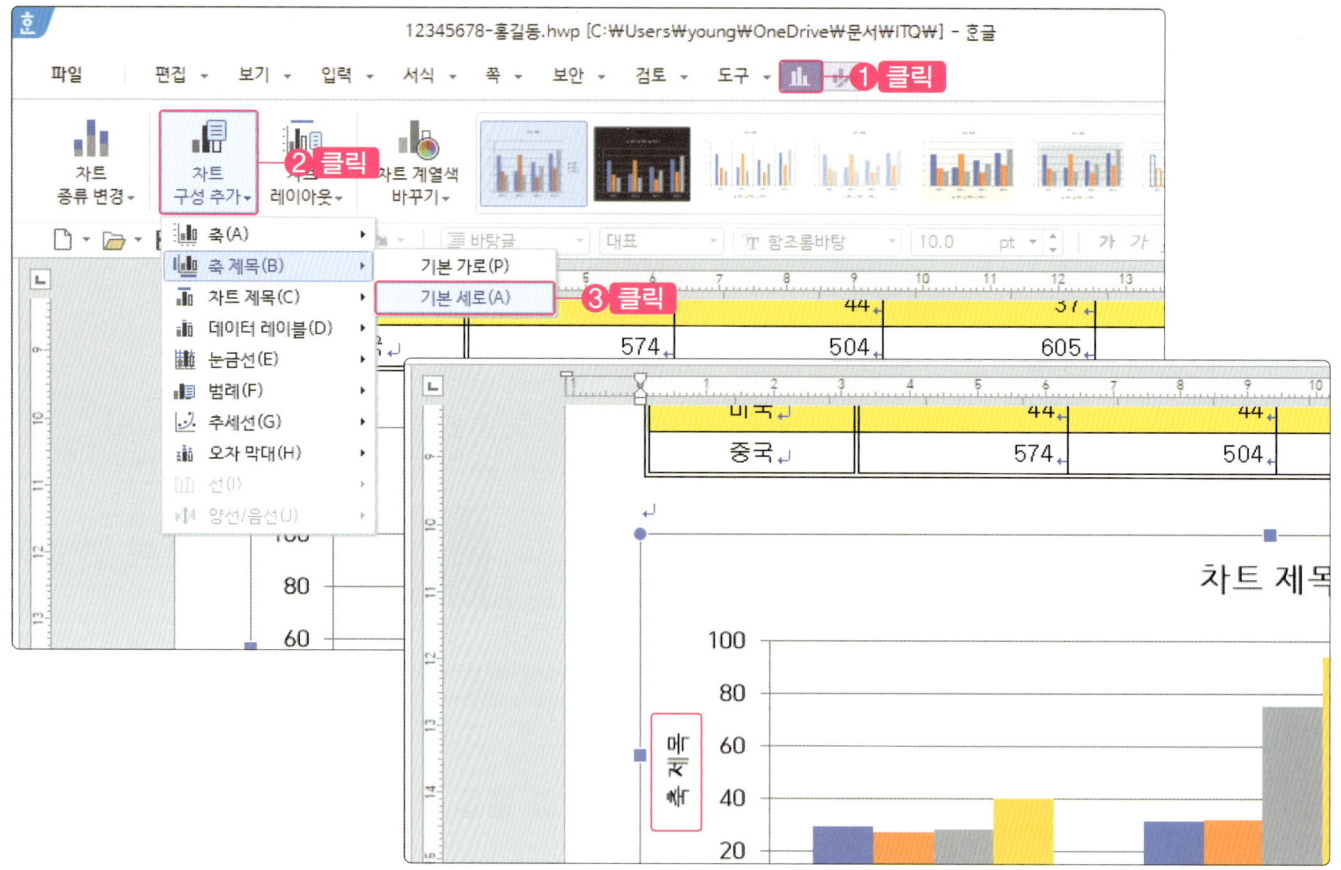

한가지 더!

차트의 구성

❶ 차트 배경	❷ 영역 배경	❸ 차트 제목	❹ 범례
❺ 가로 항목 축 이름표	❻ 가로 항목 축	❼ 가로 항목 축 제목	❽ 세로 값 축
❾ 세로 값 축 이름표	❿ 세로 값 축 제목	⓫ 계열	

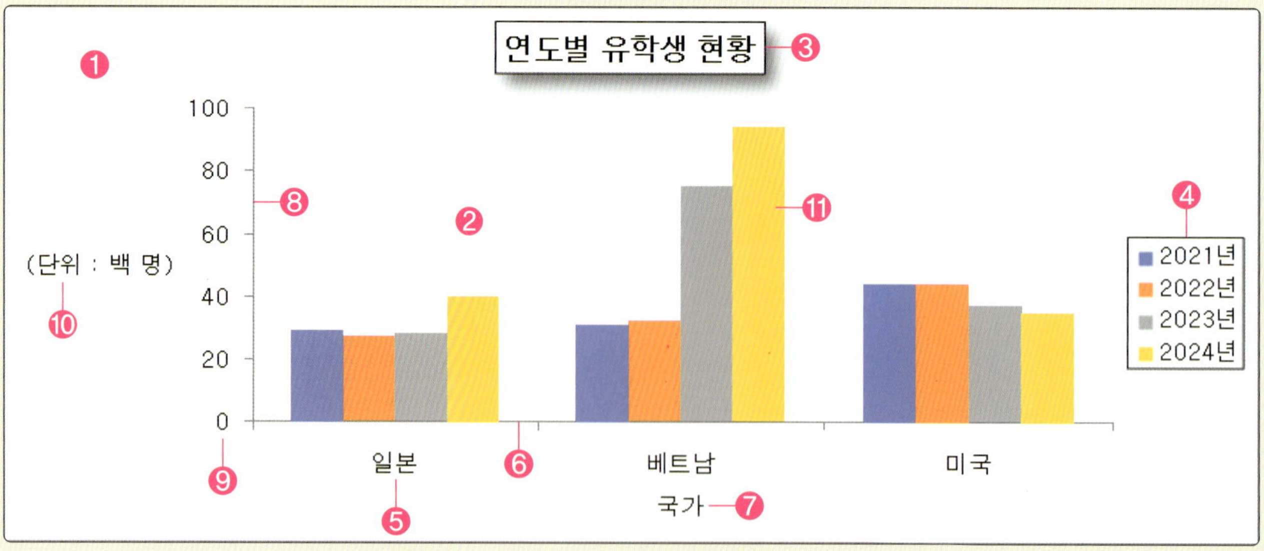

STEP 02 차트 제목 지정하기

〈차트 조건〉 (3) 제목 - 글꼴 : 돋움, 진하게, 12pt,
　　　　　　　　속성 : 채우기(밝은 색 : 하양), 테두리, 그림자(바깥쪽 : 대각선 오른쪽 아래)
　　　　　　(4) 제목 이외의 전체 글꼴 - 돋움, 보통, 10pt
　　　　　　(5) 축제목과 범례는 《출력형태》와 동일하게 처리할 것

1 차트 제목을 편집하기 위해 **차트를 클릭**한 후 **차트 제목을 클릭**한 다음 바로가기 메뉴의 [제목 편집]을 클릭합니다.

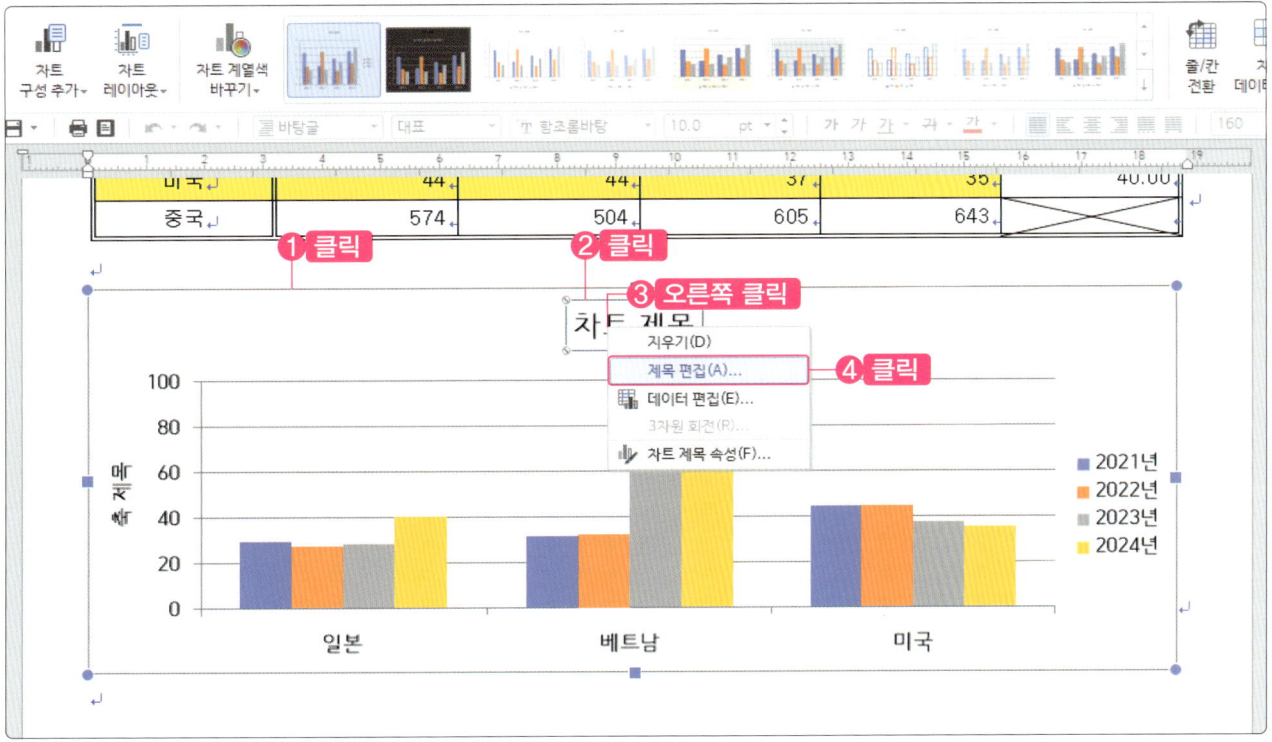

2 [차트 글자 모양] 대화상자가 나타나면 **글자 내용(연도별 유학생 현황)을 입력**한 후 **한글 글꼴(돋움)과 영어 글꼴(돋움)을 선택**한 다음 [진하게(가)]를 **선택**하고 **크기(12)를 지정**합니다. 그런다음 [설정] 단추를 클릭합니다.

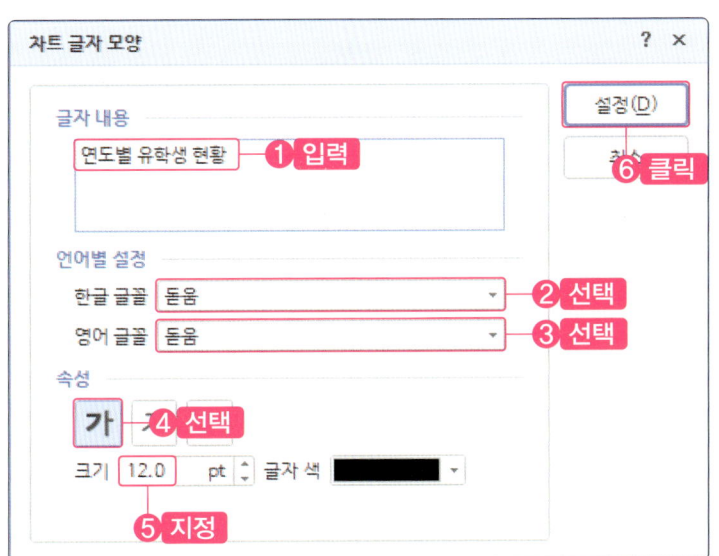

> 한글 2020에서는 차트의 글꼴을 한글 글꼴과 영문 글꼴을 구분하여 지정할 수 있습니다. 시험에서는 한 가지 글꼴만 제시되어 있기 때문에 둘 다 같은 글꼴을 선택합니다.

⟨차트 조건⟩ (3) 제목 – 글꼴 : 돋움, 진하게, 12pt,
　　　　　　　　속성 : 채우기(밝은 색 : 하양), 테두리, 그림자(바깥쪽 : 대각선 오른쪽 아래)
　　　　　(4) 제목 이외의 전체 글꼴 – 돋움, 보통, 10pt
　　　　　(5) 축제목과 범례는 《출력형태》와 동일하게 처리할 것

3 **차트 제목을 더블클릭**한 후 [개체 속성] 작업 창이 나타나면 [**그리기 속성(✎)**] **탭을 클릭**한 다음 [**채우기(밝은색(□))**], [**선(어두운 색(■))**]**을 클릭**합니다.

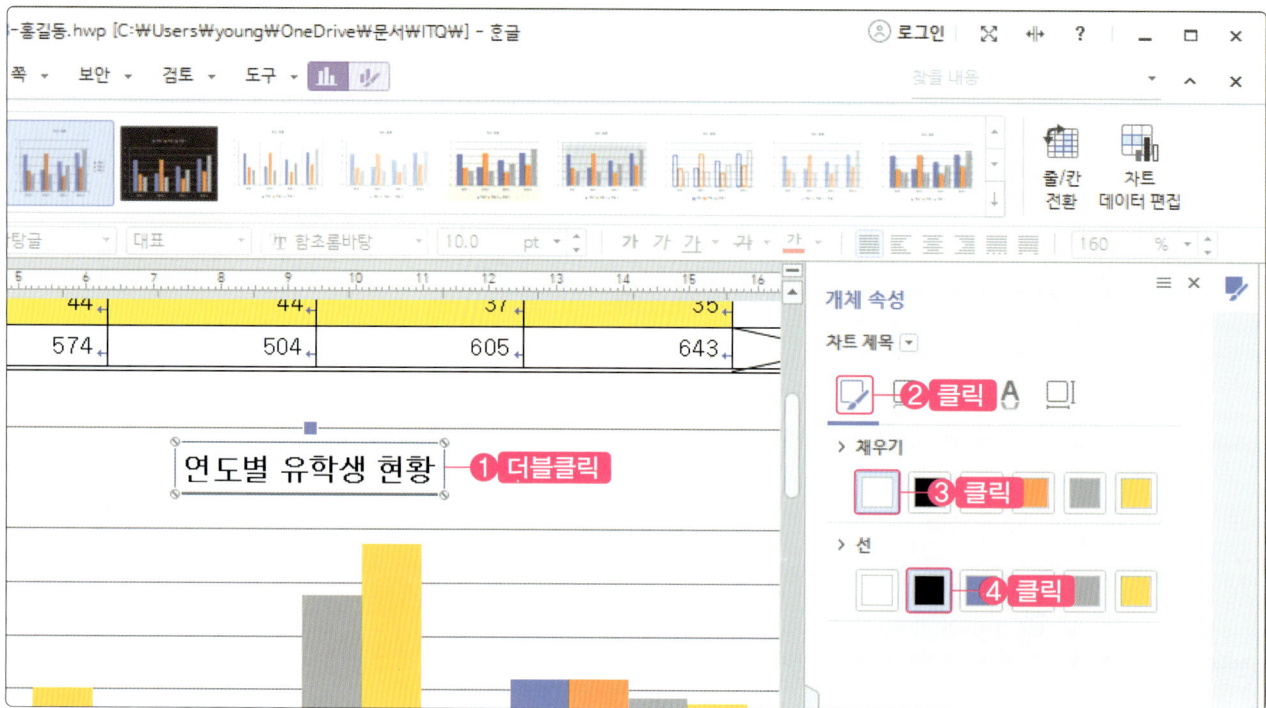

4 [**효과(□)**] **탭을 클릭**한 후 [**그림자(대각선 오른쪽 아래(□))**]**를 클릭**합니다.

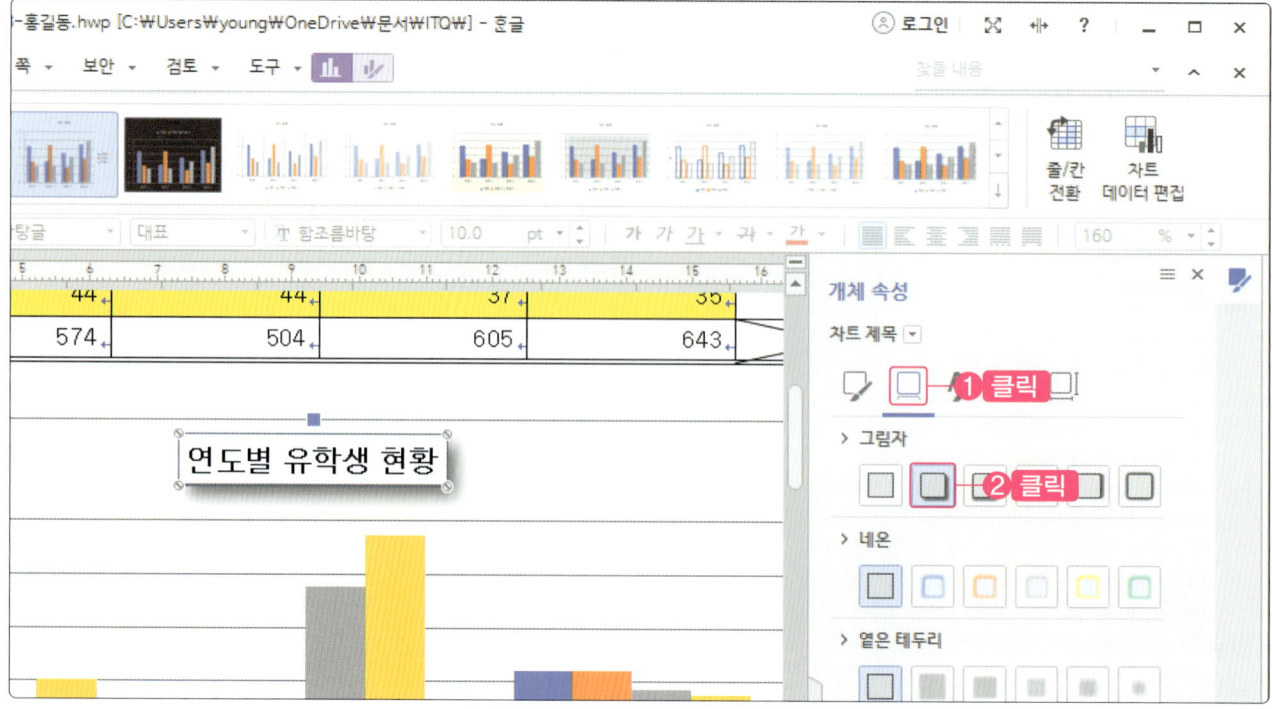

STEP 03 범례 지정하기

〈차트 조건〉 (4) 제목 이외의 전체 글꼴 – 돋움, 보통, 10pt
(5) 축제목과 범례는 《출력형태》와 동일하게 처리할 것

1 범례를 편집하기 위해 [범례]를 **클릭**한 후 바로가기 메뉴의 [글자 모양 편집]을 **클릭**합니다.

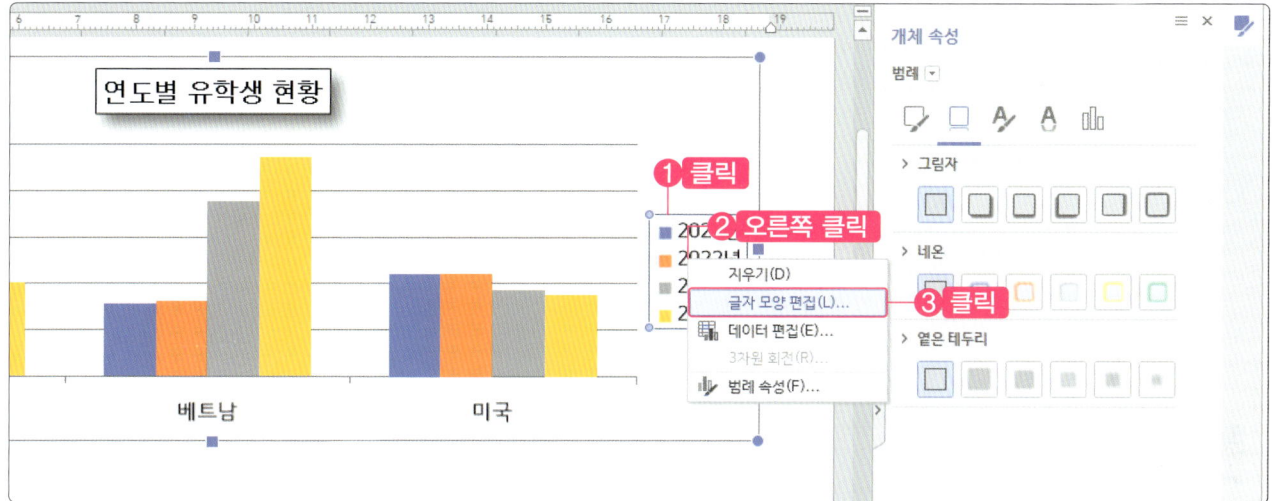

2 [차트 글자 모양] 대화상자가 나타나면 **한글 글꼴(돋움)과 영어 글꼴(돋움)을 선택**한 후 **크기(10)를 지정**한 다음 [설정] 단추를 클릭합니다.

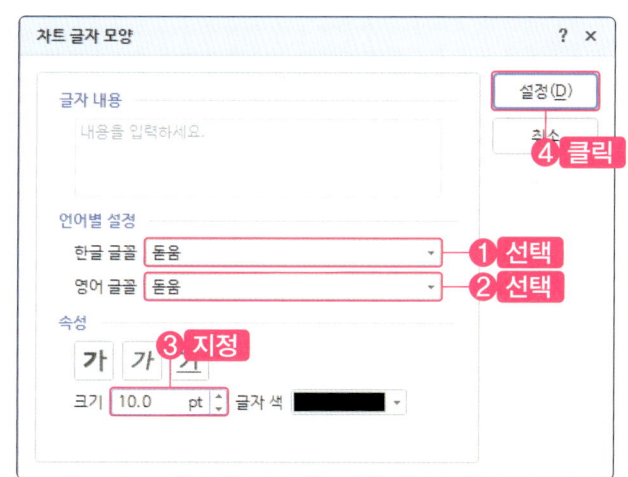

3 [개체 속성] 작업 창에서 [그리기 속성(🖌)] 탭을 **클릭**한 후 [선(어두운 색(■))]을 **클릭**합니다.

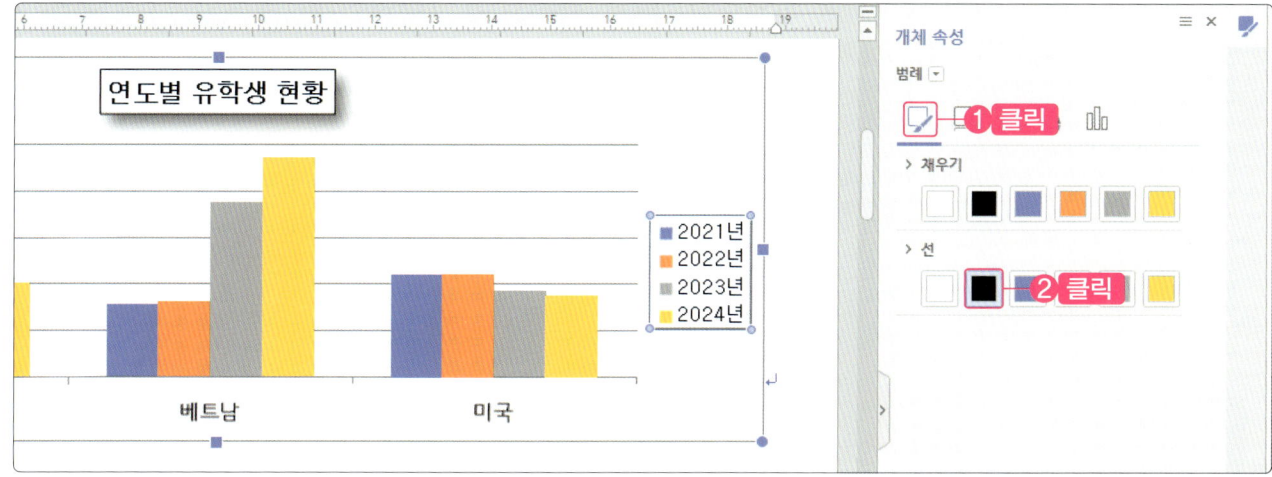

STEP 04 축 제목 지정하기

〈차트 조건〉 (4) 제목 이외의 전체 글꼴 – 돋움, 보통, 10pt
(5) 축제목과 범례는 《출력형태》와 동일하게 처리할 것

1 축 제목을 편집하기 위해 [세로 값 축 제목]을 **클릭**한 후 바로가기 메뉴의 [제목 편집]을 **클릭**합니다.

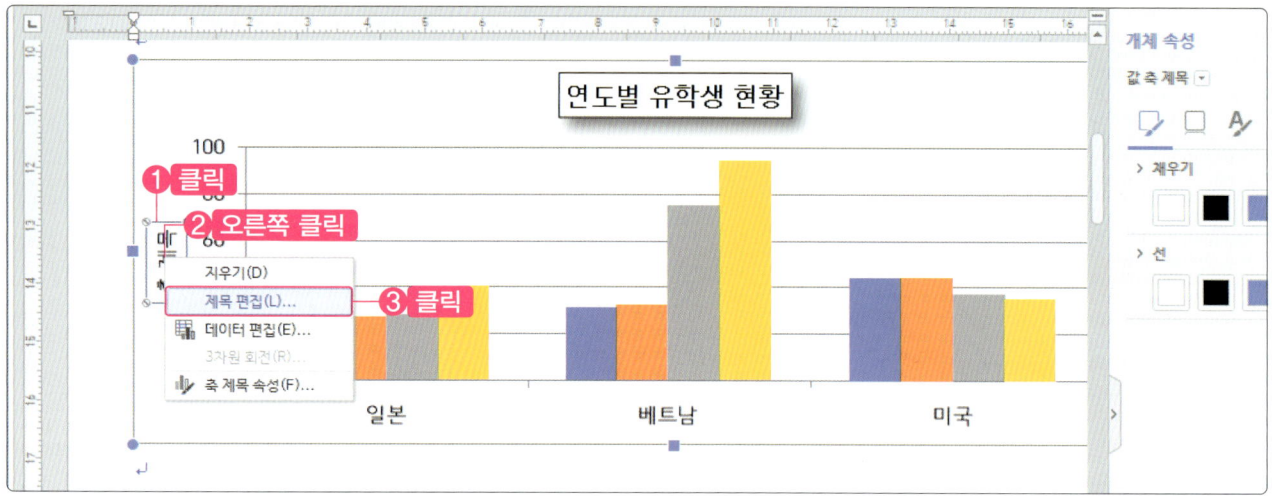

2 [차트 글자 모양] 대화상자가 나타나면 **글자 내용((단위 : 백명))을 입력**한 후 **한글 글꼴(돋움)과 영어 글꼴(돋움)을 선택**한 다음 **크기(10)를 지정**하고 [설정] 단추를 **클릭**합니다.

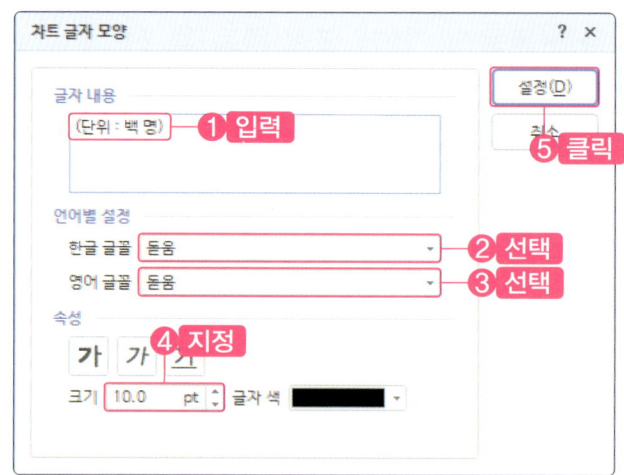

3 [개체 속성] 작업 창에서 [크기 및 속성(□)] 탭을 **클릭**한 후 [글상자]를 **클릭**한 다음 글자 방향의 [목록(▼)] 단추를 **클릭**하고 [가로]를 **클릭**합니다.

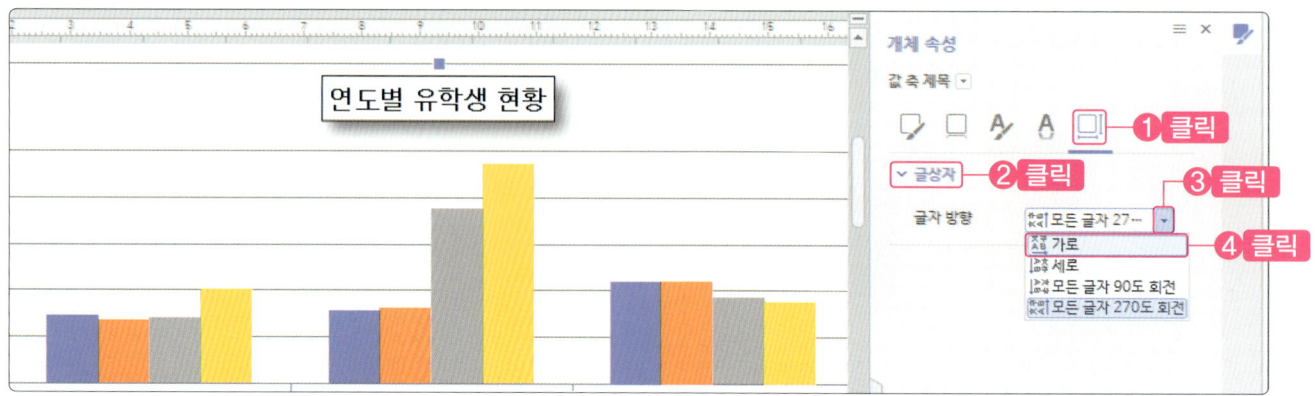

STEP 05 축 서식 지정하기

〈차트 조건〉 (4) 제목 이외의 전체 글꼴 – 돋움, 보통, 10pt
(5) 축제목과 범례는 《출력형태》와 동일하게 처리할 것

1 [가로 항목 축 이름표]를 **클릭**한 후 바로가기 메뉴의 [글자 모양 편집]을 **클릭**합니다.

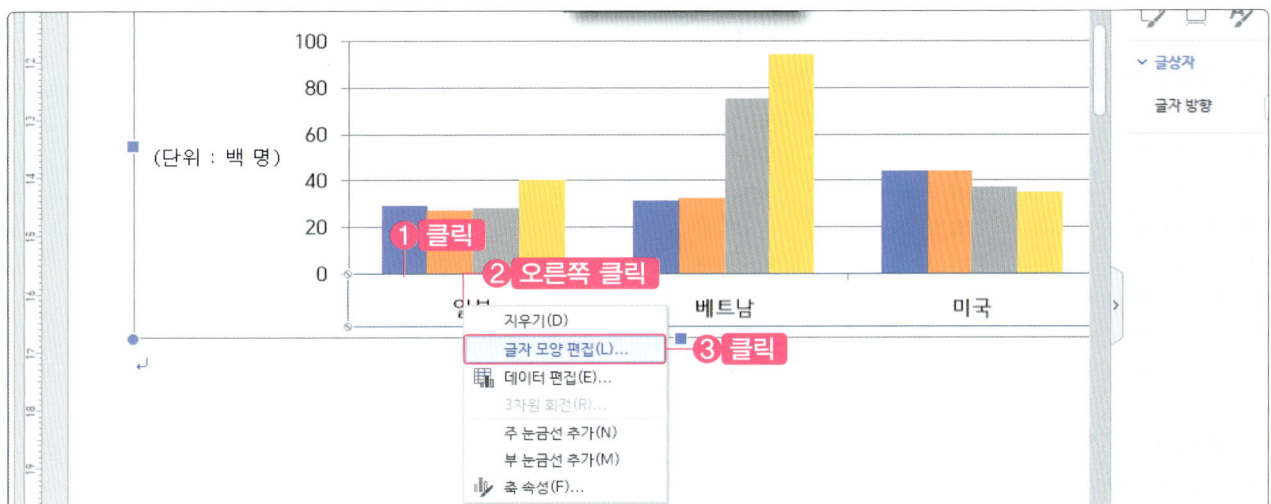

2 [차트 글자 모양] 대화상자가 나타나면 **한글 글꼴(돋움)과 영어 글꼴(돋움)을 선택**한 후 **크기(10)를 지정**한 다음 [설정] 단추를 **클릭**합니다.

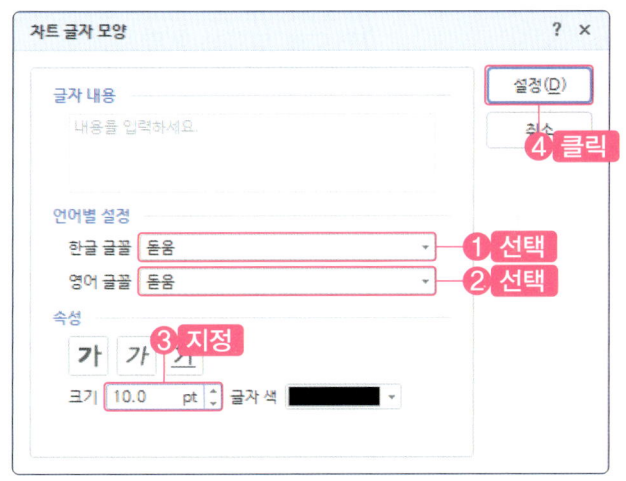

3 [세로 값 축 이름표]를 **클릭**한 후 바로가기 메뉴의 [글자 모양 편집]을 **클릭**합니다.

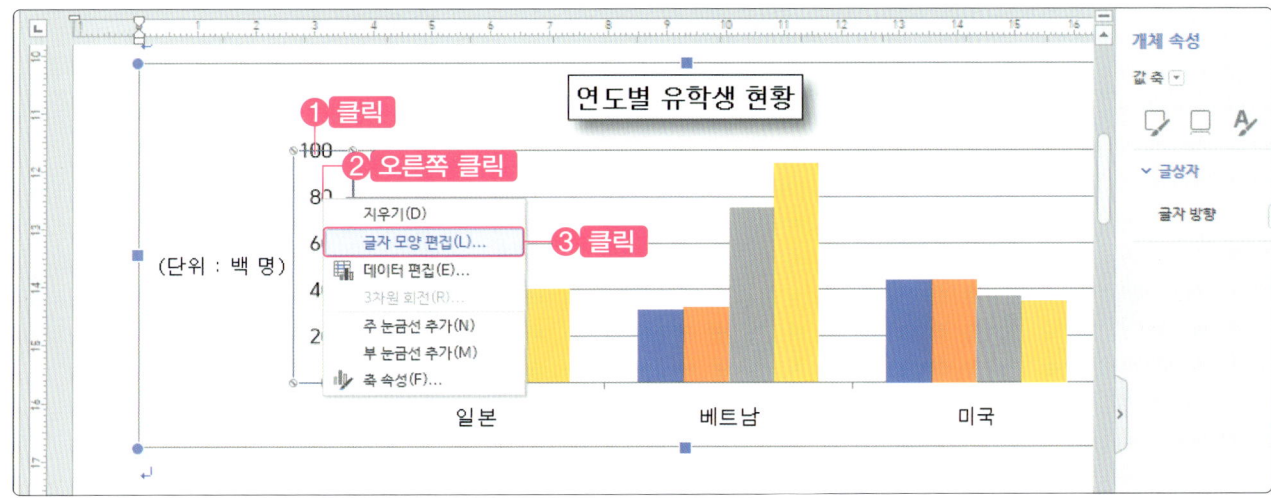

〈표 조건〉 (4) 제목 이외의 전체 글꼴 – 돋움, 보통, 10pt
(5) 축제목과 범례는 《출력형태》와 동일하게 처리할 것

4 〔차트 글자 모양〕 대화상자가 나타나면 **한글 글꼴(돋움)과 영어 글꼴(돋움)을 선택**한 후 **크기(10)를 지정**한 다음 〔설정〕 단추를 클릭합니다.

5 〔개체 속성〕 작업 창에서 〔**축 속성**〕 탭을 클릭한 후 〔**최댓값**〕과 〔**주**〕 단위를 선택한 다음 **최댓값(100)과 주 단위(20)를 입력**합니다.

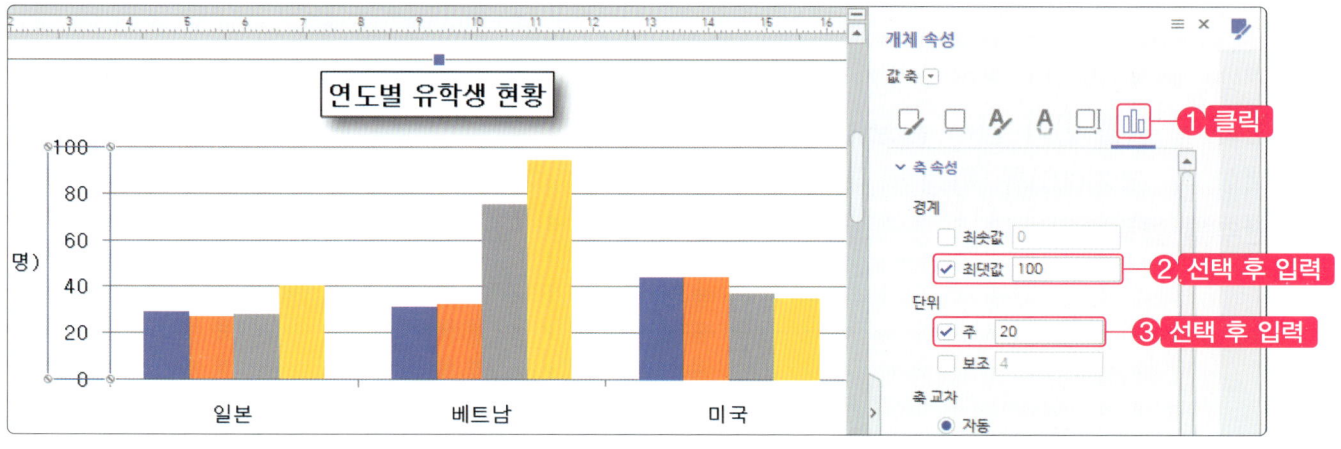

6 〔값 축 주 눈금선〕을 클릭한 후 〔개체 속성〕 작업창에서 〔**그리기 속성**〕 탭을 클릭한 다음 〔선〕을 클릭하고 〔없음〕을 선택합니다.

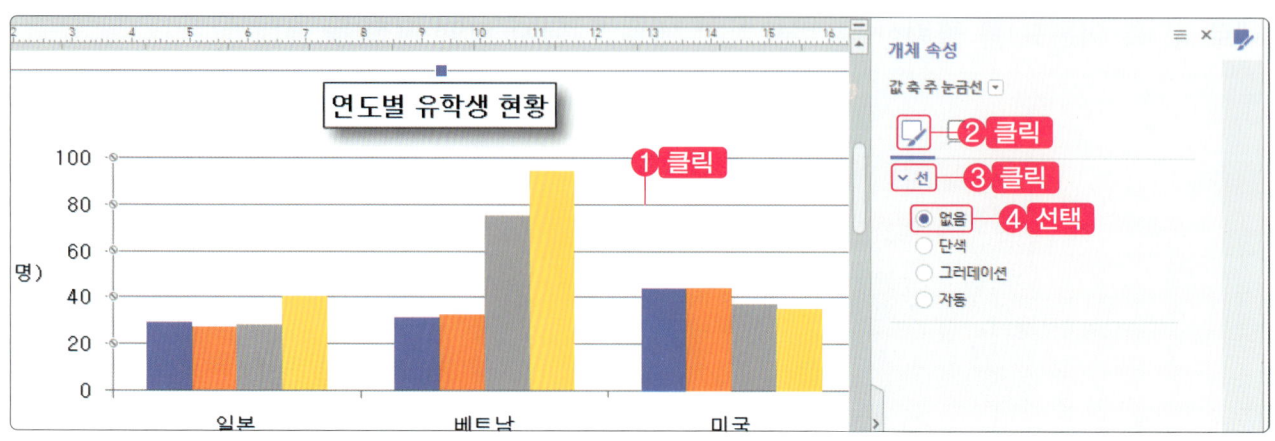

7 모든 작성이 완료되면 〔개체 속성〕 작업창에서 〔**작업 창 닫기(×)**〕를 클릭합니다.

1 다음의 《조건》에 따라 《출력형태》와 같이 표와 차트를 작성하시오. (100점)

▶ 소스파일 : Part 01\Chapter 04\문제01.hwpx   ▶ 완성파일 : Part 01\Chapter 04\문제01_완성.hwpx

《표 조건》
(1) 표 전체(표, 캡션) - 굴림, 10pt
(2) 정렬 - 문자 : 가운데 정렬, 숫자 : 오른쪽 정렬
(3) 셀 배경(면색) : 노랑
(4) 한글의 계산 기능을 이용하여 빈칸에 평균(소수점 두 자리)을 구하고, 캡션 기능 사용할 것
(5) 선 모양은 《출력형태》와 동일하게 처리할 것

《출력형태》

계층별 디지털 정보화 수준(단위 : %)

구분	2021년	2022년	2023년	2024년	평균
저소득층	86.8	87.8	95.1	95.7	
장애인	74.6	75.2	81.3	82.6	
농어민	69.8	70.6	77.3	79.9	
고령층	63.1	64.3	68.6	72.3	

《차트 조건》
(1) 차트 데이터는 표 내용에서 연도별 저소득층, 장애인, 농어민의 값만 이용할 것
(2) 종류 - 〈묶은 세로 막대형〉으로 작업할 것
(3) 제목 - 글꼴 : 궁서, 진하게, 12pt,
   속성 : 채우기(밝은 색 : 하양), 테두리, 그림자(바깥쪽 : 대각선 오른쪽 아래)
(4) 제목 이외의 전체 글꼴 - 궁서, 보통, 10pt
(5) 축제목과 범례는 《출력형태》와 동일하게 처리할 것

《출력형태》

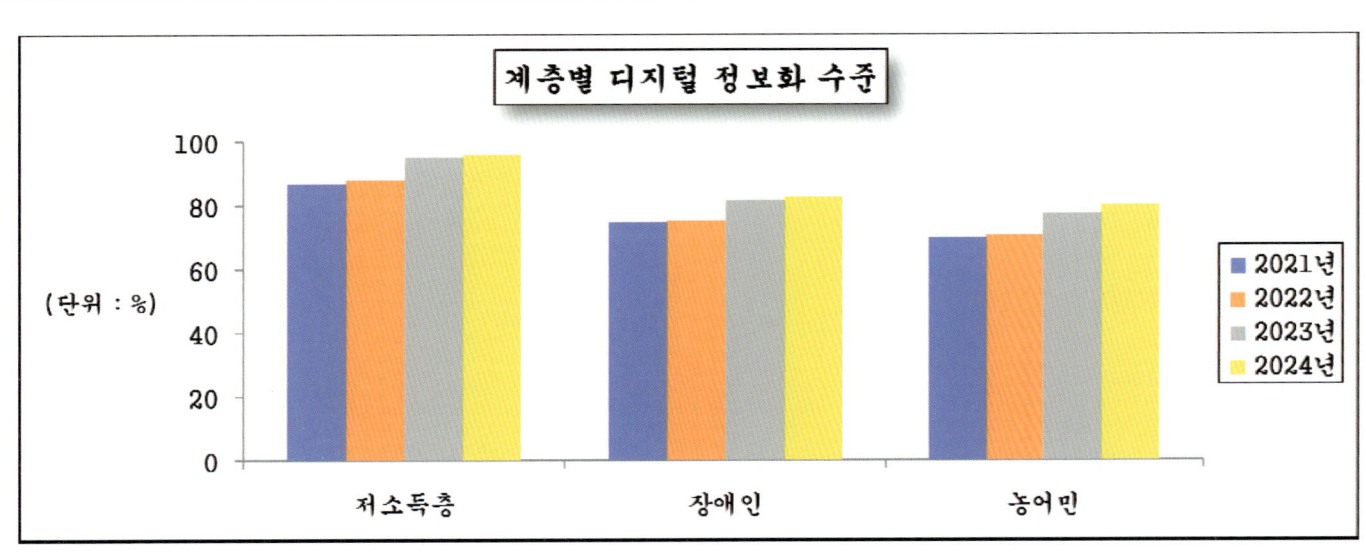

2 다음의 《조건》에 따라 《출력형태》와 같이 표와 차트를 작성하시오. (100점)

▶ 소스파일 : Part 01\Chapter 04\문제02.hwpx   ▶ 완성파일 : Part 01\Chapter 04\문제02_완성.hwpx

《표 조건》
(1) 표 전체(표, 캡션) - 굴림, 10pt
(2) 정렬 - 문자 : 가운데 정렬, 숫자 : 오른쪽 정렬
(3) 셀 배경(면색) : 노랑
(4) 한글의 계산 기능을 이용하여 빈칸에 합계를 구하고, 캡션 기능 사용할 것
(5) 선 모양은 《출력형태》와 동일하게 처리할 것

《출력형태》

연평균 가상증강현실산업 매출액(단위 : 억 원)

구분	2021년	2022년	2023년	2024년	2025년
가상현실	4,416	4,747	5,327	5,923	6,385
증강현실	2,670	2,889	3,235	3,539	3,805
홀로그램	431	481	552	557	574
합계					

《차트 조건》
(1) 차트 데이터는 표 내용에서 구분별 2021년, 2022년, 2023년의 값만 이용할 것
(2) 종류 - 〈묶은 세로 막대형〉으로 작업할 것
(3) 제목 - 글꼴 : 궁서, 진하게, 12pt,
          속성 : 채우기(밝은 색 : 하양), 테두리, 그림자(바깥쪽 : 대각선 오른쪽 아래)
(4) 제목 이외의 전체 글꼴 - 궁서, 보통, 10pt
(5) 축제목과 범례는 ≪출력형태≫와 동일하게 처리할 것

《출력형태》

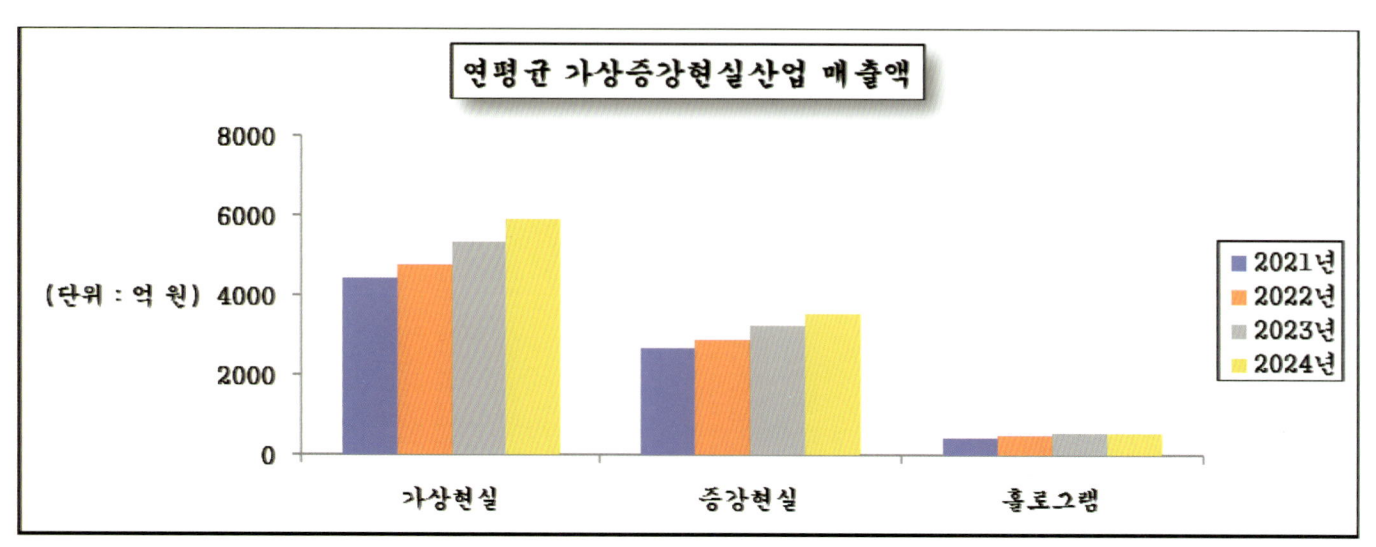

3. 다음의 《조건》에 따라 《출력형태》와 같이 표와 차트를 작성하시오. (100점)

▶ 소스파일 : Part 01\Chapter 04\문제03.hwpx   ▶ 완성파일 : Part 01\Chapter 04\문제03_완성.hwpx

《표 조건》
(1) 표 전체(표, 캡션) - 돋움, 10pt
(2) 정렬 - 문자 : 가운데 정렬, 숫자 : 오른쪽 정렬
(3) 셀 배경(면색) : 노랑
(4) 한글의 계산 기능을 이용하여 빈칸에 합계를 구하고, 캡션 기능 사용할 것
(5) 선 모양은 《출력형태》와 동일하게 처리할 것

《출력형태》

건설기술산업대전 참관객 현황(단위 : 명)

연령	1일차	2일차	3일차	4일차	합계
20대	1,015	1,192	1,655	1,459	
30대	1,265	1,924	1,679	1,823	
40대	1,474	1,769	1,884	1,946	
50대 이상	897	1,035	1,142	1,305	

《차트 조건》
(1) 차트 데이터는 표 내용에서 일자별 20대, 30대, 40대의 값만 이용할 것
(2) 종류 - 〈묶은 세로 막대형〉으로 작업할 것
(3) 제목 - 글꼴 : 굴림, 진하게, 12pt,
    속성 : 채우기(밝은 색 : 하양), 테두리, 그림자(바깥쪽 : 대각선 오른쪽 아래)
(4) 제목 이외의 전체 글꼴 - 굴림, 보통, 10pt
(5) 축제목과 범례는 ≪출력형태≫와 동일하게 처리할 것

《출력형태》

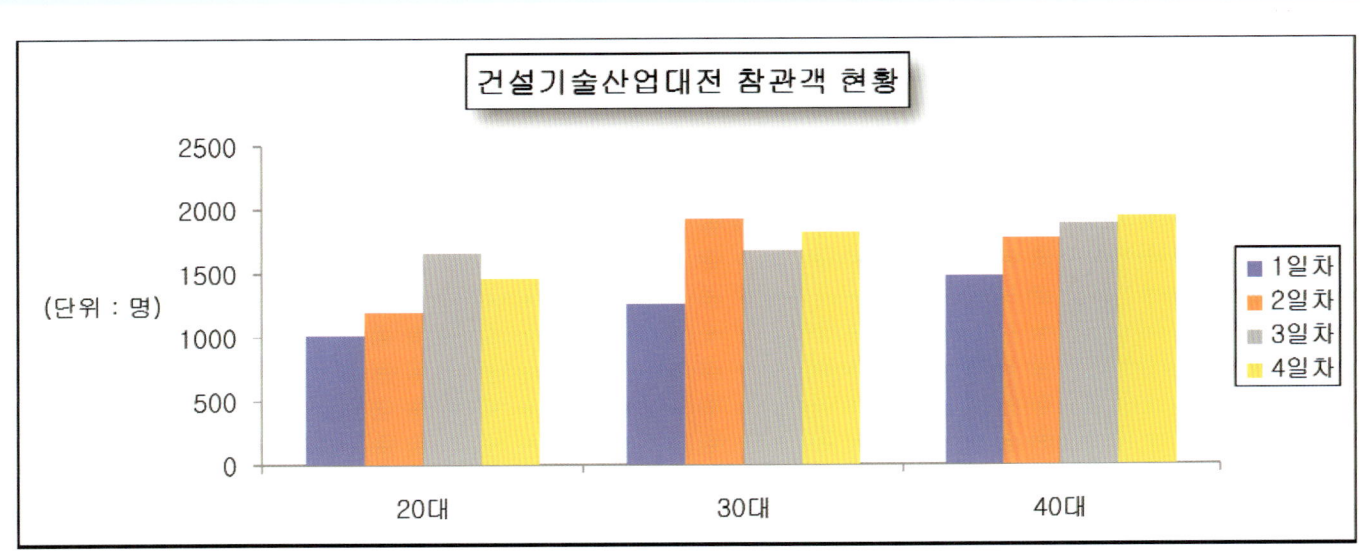

Practical question type — 실전문제유형

4 다음의 《조건》에 따라 《출력형태》와 같이 표와 차트를 작성하시오. (100점)

▶소스파일 : Part 01\Chapter 04\문제04.hwpx   ▶완성파일 : Part 01\Chapter 04\문제04_완성.hwpx

《표 조건》
(1) 표 전체(표, 캡션) – 돋움, 10pt
(2) 정렬 – 문자 : 가운데 정렬, 숫자 : 오른쪽 정렬
(3) 셀 배경(면색) : 노랑
(4) 한글의 계산 기능을 이용하여 빈칸에 합계를 구하고, 캡션 기능 사용할 것
(5) 선 모양은 《출력형태》와 동일하게 처리할 것

《출력형태》

남북 주요도시 인구 현황(단위 : 천 명)

지역	서울	부산	평양	청진	합계
1970년	5,681	2,041	981	300	
2000년	10,072	3,732	2,771	593	
2010년	9,723	3,413	2,901	642	
2020년	9,630	3,392	2,940	650	

《차트 조건》
(1) 차트 데이터는 표 내용에서 지역별 1970년, 2000년, 2010년의 값만 이용할 것
(2) 종류 – 〈묶은 세로 막대형〉으로 작업할 것
(3) 제목 – 글꼴 : 굴림, 진하게, 12pt,
       속성 : 채우기(밝은 색 : 하양), 테두리, 그림자(바깥쪽 : 대각선 오른쪽 아래)
(4) 제목 이외의 전체 글꼴 – 굴림, 보통, 10pt
(5) 축제목과 범례는 《출력형태》와 동일하게 처리할 것

《출력형태》

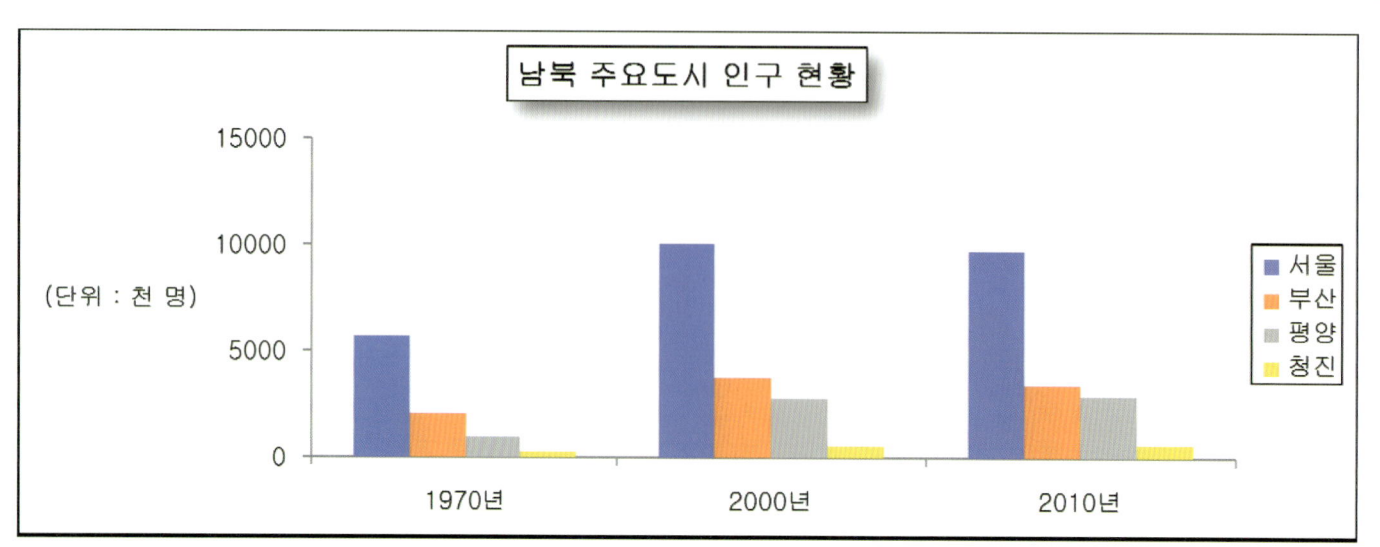

5. 다음의 《조건》에 따라 《출력형태》와 같이 표와 차트를 작성하시오. (100점)

▶ 소스파일 : Part 01\Chapter 04\문제05.hwpx   ▶ 완성파일 : Part 01\Chapter 04\문제05_완성.hwpx

《차트 조건》 (1) 차트 데이터는 표 내용에서 연도별 미국, 유럽, 영국의 값만 이용할 것
(2) 종류 - 〈묶은 세로 막대형〉으로 작업할 것
(3) 제목 - 글꼴 : 돋움, 진하게, 12pt,
   속성 : 채우기(밝은 색 : 하양), 테두리, 그림자(바깥쪽 : 대각선 오른쪽 아래)
(4) 제목 이외의 전체 글꼴 - 돋움, 보통, 10pt
(5) 축제목과 범례는 ≪출력형태≫와 동일하게 처리할 것

《출력형태》

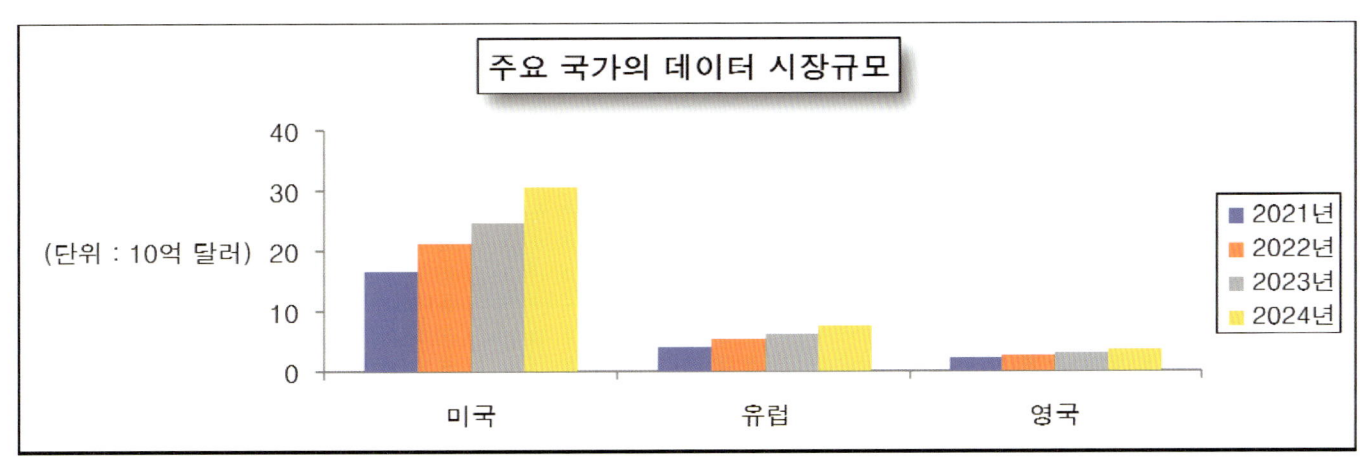

6. 다음의 《조건》에 따라 《출력형태》와 같이 표와 차트를 작성하시오. (100점)

▶ 소스파일 : Part 01\Chapter 03\문제06.hwpx   ▶ 완성파일 : Part 01\Chapter 03\문제06_완성.hwpx

《차트 조건》 (1) 차트 데이터는 표 내용에서 연도별 인터넷상담, 내방상담, 서신상담의 값만 이용할 것
(2) 종류 - 〈묶은 세로 막대형〉으로 작업할 것
(3) 제목 - 글꼴 : 굴림, 진하게, 12pt,
   속성 - 채우기(밝은 색 : 하양), 테두리, 그림자(바깥쪽 : 대각선 오른쪽 아래)
(4) 제목 이외의 전체 글꼴 - 굴림, 보통, 10pt
(5) 축제목과 범례는 ≪출력형태≫와 동일하게 처리할 것

《출력형태》

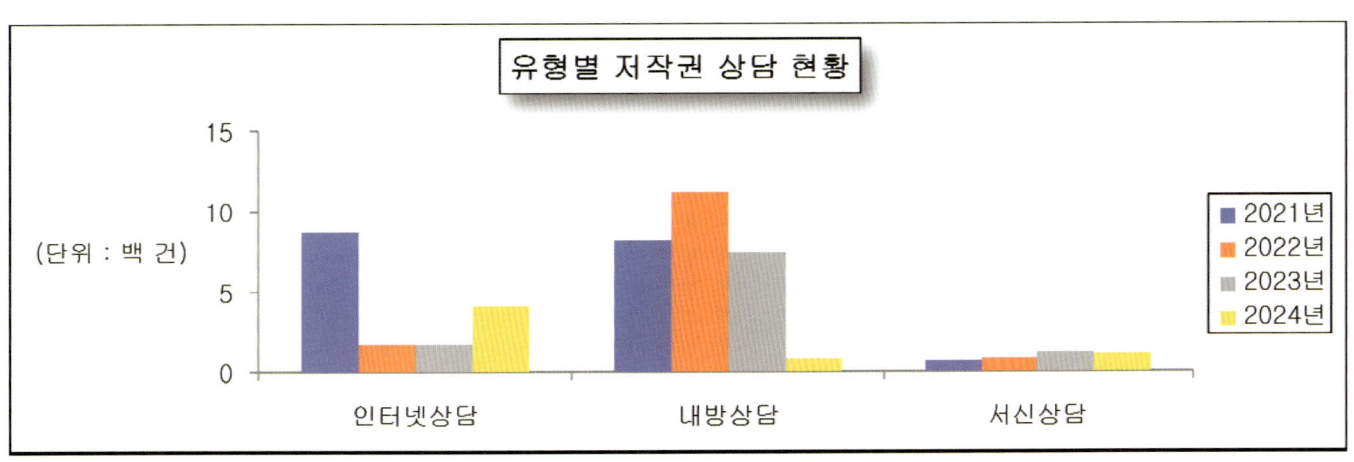

7 다음의 《조건》에 따라 《출력형태》와 같이 표와 차트를 작성하시오. (100점)

▶ 소스파일 : Part 01\Chapter 04\문제07.hwpx   ▶ 완성파일 : Part 01\Chapter 04\문제07_완성.hwpx

《차트 조건》 (1) 차트 데이터는 표 내용에서 연도별 수익사업, 집행액, 수출입상담액의 값만 이용할 것
(2) 종류 - 〈묶은 세로 막대형〉으로 작업할 것
(3) 제목 - 글꼴 : 굴림, 진하게, 12pt,
           속성 : 채우기(밝은 색 : 하양), 테두리, 그림자(바깥쪽 : 대각선 오른쪽 아래)
(4) 제목 이외의 전체 글꼴 - 굴림, 보통, 10pt
(5) 축제목과 범례는 ≪출력형태≫와 동일하게 처리할 것

《출력형태》

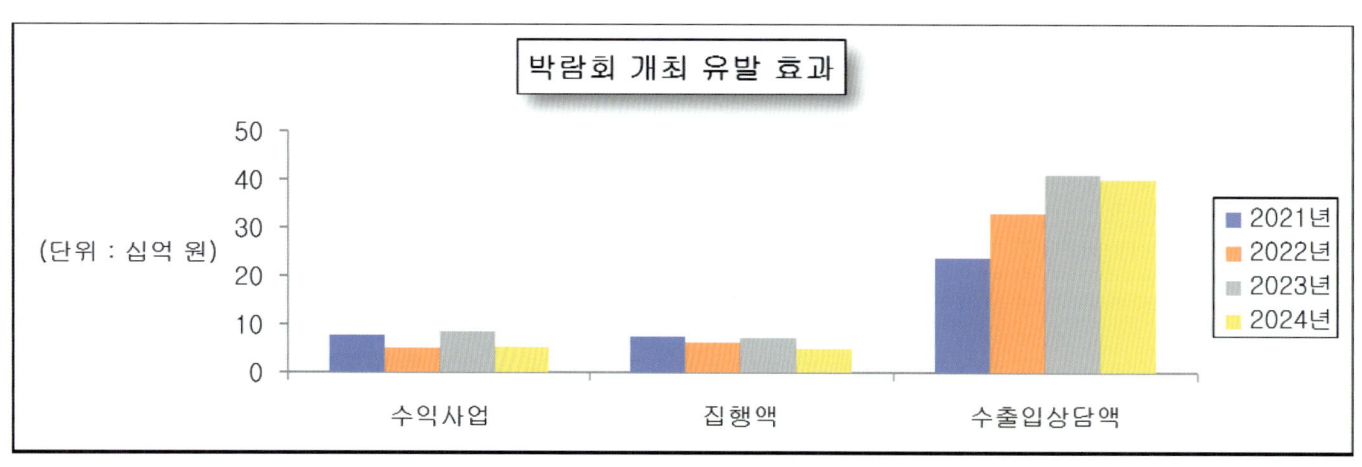

8 다음의 《조건》에 따라 《출력형태》와 같이 표와 차트를 작성하시오. (100점)

▶ 소스파일 : Part 01\Chapter 03\문제08.hwpx   ▶ 완성파일 : Part 01\Chapter 03\문제08_완성.hwpx

《차트 조건》 (1) 차트 데이터는 표 내용에서 연도별 가상현실, 증강현실, 혼합현실의 값만 이용할 것
(2) 종류 - 〈묶은 세로 막대형〉으로 작업할 것
(3) 제목 - 글꼴 : 굴림, 진하게, 12pt,
           속성 : 채우기(밝은 색 : 하양), 테두리, 그림자(바깥쪽 : 대각선 오른쪽 아래)
(4) 제목 이외의 전체 글꼴 - 굴림, 보통, 10pt
(5) 축제목과 범례는 ≪출력형태≫와 동일하게 처리할 것

《출력형태》

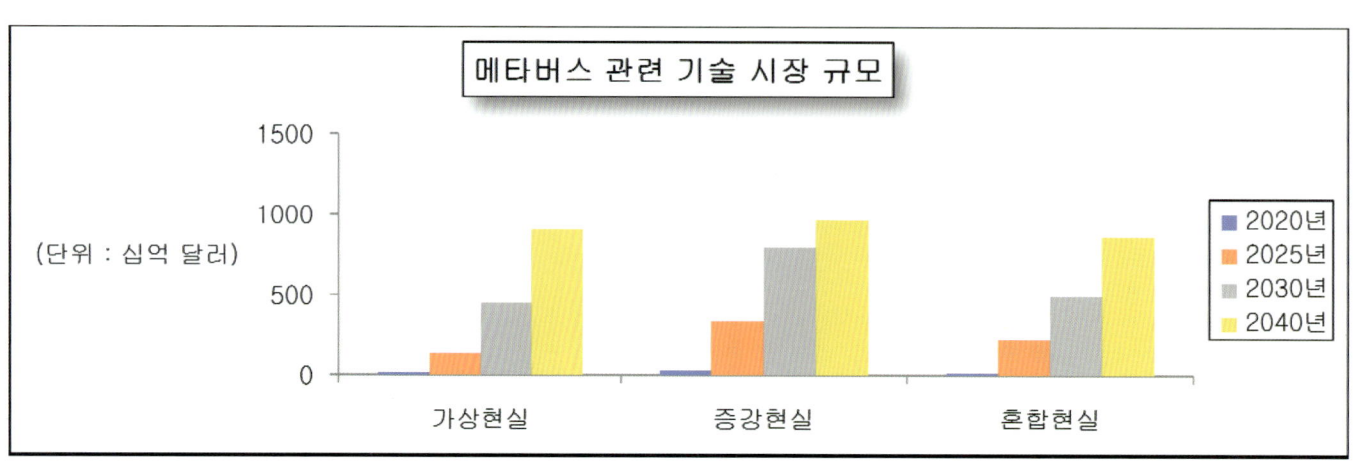

9 다음의 《조건》에 따라 《출력형태》와 같이 표와 차트를 작성하시오. (100점)

▶ 소스파일 : Part 01\Chapter 04\문제09.hwpx   ▶ 완성파일 : Part 01\Chapter 04\문제09_완성.hwpx

《차트 조건》 (1) 차트 데이터는 표 내용에서 지역별 2022년, 2023년, 2024년의 값만 이용할 것
(2) 종류 - 〈묶은 세로 막대형〉으로 작업할 것
(3) 제목 - 글꼴 : 궁서, 진하게, 12pt,
속성 - 채우기(밝은 색 : 하양), 테두리, 그림자(바깥쪽 : 대각선 오른쪽 아래)
(4) 제목 이외의 전체 글꼴 - 궁서, 보통, 10pt
(5) 축제목과 범례는 《출력형태》와 동일하게 처리할 것

《출력형태》

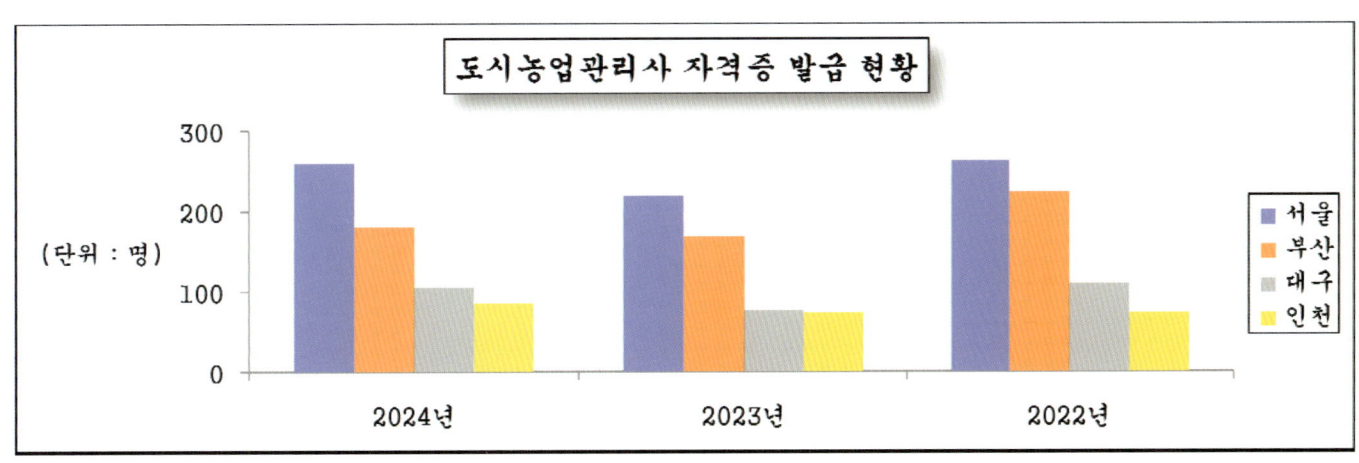

10 다음의 《조건》에 따라 《출력형태》와 같이 표와 차트를 작성하시오. (100점)

▶ 소스파일 : Part 01\Chapter 03\문제10.hwpx   ▶ 완성파일 : Part 01\Chapter 03\문제10_완성.hwpx

《차트 조건》 (1) 차트 데이터는 표 내용에서 연도별 에너지, 산업공정, 농업의 값만 이용할 것
(2) 종류 - 〈묶은 세로 막대형〉으로 작업할 것
(3) 제목 - 글꼴 : 궁서, 진하게, 12pt,
속성 - 채우기(밝은 색 : 하양), 테두리, 그림자(바깥쪽 : 대각선 오른쪽 아래)
(4) 제목 이외의 전체 글꼴 - 궁서, 보통, 10pt
(5) 축제목과 범례는 《출력형태》와 동일하게 처리할 것

《출력형태》

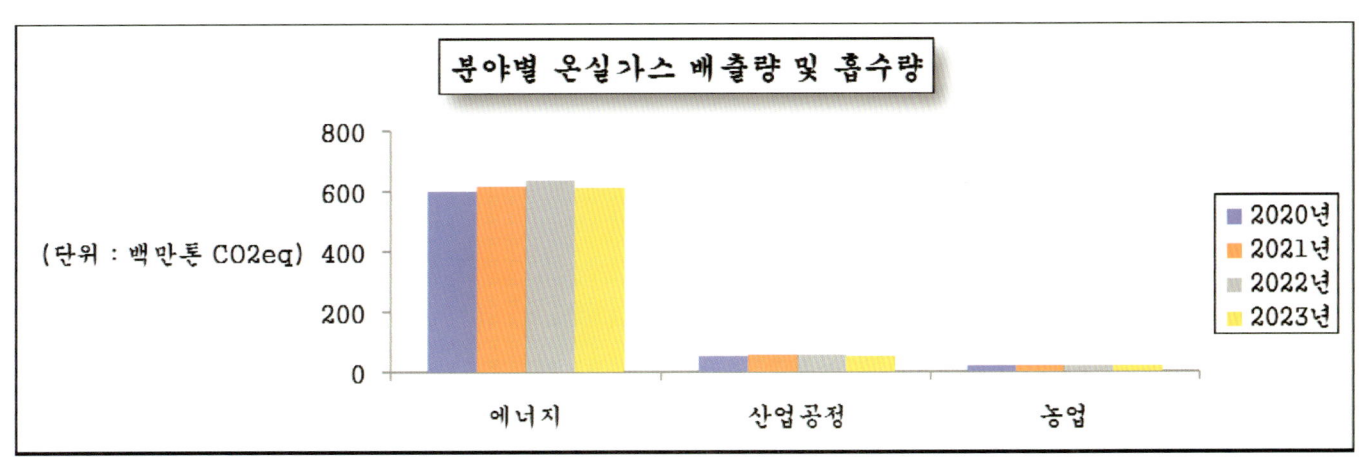

Chapter 05 기능평가 Ⅱ - 수식

◆ 문제 번호 입력하고 첫 번째 수식 작성하기   ◆ 두 번째 수식 작성하기

▶ 소스파일 : Part 01\Chapter 05\Ch05.hwpx   ▶ 완성파일 : Part 01\Chapter 05\Ch05_완성.hwpx

3. 다음의 (1), (2)의 수식을 수식 편집기로 각각 입력하시오.

출력 형태

(1) $\dfrac{PV}{T} = \dfrac{1 \times 22.4}{273} \fallingdotseq 0.082$ (2) $\displaystyle\int_a^b A(x-a)(x-b)dx = -\dfrac{A}{6}(b-a)^3$

체크! 체크!

〔기능평가 Ⅱ〕 수식

■ 문제 번호 입력하고 첫 번째, 두 번째 수식 작성하기
- 모든 수식은 〔수식 편집기〕 대화상자에서 작성해야 합니다.
- 수식 문제는 부분 점수가 없기 때문에 정확히 입력해야 합니다.
- 《출력형태》를 참고하여 수식을 작성합니다.

STEP 01 문제 번호 입력하고 첫 번째 수식 작성하기

〈수식〉 3. 다음의 (1), (2)의 수식을 수식 편집기로 각각 입력하시오.

(1) $\dfrac{PV}{T} = \dfrac{1 \times 22.4}{273} ≒ 0.082$

1 2페이지의 첫 번째 줄에 **문제 번호(3.)를 입력**한 후 Enter를 눌러 줄을 바꾼 다음 '(1)'을 **입력**합니다. 그런다음 Enter를 3번 누릅니다.

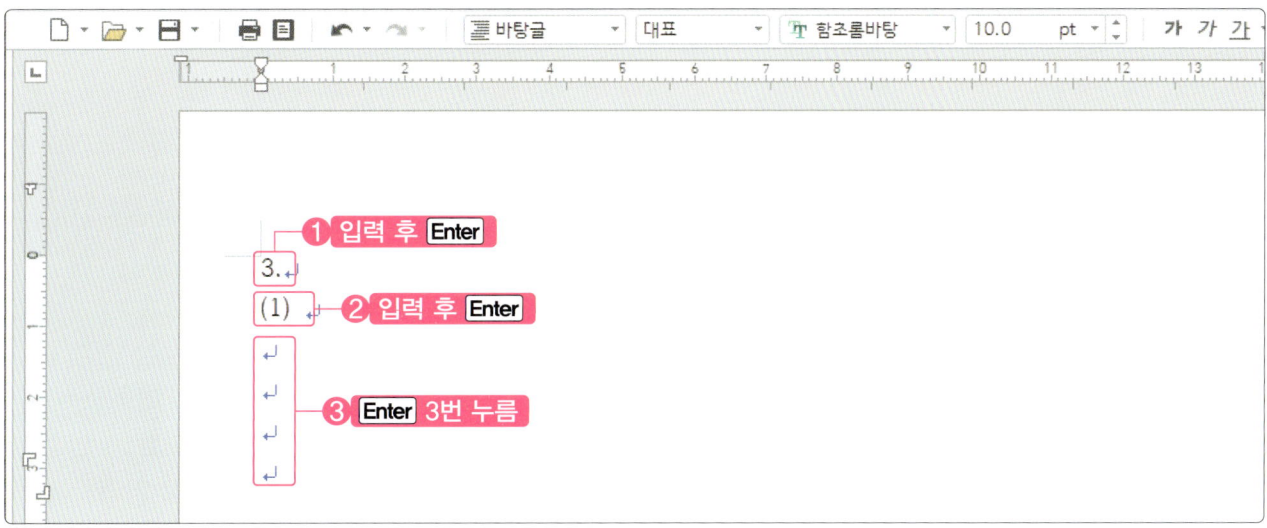

답안을 작성하지 못한 경우에도 문제 번호는 입력합니다.

2 두 번째 문단을 **클릭**한 후 [입력] 탭을 **클릭**한 다음 [수식($\sqrt{x}$)]을 클릭합니다.

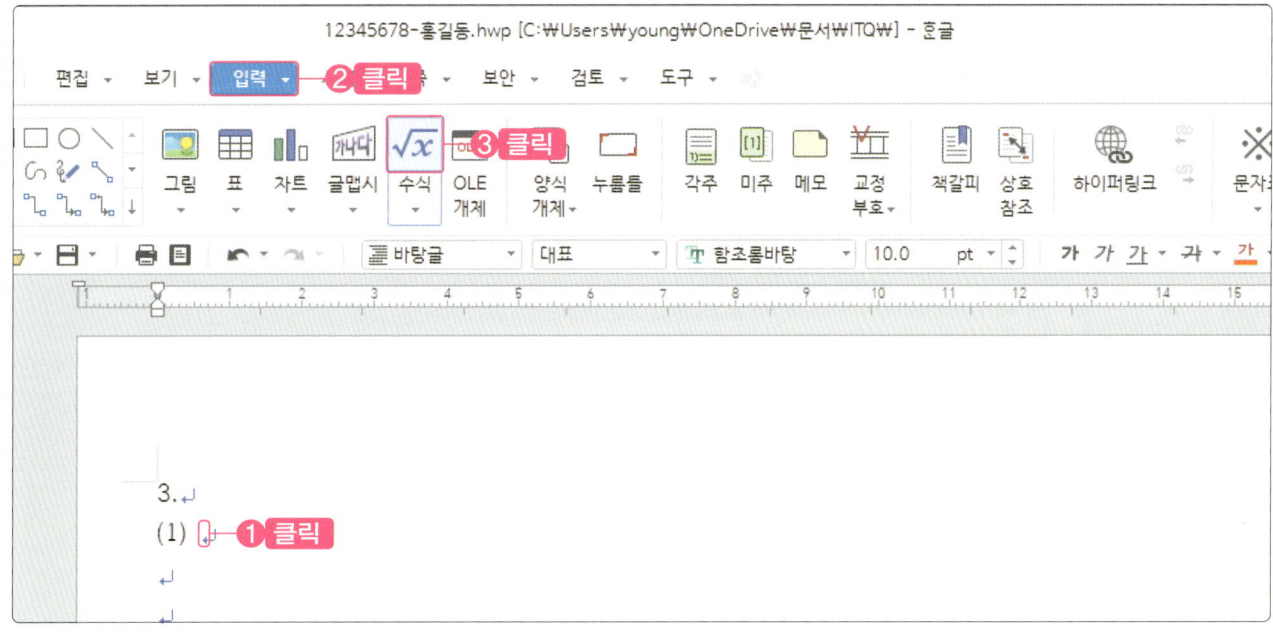

[입력] 탭의 [목록(▼)] 단추를 클릭한 후 [개체]-[수식]을 클릭하거나 Ctrl+N, M을 눌러 수식을 입력할 수도 있습니다.

⟨수식⟩ (1) $\dfrac{PV}{T} = \dfrac{1 \times 22.4}{273} ≒ 0.082$

한가지 더!

수식 도구 상자

① 첨자　② 장식 기호　③ 분수　④ 근호
⑤ 합　⑥ 적분　⑦ 극한　⑧ 세로 나눗셈
⑨ 최소공배수/최대공약수　⑩ 2진수로 변환　⑪ 상호 관계　⑫ 괄호
⑬ 경우　⑭ 세로 쌓기　⑮ 행렬　⑯ 줄 맞춤
⑰ 줄 바꿈　⑱ 이전 항목　⑲ 다음 항목　⑳ 수식 형식 변경
㉑ 넣기　㉒ 그리스 대문자　㉓ 그리스 소문자　㉔ 그리스 기호
㉕ 합, 집합 기호　㉖ 연산, 논리 기호　㉗ 화살표　㉘ 기타 기호
㉙ 명령어 입력　㉚ 수식 매크로　㉛ 글자 단위 영역　㉜ 줄 단위 영역
㉝ 글꼴　㉞ 글자 크기　㉟ 글자 색　㊱ 화면 확대

3 〔수식 편집기〕 도구 상자에서 〔**분수**(믐)〕를 **클릭**합니다.

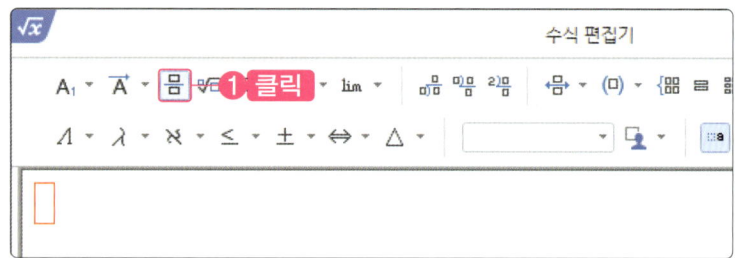

4 '**PV**'를 **입력**한 후 〔**다음 항목**(→)〕을 **클릭**한 다음 '**T**'를 **입력**합니다. 그런다음 〔**다음 항목**(→)〕을 **클릭**한 후 '**=**'를 **입력**합니다.

〔다음 항목(→)〕을 클릭하거나 **Tab** 을 눌러서 이동할 수 있습니다.

〈수식〉 (1) $\dfrac{PV}{T} = \dfrac{1 \times 22.4}{273} ≒ 0.082$

5 〔분수(吕)〕를 **클릭**한 후 '1'을 **입력**합니다.

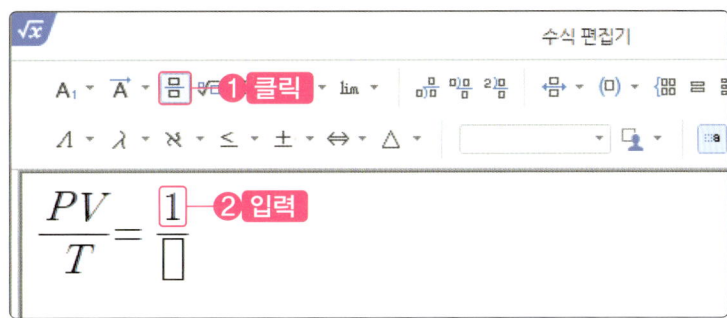

6 〔연산, 논리 기호(± ▼)〕를 **클릭**한 후 〔TIMES(✕)〕을 **클릭**합니다.

7 '22.4'를 **입력**한 후 〔다음 항목(→)〕을 **클릭**한 다음 '273'을 **입력**합니다.

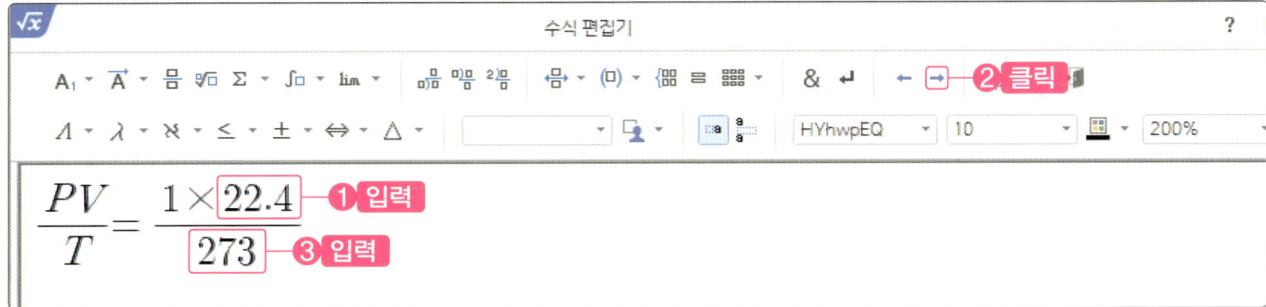

8 〔다음 항목(→)〕을 **클릭**한 후 〔연산, 논리 기호(± ▼)〕를 **클릭**한 다음 〔image(≒)〕을 **클릭**합니다.

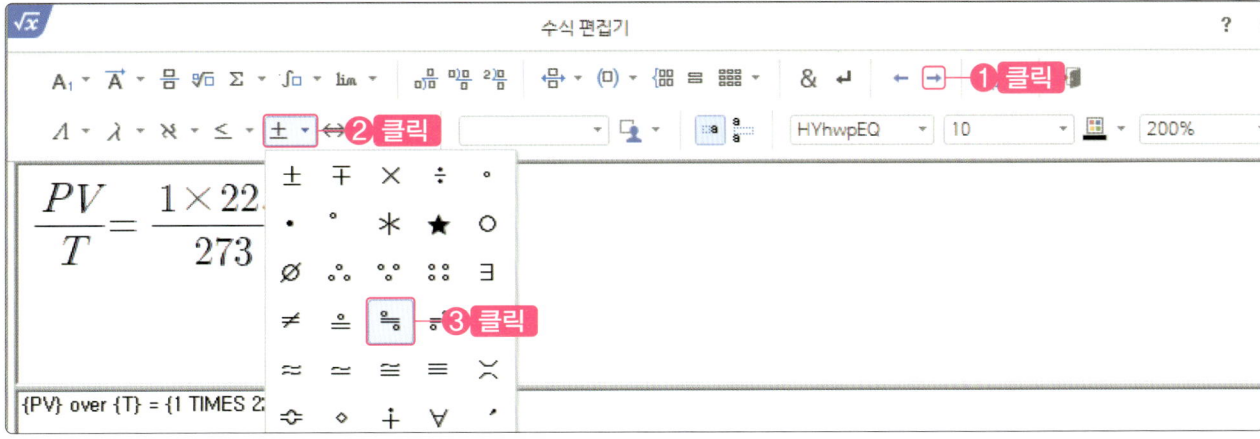

⟨수식⟩　　(1) $\dfrac{PV}{T} = \dfrac{1 \times 22.4}{273} ≒ 0.082$

9 '0.082'를 입력한 후 (넣기(→▯))를 클릭합니다.

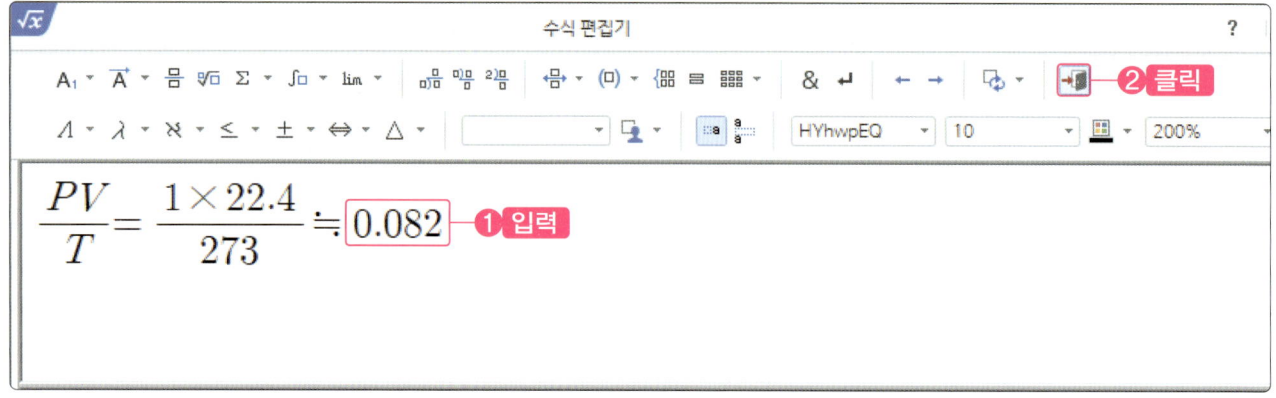

> Shift+Esc를 눌러 문서에 수식을 넣을 수도 있습니다.

10 다음과 같이 문서에 첫 번째 수식이 넣어집니다.

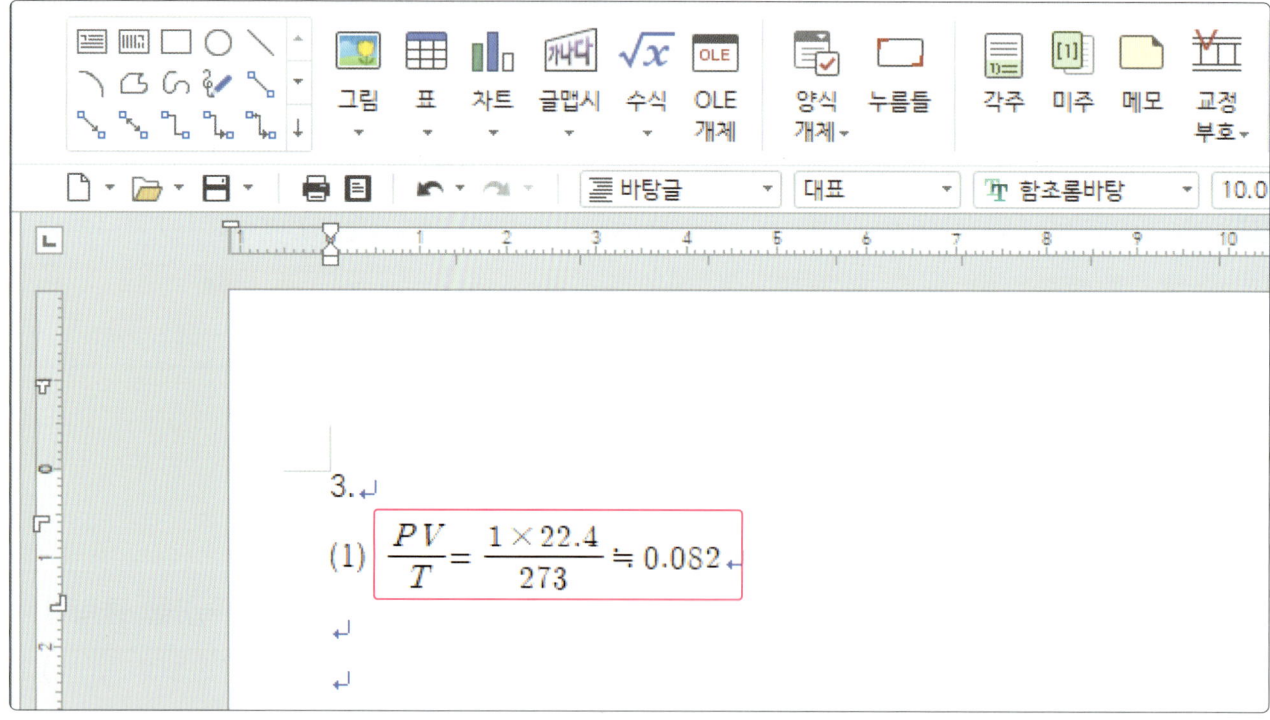

> 수식을 더블클릭하면 수식을 수정할 수 있습니다.

STEP 02 두 번째 수식 작성하기

〈수식〉 3. 다음의 (1), (2)의 수식을 수식 편집기로 각각 입력하시오.

(2) $\int_a^b A(x-a)(x-b)dx = -\frac{A}{6}(b-a)^3$

1 첫 번째 수식 뒤에 커서를 둔 후 Tab을 3번 눌러 칸을 띄운 다음 '(2) '를 입력합니다. 그런다음 두 번째 수식을 입력하기 위해 〔입력〕 탭을 클릭한 후 〔수식($\sqrt{x}$)〕을 클릭합니다.

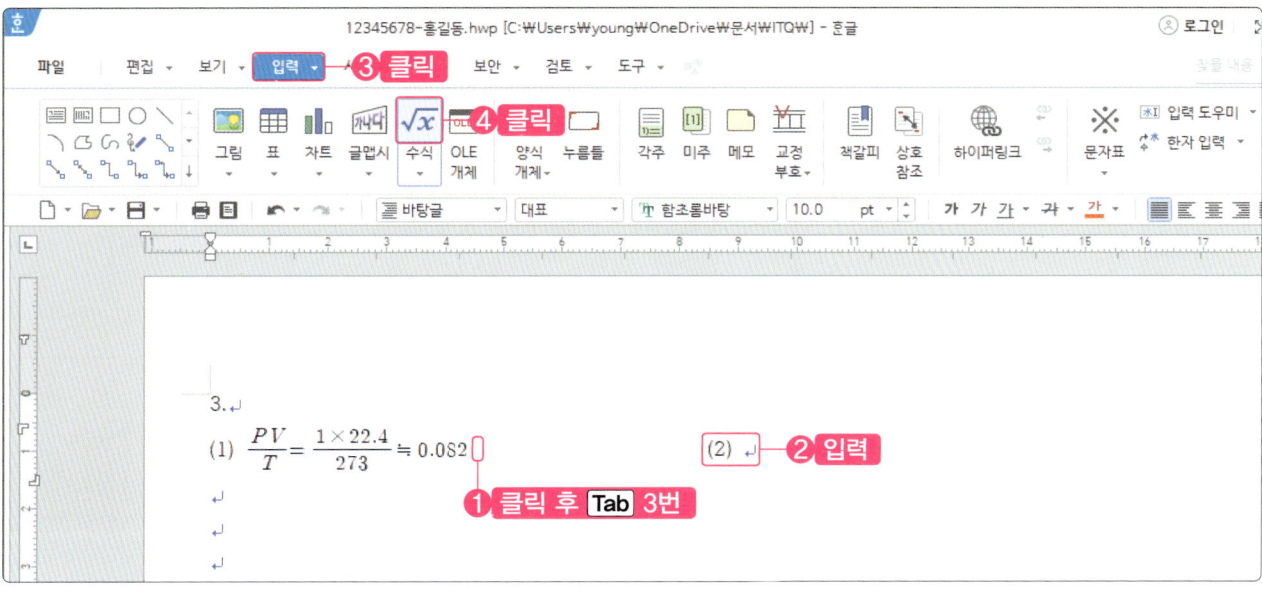

2 〔수식 편집기〕 도구 상자에서 〔적분(∫□)〕를 클릭합니다. 그런다음 〔int(∫)〕를 클릭합니다.

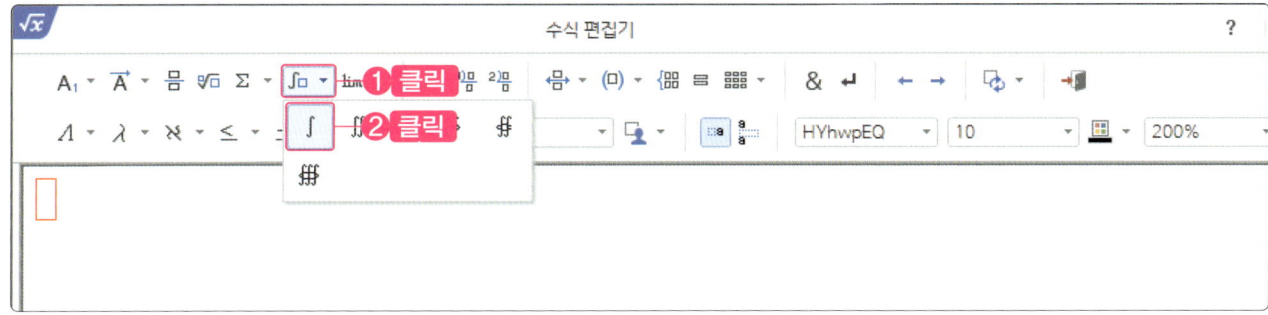

3 'a'를 입력한 후 〔다음 항목(→)〕을 클릭한 다음 'b'를 입력합니다. 그런다음 〔다음 항목(→)〕을 클릭한 후 'A(x-a)(x-b)dx=-'를 입력한 다음 〔분수(吕)〕를 클릭합니다.

〈수식〉 (2) $\int_a^b A(x-a)(x-b)dx = -\frac{A}{6}(b-a)^3$

4 'A'를 입력한 후 〔다음 항목(→)〕을 클릭한 다음 '6'을 입력합니다. 그런다음 〔다음 항목(→)〕을 클릭한 후 '(b-a)'를 입력한 다음 〔첨자(A₁ ▼)〕를 클릭하고 〔위첨자(A¹)〕를 클릭합니다.

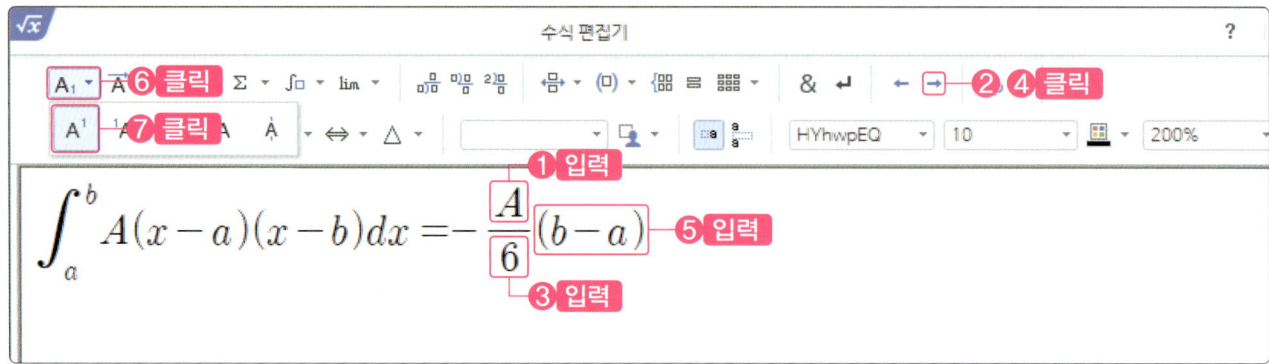

5 '3'을 입력한 후 〔넣기(→▯)〕를 클릭합니다.

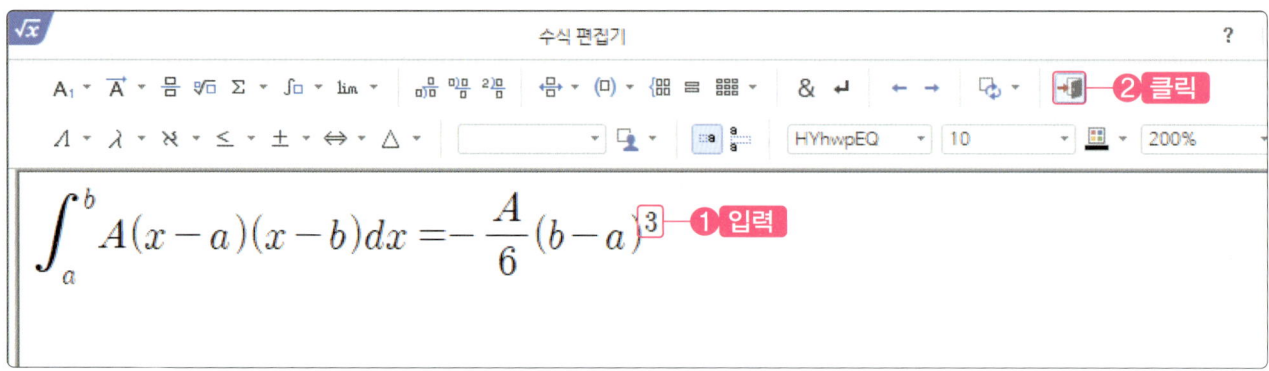

6 다음과 같이 문서에 두 번째 수식이 넣어집니다.

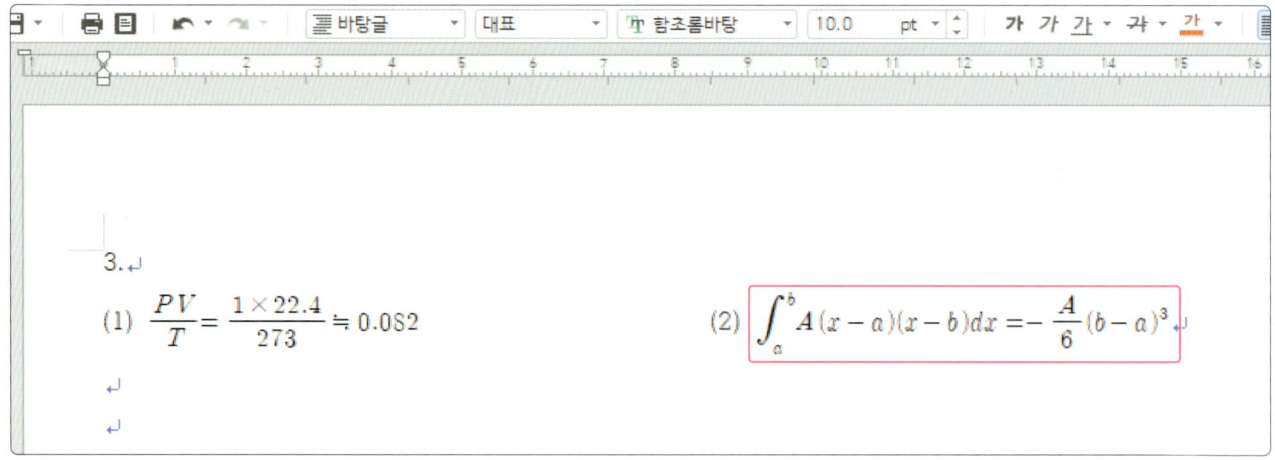

> 수식을 더블클릭하면 수식을 수정할 수 있습니다.

Practical question type
실전문제유형

1 다음의 (1), (2)의 수식을 수식 편집기로 각각 입력하시오. (40점)

▶ 소스파일 : Part 01\Chapter 05\문제01.hwpx   ▶ 완성파일 : Part 01\Chapter 05\문제01_완성.hwpx

《출력형태》

(1) $U_a - U_b = \dfrac{GmM}{a} - \dfrac{GmM}{b} = \dfrac{GmM}{2R}$ (2) $V = \dfrac{1}{R}\displaystyle\int_0^q qdq = \dfrac{1}{2}\dfrac{q^2}{R}$

2 다음의 (1), (2)의 수식을 수식 편집기로 각각 입력하시오. (40점)

▶ 소스파일 : Part 01\Chapter 05\문제02.hwpx   ▶ 완성파일 : Part 01\Chapter 05\문제02_완성.hwpx

《출력형태》

(1) $\dfrac{F}{h_2} = t_2 k_1 \dfrac{t_1}{d} = 2 \times 10^{-7} \dfrac{t_1 t_2}{d}$ (2) $\displaystyle\int_a^b A(x-a)(x-b)dx = -\dfrac{A}{6}(b-a)^3$

3 다음의 (1), (2)의 수식을 수식 편집기로 각각 입력하시오. (40점)

▶ 소스파일 : Part 01\Chapter 05\문제03.hwpx   ▶ 완성파일 : Part 01\Chapter 05\문제03_완성.hwpx

《출력형태》

(1) $\dfrac{k_x}{2h} \times (-2mk_x) = -\dfrac{mk^2}{h}$ (2) $\displaystyle\int_a^b xf(x)dx = \dfrac{1}{b-a}\displaystyle\int_a^b xdx = \dfrac{a+b}{2}$

4 다음의 (1), (2)의 수식을 수식 편집기로 각각 입력하시오. (40점)

▶소스파일 : Part 01\Chapter 05\문제04.hwpx ▶완성파일 : Part 01\Chapter 05\문제04_완성.hwpx

《출력형태》

(1) $E = \sqrt{\dfrac{GM}{R}}, \dfrac{R^3}{T^2} = \dfrac{GM}{4\pi^2}$

(2) $\displaystyle\int_0^1 (\sin x + \dfrac{x}{2})dx = \int_0^1 \dfrac{1+\sin x}{2}dx$

5 다음의 (1), (2)의 수식을 수식 편집기로 각각 입력하시오. (40점)

▶소스파일 : Part 01\Chapter 05\문제05.hwpx ▶완성파일 : Part 01\Chapter 05\문제05_완성.hwpx

《출력형태》

(1) $\vec{F} = -\dfrac{4\pi^2 m}{T^2} + \dfrac{m}{T^3}$

(2) $\overline{AB} = \sqrt{(x_2 - x_1)^2 + (y_2 - y_1)^2}$

6 다음의 (1), (2)의 수식을 수식 편집기로 각각 입력하시오. (40점)

▶소스파일 : Part 01\Chapter 05\문제06.hwpx ▶완성파일 : Part 01\Chapter 05\문제06_완성.hwpx

《출력형태》

(1) $\dfrac{h_1}{h_2} = (\sqrt{a})^{M_2 - M_1} \fallingdotseq 2.5^{M_2 - M_1}$

(2) $h = \sqrt{k^2 - r^2}, M = \dfrac{1}{3}\pi r^2 h$

7 다음의 (1), (2)의 수식을 수식 편집기로 각각 입력하시오. (40점)

▶ 소스파일 : Part 01\Chapter 05\문제07.hwpx   ▶ 완성파일 : Part 01\Chapter 05\문제07_완성.hwpx

《출력형태》

(1) $\dfrac{V_2}{V_1} = \dfrac{0.9 \times 10^3}{1.0 \times 10^2} = 0.8$

(2) $\sqrt{a+b+2\sqrt{ab}} = \sqrt{a} + \sqrt{b}\,(a>0, b>0)$

8 다음의 (1), (2)의 수식을 수식 편집기로 각각 입력하시오. (40점)

▶ 소스파일 : Part 01\Chapter 05\문제08.hwpx   ▶ 완성파일 : Part 01\Chapter 05\문제08_완성.hwpx

《출력형태》

(1) $T = \dfrac{b^2}{a} + 2\pi\sqrt{\dfrac{r^3}{GM}}$

(2) $a_n - b_n = n^2 \dfrac{h^2}{4\pi^2 Kme^2}$

9 다음의 (1), (2)의 수식을 수식 편집기로 각각 입력하시오. (40점)

▶ 소스파일 : Part 01\Chapter 05\문제09.hwpx   ▶ 완성파일 : Part 01\Chapter 05\문제09_완성.hwpx

《출력형태》

(1) $\dfrac{1}{d} = \sqrt{n^2} = \sqrt{\dfrac{3kT}{m}}$

(2) $m_2 - m_1 = \dfrac{5}{2}\log\dfrac{h_1}{h_2}$

기능평가 Ⅱ – 도형 그리기

- ◆ 문제 번호 입력하고 배경 도형 작성하기
- ◆ 그림과 글맵시 삽입하고 편집하기
- ◆ 책갈피 삽입하고 하이퍼링크 지정하기
- ◆ 제목 글상자 작성하기
- ◆ 목차 도형 작성하기

▶ 소스파일 : Part 01\Chapter 06\Ch06.hwpx   ▶ 완성파일 : Part 01\Chapter 06\Ch06_완성.hwpx

4. 다음의 《조건》에 따라 《출력형태》와 같이 문서를 작성하시오. (110점)

조건

(1) 그리기 도구를 이용하여 작성하고, 모든 도형(글맵시, 지정된 그림 포함)을 《출력형태》와 같이 작성하시오.
(2) 도형의 면색은 지시사항이 없으면 색 없음을 제외하고 서로 다르게 임의로 지정하시오.

출력 형태

특수외국어 교육

글상자 : 크기(100mm×17mm), 면색(파랑), 글꼴(돋움, 22pt, 하양), 정렬(수평·수직-가운데)

크기(120mm×50mm)

글맵시 이용(갈매기형 수장), 크기(50mm×35mm), 글꼴(굴림, 빨강)

그림위치 (내 PC\문서\ITQ\Picture\로고1.jpg, 문서에 포함), 크기(40mm×30mm), 그림 효과(회색조)

하이퍼링크 : 문서작성 능력평가의 "2025 외국인 유학생 지원 워크숍" 제목에 설정한 책갈피로 이동

1 다문화인에 대한 통역 지원
2 멘토링 운영 및 지원
3 외국인을 위한 교육 자료

글상자 이용, 선 종류(점선 또는 파선), 면색(색 없음), 글꼴(궁서, 18pt), 정렬(수평·수직-가운데)

크기(130mm×145mm)

직사각형 그리기 : 크기(13mm×13mm), 면색(하양), 글꼴(굴림, 20pt), 정렬(수평·수직-가운데)

직사각형 그리기 : 크기(18mm×10mm), 면색(하양을 제외한 임의의 색)

체크! 체크!

〔기능평가 Ⅱ〕 도형 그리기

- 문제 번호 입력하고 배경 도형 작성하기
  - 도형 모양은 직사각형의 테두리 선을 변경하여 반원 또는 둥근 모양으로 작성합니다.
- 제목 글상자 작성하기
  - 제목 글상자에 지시되어 있는 색상은 반드시 해당 색상으로 변경해서 작성합니다.
- 그림과 글맵시 삽입하고 편집하기
  - 그림과 글맵시는 지시되어 있는 크기 및 속성을 지정합니다.
  - 그림 또는 글맵시에 하이퍼링크를 지정합니다.
- 목차 도형 작성하기
  - 《출력형태》를 참고하여 도형을 작성합니다.
- 책갈피 삽입하고 하이퍼링크 지정하기
  - 3페이지에 책갈피를 삽입하고 그림 또는 글맵시에 하이퍼링크를 지정합니다.

STEP 01 문제 번호 입력하고 배경 도형 작성하기

〈조건〉 크기(130mm×145mm), 크기(120mm×50mm)

1 문제 번호(4.)를 입력한 후 〔입력〕 탭을 클릭한 다음 〔직사각형(□)〕을 클릭합니다.

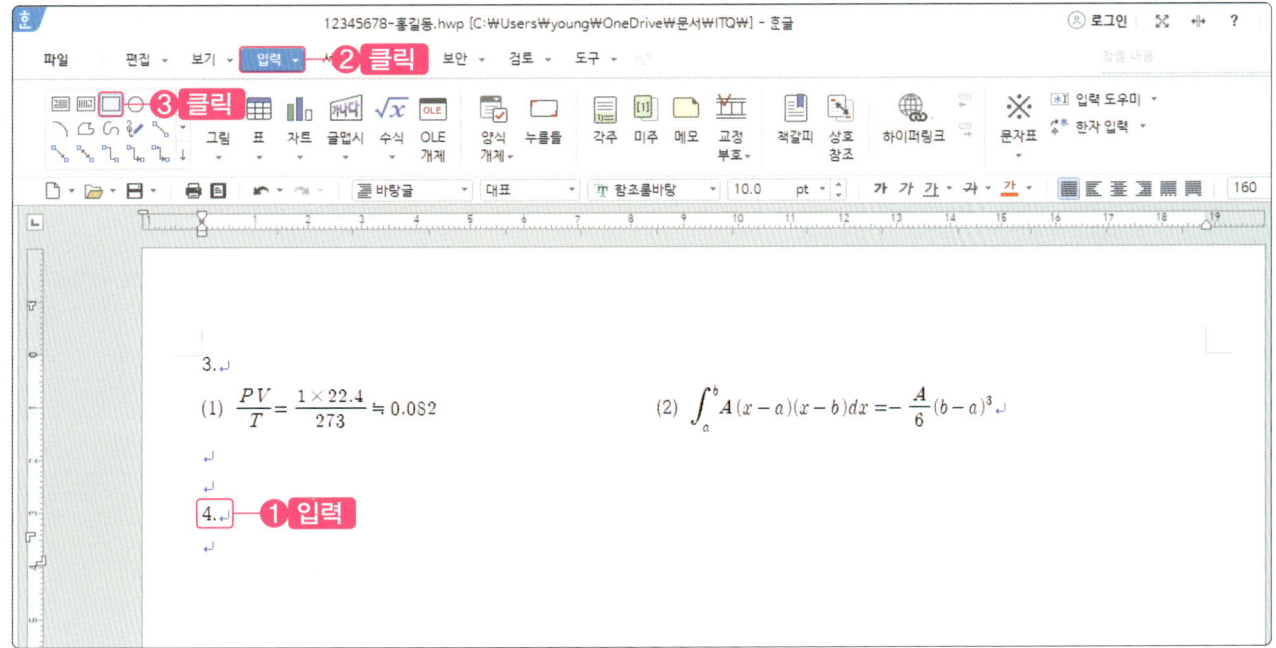

- 답안을 작성하지 못한 경우에도 문제 번호는 입력합니다.
- 도형, 글상자, 그림, 글맵시 등을 '개체'라고 합니다.

〈조건〉 크기(130mm×145mm), 크기(120mm×50mm)

2 마우스 포인터가 + 모양으로 변경되면 **드래그하여 첫 번째 배경 도형을 삽입**합니다.

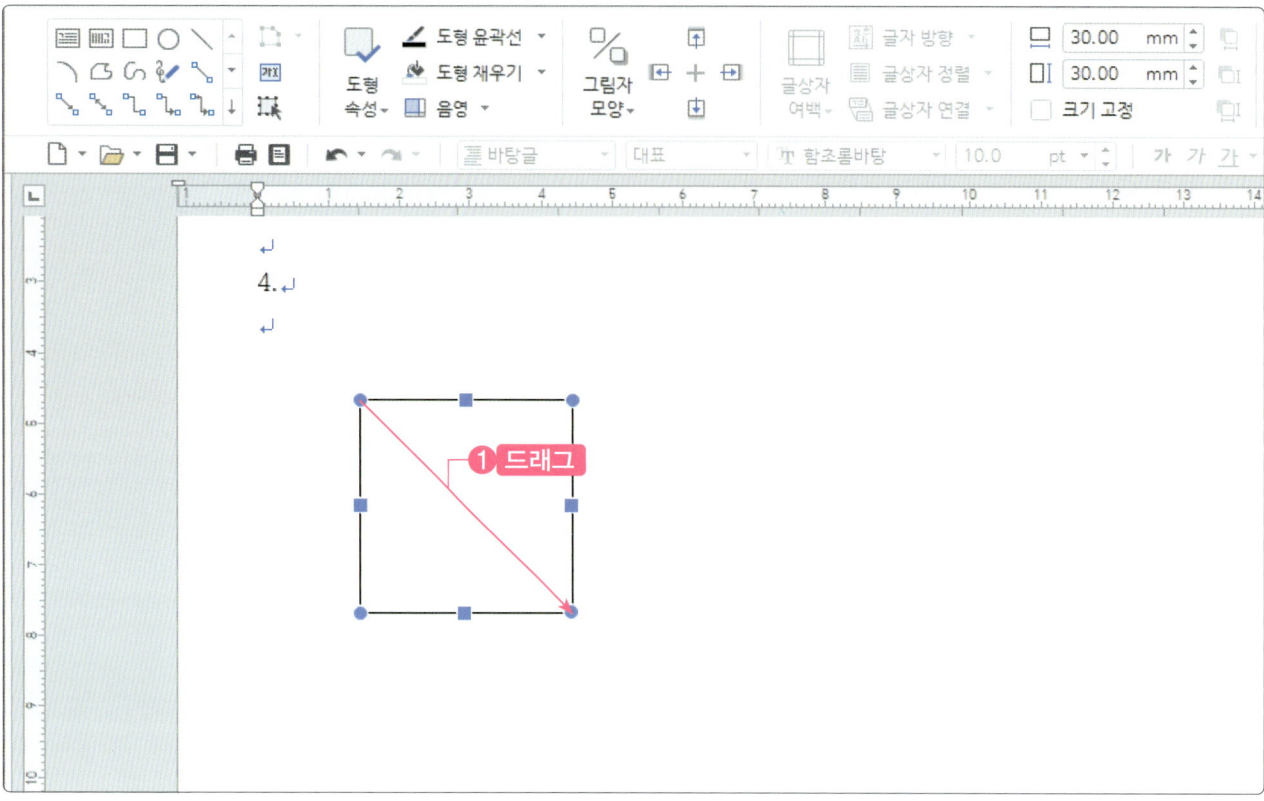

3 **도형을 선택**한 후 **바로가기 메뉴의 〔개체 속성〕을 클릭**합니다.

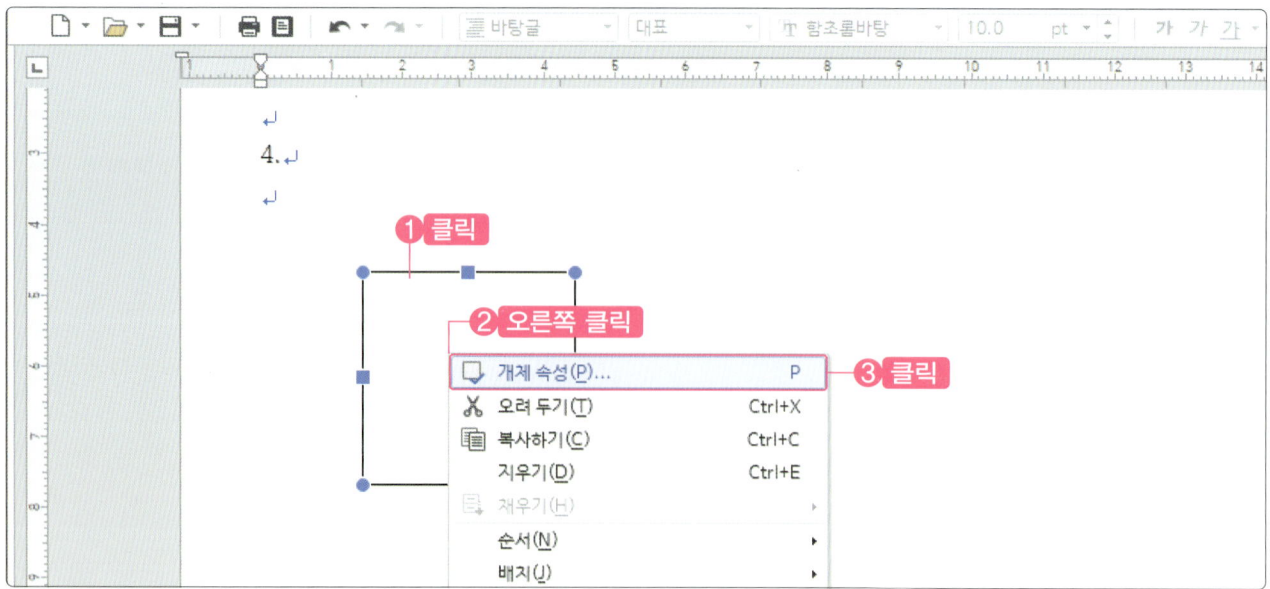

- 도형을 서로 겹치면 나중에 삽입한 도형이 먼저 삽입한 도형 위에 겹쳐집니다. 따라서 《출력형태》에서 아래에 있는 도형(첫 번째 배경 도형)을 먼저 삽입해야 《출력형태》와 같이 배경을 작성할 수 있습니다.
- 도형, 글상자의 크기는 도형, 글상자를 삽입한 후 지시사항에 명시되어 있는 크기로 조정할 것입니다. 따라서 도형, 글상자를 삽입할 때는 임의의 크기로 드래그하여 도형, 글상자를 삽입합니다.

⟨조건⟩   크기(130mm×145mm), 크기(120mm×50mm)

개체 선택하기
- **하나의 개체 선택** : 개체로 마우스 포인터를 가져가서 마우스 포인터가 모양으로 변경되었을 때 클릭합니다.
- **여러 개체 선택** : 개체를 선택한 후 [Shift]를 누른 상태에서 다른 개체를 선택합니다.

개체 선택 해제하기
문서에서 빈 곳을 클릭하거나 [Esc]를 누르면 개체를 선택 해제할 수 있습니다.

4 [개체 속성] 대화상자가 나타나면 [기본] 탭에서 **너비(130)와 높이(145)를 입력**한 후 [**크기 고정**]을 선택합니다. 그런다음 [**채우기**] 탭을 클릭한 후 **면 색(임의의 색)을 선택**한 다음 [설정] 단추를 클릭합니다.

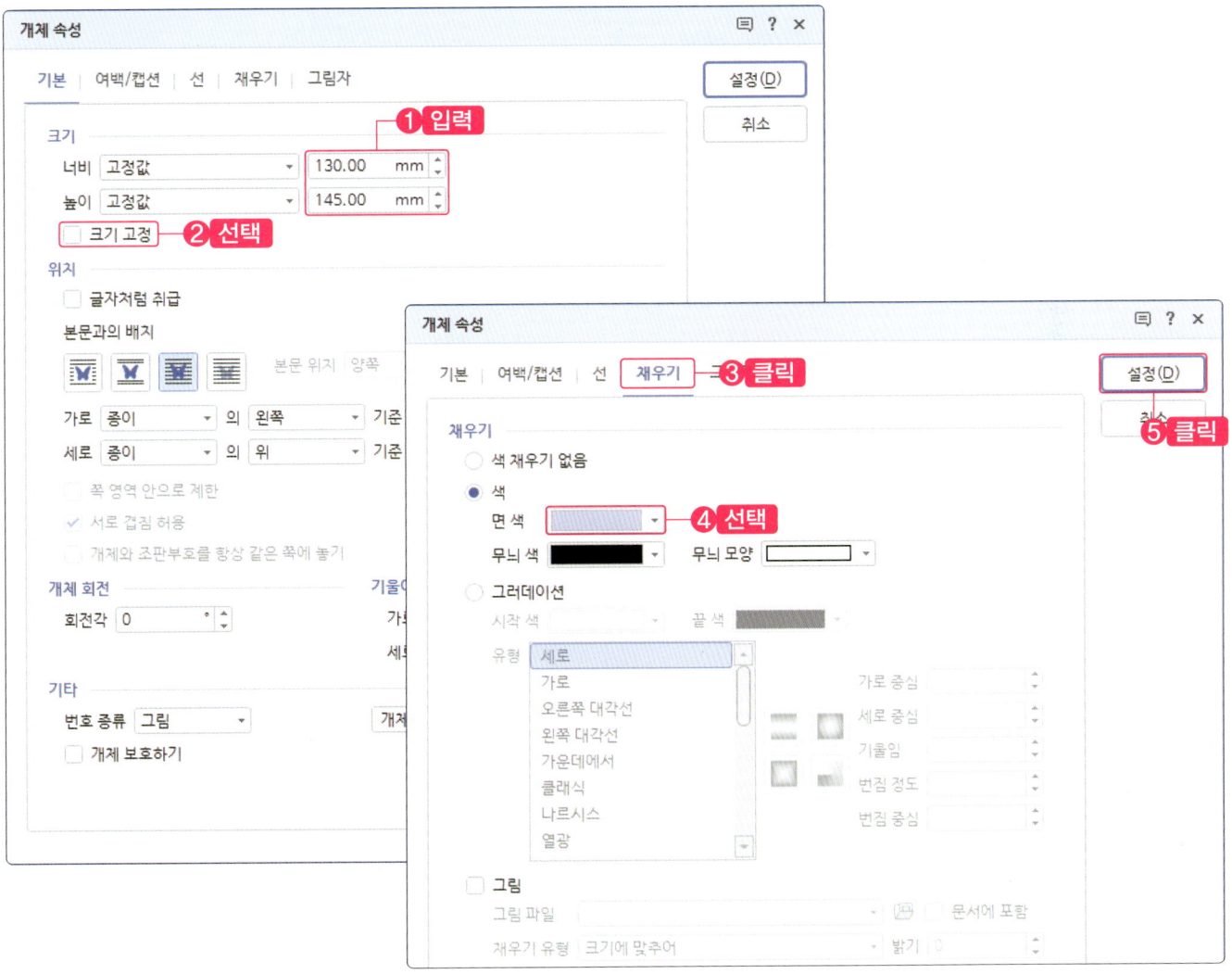

- [크기 고정]을 선택하면 개체의 크기가 변경되는 것을 미연에 방지할 수 있습니다.
- 시험에서 지시사항에 면 색이 명시되어 있지 않으면 임의의 면 색으로 지정합니다.

〈조건〉 크기(130mm×145mm), 크기(120mm×50mm)

5 두 번째 배경 도형을 삽입하기 위해 〔**입력**〕 **탭을 클릭**한 후 〔**직사각형(□)**〕**을 클릭**합니다. 그런 다음 마우스 포인터가 + 모양으로 변경되면 **드래그하여 두 번째 배경 도형을 삽입**합니다.

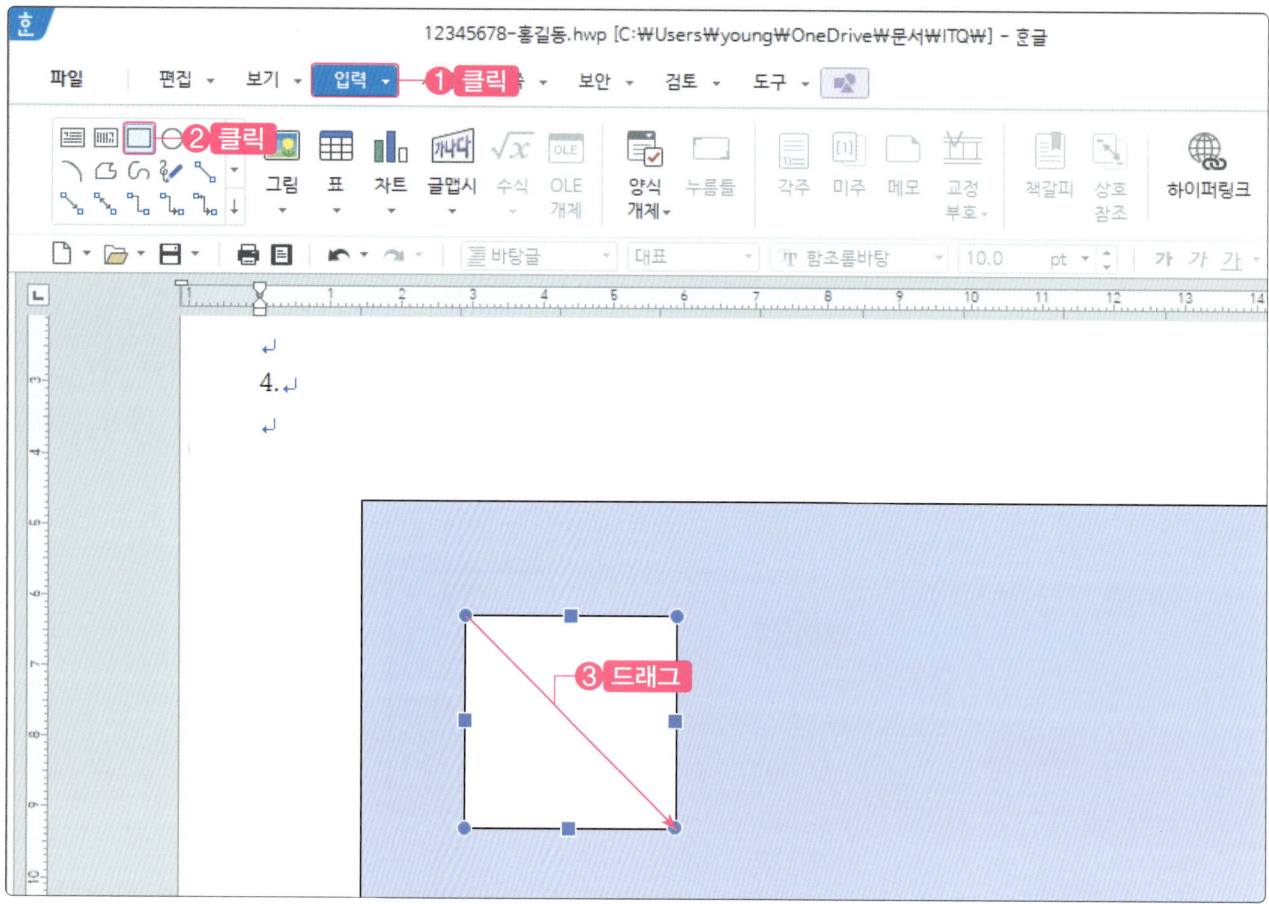

6 **도형을 선택**한 후 **바로가기 메뉴의** 〔**개체 속성**〕**을 클릭**합니다.

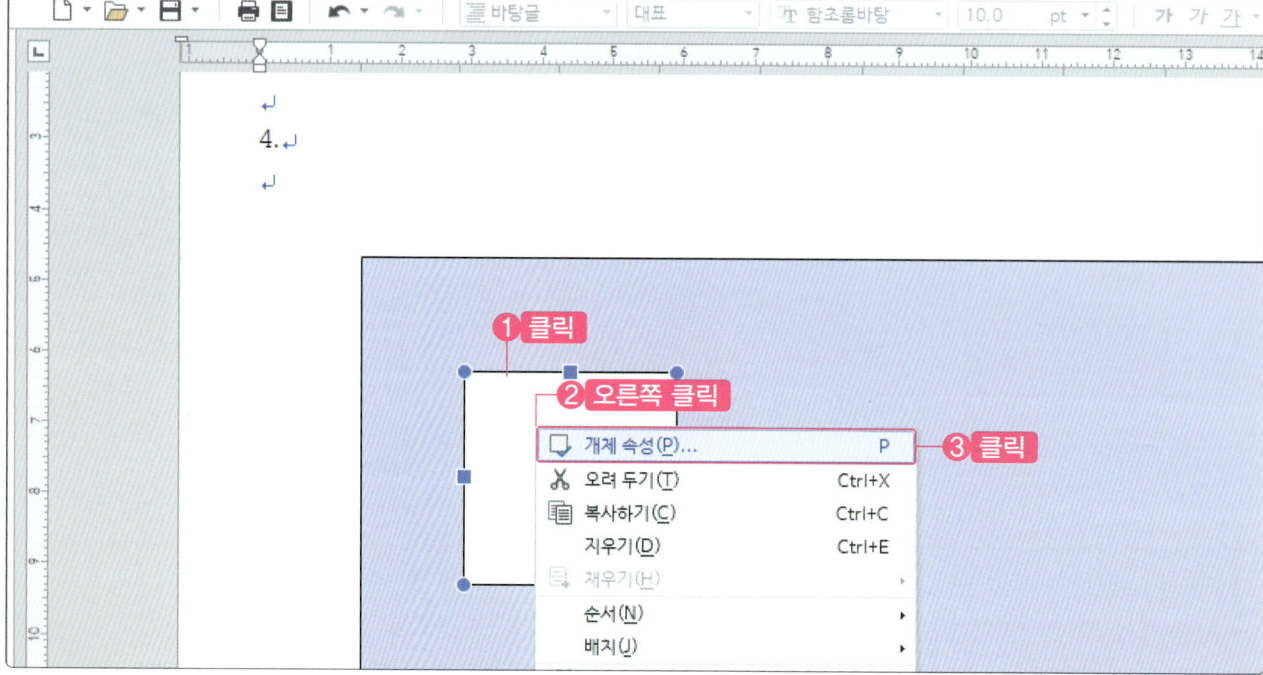

〈조건〉 크기(130mm×145mm), 크기(120mm×50mm)

7 〔개체 속성〕 대화상자가 나타나면 〔기본〕 탭에서 **너비(120)와 높이(50)를 입력**한 후 〔**크기 고정**〕을 **선택**합니다. 그런다음 〔**선**〕 탭을 클릭한 후 **사각형 모서리 곡률(둥근 모양(◻))을 선택**합니다.

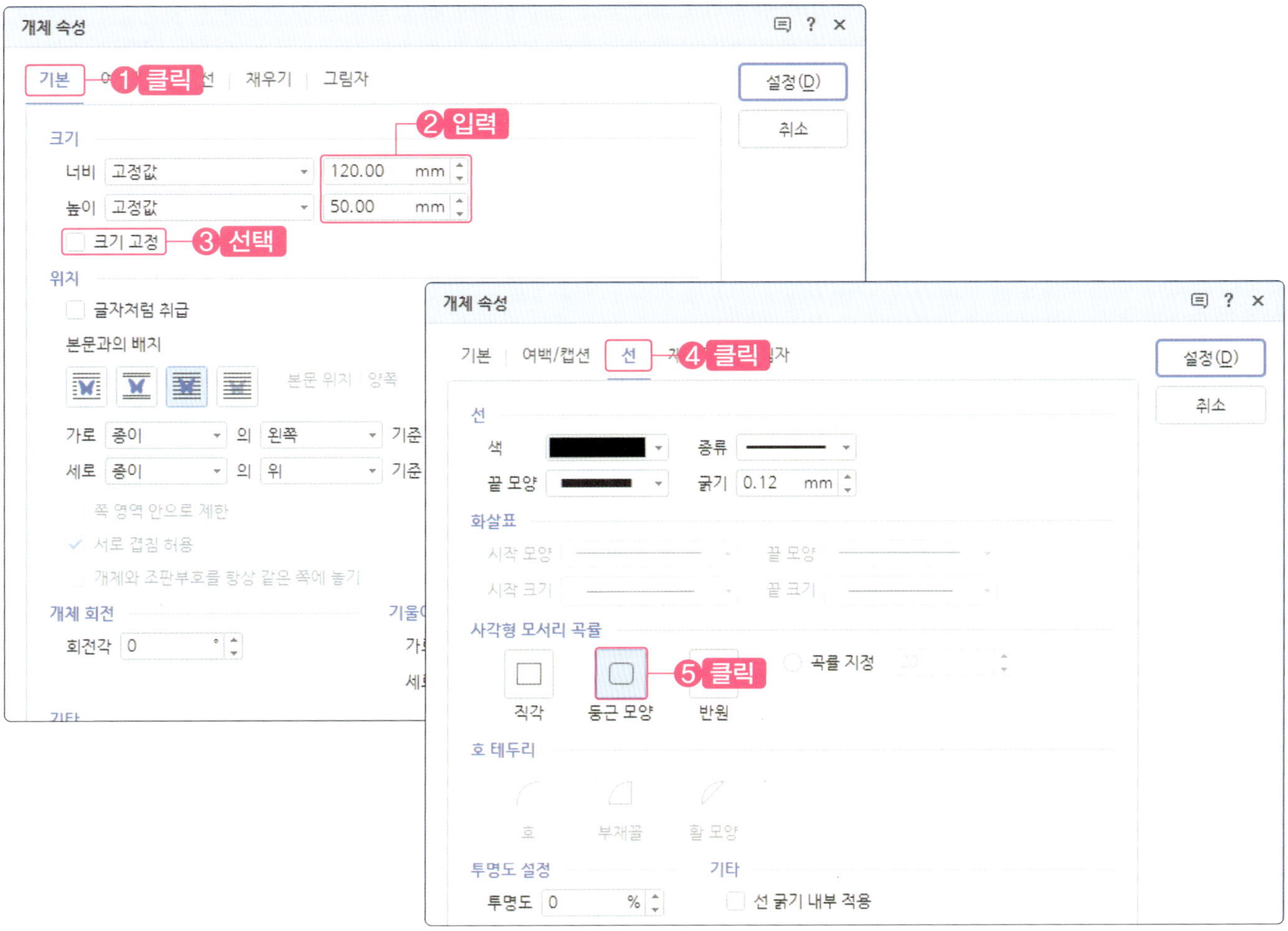

8 〔**채우기**〕 **탭을 클릭**한 후 **면 색(임의의 색)을 선택**한 다음 〔설정〕 단추를 클릭합니다.

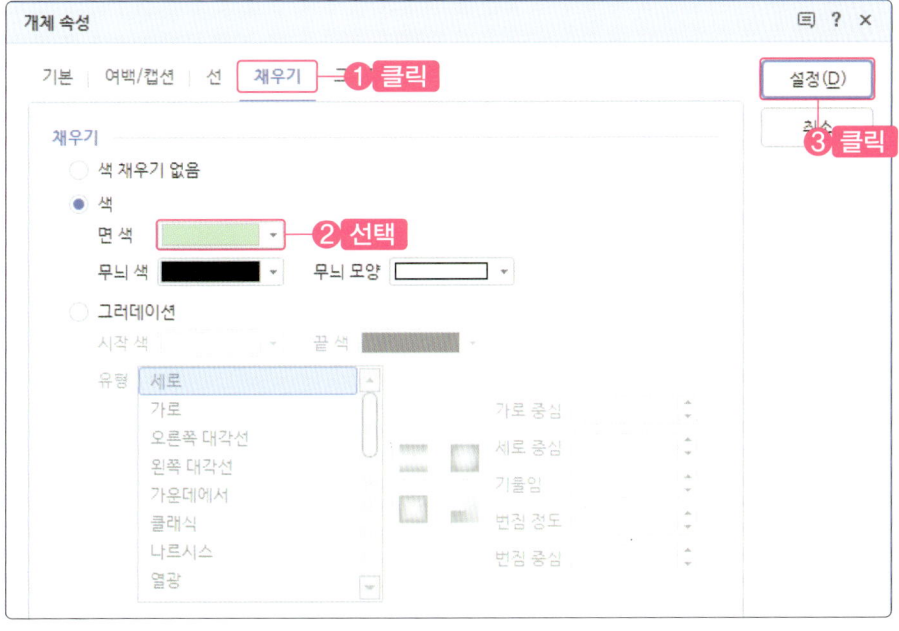

Chapter 06 · 기능평가 II - 도형 그리기 **73**

STEP 02 제목 글상자 작성하기

⟨조건⟩ 글상자 : 크기(100mm×17mm), 면색(파랑), 글꼴(돋움, 22pt, 하양), 정렬(수평·수직-가운데)

1 제목 글상자를 작성하기 위해 [입력] **탭을 클릭**한 후 [가로 글상자(▭)]를 클릭합니다. 그런다음 마우스 포인터가 + 모양으로 변경되면 다음과 같이 **드래그하여 가로 글상자를 삽입**합니다.

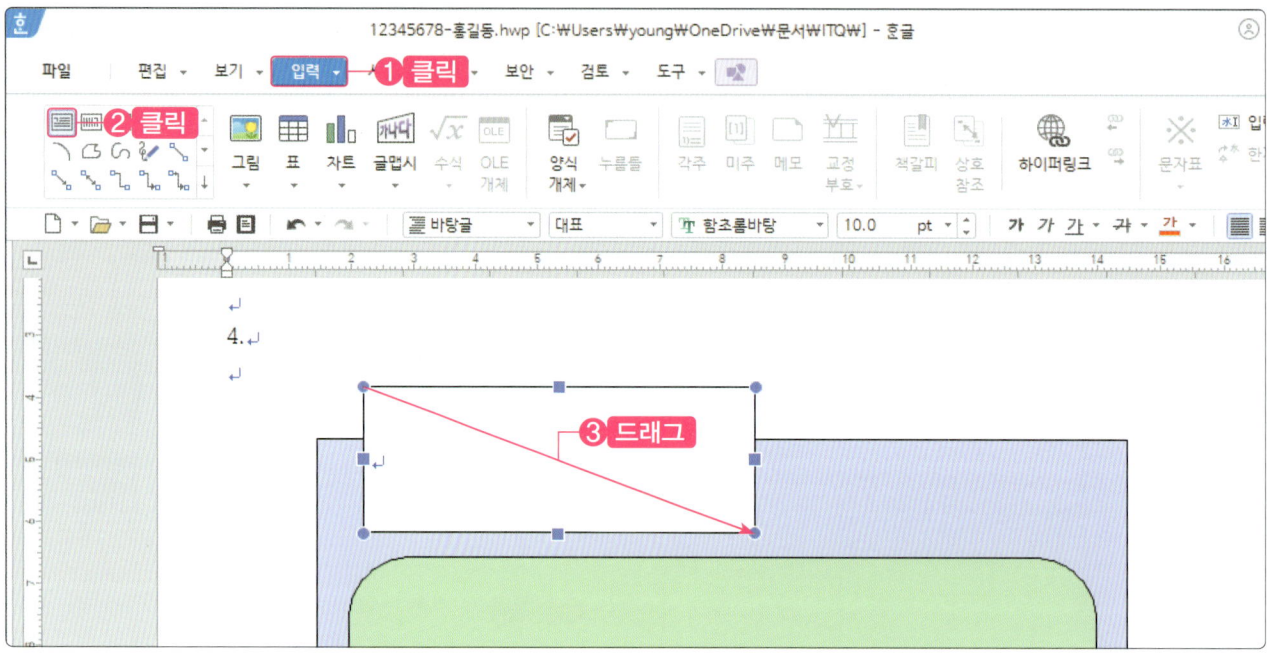

> [입력] 탭의 [목록(▼)]단추를 클릭한 후 [개체]-[글상자]를 클릭하거나 Ctrl+N, B를 눌러 글상자를 삽입할 수도 있습니다.

2 **글상자를 선택**한 후 **바로가기 메뉴의 [개체 속성]을 클릭**합니다.

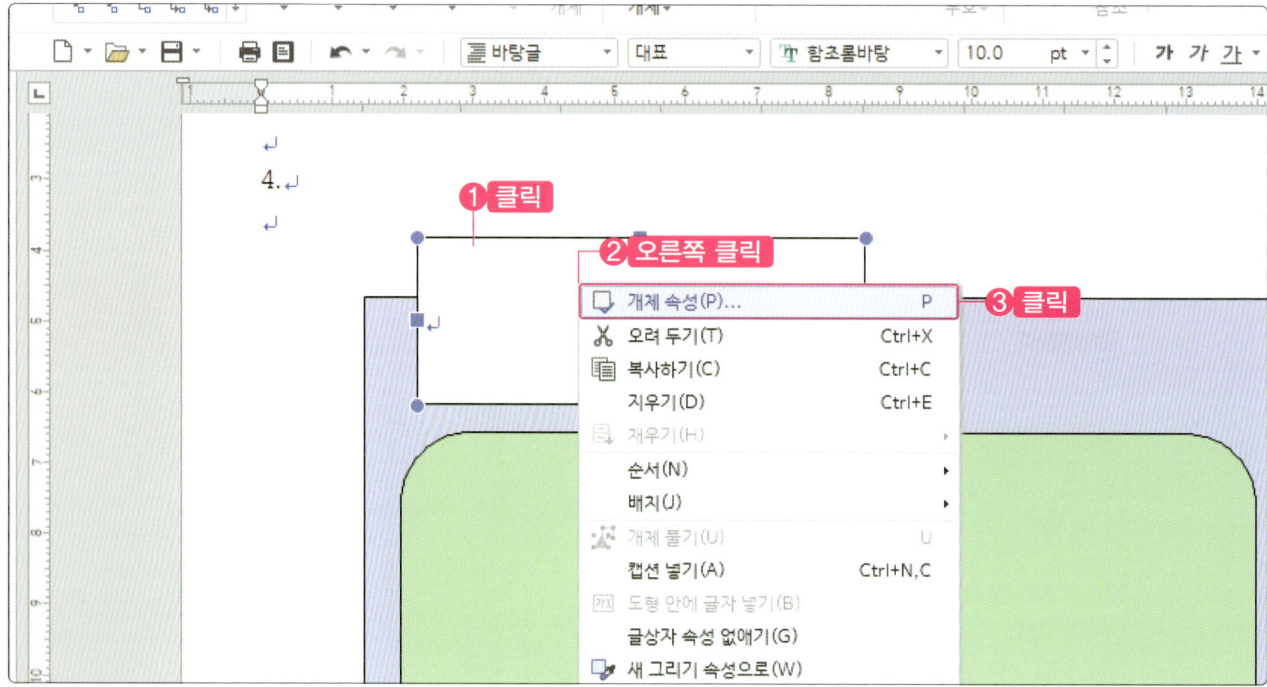

⟨조건⟩　글상자 : 크기(100mm×17mm), 면색(파랑), 글꼴(돋움, 22pt, 하양), 정렬(수평·수직-가운데)

3 〔개체 속성〕 대화상자가 나타나면 〔기본〕 탭에서 **너비(100)와 높이(17)를 입력**한 후 〔**크기 고정**〕 **을 선택**합니다.

4 〔선〕 탭을 클릭한 후 **사각형 모서리 곡률(반원(○))을 선택**합니다.

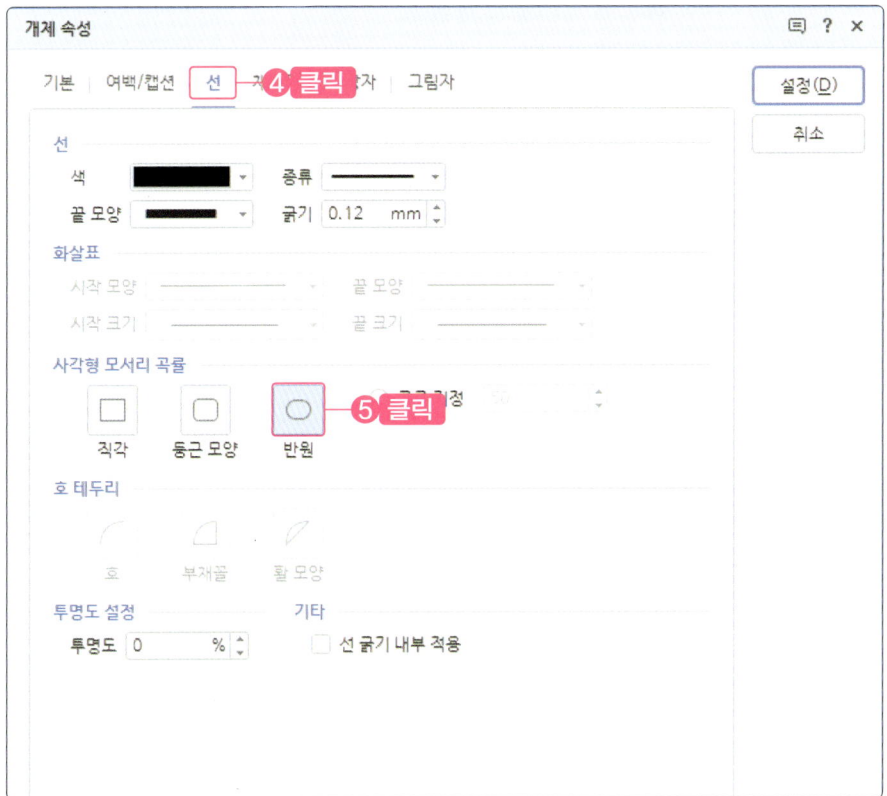

〈조건〉 글상자 : 크기(100mm×17mm), 면색(파랑), 글꼴(돋움, 22pt, 하양), 정렬(수평·수직-가운데)

5 [채우기] 탭을 클릭한 후 [면 색]을 클릭한 다음 [색상 테마(▶)]-[오피스]를 클릭합니다. 그런다음 색상 테마가 변경되면 [파랑(RGB: 0,0,255)]을 클릭한 후 [설정] 단추를 클릭합니다.

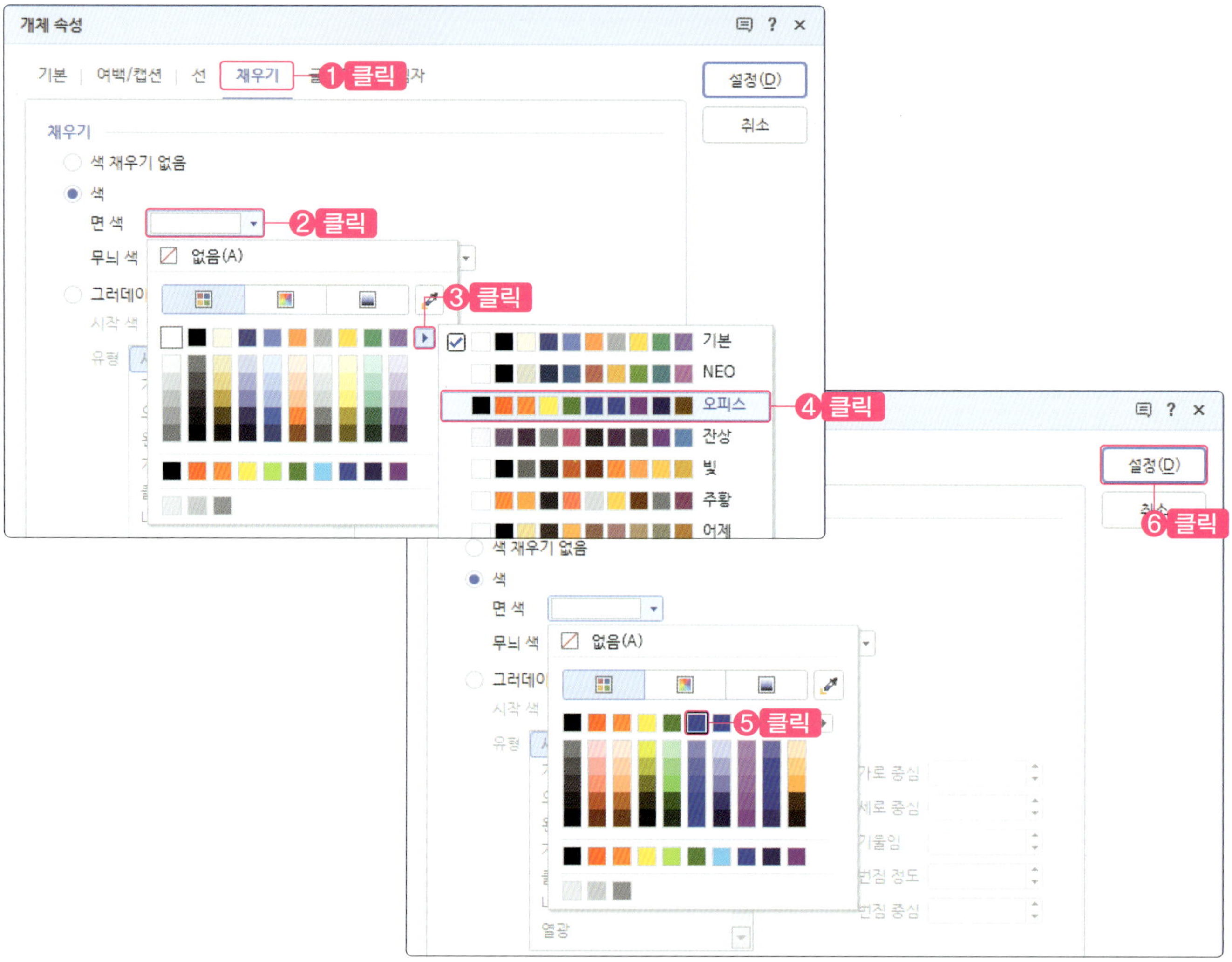

6 제목 글상자에 **내용(특수외국어 교육)을 입력**합니다.

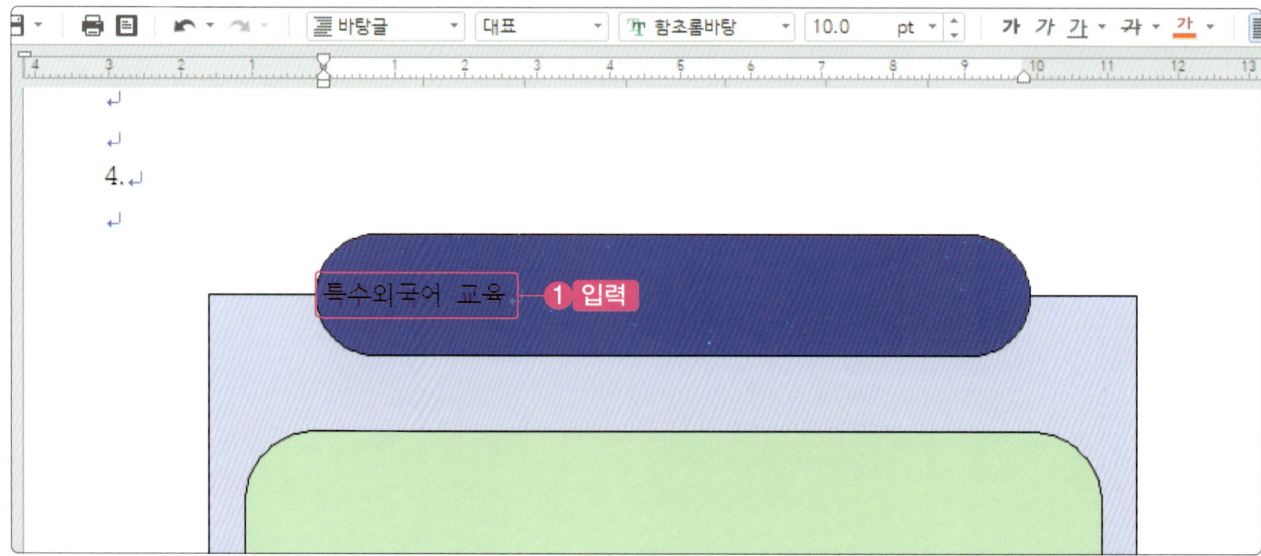

⟨조건⟩　글상자 : 크기(100mm×17mm), 면색(파랑), 글꼴(돋움, 22pt, 하양), 정렬(수평·수직-가운데)

7 제목 글상자에 글자 모양과 문단 모양을 지정하기 위해 **제목 글상자를 선택**한 후 [서식] 도구 상자에서 **글꼴(돋움)과 글자 크기(22)를 선택**한 다음 **글자 색(하양(RGB: 255,255,255))을 선택**하고 [**가운데 정렬(≡)**]을 클릭합니다.

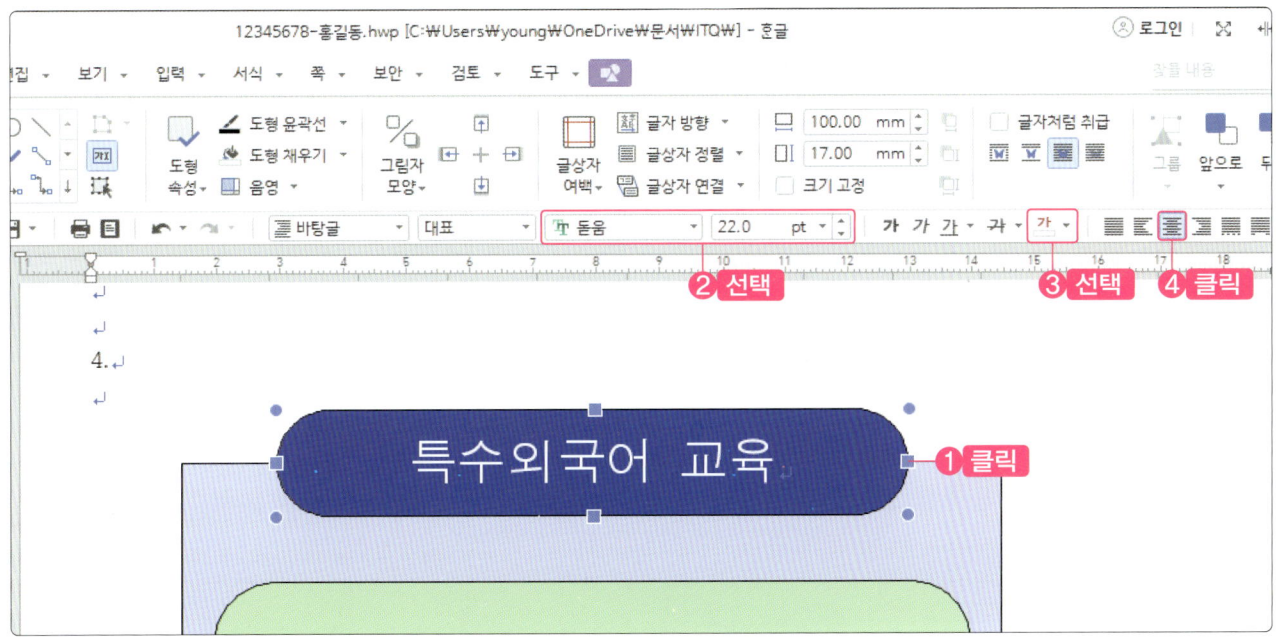

- 시험에서 지시사항에 '흰색'은 '하양(RGB: 255,255,255)'을 선택하면 됩니다. '하양(RGB: 255,255,255)'은 '기본' 색상 테마에 있습니다.
- 도형을 선택한 후 Delete 를 누르면 도형을 지울 수 있습니다.

8 제목 글상자가 가운데 위치하도록 **드래그하여 위치를 조절**합니다.

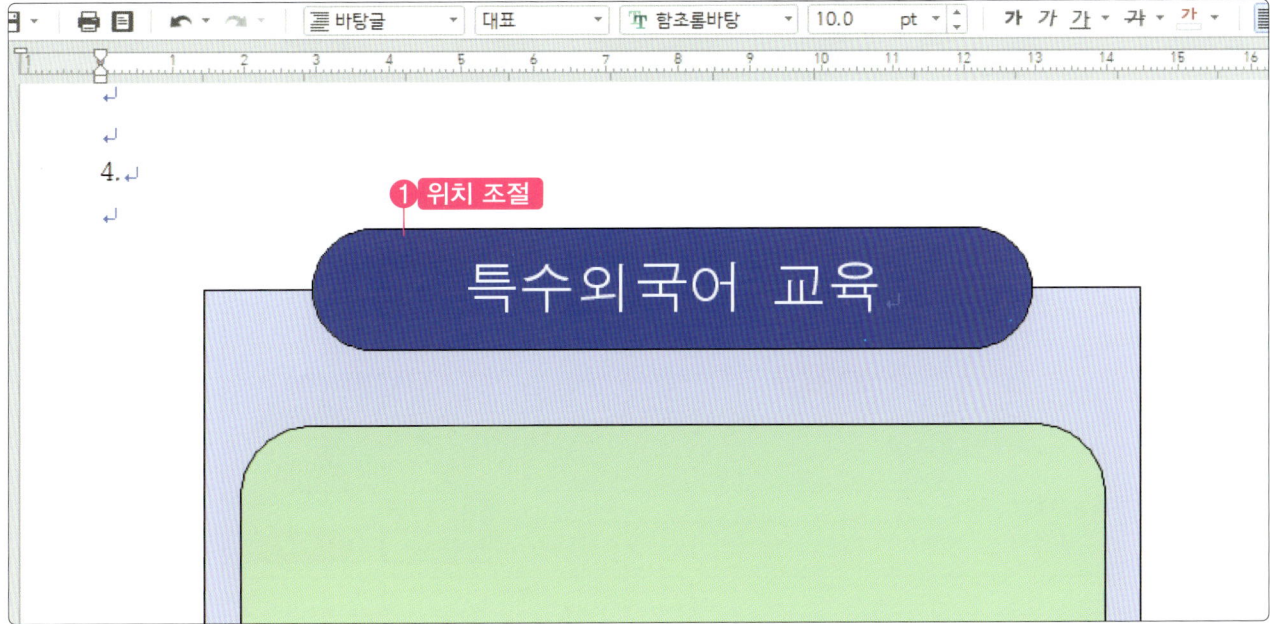

STEP 03 그림과 글맵시 삽입하고 편집하기

〈조건〉
- 그림위치(내 PC\문서\ITQ\Picture\로고1.jpg, 문서에 포함), 크기(40mm×30mm), 그림 효과(회색조)
- 글맵시 이용(갈매기형 수장), 크기(50mm×35mm), 글꼴(굴림, 빨강)

1 그림을 삽입하기 위해 [입력] 탭을 클릭한 후 [그림(📙)]을 클릭합니다.

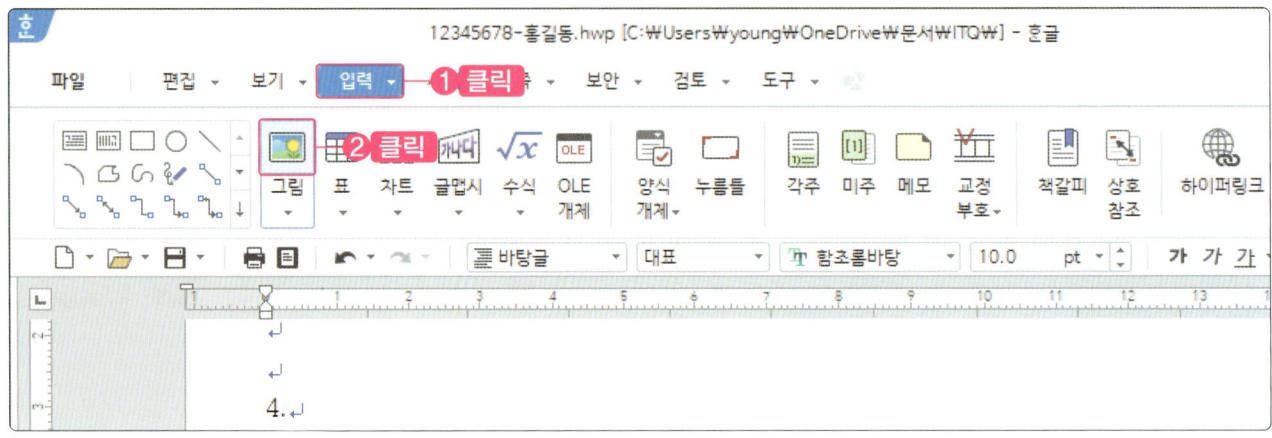

> [입력] 탭의 [목록(▼)] 단추를 클릭한 후 [그림]-[그림]을 클릭하거나 Ctrl+N, I를 눌러 그림을 삽입할 수도 있습니다.

2 [그림 넣기] 대화상자가 나타나면 **찾는 위치(내 PC\문서\ITQ\Picture)를 지정**한 후 **그림(로고1)을 선택**한 다음 [문서에 포함]을 선택하고 [열기] 단추를 클릭합니다.

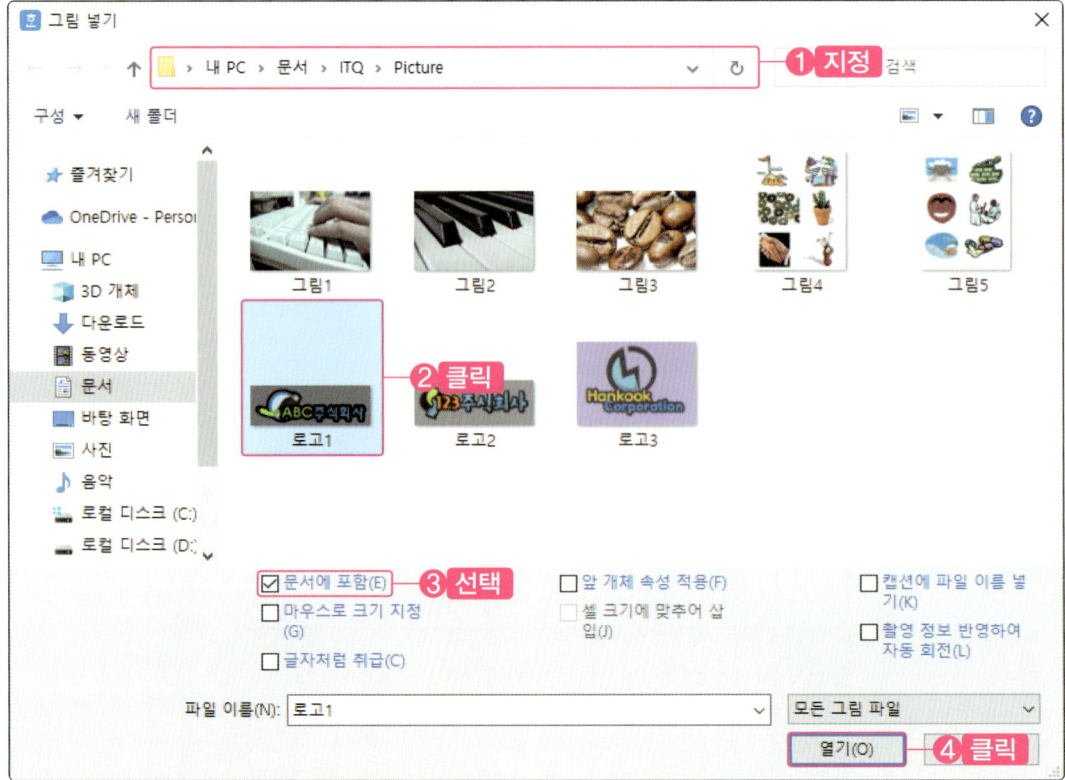

> [글자처럼 취급]과 [마우스로 크기 지정]은 선택 해제합니다.

〈조건〉 • 그림위치(내 PC\문서\ITQ\Picture\로고1.jpg, 문서에 포함), 크기(40mm×30mm), 그림 효과(회색조)
• 글맵시 이용(갈매기형 수장), 크기(50mm×35mm), 글꼴(굴림, 빨강)

3 그림에 속성을 지정하기 위해 **그림을 선택**한 후 바로가기 메뉴의 **[개체 속성]을 클릭**합니다.

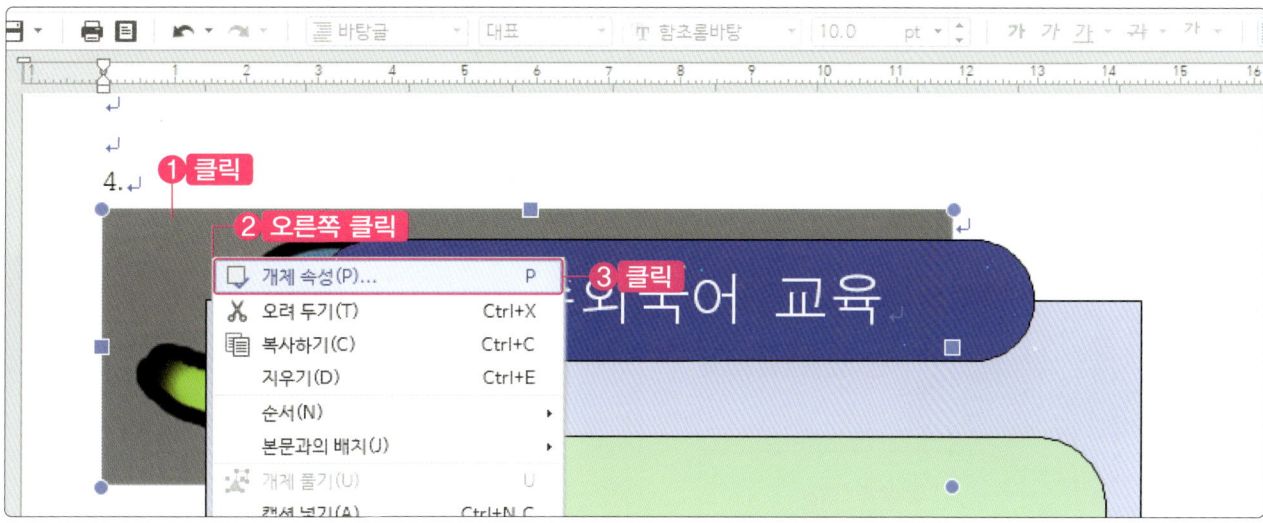

4 [개체 속성] 대화상자가 나타나면 [기본] 탭에서 **너비(40)와 높이(30)를 입력**한 후 [크기 고정]을 선택한 다음 **본문과의 배치(글 앞으로(▆))를 선택**합니다. 그런다음 [그림] 탭을 클릭한 후 **그림 효과([회색조(▆)])를 선택**한 다음 [설정] 단추를 클릭합니다.

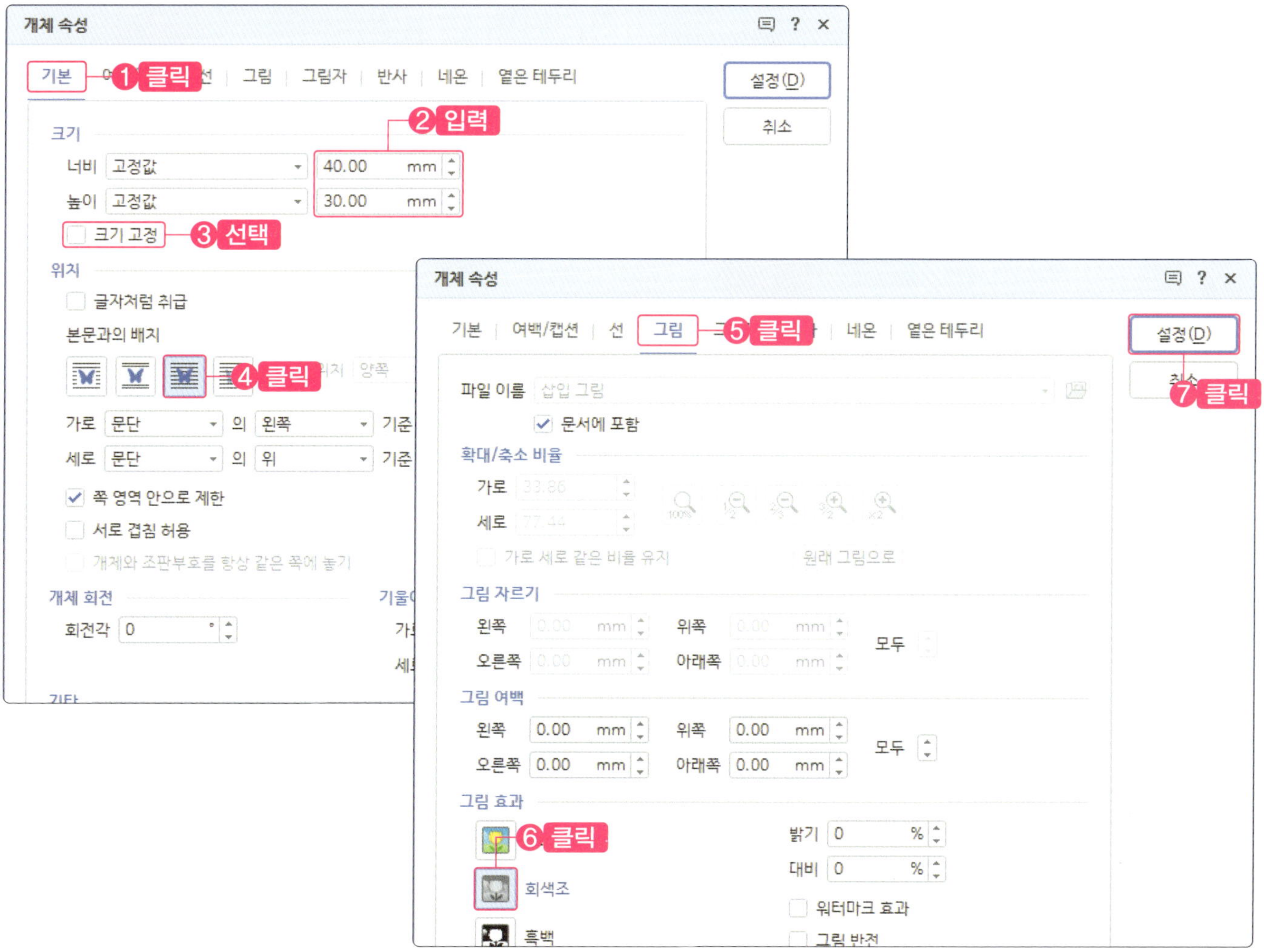

〈조건〉
- 그림위치(내 PC₩문서₩ITQ₩Picture₩로고1.jpg, 문서에 포함), 크기(40mm×30mm), 그림 효과(회색조)
- 글맵시 이용(갈매기형 수장), 크기(50mm×35mm), 글꼴(굴림, 빨강)

5 그림에 속성이 지정되면 **드래그하여 위치를 조절**합니다.

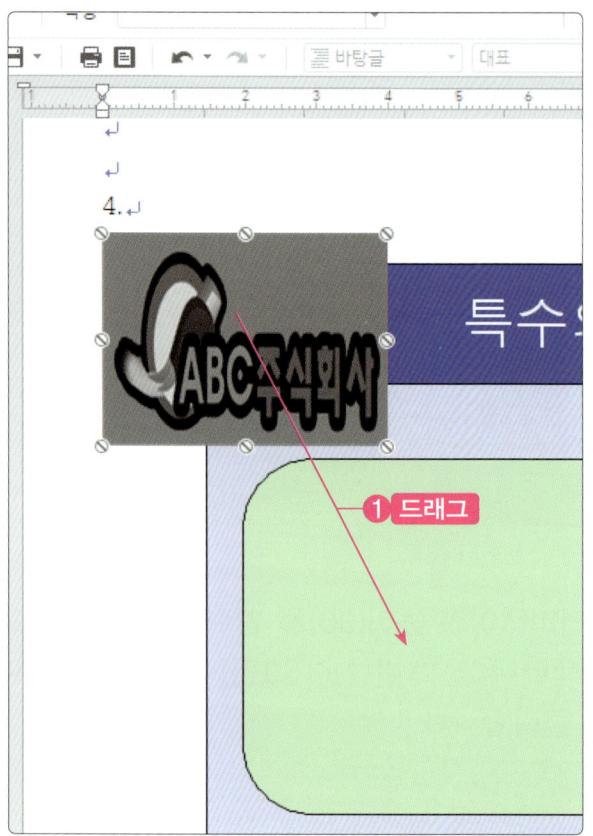 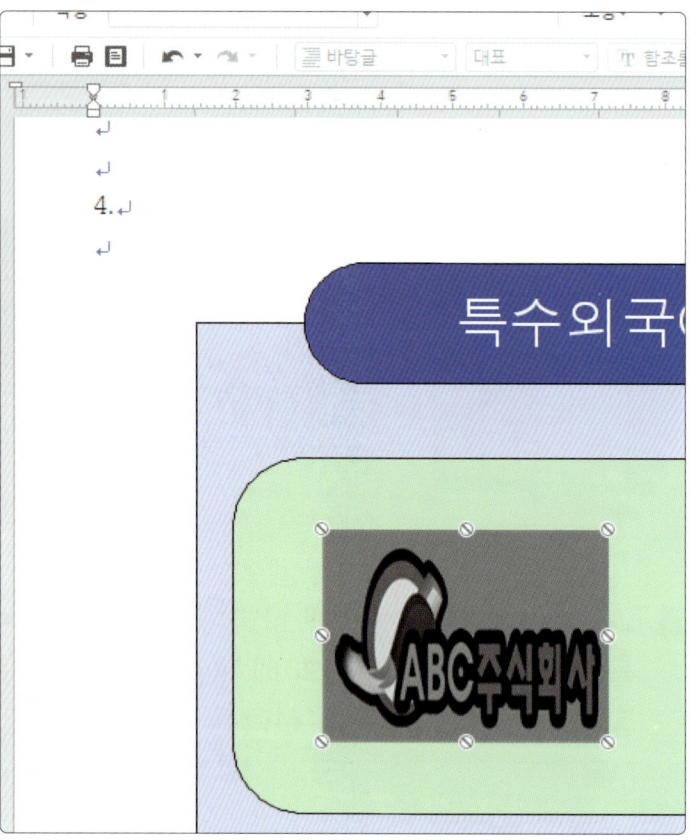

6 글맵시를 삽입하기 위해 [입력] 탭을 클릭한 후 [글맵시(가나다)]를 클릭합니다.

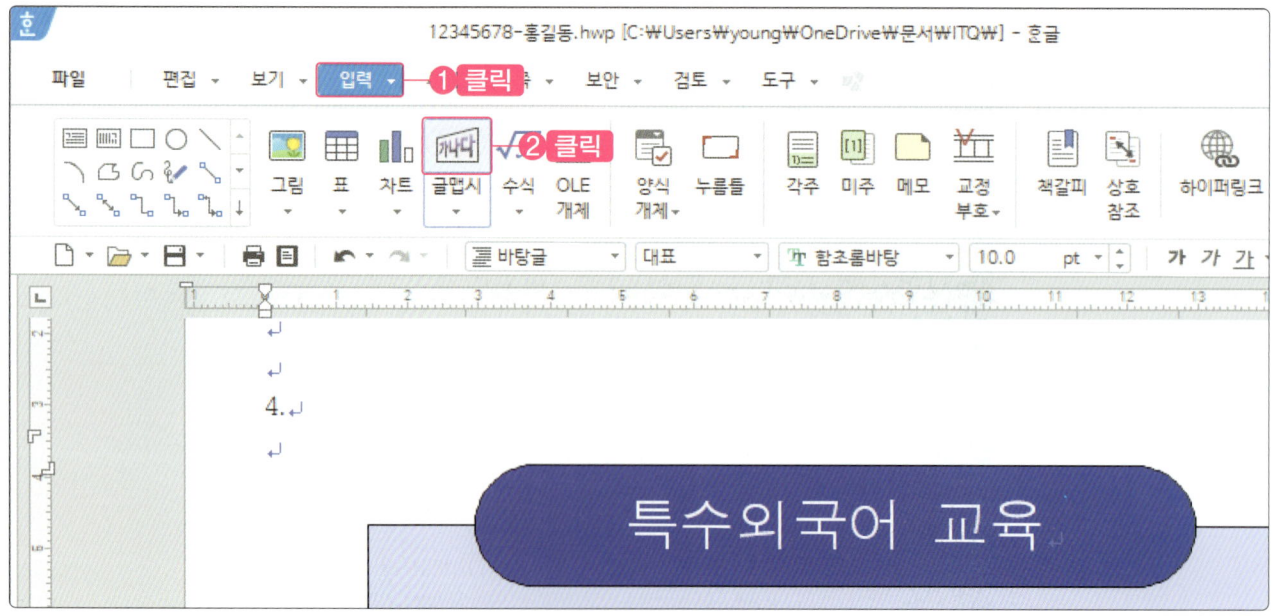

[입력] 탭의 [목록(▼)] 단추를 클릭한 후 [개체]-[글맵시]를 클릭하여 글맵시를 삽입할 수도 있습니다.

〈조건〉
- 그림위치(내 PC₩문서₩ITQ₩Picture₩로고1.jpg, 문서에 포함), 크기(40mm×30mm), 그림 효과(회색조)
- 글맵시 이용(갈매기형 수장), 크기(50mm×35mm), 글꼴(굴림, 빨강)

7 〔글맵시 만들기〕 대화상자가 나타나면 **내용(글로벌)**을 입력한 후 **글맵시 모양(〔갈매기형 수장 (▨)〕)**을 선택한 다음 **글꼴(굴림)**을 선택하고 〔설정〕 단추를 클릭합니다.

8 그림에 속성을 지정하기 위해 **그림을 선택**한 후 **바로가기 메뉴의 〔개체 속성〕**을 클릭합니다.

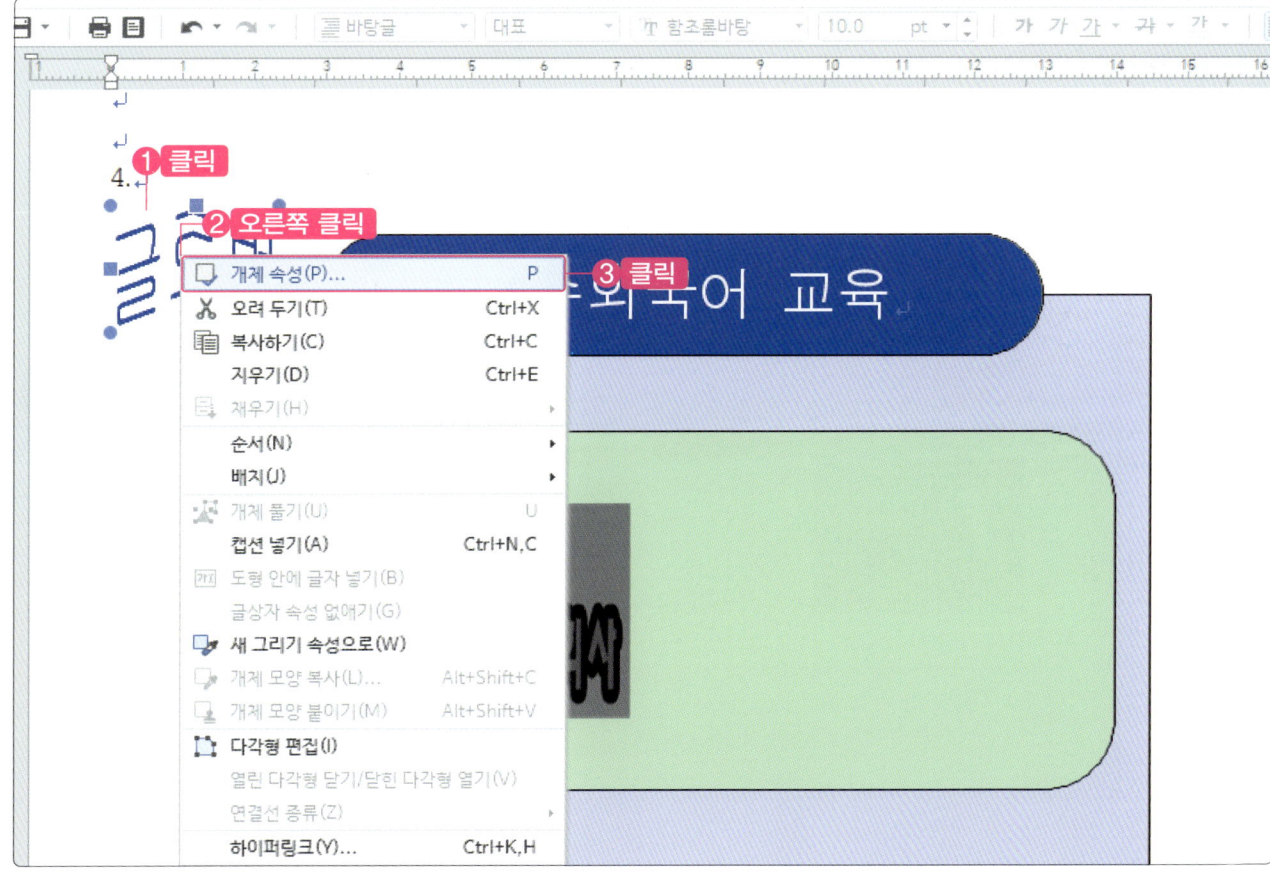

Chapter 06 · 기능평가 II − 도형 그리기 **81**

〈조건〉
- 그림위치(내 PC₩문서₩ITQ₩Picture₩로고1.jpg, 문서에 포함), 크기(40mm×30mm), 그림 효과(회색조)
- 글맵시 이용(갈매기형 수장), 크기(50mm×35mm), 글꼴(굴림, 빨강)

9 [개체 속성] 대화상자가 나타나면 [기본] 탭에서 **너비(50)와 높이(35)를 입력**한 후 [크기 고정]**을 선택**한 다음 **본문과의 배치(글 앞으로(▦))를 선택**합니다. 그런다음 [채우기] **탭을 클릭**한 후 **면 색(빨강(RGB: 255,0,0))을 클릭**한 후 [설정] 단추를 클릭합니다.

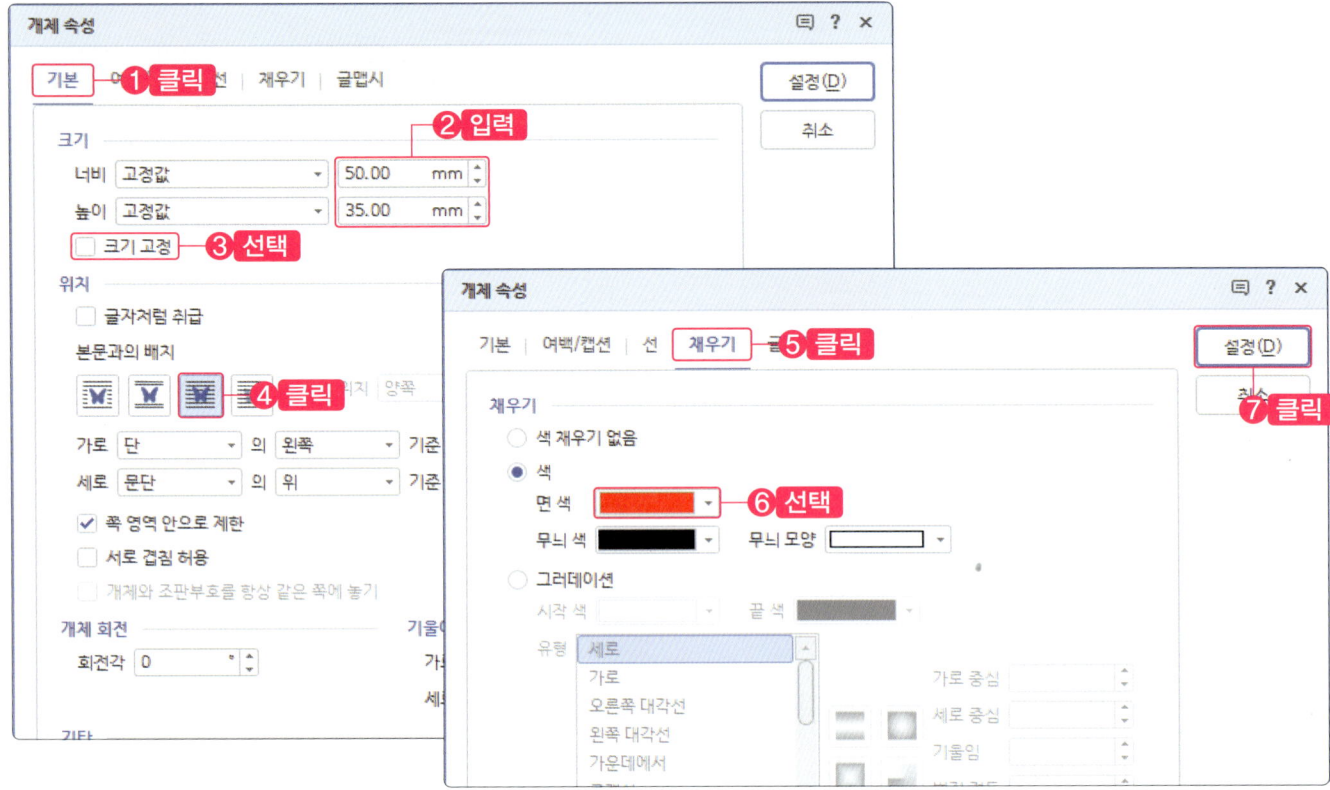

10 글맵시에 속성이 지정되면 **드래그하여 위치를 조절**합니다.

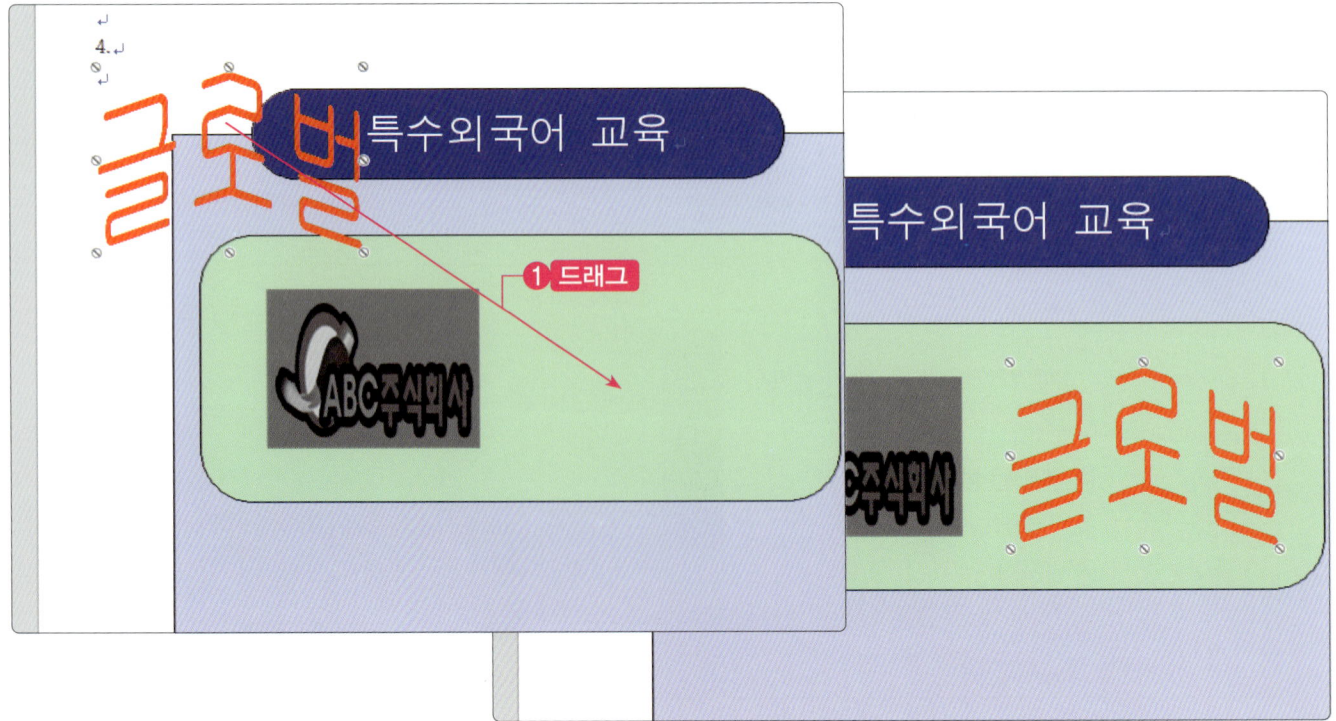

STEP 04 목차 도형 작성하기

〈조건〉
- 직사각형 그리기 : 크기(13mm×13mm), 면색(하양), 글꼴(굴림, 20pt), 정렬(수평·수직–가운데)
  직사각형 그리기 : 크기(18mm×10mm), 면색(하양을 제외한 임의의 색)
- 글상자 이용, 선 종류(점선 또는 파선), 면색(색 없음), 글꼴(궁서, 18pt), 정렬(수평·수직–가운데)

1 다음과 같이 **목차 '1'을 작성**합니다.

- **목차 '1'의 목차 도형 작성** : 〔입력〕 탭에서 〔직사각형(▭)〕을 클릭한 후 드래그하여 목차 도형을 삽입 → 도형을 선택한 후 바로가기 메뉴의 〔개체 속성〕을 클릭 → 〔개체 속성〕 대화상자의 〔기본〕 탭에서 너비(18)와 높이(10)를 입력한 후 〔크기 고정〕을 선택 → 〔선〕 탭에서 사각형 모서리 곡률(둥근 모양(▢))을 선택 → 〔채우기〕 탭에서 면 색(임의의 색)을 선택한 후 〔설정〕 단추를 클릭 → 도형 위치를 조정
- **목차 '1'의 첫 번째 글상자 작성** : 〔입력〕 탭에서 〔가로 글상자(▤)〕를 클릭한 후 드래그하여 글상자를 삽입 → 글상자를 선택한 후 바로가기 메뉴의 〔개체 속성〕을 클릭 → 〔개체 속성〕 대화상자의 〔기본〕 탭에서 너비(13)와 높이(13)를 입력한 후 〔크기 고정〕을 선택 → 〔선〕 탭에서 사각형 모서리 곡률(둥근 모양(▢))을 선택 → 〔채우기〕 탭에서 면 색(하양(RGB: 255,255,255))을 선택한 후 〔설정〕 단추를 클릭 → 글상자의 위치 조정 → 텍스트(1)를 입력한 후 드래그하여 블록 설정 → 〔서식〕 도구 상자에서 글꼴(굴림)과 글자 크기(20)를 선택한 후 〔가운데 정렬(≡)〕을 클릭
- **목차 '1'의 두 번째 글상자 작성** : 〔입력〕 탭에서 〔가로 글상자(▤)〕를 클릭한 후 드래그하여 글상자를 삽입 → 글상자를 선택한 후 바로가기 메뉴의 〔개체 속성〕을 클릭 → 〔선〕 탭에서 선 종류(점선 또는 파선)를 선택 → 〔채우기〕 탭에서 〔채우기 없음〕을 선택한 후 〔설정〕 단추를 클릭 → 글상자의 위치 조정 → 텍스트(다문화인에 대한 통역 지원)를 입력한 후 드래그하여 블록 설정 → 〔서식〕 도구 상자에서 글꼴(궁서)과 글자 크기(18)를 선택한 후 〔가운데 정렬(≡)〕을 클릭

2 목차 '1'이 완성되면 **목차 도형을 모두 선택**한 후 Ctrl과 Shift를 누른 상태에서 **드래그**하여 목차 '1'을 복사합니다.

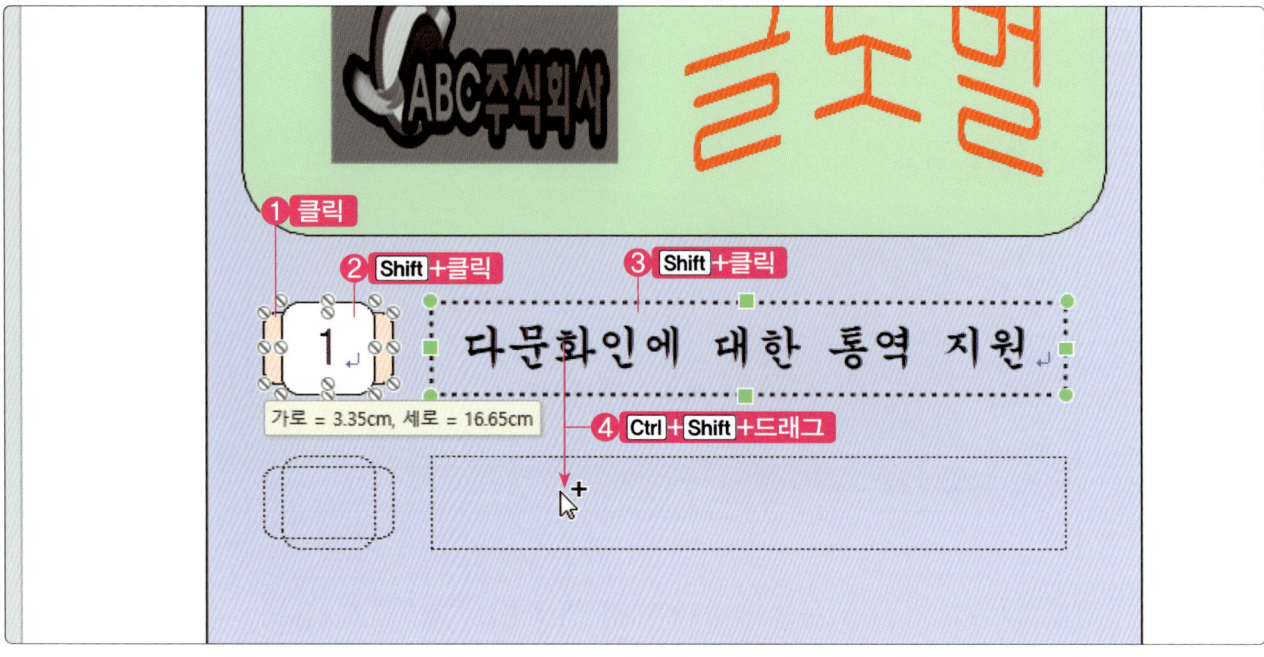

- 글상자를 선택한 후 Shift를 누른 상태에서 두 번째 목차 도형과 글상자를 클릭하여 선택합니다.
- 개체를 선택한 후 Ctrl을 누른 상태에서 드래그하면 개체가 복사되고 Shift를 누른 상태에서 드래그하면 개체가 수평 방향이나 수직 방향으로 이동됩니다. 여기서 목차 '1'을 수직 방향으로 복사하기 위해 Ctrl과 Shift를 누른 상태에서 아래쪽으로 드래그한 것입니다.

3 목차 '1'이 복사되면 같은 방법으로 다음과 같이 **목차 '1'을 한 개더 복사**한 후 **내용을 수정**한 다음 '2'의 첫 번째 도형의 **면색(임의의 색)**과 목차 '3'의 첫 번째 도형의 **면색(임의의 색)**을 변경합니다.

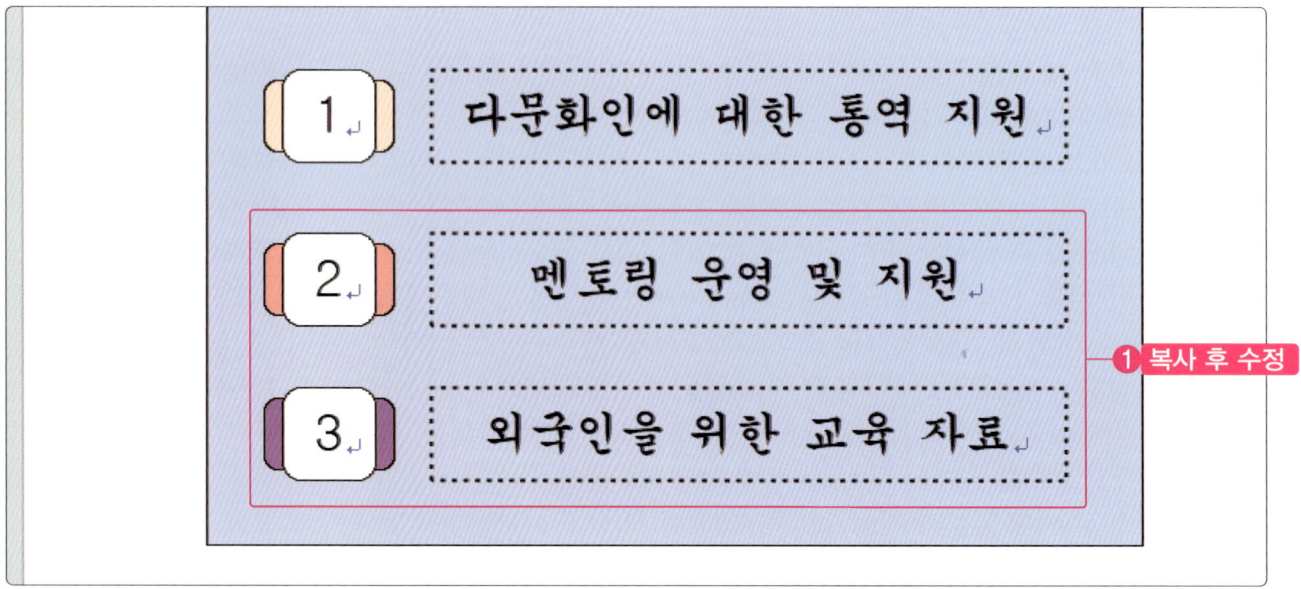

도형/글상자를 선택 해제한 후 글상자로 마우스 포인터를 가져가서 마우스 포인터가 I 모양으로 변경되었을 때 클릭하면 글상자에 입력한 내용을 수정할 수 있습니다.

STEP 05 책갈피 삽입하고 하이퍼링크 지정하기

⟨조건⟩
- 하이퍼링크 : 문서작성 능력평가의 "2025 외국인 유학생 지원 워크숍" 제목에 설정한 책갈피로 이동
- 책갈피 이름 : 유학

1 3페이지의 첫 번째 줄에 '문서작성 능력평가'의 **제목(2025 외국인 유학생 지원 워크숍)을 입력**한 후 '2025' 앞에 **커서**를 둔 다음 [**입력**] **탭을 클릭**하고 [**책갈피**(📑)]**를 클릭**합니다.

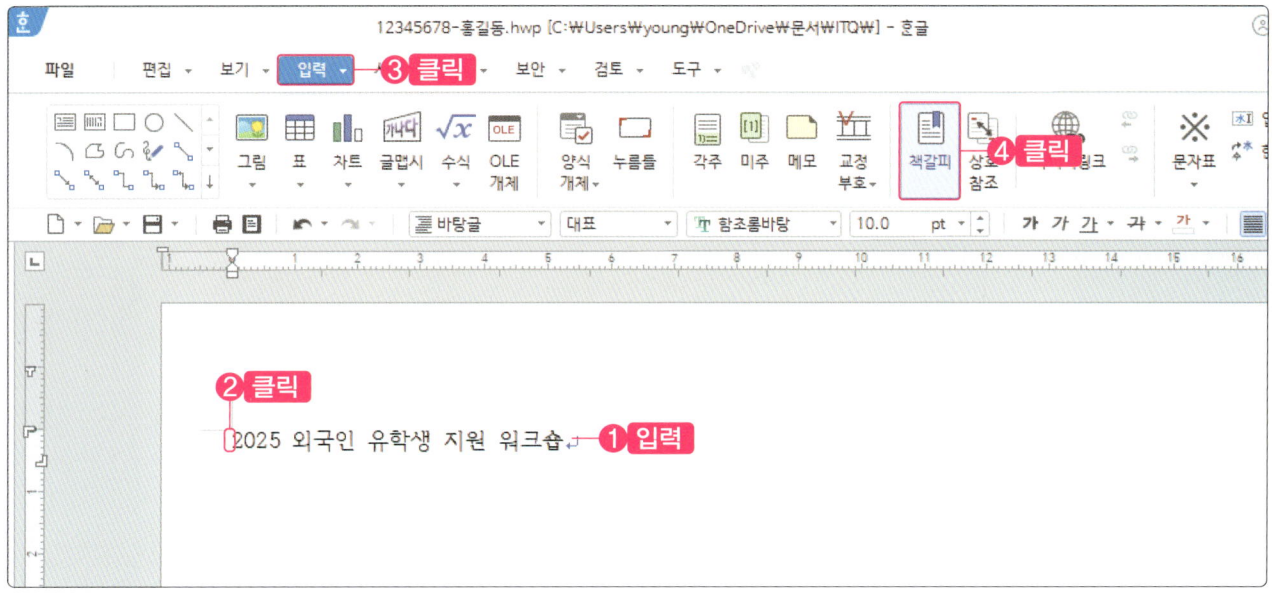

- 책갈피는 문서의 특정 위치에 표시해 두는 기능입니다. 책갈피를 삽입하면 손쉽게 문서의 특정 위치로 이동할 수 있습니다.
- [입력] 탭의 [목록(▼)] 단추를 클릭한 후 [책갈피]를 클릭하거나 Ctrl + K, B를 눌러 책갈피를 삽입할 수도 있습니다.

2 [책갈피] 대화상자가 나타나면 **책갈피 이름(유학)을 입력**한 후 [**넣기**] **단추를 클릭**합니다.

책갈피 이름은 시험의 '문서작성 능력평가'에서 확인할 수 있습니다. 여기서는 책갈피 이름으로 '유학'을 입력합니다.

> **〈조건〉**
> - 하이퍼링크 : 문서작성 능력평가의 "2025 외국인 유학생 지원 워크숍" 제목에 설정한 책갈피로 이동
> - 책갈피 이름 : 유학

3 책갈피가 삽입되면 그림에 하이퍼링크를 지정하기 위해 2페이지에서 **그림을 선택**한 후 **[입력] 탭을 클릭**한 다음 [하이퍼링크(🌐)]를 클릭합니다.

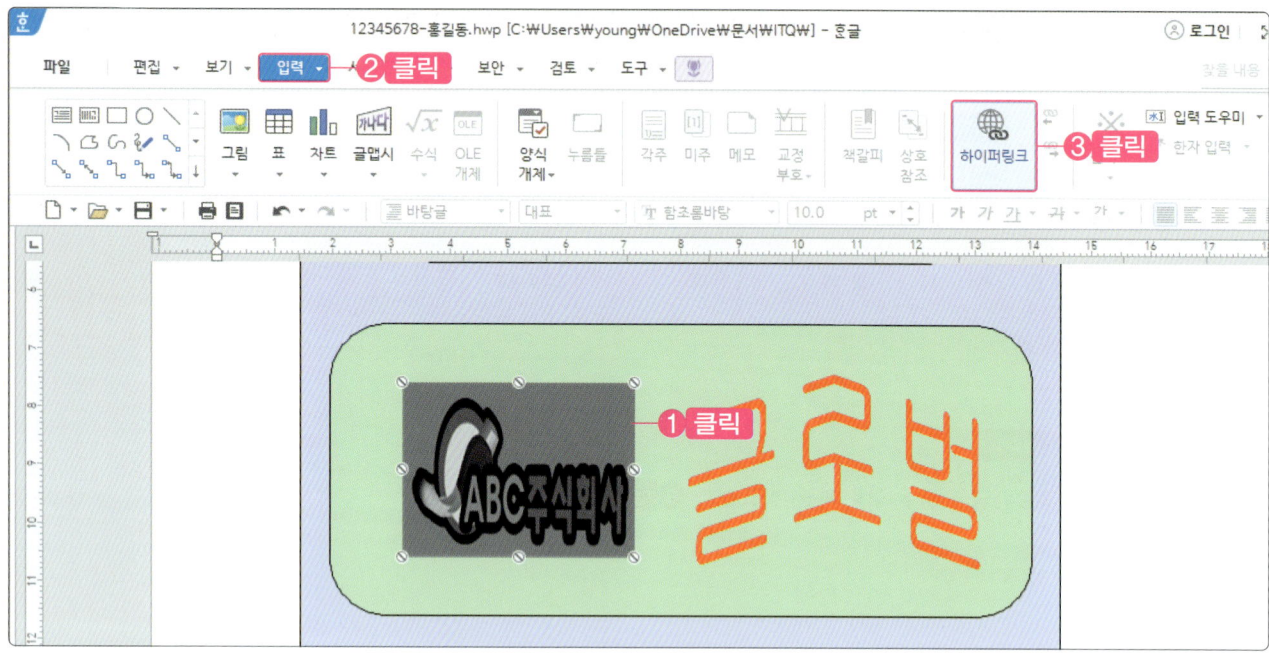

> - 하이퍼링크는 문서의 내용에 문서의 특정 위치나 웹 페이지 등을 연결하여 손쉽게 문서의 특정 위치로 이동하거나 웹 페이지를 열 수 있는 기능입니다.
> - [입력] 탭의 [목록(▼)] 단추를 클릭한 후 [하이퍼링크]를 클릭하거나 Ctrl+K, H를 눌러 하이퍼링크를 삽입할 수도 있습니다.

4 [하이퍼링크] 대화상자가 나타나면 연결 대상의 **[한글 문서] 탭을 클릭**한 후 **책갈피(유학)를 클릭**한 다음 [넣기] 단추를 클릭합니다.

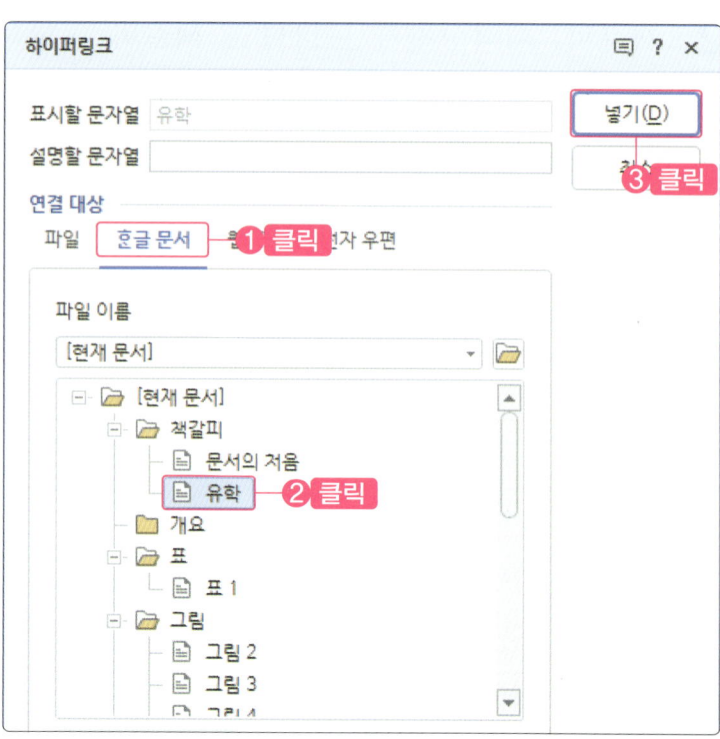

> 책갈피 이름은 시험의 '문서작성 능력평가'에서 확인할 수 있습니다. 여기서는 책갈피 이름으로 '유학'을 입력합니다.

5 하이퍼링크가 지정되면 **그림 선택을 해제**한 후 Ctrl를 누른 상태에서 마우스 포인터를 그림 위로 가져가면 마우스 포인터 모양이 🖑 모양으로 변경되고, **그림을 클릭**하면 '문서작성 능력평가'의 제목으로 이동되는 것을 확인할 수 있습니다.

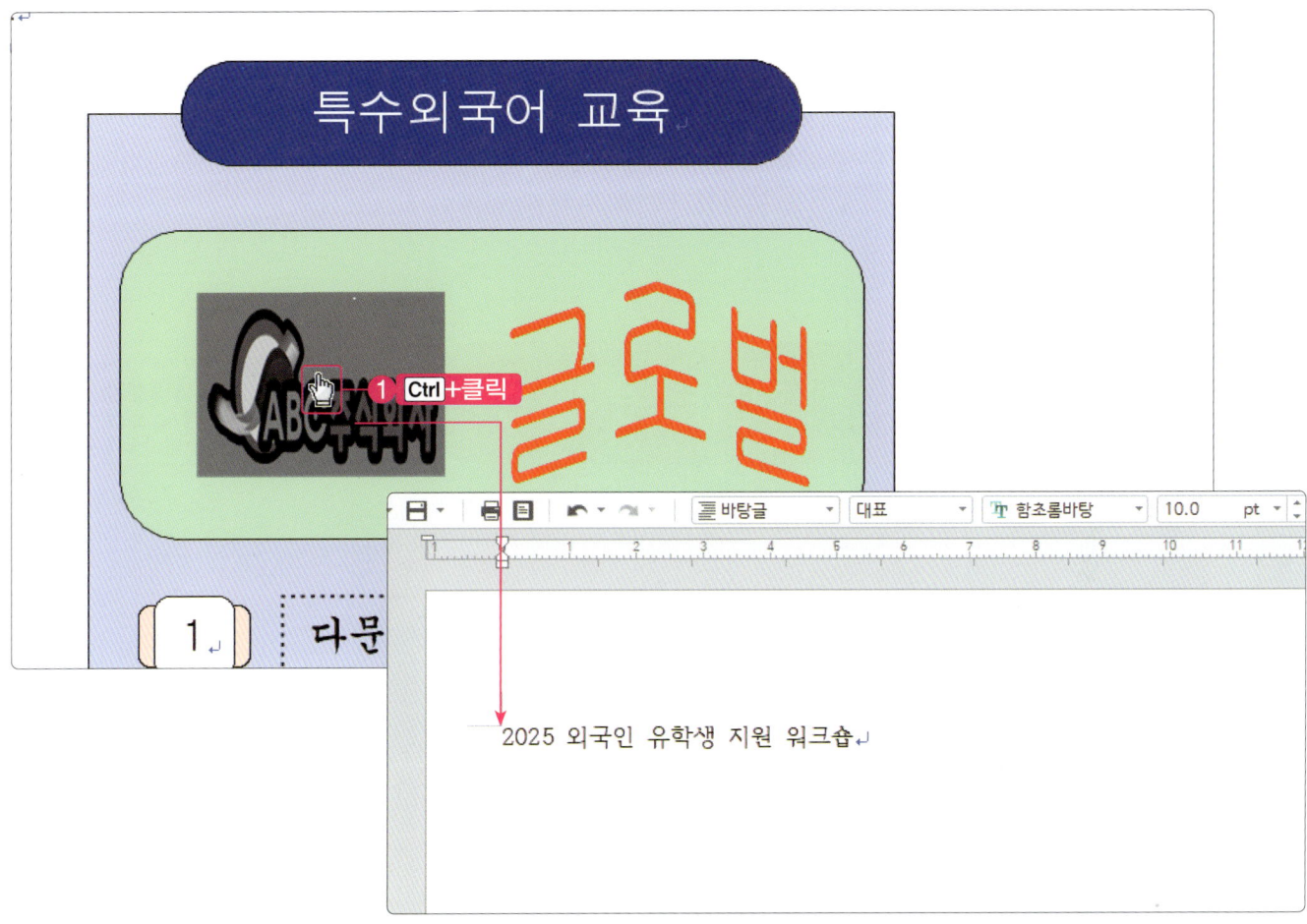

그림을 선택한 후 [입력] 탭에서 [하이퍼링크]를 클릭하면 하이퍼링크를 수정할 수 있습니다.

실전문제유형

HANGUL 2020

1 다음의 《조건》에 따라 《출력형태》와 같이 문서를 작성하시오. (110점)

▶ 소스파일 : Part 01\Chapter 06\문제01.hwpx   ▶ 완성파일 : Part 01\Chapter 06\문제01_완성.hwpx

《조건》
(1) 그리기 도구를 이용하여 작성하고, 모든 도형(글맵시, 지정된 그림 포함)을 《출력형태》와 같이 작성하시오.
(2) 도형의 면색은 지시사항이 없으면 색 없음을 제외하고 서로 다르게 임의로 지정하시오.

《출력형태》

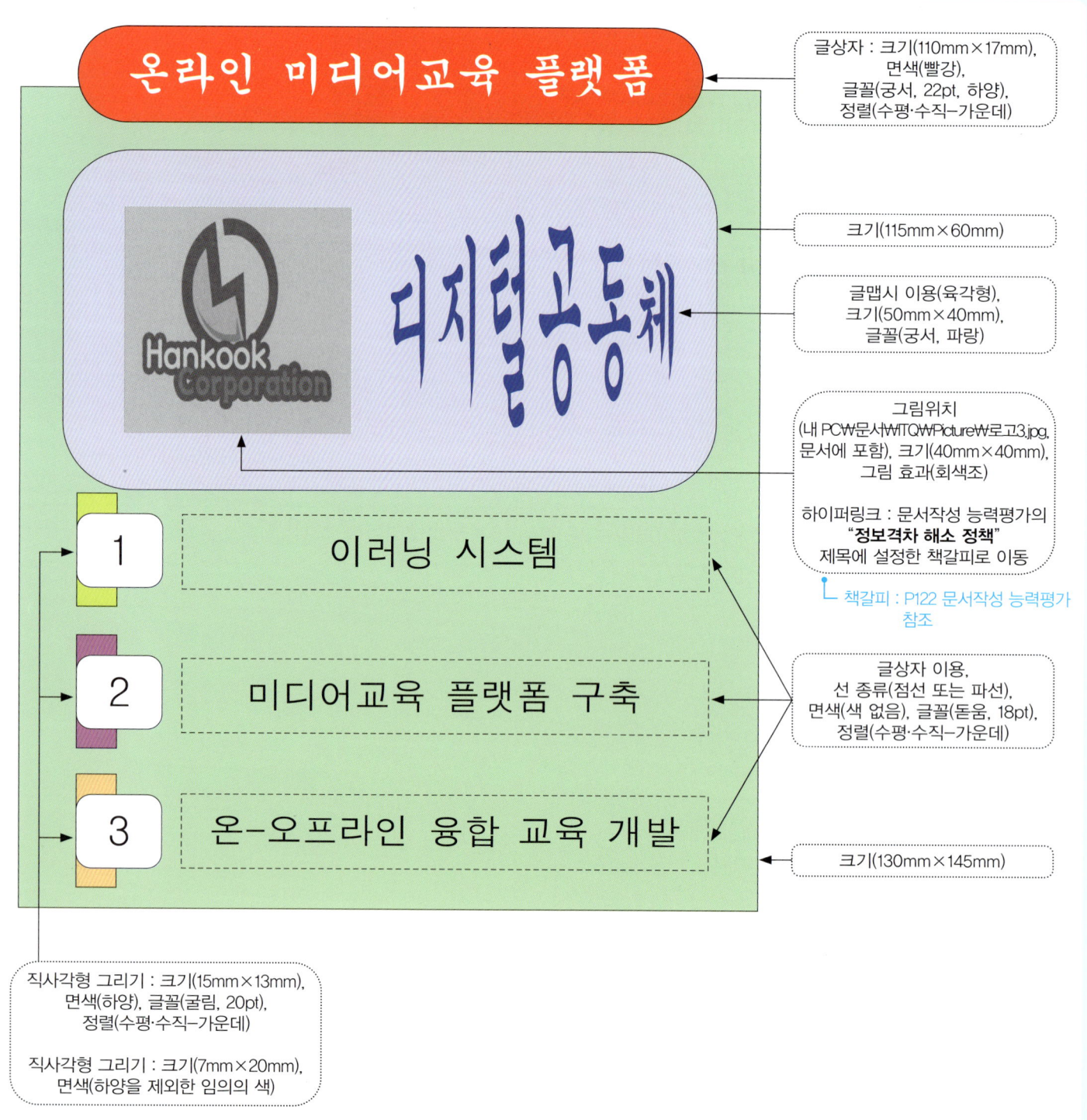

Practical question type
실전문제유형

HANGUL 2020

2 다음의 《조건》에 따라 《출력형태》와 같이 문서를 작성하시오. (110점)

▶ 소스파일 : Part 01\Chapter 06\문제02.hwpx   ▶ 완성파일 : Part 01\Chapter 06\문제02_완성.hwpx

《조건》
(1) 그리기 도구를 이용하여 작성하고, 모든 도형(글맵시, 지정된 그림 포함)을 《출력형태》와 같이 작성하시오.
(2) 도형의 면색은 지시사항이 없으면 색 없음을 제외하고 서로 다르게 임의로 지정하시오.

《출력형태》

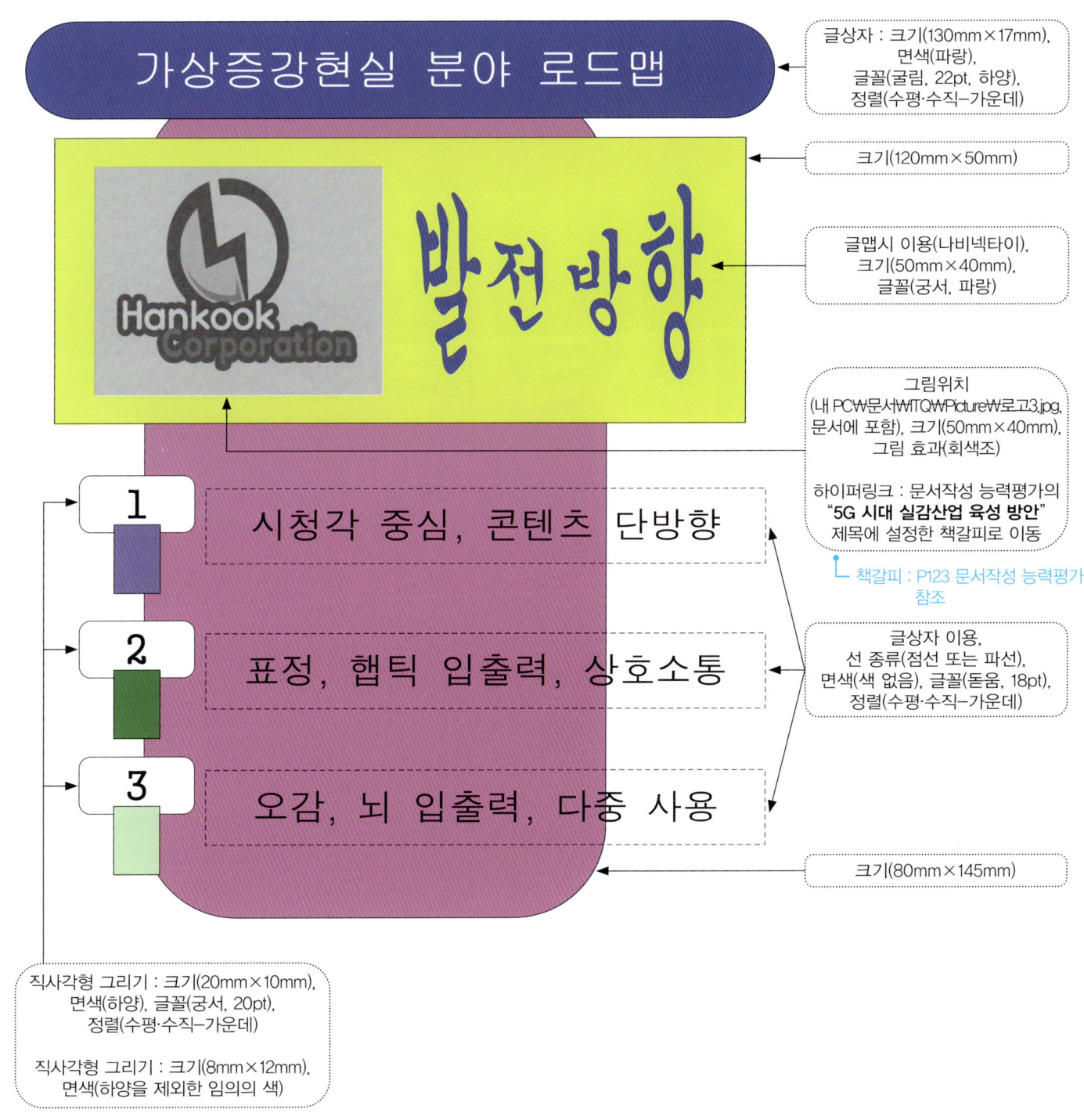

Chapter 06 · 기능평가 II – 도형 그리기 **89**

3 다음의 《조건》에 따라 《출력형태》와 같이 문서를 작성하시오. (110점)

▶ 소스파일 : Part 01\Chapter 06\문제03.hwpx   ▶ 완성파일 : Part 01\Chapter 06\문제03_완성.hwpx

《조건》
(1) 그리기 도구를 이용하여 작성하고, 모든 도형(글맵시, 지정된 그림 포함)을 《출력형태》와 같이 작성하시오.
(2) 도형의 면색은 지시사항이 없으면 색 없음을 제외하고 서로 다르게 임의로 지정하시오.

《출력형태》

실전문제유형

HANGUL 2020

4 다음의 《조건》에 따라 《출력형태》와 같이 문서를 작성하시오. (110점)

▶ 소스파일 : Part 01\Chapter 06\문제04.hwpx   ▶ 완성파일 : Part 01\Chapter 06\문제04_완성.hwpx

《조건》
(1) 그리기 도구를 이용하여 작성하고, 모든 도형(글맵시, 지정된 그림 포함)을 《출력형태》와 같이 작성하시오.
(2) 도형의 면색은 지시사항이 없으면 색 없음을 제외하고 서로 다르게 임의로 지정하시오.

《출력형태》

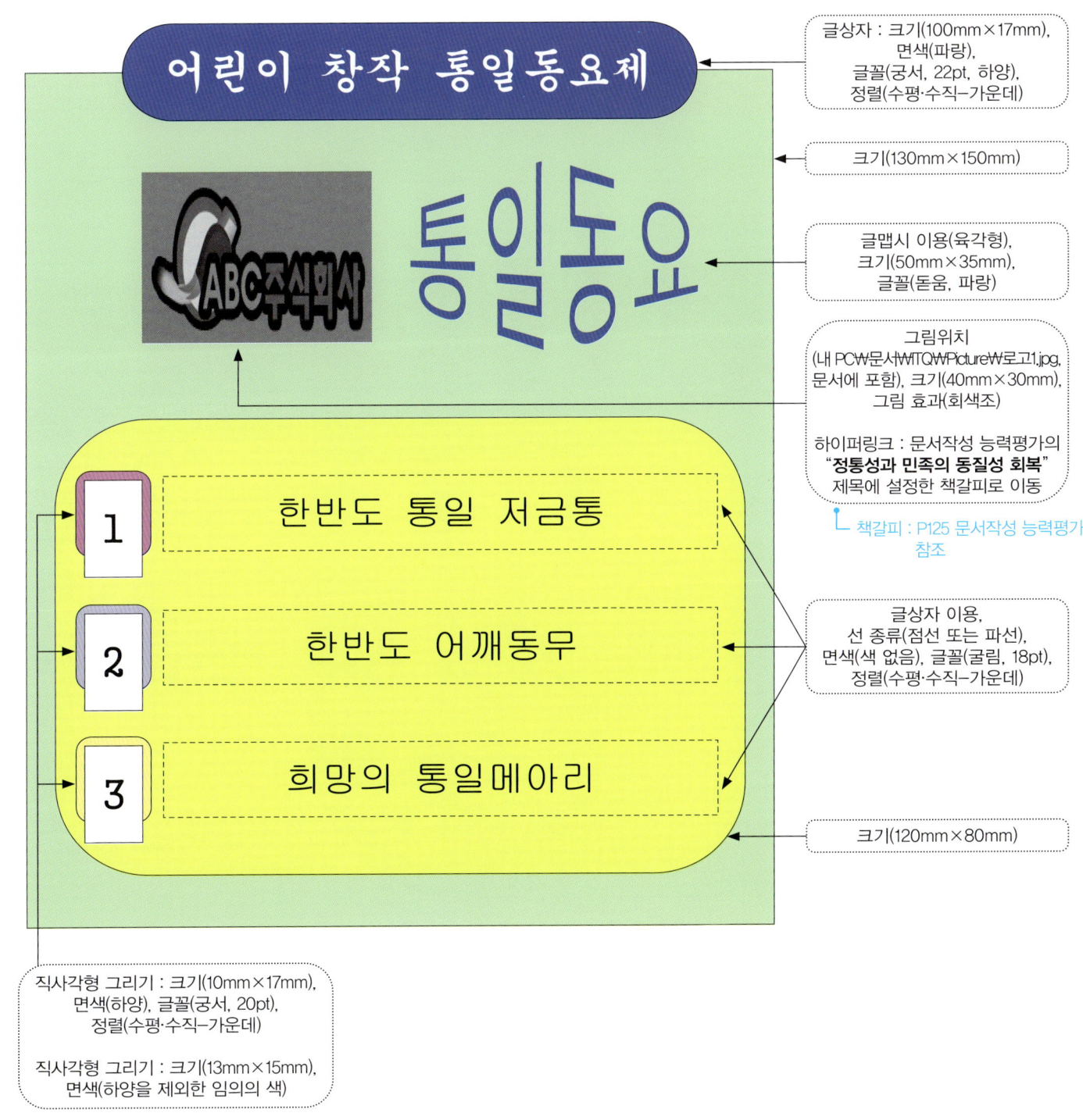

5 다음의 《조건》에 따라 《출력형태》와 같이 문서를 작성하시오. (110점)

▶ 소스파일 : Part 01\Chapter 06\문제05.hwpx   ▶ 완성파일 : Part 01\Chapter 06\문제05_완성.hwpx

《조건》
(1) 그리기 도구를 이용하여 작성하고, 모든 도형(글맵시, 지정된 그림 포함)을 《출력형태》와 같이 작성하시오.
(2) 도형의 면색은 지시사항이 없으면 색 없음을 제외하고 서로 다르게 임의로 지정하시오.

《출력형태》

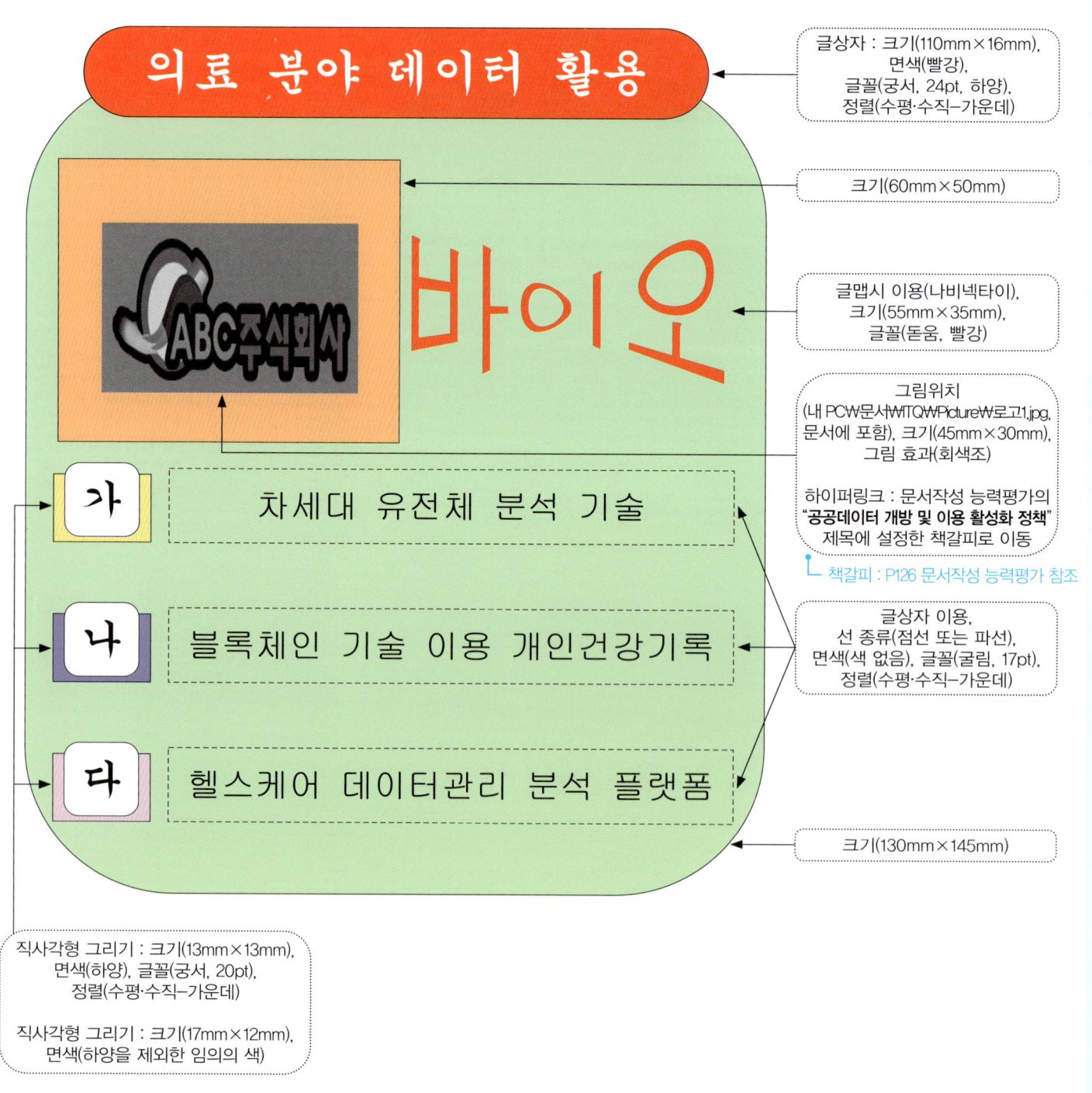

실전문제유형

HANGUL 2020

6 다음의 《조건》에 따라 《출력형태》와 같이 문서를 작성하시오. (110점)

▶ 소스파일 : Part 01\Chapter 06\문제06.hwpx   ▶ 완성파일 : Part 01\Chapter 06\문제06_완성.hwpx

《조건》
(1) 그리기 도구를 이용하여 작성하고, 모든 도형(글맵시, 지정된 그림 포함)을 《출력형태》와 같이 작성하시오.
(2) 도형의 면색은 지시사항이 없으면 색 없음을 제외하고 서로 다르게 임의로 지정하시오.

《출력형태》

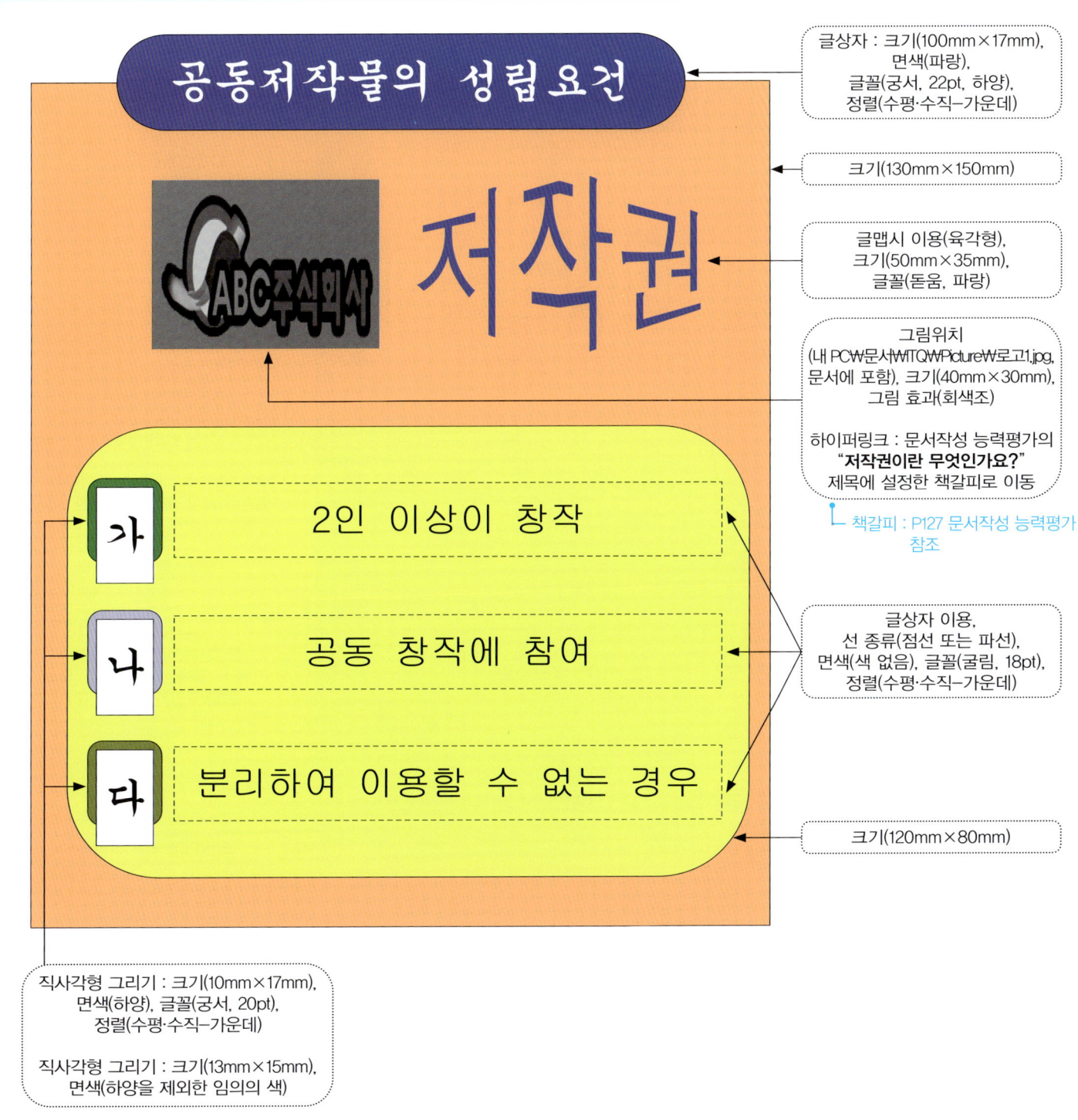

7 다음의 《조건》에 따라 《출력형태》와 같이 문서를 작성하시오. (110점)

▶ 소스파일 : Part 01\Chapter 06\문제07.hwpx   ▶ 완성파일 : Part 01\Chapter 06\문제07_완성.hwpx

《조건》
(1) 그리기 도구를 이용하여 작성하고, 모든 도형(글맵시, 지정된 그림 포함)을 《출력형태》와 같이 작성하시오.
(2) 도형의 면색은 지시사항이 없으면 색 없음을 제외하고 서로 다르게 임의로 지정하시오.

《출력형태》

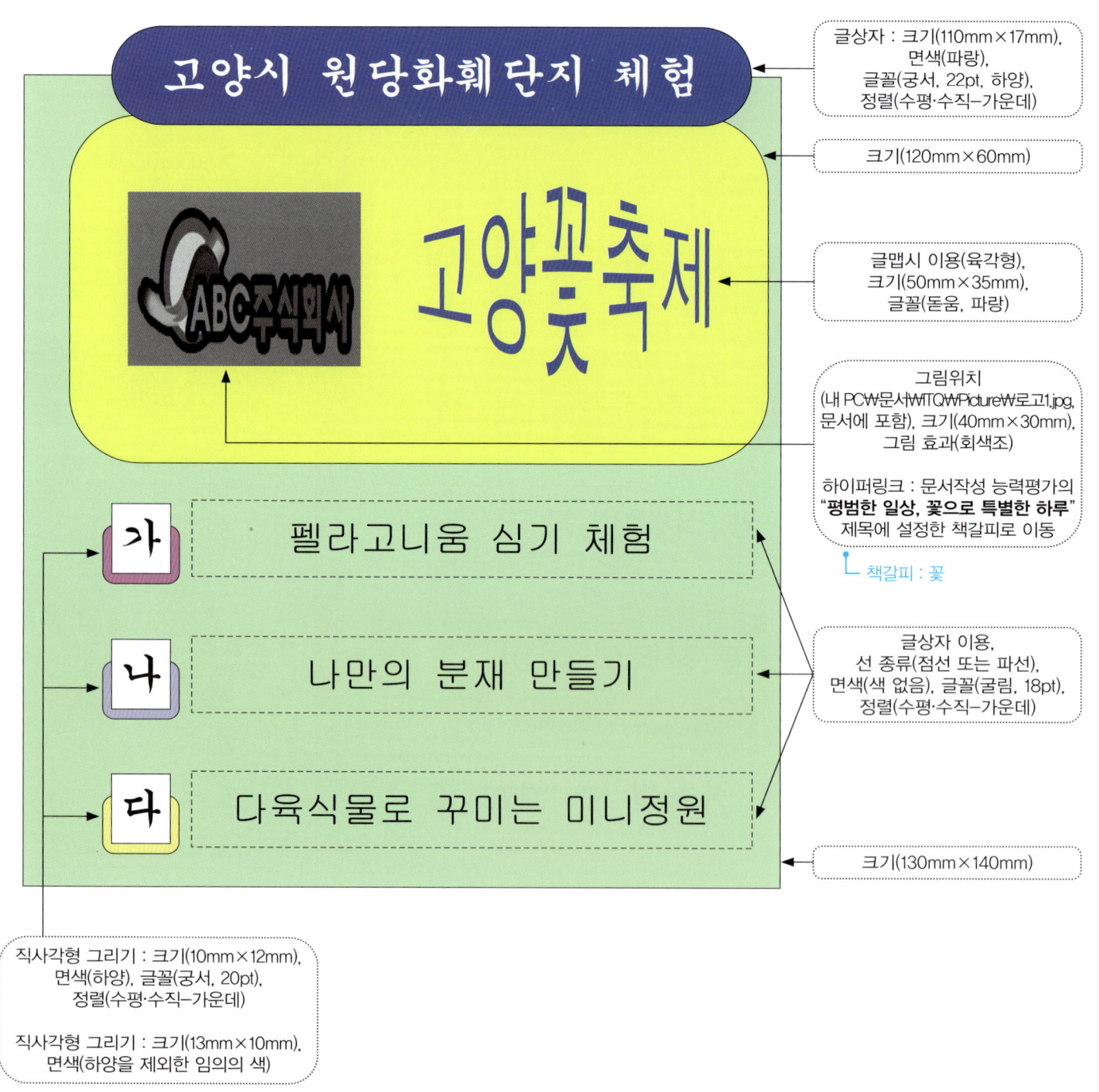

실전문제유형

HANGUL 2020

8 다음의 《조건》에 따라 《출력형태》와 같이 문서를 작성하시오. (110점)

▶ 소스파일 : Part 01\Chapter 06\문제08.hwpx   ▶ 완성파일 : Part 01\Chapter 06\문제08_완성.hwpx

《조건》
(1) 그리기 도구를 이용하여 작성하고, 모든 도형(글맵시, 지정된 그림 포함)을 《출력형태》와 같이 작성하시오.
(2) 도형의 면색은 지시사항이 없으면 색 없음을 제외하고 서로 다르게 임의로 지정하시오.

《출력형태》

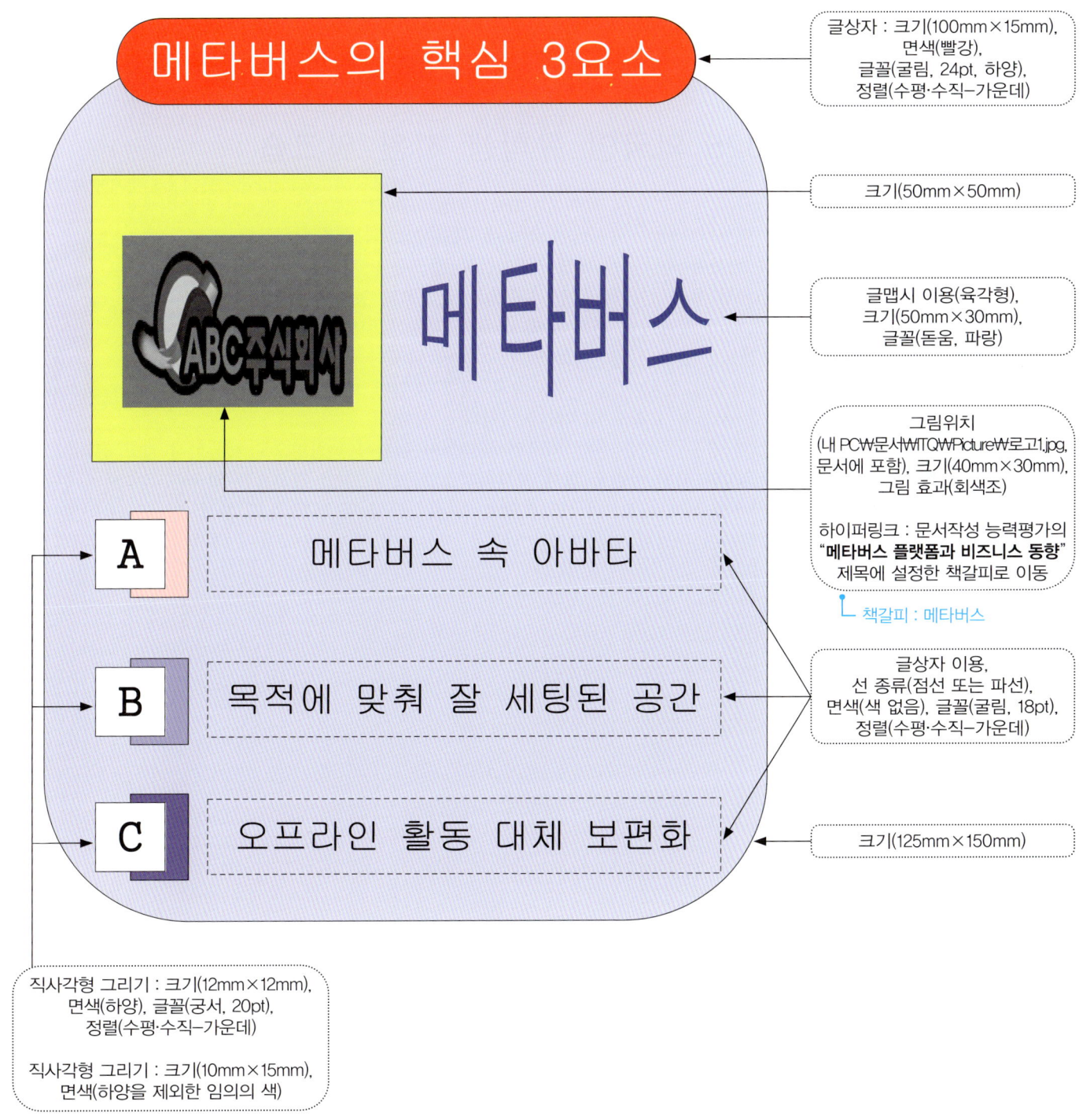

Chapter 06 • 기능평가 Ⅱ- 도형 그리기 **95**

Chapter 07 문서작성 능력평가 - Ⅰ

- 내용 입력하고 제목 작성하기
- 문단 첫 글자 장식하기
- 그림 삽입하기
- 머리말 삽입하기
- 각주 삽입하기

▶ 소스파일 : Part 01\Chapter 07\Ch07.hwpx   ▶ 완성파일 : Part 01\Chapter 07\Ch07_완성.hwpx

---

[글꼴 : 돋움, 18pt, 진하게, 가운데 정렬 / 책갈피 이름 : 유학 / 덧말 넣기]

[머리말 기능 / 돋움, 10pt, 오른쪽 정렬] → 해외 교류 확대

2025 외국인 유학생 지원 워크숍
(지원과 성장)

[문단 첫 글자 장식 기능 / 글꼴 : 굴림, 면색 : 노랑]   [각주]   [그림위치(내 PC\문서\ITQ\Picture\그림4.jpg, 문서에 포함) / 자르기 기능 이용, 크기(40mm×35mm), 바깥 여백 왼쪽 : 2mm]

국립국제교육원은 저출산 고령화사회ⓐ, 학령인구 감소에 대응하고 국내 대학생들의 글로벌 역량을 강화하기 위하여 외국인 유학생 지원 강화 워크숍을 개최하기로 하였다. 특히, 국내에 체류하는 외국인 유학생이 14만 명 수준으로 급증함과 동시에 불법 체류 유학생도 1만 명이 초과됨에 따라 체계적인 지원 강화 부문과 더불어 취업 목적, 불법 체류 등 부작용에 대한 정책적 검토를 함께 진행하기로 했다. 그동안 외국인 유학생은 지속적으로 증가하였지만, 외국인 유학생의 한국어 능력 부족으로 대학 수업이 파행 운영되고 있으며 불법 체류와 불법 취업 등 부정적 효과도 심각하게 나타나고 있다.

특히 교육부는 국립국제교육원과 공동 주최를 통해 외국인 유학생이 불법적인 방법으로 체류하지 않고 본래의 목적인 학업에 전념할 수 있도록 적극적인 지원 방안을 함께 모색하기로 하였다. 이번 워크숍은 외국인 유학생의 현황 고찰(考察), 외국 유학생에 대한 국가별 정책 비교, 외국인 유학생 확대의 긍정 및 부정 효과 분석, 외국인 유학생 지원 강화 방안 등을 주요 주제로 선정하여 다양한 이해관계의 의견을 공유하여 세계시민교육에 대한 가치를 향유(享有)하는 뜻깊은 행사로 진행할 계획이다.

[각주 구분선 : 5cm]

ⓐ 총인구 중에 65세 이상의 인구가 차지하는 비율이 7% 이상인 사회를 말함

체크! 체크!

〔문서작성 능력평가 Ⅰ〕

- 내용 입력하고 제목 작성하기
  - 내용은 오타없이 정확히 입력할 수 있도록 연습합니다.
  - 제목에 〔글자 모양〕을 지정한 후 덧말을 작성합니다.
- 머리말, 문단 첫 글자 장식, 각주, 그림 삽입하기
  - 머리말, 문단 첫 글자 장식, 각주, 그림을 삽입합니다.
  - 오른쪽 끝 부분의 글자가 《출력형태》와 다를 경우에는 '글자 누락, 오타, 띄어쓰기' 등을 다시 한 번 확인해야 합니다.

STEP 01 내용 입력하고 제목 작성하기

〈조건〉 글꼴 : 돋움, 18pt, 진하게, 가운데 정렬, 책갈피 이름 : 유학, 덧말 넣기

1 3페이지의 제목 뒤에 커서를 둔 후 **Enter**를 **2번** 눌러 줄을 바꾼 다음 **내용을 입력**합니다.

> 국립국제교육원은 저출산 고령화사회, 학령인구 감소에 대응하고 국내 대학생들의 글로벌 역량을 강화하기 위하여 외국인 유학생 지원 강화 워크숍을 개최하기로 하였다. 특히, 국내에 체류하는 외국인 유학생이 14만 명 수준으로 급증함과 동시에 불법 체류 유학생도 1만 명이 초과됨에 따라 체계적인 지원 강화 부문과 더불어 취업 목적, 불법 체류 등 부작용에 대한 정책적 검토를 함께 진행하기로 했다. 그동안 외국인 유학생은 지속적으로 증가하였지만, 외국인 유학생의 한국어 능력 부족으로 대학 수업이 파행 운영되고 있으며 불법 체류와 불법 취업 등 부정적 효과도 심각하게 나타나고 있다.
> 　특히 교육부는 국립국제교육원과 공동 주최를 통해 외국인 유학생이 불법적인 방법으로 체류하지 않고 본래의 목적인 학업에 전념할 수 있도록 적극적인 지원 방안을 함께 모색하기로 하였다. 이번 워크숍은 외국인 유학생의 현황

> 제목은 이미 '기능평가 Ⅱ'의 개체에서 작업하여 입력되어 있습니다.

2 한자를 입력하기 위해 '**고찰'을 입력**한 후 [**입력**] **탭**을 클릭한 다음 [**한자 입력**]을 클릭합니다.

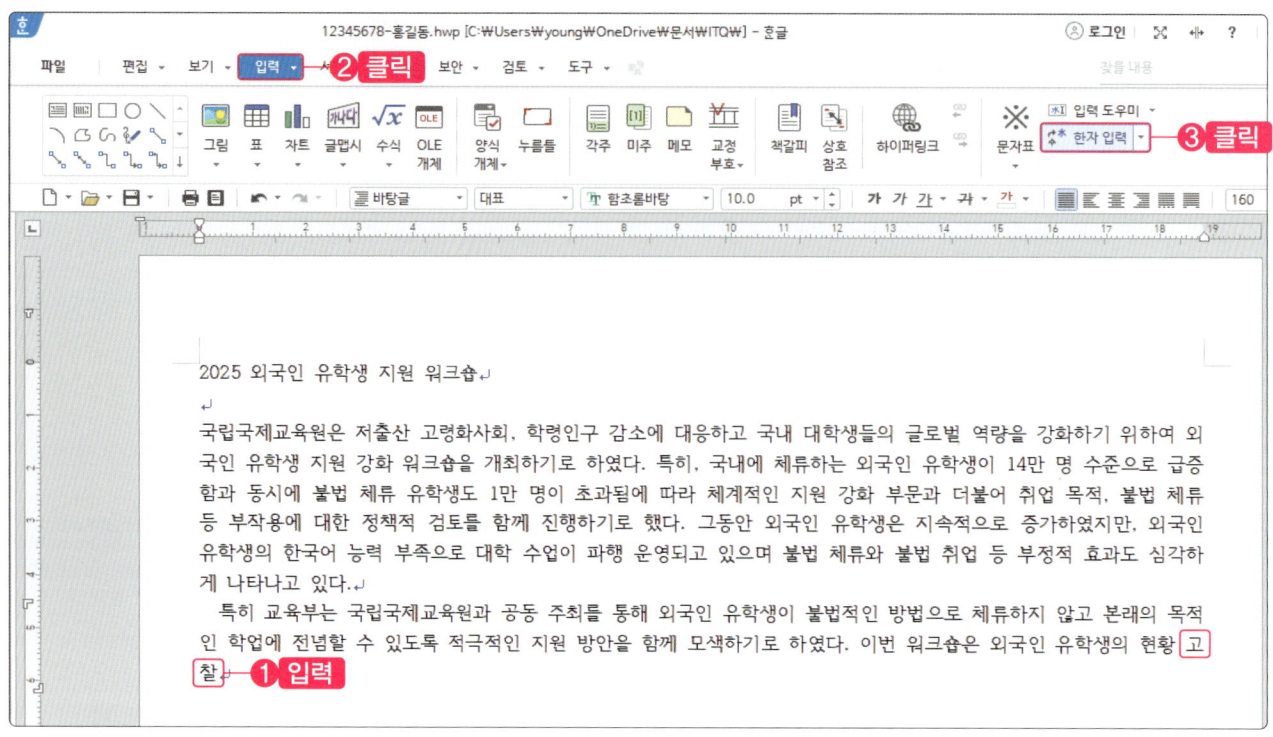

- 한자는 먼저 한글을 입력한 후 한글을 한자로 바꾸어서 입력합니다. 여기서는 '고찰'을 '고찰(考察)'로 바꾸어서 입력하기 위해 '고찰'을 입력한 후 [입력] 탭을 클릭한 다음 [한자 입력]을 클릭한 것입니다.
- '고찰'을 입력한 후 [입력] 탭의 [목록(▼)] 단추를 클릭한 다음 [한자 입력]-[한자로 바꾸기]를 클릭하거나 [한자](또는 [F9])를 눌러 한자를 입력할 수도 있습니다.

3 [한자로 바꾸기] 대화상자가 나타나면 **한자(考察)와 입력 형식(한글(漢字))을 선택**한 후 [**바꾸기**] 단추를 클릭합니다.

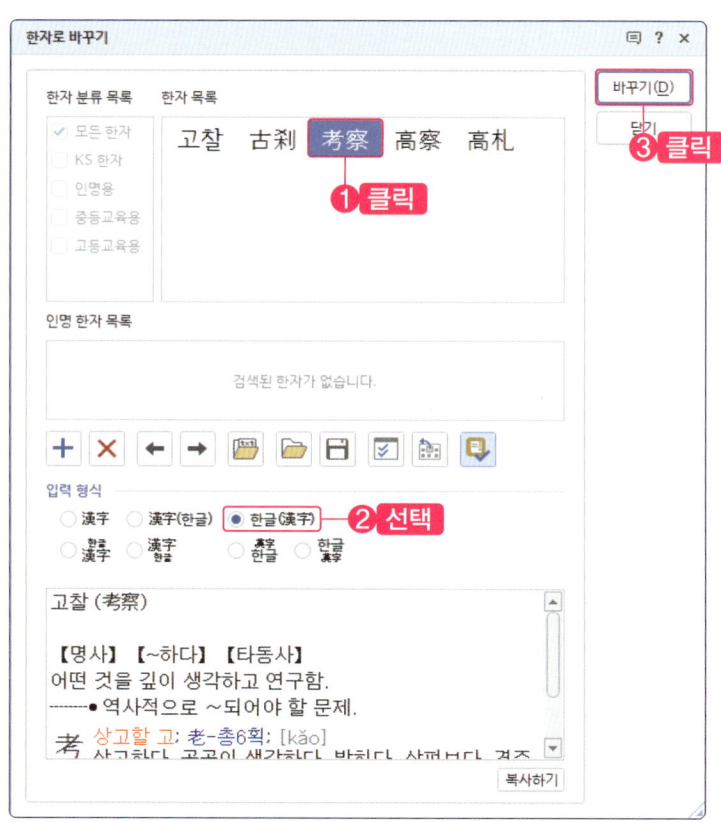

<조건>　글꼴 : 돋움, 18pt, 진하게, 가운데 정렬, 책갈피 이름 : 유학, 덧말 넣기

4 한자가 입력되면 같은 방법으로 **내용을 입력**합니다. 그런다음 Enter를 2번 누릅니다.

> 찰(考察), 외국 유학생에 대한 국가별 정책 비교, 외국인 유학생 확대의 긍정 및 부정 효과 분석, 외국인 유학생 지원 강화 방안 등을 주요 주제로 선정하여 다양한 이해관계의 의견을 공유하여 세계시민교육에 대한 가치를 향유(享有)하는 뜻깊은 행사로 진행할 계획이다.

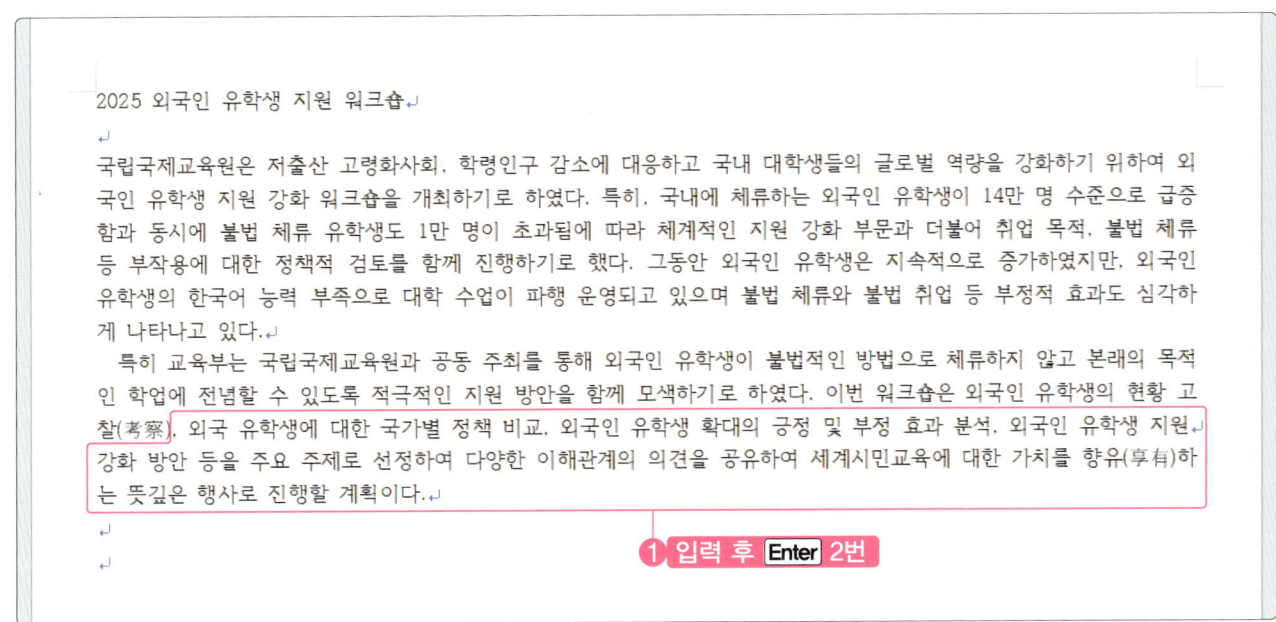

5 제목을 작성하기 위해 **제목을 블록으로 설정**한 후 [서식] 도구 상자에서 **글꼴(돋움)과 글자 크기(18)를 선택**한 다음 [**진하게(가)**]와 [**가운데 정렬(≡)**]을 클릭합니다.

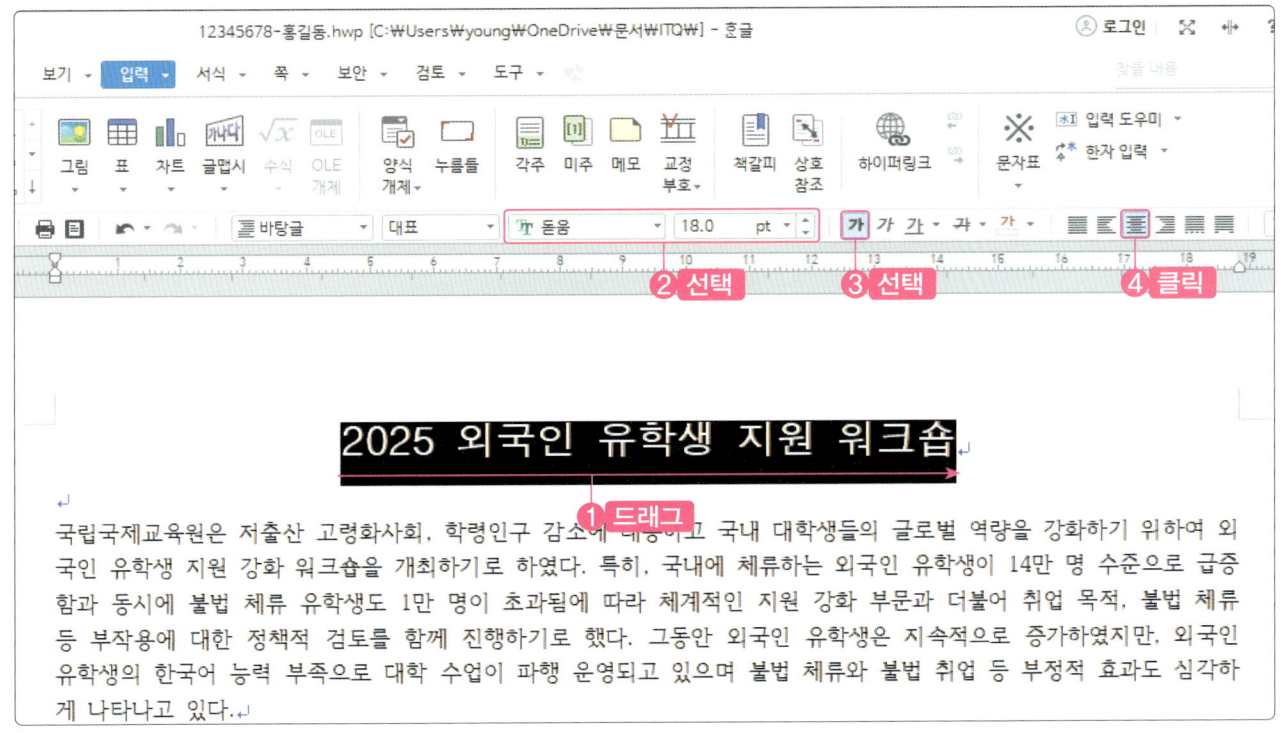

《조건》　글꼴 : 돋움, 18pt, 진하게, 가운데 정렬, 책갈피 이름 : 유학, 덧말 넣기

6 덧말을 넣기 위해 블록이 설정된 상태에서 [입력] 탭의 **(목록(▼))을 클릭**한 후 **[덧말 넣기]을 클릭**합니다.

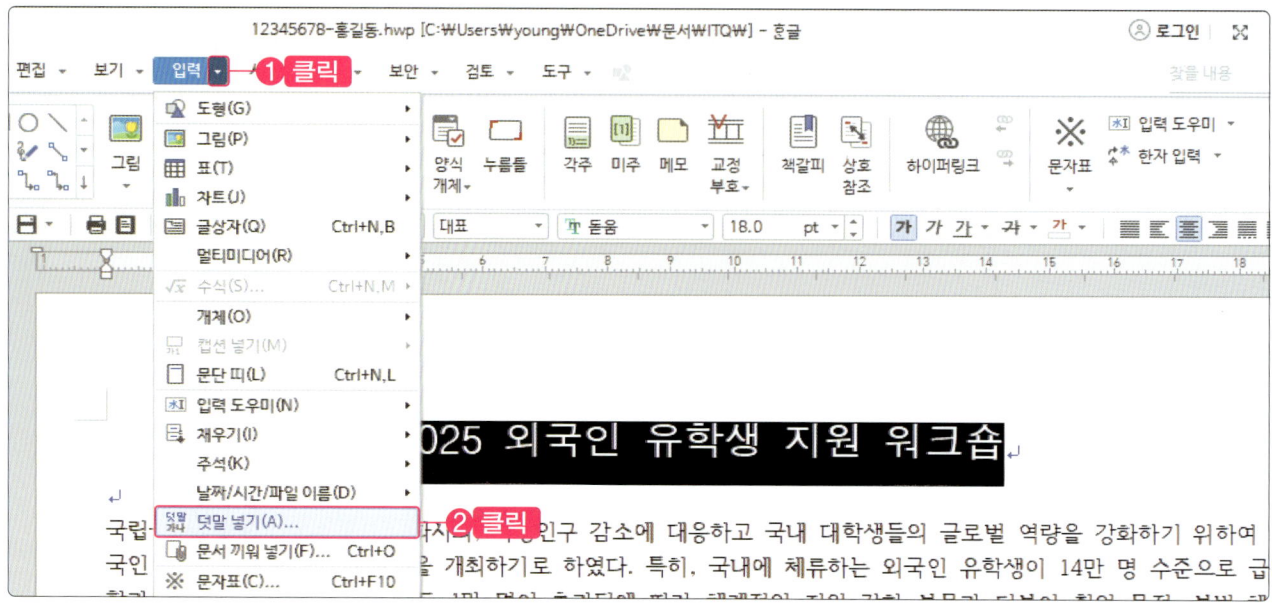

덧말은 내용의 위나 아래에 넣는 내용에 대한 보충 설명이나 참조 등을 말합니다.

7 [덧말 넣기] 대화상자가 나타나면 **덧말(지원과 성장)을 입력**한 후 **위치(위)를 선택**한 다음 [넣기] 단추를 클릭합니다.

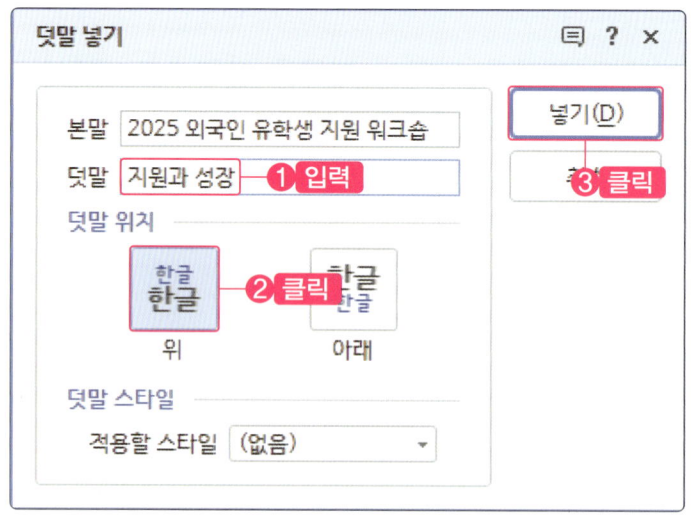

8 다음과 같이 덧말이 넣어집니다.

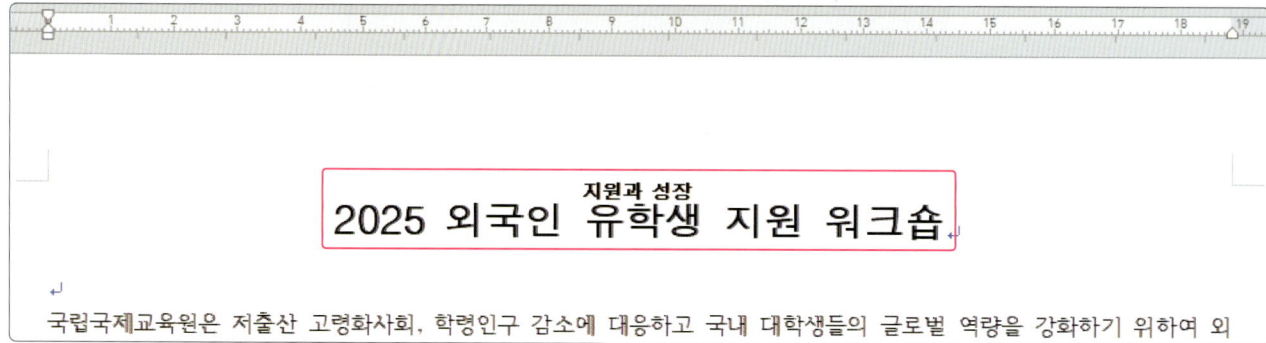

STEP 02 머리말 삽입하기

〈조건〉 머리말 기능, 돋움, 10pt, 오른쪽 정렬

1 머리말을 삽입하기 위해 [쪽] 탭을 클릭한 후 [머리말]을 클릭한 다음 [모양 없음]을 클릭합니다.

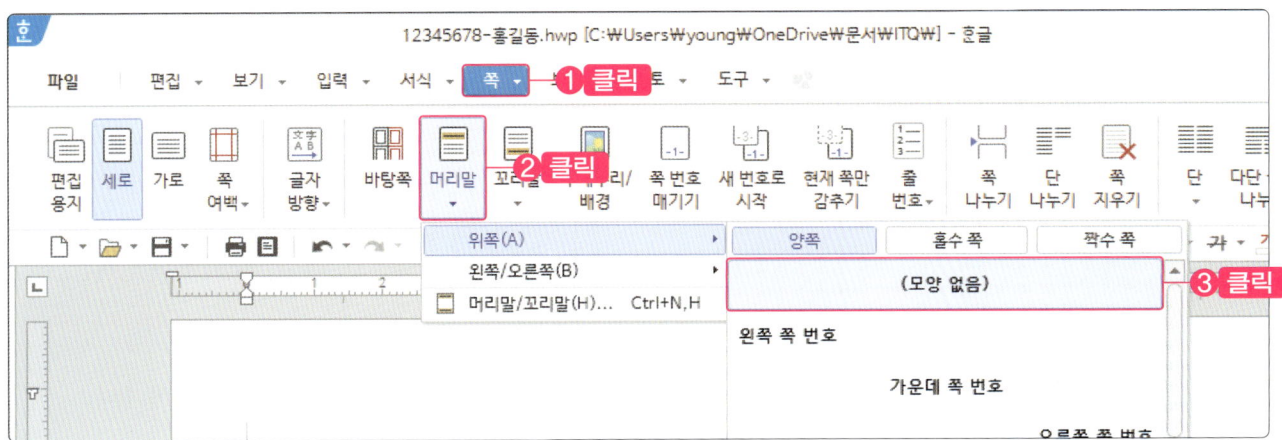

2 머리말 입력 화면이 나타나면 **머리말(해외 교류 확대)을 입력**한 후 머리말을 블록으로 설정한 다음 [서식] 도구 상자에서 **글꼴(돋움)과 글자 크기(10)를 선택**하고 [오른쪽 정렬(≡)]을 클릭합니다.

3 머리말 입력을 닫기 위해 [머리말/꼬리말] 정황 탭에서 [닫기]를 클릭합니다.

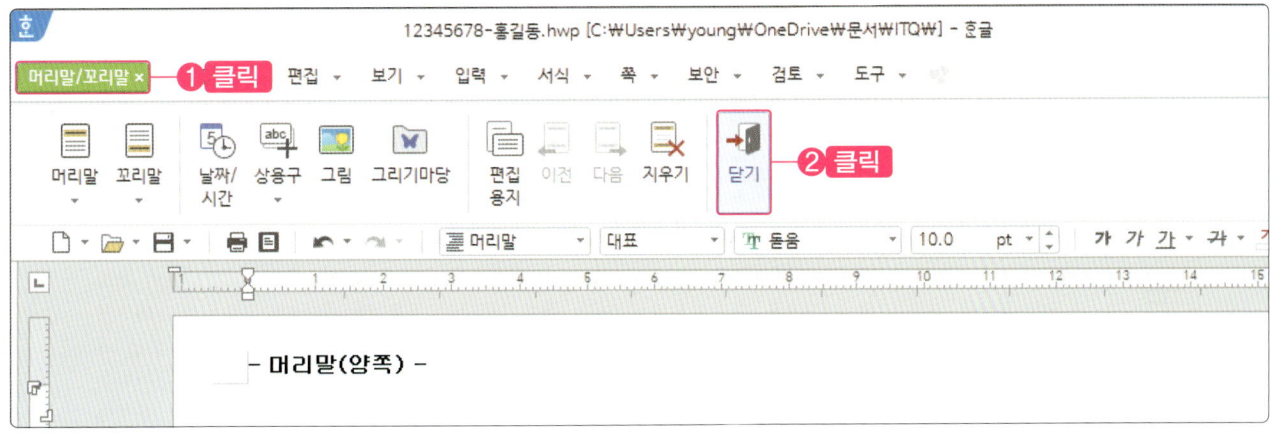

STEP 03 문단 첫 글자 장식하기

<조건> 문단 첫 글자 장식 기능, 글꼴 : 굴림, 면색 : 노랑

1 문단 첫 글자를 장식하기 위해 '**국립국제교육원은**' 앞에 커서를 둔 후 **[서식] 탭**을 클릭한 다음 **[문단 첫 글자 장식(갈)]**을 클릭합니다.

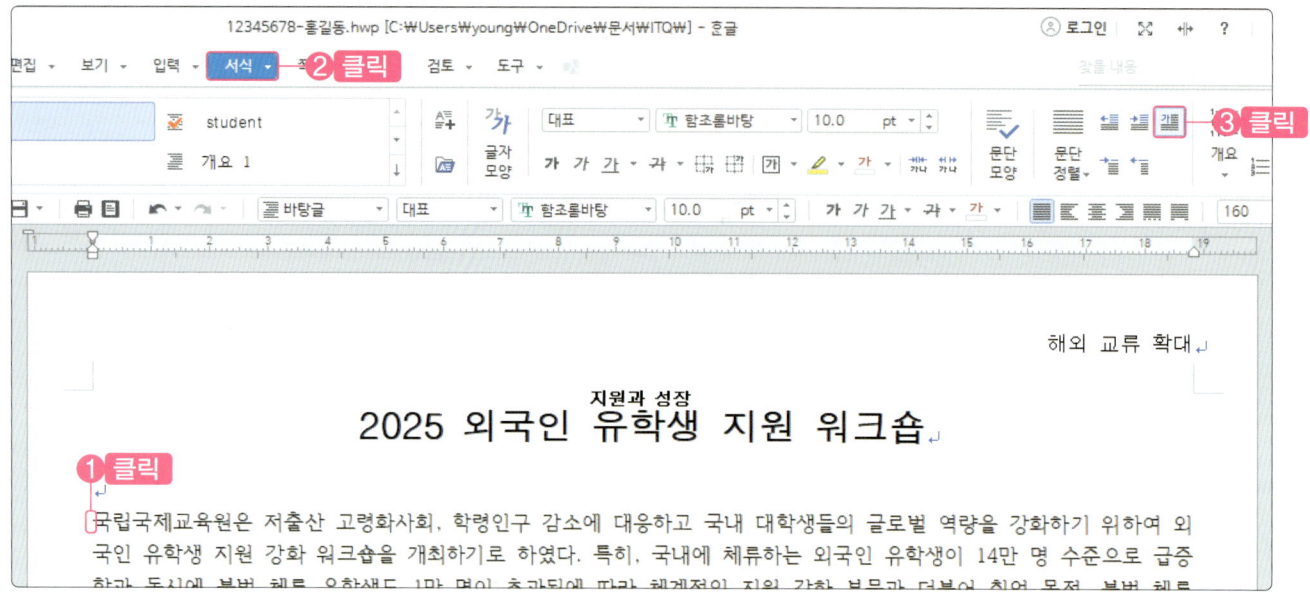

2 **[문단 첫 글자 장식]** 대화상자가 나타나면 **모양(2줄( ))**을 클릭한 후 **글꼴(굴림)**과 **면 색(노랑(RGB: 255,255,0))**을 선택한 다음 **[설정] 단추**를 클릭합니다.

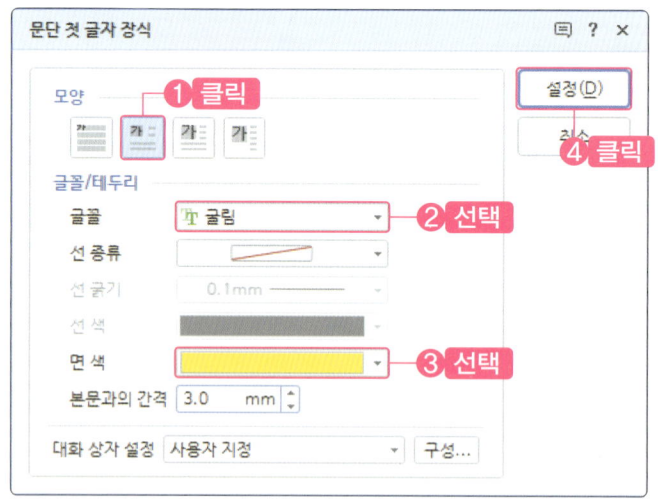

3 다음과 같이 문단 첫 글자 장식이 지정됩니다.

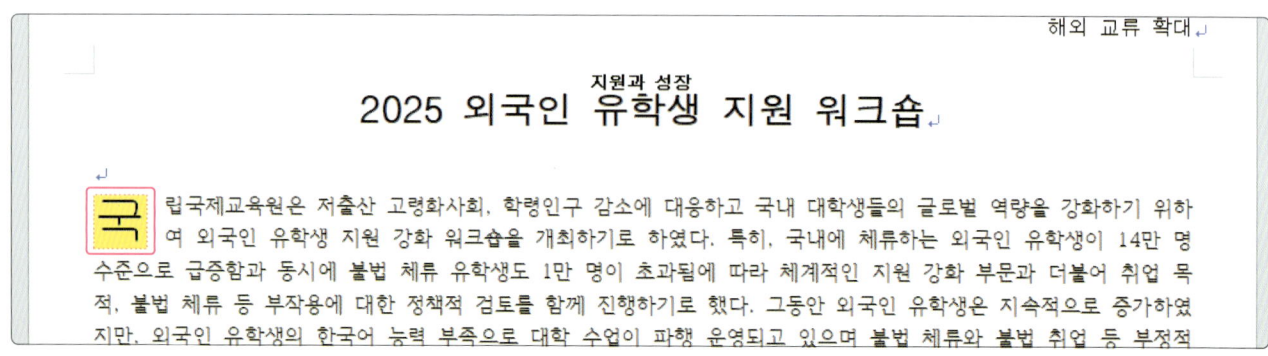

STEP 04 각주 삽입하기

<조건>　각주 구분선 : 5cm

1 각주를 삽입하기 위해 '**고령화사회**' 뒤에 커서를 둔 후 **[입력]** 탭을 클릭한 다음 **[각주(圖)]**를 클릭합니다.

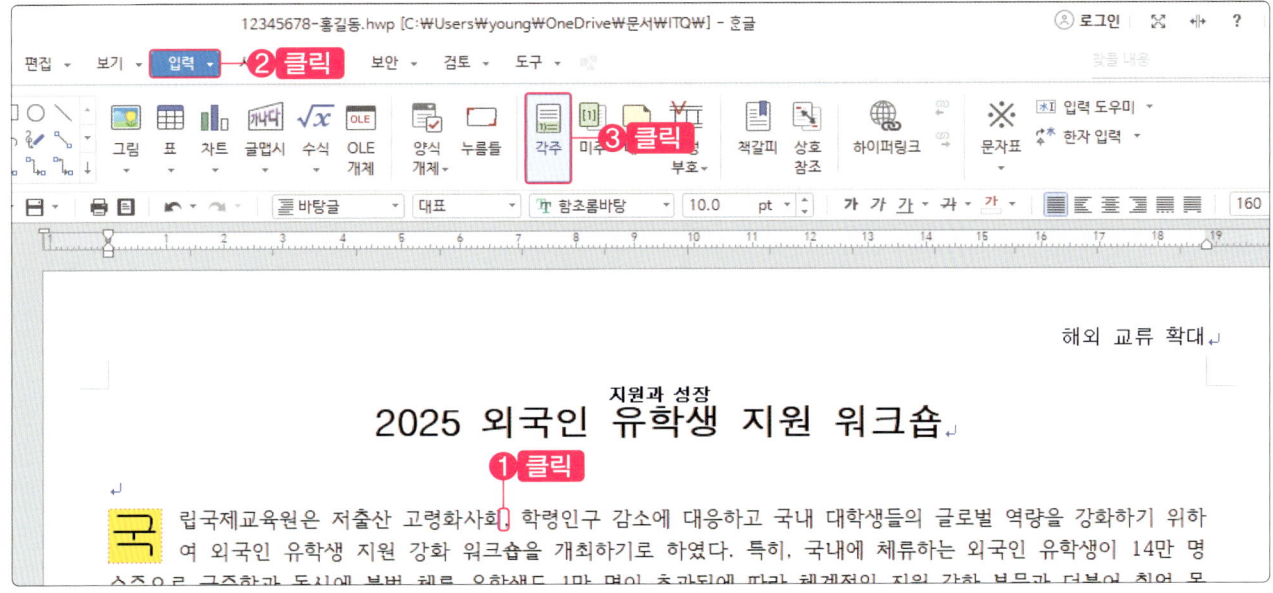

- 각주는 본문 내용에 대한 보충 설명이나 참조 등을 해당 페이지의 하단에 넣은 것을 말합니다.
- [입력] 탭의 [목록(▼)] 단추를 클릭한 후 [주석]-[각주]를 클릭하거나 Ctrl+N, N을 눌러 각주를 삽입할 수도 있습니다.

2 각주 입력 화면이 나타나면 [주석] 정황 탭에서 **[각주/미주 모양]**을 클릭합니다.

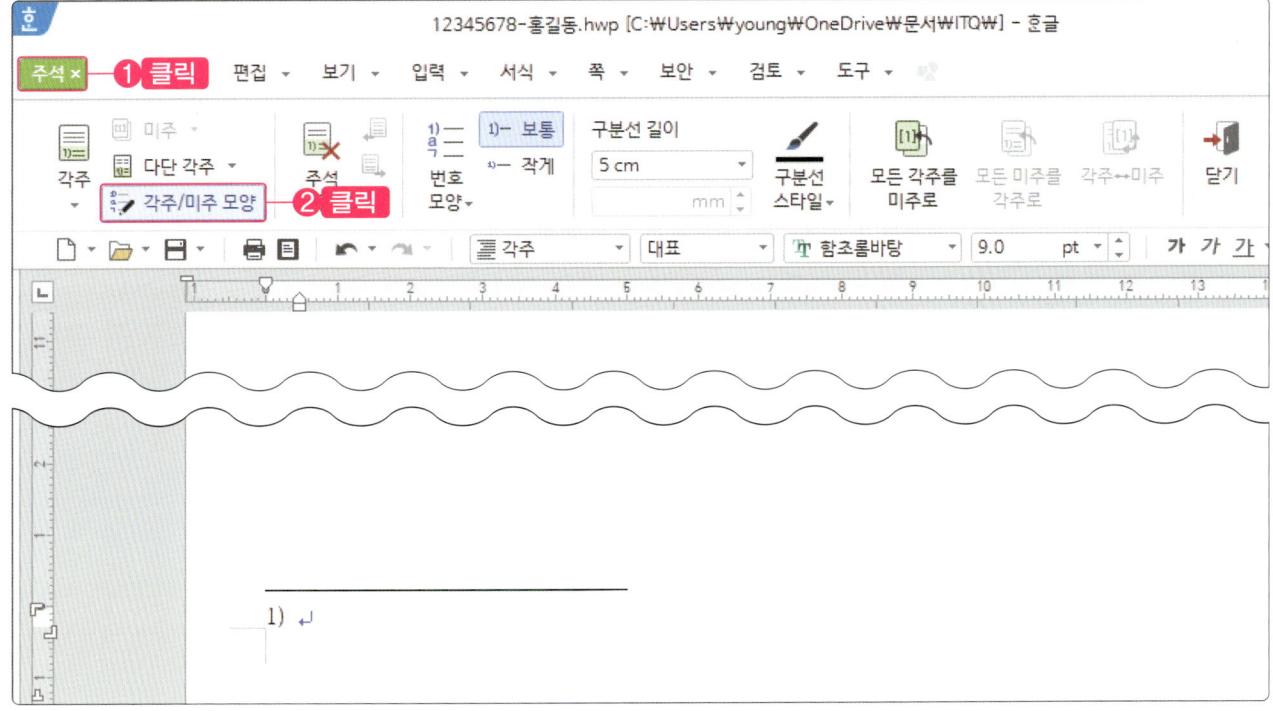

〈조건〉 각주 구분선 : 5cm

3 〔주석 모양〕 대화상자가 나타나면 **번호 모양(Ⓐ,Ⓑ,Ⓒ)을 선택**한 후 **구분선 길이(5cm)를 확인**한 다음 〔설정〕 단추를 클릭합니다.

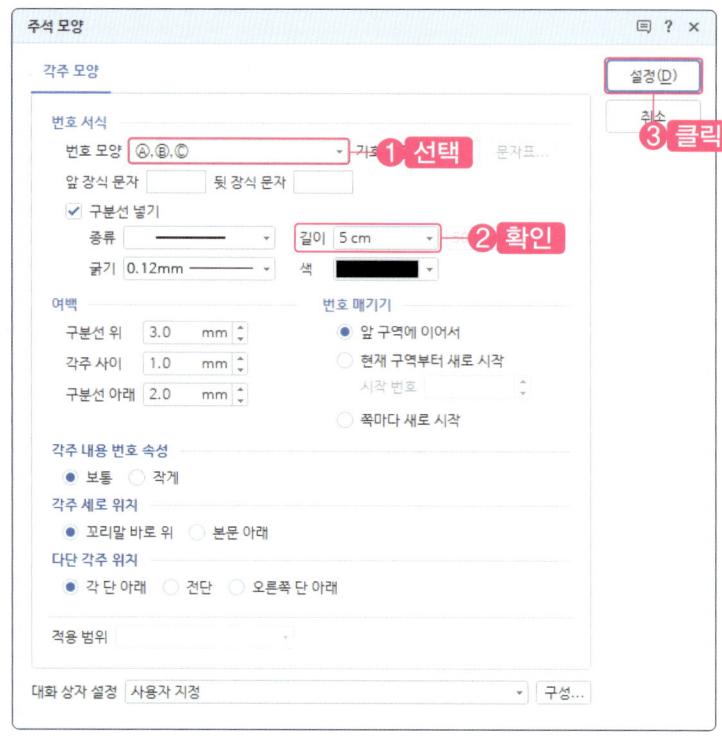

4 각주 번호 모양이 변경되면 다음과 같이 **각주 내용(총인구 중에 65세 이상의 인구가 차지하는 비율이 7% 이상인 사회를 말함)을 입력**합니다. 그런다음 각주 입력 화면을 닫기 위해 〔주석〕 정황 탭에서 〔**닫기**〕를 클릭합니다.

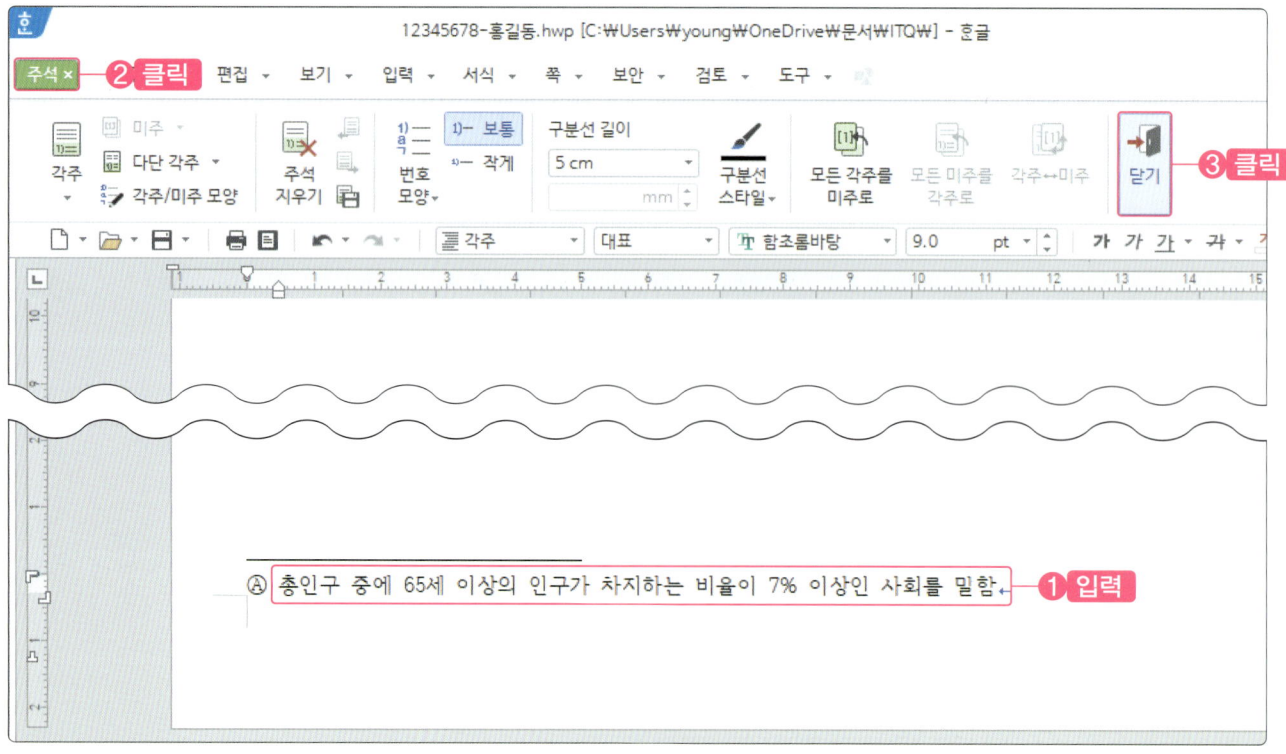

Shift + Esc 를 눌러 각주 입력 화면을 닫을 수도 있습니다.

STEP 05 그림 삽입하기

〈조건〉 그림위치(내 PC\문서\ITQ\Picture\그림4.jpg, 문서에 포함)
자르기 기능 이용, 크기(40mm×35mm), 바깥 여백 왼쪽 : 2mm

1 그림을 삽입하기 위해 [입력] 탭을 클릭한 후 [그림]을 클릭합니다.

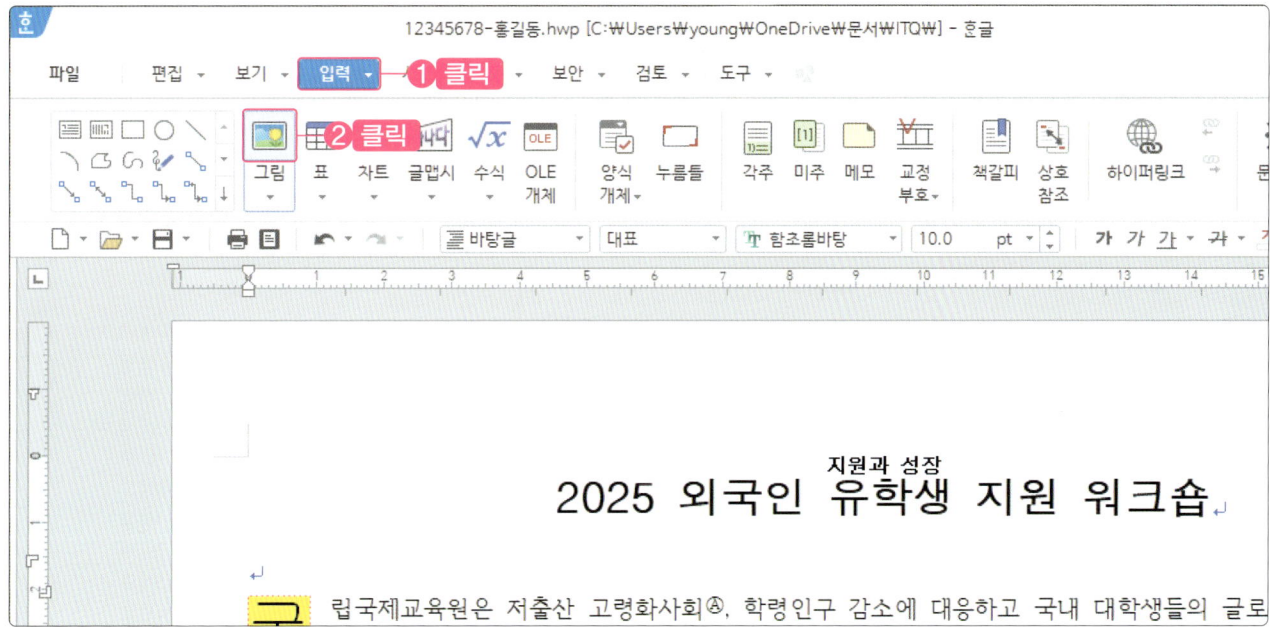

2 [그림 넣기] 대화상자가 나타나면 찾는 위치(내 PC\문서\ITQ\Picture)를 지정한 후 그림(그림4)을 선택한 다음 [문서에 포함]을 선택하고 [열기] 단추를 클릭합니다.

[글자처럼 취급]과 [마우스로 크기 지정]은 선택 해제합니다.

〈조건〉 그림위치(내 PC₩문서₩ITQ₩Picture₩그림4.jpg, 문서에 포함)
자르기 기능 이용, 크기(40mm×35mm), 바깥 여백 왼쪽 : 2mm

3 그림이 삽입되면 **그림을 선택**한 후 〔그림( )〕 정황 탭에서 **〔자르기〕를 클릭**합니다. 그런다음 그림의 자르기 조정 핸들(┓)을 드래그하여 그림을 자릅니다.

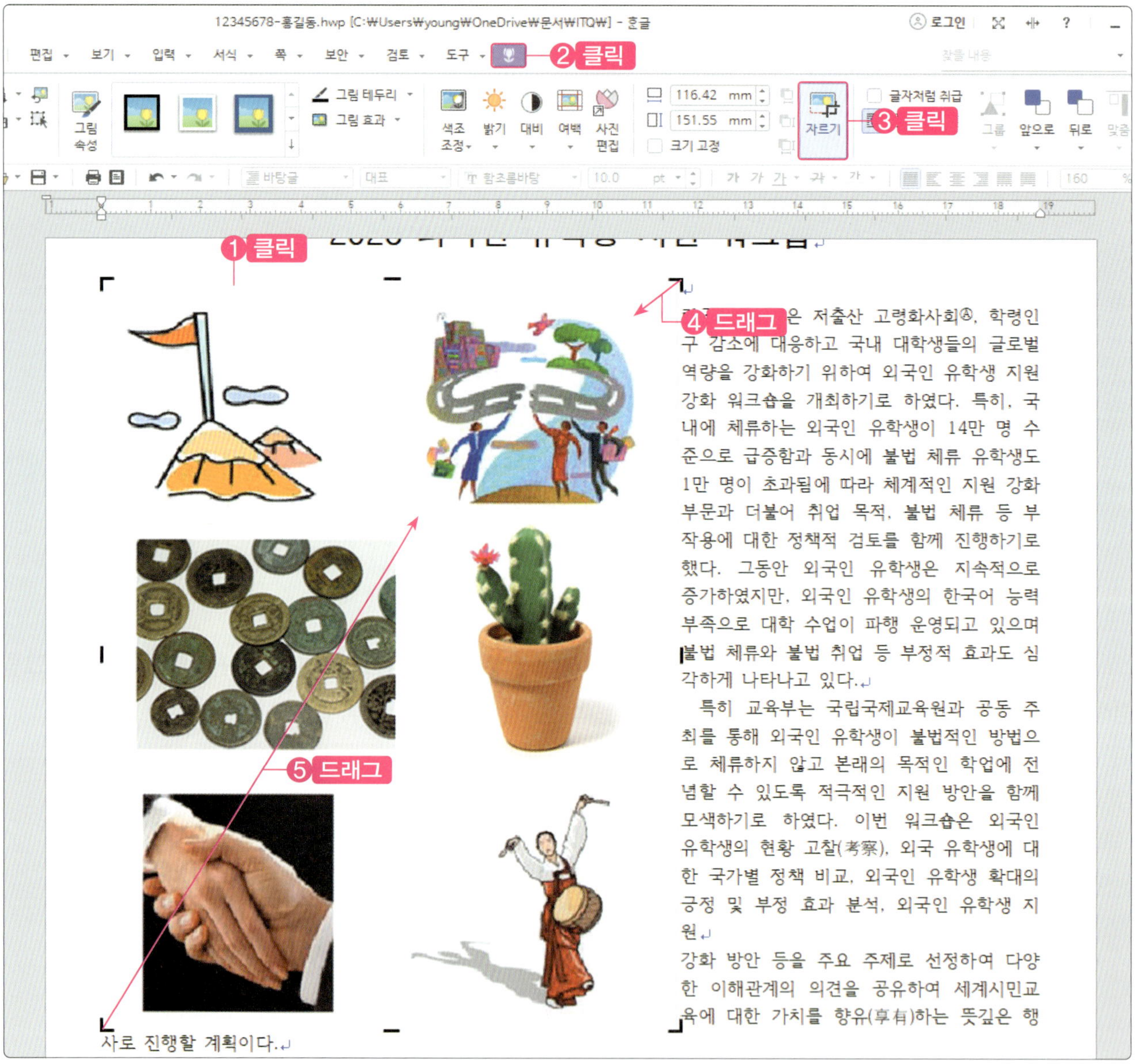

4 그림에 속성을 지정하기 위해 **그림을 선택**한 후 **바로가기 메뉴의 〔개체 속성〕을 클릭**합니다.

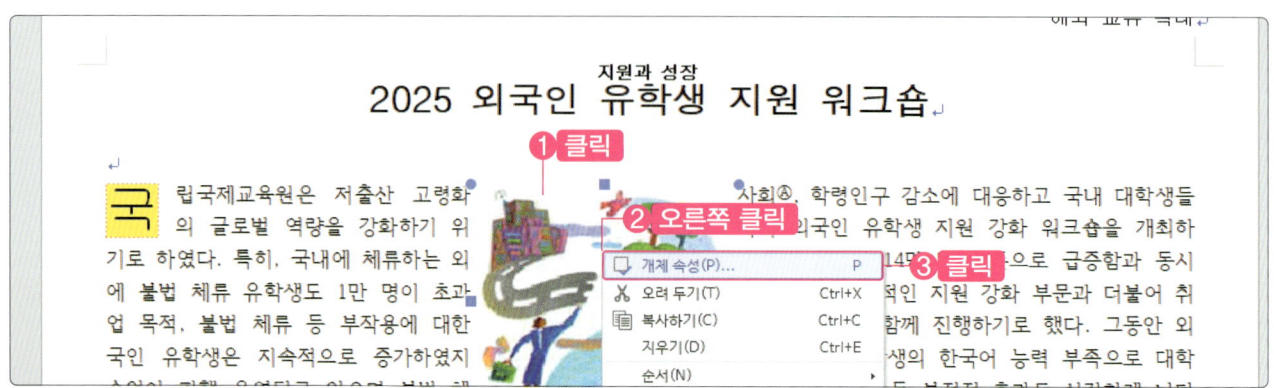

〈조건〉 그림위치(내 PC₩문서₩ITQ₩Picture₩그림4.jpg, 문서에 포함)
자르기 기능 이용, 크기(40mm×35mm), 바깥 여백 왼쪽 : 2mm

5 〔개체 속성〕 대화상자가 나타나면 〔기본〕 탭에서 **너비(40)와 높이(35)를 입력**한 후 〔크기 고정〕**을 선택**합니다. 그런다음 〔**여백/캡션**〕 **탭을 클릭**한 후 **바깥 여백(2)을 입력**한 다음 〔설정〕 단추를 **클릭**합니다.

6 그림의 속성이 지정되면 다음과 같이 **그림의 위치를 조정**합니다.

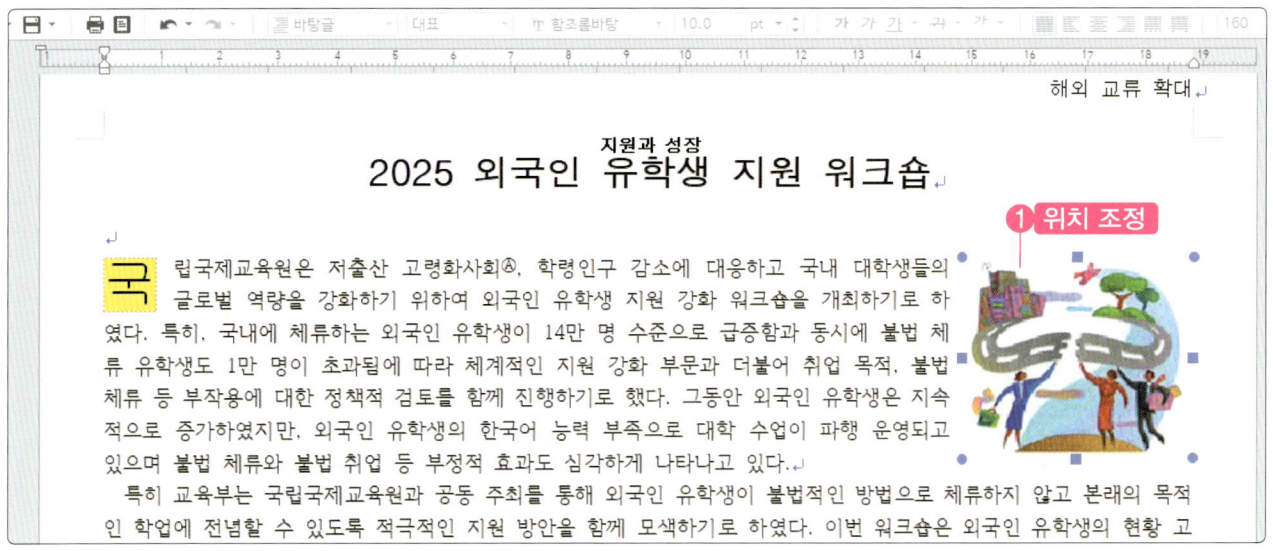

오른쪽 끝 부분의 글자가 《출력형태》와 다를 경우에는 '글자 누락, 오타, 띄어쓰기' 등을 다시 한 번 확인해야 합니다.

Chapter 07 · 문서작성 능력평가 – I **107**

1 다음의 지시사항을 참고하여 《출력형태》와 같이 문서를 작성하시오. (200점)

▶ 소스파일 : Part 01\Chapter 07\문제01.hwpx   ▶ 완성파일 : Part 01\Chapter 07\문제01_완성.hwpx

《출력형태》

글꼴 : 궁서, 18pt, 진하게, 가운데 정렬
책갈피 이름 : 정보격차
덧말 넣기

머리말 기능
굴림, 10pt, 오른쪽 정렬 → 정보화 수준

전 국민이 함께하는
정보격차 해소 정책

문단 첫 글자 장식 기능
글꼴 : 궁서, 면색 : 노랑

그림위치(내 PC\문서\ITQ\Picture\그림5.jpg, 문서에 포함)
자르기 기능 이용, 크기(40mm×35mm), 바깥 여백 왼쪽 : 2mm

정보사회가 진전될수록 정보에 대한 접근과 이용이 용이한 계층과 그렇지 못한 계층 간의 격차(隔差)가 발생하게 된다. 이렇게 발생하는 정보격차는 정보취약계층의 소득과 삶의 질 저하, 사회참여 기회 축소 및 계층 간 빈부격차 등을 심화시켜 사회통합에 지장을 초래하기 때문에 정보화가 진전될수록 정보격차 해소의 중요성은 점점 커지고 있다. 특히 정보에 대한 접근 부문은 정보격차 해소를 위한 우선적 과제로 사회적, 경제적, 지역적 차이에 관계없이 누구나 쉽게 정보에 접근 가능한 환경을 제공받는 것은 정보격차 해소를 위한 기본적 수단(手段)이다.

정부는 급속히 발전하는 정보화 환경 속에서 신체적, 경제적, 지역적 여건 등에 의해 정보통신 제품 및 서비스의 접근이 어려운 장애인, 고령자, 저소득층, 농어민들의 평등한 정보접근 기회를 제공하고자 정보통신 보조기기를 개발하고 보급하는 한편, 사랑의 그린 PC를 보급하고 청각 및 언어 장애인을 위한 통신 중계 서비스를 제공하고 있다. 과학기술정보통신부와 한국지능정보사회진흥원에서는 소외계층의 PC, 인터넷 사용 능력 등 정보화 수준을 확인하기 위해 매년 장애인, 저소득층, 농어민, 장노년층 등을 대상으로 정보격차 실태조사ⓐ를 실시하고 있다.

각주

각주 구분선 : 5cm

ⓐ 정보격차 해소 정책의 연간 추진 성과를 측정 및 평가하고 효율적인 정책 추진을 위한 기초자료 제공

5G 시대 실감산업 육성 방안

5G 상용화와 함께 비대면 시대에 접어들면서 VR, MR, AR을 포괄하는 XR(확장현실)에 대한 요구가 크게 증가(增加)하고 있다. 한국을 시작으로 38개국이 5G 상용화를 진행하면서 XR 시장이 성장할 것으로 전망된다. 특히 코로나 19로 인해 기업 경영과 개인 생활 영역에 제약이 생기면서 확장현실을 통해 활로를 찾고자 전 산업에 걸친 확장현실 도입이 이루어지고 있다. 이에 주요국들은 확장현실로 성장동력을 얻고자 정부가 주도해 프로젝트를 추진함으로써 실감산업 육성 지원에 들어갔으며, 애플, 구글, 페이스북을 비롯한 주요 기업은 확장현실에 대한 공격적인 투자를 통해 시장 선점에 노력을 기울이고 있다. 우리나라도 글로벌 확장현실Ⓐ 선도를 위해 실감콘텐츠 활성화 전략을 수립(樹立)하고 실감산업 육성을 지원하였다.

한편, 협업 능력이 기업의 미래를 결정하는 중요 척도로 꼽히는 만큼 비대면 시대에서 기업들은 협업 효과를 잃지 않기 위해 많은 노력을 기울이고 있으며 그 중 하나가 확장현실에 기반한 협업인 실감협업이다. 이는 확장현실을 통해 풍부한 정보공유, 몰입감 높은 현장감, 자연스러운 상호작용으로 원격에서도 높은 협업 효과를 가져올 수 있다.

Ⓐ VR, MR, AR에 이르기까지 가상현실 기술 전체를 통틀어서 일컬음

대한민국 건설기술산업대전

대한민국 건설기술산업대전은 국내 최초 건설기술산업 전문 전시회(展示會)로 국내 건설기술의 최신 트렌드와 정보를 제공한다. 다양한 전문 세션으로 구성된 세미나가 개최됨과 동시에 도로, 철도, 항만 및 해안, 교량, 터널 등의 기술 품목, 토공, 도로, 콘크리트, 플랜트, 특수장비 등의 장비 품목, 구조재료, 철강재료, 도료, 방수 단열재 등의 자재 품목, 각종 해석 및 설계 프로그램, BIM, 3D 모델링, 통신, 제어솔루션 등의 시스템 품목을 아우르는 건설기술 산업 전 분야가 전시된다.

한국건설기술연구원 구조융합연구소, 성균관대학교 자기치유친환경콘크리트센터, 한국BIM학회, 한국비계기술원, 한국크레인협회 등의 기관에서 세미나에 참여하고 신기술&신공법 소개, 건설 산업에서 4차 산업혁명과 BIM, 가설구조물 안정성 확보 방안 등의 다양한 프로그램을 준비하여 국제표준지표, 기술연구결과, 최신 건설기술 동향(動向)에 대한 수준 높은 강의가 진행된다. 건설기술에 관심 많은 종사자 및 실수요자가 건설 산업 현황을 한 눈에 파악할 수 있으며, 비즈니스 네트워크 구축을 통해 B2B㉮ 상호간 긴밀한 협조체계가 이뤄질 예정이다.

㉮ 기업과 기업 사이에 이루어지는 전자상거래를 일컫는 경제 용어

정통성과 민족의 동질성 회복

통일은 남북한 국민이 한 민족ⓐ 하나의 국민이라고 느끼고 남북한 단일체제 수립(樹立)을 넘어 한마음이 된 상태를 의미한다. 통일은 분단된 국토가 하나 되는 것은 물론 정치적으로 대립되었던 체제를 하나로 만드는 것이고, 경제적으로 서로 다른 제도를 하나로 거듭나게 하는 것이며, 남북 주민 사이에 내면화된 이질적인 문화를 하나로 다시 탄생시키는 것이다. 우리가 추구하는 통일은 인류 보편적 가치로 자리 잡은 자유민주주의와 시장경제를 바탕으로 구성원 모두의 자유와 인권이 보장되는 민족공동체의 건설이다.

통일은 분단으로 인해 굴절된 역사를 바로잡고, 민족공동체 건설을 통해 우리 민족의 총체적 역량을 극대화하기 위해 필요하다. 또한 통일은 분단에 따른 유형, 무형적인 비용을 소멸시키고 새로운 이득을 창출(創出)함으로 인해 국가와 사회뿐 아니라 개인에게도 삶의 질을 향상시킬 것이다. 개인적 차원에서 통일은 이산가족의 고통을 해소하고 남북 간에 자유롭게 오고 가며 살 수 있는 등의 다양한 선택의 기회를 부여하며 인간적인 삶을 보장할 것이다. 통일은 21세기 한민족의 새로운 비상과 선진일류국가로 도약하기 위한 수단으로써 필요하다.

ⓐ 언어와 문화상의 공통성에 기초하여 오랜 세월 역사적으로 형성된 사회 집단

5 다음의 지시사항을 참고하여 《출력형태》와 같이 문서를 작성하시오. (200점)

▶ 소스파일 : Part 01\Chapter 07\문제05.hwpx   ▶ 완성파일 : Part 01\Chapter 07\문제05_완성.hwpx

《출력형태》

글꼴 : 굴림, 18pt, 진하게, 가운데 정렬
책갈피 이름 : 데이터
덧말 넣기

머리말 기능
돋움, 10pt, 오른쪽 정렬 → 데이터 정책

디지털 뉴딜 정책
공공데이터 개방 및 이용 활성화 정책

문단 첫 글자 장식 기능
글꼴 : 궁서, 면색 : 노랑

그림위치(내 PC\문서\ITQ\Picture\그림4.jpg, 문서에 포함)
자르기 기능 이용, 크기(40mm×35mm), 바깥 여백 왼쪽 : 2mm

코로나19의 세계적 유행을 극복하는 과정에서 공공데이터 활용이 위기 대응에 기여하는 사례가 늘어남에 따라 데이터 경제 가속화를 가져오는데 공공데이터가 핵심으로 부상하게 되었다. 이에 코로나19로 인한 경제 위기를 극복하고 디지털 전환 시대에 세계 경제를 선도(先導)하기 위해 정부는 '한국판 뉴딜'의 한 축으로 '디지털 뉴딜' 정책을 발표했다. 과학기술정보통신부는 디지털 뉴딜 정책의 일환으로 데이터 수집, 가공, 활용 기반을 강화하여 데이터 경제와 인공지능 경제로 전환하기 위해 데이터 댐 프로젝트를 핵심 과제로 추진하고 있다.

각주

인공지능 개발에 필수적인 인공지능 학습용 데이터를 누구나 편리한 시간과 장소에서 수집하고 가공하며 검증할 수 있도록 크라우드 소싱 방식㉮을 적용하여 170종 4억 8천만 건의 데이터를 개방(開放)했다. 데이터를 국민 누구나 손쉽게 찾아 활용할 수 있도록 분야별 빅데이터 플랫폼 및 센터를 구축하여 6개 플랫폼과 50개 센터를 운영하고 있다. 또한 여러 기관에 분산된 개인 데이터를 가치 있게 활용할 수 있도록 마이데이터 실증사업을 추진하고 정보 주체 중심의 데이터 활용 확산에 기여하고 있다.

각주 구분선 : 5cm

㉮ 대중들의 참여로 해결책을 얻는 방법

6 다음의 지시사항을 참고하여 《출력형태》와 같이 문서를 작성하시오. (200점)

▶ 소스파일 : Part 01\Chapter 07\문제06.hwpx   ▶ 완성파일 : Part 01\Chapter 07\문제06_완성.hwpx

《출력형태》

글꼴 : 돋움, 18pt, 진하게, 가운데 정렬
책갈피 이름 : 저작권
덧말 넣기

머리말 기능
굴림, 10pt, 오른쪽 정렬 → 보호되는 저작물

문화경제의 경쟁력
저작권이란 무엇인가요?

문단 첫 글자 장식 기능
글꼴 : 궁서, 면색 : 노랑

각주

그림위치(내 PC\문서\ITQ\Picture\그림4.jpg, 문서에 포함)
자르기 기능 이용, 크기(40mm×45mm), 바깥 여백 왼쪽 : 2mm

저작권이란 저작물을 창작한 사람 및 기타 권리자에게 저작권법이 인정하고 있는 배타적 권리를 말한다. 단, 저작권법ⓐ은 저작물의 이용을 도모(圖謀)하기 위해 창작자 및 기타 권리자에게 일정기간에 한하여 독점 배타적 권리를 인정하고 있으며, 공정한 이용을 위하여 일정한 저작권 제한 사유를 규정하고 있다. 저작권과 관련된 역할자는 저작물을 창작하고 이에 대해 권리를 가지는 저작자와 이러한 저작물을 해석하고 전달하는 데 대하여 권리를 가지는 저작인접권자, 그리고 이러한 저작물이나 저작인접물을 소비하는 이용자가 있다. 이 이용자에는 이를 사용하거나 향유(享有)하는 소비적 이용자와 이를 활용하여 또 다른 창작을 꾀하는 생산적 이용자가 있는가 하면, 이를 매개하거나 다른 목적을 위하여 활용하는 도서관이나 학교와 같은 기관들도 있다.

저작물의 창작과 전달 그리고 그의 이용을 둘러싼 이들 각 역할자 사이의 관계는 기본적으로 저작권법 등의 법규와 이에 기초한 계약, 그리고 각종 사법제도에 의하여 규율된다. 저작물의 창작과 이용에 활용되는 기술과 각 역할자의 법의식 등 행동 윤리 역시 이들 간의 관계에 중대한 영향을 미친다.

각주 구분선 : 5cm

ⓐ 저작자의 권리와 이에 인접한 권리를 보호하기 위하여 만든 법률

Chapter 08. 문서작성 능력평가 - Ⅱ

- ◆ 소제목 작성하기
- ◆ 표 제목 작성하기
- ◆ 기관 이름 작성하기
- ◆ 문단 번호 모양 지정하기
- ◆ 표 작성하기
- ◆ 페이지 번호 매기기

▶ 소스파일 : Part 01\Chapter 08\Ch08.hwpx   ▶ 완성파일 : Part 01\Chapter 08\Ch08_완성.hwpx

적으로 증가하였지만, 외국인 유학생의 한국어 능력 부족으로 대학 수업이 파행 운영되고 있으며 불법 체류와 불법 취업 등 부정적 효과도 심각하게 나타나고 있다.

　특히 교부부는 국립국제교육원과 공동 주최를 통해 외국인 유학생이 불법적인 방법으로 체류하지 않고 본래의 목적인 학업에 전념할 수 있도록 적극적인 지원 방안을 함께 모색하기로 하였다. 이번 워크숍은 외국인 유학생의 현황 고찰(考察), 외국 유학생에 대한 국가별 정책 비교, 외국인 유학생 확대의 긍정 및 부정 효과 분석, 외국인 유학생 지원 강화 방안 등을 주요 주제로 선정하여 다양한 이해관계의 의견을 공유하여 세계시민교육에 대한 가치를 향유(享有)하는 뜻깊은 행사로 진행할 계획이다.

★ 한국유학종합시스템 (글꼴 : 궁서, 18pt, 하양 / 음영색 : 파랑)

A. 목적 및 대상
  ⓐ 목적 : 유학관련 온라인 원스톱 서비스 제공
  ⓑ 대상 : 외국인 유학생, 국내 고등교육기관 등
B. 주요 기능
  ⓐ 한국유학 및 대학 정보 검색
  ⓑ 온라인 유학박람회 운영 및 해외유학박람회 홍보

(문단 번호 기능 사용 / 1수준 : 20pt, 오른쪽 정렬, 2수준 : 30pt, 오른쪽 정렬, 줄 간격 : 180%)

(표 전체 글꼴 : 돋움, 10pt, 가운데 정렬 / 셀 배경(그러데이션) : 유형(가로), 시작색(하양), 끝색(노랑))

★ 한일 공동 유학생 교류사업 (글꼴 : 궁서, 18pt, 밑줄, 강조점)

구분	박사 학위과정(일본)	학부 1년 과정(일본)	학부 단기 과정(한국)
분야	이공계	일본어, 일본문화	전 영역
규모	연 15명	연 25명	연 160명
기간	각 과정의 표준 수업 연한기간	1년	개설한 프로그램 운영 기간
자격	석사 졸업(예정)자	2학년 이상 재학생	학부 정규과정 재학생
	한국 국적자, 일본 국적자(복수 국적자 지원 불가)		

(글꼴 : 굴림, 24pt, 진하게, 장평 105%, 오른쪽 정렬) ▶ **국립국제교육원**

(각주 구분선 : 5cm)
Ⓐ 총인구 중에 65세 이상의 인구가 차지하는 비율이 7% 이상인 사회를 말함

(쪽 번호 매기기 6으로 시작) ▶ ⑥

> 체크! 체크!

[문서작성 능력평가 II]

- 소제목 작성하기
  - 글꼴 및 글자 크기를 지정한 후 [글자 모양] 대화상자에서 음영색을 지정합니다.
- 문단 번호 모양 지정하기
  - 임의의 문단 번호를 선택한 후 [사용자 정의]를 이용하여 지시사항에 맞게 지정합니다.
- 표 제목 및 표 작성하기
  - 표 제목에 글꼴 및 글자 크기, 속성을 지정한 후 강조점을 지정합니다.
  - 표를 삽입한 후 내용을 입력한 다음 너비 및 셀 테두리를 지정합니다.
- 기관 이름 작성하기
  - 글꼴 및 글자 크기, 속성을 지정한 후 [글자 모양] 대화상자에서 장평을 지정합니다.
- 페이지 번호 매기기
  - 번호 위치, 번호 모양, 시작 번호를 지정합니다.
  - 《출력형태》를 참고하여 문서를 작성합니다.

STEP 01 소제목 작성하기

〈조건〉 글꼴 : 궁서, 18pt, 하양, 음영색 : 파랑

1 **소제목 문단에 커서를 위치**한 후 특수 문자를 입력하기 위해 **[입력] 탭을 클릭**한 후 **[문자표]**를 **클릭**한 다음 **[문자표]를 클릭**합니다.

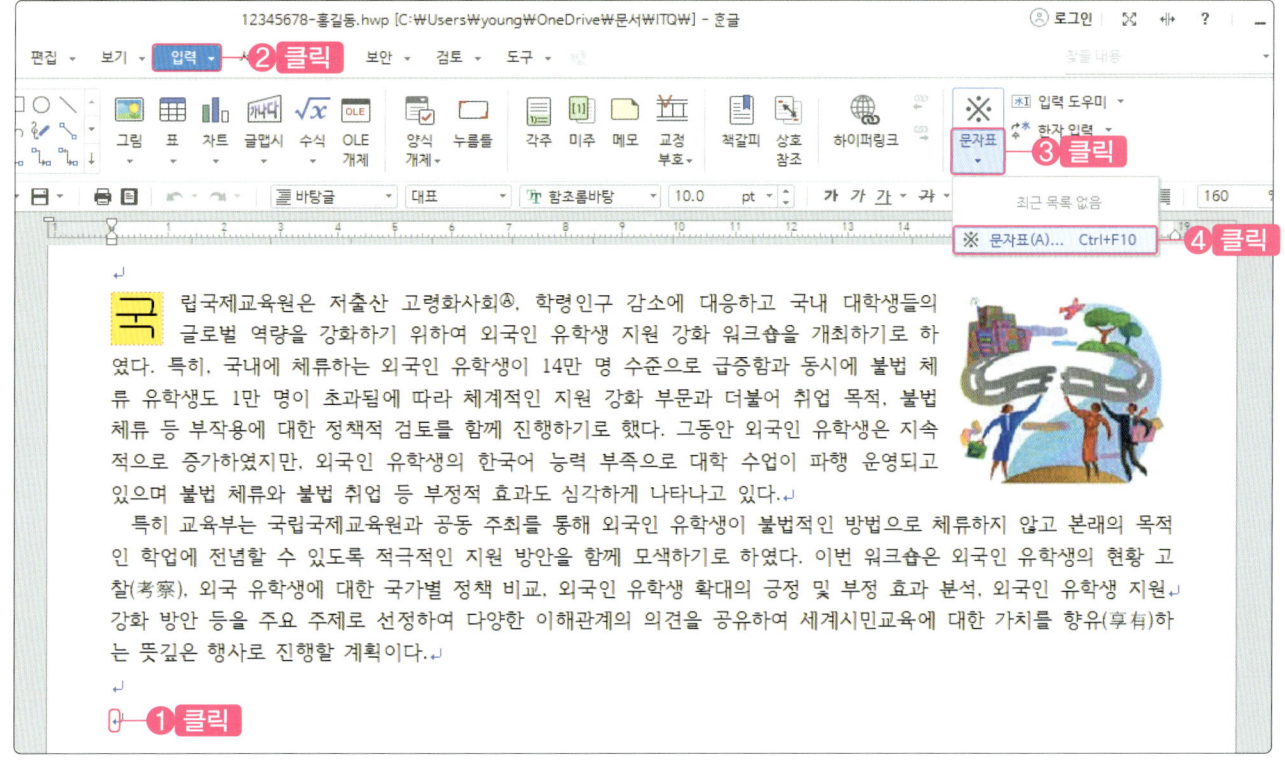

2 〔문자표〕 대화상자가 나타나면 〔한글(HNC) 문자표〕 탭에서 **문자 영역(전각 기호(일반))을 선택**한 후 **문자(★)를 선택**한 다음 〔**넣기**〕 **단추를 클릭**합니다.

3 특수문자가 삽입되면 **소제목과 내용을 입력**합니다.

★ 한국유학종합시스템
목적 및 대상
목적 : 유학관련 온라인 원스톱 서비스 제공
대상 : 외국인 유학생, 국내 고등교육기관 등
주요 기능
한국유학 및 대학 정보 검색
온라인 유학박람회 운영 및 해외유학박람회 홍보

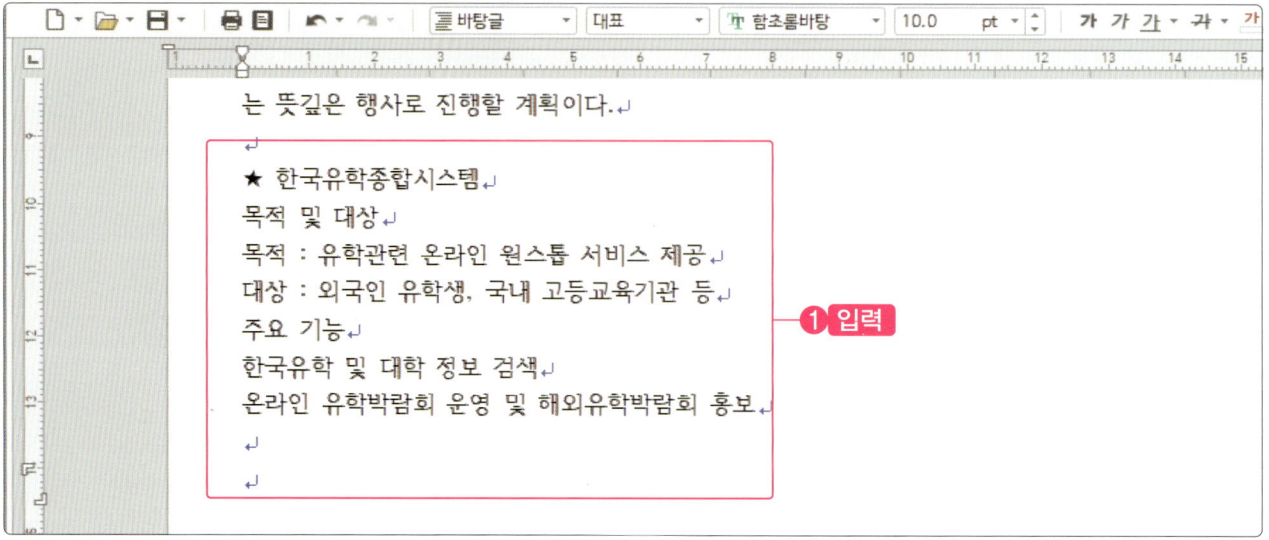

문단 번호 기능을 사용하므로 내용만 입력합니다.

⟨조건⟩   글꼴 : 궁서, 18pt, 하양, 음영색 : 파랑

4 **소제목을 블록으로 설정**한 후 〔서식〕 도구 상자에서 **글꼴(궁서)과 글자 크기(18)를 선택**합니다.

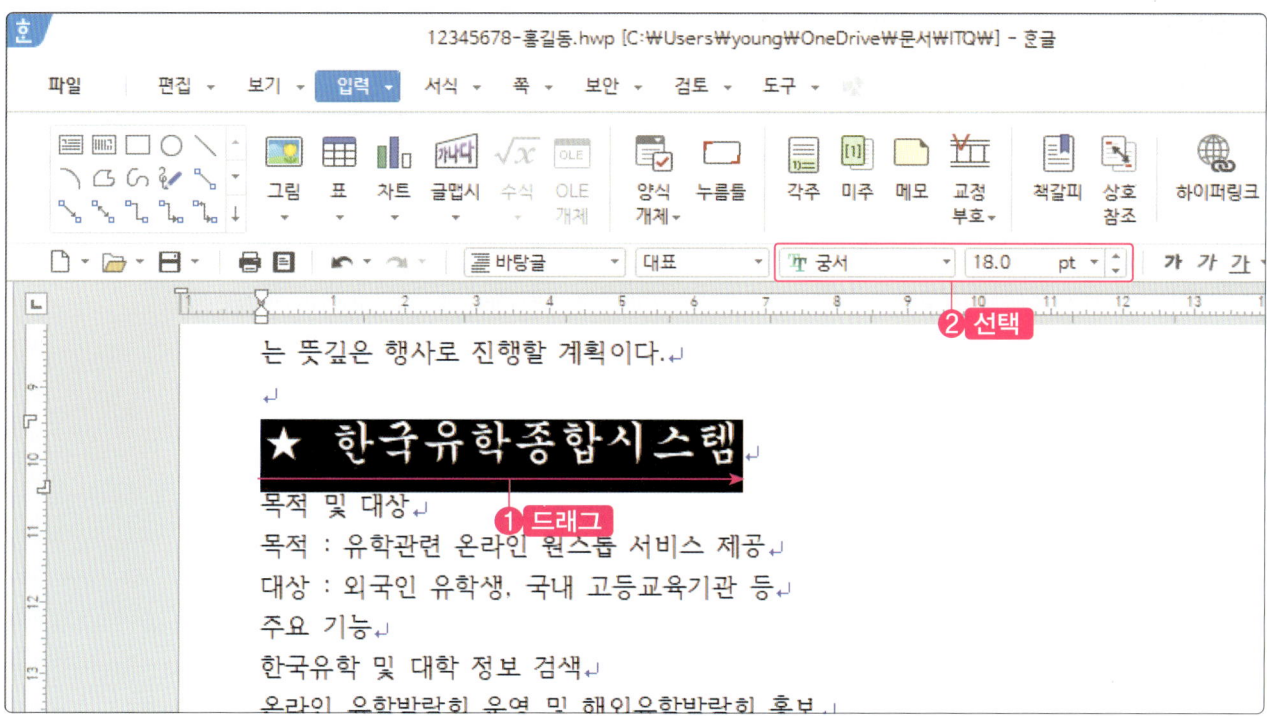

5 '한국유학종합시스템'을 **블록으로 설정**한 후 〔서식〕 탭을 클릭한 다음 〔글자 모양(가)〕을 클릭합니다.

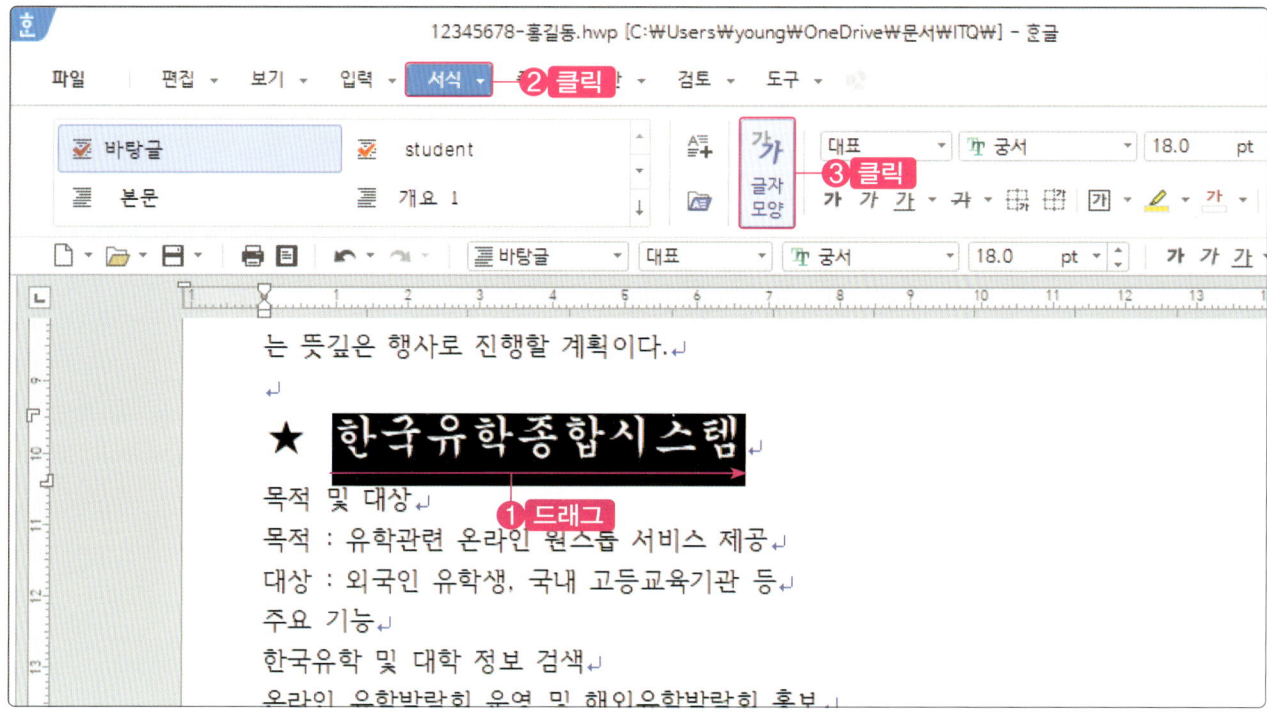

〔서식〕 탭의 〔목록( )〕 단추를 클릭한 후 〔글자 모양(가)〕을 클릭하거나 Alt + L을 눌러 글자 모양을 지정할 수도 있습니다.

<조건>　글꼴 : 궁서, 18pt, 하양, 음영색 : 파랑

6 〔글자 모양〕 대화상자가 나타나면 〔기본〕 탭에서 **글자 색(하양(RGB: 255,255,255))과 음영 색(파랑(RGB: 0,0,255))을 선택**한 후 〔설정〕 **단추를 클릭**합니다.

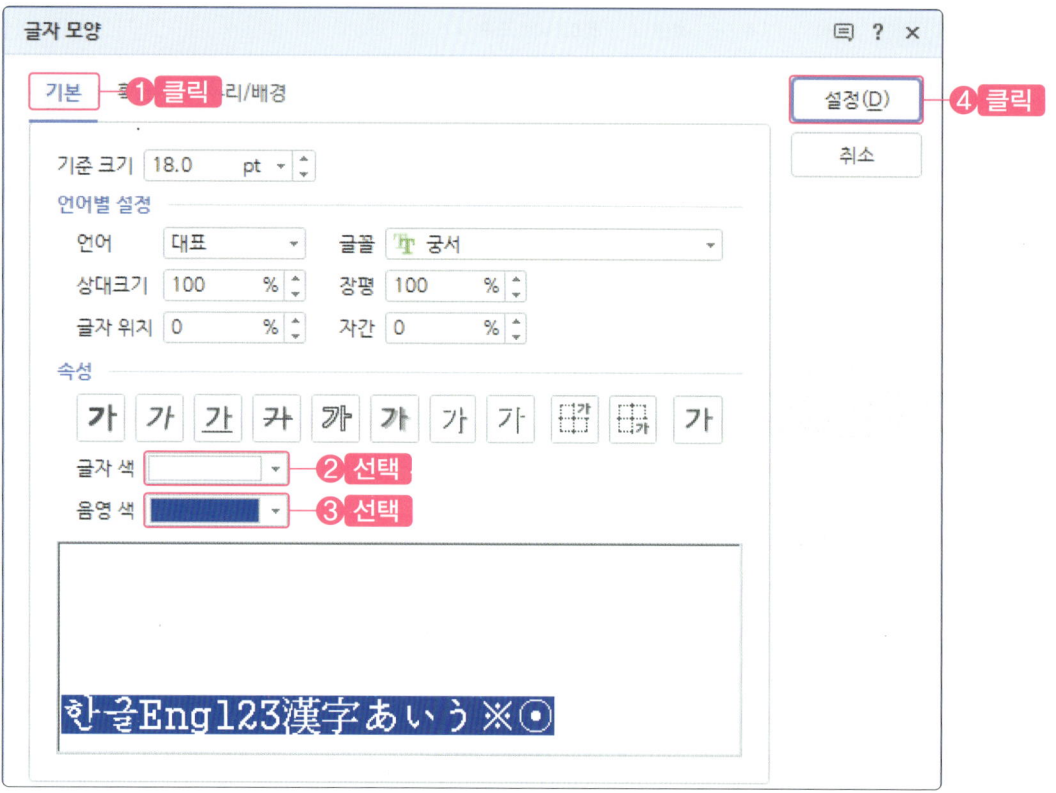

하양 색은 '기본' 색상 테마에 있고 파랑은 '오피스' 색상 테마에 있습니다.

7 다음과 같이 소제목이 작성됩니다.

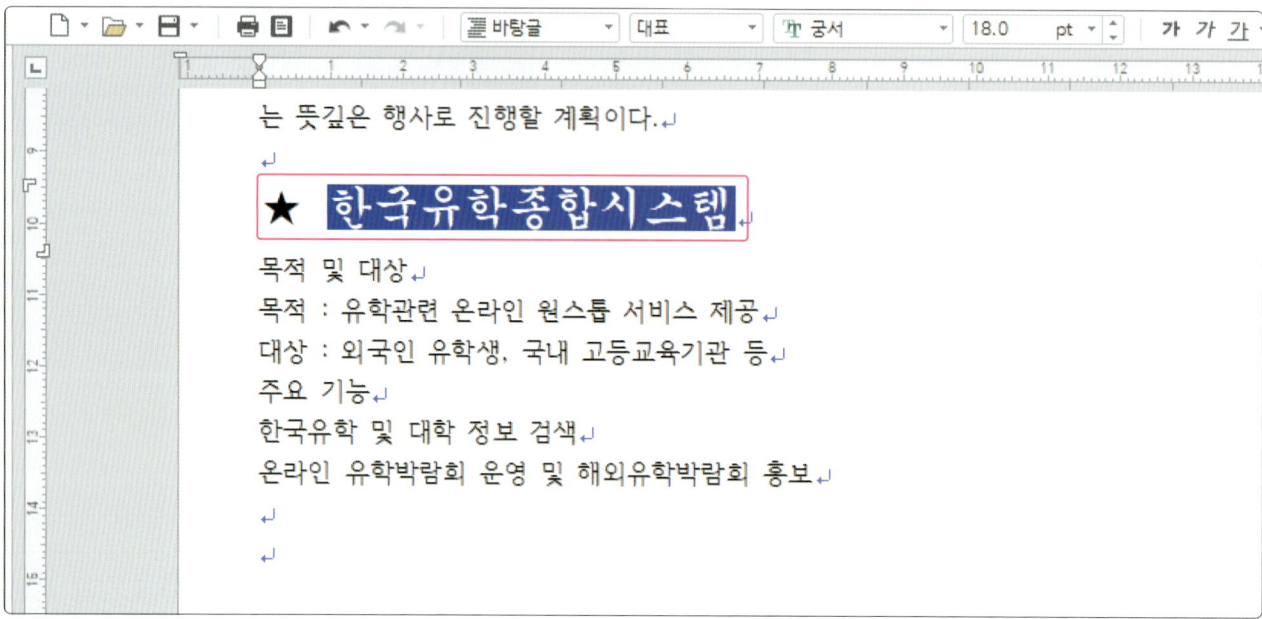

STEP 02 문단 번호 모양 지정하기

〈조건〉
- 문단 번호 기능 사용
  1수준 : 20pt, 오른쪽정렬, 2수준 : 30pt, 오른쪽정렬, 줄 간격 : 180%

1 문단 번호를 지정하기 위해 **'목적 및 대상 ~ 해외유학박람회 홍보'를 블록으로 설정**한 후 [서식] 탭의 [목록(▼)]을 클릭한 다음 [문단 번호 모양]을 클릭합니다.

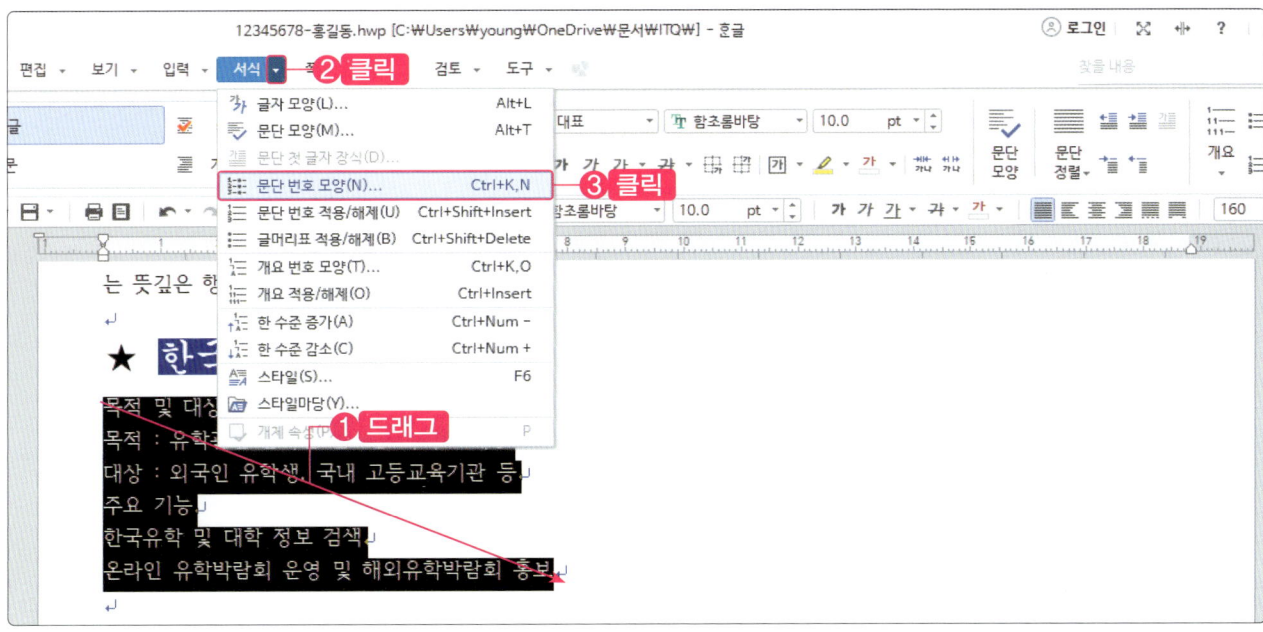

- 문단 번호는 문단 앞에 붙이는 번호를 말합니다.
- '목적 및 대상 ~ 해외유학박람회 홍보'를 블록으로 설정한 후 바로 가기 메뉴에서 [문단 번호 모양]을 클릭하거나 Ctrl+K, N을 눌러 문단 번호를 지정할 수도 있습니다.
- 문단을 블록으로 설정한 후 [서식] 탭의 [목록(▼)] 단추를 클릭한 다음 [문단 번호 적용/해제]를 선택하거나 [서식] 탭에서 [문단 번호]를 선택하면 기본 문단 번호 모양(1. 가. 1) 가) (1) (가) ①)이 지정됩니다.

2 [글머리표 및 문단 번호] 대화상자가 나타나면 [문단 번호] 탭에서 **문단 번호 모양([1. 가. 1) 가)(≡)])을 선택**한 후 [사용자 정의] 단추를 클릭합니다.

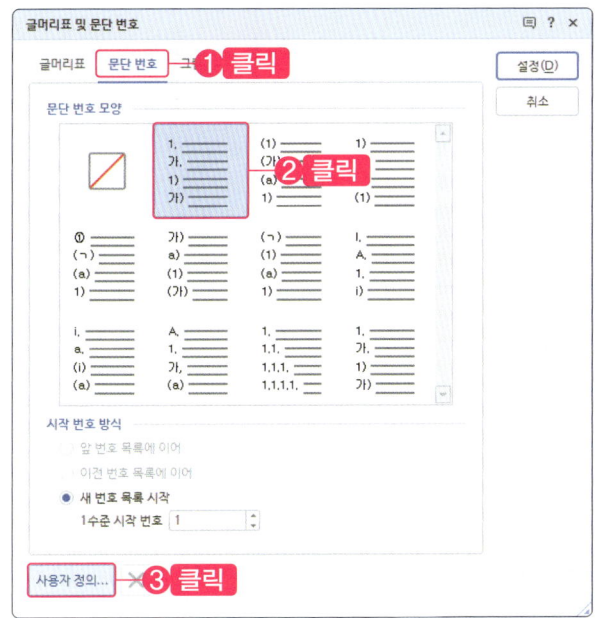

'없음(☐)'을 선택하면 문단 번호를 제거할 수 있습니다.

Chapter 08 · 문서작성 능력평가 - Ⅱ **119**

〈조건〉 • 문단 번호 기능 사용
1수준 : 20pt, 오른쪽정렬, 2수준 : 30pt, 오른쪽정렬, 줄 간격 : 180%

3 〔문단 번호 사용자 정의 모양〕 대화상자가 나타나면 **번호 모양(A,B,C)을 선택**한 후 **너비 조정(20)을 입력**한 다음 **정렬(오른쪽)을 선택**합니다.

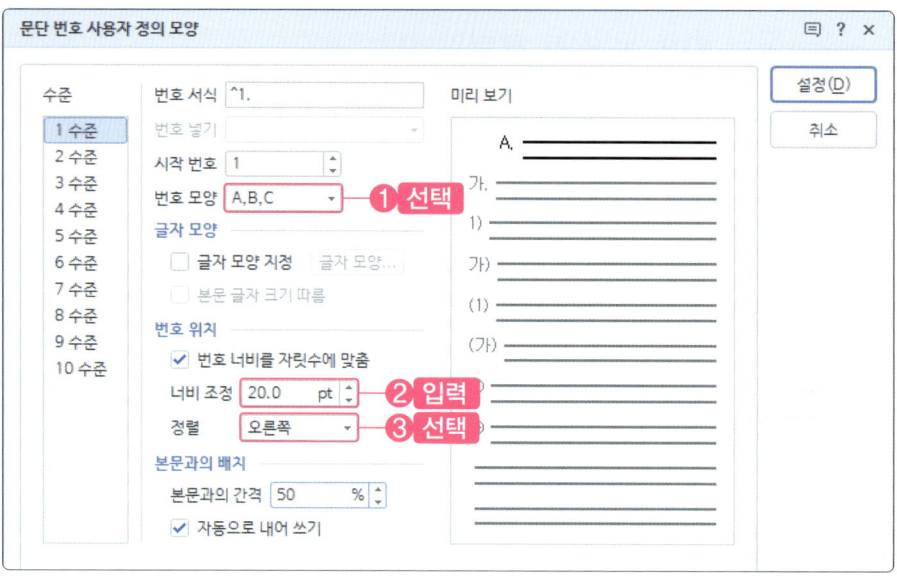

4 **수준(2 수준)을 클릭**한 후 **번호 서식(^2)을 수정**합니다. 그런다음 **번호 모양(ⓐ,ⓑ,ⓒ)을 선택**한 후 **너비 조정(30)을 입력**한 다음 **정렬(오른쪽)을 선택**하고 〔설정〕 **단추를 클릭**합니다.

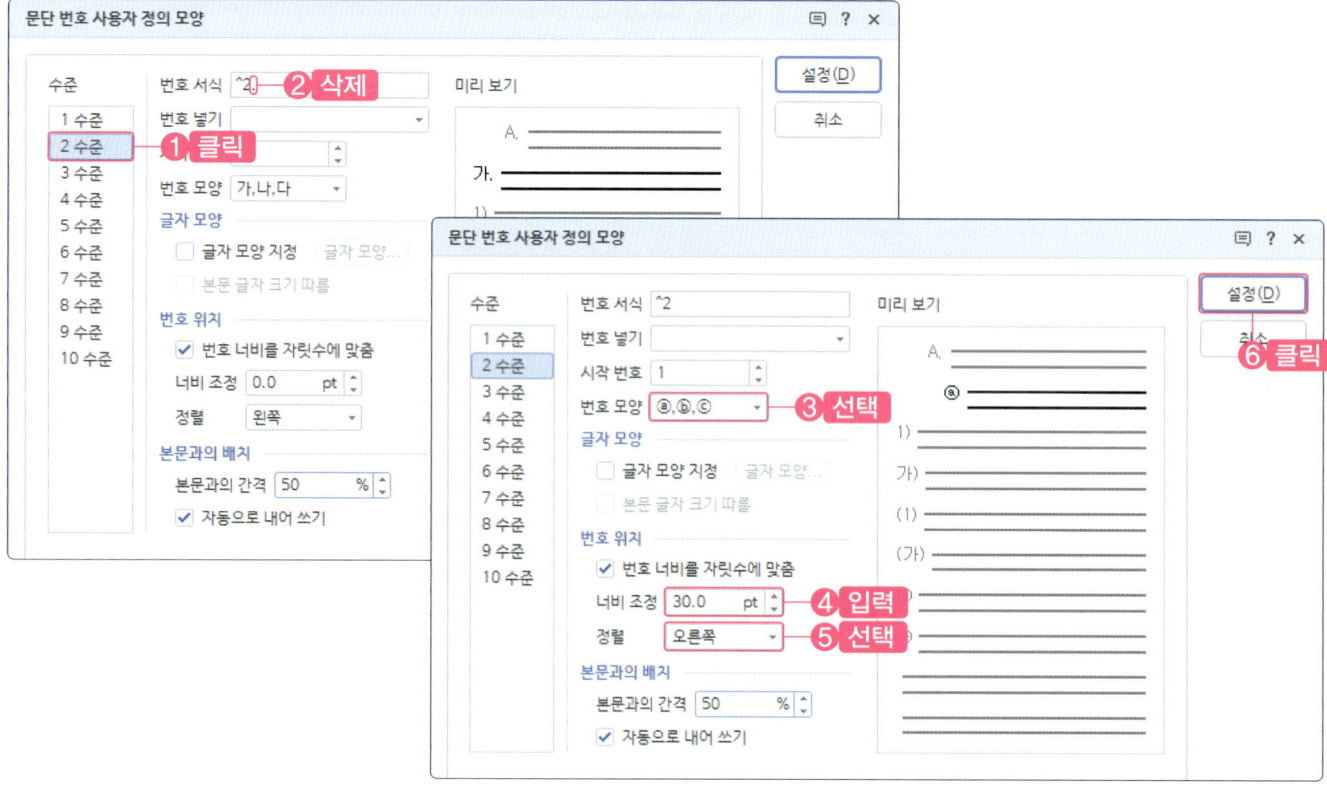

5 〔글머리표 및 문단 번호〕 대화상자가 다시 나타나면 〔**설정**〕 **단추를 클릭**합니다.

〈조건〉　• 문단 번호 기능 사용
　　　　　1수준 : 20pt, 오른쪽정렬, 2수준 : 30pt, 오른쪽정렬, 줄 간격 : 180%

6 문단 번호를 지정하기 위해 '**목적 : 유학관련 ~ 고등교육기관 등**'를 **블록으로 설정**한 후 [서식] 탭의 [**목록( )**]을 **클릭**한 다음 [**한 수준 감소**]를 **클릭**합니다.

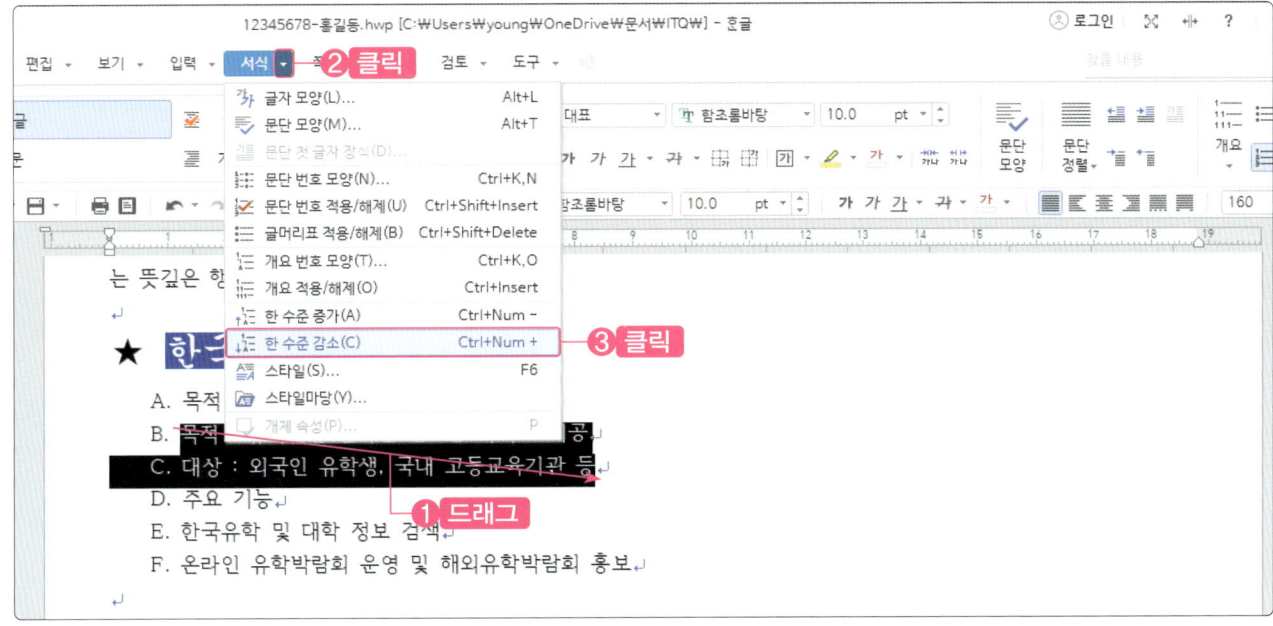

문단을 블록으로 설정한 후 [서식] 탭에서 [한 수준 감소( )]를 클릭하거나 Ctrl+[+]를 눌러 [한 수준 감소]를 할 수도 있습니다.

7 같은 방법으로 '**한국유학 및 ~ 해외유학박람회 홍보**'를 **블록으로 설정**한 후 [서식] 탭의 [**목록( )**]을 **클릭**한 다음 [**한 수준 감소**]를 **클릭**합니다.

8 줄 간격을 지정하기 위해 '**목적 및 대상 ~ 해외유학박람회 홍보**'를 **블록으로 설정**한 후 [서식] 도구 상자에서 **줄 간격(180)을 선택**합니다.

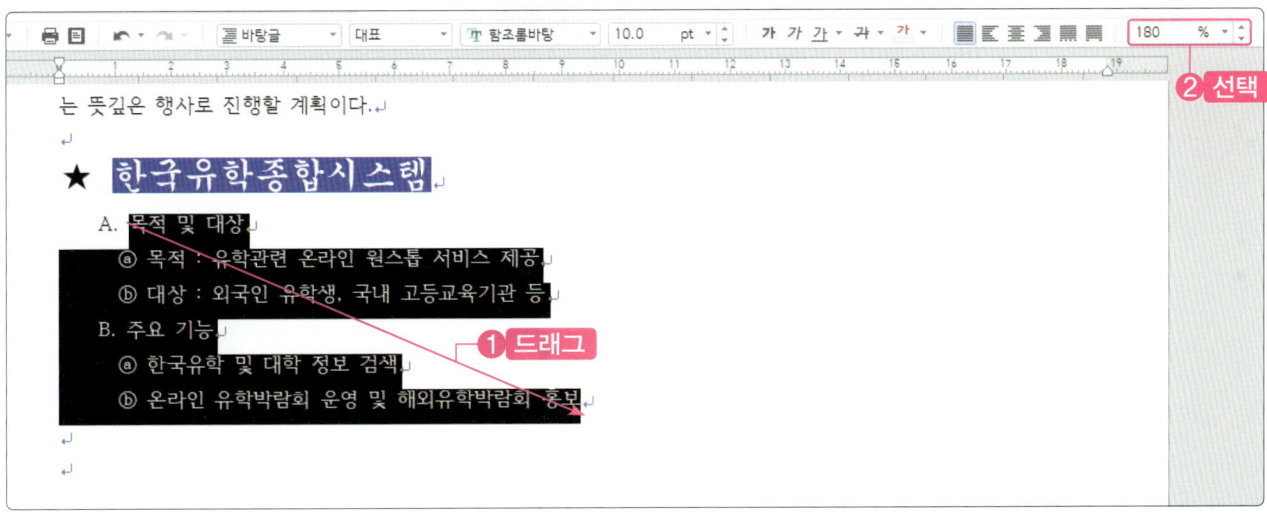

STEP 03 표 제목 작성하기

〈조건〉 글꼴 : 궁서, 18pt, 밑줄, 강조점

1 표 제목을 **입력**한 후 **블록으로 설정**한 다음 (서식) 도구 상자에서 **글꼴(궁서)**과 **글자 크기(18)**를 **선택**합니다.

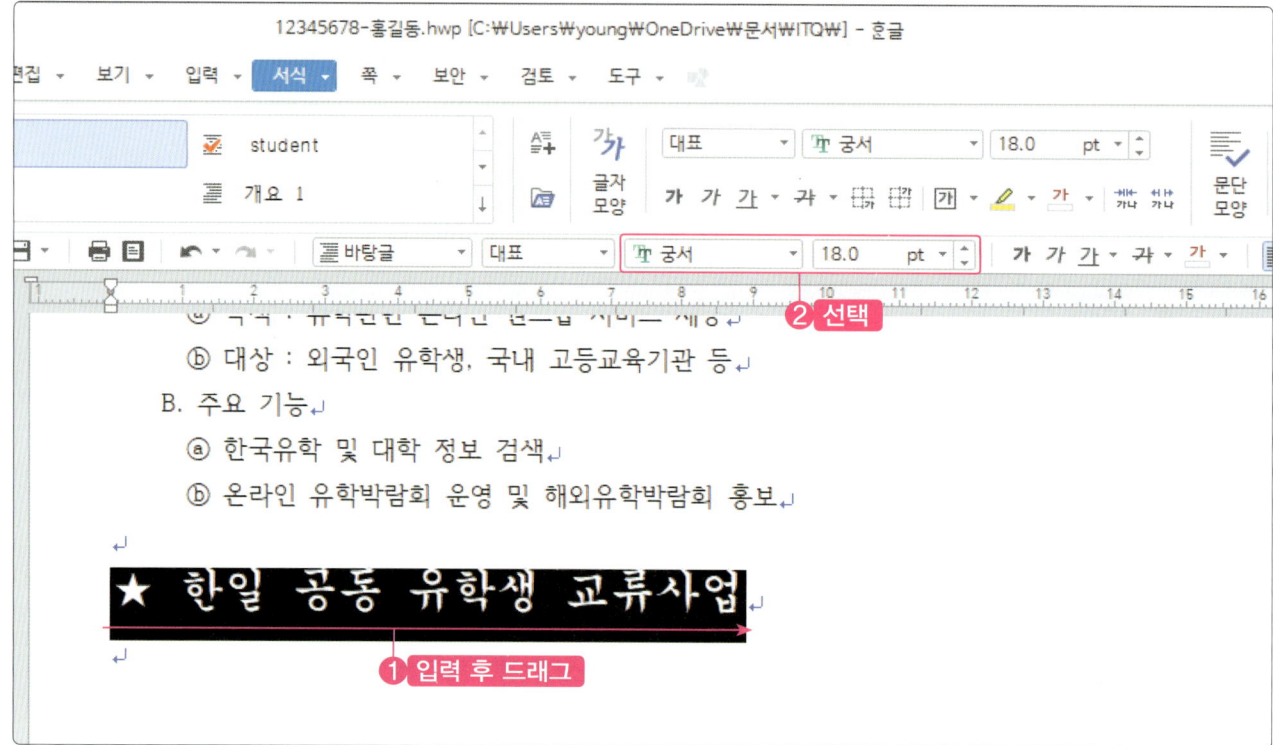

2 '한일 공동 유학생 교류사업'을 **블록으로 설정**한 후 (서식) 도구 상자에서 **(밑줄(가))**을 **선택**합니다.

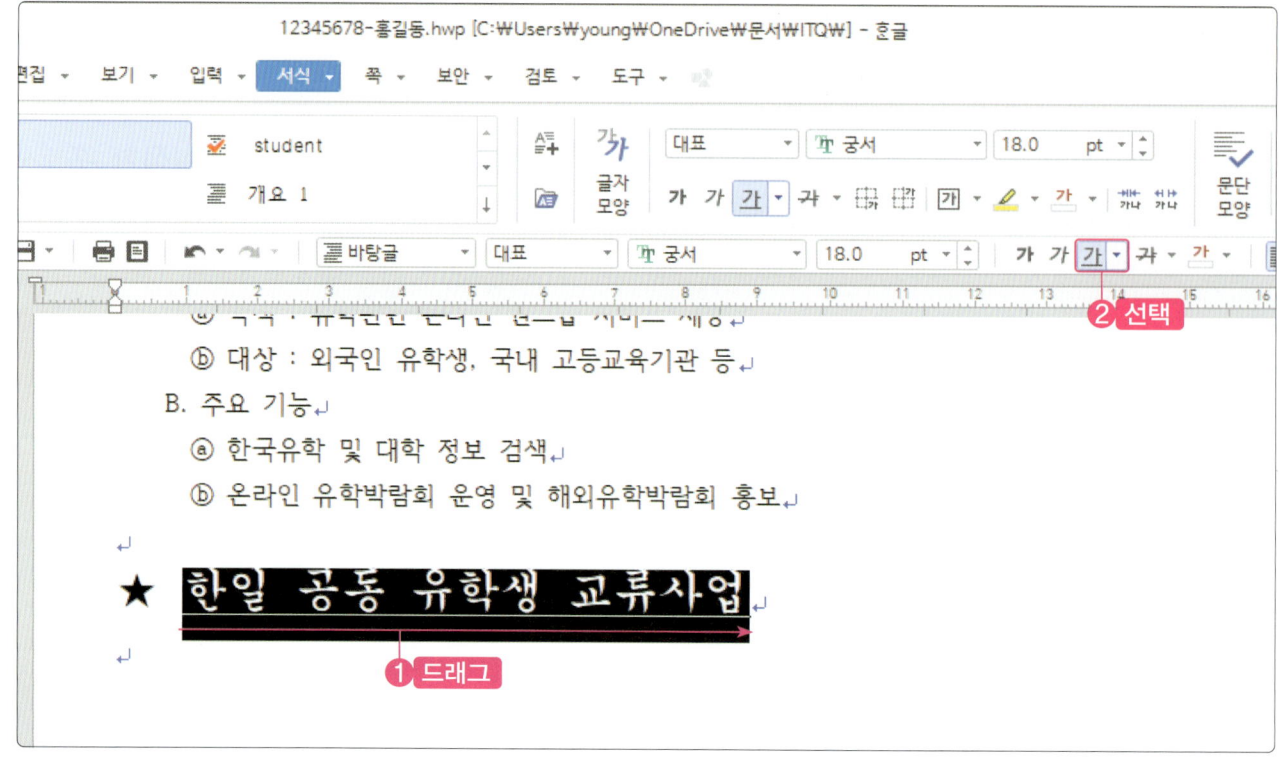

〈조건〉　글꼴 : 궁서, 18pt, 밑줄, 강조점

3 '**한일**'을 **블록으로 설정**한 후 **(서식) 탭**을 **클릭**한 다음 **(글자 모양( ))**을 **클릭**합니다.

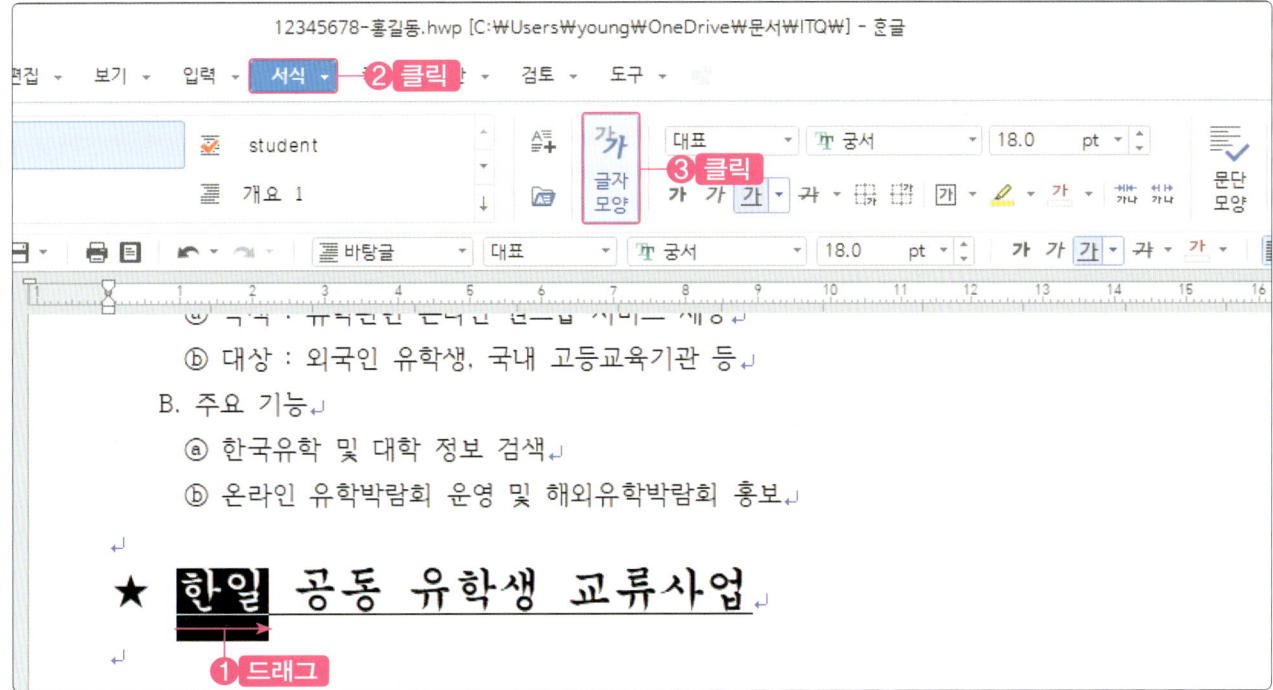

(서식) 탭의 (목록( )) 단추를 클릭한 후 (글자 모양)을 클릭하거나 Alt + L 을 눌러 글자 모양을 지정할 수도 있습니다.

4 **(글자 모양) 대화상자**가 나타나면 **(확장) 탭**을 **클릭**한 후 **강조점( )을 선택**한 다음 **(설정) 단추**를 **클릭**합니다.

<조건>　글꼴 : 궁서, 18pt, 밑줄, 강조점

5 '유학생'을 블록으로 설정한 후 [서식] 탭을 클릭한 다음 [글자 모양(가)]을 클릭합니다.

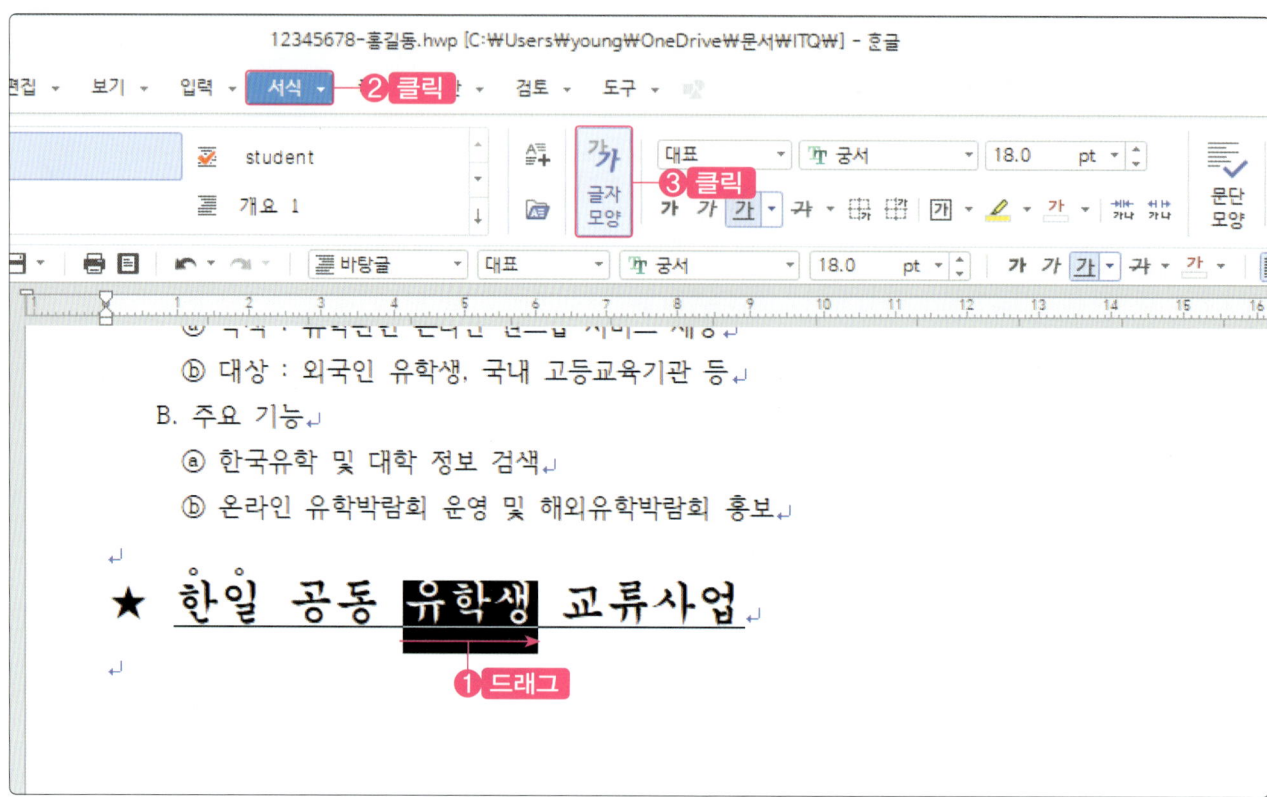

6 [글자 모양] 대화상자가 나타나면 [확장] 탭을 클릭한 후 강조점(⊙)을 선택한 다음 [설정] 단추를 클릭합니다.

STEP 04 표 작성하기

<조건> 표 전체 글꼴 : 돋움, 10pt, 가운데 정렬,
셀 배경(그러데이션) : 유형(가로), 시작색(하양), 끝색(노랑)

1 표를 삽입하기 위해 **표 제목 아래 문단을 클릭**한 후 [입력] 탭을 클릭한 다음 [표(▦)]를 클릭합니다.

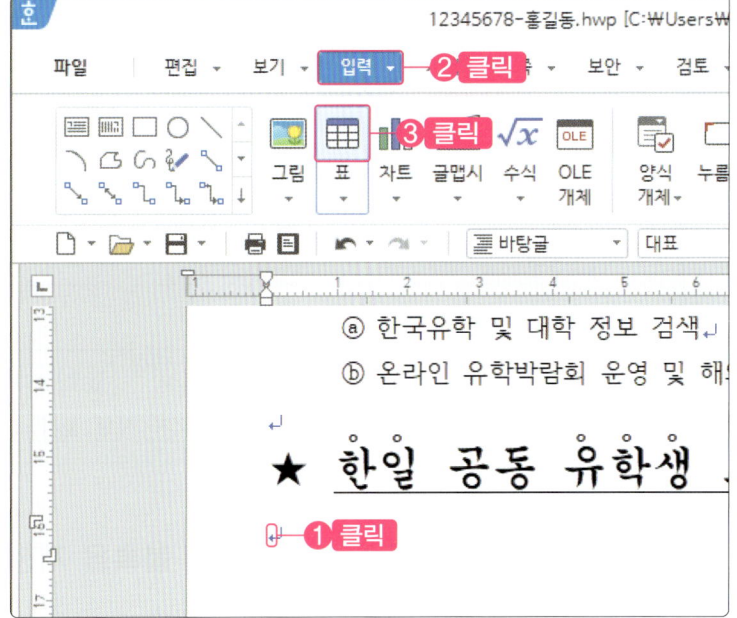

2 [표 만들기] 대화상자가 나타나면 **줄 개수(6)와 칸 개수(4)를 입력**한 후 [글자처럼 취급]을 선택한 다음 [만들기] 단추를 클릭합니다.

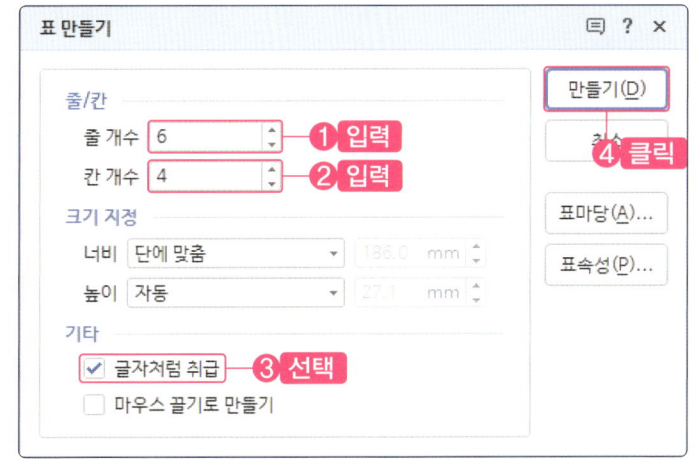

3 표가 삽입되면 다음과 같이 **내용을 입력**합니다.

구분	박사 학위과정(일본)	학부 1년 과정(일본)	학부 단기 과정(한국)
분야	이공계	일본어, 일본문화	전 영역
규모	연 15명	연 25명	연 160명
기간	각 과정의 표준 수업 연한 기간	1년	개설한 프로그램 운영 기간
자격	석사 졸업(예정)자	2학년 이상 재학생	학부 정규과정 재학생
	한국 국적자, 일본 국적자 (복수 국적자 지원 불가)		

4 5줄 1칸 ~ 6줄 1칸을 드래그하여 셀 블록을 지정한 후 [표 레이아웃( )] 정황 탭에서 [셀 합치기( )]를 클릭합니다.

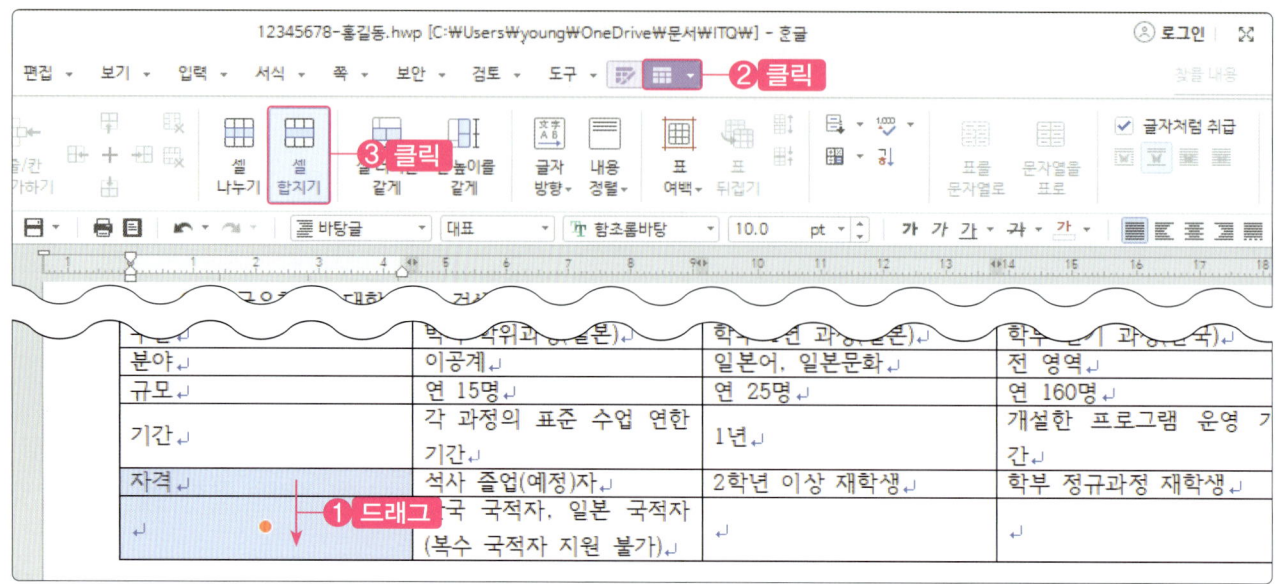

5 6줄 2칸 ~ 6줄 4칸을 드래그하여 셀 블록을 지정한 후 [표 레이아웃( )] 정황 탭에서 [셀 합치기( )]를 클릭합니다.

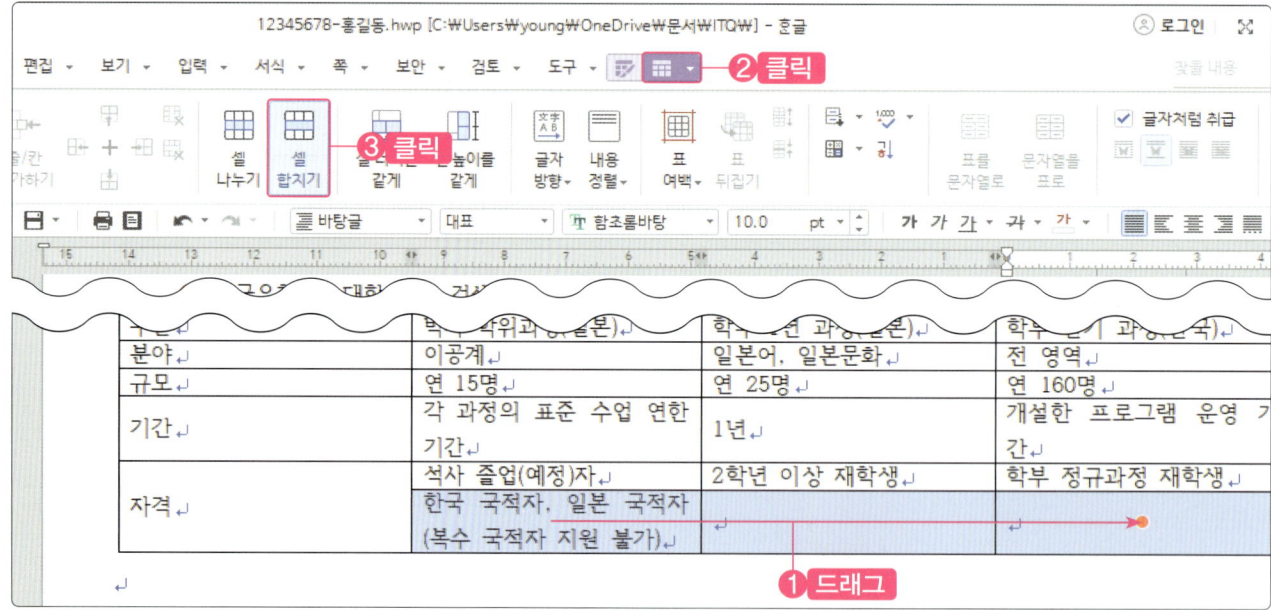

셀 합치기와 셀 나누기

- **셀 합치기** : 셀 블록으로 설정한 두 개 이상의 셀을 합쳐서 하나의 셀로 만드는 것을 말합니다. 두 개 이상의 셀을 셀 블록으로 설정한 후 [표] 정황 탭에서 [셀 합치기( )]를 클릭하거나 M을 누르면 셀 합치기를 하여 하나의 셀로 만들 수 있습니다.
- **셀 나누기** : 커서를 둔 셀이나 셀 블록으로 설정한 셀을 나누어 두 개 이상의 셀로 만드는 것을 말합니다. 셀에 커서를 두거나 셀 블록으로 설정한 후 [표] 정황 탭에서 [셀 나누기( )]를 클릭하거나 S을 누르면 셀 나누기를 하여 두 개 이상의 셀로 만들 수 있습니다.

6 첫 번째 칸을 셀 블록으로 설정한 후 Alt+←를 눌러 셀 너비를 조절합니다.

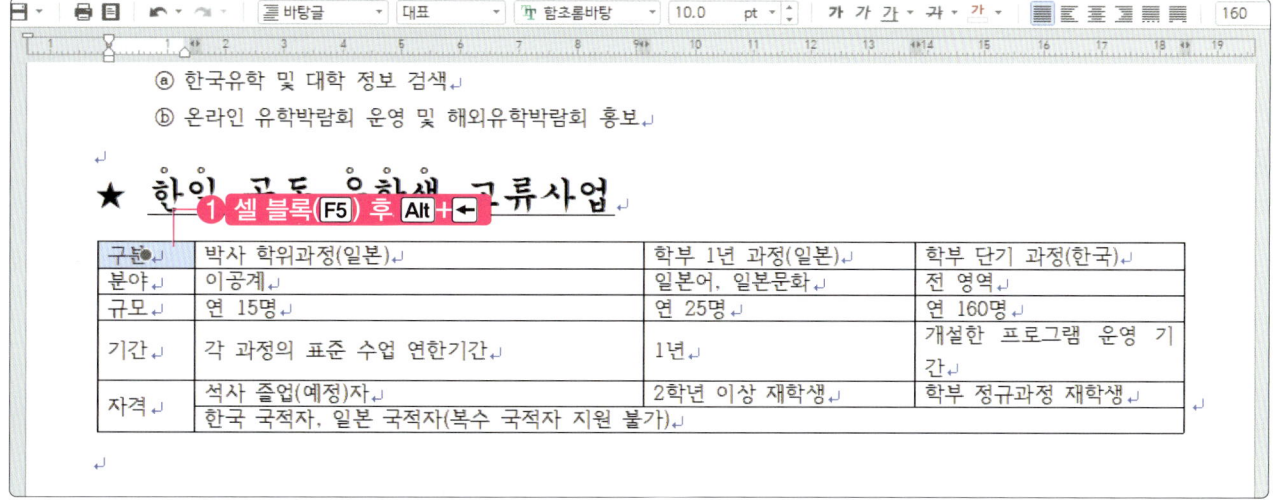

7 같은 방법으로 Alt+→ 또는 Alt+←를 눌러 셀 너비를 조절합니다.

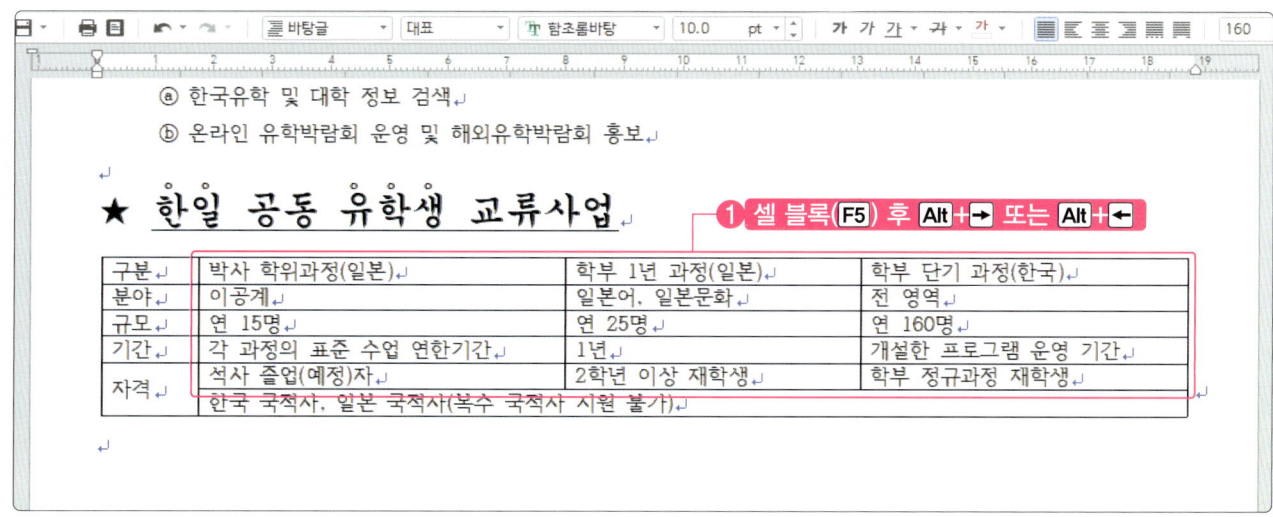

8 같은 방법으로 Ctrl+↓를 눌러 셀 높이를 조절합니다.

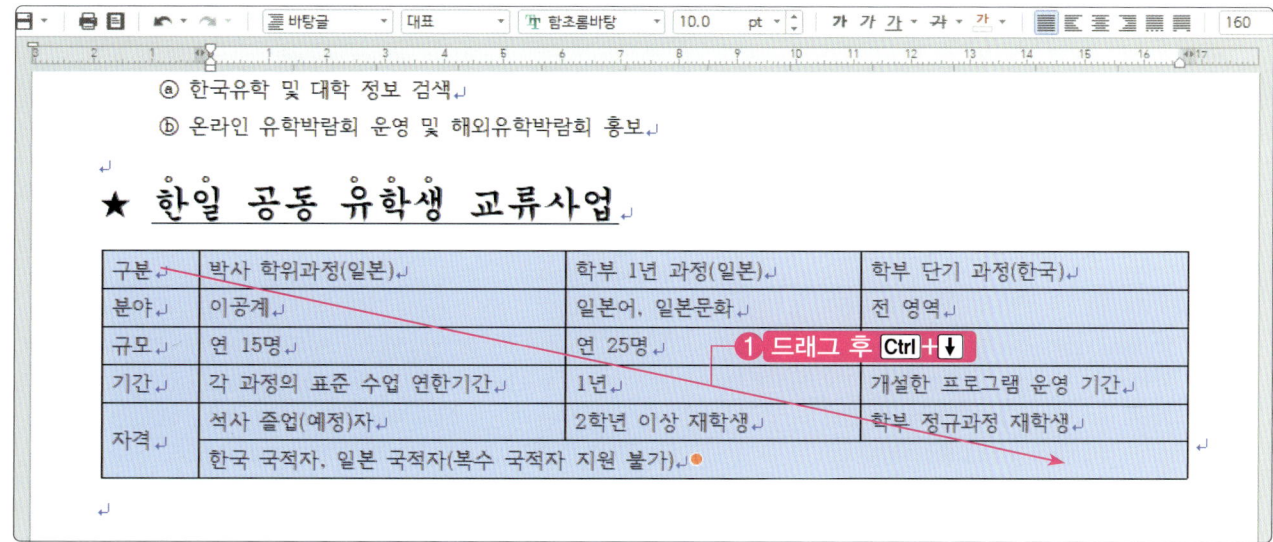

> 〈조건〉 표 전체 글꼴 : 돋움, 10pt, 가운데 정렬,
> 셀 배경(그러데이션) : 유형(가로), 시작색(하양), 끝색(노랑)

9 표 블록이 설정된 상태에서 [서식] 도구 상자에서 **글꼴(돋움)과 글자 크기(10)를 선택**한 후 [**가운데 정렬(≡)**]을 클릭합니다.

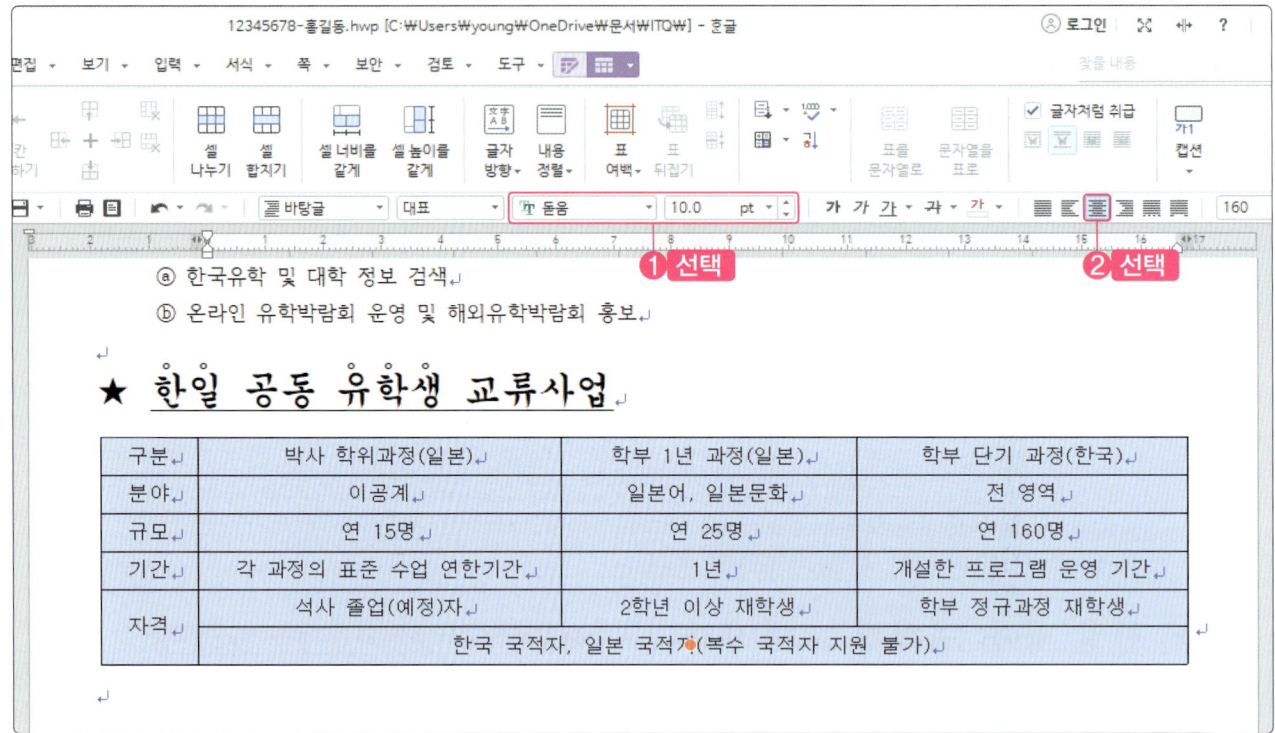

10 [표 레이아웃(▦)] 정황 탭의 [**목록(▼)**]을 클릭한 후 [셀 테두리/배경]-[각 셀마다 적용]을 클릭합니다.

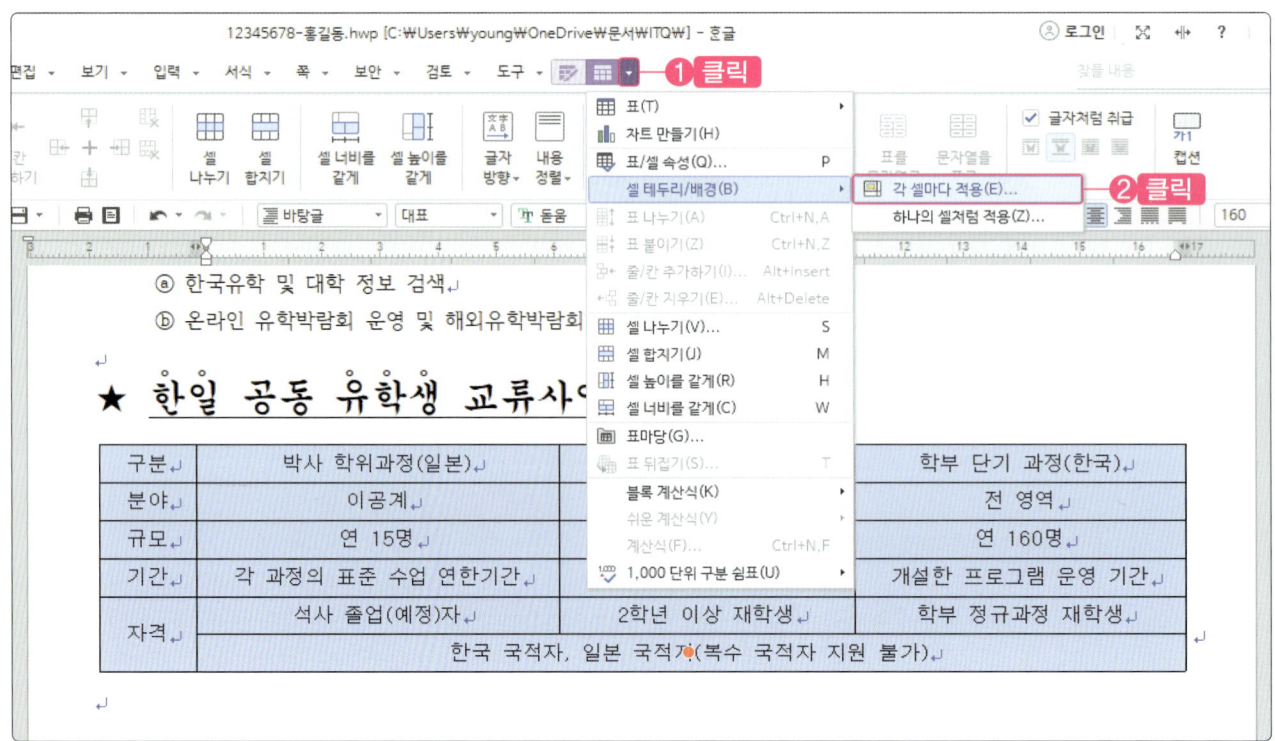

〈조건〉 표 전체 글꼴 : 돋움, 10pt, 가운데 정렬,
셀 배경(그러데이션) : 유형(가로), 시작색(하양), 끝색(노랑)

11 〔셀 테두리/배경〕 대화상자의 〔테두리〕 탭에서 **테두리 종류(없음(　))를 선택**한 후 〔**왼쪽(　)**〕과 〔**오른쪽(　)**〕을 클릭한 다음 〔설정〕 단추를 클릭합니다.

12 〔표 레이아웃(　)〕 정황 탭의 〔목록(　)〕을 클릭한 후 〔셀 테두리/배경〕-〔**각 셀마다 적용**〕을 클릭합니다.

13 〔셀 테두리/배경〕 대화상자의 〔테두리〕 탭에서 **테두리 종류(이중 실선(═))를 선택**한 후 〔**위(　)**〕와 〔**아래(　)**〕를 클릭한 다음 〔설정〕 단추를 클릭합니다.

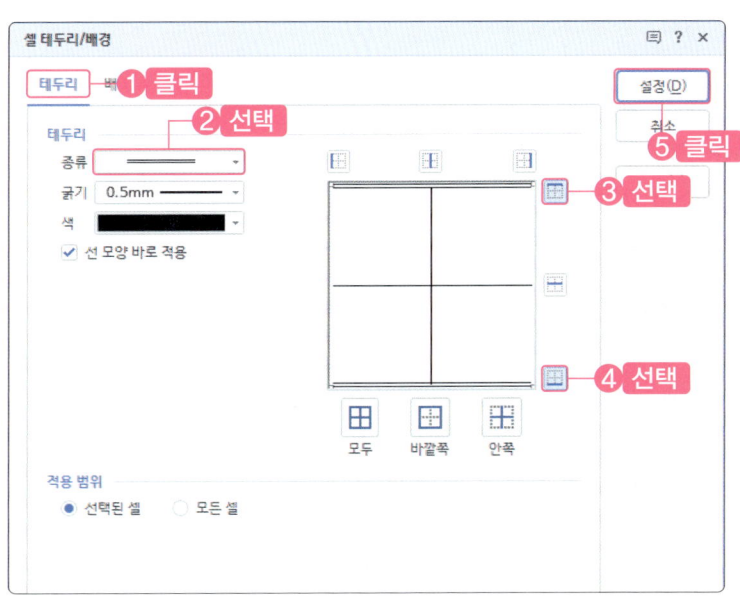

14 1줄 1칸 ~ 1줄 4칸을 셀 블록으로 설정한 후 〔표 레이아웃(　)〕 정황 탭의 〔목록(　)〕을 클릭한 다음 〔셀 테두리/배경〕-〔**각 셀마다 적용**〕을 클릭합니다.

15 〔셀 테두리/배경〕 대화상자의 〔테두리〕 탭에서 **테두리 종류(이중 실선(═))를 선택**한 후 〔**아래(　)**〕를 **클릭**한 다음 〔설정〕 단추를 클릭합니다.

<조건> 표 전체 글꼴 : 돋움, 10pt, 가운데 정렬,
셀 배경(그러데이션) : 유형(가로), 시작색(하양), 끝색(노랑)

16 [배경] 탭을 클릭한 후 [그러데이션]을 선택한 다음 [시작 색(흰색(RGB: 255,255,255))]과 [끝 색(노랑(RGB: 255,255,0))]을 선택하고 [유형(가로)]을 클릭한 후 [설정] 단추를 클릭합니다.

17 다음과 같이 표 작성이 완료됩니다.

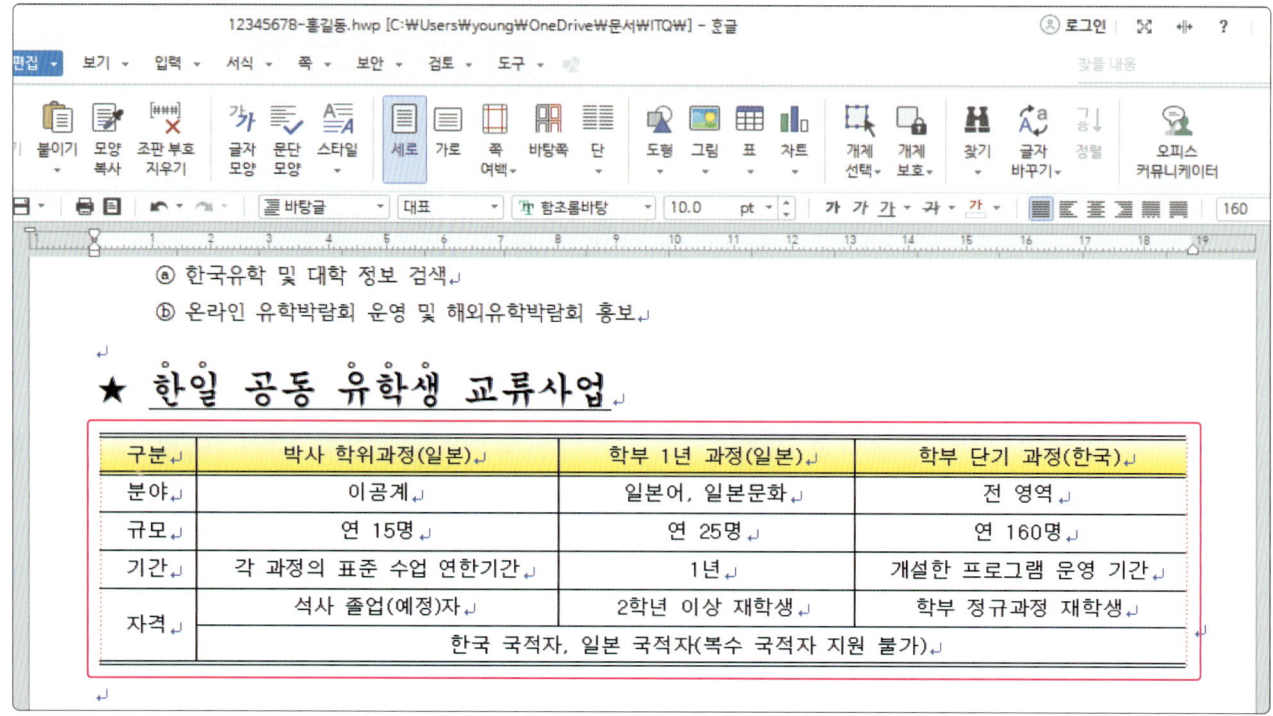

STEP 05 기관 이름 작성하기

〈조건〉 글꼴 : 굴림, 24pt, 진하게, 장평 105%, 오른쪽 정렬

1 기관 이름을 작성하기 위해 **기관 이름(국립국제교육원)을 입력**한 후 **블록으로 설정**한 다음 **〔서식〕 도구 상자**에서 **〔오른쪽 정렬(≡)〕을 클릭**하고 **〔서식〕 탭을 클릭**한 후 **〔글자 모양〕을 클릭**합니다.

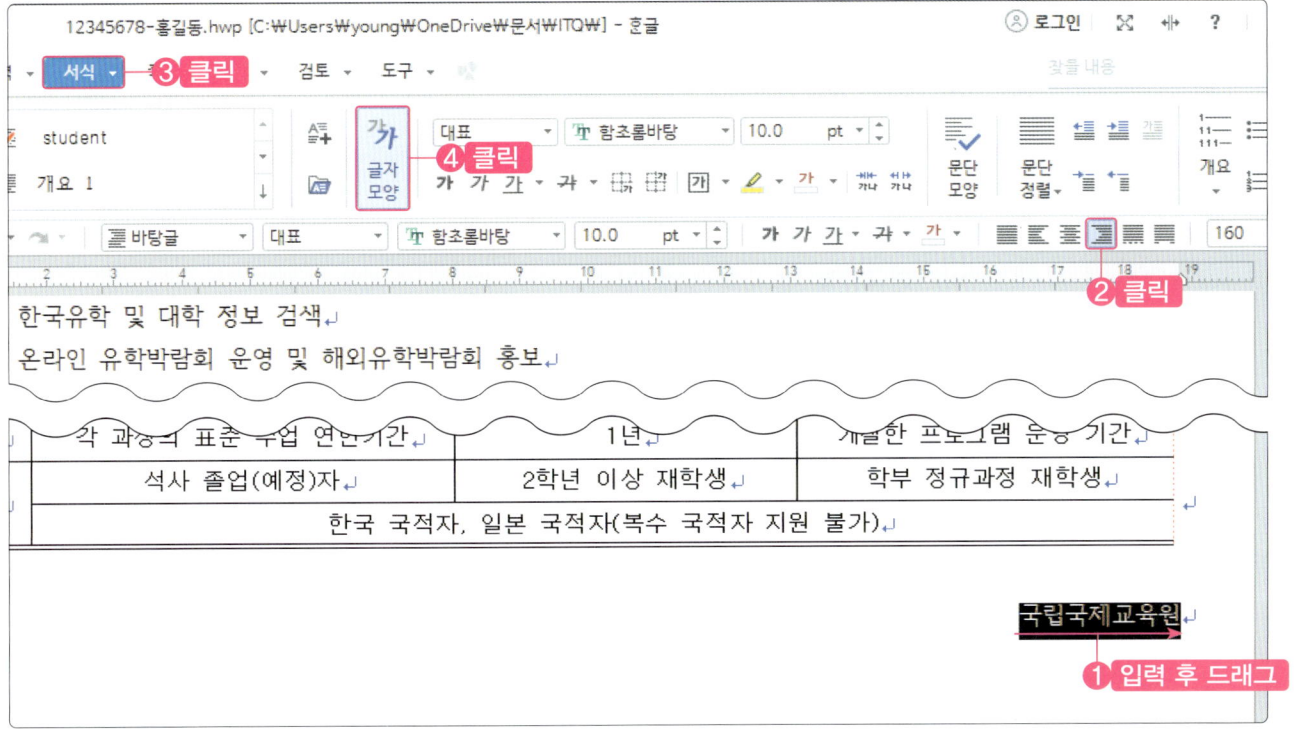

2 〔글자 모양〕 대화상자가 나타나면 〔기본〕 탭에서 **기준 크기(24)를 선택**한 후 **글꼴(굴림)을 선택**한 다음 **장평(105)을 입력**하고 **〔진하게(가)〕를 선택**한 후 **〔설정〕 단추를 클릭**합니다.

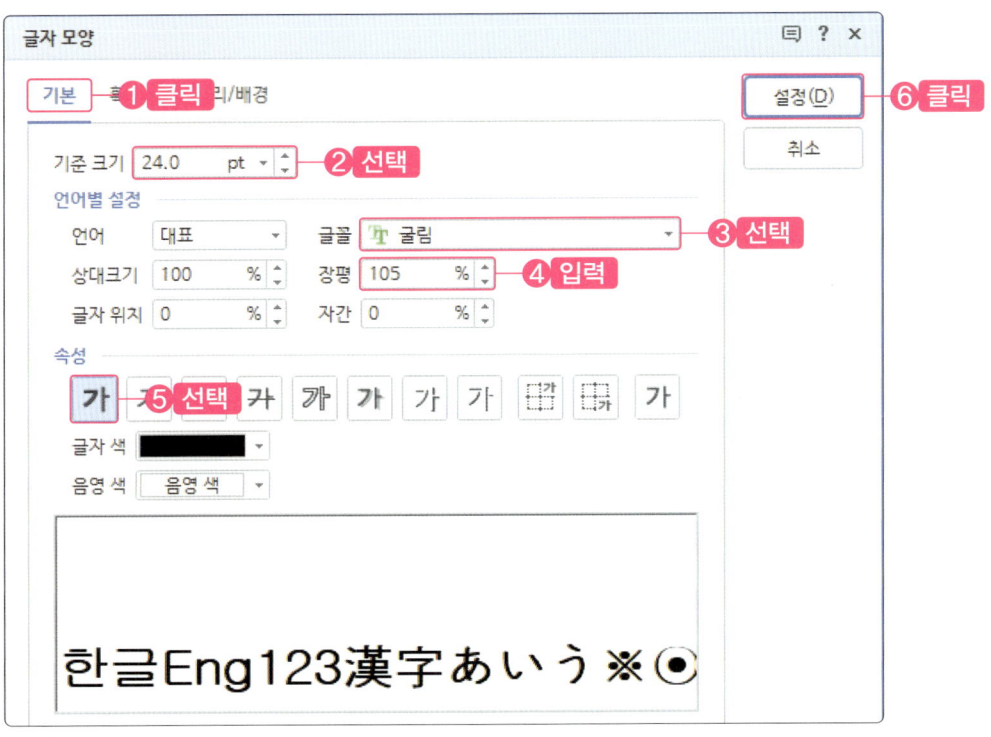

STEP 06 페이지 번호 매기기

〈조건〉 쪽 번호 매기기, 6으로 시작

1 쪽 번호를 매기기 위해 [쪽] 탭을 클릭한 후 [쪽 번호 매기기]를 클릭합니다.

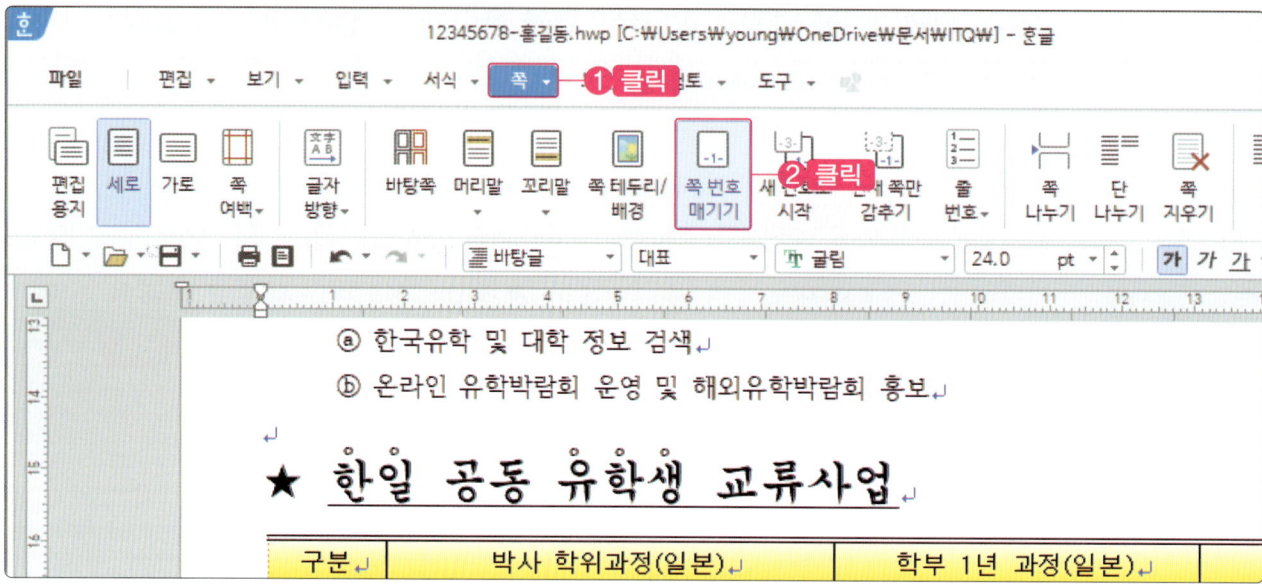

- 쪽 번호 매기기는 문서에 쪽 번호를 자동으로 매겨주는 기능입니다.
- [쪽] 탭의 [목록(▼)] 단추를 클릭한 후 [쪽 번호 매기기]를 클릭하거나 Ctrl+N, P를 눌러 쪽 번호를 매길 수도 있습니다.

2 [쪽 번호 매기기] 대화상자가 나타나면 **번호 위치(오른쪽 아래)를 선택**한 후 **번호 모양(①,②,③)을 선택**한 다음 [**줄표 넣기]를 선택 해제**하고 **시작 번호(6)를 입력**한 후 [넣기] 단추를 클릭합니다.

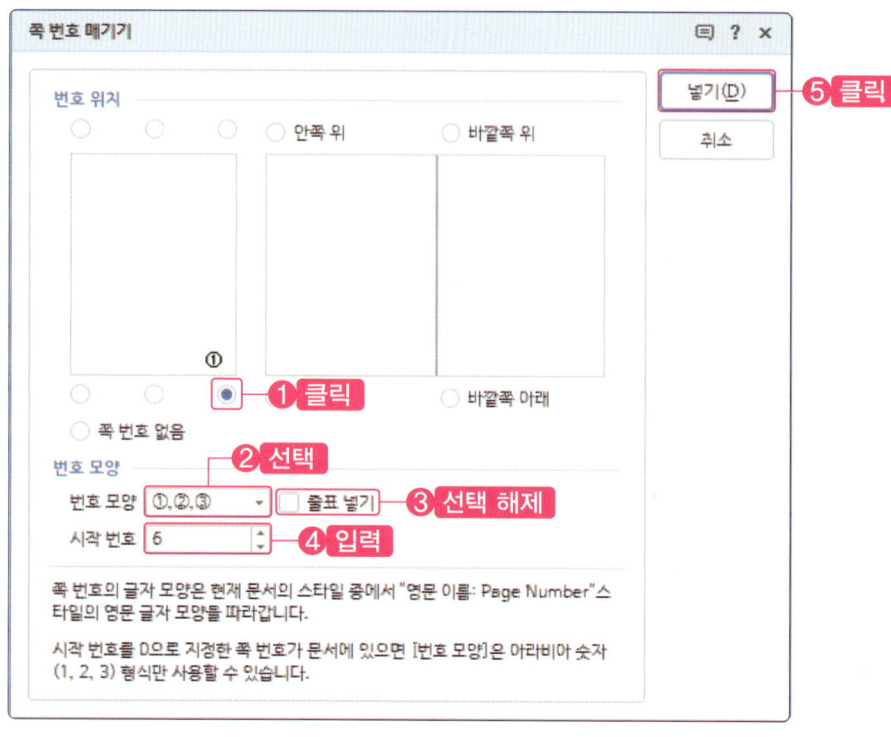

3 다음과 같이 쪽 번호가 매겨집니다.

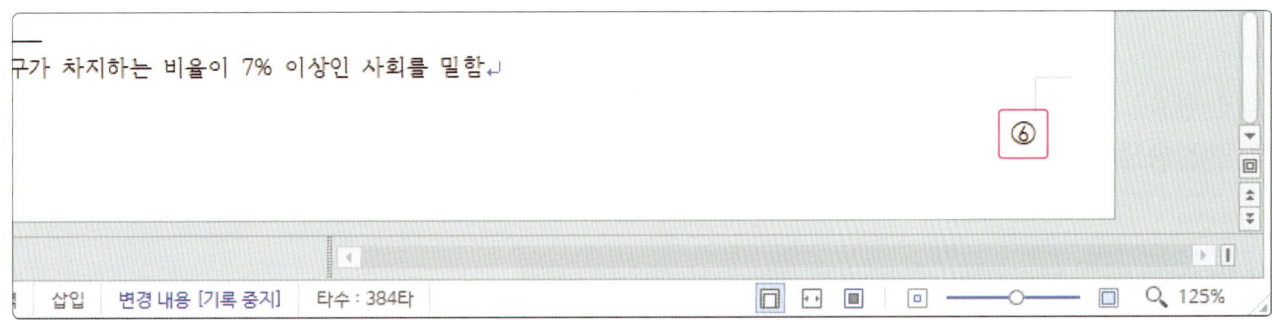

4 모든 작성이 완료되면 답안을 저장하기 위해 **[파일] 탭을 클릭**한 후 **[저장하기]를 클릭**합니다.

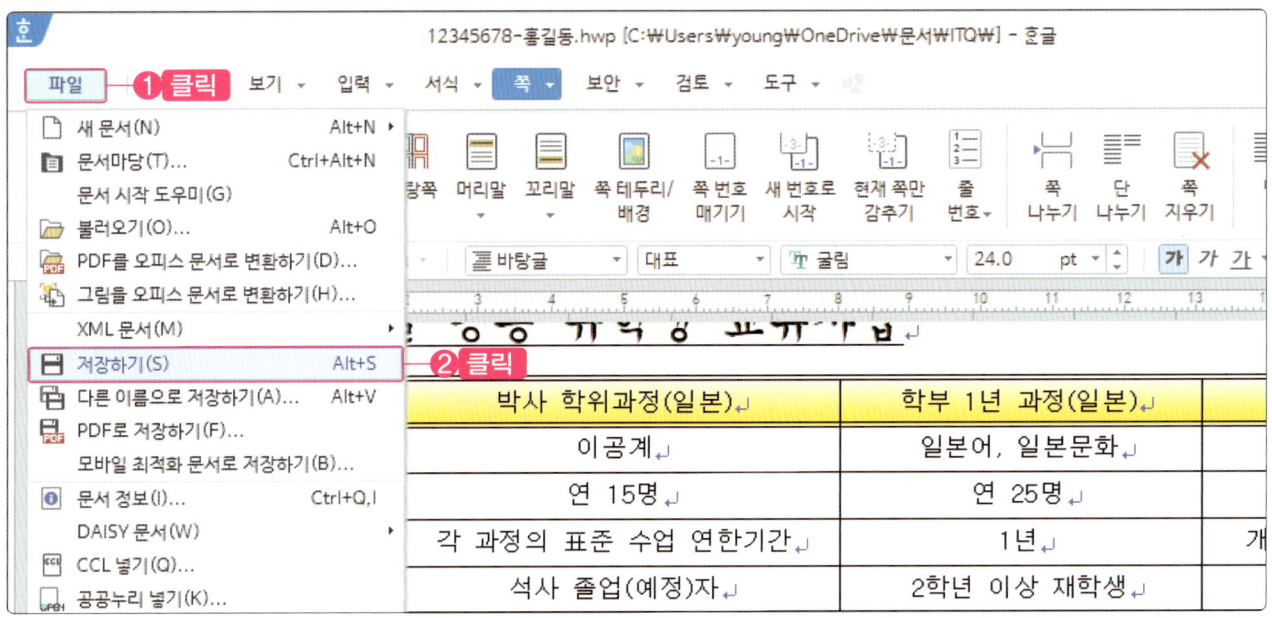

> [서식] 도구 상자에서 [저장하기(💾)]를 클릭하거나 Alt + S 를 눌러 답안을 저장할 수도 있습니다.

5 답안을 전송하기 위해 KOAS 수험자용 프로그램에서 **[답안 전송]을 클릭**합니다.

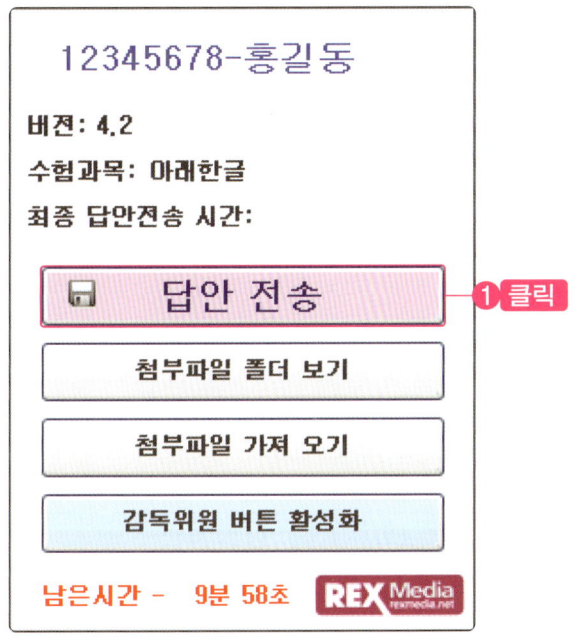

Chapter 08 · 문서작성 능력평가 – II **133**

6 지금 전송할 것인지 묻는 대화상자가 나타나면 [예] **단추를 클릭**합니다.

7 [답안전송] 대화상자가 나타나면 **파일 목록(12345678-홍길동.hwpx)과 존재(있음)를 확인**한 후 [**답안전송]을 클릭**합니다.

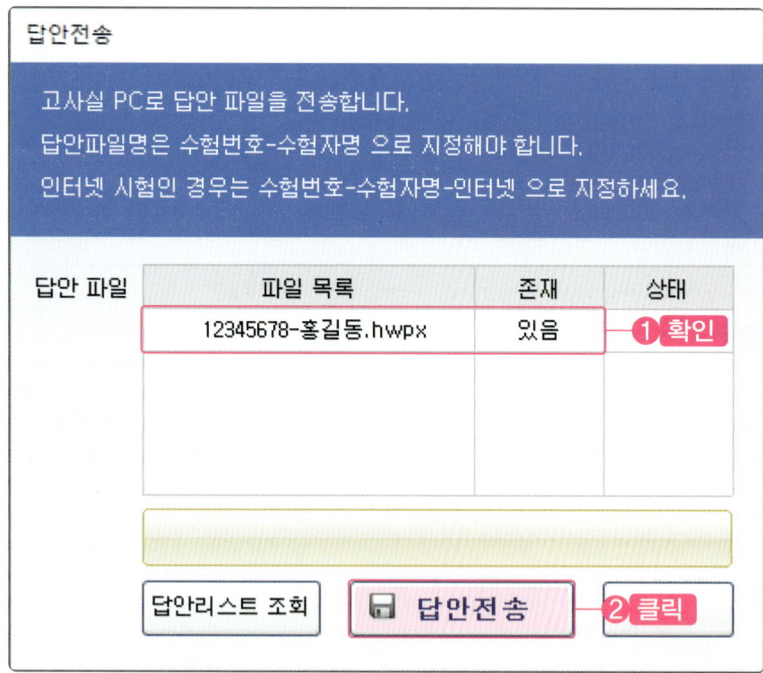

8 답안파일 전송을 성공하였다는 메시지가 나타나면 [확인] 단추을 클릭합니다.

9 [답안전송] 대화상자가 다시 나타나면 [**상태]에 '성공'이 표시되는지 확인**한 후 [닫기] 단추를 클릭합니다.

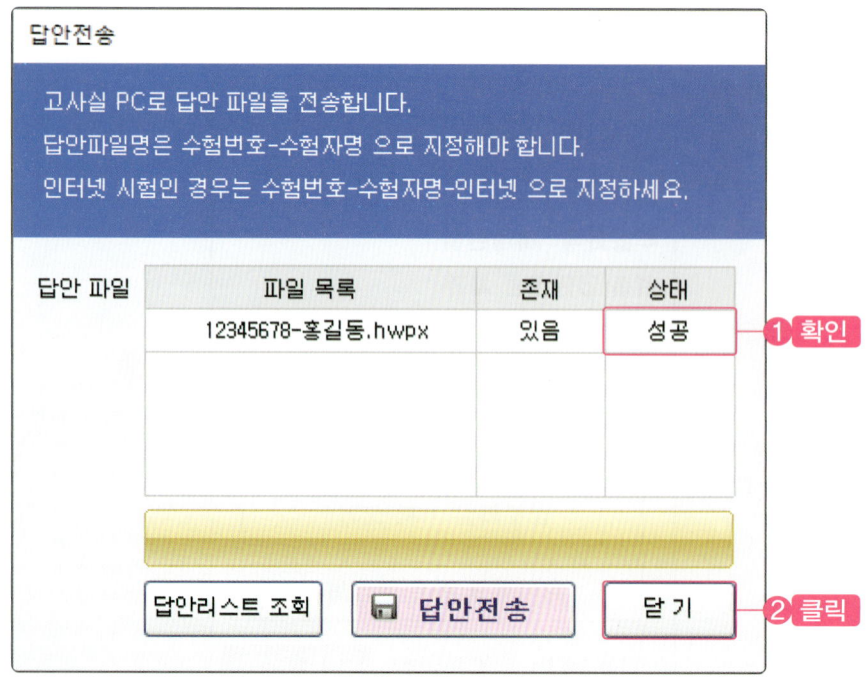

실전문제유형

1 다음의 지시사항을 참고하여 《출력형태》와 같이 문서를 작성하시오. (200점)

▶ 소스파일 : Part 01\Chapter 08\문제01.hwpx   ▶ 완성파일 : Part 01\Chapter 08\문제01_완성.hwpx

《출력형태》

정보사회가 진전될수록 정보에 대한 접근과 이용이 용이한 계층과 그렇지 못한 계층 간의 격차(隔差)가 발생하게 된다. 이렇게 발생하는 정보격차는 정보취약계층의 소득과 삶의 질 저하, 사회참여 기회 축소 및 계층 간 빈부격차 등을 심화시켜 사회통합에 지장을 초래하기 때문에 정보화가 진전될수록 정보격차 해소의 중요성은 점점 커지고 있다. 특히 정보에 대한 접근 부문은 정보격차 해소를 위한 우선적 과제로 사회적, 경제적, 지역적 차이에 관계없이 누구나 쉽게 정보에 접근 가능한 환경을 제공받는 것은 정보격차 해소를 위한 기본적 수단(手段)이다.

정부는 급속히 발전하는 정보화 환경 속에서 신체적, 경제적, 지역적 여건 등에 의해 정보통신 제품 및 서비스의 접근이 어려운 장애인, 고령자, 저소득층, 농어민들의 평등한 정보접근 기회를 제공하고자 정보통신 보조기기를 개발하고 보급하는 한편, 사랑의 그린 PC를 보급하고 청각 및 언어 장애인을 위한 통신 중계 서비스를 제공하고 있다. 과학기술정보통신부와 한국지능정보사회진흥원에서는 소외계층의 PC, 인터넷 사용 능력 등 정보화 수준을 확인하기 위해 매년 장애인, 저소득층, 농어민, 장노년층 등을 대상으로 정보격차 실태조사ⓐ를 실시하고 있다.

♠ <u>정보격차지수 개요</u>

A. 접근 수준
   Ⓐ 필요시 PC 및 인터넷 접근 가능 정도
   Ⓑ 정보이용 시설 접근 용이성, PC 보유 및 인터넷 접속 여부
B. 역량 수준
   Ⓐ PC 기반 인터넷 기본 용도별 이용 능력 보유 정도
   Ⓑ PC 환경설정, 워드, 정보검색, 이메일, 전자상거래 활용 능력

♠ <u>정보격차지수 및 구성 요소</u>

지수	구성 요소	가중치	지수	구성 요소	가중치
접근지수	필요시 컴퓨터/인터넷 접근 가능성	0.6	양적 활용지수	이용 여부	0.7
	정보통신기기 보유 정도	0.2		이용 시간	0.3
	컴퓨터 기종 및 인터넷 접속 방식	0.2	질적 활용지수	일상생활 부문별 도움 정도	0.6
역량지수	컴퓨터/인터넷 이용 기본 능력	각 0.5		기본 용도별 이용 정도	0.4

한국인터넷진흥원

ⓐ 정보격차 해소 정책의 연간 추진 성과를 측정 및 평가하고 효율적인 정책 추진을 위한 기초자료 제공

5G 상용화와 함께 비대면 시대에 접어들면서 VR, MR, AR을 포괄하는 XR(확장현실)에 대한 요구가 크게 증가(增加)하고 있다. 한국을 시작으로 38개국이 5G 상용화를 진행하면서 XR 시장이 성장할 것으로 전망된다. 특히 코로나 19로 인해 기업 경영과 개인 생활 영역에 제약이 생기면서 확장현실을 통해 활로를 찾고자 전 산업에 걸친 확장현실 도입이 이루어지고 있다. 이에 주요국들은 확장현실로 성장동력을 얻고자 정부가 주도해 프로젝트를 추진함으로써 실감산업 육성 지원에 들어갔으며, 애플, 구글, 페이스북을 비롯한 주요 기업은 확장현실에 대한 공격적인 투자를 통해 시장 선점에 노력을 기울이고 있다. 우리나라도 글로벌 확장현실Ⓐ 선도를 위해 실감콘텐츠 활성화 전략을 수립(樹立)하고 실감산업 육성을 지원하였다.

한편, 협업 능력이 기업의 미래를 결정하는 중요 척도로 꼽히는 만큼 비대면 시대에서 기업들은 협업 효과를 잃지 않기 위해 많은 노력을 기울이고 있으며 그 중 하나가 확장현실에 기반한 협업인 실감협업이다. 이는 확장현실을 통해 풍부한 정보공유, 몰입감 높은 현장감, 자연스러운 상호작용으로 원격에서도 높은 협업 효과를 가져올 수 있다.

♣ **XR을 활용한 회복 및 치유 효과**

① 육체적 활용 사례
  (ㄱ) 효과 : 목표 의식을 함양함으로써 치료 동기를 부여
  (ㄴ) 활용 사례 : 헬스케어, 홈트레이닝, 재활훈련
② 사회적 활용 사례
  (ㄱ) 효과 : 자연스러운 상호작용과 사용자 간의 깊은 연결성 제공
  (ㄴ) 활용 사례 : 소셜 VR, 그룹 치료

♣ **실감콘텐츠산업 활성화 전략**

비전	세계 최초 5G 상용화를 기반으로 2023년 실감콘텐츠 선도국가 도약		
전략 목표	콘텐츠 생산액	전문기업 수	수출액
	20조 원	100개	5조 원
중점 추진과제	신수요 창출	기술, 인프라 고도화	산업성장 지원
	공공서비스에 XR 적용	글로벌 선도기술 확보	전문기업 육성
	산업분야에 XR 적용	제작인프라 고도화	글로벌 진출 지원

→ 소프트웨어정책연구소

_____
Ⓐ VR, MR, AR에 이르기까지 가상현실 기술 전체를 통틀어서 일컬음

3. 다음의 지시사항을 참고하여 《출력형태》와 같이 문서를 작성하시오. (200점)

▶ 소스파일 : Part 01\Chapter 08\문제03.hwpx   ▶ 완성파일 : Part 01\Chapter 08\문제03_완성.hwpx

《출력형태》

대한민국 건설기술산업대전은 국내 최초 건설기술산업 전문 전시회(展示會)로 국내 건설기술의 최신 트렌드와 정보를 제공한다. 다양한 전문 세션으로 구성된 세미나가 개최됨과 동시에 도로, 철도, 항만 및 해안, 교량, 터널 등의 기술 품목, 토공, 도로, 콘크리트, 플랜트, 특수장비 등의 장비 품목, 구조재료, 철강재료, 도료, 방수 단열재 등의 자재 품목, 각종 해석 및 설계 프로그램, BIM, 3D 모델링, 통신, 제어솔루션 등의 시스템 품목을 아우르는 건설기술 산업 전 분야가 전시된다.

한국건설기술연구원 구조융합연구소, 성균관대학교 자기치유친환경콘크리트센터, 한국BIM학회, 한국비계기술원, 한국크레인협회 등의 기관에서 세미나에 참여하고 신기술&신공법 소개, 건설 산업에서 4차 산업혁명과 BIM, 가설구조물 안정성 확보 방안 등의 다양한 프로그램을 준비하여 국제표준지표, 기술연구결과, 최신 건설기술 동향(動向)에 대한 수준 높은 강의가 진행된다. 건설기술에 관심 많은 종사자 및 실수요자가 건설 산업 현황을 한 눈에 파악할 수 있으며, 비즈니스 네트워크 구축을 통해 B2B㉮ 상호간 긴밀한 협조체계가 이뤄질 예정이다.

♣ **대한민국 건설기술산업대전 개요**

가. 기간 및 장소
　① 기간 : 2022년 12월 12일(월) - 15일(목)
　② 장소 : 일산 킨텍스 제2전시장
나. 부대행사
　① 컨퍼런스 : 최신 산업 트렌드, 글로벌 건설시장 사례 등
　② 기술설명회 : 참가 기업 신기술공법, 제품 설명회

♣ *주요 세미나 프로그램 일정*

구분	장소	프로그램	비고
1일차	3층 그랜드볼룸	에너지 절약기술을 적용한 제로 에너지 하우스	잔여 좌석은 선착순 현장접수 마감
	302호 세미나실	4차 산업혁명과 디지털 건설 산업의 미래	
2일차	3층 그랜드볼룸	친환경 콘크리트, 스마트 건설재료 포럼	
	302호 세미나실	스마트 건설기술 사례	
	304호 세미나실	모듈러 공동주택의 실증사례 보고	

건설기술산업대전사무국

㉮ 기업과 기업 사이에 이루어지는 전자상거래를 일컫는 경제 용어

실전문제유형

4 다음의 지시사항을 참고하여 《출력형태》와 같이 문서를 작성하시오. (200점)

▶ 소스파일 : Part 01\Chapter 08\문제04.hwpx   ▶ 완성파일 : Part 01\Chapter 08\문제04_완성.hwpx

《출력형태》

통일은 남북한 국민이 한 민족ⓐ 하나의 국민이라고 느끼고 남북한 단일체제 수립(樹立)을 넘어 한마음이 된 상태를 의미한다. 통일은 분단된 국토가 하나 되는 것은 물론 정치적으로 대립되었던 체제를 하나로 만드는 것이고, 경제적으로 서로 다른 제도를 하나로 거듭나게 하는 것이며, 남북 주민 사이에 내면화된 이질적인 문화를 하나로 다시 탄생시키는 것이다. 우리가 추구하는 통일은 인류 보편적 가치로 자리 잡은 자유민주주의와 시장경제를 바탕으로 구성원 모두의 자유와 인권이 보장되는 민족공동체의 건설이다.

통일은 분단으로 인해 굴절된 역사를 바로잡고, 민족공동체 건설을 통해 우리 민족의 총체적 역량을 극대화하기 위해 필요하다. 또한 통일은 분단에 따른 유형, 무형적인 비용을 소멸시키고 새로운 이득을 창출(創出)함으로 인해 국가와 사회뿐 아니라 개인에게도 삶의 질을 향상시킬 것이다. 개인적 차원에서 통일은 이산가족의 고통을 해소하고 남북 간에 자유롭게 오고 가며 살 수 있는 등의 다양한 선택의 기회를 부여하며 인간적인 삶을 보장할 것이다. 통일은 21세기 한민족의 새로운 비상과 선진일류국가로 도약하기 위한 수단으로써 필요하다.

♠ **통일교육의 내용** ← 글꼴 : 궁서, 18pt, 하양 / 음영색 : 빨강

I. 통일 문제
   A. 통일의 의의와 필요성, 남북관계의 전개
   B. 국제질서와 한반도 통일, 통일의 비전과 과제
II. 북한 이해
   A. 북한을 보는 시각, 북한 변화 전망 등
   B. 북한 분야별 실상(정치, 외교, 군사, 경제, 교육, 문화, 예술)

← 문단 번호 기능 사용
1수준 : 20pt, 오른쪽 정렬,
2수준 : 30pt, 오른쪽 정렬,
줄 간격 : 180%

← 표 전체 글꼴 : 굴림, 10pt, 가운데 정렬
셀 배경(그러데이션) : 유형(가로)【수평】,
시작색(하양), 끝색(노랑)

♠ *지역별 통일관 현황* ← 글꼴 : 궁서, 18pt, 기울임, 강조점

지역	위치	운영주체	휴관
서울	서울 구로구 궁동 35번지	서서울생활과학고등학교	매주 일요일, 공휴일
오두산	경기 파주시 통일전망대 내	민간위탁	매주 월요일
광주	광주 서구 화정2동	통일교육위원광주협의회	매주 월요일, 토요일
부산	부산 부산진구 자유회관 내	한국자유총연맹	연중무휴
기타 지역 현황		경남, 고성, 대전, 양구, 인천, 제주	

글꼴 : 돋움, 24pt, 진하게, 장평 105%, 오른쪽 정렬 → **국립통일교육원**

각주 구분선 : 5cm

ⓐ 언어와 문화상의 공통성에 기초하여 오랜 세월 역사적으로 형성된 사회 집단

쪽 번호 매기기 6으로 시작 → ⑥

5 다음의 지시사항을 참고하여 《출력형태》와 같이 문서를 작성하시오. (200점)

▶ 소스파일 : Part 01\Chapter 08\문제05.hwpx   ▶ 완성파일 : Part 01\Chapter 08\문제05_완성.hwpx

《출력형태》

코로나19의 세계적 유행을 극복하는 과정에서 공공데이터 활용이 위기 대응에 기여하는 사례가 늘어남에 따라 데이터 경제 가속화를 가져오는데 공공데이터가 핵심으로 부상하게 되었다. 이에 코로나19로 인한 경제 위기를 극복하고 디지털 전환 시대에 세계 경제를 선도(先導)하기 위해 정부는 '한국판 뉴딜'의 한 축으로 '디지털 뉴딜' 정책을 발표했다. 과학기술정보통신부는 디지털 뉴딜 정책의 일환으로 데이터 수집, 가공, 활용 기반을 강화하여 데이터 경제와 인공지능 경제로 전환하기 위해 데이터 댐 프로젝트를 핵심 과제로 추진하고 있다.

인공지능 개발에 필수적인 인공지능 학습용 데이터를 누구나 편리한 시간과 장소에서 수집하고 가공하며 검증할 수 있도록 크라우드 소싱 방식㉮을 적용하여 170종 4억 8천만 건의 데이터를 개방(開放)했다. 데이터를 국민 누구나 손쉽게 찾아 활용할 수 있도록 분야별 빅데이터 플랫폼 및 센터를 구축하여 6개 플랫폼과 50개 센터를 운영하고 있다. 또한 여러 기관에 분산된 개인 데이터를 가치 있게 활용할 수 있도록 마이데이터 실증사업을 추진하고 정보 주체 중심의 데이터 활용 확산에 기여하고 있다.

♣ **디지털 뉴딜 및 빅데이터 관련 정책**

  I. 그린산업 분야 에너지효율 과제
    A. 전력수요관리를 위한 아파트 스마트 전력량계 보급
    B. 노후건물 에너지 빅데이터 시스템 구축
  II. 일반행정 분야 스마트정부 과제
    A. 공공데이터 개방 및 이용 활성화 지원
    B. 행정기관 정보통신 이용환경 고도화

♣ *디지털 정보기술 분야 경쟁력 지수*

순위	ICT 수용 능력	유연한 근무방식	디지털 기술	디지털 법적 프레임워크
1	대한민국	네덜란드	핀란드	미국
2	아랍에미리트	뉴질랜드	스웨덴	룩셈부르크
3	홍콩	스위스	에스토니아	싱가포르
4	스웨덴	에스토니아	아이슬란드	아랍에미리트
5	일본	미국		말레이시아

한국지능정보사회진흥원

㉮ 대중들의 참여로 해결책을 얻는 방법

6 다음의 지시사항을 참고하여 《출력형태》와 같이 문서를 작성하시오. (200점)

▶ 소스파일 : Part 01\Chapter 08\문제06.hwp　　▶ 완성파일 : Part 01\Chapter 08\문제06_완성.hwp

《출력형태》

　　저작권이란 저작물을 창작한 사람 및 기타 권리자에게 저작권법이 인정하고 있는 배타적 권리를 말한다. 단, 저작권법ⓐ은 저작물의 이용을 도모(圖謀)하기 위해 창작자 및 기타 권리자에게 일정기간에 한하여 독점 배타적 권리를 인정하고 있으며, 공정한 이용을 위하여 일정한 저작권 제한 사유를 규정하고 있다. 저작권과 관련된 역할자는 저작물을 창작하고 이에 대해 권리를 가지는 저작권자와 이러한 저작물을 해석하고 전달하는 데 대하여 권리를 가지는 저작인접권자, 그리고 이러한 저작물이나 저작인접물을 소비하는 이용자가 있다. 이 이용자에는 이를 사용하거나 향유(享有)하는 소비적 이용자와 이를 활용하여 또 다른 창작을 꾀하는 생산적 이용자가 있는가 하면, 이를 매개하거나 다른 목적을 위하여 활용하는 도서관이나 학교와 같은 기관들도 있다.

　저작물의 창작과 전달 그리고 그의 이용을 둘러싼 이들 각 역할자 사이의 관계는 기본적으로 저작권법 등의 법규와 이에 기초한 계약, 그리고 각종 사법제도에 의하여 규율된다. 저작물의 창작과 이용에 활용되는 기술과 각 역할자의 법의식 등 행동 윤리 역시 이들 간의 관계에 중대한 영향을 미친다.

♠ 저작권 교육

　I. 오프라인
　　A. 저작권 강사가 현장을 방문하여 저작권 교육
　　B. 저작권 및 문화콘텐츠 산업종사자의 직능 수준별 교육과정 운영
　II. 온라인
　　C. 전국 어디서나 언제든지 학습할 수 있도록 학습관리시스템 운영
　　D. 기관별 자체 LMS 또는 온라인 학습방 등에 탑재하여 원격교육

♠ 지식재산권과 저작재산권의 구성

지식재산권		저작재산권		
저작권	저작, 저작인접, 데이터베이스	복제	유형적	복제권, 2차적저작물작성권
			무형적	공연권
산업재산권	특허, 실용신안, 산업디자인, 상표	전달	유형적	배포권, 전시권
기타	반도체 설계, 초상, 영업비밀보호 등		무형적	공중송신권(방송, 전송 등)

한국저작권위원회

―――――――――
ⓐ 저작자의 권리와 이에 인접한 권리를 보호하기 위하여 만든 법률

BiG 1 빅 폰트(Big Font)
BiG 2 빅 픽쳐(Big Picture)
BiG 3 빅 북(Big Book)

ITQ 정보기술자격
HANGUL 2020

PART 02

실전모의문제

PART 02
실전모의문제 차례

제01회 실전모의문제 …………………………………………… 144

제02회 실전모의문제 …………………………………………… 148

제03회 실전모의문제 …………………………………………… 152

제04회 실전모의문제 …………………………………………… 156

제05회 실전모의문제 …………………………………………… 160

제06회 실전모의문제 …………………………………………… 164

제07회 실전모의문제 …………………………………………… 168

제08회 실전모의문제 …………………………………………… 172

- 2025년 부터 적용되는 문제 조건으로 만들었습니다.
- 실제 시험지와 같이 흑백으로 9회분 구성하였습니다.
- 각 문제에 대한 글자와 화면을 크게 만들었습니다.
- 채점프로그램을 이용하여 점수를 확인할 수 있습니다.

ITQ 한글 단축키 모음

공통 부문

- 편집 용지 : F7
- 구역 나누기 : Alt + Shift + Enter
- 저장하기 : Alt + S 또는 Ctrl + S

기능평가 I (150점)

1. 다음의 ≪조건≫에 따라 스타일 기능을 적용하여 ≪출력형태≫와 같이 작성하시오. (50점)
  - 스타일 : F6

2. 다음의 ≪조건≫에 따라 ≪출력형태≫와 같이 표와 차트를 작성하시오. (100점)
  - 표 : Ctrl + N, T
  - 셀 블록 : F5
  - 블록 합계 : Ctrl + Shift + S
  - 블록 평균 : Ctrl + Shift + A
  - 셀 합치기 : 셀 블록 후 M
  - 셀 나누기 : 셀 블록 후 S
  - 셀 테두리 : 셀 블록 후 L
  - 셀 배경 : 셀 블록 후 C

기능평가 II (150점)

3. 다음 (1), (2)의 수식을 수식 편집기로 각각 입력하시오. (40점)
  - 수식 : Ctrl + N, M
  - 다음 항목 : Tab

4. 다음의 ≪조건≫에 따라 ≪출력형태≫와 같이 문서를 작성하시오. (110점)
  - 그림 : Ctrl + N, I
  - 개체 속성 : 개체 선택 후 P
  - 다중 개체 선택 : Shift + 클릭
  - 책갈피 : Ctrl + K, B
  - 하이퍼링크 : Ctrl + K, H

문서작성 능력평가 (200점)

- 머리말 : Ctrl + N, H
- 문자표 : Ctrl + F10
- 글자 모양 : Alt + L
- 쪽 번호 매기기 : Ctrl + N, P
- 각주 : Ctrl + N, N
- 문단 번호 모양 : Ctrl + K, N
- 한 수준 감소 : Ctrl + +

제01회 ITQ 실전모의문제

과목	코드	문제유형	시험시간	수험번호	성명
아래한글	1111	A	60분		

수험자 유의사항

- 수험자는 문제지를 받는 즉시 문제지와 <u>수험표상의 시험과목(프로그램)이 동일한지 반드시 확인</u>하여야 합니다.
- 파일명은 본인의 "수험번호-성명"으로 입력하여 답안폴더(내 PC\문서\ITQ)에 하나의 파일로 저장해야 하며, 답안문서 파일명이 "수험번호-성명"과 일치하지 않거나, 답안파일을 전송하지 않아 미제출로 처리될 경우 실격 처리합니다(예:12345678-홍길동.hwp).
- 답안 작성을 마치면 파일을 저장하고, '답안 전송' 버튼을 선택하여 감독위원 PC로 답안을 전송하십시오. 수험생 정보와 저장한 파일명이 다를 경우 전송되지 않으므로 주의하시기 바랍니다.
- 답안 작성 중에도 <u>주기적으로 저장하고, '답안 전송'</u>하여야 문제 발생을 줄일 수 있습니다. 작업한 내용을 저장하지 않고 전송할 경우 이전에 저장된 내용이 전송되오니 이점 유의하시기 바랍니다.
- 답안문서는 지정된 경로 외의 다른 보조기억장치에 저장하는 경우, 지정된 시험 시간 외에 작성된 파일을 활용할 경우, 기타 통신수단(이메일, 메신저, 네트워크 등)을 이용하여 타인에게 전달 또는 외부 반출하는 경우는 부정 처리합니다.
- 시험 중 부주의 또는 고의로 시스템을 파손한 경우는 수험자가 변상해야 하며, 〈수험자 유의사항〉에 기재된 방법대로 이행하지 않아 생기는 불이익은 수험생 당사자의 책임임을 알려 드립니다.
- 문제의 조건은 한컴오피스 2020 버전으로 설정되어 있으며 한컴오피스 NEO는 【 】에 표기되어 있습니다. 이와 관련하여 작성한 답안의 출력형태가 문제지와 다를 수 있습니다.
- 시험을 완료한 수험자는 답안파일이 전송되었는지 확인한 후 감독위원의 지시에 따라 문제지를 제출하고 퇴실합니다.

답안 작성요령

- **온라인 답안 작성 절차**
  수험자 등록 ⇒ 시험 시작 ⇒ 답안파일 저장 ⇒ 답안 전송 ⇒ 시험 종료
- **공통 부문**
  - 글꼴에 대한 기본설정은 함초롬바탕, 10포인트, 검정, 줄간격 160%, 양쪽정렬로 합니다.
  - 색상은 조건의 색을 적용하고 색의 구분이 안 될 경우에는 RGB 값을 적용하십시오.
    (빨강 255,0,0 / 파랑 0,0,255 / 노랑 255,255,0).
  - 각 문항에 주어진 ≪조건≫에 따라 작성하고 언급하지 않은 조건은 ≪출력형태≫와 같이 작성합니다.
  - 용지여백은 왼쪽·오른쪽 11mm, 위쪽·아래쪽·머리말·꼬리말 10mm, 제본 0mm로 합니다.
  - 그림 삽입 문제의 경우 「내 PC\문서\ITQ\Picture」 폴더에서 지정된 파일을 선택하여 삽입하십시오.
  - 삽입한 그림은 반드시 문서에 포함하여 저장해야 합니다(미포함 시 감점 처리).
  - 각 항목은 지정된 페이지에 출력형태와 같이 정확히 작성하시기 바라며, 그렇지 않을 경우에 해당 항목은 0점 처리됩니다.
    ※ 페이지구분 : 1페이지 - 기능평가 I (문제번호 표시 : 1. 2.),
    　　　　　　　　2페이지 - 기능평가 II (문제번호 표시 : 3. 4.),
    　　　　　　　　3페이지 - 문서작성 능력평가
- **기능평가**
  - 문제와 ≪조건≫은 입력하지 않으며 문제번호와 답(≪출력형태≫)만 작성합니다.
  - 4번 문제는 묶기를 했을 경우 0점 처리됩니다.
- **문서작성 능력평가**
  - A4 용지(210mm×297mm) 1매 크기, 세로 서식 문서로 작성합니다.
  - ◯ 표시는 문서작성에 대한 지시사항이므로 작성하지 않습니다.

기능평가 I (150점)

1. 다음의 ≪조건≫에 따라 스타일 기능을 적용하여 ≪출력형태≫와 같이 작성하시오. (50점)

≪조건≫ (1) 스타일 이름 – methodology
(2) 문단 모양 – 왼쪽 여백 : 15pt, 문단 아래 간격 : 10pt
(3) 글자 모양 – 글꼴 : 한글(돋움)/영문(굴림), 크기 : 10pt, 장평 : 95%, 자간 : 5%

≪출력형태≫

We will review traffic data that can be used to develop an AI model, build an AI model through a methodology, and review ways to utilize and improve the construction model.

AI 모형을 개발하기 위해 활용 가능한 교통 데이터를 검토하고, 방법론을 통해 AI 모형을 구축하고, 구축 모형의 활용방안과 개선방안에 대해서도 검토하고자 한다.

2. 다음의 ≪조건≫에 따라 ≪출력형태≫와 같이 표와 차트를 작성하시오. (100점)

≪표 조건≫ (1) 표 전체(표, 캡션) – 돋움, 10pt
(2) 정렬 – 문자 : 가운데 정렬, 숫자 : 오른쪽 정렬
(3) 셀 배경(면색) : 노랑
(4) 한글의 계산 기능을 이용하여 빈칸에 합계를 구하고, 캡션 기능 사용할 것
(5) 선 모양은 ≪출력형태≫와 동일하게 처리할 것

≪출력형태≫

서울시 가구통행실태조사 표본 할당(단위 : 천 명)

구분	5-19세	20-24세	35-49세	50-64세	합계
남성	555	952	1,095	1,017	
여성	534	1,051	1,111	1,106	
표본1	140	240	270	250	
표본2	110	160	180	120	

≪차트 조건≫ (1) 차트 데이터는 표 내용에서 연령별 남성, 여성, 표본1의 값만 이용할 것
(2) 종류 – <묶은 세로 막대형>으로 작업할 것
(3) 제목 – 글꼴 : 굴림, 진하게, 12pt,
속성 : 채우기(밝은 색 : 하양), 테두리, 그림자(바깥쪽 : 대각선 오른쪽 아래)
(4) 제목 이외의 전체 글꼴 – 굴림, 보통, 10pt
(5) 축제목과 범례는 ≪출력형태≫와 동일하게 처리할 것

≪출력형태≫

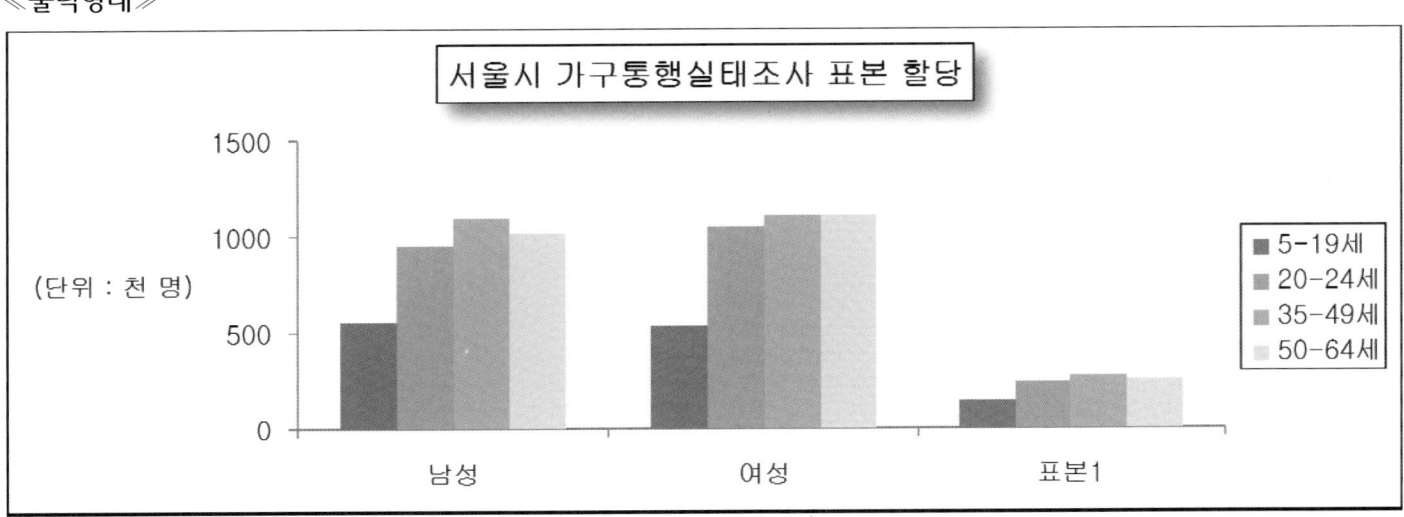

기능평가 II (150점)

3. 다음 (1), (2)의 수식을 수식 편집기로 각각 입력하시오. (40점)

≪출력형태≫

(1) $\dfrac{PV}{T} = \dfrac{1 \times 22.4}{273} ≒ 0.082$

(2) $\displaystyle\int_0^3 \dfrac{\sqrt{6t^2 - 18t + 12}}{5} dt = 11$

4. 다음의 ≪조건≫에 따라 ≪출력형태≫와 같이 문서를 작성하시오. (110점)

≪조건≫
(1) 그리기 도구를 이용하여 작성하고, 모든 도형(글맵시, 지정된 그림 포함)을 ≪출력형태≫와 같이 작성하시오.
(2) 도형의 면색은 지시사항이 없으면 색 없음을 제외하고 서로 다르게 임의로 지정하시오.

≪출력형태≫

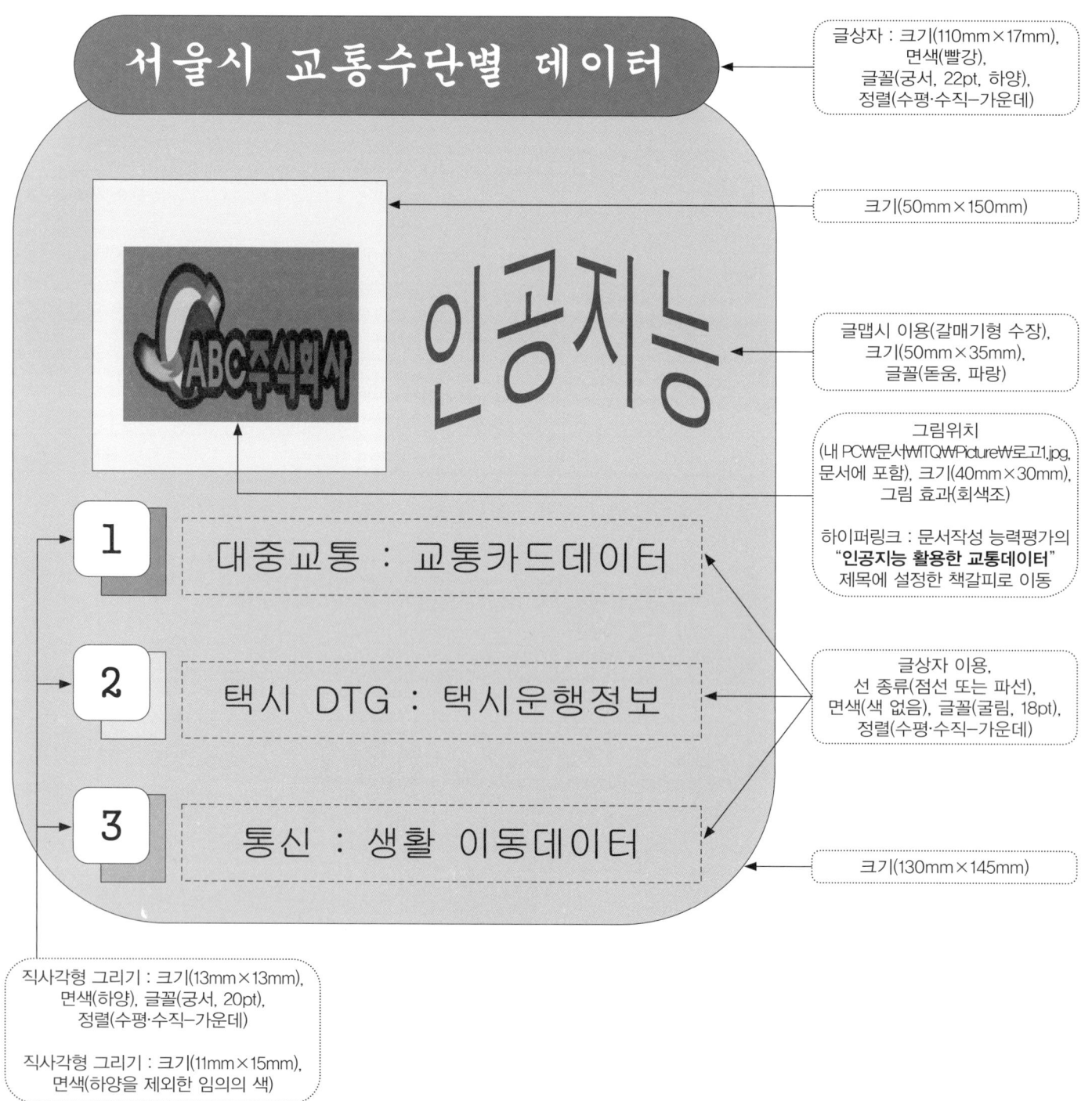

인공지능 활용한 교통데이터

가구통행실태조사로 구축되는 여객 기종점통행량(O/D)㉠은 교통계획 및 사회간접자본의 타당성 평가에 활용되는 각종 교통통계지표를 산출하기 위한 핵심 기초자료이다. 표본율 감소에 따른 문제 해결을 위해 현장에서 수집(蒐集)되는 교통 빅데이터 활용이 논의되고 있다. 전수에 가까운 교통카드데이터와 택시데이터가 있음에도 불구하고, O/D 구축과정에서 이 데이터들의 구체적 활용방안은 여전히 미비한 실정이다. 교통데이터에 AI 방법론을 적용해 통행목적과 이용자특성 등 필요한 속성을 추정(推定)한다.

가구통행실태조사는 개인에 관한 풍부한 정보를 제공하지만, 극히 적은 표본이라는 단점이 있다. 반면, 교통카드데이터와 택시운행정보관리시스템 데이터는 전수 통행데이터라는 엄청난 장점이 있지만 통행목적과 이용자특성에 대한 정보가 없다. 통신데이터인 생활이동데이터는 표본율이 가구통행실태조사 대비 높고 통행목적과 이용자특성에 대한 정보가 있지만, 교통수단이 구분되어 있지 않다. 이처럼 필요한 속성이 있는 표본 데이터와 전수 데이터이지만 해당 속성이 없는 데이터가 존재하여, 각 데이터의 장점을 적절히 활용할 필요가 있다.

◈ 교통데이터 통행목적과 이용자특성 추정

　　가. AI모형 중 분류모형과 생성모형 적용
　　　　㉠ 가구통행실태조사의 통행정보와 이용자특성 학습
　　　　㉡ 교통카드데이터의 통행목적과 이용자특성 추정
　　나. 대중교통과 택시 각각의 AI모형 구축
　　　　㉠ 대중교통 AI모형 입력 변수와 모형에 따라 구축
　　　　㉡ 택시 AI모형 표본 매우 부족, 신뢰성 부족

◈ 교통데이터 특성 비교

데이터 구분	표본율	이용자특성	데이터특성
가구통행실태조사	0.25%	성별, 연령, 소득 등	통행목적, 수단
교통카드데이터	100%	아동/청소년/고령자 구분	수단
택시운행정보관리시스템	100%	알수없음	수단
통신데이터	23.97%	성별, 연령대	통행목적
교통카드 및 택시 데이터		표본율은 100%에 가까우므로 100%라고 표기함	

도시인프라계획센터

㉠ 시종점간의 통행수 추정, 차량대수 또는 승객수

제02회 ITQ 실전모의문제

과목	코드	문제유형	시험시간	수험번호	성명
아래한글	1111	B	60분		

수험자 유의사항

- 수험자는 문제지를 받는 즉시 문제지와 <u>수험표상의 시험과목(프로그램)이 동일한지 반드시 확인</u>하여야 합니다.
- 파일명은 본인의 "수험번호-성명"으로 입력하여 답안폴더(내 PC₩문서₩ITQ)에 하나의 파일로 저장해야 하며, 답안문서 파일명이 "수험번호-성명"과 일치하지 않거나, 답안파일을 전송하지 않아 미제출로 처리될 경우 실격 처리합니다(예:12345678-홍길동.hwpx).
- 답안 작성을 마치면 파일을 저장하고, '답안 전송' 버튼을 선택하여 감독위원 PC로 답안을 전송하십시오. 수험생 정보와 저장한 파일명이 다를 경우 전송되지 않으므로 주의하시기 바랍니다.
- 답안 작성 중에도 주기적으로 저장하고, '답안 전송'하여야 문제 발생을 줄일 수 있습니다. 작업한 내용을 저장하지 않고 전송할 경우 이전에 저장된 내용이 전송되오니 이점 유의하시기 바랍니다.
- 답안문서는 지정된 경로 외의 다른 보조기억장치에 저장하는 경우, 지정된 시험 시간 외에 작성된 파일을 활용할 경우, 기타 통신수단(이메일, 메신저, 네트워크 등)을 이용하여 타인에게 전달 또는 외부 반출하는 경우는 부정 처리합니다.
- 시험 중 부주의 또는 고의로 시스템을 파손한 경우는 수험자가 변상해야 하며, 〈수험자 유의사항〉에 기재된 방법대로 이행하지 않아 생기는 불이익은 수험생 당사자의 책임임을 알려 드립니다.
- 문제의 조건은 한컴오피스 2022 버전으로 설정되어 있으니 유의하시기 바랍니다.
- 시험을 완료한 수험자는 답안파일이 전송되었는지 확인한 후 감독위원의 지시에 따라 문제지를 제출하고 퇴실합니다.

답안 작성요령

- **온라인 답안 작성 절차**
  수험자 등록 ⇒ 시험 시작 ⇒ 답안파일 저장 ⇒ 답안 전송 ⇒ 시험 종료
- **공통 부문**
  - 글꼴에 대한 기본설정은 함초롬바탕, 10포인트, 검정, 줄간격 160%, 양쪽정렬로 합니다.
  - 색상은 조건의 색을 적용하고 색의 구분이 안 될 경우에는 RGB 값을 적용하십시오.
    (빨강 255,0,0 / 파랑 0,0,255 / 노랑 255,255,0).
  - 각 문항에 주어진 ≪조건≫에 따라 작성하고 언급하지 않은 조건은 ≪출력형태≫와 같이 작성합니다.
  - 용지여백은 왼쪽·오른쪽 11mm, 위쪽·아래쪽·머리말·꼬리말 10mm, 제본 0mm로 합니다.
  - 그림 삽입 문제의 경우 「내 PC₩문서₩ITQ₩Picture」 폴더에서 지정된 파일을 선택하여 삽입하십시오.
  - 삽입한 그림은 반드시 문서에 포함하여 저장해야 합니다(미포함 시 감점 처리).
  - 각 항목은 지정된 페이지에 출력형태와 같이 정확히 작성하시기 바라며, 그렇지 않을 경우에 해당 항목은 0점 처리됩니다.
    ※ 페이지구분 : 1페이지 - 기능평가 I (문제번호 표시 : 1. 2.),
    　　　　　　　2페이지 - 기능평가 II (문제번호 표시 : 3. 4.),
    　　　　　　　3페이지 - 문서작성 능력평가
- **기능평가**
  - 문제와 ≪조건≫은 입력하지 않으며 문제번호와 답(≪출력형태≫)만 작성합니다.
  - 4번 문제는 묶기를 했을 경우 0점 처리됩니다.
- **문서작성 능력평가**
  - A4 용지(210mm×297mm) 1매 크기, 세로 서식 문서로 작성합니다.
  - ◯ 표시는 문서작성에 대한 지시사항이므로 작성하지 않습니다.

kpc 한국생산성본부

기능평가 Ⅰ (150점)

1. 다음의 ≪조건≫에 따라 스타일 기능을 적용하여 ≪출력형태≫와 같이 작성하시오. (50점)

≪조건≫ (1) 스타일 이름 - bigdata
(2) 문단 모양 - 왼쪽 여백 : 15pt, 문단 아래 간격 : 10pt
(3) 글자 모양 - 글꼴 : 한글(돋움)/영문(굴림), 크기 : 10pt, 장평 : 95%, 자간 : 5%

≪출력형태≫

Big data is a field that treats of ways to analyze, or otherwise deal with data sets that are too large or complex to be dealt with by traditional data-processing application software.

빅데이터란 기존 데이터베이스 관리도구의 능력을 넘어서는 수십 테라바이트의 정형 또는 비정형의 데이터 집합조차 포함한 데이터로부터 가치를 추출하고 결과를 분석하는 기술이다.

2. 다음의 ≪조건≫에 따라 ≪출력형태≫와 같이 표와 차트를 작성하시오. (100점)

≪표 조건≫ (1) 표 전체(표, 캡션) - 돋움, 10pt
(2) 정렬 - 문자 : 가운데 정렬, 숫자 : 오른쪽 정렬
(3) 셀 배경(면색) : 노랑
(4) 한글의 계산 기능을 이용하여 빈칸에 합계를 구하고, 캡션 기능 사용할 것
(5) 선 모양은 ≪출력형태≫와 동일하게 처리할 것

≪출력형태≫

데이터산업 시장규모(단위 : 억 원)

구분	2021년	2022년	2023년	2024년	합계
데이터 수집	1,871	2,122	2,499	3,715	
데이터 분석	2,014	2,586	2,932	3,247	
데이터 관리	5,203	6,022	7,137	7,963	
데이터 보안	1,975	2,558	2,894	3,015	

≪차트 조건≫ (1) 차트 데이터는 표 내용에서 연도별 데이터 수집, 데이터 분석, 데이터 관리의 값만 이용할 것
(2) 종류 - <묶은 세로 막대형>으로 작업할 것
(3) 제목 - 글꼴 : 굴림, 진하게, 12pt,
속성 : 채우기(밝은 색 : 하양), 테두리, 그림자(바깥쪽 : 대각선 오른쪽 아래)
(4) 제목 이외의 전체 글꼴 - 굴림, 보통, 10pt
(5) 축제목과 범례는 ≪출력형태≫와 동일하게 처리할 것

≪출력형태≫

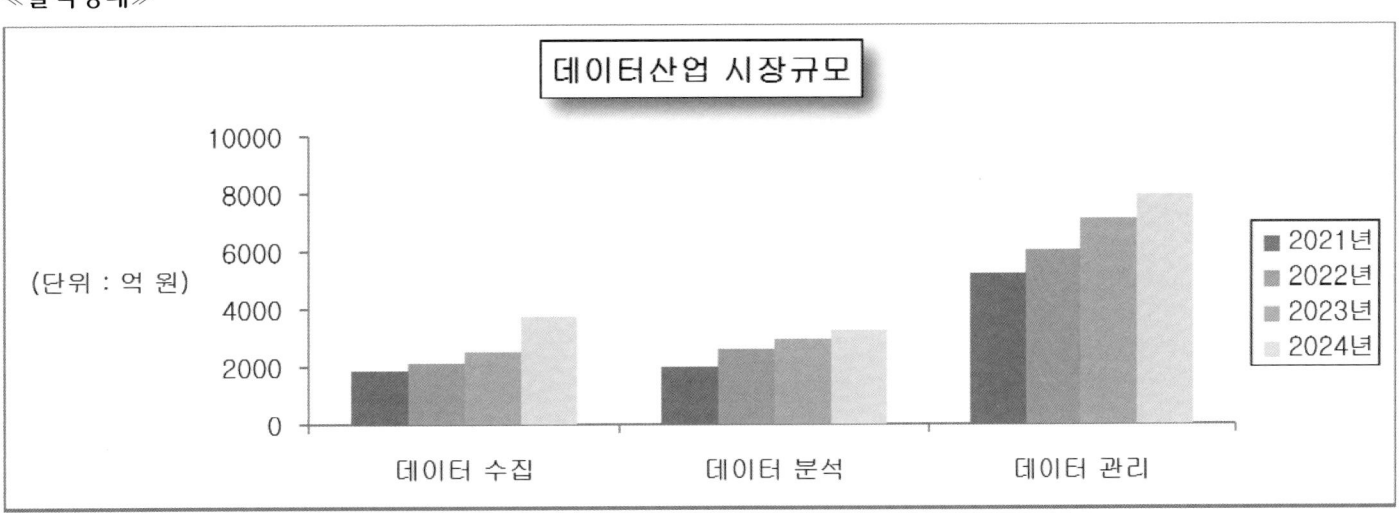

기능평가 II (150점)

3. 다음 (1), (2)의 수식을 수식 편집기로 각각 입력하시오. (40점)
≪출력형태≫

(1) $\dfrac{F}{h_2} = t_2 k_1 \dfrac{t_1}{d} = 2 \times 10^{-7} \dfrac{t_1 t_2}{d}$

(2) $\displaystyle\int_a^b A(x-a)(x-b)dx = -\dfrac{A}{6}(b-a)^3$

4. 다음의 ≪조건≫에 따라 ≪출력형태≫와 같이 문서를 작성하시오. (110점)
≪조건≫
(1) 그리기 도구를 이용하여 작성하고, 모든 도형(글맵시, 지정된 그림 포함)을 ≪출력형태≫와 같이 작성하시오.
(2) 도형의 면색은 지시사항이 없으면 색 없음을 제외하고 서로 다르게 임의로 지정하시오.

≪출력형태≫

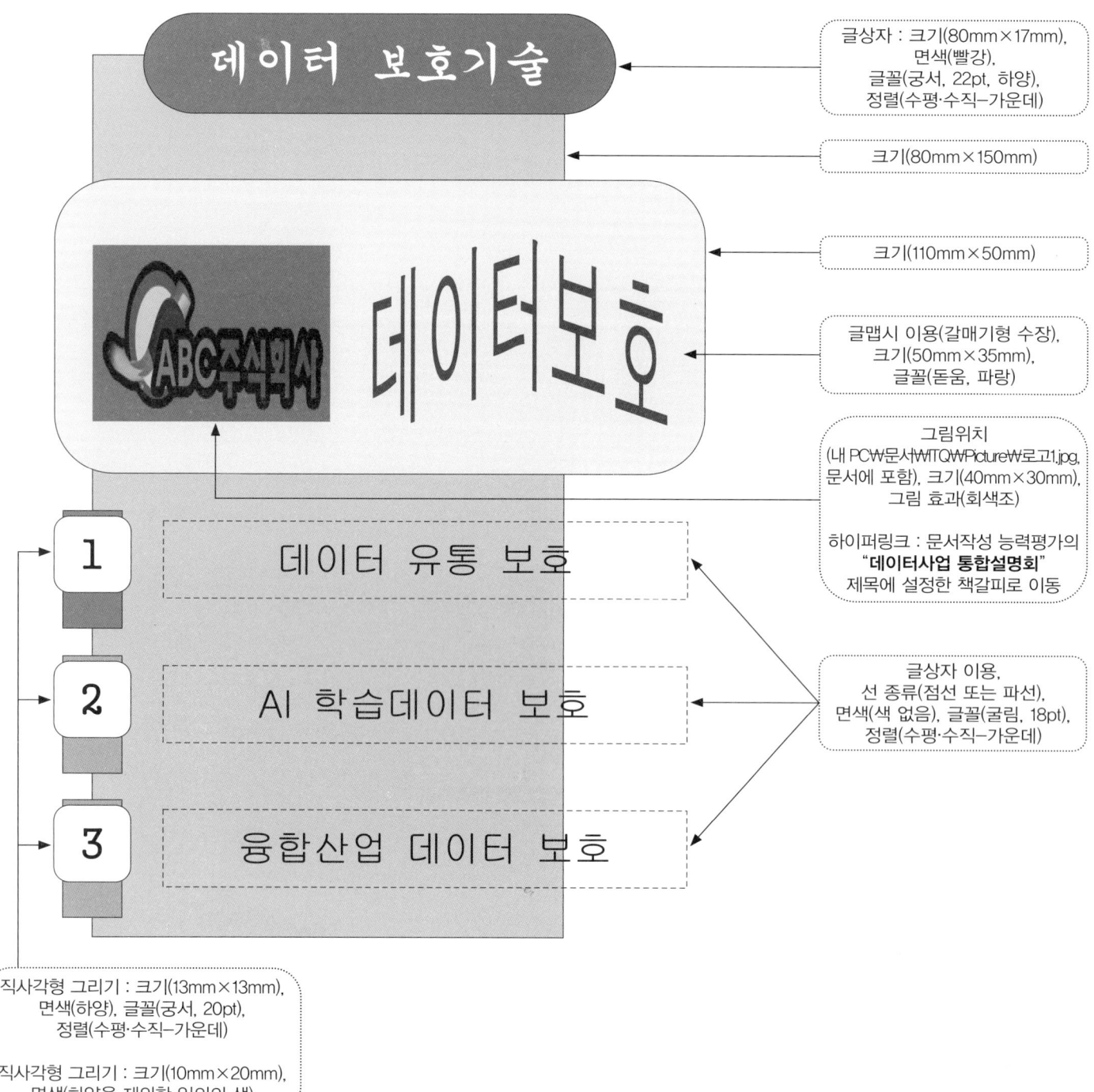

데이터 경제시대

데이터사업 통합설명회

4차 산업혁명의 핵심 자원인 데이터가 양과 질적인 측면(側面)에서 선진국보다 뒤처진 상황㉠에서 이를 타개하기 위해 데이터 가치 사슬에 대한 전체 주기의 혁신이 필요하다. 이를 위해 공공기관과 민간이 협업(協業)하여 데이터의 생산, 수집, 분석, 유통을 지원하는 '빅데이터 플랫폼 및 네트워크 구축 사업'을 추진한다. '플랫폼'은 주요 분야별로 각종 데이터의 수집, 분석, 유통의 지원을 의미하며 '센터'는 중소기업, 대학 등 주요 기관별로 데이터를 체계적으로 생산하고 관리하는 것을 의미한다.

세부 추진과제로는 첫째, 수요 기반의 활용 가치가 높은 양질의 데이터를 기관별로 생산 및 구축하고 플랫폼을 통해 개방과 공유를 할 수 있는 체계를 마련할 수 있는 빅데이터 센터를 육성하고 둘째, 데이터 생태계를 조성하고 추진할 수 있는 빅데이터 플랫폼을 구축 및 운영하며 셋째, 민관 협력을 통해 데이터 유통 활용 기반을 조성하고 플랫폼 간 연계와 이용활성화를 지원하는 빅데이터 네트워크 조성이다. 데이터의 공유와 활용을 촉진하는 민간 협력 거버넌스인 빅데이터 얼라이언스를 구성 운영하고 이종 플랫폼 간에도 효과적으로 유통, 활용할 수 있도록 플랫폼간 상호 연계 기준을 마련하고 데이터 상황판을 구축 운영한다.

◆ 데이터사업 통합설명회 개요

가. 일시 및 장소
  ㉠ 일시 : 2025. 7. 18(금), 15:00 - 18:00
  ㉡ 장소 : 코엑스 컨퍼런스룸 E5, 5홀
나. 주요 설명 사업
  ㉠ 빅데이터 플랫폼 및 네트워크 구축 사업
  ㉡ 본인정보 활용지원(마이데이터) 사업

◆ 사업 추진 절차 및 향후 일정

구분	내용	일정	비고
과제 공모	홈페이지 등을 통한 과제 공모 공고	2월	한국지능정보사회진흥원
수행기관 선정평가	평가위원회(2단계)를 통해 수행기관 선정	4월	
과제 심의조정	과제 수행 내용 및 예산 조정 확정, 결과 통보	5월	한국지능정보사회진흥원 및 수행기관
결과 보고	사업 최종 결과보고서 제출	12월	
최종 평가	2차년도 과제수행 여부 판단을 위한 결과 평가		

한국데이터산업진흥원

㉠ 2023년 기준 국내 기업의 빅데이터 도입률 : 15.9%

제 03 회 ITQ 실전모의문제

과목	코드	문제유형	시험시간	수험번호	성명
아래한글	1111	C	60분		

수험자 유의사항

- 수험자는 문제지를 받는 즉시 문제지와 <u>수험표상의 시험과목(프로그램)이 동일한지 반드시 확인</u>하여야 합니다.
- 파일명은 본인의 "수험번호-성명"으로 입력하여 답안폴더(내 PC\문서\ITQ)에 하나의 파일로 저장해야 하며, 답안문서 파일명이 "수험번호-성명"과 일치하지 않거나, 답안파일을 전송하지 않아 미제출로 처리될 경우 실격 처리합니다(예:12345678-홍길동.hwpx).
- 답안 작성을 마치면 파일을 저장하고, '답안 전송' 버튼을 선택하여 감독위원 PC로 답안을 전송하십시오. 수험생 정보와 저장한 파일명이 다를 경우 전송되지 않으므로 주의하시기 바랍니다.
- 답안 작성 중에도 주기적으로 저장하고, '답안 전송'하여야 문제 발생을 줄일 수 있습니다. 작업한 내용을 저장하지 않고 전송할 경우 이전에 저장된 내용이 전송되오니 이점 유의하시기 바랍니다.
- 답안문서는 지정된 경로 외의 다른 보조기억장치에 저장하는 경우, 지정된 시험 시간 외에 작성된 파일을 활용할 경우, 기타 통신수단(이메일, 메신저, 네트워크 등)을 이용하여 타인에게 전달 또는 외부 반출하는 경우는 부정 처리합니다.
- 시험 중 부주의 또는 고의로 시스템을 파손한 경우는 수험자가 변상해야 하며, 〈수험자 유의사항〉에 기재된 방법대로 이행하지 않아 생기는 불이익은 수험생 당사자의 책임임을 알려 드립니다.
- 문제의 조건은 한컴오피스 2022 버전으로 설정되어 있으니 유의하시기 바랍니다.
- 시험을 완료한 수험자는 답안파일이 전송되었는지 확인한 후 감독위원의 지시에 따라 문제지를 제출하고 퇴실합니다.

답안 작성요령

- **온라인 답안 작성 절차**
  수험자 등록 ⇒ 시험 시작 ⇒ 답안파일 저장 ⇒ 답안 전송 ⇒ 시험 종료
- **공통 부문**
  - 글꼴에 대한 기본설정은 함초롬바탕, 10포인트, 검정, 줄간격 160%, 양쪽정렬로 합니다.
  - 색상은 조건의 색을 적용하고 색의 구분이 안 될 경우에는 RGB 값을 적용하십시오.
    (빨강 255,0,0 / 파랑 0,0,255 / 노랑 255,255,0).
  - 각 문항에 주어진 ≪조건≫에 따라 작성하고 언급하지 않은 조건은 ≪출력형태≫와 같이 작성합니다.
  - 용지여백은 왼쪽·오른쪽 11mm, 위쪽·아래쪽·머리말·꼬리말 10mm, 제본 0mm로 합니다.
  - 그림 삽입 문제의 경우 「내 PC\문서\ITQ\Picture」 폴더에서 지정된 파일을 선택하여 삽입하십시오.
  - 삽입한 그림은 반드시 문서에 포함하여 저장해야 합니다(미포함 시 감점 처리).
  - 각 항목은 지정된 페이지에 출력형태와 같이 정확히 작성하시기 바라며, 그렇지 않을 경우에 해당 항목은 0점 처리됩니다.
    ※ 페이지구분 : 1페이지 - 기능평가 I (문제번호 표시 : 1. 2.),
                    2페이지 - 기능평가 II (문제번호 표시 : 3. 4.),
                    3페이지 - 문서작성 능력평가
- **기능평가**
  - 문제와 ≪조건≫은 입력하지 않으며 문제번호와 답(≪출력형태≫)만 작성합니다.
  - 4번 문제는 묶기를 했을 경우 0점 처리됩니다.
- **문서작성 능력평가**
  - A4 용지(210mm×297mm) 1매 크기, 세로 서식 문서로 작성합니다.
  - ◯ 표시는 문서작성에 대한 지시사항이므로 작성하지 않습니다.

kpc 한국생산성본부

기능평가 Ⅰ (150점)

1. 다음의 ≪조건≫에 따라 스타일 기능을 적용하여 ≪출력형태≫와 같이 작성하시오. (50점)

≪조건≫ (1) 스타일 이름 - flag
(2) 문단 모양 - 왼쪽 여백 : 15pt, 문단 아래 간격 : 10pt
(3) 글자 모양 - 글꼴 : 한글(돋움)/영문(굴림), 크기 : 10pt, 장평 : 95%, 자간 : 5%

≪출력형태≫

One thing that cannot be overlooked in understanding Koreans is the national flag, Taegeukgi, which has always been flown at the most turbulent times in the country's history.

예로부터 우리 선조들이 생활 속에서 즐겨 사용하던 태극 문양은 동양사상의 근본적인 내용인 음양의 조화를 상징하며 태극기는 우주와 더불어 끝없이 창조와 번영을 희구하는 한민족의 이상을 담고 있다.

2. 다음의 ≪조건≫에 따라 ≪출력형태≫와 같이 표와 차트를 작성하시오. (100점)

≪표 조건≫ (1) 표 전체(표, 캡션) - 돋움, 10pt
(2) 정렬 - 문자 : 가운데 정렬, 숫자 : 오른쪽 정렬
(3) 셀 배경(면색) : 노랑
(4) 한글의 계산 기능을 이용하여 빈칸에 합계를 구하고, 캡션 기능 사용할 것
(5) 선 모양은 ≪출력형태≫와 동일하게 처리할 것

≪출력형태≫

국경일 태극기 게양 현황(단위 : %)

구분	2021년	2022년	2023년	2024년	합계
전라도	87.9	84.5	86.6	74.1	
충청도	81.3	74.2	80.3	72.1	
경상도	82.7	85.7	72.9	73.8	
경기도	81.7	84.6	64.2	67.8	

≪차트 조건≫ (1) 차트 데이터는 표 내용에서 연도별 전라도, 충청도, 경상도의 값만 이용할 것
(2) 종류 - <묶은 세로 막대형>으로 작업할 것
(3) 제목 - 글꼴 : 굴림, 진하게, 12pt,
속성 : 채우기(밝은 색 : 하양), 테두리, 그림자(바깥쪽 : 대각선 오른쪽 아래)
(4) 제목 이외의 전체 글꼴 - 굴림, 보통, 10pt
(5) 축제목과 범례는 ≪출력형태≫와 동일하게 처리할 것

≪출력형태≫

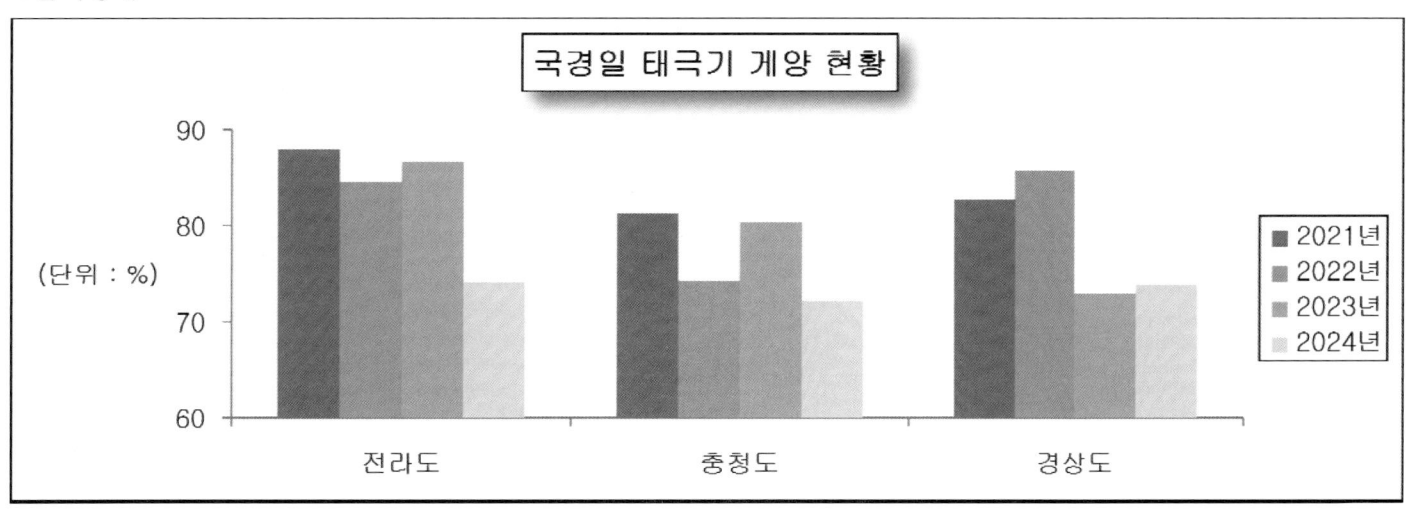

기능평가 II (150점)

3. 다음 (1), (2)의 수식을 수식 편집기로 각각 입력하시오. (40점)

≪출력형태≫

(1) $E = \sqrt{\dfrac{GM}{R}}, \dfrac{R^3}{T^2} = \dfrac{GM}{4\pi^2}$

(2) $\displaystyle\int_0^1 (\sin x + \dfrac{x}{2}) dx = \int_0^1 \dfrac{1+\sin x}{2} dx$

4. 다음의 ≪조건≫에 따라 ≪출력형태≫와 같이 문서를 작성하시오. (110점)

≪조건≫
(1) 그리기 도구를 이용하여 작성하고, 모든 도형(글맵시, 지정된 그림 포함)을 ≪출력형태≫와 같이 작성하시오.
(2) 도형의 면색은 지시사항이 없으면 색 없음을 제외하고 서로 다르게 임의로 지정하시오.

≪출력형태≫

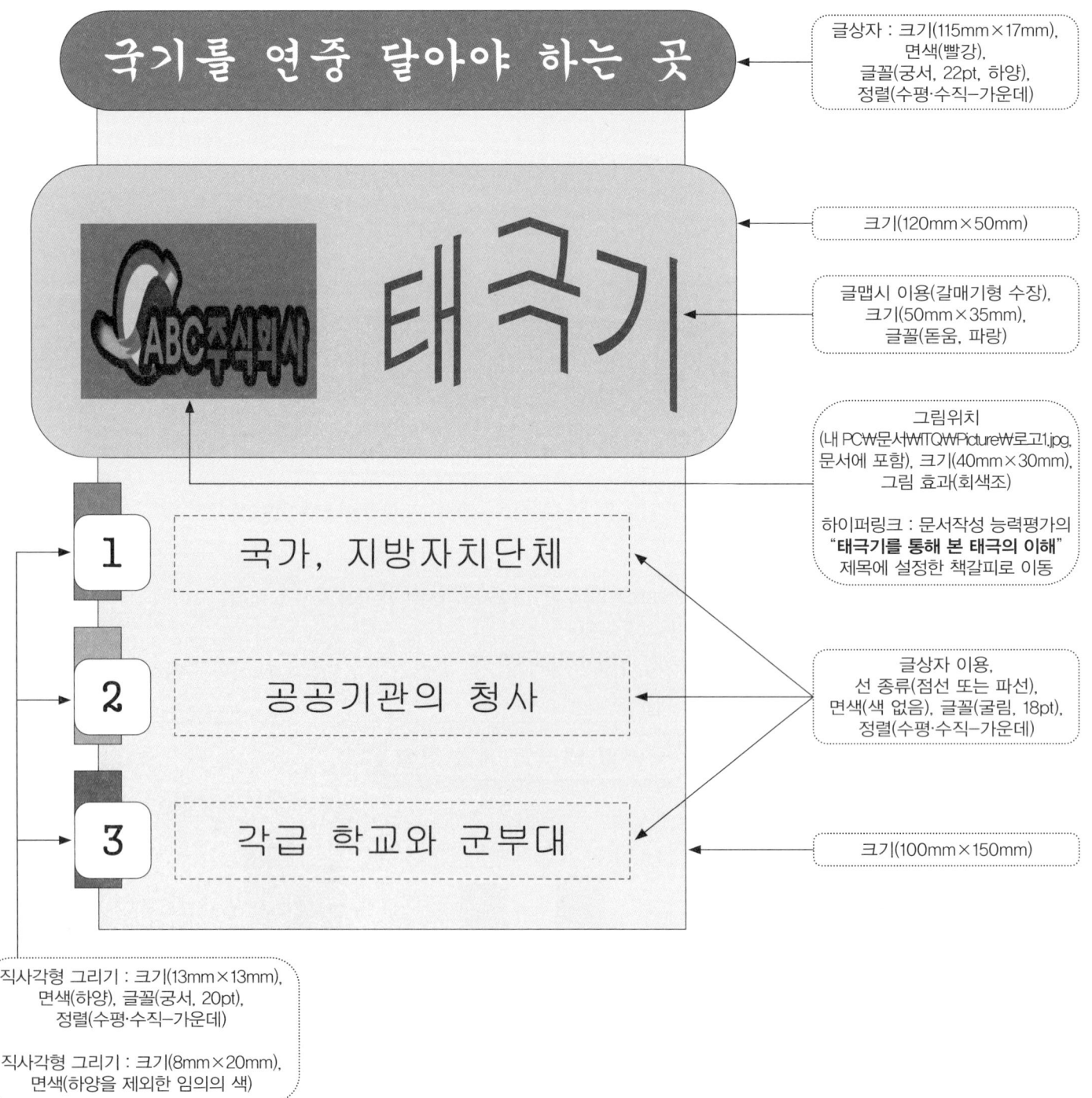

태극기를 통해 본 태극의 이해

근대 국가가 발전하면서 세계 각국은 국기를 제정(制定)하여 사용하기 시작하였다. 우리나라의 국기 제정은 1882년(고종 19년) 5월 22일 조미수호통상조약 조인식이 직접적인 계기(契機)가 되었다. 이후 1882년 9월 수신사⊙로 일본으로 가던 박영효가 배 안에서 태극 문양과 그 둘레에 건곤감리 4괘를 그려 넣은 '태극4괘 도안'의 기를 만들어 그 달 25일부터 사용하였고, 이듬해인 1883년 3월 6일에 왕명으로 이것이 국기로 제정 및 공포되었다. 그러나 공포할 당시 구체적인 국기제작 방법을 명시하지 않은 탓에 이후 다양한 형태의 국기가 사용되었다.

태극기는 흰 바탕의 한가운데에 적색은 양, 청색은 음의 태극을 두고, 괘는 사방의 대각선상에 검은빛으로 기면을 향하여 건을 왼편 위, 곤을 오른편 아래, 감을 오른편 위, 이를 왼편 아래에 둔다. 기봉은 무궁화 봉오리로 하되 하반부에 꽃받침을 뚜렷이 표시하고 전체를 금색으로 한다. 태극기의 색은 태극기 표준색도에 근접하도록 표현하며 견본은 자연광 아래에서 확인한다. 처음 제작된 태극기는 도형의 통일성이 없어 사괘와 태극양의의 위치가 혼용되다가 1948년 대한민국 정부 수립을 계기로 도안과 규격이 통일되었다.

◆ 국기의 게양방법

가) 국기 다는 위치
　a) 단독(공동) 주택 : 집 밖에서 보아 대문의 중앙이나 왼쪽
　b) 건물 주변 : 전면 지상의 중앙 또는 왼쪽, 출입구 위 벽면의 중앙
나) 국기를 다는 시간
　a) 다는 시각 : 오전 7시
　b) 내리는 시각 : 오후 6시(3월-10월), 오후 5시(11월-2월)

◆ 태극기에 담긴 의미

구분	내용
흰색 바탕	밝음과 순수, 전통적으로 평화를 사랑하는 민족성 상징
태극 문양	음과 양의 조화 상징
	우주 만물이 상호작용에 의해 생성 및 발전하는 자연의 진리 형상화
4괘(건곤감리)	음과 양이 서로 변화 및 발전하는 모습을 효(획)의 조합으로 구체화
	건은 우주 만물 중에서 하늘을, 곤은 땅을, 감은 물을, 리는 불을 상징

행정안전부

⊙ 강화도 조약 이후 조선정부가 일본에 파견한 외교사절

제04회 ITQ 실전모의문제

과목	코드	문제유형	시험시간	수험번호	성명
아래한글	1111	A	60분		

수험자 유의사항

- 수험자는 문제지를 받는 즉시 문제지와 <u>수험표상의 시험과목(프로그램)이 동일한지 반드시 확인</u>하여야 합니다.
- 파일명은 본인의 "수험번호-성명"으로 입력하여 답안폴더(내 PC\문서\ITQ)에 하나의 파일로 저장해야 하며, 답안문서 파일명이 "수험번호-성명"과 일치하지 않거나, 답안파일을 전송하지 않아 미제출로 처리될 경우 실격 처리합니다(예:12345678-홍길동.hwpx).
- 답안 작성을 마치면 파일을 저장하고, '답안 전송' 버튼을 선택하여 감독위원 PC로 답안을 전송하십시오. 수험생 정보와 저장한 파일명이 다를 경우 전송되지 않으므로 주의하시기 바랍니다.
- 답안 작성 중에도 <u>주기적으로 저장하고, '답안 전송'</u>하여야 문제 발생을 줄일 수 있습니다. 작업한 내용을 저장하지 않고 전송할 경우 이전에 저장된 내용이 전송되오니 이점 유의하시기 바랍니다.
- 답안문서는 지정된 경로 외의 다른 보조기억장치에 저장하는 경우, 지정된 시험 시간 외에 작성된 파일을 활용할 경우, 기타 통신수단(이메일, 메신저, 네트워크 등)을 이용하여 타인에게 전달 또는 외부 반출하는 경우는 부정 처리합니다.
- 시험 중 부주의 또는 고의로 시스템을 파손한 경우는 수험자가 변상해야 하며, 〈수험자 유의사항〉에 기재된 방법대로 이행하지 않아 생기는 불이익은 수험생 당사자의 책임임을 알려 드립니다.
- 문제의 조건은 한컴오피스 2022 버전으로 설정되어 있으니 유의하시기 바랍니다.
- 시험을 완료한 수험자는 답안파일이 전송되었는지 확인한 후 감독위원의 지시에 따라 문제지를 제출하고 퇴실합니다.

답안 작성요령

- **온라인 답안 작성 절차**
  수험자 등록 ⇒ 시험 시작 ⇒ 답안파일 저장 ⇒ 답안 전송 ⇒ 시험 종료
- **공통 부문**
  - 글꼴에 대한 기본설정은 함초롬바탕, 10포인트, 검정, 줄간격 160%, 양쪽정렬로 합니다.
  - 색상은 조건의 색을 적용하고 색의 구분이 안 될 경우에는 RGB 값을 적용하십시오.
    (빨강 255,0,0 / 파랑 0,0,255 / 노랑 255,255,0).
  - 각 문항에 주어진 ≪조건≫에 따라 작성하고 언급하지 않은 조건은 ≪출력형태≫와 같이 작성합니다.
  - 용지여백은 왼쪽·오른쪽 11mm, 위쪽·아래쪽·머리말·꼬리말 10mm, 제본 0mm로 합니다.
  - 그림 삽입 문제의 경우 「내 PC\문서\ITQ\Picture」 폴더에서 지정된 파일을 선택하여 삽입하십시오.
  - 삽입한 그림은 반드시 문서에 포함하여 저장해야 합니다(미포함 시 감점 처리).
  - 각 항목은 지정된 페이지에 출력형태와 같이 정확히 작성하시기 바라며, 그렇지 않을 경우에 해당 항목은 0점 처리됩니다.
    ※ 페이지구분 : 1페이지 - 기능평가 I (문제번호 표시 : 1. 2.),
    　　　　　　　　2페이지 - 기능평가 II (문제번호 표시 : 3. 4.),
    　　　　　　　　3페이지 - 문서작성 능력평가
- **기능평가**
  - 문제와 ≪조건≫은 입력하지 않으며 문제번호와 답(≪출력형태≫)만 작성합니다.
  - 4번 문제는 묶기를 했을 경우 0점 처리됩니다.
- **문서작성 능력평가**
  - A4 용지(210mm×297mm) 1매 크기, 세로 서식 문서로 작성합니다.
  - ◯ 표시는 문서작성에 대한 지시사항이므로 작성하지 않습니다.

kpc 한국생산성본부

기능평가 I (150점)

1. 다음의 ≪조건≫에 따라 스타일 기능을 적용하여 ≪출력형태≫와 같이 작성하시오. (50점)

≪조건≫ (1) 스타일 이름 - expo
(2) 문단 모양 - 왼쪽 여백 : 10pt, 문단 아래 간격 : 10pt
(3) 글자 모양 - 글꼴 : 한글(돋움)/영문(굴림), 크기 : 10pt, 장평 : 95%, 자간 : -5%

≪출력형태≫

World Tea EXPO 2025 Hadong, Korea is held with the slogan 'The Scent of Nature, Healthy Future, Tea!' with the main venue Hadong Wild Tea Culture Festival Area of Hwagae-myeon.

하동세계차엑스포는 차 산업을 새로운 성장동력으로 키워가는 계기를 만들기 위해 '자연의 향기, 건강한 미래, 차!'를 주제로 하동스포츠파크와 화개면에 있는 하동야생차문화축제장을 중심으로 개최된다.

2. 다음의 ≪조건≫에 따라 ≪출력형태≫와 같이 표와 차트를 작성하시오. (100점)

≪표 조건≫ (1) 표 전체(표, 캡션) - 돋움, 10pt
(2) 정렬 - 문자 : 가운데 정렬, 숫자 : 오른쪽 정렬
(3) 셀 배경(면색) : 노랑
(4) 한글의 계산 기능을 이용하여 빈칸에 합계를 구하고, 캡션 기능 사용할 것
(5) 선 모양은 ≪출력형태≫와 동일하게 처리할 것

≪출력형태≫

주요 지역별 차 생산량의 변화(단위 : 백 톤)

구분	2021년	2022년	2023년	2024년	합계
전라남도	14	15	18	19	
경상남도	22	19	12	14	
제주특별자치도	3	7	8	16	
전라북도	1	3	2	2	

≪차트 조건≫ (1) 차트 데이터는 표 내용에서 연도별 전라남도, 경상남도, 제주특별자치도의 값만 이용할 것
(2) 종류 - <묶은 세로 막대형>으로 작업할 것
(3) 제목 - 글꼴 : 굴림, 진하게, 12pt,
속성 : 채우기(밝은 색 : 하양), 테두리, 그림자(바깥쪽 : 대각선 오른쪽 아래)
(4) 제목 이외의 전체 글꼴 - 굴림, 보통, 10pt
(5) 축제목과 범례는 ≪출력형태≫와 동일하게 처리할 것

≪출력형태≫

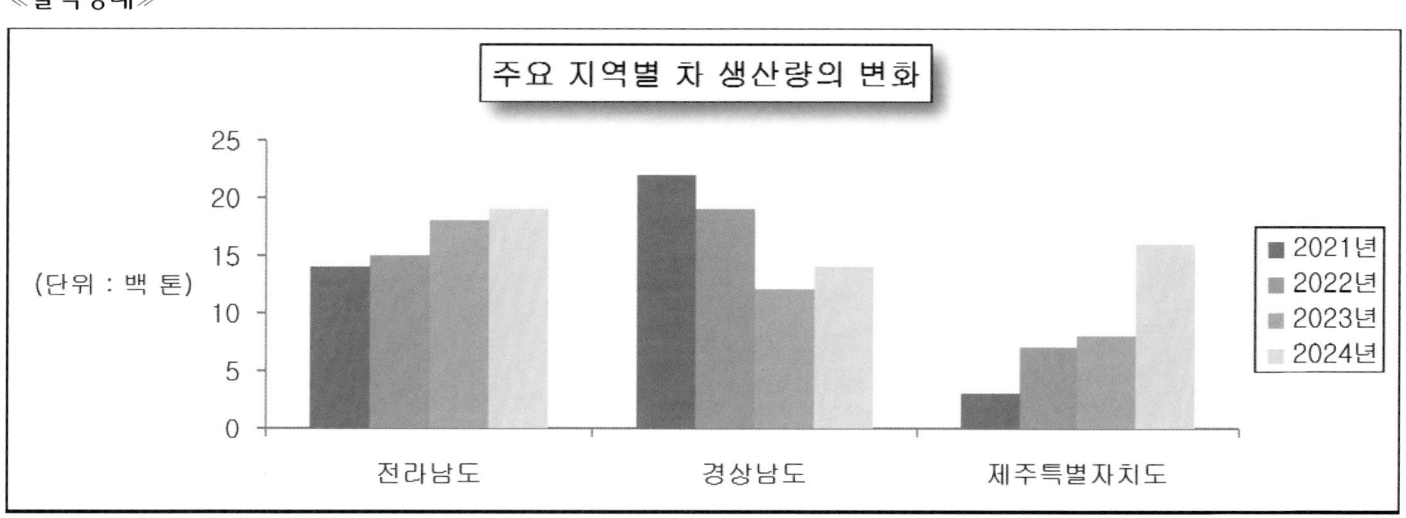

기능평가 II (150점)

3. 다음 (1), (2)의 수식을 수식 편집기로 각각 입력하시오. (40점)

≪출력형태≫

(1) $\int_a^b xf(x)dx = \frac{1}{b-a}\int_a^b xdx = \frac{a+b}{2}$

(2) $T = \frac{b^2}{a} + 2\pi\sqrt{\frac{r^3}{GM}}$

4. 다음의 ≪조건≫에 따라 ≪출력형태≫와 같이 문서를 작성하시오. (110점)

≪조건≫
(1) 그리기 도구를 이용하여 작성하고, 모든 도형(글맵시, 지정된 그림 포함)을 ≪출력형태≫와 같이 작성하시오.
(2) 도형의 면색은 지시사항이 없으면 색 없음을 제외하고 서로 다르게 임의로 지정하시오.

≪출력형태≫

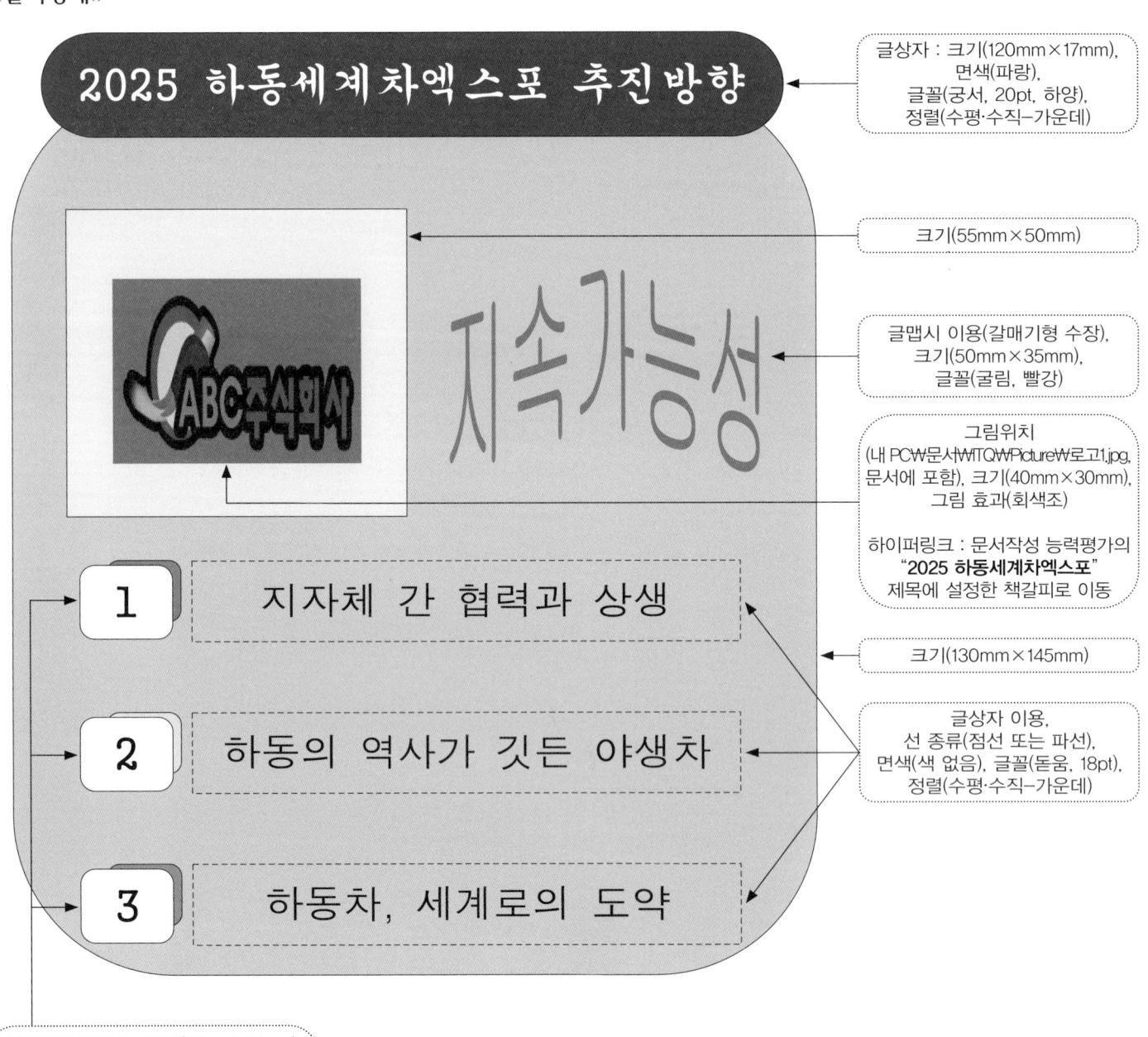

2025 하동세계차엑스포

하동은 통일신라 시대, 우리나라에서 처음 차를 재배한 곳으로 1,200년 전 당나라 사신으로 갔던 대렴공이 차 씨앗을 들여왔고, 왕명을 받은 대렴공은 겨울에도 꽃이 핀다는 이름이 붙은 화개동천에 차 씨앗을 심었다. 하동은 차 시배지일 뿐만 아니라 다도(茶道)의 중흥지이기도 하다. 우리 조상들이 일찍이 알아보았듯이 하동의 기후와 토질은 차를 재배하기에 최적으로 일제 강점기에 개량종이 퍼져 나갈 때에도 토종 야생차를 보존해 아직까지 자연 그대로의 차밭에서 재배하고 있기도 하다. 그 가치를 인정받아 하동 전통차 농업은 2017년 11월에 세계중요농업유산㉮으로 등재(登載)되었다.

차 분야에서는 국내 최초의 정부 공식 승인 국제행사로 하동차의 우수성을 알리고 생활 속에서 차를 즐기는 문화를 만들며, 차 산업을 새로운 성장동력으로 키워가는 계기를 만들기 위해 2025 하동세계차엑스포가 개최된다. 이번 하동세계차엑스포는 하나뿐인 지구와 미래 세대를 위해 환경친화적인 행사로 천 년을 이어온 차의 역사를 경험하고 전 세계의 차 애호가들에게는 다양하고 훌륭한 차를 즐기는 기회를, 차 생산국 및 관련 업계에는 시장의 성장과 발전의 계기를 만들어 주리라 기대된다.

♣ 2025 하동세계차엑스포 개요

가. 비전 및 기간
 ㉠ 비전 : 인류의 지속가능한 삶을 위한 차
 ㉡ 기간 : 2025년 6월 12일 - 2025년 7월 11일
나. 주최 및 참가 규모
 ㉠ 주최 : 경상남도, 하동군
 ㉡ 참가 규모 : 10개국, 관람객 135만 명(외국인 7만 명)

♣ 엑스포 핵심과제별 주요 프로그램

연번	핵심과제명	주요 프로그램	연번	핵심과제명	주요 프로그램
1	스마트 엑스포	스마트 플랫폼 구축	4	라이브 엑스포	엑스포 방송팀 신설
1	스마트 엑스포	스마트-모빌리티 구축	4	라이브 엑스포	실시간 소통 채널 구축
2	공존 엑스포	국제 차 학술대회	5	웰니스 엑스포	항노화관 및 항암관 운영
2	공존 엑스포	국제 티 마스터스컵대회	6	탄소제로 엑스포	친환경 차 특별관 전시
3	비즈니스 엑스포	국내외 차 산업관 설치	7	콘텐츠 엑스포	다원10경 체험

하동세계차엑스포조직위원회

㉮ FAO가 전 세계의 전통적 농업 시스템, 생물 다양성, 토지이용체계를 보전하기 위해 도입한 제도

제05회 ITQ 실전모의문제

과목	코드	문제유형	시험시간	수험번호	성명
아래한글	1111	B	60분		

수험자 유의사항

- 수험자는 문제지를 받는 즉시 문제지와 <u>수험표상의 시험과목(프로그램)이 동일한지 반드시 확인</u>하여야 합니다.
- 파일명은 본인의 "수험번호-성명"으로 입력하여 답안폴더(내 PC₩문서₩ITQ)에 하나의 파일로 저장해야 하며, 답안문서 파일명이 "수험번호-성명"과 일치하지 않거나, 답안파일을 전송하지 않아 미제출로 처리될 경우 실격 처리합니다(예:12345678-홍길동.hwpx).
- 답안 작성을 마치면 파일을 저장하고, '답안 전송' 버튼을 선택하여 감독위원 PC로 답안을 전송하십시오. 수험생 정보와 저장한 파일명이 다를 경우 전송되지 않으므로 주의하시기 바랍니다.
- 답안 작성 중에도 <u>주기적으로 저장하고, '답안 전송'</u>하여야 문제 발생을 줄일 수 있습니다. 작업한 내용을 저장하지 않고 전송할 경우 이전에 저장된 내용이 전송되오니 이점 유의하시기 바랍니다.
- 답안문서는 지정된 경로 외의 다른 보조기억장치에 저장하는 경우, 지정된 시험 시간 외에 작성된 파일을 활용할 경우, 기타 통신수단(이메일, 메신저, 네트워크 등)을 이용하여 타인에게 전달 또는 외부 반출하는 경우는 부정 처리합니다.
- 시험 중 부주의 또는 고의로 시스템을 파손한 경우는 수험자가 변상해야 하며, 〈수험자 유의사항〉에 기재된 방법대로 이행하지 않아 생기는 불이익은 수험생 당사자의 책임임을 알려 드립니다.
- 문제의 조건은 한컴오피스 2022 버전으로 설정되어 있으니 유의하시기 바랍니다.
- 시험을 완료한 수험자는 답안파일이 전송되었는지 확인한 후 감독위원의 지시에 따라 문제지를 제출하고 퇴실합니다.

답안 작성요령

- **온라인 답안 작성 절차**
  수험자 등록 ⇒ 시험 시작 ⇒ 답안파일 저장 ⇒ 답안 전송 ⇒ 시험 종료
- **공통 부문**
  - 글꼴에 대한 기본설정은 함초롬바탕, 10포인트, 검정, 줄간격 160%, 양쪽정렬로 합니다.
  - 색상은 조건의 색을 적용하고 색의 구분이 안 될 경우에는 RGB 값을 적용하십시오.
    (빨강 255,0,0 / 파랑 0,0,255 / 노랑 255,255,0).
  - 각 문항에 주어진 ≪조건≫에 따라 작성하고 언급하지 않은 조건은 ≪출력형태≫와 같이 작성합니다.
  - 용지여백은 왼쪽·오른쪽 11mm, 위쪽·아래쪽·머리말·꼬리말 10mm, 제본 0mm로 합니다.
  - 그림 삽입 문제의 경우 「내 PC₩문서₩ITQ₩Picture」 폴더에서 지정된 파일을 선택하여 삽입하십시오.
  - 삽입한 그림은 반드시 문서에 포함하여 저장해야 합니다(미포함 시 감점 처리).
  - 각 항목은 지정된 페이지에 출력형태와 같이 정확히 작성하시기 바라며, 그렇지 않을 경우에 해당 항목은 0점 처리됩니다.
    ※ 페이지구분 : 1페이지 - 기능평가 I (문제번호 표시 : 1. 2.),
     2페이지 - 기능평가 II (문제번호 표시 : 3. 4.),
     3페이지 - 문서작성 능력평가
- **기능평가**
  - 문제와 ≪조건≫은 입력하지 않으며 문제번호와 답(≪출력형태≫)만 작성합니다.
  - 4번 문제는 묶기를 했을 경우 0점 처리됩니다.
- **문서작성 능력평가**
  - A4 용지(210mm×297mm) 1매 크기, 세로 서식 문서로 작성합니다.
  - ◯ 표시는 문서작성에 대한 지시사항이므로 작성하지 않습니다.

kpc 한국생산성본부

기능평가 I (150점)

1. 다음의 ≪조건≫에 따라 스타일 기능을 적용하여 ≪출력형태≫와 같이 작성하시오. (50점)

≪조건≫ (1) 스타일 이름 - market
(2) 문단 모양 - 왼쪽 여백 : 10pt, 문단 아래 간격 : 10pt
(3) 글자 모양 - 글꼴 : 한글(돋움)/영문(굴림), 크기 : 10pt, 장평 : 95%, 자간 : -5%

≪출력형태≫

In The Goryeo Dynasty(AD 918-1392), markets promoted exchange of goods a periodically, and information on national ceremonial rites periodically.

재래시장이란 다수의 수요자와 공급자가 상시 또는 계절적으로 집합하여 찬거리를 비롯한 일상 잡화 등의 물건을 구매하는 일정 규모 이상의 건물 매장 또는 장터를 말한다.

2. 다음의 ≪조건≫에 따라 ≪출력형태≫와 같이 표와 차트를 작성하시오. (100점)

≪표 조건≫ (1) 표 전체(표, 캡션) - 돋움, 10pt
(2) 정렬 - 문자 : 가운데 정렬, 숫자 : 오른쪽 정렬
(3) 셀 배경(면색) : 노랑
(4) 한글의 계산 기능을 이용하여 빈칸에 합계를 구하고, 캡션 기능 사용할 것
(5) 선 모양은 ≪출력형태≫와 동일하게 처리할 것

≪출력형태≫

지역별 시장소유 현황(단위 : 개)

구분	법인시장	개인시장	공설시장	공동시장	합계
서울	94	4	2	106	
경기	19	9	12	108	
경북	30	8	64	35	
충남	10	2	28	18	

≪차트 조건≫ (1) 차트 데이터는 표 내용에서 구분별 서울, 경기, 경북의 값만 이용할 것
(2) 종류 - <묶은 세로 막대형>으로 작업할 것
(3) 제목 - 글꼴 : 굴림, 진하게, 12pt,
속성 : 채우기(밝은 색 : 하양), 테두리, 그림자(바깥쪽 : 대각선 오른쪽 아래)
(4) 제목 이외의 전체 글꼴 - 굴림, 보통, 10pt
(5) 축제목과 범례는 ≪출력형태≫와 동일하게 처리할 것

≪출력형태≫

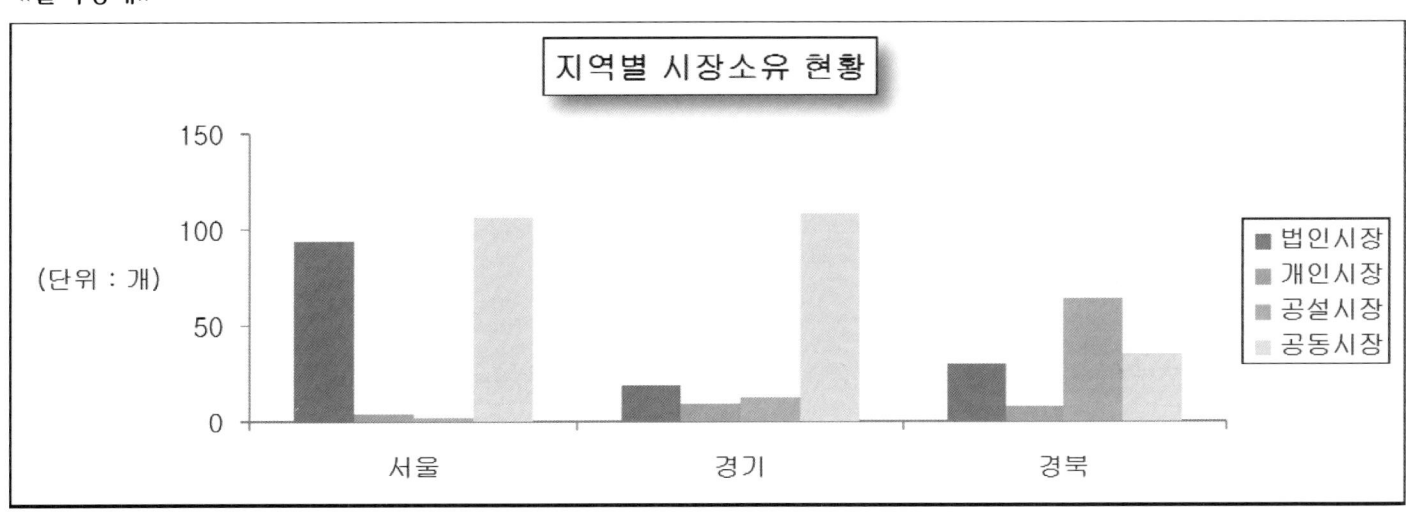

기능평가 II (150점)

3. 다음 (1), (2)의 수식을 수식 편집기로 각각 입력하시오. (40점)

≪출력형태≫

(1) $G = 2\int_{\frac{a}{2}}^{a} \frac{b\sqrt{a^2 - x^2}}{a} dx$

(2) $Y = \sqrt{\frac{gL}{2\pi}} = \frac{gT}{2\pi}$

4. 다음의 ≪조건≫에 따라 ≪출력형태≫와 같이 문서를 작성하시오. (110점)

≪조건≫

(1) 그리기 도구를 이용하여 작성하고, 모든 도형(글맵시, 지정된 그림 포함)을 ≪출력형태≫와 같이 작성하시오.
(2) 도형의 면색은 지시사항이 없으면 색 없음을 제외하고 서로 다르게 임의로 지정하시오.

≪출력형태≫

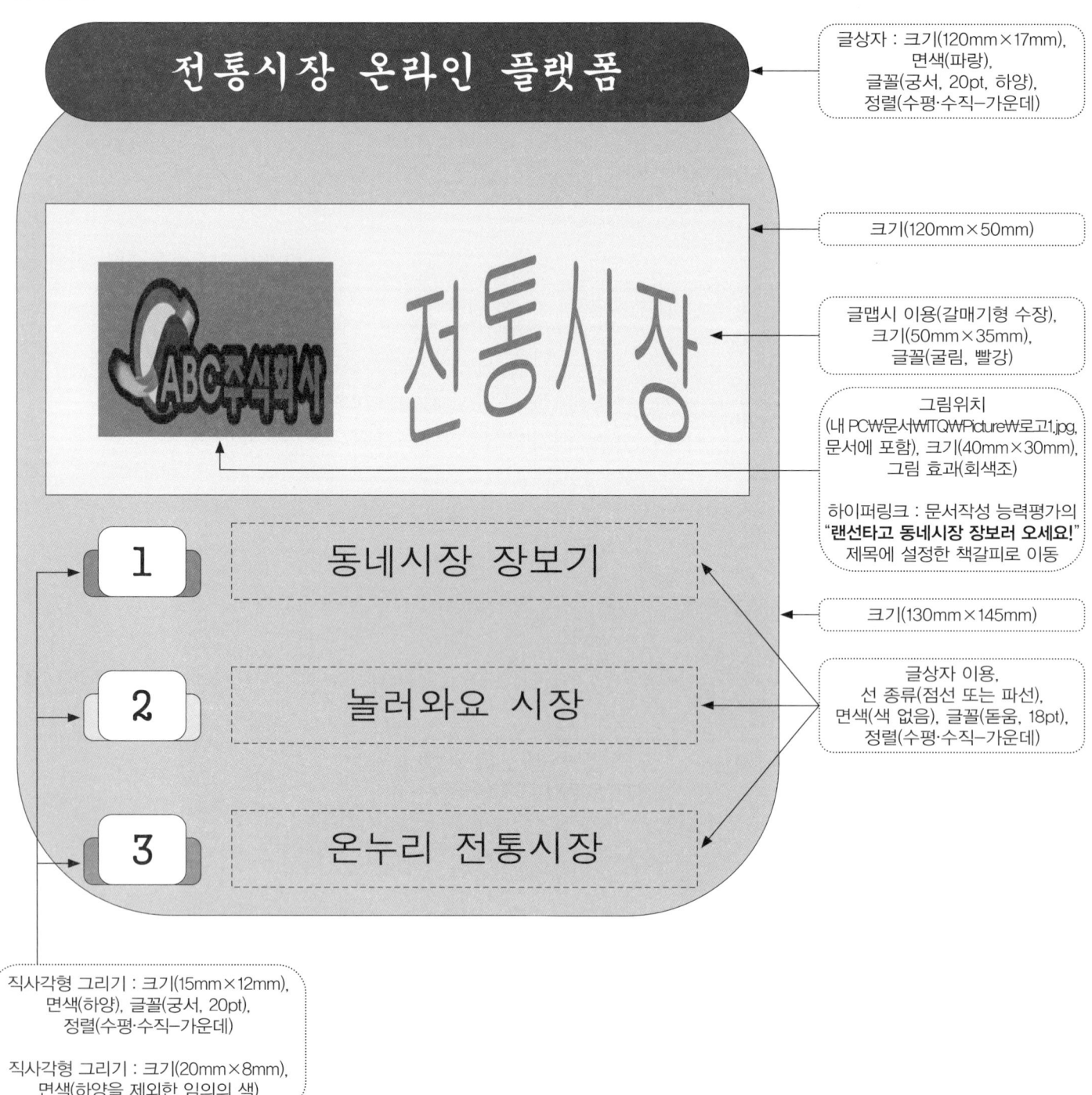

랜선타고 동네시장 장보러 오세요!

문화관광형시장이라는 이름으로 기존 낡은 재래시장을 개선한 전통시장들이 많이 생겨나고 있다. 전문 조사기관인 엠브레인에 의뢰하여 실시한 전통시장 인식 조사 결과에 따르면, 잠재 소비 계층인 20-30대 10명 중 8명이 전통시장을 문화 및 관광자원으로서 가치가 있다고 생각하는 것으로 나타났다. 전통시장이 문화 및 관광자원으로서 가치(價値)가 있는지를 묻는 질문에 대해 50대를 제외한 20-40대의 모든 연령층에서 인식률이 증가하였으며, 긍정적으로 인식하고 있는 것으로 조사되었다.

시장경영진흥원은 전통시장에 대한 관심도가 고연령층에 비해 상대적으로 낮은 20-30대 젊은 층에게 전통시장의 가치와 소중함을 일깨워 이들을 미래 고객으로 확보한다는 방침 아래 이들 청년층과 주부를 대상으로 온라인 중심의 홍보 활동을 전개해 왔다. 이에 따라 방문율이 부진했던 공식 블로그를 북적북적 시장 이야기로 개편한 것을 시작으로 대학생과 30-40대 주부 20명으로 구성된 전통시장 블로그@ 기자단을 출범(出帆)시켜 전통시장의 다양한 문화와 관광 요소, 재미와 가치를 콘텐츠로 개발하고, 다채로운 온라인 및 오프라인 이벤트로 전통시장에 대해 긍정적인 이미지를 구축하는 데 주력해 왔다.

♣ 시장경영패키지 지원

    가. 사업지원 패키지
        ㉠ 청소년 체험교실, 축제 및 행사, 콘텐츠 제작
        ㉡ 온라인 쇼핑몰, 배달 앱 판매의 운영 지원
    나. 인력지원 패키지
        ㉠ 시장매니저 : 상인회 일반 행정사무 및 관리 업무
        ㉡ 배송서비스 : 공동 택배, 배달 등의 주문 및 배송 관리

♣ 팔도시장의 즐거운 시장투어

테마별 구분	시장명	특산물	먹거리	주변 명소
볼거리	정선시장	정선황기, 곤드레나물	콧등치기국수	아라리촌, 화암관광지
	함평전통시장	함평한우, 함평갯벌낙지	육회비빔밥	함평나비대축제
역사문화	양평시장	양평산나물, 지평막걸리	양평해장국	용문사, 봉황정
	보은전통시장	황토대추, 황토사과	대추찐빵	속리산 법주사
바다어촌	송현시장	아귀, 꽃게	순대, 족발	월미도, 차이나타운

소상공인시장진흥공단

@ web과 log의 줄임말로, 자신의 관심사에 따라 자유롭게 글을 올릴 수 있는 웹 사이트

제06회 ITQ 실전모의문제

과목	코드	문제유형	시험시간	수험번호	성명
아래한글	1111	C	60분		

수험자 유의사항

- 수험자는 문제지를 받는 즉시 문제지와 <u>수험표상의 시험과목(프로그램)이 동일한지 반드시 확인</u>하여야 합니다.
- 파일명은 본인의 "수험번호-성명"으로 입력하여 답안폴더(내 PC\문서\ITQ)에 하나의 파일로 저장해야 하며, 답안문서 파일명이 "수험번호-성명"과 일치하지 않거나, 답안파일을 전송하지 않아 미제출로 처리될 경우 실격 처리합니다(예:12345678-홍길동.hwpx).
- 답안 작성을 마치면 파일을 저장하고, '답안 전송' 버튼을 선택하여 감독위원 PC로 답안을 전송하십시오. 수험생 정보와 저장한 파일명이 다를 경우 전송되지 않으므로 주의하시기 바랍니다.
- 답안 작성 중에도 <u>주기적으로 저장하고, '답안 전송'</u>하여야 문제 발생을 줄일 수 있습니다. 작업한 내용을 저장하지 않고 전송할 경우 이전에 저장된 내용이 전송되오니 이점 유의하시기 바랍니다.
- 답안문서는 지정된 경로 외의 다른 보조기억장치에 저장하는 경우, 지정된 시험 시간 외에 작성된 파일을 활용할 경우, 기타 통신수단(이메일, 메신저, 네트워크 등)을 이용하여 타인에게 전달 또는 외부 반출하는 경우는 부정 처리합니다.
- 시험 중 부주의 또는 고의로 시스템을 파손한 경우는 수험자가 변상해야 하며, 〈수험자 유의사항〉에 기재된 방법대로 이행하지 않아 생기는 불이익은 수험생 당사자의 책임임을 알려 드립니다.
- 문제의 조건은 한컴오피스 2022 버전으로 설정되어 있으니 유의하시기 바랍니다.
- 시험을 완료한 수험자는 답안파일이 전송되었는지 확인한 후 감독위원의 지시에 따라 문제지를 제출하고 퇴실합니다.

답안 작성요령

- **온라인 답안 작성 절차**
  수험자 등록 ⇒ 시험 시작 ⇒ 답안파일 저장 ⇒ 답안 전송 ⇒ 시험 종료
- **공통 부문**
  - 글꼴에 대한 기본설정은 함초롬바탕, 10포인트, 검정, 줄간격 160%, 양쪽정렬로 합니다.
  - 색상은 조건의 색을 적용하고 색의 구분이 안 될 경우에는 RGB 값을 적용하십시오.
    (빨강 255,0,0 / 파랑 0,0,255 / 노랑 255,255,0).
  - 각 문항에 주어진 ≪조건≫에 따라 작성하고 언급하지 않은 조건은 ≪출력형태≫와 같이 작성합니다.
  - 용지여백은 왼쪽·오른쪽 11mm, 위쪽·아래쪽·머리말·꼬리말 10mm, 제본 0mm로 합니다.
  - 그림 삽입 문제의 경우 「내 PC\문서\ITQ\Picture」폴더에서 지정된 파일을 선택하여 삽입하십시오.
  - 삽입한 그림은 반드시 문서에 포함하여 저장해야 합니다(미포함 시 감점 처리).
  - 각 항목은 지정된 페이지에 출력형태와 같이 정확히 작성하시기 바라며, 그렇지 않을 경우에
    해당 항목은 0점 처리됩니다.
    ※ 페이지구분 : 1페이지 - 기능평가 I (문제번호 표시 : 1. 2.),
          2페이지 - 기능평가 II (문제번호 표시 : 3. 4.),
          3페이지 - 문서작성 능력평가
- **기능평가**
  - 문제와 ≪조건≫은 입력하지 않으며 문제번호와 답(≪출력형태≫)만 작성합니다.
  - 4번 문제는 묶기를 했을 경우 0점 처리됩니다.
- **문서작성 능력평가**
  - A4 용지(210mm×297mm) 1매 크기, 세로 서식 문서로 작성합니다.
  - ◯ 표시는 문서작성에 대한 지시사항이므로 작성하지 않습니다.

kpc 한국생산성본부

기능평가 Ⅰ (150점)

1. 다음의 ≪조건≫에 따라 스타일 기능을 적용하여 ≪출력형태≫와 같이 작성하시오. (50점)

≪조건≫ (1) 스타일 이름 - create
(2) 문단 모양 - 왼쪽 여백 : 10pt, 문단 아래 간격 : 10pt
(3) 글자 모양 - 글꼴 : 한글(돋움)/영문(굴림), 크기 : 10pt, 장평 : 95%, 자간 : -5%

≪출력형태≫

An entrepreneur is someone who has an idea and who works to create a product or service that people will buy, by building an organization to support those sales.

청소년 비즈쿨은 초중고 학생을 대상으로 모의 창업교육을 통해 꿈과 끼, 도전정신, 진취성 등 미래역량의 기업가정신을 갖춘 융합형 창의인재를 키워내고자 하는 사업이다.

2. 다음의 ≪조건≫에 따라 ≪출력형태≫와 같이 표와 차트를 작성하시오. (100점)

≪표 조건≫ (1) 표 전체(표, 캡션) - 돋움, 10pt
(2) 정렬 - 문자 : 가운데 정렬, 숫자 : 오른쪽 정렬
(3) 셀 배경(면색) : 노랑
(4) 한글의 계산 기능을 이용하여 빈칸에 평균(소수점 두 자리)을 구하고, 캡션 기능 사용할 것
(5) 선 모양은 ≪출력형태≫와 동일하게 처리할 것

≪출력형태≫

연도별 대학 창업강좌 수(단위 : 백 개)

구분	2020년	2021년	2022년	2023년	평균
오프라인	131	134	79	94	
온라인	7	72	75	60	
교양	71	74	81	79	
전공	67	67	73	75	

≪차트 조건≫ (1) 차트 데이터는 표 내용에서 연도별 오프라인, 온라인, 교양의 값만 이용할 것
(2) 종류 - <묶은 세로 막대형>으로 작업할 것
(3) 제목 - 글꼴 : 굴림, 진하게, 12pt,
속성 : 채우기(밝은 색 : 하양), 테두리, 그림자(바깥쪽 : 대각선 오른쪽 아래)
(4) 제목 이외의 전체 글꼴 - 굴림, 보통, 10pt
(5) 축제목과 범례는 ≪출력형태≫와 동일하게 처리할 것

≪출력형태≫

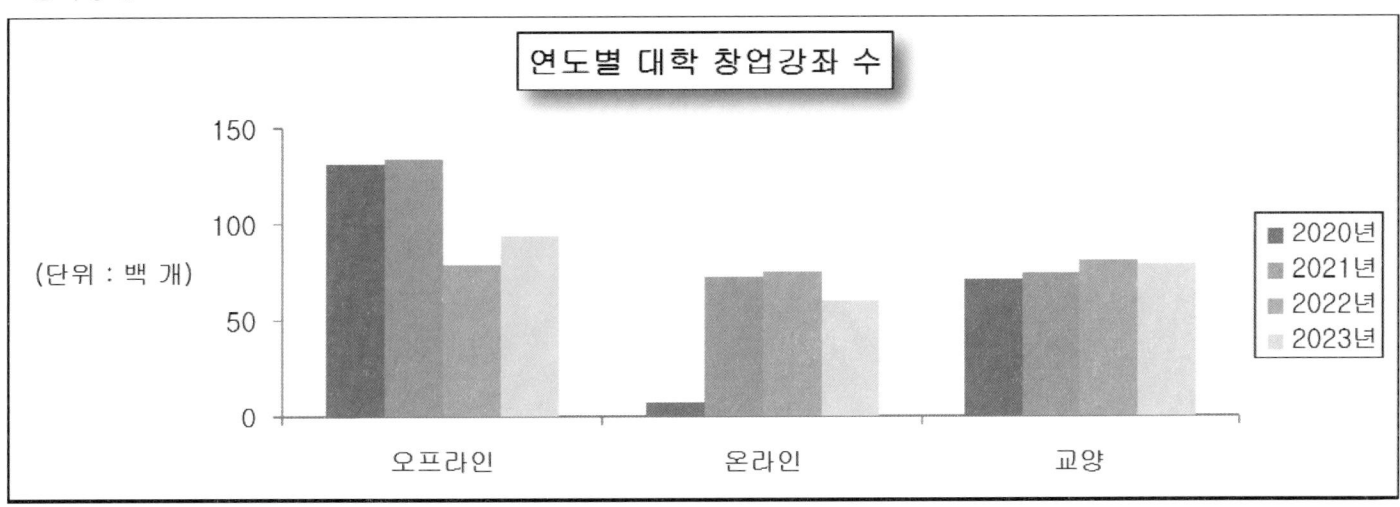

기능평가 II (150점)

3. 다음 (1), (2)의 수식을 수식 편집기로 각각 입력하시오. (40점)

≪출력형태≫

(1) $\sum_{k=1}^{n} = \frac{1}{6}n(n+a)(2n+1)$

(2) $\frac{1}{d} = \sqrt{n^2} = \sqrt{\frac{3kT}{m}}$

4. 다음의 ≪조건≫에 따라 ≪출력형태≫와 같이 문서를 작성하시오. (110점)

≪조건≫
(1) 그리기 도구를 이용하여 작성하고, 모든 도형(글맵시, 지정된 그림 포함)을 ≪출력형태≫와 같이 작성하시오.
(2) 도형의 면색은 지시사항이 없으면 색 없음을 제외하고 서로 다르게 임의로 지정하시오.

≪출력형태≫

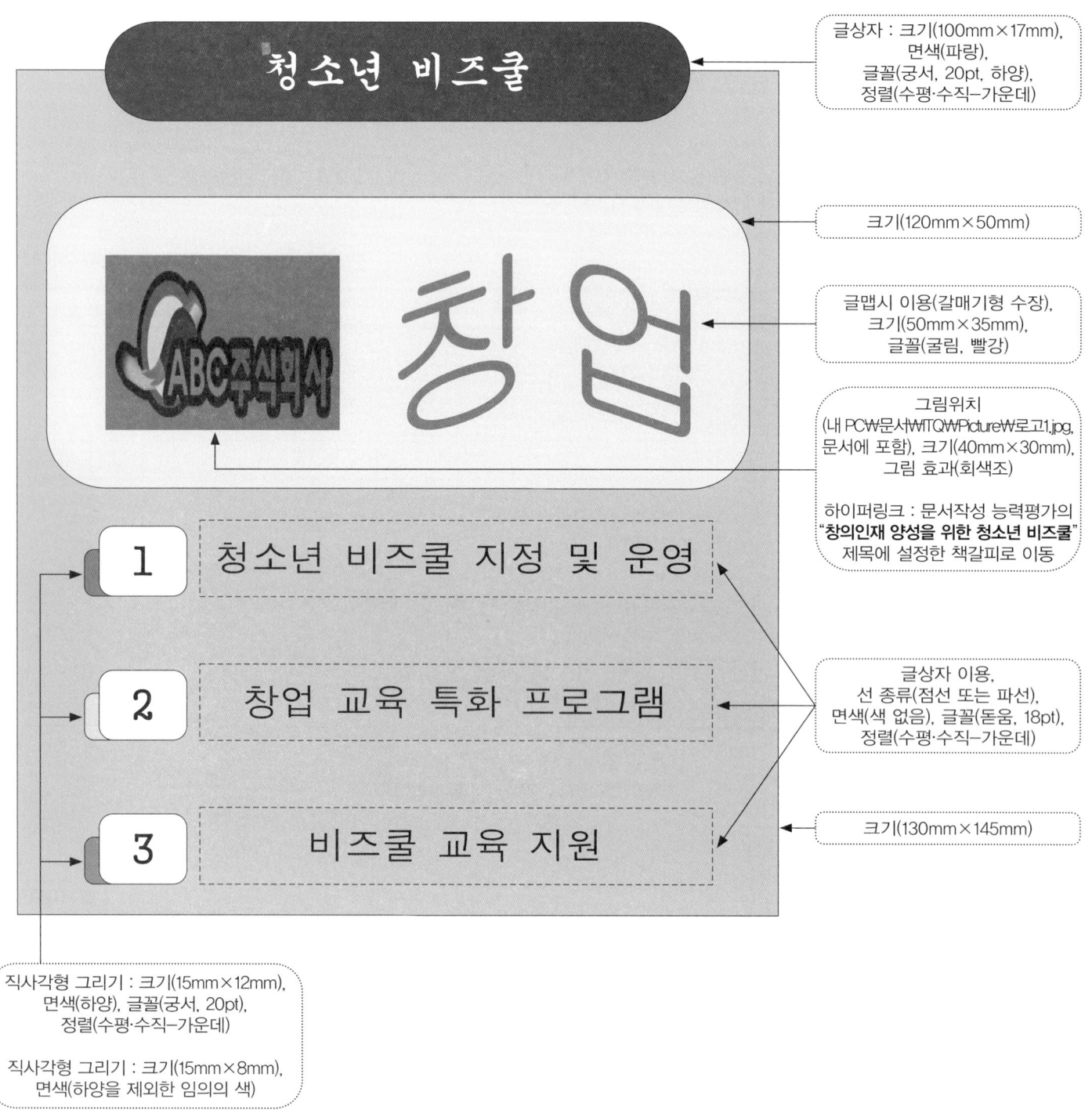

창의인재 양성을 위한 청소년 비즈쿨

비즈쿨

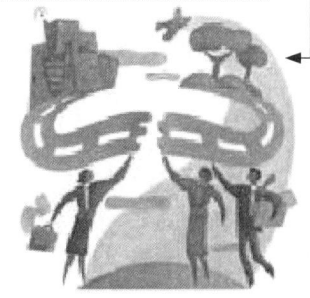

학교 교육과정에서 비즈니스를 배운다는 뜻을 담고 있는 비즈쿨(BizCool)은 비즈니스(business)와 스쿨(school)의 합성어로 그 의미를 표현하고 있다. 비즈쿨은 전국의 고등학생을 대상으로 이론 교육을 비롯하여 현장 체험과 같은 체계적인 프로그램을 통해 기초 개념인 기업 및 기업가에 대한 이해, 창업과 경영 등 비즈니스에 필수적인 내용을 학습할 수 있는 기회를 제공한다. 이를 통해 미래에 대한 희망과 비전을 제시하고 다양한 진로를 모색할 수 있도록 유도(誘導)함으로써 청소년들의 기업가적 자질과 역량을 고취시켜 이들을 미래의 경제 역군으로 양성하며, 궁극적으로는 중소기업의 인력난 해소와 창업의 활성화를 도모(圖謀)하고자 한다.

이러한 목적의 일환으로 중소기업청 비즈쿨 운영팀에서 비즈쿨 페스티벌을 개최한다. 이번 페스티벌은 비즈쿨 프로그램을 운영하는 전국 100여 개 학교 간의 성공 사례를 발표하고, 지역별 비즈쿨 운영 학습 정보를 제공하기 위해 마련되었다. 본 행사는 비즈쿨 공동체의 기반을 형성하고 창업 아이템 경진대회ⓐ를 통해 우수 학교와 학생에 대한 지원을 강화하며 비즈쿨 학생의 자립정신과 도전정신을 제고하기 위해 기획되었다.

♣ 청소년 비즈쿨 페스티벌

가. 행사일정 및 장소
　㉠ 행사일정 : 2024. 06. 17 - 2024. 06. 23
　㉡ 행사장소 : 세종 호수공원
나. 지원내용
　㉠ 전시관 : 비즈쿨 주제관, 학교관, 유관기관 및 기업관
　㉡ 부대행사 : 기업가정신 컨퍼런스, 신기술 체험 등

♣ 창업 프로그램 지원내용

유형	프로그램	지원내용
시장진입	판로개척	창업기업의 홍보, 마케팅 뿐 아니라 매출 증대에 직간접적으로 영향을 끼치는 활동
	글로벌연계	글로벌 전시회, 행사관련 창업기업수요에 따른 연계지원
초기투자	투자교육	투자유치를 위한 기본교육, 심화교육까지 전과정 교육
	IR	주관기관, 엑셀러레이터, 유관기관 연계 등을 통해 모의투자 및 실제투자 IR 진행
실증검증	기술실증	민간기관 및 공공기관과 매칭한 창업기업 기술성 검증

창업진흥원

ⓐ 고등학교 창업 동아리 학생들의 아이디어를 발굴하여 사업화를 지원하는 대회

제07회 ITQ 실전모의문제

과목	코드	문제유형	시험시간	수험번호	성명
아래한글	1111	A	60분		

수험자 유의사항

- 수험자는 문제지를 받는 즉시 문제지와 <u>수험표상의 시험과목(프로그램)이 동일한지 반드시 확인</u>하여야 합니다.
- 파일명은 본인의 "수험번호-성명"으로 입력하여 답안폴더(내 PC₩문서₩ITQ)에 하나의 파일로 저장해야 하며, 답안문서 파일명이 "수험번호-성명"과 일치하지 않거나, 답안파일을 전송하지 않아 미제출로 처리될 경우 실격 처리합니다(예:12345678-홍길동.hwpx).
- 답안 작성을 마치면 파일을 저장하고, '답안 전송' 버튼을 선택하여 감독위원 PC로 답안을 전송하십시오. 수험생 정보와 저장한 파일명이 다를 경우 전송되지 않으므로 주의하시기 바랍니다.
- 답안 작성 중에도 **주기적으로 저장하고, '답안 전송'**하여야 문제 발생을 줄일 수 있습니다. 작업한 내용을 저장하지 않고 전송할 경우 이전에 저장된 내용이 전송되오니 이점 유의하시기 바랍니다.
- 답안문서는 지정된 경로 외의 다른 보조기억장치에 저장하는 경우, 지정된 시험 시간 외에 작성된 파일을 활용할 경우, 기타 통신수단(이메일, 메신저, 네트워크 등)을 이용하여 타인에게 전달 또는 외부 반출하는 경우는 부정 처리합니다.
- 시험 중 부주의 또는 고의로 시스템을 파손한 경우는 수험자가 변상해야 하며, 〈수험자 유의사항〉에 기재된 방법대로 이행하지 않아 생기는 불이익은 수험생 당사자의 책임임을 알려 드립니다.
- 문제의 조건은 한컴오피스 2022 버전으로 설정되어 있으니 유의하시기 바랍니다.
- 시험을 완료한 수험자는 답안파일이 전송되었는지 확인한 후 감독위원의 지시에 따라 문제지를 제출하고 퇴실합니다.

답안 작성요령

- **온라인 답안 작성 절차**
  수험자 등록 ⇒ 시험 시작 ⇒ 답안파일 저장 ⇒ 답안 전송 ⇒ 시험 종료
- **공통 부문**
  - 글꼴에 대한 기본설정은 함초롬바탕, 10포인트, 검정, 줄간격 160%, 양쪽정렬로 합니다.
  - 색상은 조건의 색을 적용하고 색의 구분이 안 될 경우에는 RGB 값을 적용하십시오.
    (빨강 255,0,0 / 파랑 0,0,255 / 노랑 255,255,0).
  - 각 문항에 주어진 ≪조건≫에 따라 작성하고 언급하지 않은 조건은 ≪출력형태≫와 같이 작성합니다.
  - 용지여백은 왼쪽·오른쪽 11mm, 위쪽·아래쪽·머리말·꼬리말 10mm, 제본 0mm로 합니다.
  - 그림 삽입 문제의 경우 「내 PC₩문서₩ITQ₩Picture」 폴더에서 지정된 파일을 선택하여 삽입하십시오.
  - 삽입한 그림은 반드시 문서에 포함하여 저장해야 합니다(미포함 시 감점 처리).
  - 각 항목은 지정된 페이지에 출력형태와 같이 정확히 작성하시기 바라며, 그렇지 않을 경우에 해당 항목은 0점 처리됩니다.
    ※ 페이지구분 : 1페이지 - 기능평가 I (문제번호 표시 : 1. 2.),
        2페이지 - 기능평가 II (문제번호 표시 : 3. 4.),
        3페이지 - 문서작성 능력평가
- **기능평가**
  - 문제와 ≪조건≫은 입력하지 않으며 문제번호와 답(≪출력형태≫)만 작성합니다.
  - 4번 문제는 묶기를 했을 경우 0점 처리됩니다.
- **문서작성 능력평가**
  - A4 용지(210mm×297mm) 1매 크기, 세로 서식 문서로 작성합니다.
  - ◯ 표시는 문서작성에 대한 지시사항이므로 작성하지 않습니다.

kpc 한국생산성본부

기능평가 I (150점)

1. 다음의 ≪조건≫에 따라 스타일 기능을 적용하여 ≪출력형태≫와 같이 작성하시오. (50점)

≪조건≫ (1) 스타일 이름 - information
(2) 문단 모양 - 왼쪽 여백 : 15pt, 문단 아래 간격 : 10pt
(3) 글자 모양 - 글꼴 : 한글(돋움)/영문(굴림), 크기 : 10pt, 장평 : 95%, 자간 : 5%

≪출력형태≫

In the age of based on big data personal information is becoming increasingly more important. Personal information is becoming a global problem.

4차 산업혁명 시대에 빅데이터 기반 개인정보의 중요성은 더욱 커지고 있다. 또한 개인정보는 더 이상 어느 한 국가의 문제가 아닌 전 세계적인 문제가 되었다.

2. 다음의 ≪조건≫에 따라 ≪출력형태≫와 같이 표와 차트를 작성하시오. (100점)

≪표 조건≫ (1) 표 전체(표, 캡션) - 굴림, 10pt
(2) 정렬 - 문자 : 가운데 정렬, 숫자 : 오른쪽 정렬
(3) 셀 배경(면색) : 노랑
(4) 한글의 계산 기능을 이용하여 빈칸에 평균(소수점 두 자리)을 구하고, 캡션 기능 사용할 것
(5) 선 모양은 ≪출력형태≫와 동일하게 처리할 것

≪출력형태≫

스팸 발송경로별 유통 현황(단위 : 십만 건)

구분	2021년	2022년	2023년	2024년	평균
유선전화	62	73	94	122	
인터넷전화	81	83	67	85	
휴대전화	21	26	31	30	
이메일(국내발송)	0.9	11	5	7	

≪차트 조건≫ (1) 차트 데이터는 표 내용에서 연도별 유선전화, 인터넷전화, 휴대전화의 값만 이용할 것
(2) 종류 - <묶은 세로 막대형>으로 작업할 것
(3) 제목 - 글꼴 : 돋움, 진하게, 12pt,
속성 : 채우기(밝은 색 : 하양), 테두리, 그림자(바깥쪽 : 대각선 오른쪽 아래)
(4) 제목 이외의 전체 글꼴 - 굴림, 보통, 10pt
(5) 축제목과 범례는 ≪출력형태≫와 동일하게 처리할 것

≪출력형태≫

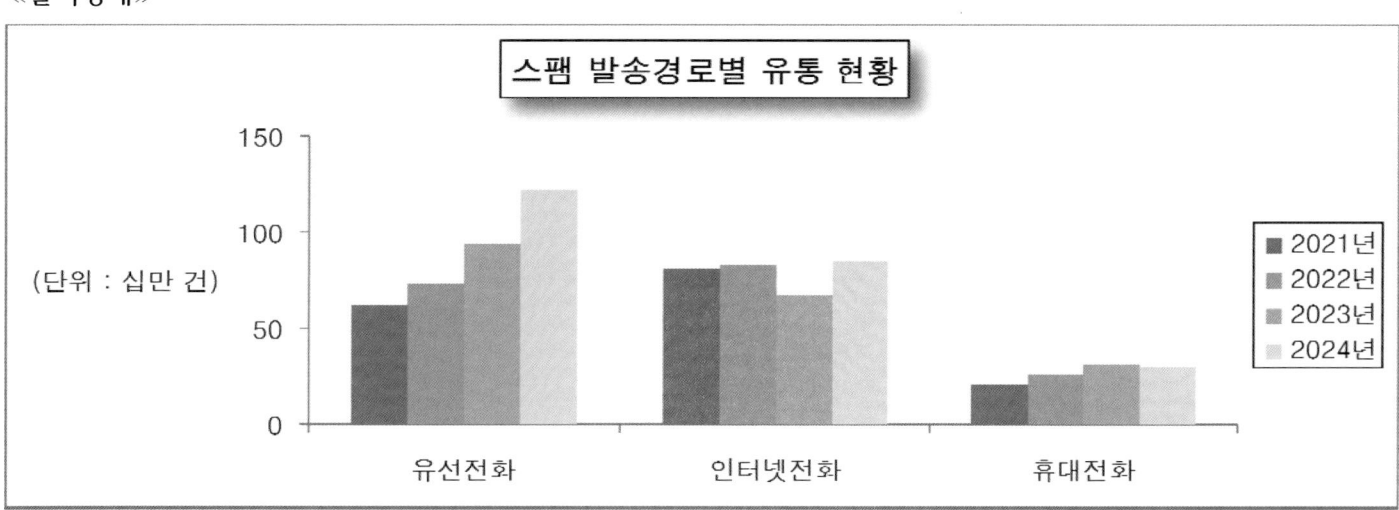

기능평가 II (150점)

3. 다음 (1), (2)의 수식을 수식 편집기로 각각 입력하시오. (40점)

≪출력형태≫

(1) $1+\sqrt{3}=\dfrac{x^3-(2x+5)^2}{x^3-(x-2)}$

(2) $\displaystyle\int_a^b xf(x)dx=\dfrac{1}{b-a}\int_a^b xdx=\dfrac{a+b}{2}$

4. 다음의 ≪조건≫에 따라 ≪출력형태≫와 같이 문서를 작성하시오. (110점)

≪조건≫
(1) 그리기 도구를 이용하여 작성하고, 모든 도형(글맵시, 지정된 그림 포함)을 ≪출력형태≫와 같이 작성하시오.
(2) 도형의 면색은 지시사항이 없으면 색 없음을 제외하고 서로 다르게 임의로 지정하시오.

≪출력형태≫

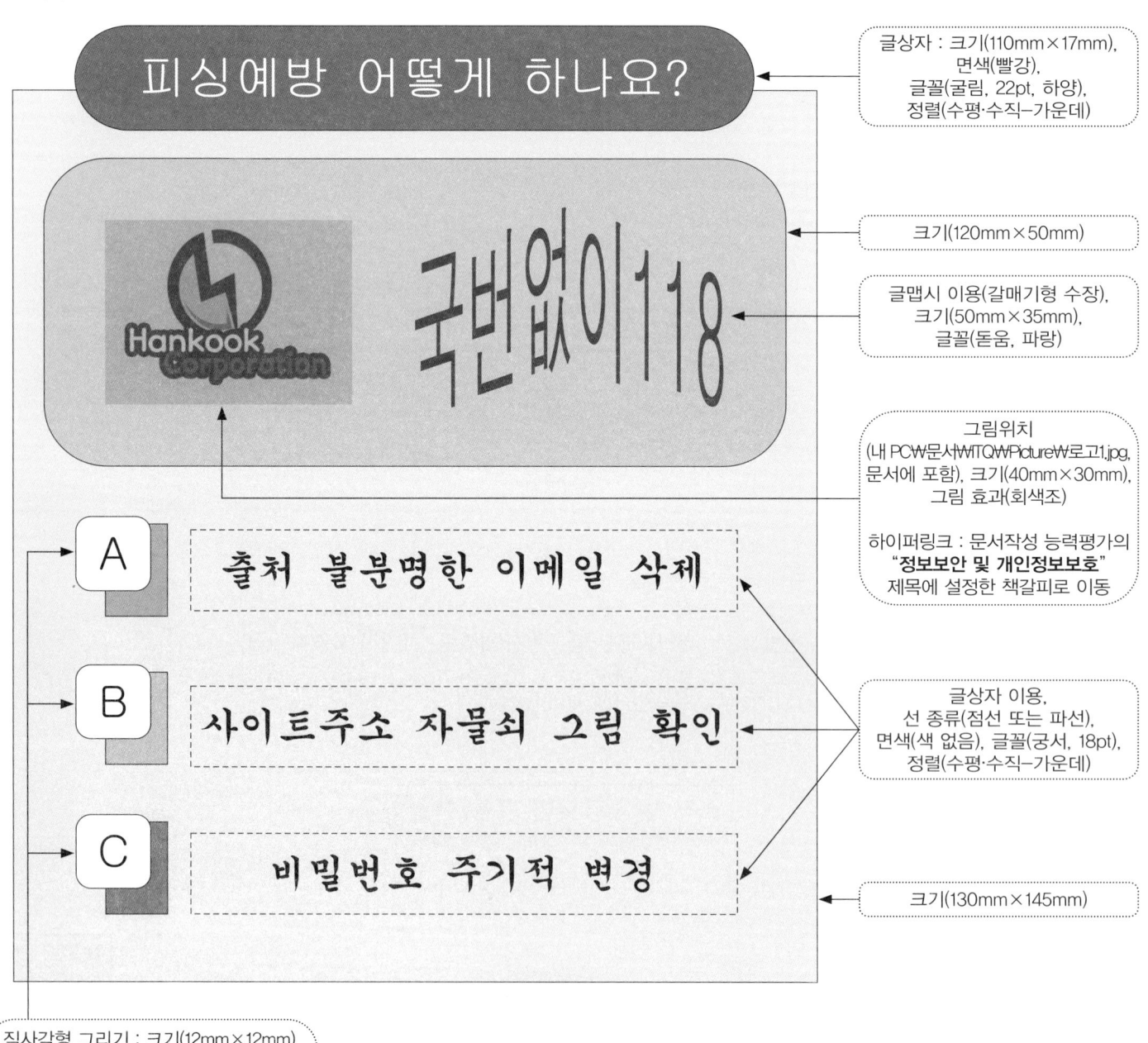

정보보안 및 개인정보보호

팬데믹① 이후 급격한 사회 변화로 인해 예측 불확실성과 불안이 증가했다. 전염병(傳染病) 확산 방지를 위해 각국은 강력한 방역 방침을 세우며, 정부 개입을 강화했다. 경제적으로도 제조업, 생산업 둔화 등의 문제가 등장했고, 이는 소득 및 지출 감소로 이어지며 글로벌 경제 침체 등의 위기가 발발했다. 우리 일상생활의 디지털 의존도는 빠른 속도로 높아져 왔으며 코로나19로 인해 화상회의, 원격교육, 원격진료 등 사회 기반 서비스 전반이 비대면화되면서 일상생활에서의 보안 접점도 확대되고 있다. 이에 전 세계적 경제 침체 국면에서도 정보보호 시장은 지속적인 성장세임을 확인할 수 있었다.

정보보안 서비스 분야는 높은 성장률을 보인다. 그러나 사이버 보안의 중요성이 날로 높아지고 관련 시장도 성장하는 것에 반해 국내 시장의 현실은 상대적으로 큰 격차를 보인다. 디지털 전환에 따른 사이버 보안 위협 증가는 필연적이다. 특히, 중소기업은 부족한 전문인력과 예산 등으로 인해 보안 위협에 취약하다. 정보보안산업 선진국 동향을 주시하며, 정보(情報) 보호에 대한 인식과 수준 제고를 위한 개선방안 마련이 필요한 시점이다.

♣ 스미싱 피해 시 대응 방법

I. 악성 애플리케이션 삭제
　① 문자메시지에 포함된 인터넷주소 클릭만으로는 미감염
　② 인터넷을 통해서 특정 어플 설치 시 악성코드 감염 의심
II. 모바일 결제 확인 및 취소하기
　① 피해가 확인되면 피해가 의심되는 스미싱 문자 캡처
　② 통신사 고객센터를 통해 스미싱 피해 신고 및 확인서 발급

♣ 랜섬웨어 피해예방 5대수칙

수칙	피해 대상1	피해 대상2	예방 대책
1	운영체제	응용프로그램	최신 보안 업데이트 실시
2	신뢰할 수 있는 백신	안티 익스플로잇 도구	백신 설치 및 최신 버전 업데이트
3	스팸메일, 첨부파일	출처 불분명 인터넷주소 링크	이메일 및 인터넷 주소 삭제
4	파일 공유사이트	신뢰할 수 없는 사이트	파일 다운로드 및 실행 주의
5	개인 중요문서	개인 중요사진	별도 매체에 정기적 백업

인터넷보호나라

---
① 세계보건기구가 선포하는 감염병 최고 경고 등급으로, 세계적으로 감염병이 대유행하는 상태

제 08 회 ITQ 실전모의문제

과목	코드	문제유형	시험시간	수험번호	성명
아래한글	1111	B	60분		

수험자 유의사항

- 수험자는 문제지를 받는 즉시 문제지와 <u>수험표상의 시험과목(프로그램)이 동일한지 반드시 확인</u>하여야 합니다.
- 파일명은 본인의 "수험번호-성명"으로 입력하여 답안폴더(내 PC₩문서₩ITQ)에 하나의 파일로 저장해야 하며, 답안문서 파일명이 "수험번호-성명"과 일치하지 않거나, 답안파일을 전송하지 않아 미제출로 처리될 경우 실격 처리합니다(예:12345678-홍길동.hwpx).
- 답안 작성을 마치면 파일을 저장하고, '답안 전송' 버튼을 선택하여 감독위원 PC로 답안을 전송하십시오. 수험생 정보와 저장한 파일명이 다를 경우 전송되지 않으므로 주의하시기 바랍니다.
- 답안 작성 중에도 **주기적으로 저장하고, '답안 전송'**하여야 문제 발생을 줄일 수 있습니다. 작업한 내용을 저장하지 않고 전송할 경우 이전에 저장된 내용이 전송되오니 이점 유의하시기 바랍니다.
- 답안문서는 지정된 경로 외의 다른 보조기억장치에 저장하는 경우, 지정된 시험 시간 외에 작성된 파일을 활용할 경우, 기타 통신수단(이메일, 메신저, 네트워크 등)을 이용하여 타인에게 전달 또는 외부 반출하는 경우는 부정 처리합니다.
- 시험 중 부주의 또는 고의로 시스템을 파손한 경우는 수험자가 변상해야 하며, 〈수험자 유의사항〉에 기재된 방법대로 이행하지 않아 생기는 불이익은 수험생 당사자의 책임임을 알려 드립니다.
- 문제의 조건은 한컴오피스 2022 버전으로 설정되어 있으니 유의하시기 바랍니다.
- 시험을 완료한 수험자는 답안파일이 전송되었는지 확인한 후 감독위원의 지시에 따라 문제지를 제출하고 퇴실합니다.

답안 작성요령

- **온라인 답안 작성 절차**
  수험자 등록 ⇒ 시험 시작 ⇒ 답안파일 저장 ⇒ 답안 전송 ⇒ 시험 종료
- **공통 부문**
  - 글꼴에 대한 기본설정은 함초롬바탕, 10포인트, 검정, 줄간격 160%, 양쪽정렬로 합니다.
  - 색상은 조건의 색을 적용하고 색의 구분이 안 될 경우에는 RGB 값을 적용하십시오.
    (빨강 255,0,0 / 파랑 0,0,255 / 노랑 255,255,0).
  - 각 문항에 주어진 ≪조건≫에 따라 작성하고 언급하지 않은 조건은 ≪출력형태≫와 같이 작성합니다.
  - 용지여백은 왼쪽·오른쪽 11mm, 위쪽·아래쪽·머리말·꼬리말 10mm, 제본 0mm로 합니다.
  - 그림 삽입 문제의 경우 「내 PC₩문서₩ITQ₩Picture」 폴더에서 지정된 파일을 선택하여 삽입하십시오.
  - 삽입한 그림은 반드시 문서에 포함하여 저장해야 합니다(미포함 시 감점 처리).
  - 각 항목은 지정된 페이지에 출력형태와 같이 정확히 작성하시기 바라며, 그렇지 않을 경우에 해당 항목은 0점 처리됩니다.
    ※ 페이지구분 : 1페이지 - 기능평가 I (문제번호 표시 : 1. 2.),
        2페이지 - 기능평가 II (문제번호 표시 : 3. 4.),
        3페이지 - 문서작성 능력평가
- **기능평가**
  - 문제와 ≪조건≫은 입력하지 않으며 문제번호와 답(≪출력형태≫)만 작성합니다.
  - 4번 문제는 묶기를 했을 경우 0점 처리됩니다.
- **문서작성 능력평가**
  - A4 용지(210mm×297mm) 1매 크기, 세로 서식 문서로 작성합니다.
  - ◯ 표시는 문서작성에 대한 지시사항이므로 작성하지 않습니다.

기능평가 I (150점)

1. 다음의 ≪조건≫에 따라 스타일 기능을 적용하여 ≪출력형태≫와 같이 작성하시오. (50점)

≪조건≫　(1) 스타일 이름 - ransomware
　　　　　(2) 문단 모양 - 왼쪽 여백 : 15pt, 문단 아래 간격 : 10pt
　　　　　(3) 글자 모양 - 글꼴 : 한글(굴림)/영문(돋움), 크기 : 10pt, 장평 : 95%, 자간 : 5%

≪출력형태≫

Ransomware is malicious program that locks the system or encrypts data in combination with ransom and software, and requires money to be paid hostage.

랜섬웨어는 몸값과 소프트웨어의 합성어로 시스템을 잠그거나 데이터를 암호화해 사용할 수 없도록 하고 이를 인질로 금전을 요구하는 악성 프로그램을 말한다.

2. 다음의 ≪조건≫에 따라 ≪출력형태≫와 같이 표와 차트를 작성하시오. (100점)

≪표 조건≫　(1) 표 전체(표, 캡션) - 굴림, 10pt
　　　　　　(2) 정렬 - 문자 : 가운데 정렬, 숫자 : 오른쪽 정렬
　　　　　　(3) 셀 배경(면색) : 노랑
　　　　　　(4) 한글의 계산 기능을 이용하여 빈칸에 평균(소수점 두 자리)을 구하고, 캡션 기능 사용할 것
　　　　　　(5) 선 모양은 ≪출력형태≫와 동일하게 처리할 것

≪출력형태≫

개인정보 침해 상담 건수(단위 : 백 건)

구분	2021년	2022년	2023년	2024년	평균
개인정보 수집	25	18	27	32	
개인정보 제공	31	38	64	60	
주민번호 도용	214	245	285	342	
회원탈퇴 불응	8	8	11	12	

≪차트 조건≫　(1) 차트 데이터는 표 내용에서 연도별 개인정보 수집, 개인정보 제공, 주민번호 도용의 값만 이용할 것
　　　　　　　(2) 종류 - <묶은 세로 막대형>으로 작업할 것
　　　　　　　(3) 제목 - 글꼴 : 돋움, 진하게, 12pt,
　　　　　　　　　　　　속성 : 채우기(밝은 색 : 하양), 테두리, 그림자(바깥쪽 : 대각선 오른쪽 아래)
　　　　　　　(4) 제목 이외의 전체 글꼴 - 돋움, 보통, 10pt
　　　　　　　(5) 축제목과 범례는 ≪출력형태≫와 동일하게 처리할 것

≪출력형태≫

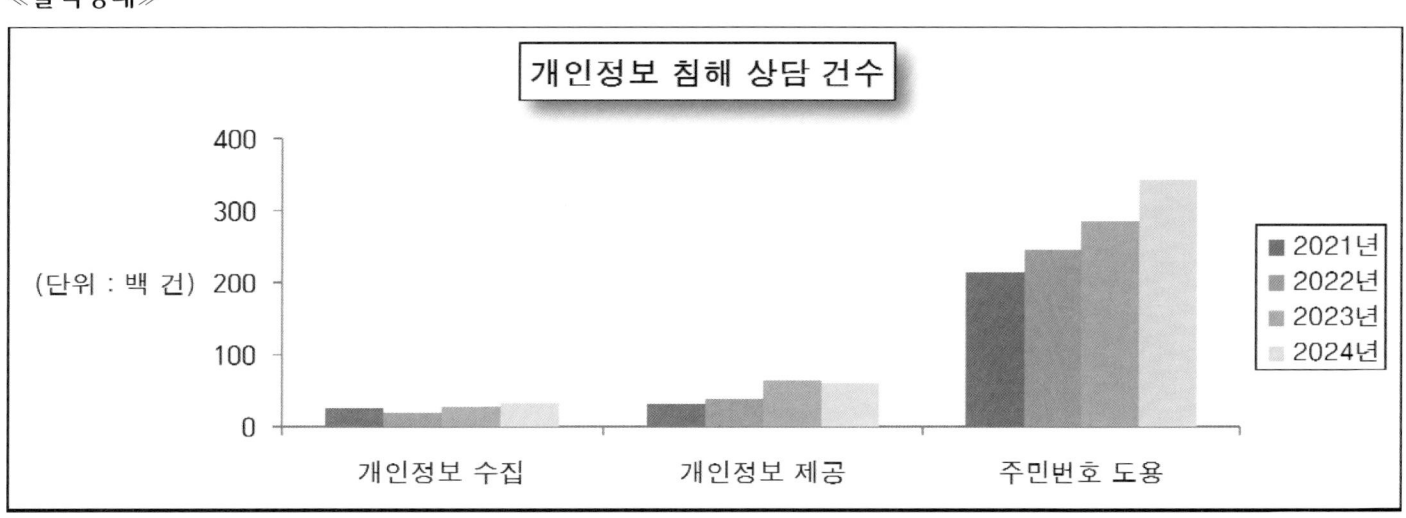

기능평가 II (150점)

3. 다음 (1), (2)의 수식을 수식 편집기로 각각 입력하시오. (40점)

≪출력형태≫

(1) $\int_0^3 \frac{\sqrt{6t^2-18t+12}}{5}dt=11$
(2) $\frac{b}{\sqrt{a^2+b^2}}=\frac{2\tan\theta}{1+\tan^2\theta}$

4. 다음의 ≪조건≫에 따라 ≪출력형태≫와 같이 문서를 작성하시오. (110점)

≪조건≫
(1) 그리기 도구를 이용하여 작성하고, 모든 도형(글맵시, 지정된 그림 포함)을 ≪출력형태≫와 같이 작성하시오.
(2) 도형의 면색은 지시사항이 없으면 색 없음을 제외하고 서로 다르게 임의로 지정하시오.

≪출력형태≫

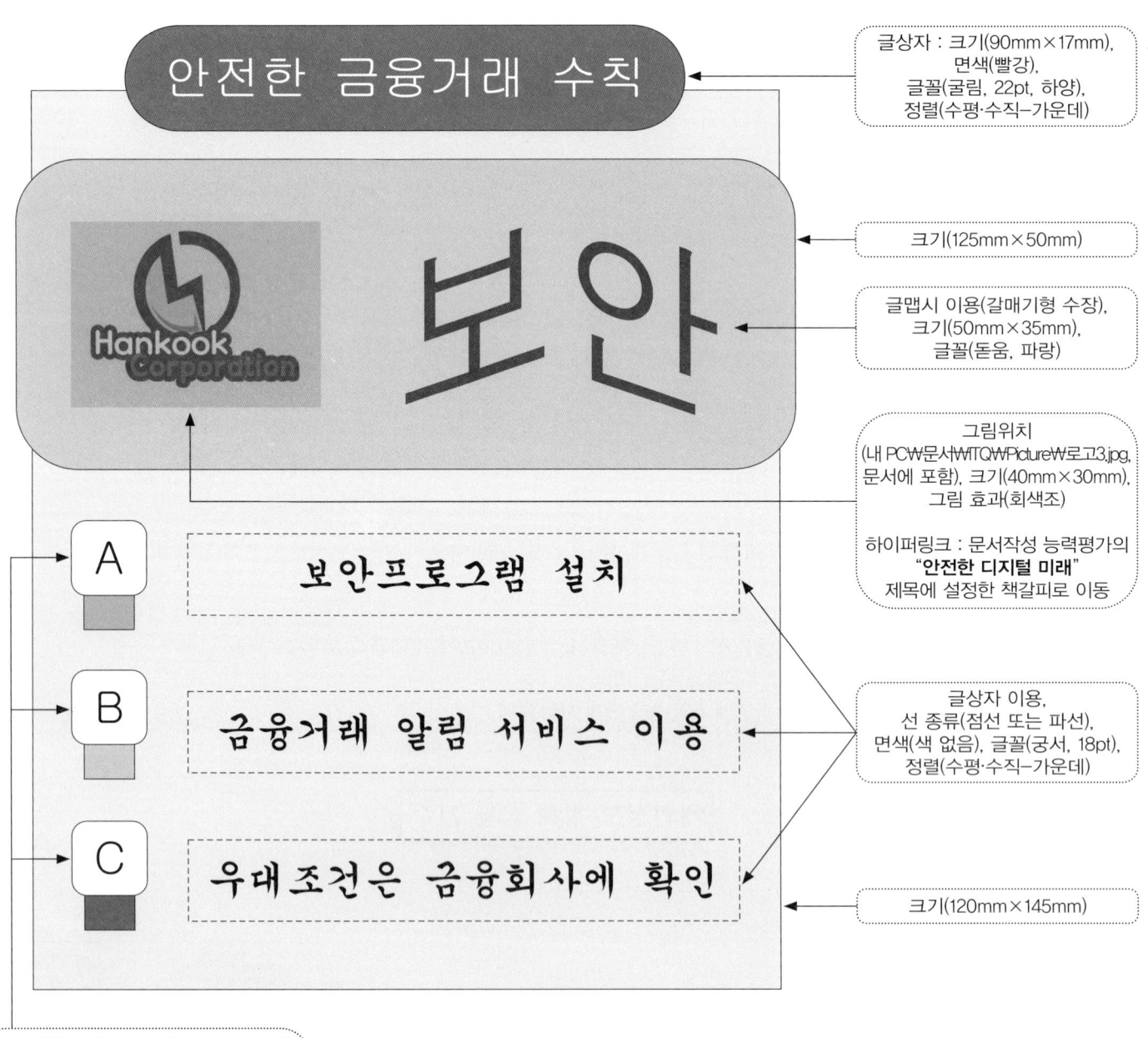

안전한 디지털 미래

개인정보가 악의적인 목적으로 이용되는 개인정보 유출의 각종 사고가 지속적으로 발생하였고, 각 언론보도를 통해 끊임없이 언급(言及)되었다. 또한 자율주행차 등 사물인터넷 관련 사이버 이슈들도 지속적으로 언론에 보도되었으며, 해외에서는 개인 신용정보 업체의 개인정보 유출 사고 관련 이슈 등이 보도되었다. 가상통화는 그 자체의 이슈뿐만 아니라 랜섬웨어, 채굴형 악성코드 등과 결합하여 지능화되고 있는 사이버 범죄 세계의 새로운 수익 모델이 되고 있다. 이에 따라 국회 공청회(公聽會) 등에서 법 제정을 위한 논의가 본격적으로 시작되었다.

정보 수집량이 증가하면서 사이버 위협이 확산되고 이를 효과적으로 처리하기 위해선 인공지능기술이 절대적으로 필요한 상황이다. 일반적으로 인공지능기술을 위해서는 데이터모델, 프로세싱 파워, 빅데이터 등 3가지 요소가 필요하다. 이 중에서도 빅데이터, 즉 관련 데이터가 대량으로 필요한데 하나의 기관 데이터 뿐 아니라 타 기관들의 데이터도 필요하게 된다. 따라서 인공지능①의 정확도를 높이기 위해서는 데이터 공유가 꼭 필요하고 이를 어떻게 해결하느냐가 관건이다.

♣ 사이버 위기경보

I. 관심 단계
　① 해외 사이버공격 피해확산, 국내유입 우려
　② 정보유출 등 사이버공격 시도 탐지
II. 주의 단계
　① 다수기관의 정보통신망 및 정보시스템 장애 발생
　② 다수기관의 정보유출 등 침해사고 확산 가능성 증가

♣ 정보보호 지원센터 구축현황

센터	구축시기	위치	관할지역
대구	2014년 12월	대구광역시 북구 연암로	대구
호남	2015년 08월	광주광역시 동구 금남로	광주, 전북, 전남, 제주
경기	2016년 10월	성남시 수정구 대왕판교로	경기
중부	2015년 08월	청주시 청원구 오창읍	대전, 세종, 충북
동남	2015년 08월	부산광역시 해운대구 센텀중앙로	부산, 경남

→ 한국인터넷진흥원

---
① 인간의 학습, 추론, 지각 및 자연언어의 이해능력 등을 컴퓨터 프로그램으로 실현한 기술

memo

이제부터 실제 시험지와 동일한 형태의 문제를 풀어 봅니다.
For the Top, Let's Go !!

BiG 1 빅 폰트(Big Font)
BiG 2 빅 픽쳐(Big Picture)
BiG 3 빅 북(Big Book)

ITQ 정보기술자격
POWER POINT 2021

PART 01
출제유형분석

PART 01
출제유형분석 차례

BiG 라플 License Plus

Chapter 1 수험자 유의사항 및 답안 작성요령 ·················· 3
- 수험자 등록하기
- 답안 작성 준비하기
- 답안 저장하고 전송하기

Chapter 2 전체 구성 ·· 10
- 슬라이드 마스터에 제목 도형 작성하기
- 텍스트 상자의 글꼴 서식 지정하기
- 로고 그림 삽입하기
- 슬라이드 번호 삽입하기

Chapter 3 표지 디자인 ·· 24
- 도형 작성하기
- 도형 효과 지정하기
- 워드아트(WordArt) 작성하기
- 그림 삽입하기

Chapter 4 목차 슬라이드 ··· 40
- 목차 도형 작성하기
- 텍스트 입력하기
- 하이퍼링크 지정하기
- 그림 삽입하기

Chapter 5 텍스트/동영상 슬라이드 ······························ 56
- 텍스트 입력 및 글머리 기호 지정하기
- 단락 서식 지정하기
- 동영상 삽입하기

Chapter 6 표 슬라이드 ·· 70
- 표 작성하기
- 표 스타일 지정하기
- 상단 도형 작성하기
- 좌측 도형 작성하기

Chapter 7 차트 슬라이드 ··· 86
- 차트 작성하기
- 차트 레이아웃 지정하기
- 차트 글꼴 및 색상 지정하기
- 차트 축 서식 지정하기
- 도형 작성하기

Chapter 8 도형 슬라이드 ··· 108
- 왼쪽 배경 도형 작성하기
- 왼쪽 도형 작성하기
- 오른쪽 도형 작성하기
- 텍스트 상자 삽입하기
- 스마트아트(SmartArt) 작성하기
- 애니메이션 지정하기

BiG 라플 License Plus

- 각 페이지에서 문제를 해결할 수 있도록 문제조건을 상단에 추가하였습니다.
- 시험에 나오는 내용만 학습합니다.
- 시험문제는 흑백이지만, 교육 효과를 위해 칼라로 학습합니다.
- 실제 문제보다 글자와 화면이 조금 큽니다.

Chapter 01 수험자 유의사항 및 답안 작성요령

POWERPOINT 2021

◆ 수험자 등록하기　　　　　　　　◆ 답안 작성 준비하기
◆ 답안 저장하고 전송하기

▶ 소스파일 : 없음　　▶ 완성파일 : Part 01\Chapter 01\Ch01_완성.pptx

수험자 유의사항

- 수험자는 문제지를 받는 즉시 문제지와 **수험표상의 시험과목(프로그램)이 동일한지 반드시 확인**하여야 합니다.
- 파일명은 본인의 "수험번호-성명"으로 입력하여 답안폴더(내 PC\문서\ITQ)에 하나의 파일로 저장해야 하며, 답안문서 파일명이 "수험번호-성명"과 일치하지 않거나, 답안파일을 전송하지 않아 미제출로 처리될 경우 실격 처리합니다(예:12345678-홍길동.pptx).
- 답안 작성을 마치면 파일을 저장하고, '답안 전송' 버튼을 선택하여 감독위원 PC로 답안을 전송하십시오. 수험생 정보와 저장한 파일명이 다를 경우 전송되지 않으므로 주의하시기 바랍니다.
- 답안 작성 중에도 **주기적으로 저장하고, '답안 전송'**하여야 문제 발생을 줄일 수 있습니다. 작업한 내용을 저장하지 않고 전송할 경우 이전에 저장된 내용이 전송되오니 이점 유의하시기 바랍니다.
- 답안문서는 지정된 경로 외의 다른 보조기억장치에 저장하는 경우, 지정된 시험 시간 외에 작성된 파일을 활용할 경우, 기타 통신수단(이메일, 메신저, 네트워크 등)을 이용하여 타인에게 전달 또는 외부 반출하는 경우는 부정 처리합니다.
- 시험 중 부주의 또는 고의로 시스템을 파손한 경우는 수험자가 변상해야 하며, 〈수험자 유의사항〉에 기재된 방법대로 이행하지 않아 생기는 불이익은 수험생 당사자의 책임임을 알려 드립니다.
- 문제의 조건은 MS오피스 2021 버전으로 설정되어 있으며 MS오피스 2016은 【 】에 표기되어 있습니다. 이와 관련하여 작성한 답안의 출력형태가 문제지와 다를 수 있습니다.
- 시험을 완료한 수험자는 답안파일이 전송되었는지 확인한 후 감독위원의 지시에 따라 문제지를 제출하고 퇴실합니다.

답안 작성요령

- 온라인 답안 작성 절차
  수험자 등록 ⇒ 시험 시작 ⇒ 답안파일 저장 ⇒ 답안 전송 ⇒ 시험 종료
- 슬라이드의 크기는 A4 Paper로 설정하여 작성합니다.
- 슬라이드의 총 개수는 6개로 구성되어 있으며 슬라이드 1부터 순서대로 작업하고 반드시 문제와 세부 조건대로 합니다.
- 별도의 지시사항이 없는 경우 출력형태를 참조하여 글꼴색은 검정 또는 흰색으로 작성하고, 기타사항은 전체적인 균형을 고려하여 작성합니다.
- 슬라이드 도형 및 개체에 출력형태와 다른 스타일(그림자, 외곽선 등)을 적용했을 경우 감점처리 됩니다.
- 슬라이드 번호를 작성합니다(슬라이드 1에는 생략).
- 2~6번 슬라이드 제목 도형과 하단 로고는 슬라이드 마스터를 이용하여 출력형태와 동일하게 작성합니다 (슬라이드 1에는 생략).
- 문제와 세부조건, 세부조건 번호 ○(점선원)는 입력하지 않습니다.
- 각 개체의 위치는 오른쪽의 슬라이드와 동일하게 구성합니다.
- 그림 삽입 문제의 경우 반드시 「내 PC\문서\ITQ\Picture」폴더에서 정확한 파일을 선택하여 삽입 하십시오.
- 각 슬라이드를 각각의 파일로 작업해서 저장할 경우 실격 처리됩니다.

체크! 체크!

수험자 유의사항 및 답안 작성요령

- **수험자 등록** : 수험번호를 입력한 후 수험 정보를 확인한 다음 감독위원의 지시사항에 따릅니다.
- **[전체 구성] 페이지 설정** : 슬라이드 크기는 'A4 용지(210×297mm)'로 지정하며 슬라이드는 총 6개를 작성합니다.
- **답안 저장 및 전송**
  - 저장 위치(내 PC\문서\ITQ)를 선택한 후 파일명(수험번호-성명)으로 저장한 다음 감독위원 PC로 답안을 전송합니다.
  - 저장 위치 및 파일명을 잘못 지정할 경우 답안 전송이 되지 않으니 꼭! 확인해야 합니다.

STEP 01 수험자 등록하기

1. KOAS 수험자용 프로그램을 실행하기 위해 바탕화면에서 **KOAS 수험자용 아이콘을 더블클릭**합니다.

2. [수험자 등록] 대화상자가 나타나면 **수험자와 수험번호를 입력**한 후 **수험과목(한글파워포인트)을 선택**한 다음 **[확인] 단추를 클릭**합니다.

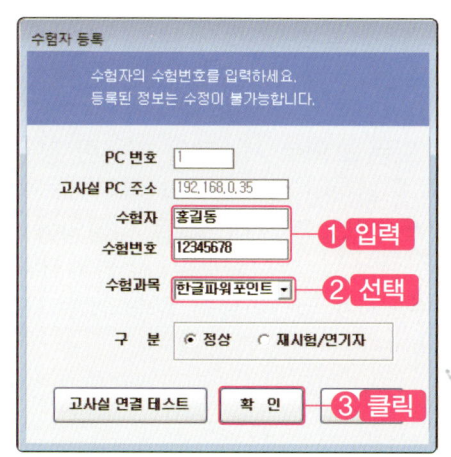

> 실제 시험에서는 수험번호(본인의 수험번호)만 입력합니다.

3. 수험번호와 구분이 맞는지 묻는 대화상자가 나타나면 수험번호와 구분을 확인한 후 **[예] 단추를 클릭**합니다.

4. [수험자 정보] 대화상자가 나타나면 수험번호, 성명, 수험과목, 좌석번호, 답안 폴더를 확인한 후 **[확인] 단추를 클릭**합니다.

5. 컴퓨터가 잠금 상태가 되면 감독위원이 시험을 시작할 때까지 대기합니다.

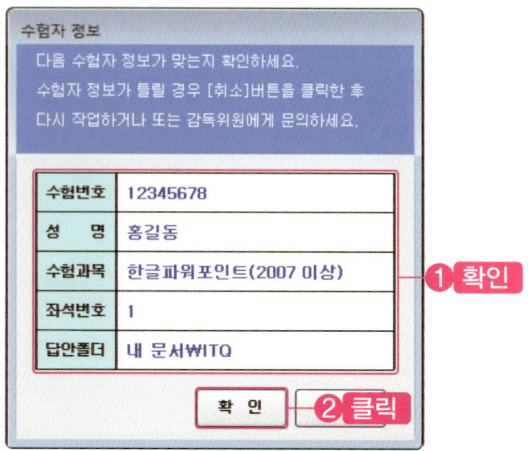

STEP 02 답안 작성 준비하기

〈전체구성〉 (1) 슬라이드 크기 및 순서 : 크기를 A4 용지로 설정하고 슬라이드 순서에 맞게 작성한다.

1 파워포인트를 실행하기 위해 [**시작(⊞)**]을 클릭한 후 앱 뷰에서 [**PowerPoint(P)**]을 클릭합니다.

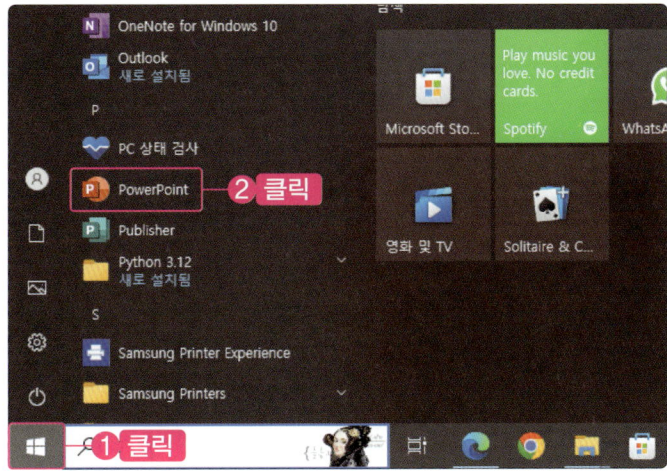

2 파워포인트 시작 화면이 나타나면 [**새 프레젠테이션**]을 클릭합니다.

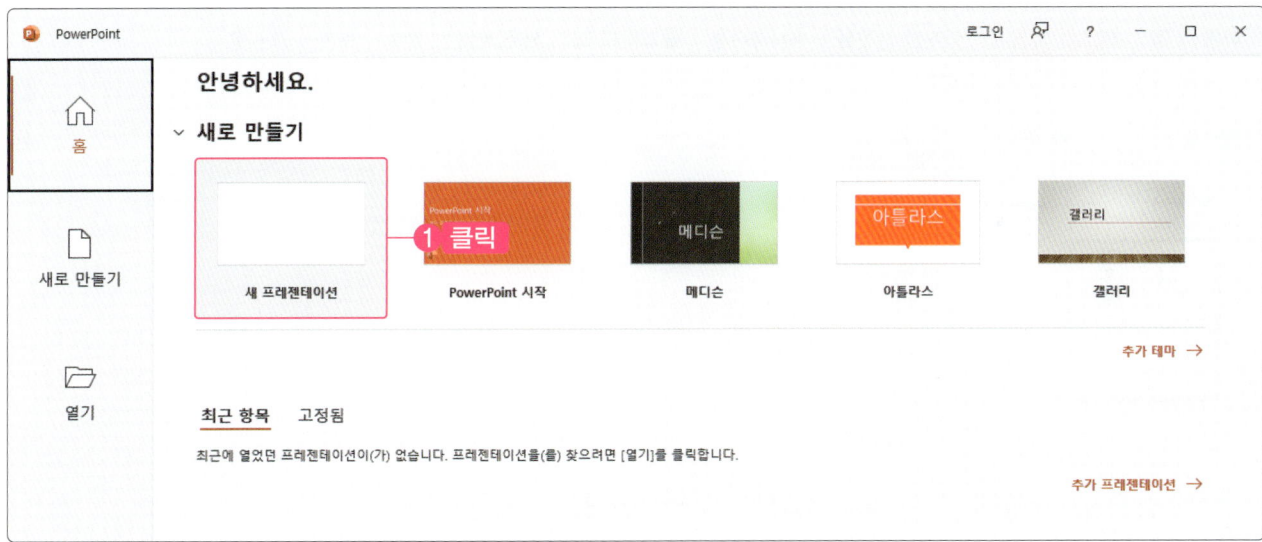

3 파워포인트 화면이 나타나면 슬라이드 크기를 지정하기 위해 [**디자인**] **탭을 클릭**한 후 [슬라이드 크기]-[**사용자 지정 슬라이드 크기**]를 클릭합니다.

4 〔슬라이드 크기〕 대화상자가 나타나면 **슬라이드 크기(A4 용지(210×297mm))를 선택**한 후 〔확인〕 단추를 클릭합니다. 그런다음 〔Microsoft PowerPoint〕 대화상자가 나타나면 **〔맞춤 확인〕**을 클릭합니다.

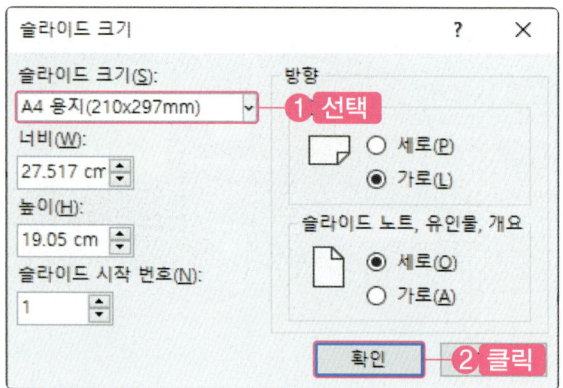
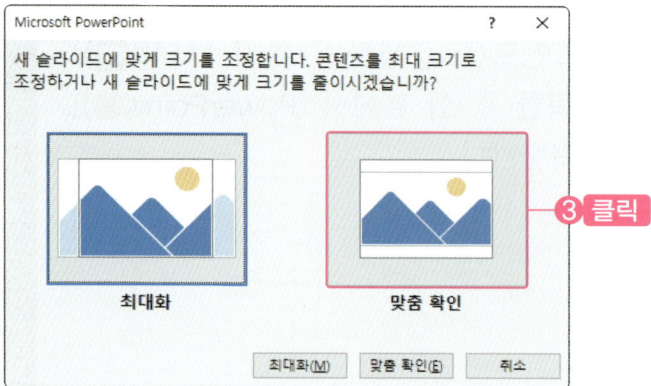

5 새로운 슬라이드를 삽입하기 위해 〔홈〕 탭-〔슬라이드〕 그룹에서 〔새 슬라이드〕의 〔목록(새 슬라이드)〕을 클릭한 후 〔**제목 및 내용**〕을 클릭합니다.

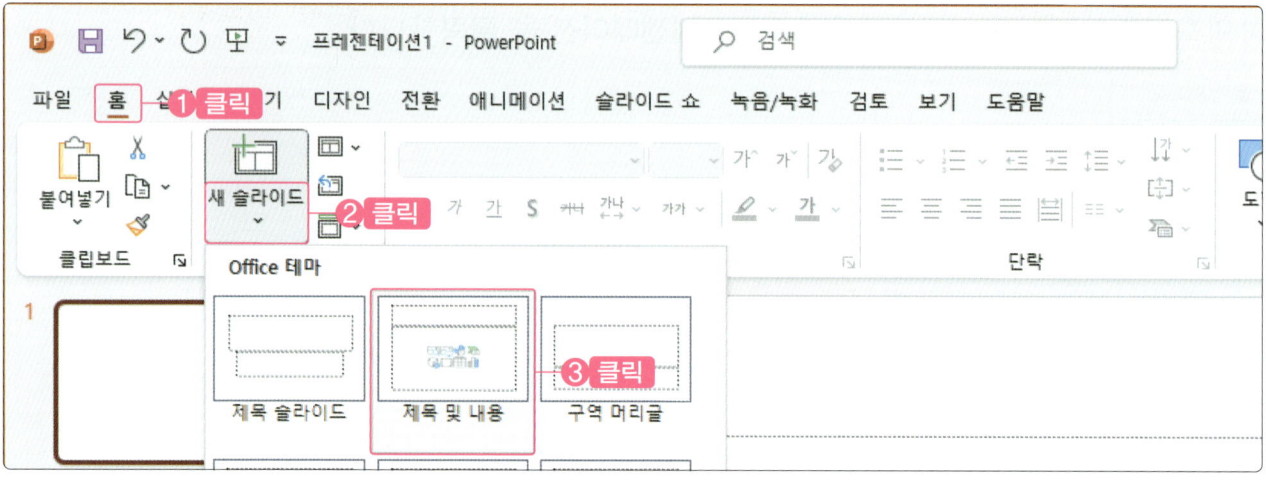

6 같은 방법으로 다음과 같이 모두 **6개의 슬라이드를 작성**합니다.

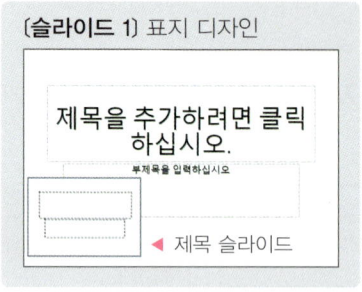

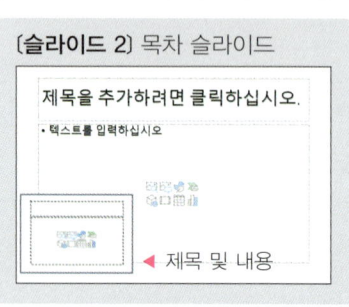

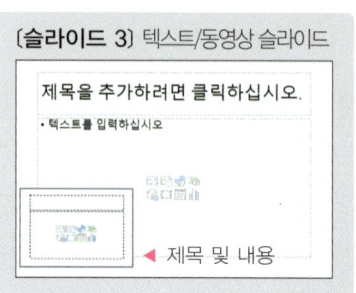

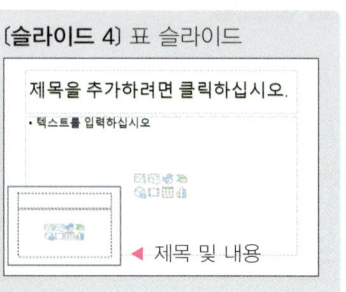

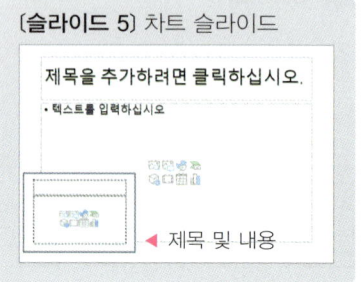

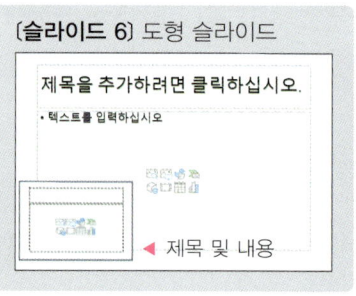

STEP 03 답안 저장하고 전송하기

수험자 유의사항
파일명은 본인의 "수험번호-성명"으로 입력하여 답안폴더(내 PC\문서\ITQ)에 하나의 파일로 저장해야하며, 답안문서 파일명이 "수험번호-성명"과 일치하지 않거나, 답안파일을 전송하지 않아 미제출로 처리될 경우 실격 처리합니다(예:12345678-홍길동.pptx).

1 답안을 저장하기 위해 [파일] 탭을 클릭한 후 [다른 이름으로 저장] 탭을 클릭한 다음 [찾아보기]를 클릭합니다.

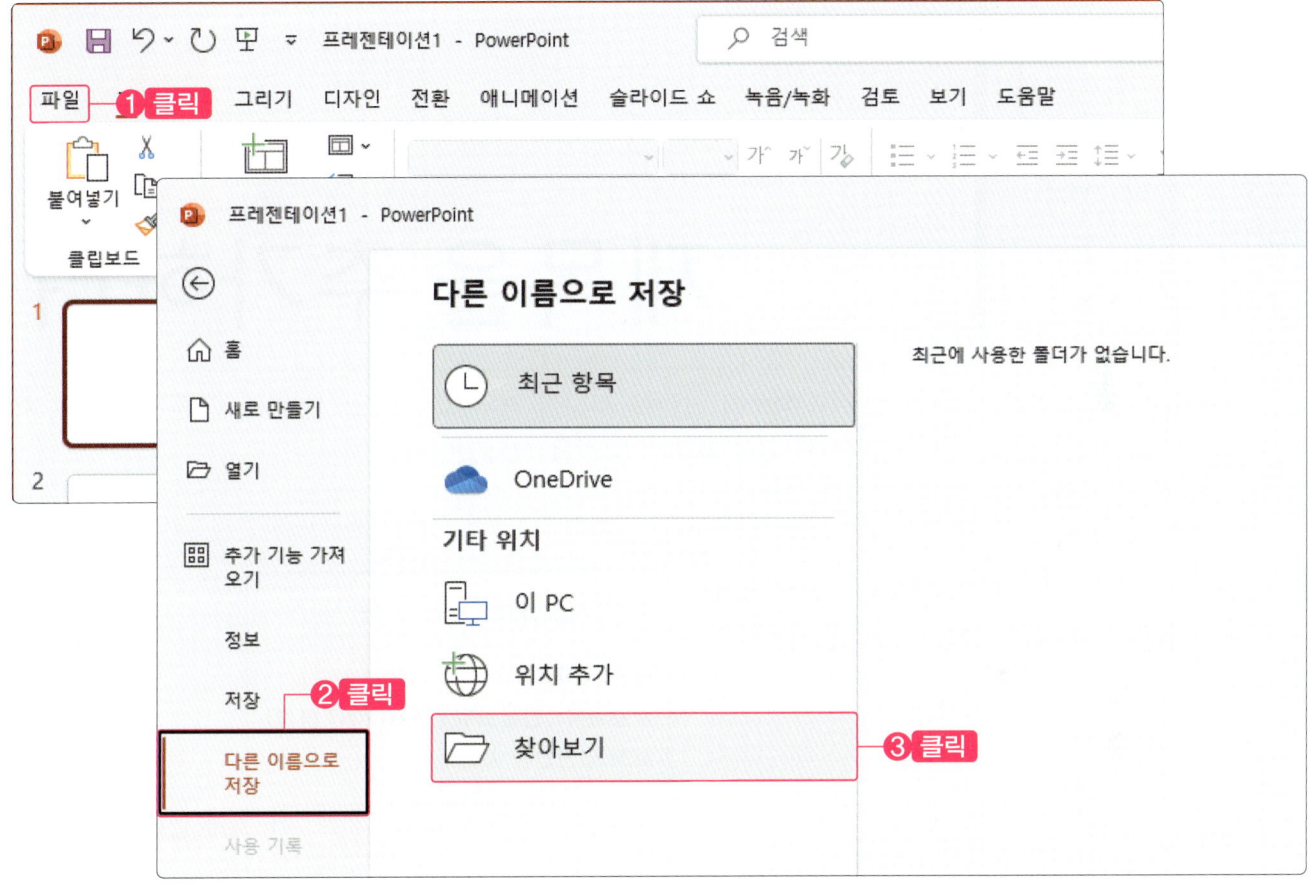

> 빠른 실행 도구 모음에서 [저장(💾)]을 클릭하거나 Ctrl+S를 눌러 답안을 저장할 수도 있습니다.

2 [다른 이름으로 저장] 대화상자가 나타나면 **저장위치(내 PC\문서\ITQ)를 선택**한 후 **파일 이름(12345678-홍길동)을 입력**한 다음 [저장] 단추를 클릭합니다.

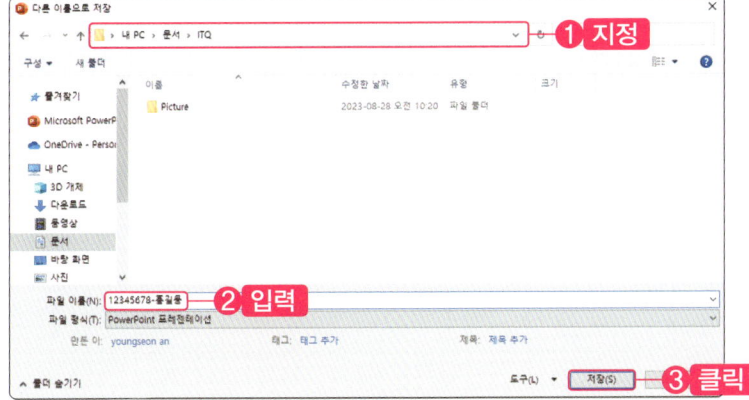

> 시험에서는 본인의 수험번호와 성명을 조합하여 '수험번호-성명' 형식의 파일 이름을 입력합니다.

3 다음과 같이 답안이 저장됩니다.

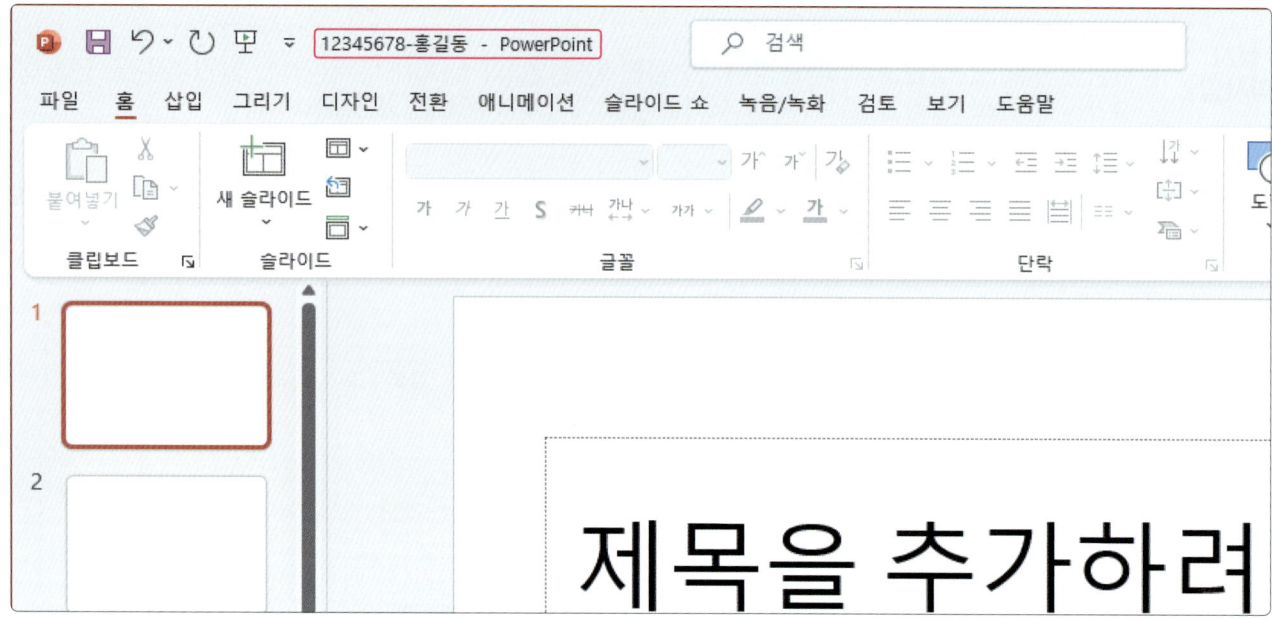

시험에서 위치나 파일 이름을 잘못 지정하여 답안을 저장한 경우에는 [파일] 탭에서 [다른 이름으로 저장하기]를 클릭해 답안을 다시 저장한 후 잘못 저장한 답안을 삭제합니다.

4 답안을 전송하기 위해 KOAS 수험자용 프로그램에서 [**답안 전송**] 단추를 클릭합니다.

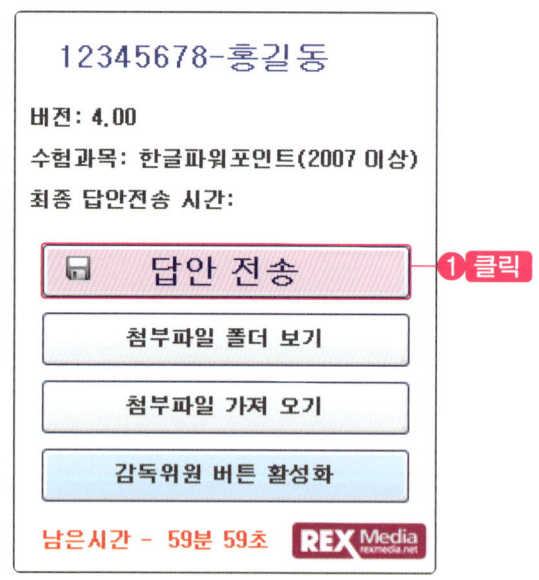

- 답안을 작성하는 도중에 주기적으로 [파일] 탭-[저장]을 클릭하거나 Ctrl+S를 눌러 답안을 저장한 후 감독위원 PC로 전송해 두면 오류가 발생한 경우, 전송된 답안을 불러와서 복구할 수 있습니다. 전송된 답안은 KOAS 수험자용 프로그램에서 [답안 가져오기] 단추를 클릭하여 불러오므로 오류가 발생한 경우, 감독위원에게 문의합니다.
- [첨부파일 폴더 보기] 단추를 클릭하면 답안을 작성할 때 사용할 그림이 있는지 확인할 수 있습니다.

5 지금 전송할 것인지 묻는 대화상자가 나타나면 [**예**] **단추를 클릭**합니다.

6 〔답안전송〕 대화상자가 나타나면 **파일 목록(12345678-홍길동.pptx)과 존재(있음)를 확인**한 후 〔**답안전송**〕 **단추를 클릭**합니다.

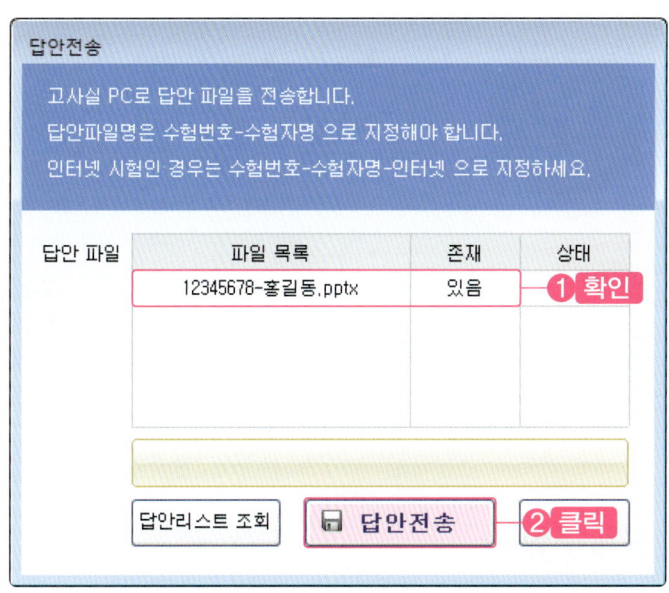

> 존재가 '없음'일 경우 파일명(수험번호-성명) 또는 저장 위치(내 PC\문서\ITQ)를 확인합니다.

7 답안파일 전송을 성공하였다는 메시지가 나타나면 〔**확인**〕 **단추를 클릭**합니다.

8 〔답안전송〕 대화상자가 다시 나타나면 〔상태〕에 '성공'이 표시되는지 확인한 후 〔**닫기**〕 **단추를 클릭**합니다.

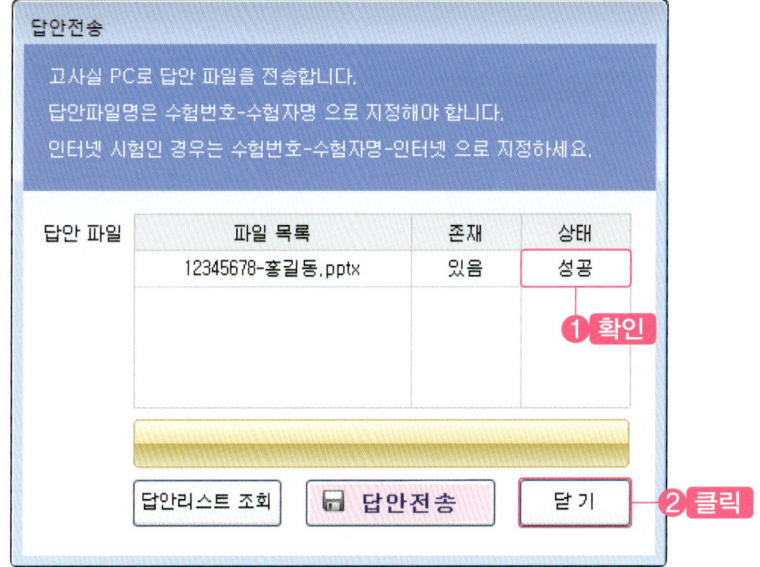

POWERPOINT 2021

Chapter 02 전체 구성

- ◆ 슬라이드 마스터에 제목 도형 작성하기
- ◆ 로고 그림 삽입하기
- ◆ 텍스트 상자의 글꼴 서식 지정하기
- ◆ 슬라이드 번호 삽입하기

▶ 소스파일 : Part 01\Chapter 02\Ch02.pptx   ▶ 완성파일 : Part 01\Chapter 02\Ch02_완성.pptx

[전체구성]   (60점)

(1) 슬라이드 크기 및 순서 : 크기를 A4 용지로 설정하고 슬라이드 순서에 맞게 작성한다.
(2) 슬라이드 마스터 : 2~6슬라이드의 제목, 하단 로고, 슬라이드 번호는 슬라이드 마스터를 이용하여 작성한다.
   - 제목 글꼴(돋움, 40pt, 흰색), 가운데 맞춤, 도형(선 없음)
   - 하단 로고(「내 PC₩문서₩ITQ₩Picture₩로고2.jpg」, 배경(회색) 투명색으로 설정)

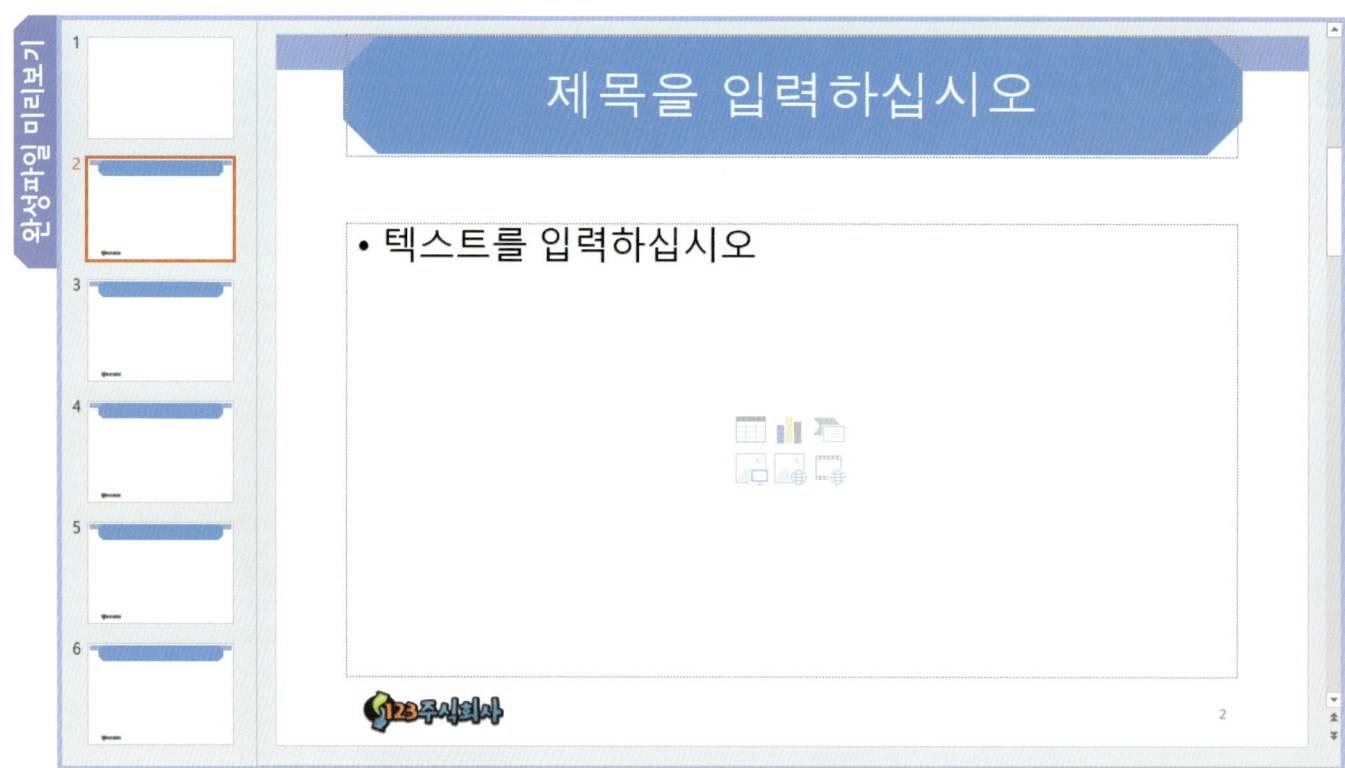

체크! 체크!

〔전체 구성〕 슬라이드 마스터

- **제목 도형**
  - 슬라이드 마스터에서 세 번째 슬라이드 마스터〔제목 및 내용 레이아웃: 슬라이드 2-6에서 사용〕을 선택합니다.
  - 제목 도형은 〈출력형태〉를 참고하여 작성하며, 도형 채우기는 임의의 색을 지정하고 도형 윤곽선은 〔윤곽선 없음〕을 선택합니다.
  - 제목 텍스트 상자의 정렬(왼쪽 맞춤, 가운데 맞춤, 오른쪽 맞춤)을 확인하고 지정합니다.
- **로고 그림 삽입**
  - 그림은 '내 PC₩문서₩ITQ₩Picture' 폴더에 있는 그림을 삽입합니다.
  - 그림의 회색 배경을 투명색으로 지정합니다.
- **슬라이드 번호 삽입**
  - 슬라이드 번호를 선택한 후 '제목 슬라이드에는 표시 안 함'을 체크합니다.

STEP 01 슬라이드 마스터에 제목 도형 작성하기

〈전체구성〉 (2) 슬라이드 마스터 : 2~6슬라이드의 제목, 하단 로고, 슬라이드 번호는 슬라이드 마스터를 이용하여 작성한다.
– 도형(선 없음)

1 슬라이드 마스터를 작성하기 위해 〔보기〕 탭-〔마스터 보기〕 그룹에서 **〔슬라이드 마스터(   )〕를 클릭**합니다.

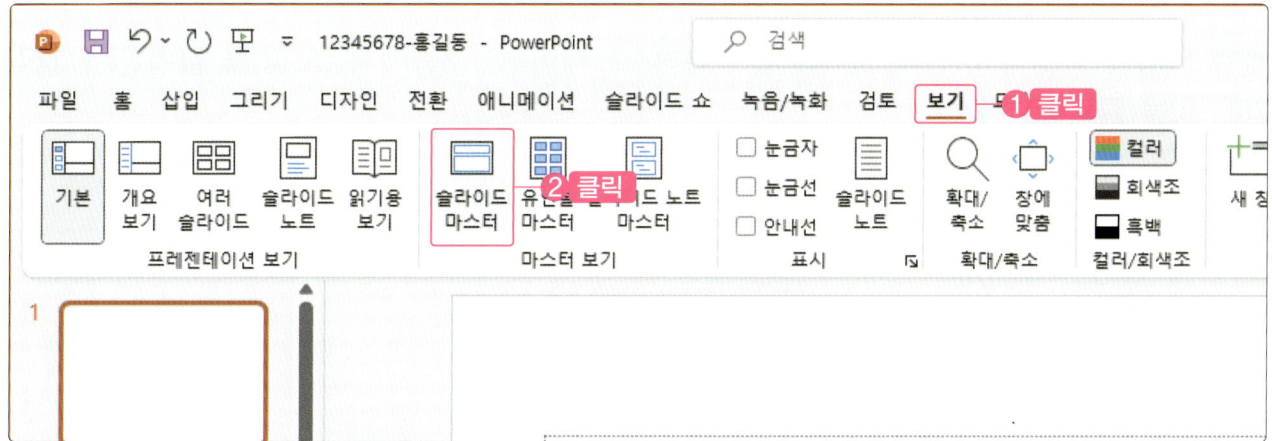

> 슬라이드 마스터를 사용하면 색, 글꼴, 제목, 로고 및 기타 스타일에 일관성을 더하고 프레젠테이션의 형태를 통합할 수 있습니다.

파일 열기
〔파일〕 탭-〔열기〕-〔찾아보기〕를 클릭한 후 〔열기〕 대화상자가 나타나면 찾는 위치(Part 01\Chapter 02)를 지정한 다음 파일(Ch02.pptx)을 선택하고 〔열기〕 단추를 클릭합니다.

2 슬라이드 마스터 편집 화면이 나타나면 세 번째 슬라이드 마스터 (**제목 및 내용 레이아웃: 슬라이드 2-6에서 사용**)을 **선택**합니다.

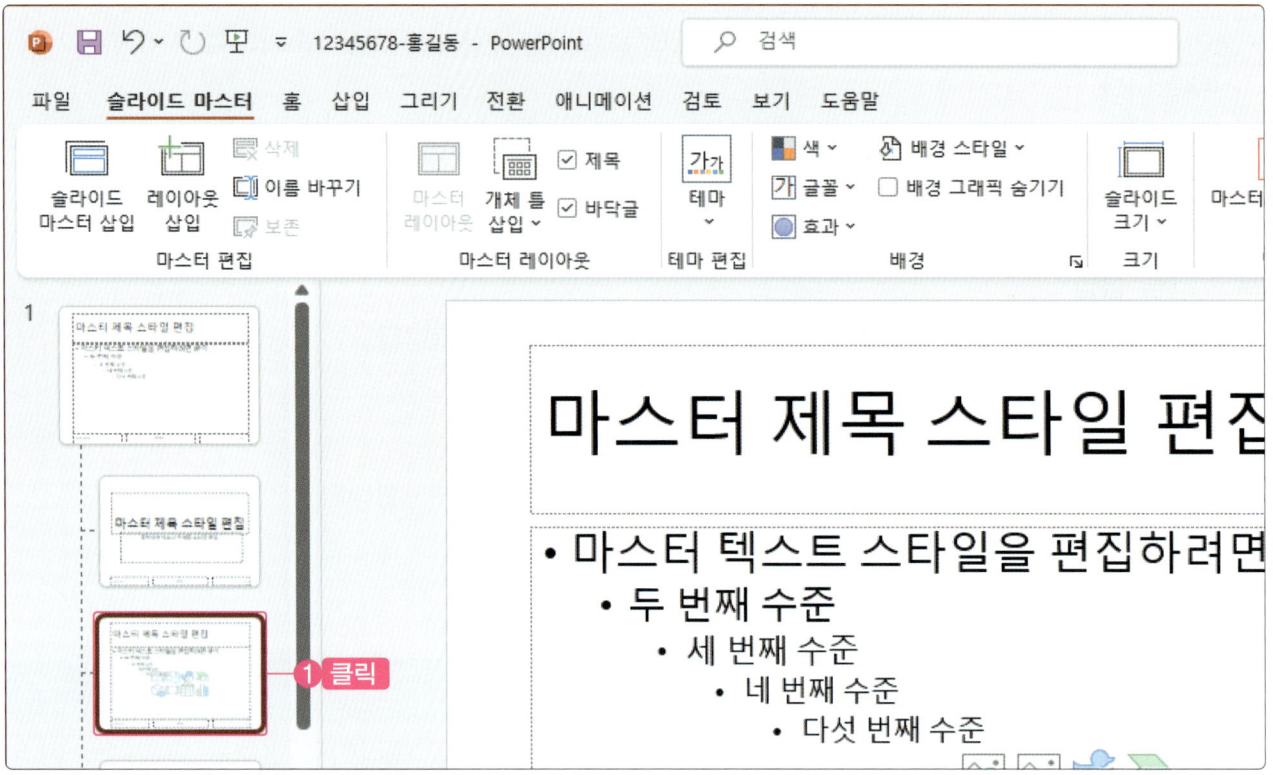

> 슬라이드 마스터 작성은 지정된 레이아웃이 있는 것은 아닙니다. 그러나 ITQ 시험에서 (슬라이드 1)에는 도형, 로고, 페이지 번호를 지정하지 않기 때문에 슬라이드 마스터를 실행한 후 세 번째 슬라이드((제목 및 내용 레이아웃: 슬라이드 2-6에서 사용))에 지정하는 것이 편리합니다.

3 제목 도형을 작성하기 위해 (삽입) 탭-(일러스트레이션) 그룹에서 (**도형**)을 **클릭**한 후 (**직사각형(▢)**)을 **클릭**합니다.

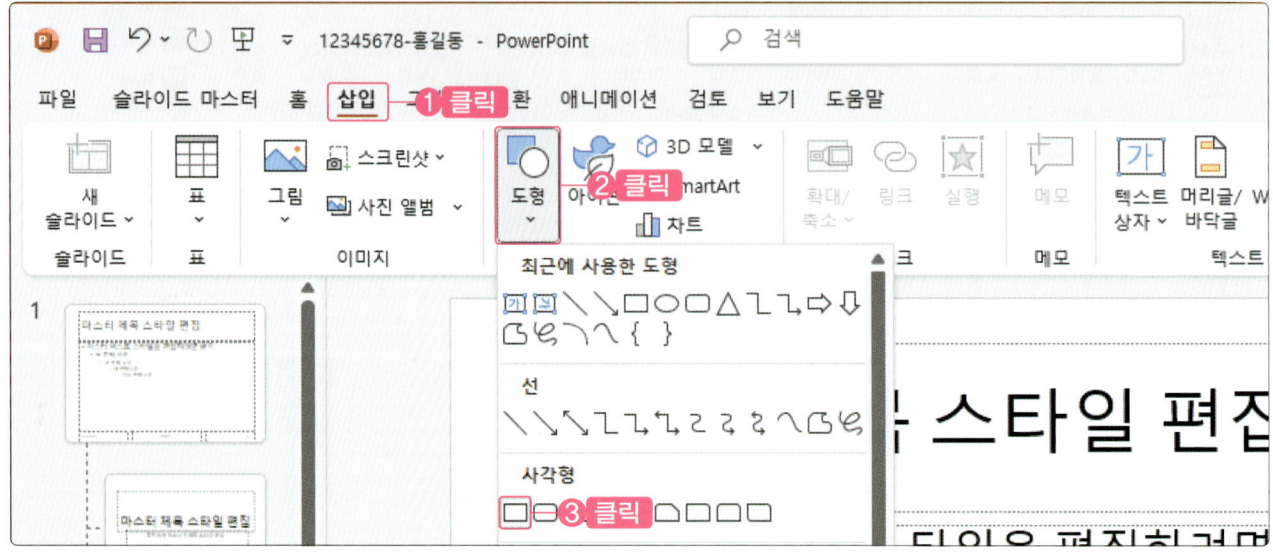

> 슬라이드 마스터의 도형은 문제지의 (슬라이드 2)를 참고하여 작성합니다.

〈조건〉 도형(선 없음)

4 마우스 포인터 모양이 + 모양으로 변경되면 **드래그하여 도형을 작성**합니다.

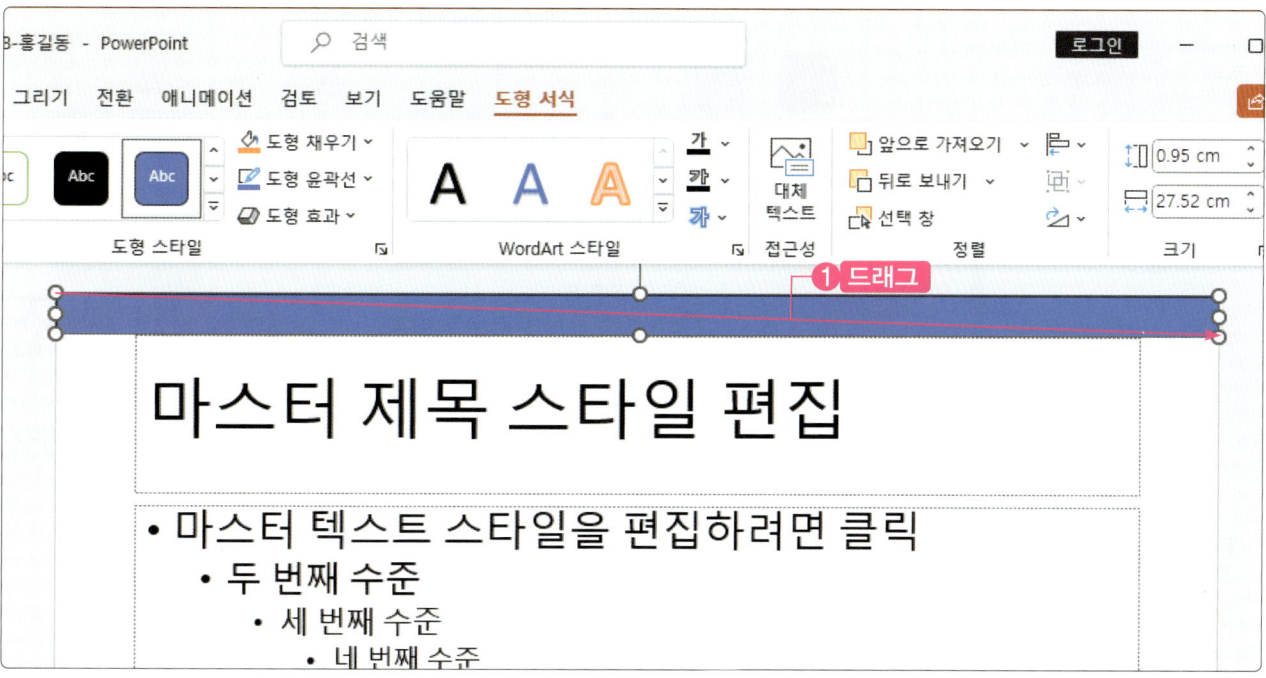

도형의 크기와 위치는 문제지의 〈출력형태〉를 보고 수험자가 판단하여 작성합니다.

5 도형이 삽입되면 [도형 서식] 정황 탭-[도형 스타일] 그룹에서 [**도형 윤곽선**]을 **클릭**한 후 [**윤곽선 없음**]을 **클릭**합니다.

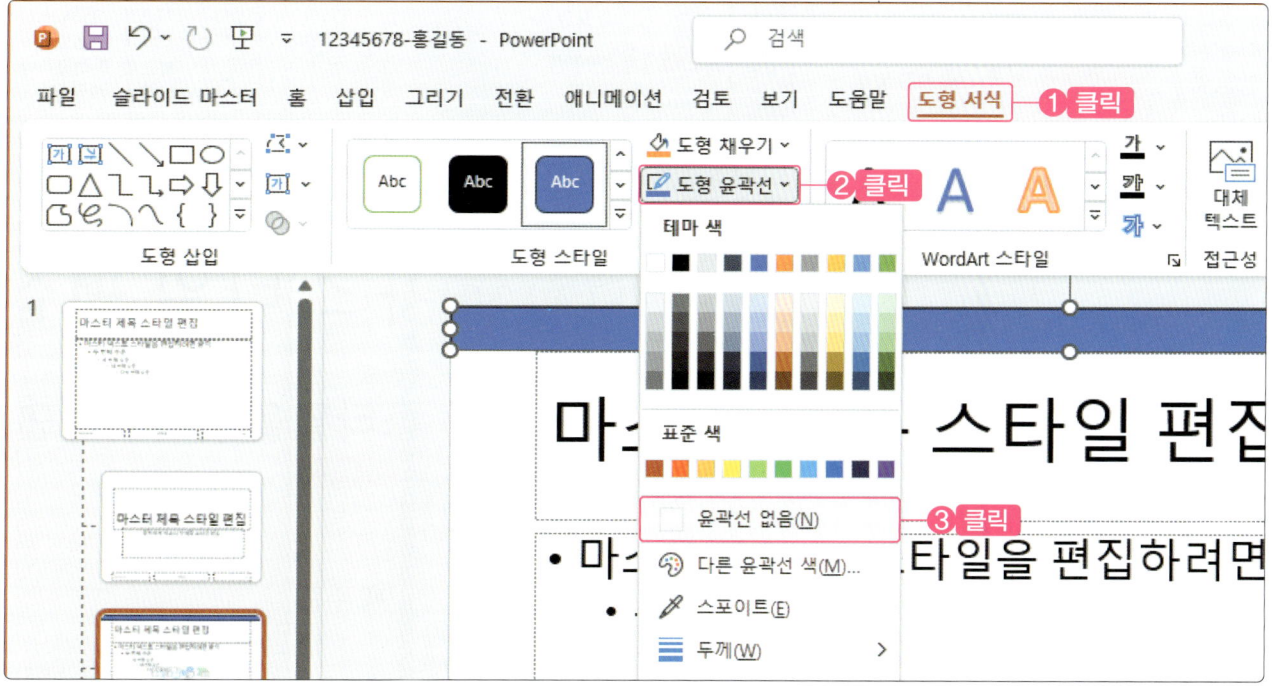

〈조건〉의 '도형(선 없음)'이 [도형 윤곽선]-[윤곽선 없음]을 지정하는 문제입니다.

6 〔도형 서식〕 정황 탭-〔도형 스타일〕 그룹에서 〔**도형 채우기**〕를 **클릭**한 후 **임의의 색을 지정**합니다.

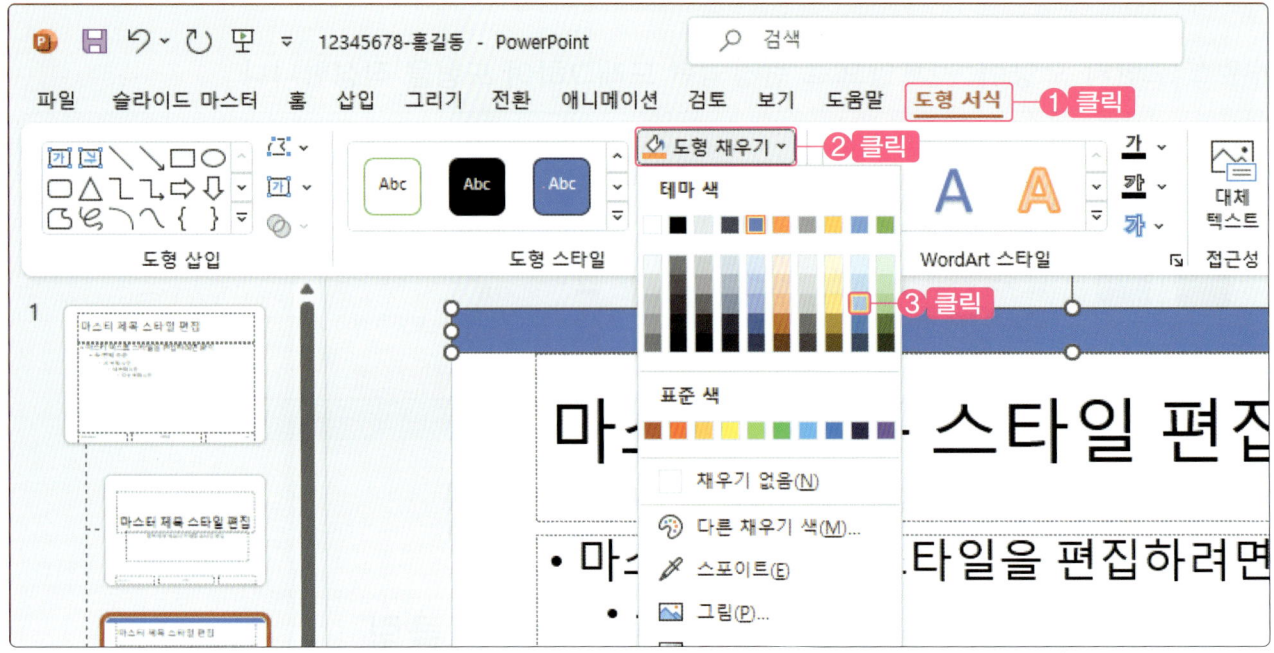

채우기 색은 수험자가 임의의 색을 지정하며 채우기 색을 변경하지 않아도 감점되지 않습니다.

7 슬라이드 마스터 편집 화면이 나타나면 〔삽입〕 탭-〔일러스트레이션〕 그룹에서 〔**도형**〕을 **클릭**한 후 〔**팔각형(⑧)**〕을 **클릭**합니다.

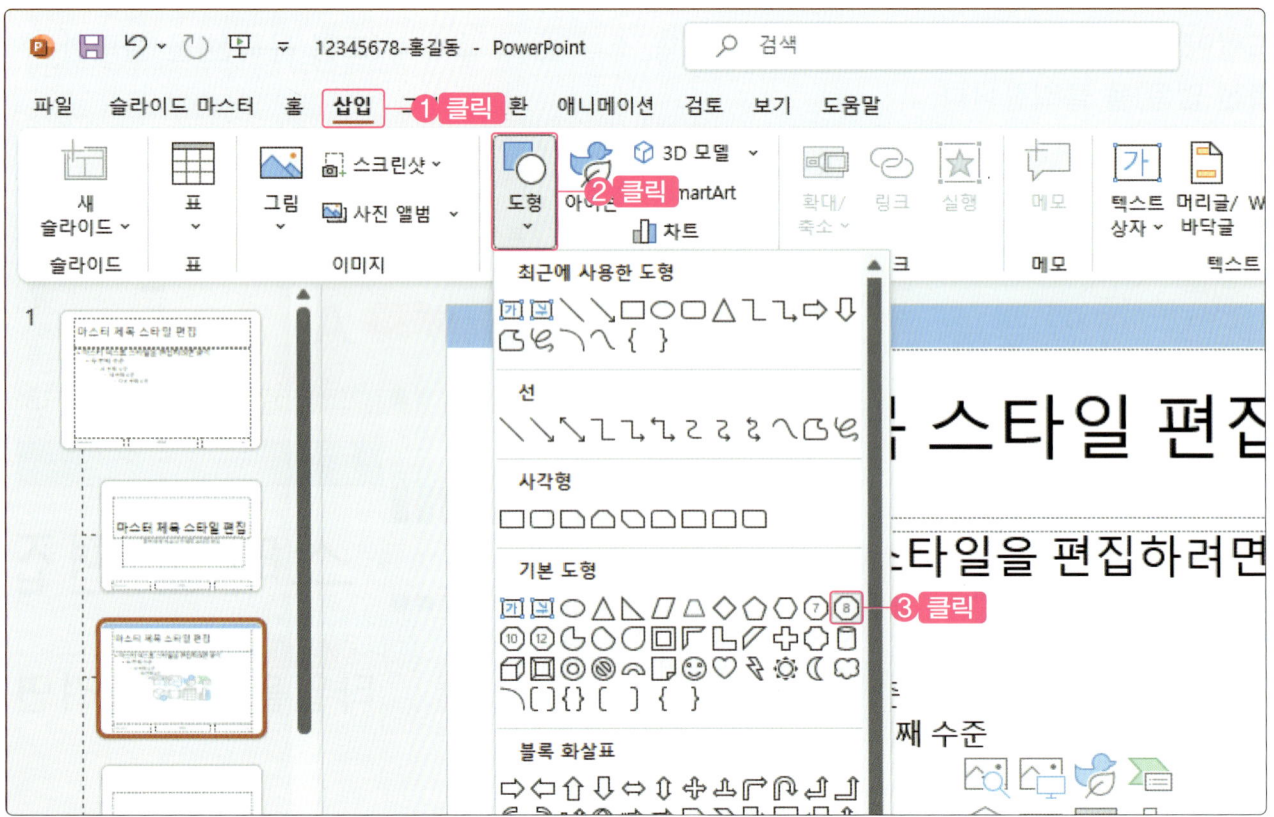

슬라이드 마스터의 도형은 문제지의 〔슬라이드 2〕를 참고하여 작성합니다.

8 마우스 포인터 모양이 + 모양으로 변경되면 **드래그하여 도형을 작성**합니다.

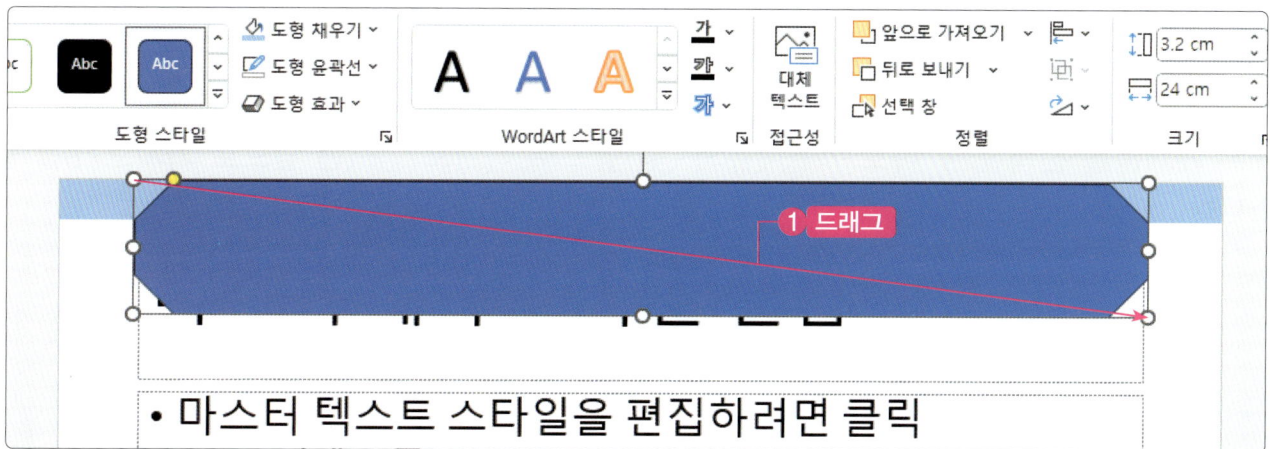

> 〔직사각형(▢)〕도형과 〔팔각형(⬣)〕도형의 순서가 변경된 경우 바로가기 메뉴의 〔맨 앞으로 가져오기〕 또는 〔맨 뒤로 보내기〕를 이용하여 순서를 변경합니다.

9 도형이 삽입되면 〔도형 서식〕 정황 탭-〔도형 스타일〕 그룹에서 **〔도형 윤곽선〕을 클릭**한 후 **〔윤곽선 없음〕을 클릭**합니다.

10 〔도형 서식〕 정황 탭-〔도형 스타일〕 그룹에서 **〔도형 채우기〕를 클릭**한 후 **임의의 색을 지정**합니다.

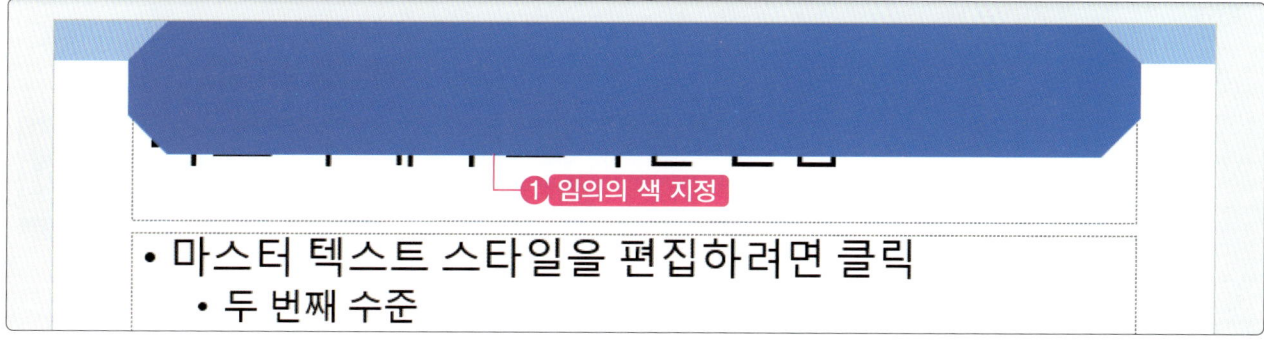

STEP 02 텍스트 상자의 글꼴 서식 지정하기

〈조건〉   제목 글꼴(돋움, 40pt, 흰색), 가운데 맞춤

1 **제목 개체틀을 선택**한 후 바로가기 메뉴의 〔맨 앞으로 가져오기〕-〔**맨 앞으로 가져오기**〕를 클릭합니다.

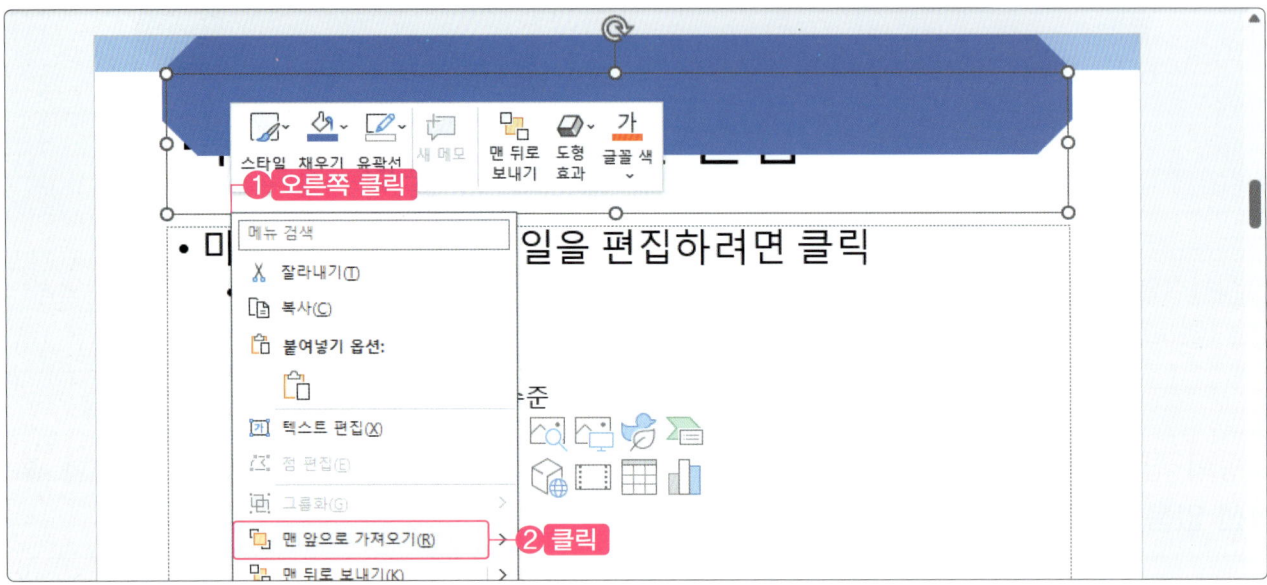

2 다음과 같이 **제목 개체틀의 크기 및 위치를 조절**합니다.

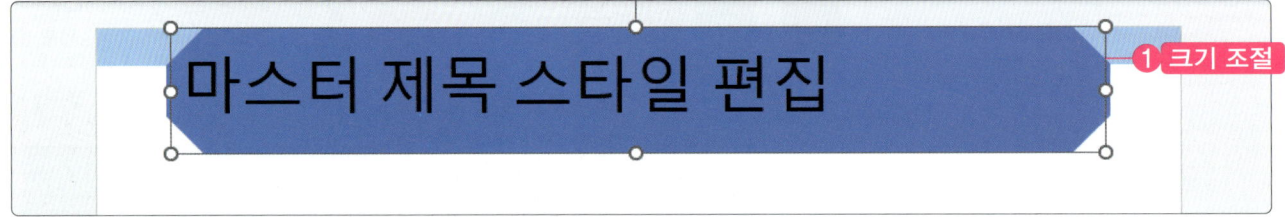

3 〔홈〕 탭-〔글꼴〕 그룹에서 **글꼴(돋움)**과 **글꼴 크기(40)**, **글꼴 색(흰색, 배경 1)**을 선택한 후 〔**가운데 맞춤(≡)**〕을 클릭합니다.

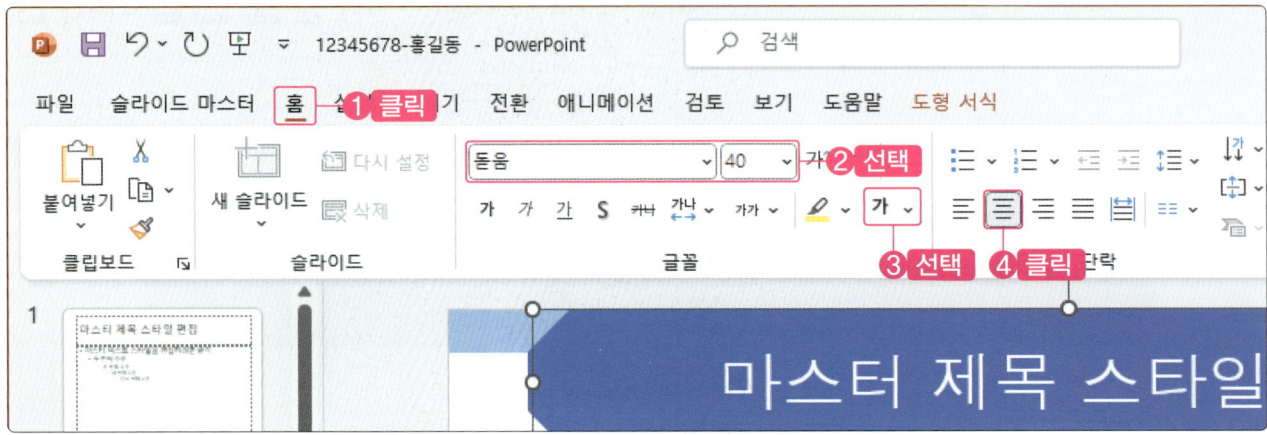

제목 텍스트 상자의 정렬(왼쪽 맞춤, 가운데 맞춤, 오른쪽 맞춤)을 확인합니다.

STEP 03 로고 그림 삽입하기

〈조건〉 하단 로고(「내 PC\문서\ITQ\Picture\로고2.jpg」, 배경(회색) 투명색으로 설정)

1 그림을 삽입하기 위해 [삽입] 탭-[이미지] 그룹에서 [그림]을 클릭한 후 [이 디바이스...]를 클릭합니다.

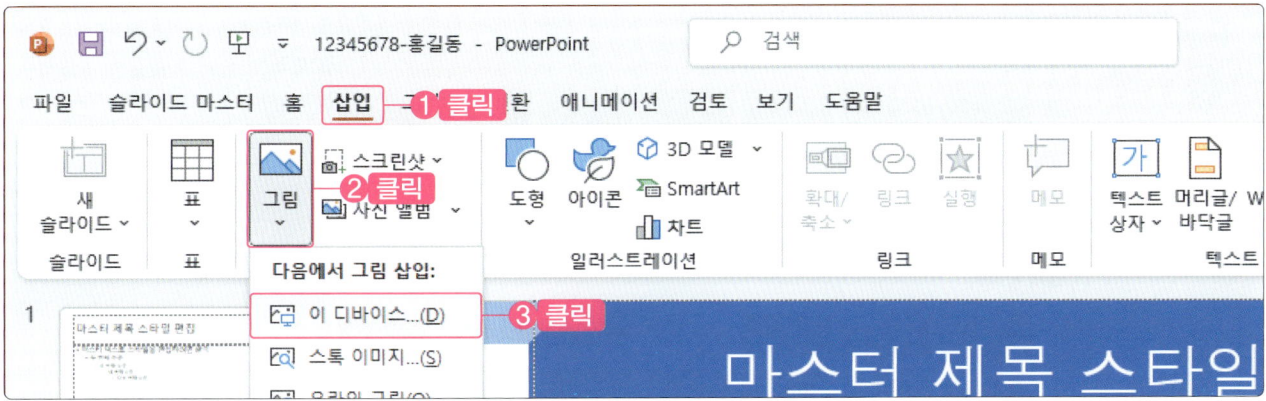

2 [그림 삽입] 대화상자가 나타나면 **위치(내 PC\문서\ITQ\Picture)를 선택**한 후 **파일(로고2.jpg)을 선택**한 다음 [삽입]을 클릭합니다.

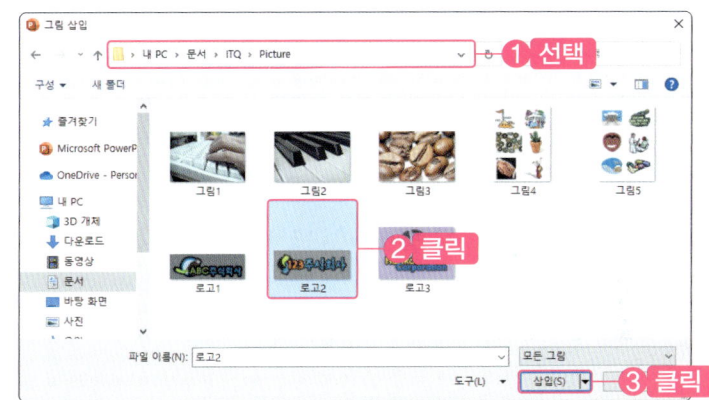

3 삽입된 그림을 **드래그하여 위치를 이동**한 후 **크기를 조절**합니다.

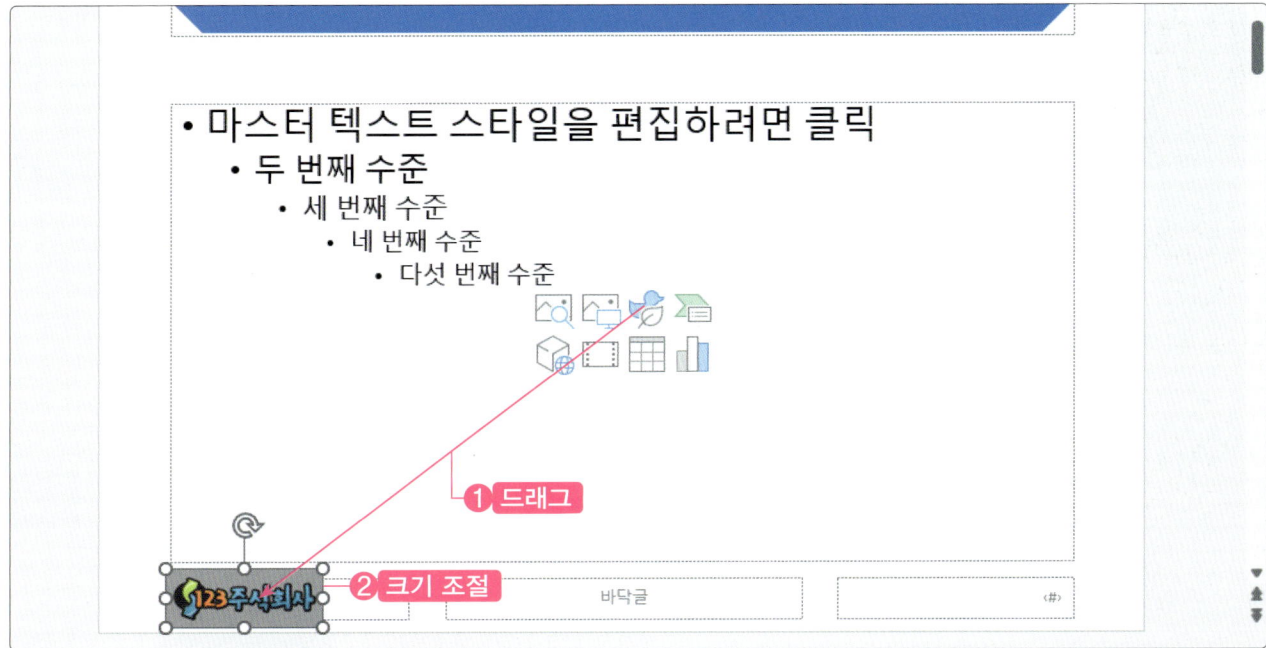

> **〈조건〉** 하단 로고(「내 PC₩문서₩ITQ₩Picture₩로고2.jpg」, 배경(회색) 투명색으로 설정)

4 〔그림 서식〕 정황 탭-〔조정〕 그룹에서 〔색〕을 **클릭**한 후 〔**투명한 색 설정**〕을 **클릭**합니다.

5 마우스 포인터 모양이 모양으로 변경되면 **그림의 회색 부분을 클릭**하여 배경을 투명하게 수정합니다.

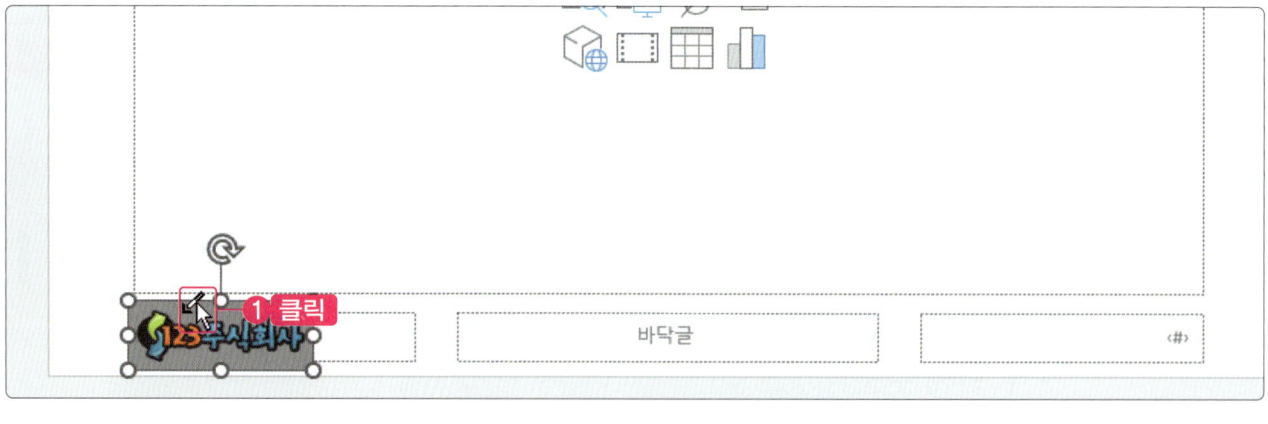

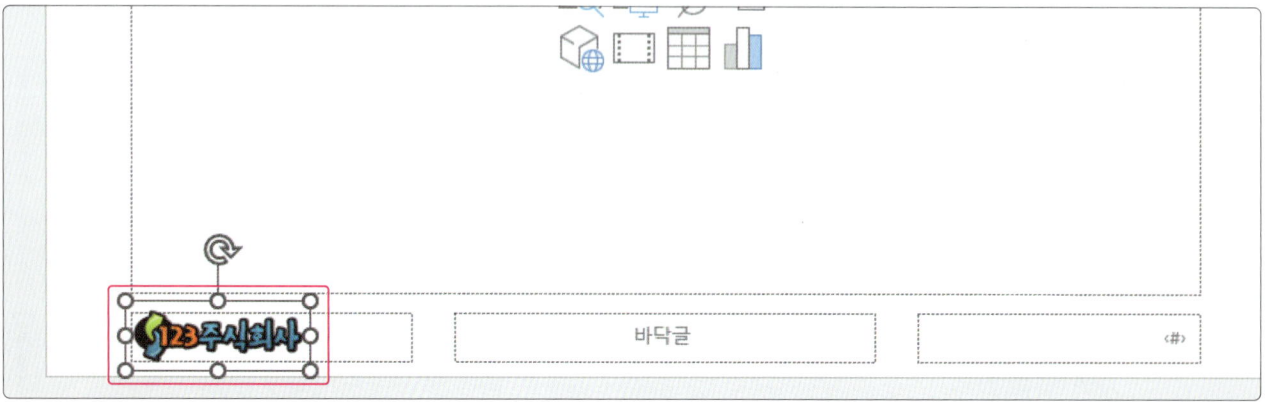

STEP 04 슬라이드 번호 삽입하기

〈전체구성〉 (2) 슬라이드 마스터 : 2~6슬라이드의 제목, 하단 로고, 슬라이드 번호는 슬라이드 마스터를 이용하여 작성한다.

1. 슬라이드 편집 화면이 다시 나타나면 〔삽입〕 탭-〔텍스트〕 그룹에서 〔**머리글/바닥글**〕을 클릭합니다.

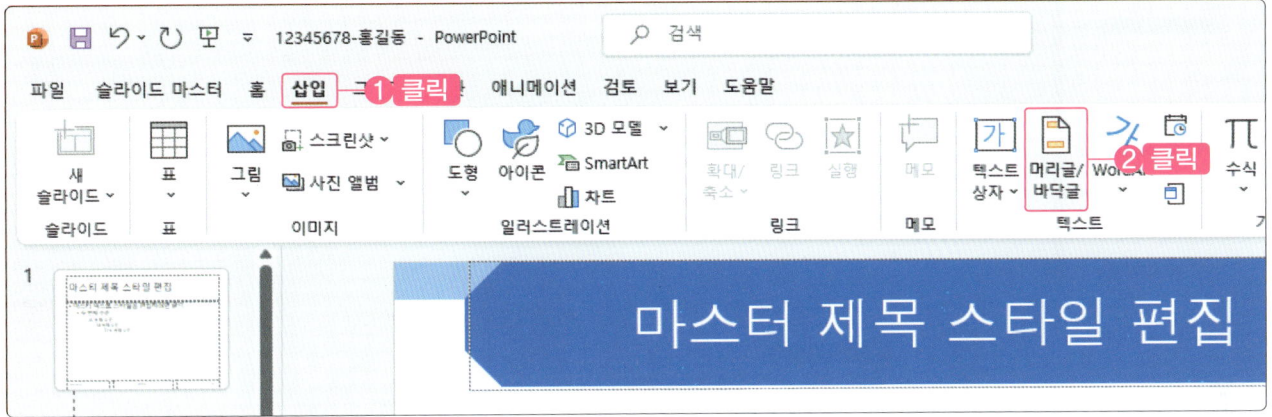

2. 〔머리글/바닥글〕 대화상자가 나타나면 〔슬라이드〕 탭에서 〔**슬라이드 번호**〕를 체크(∨)한 후 〔**제목 슬라이드에는 표시 안 함**〕을 체크(∨)한 다음 〔**모두 적용**〕 단추를 클릭합니다.

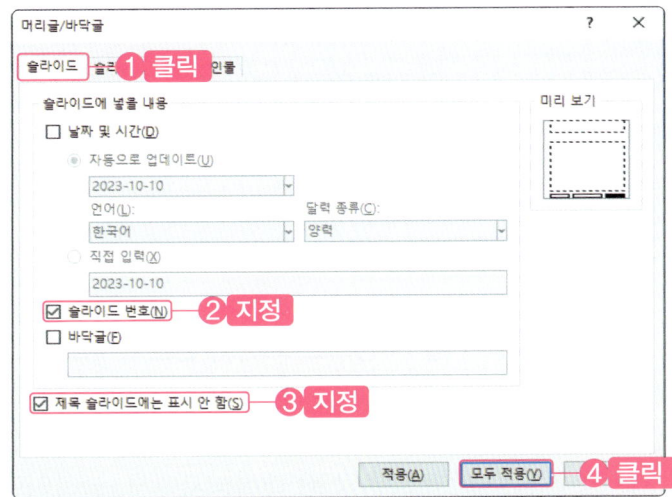

> 〔제목 슬라이드에는 표시 안 함〕을 선택하지 않으면 제목 슬라이드에도 슬라이드 번호가 표시됩니다.

3. 슬라이드 마스터 작성이 완료되면 〔슬라이드 마스터〕 탭-〔닫기〕 그룹에서 〔**마스터 보기 닫기**〕를 클릭합니다.

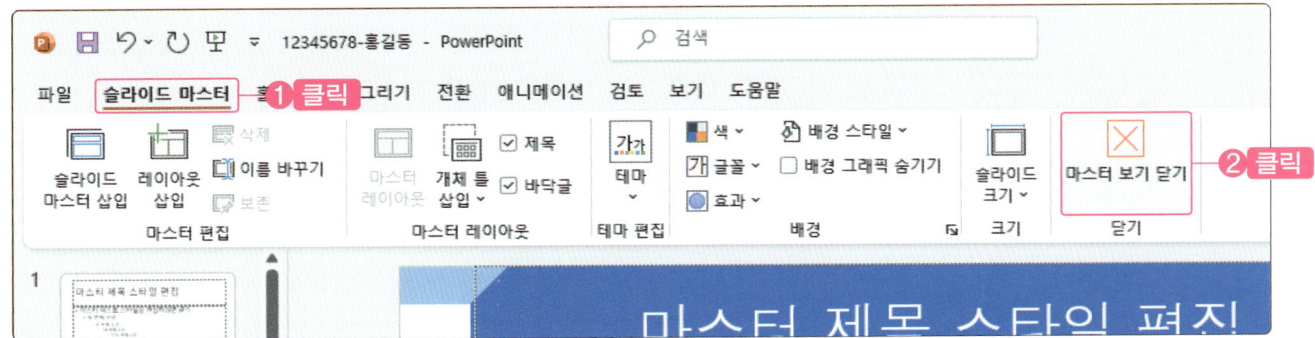

4 다음과 같이 [슬라이드 2] ~ [슬라이드 6]에 슬라이드 번호가 삽입됩니다.

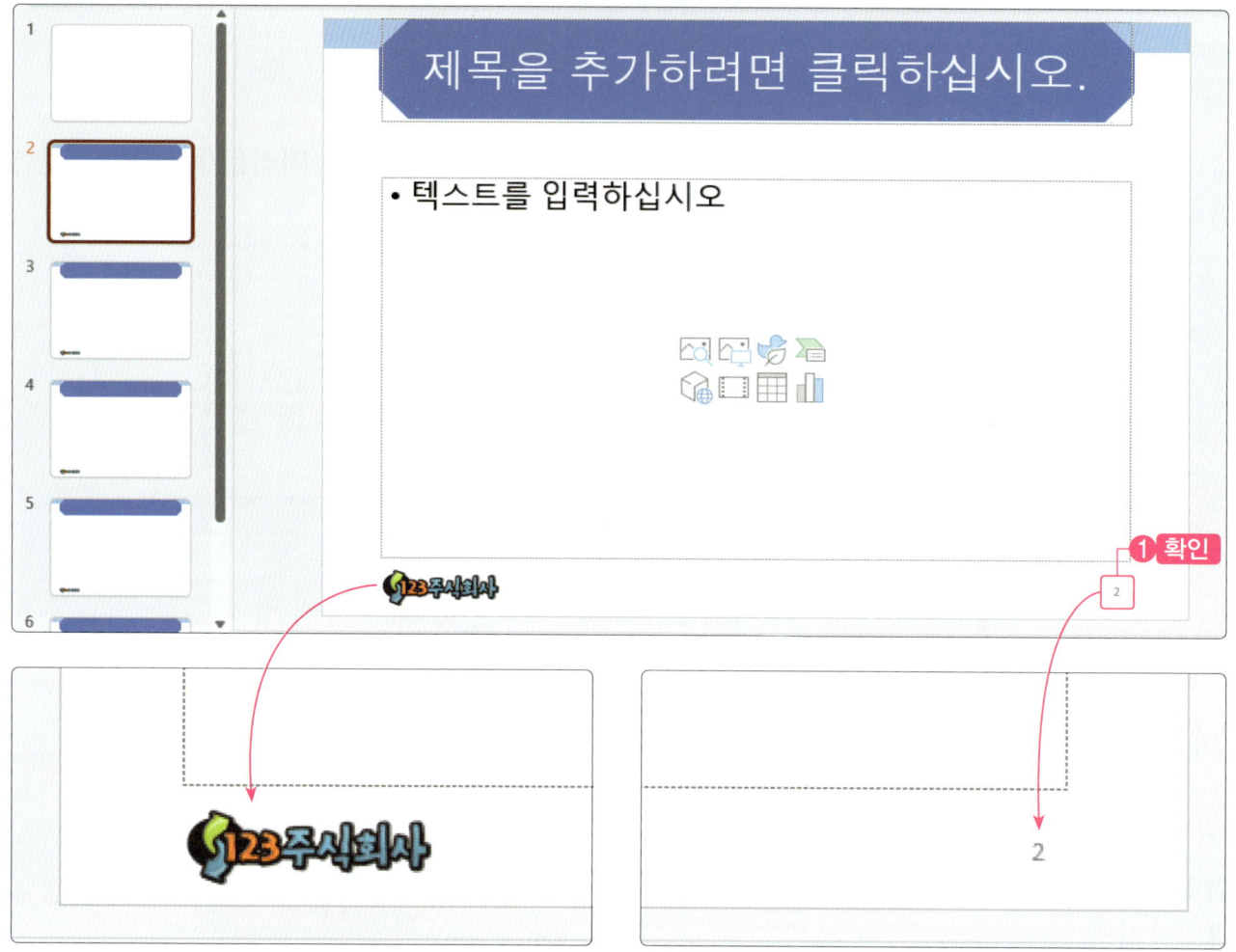

슬라이드 마스터를 지정해도 페이지 번호가 나오지 않을 경우
페이지 번호가 나오지 않을 경우 [머리글/바닥글] 대화상자에서 [슬라이드 번호]와 [제목 슬라이드에는 표시 안 함] 항목에 체크(∨)해야 합니다. 만약, 문제지와 페이지 번호 모양을 다르게 적용하여 수정해야 할 경우에는 [머리글/바닥글] 대화상자에서 [슬라이드 번호] 항목에 체크를 해제하여 [모두 적용]한 후 다시 [슬라이드 번호] 항목에 체크(∨)를 표시하여 [모두 적용]을 클릭합니다.
※ 이전에 적용했던 페이지 번호를 제거한 후 다시 적용하기 위한 반복 과정입니다.

슬라이드 번호(쪽 번호)는 서식 지정
슬라이드의 번호, 글꼴, 크기, 색상은 채점 대상이 아니기 때문에 기본값으로 사용해도 무관합니다.

Practical question type

실전문제유형

POWERPOINT 2021

1 다음 지시사항 및 세부조건을 참고하여 출력형태에 알맞게 작성하시오.

▶ 소스파일 : Part 01\Chapter 02\문제01.pptx   ▶ 완성파일 : Part 01\Chapter 02\문제01_완성.pptx

[전체구성]

(2) 슬라이드 마스터 : 2~6슬라이드의 제목, 하단 로고, 슬라이드 번호는 슬라이드 마스터를 이용하여 작성한다.
 - 제목 글꼴(돋움, 40pt, 흰색), 가운데 맞춤, 도형(선 없음)
 - 하단 로고(「내 PC₩문서₩ITQ₩Picture₩로고3.jpg」, 배경(연보라) 투명색으로 설정)

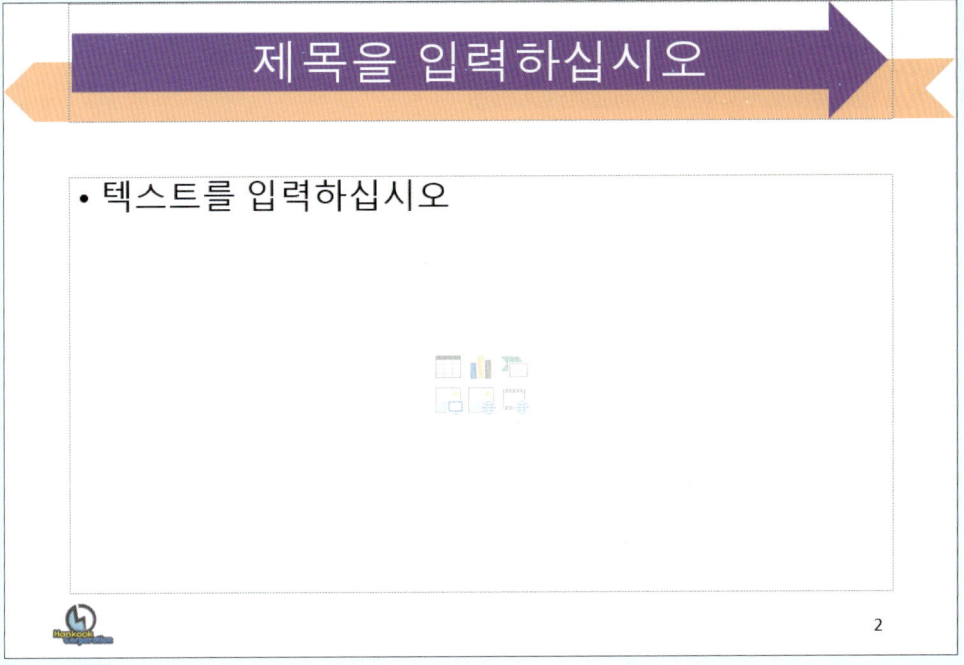

2 다음 지시사항 및 세부조건을 참고하여 출력형태에 알맞게 작성하시오.

▶ 소스파일 : Part 01\Chapter 02\문제02.pptx   ▶ 완성파일 : Part 01\Chapter 02\문제02_완성.pptx

[전체구성]

(2) 슬라이드 마스터 : 2~6슬라이드의 제목, 하단 로고, 슬라이드 번호는 슬라이드 마스터를 이용하여 작성한다.
 - 제목 글꼴(돋움, 40pt, 흰색), 가운데 맞춤, 도형(선 없음)
 - 하단 로고(「내 PC₩문서₩ITQ₩Picture₩로고2.jpg」, 배경(회색) 투명색으로 설정)

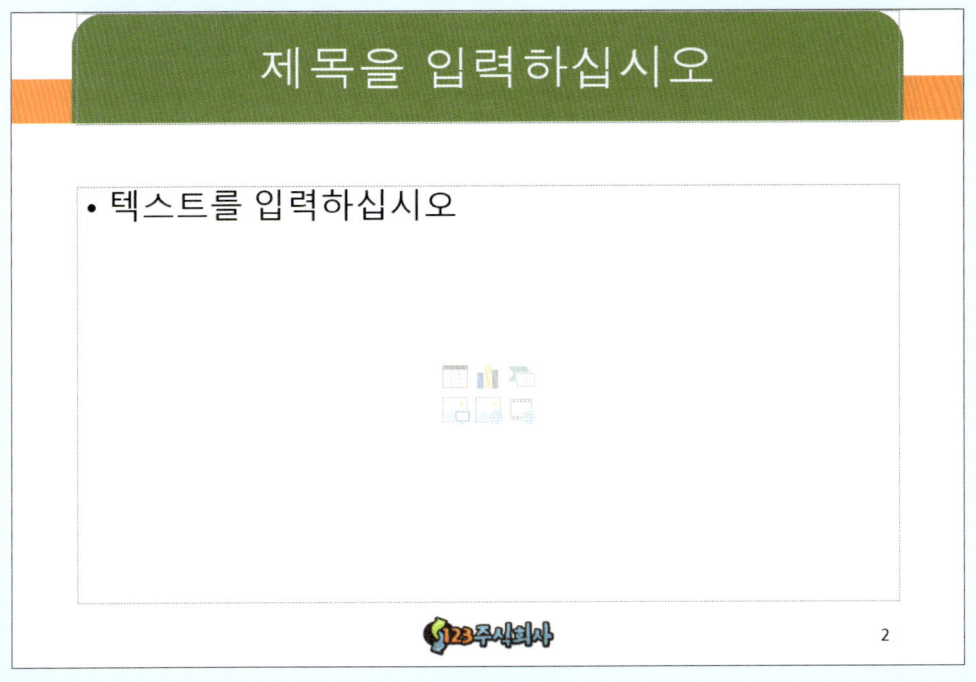

Practical question type — 실전문제유형

POWERPOINT 2021

3 다음 지시사항 및 세부조건을 참고하여 출력형태에 알맞게 작성하시오.

▶ 소스파일 : Part 01\Chapter 02\문제03.pptx   ▶ 완성파일 : Part 01\Chapter 02\문제03_완성.pptx

[전체구성]

(2) 슬라이드 마스터 : 2~6슬라이드의 제목, 하단 로고, 슬라이드 번호는 슬라이드 마스터를 이용하여 작성한다.
 - 제목 글꼴(돋움, 40pt, 흰색), 가운데 맞춤, 도형(선 없음)
 - 하단 로고(「내 PC₩문서₩ITQ₩Picture₩로고1.jpg」, 배경(회색) 투명색으로 설정)

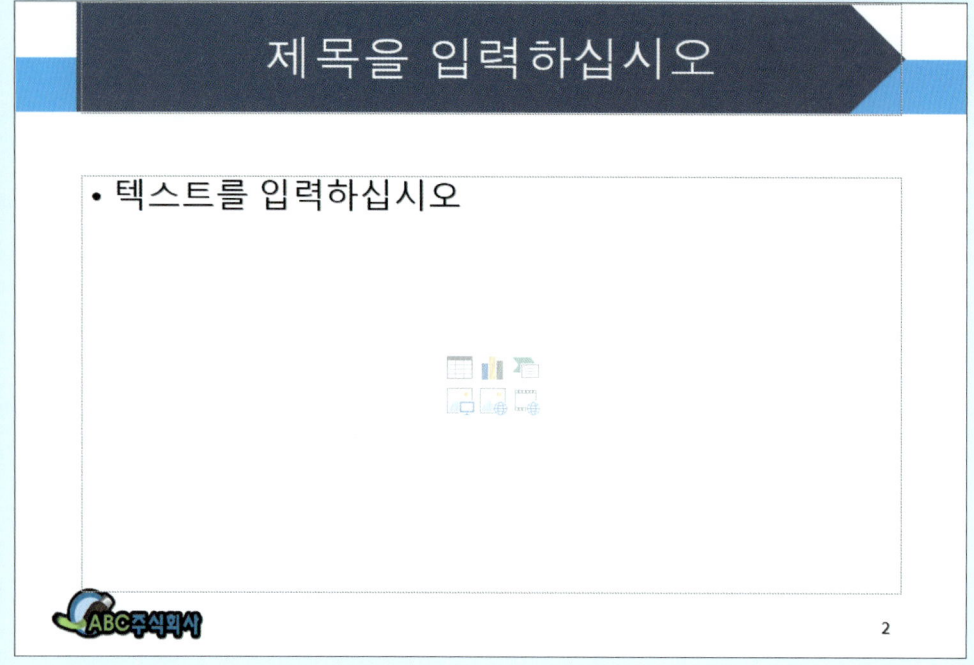

4 다음 지시사항 및 세부조건을 참고하여 출력형태에 알맞게 작성하시오.

▶ 소스파일 : Part 01\Chapter 02\문제04.pptx   ▶ 완성파일 : Part 01\Chapter 02\문제04_완성.pptx

[전체구성]

(2) 슬라이드 마스터 : 2~6슬라이드의 제목, 하단 로고, 슬라이드 번호는 슬라이드 마스터를 이용하여 작성한다.
 - 제목 글꼴(돋움, 40pt, 흰색), 가운데 맞춤, 도형(선 없음)
 - 하단 로고(「내 PC₩문서₩ITQ₩Picture₩로고1.jpg」, 배경(회색) 투명색으로 설정)

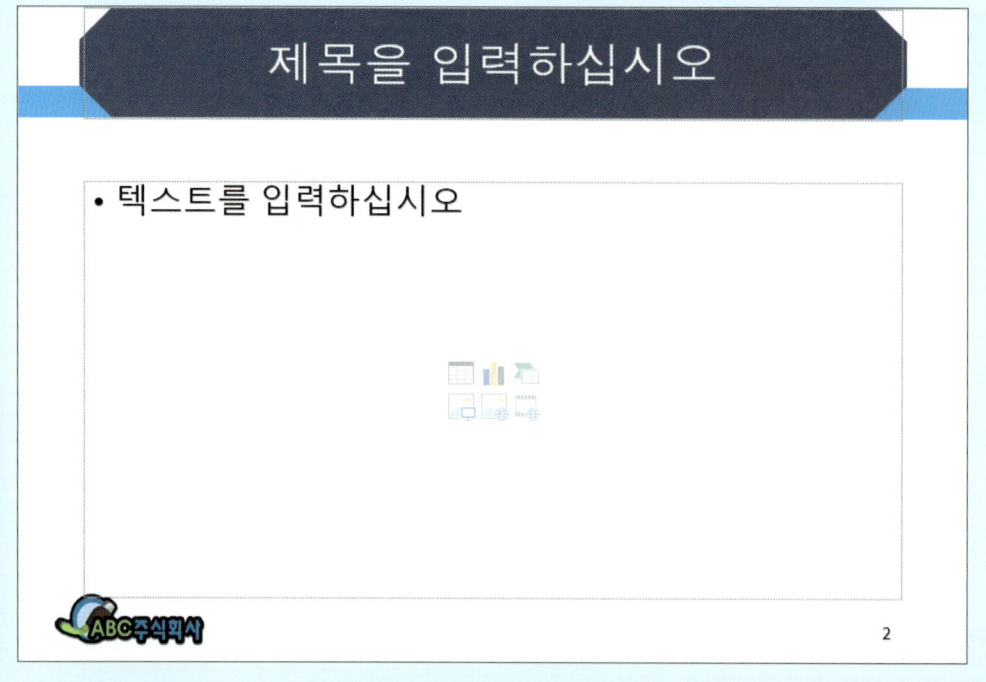

5 다음 지시사항 및 세부조건을 참고하여 출력형태에 알맞게 작성하시오.

▶ 소스파일 : Part 01\Chapter 02\문제05.pptx   ▶ 완성파일 : Part 01\Chapter 02\문제05_완성.pptx

[전체구성]

(2) 슬라이드 마스터 : 2~6슬라이드의 제목, 하단 로고, 슬라이드 번호는 슬라이드 마스터를 이용하여 작성한다.
   - 제목 글꼴(돋움, 40pt, 흰색), 가운데 맞춤, 도형(선 없음)
   - 하단 로고(「내 PC\문서\ITQ\Picture\로고1.jpg」, 배경(회색) 투명색으로 설정)

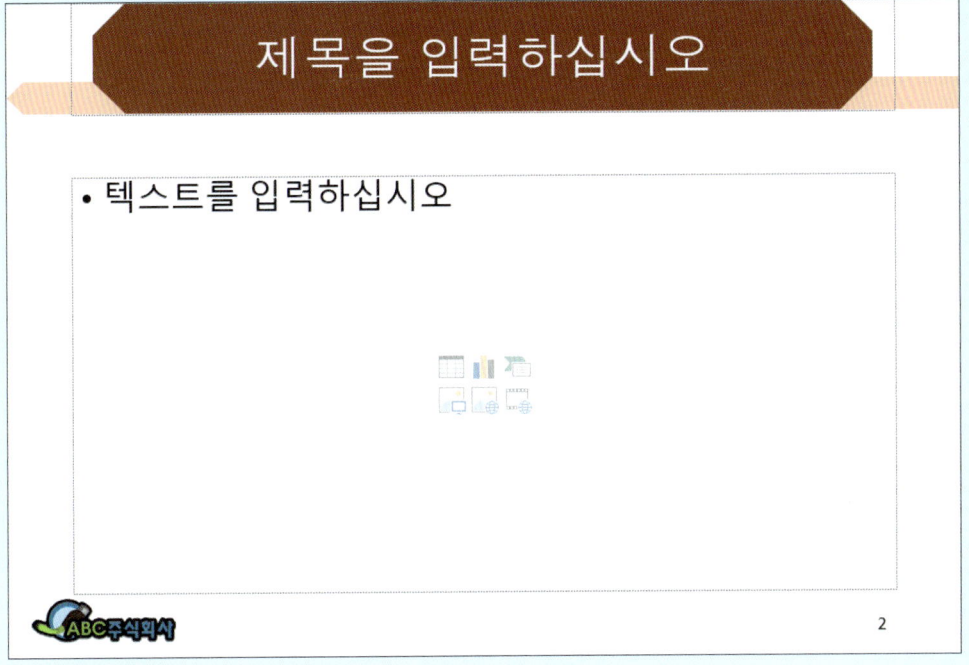

6 다음 지시사항 및 세부조건을 참고하여 출력형태에 알맞게 작성하시오.

▶ 소스파일 : Part 01\Chapter 02\문제06.pptx   ▶ 완성파일 : Part 01\Chapter 02\문제06_완성.pptx

[전체구성]

(2) 슬라이드 마스터 : 2~6슬라이드의 제목, 하단 로고, 슬라이드 번호는 슬라이드 마스터를 이용하여 작성한다.
   - 제목 글꼴(돋움, 40pt, 흰색), 가운데 맞춤, 도형(선 없음)
   - 하단 로고(「내 PC\문서\ITQ\Picture\로고2.jpg」, 배경(회색) 투명색으로 설정)

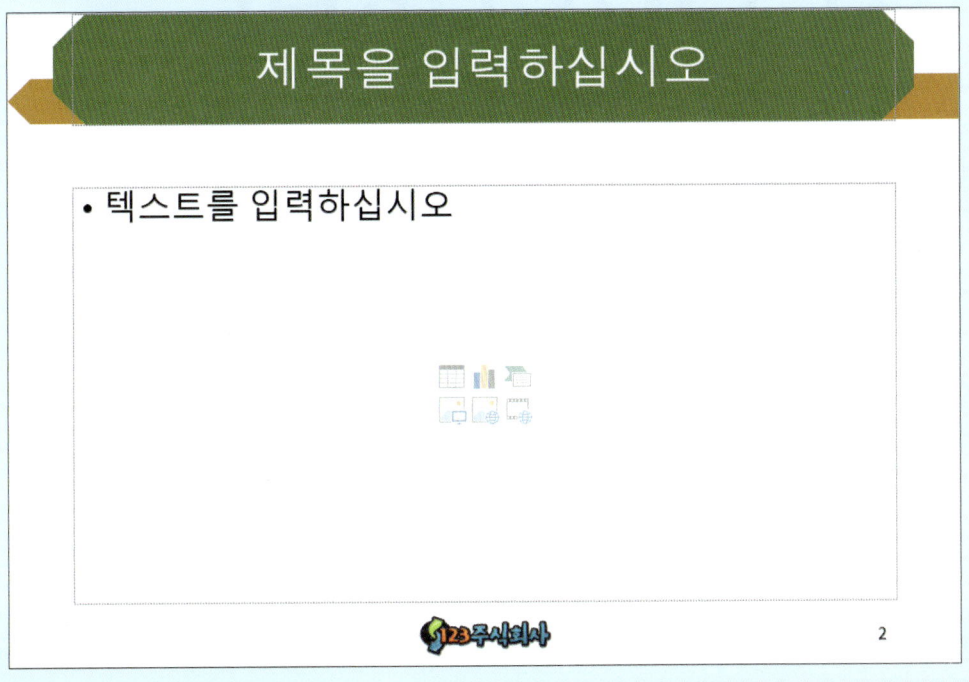

Chapter 03 표지 디자인

- ◆ 도형 작성하기
- ◆ 워드아트(WordArt) 작성하기
- ◆ 도형에 효과 지정하기
- ◆ 그림 삽입하기

▶ 소스파일 : Part 01\Chapter 03\Ch03.pptx ▶ 완성파일 : Part 01\Chapter 03\Ch03_완성.pptx

[슬라이드 1] ≪표지 디자인≫ (40점)

(1) 표지 디자인 : 도형, 워드아트 및 그림을 이용하여 작성한다.

세부조건

① 도형 편집
- 도형에 그림 채우기 :
  「내 PC₩문서₩ITQ₩Picture₩
  그림1.jpg」, 투명도 50%
- 도형 효과 :
  (부드러운 가장자리 5포인트)

② 워드아트 삽입
- 변환 : 삼각형, 위로【삼각형】
- 글꼴 : 돋움, 굵게
- 텍스트 반사 : 근접 반사, 터치

③ 그림 삽입
- 「내 PC₩문서₩ITQ₩Picture₩
  로고2.jpg」
- 배경(회색) 투명색으로 설정

> **체크! 체크!**

〔슬라이드 1〕 《《표지 디자인》》

- **제목 도형**
  - 도형은 〈출력형태〉를 참고하여 작성합니다.
  - 도형 효과를 지정하기 때문에 채우기 색 및 도형 윤곽선을 지정하지 않습니다.
- **도형에 그림 삽입**
  - 그림은 '내 PC₩문서₩ITQ₩Picture' 폴더에 있는 그림을 삽입합니다.
  - 도형은 회전하고 그림은 회전하지 않게 하려면 〔그림 서식〕 작업 창의 〔채우기〕 탭에서 〔도형과 함께 회전〕을 선택 해제합니다.
- **워드아트(WordArt) 작성**
  - 워드아트 모양은 '채우기 – 검정, 텍스트 1, 그림자'를 선택한 후 변경합니다.
  - 【 】안의 조건은 2016 버전용입니다.
- **그림 삽입**
  - 그림은 '내 PC₩문서₩ITQ₩Picture' 폴더에 있는 그림을 삽입하고 회색 배경을 투명색으로 지정합니다.

STEP 01 도형 작성하기

1 **1번 슬라이드를 선택**한 후 표지 슬라이드에 표시된 제목 및 부제목 개체틀을 삭제하기 위해 **Ctrl+A를 눌러 모두 선택**한 다음 Delete**를 눌러 삭제**합니다.

> **파일 열기**
> 〔파일〕 탭–〔열기〕–〔찾아보기〕를 클릭한 후 〔열기〕 대화상자가 나타나면 찾는 위치(Part 01\Chapter 03)를 지정한 다음 파일(Ch03.pptx)을 선택하고 〔열기〕 단추를 클릭합니다.

2 〔삽입〕 탭-〔일러스트레이션〕 그룹에서 [도형]을 클릭한 다음 [팔각형(⑧)]을 클릭합니다.

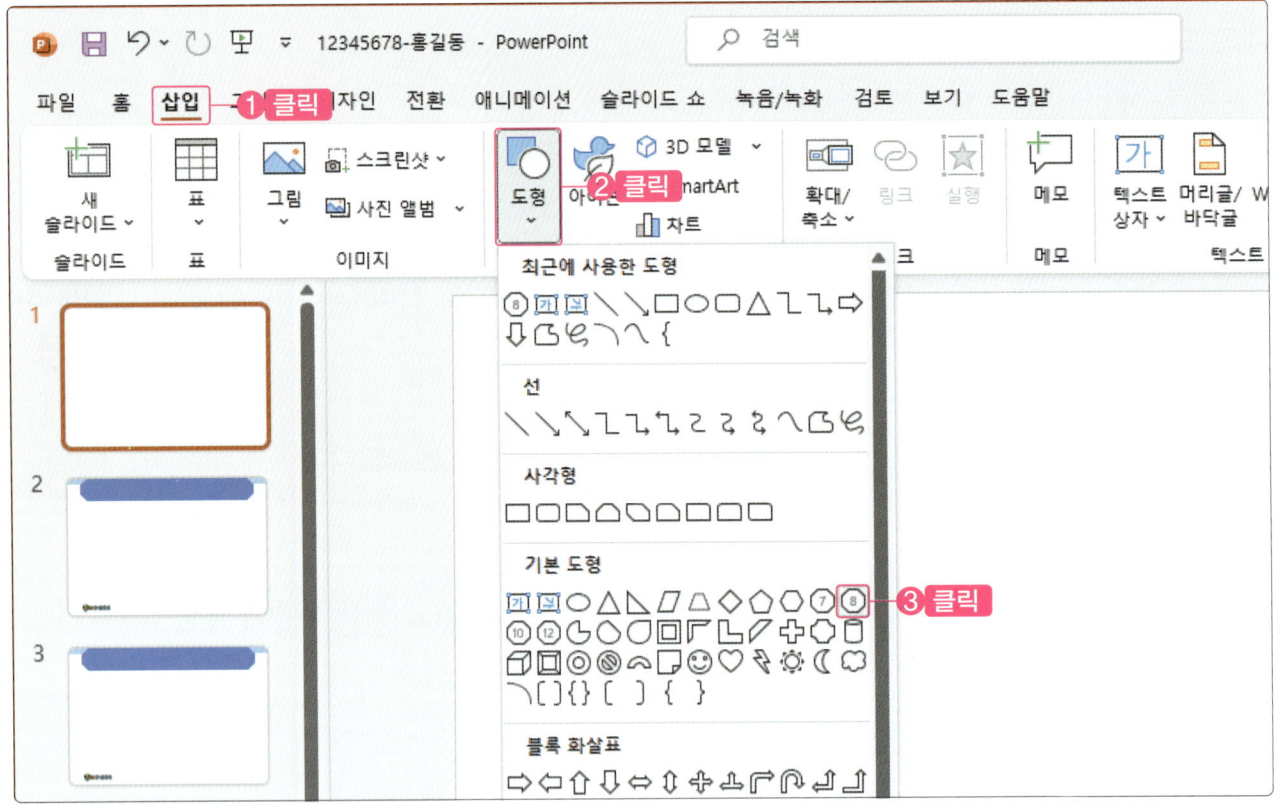

3 마우스 포인터 모양이 + 모양으로 변경되면 드래그하여 도형을 작성합니다.

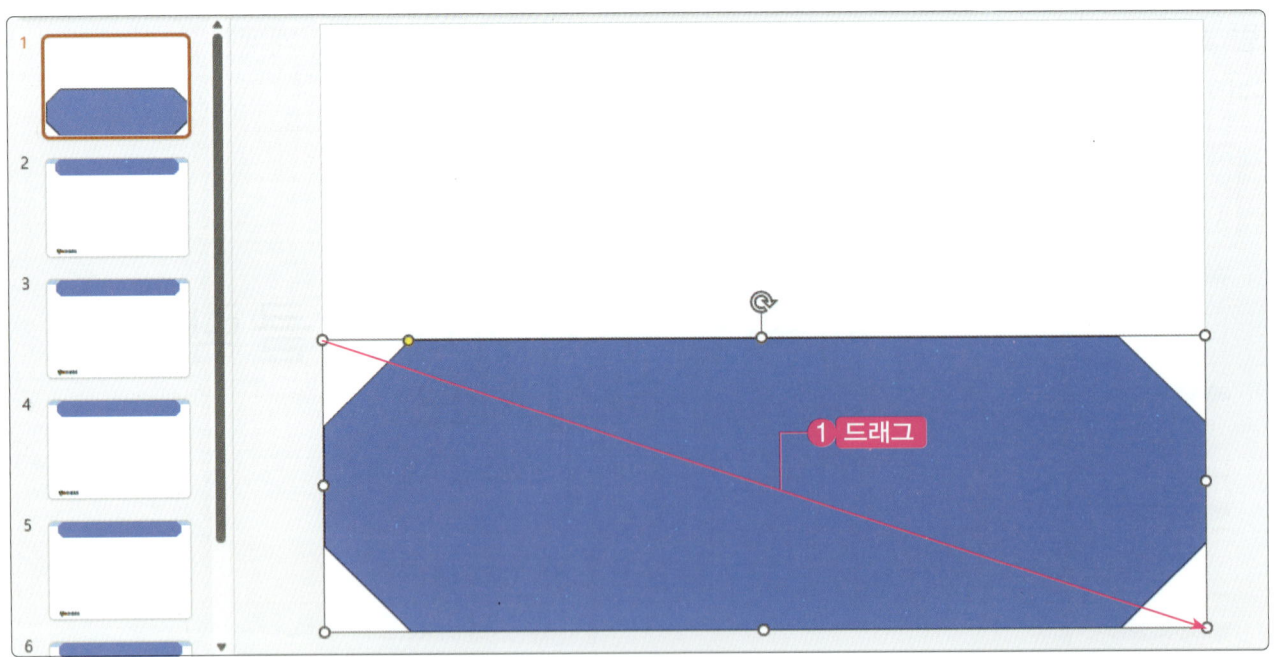

도형의 크기는 수험자가 〈출력형태〉를 참고하여 작성합니다.

STEP 02 도형 효과 지정하기

〈조건〉
① 도형 편집
- 도형에 그림 채우기 : 「내 PC₩문서₩ITQ₩Picture₩그림1.jpg」, 투명도 50%
- 도형 효과 : (부드러운 가장자리 5포인트)

1 〔도형 서식〕 정황 탭-〔도형 스타일〕 그룹에서 〔**도형 채우기**〕를 **클릭**한 후 〔**그림**〕을 **클릭**합니다.

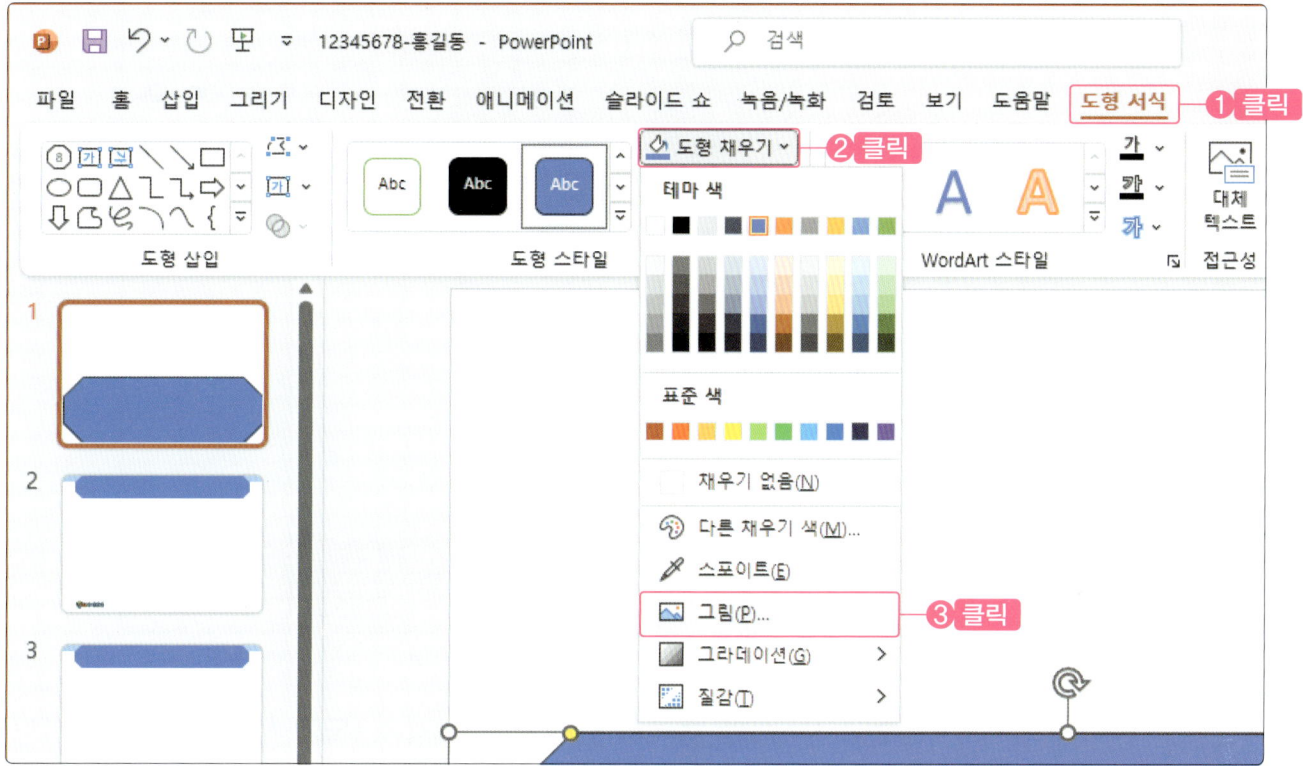

2 〔그림 삽입〕 화면이 나타나면 〔**파일에서**〕를 **클릭**합니다.

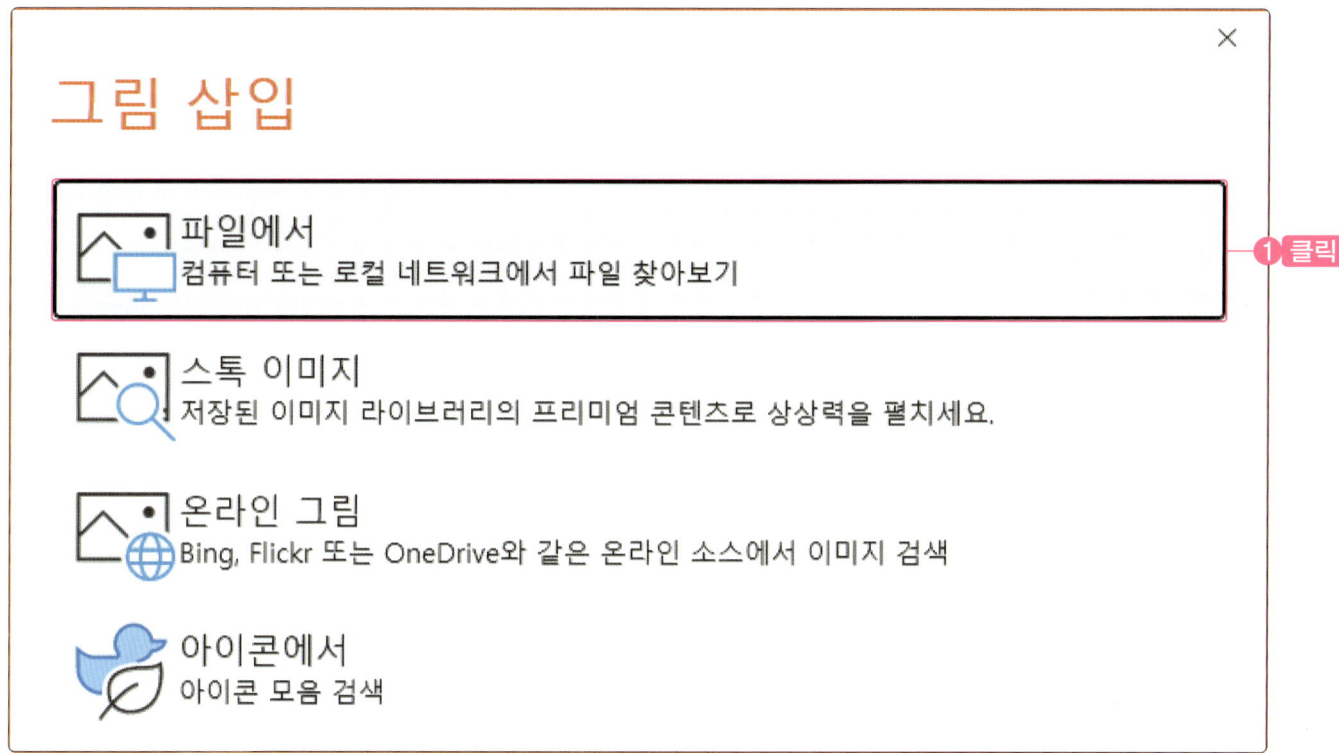

Chapter 03 · 표지 디자인 **27**

<조건> ① 도형 편집
 • 도형에 그림 채우기 : 「내 PC₩문서₩ITQ₩Picture₩그림1.jpg」

3 [그림 삽입] 대화상자가 나타나면 **위치(내 PC\문서\ITQ\Picture)를 지정**한 후 **파일(그림1.jpg)을 선택**한 다음 [**삽입**] 단추를 클릭합니다.

4 도형에 그림이 삽입되면 [도형 서식] 정황 탭-[도형 스타일] 그룹의 [**도형 서식(⊡)**]을 클릭합니다.

도형을 선택한 후 바로가기 메뉴의 [그림 서식]을 클릭해도 됩니다.

〈조건〉　① 도형 편집
　　　　　• 도형에 그림 채우기 : 「내 PC₩문서₩ITQ₩Picture₩그림1.jpg」, 투명도 50%
　　　　　• 도형 효과 : (부드러운 가장자리 5포인트)

5 〔그림 서식〕 작업 창이 나타나면 〔**채우기 및 선**(◇)〕을 **클릭**한 후 〔**채우기**〕를 **클릭**한 다음 **투명도(50)**를 **입력**하고 〔**닫기**(×)〕를 **클릭**합니다.

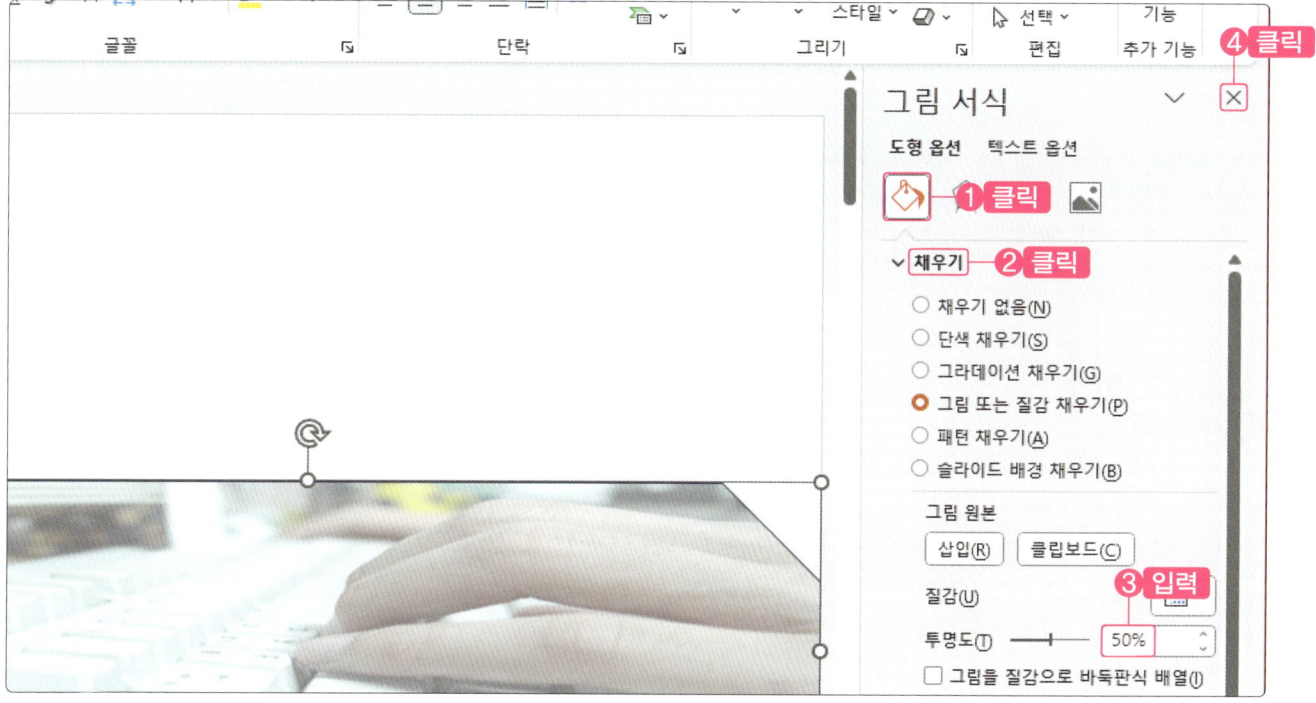

6 〔도형 서식〕 정황 탭-〔도형 스타일〕 그룹에서 〔**도형 효과**〕를 **클릭**한 후 〔부드러운 가장자리〕-〔**5포인트**〕를 **클릭**합니다.

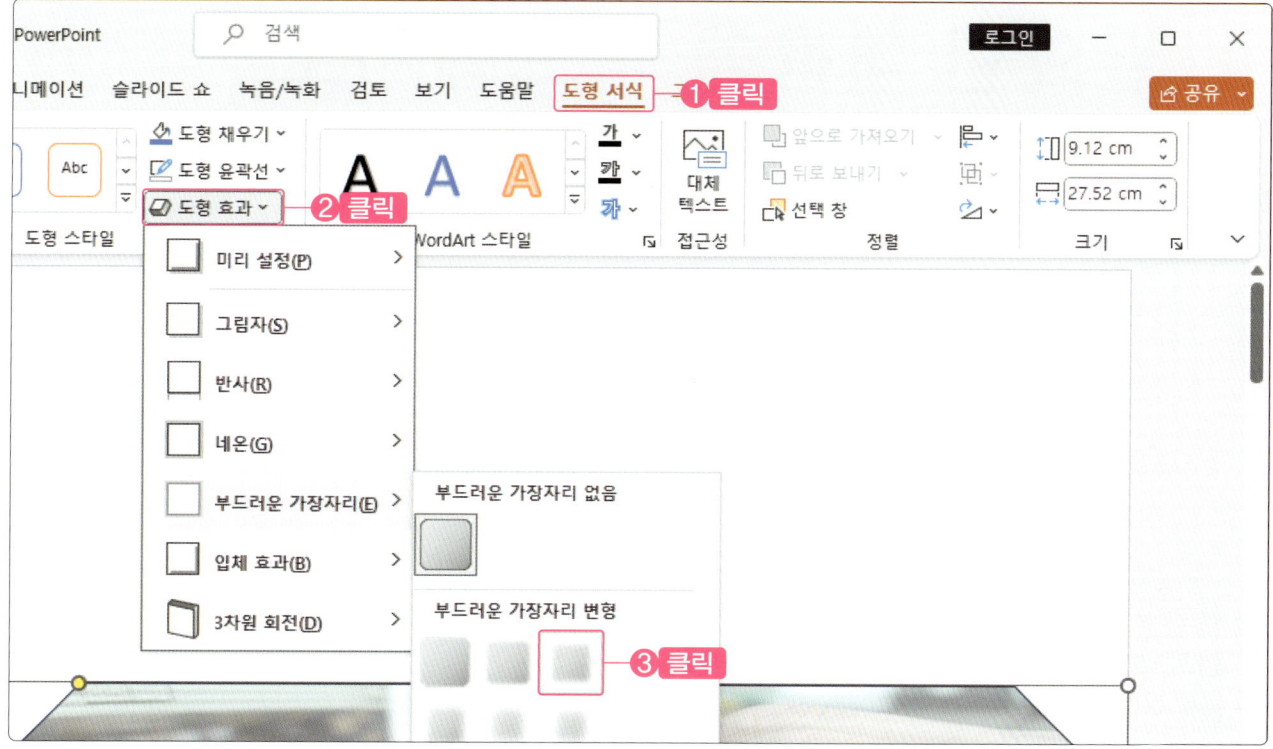

Chapter 03 • 표지 디자인 **29**

STEP 03 워드아트(WordArt) 작성하기

〈조건〉
② 워드아트 삽입
- 변환 : 삼각형, 위로【삼각형】
- 글꼴 : 돋움, 굵게
- 텍스트 반사 : 근접 반사, 터치

1 〔삽입〕 탭-〔텍스트〕 그룹에서 〔WordArt〕를 **클릭**한 후 〔**채우기 - 검정, 텍스트 색 1, 그림자(A)**〕를 **클릭**합니다.

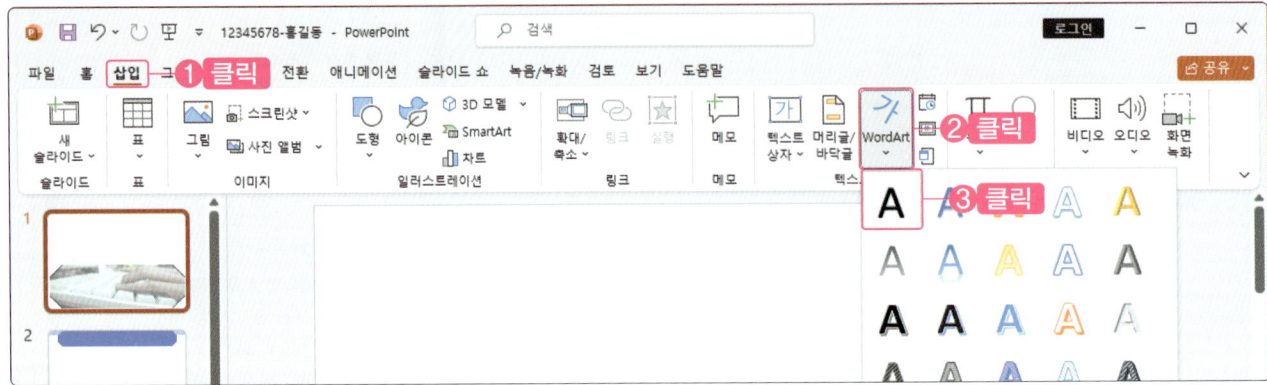

> 워드아트(WordArt)를 삽입할 때는 효과가 거의 없는 첫 번째 워드아트(채우기 - 검정, 텍스트 색 1, 그림자)를 선택합니다.

2 워드아트(WordArt)가 삽입되면 **텍스트(AI Speaker)를 입력**합니다.

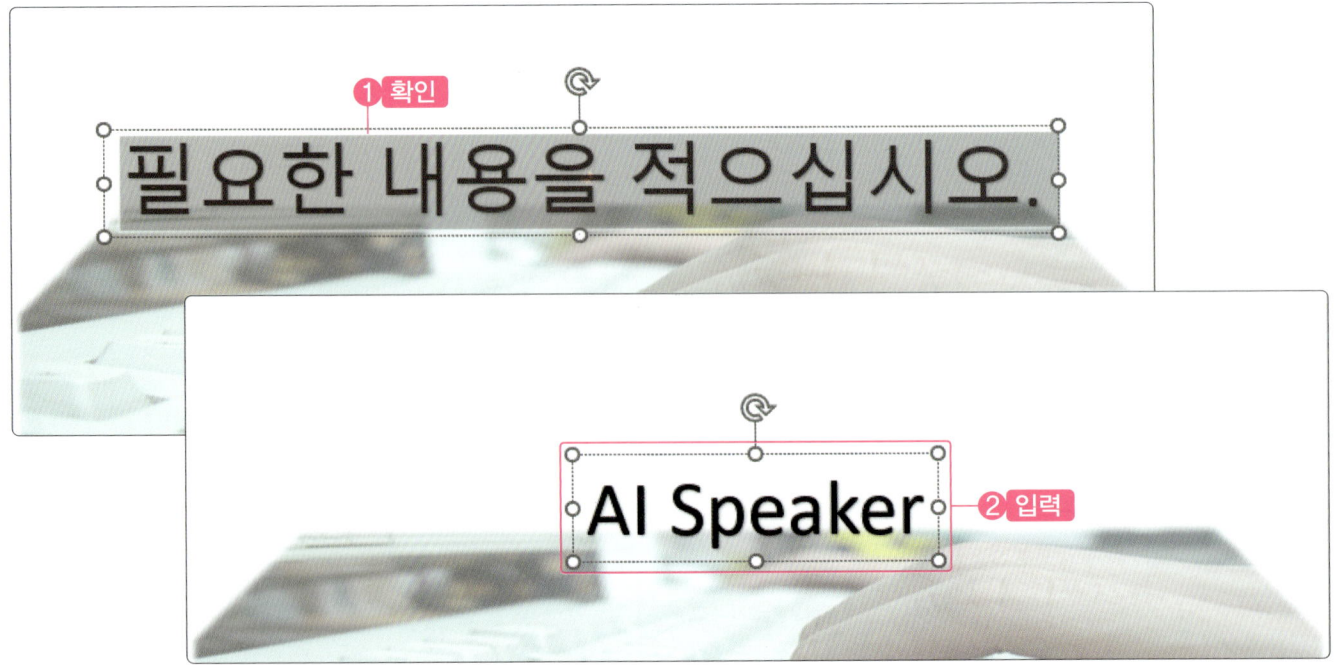

> - 워드아트(WordArt)를 삽입한 후 바로 내용을 입력하면 이전 내용(필요한 내용을 적으십시오.)이 삭제되면서 내용이 입력됩니다.
> - 블록 지정이 해제되었을 경우에는 텍스트를 드래그하여 블록으로 설정한 후 다시 입력합니다.

〈조건〉　② 워드아트 삽입
　　　　　• 변환 : 삼각형, 위로【삼각형】　　　• 글꼴 : 돋움, 굵게

3 워드아트(WordArt) 상자를 **선택**한 후 〔도형 서식〕 정황 탭-〔WordArt 스타일〕 그룹에서 **텍스트 효과(가▾)를 클릭**한 다음 〔변환〕-〔삼각형: 위로(abcde)〕를 **클릭**합니다.

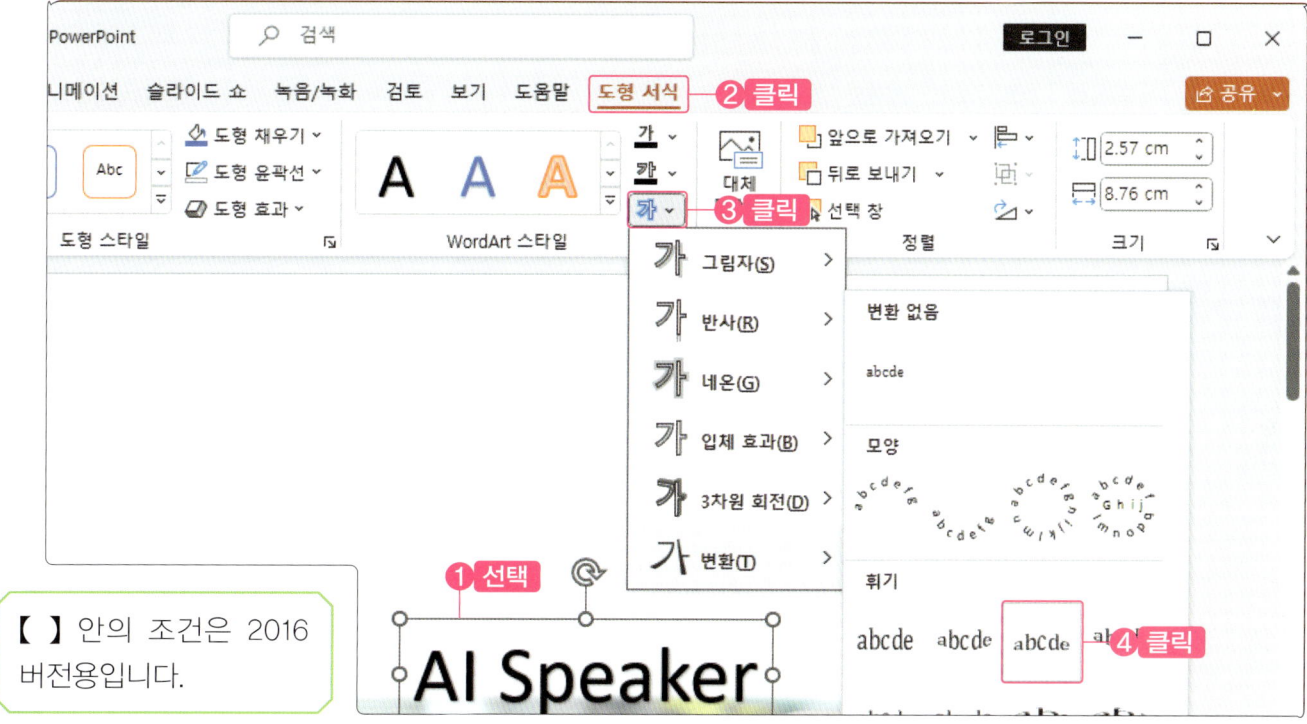

【 】 안의 조건은 2016 버전용입니다.

4 〔홈〕 탭-〔글꼴〕 그룹에서 **글꼴(돋움)을 선택**한 후 〔**굵게(가)**〕를 **선택**한 다음 〔텍스트 그림자(S)〕를 **선택해제**합니다.

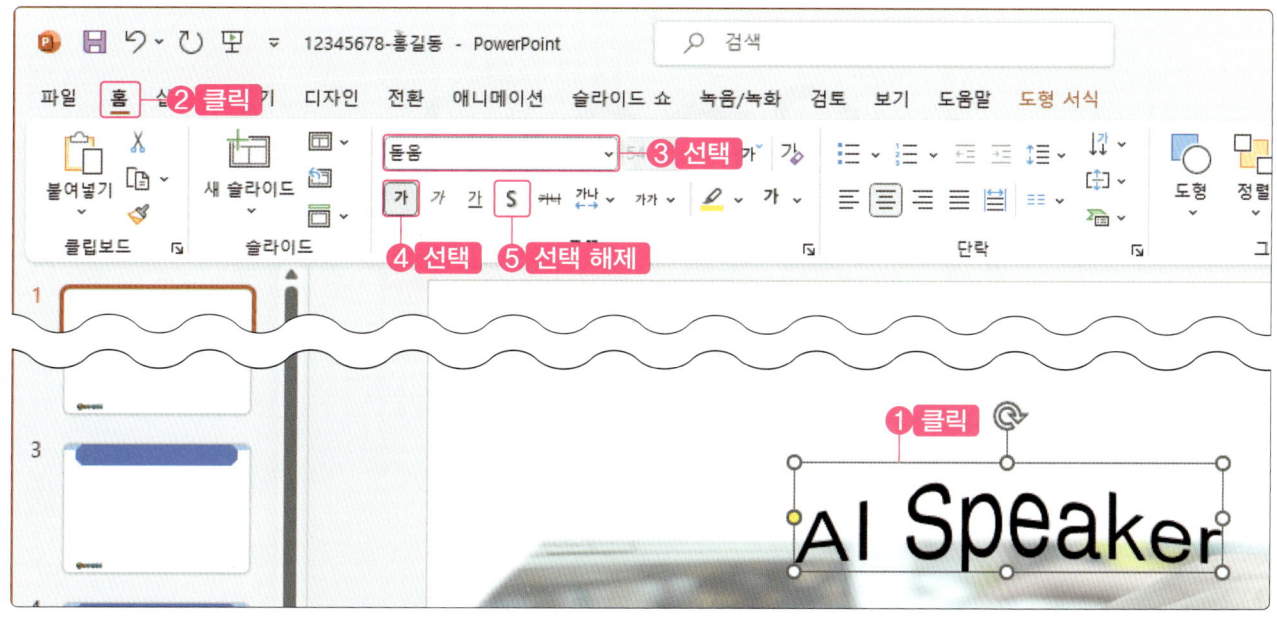

워드아트(WordArt)의 글꼴은 '돋움'과 '굵게'를 지정하라는 문제의 세부 조건에 따라 '텍스트 그림자'는 지정을 해제합니다.

〈조건〉 ② 워드아트 삽입
• 텍스트 반사 : 근접반사, 터치

5 〔도형 서식〕 정황 탭-〔WordArt 스타일〕 그룹에서 **텍스트 효과(가▼)**를 클릭한 후 〔반사〕-〔**근접 반사, 터치(A)**〕를 클릭합니다.

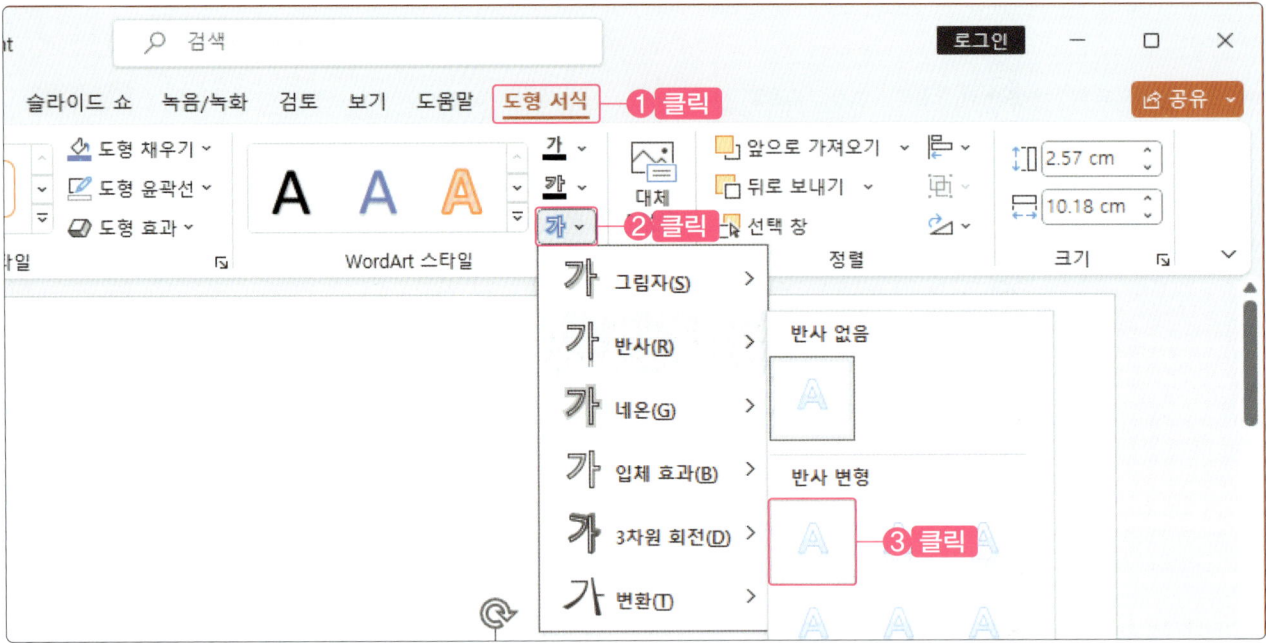

6 워드아트(WordArt) 텍스트 상자의 **크기 및 위치를 조절**합니다.

워드아트(WordArt)의 크기 조절점(○)을 드래그하여 크기를 조절합니다.

STEP 04 그림 삽입하기

〈조건〉
③ 그림 삽입
- 「내 PC₩문서₩ITQ₩Picture₩로고2.jpg」
- 배경(회색) 투명색으로 설정

1 〔삽입〕 탭-〔이미지〕 그룹에서 〔그림(🖼)〕을 클릭한 후 〔이 디바이스...〕를 클릭합니다. 그런다음 〔그림 삽입〕 대화상자가 나타나면 **위치(내 PC\문서\ITQ\Picture)를 지정**한 후 **파일(로고2.jpg)을 클릭**한 다음 〔**삽입**〕 단추를 **클릭**합니다.

2 삽입된 그림을 드래그하여 **위치를 이동**한 후 **크기를 조절**합니다.

〈조건〉　③ 그림 삽입
　　　　　• 배경(회색) 투명색으로 설정

3 [그림 서식] 정황 탭-[조정] 그룹에서 [**색**]을 **클릭**한 후 [**투명한 색 설정**]을 **클릭**합니다.

4 마우스 포인터 모양이 🖉 모양으로 변경되면 **그림의 회색 부분을 클릭**하여 배경을 투명하게 수정합니다.

5 표지 디자인 슬라이드 작성이 완료되면 빠른 실행 도구 모음에서 [**저장**(💾)]을 **클릭**합니다.

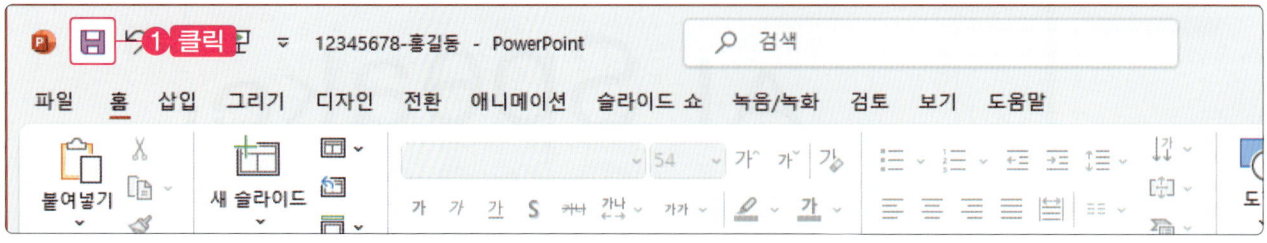

[파일] 탭-[저장]을 클릭하거나 Ctrl+S를 눌러 답안을 저장할 수도 있습니다.

Practical question type

실전문제유형

POWERPOINT 2021

1 다음 지시사항 및 세부조건을 참고하여 출력형태에 알맞게 작성하시오.

▶ 소스파일 : Part 01\Chapter 03\문제01.pptx   ▶ 완성파일 : Part 01\Chapter 03\문제01_완성.pptx

(1) 표지 디자인 : 도형, 워드아트 및 그림을 이용하여 작성한다.

세부조건

① 도형 편집
 - 도형에 그림 채우기 :
  「내 PC\문서\ITQ\Picture\
  그림3.jpg」, 투명도 50%
 - 도형 효과 :
  부드러운 가장자리 5포인트

② 워드아트 삽입
 - 변환 : 중지
 - 글꼴 : 맑은고딕, 굵게
 - 텍스트 반사 :
  근접 반사, 터치

③ 그림 삽입
 -「내 PC\문서\ITQ\Picture\
  로고3.jpg」,
 - 배경(연보라) 투명색으로 설정

2 다음 지시사항 및 세부조건을 참고하여 출력형태에 알맞게 작성하시오.

▶ 소스파일 : Part 01\Chapter 03\문제02.pptx   ▶ 완성파일 : Part 01\Chapter 03\문제02_완성.pptx

(1) 표지 디자인 : 도형, 워드아트 및 그림을 이용하여 작성한다.

세부조건

① 도형 편집
 - 도형에 그림 채우기 :
  「내 PC\문서\ITQ\Picture\
  그림3.jpg」, 투명도 50%
 - 도형 효과 :
  부드러운 가장자리 5포인트

② 워드아트 삽입
 - 변환 : 물결, 위로
  【물결2】
 - 글꼴 : 돋움, 굵게
 - 텍스트 반사 :
  근접 반사, 4pt 오프셋

③ 그림 삽입
 -「내 PC\문서\ITQ\Picture\
  로고2.jpg」,
 - 배경(회색) 투명색으로 설정

Practical question type — 실전문제유형

POWERPOINT 2021

3 다음 지시사항 및 세부조건을 참고하여 출력형태에 알맞게 작성하시오.

▶ 소스파일 : Part 01\Chapter 03\문제03.pptx   ▶ 완성파일 : Part 01\Chapter 03\문제03_완성.pptx

(1) 표지 디자인 : 도형, 워드아트 및 그림을 이용하여 작성한다.

세부조건

① 도형 편집
- 도형에 그림 채우기 :
  「내 PC₩문서₩ITQ₩Picture₩
  그림1.jpg」, 투명도 50%
- 도형 효과 :
  부드러운 가장자리 5포인트

② 워드아트 삽입
- 변환 : 삼각형, 위로
  【삼각형】
- 글꼴 : 궁서, 굵게
- 텍스트 반사 :
  근접 반사, 터치

③ 그림 삽입
- 「내 PC₩문서₩ITQ₩Picture₩
  로고1.jpg」
- 배경(회색) 투명색으로 설정

4 다음 지시사항 및 세부조건을 참고하여 출력형태에 알맞게 작성하시오.

▶ 소스파일 : Part 01\Chapter 03\문제04.pptx   ▶ 완성파일 : Part 01\Chapter 03\문제04_완성.pptx

(1) 표지 디자인 : 도형, 워드아트 및 그림을 이용하여 작성한다.

세부조건

① 도형 편집
- 도형에 그림 채우기 :
  「내 PC₩문서₩ITQ₩Picture₩
  그림1.jpg」, 투명도 50%
- 도형 효과 :
  부드러운 가장자리 5포인트

② 워드아트 삽입
- 변환 : 기울기, 위로
  【위로 기울기】
- 글꼴 : 궁서, 굵게
- 텍스트 반사 :
  1/2 반사, 터치

③ 그림 삽입
- 「내 PC₩문서₩ITQ₩Picture₩
  로고1.jpg」
- 배경(회색) 투명색으로 설정

Practical question type

실전문제유형

POWERPOINT 2021

5 다음 지시사항 및 세부조건을 참고하여 출력형태에 알맞게 작성하시오.

▶ 소스파일 : Part 01\Chapter 03\문제05.pptx   ▶ 완성파일 : Part 01\Chapter 03\문제05_완성.pptx

(1) 표지 디자인 : 도형, 워드아트 및 그림을 이용하여 작성한다.

세부조건

① 도형 편집
- 도형에 그림 채우기 :
  「내 PC\문서\ITQ\Picture\
  그림2.jpg」, 투명도 50%
- 도형 효과 :
  부드러운 가장자리 5포인트

② 워드아트 삽입
- 변환 : 삼각형, 위로
  【삼각형】
- 글꼴 : 돋움, 굵게
- 텍스트 반사 :
  근접 반사, 터치

③ 그림 삽입
- 「내 PC\문서\ITQ\Picture\
  로고1.jpg」,
- 배경(회색) 투명색으로 설정

6 다음 지시사항 및 세부조건을 참고하여 출력형태에 알맞게 작성하시오.

▶ 소스파일 : Part 01\Chapter 03\문제06.pptx   ▶ 완성파일 : Part 01\Chapter 03\문제06_완성.pptx

(1) 표지 디자인 : 도형, 워드아트 및 그림을 이용하여 작성한다.

세부조건

① 도형 편집
- 도형에 그림 채우기 :
  「내 PC\문서\ITQ\Picture\
  그림2.jpg」, 투명도 50%
- 도형 효과 :
  부드러운 가장자리 5포인트

② 워드아트 삽입
- 변환 : 물결, 위로
  【물결2】
- 글꼴 : 돋움, 굵게
- 텍스트 반사 :
  전체 반사, 터치

③ 그림 삽입
- 「내 PC\문서\ITQ\Picture\
  로고2.jpg」,
- 배경(회색) 투명색으로 설정

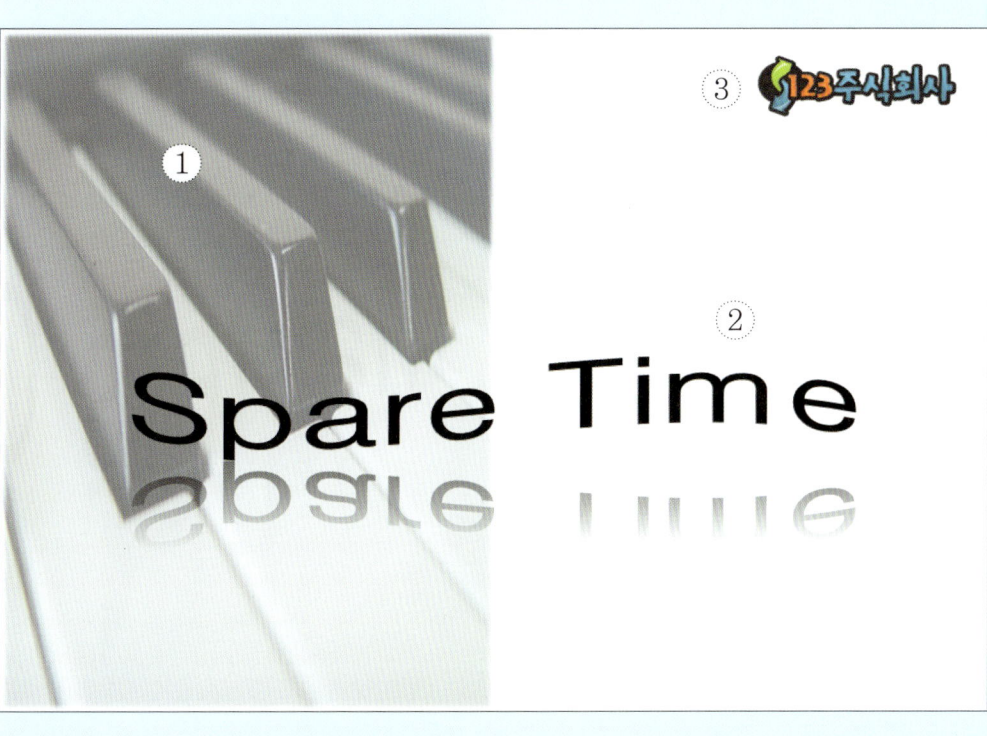

7 다음 지시사항 및 세부조건을 참고하여 출력형태에 알맞게 작성하시오.

▶ 소스파일 : Part 01\Chapter 03\문제07.pptx   ▶ 완성파일 : Part 01\Chapter 03\문제07_완성.pptx

(1) 표지 디자인 : 도형, 워드아트 및 그림을 이용하여 작성한다.

세부조건

① 도형 편집
- 도형에 그림 채우기 :
 「내 PC₩문서₩ITQ₩Picture₩
 그림2.jpg」, 투명도 50%
- 도형 효과 :
 부드러운 가장자리 5포인트

② 워드아트 삽입
- 변환 : 물결, 위로
 【물결2】
- 글꼴 : 돋움, 굵게
- 텍스트 반사 :
 전체 반사, 터치

③ 그림 삽입
- 「내 PC₩문서₩ITQ₩Picture₩
 로고2.jpg」,
- 배경(회색) 투명색으로 설정

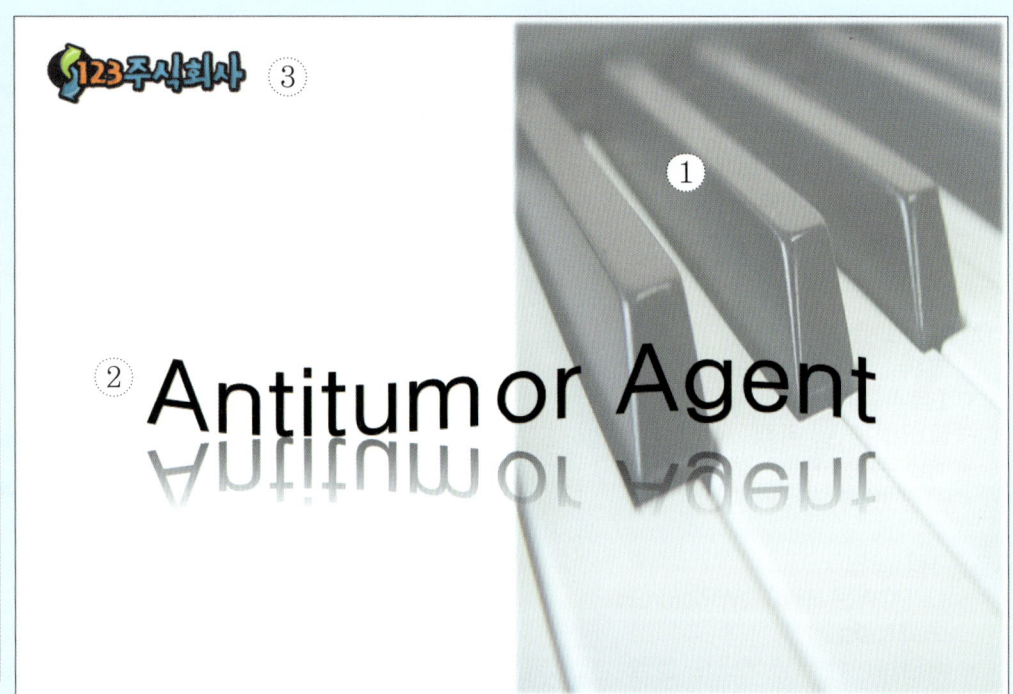

8 다음 지시사항 및 세부조건을 참고하여 출력형태에 알맞게 작성하시오.

▶ 소스파일 : Part 01\Chapter 03\문제08.pptx   ▶ 완성파일 : Part 01\Chapter 03\문제08_완성.pptx

(1) 표지 디자인 : 도형, 워드아트 및 그림을 이용하여 작성한다.

세부조건

① 도형 편집
- 도형에 그림 채우기 :
 「내 PC₩문서₩ITQ₩Picture₩
 그림1.jpg」, 투명도 50%
- 도형 효과 :
 부드러운 가장자리 5포인트

② 워드아트 삽입
- 변환 : 삼각형, 아래로
 【역삼각형】
- 글꼴 : 돋움, 굵게
- 텍스트 반사 :
 근접 반사, 4pt 오프셋

③ 그림 삽입
- 「내 PC₩문서₩ITQ₩Picture₩
 로고1.jpg」,
- 배경(회색) 투명색으로 설정

9 다음 지시사항 및 세부조건을 참고하여 출력형태에 알맞게 작성하시오.

▶ 소스파일 : Part 01\Chapter 03\문제09.pptx   ▶ 완성파일 : Part 01\Chapter 03\문제09_완성.pptx

(1) 표지 디자인 : 도형, 워드아트 및 그림을 이용하여 작성한다.

세부조건

① 도형 편집
- 도형에 그림 채우기 :
 「내 PC\문서\ITQ\Picture\
 그림1.jpg」, 투명도 50%
- 도형 효과 :
 부드러운 가장자리 5포인트

② 워드아트 삽입
- 변환 : 삼각형, 아래로
 【역삼각형】
- 글꼴 : 돋움, 굵게
- 텍스트 반사 :
 근접 반사, 4pt 오프셋

③ 그림 삽입
- 「내 PC\문서\ITQ\Picture\
 로고1.jpg」
- 배경(회색) 투명색으로 설정

10 다음 지시사항 및 세부조건을 참고하여 출력형태에 알맞게 작성하시오.

▶ 소스파일 : Part 01\Chapter 03\문제10.pptx   ▶ 완성파일 : Part 01\Chapter 03\문제10_완성.pptx

(1) 표지 디자인 : 도형, 워드아트 및 그림을 이용하여 작성한다.

세부조건

① 도형 편집
- 도형에 그림 채우기 :
 「내 PC\문서\ITQ\Picture\
 그림1.jpg」, 투명도 50%
- 도형 효과 :
 부드러운 가장자리 5포인트

② 워드아트 삽입
- 변환 : 삼각형, 아래로
 【역삼각형】
- 글꼴 : 돋움, 굵게
- 텍스트 반사 :
 근접 반사, 4pt 오프셋

③ 그림 삽입
- 「내 PC\문서\ITQ\Picture\
 로고1.jpg」
- 배경(회색) 투명색으로 설정

Chapter 04 목차 슬라이드

- ◆ 목차 도형 작성하기
- ◆ 하이퍼링크 지정하기
- ◆ 텍스트 입력하기
- ◆ 그림 삽입하기

▶소스파일 : Part 01\Chapter 04\Ch04.pptx   ▶완성파일 : Part 01\Chapter 04\Ch04_완성.pptx

[슬라이드 2]   ≪목차 슬라이드≫   (60점)

(1) 출력형태와 같이 도형을 이용하여 목차를 작성한다(글꼴 : 굴림, 24pt).
(2) 도형 : 선 없음

① 텍스트에 하이퍼링크 적용
  → '슬라이드 6'
② 그림 삽입
  - 「내 PC\문서\ITQ\Picture\로고5.jpg」
  - 자르기 기능 이용

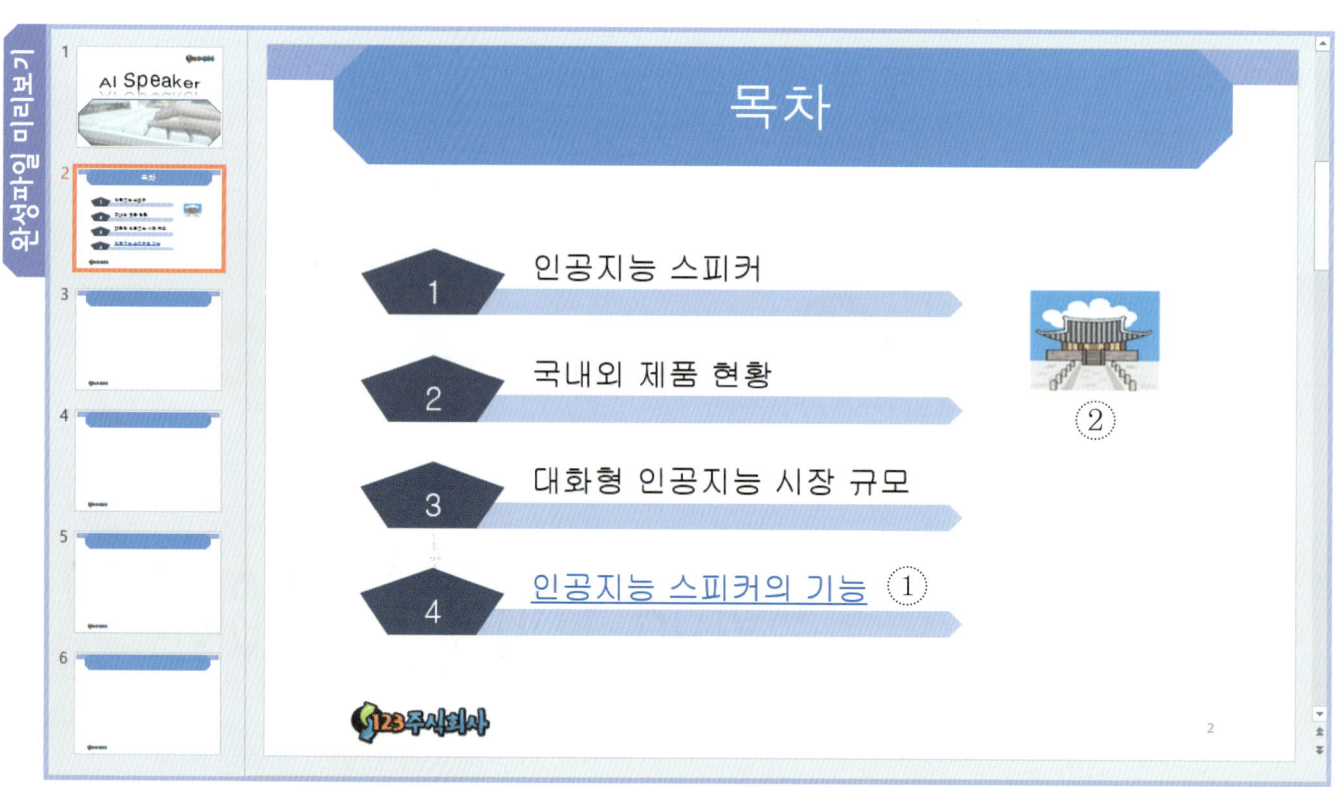

> **체크! 체크!**
>
> 〔슬라이드 2〕《《목차 슬라이드》》
>
> - **목차 도형**
>   - 도형은 〈출력형태〉를 참고하여 작성합니다.
>   - 도형 채우기 색은 '임의의 색'을 지정하고 도형 윤곽선은 '윤곽선 없음'을 지정합니다.
> - **텍스트 입력**
>   - 도형에 숫자를 입력하고 텍스트 상자를 삽입한 후 내용을 입력합니다.
>   - 도형과 텍스트 상자를 선택한 후 글꼴과 정렬을 지정합니다.
>   - 도형과 텍스트 상자를 복사한 후 텍스트를 수정합니다.
> - **하이퍼링크 지정하기**
>   - 하이퍼링크를 지정할 텍스트를 드래그하여 블록 설정한 후 하이퍼링크를 지정합니다.
> - **그림 삽입**
>   - 그림은 '내 PC\문서\ITQ\Picture' 폴더에 있는 그림을 삽입하고 〔자르기(✂)〕를 이용하여 그림을 자른 후 위치 및 크기를 조절합니다.

STEP 01 목차 도형 작성하기

〈조건〉 (1) 출력형태와 같이 도형을 이용하여 목차를 작성한다.
(2) 도형 : 선 없음

1 2번 슬라이드를 선택한 후 **제목(목차)을 입력**한 다음 **내용 개체를 선택**하고 Delete 를 눌러 삭제합니다.

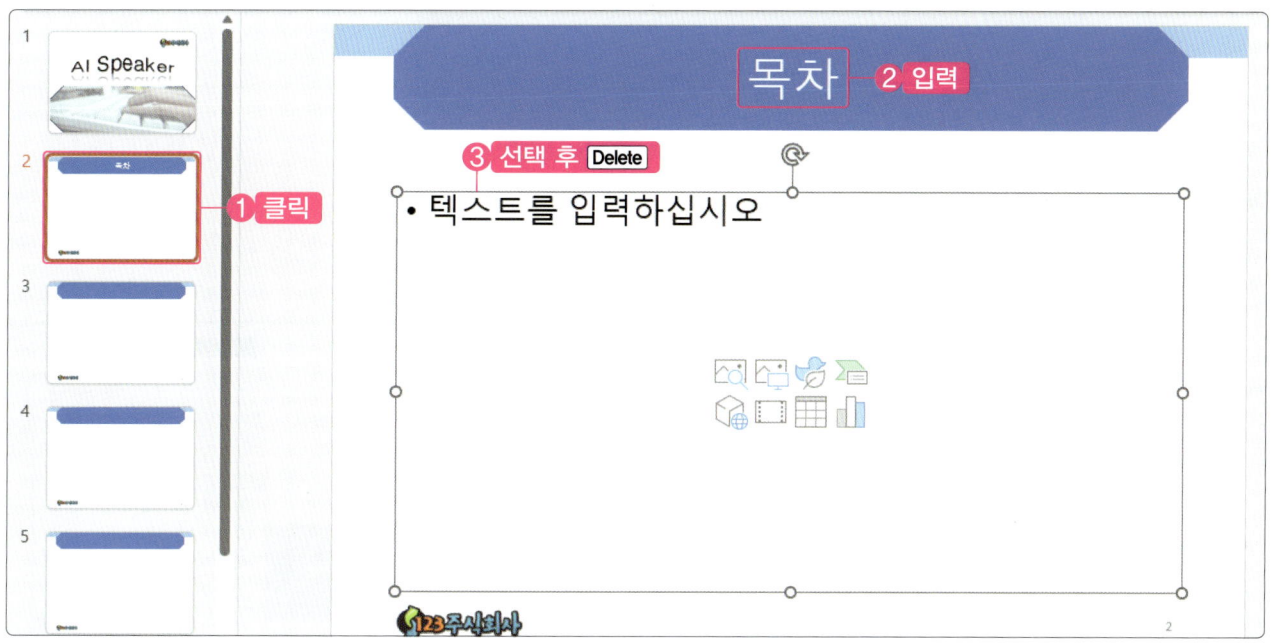

> 슬라이드 마스터에서 작성한 제목 도형의 글꼴 속성(돋움, 40pt, 흰색)이 다를 경우 슬라이드 마스터에서 수정합니다.

2 〔삽입〕 탭-〔일러스트레이션〕 그룹에서 〔도형〕을 클릭한 후 〔화살표: 오각형(▷)〕을 클릭합니다.

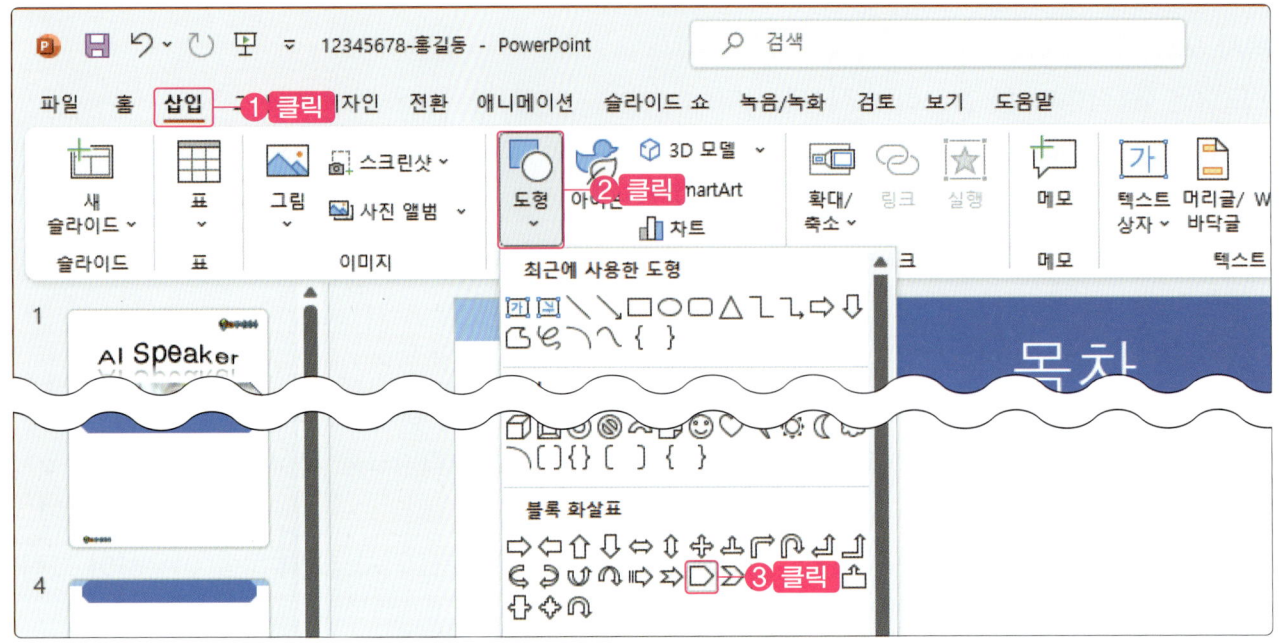

3 마우스 포인터 모양이 + 모양으로 변경되면 **드래그하여 도형을 작성**합니다.

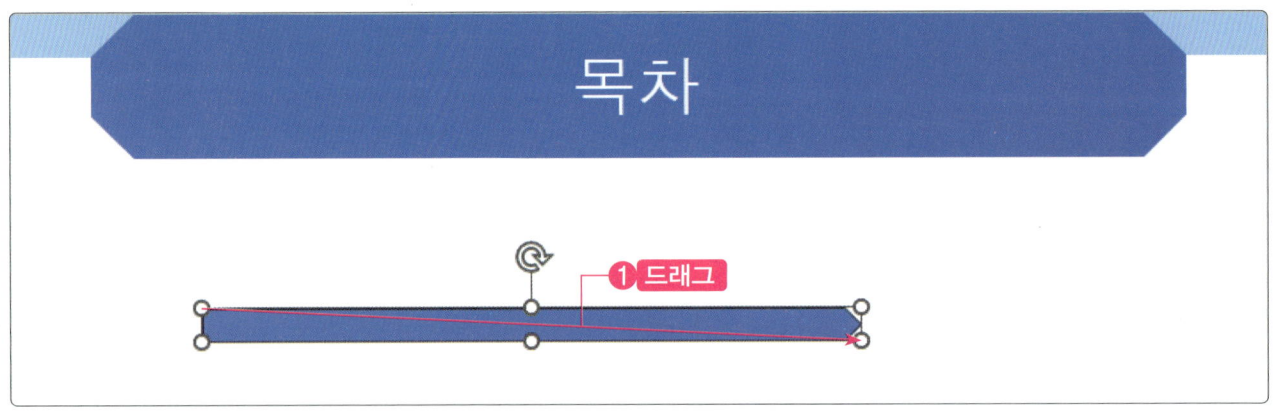

개체 회전하기

도형 모양을 좌우 대칭할 경우 〔도형 서식〕 정황 탭-〔정렬〕 그룹에서 〔개체 회전(⟲)〕을 클릭한 후 〔좌우 대칭〕을 클릭합니다.

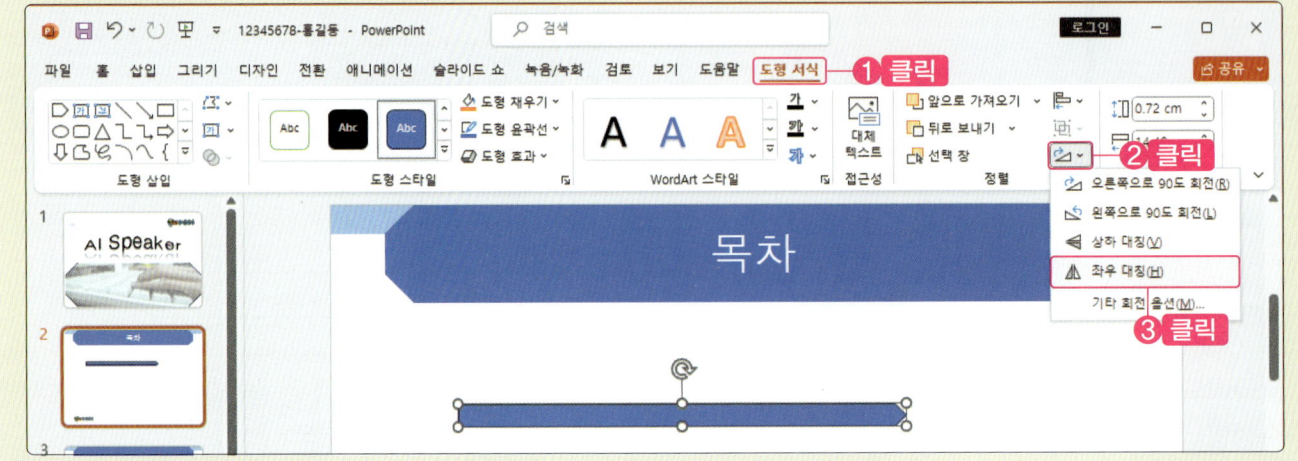

<조건> (2) 도형 : 선 없음

4 도형이 삽입되면 [도형 서식] 정황 탭-[도형 스타일] 그룹에서 [**도형 윤곽선**]을 클릭한 후 [**윤곽선 없음**]을 클릭합니다.

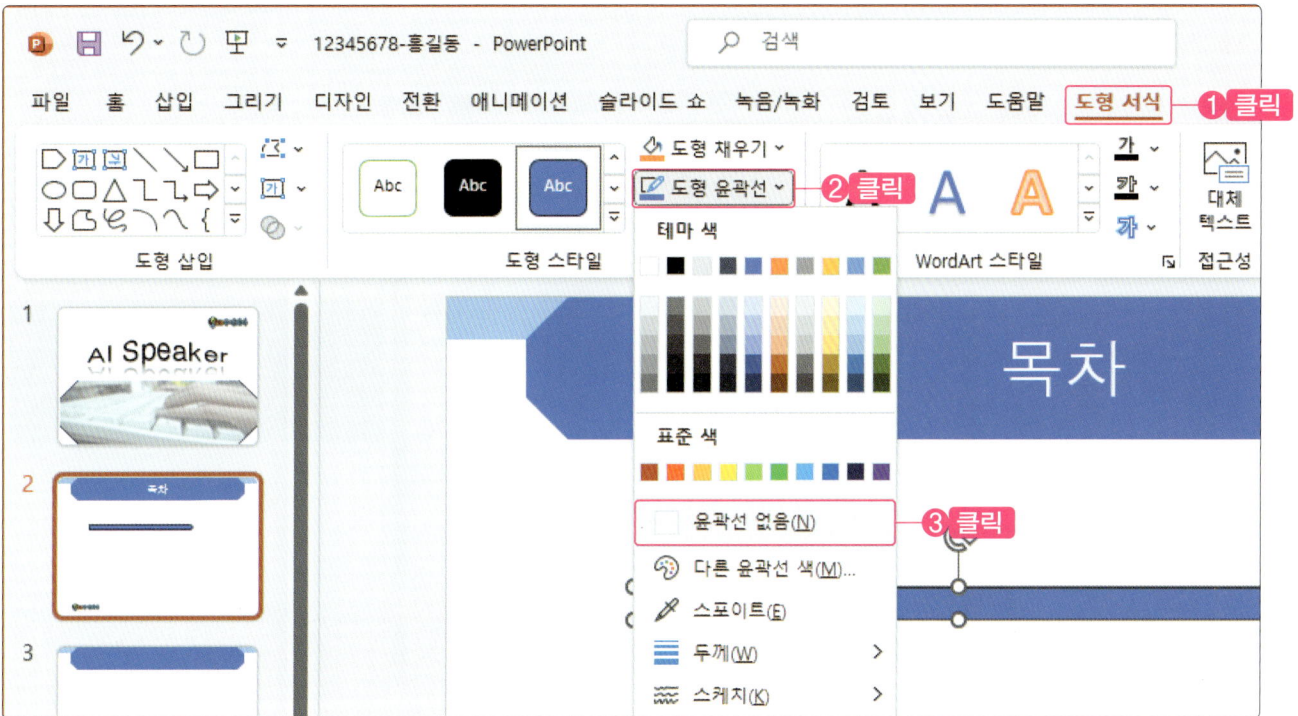

5 [도형 서식] 정황 탭-[도형 스타일] 그룹에서 [**도형 채우기**]를 클릭한 후 **임의의 색을 지정**합니다.

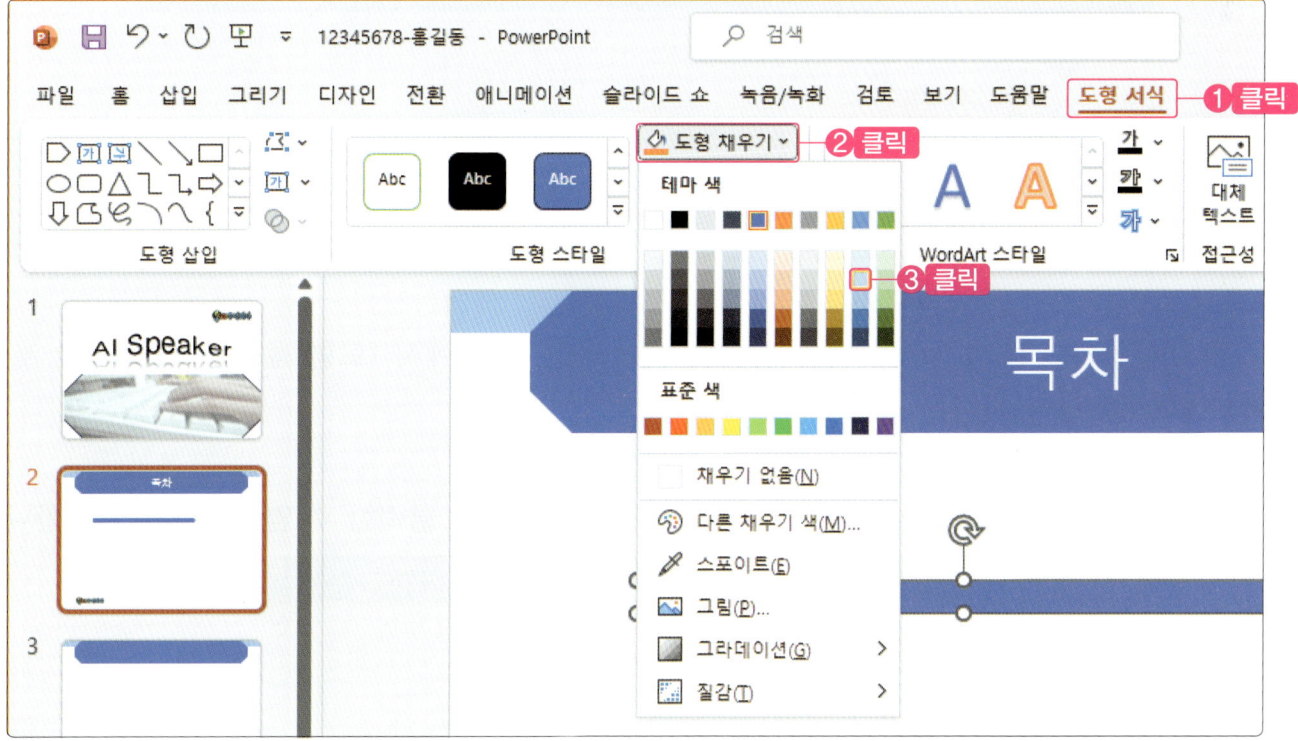

채우기 색은 수험자가 임의의 색을 지정하며 채우기 색을 변경하지 않아도 감점되지 않습니다.

〈조건〉　(2) 도형 : 선 없음

6 슬라이드 마스터 편집 화면이 나타나면 [삽입] 탭-[일러스트레이션] 그룹에서 [도형]을 클릭한 후 [오각형(⬠)]을 클릭합니다.

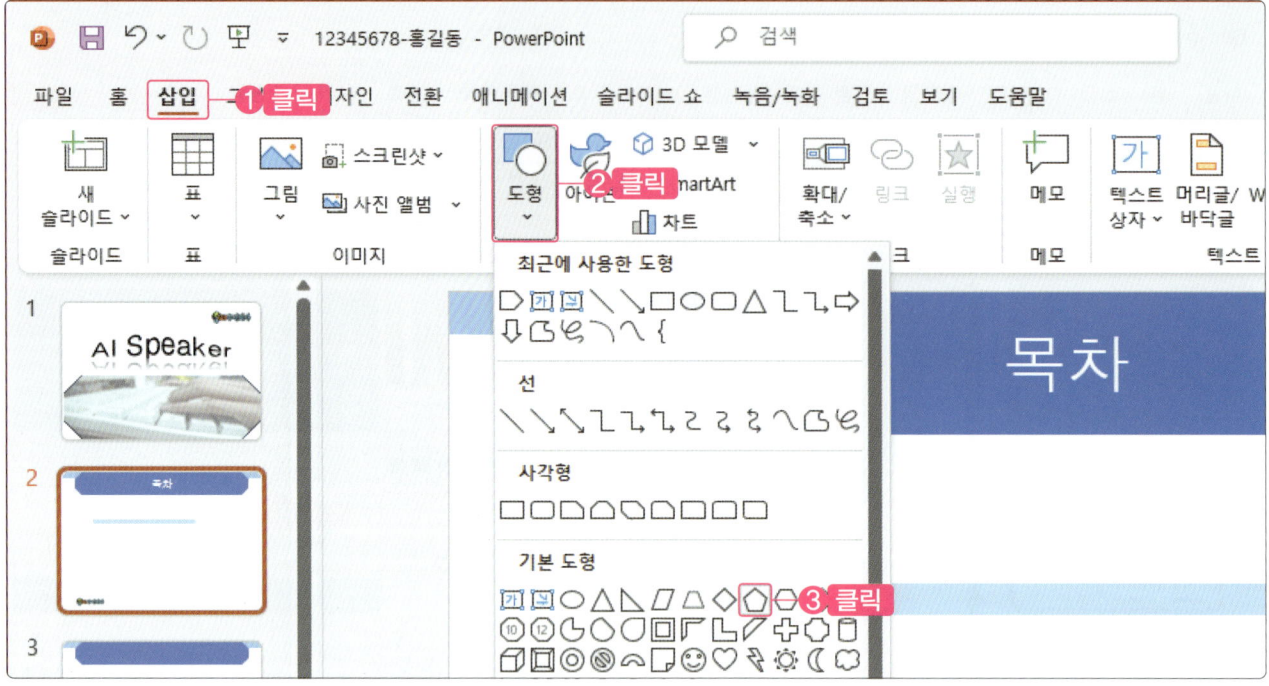

7 마우스 포인터 모양이 + 모양으로 변경되면 **드래그하여 도형을 작성**합니다.

8 도형이 삽입되면 [도형 서식] 정황 탭-[도형 스타일] 그룹에서 [도형 윤곽선]을 클릭한 후 [윤곽선 없음]을 클릭합니다.

9 [도형 서식] 정황 탭-[도형 스타일] 그룹에서 [도형 채우기]를 클릭한 후 **임의의 색을 지정**합니다.

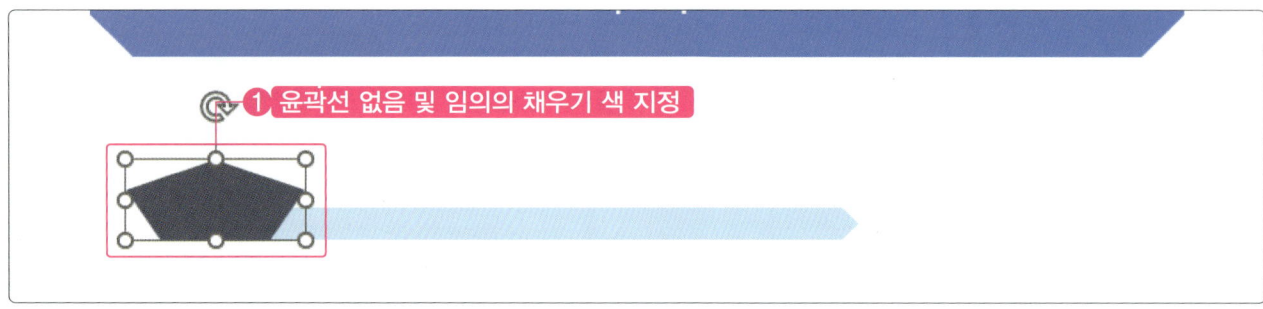

STEP 02 텍스트 입력하기

〈조건〉 (1) 출력형태와 같이 도형을 이용하여 목차를 작성한다(글꼴 : 굴림, 24pt).

1 도형에 숫자를 입력한 후 도형을 선택한 다음 [홈] 탭-[글꼴] 그룹에서 **글꼴(굴림)**과 **글꼴 크기(24)를 선택**합니다.

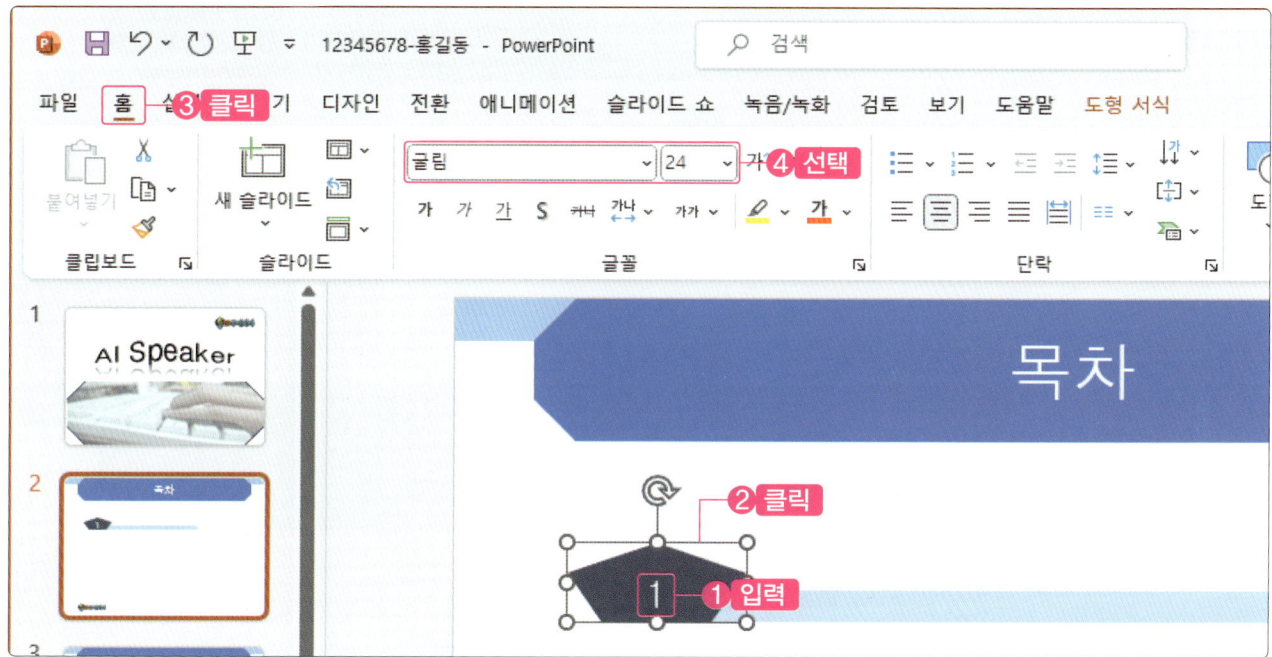

한글 자음 특수문자

자음	특수문자
ㄱ	공백 ! ' , . / : ; ? ^ _ ` |
ㄴ	" ( ) [ ] { } ' ' " " 〔〕〈 〉《 》「 」『
ㄷ	+ - < = > ± × ÷ ≠ ≤ ≥ ∞ ∴
ㄹ	$ % ₩ F ′ ″ ℃ Å ¢ £ ¥ ¤ °F
ㅁ	# & * @ § ※ ☆ ★ ○ ● ◎ ◇ ◆
ㅂ	─ │ ┌ ┐ ┘ └ ├ ┬ ┤ ┴ ┼ ━ ┃
ㅅ	㉠ ㉡ ㉢ ㉣ ㉤ ㉥ ㉦ ㉧ ㉨ ㉩ ㉪ ㉫ ㉬

자음	특수문자
ㅇ	ⓐ ⓑ ⓒ ⓓ ⓔ ⓕ ⓖ ⓗ ⓘ ⓙ ⓚ ⓛ ⓜ
ㅈ	0 1 2 3 4 ⅰ ⅱ ⅲ ⅳ Ⅰ Ⅱ Ⅲ Ⅳ
ㅊ	½ ⅓ ⅔ ¼ ¾ ⅛ ⅜ ⅝ ⅞ ¹ ² ³ ⁴ ⁿ
ㅋ	ㄱ ㄲ ㄳ ㄴ ㄵ ㄶ ㄷ ㄸ ㄹ ㄺ ㄻ ㄼ ㄽ
ㅌ	ㄾ ㄿ ㅀ ㅁ ㅂ ㅄ ㅅ ㅆ ㅇ ㅐ ㅒ ㅓ ㅕ
ㅍ	A B C D E F G H I J K L M N O P Q
ㅎ	Α Β Γ Δ Ε Ζ Η Θ Ι Κ Λ Μ Ν

2 [삽입] 탭-[텍스트] 그룹에서 **[텍스트 상자(가)]를 클릭**합니다.

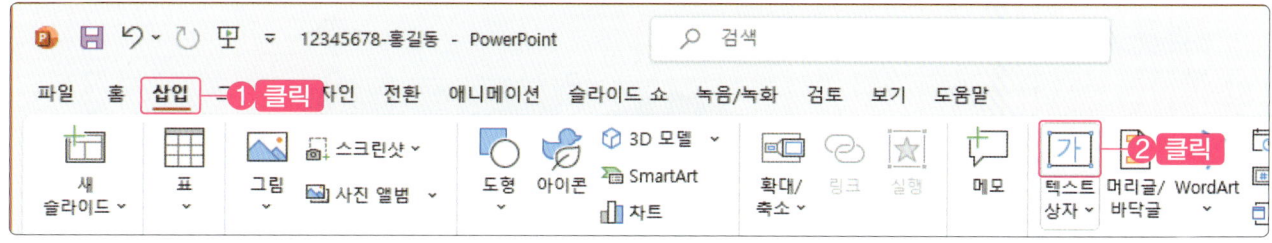

| 〈조건〉 | • 글꼴 : 굴림, 24pt |

3 마우스 포인터 모양이 ↓ 모양으로 변경되면 **드래그하여 텍스트 상자를 삽입**한 후 '**인공지능 스피커**'를 **입력**합니다.

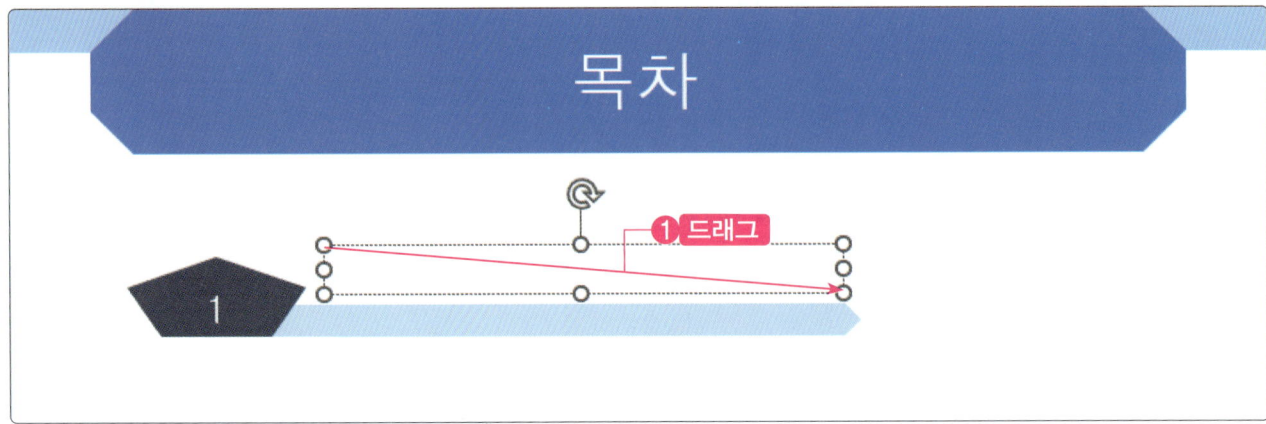

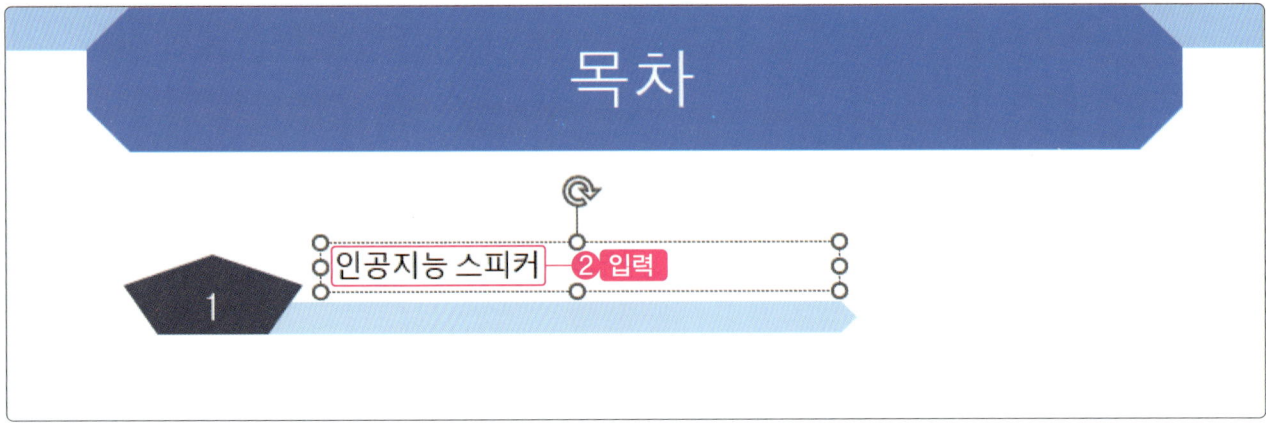

4 **텍스트를 드래그하여 블록으로 설정**한 후 [홈] 탭-[글꼴] 그룹에서 **글꼴(굴림)과 글꼴 크기(24)를 선택**합니다.

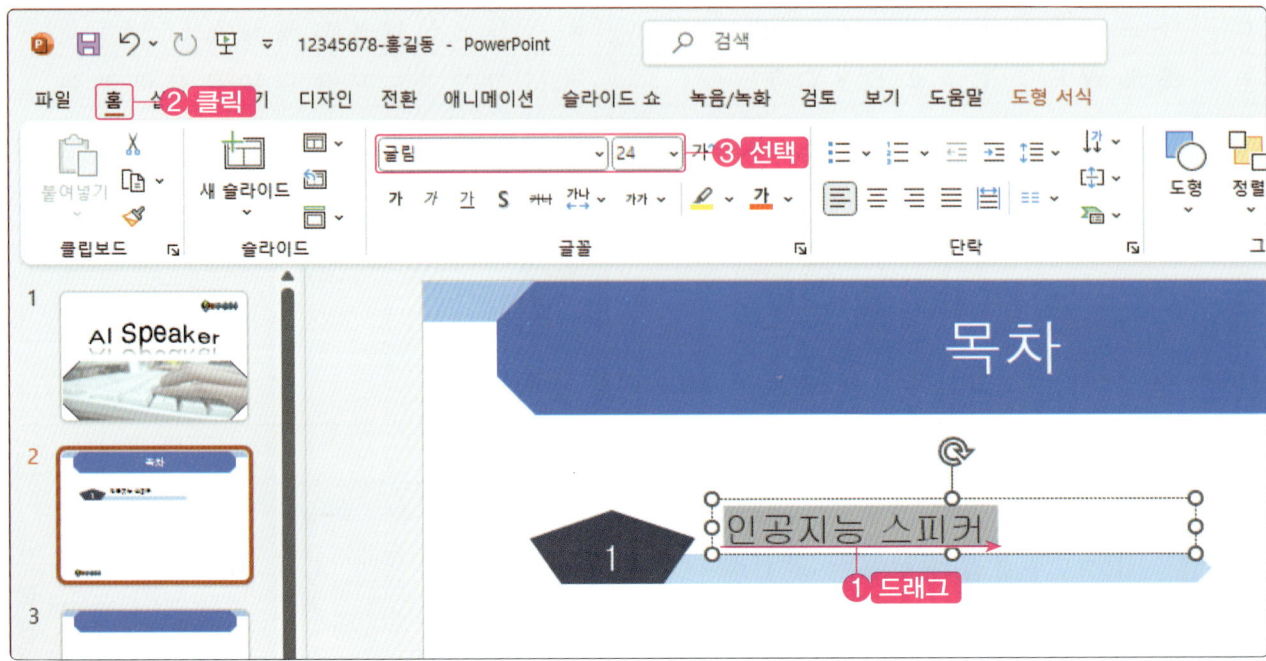

5 목차 도형을 드래그하여 선택한 후 Ctrl+Shift를 누른 상태에서 드래그하여 도형을 복사합니다.

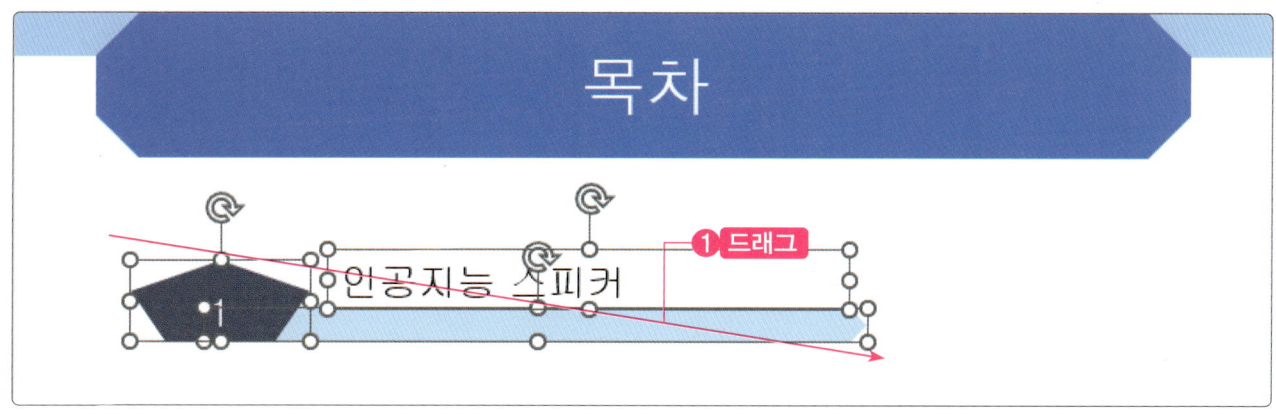

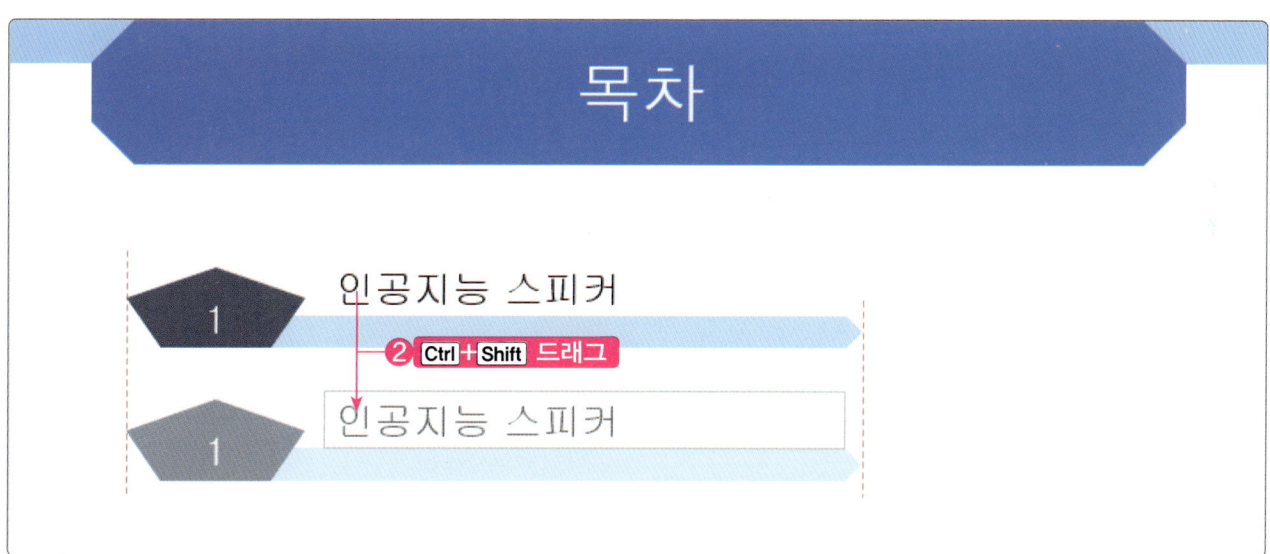

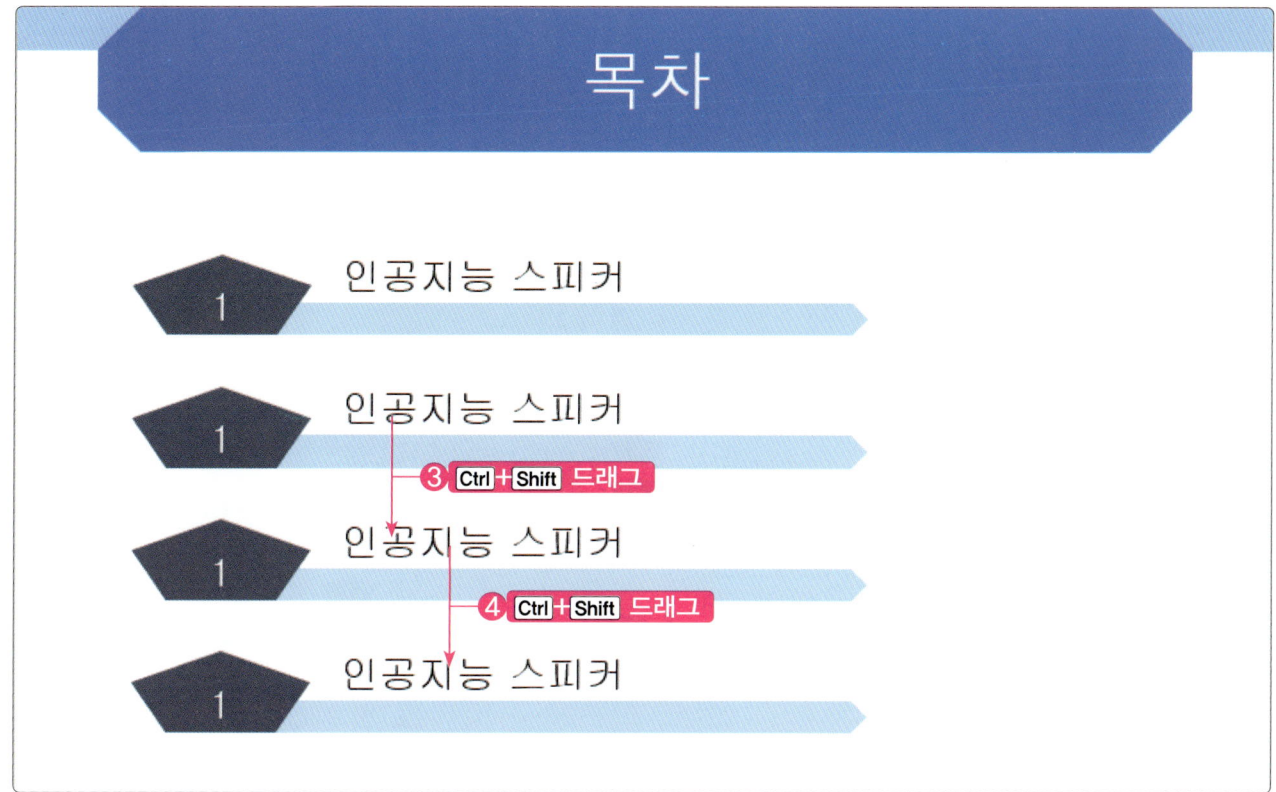

6 목차 도형이 복사되면 **내용을 수정**합니다.

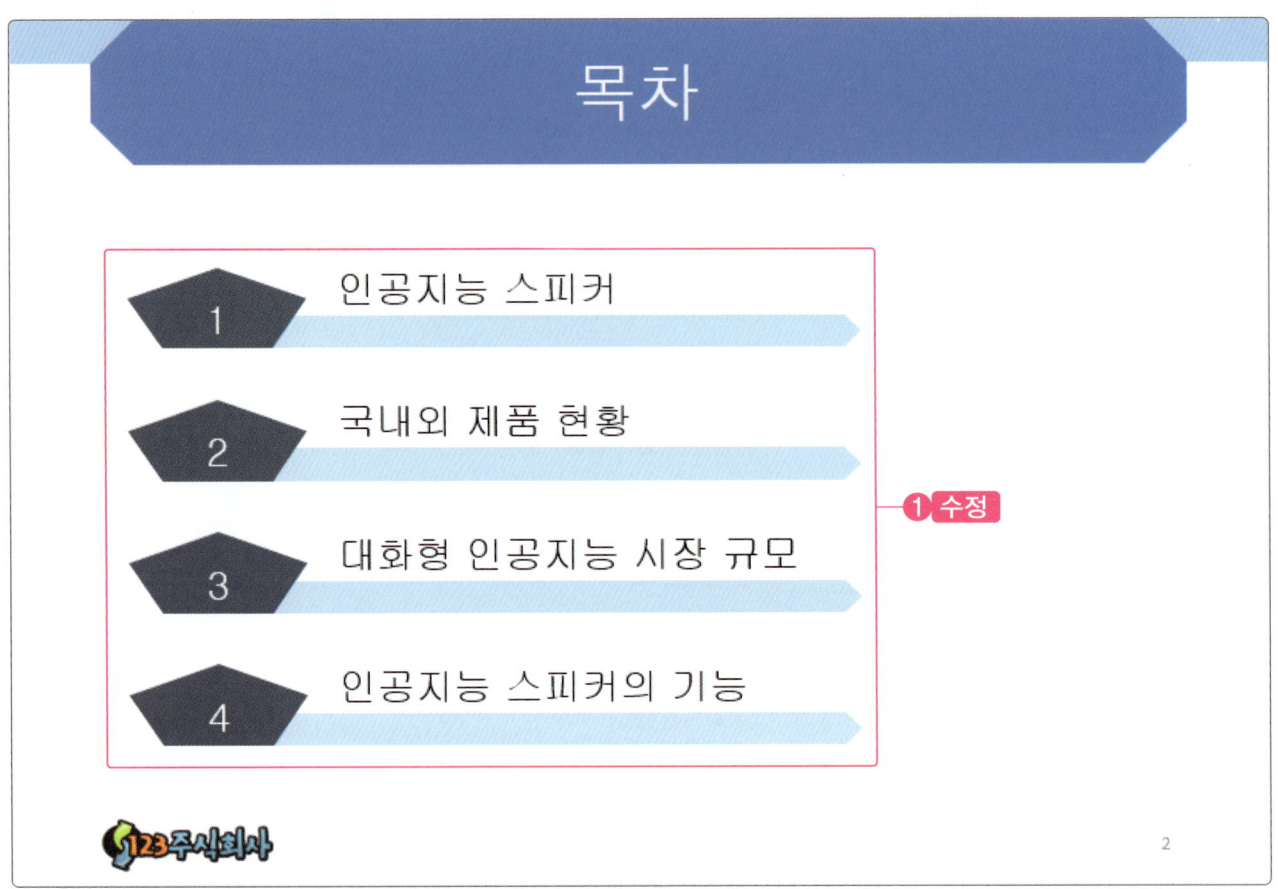

도형 복제하기

도형 복제는 복사(Ctrl+C)한 후 붙여넣기(Ctrl+V) 보다 훨씬 편리한 기능으로 도형을 복제(Ctrl+D)한 다음 위치를 조정하고 다시 복제(Ctrl+D)하면 따로 정렬하지 않아도 쉽게 도형을 배치할 수 있습니다.

도형 복제 방법

- 도형을 선택한 후 복제(Ctrl+D)한 다음 위치를 조절하고 다시 복제(Ctrl+D)하면 동일한 간격으로 복제가 이루어집니다.

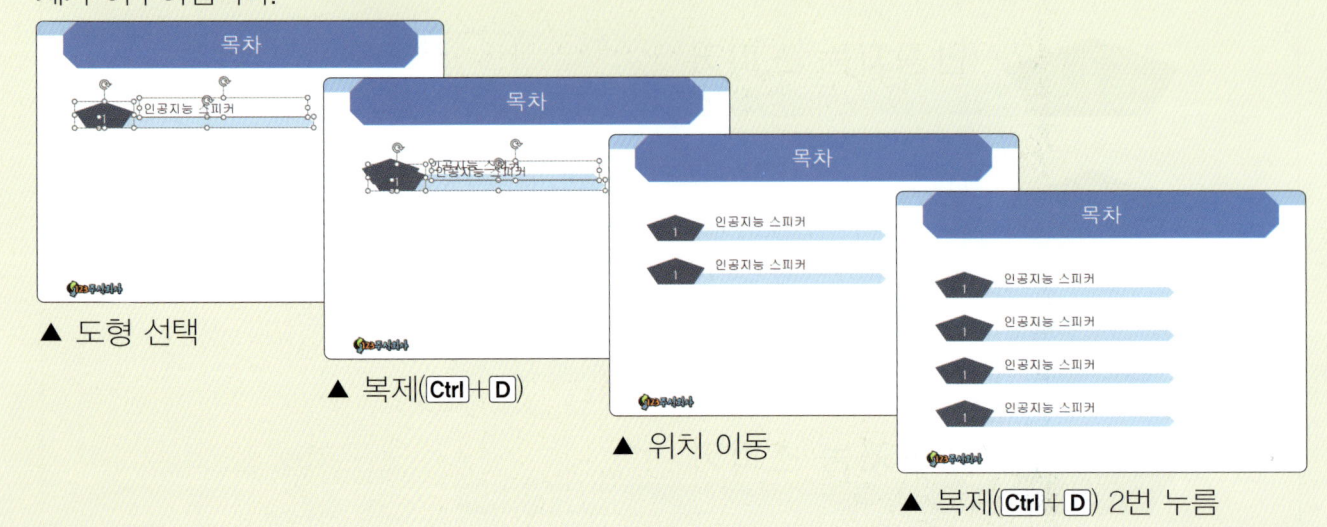

STEP 03 하이퍼링크 지정하기

〈조건〉 ① 텍스트에 하이퍼링크 적용
→ '슬라이드 6'

1 **텍스트를 드래그하여 블록으로 설정**한 후 [삽입] 탭-[링크] 그룹에서 **[링크(🔗)]를 클릭**합니다.

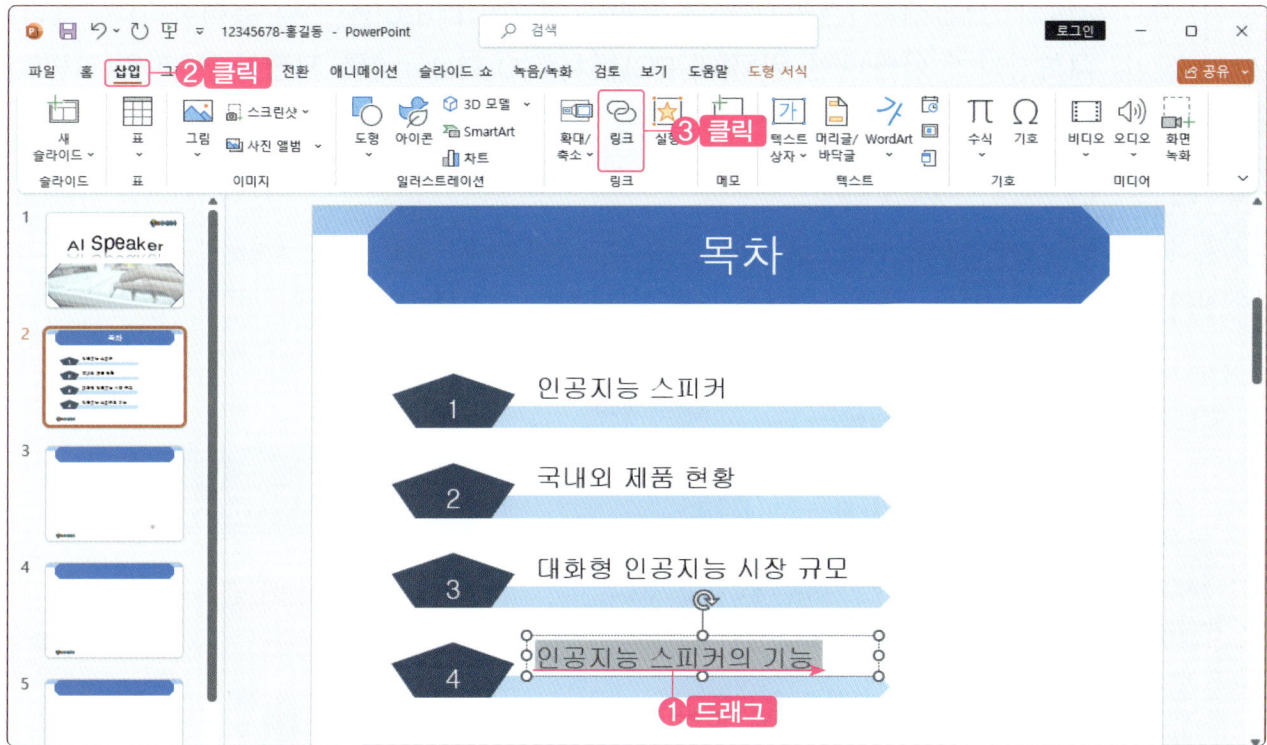

- 하이퍼링크는 도형이 아닌 텍스트에 지정합니다.
- 텍스트를 드래그하여 블록으로 설정한 후 바로가기 메뉴의 [하이퍼링크]를 클릭해도 됩니다.

2 [하이퍼링크 삽입] 대화상자가 나타나면 **연결 대상(현재 문서)을 클릭**한 후 **이 문서에서 위치(6. 슬라이드 6)를 클릭**한 다음 **[확인] 단추를 클릭**합니다.

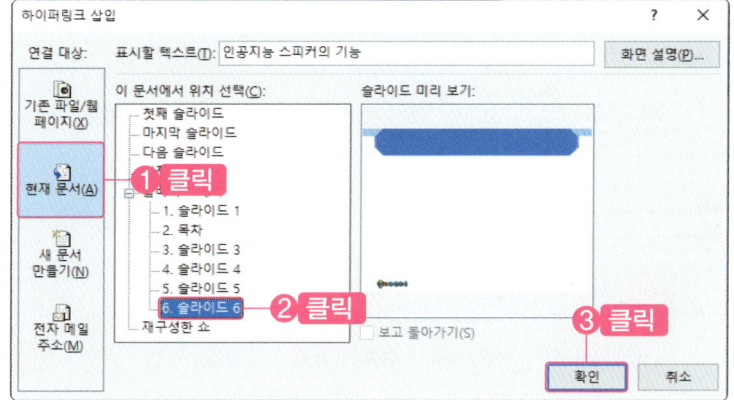

6개의 슬라이드를 미리 만들지 않으면 하이퍼링크를 적용할 수 없으므로 반드시 6개의 슬라이드를 미리 작성해 두어야 합니다.

3 블록으로 설정한 텍스트에 하이퍼링크가 적용되면 파란색 글꼴 색과 밑줄이 표시됩니다.

하이퍼링크를 제거하기 위해서는 하이퍼링크가 적용된 텍스트에서 바로가기 메뉴의 [하이퍼링크 제거]를 클릭하면 하이퍼링크를 제거할 수 있습니다.

STEP 04 그림 삽입하기

〈조건〉 ② 그림 삽입
- 「내 PC₩문서₩ITQ₩Picture₩로고5.jpg」
- 자르기 기능 이용

1 〔삽입〕 탭-〔이미지〕 그룹에서 〔**그림(**▨**)**〕을 **클릭**한 후 〔**이 디바이스...**〕를 **클릭**합니다. 그런다음 〔그림 삽입〕 대화상자가 나타나면 **위치(내 PC\문서\ITQ\Picture)를 지정**한 후 **파일(그림5.jpg)을 클릭**한 다음 〔**삽입**〕 **단추를 클릭**합니다.

2 그림이 삽입되면 〔그림 서식〕 정황 탭-〔크기〕 그룹에서 〔**자르기(**⊡**)**〕를 **클릭**합니다.

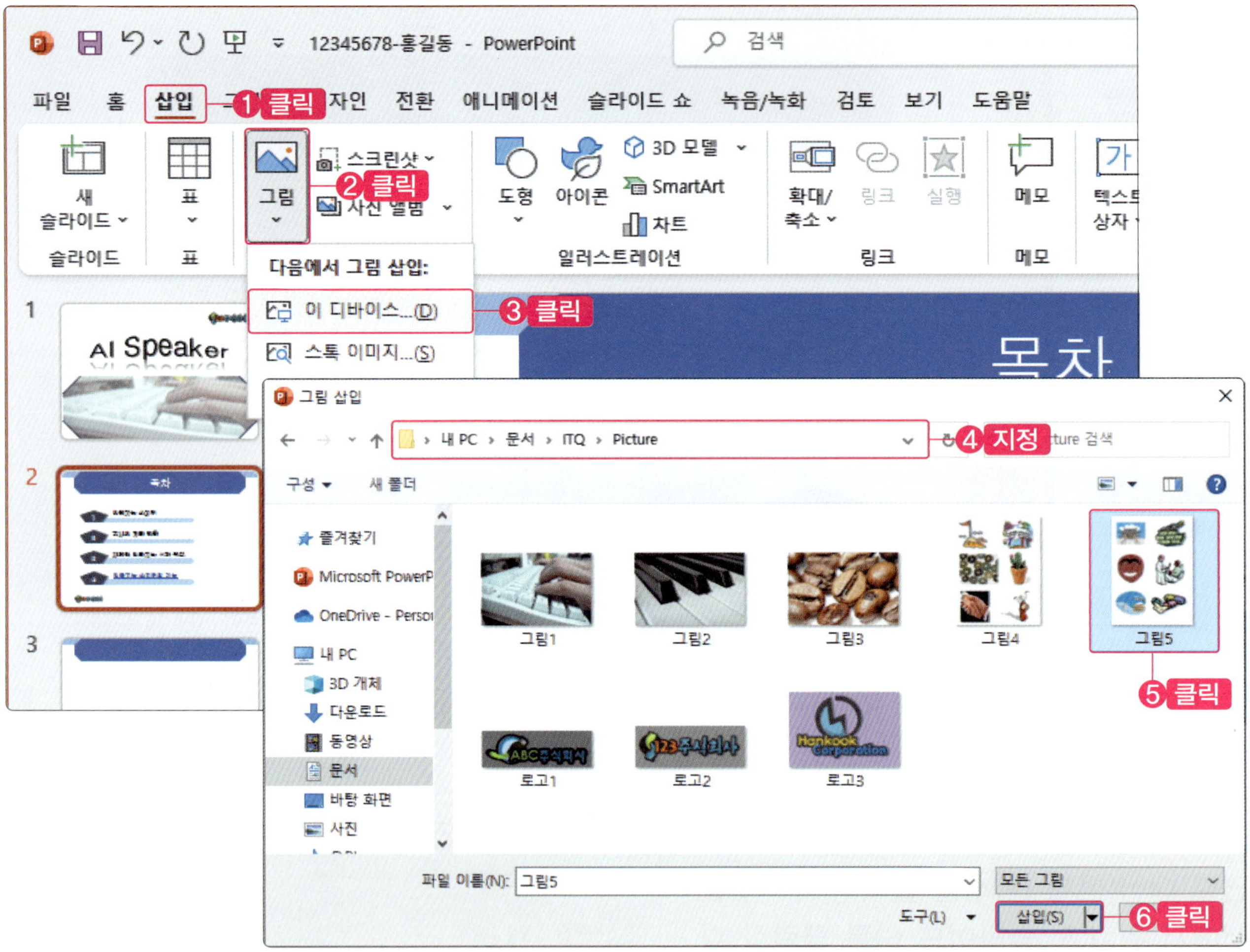

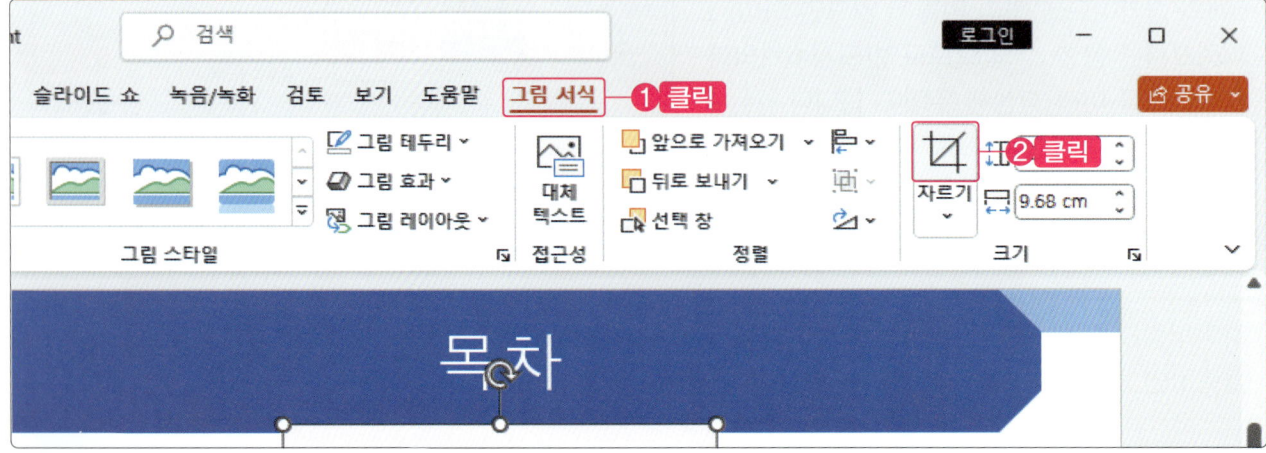

〈조건〉 • 자르기 기능 이용

3 그림 모서리의 모양이 ⌐ 모양으로 변경되면 **그림의 모서리 부분을 드래그하여 자를 부분을 지정한 후 Esc를 눌러 자르기 기능을 해제**합니다.

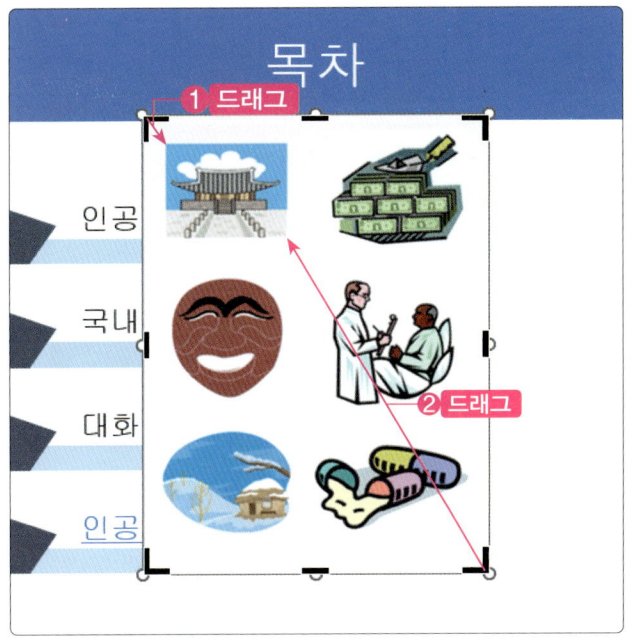 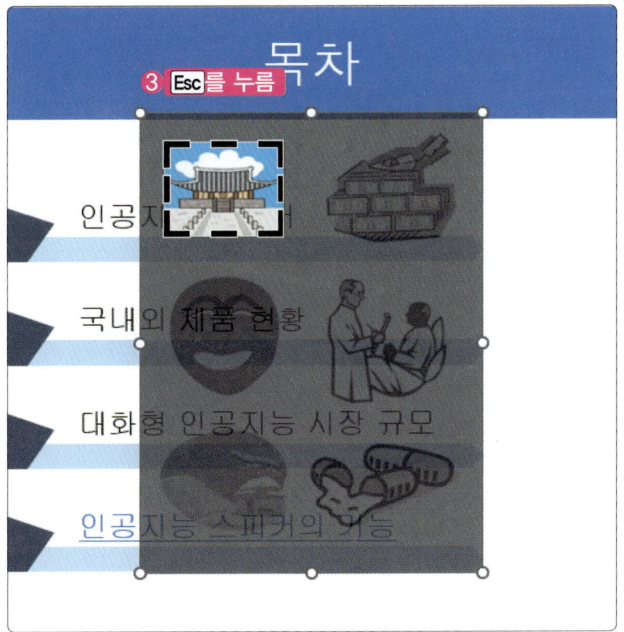

4 **그림을 드래그하여 위치를 이동**합니다.

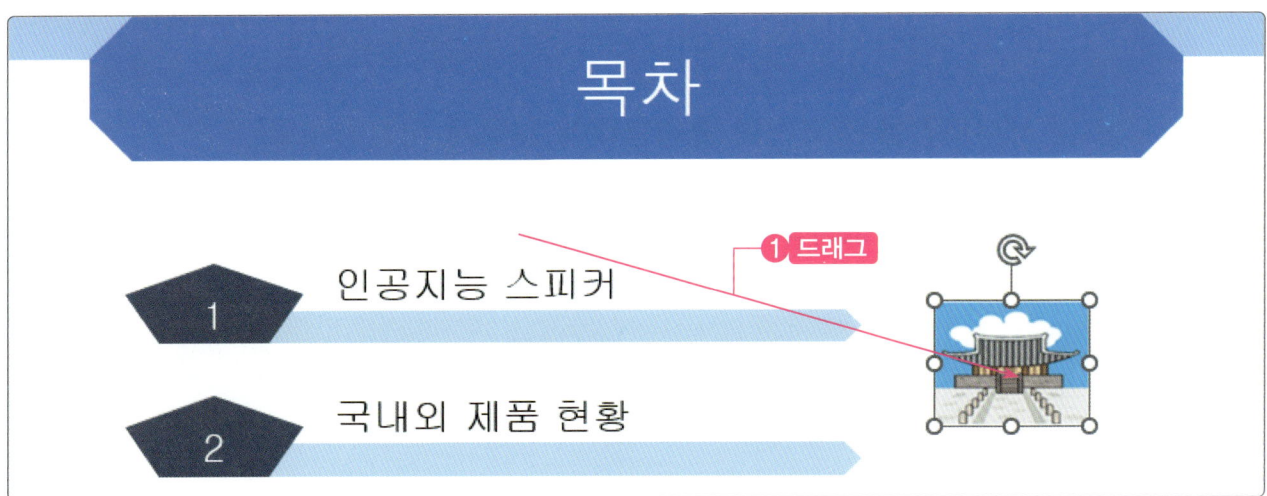

5 목차 슬라이드 작성이 완료되면 빠른 실행 도구 모음에서 **[저장(💾)]을 클릭**합니다.

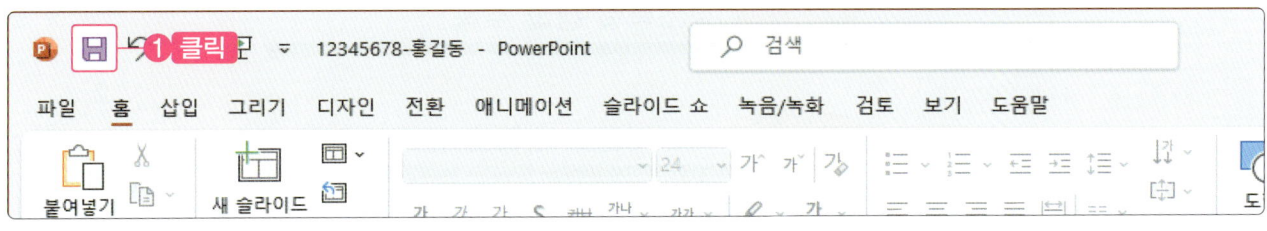

[파일] 탭-[저장]을 클릭하거나 Ctrl+S를 눌러 답안을 저장할 수도 있습니다.

Practical question type **실전문제유형** POWERPOINT 2021

1 다음 지시사항 및 세부조건을 참고하여 출력형태에 알맞게 작성하시오.

▶소스파일 : Part 01\Chapter 04\문제01.pptx ▶완성파일 : Part 01\Chapter 04\문제01_완성.pptx

(1) 출력형태와 같이 도형을 이용하여 목차를 작성한다(글꼴 : 돋움, 24pt).
(2) 도형 : 선 없음

세부조건
① 텍스트에 하이퍼링크 적용
  → '슬라이드 5'
② 그림 삽입
  -「내 PC\문서\ITQ\Picture\ 그림4.jpg」
  - 자르기 기능 이용

2 다음 지시사항 및 세부조건을 참고하여 출력형태에 알맞게 작성하시오.

▶소스파일 : Part 01\Chapter 04\문제02.pptx ▶완성파일 : Part 01\Chapter 04\문제02_완성.pptx

(1) 출력형태와 같이 도형을 이용하여 목차를 작성한다(글꼴 : 굴림, 24pt).
(2) 도형 : 선 없음

세부조건
① 텍스트에 하이퍼링크 적용
  → '슬라이드 6'
② 그림 삽입
  -「내 PC\문서\ITQ\Picture\ 그림4.jpg」
  - 자르기 기능 이용

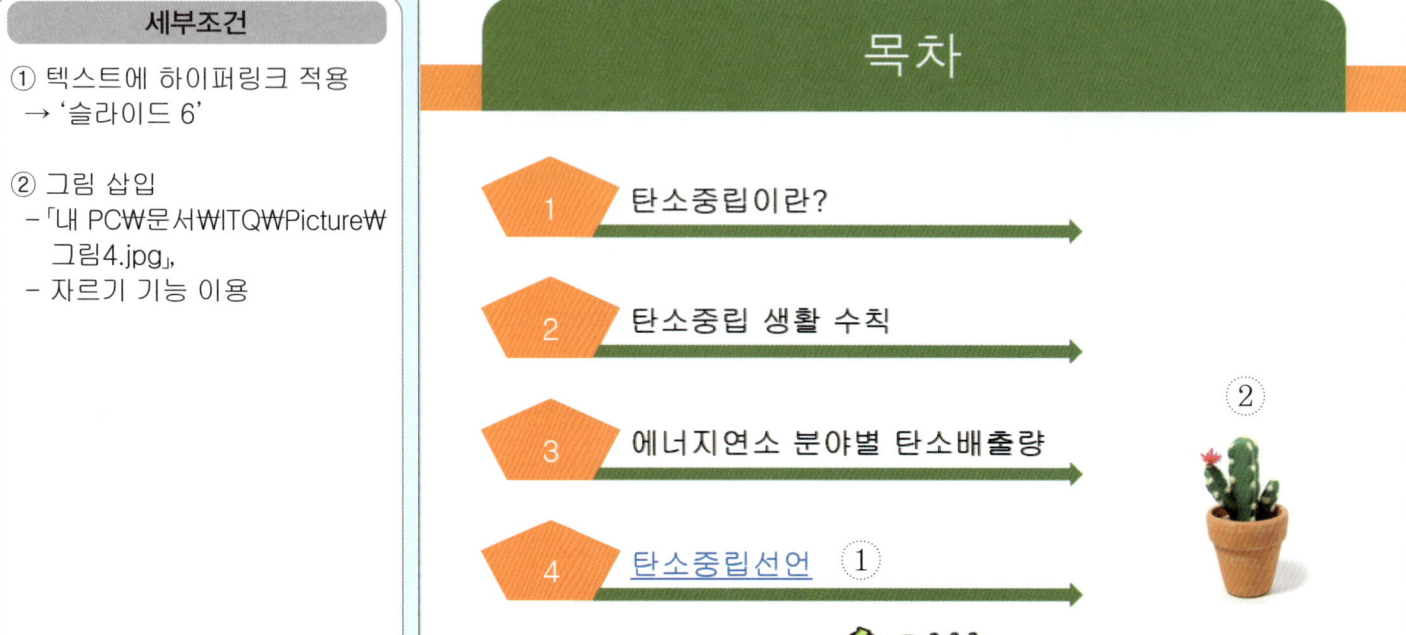

3 다음 지시사항 및 세부조건을 참고하여 출력형태에 알맞게 작성하시오.

▶ 소스파일 : Part 01\Chapter 04\문제03.pptx　　▶ 완성파일 : Part 01\Chapter 04\문제03_완성.pptx

(1) 출력형태와 같이 도형을 이용하여 목차를 작성한다(글꼴 : 돋움, 24pt).
(2) 도형 : 선 없음

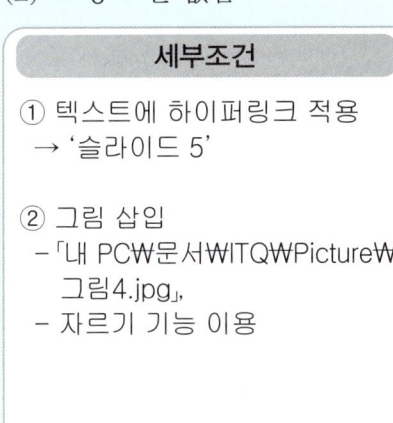

세부조건
① 텍스트에 하이퍼링크 적용
　→ '슬라이드 5'
② 그림 삽입
　-「내 PC\문서\ITQ\Picture\
　　그림4.jpg」
　- 자르기 기능 이용

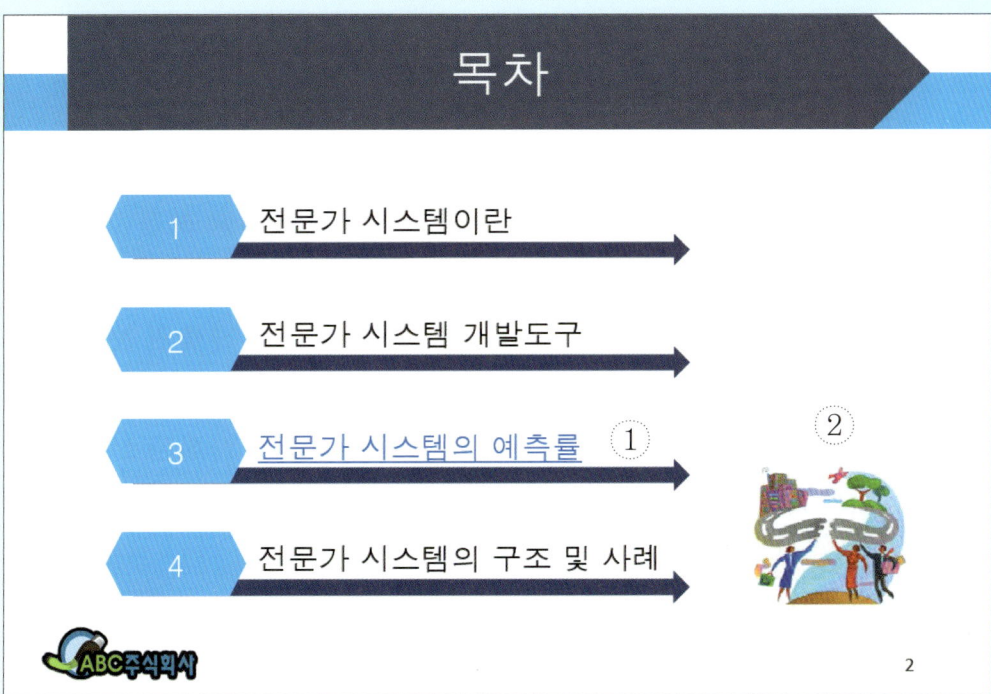

4 다음 지시사항 및 세부조건을 참고하여 출력형태에 알맞게 작성하시오.

▶ 소스파일 : Part 01\Chapter 04\문제04.pptx　　▶ 완성파일 : Part 01\Chapter 04\문제04_완성.pptx

(1) 출력형태와 같이 도형을 이용하여 목차를 작성한다(글꼴 : 돋움, 24pt).
(2) 도형 : 선 없음

세부조건
① 텍스트에 하이퍼링크 적용
　→ '슬라이드 5'
② 그림 삽입
　-「내 PC\문서\ITQ\Picture\
　　그림4.jpg」
　- 자르기 기능 이용

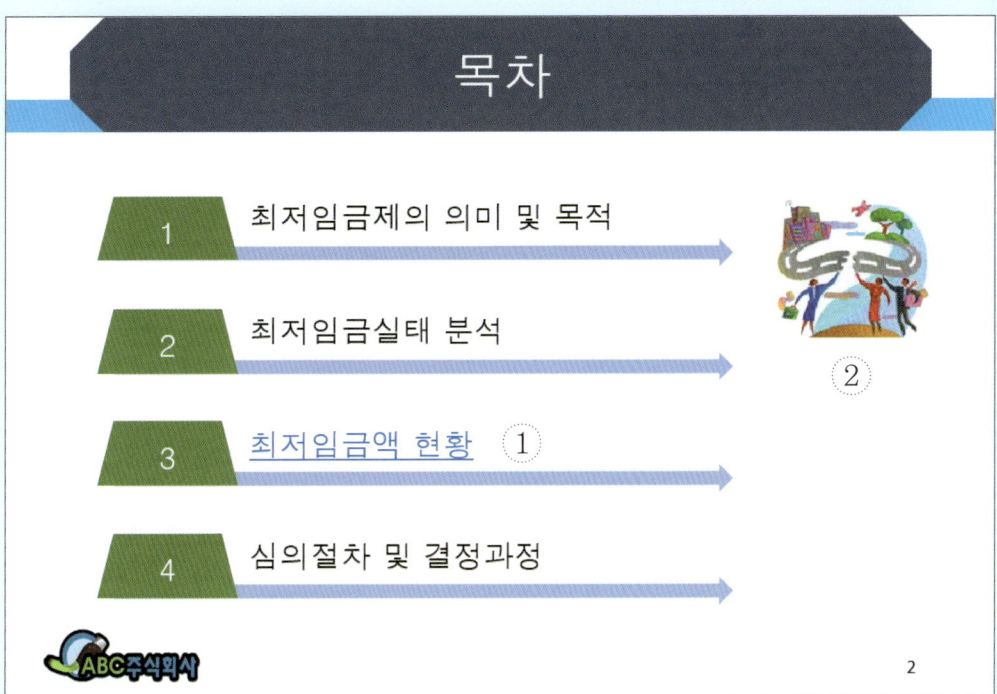

5 다음 지시사항 및 세부조건을 참고하여 출력형태에 알맞게 작성하시오.

▶ 소스파일 : Part 01\Chapter 04\문제05.pptx   ▶ 완성파일 : Part 01\Chapter 04\문제05_완성.pptx

(1) 출력형태와 같이 도형을 이용하여 목차를 작성한다(글꼴 : 굴림, 24pt).
(2) 도형 : 선 없음

세부조건
① 텍스트에 하이퍼링크 적용
  → '슬라이드 6'

② 그림 삽입
  - 「내 PC\문서\ITQ\Picture\그림4.jpg」
  - 자르기 기능 이용

6 다음 지시사항 및 세부조건을 참고하여 출력형태에 알맞게 작성하시오.

▶ 소스파일 : Part 01\Chapter 04\문제06.pptx   ▶ 완성파일 : Part 01\Chapter 04\문제06_완성.pptx

(1) 출력형태와 같이 도형을 이용하여 목차를 작성한다(글꼴 : 굴림, 24pt).
(2) 도형 : 선 없음

세부조건
① 텍스트에 하이퍼링크 적용
  → '슬라이드 4'

② 그림 삽입
  - 「내 PC\문서\ITQ\Picture\그림4.jpg」
  - 자르기 기능 이용

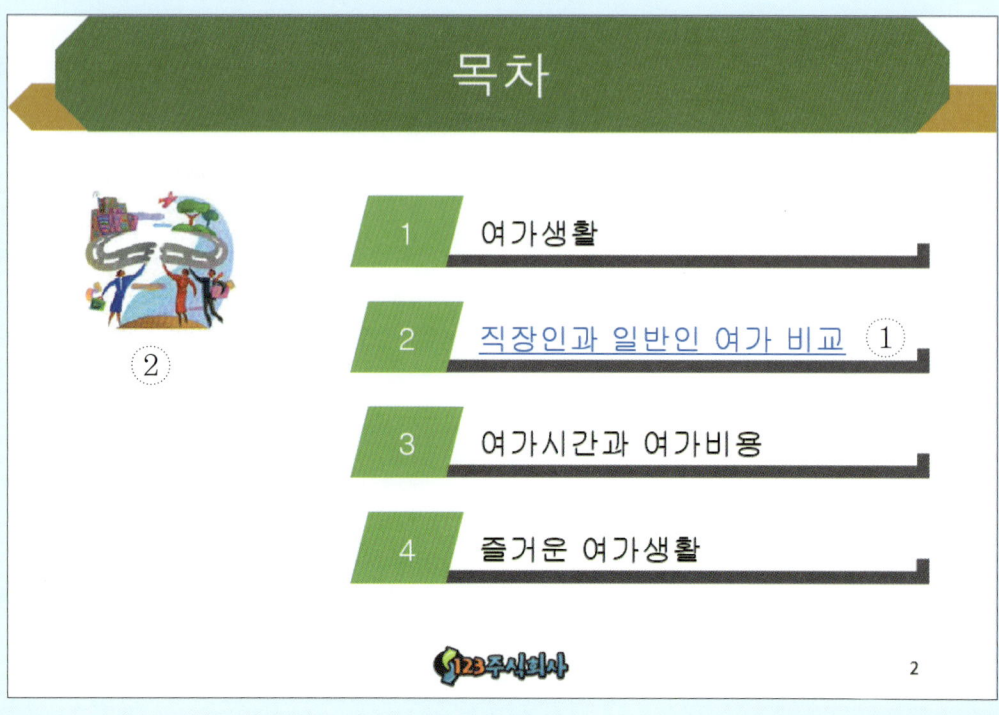

Practical question type — 실전문제유형

POWERPOINT 2021

7 다음 지시사항 및 세부조건을 참고하여 출력형태에 알맞게 작성하시오.

▶ 소스파일 : Part 01\Chapter 04\문제07.pptx   ▶ 완성파일 : Part 01\Chapter 04\문제07_완성.pptx

(1) 출력형태와 같이 도형을 이용하여 목차를 작성한다(글꼴 : 굴림, 24pt).
(2) 도형 : 선 없음

세부조건

① 텍스트에 하이퍼링크 적용
 → '슬라이드 4'

② 그림 삽입
 - 「내 PC₩문서₩ITQ₩Picture₩그림4.jpg」
 - 자르기 기능 이용

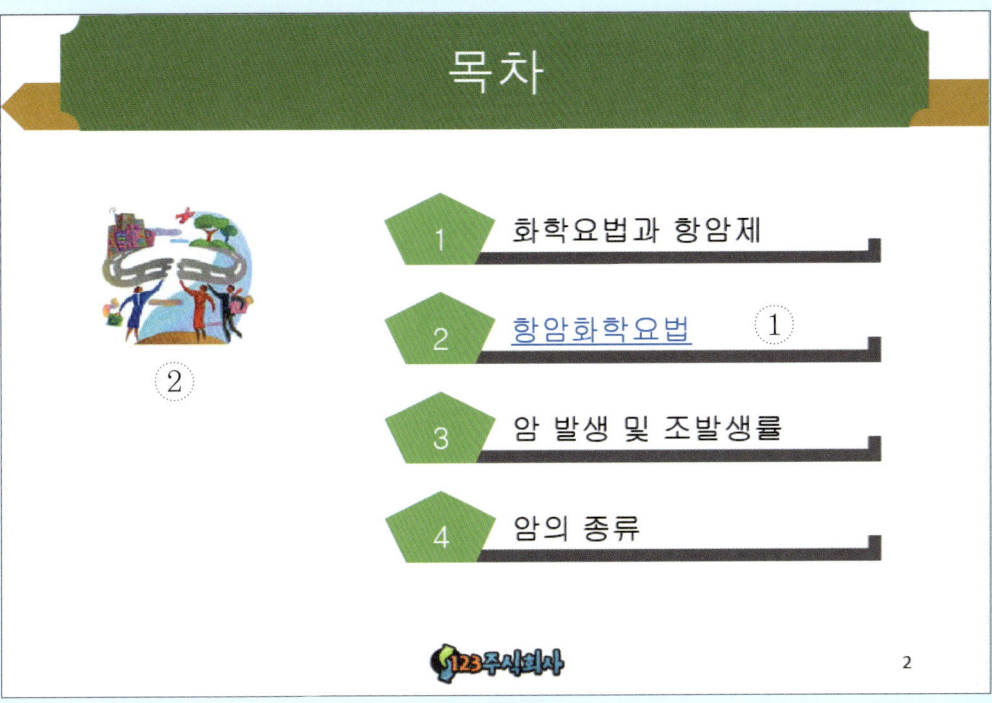

8 다음 지시사항 및 세부조건을 참고하여 출력형태에 알맞게 작성하시오.

▶ 소스파일 : Part 01\Chapter 04\문제08.pptx   ▶ 완성파일 : Part 01\Chapter 04\문제08_완성.pptx

(1) 출력형태와 같이 도형을 이용하여 목차를 작성한다(글꼴 : 굴림, 24pt).
(2) 도형 : 선 없음

세부조건

① 텍스트에 하이퍼링크 적용
 → '슬라이드 6'

② 그림 삽입
 - 「내 PC₩문서₩ITQ₩Picture₩그림4.jpg」
 - 자르기 기능 이용

Chapter 05 텍스트/동영상 슬라이드

POWERPOINT 2021

◆ 텍스트 입력 및 글머리 기호 지정하기   ◆ 단락 서식 지정하기
◆ 동영상 삽입하기

▶ 소스파일 : Part 01\Chapter 05\Ch05.pptx   ▶ 완성파일 : Part 01\Chapter 05\Ch05_완성.pptx

[슬라이드 3] ≪텍스트/동영상 슬라이드≫ (60점)

(1) 텍스트 작성 : 글머리 기호 사용(➤, ✓)
 ➤ 문단(굴림, 24pt, 굵게, 줄간격 : 1.5줄), ✓ 문단(굴림, 20pt, 줄간격 : 1.5줄)

① 동영상 삽입 :
- 「내 PC₩문서₩ITQ₩Picture₩동영상.wmv」
- 자동실행, 반복재생 설정

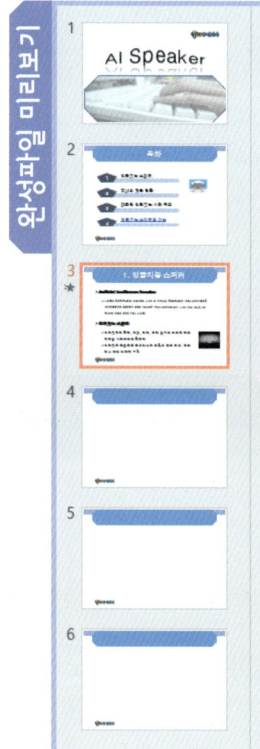

체크! 체크!

〔슬라이드 3〕《《텍스트/동영상 슬라이드》》

- 텍스트 입력 및 글머리 기호 지정
  - 텍스트(한글 또는 영문)을 입력합니다.
  - 첫 번째 단락과 나머지 단락의 목록 수준 및 글머리 기호를 지정합니다.
- 단락 서식 지정하기
  - 첫 번째 단락과 나머지 단락을 각각 드래그하여 블록 설정한 후 글꼴 서식을 지정합니다.
  - 텍스트 전체를 드래그하여 블록으로 설정한 후 줄 간격을 지정합니다.
  - 텍스트 상자의 크기를 조절한 후 복사한 다음 텍스트를 수정합니다.
- 동영상 삽입하기
  - 동영상은 '내 PC₩문서₩ITQ₩Picture' 폴더에 있는 동영상을 삽입하고 〔자동실행〕과 〔반복재생〕을 지정합니다.

STEP 01 텍스트 입력 및 글머리 기호 지정하기

〈조건〉 (1) 텍스트 작성 : 글머리 기호 사용(➢, ✓)

1 3번 슬라이드를 선택한 후 제목(1. 인공지능 스피커)을 입력합니다.

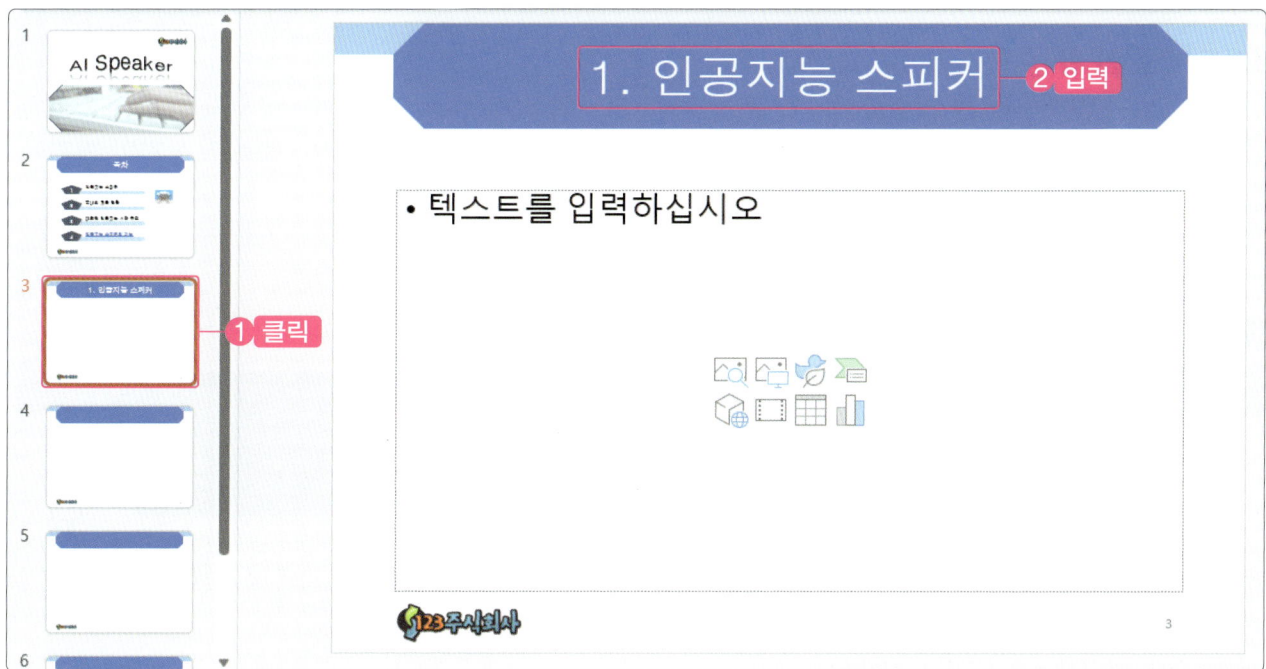

2. 텍스트 상자를 **선택**한 후 바로가기 메뉴의 [**도형 서식**]을 **클릭**합니다. 그런다음 [도형 서식] 작업 창이 나타나면 [**텍스트 옵션**]을 **클릭**한 후 [**텍스트 상자**( )]를 **클릭**한 다음 [**자동 맞춤 안 함**]을 **선택**하고 [**닫기**(×)]를 **클릭**합니다.

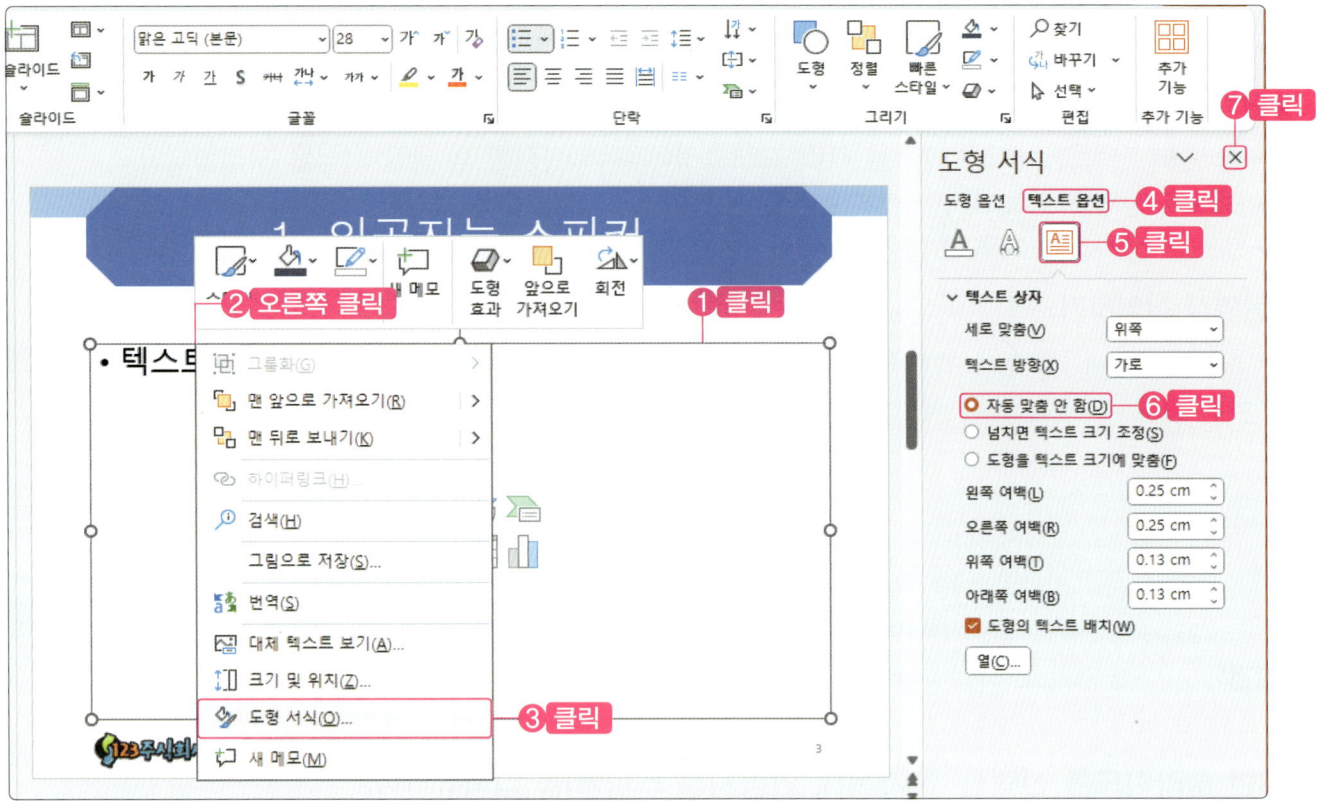

> **자동 맞춤 안 함**
> 텍스트 상자 안에 내용을 입력할 때 텍스트 상자의 크기에 비해 글자 수가 많아 글자가 넘치게 되면 임의로 글꼴 크기 및 줄 간격이 자동으로 조절됩니다. [자동 맞춤 안함]을 선택하면, 텍스트 상자의 크기와 상관없이 글꼴 크기 및 줄 간격이 고정됩니다.

3. 텍스트 상자를 **클릭**한 후 "Artificial Intelligence Speaker"를 **입력**합니다.

> **텍스트 빨간 밑줄(맞춤법 검사)**
> 텍스트를 입력할 때 텍스트 아래쪽에 빨간색 밑줄이 생기는 이유는 오탈자 및 맞춤법에 맞지 않을 때 표시됩니다. 빨간색 밑줄이 표시되면 〈출력형태〉를 확인한 후 텍스트를 입력하고 빨간색 밑줄이 생기더라도 오탈자가 없다면 채점과 무관합니다.

4 Enter를 눌러 문단을 강제개행한 후 Tab을 눌러 글머리 기호 수준을 한 단계 내린 다음 **텍스트를 입력**합니다.

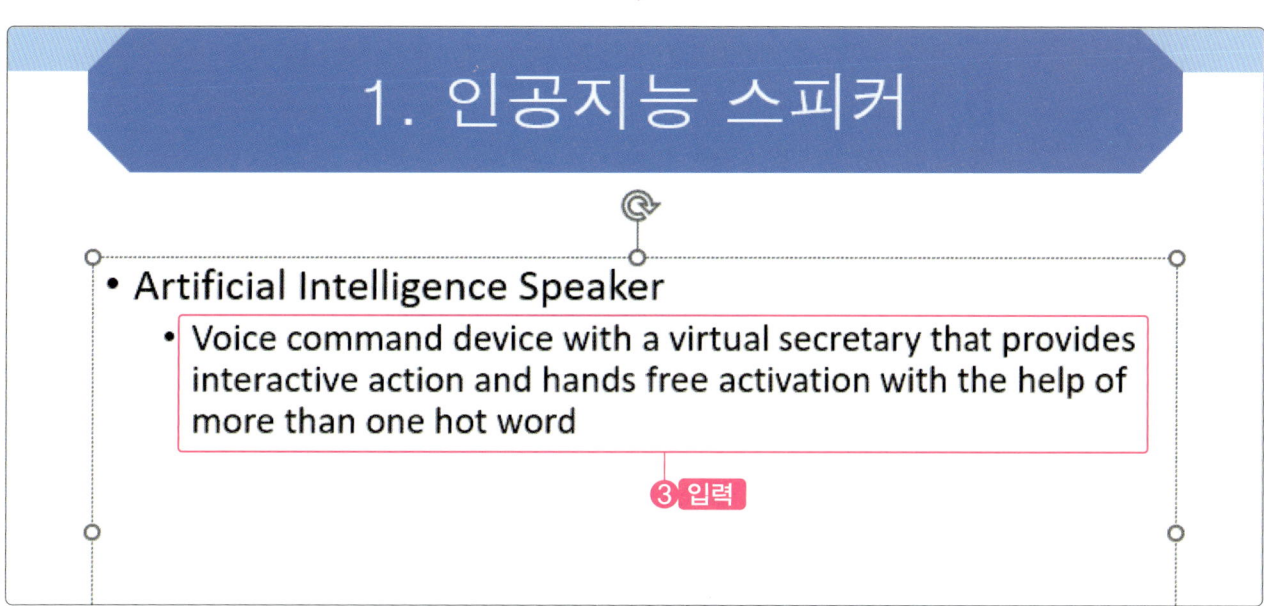

- 목록 수준 늘림 : [홈] 탭-[단락] 그룹에서 [목록 수준 늘림(→≡)] 또는 Tab
- 목록 수준 줄임 : [홈] 탭-[단락] 그룹에서 [목록 수준 줄임(←≡)] 또는 Shift+Tab

〈조건〉 (1) 텍스트 작성 : 글머리 기호 사용(➢, ✓)

5 글머리 기호를 변경하기 위해 **첫 번째 단락에 커서를 위치**한 후 [홈] 탭-[단락] 그룹에서 [글머리 기호]의 [목록(⌄)] 단추를 클릭한 다음 [화살표 글머리 기호(➢)]를 클릭합니다.

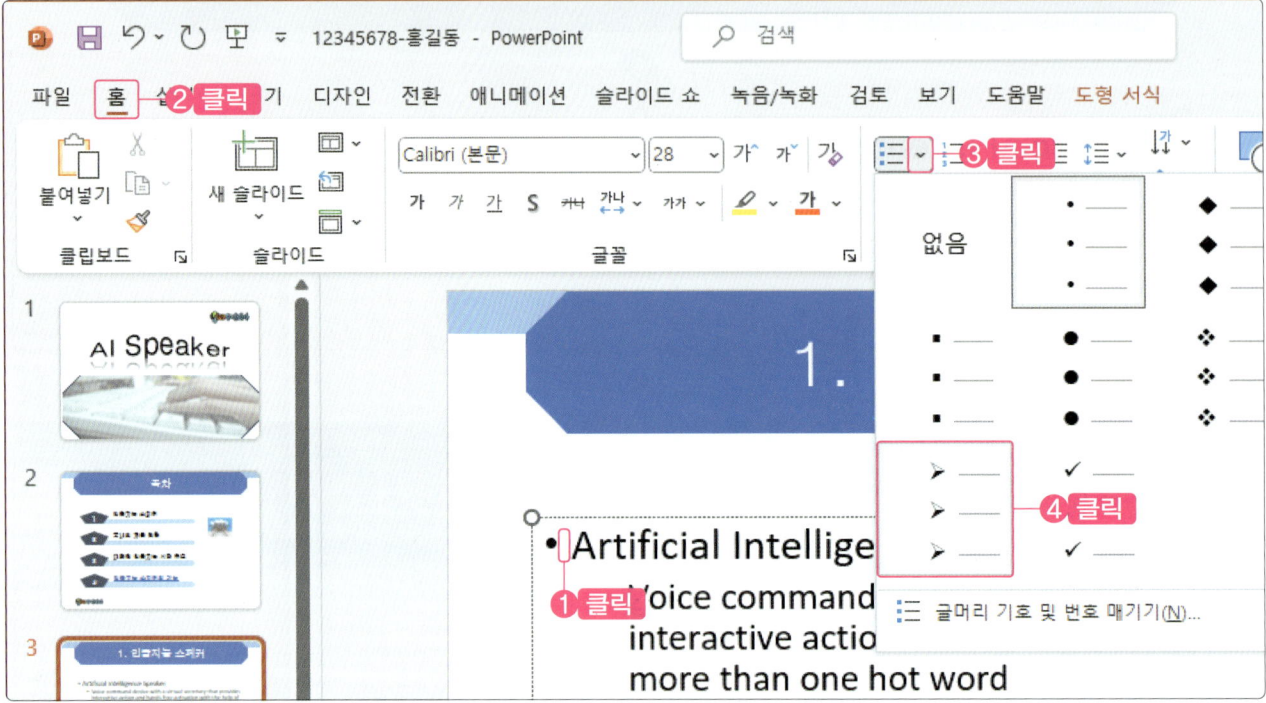

6 두 번째 단락에 커서를 위치한 후 [홈] 탭-[단락] 그룹에서 [글머리 기호]의 [목록(⌄)] 단추를 클릭한 다음 [대조표 글머리 기호(✓)]를 클릭합니다.

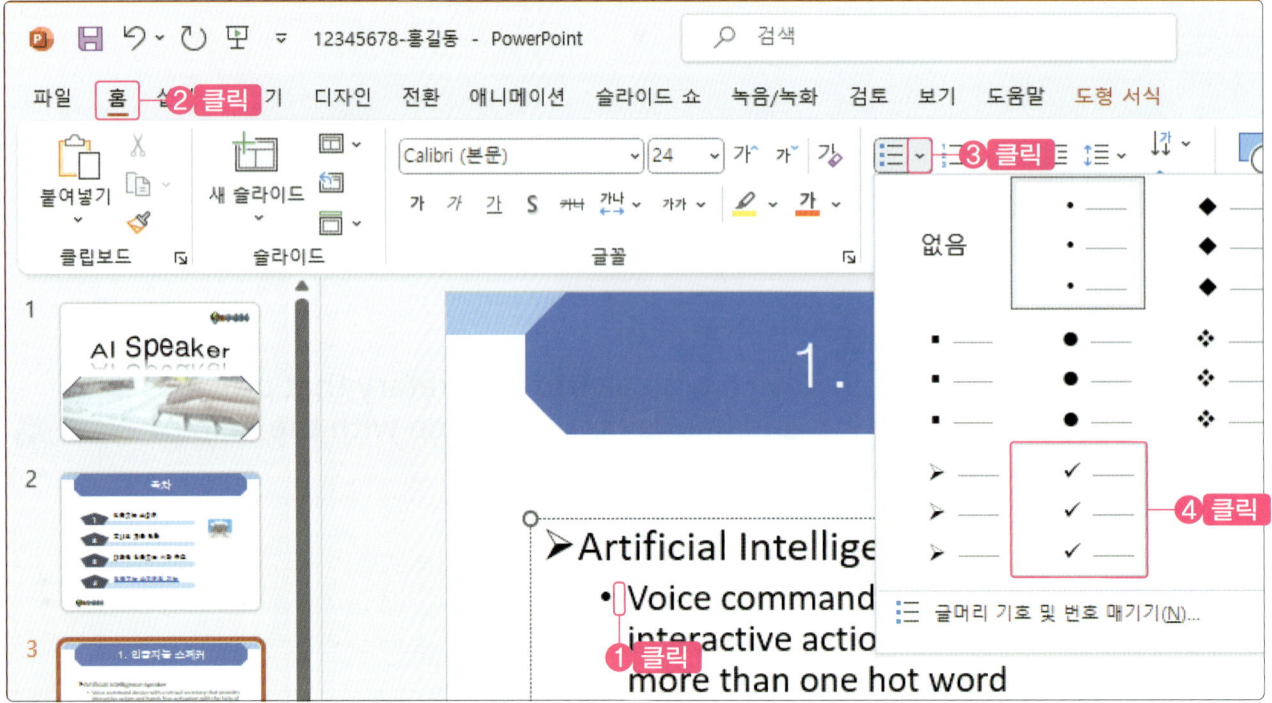

단락이 2개 이상일 경우 드래그하여 블록으로 설정한 후 글머리 기호를 지정합니다.

STEP 02 단락 서식 지정하기

〈조건〉 ➢ 문단(굴림, 24pt, 굵게, 줄간격 : 1.5줄), ✓ 문단(굴림, 20pt, 줄간격 : 1.5줄)

1 첫 번째 단락을 **드래그하여 블록으로 설정**한 후 〔홈〕 탭-〔글꼴〕 그룹에서 **글꼴(굴림)과 글꼴 크기(24), 〔굵게(가)〕를 선택**합니다.

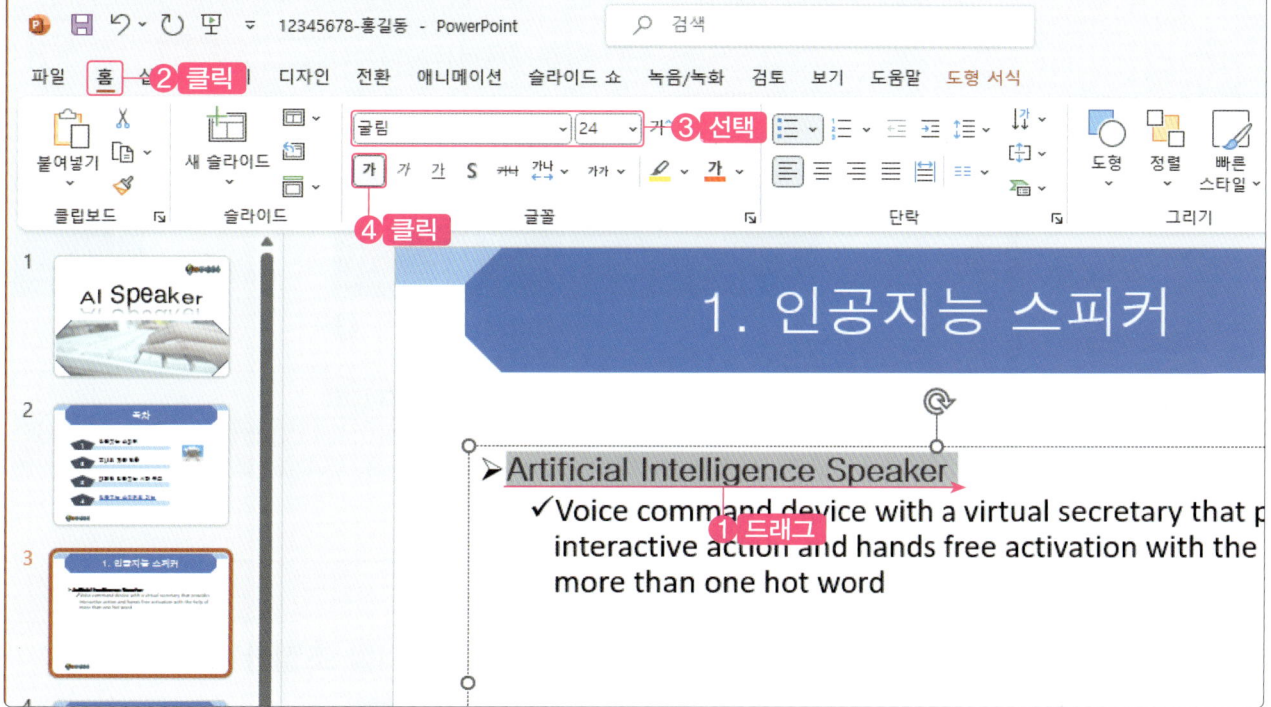

2 두 번째 단락을 **드래그하여 블록으로 설정**한 후 〔홈〕 탭-〔글꼴〕 그룹에서 **글꼴(굴림)과 글꼴 크기(20)를 선택**합니다.

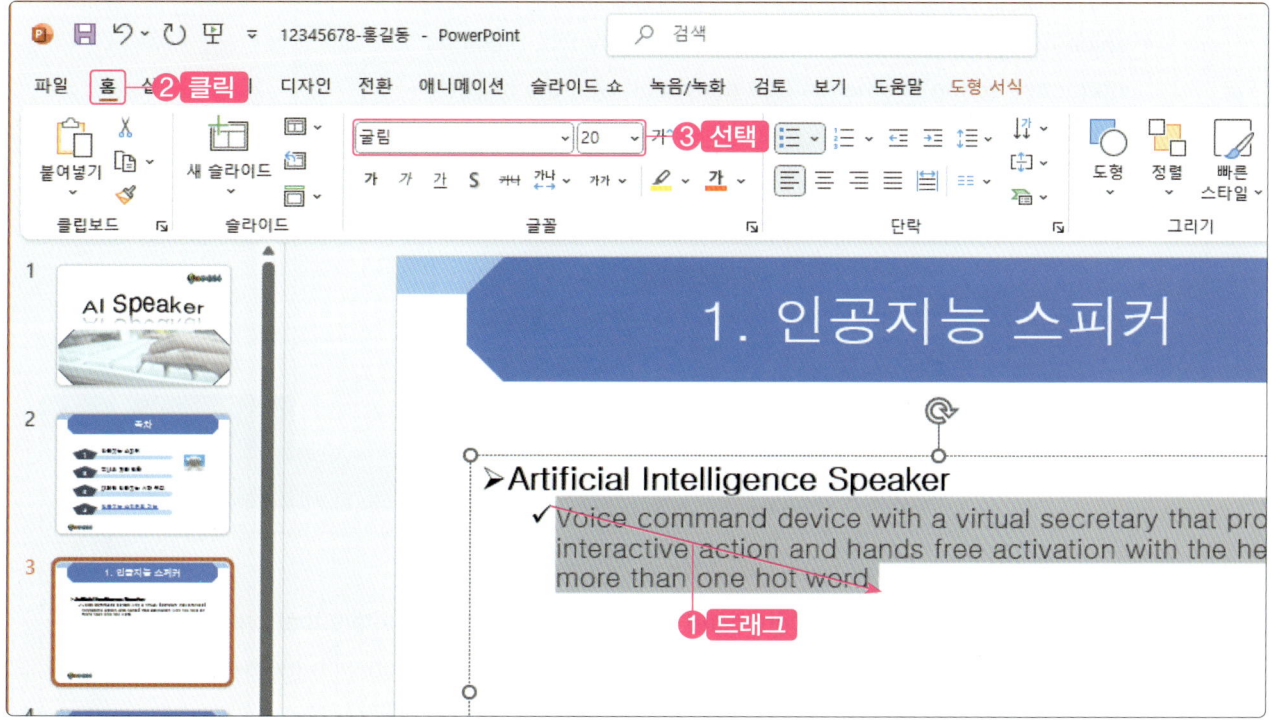

⟨조건⟩　➤ 문단(굴림, 24pt, 굵게, 줄간격 : 1.5줄), ✓ 문단(굴림, 20pt, 줄간격 : 1.5줄)

3 텍스트 전체를 드래그하여 블록으로 설정한 후 [홈] 탭-[단락] 그룹에서 [줄 간격(≡˅)]을 클릭한 다음 [1.5]를 클릭합니다.

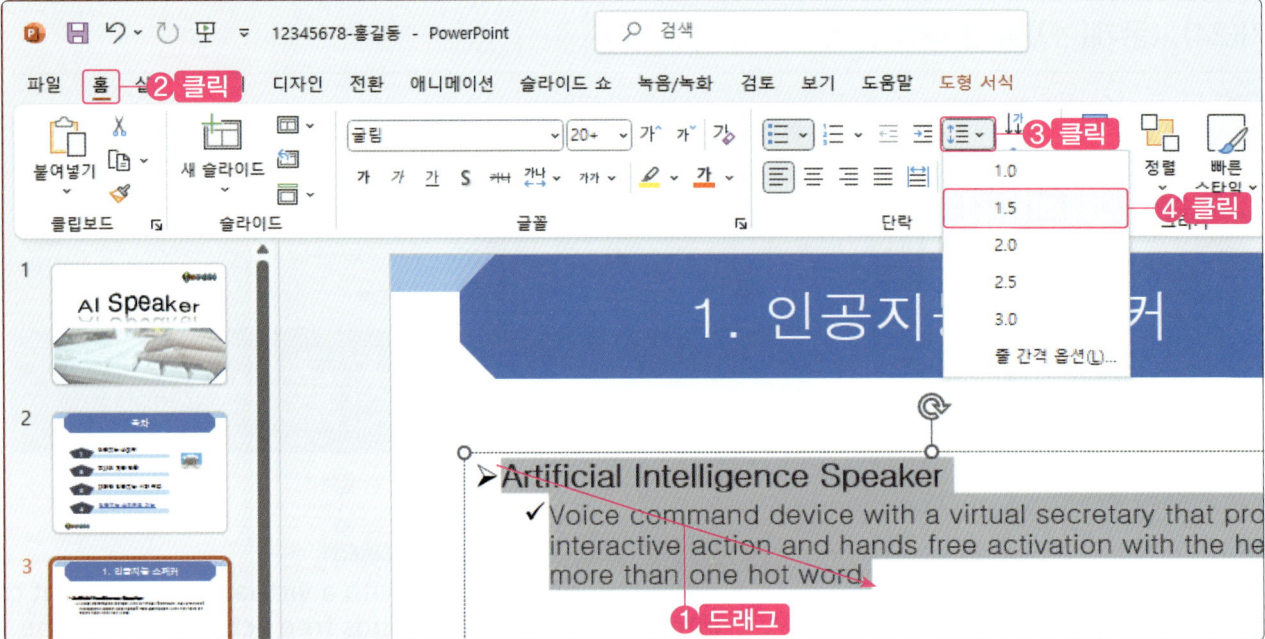

4 텍스트 상자를 선택한 후 크기 조절점을 드래그하여 크기 및 위치를 조절합니다.

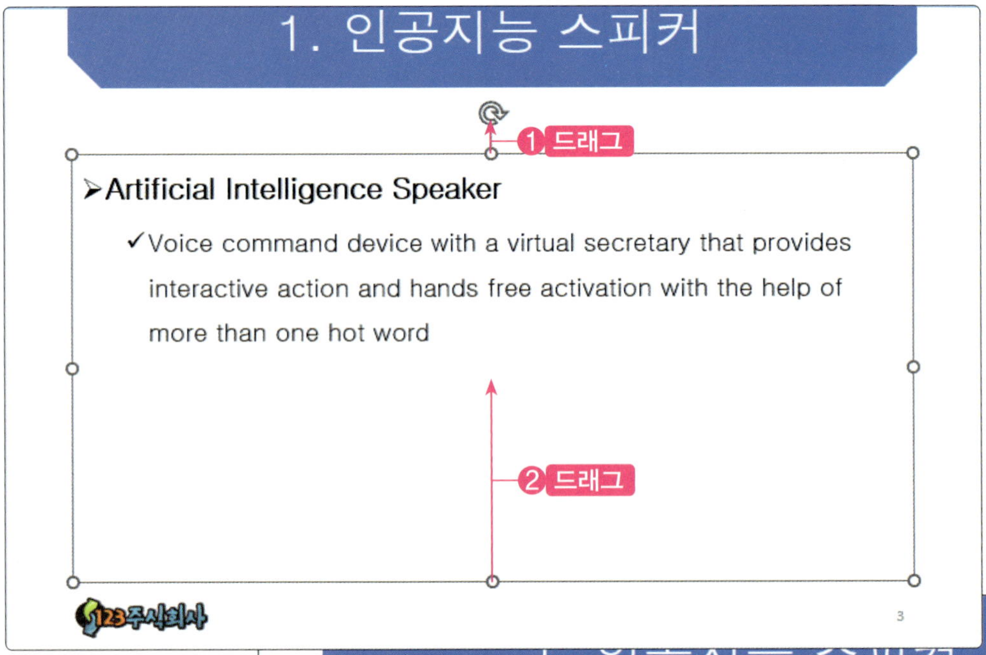

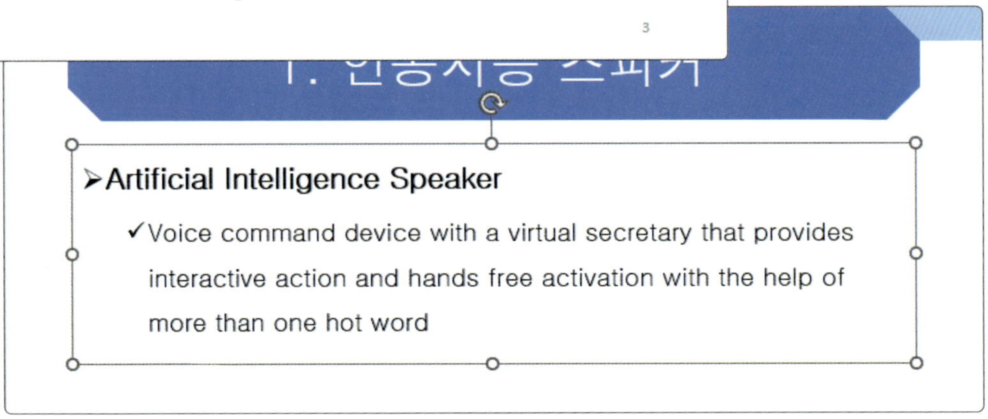

5 텍스트 상자를 `Ctrl`+`Shift`를 누른 상태에서 아래로 드래그하여 복사합니다.

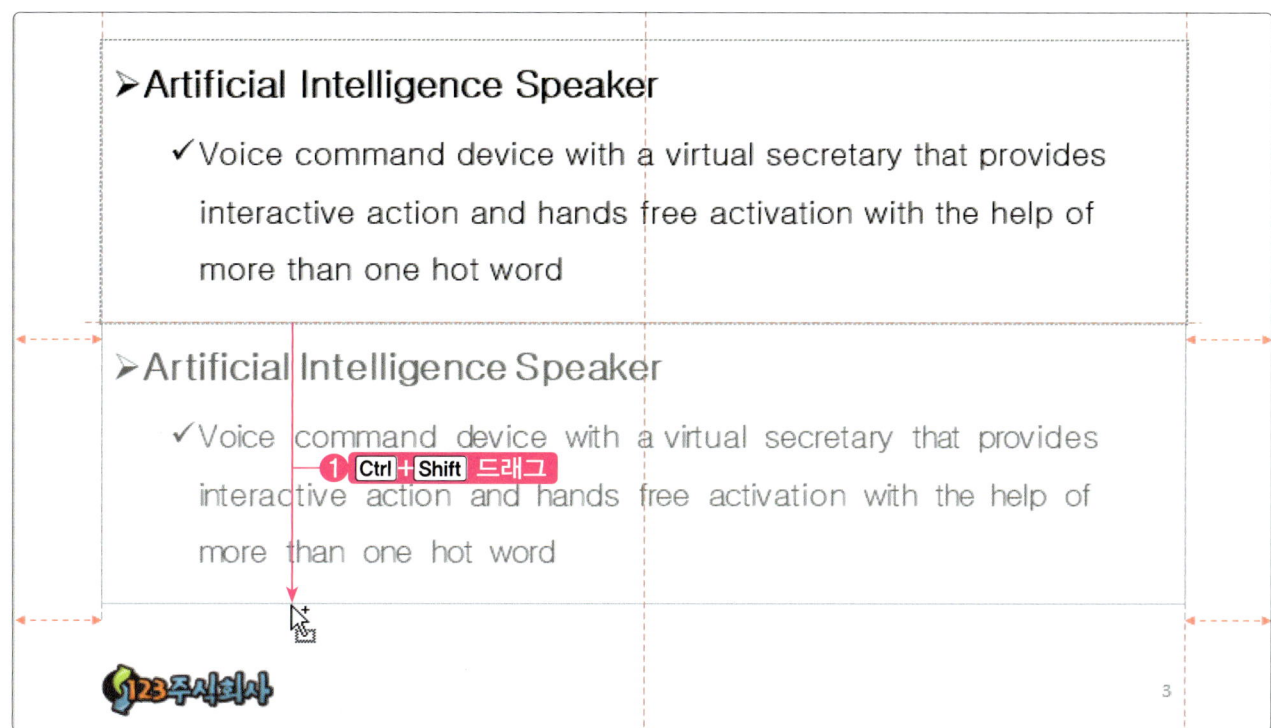

6 텍스트 상자가 복사되면 **텍스트를 수정**합니다.

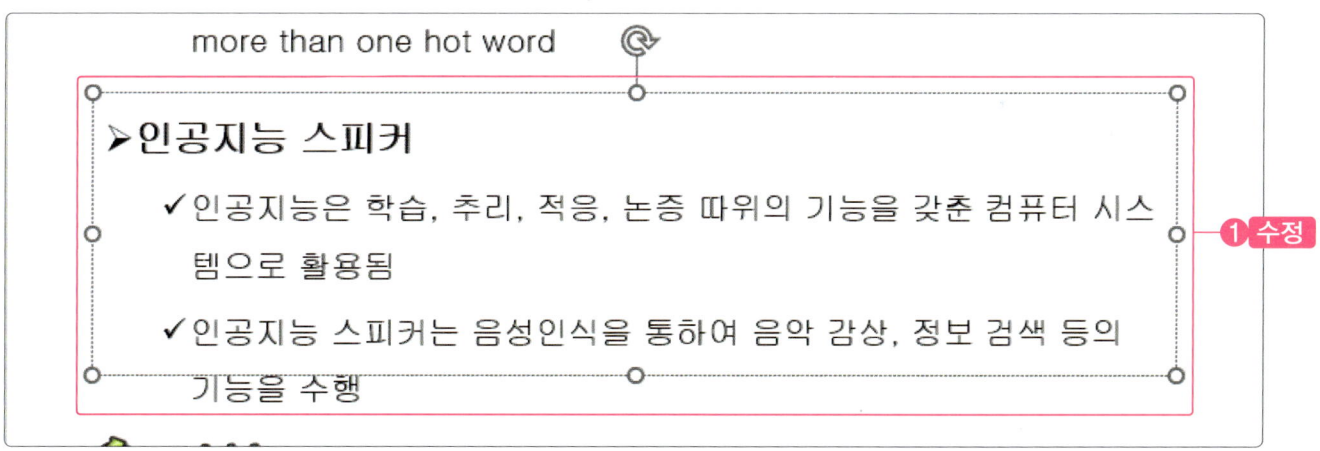

7 텍스트 상자의 **크기 조절점을 드래그하여 크기를 조절**합니다.

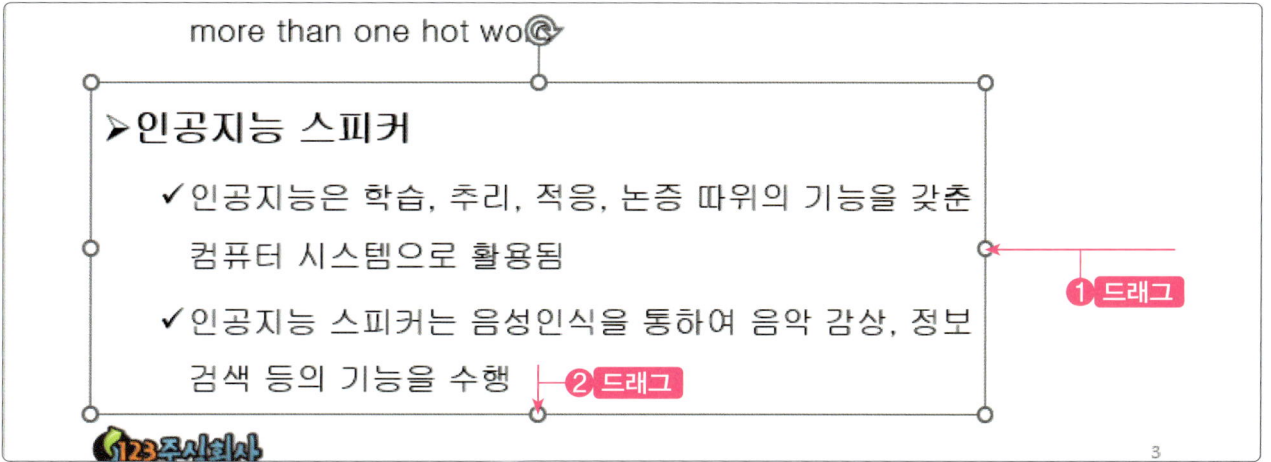

8 [홈] 탭-[단락] 그룹에서 [도형 서식(🔽)]을 클릭합니다.

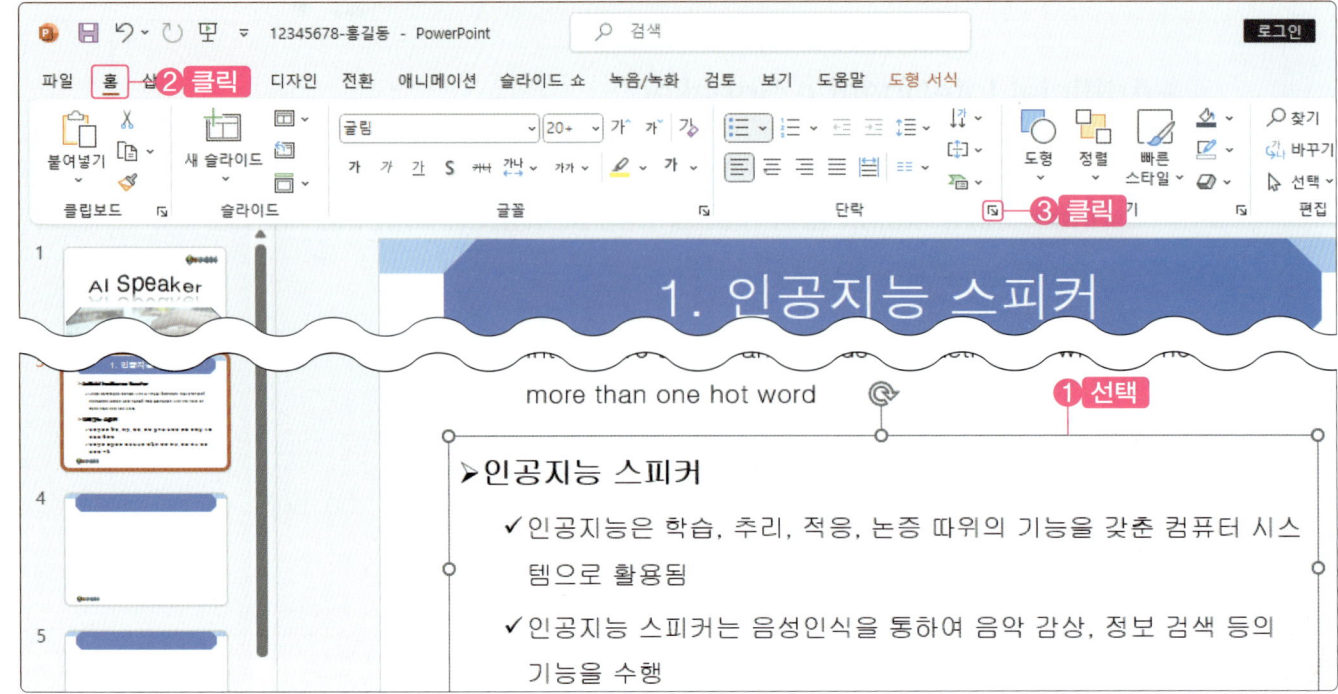

9 [단락] 대화상자가 나타나면 [한글 입력 체계] 탭을 클릭한 다음 [한글 단어 잘림 허용]을 선택 해제합니다.

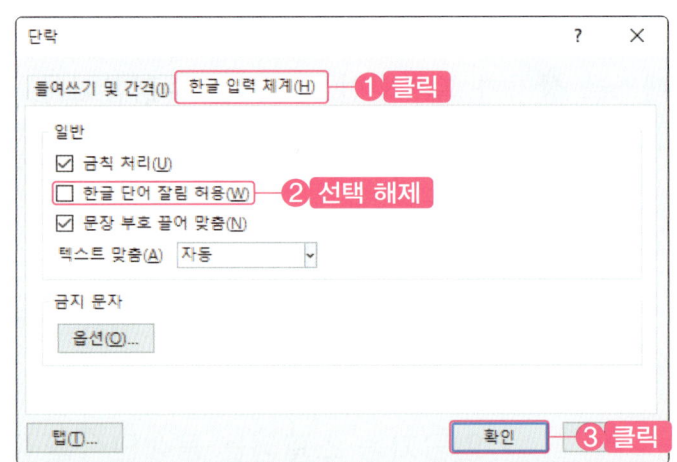

10 다음과 같이 오른쪽 단어가 잘려서 표시됩니다.

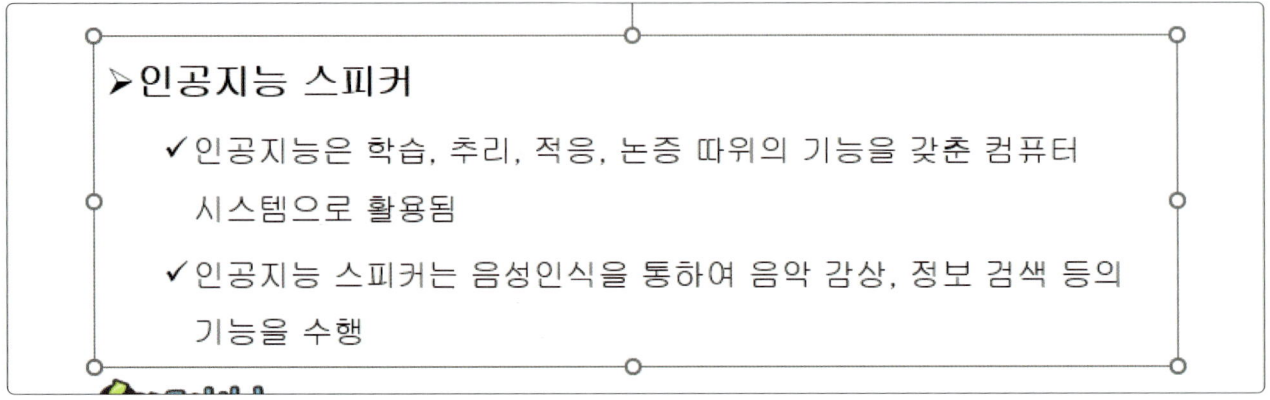

한글을 입력할 때 오른쪽 끝 글자가 〈출력형태〉처럼 맞춰지지 않을 경우에는 줄을 바꿀 단어 뒤에서 Shift+Enter를 눌러 강제로 맞출 수도 있습니다.

STEP 03 동영상 삽입하기

〈조건〉 ① 동영상 삽입 :
- 「내 PC₩문서₩ITQ₩Picture₩동영상.wmv」
- 자동실행, 반복재생 설정

1 〔삽입〕 탭-〔미디어〕 그룹에서 〔비디오〕를 클릭한 후 〔이 디바이스...〕를 클릭합니다.

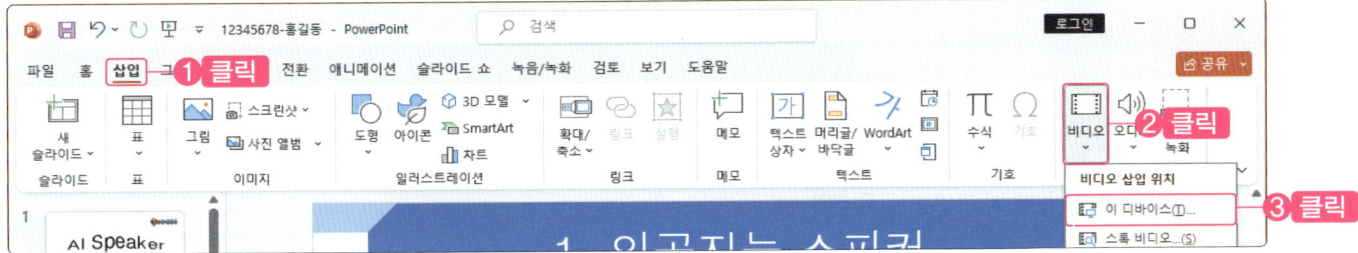

2 〔비디오 삽입〕 대화상자가 나타나면 **위치(내 PC\문서\ITQ\Picture)를 지정**한 후 파일(동영상.wmv)을 선택한 다음 〔삽입〕 단추를 클릭합니다.

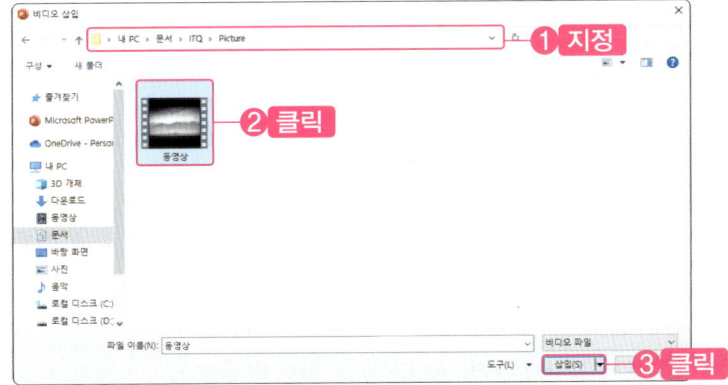

3 동영상이 삽입되면 **위치 및 크기를 조절**한 후 〔재생〕 정황 탭-〔비디오 옵션〕 그룹에서 〔**자동 실행**〕을 선택한 다음 〔**반복 재생**〕을 선택합니다.

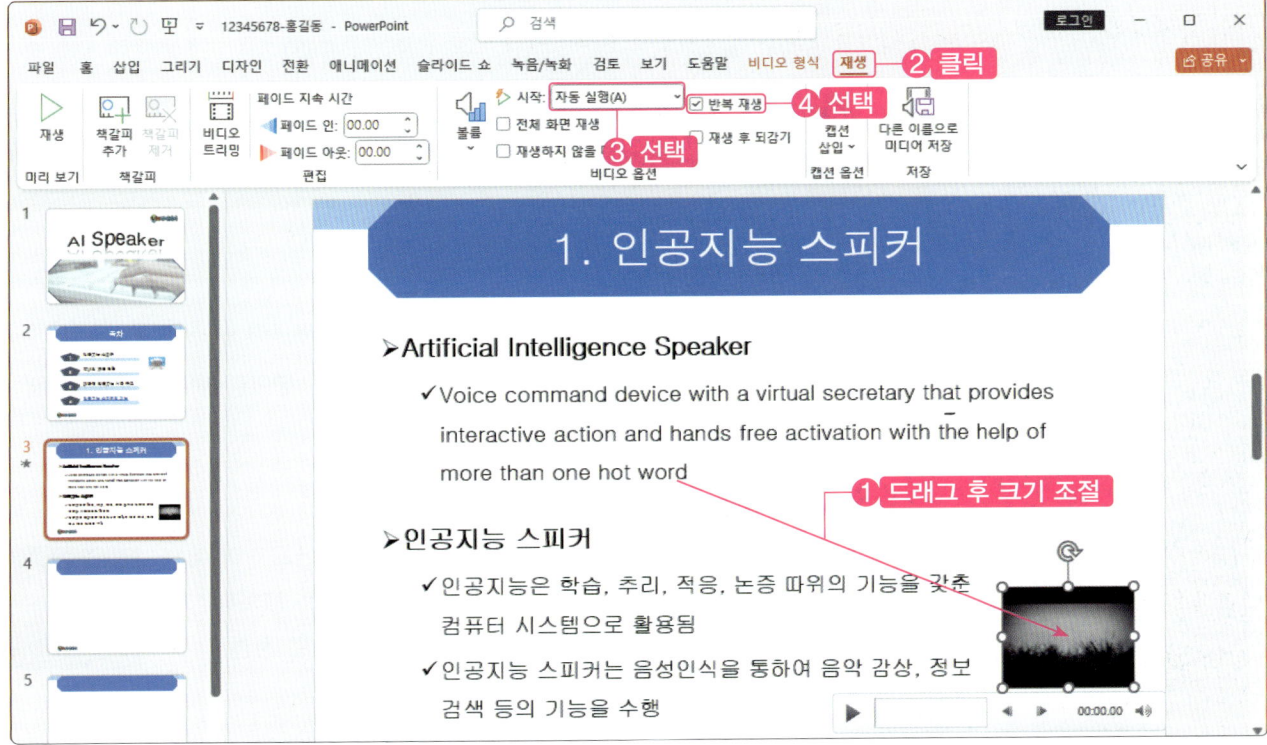

실전문제유형

Practical question type — POWERPOINT 2021

1 다음 지시사항 및 세부조건을 참고하여 출력형태에 알맞게 작성하시오.

▶ 소스파일 : Part 01\Chapter 05\문제01.pptx   ▶ 완성파일 : Part 01\Chapter 05\문제01_완성.pptx

(1) 텍스트 작성 : 글머리 기호 사용(➤, ✓)
  ➤문단(굴림, 24pt, 굵게, 줄간격 : 1.5줄), ✓문단(굴림, 20pt, 줄간격 : 1.5줄)

세부조건

① 동영상 삽입 :
 - 「내 PC₩문서₩ITQ₩Picture₩동영상.wmv」
 - 자동실행, 반복재생 설정

1. 직지란 무엇인가

➤ Jikji
  ✓ UNESCO confirmed Jikji as the world's oldest metalloid type and includes it in memory of the world
  ✓ This was published 78 years prior to Gutenberg's bible

➤ 직지심체요절
  ✓ 세계에서 가장 오래된 금속활자로 인쇄한 책으로 세계기록문화유산에 등재되어 있으며 구텐베르크 금속활자보다 78년 앞선 우리 문화유산

①

---

2 다음 지시사항 및 세부조건을 참고하여 출력형태에 알맞게 작성하시오.

▶ 소스파일 : Part 01\Chapter 05\문제02.pptx   ▶ 완성파일 : Part 01\Chapter 05\문제02_완성.pptx

(1) 텍스트 작성 : 글머리 기호 사용(❖, ■)
  ❖문단(굴림, 24pt, 굵게, 줄간격 : 1.5줄), ■문단(굴림, 20pt, 줄간격 : 1.5줄)

세부조건

① 동영상 삽입 :
 - 「내 PC₩문서₩ITQ₩Picture₩동영상.wmv」
 - 자동실행, 반복재생 설정

1. 탄소중립이란?

❖ Carbon neutrality
  ■ Carbon neutrality is a state of net-zero carbon dioxide emissions
  ■ Carbon sinks are any systems that absorb more carbon than they emit, such as forests, soils and oceans

❖ 탄소중립 기본방향
  ■ 태양광, 풍력, 수력 등 탄소 배출이 없는 에너지원이 에너지 공급 시스템의 중심이 되어야 하며 원료의 재사용, 제품의 지속가능성을 높이는 순환형 경제구조로 전환

①

Practical question type — 실전문제유형

POWERPOINT 2021

3 다음 지시사항 및 세부조건을 참고하여 출력형태에 알맞게 작성하시오.

▶ 소스파일 : Part 01\Chapter 05\문제03.pptx   ▶ 완성파일 : Part 01\Chapter 05\문제03_완성.pptx

(1) 텍스트 작성 : 글머리 기호 사용(◆, ➢)
 ◆문단(굴림, 24pt, 굵게, 줄간격 : 1.5줄), ➢문단(굴림, 20pt, 줄간격 : 1.5줄)

세부조건

① 동영상 삽입 :
 - 「내 PC₩문서₩ITQ₩Picture₩동영상.wmv」
 - 자동실행, 반복재생 설정

1. 전문가 시스템이란

◆ Expert System
 ➢ An expert system also known as a knowledge based system, is a computer program that contains some of the subject-specific knowledge of one or more human experts

◆ 전문가 시스템이란
 ➢ 전문가와 같은 지적능력을 갖는 소프트웨어 체계
 ➢ 전문가를 찾아가지 않더라도 쉽고 저렴한 가격으로 원하는 서비스를 시간제약없이 제공 받을 수 있음

①

3

---

4 다음 지시사항 및 세부조건을 참고하여 출력형태에 알맞게 작성하시오.

▶ 소스파일 : Part 01\Chapter 05\문제04.pptx   ▶ 완성파일 : Part 01\Chapter 05\문제04_완성.pptx

(1) 텍스트 작성 : 글머리 기호 사용(◆, ➢)
 ◆문단(굴림, 24pt, 굵게, 줄간격 : 1.5줄), ➢문단(굴림, 20pt, 줄간격 : 1.5줄)

세부조건

① 동영상 삽입 :
 - 「내 PC₩문서₩ITQ₩Picture₩동영상.wmv」
 - 자동실행, 반복재생 설정

1. 최저임금제의 의미 및 목적

◆ Minimum wage systems
 ➢ The minimum wage system is a wage system that determines wages as part of a social policy by setting up a certain amount of wages and legally banning wages

◆ 최저임금제도의 목적
 ➢ 근로자에 대하여 임금의 최저수준을 보장함으로서 임금 격차가 완화되어 근로자의 생활안정과 소득분배 개선
 ➢ 공정한 경쟁을 촉진하고 경영합리화를 기함

①

3

5 다음 지시사항 및 세부조건을 참고하여 출력형태에 알맞게 작성하시오.

▶ 소스파일 : Part 01\Chapter 05\문제05.pptx   ▶ 완성파일 : Part 01\Chapter 05\문제05_완성.pptx

(1) 텍스트 작성 : 글머리 기호 사용(◆, ➢)
   ◆문단(굴림, 24pt, 굵게, 줄간격 : 1.5줄), ➢문단(굴림, 20pt, 줄간격 : 1.5줄)

세부조건

① 동영상 삽입 :
 - 「내 PC₩문서₩ITQ₩Picture₩동영상.wmv」
 - 자동실행, 반복재생 설정

1. 탄소 배출량 측정 기준 범위

◆ Scope 3
  ➢ Classified into Scope 1, Scope 2, and Scope 3 according to the measurement range of carbon emitted by a company

◆ 스코프 3
  ➢ 스코프 1 : 탄소 배출 성격과 측정 범위에 따라 생산단계에서 직접 배출
  ➢ 스코프 2 : 동력을 만드는 과정에서 간접 배출
  ➢ 스코프 3 : 물류 및 제품 사용과 폐기과정에서 외부 배출

6 다음 지시사항 및 세부조건을 참고하여 출력형태에 알맞게 작성하시오.

▶ 소스파일 : Part 01\Chapter 05\문제06.pptx   ▶ 완성파일 : Part 01\Chapter 05\문제06_완성.pptx

(1) 텍스트 작성 : 글머리 기호 사용(❖, ✓)
   ❖문단(굴림, 24pt, 굵게, 줄간격 : 1.5줄), ✓문단(굴림, 20pt, 줄간격 : 1.5줄)

세부조건

① 동영상 삽입 :
 - 「내 PC₩문서₩ITQ₩Picture₩동영상.wmv」
 - 자동실행, 반복재생 설정

1. 여가생활

❖ Spare time
  ✓ This is time spent away from work and education, as well as necessary activities such as eating and sleeping

❖ 여가생활
  ✓ 개인의 선택권이 보장되는 시간적 활동
  ✓ 직업상의 일이나 집안일, 이동, 교육 등의 의무시간과 수면, 식사 등의 필수시간에서 자유로운 선택적인 시간을 보내는 생활

실전문제유형

Practical question type

POWERPOINT 2021

7 다음 지시사항 및 세부조건을 참고하여 출력형태에 알맞게 작성하시오.

▶ 소스파일 : Part 01\Chapter 05\문제07.pptx   ▶ 완성파일 : Part 01\Chapter 05\문제07_완성.pptx

(1) 텍스트 작성 : 글머리 기호 사용(❖, ✓)
　　❖문단(굴림, 24pt, 굵게, 줄간격 : 1.5줄), ✓문단(굴림, 20pt, 줄간격 : 1.5줄)

세부조건

① 동영상 삽입 :
　- 「내 PC\문서\ITQ\Picture\동영상.wmv」
　- 자동실행, 반복재생 설정

1. 화학요법과 항암제

❖ About the Chemotherapy
　✓ Chemotherapy may be given with a curative intent, or it may aim to prolong life or to reduce symptoms

❖ 항암제
　✓ 암세포의 분열을 억제하여 악성종양을 치료하기 위한 약제의 총칭
　✓ 골수기능저하, 구토, 설사 및 변비, 식욕감퇴, 탈모증 등의 여러가지 부작용이 나타날 수 있음

①

123주식회사

3

8 다음 지시사항 및 세부조건을 참고하여 출력형태에 알맞게 작성하시오.

▶ 소스파일 : Part 01\Chapter 05\문제08.pptx   ▶ 완성파일 : Part 01\Chapter 05\문제08_완성.pptx

(1) 텍스트 작성 : 글머리 기호 사용(❖, ✓)
　　❖문단(굴림, 24pt, 굵게, 줄간격 : 1.5줄), ✓문단(굴림, 20pt, 줄간격 : 1.5줄)

세부조건

① 동영상 삽입 :
　- 「내 PC\문서\ITQ\Picture\동영상.wmv」
　- 자동실행, 반복재생 설정

1. 마스터스대회란?

❖ International Masters Games
　✓ It is an international sports competition for athletes of all ages, genders, and national sports status, and anyone from all over the world can participate

❖ 마스터스대회
　✓ 올림픽, 월드컵, 아시안게임 등에 버금 가는 생활체육인의 국제종합체육대회
　✓ 연령, 성별, 국가 스포츠 지위에 상관없이 전 세계인 누구나 참여 할 수 있는 대회

①

ABC주식회사

3

Chapter 06 표 슬라이드

- ◆ 표 작성하기
- ◆ 상단 도형 작성하기
- ◆ 표 스타일 지정하기
- ◆ 좌측 도형 작성하기

▶ 소스파일 : Part 01\Chapter 06\Ch06.pptx   ▶ 완성파일 : Part 01\Chapter 06\Ch06_완성.pptx

[슬라이드 4] ≪표 슬라이드≫   (80점)

(1) 도형과 표 작성 기능을 이용하여 슬라이드를 작성한다(글꼴 : 돋움, 18pt).

| 세부조건 | ① 상단 도형 : 2개 도형의 조합으로 작성 | ② 좌측 도형 : 그라데이션 효과(선형 아래쪽) | ③ 표 스타일 테마 스타일 1 – 강조 5 |

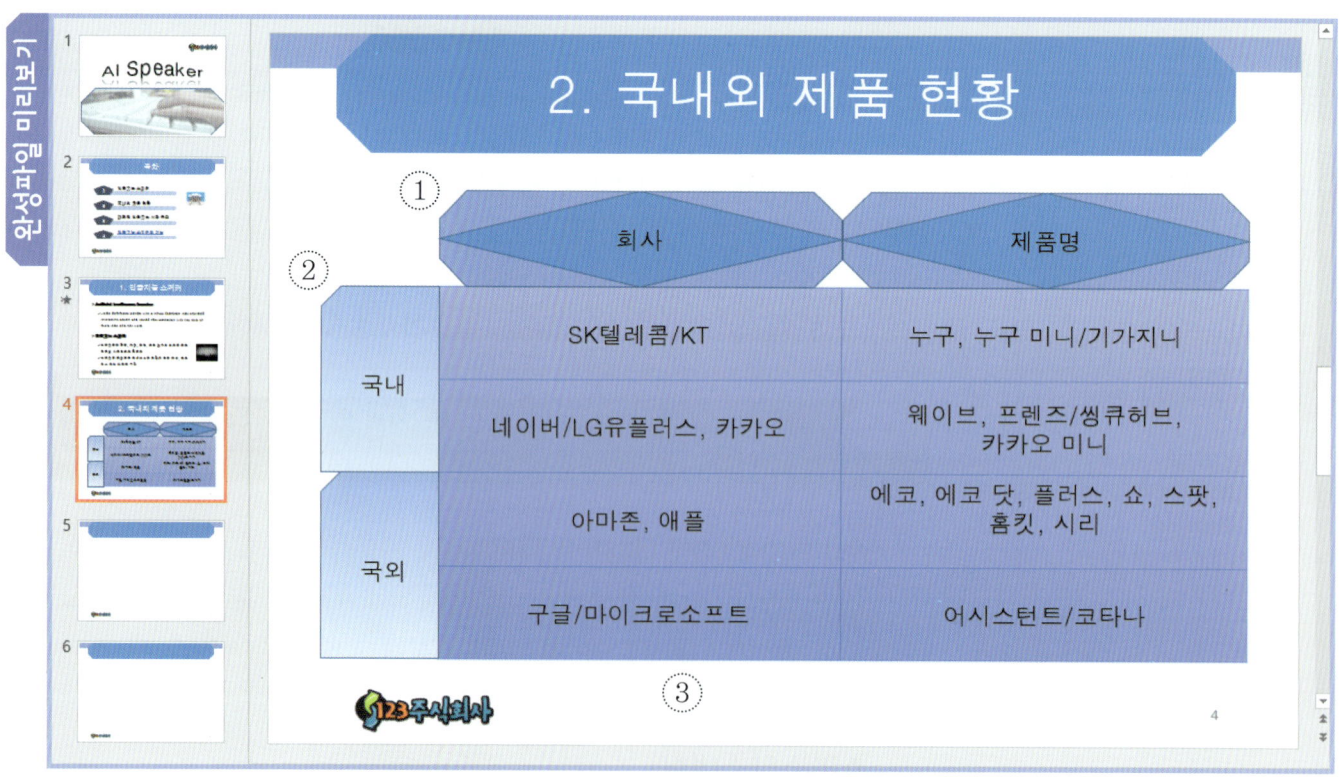

체크! 체크!

〔슬라이드 4〕 《《표 슬라이드》》

- 표 작성하기
  - 열 개수(칸 수)와 행 개수(줄 수)를 입력하여 표를 삽입합니다.
  - 표 및 셀 크기를 조절한 후 텍스트를 입력합니다.
- 표 스타일 지정하기
  - 표를 선택한 후 〔표 도구〕 정황 탭-〔디자인〕 탭-〔표 스타일〕 그룹에서 〔자세히(▼)〕를 클릭한 다음 '테마 스타일'을 지정합니다.
  - 〔머리글 행〕과 〔줄무늬 행〕을 선택 해제합니다.
  - 글꼴 서식 및 단락 서식을 지정합니다.
- 상단 도형 작성하기
  - 상단 2개 도형은 《출력형태》를 참고하여 작성하며, 도형 채우기는 임의의 색을 지정합니다.
  - 상단 도형에 텍스트를 입력한 후 글꼴 서식을 지정한 다음 복사합니다.
- 좌측 도형 작성하기
  - 좌측 도형은 《출력형태》를 참고하여 작성하며, 도형 채우기는 임의의 색을 지정합니다.
  - 좌측 도형에 그라데이션 효과를 지정한 후 도형을 복사합니다.
  - 좌측 도형에 텍스트를 입력한 후 글꼴 서식을 지정합니다.

STEP 01 표 작성하기

1 4번 슬라이드를 선택한 후 **제목(2. 국내외 제품 현황)을 입력**합니다.

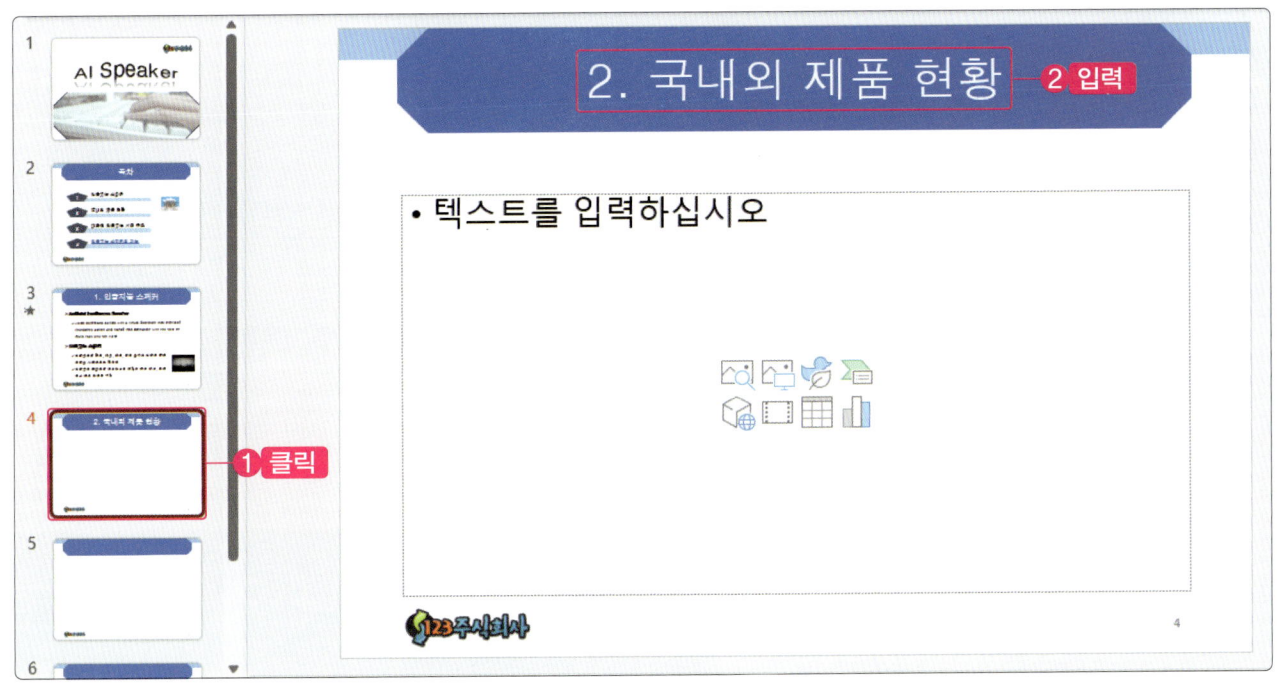

2 텍스트 상자의 [표 삽입(⊞)] 아이콘을 클릭합니다.

3 [표 삽입] 대화상자가 나타나면 **열 개수(2)와 행 개수(4)를 입력**한 다음 [확인] 단추를 클릭합니다.

- 열 개수 : 칸 개수
- 행 개수 : 줄 개수

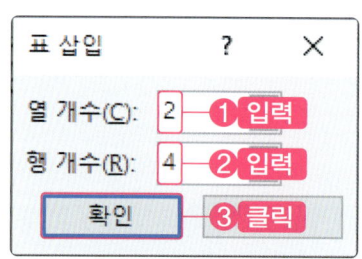

한가지 더!

표 작성하기

❶ 텍스트 상자의 [표 삽입(⊞)]를 클릭한 후 [표 삽입] 대화상자가 나타나면 열 개수와 행 개수를 입력한 다음 [확인] 단추를 클릭합니다.

❷ [삽입] 탭-[표] 그룹에서 [표]를 클릭한 후 열 개수와 행 개수만큼 드래그하여 표를 작성합니다.

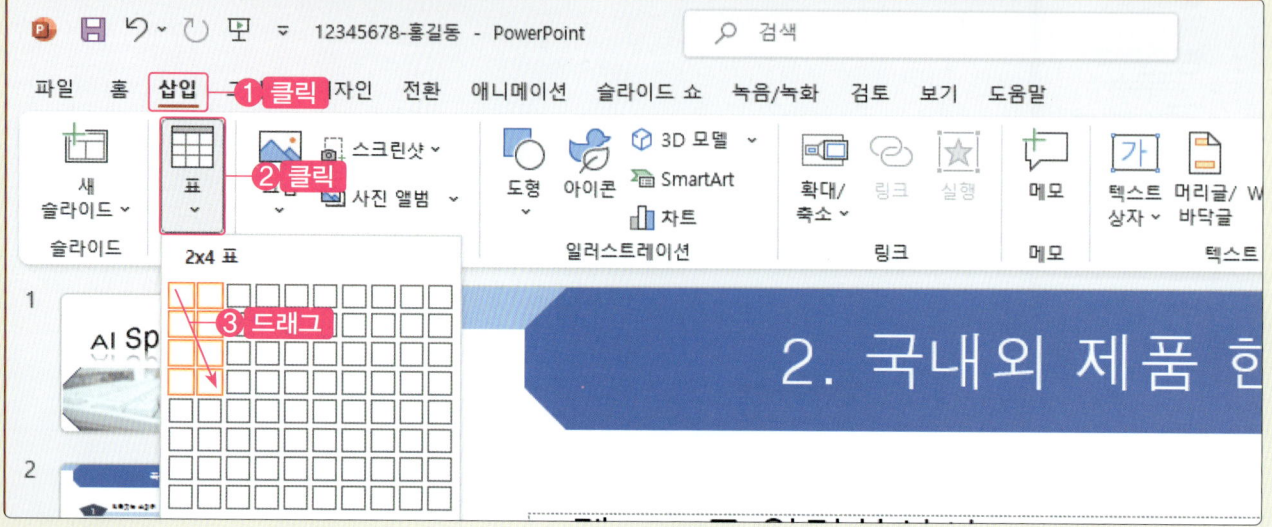

4 표가 삽입되면 **위치를 조절**한 후 **크기 조절점을 드래그**하여 **크기를 조절**합니다.

5 다음과 같이 표의 **각 셀에 내용을 입력**합니다.

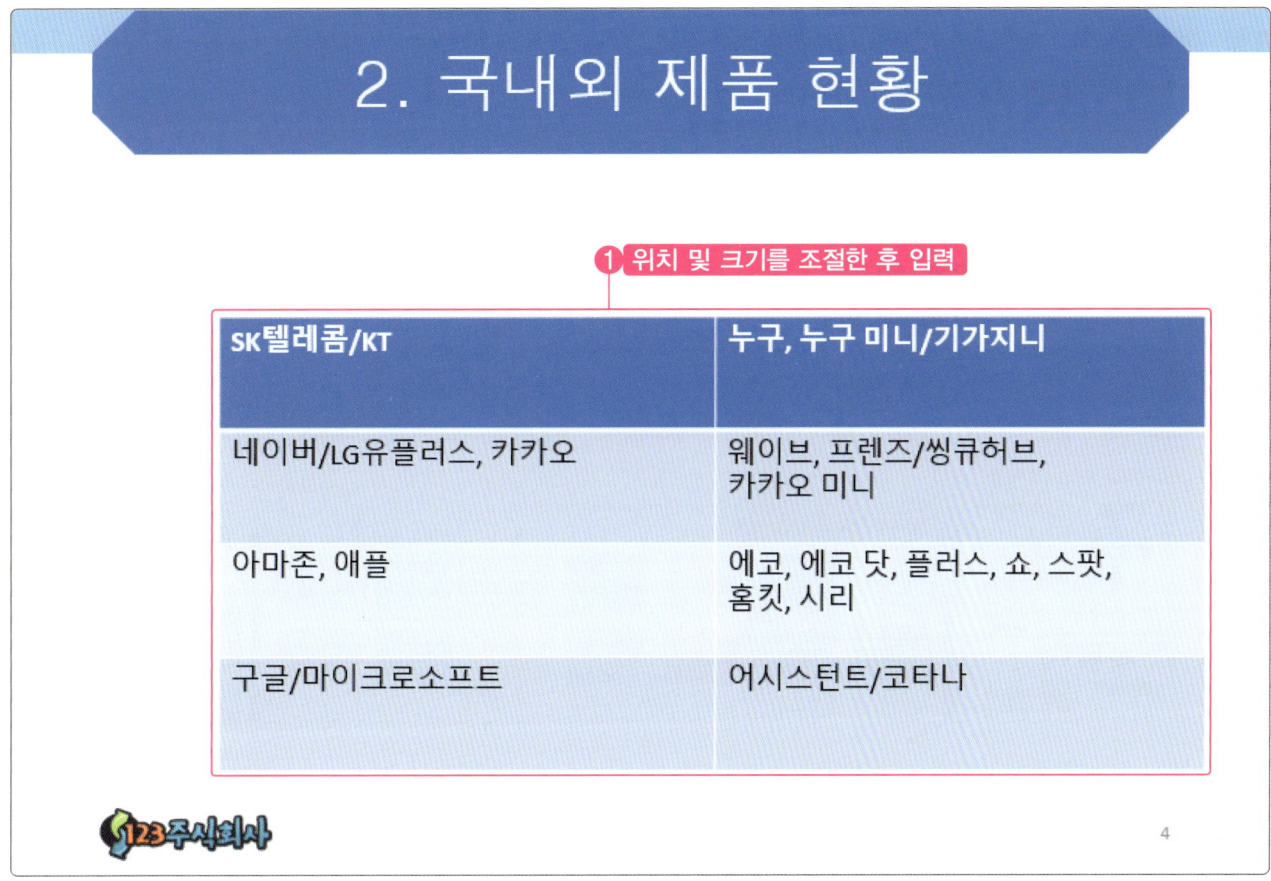

〈출력형태〉를 참고하여 내용을 입력하며, 줄 간격은 지정하지 않습니다.

표 크기 조절 / 셀 너비 조절 / 셀 높이 조절
- 표 크기 조절 : 크기 조절점을 드래그합니다.
- 셀 너비 조절 : 표 안의 세로 경계선을 드래그합니다.
- 셀 높이 조절 : 표 안의 가로 경계선을 드래그합니다.

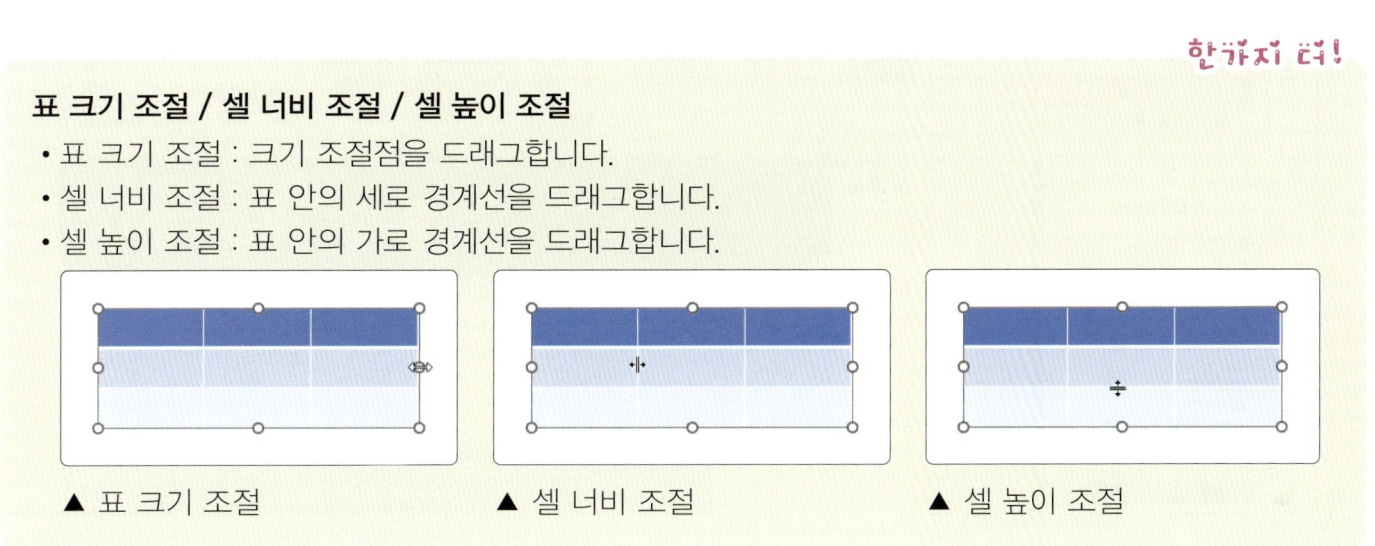

▲ 표 크기 조절 ▲ 셀 너비 조절 ▲ 셀 높이 조절

STEP 02 표 스타일 지정하기

〈조건〉 (1) 도형과 표 작성 기능을 이용하여 슬라이드를 작성한다(글꼴 : 돋움, 18pt).
③ 표 스타일 : 테마 스타일 1 – 강조 5

1 **표를 선택**한 후 〔테이블 디자인〕 정황 탭-〔표 스타일〕 그룹에서 **〔자세히(▽)〕를 클릭**한 다음 〔테마 스타일 1 – 강조 5(▦)〕을 클릭합니다.

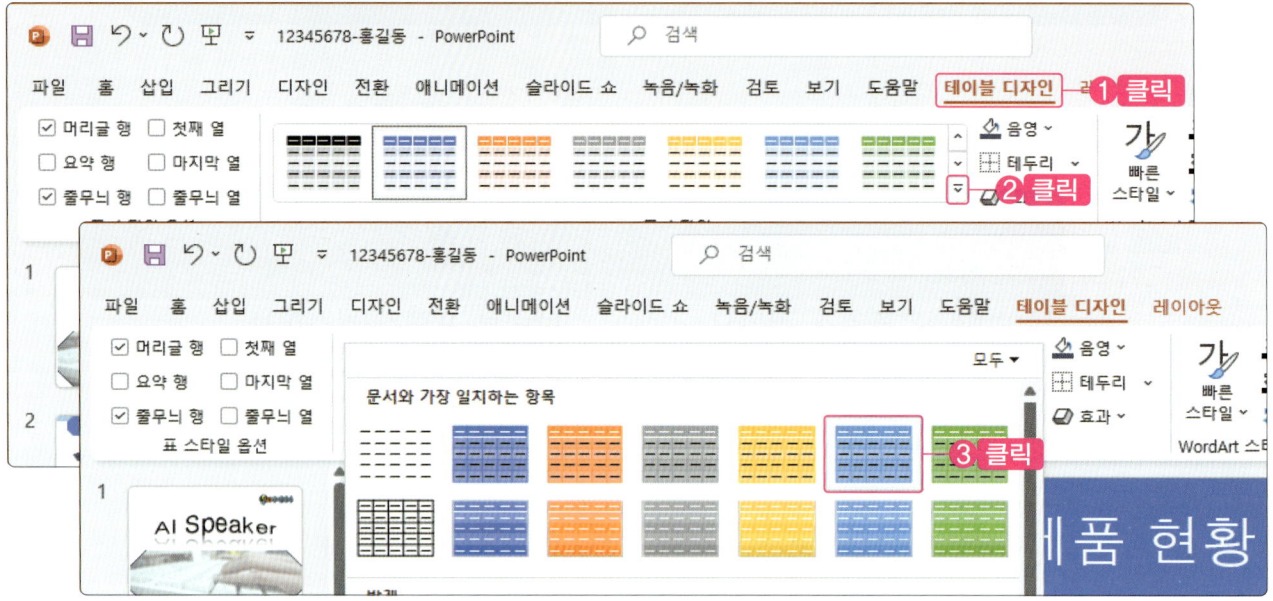

2 〔테이블 디자인〕 정황 탭-〔표 스타일 옵션〕 그룹에서 **〔머리글 행〕과 〔줄무늬 행〕을 선택 해제**합니다.

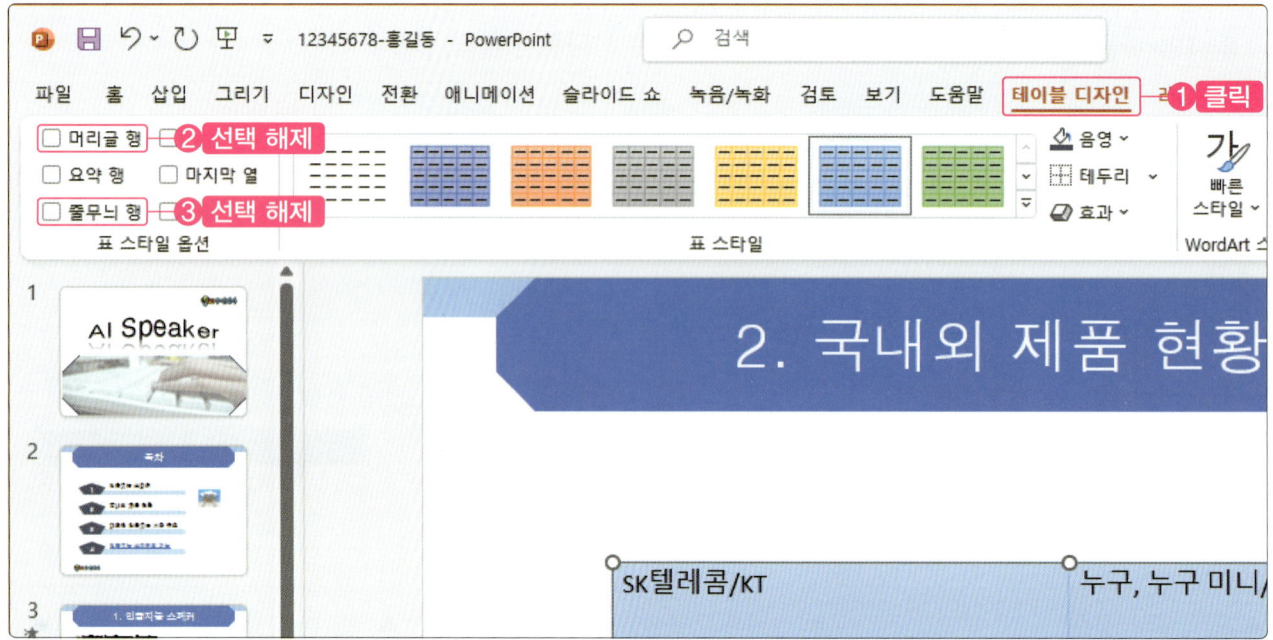

- **머리글 행** : 표의 머리글 행을 설정하거나 해제합니다. 머리글 행은 표의 첫 행 서식을 특별하게 지정합니다.
- **줄무늬 행** : 짝수 행과 홀수 행의 서식이 서로 다른 줄무늬 행을 표시합니다.

〈조건〉　(1) 도형과 표 작성 기능을 이용하여 슬라이드를 작성한다(글꼴 : 돋움, 18pt).

3 〔홈〕 탭-〔글꼴〕 그룹에서 **글꼴(돋움)과 글꼴 크기(18)를 선택**합니다.

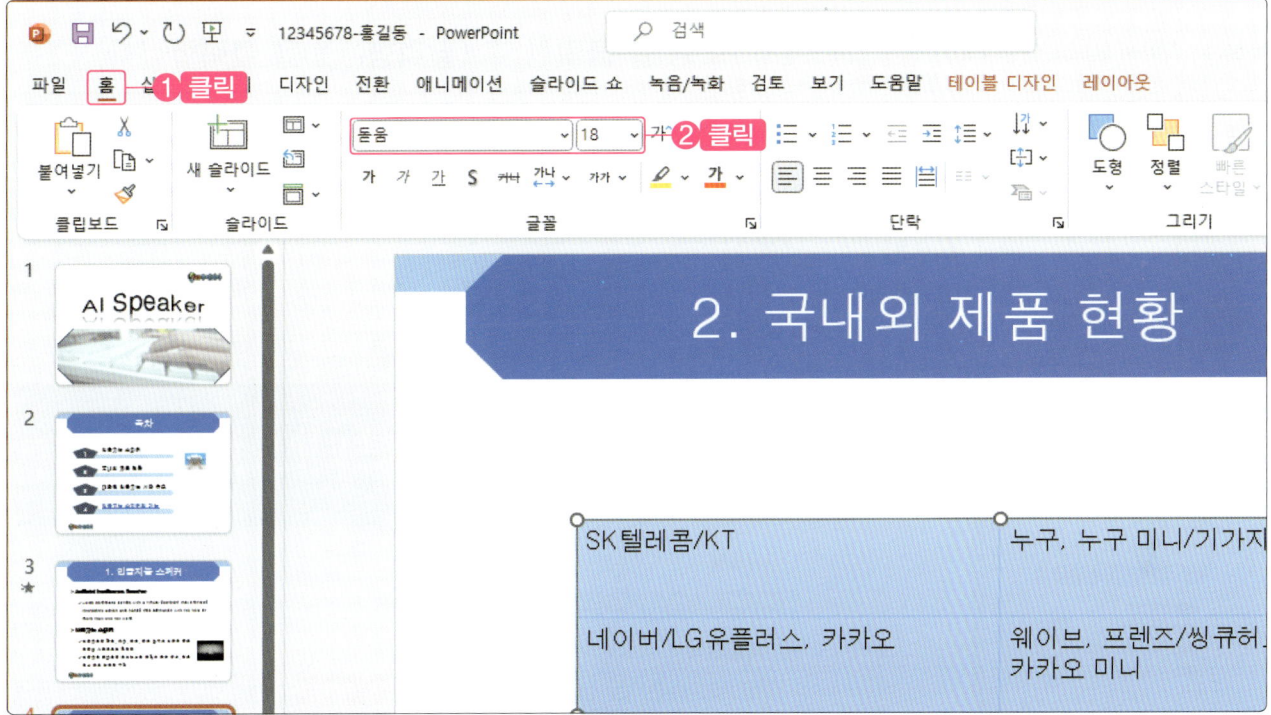

글꼴과 글꼴 크기를 지정한 후 표 내용의 오른쪽 끝이 출력형태와 다를 경우 Enter 를 눌러 맞춰줍니다.

4 〔홈〕 탭-〔단락〕 그룹에서 〔**가운데 맞춤(≡)**〕**을 선택**한 후 〔**텍스트 맞춤**〕**을 클릭**한 다음 〔**중간**〕 **을 클릭**합니다.

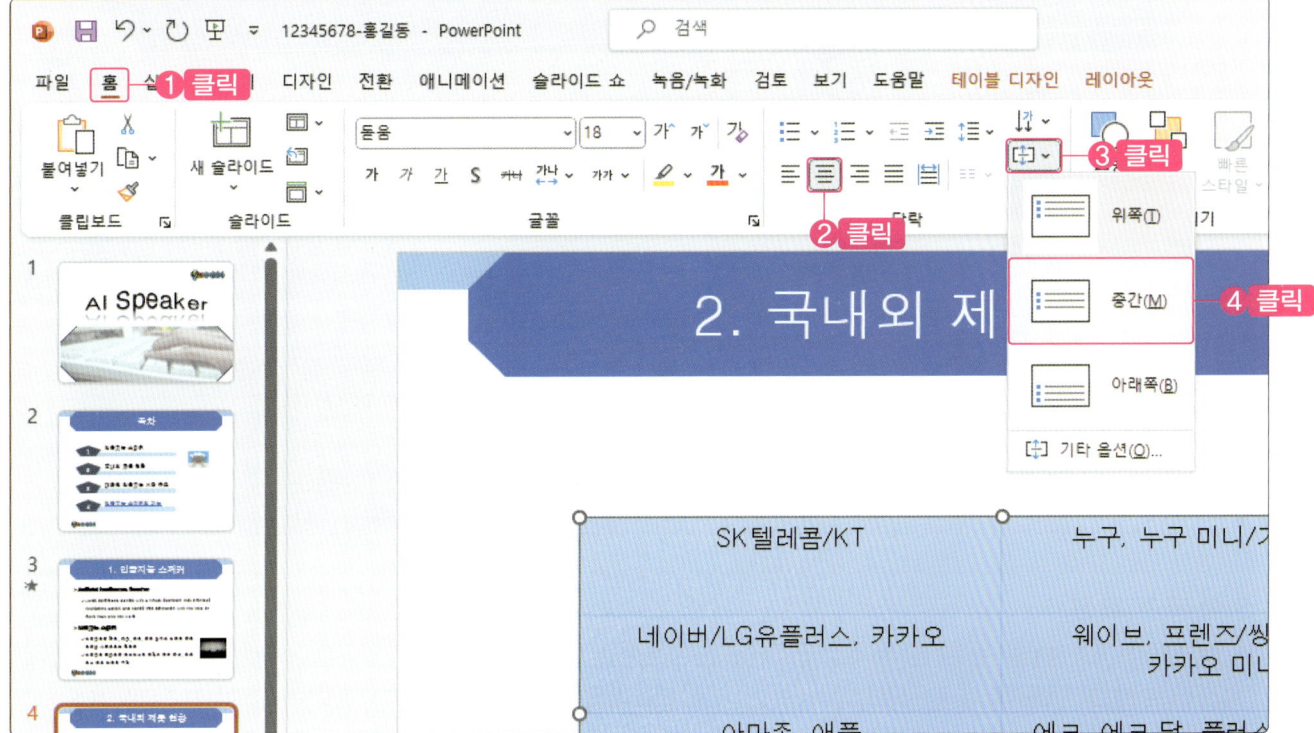

Chapter 06 · 표 슬라이드

STEP 03 상단 도형 작성하기

〈조건〉 (1) 도형과 표 작성 기능을 이용하여 슬라이드를 작성한다(글꼴 : 돋움, 18pt).
① 상단 도형 : 2개 도형의 조합으로 작성

1 〔삽입〕 탭-〔일러스트레이션〕 그룹에서 〔**도형**〕을 **클릭**한 후 〔**팔각형(⑧)**〕을 **클릭**합니다.

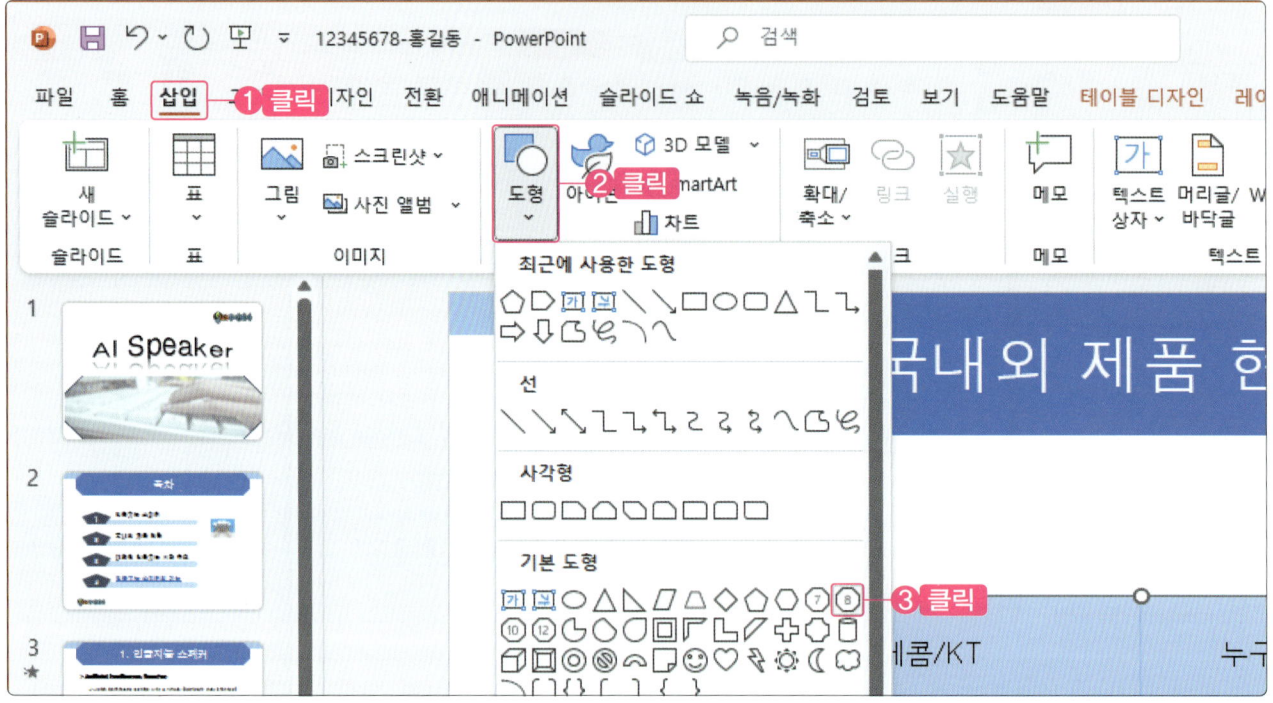

2 마우스 포인터 모양이 + 모양으로 변경되면 **드래그하여 도형을 작성**합니다.

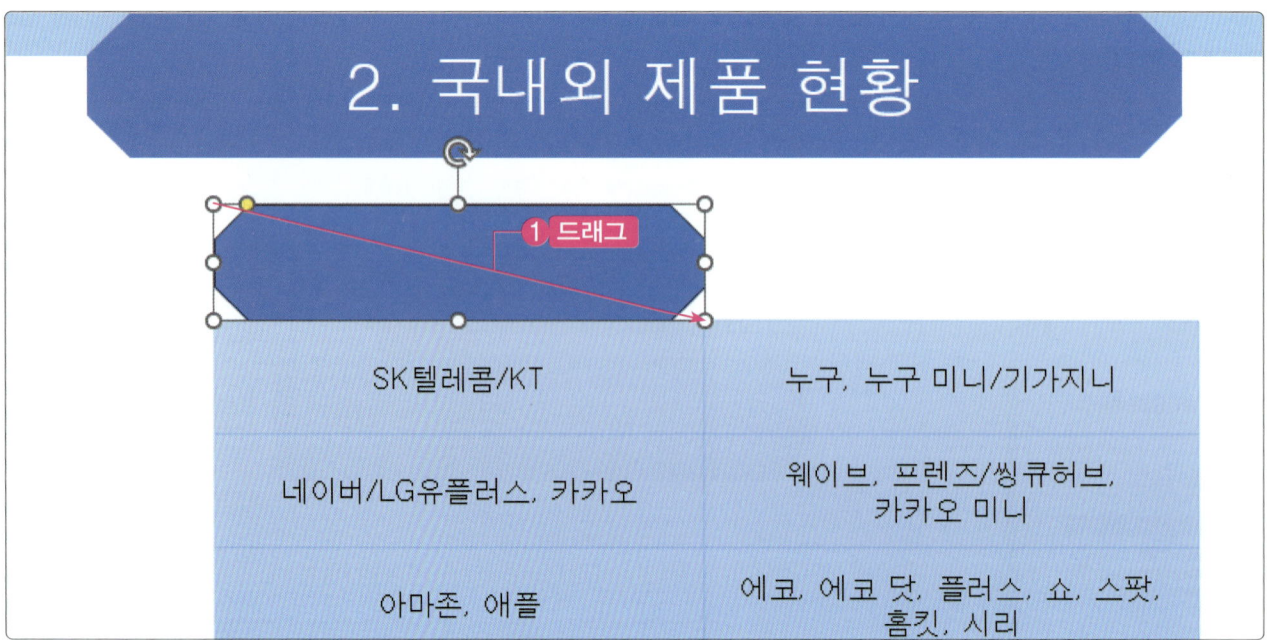

> **도형 크기 조절**
> • `Alt`+드래그 : `Alt`를 누른 상태에서 크기 조절점(○)을 드래그하면 크기를 세밀하게 조절할 수 있습니다.
> • `Ctrl`+드래그 : `Ctrl`를 누른 상태에서 크기 조절점(○)을 드래그하면 좌우 크기가 같이 조절됩니다.

〈조건〉 (1) 도형과 표 작성 기능을 이용하여 슬라이드를 작성한다(글꼴 : 돋움, 18pt).
① 상단 도형 : 2개 도형의 조합으로 작성

3 〔도형 서식〕 정황 탭-〔도형 스타일〕 그룹에서 〔**도형 채우기**〕를 **클릭**한 후 **임의의 색을 지정**합니다.

채우기 색은 수험자가 임의의 색을 지정하며 채우기 색을 변경하지 않아도 감점되지 않습니다.

4 〔삽입〕 탭-〔일러스트레이션〕 그룹에서 〔**도형**〕을 **클릭**한 후 〔**다이아몬드(◇)**〕을 **클릭**합니다.

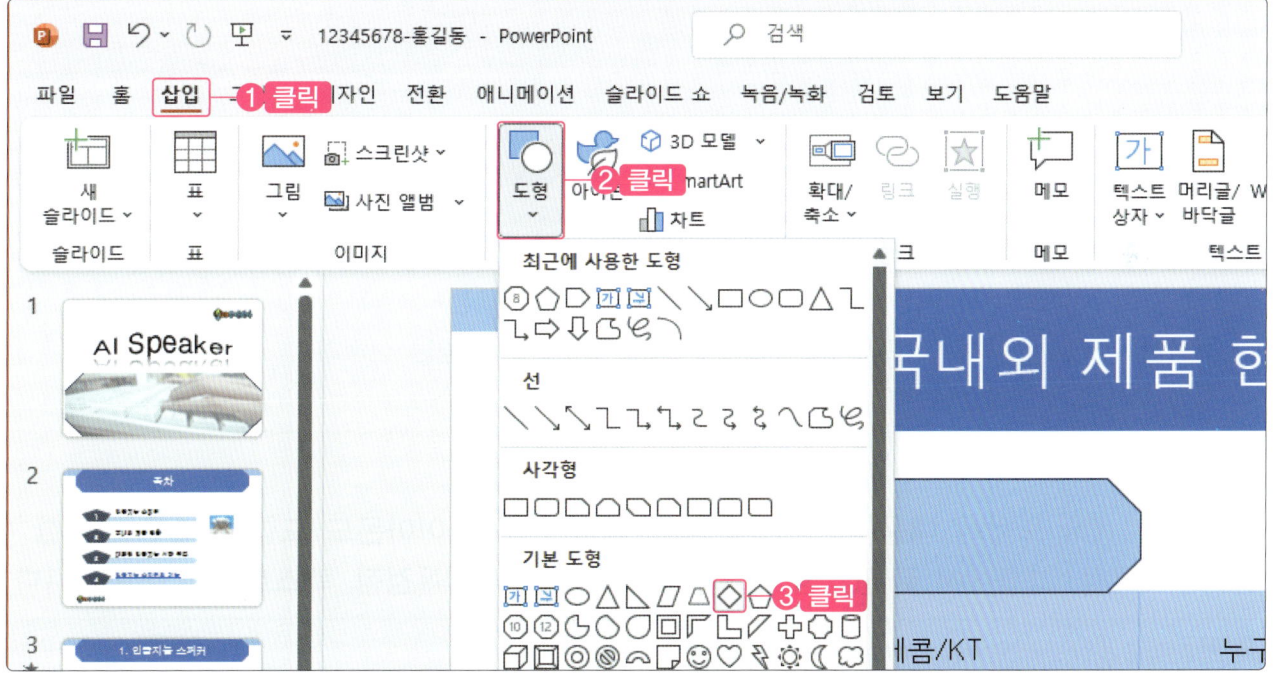

5 마우스 포인터 모양이 + 모양으로 변경되면 **드래그하여 도형을 작성**합니다.

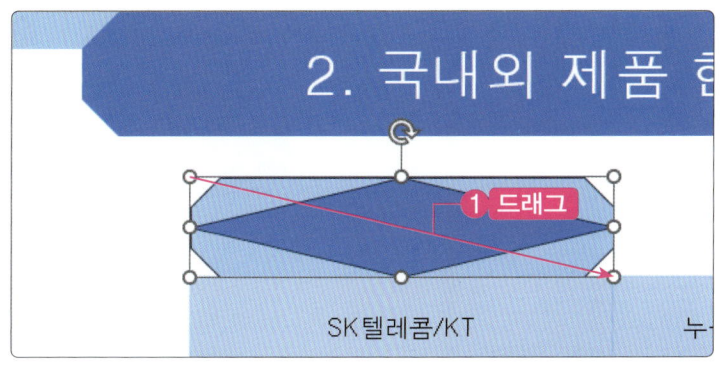

> 〈조건〉　(1) 도형과 표 작성 기능을 이용하여 슬라이드를 작성한다(글꼴 : 돋움, 18pt).
>   ① 상단 도형 : 2개 도형의 조합으로 작성

6 〔도형 서식〕 정황 탭-〔도형 스타일〕 그룹에서 〔**도형 채우기**〕를 클릭한 후 **임의의 색을 지정**합니다.

7 **상단 도형을 드래그하여 선택**한 후 Ctrl과 Shift를 누른 상태에서 드래그하여 도형을 **복사**합니다.

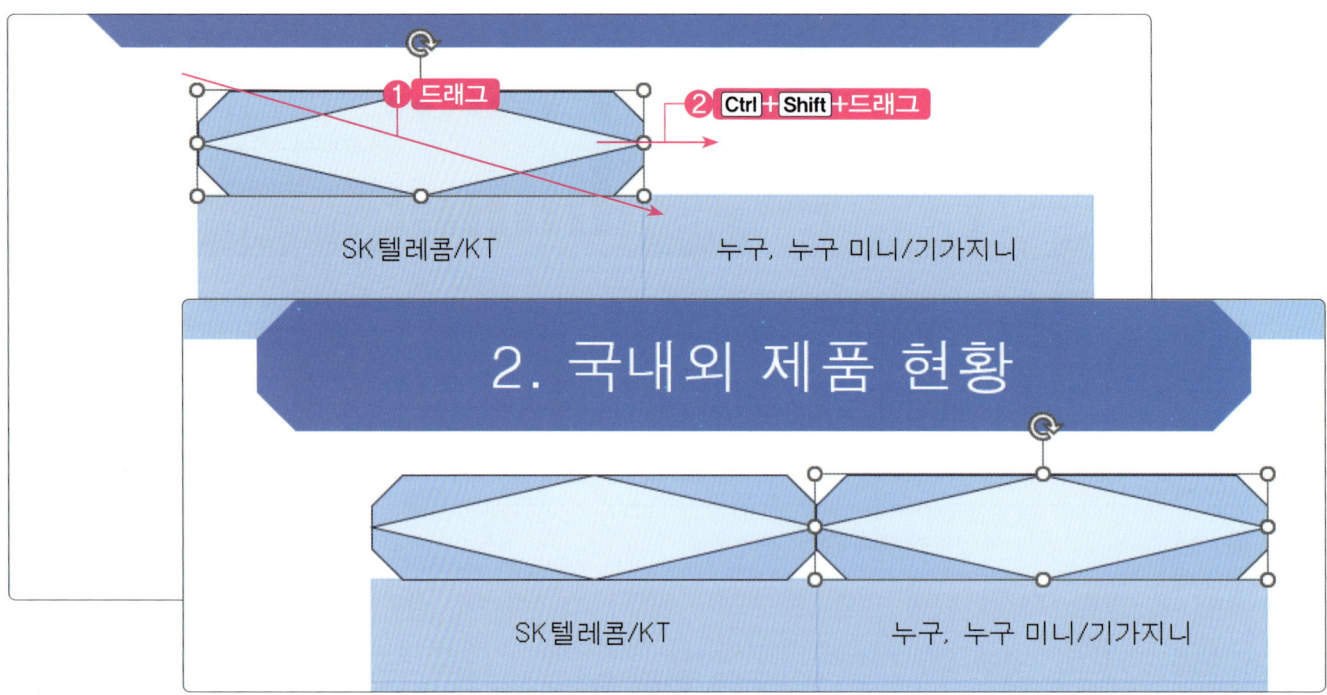

- **하나의 도형 선택하기** : 도형에 마우스 포인트를 가져가 마우스 포인터가 모양으로 변경되면 클릭합니다.
- **여러개의 도형 선택하기** : 도형 보다 넓게 범위를 지정하여 도형을 선택하거나 도형을 선택한 후 Ctrl 이나 Shift를 누른 상태에서 다른 도형들을 선택합니다.

8 다이아몬드(◇) 도형에 **내용(회사, 제품명)을 입력**한 후 **다이아몬드 도형을 모두 선택**한 다음 〔홈〕 탭-〔글꼴〕 그룹에서 **글꼴(돋움)과 글꼴 크기(18), 글꼴 색(검정, 텍스트 1)을 선택**합니다.

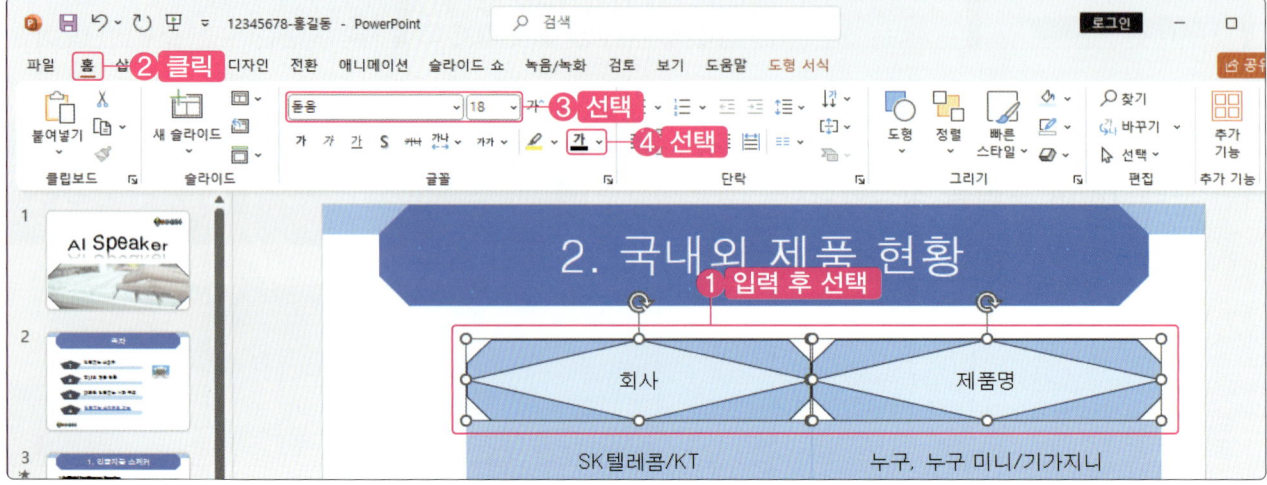

| STEP 04 | 좌측 도형 작성하기 |

〈조건〉 ⑴ 도형과 표 작성 기능을 이용하여 슬라이드를 작성한다(글꼴 : 돋움, 18pt).
② 좌측 도형 : 그라데이션 효과(선형 아래쪽)

1 〔삽입〕 탭-〔일러스트레이션〕 그룹에서 〔도형〕을 클릭한 후 〔사각형: 잘린 한쪽 모서리(⬜)〕을 클릭합니다.

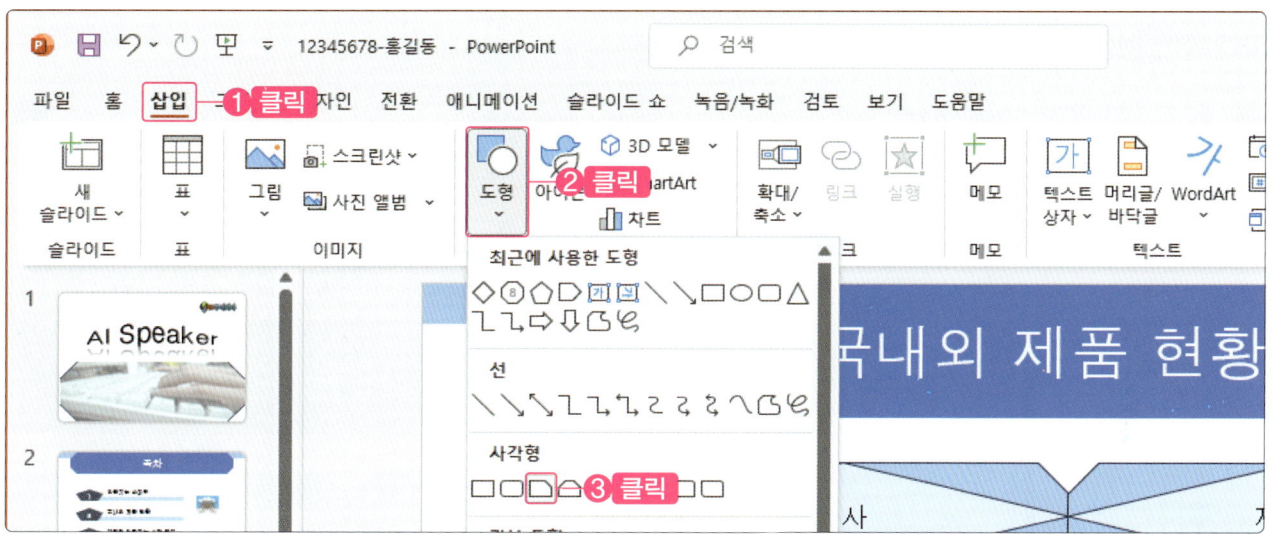

2 마우스 포인터 모양이 + 모양으로 변경되면 **드래그하여 도형을 작성**합니다.

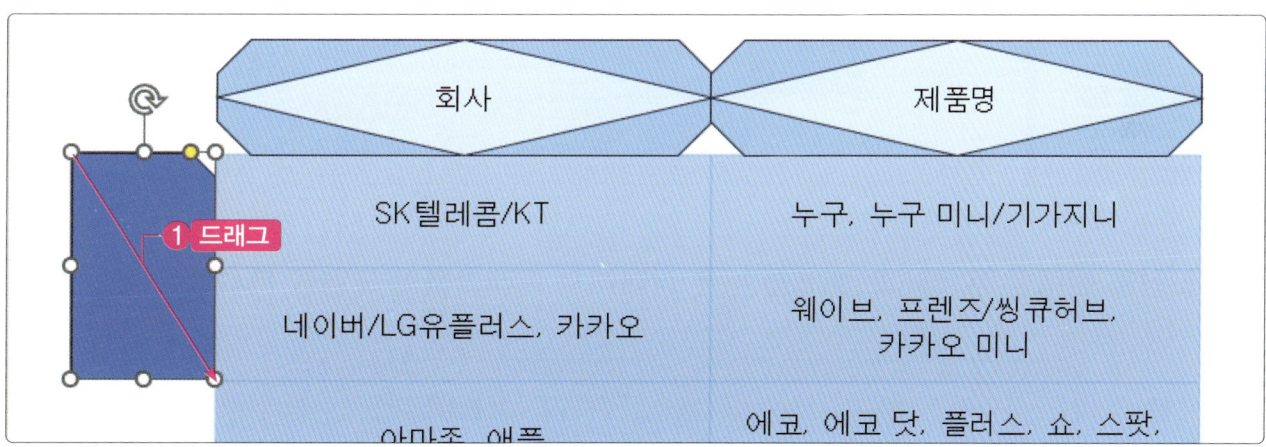

3 〔도형 서식〕 정황 탭-〔정렬〕 그룹에서 〔회전(↻ ▾)〕을 클릭한 후 〔좌우 대칭〕을 클릭합니다.

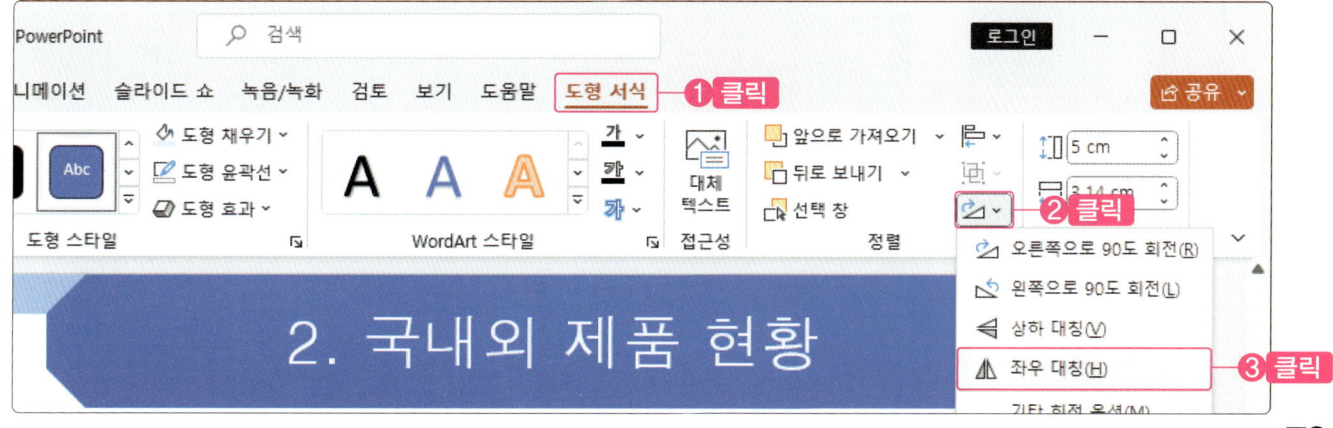

〈조건〉　(1) 도형과 표 작성 기능을 이용하여 슬라이드를 작성한다(글꼴 : 돋움, 18pt).
　　　　② 좌측 도형 : 그라데이션 효과(선형 아래쪽)

4 [도형 서식] 정황 탭-[도형 스타일] 그룹에서 [**도형 채우기**]를 클릭한 후 **임의의 색을 지정**합니다.

5 [도형 서식] 정황 탭-[도형 스타일] 그룹에서 [**도형 채우기**]를 클릭한 후 [그라데이션]-**선형 아래쪽(　)**을 클릭합니다.

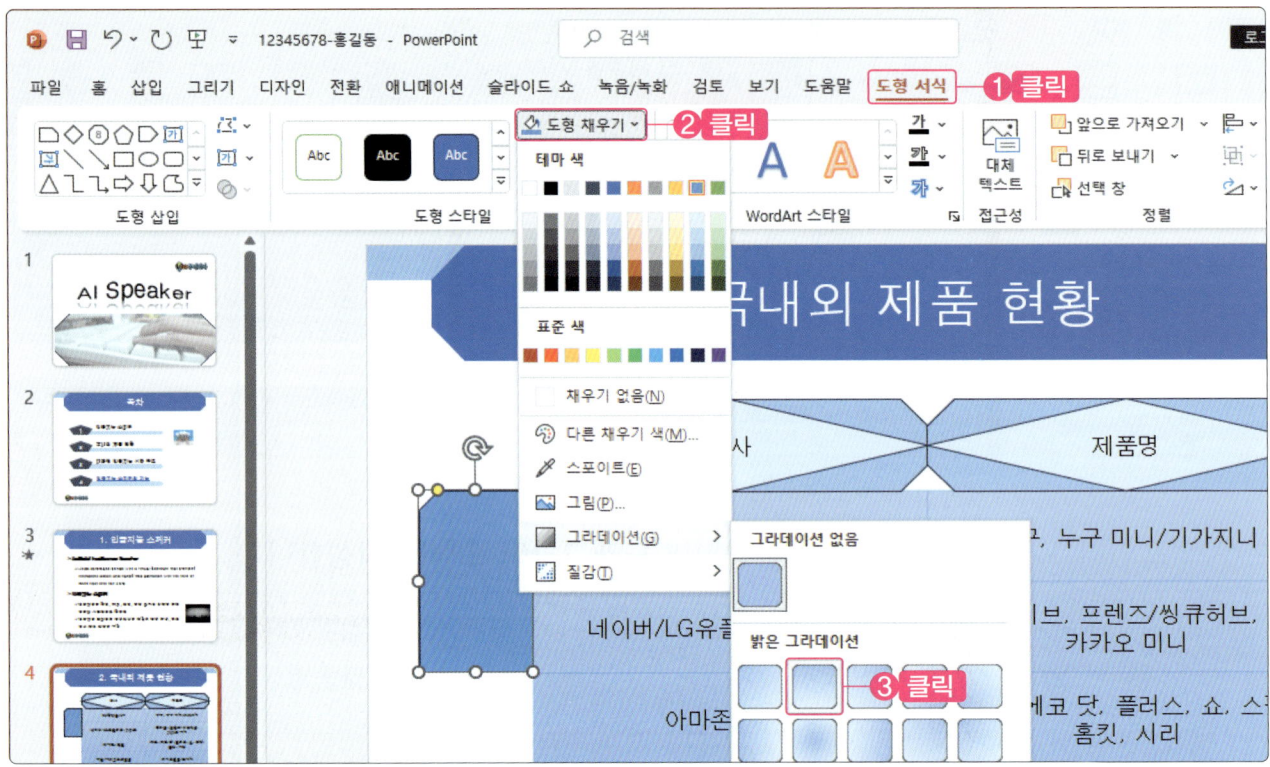

6 좌측 도형을 선택한 후 Ctrl과 Shift를 누른 상태에서 드래그하여 도형을 복사합니다.

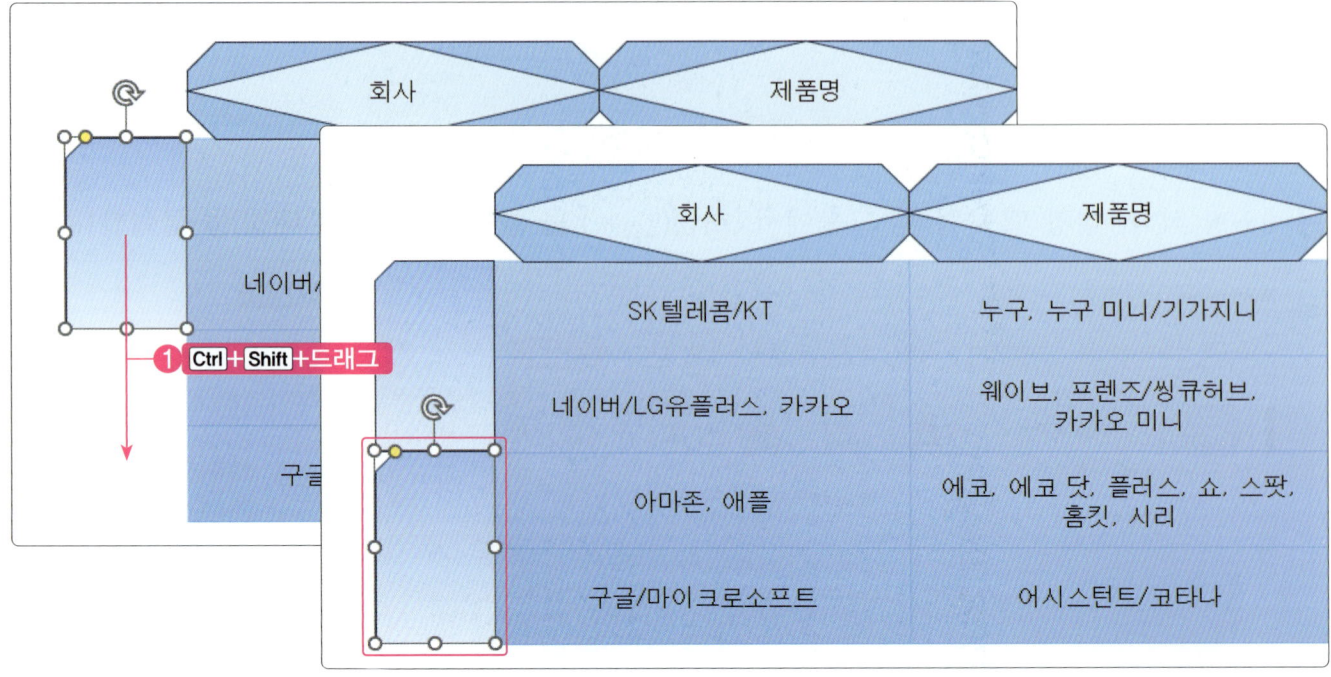

《조건》 (1) 도형과 표 작성 기능을 이용하여 슬라이드를 작성한다(글꼴 : 돋움, 18pt).

7 〔사각형 : 잘린 한쪽 모서리(⬜)〕 도형에 **내용(국내, 국외)을 입력**합니다.

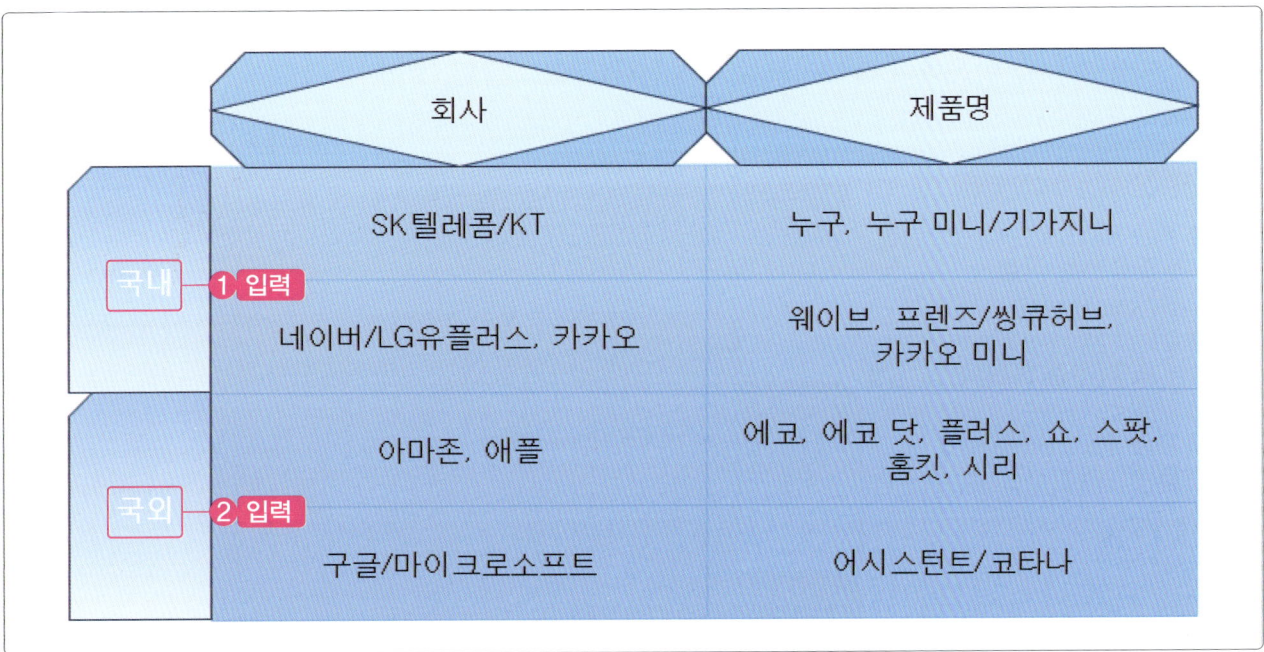

8 〔사각형 : 잘린 한쪽 모서리(⬜)〕 도형을 모두 **선택**한 후 〔홈〕 탭-〔글꼴〕 그룹에서 **글꼴(돋움)**과 **글꼴 크기(18), 글꼴 색(검정, 텍스트 1)을 선택**합니다.

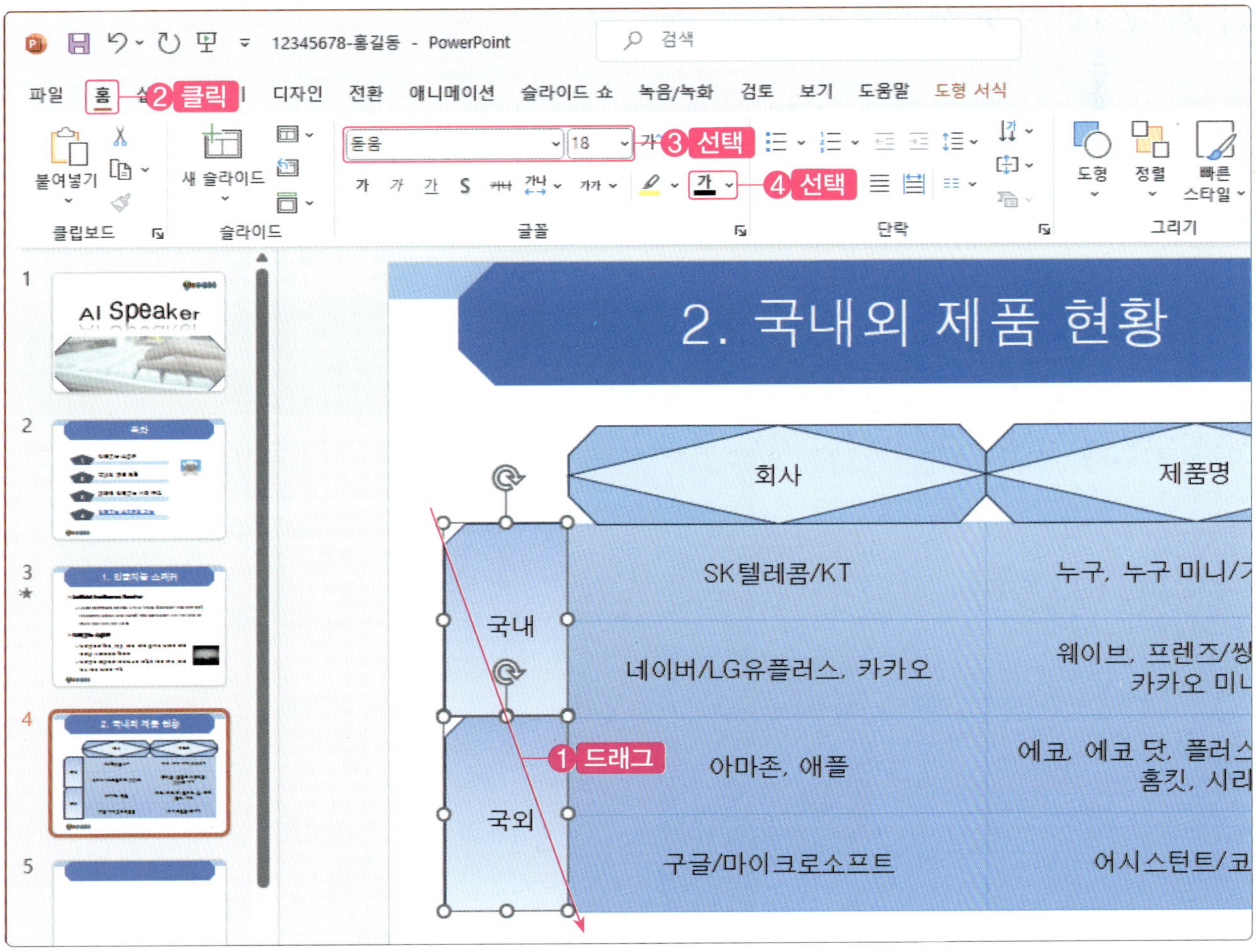

Chapter 06 · 표 슬라이드 **81**

Practical question type

실전문제유형

POWERPOINT 2021

1 다음 지시사항 및 세부조건을 참고하여 출력형태에 알맞게 작성하시오.

▶ 소스파일 : Part 01\Chapter 06\문제01.pptx   ▶ 완성파일 : Part 01\Chapter 06\문제01_완성.pptx

(1) 도형과 표 작성 기능을 이용하여 슬라이드를 작성한다(글꼴 : 굴림, 18pt).

세부조건
① 상단 도형 :
  2개 도형의 조합으로 작성
② 좌측 도형 :
  그라데이션 효과(선형 아래쪽)
③ 테이블 디자인 【표 스타일】 :
  테마 스타일 1 - 강조 2

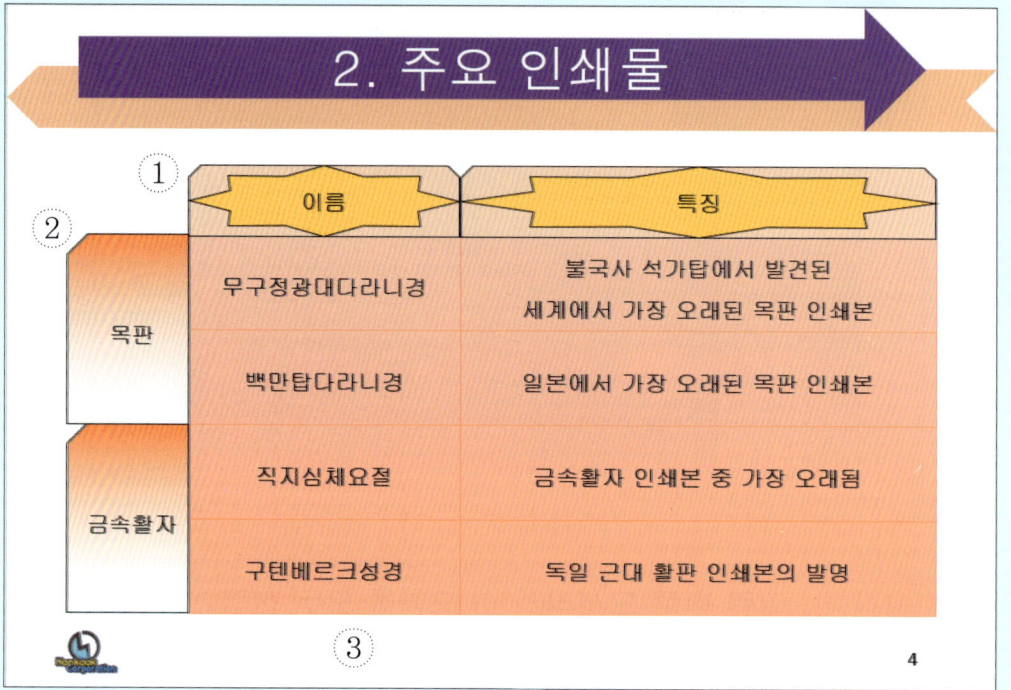

2 다음 지시사항 및 세부조건을 참고하여 출력형태에 알맞게 작성하시오.

▶ 소스파일 : Part 01\Chapter 06\문제02.pptx   ▶ 완성파일 : Part 01\Chapter 06\문제02_완성.pptx

(1) 도형과 표 작성 기능을 이용하여 슬라이드를 작성한다(글꼴 : 돋움, 18pt).

세부조건
① 상단 도형 :
  2개 도형의 조합으로 작성
② 좌측 도형 :
  그라데이션 효과(선형 아래쪽)
③ 테이블 디자인 【표 스타일】 :
  테마 스타일 1 - 강조 2

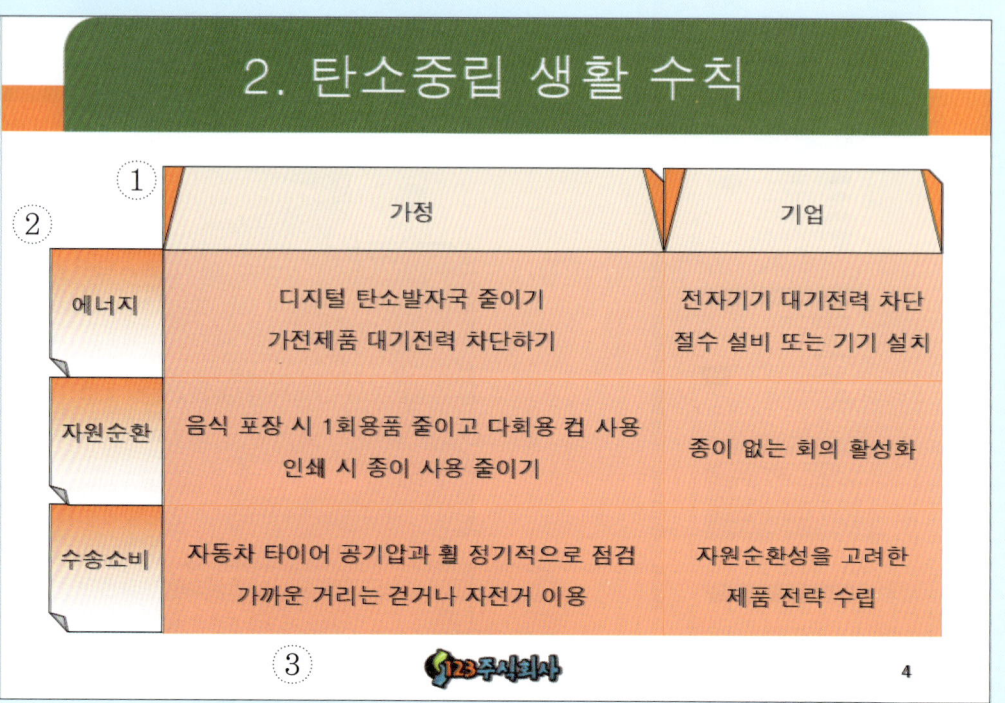

실전문제유형

POWERPOINT 2021

3 다음 지시사항 및 세부조건을 참고하여 출력형태에 알맞게 작성하시오.

▶ 소스파일 : Part 01\Chapter 06\문제03.pptx   ▶ 완성파일 : Part 01\Chapter 06\문제03_완성.pptx

(1) 도형과 표 작성 기능을 이용하여 슬라이드를 작성한다(글꼴 : 돋움, 18pt).

세부조건

① 상단 도형 :
   2개 도형의 조합으로 작성

② 좌측 도형 :
   그라데이션 효과(선형 아래쪽)

③ 테이블 디자인 【표 스타일】 :
   테마 스타일 1 – 강조 2

2. 전문가 시스템 개발도구

개발도구	특징	개발자
ROSIE	규칙중심, 전진추론, 절차지향 언어, 영어식 구문	랜드회사
OPS5	규칙중심, 전진추론, 융통성 있는 제어방식 및 표현방식 채택	카네기멜론 대학
EMYCIN	규칙중심, 후진추론, 확신도 이용 설명기능, 지식습득	스탠포드 대학

(좌측: 범용 시스템 / 특수목적 시스템)

4 다음 지시사항 및 세부조건을 참고하여 출력형태에 알맞게 작성하시오.

▶ 소스파일 : Part 01\Chapter 06\문제04.pptx   ▶ 완성파일 : Part 01\Chapter 06\문제04_완성.pptx

(1) 도형과 표 작성 기능을 이용하여 슬라이드를 작성한다(글꼴 : 돋움, 18pt).

세부조건

① 상단 도형 :
   2개 도형의 조합으로 작성

② 좌측 도형 :
   그라데이션 효과(선형 아래쪽)

③ 테이블 디자인 【표 스타일】 :
   테마 스타일 1 – 강조 2

2. 최저임금실태 분석

	유사근로자 임금	노동생산성T	소득분배율
분석 내용	임금동향, 최저임금 미만율, 임금상승률 전망 및 현황 최저임금 영향률	물적 노동생산성, 불변 부가가치 노동생산성	최저임금위원회 심의 시 산출하는 소득분배율 지표
활용 방법	조사별 공표자료 정리 분석, 조사별 원자료 가공 분석	조사별 공표자료 정리 분석	조사별 원자료 가공 분석

5 다음 지시사항 및 세부조건을 참고하여 출력형태에 알맞게 작성하시오.

▶ 소스파일 : Part 01\Chapter 06\문제05.pptx   ▶ 완성파일 : Part 01\Chapter 06\문제05_완성.pptx

(1) 도형과 표 작성 기능을 이용하여 슬라이드를 작성한다(글꼴 : 돋움, 18pt).

세부조건
① 상단 도형 :
  2개 도형의 조합으로 작성
② 좌측 도형 :
  그라데이션 효과(선형 아래쪽)
③ 테이블 디자인【표 스타일】:
  테마 스타일 1 - 강조 2

6 다음 지시사항 및 세부조건을 참고하여 출력형태에 알맞게 작성하시오.

▶ 소스파일 : Part 01\Chapter 06\문제06.pptx   ▶ 완성파일 : Part 01\Chapter 06\문제06_완성.pptx

(1) 도형과 표 작성 기능을 이용하여 슬라이드를 작성한다(글꼴 : 돋움, 18pt).

세부조건
① 상단 도형 :
  2개 도형의 조합으로 작성
② 좌측 도형 :
  그라데이션 효과(선형 아래쪽)
③ 테이블 디자인【표 스타일】:
  테마 스타일 1 - 강조 6

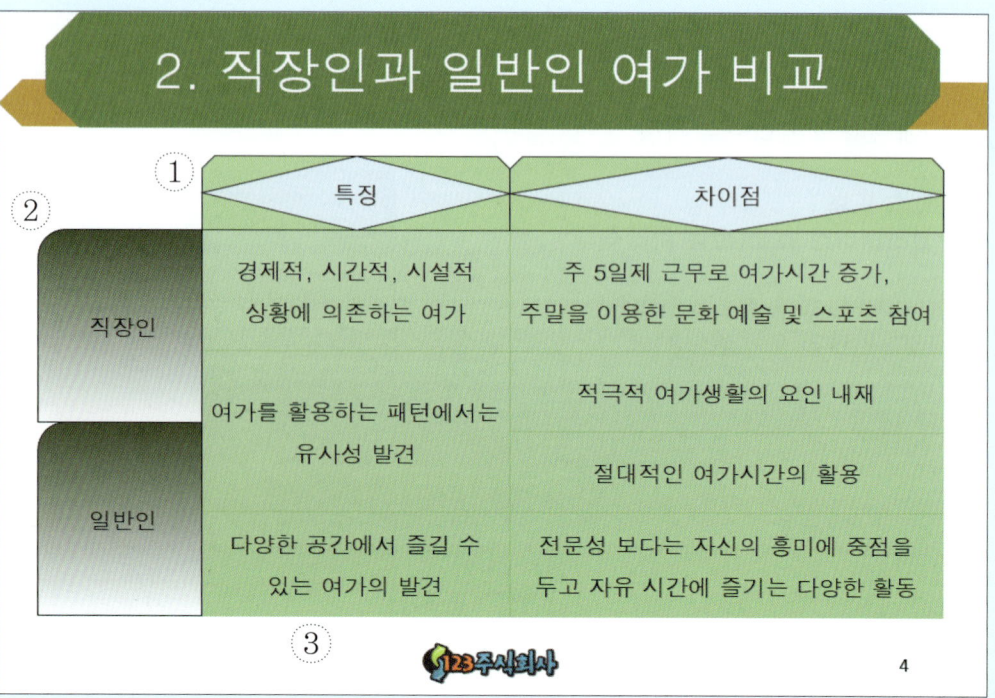

7 다음 지시사항 및 세부조건을 참고하여 출력형태에 알맞게 작성하시오.

▶ 소스파일 : Part 01\Chapter 06\문제07.pptx   ▶ 완성파일 : Part 01\Chapter 06\문제07_완성.pptx

(1) 도형과 표 작성 기능을 이용하여 슬라이드를 작성한다(글꼴 : 돋움, 18pt).

세부조건
① 상단 도형 :
   2개 도형의 조합으로 작성
② 좌측 도형 :
   그라데이션 효과(선형 아래쪽)
③ 테이블 디자인【표 스타일】:
   테마 스타일 1 - 강조 5

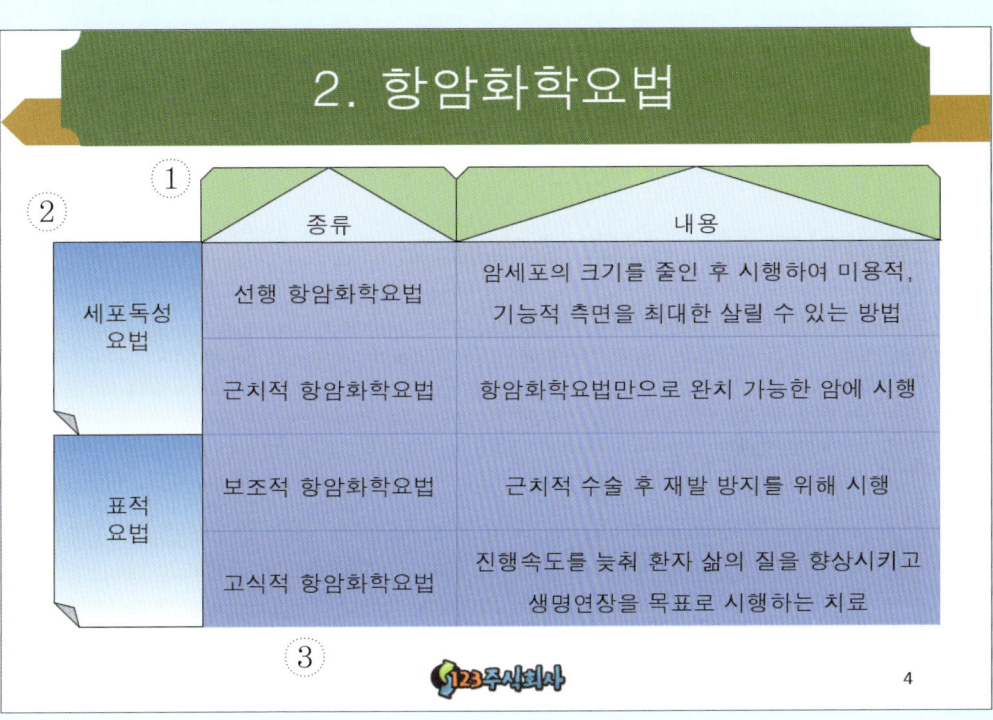

8 다음 지시사항 및 세부조건을 참고하여 출력형태에 알맞게 작성하시오.

▶ 소스파일 : Part 01\Chapter 06\문제08.pptx   ▶ 완성파일 : Part 01\Chapter 06\문제08_완성.pptx

(1) 도형과 표 작성 기능을 이용하여 슬라이드를 작성한다(글꼴 : 돋움, 18pt).

세부조건
① 상단 도형 :
   2개 도형의 조합으로 작성
② 좌측 도형 :
   그라데이션 효과(선형 아래쪽)
③ 테이블 디자인【표 스타일】:
   테마 스타일 1 - 강조 6

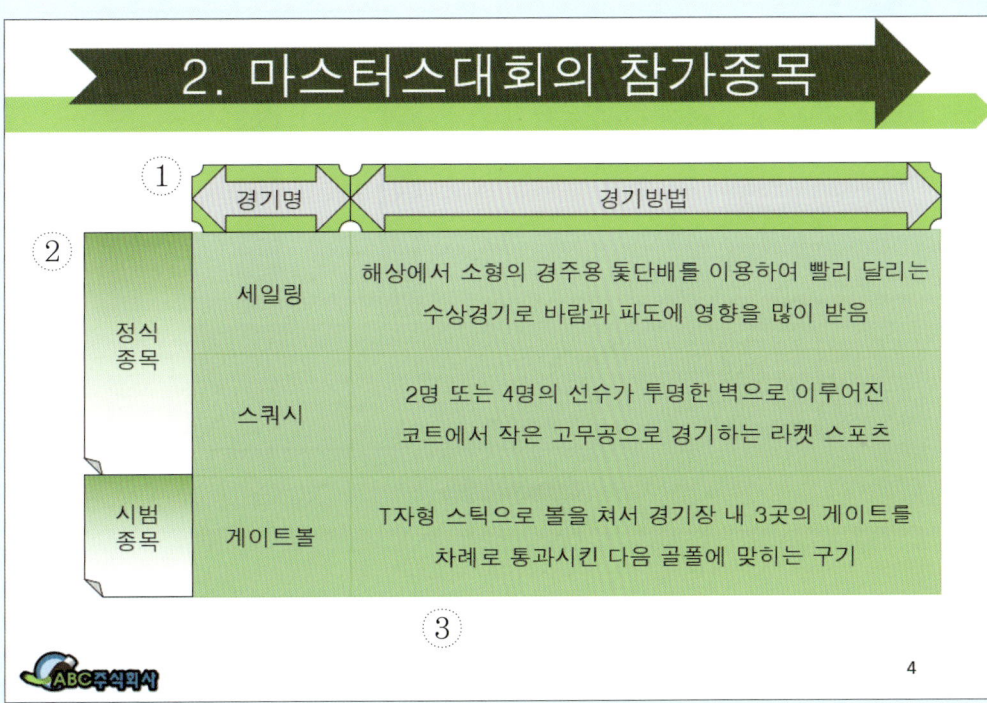

Chapter 07 차트 슬라이드

- 차트 작성하기
- 차트 글꼴 및 색상 지정하기
- 도형 작성하기
- 차트 레이아웃 지정하기
- 차트 축 서식 지정하기

▶ 소스파일 : Part 01\Chapter 07\Ch07.pptx　　▶ 완성파일 : Part 01\Chapter 07\Ch07_완성.pptx

[슬라이드 5]　≪차트 슬라이드≫　　(100점)

(1) 차트 작성 기능을 이용하여 슬라이드를 작성한다.
(2) 차트 : 종류(묶은 세로 막대형), 글꼴(돋움, 16pt), 외곽선

※ 차트 설명
- 차트제목 : 궁서, 24pt, 굵게, 채우기(흰색), 테두리, 그림자(오프셋 왼쪽)
- 차트영역 : 채우기(노랑) 그림영역 : 채우기(흰색)
- 데이터 서식 : 2024년 계열을 표식이 있는 꺾은선형으로 변경 후 보조축으로 지정
- 값 표시 : 아시아의 2024년 계열만

① 도형 삽입
- 스타일 : 미세효과 – 파랑, 강조 1
- 글꼴 : 굴림, 18pt

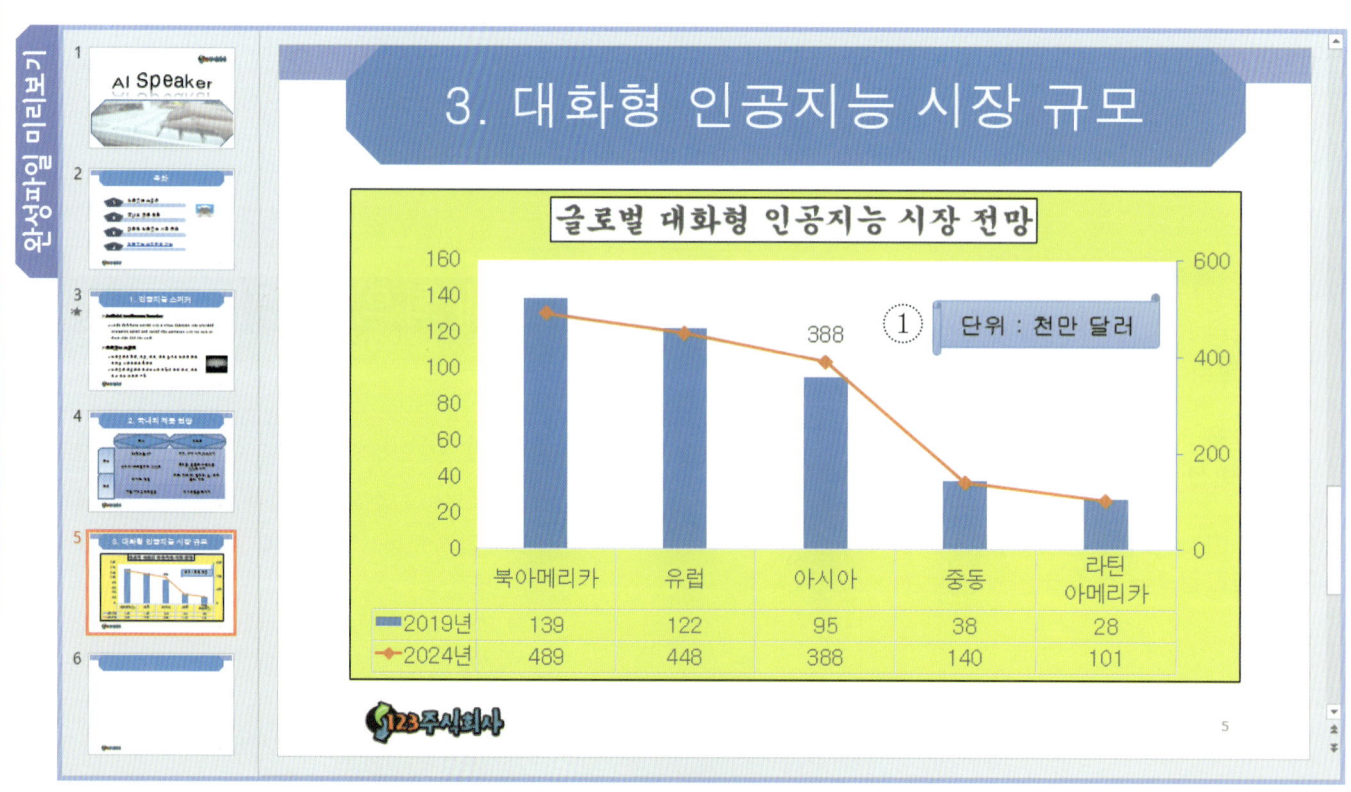

> **체크! 체크!**
>
> 〔슬라이드 5〕 《《차트 슬라이드》》
>
> ■ 차트 작성하기
>   • 차트 종류를 선택한 후 데이터를 입력합니다.
>
> ■ 차트 레이아웃 지정하기
>   • 차트 제목을 입력합니다.
>   • 차트 요소 추가를 이용하여 차트 레이아웃을 지정합니다.
>
> ■ 차트 글꼴 및 색상 지정하기
>   • 차트 글꼴 및 차트 서식을 지정합니다.
>   • 차트 제목에 글꼴 서식 및 채우기 색, 도형 윤곽선, 도형 효과를 지정합니다.
>   • 차트영역과 그림영역에 채우기 색을 지정한 후 도형 윤곽선을 지정합니다.
>
> ■ 차트 축 서식 지정하기
>   • 축 서식을 이용하여 최대, 최소를 지정한 후 주 단위와 보조 단위를 지정합니다.
>   • 눈금의 위치를 지정합니다.
>
> ■ 도형 작성하기
>   • 도형은 〈출력형태〉를 참고하여 작성하며, 도형 스타일을 지정합니다.
>   • 도형에 텍스트를 입력한 후 글꼴 서식을 지정합니다.

STEP 01 차트 작성하기

〈조건〉
(1) 차트 작성 기능을 이용하여 슬라이드를 작성한다.
(2) 차트 : 종류(묶은 세로 막대형)
  ■ 데이터 서식 : 2024년 계열을 표식이 있는 꺾은선형으로 변경 후 보조축으로 지정

1 5번 슬라이드를 선택한 후 **제목(3. 대화형 인공지능 시장 규모)을 입력**합니다. 그런다음 텍스트 상자의 〔**차트 삽입**(📊)〕 **아이콘을 클릭**합니다.

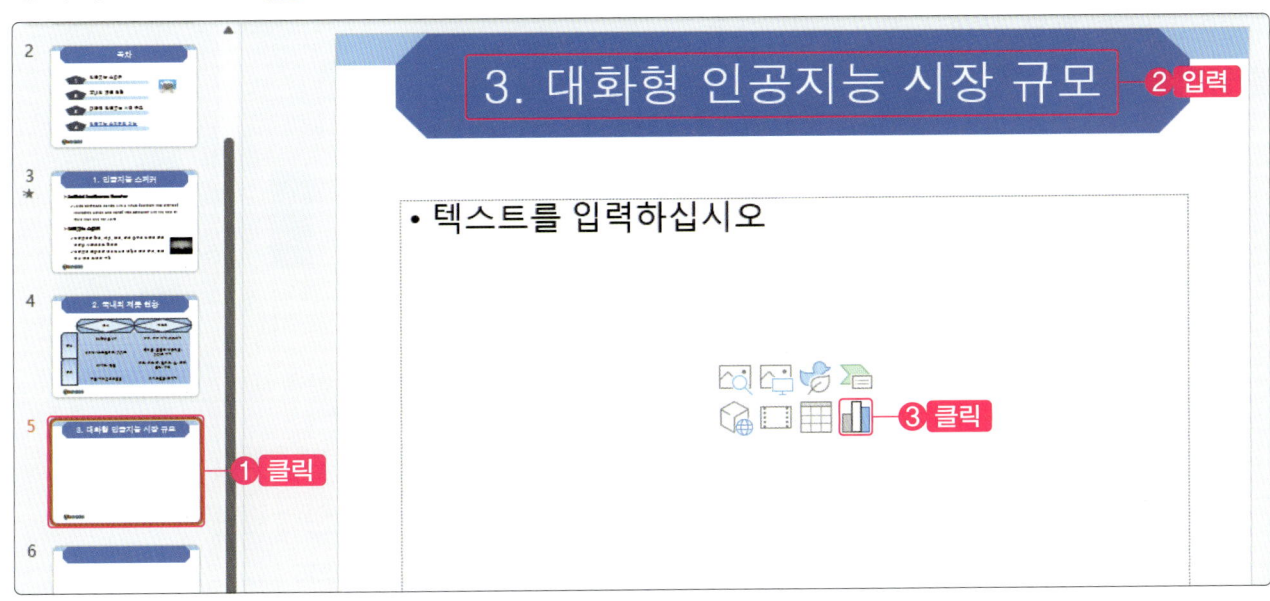

〈조건〉　(2) 차트 : 종류(묶은 세로 막대형)
　　　　■ 데이터 서식 : 2024년 계열을 표식이 있는 꺾은선형으로 변경 후 보조축으로 지정

2 [차트 삽입] 대화상자가 나타나면 [모든 차트]-[혼합]을 클릭한 후 [사용자 지정 조합(🖉)]을 클릭합니다. 그런다음 계열2의 [목록(∨)] 단추를 클릭한 후 [표식이 있는 꺾은선형(📈)]을 클릭합니다.

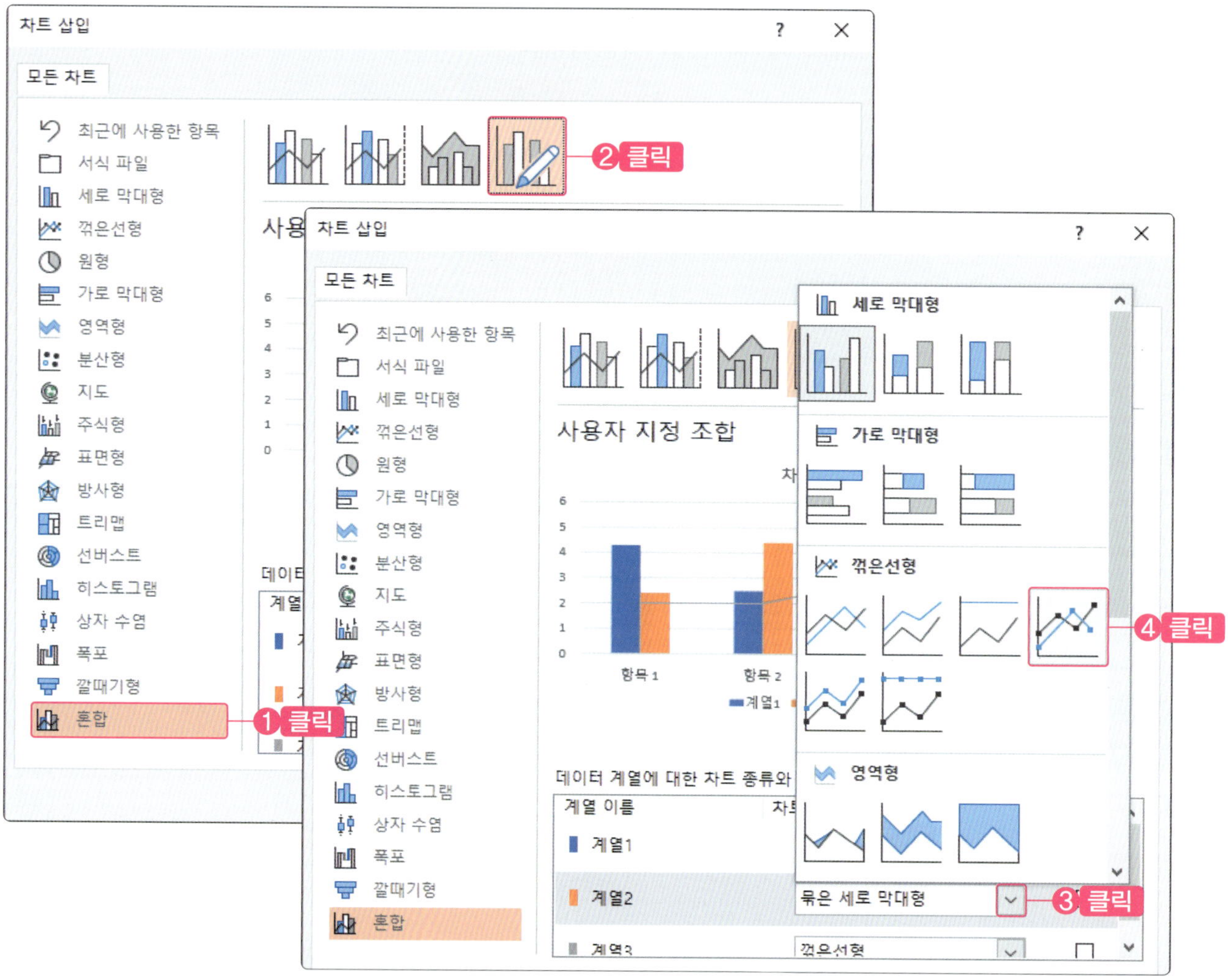

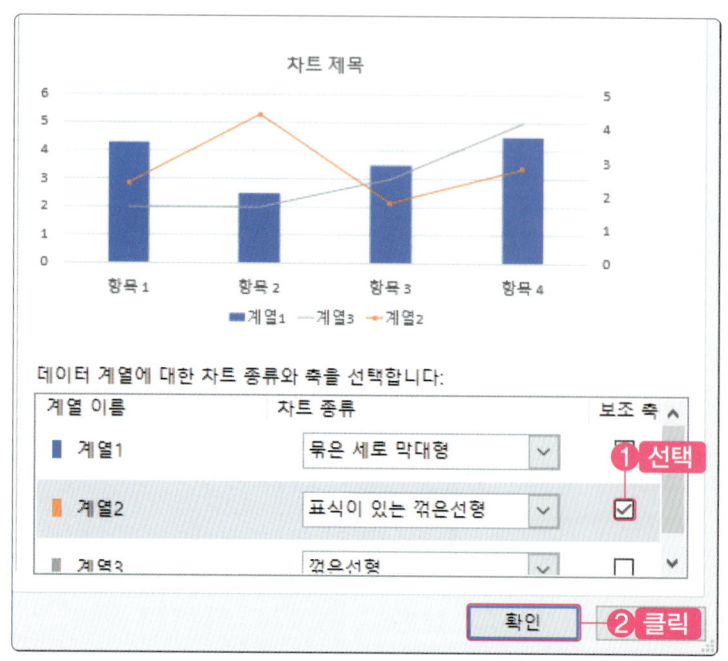

3 계열2의 보조 축을 선택한 후 [확인] 단추를 클릭합니다.

4 〔Microsoft PowerPoint의 차트〕 프로그램이 실행되면 **4~5행을 드래그하여 선택**합니다.

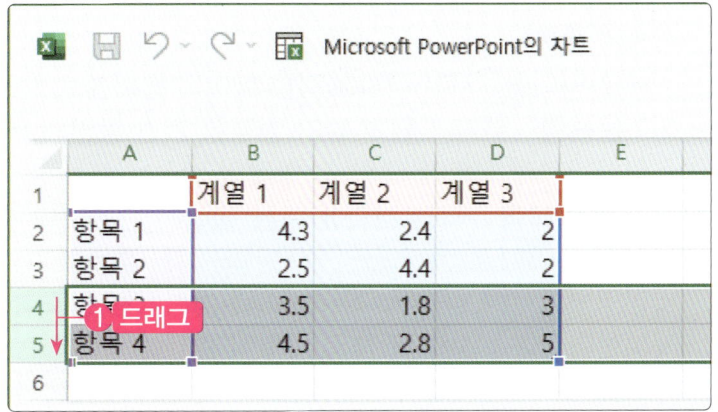

5 4~5행이 선택되면 **바로가기 메뉴의 〔삭제〕를 클릭**합니다.

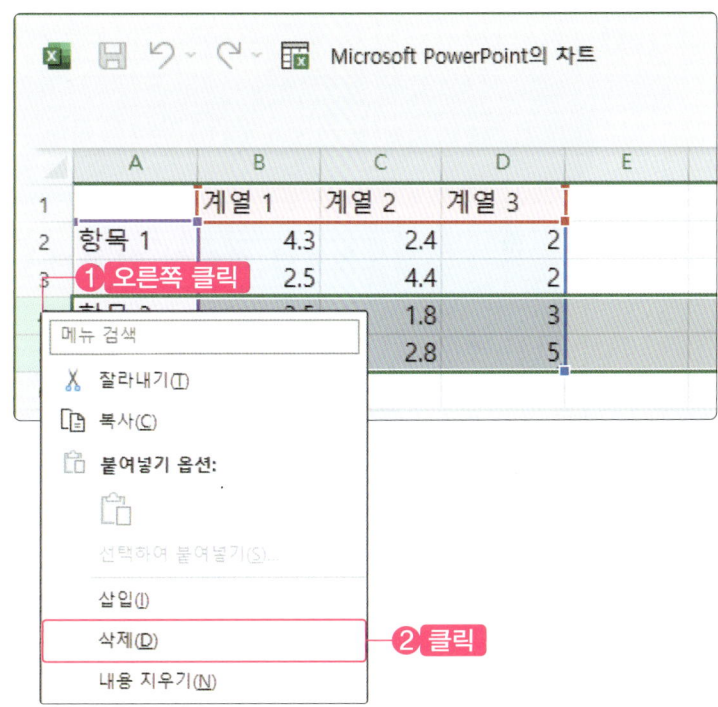

6 다음과 같이 **데이터를 입력**합니다.

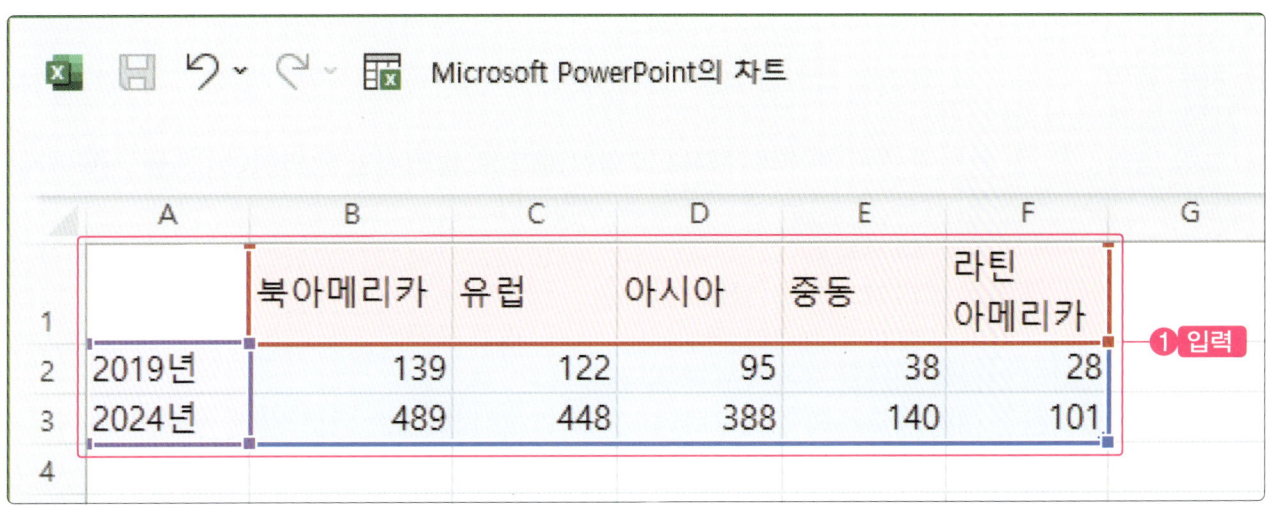

> F1셀에서 '라틴'을 입력한 후 Alt+Enter를 눌러 강제 개행한 다음 '아메리카'를 입력합니다.

차트의 종류
- **세로 막대형** : 시간 경과에 따른 데이터 변화를 표시하거나 항목을 비교하는 경우에 사용합니다.
- **꺾은선형** : 분기나 월과 같이 일정한 기간 동안의 데이터 추세를 표시하는 경우에 사용합니다.
- **원형** : 전체 항목에 대한 각 항목의 비율을 표시하는 경우에 사용합니다.
- **가로 막대형** : 시간 경과에 따른 데이터 변화보다 항목을 비교하는 경우에 주로 사용합니다. 항목 이름이 길거나 값이 기간인 경우에도 사용합니다.
- **영역형** : 시간 경과에 따른 데이터 변화량을 강조하는 경우에 사용합니다.
- **분산형** : 여러 데이터 계열 사이의 관계를 표시하는 경우에 사용합니다.
- **도넛형** : 원형 차트와 마찬가지로 전체 항목에 대한 각 항목의 비율을 표시하는 경우에 사용합니다.

차트의 구성
차트는 차트 영역, 그림 영역, 차트 제목, 범례 등으로 구성되어 있습니다.

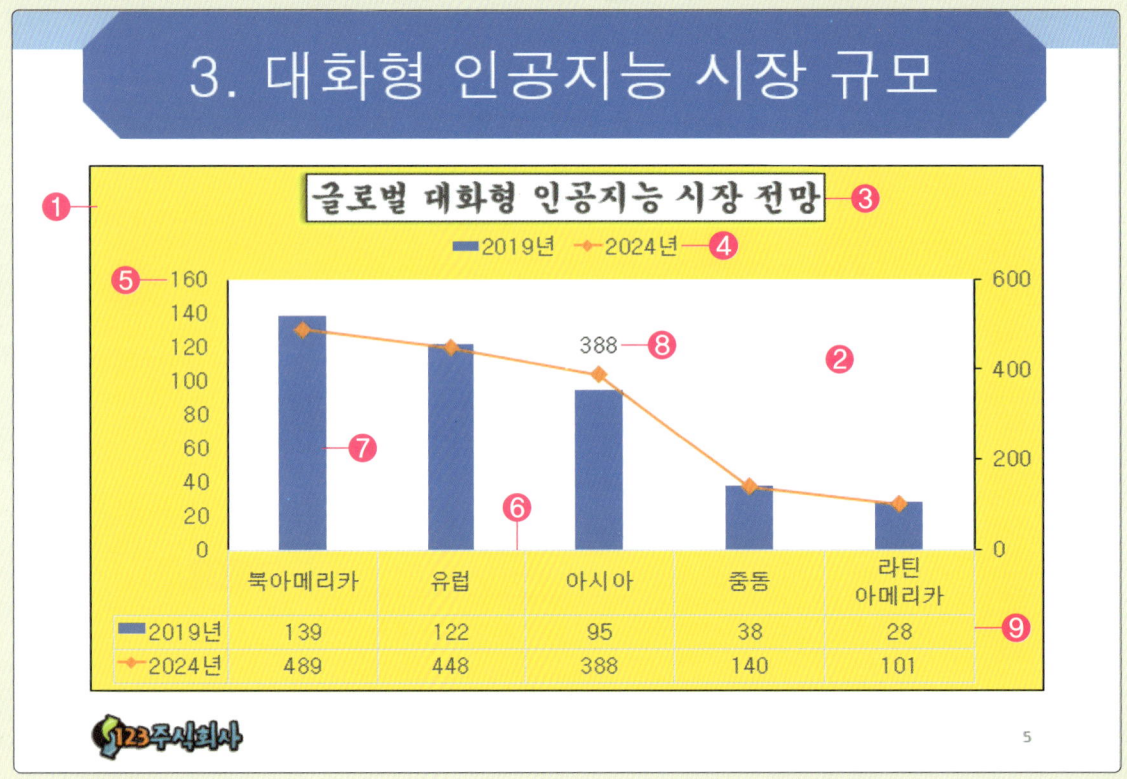

❶ **차트 영역** : 모든 차트 요소를 포함한 차트 전체 입니다. 차트 요소는 차트 영역, 그림 영역, 차트 제목, 범례 등을 말합니다.
❷ **그림 영역** : 2차원 차트에서는 데이터 계열을 포함한 축으로 둘러싸인 영역이며 3차원 차트에서는 세로 축, 세로 축 제목, 가로 축, 가로 축 제목을 포함합니다.
❸ **차트 제목** : 차트의 제목입니다.
❹ **범례** : 데이터 계열을 구분하는 색과 이름을 표시하는 곳입니다.
❺ **세로 축** : 데이터 계열의 값을 표시하는 축입니다. '기본 세로 축'이라고도 합니다.
❻ **가로 축** : 데이터 계열의 이름을 표시하는 축입니다.
❼ **데이터 계열** : 관련 데이터 요소의 집합으로 수치 데이터를 나타내는 가로 막대, 세로 막대, 꺾은선 등을 말합니다. '계열'이라고도 합니다.
❽ **데이터 레이블** : 데이터 요소의 데이터 계열 이름, 항목 이름, 값을 표시합니다.
❾ **데이터 표** : 차트 데이터를 표시합니다.

STEP 02 차트 레이아웃 지정하기

〈조건〉 ■ 값 표시 : 아시아의 2024년 계열만

1 **파워포인트 프로그램을 선택**한 후 [차트 디자인] 정황 탭-[데이터] 그룹에서 [**행/열 전환**(📋)]을 **클릭**합니다.

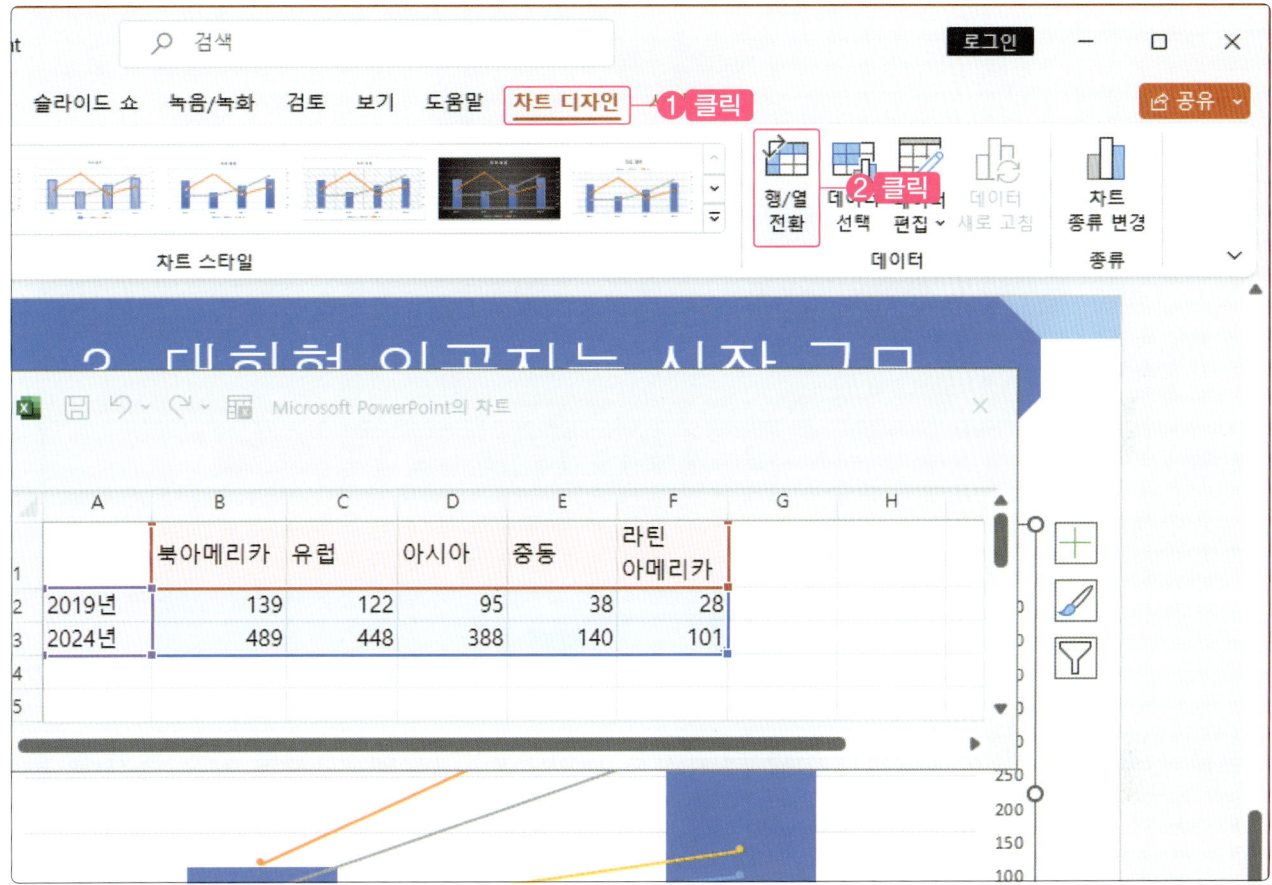

- Microsoft PowerPoint의 차트 프로그램을 종료하면 [행/열 전환]이 비활성화되어 사용할 수 없습니다.
- Microsoft PowerPoint의 차트 프로그램을 종료한 경우 [차트 디자인] 정황 탭-[데이터] 그룹에서 [데이터 편집]을 클릭하여 Microsoft PowerPoint의 차트 프로그램을 실행합니다.

2 차트의 행/열이 전환되면 [**닫기**]를 눌러 Microsoft PowerPoint의 차트 프로그램을 닫습니다.

3 차트 제목을 드래그하여 블록으로 설정한 후 **차트 제목(글로벌 대화형 인공지능 시장 전망)**을 입력합니다.

4 **차트를 선택**한 후 〔차트 디자인〕 정황 탭-〔차트 레이아웃〕 그룹에서 〔**차트 요소 추가**〕를 클릭한 다음 〔범례〕-〔**없음**〕을 클릭합니다.

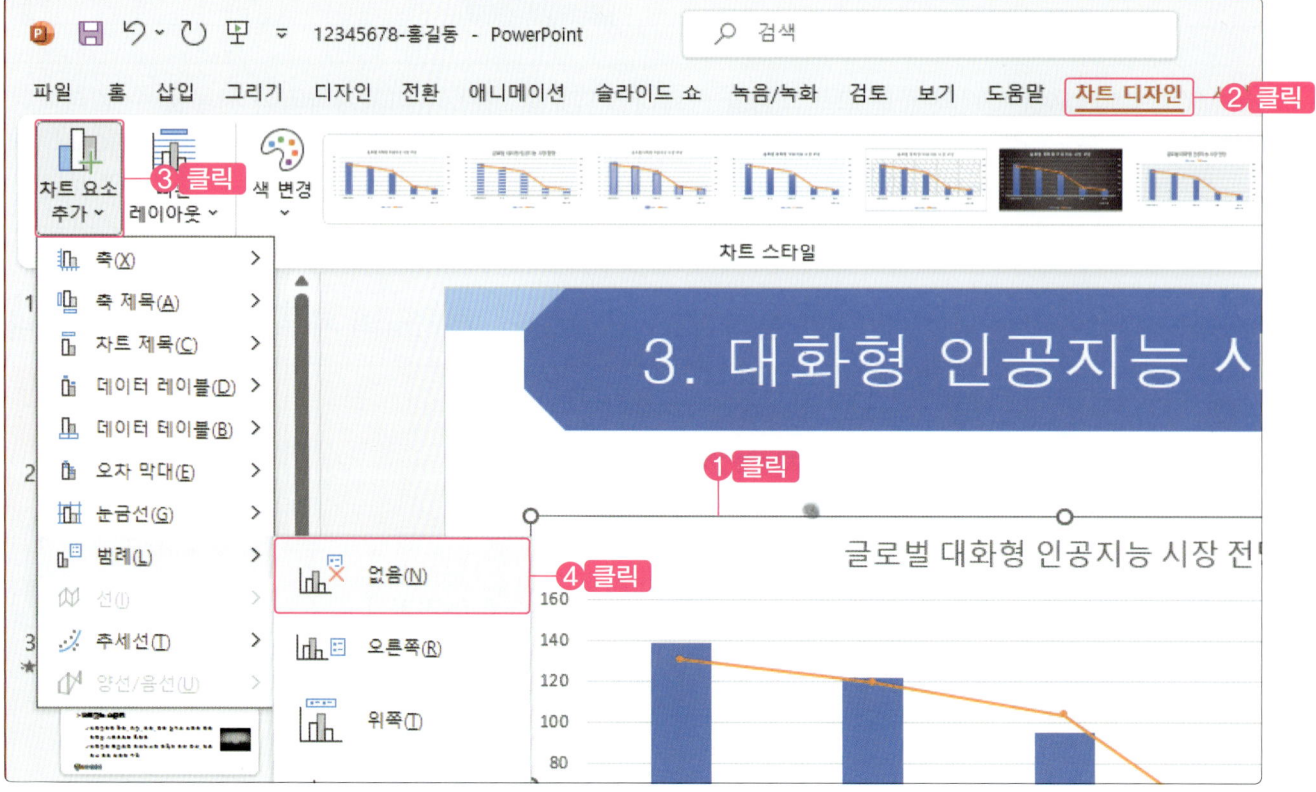

5 〔차트 디자인〕 정황 탭-〔차트 레이아웃〕 그룹에서 **차트 요소 추가**를 클릭한 후 〔데이터 테이블〕-**〔범례 표지 포함〕**을 클릭합니다.

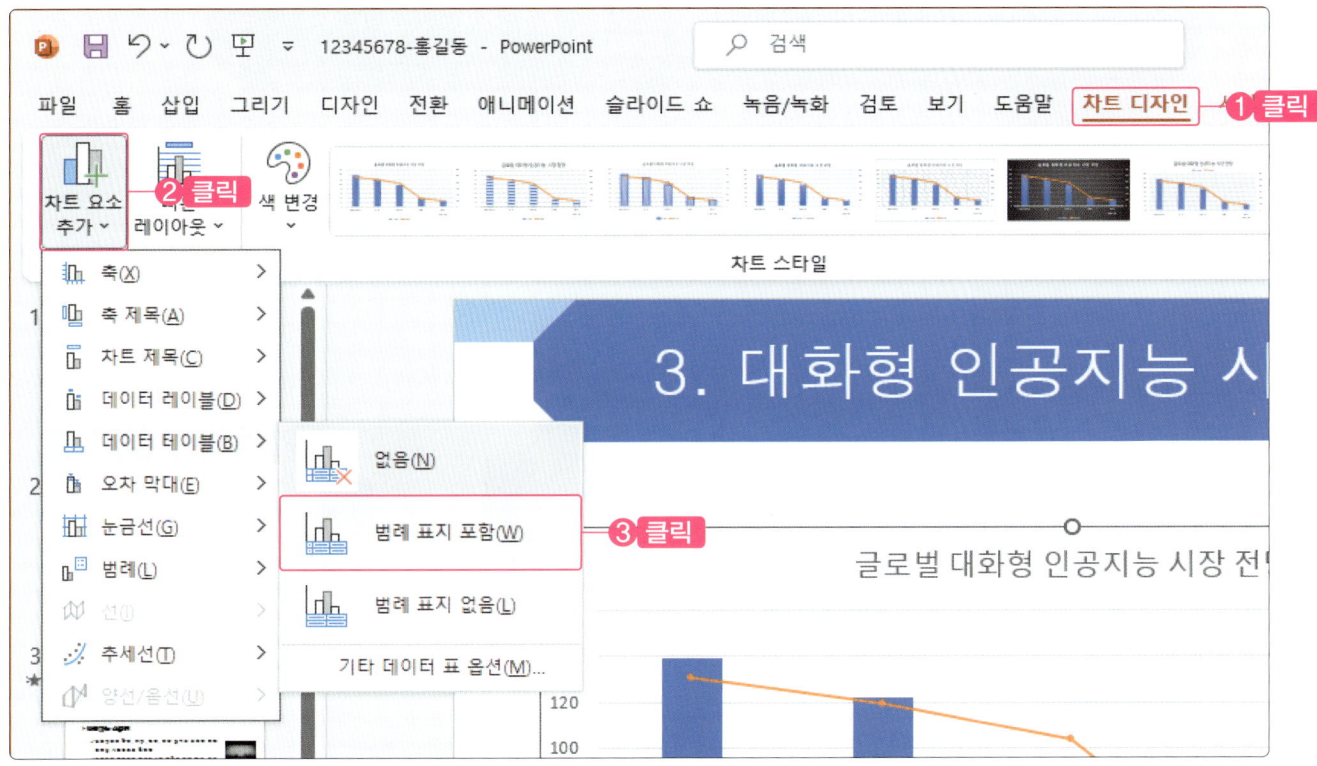

6 〔차트 디자인〕 정황 탭-〔차트 레이아웃〕 그룹에서 **차트 요소 추가**를 클릭한 후 〔눈금선〕-**〔기본 주 가로〕**를 클릭하여 **선택 해제**합니다.

지정된 속성을 한번 더 선택하면 속성이 해제됩니다.

7 표식이 있는 꺾은선형 차트를 선택한 후 바로가기 메뉴의 〔데이터 계열 서식〕을 클릭합니다.

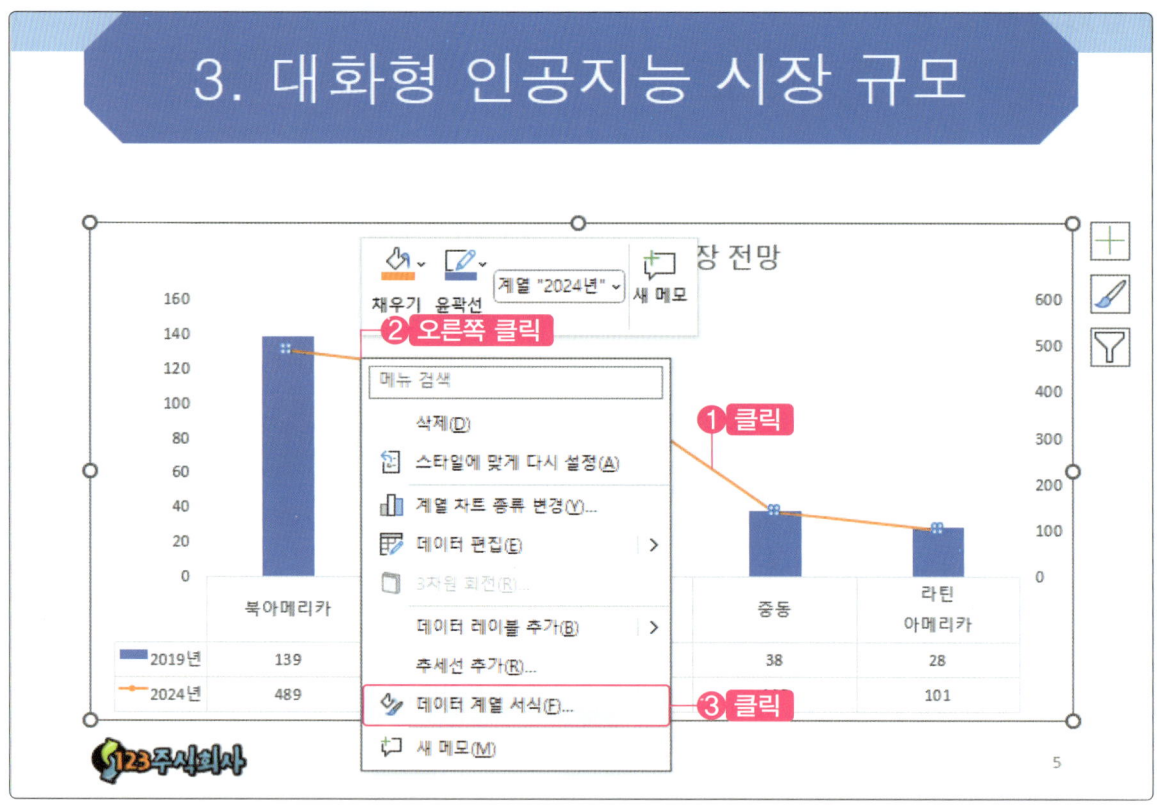

8 〔데이터 계열 서식〕 작업 창이 나타나면 〔채우기 및 선(🎨)〕을 클릭한 후 〔표식〕을 클릭한 다음 〔표식 옵션〕을 클릭하고 〔기본 제공〕을 클릭한 후 〔형식(◆)〕을 선택한 다음 크기(12)을 지정합니다. 그런다음 〔닫기(×)〕를 클릭합니다.

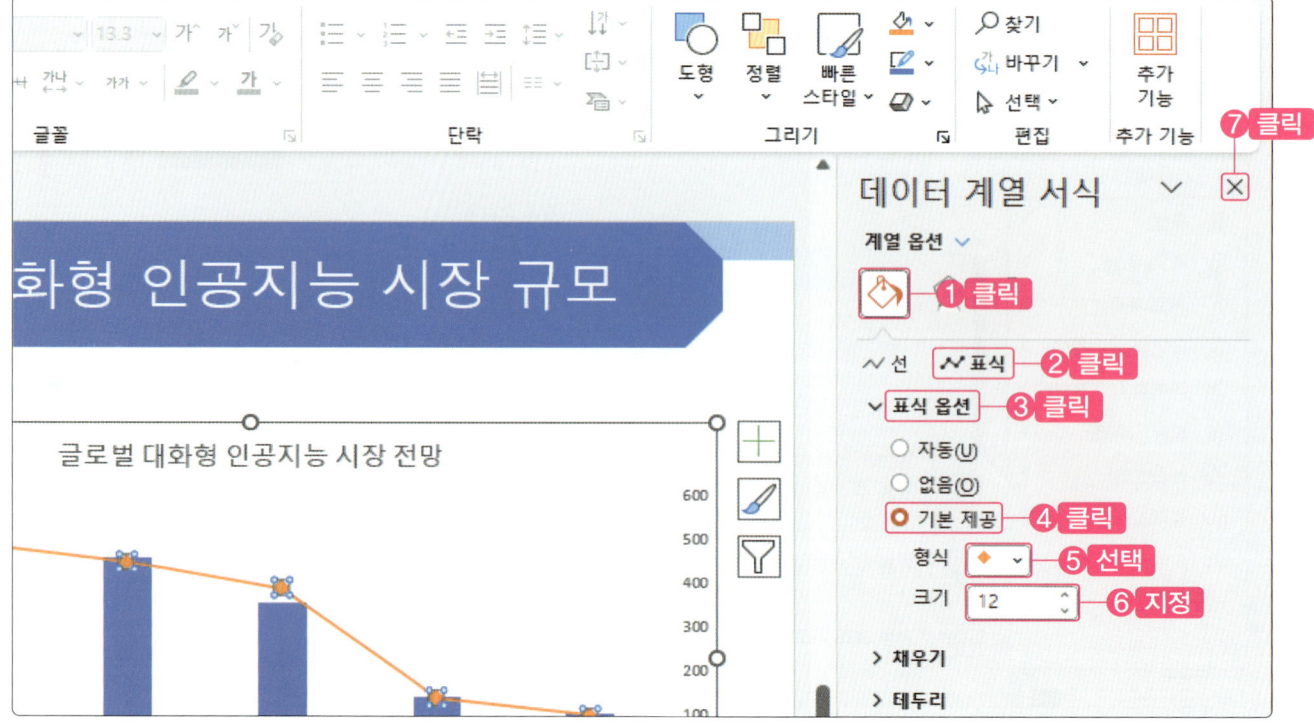

> 표식의 크기는 임의의 크기를 지정합니다.

〈조건〉 ■ 값 표시 : 아시아의 2024년 계열만

9 데이터 레이블을 지정하기 위해 **'2024년' 계열**을 **클릭**한 후 다시 **'아시아의 2024년' 계열**을 클릭합니다.

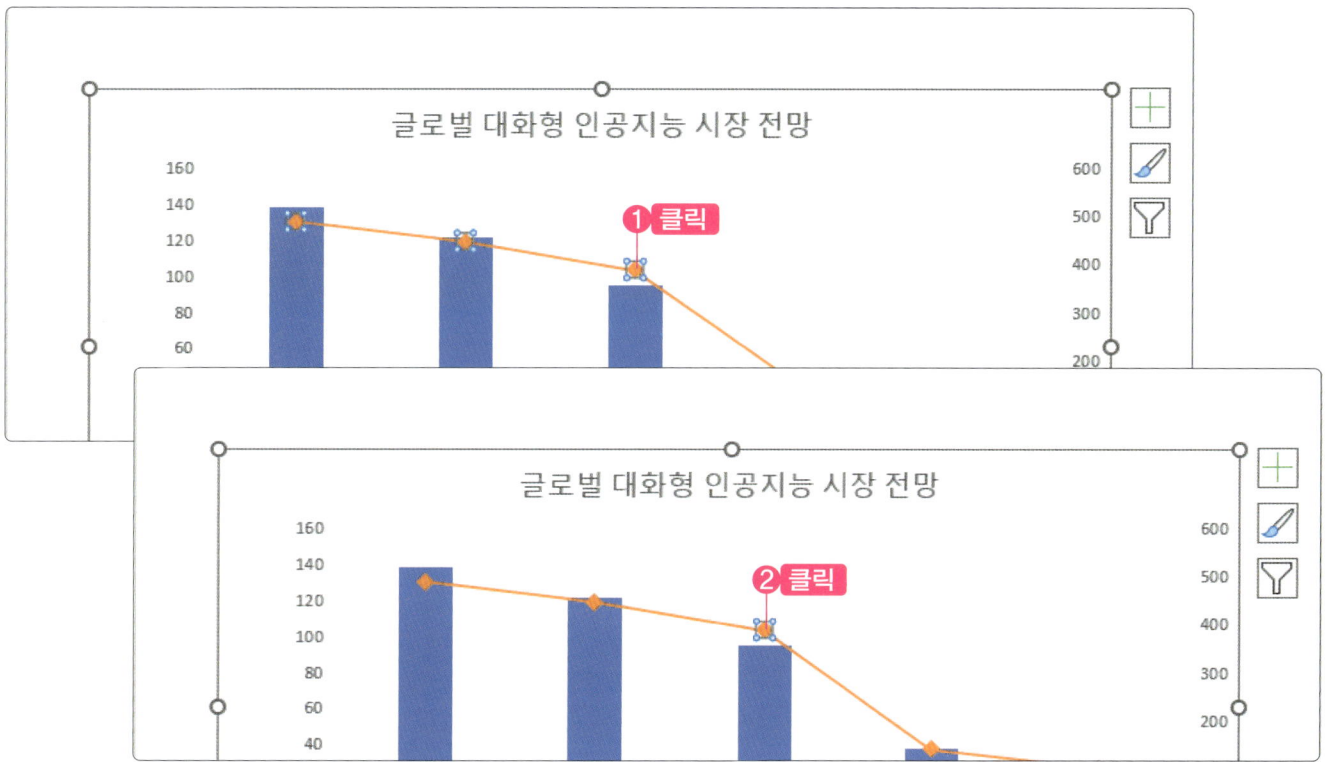

10 [차트 디자인] 정황 탭-[차트 레이아웃] 그룹에서 **[차트 요소 추가]**를 **클릭**한 후 [데이터 레이블]-[위쪽]을 **클릭**합니다.

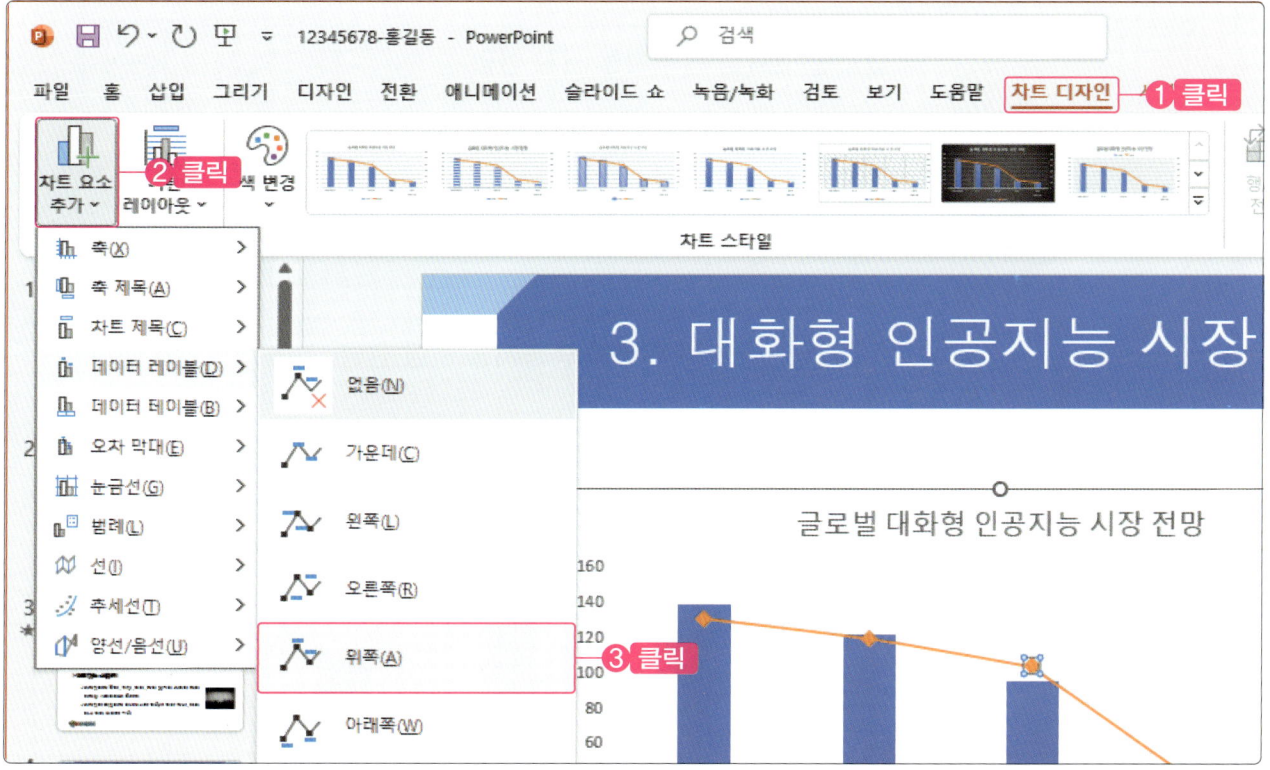

데이터 레이블

- 시험 유형에 따라 차트에 데이터 레이블 값이 표시되는 위치(가운데, 왼쪽, 오른쪽, 위쪽 등)가 다양하게 출제되기 때문에 〈출력형태〉를 참고하여 작성합니다.
- 데이터 레이블이 특정 계열이 아닌 전체 계열에 값을 표시하는 문제도 출제됩니다. 이 경우에는 해당 계열을 한 번만 클릭한 후 전체 계열이 선택되었을 때 데이터 레이블을 작성합니다.

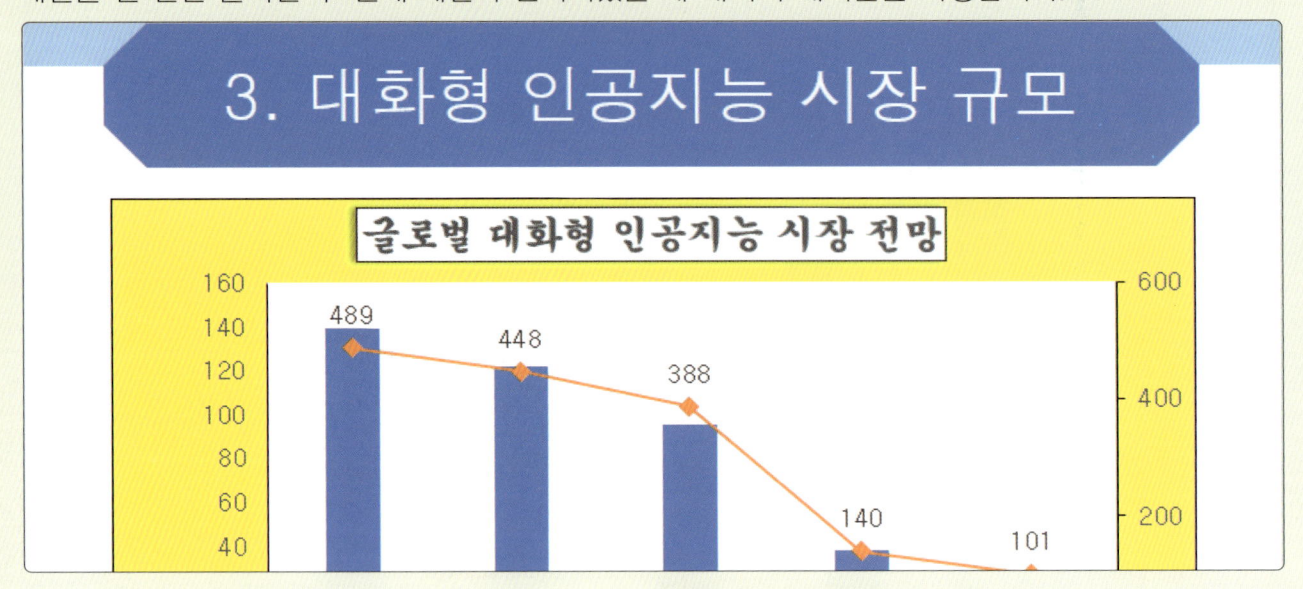

11 다음과 같이 차트의 **크기 조절점을 드래그하여 크기를 조절**합니다.

| STEP 03 | **차트 글꼴 및 색상 지정하기**

〈조건〉
(2) 차트 : 종류(묶은 세로 막대형), 글꼴(돋움, 16pt), 외곽선
■ 차트 제목 : 궁서, 24pt, 굵게, 채우기(흰색), 테두리, 그림자(오프셋 왼쪽)
■ 차트 영역 : 채우기(노랑), 그림 영역 : 채우기(흰색)

1 **차트를 선택**한 후 [홈] 탭-[글꼴] 그룹에서 **글꼴(돋움)과 글꼴 크기(16)를 선택**합니다.

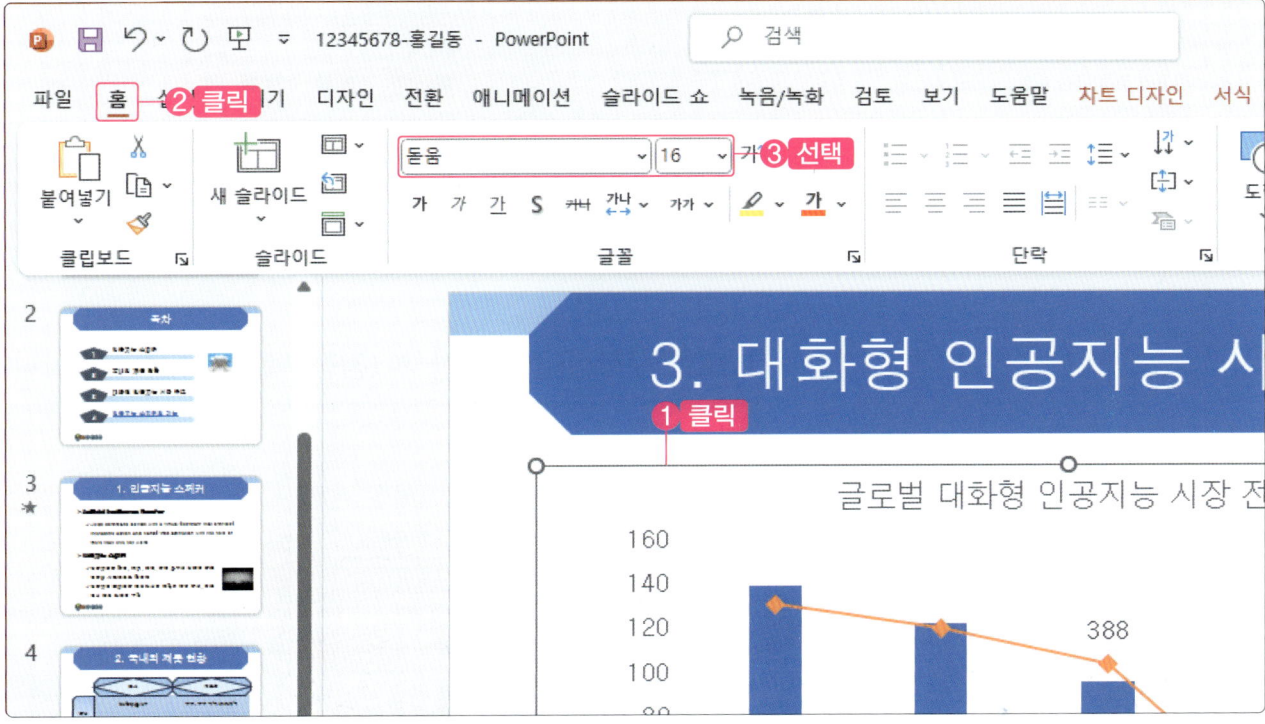

2 **차트 제목을 선택**한 후 [홈] 탭-[글꼴] 그룹에서 **글꼴(궁서)과 글꼴 크기(24), [굵게(가)]를 선택**합니다.

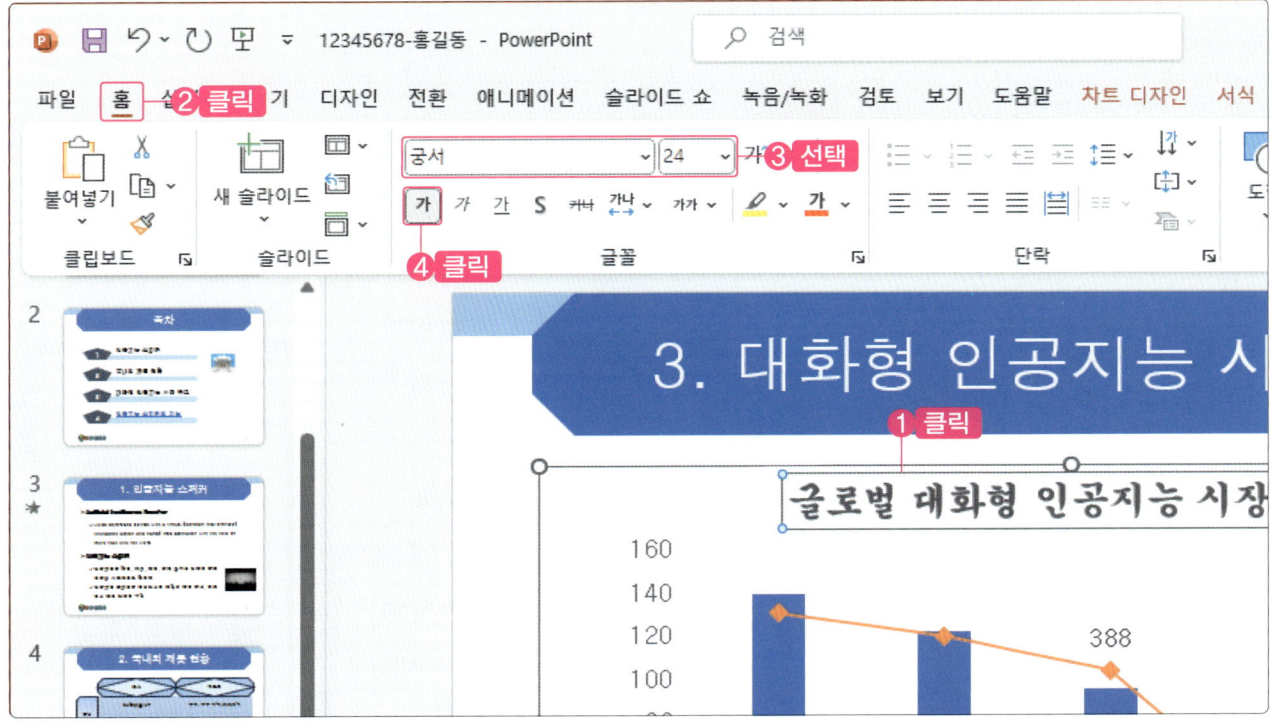

⟨조건⟩ ■ 차트 제목 : 채우기(흰색), 테두리, 그림자(오프셋 왼쪽)

3 〔서식〕 정황 탭-〔도형 스타일〕 그룹에서 〔**도형 채우기**〕를 **클릭**한 후 〔**흰색, 배경 1**〕을 **클릭**합니다.

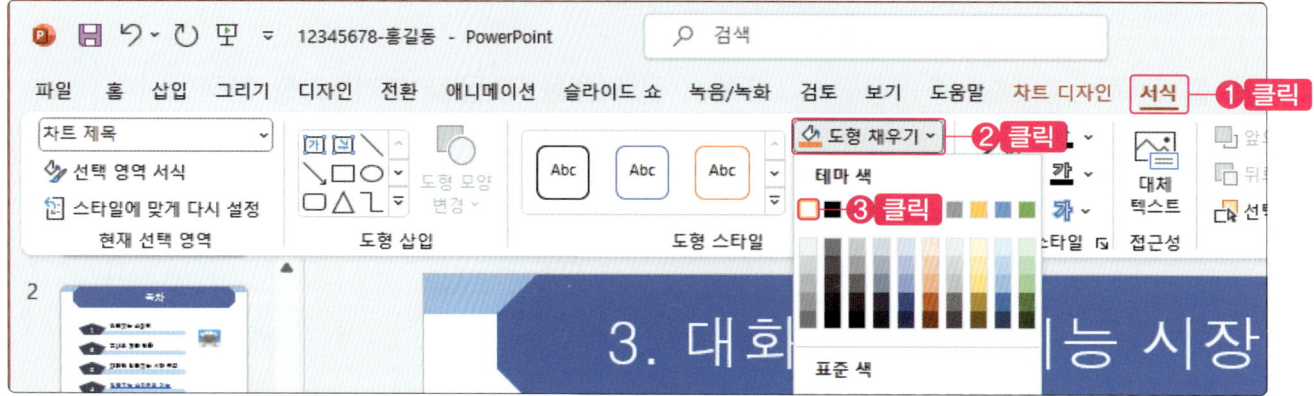

4 〔서식〕 정황 탭-〔도형 스타일〕 그룹에서 〔**도형 윤곽선**〕을 **클릭**한 후 〔**검정, 텍스트 1**〕을 **클릭**합니다.

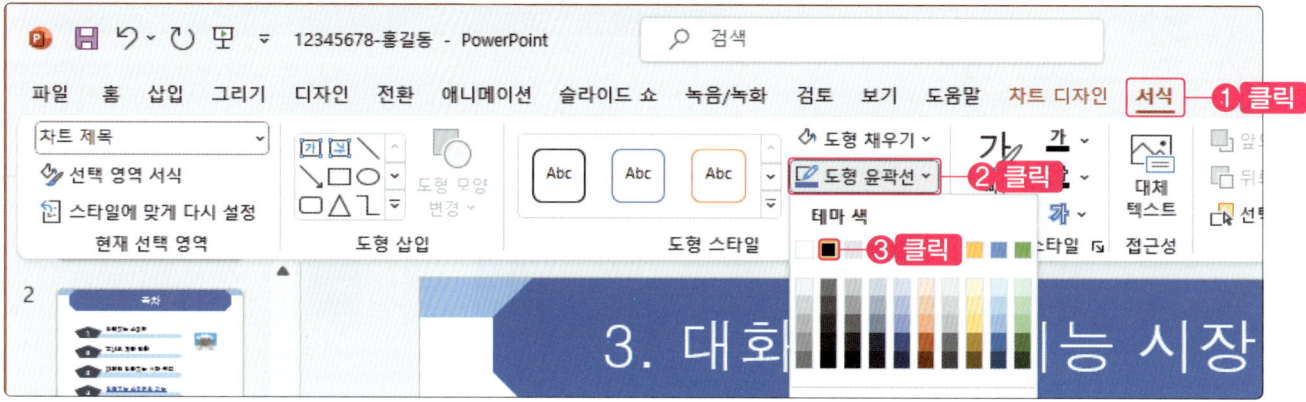

5 〔서식〕 정황 탭-〔도형 스타일〕 그룹에서 〔**도형 효과**〕를 **클릭**한 후 〔그림자〕-〔**오프셋: 왼쪽(■)**〕을 **클릭**합니다.

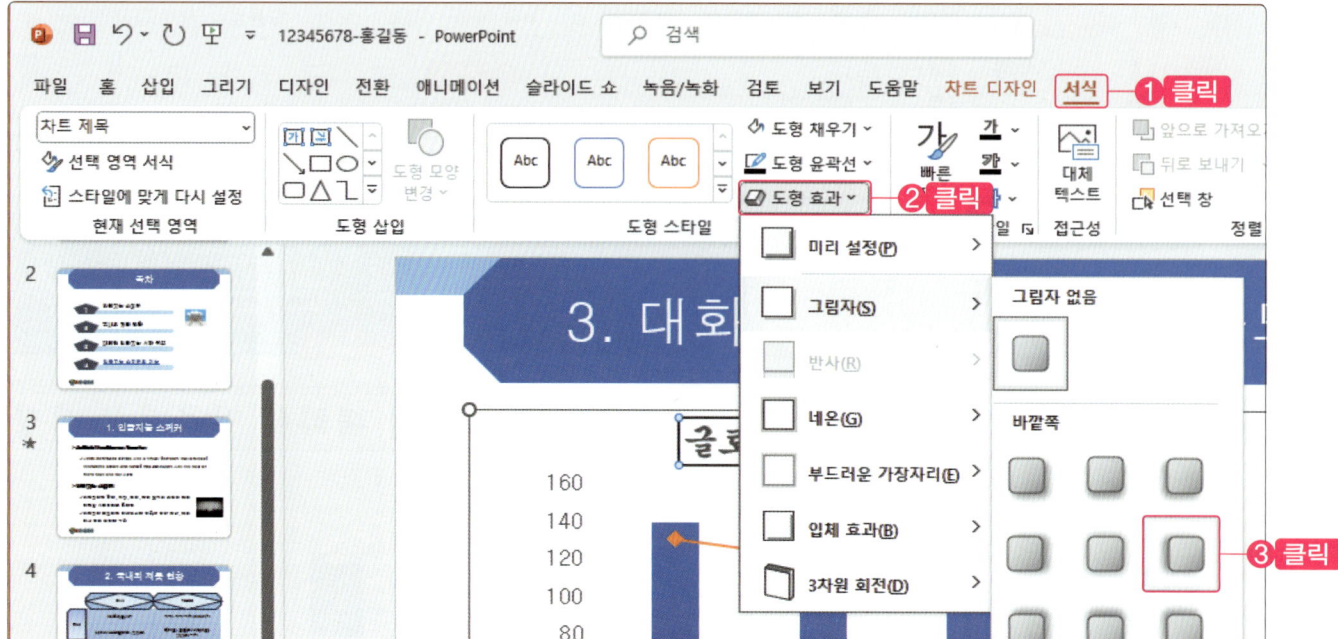

〈조건〉 ■ 차트 영역 : 채우기(노랑), 그림 영역 : 채우기(흰색)

6 **차트를 선택**한 후 [서식] 정황 탭-[도형 스타일] 그룹에서 [**도형 채우기**]를 클릭한 다음 [**노랑**]을 클릭합니다.

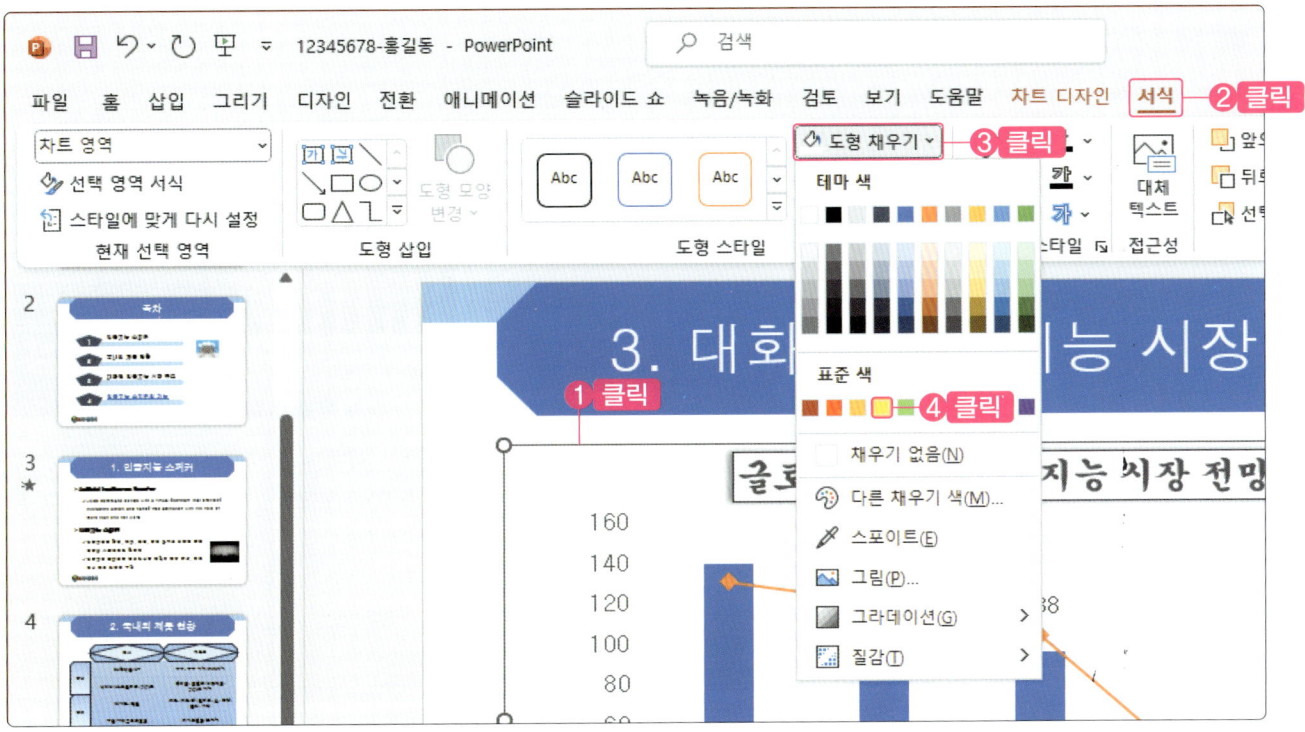

차트 영역에 채우기 색을 지정한 후 차트 제목에도 '노랑' 채우기 색이 지정되면 차트 제목을 선택한 다음 다시 도형 채우기(흰색, 배경 1)를 지정합니다.

7 [서식] 정황 탭-[도형 스타일] 그룹에서 [**도형 윤곽선**]을 클릭한 후 [**검정, 텍스트 1**]을 클릭합니다.

〈조건〉 ■ 차트 영역 : 채우기(노랑), 그림 영역 : 채우기(흰색)

8 **그림 영역을 선택**한 후 [서식] 정황 탭-[도형 스타일] 그룹에서 [**도형 채우기**]를 클릭한 다음 [**흰색, 배경 1**]을 클릭합니다.

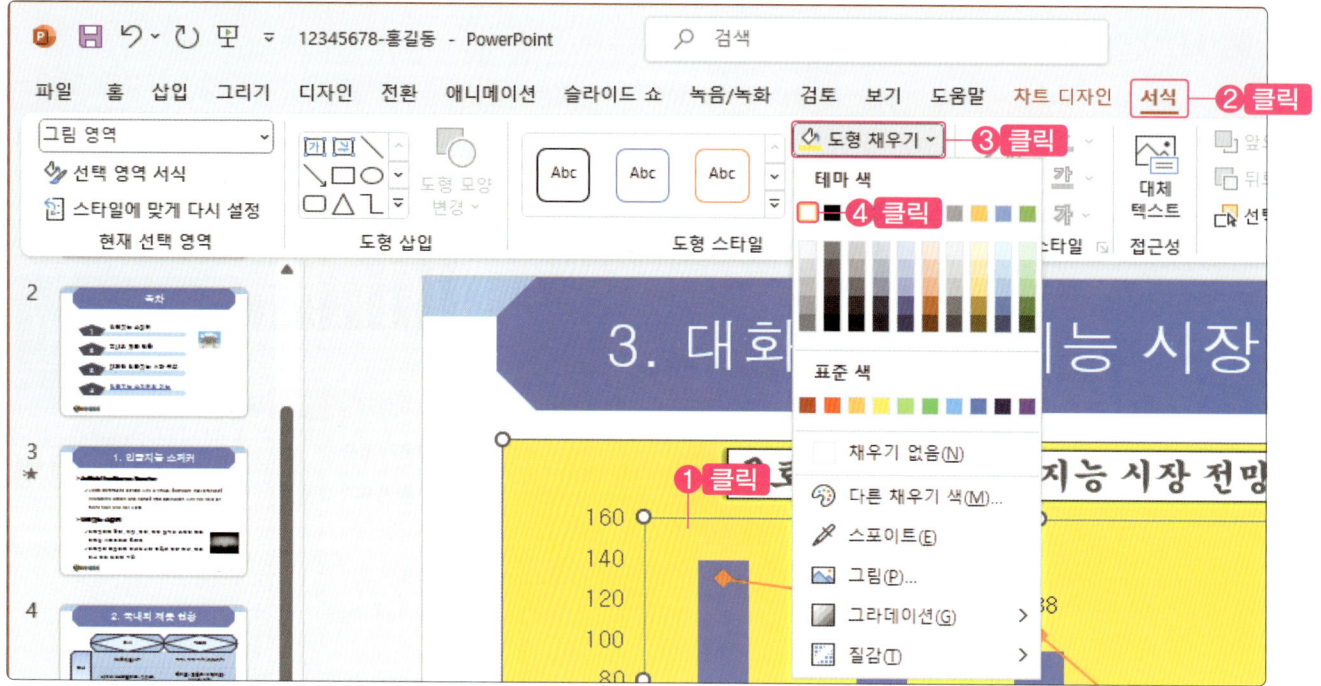

STEP 04 차트 축 서식 지정하기

1 [세로 (값) 축]을 클릭한 후 바로가기 메뉴의 [축 서식]을 클릭합니다.

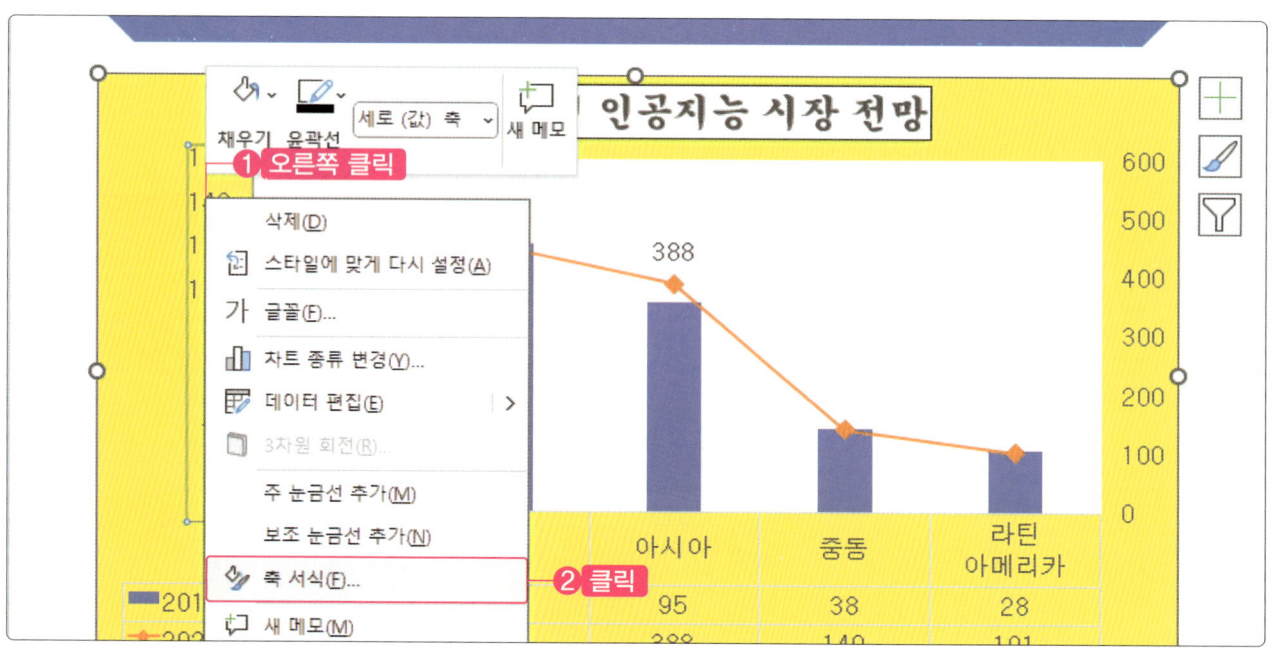

[세로 (값) 축]과 [보조 세로 (값) 축]은 세부 지시사항이 없으므로 수험자가 〈출력형태〉를 보고 판단하여 지정합니다.

2 〔축 서식〕 작업 창이 나타나면 〔축 옵션〕 탭에서 **채우기 및 선( )을 클릭**한 후 〔선〕을 클릭한 다음 〔**실선**〕을 클릭하고 〔**색(검정, 텍스트 1)**〕을 선택합니다.

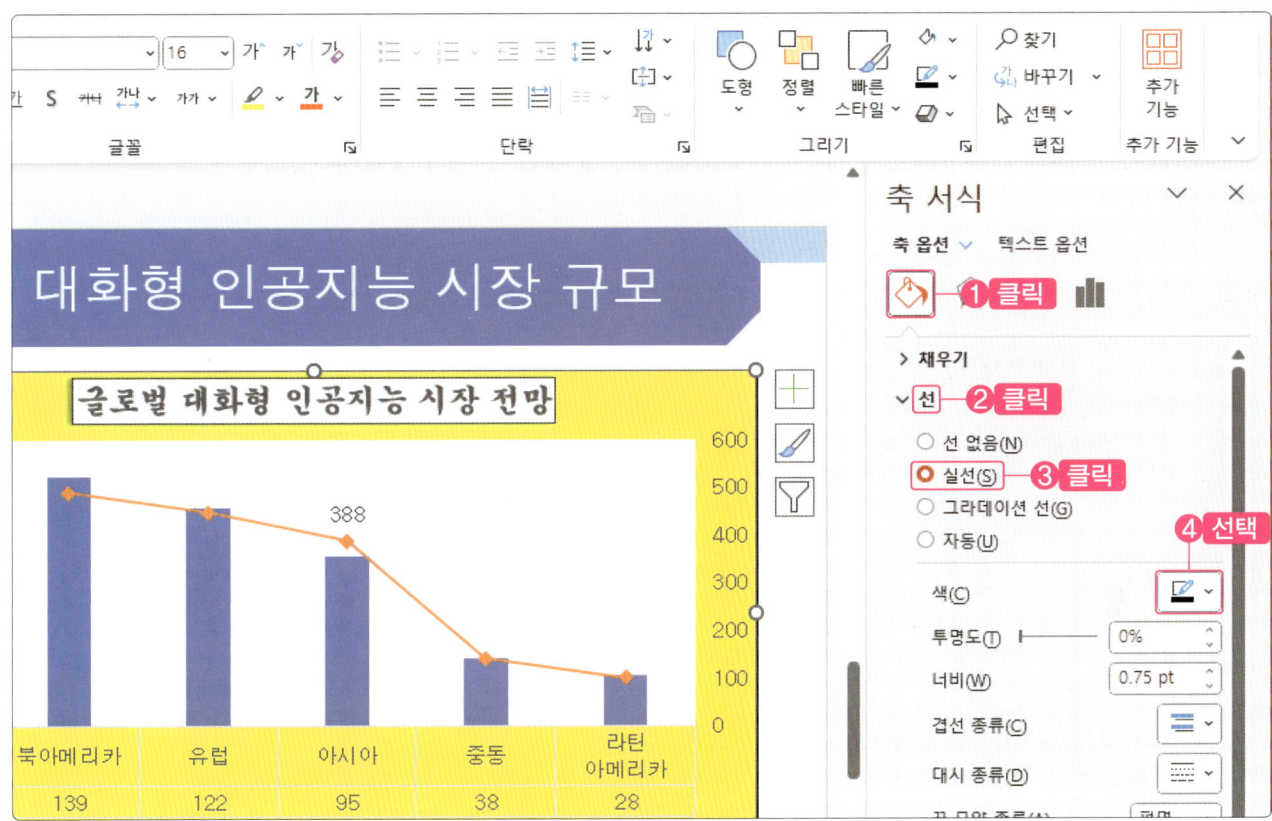

3 〔보조 세로 (값) 축〕을 클릭한 후 〔축 옵션( )〕을 클릭한 다음 〔축 옵션〕 탭에서 **최대값(600)**과 **단위(200)**를 입력합니다. 그런다음 〔눈금〕 탭을 클릭한 후 〔눈금〕 설정 화면이 나타나면 **주 눈금(바깥쪽)**을 선택한 다음 〔닫기(×)〕를 클릭합니다.

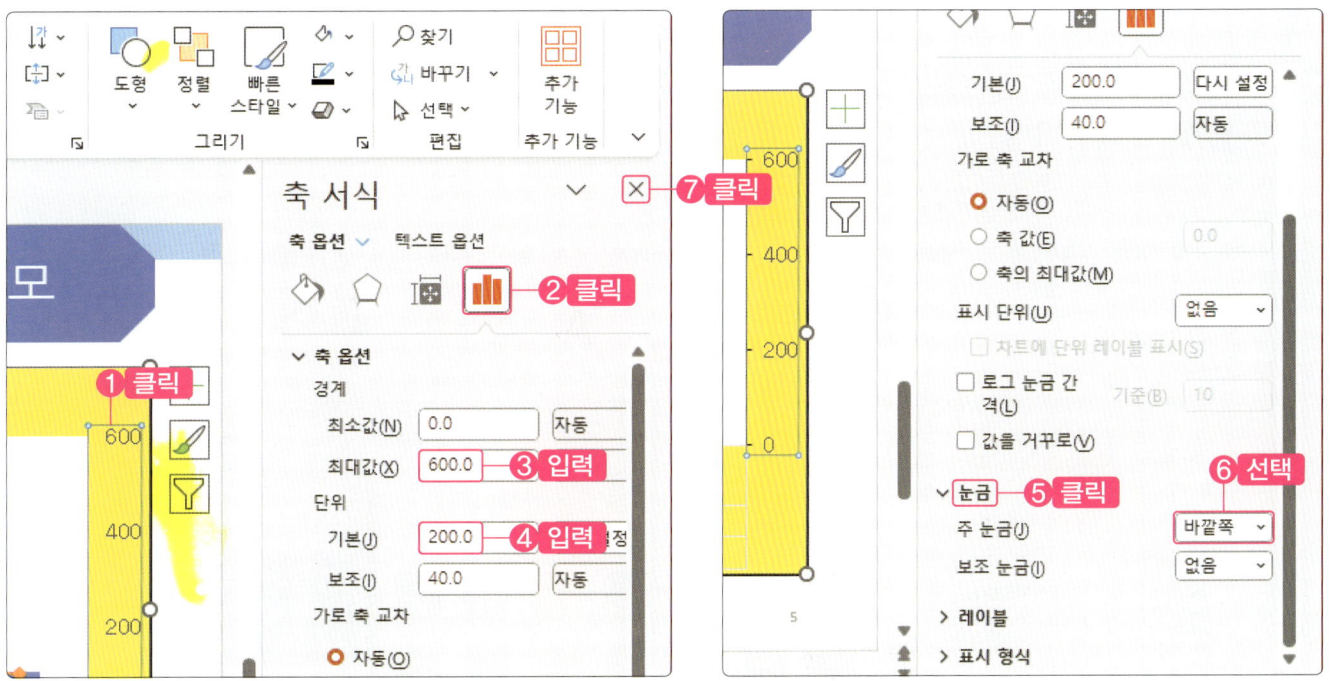

눈금이 표시되지 않을 경우 〔없음〕을 선택한 후 다시 〔바깥쪽〕을 선택합니다.

STEP 05 도형 작성하기

〈조건〉
① 도형 삽입
- 스타일 : 미세 효과 – 파랑, 강조 1
- 글꼴 : 굴림, 18pt

1 〔삽입〕 탭-〔일러스트레이션〕 그룹에서 〔도형〕을 클릭한 후 〔두루마리 모양: 가로로 말림(📜)〕를 클릭합니다.

2 마우스 포인터 모양이 + 모양으로 변경되면 **드래그하여 도형을 작성**합니다.

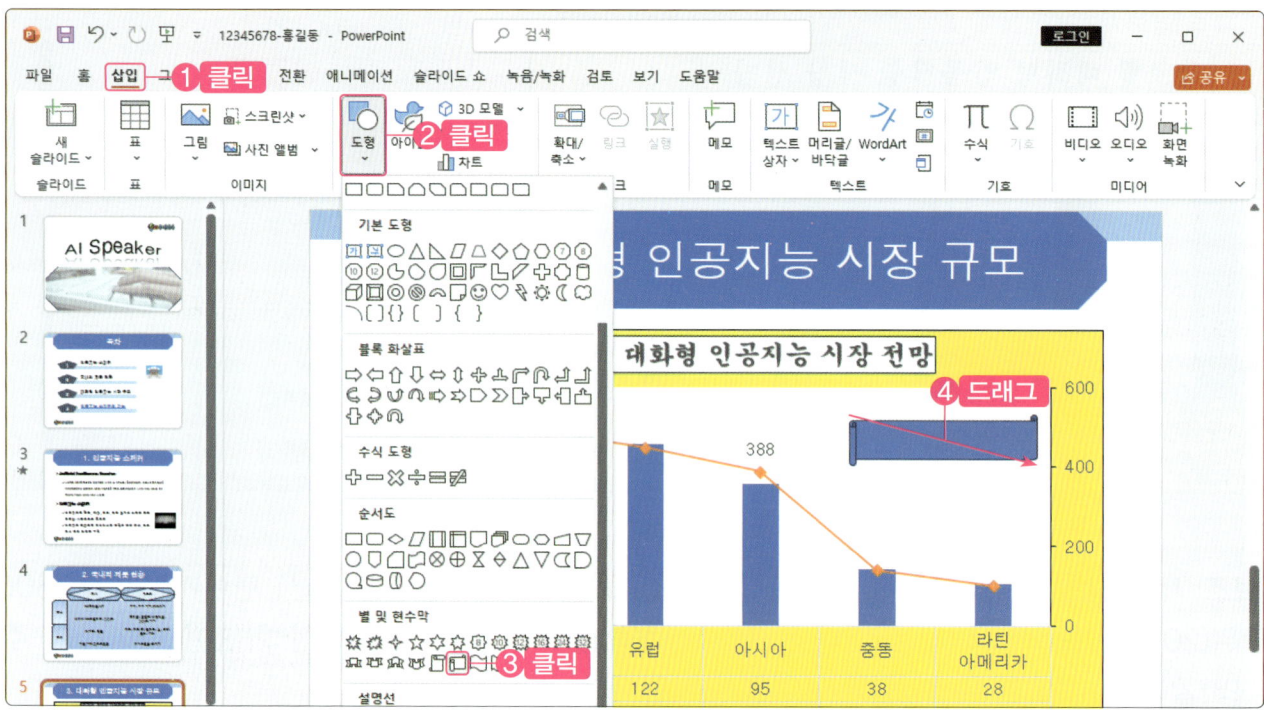

3 〔도형 서식〕 상황 탭-〔도형 스타일〕 그룹에서 〔자세히(▽)〕를 클릭한 후 〔미세효과 – 파랑, 강조 1(Abc)〕을 클릭합니다.

〈조건〉 • 글꼴 : 굴림, 18pt

4 도형에 "**단위 : 천만 달러**"를 **입력**합니다.

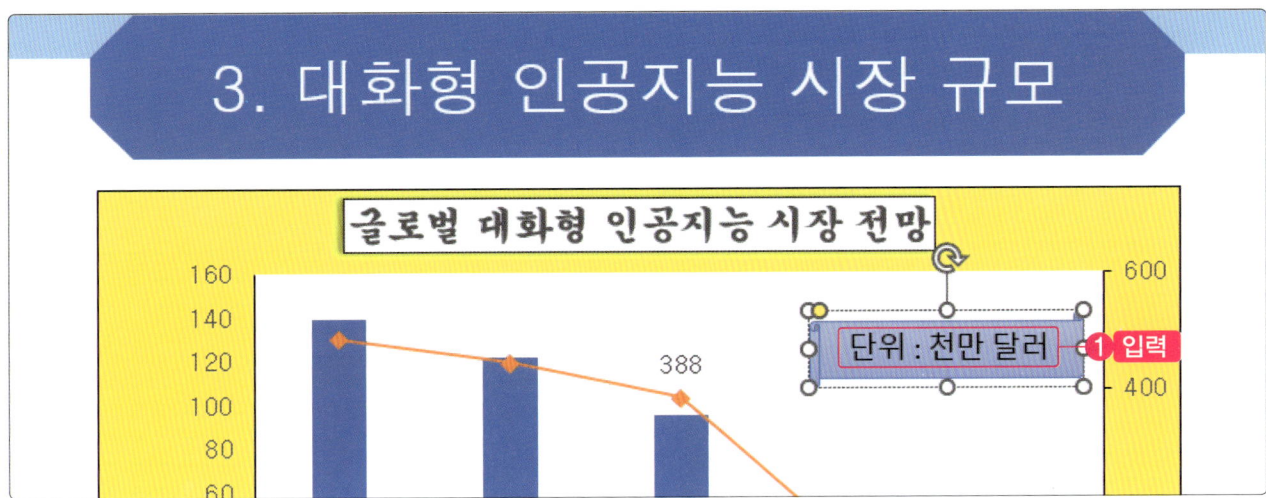

5 **텍스트를 드래그하여 블록으로 설정**한 다음 [홈] 탭-[글꼴] 그룹에서 **글꼴(굴림)과 글꼴 크기 (18)를 선택**합니다.

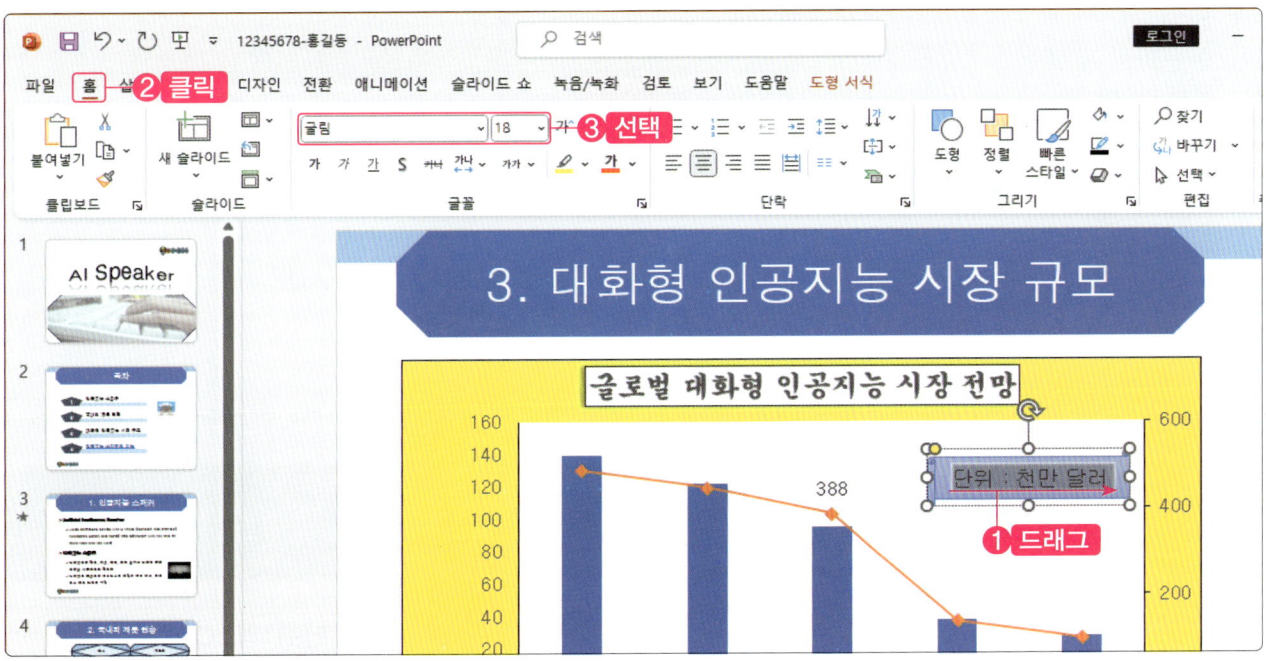

6 차트 슬라이드 작성이 완료되면 빠른 실행 도구 모음에서 [**저장(💾)**]을 **클릭**합니다.

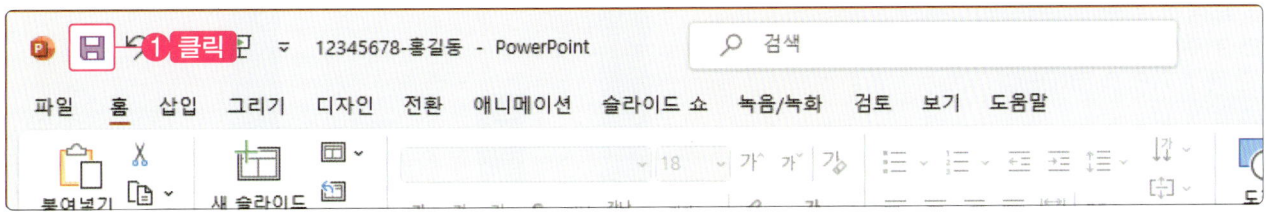

[파일] 탭-[저장]을 클릭하거나 Ctrl+S를 눌러 답안을 저장할 수도 있습니다.

실전문제유형

1 다음 지시사항 및 세부조건을 참고하여 출력형태에 알맞게 작성하시오.

▶ 소스파일 : Part 01\Chapter 07\문제01.pptx   ▶ 완성파일 : Part 01\Chapter 07\문제01_완성.pptx

(1) 차트 작성 기능을 이용하여 슬라이드를 작성한다.
(2) 차트 : 종류(묶은 세로 막대형), 글꼴(돋움, 16pt) 외곽선

세부조건

※ 차트 설명
- 차트제목 : 궁서, 24pt, 굵게, 채우기(흰색), 테두리, 그림자(오프셋 아래쪽)
- 차트영역 : 채우기(노랑) 그림영역 : 채우기(흰색)
- 데이터 서식 : 문화유산 계열을 표식이 있는 꺾은선형으로 변경 후 보조축으로 지정
- 값 표시 : 중국의 자연유산 계열만

① 도형 삽입
 - 스타일 : 미세효과 – 파랑, 강조1
 - 글꼴 : 굴림, 18pt

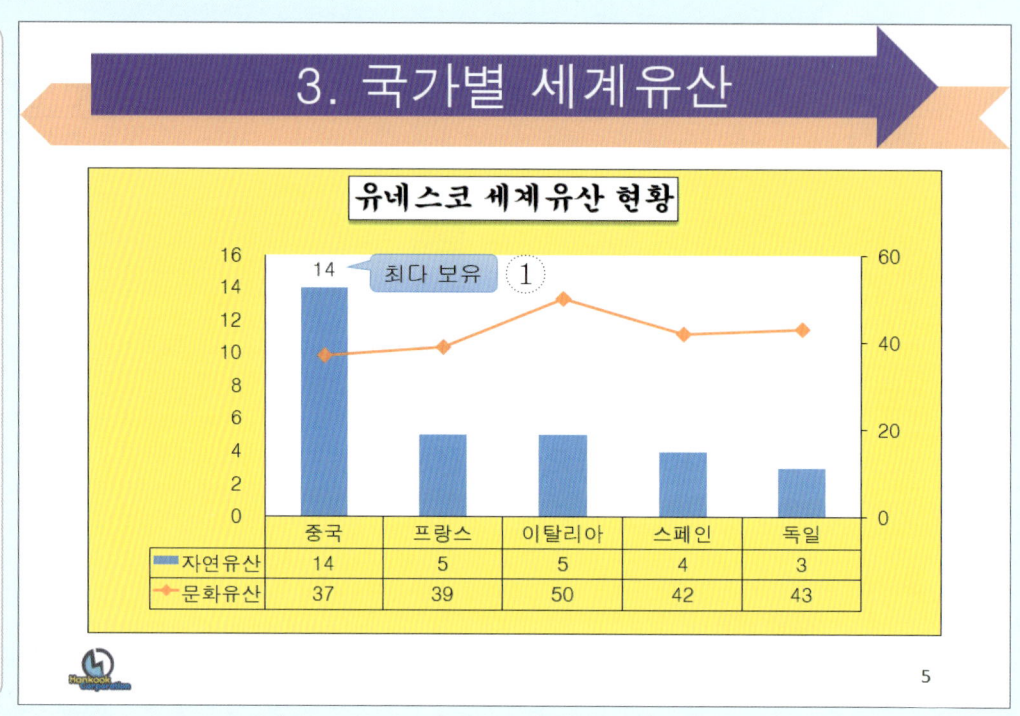

2 다음 지시사항 및 세부조건을 참고하여 출력형태에 알맞게 작성하시오.

▶ 소스파일 : Part 01\Chapter 07\문제02.pptx   ▶ 완성파일 : Part 01\Chapter 07\문제02_완성.pptx

(1) 차트 작성 기능을 이용하여 슬라이드를 작성한다.
(2) 차트 : 종류(묶은 세로 막대형), 글꼴(돋움, 16pt) 외곽선

세부조건

※ 차트 설명
- 차트제목 : 궁서, 24pt, 굵게, 채우기(흰색), 테두리, 그림자(오프셋 오른쪽)
- 차트영역 : 채우기(노랑) 그림영역 : 채우기(흰색)
- 데이터 서식 : 비OECD국가 계열을 표식이 있는 꺾은선형으로 변경 후 보조축으로 지정
- 값 표시 : 기타의 비OECD국가 계열만

① 도형 삽입
 - 스타일 : 미세효과 – 파랑, 강조1
 - 글꼴 : 굴림, 18pt

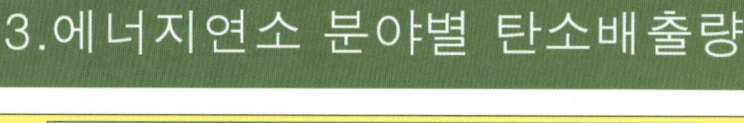

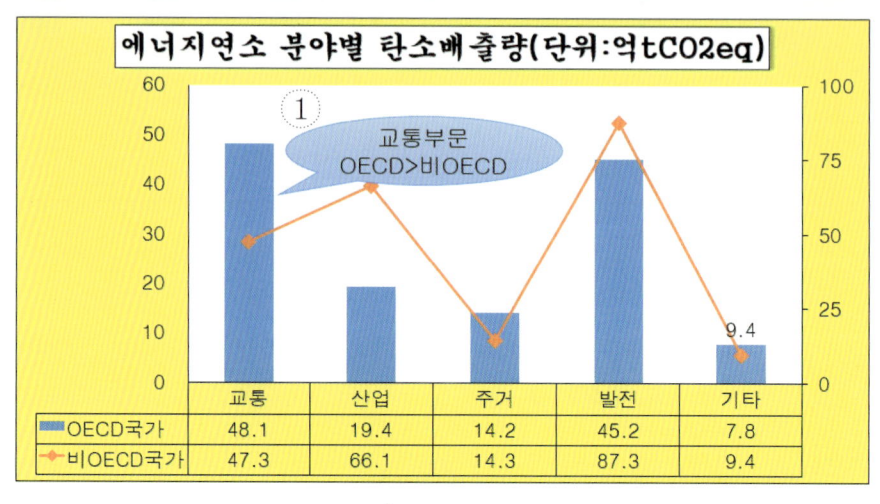

3 다음 지시사항 및 세부조건을 참고하여 출력형태에 알맞게 작성하시오.

▶ 소스파일 : Part 01\Chapter 07\문제03.pptx   ▶ 완성파일 : Part 01\Chapter 07\문제03_완성.pptx

(1) 차트 작성 기능을 이용하여 슬라이드를 작성한다.
(2) 차트 : 종류(묶은 세로 막대형), 글꼴(돋움, 16pt) 외곽선

세부조건

※ 차트 설명
- 차트제목 : 궁서, 24pt, 굵게, 채우기(흰색), 테두리, 그림자(오프셋 왼쪽)
- 차트영역 : 채우기(노랑) 그림영역 : 채우기(흰색)
- 데이터 서식 : 회귀분석 계열을 표식이 있는 꺾은선형으로 변경 후 보조축으로 지정
- 값 표시 : 4회의 신경망 계열만

① 도형 삽입
- 스타일 : 미세효과 – 파랑, 강조1
- 글꼴 : 굴림, 18pt

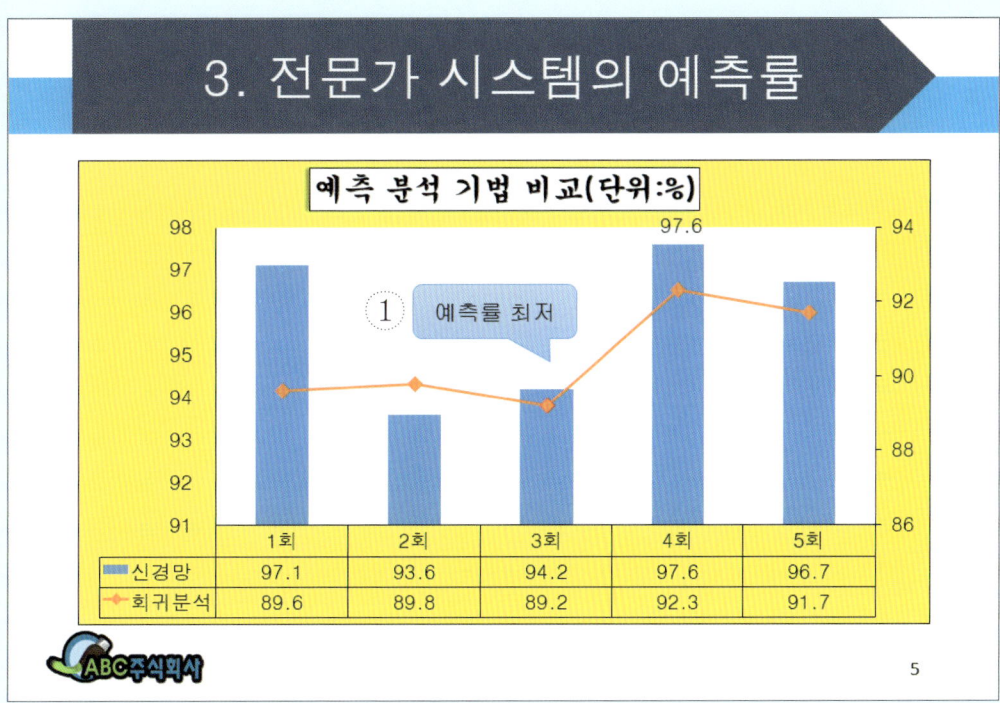

4 다음 지시사항 및 세부조건을 참고하여 출력형태에 알맞게 작성하시오.

▶ 소스파일 : Part 01\Chapter 07\문제04.pptx   ▶ 완성파일 : Part 01\Chapter 07\문제04_완성.pptx

(1) 차트 작성 기능을 이용하여 슬라이드를 작성한다.
(2) 차트 : 종류(묶은 세로 막대형), 글꼴(돋움, 16pt) 외곽선

세부조건

※ 차트 설명
- 차트제목 : 궁서, 24pt, 굵게, 채우기(흰색), 테두리, 그림자(오프셋 왼쪽)
- 차트영역 : 채우기(노랑) 그림영역 : 채우기(흰색)
- 데이터 서식 : 인상율 계열을 표식이 있는 꺾은선형으로 변경 후 보조축으로 지정
- 값 표시 : 2025년의 최저임금 계열만

① 도형 삽입
- 스타일 : 미세효과 – 파랑, 강조1
- 글꼴 : 굴림, 18pt

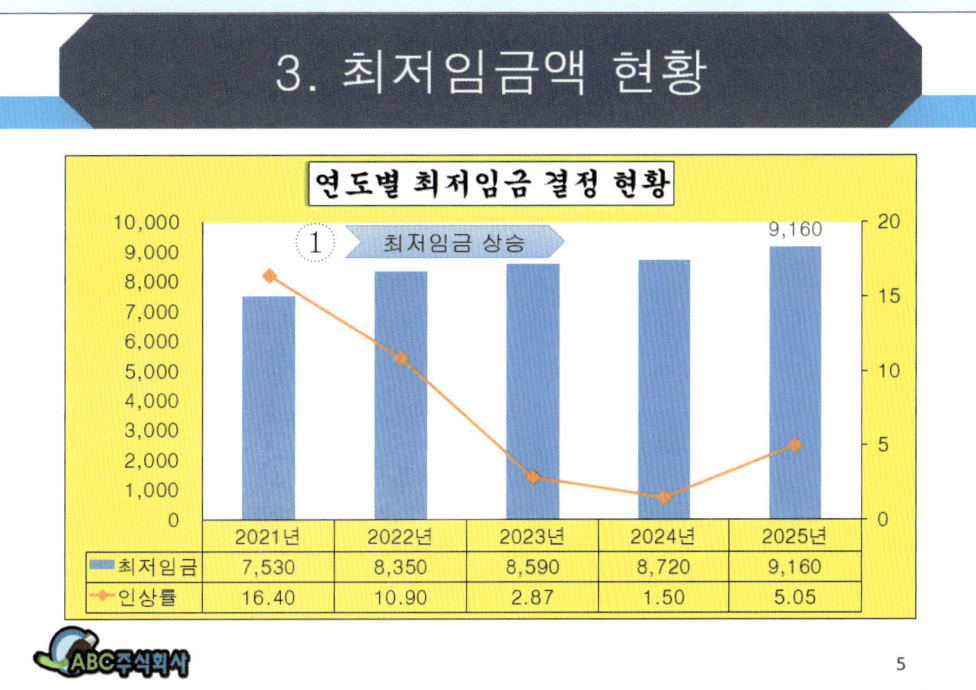

실전문제유형

5 다음 지시사항 및 세부조건을 참고하여 출력형태에 알맞게 작성하시오.

▶ 소스파일 : Part 01\Chapter 07\문제05.pptx   ▶ 완성파일 : Part 01\Chapter 07\문제05_완성.pptx

(1) 차트 작성 기능을 이용하여 슬라이드를 작성한다.
(2) 차트 : 종류(묶은 세로 막대형), 글꼴(돋움, 16pt) 외곽선

세부조건

※ 차트 설명
- 차트제목 : 궁서, 24pt, 굵게, 채우기(흰색), 테두리, 그림자(오프셋 아래쪽)
- 차트영역 : 채우기(노랑) 그림영역 : 채우기(흰색)
- 데이터 서식 : 조립/폐차 계열을 표식이 있는 꺾은선형으로 변경 후 보조축으로 지정
- 값 표시 : 수소전기차의 연료생산 계열만

① 도형 삽입
- 스타일 : 미세효과 - 파랑, 강조1
- 글꼴 : 굴림, 18pt

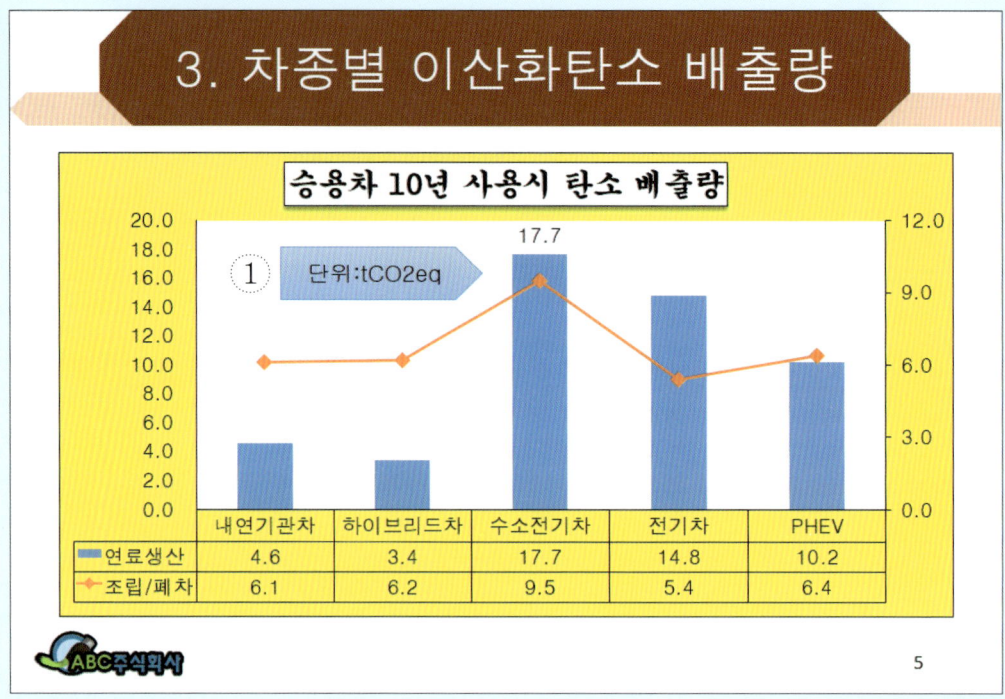

6 다음 지시사항 및 세부조건을 참고하여 출력형태에 알맞게 작성하시오.

▶ 소스파일 : Part 01\Chapter 07\문제06.pptx   ▶ 완성파일 : Part 01\Chapter 07\문제06_완성.pptx

(1) 차트 작성 기능을 이용하여 슬라이드를 작성한다.
(2) 차트 : 종류(묶은 세로 막대형), 글꼴(돋움, 16pt) 외곽선

세부조건

※ 차트 설명
- 차트제목 : 궁서, 24pt, 굵게, 채우기(흰색), 테두리, 그림자(오프셋 왼쪽)
- 차트영역 : 채우기(노랑) 그림영역 : 채우기(흰색)
- 데이터 서식 : 여가비용(월평균) 계열을 표식이 있는 꺾은선형으로 변경 후 보조축으로 지정
- 값 표시 : 2020년의 여가시간(휴일평균) 계열만

① 도형 삽입
- 스타일 : 미세효과 - 파랑, 강조1
- 글꼴 : 굴림, 18pt

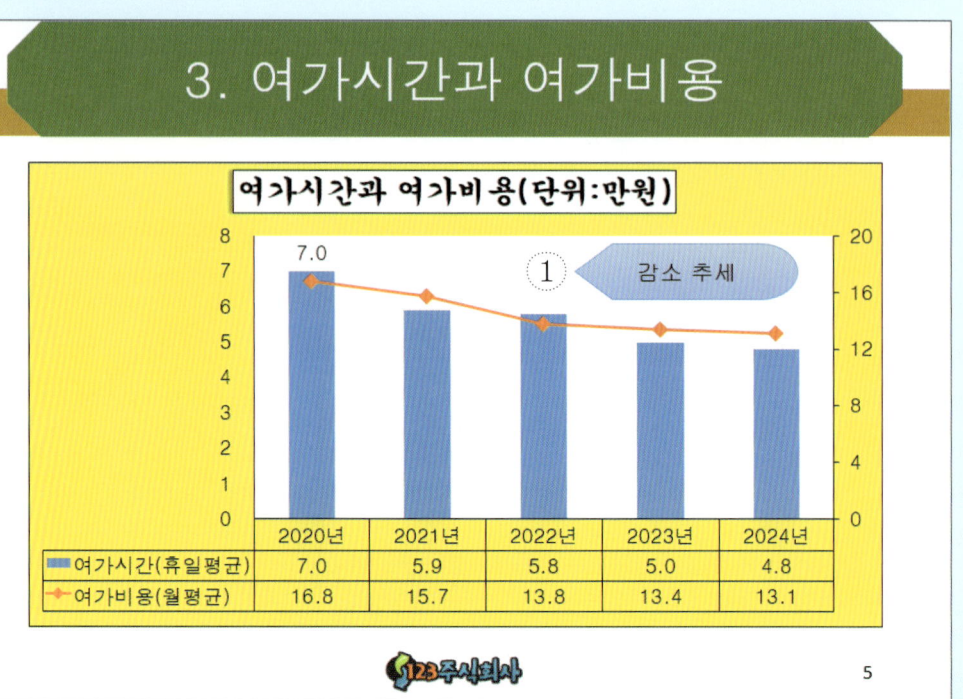

7 다음 지시사항 및 세부조건을 참고하여 출력형태에 알맞게 작성하시오.

▶ 소스파일 : Part 01\Chapter 07\문제07.pptx   ▶ 완성파일 : Part 01\Chapter 07\문제07_완성.pptx

(1) 차트 작성 기능을 이용하여 슬라이드를 작성한다.
(2) 차트 : 종류(묶은 세로 막대형), 글꼴(돋움, 16pt) 외곽선

세부조건

※ 차트 설명
- 차트제목 : 궁서, 24pt, 굵게, 채우기(흰색), 테두리, 그림자(오프셋 왼쪽)
- 차트영역 : 채우기(노랑) 그림영역 : 채우기(흰색)
- 데이터 서식 : 조발생률 (명/10만명) 계열을 표식이 있는 꺾은선형으로 변경 후 보조축으로 지정
- 값 표시 : 2026년의 발생자 수 (만명) 계열만

① 도형 삽입
- 스타일 : 미세효과 – 파랑, 강조1
- 글꼴 : 굴림, 18pt

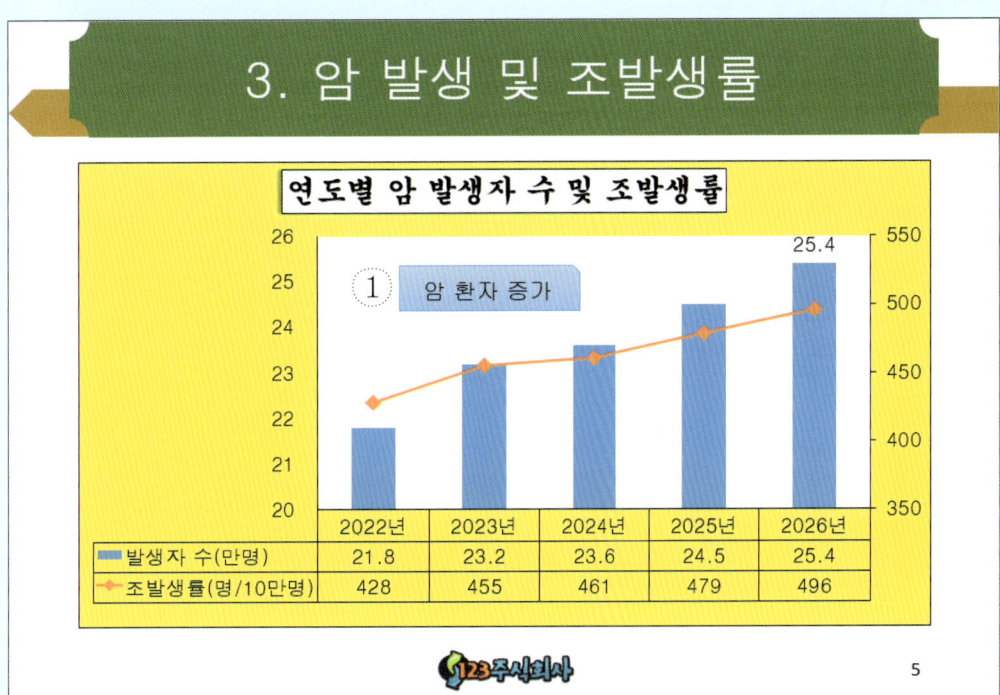

8 다음 지시사항 및 세부조건을 참고하여 출력형태에 알맞게 작성하시오.

▶ 소스파일 : Part 01\Chapter 07\문제08.pptx   ▶ 완성파일 : Part 01\Chapter 07\문제08_완성.pptx

(1) 차트 작성 기능을 이용하여 슬라이드를 작성한다.
(2) 차트 : 종류(묶은 세로 막대형), 글꼴(돋움, 16pt) 외곽선

세부조건

※ 차트 설명
- 차트제목 : 궁서, 24pt, 굵게, 채우기(흰색), 테두리, 그림자(오프셋 오른쪽)
- 차트영역 : 채우기(노랑) 그림영역 : 채우기(흰색)
- 데이터 서식 : 주 2회 이상 계열을 표식이 있는 꺾은선형으로 변경 후 보조축으로 지정
- 값 표시 : 2021년의 주 2회 이상 계열만

① 도형 삽입
- 스타일 : 미세효과 – 파랑, 강조1
- 글꼴 : 굴림, 18pt

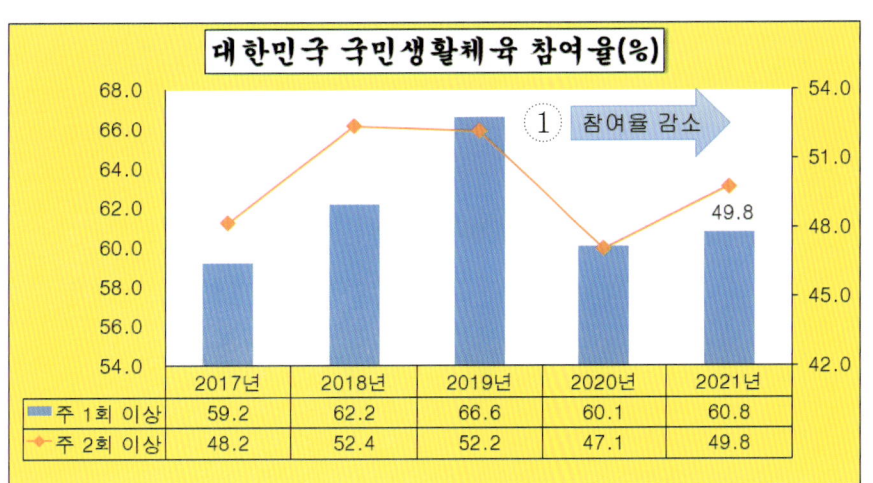

Chapter 08 도형 슬라이드

- ◆ 왼쪽 배경 도형 작성하기
- ◆ 오른쪽 도형 작성하기
- ◆ 스마트아트(SmartArt) 작성하기
- ◆ 왼쪽 도형 작성하기
- ◆ 텍스트 상자 삽입하기
- ◆ 애니메이션 지정하기

▶ 소스파일 : Part 01\Chapter 08\Ch08.pptx   ▶ 완성파일 : Part 01\Chapter 08\Ch08_완성.pptx

[슬라이드 6]   ≪도형 슬라이드≫   (100점)

(1) 슬라이드와 같이 도형 및 스마트아트를 배치한다(글꼴 : 굴림, 18pt)
(2) 애니메이션 순서 : ① ⇒ ②

세부조건

① **도형 및 스마트아트 편집**
 - 스마트아트 디자인 : 3차원 만화, 3차원 경사
 - 그룹화 후 애니메이션 효과 : 닦아내기(위에서)

② **도형 편집**
 - 그룹화 후 애니메이션 효과 : 바운드

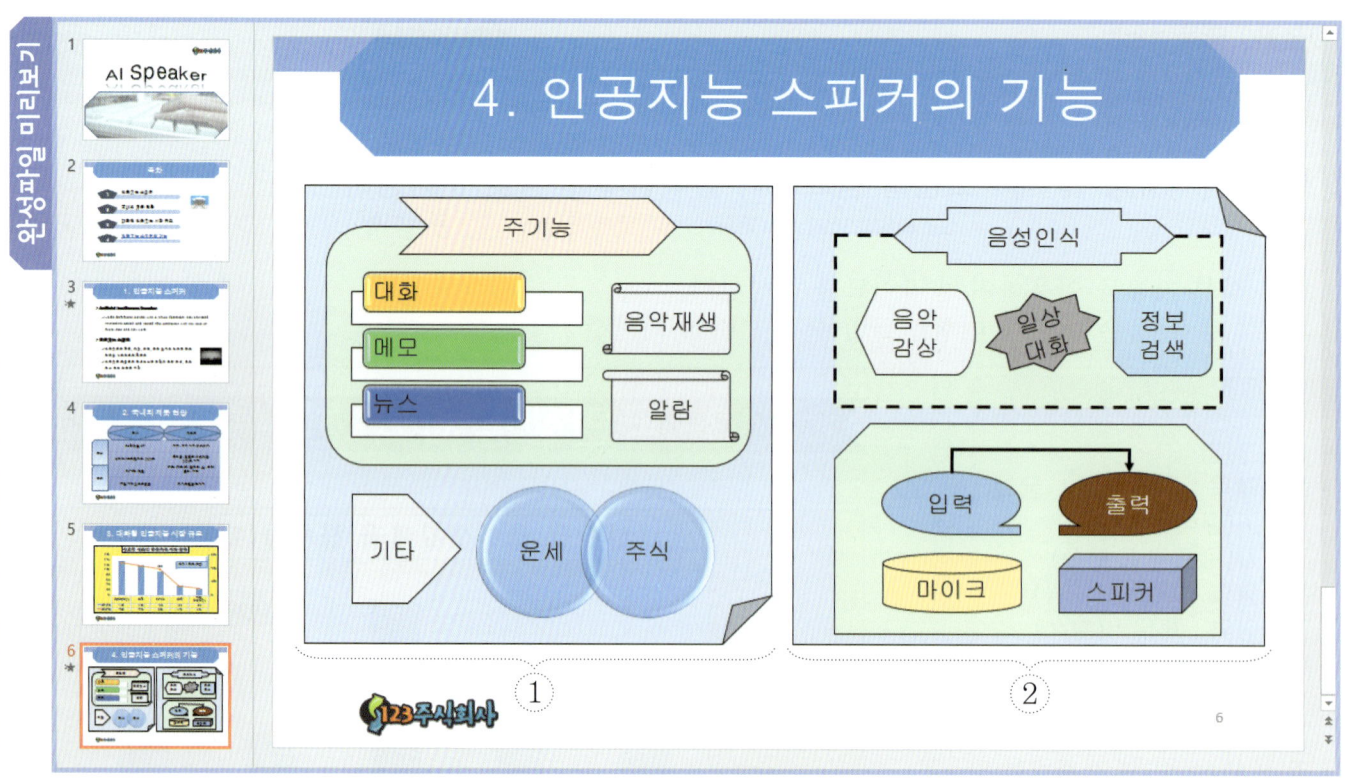

체크! 체크!

〔슬라이드 6〕《〈도형 슬라이드〉》

- 왼쪽 배경 도형 작성하기
  - 도형은 《출력형태》를 참고하여 작성한 후 채우기 색과 도형 윤곽선을 지정합니다.
  - 도형에 글꼴 서식을 지정한 후 [기본 도형으로 설정]을 설정합니다.
- 왼쪽/오른쪽 도형 작성하기
  - 도형은 《출력형태》를 참고하여 작성한 후 채우기 색을 지정한 다음 텍스트를 입력합니다.
- 텍스트 상자 입력하기
  - 도형에 텍스트를 입력 및 텍스트 방향을 지정합니다.
  - 도형을 회전한 경우 텍스트도 같이 회전되므로 이럴 경우 텍스트 상자를 이용하여 텍스트를 입력합니다.
- 스마트아트(SmartArt) 작성하기
  - 스마트아트(SmartArt)를 삽입한 후 색 변경 및 SmartArt 스타일을 지정합니다.
  - 스마트아트(SmartArt)에 글꼴 서식을 지정한 후 크기 및 위치를 지정합니다.
- 애니메이션 지정하기
  - 애니메이션 순서에 맞게 도형을 그룹화 한 후 애니메이션을 지정합니다.

STEP 01 왼쪽 배경 도형 작성하기

〈조건〉 (1) 슬라이드와 같이 도형 및 스마트아트를 배치한다(글꼴 : 굴림, 18pt).

1 6번 슬라이드를 선택한 후 제목(4. 인공지능 스피커의 기능)을 입력한 다음 텍스트 상자를 선택하고 Delete 를 눌러 삭제합니다.

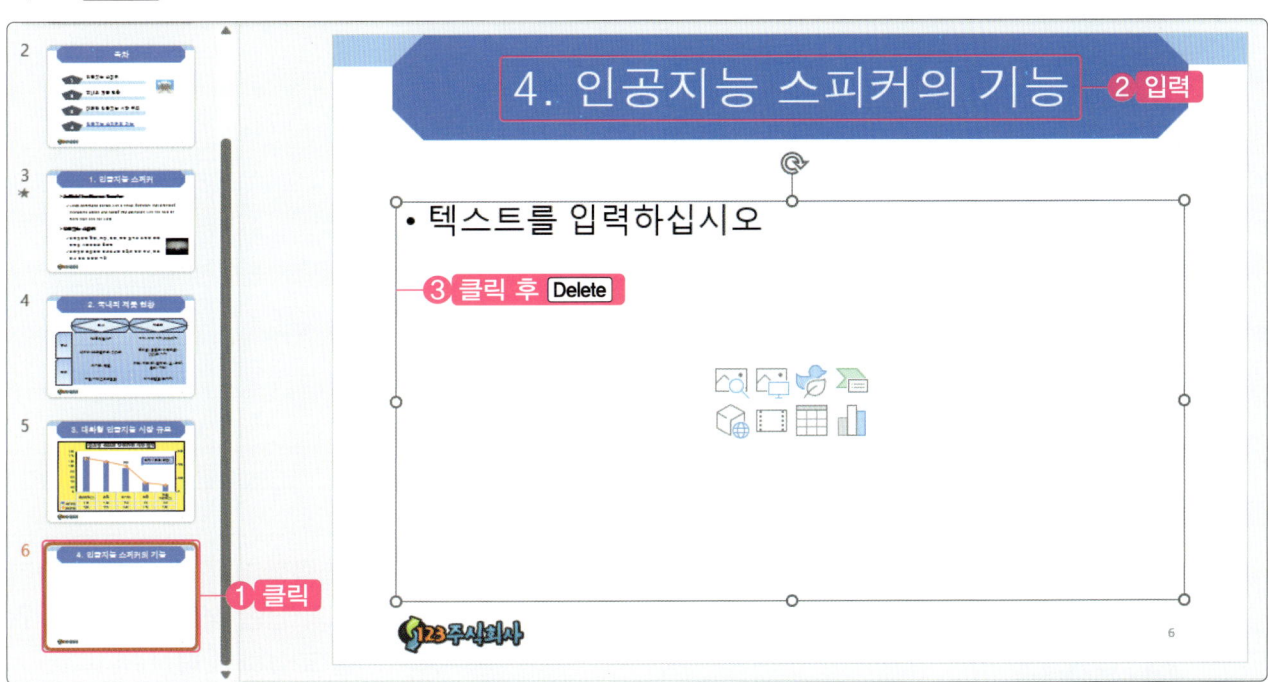

2 〔삽입〕 탭-〔일러스트레이션〕 그룹에서 〔**도형**〕을 클릭한 후 〔**사각형 : 모서리가 접힌 도형(□)**〕을 클릭합니다.

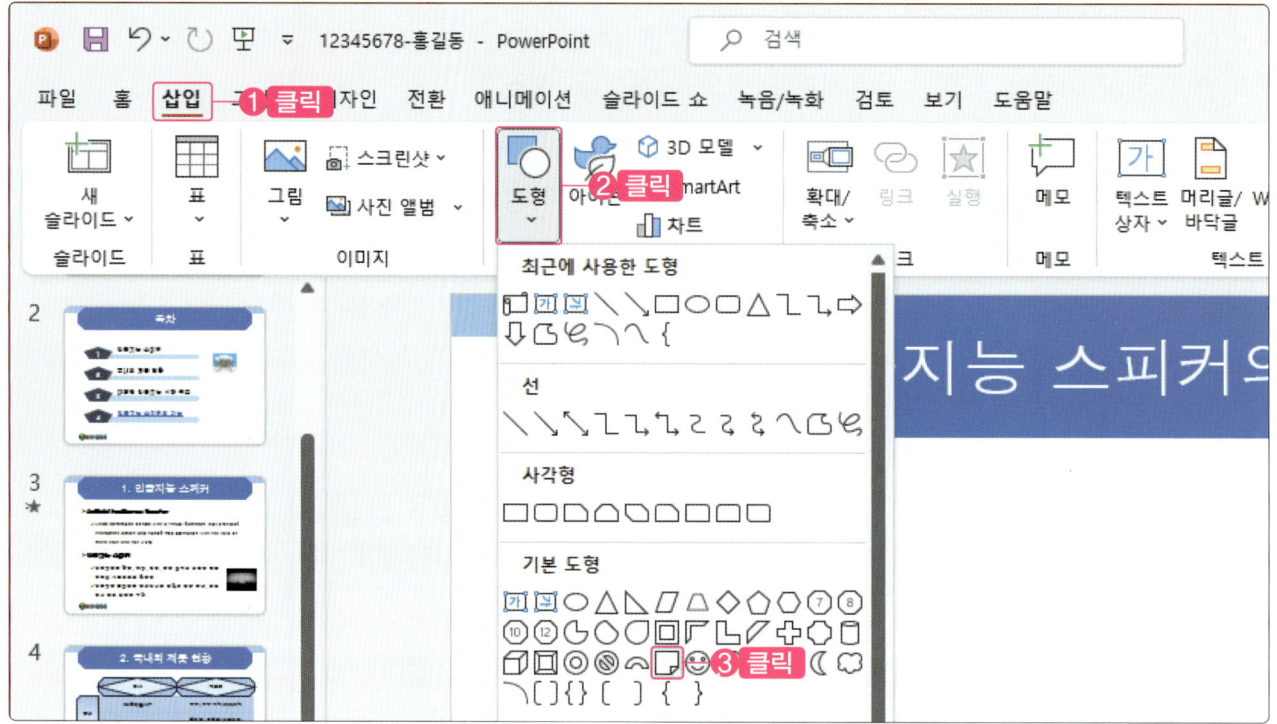

도형 작성은 배경 도형을 먼저 작성합니다.

3 마우스 포인터 모양이 + 모양으로 변경되면 **드래그하여 도형을 작성**합니다.

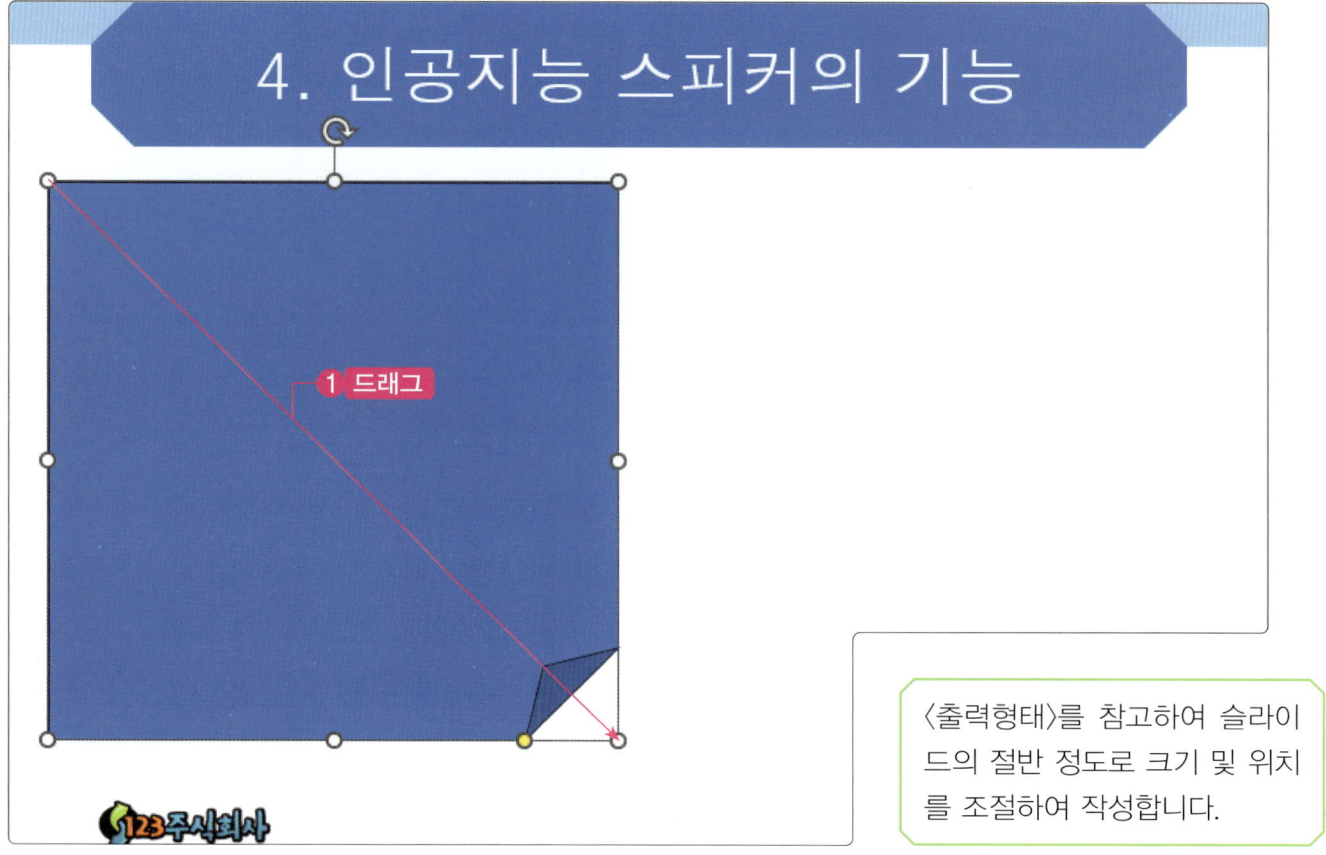

〈출력형태〉를 참고하여 슬라이드의 절반 정도로 크기 및 위치를 조절하여 작성합니다.

4 모양 조절점(◯)을 드래그하여 도형 모양을 변경합니다.

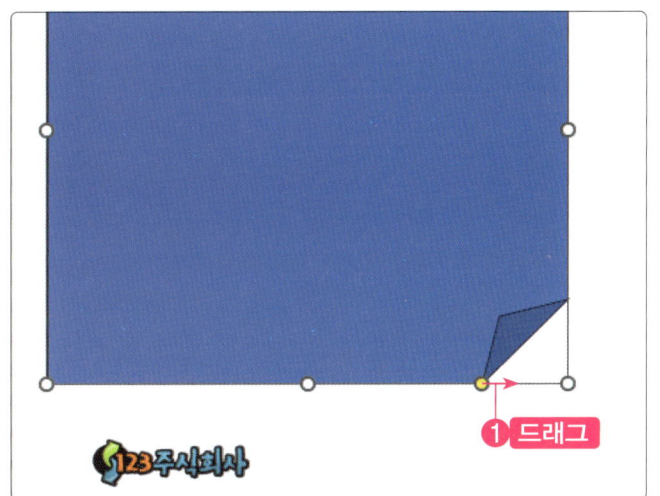
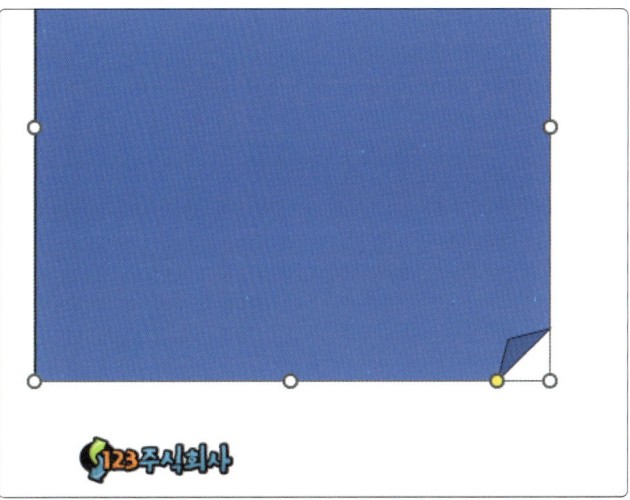

5 [도형 서식] 정황 탭-[도형 스타일] 그룹에서 [**도형 채우기**]를 클릭한 후 **임의의 색을 지정**합니다.

6 [도형 서식] 정황 탭-[도형 스타일] 그룹에서 [**도형 윤곽선**]을 클릭한 후 [**검정, 텍스트 1**]을 클릭합니다.

Chapter 08 · 도형 슬라이드 **111**

〈조건〉 • 글꼴 : 굴림, 18pt

7 [홈] 탭-[글꼴] 그룹에서 **글꼴(굴림)과 글꼴 크기(18)를 선택**한 후 **글꼴 색(검정, 텍스트 1)을 선택**합니다.

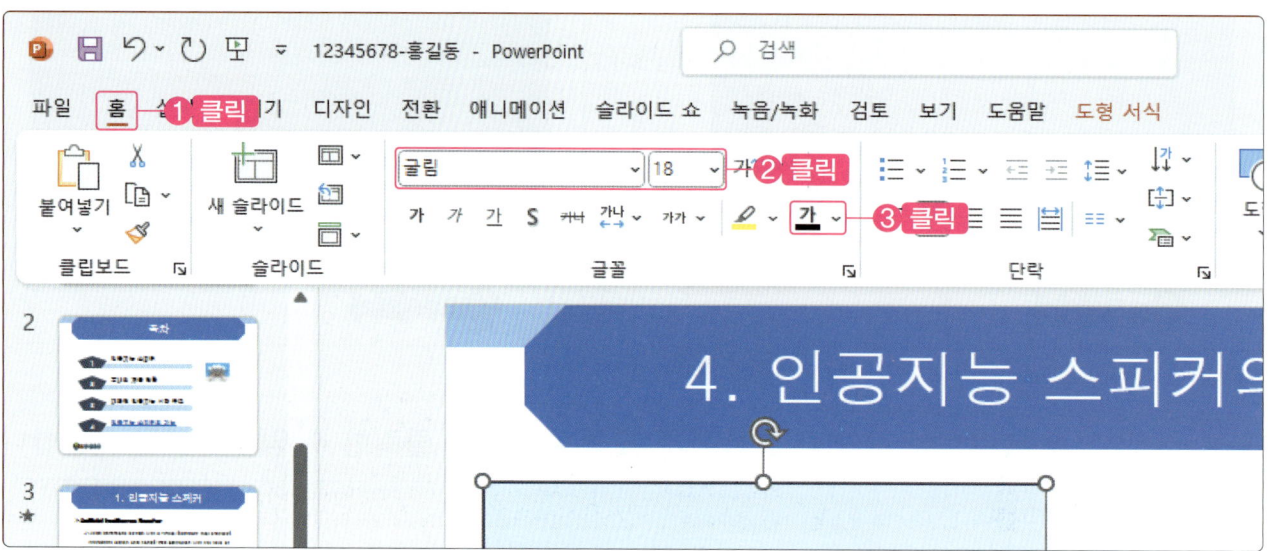

8 [사각형: 모서리가 접힌 도형(□)] 위에서 바로가기 메뉴의 [**기본 도형으로 설정**]을 **클릭**합니다.

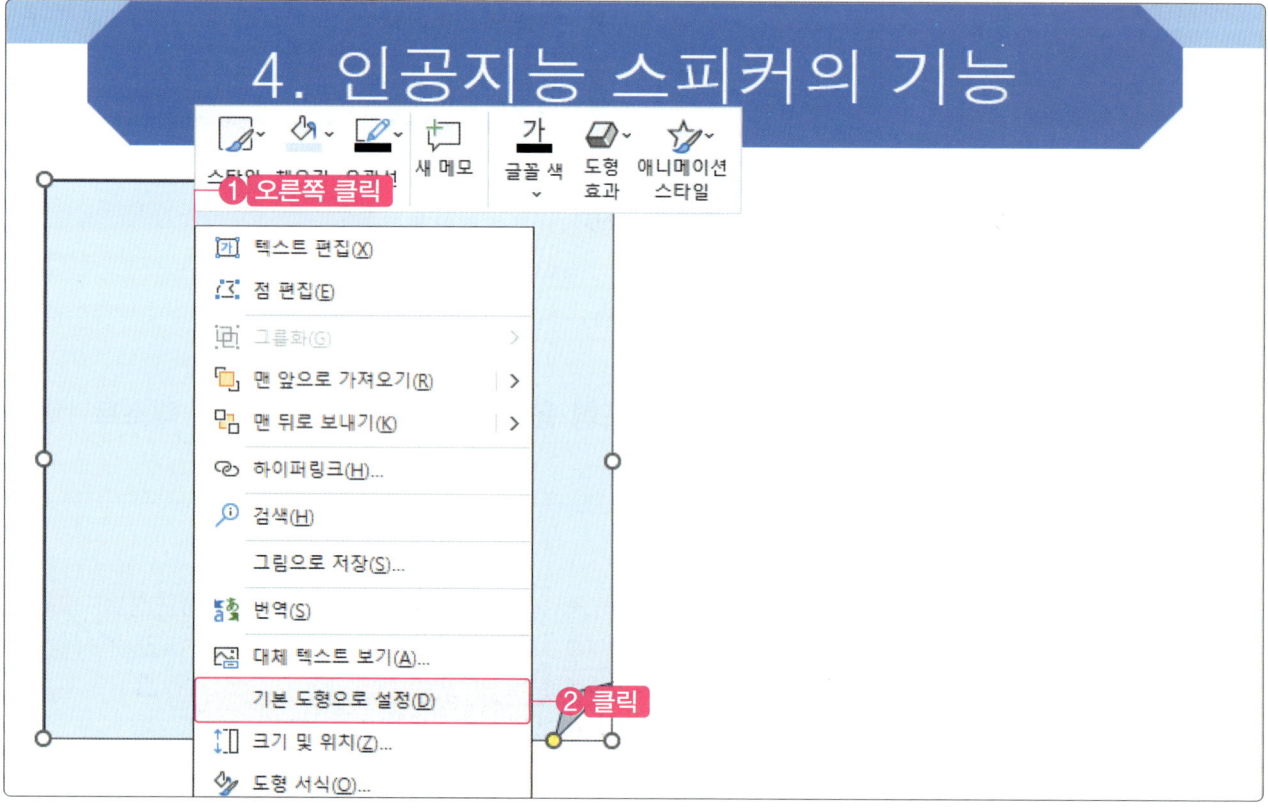

기본 도형으로 설정
- [기본 도형으로 설정]은 새로 삽입하려는 도형들의 서식을 한 번에 지정할 수 있는 편리한 기능으로 다양한 도형에 동일한 글꼴 서식을 요구하는 [슬라이드 6] 작업시 도형 작성 시간을 단축할 수 있습니다.
- 도형 윤곽선과 글꼴 서식을 조건에 맞게 변경한 후 [기본 도형으로 설정]을 지정합니다.

STEP 02 왼쪽 도형 작성하기

〈조건〉 (1) 슬라이드와 같이 도형 및 스마트아트를 배치한다(글꼴 : 굴림, 18pt).

1 〔삽입〕 탭-〔일러스트레이션〕 그룹에서 〔**도형**〕을 **클릭**한 후 〔**사각형: 둥근 모서리(▢)**〕를 **클릭**합니다.

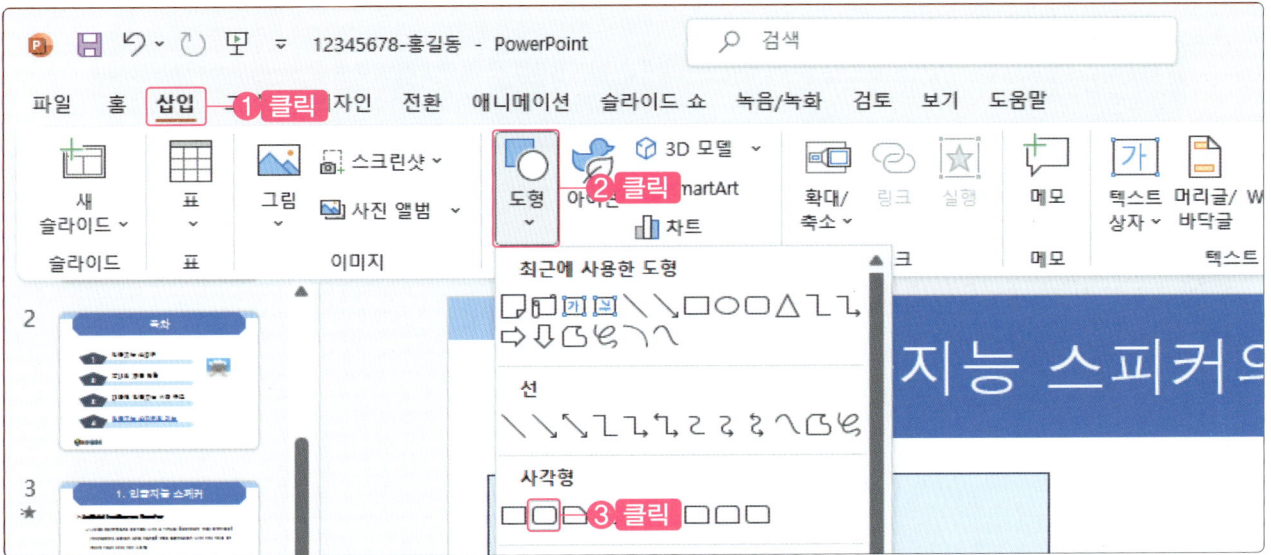

2 마우스 포인터 모양이 + 모양으로 변경되면 **드래그하여 도형을 작성**합니다.

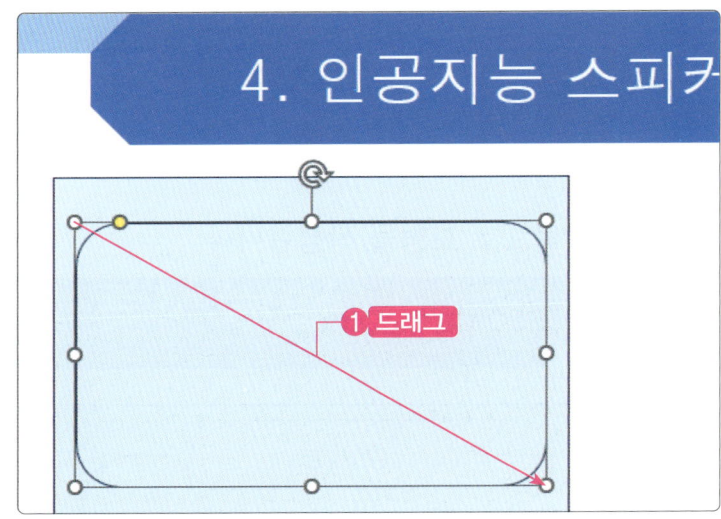

3 〔도형 서식〕 정황 탭-〔도형 스타일〕 그룹에서 〔**도형 채우기**〕를 **클릭**한 후 **임의의 색**을 **지정**합니다.

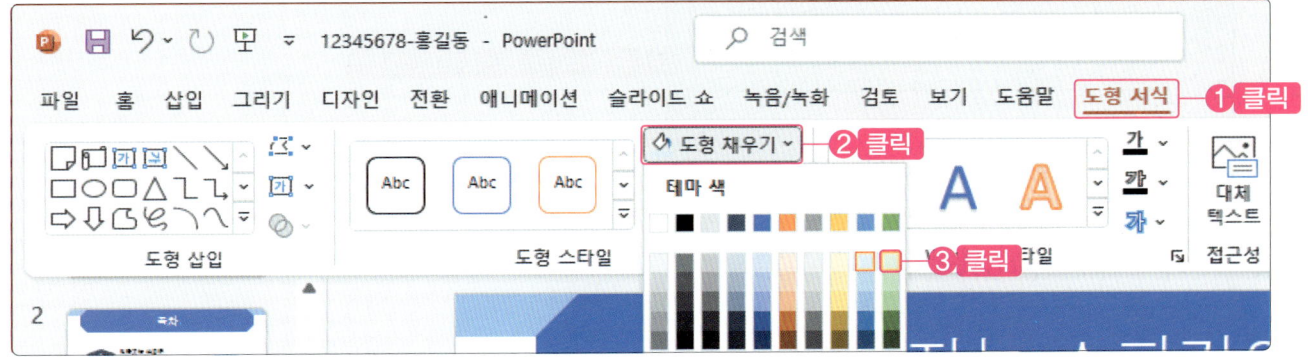

Chapter 08 · 도형 슬라이드

4 〔삽입〕 탭-〔일러스트레이션〕 그룹에서 〔도형〕을 클릭한 후 〔화살표: 갈매기형 수장(⟩)〕을 클릭합니다. 그런다음 마우스 포인터 모양이 + 모양으로 변경되면 **드래그하여 도형을 작성**합니다.

5 〔도형 서식〕 정황 탭-〔도형 스타일〕 그룹에서 〔**도형 채우기**〕를 **클릭**한 후 **임의의 색을 지정**한 다음 **텍스트(주기능)를 입력**합니다.

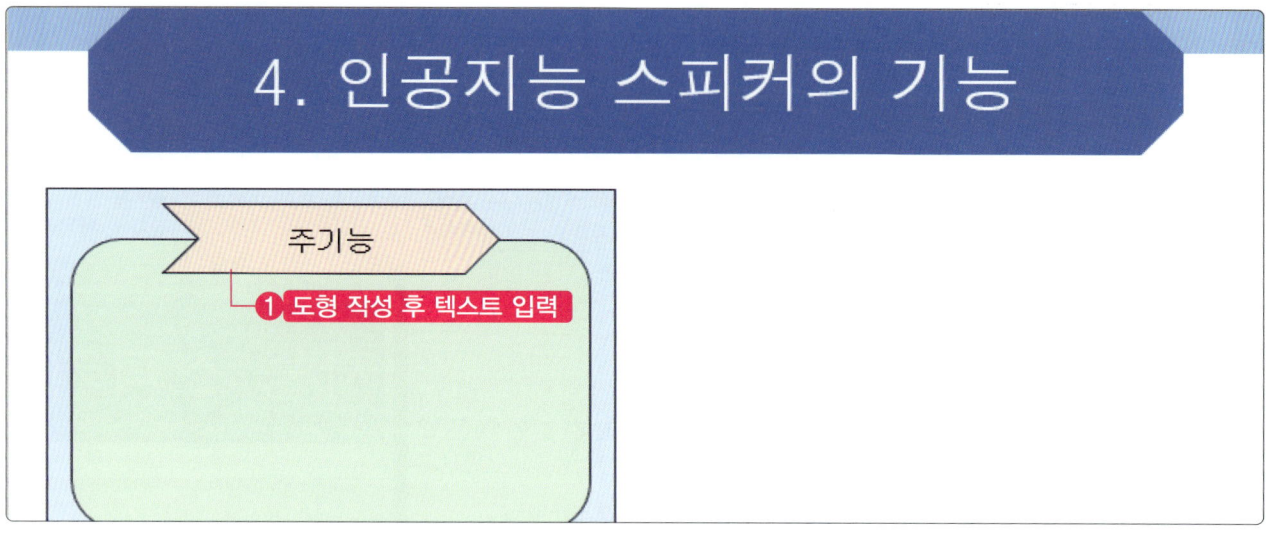

- 도형은 〔기본 도형으로 설정〕된 글꼴 및 글꼴 크기, 글꼴 색등이 적용되어 별도로 변경하지 않아도 됩니다.
- 단, 〔기본 도형으로 설정〕을 하지 않은 경우 〔홈〕 탭-〔글꼴〕 그룹에서 글꼴 및 글꼴 크기, 글꼴 색을 지정해줘야 합니다.

6 같은 방법으로 **도형을 작성**합니다.

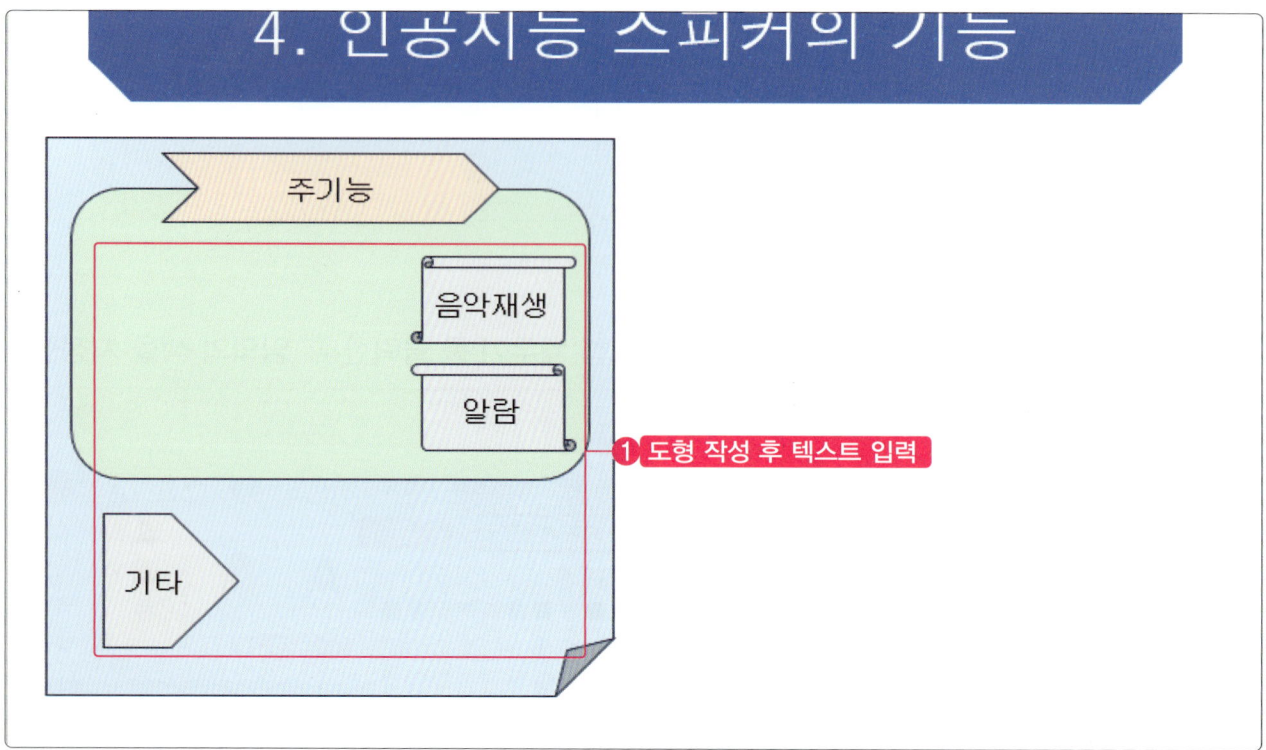

| STEP 03 | 오른쪽 도형 작성하기 |

⟨조건⟩ (1) 슬라이드와 같이 도형 및 스마트아트를 배치한다.

1 **왼쪽 배경 도형을 선택**한 후 **Ctrl**+**Shift**를 누른 상태에서 오른쪽으로 드래그하여 배경 도형을 복사합니다.

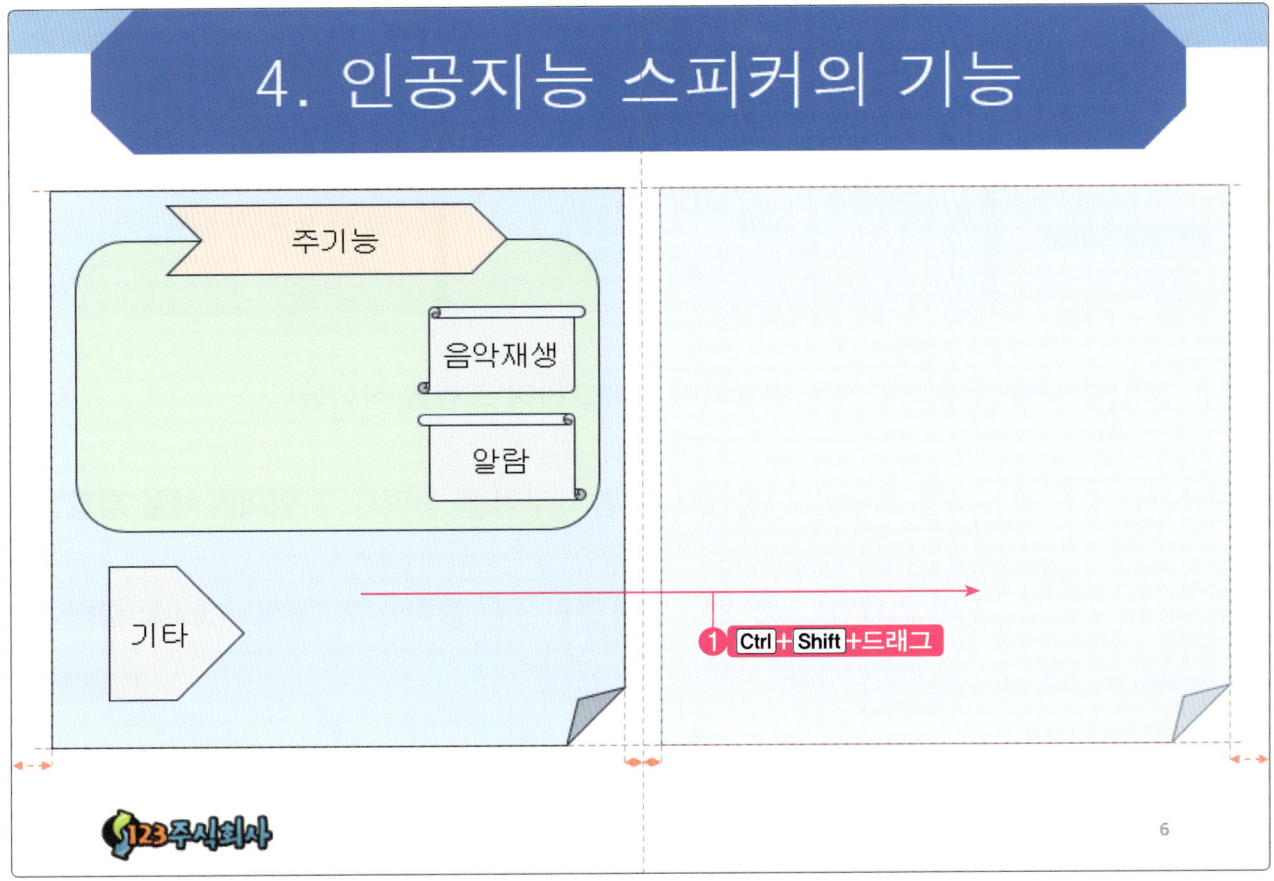

2 배경 도형이 복사되면 [도형 서식] 정황 탭-[정렬] 그룹에서 **[회전]**을 **클릭**한 후 **[상하 대칭]**을 **클릭**합니다.

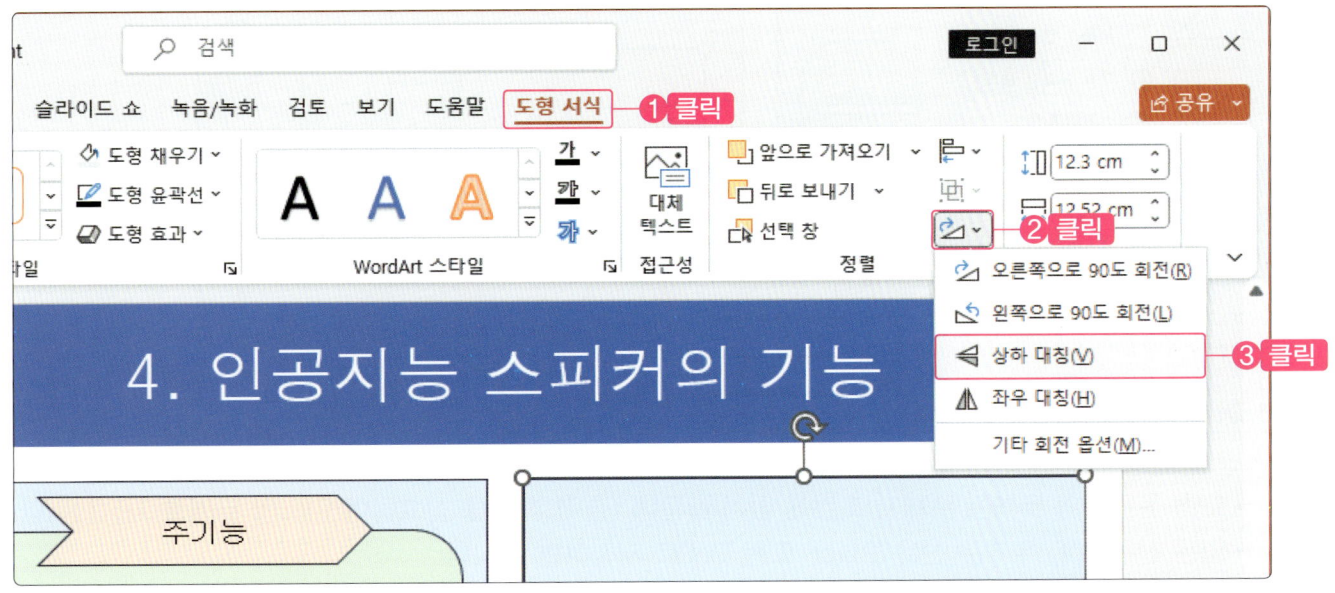

Chapter 08 · 도형 슬라이드 **115**

3 〔삽입〕 탭-〔일러스트레이션〕 그룹에서 〔도형〕을 **클릭**한 후 〔**직사각형(□)**〕을 **클릭**합니다.

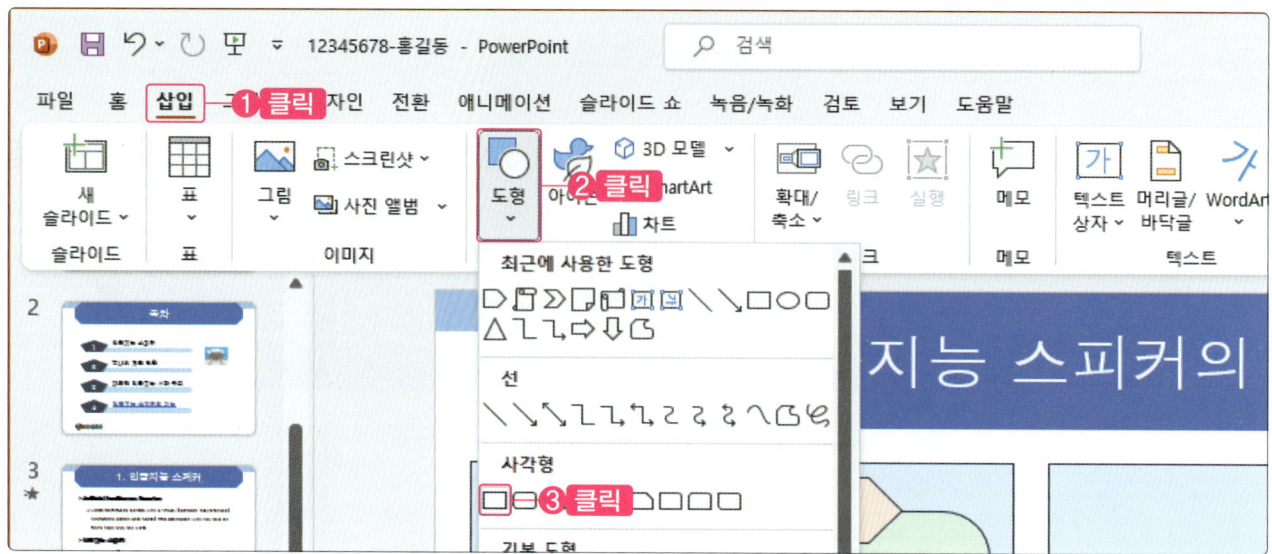

4 마우스 포인터 모양이 + 모양으로 변경되면 **드래그하여 도형을 작성**합니다.

5 〔도형 서식〕 정황 탭-〔도형 스타일〕 그룹에서 〔**도형 채우기**〕를 **클릭**한 후 **임의의 색을 지정**합니다.

6 〔도형 서식〕 정황 탭-〔도형 스타일〕 그룹에서 〔**도형 윤곽선**〕을 **클릭**한 후 〔두께〕-〔**3pt**〕를 **클릭**합니다.

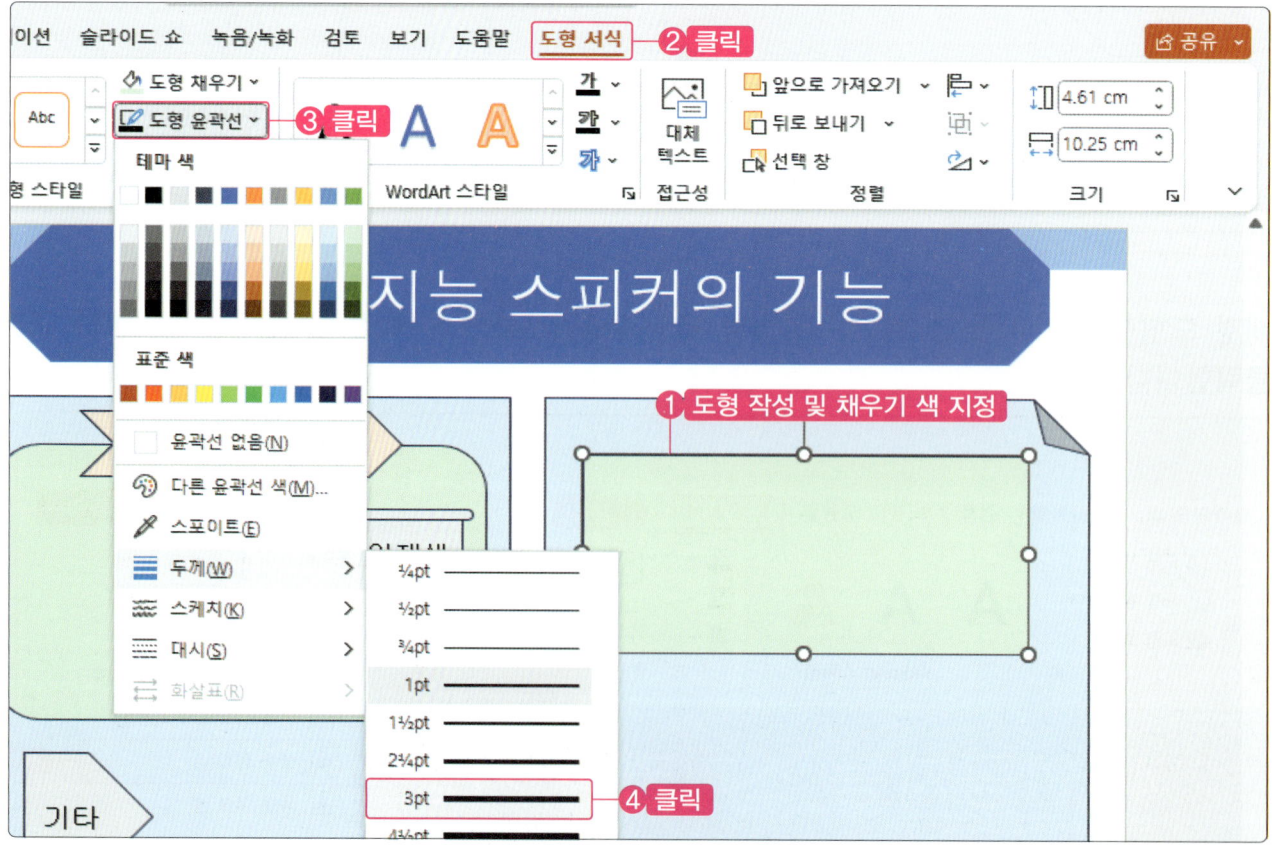

- 도형 윤곽선의 두께는 문제지 조건에 없기 때문에 〈출력형태〉를 참고하여 임의의 두께를 지정합니다.
- 얇은 선은 '1pt', 두꺼운 선은 '2¼pt' 또는 '3pt'로 지정하면 됩니다.

7 〔도형 서식〕 상황 탭-〔도형 스타일〕 그룹에서 **〔도형 윤곽선〕**을 클릭한 후 〔대시〕-**〔파선(- - - -)〕** 을 클릭합니다.

8 〔삽입〕 탭-〔일러스트레이션〕 그룹에서 **〔도형〕**을 클릭한 후 **〔설명선: 왼쪽/오른쪽 화살표(⇧)〕**을 클릭합니다.

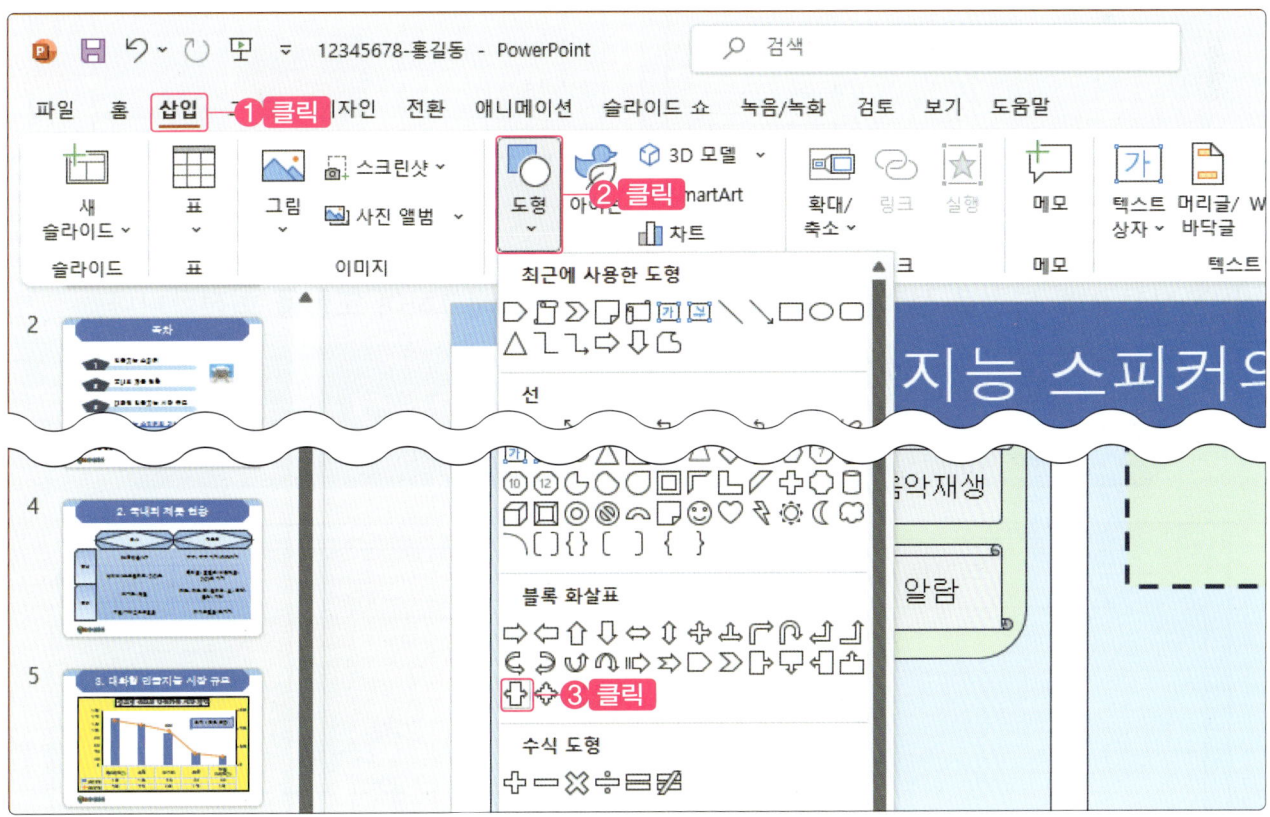

9 마우스 포인터 모양이 + 모양으로 변경되면 **드래그하여 도형을 작성**합니다.

10 모양 조절점(○)을 드래그하여 도형 모양을 변경합니다.

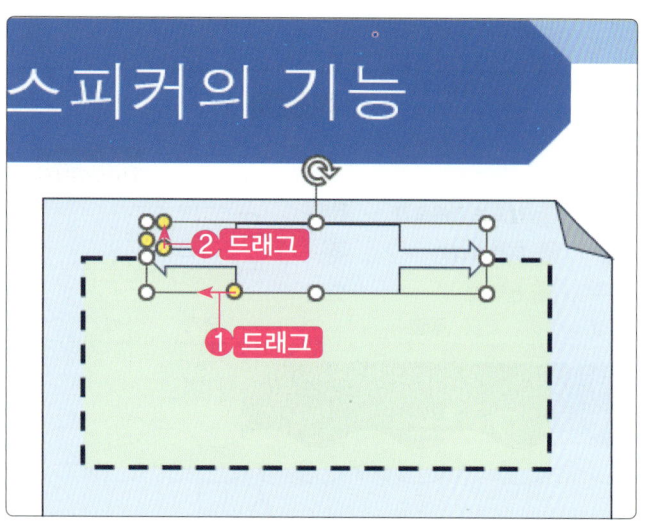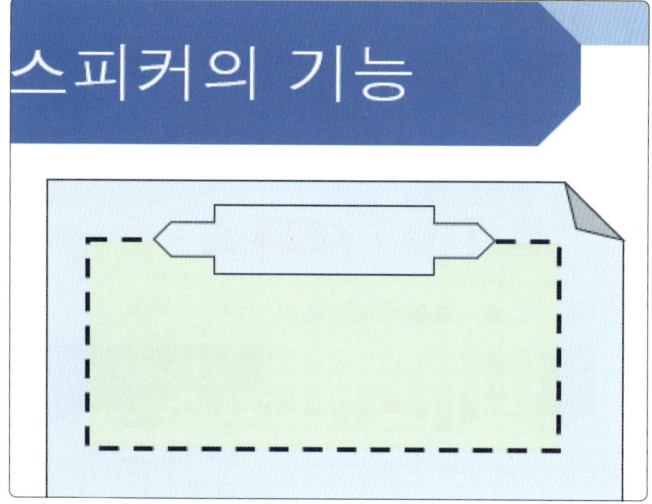

11 다음과 같이 **도형을 작성**합니다.

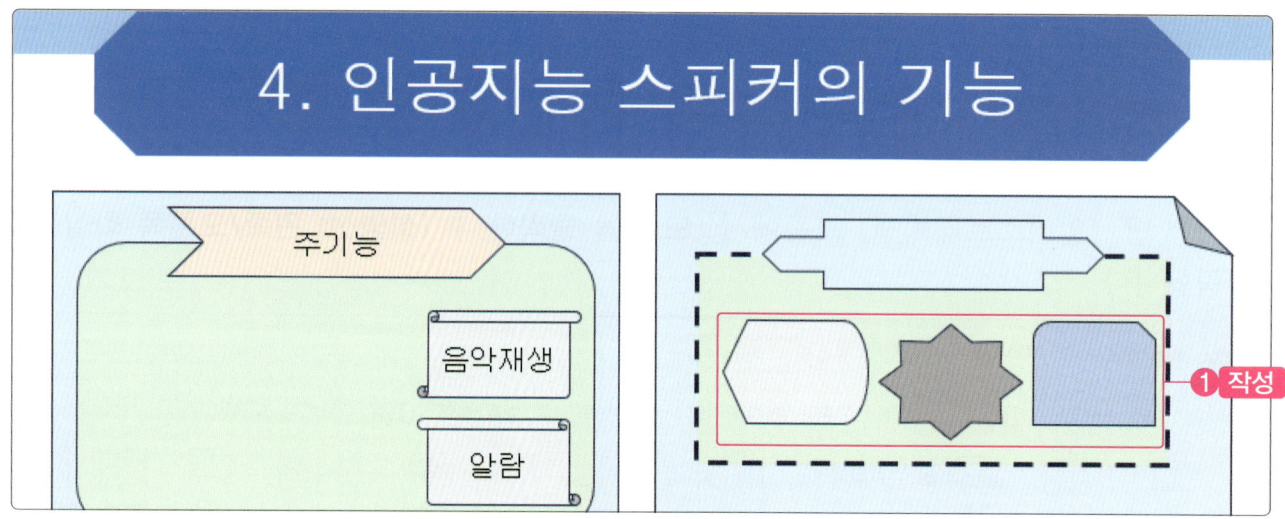

12 '별: 꼭짓점 8개' 도형을 선택한 후 회전 조절점(↻)을 드래그하여 도형을 회전합니다.

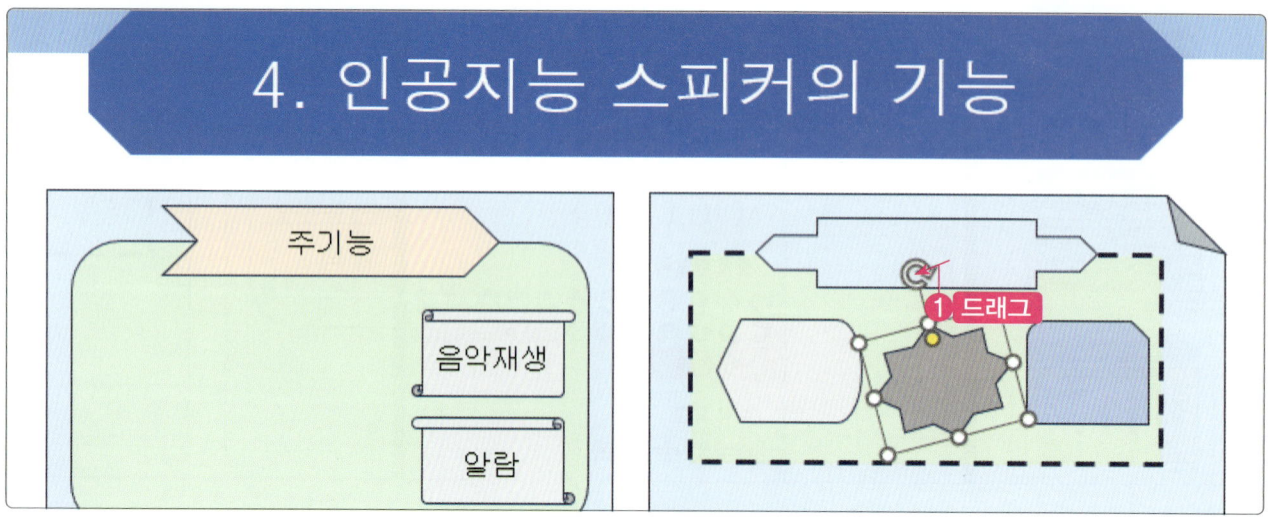

Shift를 누르고 드래그하면 15°씩 회전합니다.

13 같은 방법으로 '**사각형: 위쪽 모서리의 한쪽은 둥글고 다른 한쪽은 잘림**' 도형을 선택한 후 회전 조절점(⟲)을 드래그하여 도형을 회전합니다.

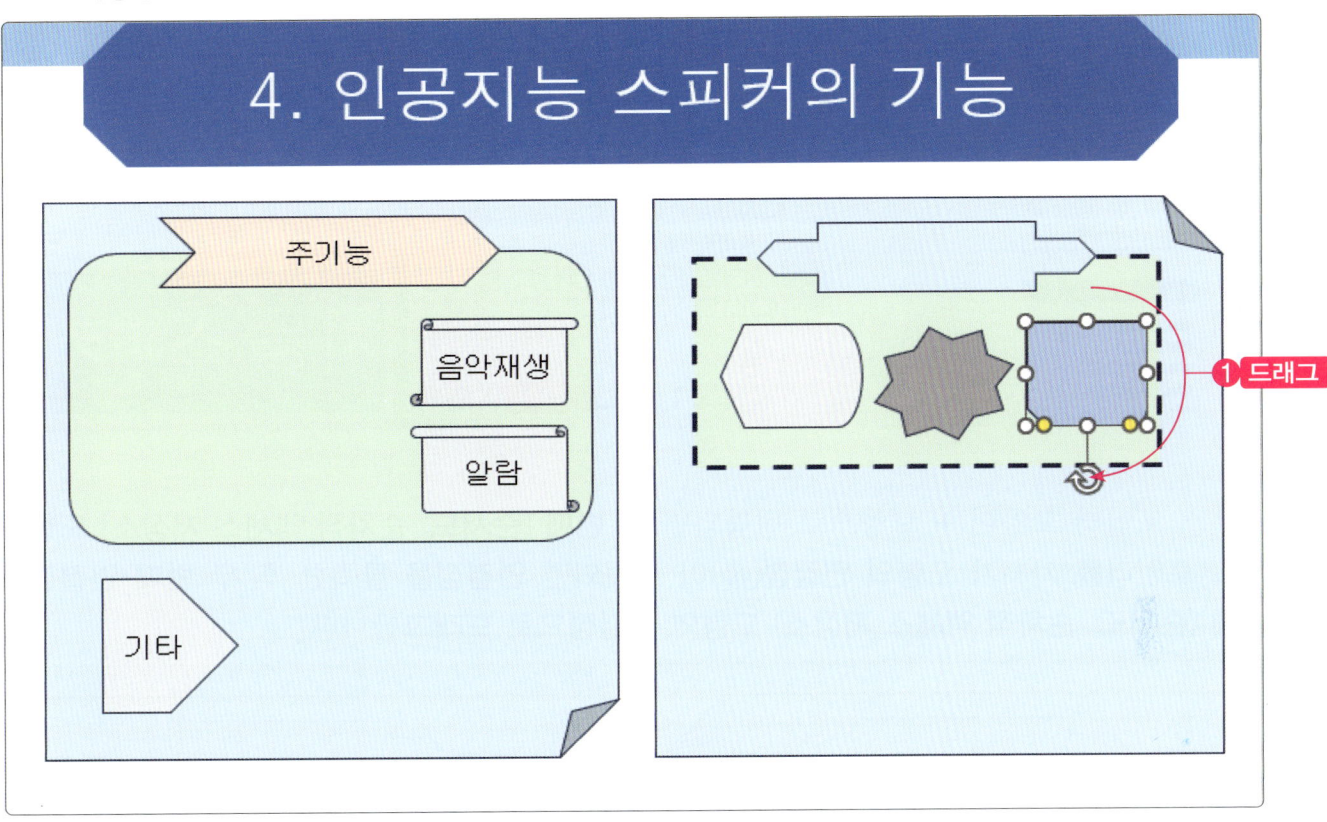

14 같은 방법으로 **나머지 도형을 작성**합니다.

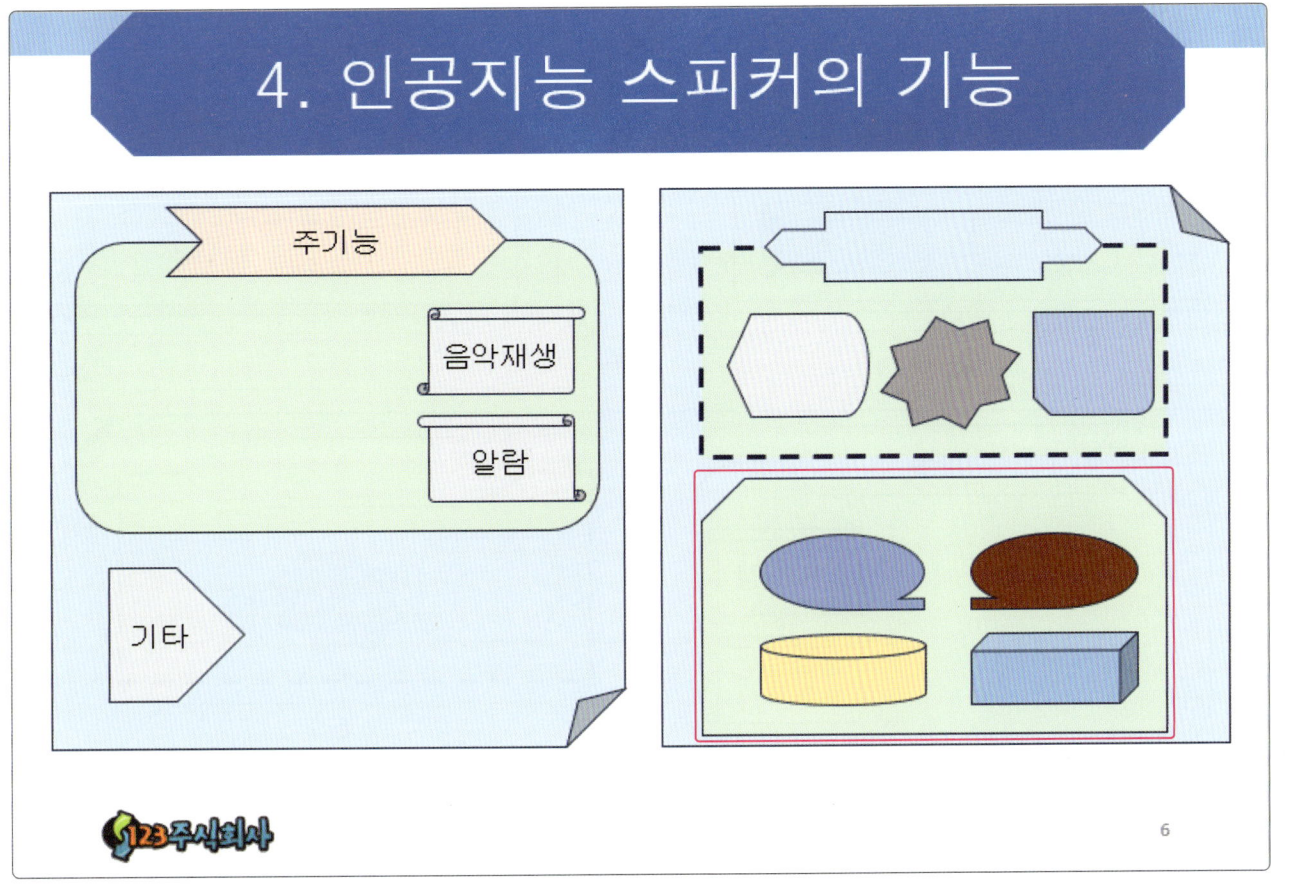

15 〔삽입〕 탭-〔일러스트레이션〕 그룹에서 〔도형〕을 클릭한 후 〔연결선: 꺾인 화살표(ㄱ)〕를 클릭합니다.

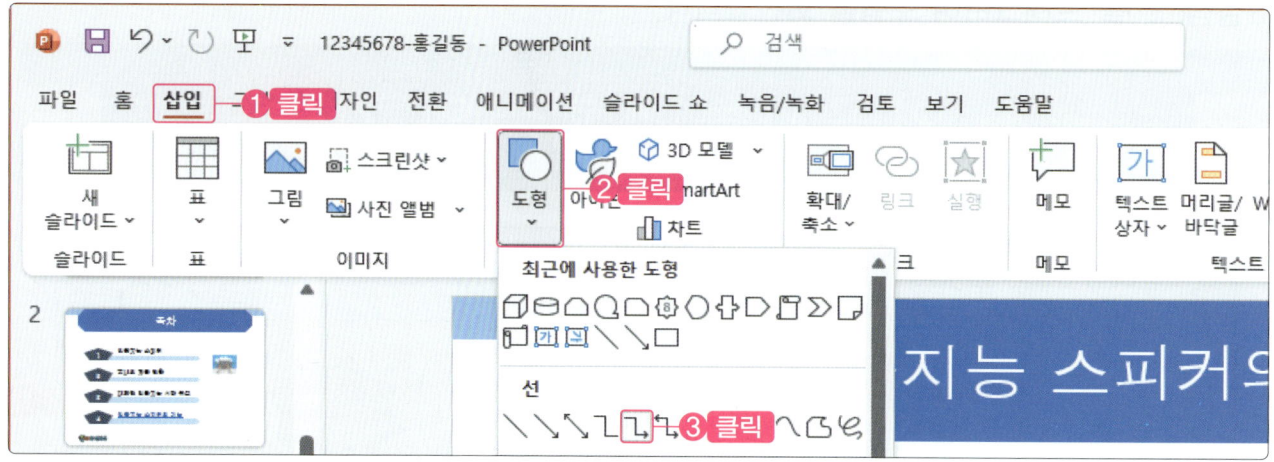

16 마우스 포인터 모양이 + 모양으로 변경되면 **첫 번째 〔순서도: 순차적 액세스 저장소〕 도형**에 마우스 포인터를 가져가 도형의 연결점(●)이 표시되면 연결점을 클릭한 후 두 번째 연결점을 두 번째 〔순서도: 순차적 액세스 저장소〕 도형의 연결점으로 드래그합니다.

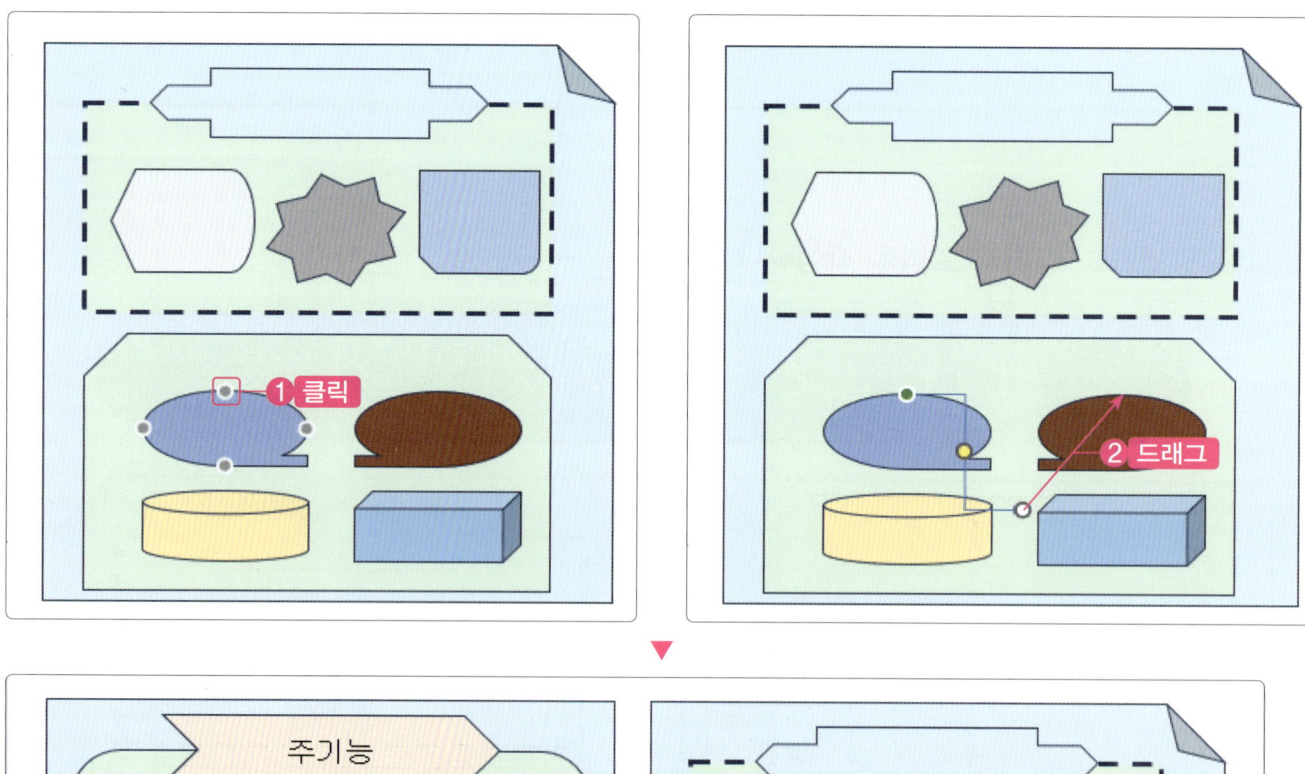

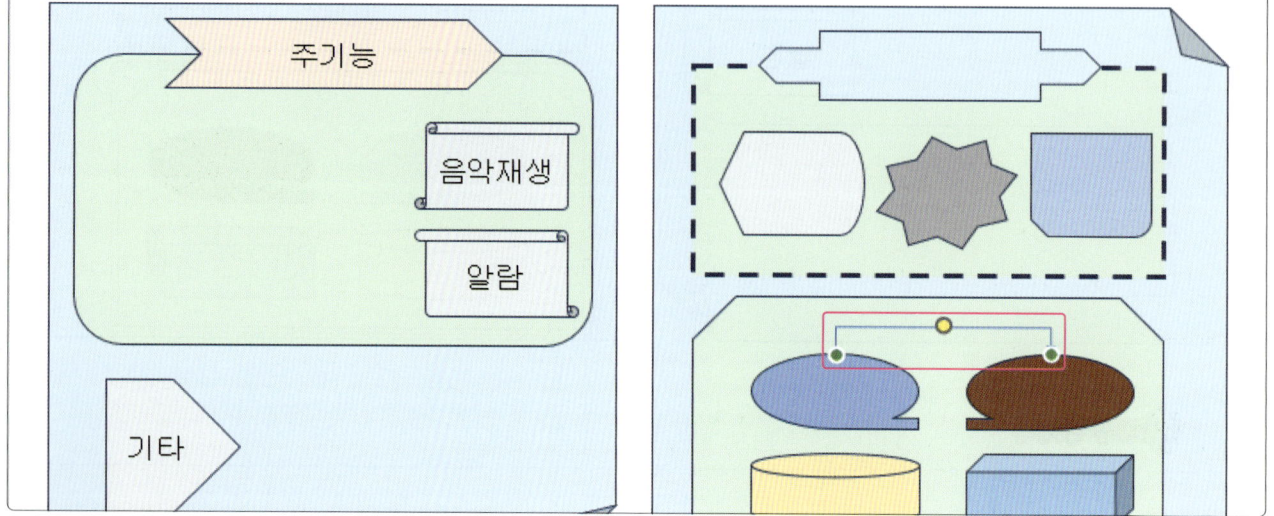

17 [도형 서식] 정황 탭-[도형 스타일] 그룹에서 [**도형 윤곽선**]을 클릭한 후 [**검정, 텍스트 1**]을 클릭합니다.

18 [도형 서식] 정황 탭-[도형 스타일] 그룹에서 [**도형 윤곽선**]을 클릭한 후 [두께]-[2¼ pt]를 클릭합니다.

- 도형 윤곽선의 두께는 문제지 조건에 없기 때문에 〈출력형태〉를 참고하여 임의의 두께를 지정합니다.
- 얇은 선은 '1pt', 두꺼운 선은 '2¼pt' 또는 '3pt'로 지정하면 됩니다.

STEP 04 텍스트 상자 삽입하기

〈조건〉 (1) 슬라이드와 같이 도형 및 스마트아트를 배치한다(글꼴 : 굴림, 18pt).

1 **각각의 도형을 선택**한 후 **텍스트를 입력**합니다.

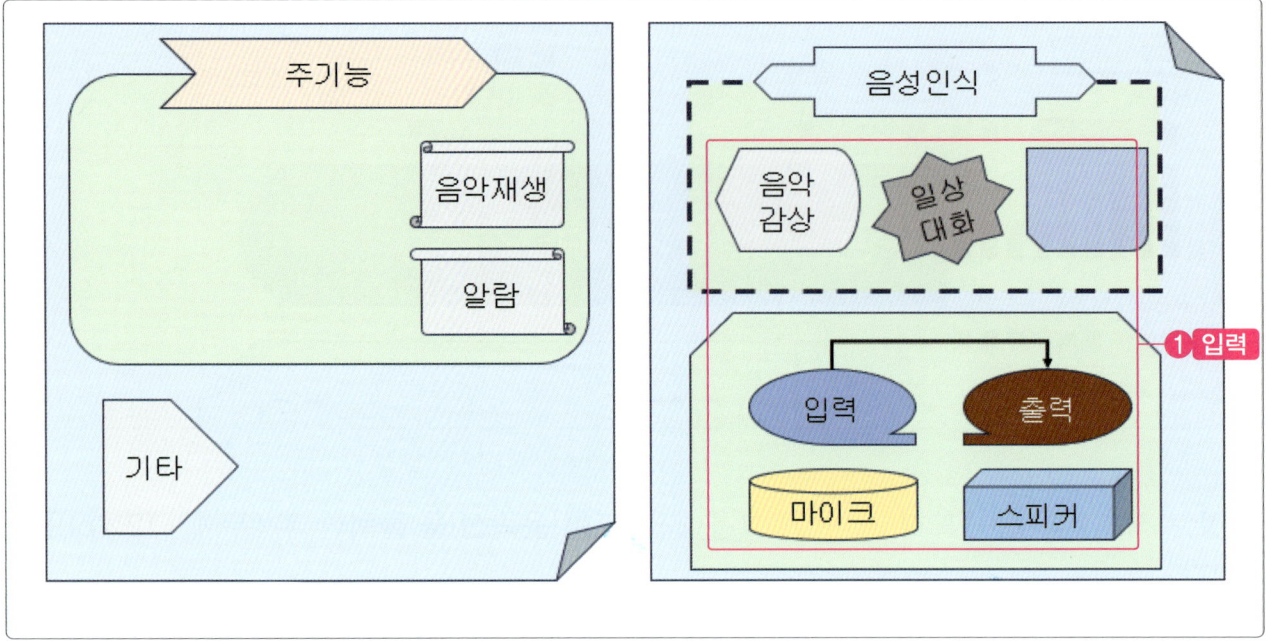

'출력' 텍스트를 입력한 후 드래그하여 블록으로 설정한 후 [홈] 탭-[글꼴] 그룹에서 글꼴 색(흰색, 배경 1)을 선택합니다.

2 [삽입] 탭-[텍스트] 그룹에서 [**텍스트 상자(가)**]를 클릭합니다.

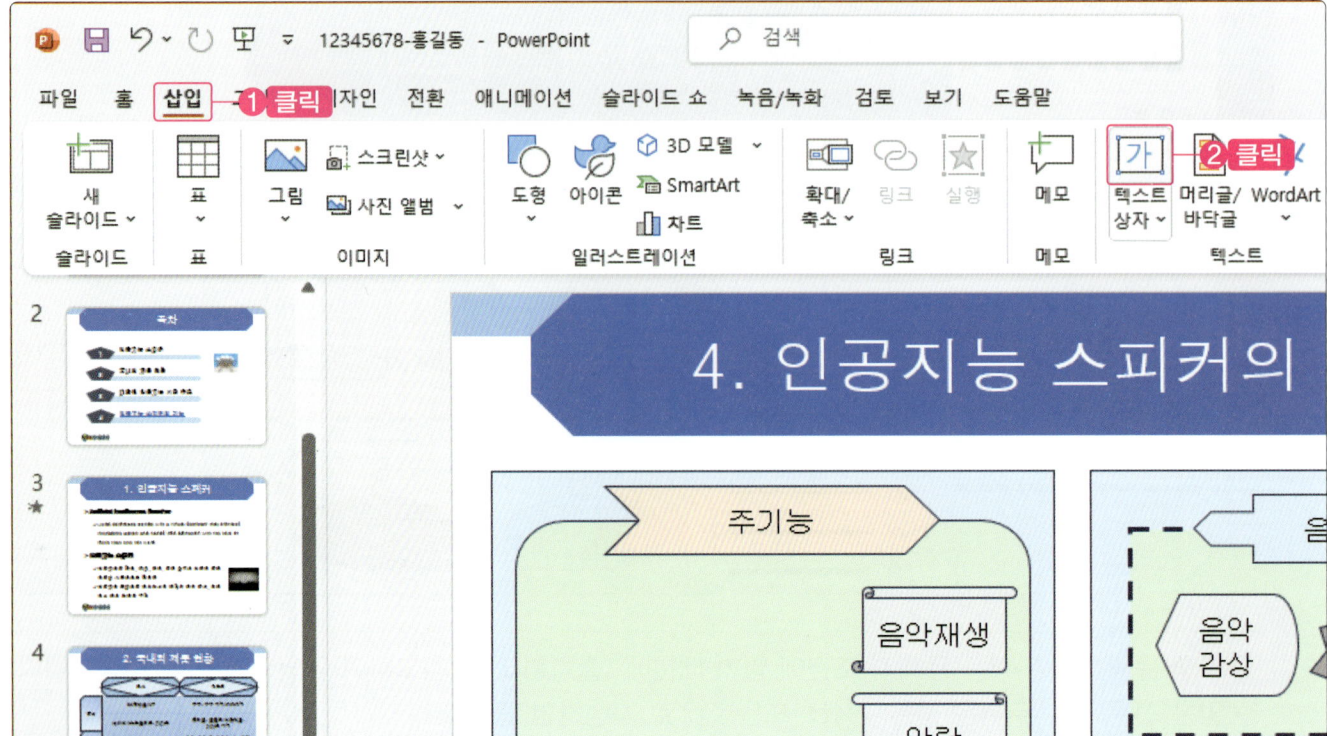

> **〈조건〉** (1) 슬라이드와 같이 도형 및 스마트아트를 배치한다(글꼴 : 굴림, 18pt).

3 텍스트 상자를 작성하기 위해 **빈 공간을 클릭**한 후 **텍스트를 입력**합니다.

> '텍스트 상자(가)'를 선택한 상태에서 도형을 클릭하면 도형에 텍스트 입력 모드가 됩니다. 그렇기 때문에 빈 공간을 클릭한 후 텍스트 상자를 작성합니다.

4 텍스트를 드래그하여 블록으로 설정한 후 〔홈〕 탭-〔글꼴〕 그룹에서 **글꼴(굴림)**과 **글꼴 크기(18)**를 **선택**합니다.

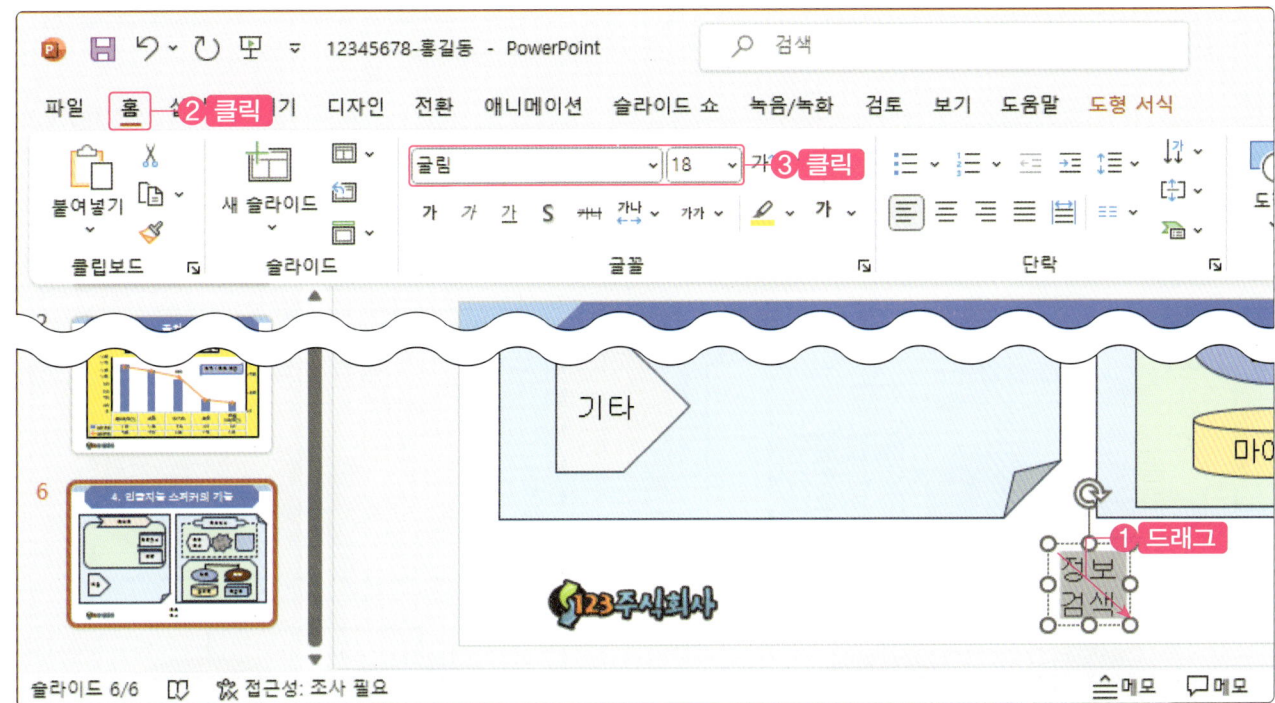

5 텍스트 상자를 '사각형: 위쪽 모서리의 한쪽은 둥글고 다른 한쪽은 잘림(⬜)' 도형 위로 드래그하여 텍스트 상자를 배치합니다.

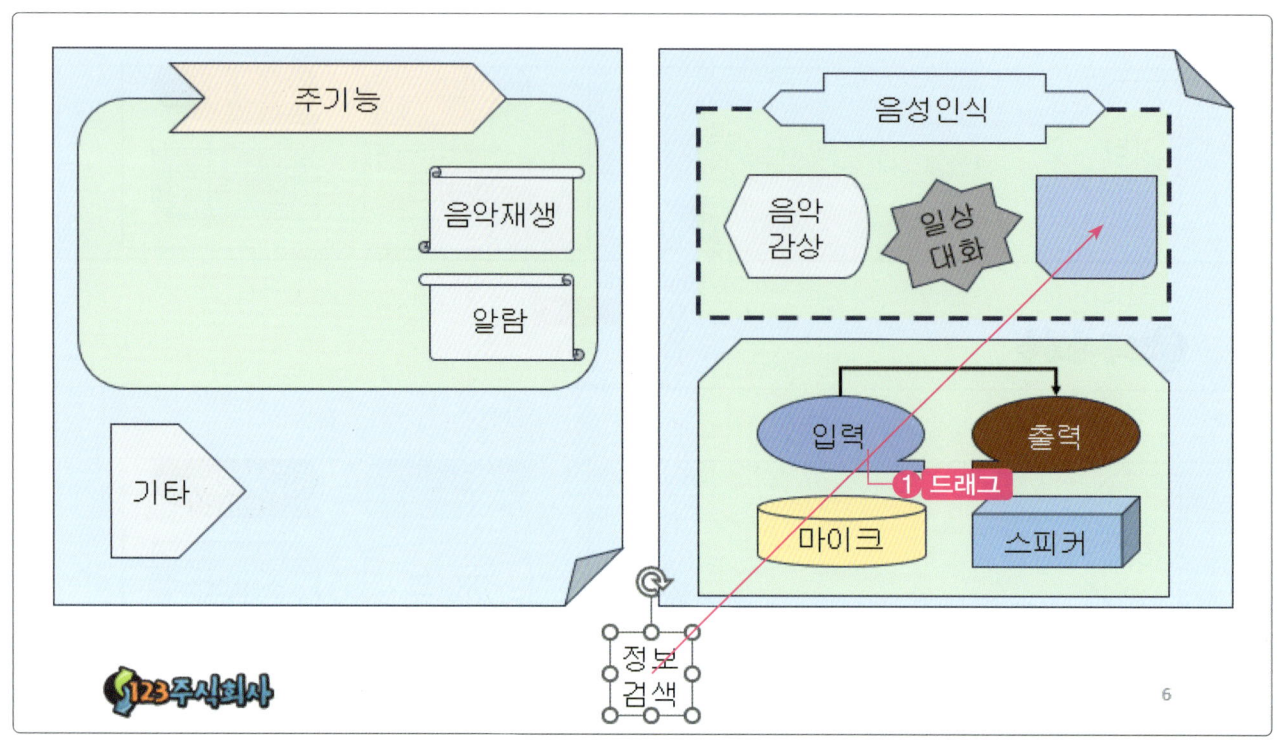

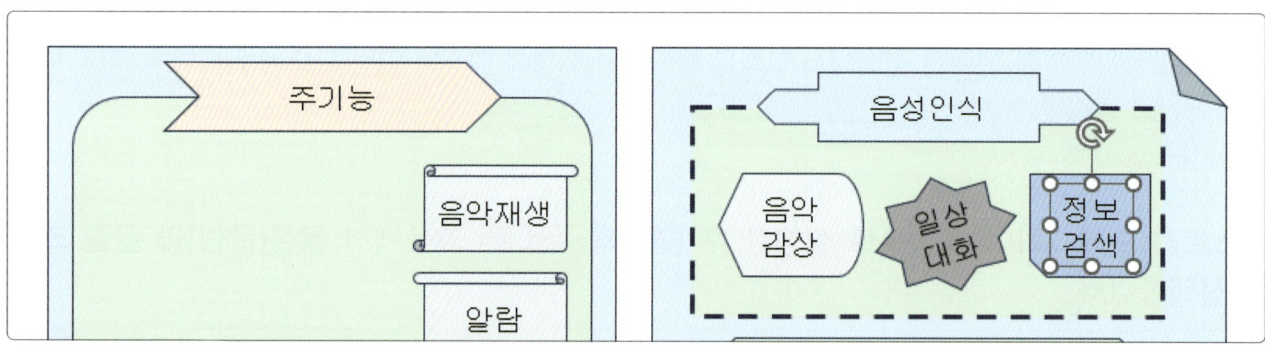

텍스트 상자를 삽입하는 이유

회전한 도형에 글자를 입력하면 도형과 함께 글자가 회전됩니다. 이럴 경우 텍스트 상자를 이용하여 글자를 입력한 후 〈출력형태〉와 같이 위치를 변경합니다.

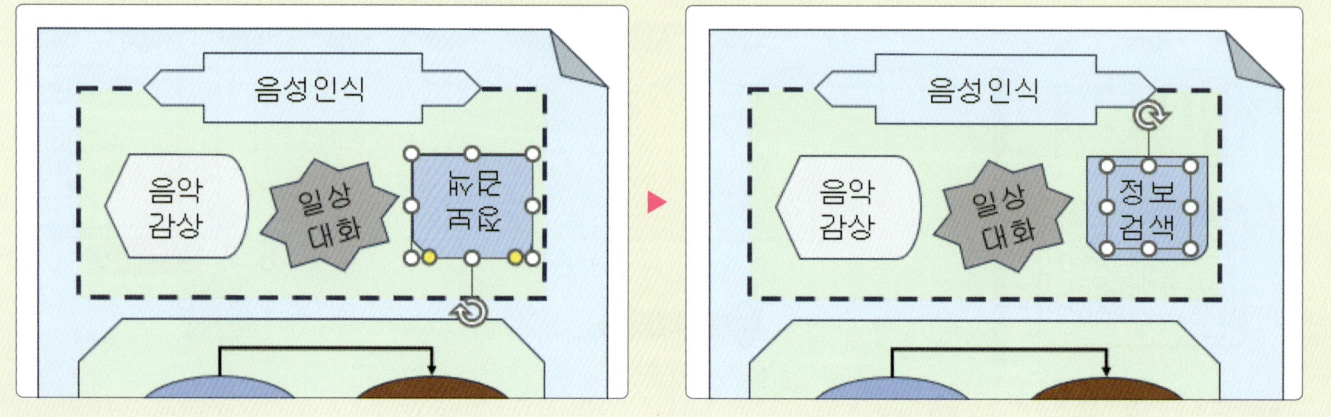

텍스트 방향 변경하기

도형 또는 텍스트 상자에서 텍스트를 읽는 방향을 변경할 수 있습니다. 즉, 텍스트를 세로로 쓰거나 세워쓰거나 원하는 방향으로 회전합니다.

다음과 같이 도형과 텍스트가 같이 회전된 경우 [홈] 탭-[단락] 그룹에서 [텍스트 방향(↕︎)]을 클릭한 후 [모든 텍스트 270도 회전]을 클릭합니다.

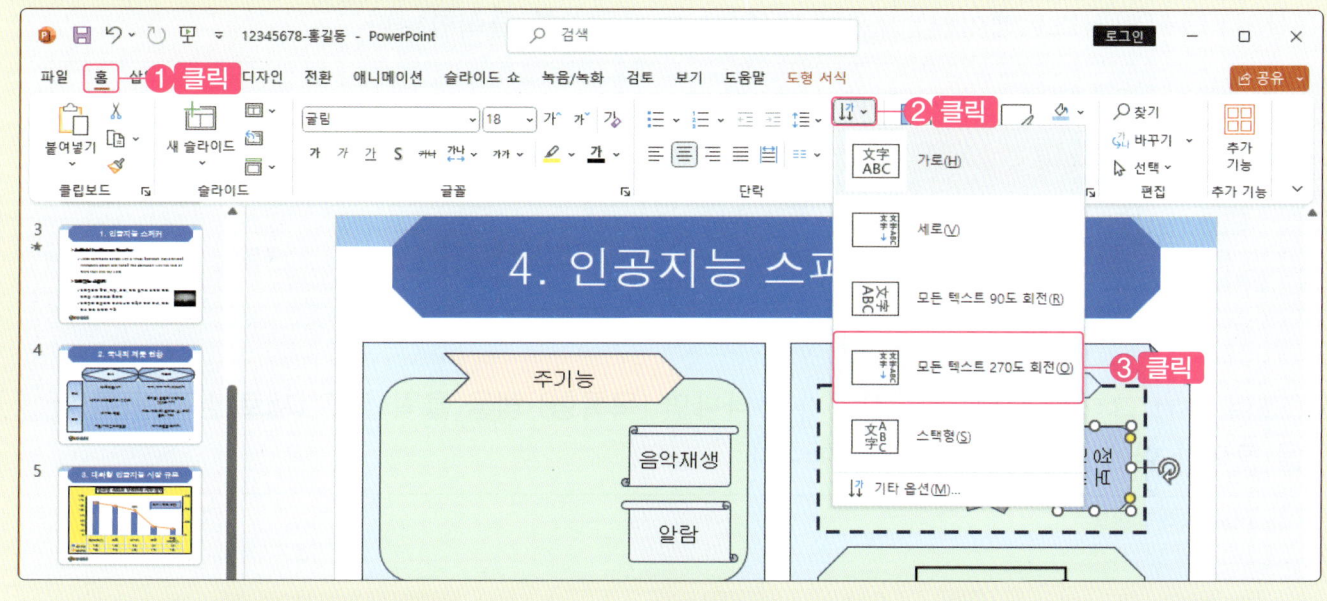

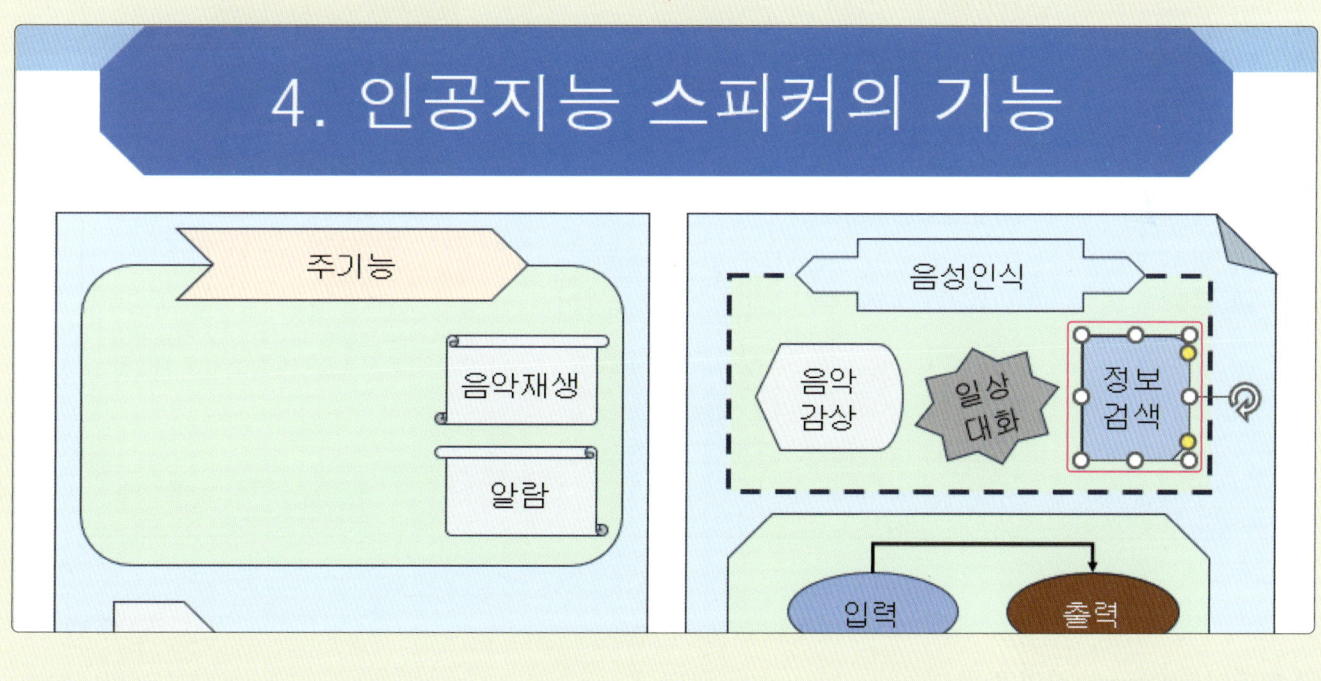

텍스트 방향 알아보기

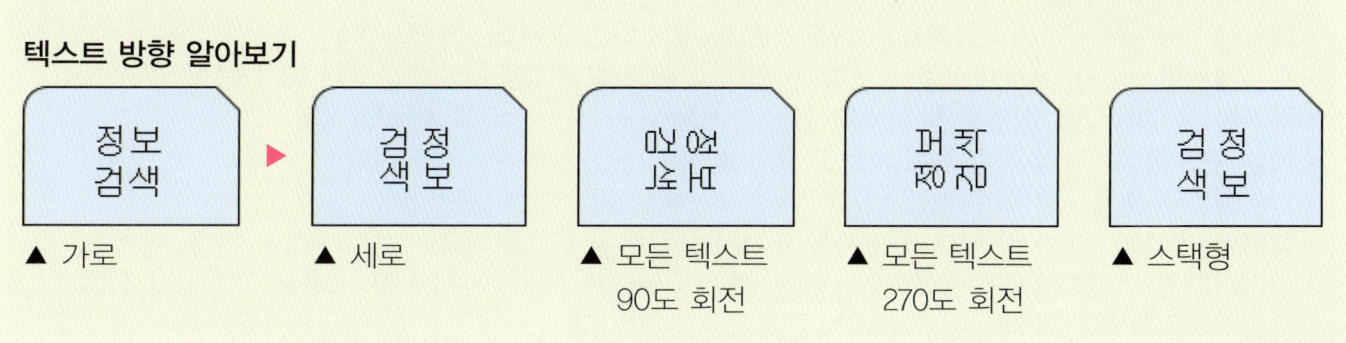

Chapter 08 · 도형 슬라이드　125

STEP 05 스마트아트(SmartArt) 작성하기

〈조건〉 (1) 슬라이드와 같이 도형 및 스마트아트를 배치한다(글꼴 : 굴림, 18pt).
① 도형 및 스마트아트 편집
– 스마트아트 디자인 : 3차원 만화, 3차원 경사

1 〔삽입〕 탭-〔일러스트레이션〕 그룹에서 〔SmartArt(📊)〕를 클릭합니다.

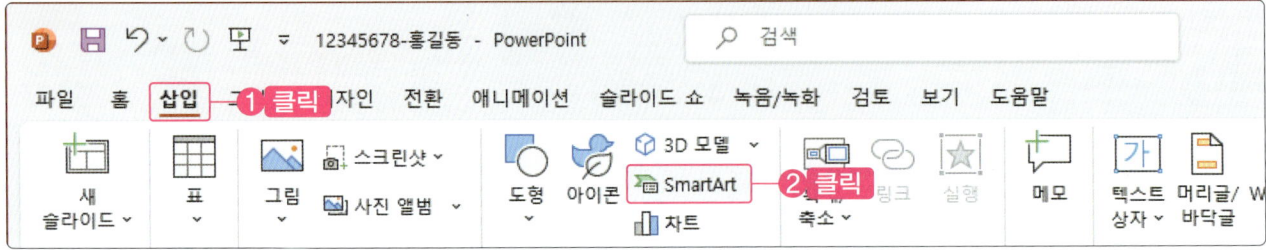

2 〔SmartArt 그래픽 선택〕 대화상자가 나타나면 〔목록형〕 탭을 클릭한 후 〔세로 상자 목록형(📋)〕을 클릭한 다음 〔확인〕 단추를 클릭합니다.

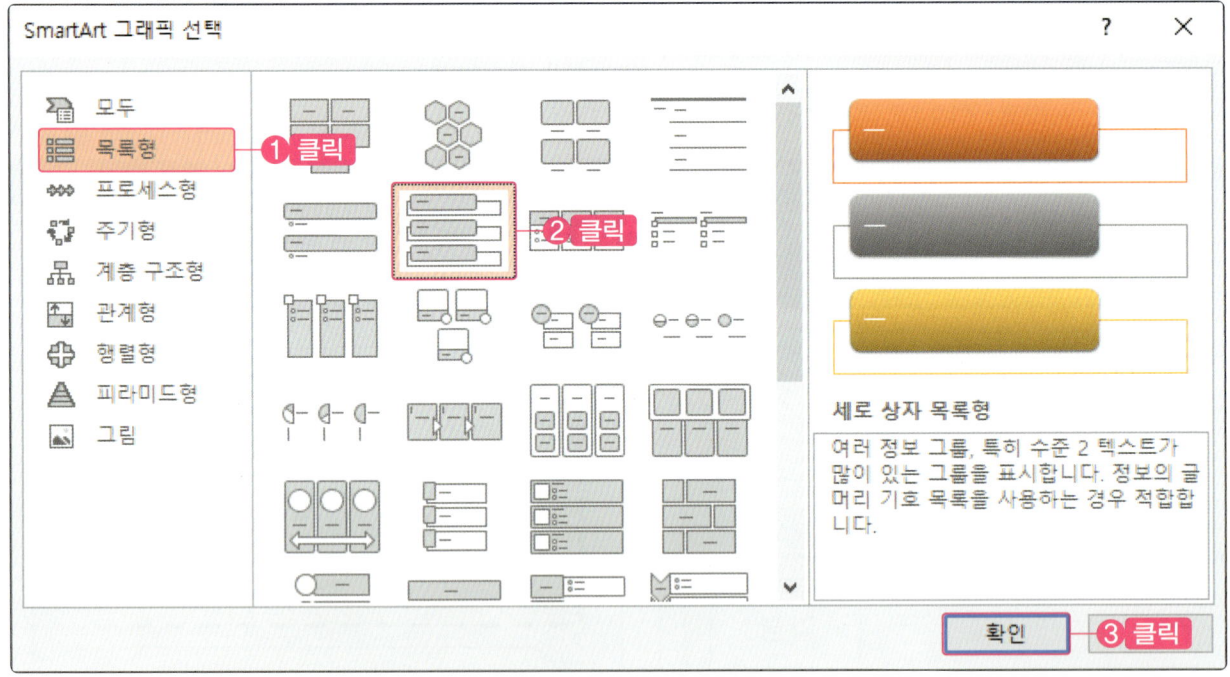

스마트아트(SmartArt)의 종류
- **목록형** : 비순차적이거나 그룹화된 블록 정보를 표시하는 경우에 사용합니다.
- **프로세스형** : 작업, 프로세스 등의 진행 방향이나 순차적 단계를 표시하는 경우에 사용합니다.
- **주기형** : 단계, 작업, 이벤트 등의 이어지는 순서를 표시하는 경우에 사용합니다.
- **계층 구조형** : 조직의 계층 정보나 보고 관계를 표시하는 경우에 사용합니다.
- **관계형** : 두 내용 사이의 관계를 비교하거나 표시하는 경우에 사용합니다.
- **행렬형** : 전체에 대한 각 부분의 관계를 표시하는 경우에 사용합니다.
- **피라미드형** : 가장 큰 구성 요소가 맨 위나 맨 아래에 있는 비례 관계를 표시하는 경우에 사용합니다.
- **그림** : 그림과 그림의 내용을 표시하는 경우에 사용합니다.

3 스마트아트(SmartArt)의 **도형을 클릭**하여 **내용(대화, 메모, 뉴스)을 입력**합니다.

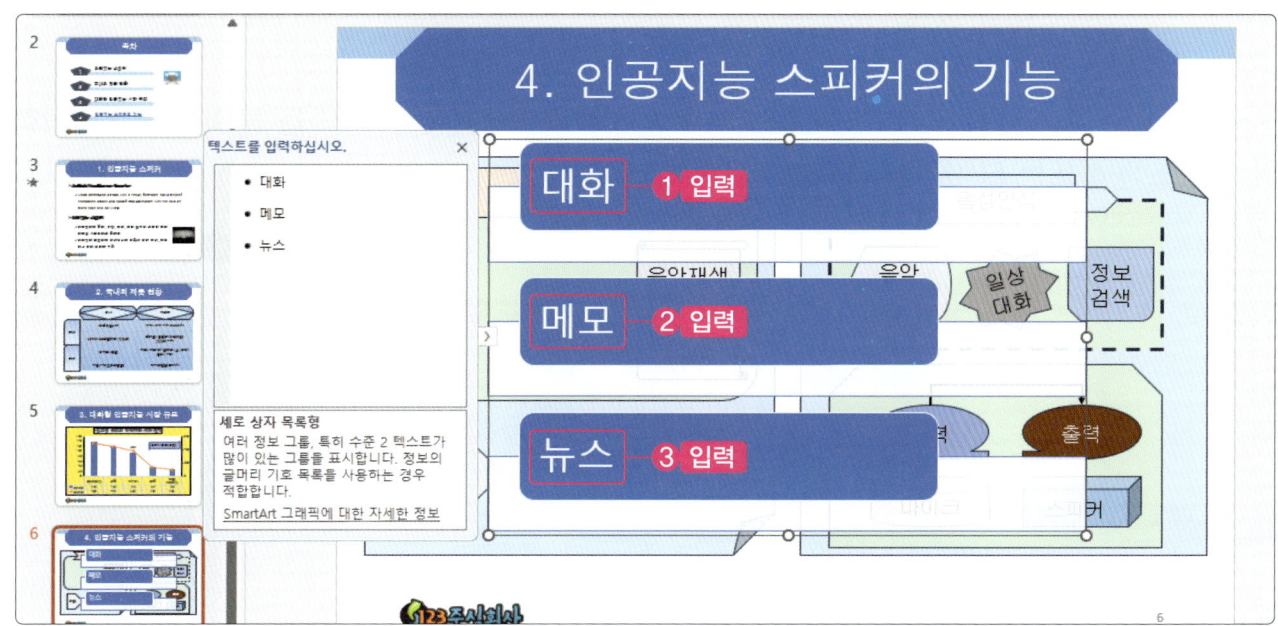

한가지 더!

스마트아트(SmartArt) 텍스트 창 입력하기

스마트아트(SmartArt)에 텍스트를 입력하는 방법은 왼쪽 텍스트 창을 이용하여 입력하는 방법과 오른쪽에 표시된 스마트아트(SmartArt) 개체를 직접 클릭하여 입력하는 방법이 있습니다. 만약, 텍스트 창이 표시되지 않을 경우 왼쪽에 표시된 텍스트 창 화살표(<)를 클릭하면 표시되며, 텍스트 입력란의 [닫기(×)]를 클릭하면 숨길 수 있습니다.

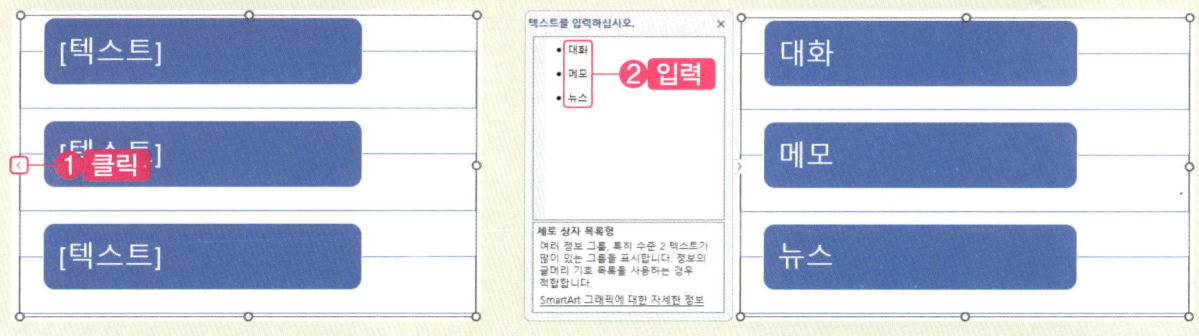

4 **크기 조절점을 드래그**하여 **크기를 조절**한 후 **위치를 이동**합니다.

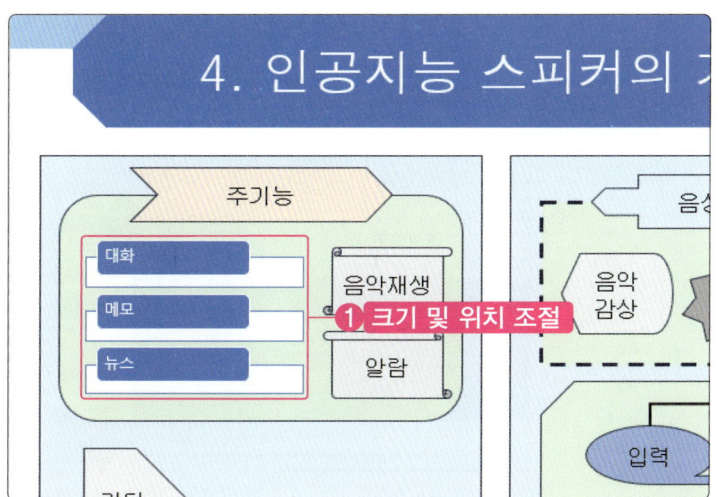

<조건> (1) 슬라이드와 같이 도형 및 스마트아트를 배치한다(글꼴 : 굴림, 18pt).
① 도형 및 스마트아트 편집 – 스마트아트 디자인 : 3차원 만화, 3차원 경사

5 [SmartArt 디자인] 정황 탭-[SmartArt 스타일] 그룹에서 [색 변경]을 클릭한 후 [색상형 범위 – 강조색 4 또는 5(▬)]를 클릭합니다.

스마트아트(SmartArt)의 색 변경은 임의의 색을 지정합니다.

6 [SmartArt 디자인] 정황 탭-[SmartArt 스타일] 그룹에서 [자세히(▼)]를 클릭한 후 [만화(▬)]를 클릭합니다.

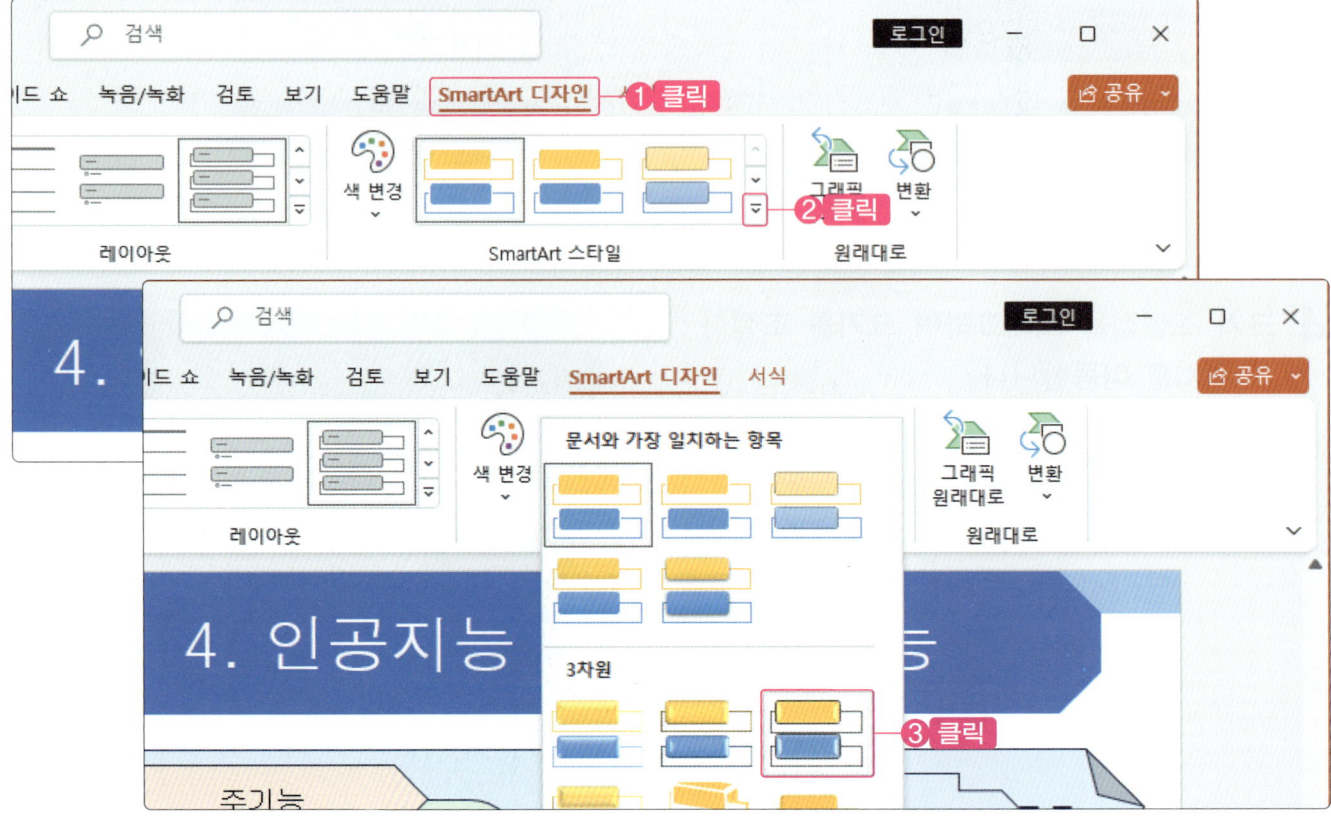

〈조건〉　(1) 슬라이드와 같이 도형 및 스마트아트를 배치한다(글꼴 : 굴림, 18pt).
　　　　① 도형 및 스마트아트 편집 – 스마트아트 디자인 : 3차원 만화, 3차원 경사

7 〔홈〕 탭-〔글꼴〕 그룹에서 **글꼴(굴림)**과 **글꼴 크기(18)**, **글꼴 색(검정, 텍스트 1)을 선택**합니다.

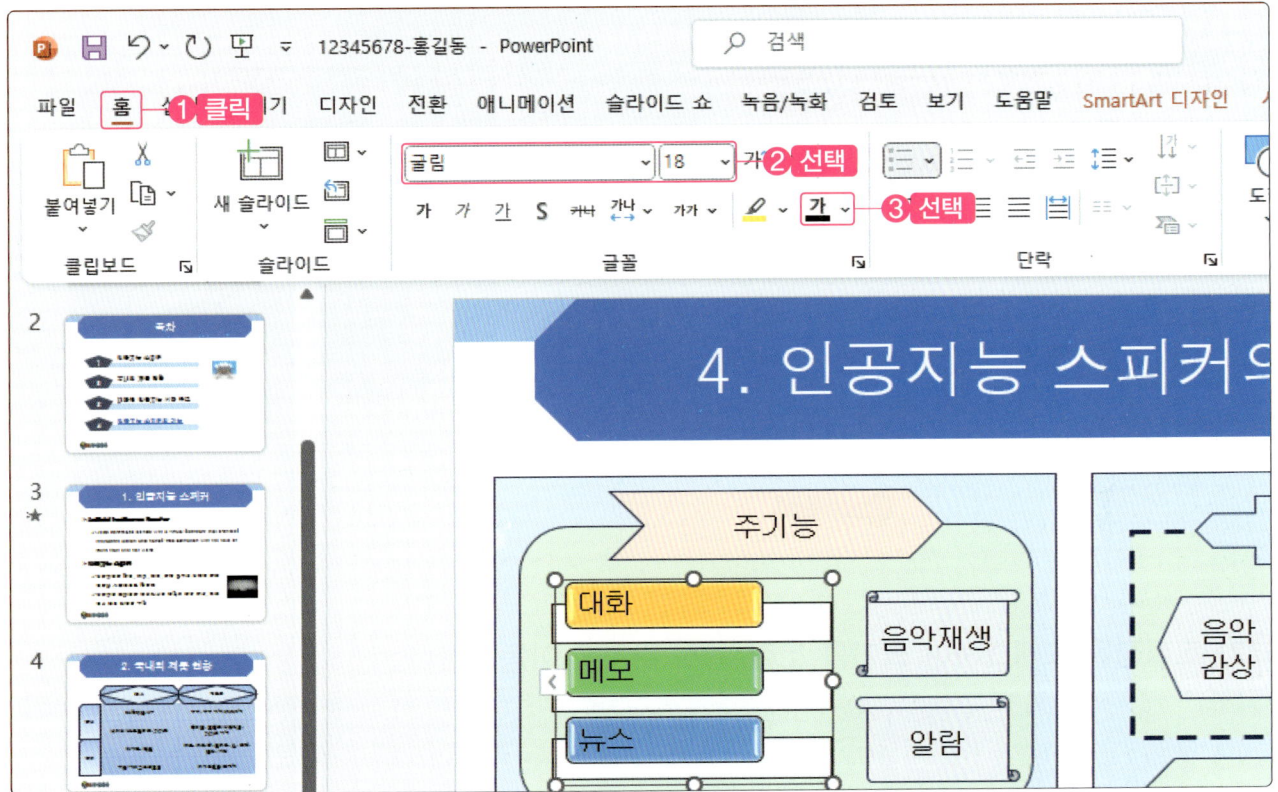

8 두 번째 스마트아트(SmartArt)를 작성하기 위해 〔삽입〕 탭-〔일러스트레이션〕 그룹에서 〔**SmartArt**〕를 클릭합니다.

9 〔SmartArt 그래픽 선택〕 대화상자가 나타나면 〔**관계형**〕을 클릭한 후 〔**선형 벤형**〕을 클릭한 다음 〔**확인**〕 단추를 클릭합니다.

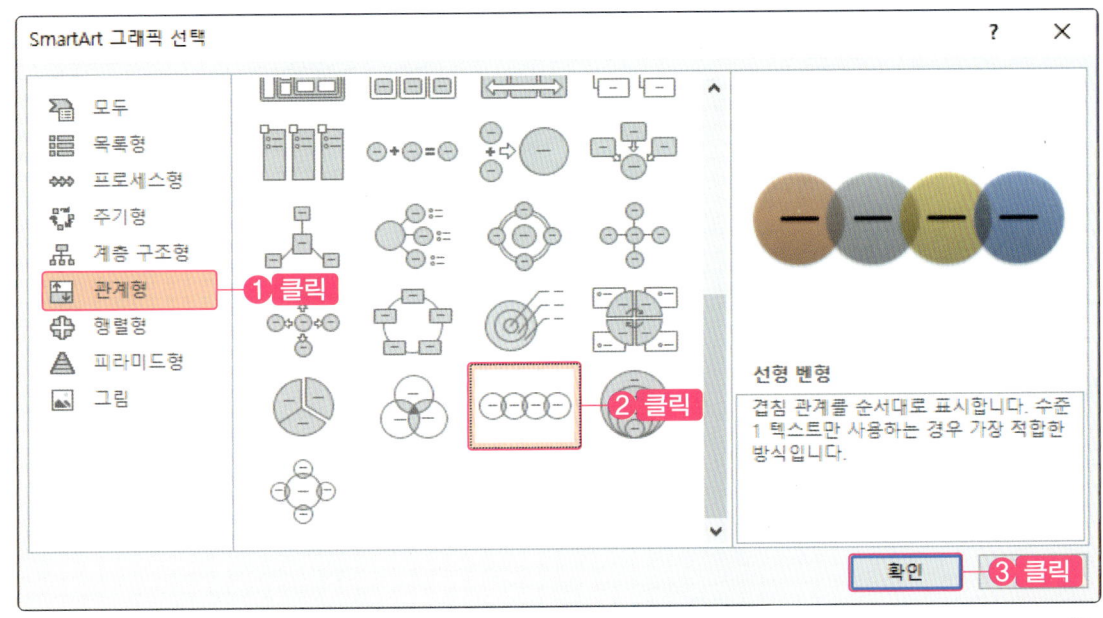

10 스마트아트의 텍스트 입력 창에서 '**운세**'와 '**주식**'을 입력한 후 Delete를 눌러 나머지 도형을 삭제합니다.

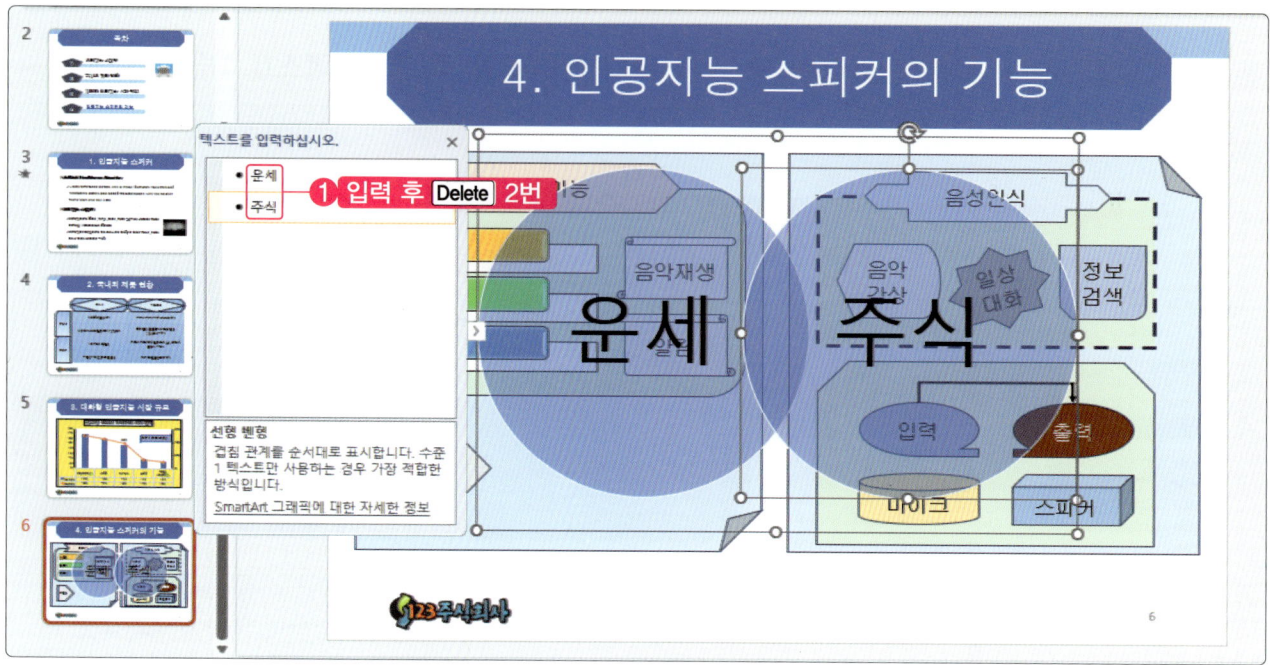

11 크기 조절점을 드래그하여 **크기를 조절**한 후 **위치를 이동**합니다.

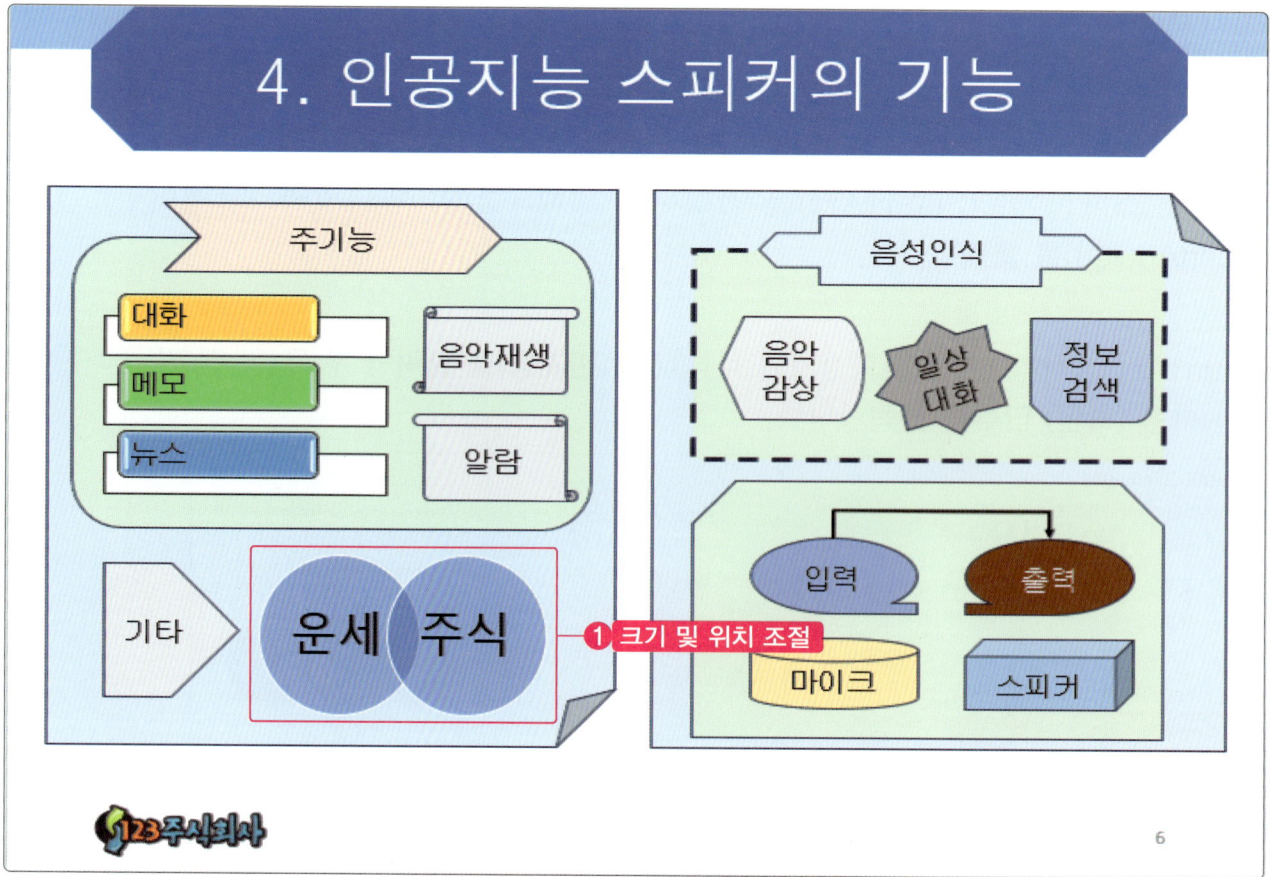

〈조건〉　(1) 슬라이드와 같이 도형 및 스마트아트를 배치한다(글꼴 : 굴림, 18pt).
　　　　① 도형 및 스마트아트 편집 - 스마트아트 디자인 : 3차원 만화, 3차원 경사

12 〔SmartArt 디자인〕 정황 탭-〔SmartArt 스타일〕 그룹에서 **자세히(▽)를 클릭**한 후 〔**경사(◐◐)**〕**를 클릭**합니다.

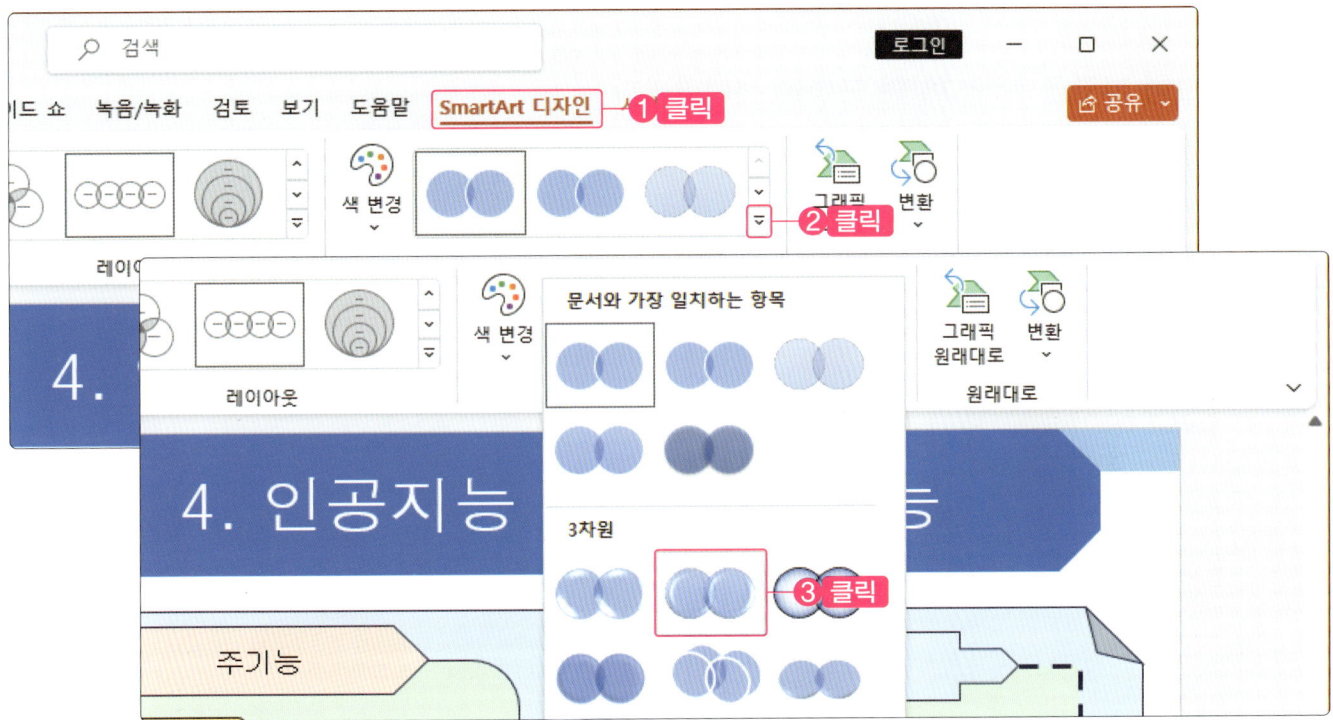

13 〔홈〕 탭-〔글꼴〕 그룹에서 **글꼴(굴림)과 글꼴 크기(18)를 선택**합니다.

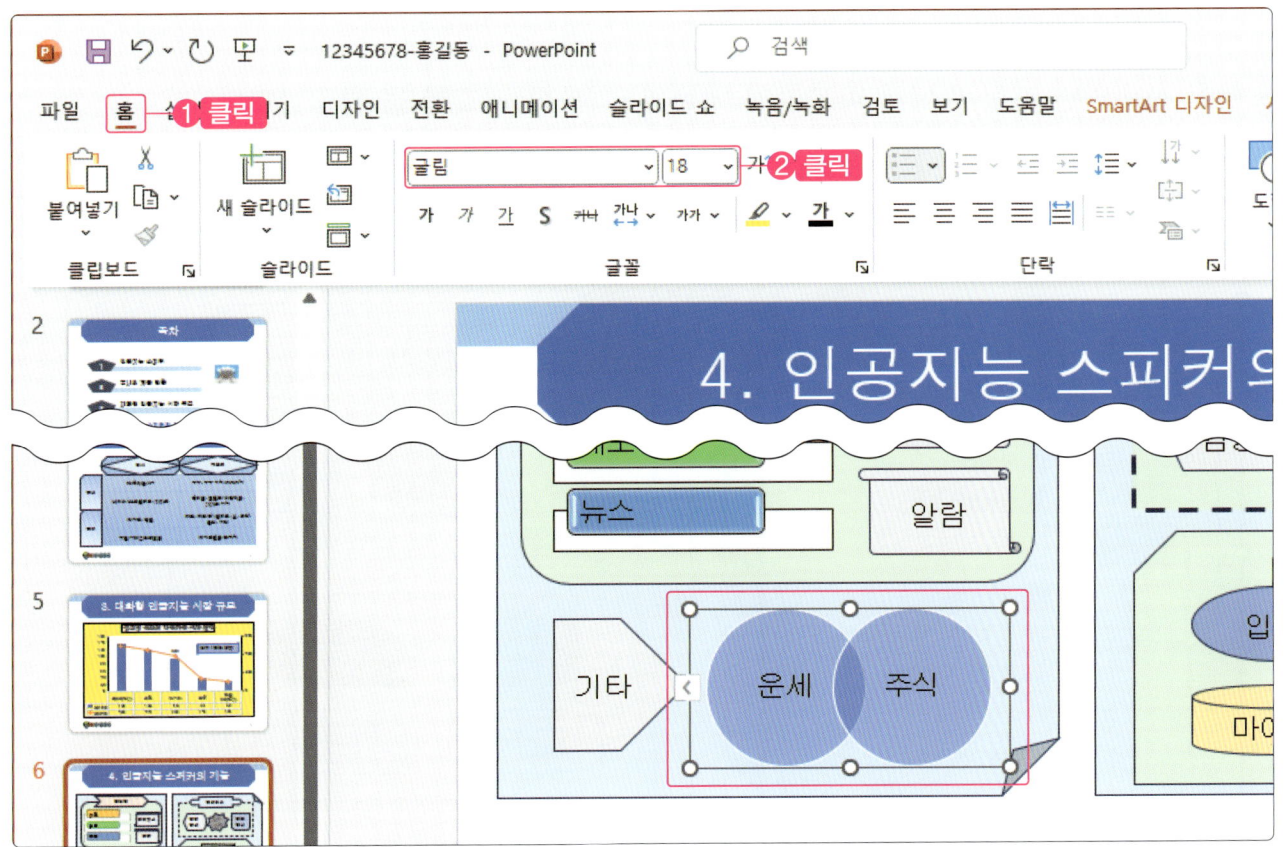

STEP 06 애니메이션 지정하기

<조건>　(2) 애니메이션 순서 : ① ⇒ ②
　　　　① 도형 및 스마트아트 편집
　　　　　- 그룹화 후 애니메이션 효과 : 닦아내기(위에서)
　　　　② 도형 편집
　　　　　- 그룹화 후 애니메이션 효과 : 바운드

1 왼쪽 도형 부분을 드래그하여 도형을 선택합니다.

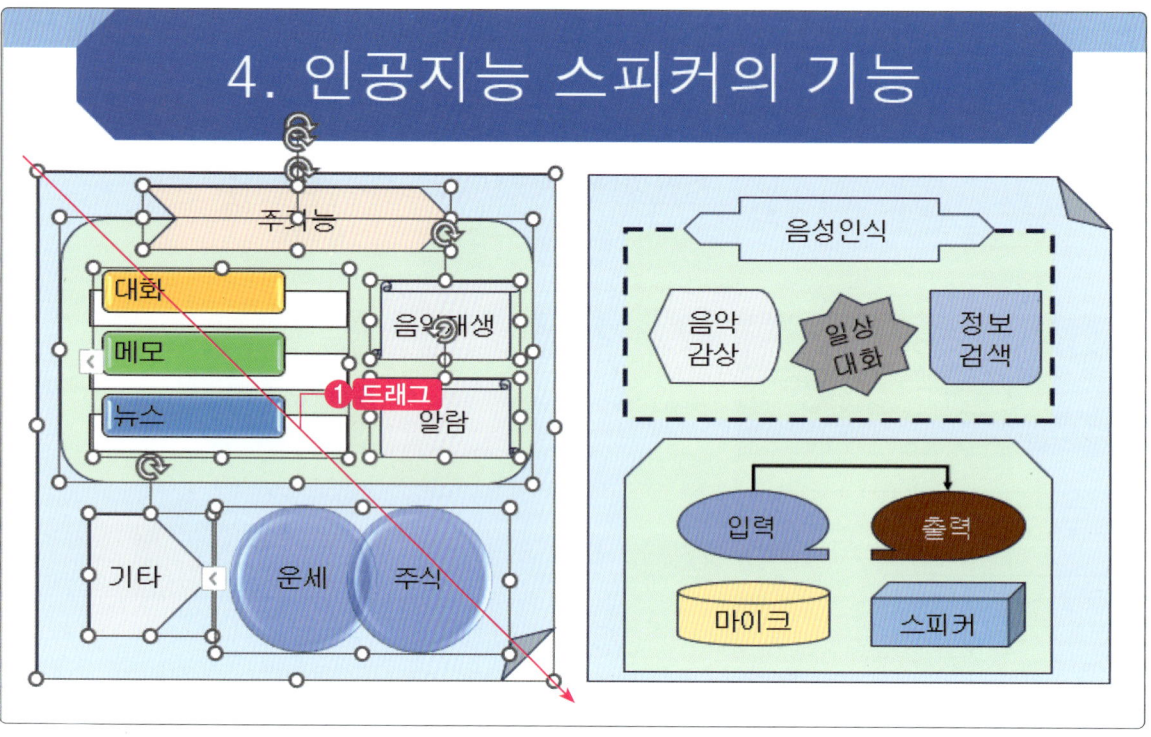

2 도형이 선택되면 도형 위에서 바로가기 메뉴의 [그룹화]-**[그룹]**을 클릭합니다.

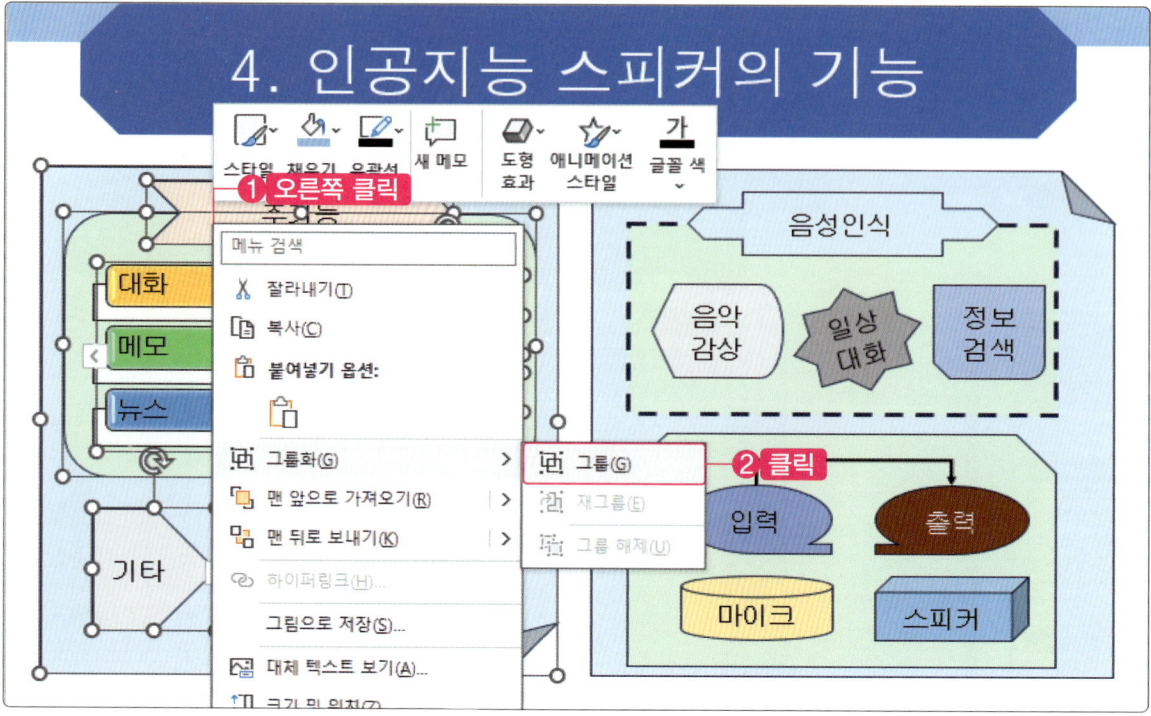

〈조건〉　① 도형 및 스마트아트 편집
　　　　　• 그룹화 후 애니메이션 효과 : 닦아내기(위에서)

도형과 스마트아트(SmartArt)가 그룹화되지 않는 경우

도형과 스마트아트(SmartArt)를 선택한 후 바로가기 메뉴의 〔그룹화〕가 비활성화 되는 경우가 있습니다. 이런 경우는 스마트아트(SmartArt)를 작성할 때 슬라이드에서 〔SmartArt 그래픽 삽입(📊)〕을 클릭하여 작성할 때 발생합니다.

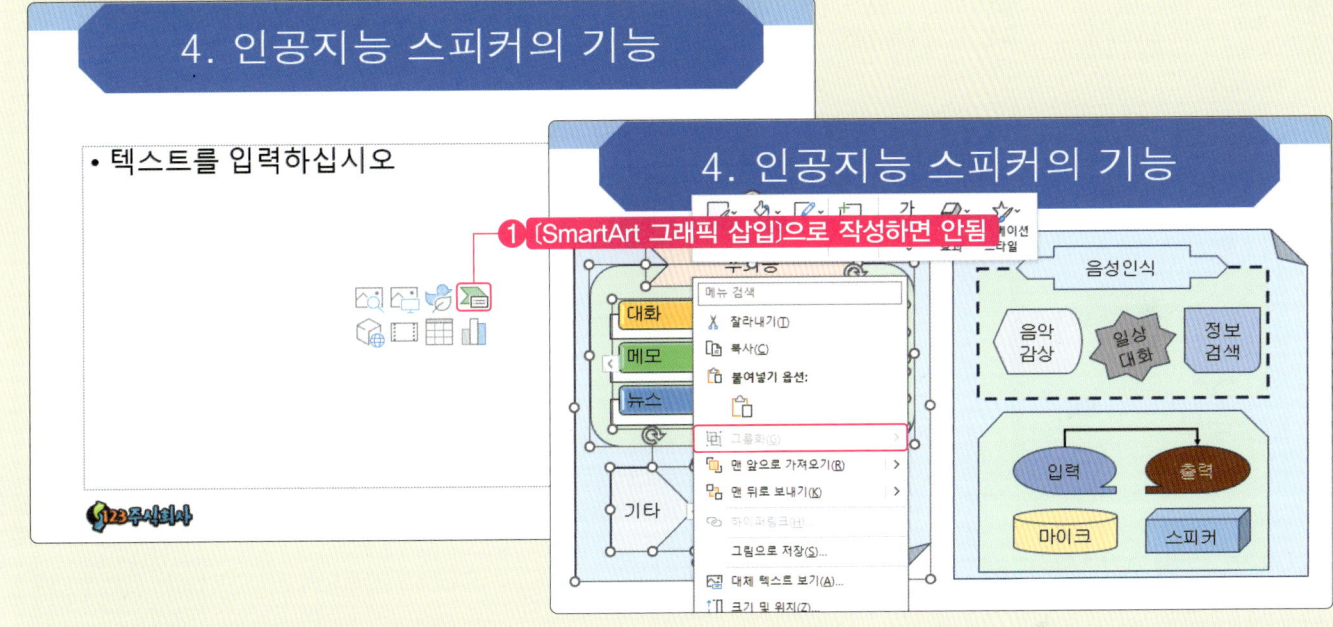

※ 스마트아트(SmartArt)를 삭제한 후 〔삽입〕 탭-〔일러스트레이션〕 그룹에서 〔SmartArt(📊)〕를 클릭하여 다시 작성합니다.

3 그룹이 지정되면 〔애니메이션〕 탭-〔애니메이션〕 그룹에서 **〔자세히(▽)〕를 클릭**한 후 **〔닦아내기(⭐)〕를 클릭**합니다.

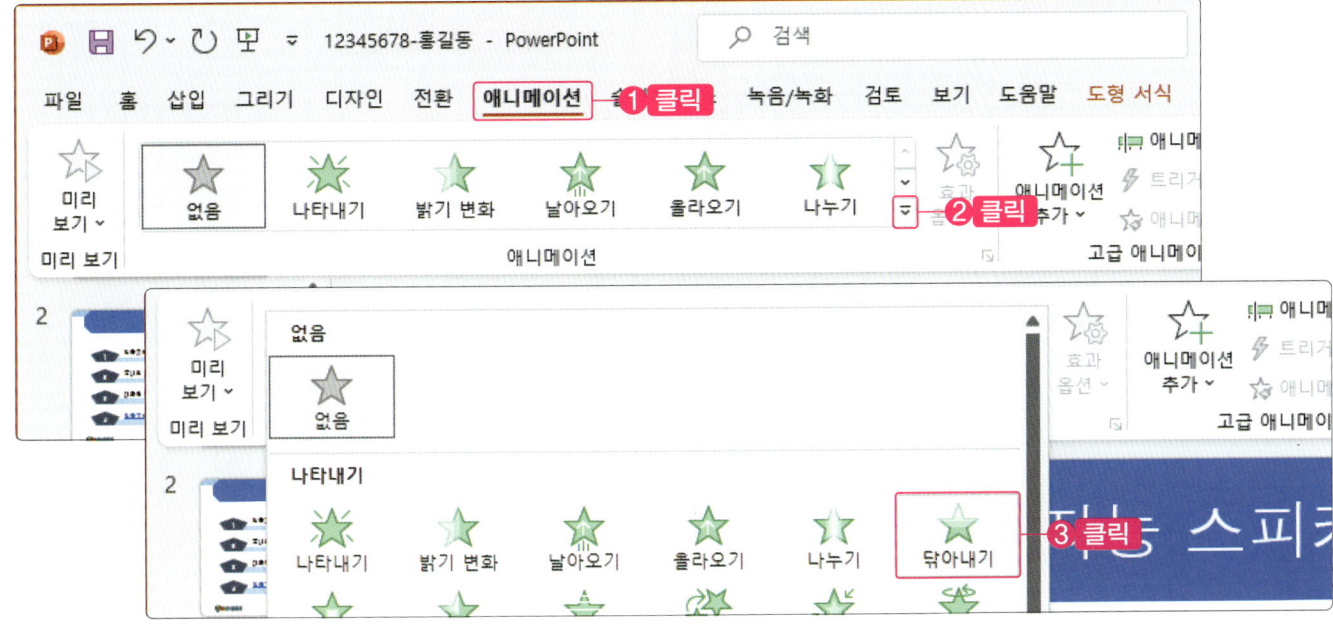

⟨조건⟩ ① 도형 및 스마트아트 편집
　　　　• 그룹화 후 애니메이션 효과 : 닦아내기(위에서)

4 [애니메이션] 탭–[애니메이션] 그룹에서 [효과 옵션]을 클릭한 후 [위에서]를 클릭합니다.

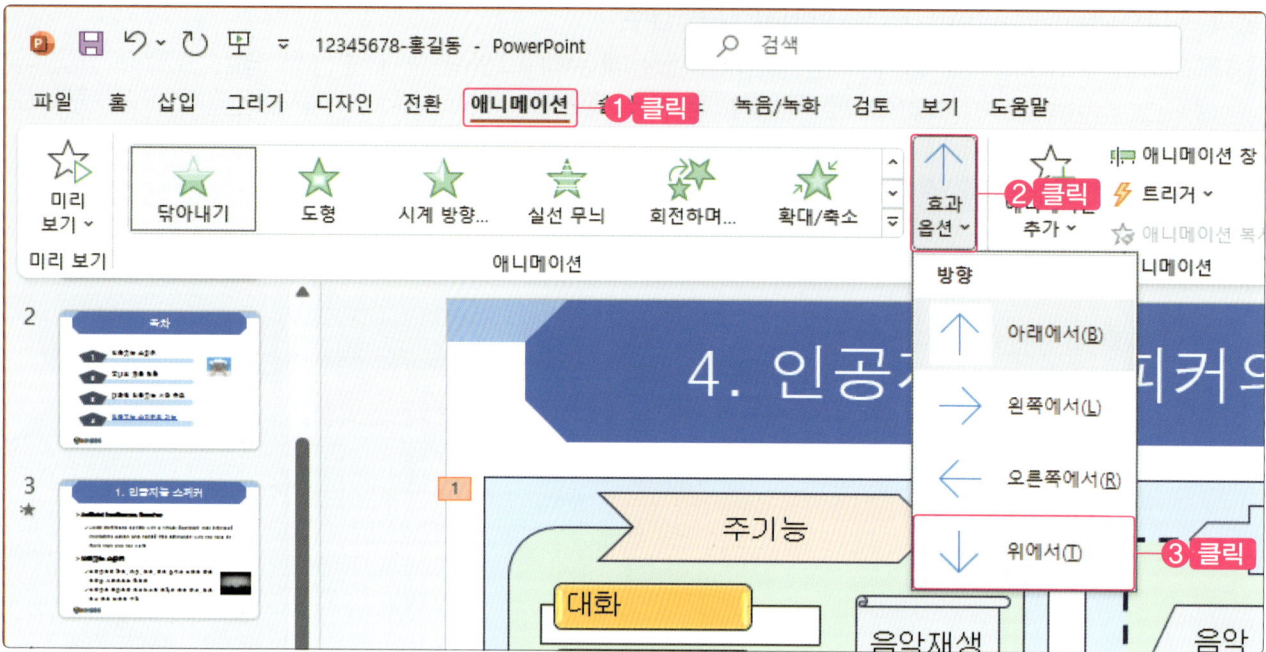

5 오른쪽 도형 부분을 드래그하여 도형을 선택합니다.

6 도형이 선택되면 도형 위에서 바로가기 메뉴의 [그룹화]–[그룹]을 클릭합니다.

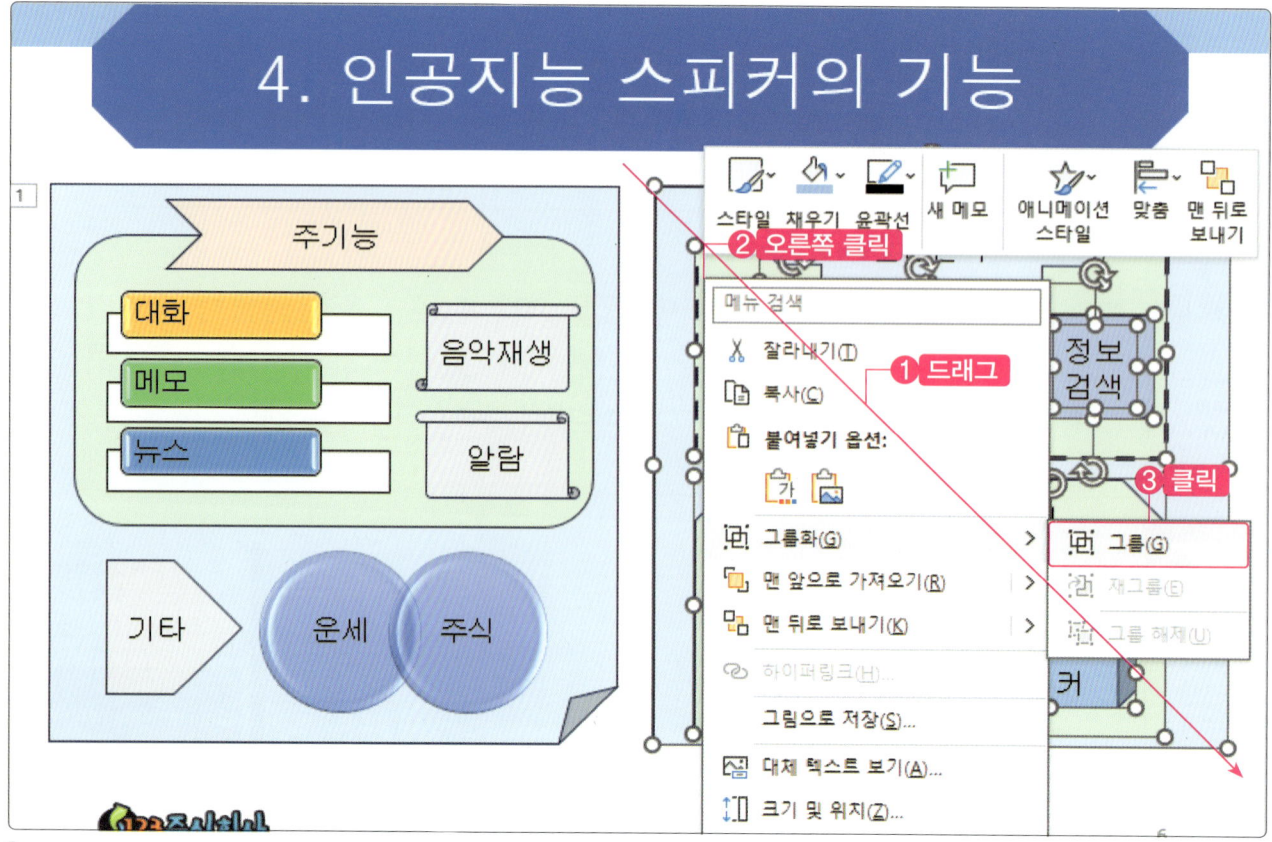

〈조건〉　① 도형 편집
　　　　　• 그룹화 후 애니메이션 효과 : 바운드

7 그룹이 지정되면 〔애니메이션〕 탭-〔애니메이션〕 그룹에서 **〔자세히(▽)〕를 클릭**한 후 **〔바운드(✦)〕**
를 클릭합니다.

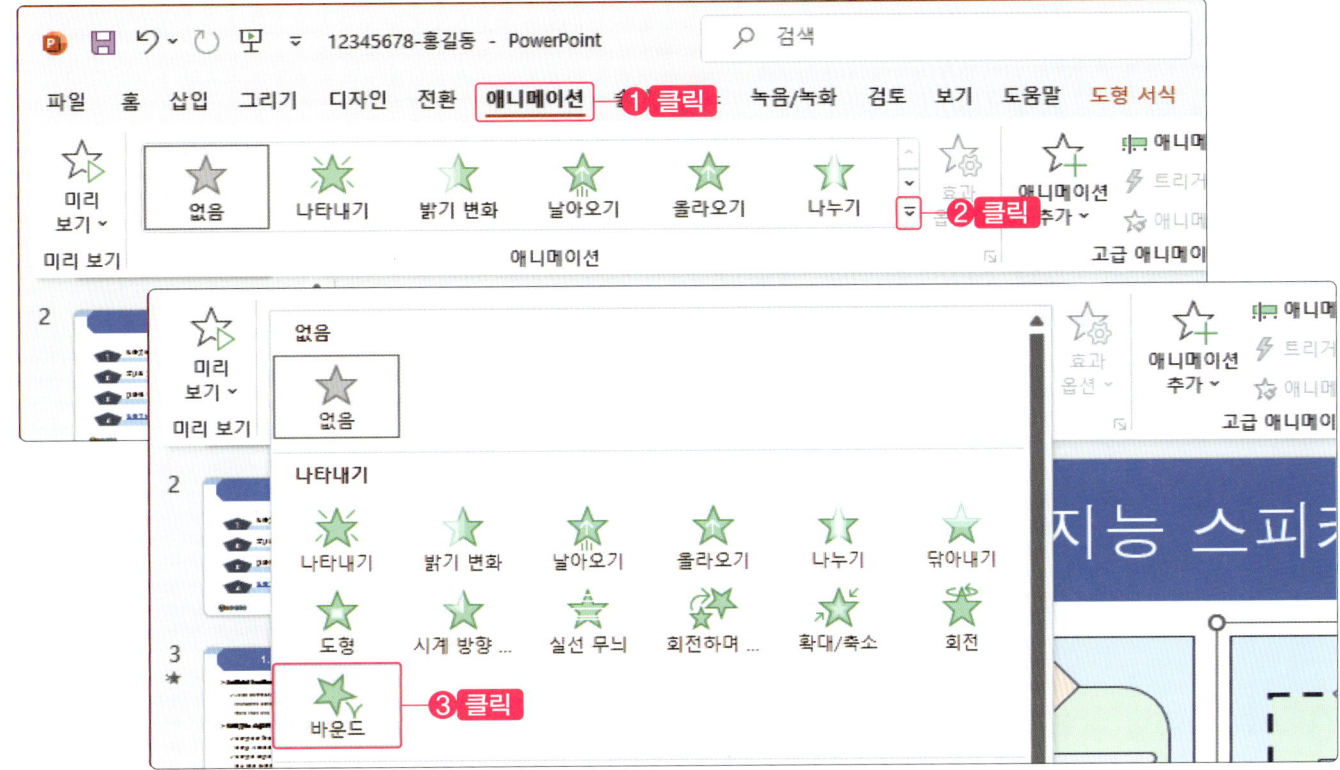

추가 나타내기 효과
애니메이션 효과가 목록에 표시되지 않는 경우 〔추가 나타내기 효과〕를 클릭한 후 〔나타내기 효과 변경〕
대화상자가 나타나면 애니메이션 효과를 선택한 다음 〔확인〕을 클릭합니다.

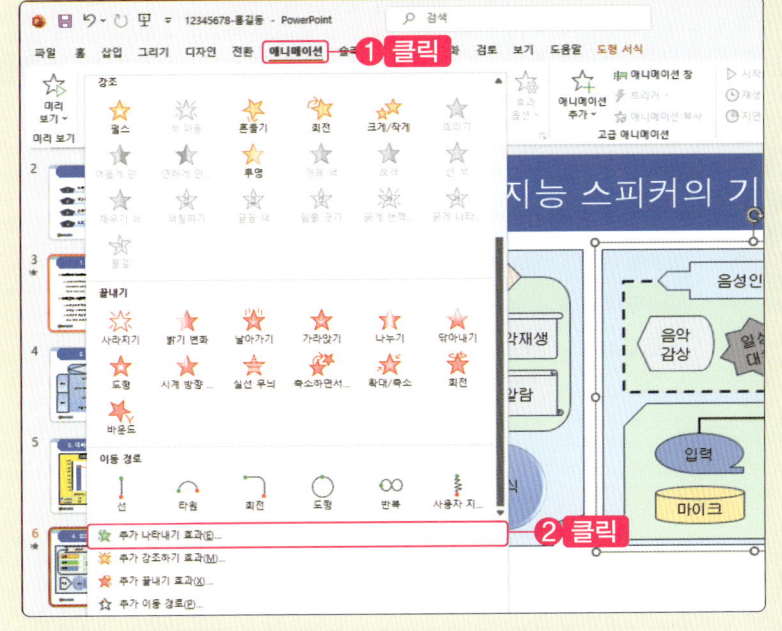 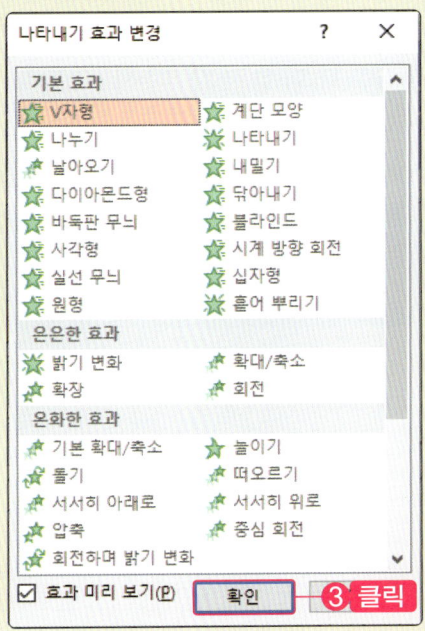

8 목차 슬라이드 작성이 완료되면 빠른 실행 도구 모음에서 [저장(📁)]을 클릭합니다.

[파일] 탭-[저장]을 클릭하거나 Ctrl+S를 눌러 답안을 저장할 수도 있습니다.

9 답안을 전송하기 위해 KOAS 수험자용 프로그램에서 [답안 전송] 단추를 클릭합니다.

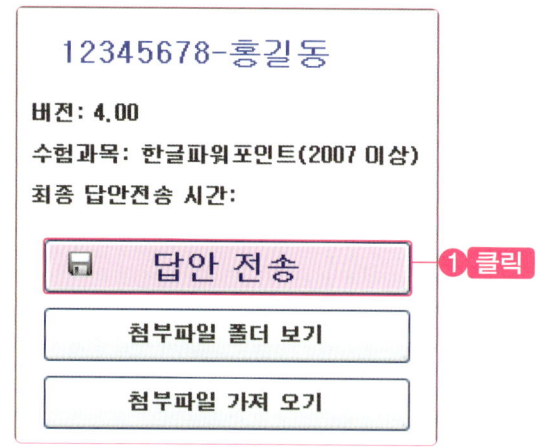

10 지금 전송할 것인지 묻는 대화상자가 나타나면 [예] 단추를 클릭합니다.

11 [답안전송] 대화상자가 나타나면 **파일 목록(12345678-홍길동.pptx)과 존재(있음)를 확인**한 후 [답안전송] 단추를 클릭합니다.

12 답안파일 전송을 성공하였다는 메시지가 나타나면 [확인] 단추를 클릭합니다.

13 [답안전송] 대화상자가 다시 나타나면 [상태]에 '성공'이 표시되는지 확인한 후 [닫기] 단추를 클릭합니다.

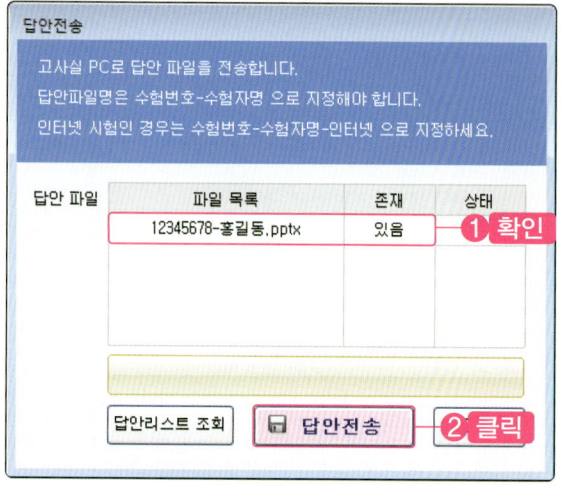
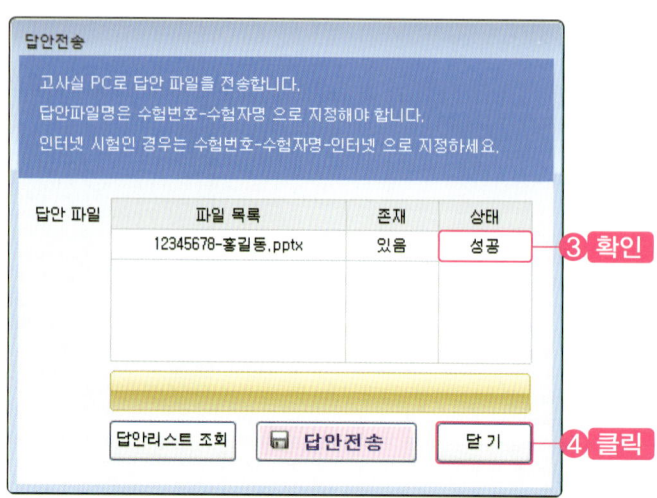

Practical question type
실전문제유형
POWERPOINT 2021

1 다음 지시사항 및 세부조건을 참고하여 출력형태에 알맞게 작성하시오.
▶ 소스파일 : Part 01\Chapter 08\문제01.pptx   ▶ 완성파일 : Part 01\Chapter 08\문제01_완성.pptx

(1) 슬라이드와 같이 도형 및 스마트아트를 배치한다(글꼴 : 굴림, 18pt).
(2) 애니메이션 순서 : ① ⇒ ②

세부조건
① 도형 및 스마트아트 편집
 - 스마트아트 디자인
   : 3차원 만화,
   3차원 벽돌
 - 그룹화 후 애니메이션 효과
   : 실선 무늬(세로)

② 도형 편집
 - 그룹화 후 애니메이션 효과
   : 바운드

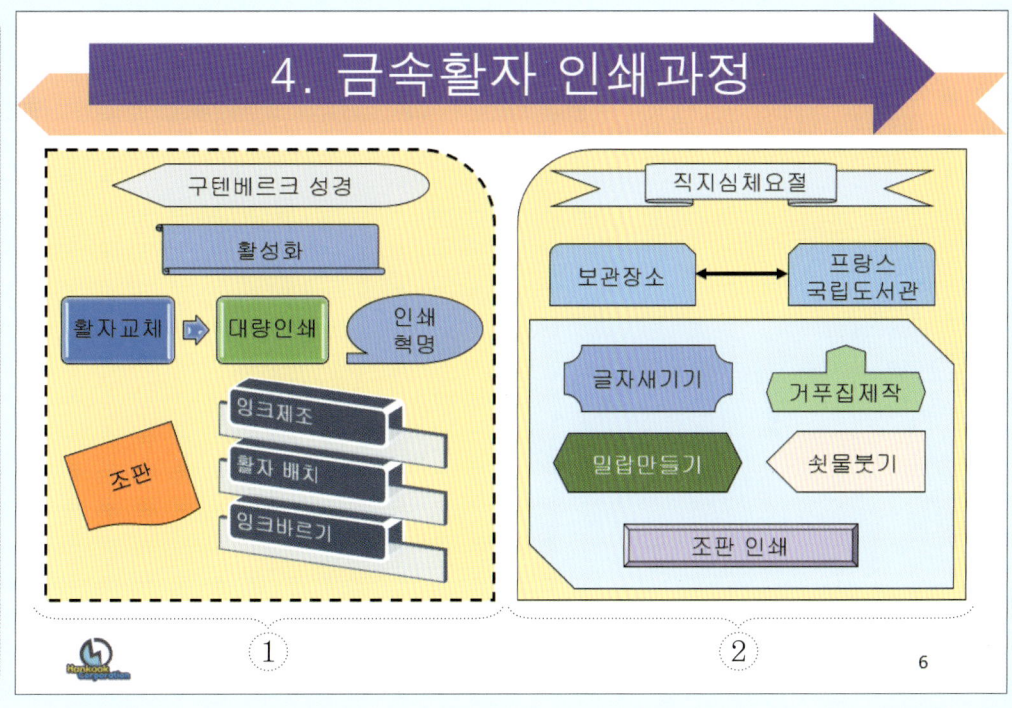

2 다음 지시사항 및 세부조건을 참고하여 출력형태에 알맞게 작성하시오.
▶ 소스파일 : Part 01\Chapter 08\문제02.pptx   ▶ 완성파일 : Part 01\Chapter 08\문제02_완성.pptx

(1) 슬라이드와 같이 도형 및 스마트아트를 배치한다(글꼴 : 굴림, 18pt).
(2) 애니메이션 순서 : ① ⇒ ②

세부조건
① 도형 및 스마트아트 편집
 - 스마트아트 디자인
   : 강한 효과,
   3차원 경사
 - 그룹화 후 애니메이션 효과
   : 닦아내기(위에서)

② 도형 편집
 - 그룹화 후 애니메이션 효과
   : 바운드

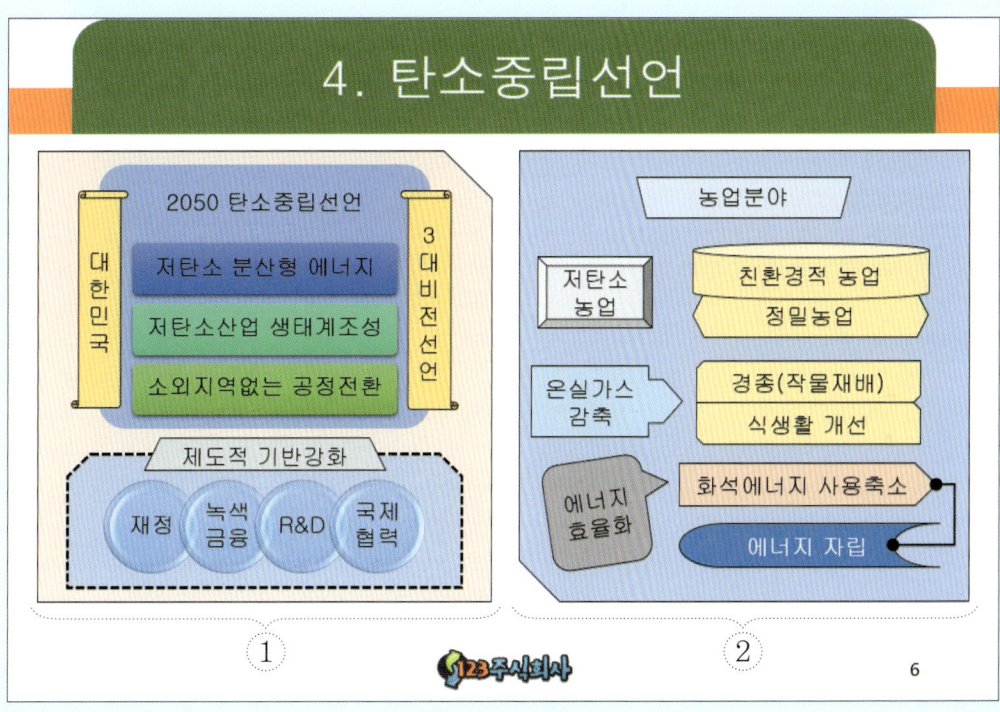

실전문제유형

3 다음 지시사항 및 세부조건을 참고하여 출력형태에 알맞게 작성하시오.

▶ 소스파일 : Part 01\Chapter 08\문제03.pptx   ▶ 완성파일 : Part 01\Chapter 08\문제03_완성.pptx

(1) 슬라이드와 같이 도형 및 스마트아트를 배치한다(글꼴 : 굴림, 18pt).
(2) 애니메이션 순서 : ① ⇒ ②

세부조건

① 도형 편집
  - 그룹화 후 애니메이션 효과
    : 나누기(가로 안쪽으로)

② 도형 및 스마트아트 편집
  - 스마트아트 디자인
    : 3차원 만화,
    3차원 경사
  - 그룹화 후 애니메이션 효과
    : 나타내기

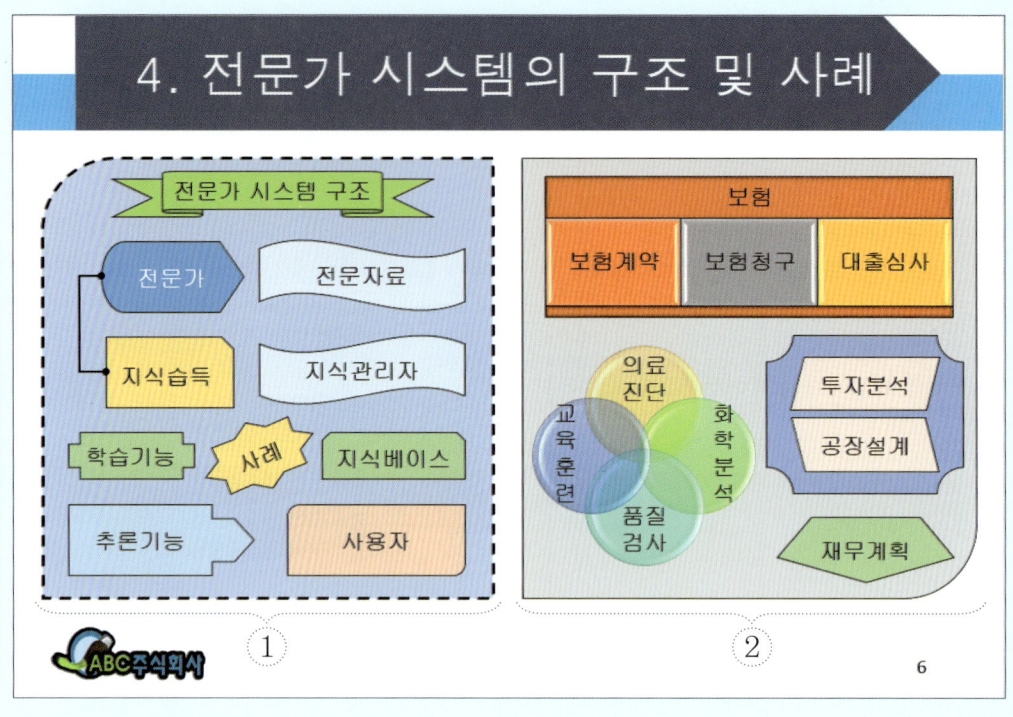

4 다음 지시사항 및 세부조건을 참고하여 출력형태에 알맞게 작성하시오.

▶ 소스파일 : Part 01\Chapter 08\문제04.pptx   ▶ 완성파일 : Part 01\Chapter 08\문제04_완성.pptx

(1) 슬라이드와 같이 도형 및 스마트아트를 배치한다(글꼴 : 굴림, 18pt).
(2) 애니메이션 순서 : ① ⇒ ②

세부조건

① 도형 및 스마트아트 편집
  - 스마트아트 디자인
    : 3차원 만화,
    3차원 경사
  - 그룹화 후 애니메이션 효과
    : 나누기(가로 안쪽으로)

② 도형 편집
  - 그룹화 후 애니메이션 효과
    : 나타내기

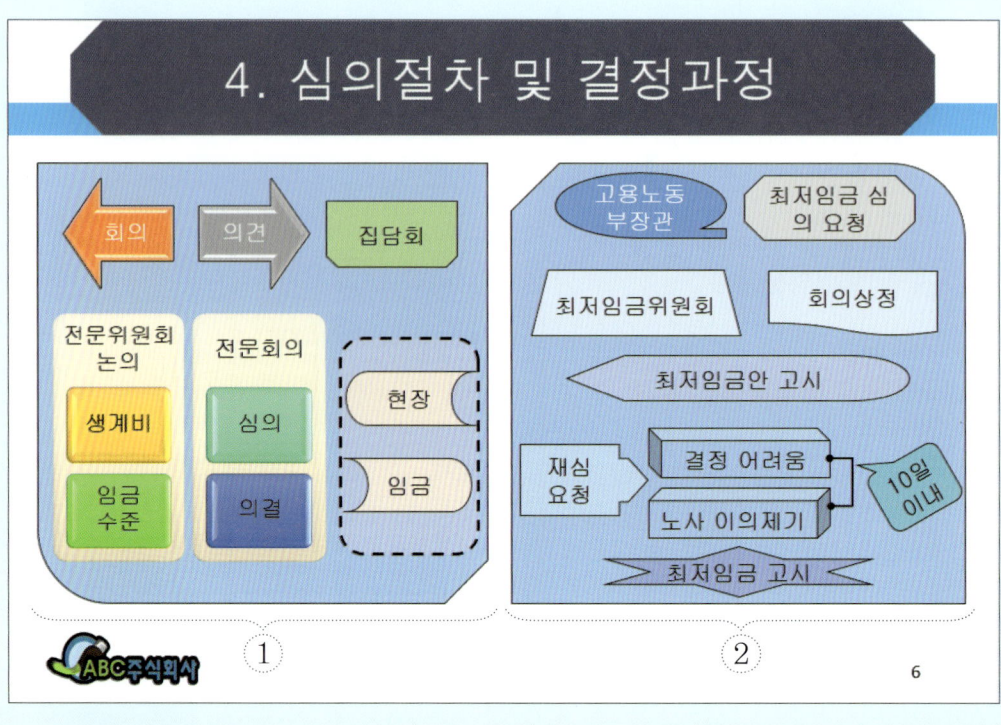

5 다음 지시사항 및 세부조건을 참고하여 출력형태에 알맞게 작성하시오.

▶ 소스파일 : Part 01\Chapter 08\문제05.pptx   ▶ 완성파일 : Part 01\Chapter 08\문제05_완성.pptx

(1) 슬라이드와 같이 도형 및 스마트아트를 배치한다(글꼴 : 굴림, 18pt).
(2) 애니메이션 순서 : ① ⇒ ②

세부조건

① 도형 및 스마트아트 편집
 - 스마트아트 디자인
   : 3차원 경사,
   3차원 만화
 - 그룹화 후 애니메이션 효과
   : 날아오기(왼쪽에서)

② 도형 편집
 - 그룹화 후 애니메이션 효과
   : 바운드

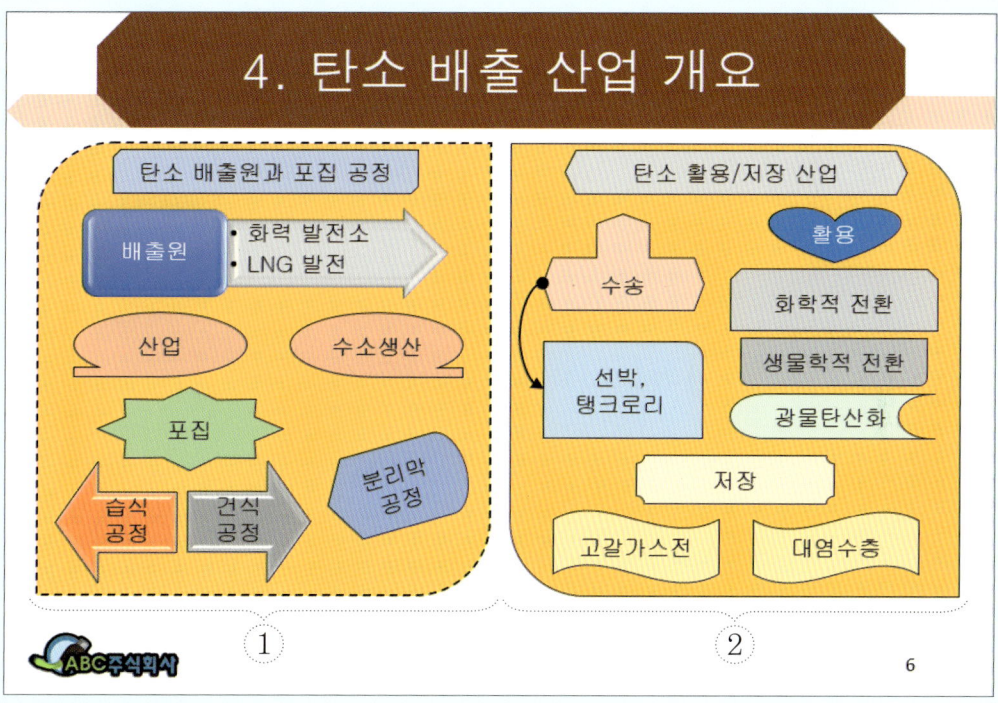

6 다음 지시사항 및 세부조건을 참고하여 출력형태에 알맞게 작성하시오.

▶ 소스파일 : Part 01\Chapter 08\문제06.pptx   ▶ 완성파일 : Part 01\Chapter 08\문제06_완성.pptx

(1) 슬라이드와 같이 도형 및 스마트아트를 배치한다(글꼴 : 굴림, 18pt).
(2) 애니메이션 순서 : ① ⇒ ②

세부조건

① 도형 및 스마트아트 편집
 - 스마트아트 디자인
   : 3차원 만화,
   3차원 경사
 - 그룹화 후 애니메이션 효과
   : 바운드

② 도형 편집
 - 그룹화 후 애니메이션 효과
   : 실선 무늬(세로)

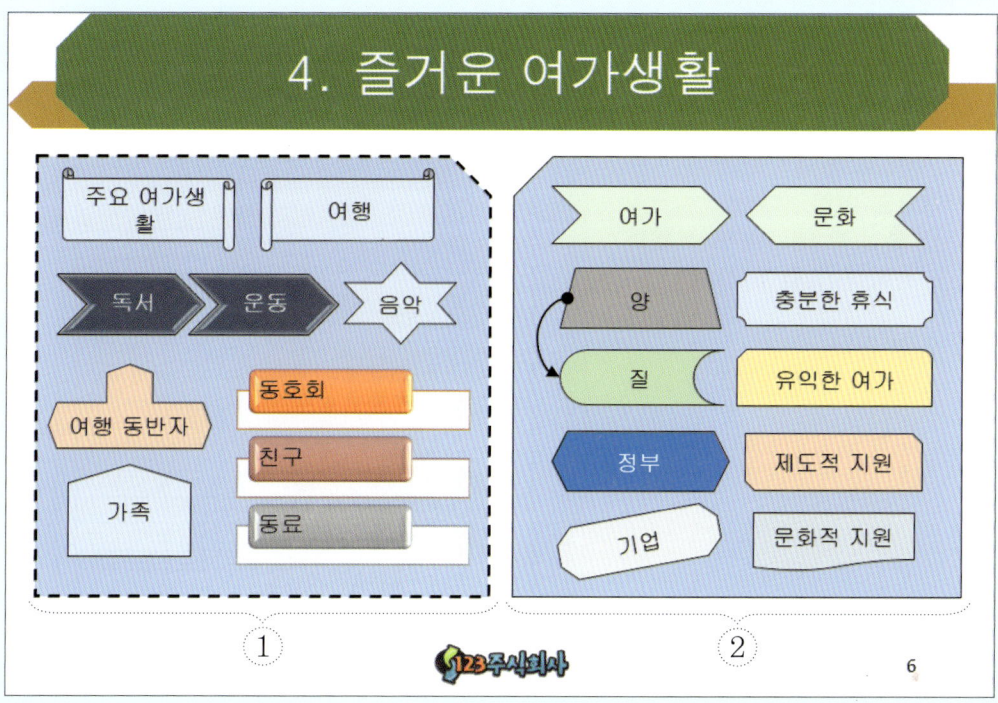

7 다음 지시사항 및 세부조건을 참고하여 출력형태에 알맞게 작성하시오.

▶ 소스파일 : Part 01\Chapter 08\문제07.pptx　　▶ 완성파일 : Part 01\Chapter 08\문제07_완성.pptx

(1) 슬라이드와 같이 도형 및 스마트아트를 배치한다(글꼴 : 굴림, 18pt).
(2) 애니메이션 순서 : ① ⇒ ②

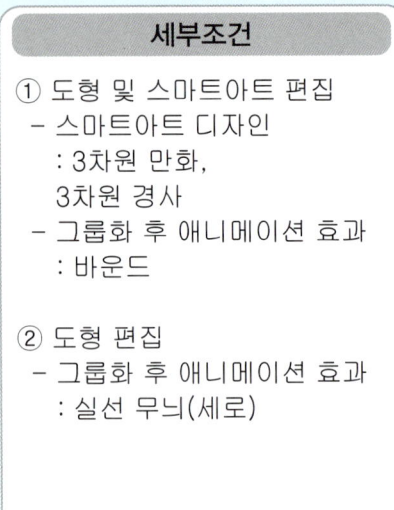

세부조건

① 도형 및 스마트아트 편집
 - 스마트아트 디자인
　: 3차원 만화,
　3차원 경사
 - 그룹화 후 애니메이션 효과
　: 바운드

② 도형 편집
 - 그룹화 후 애니메이션 효과
　: 실선 무늬(세로)

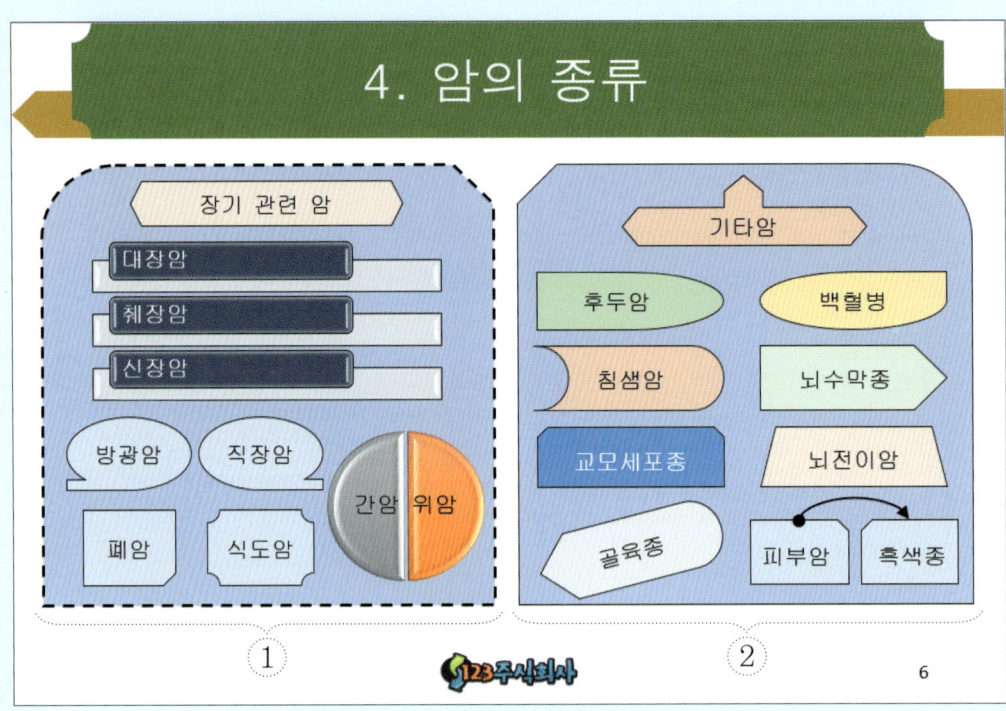

8 다음 지시사항 및 세부조건을 참고하여 출력형태에 알맞게 작성하시오.

▶ 소스파일 : Part 01\Chapter 08\문제08.pptx　　▶ 완성파일 : Part 01\Chapter 08\문제08_완성.pptx

(1) 슬라이드와 같이 도형 및 스마트아트를 배치한다(글꼴 : 굴림, 18pt).
(2) 애니메이션 순서 : ① ⇒ ②

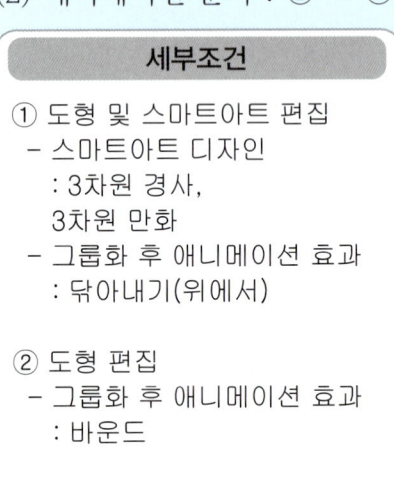

세부조건

① 도형 및 스마트아트 편집
 - 스마트아트 디자인
　: 3차원 경사,
　3차원 만화
 - 그룹화 후 애니메이션 효과
　: 닦아내기(위에서)

② 도형 편집
 - 그룹화 후 애니메이션 효과
　: 바운드

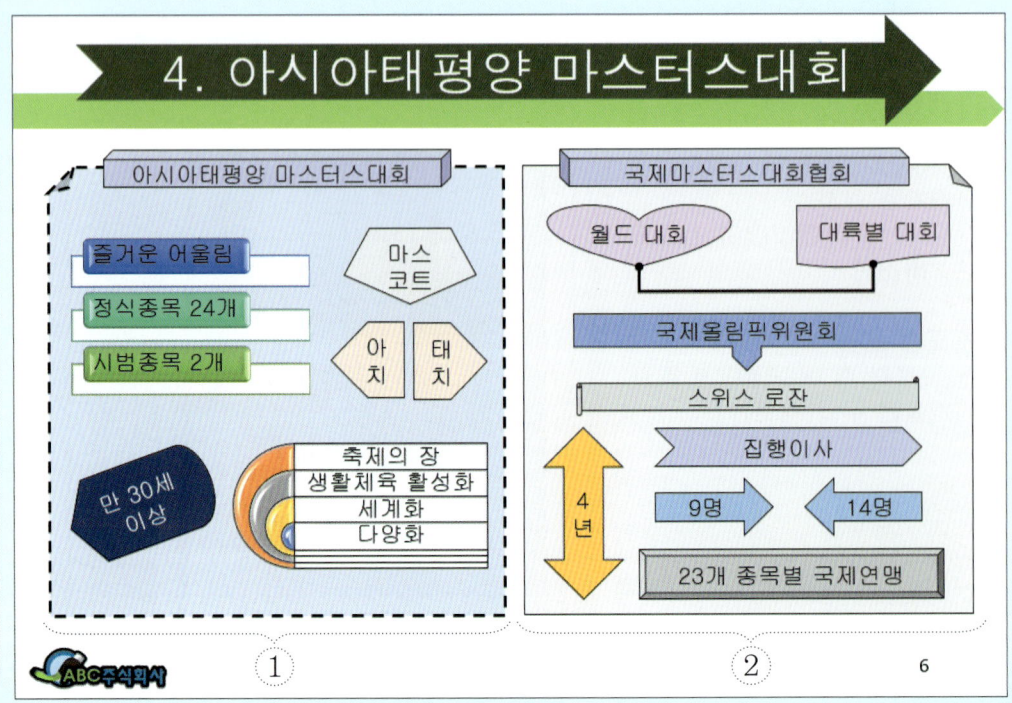

BiG 1 빅 폰트(Big Font)
BiG 2 빅 픽쳐(Big Picture)
BiG 3 빅 북(Big Book)

ITQ 정보기술자격
POWER POINT 2021

PART 02

실전모의문제

PART 02
실전모의문제 차례

BIG 라플

제01회 실전모의문제	144
제02회 실전모의문제	148
제03회 실전모의문제	152
제04회 실전모의문제	156
제05회 실전모의문제	160
제06회 실전모의문제	164
제07회 실전모의문제	168
제08회 실전모의문제	172

BIG 라플

- 2025년 부터 적용되는 문제 조건으로 만들었습니다.
- 실제 시험지와 같이 흑백으로 9회분 구성하였습니다.
- 각 문제에 대한 글자와 화면을 크게 만들었습니다.
- 채점프로그램을 활용하여 점수를 바로 확인할 수 있습니다.

도형 모양 조절점 변경하기

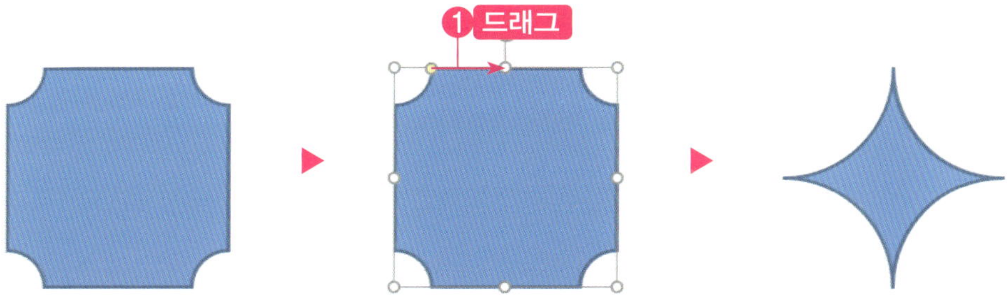

▲ 배지

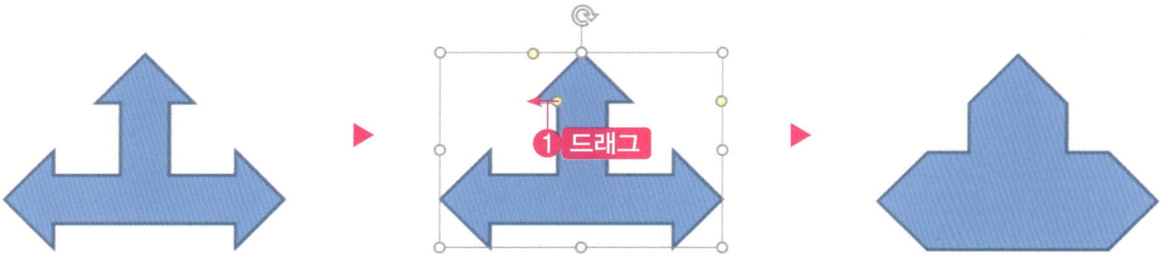

▲ 왼쪽/오른쪽/위쪽 화살표

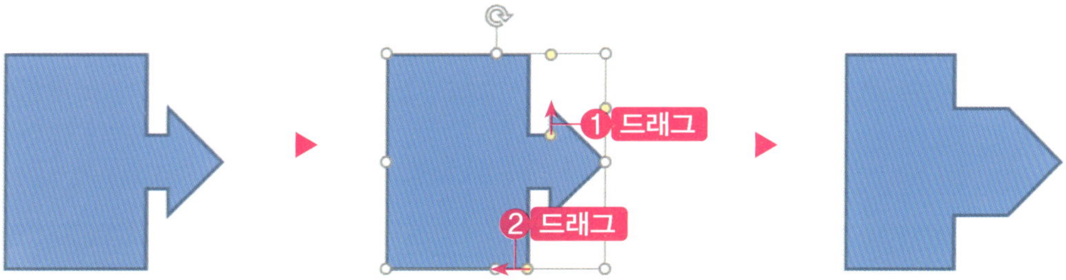

▲ 오른쪽 화살표 설명선

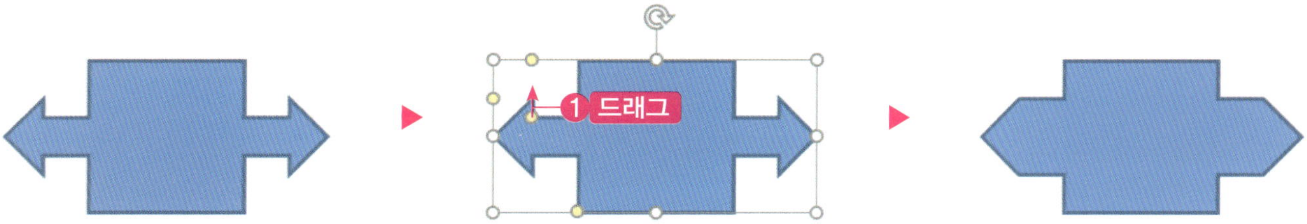

▲ 왼쪽/오른쪽 화살표 설명선

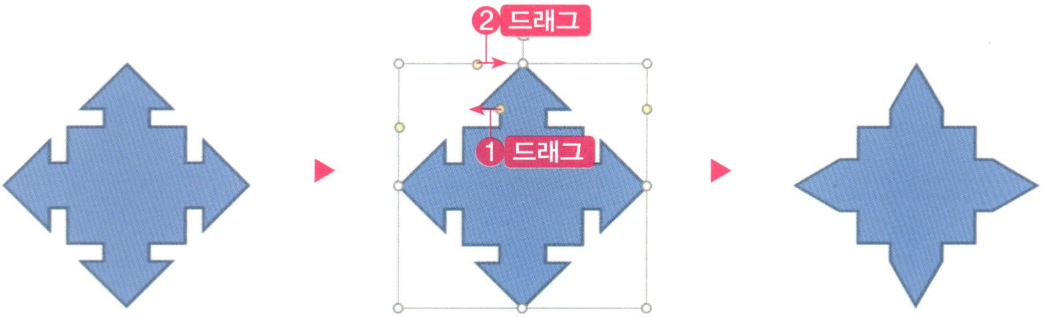

▲ 왼쪽/오른쪽/위쪽/아래쪽 화살표 설명선

제01회 ITQ 실전모의문제

과목	코드	문제유형	시험시간	수험번호	성명
한글파워포인트	1142	A	60분		

수험자 유의사항

- 수험자는 문제지를 받는 즉시 문제지와 **수험표상의 시험과목(프로그램)이 동일한지 반드시 확인**하여야 합니다.
- 파일명은 본인의 "수험번호-성명"으로 입력하여 답안폴더(내 PC\문서\ITQ)에 하나의 파일로 저장해야 하며, 답안문서 파일명이 "수험번호-성명"과 일치하지 않거나, 답안파일을 전송하지 않아 미제출로 처리될 경우 실격 처리합니다(예:12345678-홍길동.pptx).
- 답안 작성을 마치면 파일을 저장하고, '답안 전송' 버튼을 선택하여 감독위원 PC로 답안을 전송하십시오. 수험생 정보와 저장한 파일명이 다를 경우 전송되지 않으므로 주의하시기 바랍니다.
- 답안 작성 중에도 **주기적으로 저장하고, '답안 전송'**하여야 문제 발생을 줄일 수 있습니다. 작업한 내용을 저장하지 않고 전송할 경우 이전에 저장된 내용이 전송되오니 이점 유의하시기 바랍니다.
- 답안문서는 지정된 경로 외의 다른 보조기억장치에 저장하는 경우, 지정된 시험 시간 외에 작성된 파일을 활용할 경우, 기타 통신수단(이메일, 메신저, 네트워크 등)을 이용하여 타인에게 전달 또는 외부 반출하는 경우는 부정 처리합니다.
- 시험 중 부주의 또는 고의로 시스템을 파손한 경우는 수험자가 변상해야 하며, 〈수험자 유의사항〉에 기재된 방법대로 이행하지 않아 생기는 불이익은 수험생 당사자의 책임임을 알려 드립니다.
- 문제의 조건은 MS오피스 2021 버전으로 설정되어 있으며 MS오피스 2016은 【 】에 표기되어 있습니다. 이와 관련하여 작성한 답안의 출력형태가 문제지와 다를 수 있습니다.
- 시험을 완료한 수험자는 답안파일이 전송되었는지 확인한 후 감독위원의 지시에 따라 문제지를 제출하고 퇴실합니다.

답안 작성요령

- 온라인 답안 작성 절차
  수험자 등록 ⇒ 시험 시작 ⇒ 답안파일 저장 ⇒ 답안 전송 ⇒ 시험 종료
- 슬라이드의 크기는 A4 Paper로 설정하여 작성합니다.
- 슬라이드의 총 개수는 6개로 구성되어 있으며 슬라이드 1부터 순서대로 작업하고 반드시 문제와 세부 조건대로 합니다.
- 별도의 지시사항이 없는 경우 출력형태를 참조하여 글꼴색은 검정 또는 흰색으로 작성하고, 기타사항은 전체적인 균형을 고려하여 작성합니다.
- 슬라이드 도형 및 개체에 출력형태와 다른 스타일(그림자, 외곽선 등)을 적용했을 경우 감점처리 됩니다.
- 슬라이드 번호를 작성합니다(슬라이드 1에는 생략).
- 2~6번 슬라이드 제목 도형과 하단 로고는 슬라이드 마스터를 이용하여 출력형태와 동일하게 작성합니다 (슬라이드 1에는 생략).
- 문제와 세부조건, 세부조건 번호 ○(점선원)는 입력하지 않습니다.
- 각 개체의 위치는 오른쪽의 슬라이드와 동일하게 구성합니다.
- 그림 삽입 문제의 경우 반드시 「내 PC\문서\ITQ\Picture」폴더에서 정확한 파일을 선택하여 삽입하십시오.
- 각 슬라이드를 각각의 파일로 작업해서 저장할 경우 실격 처리됩니다.

[전체구성] (60점)

(1) 슬라이드 크기 및 순서 : 크기를 A4 용지로 설정하고 슬라이드 순서에 맞게 작성한다.
(2) 슬라이드 마스터 : 2~6슬라이드의 제목, 하단 로고, 슬라이드 번호는 슬라이드 마스터를 이용하여 작성한다.
- 제목 글꼴(돋움, 40pt, 흰색), 가운데 맞춤, 도형(선 없음)
- 하단 로고(「내 PC₩문서₩ITQ₩Picture₩로고1.jpg」, 배경(회색) 투명색으로 설정)

[슬라이드 1] ≪표지 디자인≫ (40점)

(1) 표지 디자인 : 도형, 워드아트 및 그림을 이용하여 작성한다.

세부조건

① 도형 편집
- 도형에 그림 채우기 :
「내 PC₩문서₩ITQ₩Picture₩그림1.jpg」, 투명도 50%
- 도형 효과 :
부드러운 가장자리 5포인트

② 워드아트 삽입
- 변환 : 갈매기형 수장, 위로
【갈매기형 수장】
- 글꼴 : 궁서, 굵게
- 텍스트 반사 :
근접 반사, 터치

③ 그림 삽입
- 「내 PC₩문서₩ITQ₩Picture₩로고1.jpg」
- 배경(회색) 투명색으로 설정

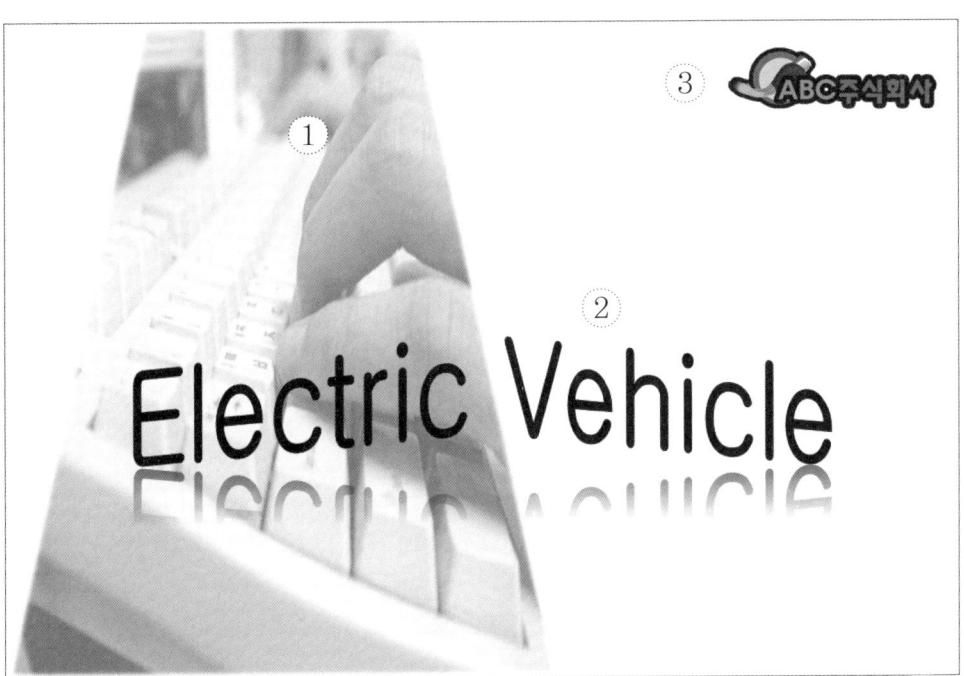

[슬라이드 2] ≪목차 슬라이드≫ (60점)

(1) 출력형태와 같이 도형을 이용하여 목차를 작성한다(글꼴 : 돋움, 24pt).
(2) 도형 : 선 없음

세부조건

① 텍스트에 하이퍼링크 적용
→ '슬라이드 4'

② 그림 삽입
- 「내 PC₩문서₩ITQ₩Picture₩그림4.jpg」
- 자르기 기능 이용

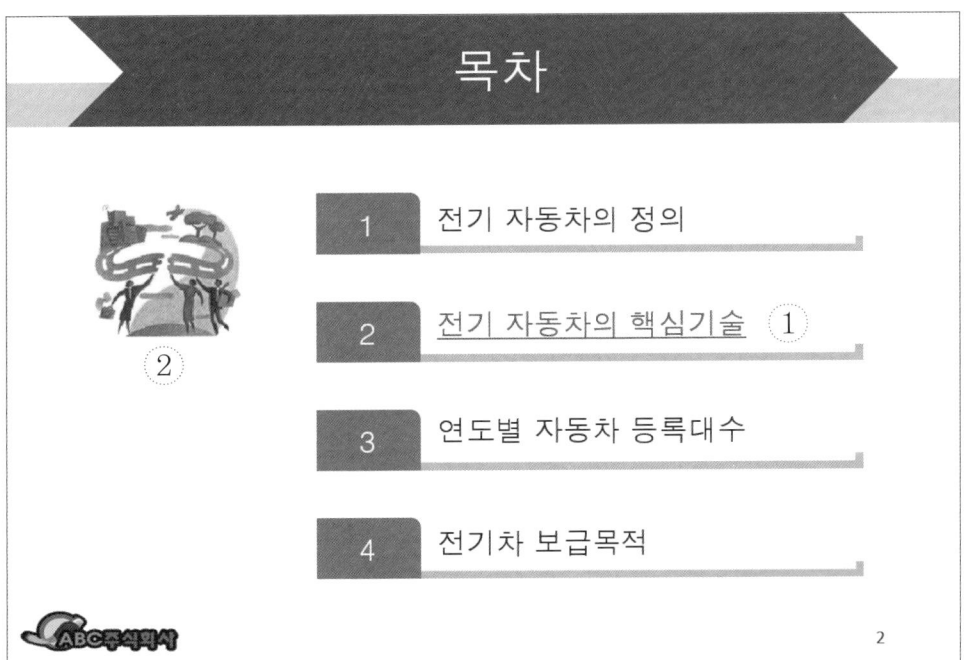

[슬라이드 3] ≪텍스트/동영상 슬라이드≫ (60점)

(1) 텍스트 작성 : 글머리 기호 사용(➢, ✓)
   ➢문단(굴림, 24pt, 굵게, 줄간격 : 1.5줄), ✓문단(굴림, 20pt, 줄간격 : 1.5줄)

세부조건

① 동영상 삽입 :
  - 「내 PC\문서\ITQ\Picture\동영상.wmv」
  - 자동실행, 반복재생 – 설정

1. 전기 자동차의 정의

➢ Electric Vehicle
  ✓ Refers to a car that uses an electric battery and an electric motor without using oil fuel and engine
  ✓ They can reach maximum acceleration in half the time of a normal car

➢ 전기 자동차
  ✓ 외부 공급원으로부터 충전된 전기에너지를 이용하여 주행하는 전력기반 자동차로서, 전기에너지를 배터리에 저장하고 모터로 공급하여 구동력을 발생시킴

[슬라이드 4] ≪표 슬라이드≫ (80점)

(1) 도형과 표 작성 기능을 이용하여 슬라이드를 작성한다(글꼴 : 굴림, 18pt).

세부조건

① 상단 도형 :
  2개 도형의 조합으로 작성

② 좌측 도형 :
  그라데이션 효과(선형 아래쪽)

③ 테이블 디자인【표 스타일】:
  테마 스타일 1 – 강조 5

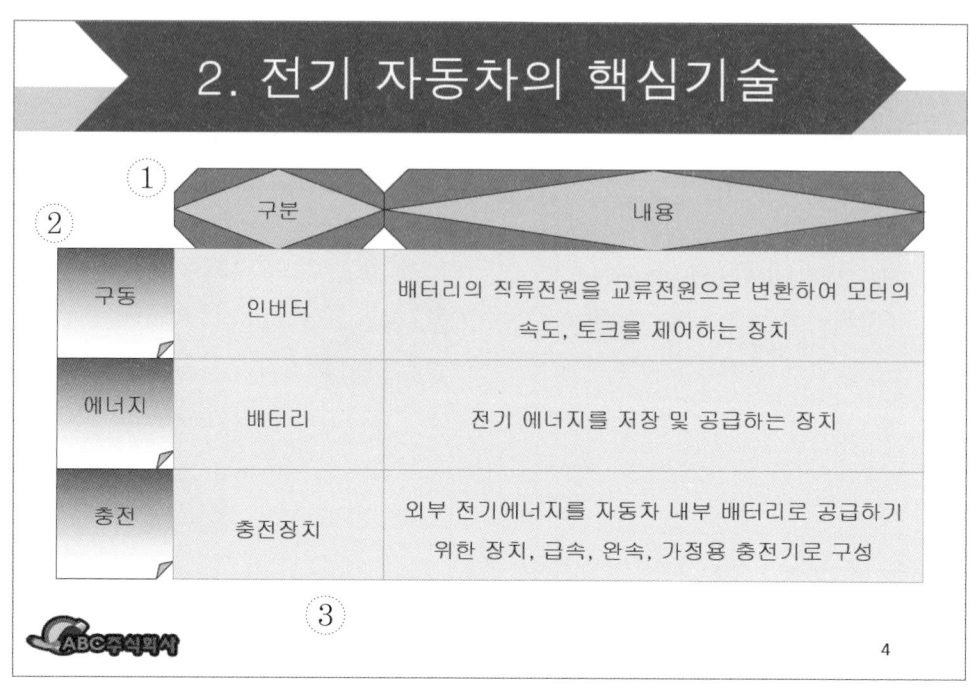

2. 전기 자동차의 핵심기술

구분		내용
구동	인버터	배터리의 직류전원을 교류전원으로 변환하여 모터의 속도, 토크를 제어하는 장치
에너지	배터리	전기 에너지를 저장 및 공급하는 장치
충전	충전장치	외부 전기에너지를 자동차 내부 배터리로 공급하기 위한 장치, 급속, 완속, 가정용 충전기로 구성

[슬라이드 5] ≪차트 슬라이드≫ (100점)

(1) 차트 작성 기능을 이용하여 슬라이드를 작성한다.
(2) 차트 : 종류(묶은 세로 막대형), 글꼴(돋움, 16pt), 외곽선

세부조건

※ 차트설명
- 차트제목 : 궁서, 24pt, 굵게, 채우기(흰색), 테두리, 그림자(오프셋 오른쪽)
- 차트영역 : 채우기(노랑) 그림영역 : 채우기(흰색)
- 데이터 서식 : 증가율(%) 계열을 표식이 있는 꺾은선형으로 변경 후 보조축으로 지정
- 값 표시 : 2022년의 등록대수(만대) 계열만

① 도형 삽입
- 스타일 :
  미세효과 - 파랑, 강조1
- 글꼴 : 굴림, 18pt

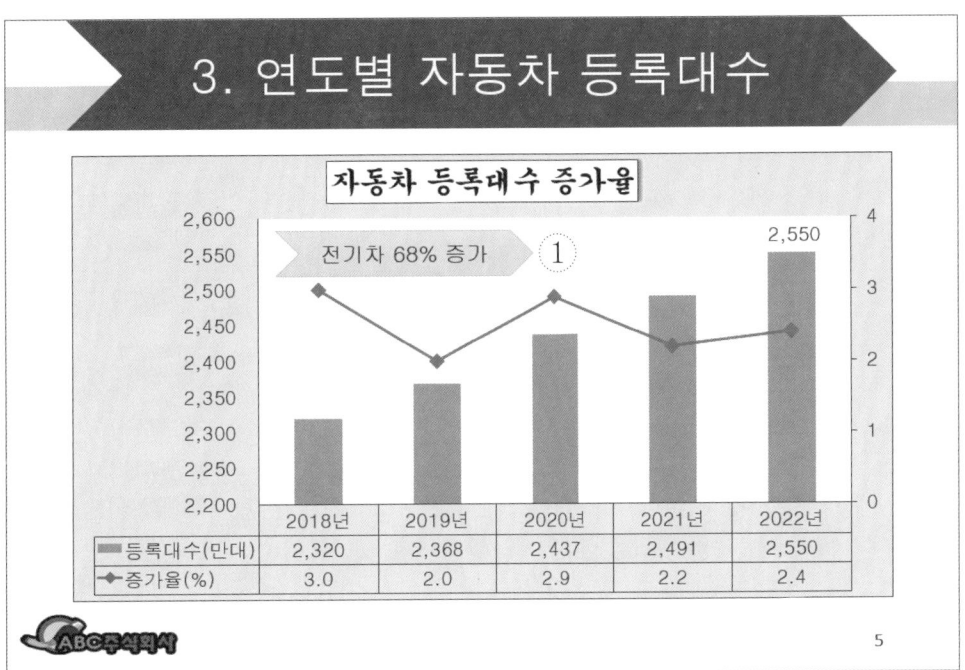

[슬라이드 6] ≪도형 슬라이드≫ (100점)

(1) 슬라이드와 같이 도형 및 스마트아트를 배치한다(글꼴 : 돋움, 18pt).
(2) 애니메이션 순서 : ① ⇒ ②

세부조건

① 도형 및 스마트아트 편집
- 스마트아트 디자인
  : 3차원 벽돌,
    3차원 만화
- 그룹화 후 애니메이션 효과
  : 닦아내기(위에서)

② 도형 편집
- 그룹화 후 애니메이션 효과
  : 회전

제02회 ITQ 실전모의문제

과목	코드	문제유형	시험시간	수험번호	성명
한글파워포인트	1142	B	60분		

수험자 유의사항

- 수험자는 문제지를 받는 즉시 문제지와 수험표상의 시험과목(프로그램)이 동일한지 반드시 확인하여야 합니다.
- 파일명은 본인의 "수험번호-성명"으로 입력하여 답안폴더(내 PC\문서\ITQ)에 하나의 파일로 저장해야 하며, 답안문서 파일명이 "수험번호-성명"과 일치하지 않거나, 답안파일을 전송하지 않아 미제출로 처리될 경우 실격 처리합니다(예:12345678-홍길동.pptx).
- 답안 작성을 마치면 파일을 저장하고, '답안 전송' 버튼을 선택하여 감독위원 PC로 답안을 전송하십시오. 수험생 정보와 저장한 파일명이 다를 경우 전송되지 않으므로 주의하시기 바랍니다.
- 답안 작성 중에도 주기적으로 저장하고, '답안 전송'하여야 문제 발생을 줄일 수 있습니다. 작업한 내용을 저장하지 않고 전송할 경우 이전에 저장된 내용이 전송되오니 이점 유의하시기 바랍니다.
- 답안문서는 지정된 경로 외의 다른 보조기억장치에 저장하는 경우, 지정된 시험 시간 외에 작성된 파일을 활용할 경우, 기타 통신수단(이메일, 메신저, 네트워크 등)을 이용하여 타인에게 전달 또는 외부 반출하는 경우는 부정 처리합니다.
- 시험 중 부주의 또는 고의로 시스템을 파손한 경우는 수험자가 변상해야 하며, 〈수험자 유의사항〉에 기재된 방법대로 이행하지 않아 생기는 불이익은 수험생 당사자의 책임임을 알려 드립니다.
- 문제의 조건은 MS오피스 2021 버전으로 설정되어 있으며 MS오피스 2016은 【 】에 표기되어 있습니다. 이와 관련하여 작성한 답안의 출력형태가 문제지와 다를 수 있습니다.
- 시험을 완료한 수험자는 답안파일이 전송되었는지 확인한 후 감독위원의 지시에 따라 문제지를 제출하고 퇴실합니다.

답안 작성요령

- 온라인 답안 작성 절차
  수험자 등록 ⇒ 시험 시작 ⇒ 답안파일 저장 ⇒ 답안 전송 ⇒ 시험 종료
- 슬라이드의 크기는 A4 Paper로 설정하여 작성합니다.
- 슬라이드의 총 개수는 6개로 구성되어 있으며 슬라이드 1부터 순서대로 작업하고 반드시 문제와 세부 조건대로 합니다.
- 별도의 지시사항이 없는 경우 출력형태를 참조하여 글꼴색은 검정 또는 흰색으로 작성하고, 기타사항은 전체적인 균형을 고려하여 작성합니다.
- 슬라이드 도형 및 개체에 출력형태와 다른 스타일(그림자, 외곽선 등)을 적용했을 경우 감점처리 됩니다.
- 슬라이드 번호를 작성합니다(슬라이드 1에는 생략).
- 2~6번 슬라이드 제목 도형과 하단 로고는 슬라이드 마스터를 이용하여 출력형태와 동일하게 작성합니다 (슬라이드 1에는 생략).
- 문제와 세부조건, 세부조건 번호 ○(점선원)는 입력하지 않습니다.
- 각 개체의 위치는 오른쪽의 슬라이드와 동일하게 구성합니다.
- 그림 삽입 문제의 경우 반드시 「내 PC\문서\ITQ\Picture」폴더에서 정확한 파일을 선택하여 삽입하십시오.
- 각 슬라이드를 각각의 파일로 작업해서 저장할 경우 실격 처리됩니다.

[전체구성] (60점)

(1) 슬라이드 크기 및 순서 : 크기를 A4 용지로 설정하고 슬라이드 순서에 맞게 작성한다.
(2) 슬라이드 마스터 : 2~6슬라이드의 제목, 하단 로고, 슬라이드 번호는 슬라이드 마스터를 이용하여 작성한다.
  - 제목 글꼴(돋움, 40pt, 흰색), 가운데 맞춤, 도형(선 없음)
  - 하단 로고(「내 PC\문서\ITQ\Picture\로고1.jpg」, 배경(회색) 투명색으로 설정)

[슬라이드 1] ≪표지 디자인≫ (40점)

(1) 표지 디자인 : 도형, 워드아트 및 그림을 이용하여 작성한다.

세부조건

① 도형 편집
  - 도형에 그림 채우기 :
    「내 PC\문서\ITQ\Picture\
    그림1.jpg」, 투명도 50%
  - 도형 효과 :
    부드러운 가장자리 5포인트

② 워드아트 삽입
  - 변환 : 갈매기형 수장, 위로
    【갈매기형 수장】
  - 글꼴 : 굴림, 굵게
  - 텍스트 반사 :
    근접 반사, 터치

③ 그림 삽입
  - 「내 PC\문서\ITQ\Picture\
    로고1.jpg」
  - 배경(회색) 투명색으로 설정

[슬라이드 2] ≪목차 슬라이드≫ (60점)

(1) 출력형태와 같이 도형을 이용하여 목차를 작성한다(글꼴 : 돋움, 24pt).
(2) 도형 : 선 없음

세부조건

① 텍스트에 하이퍼링크 적용
  → '슬라이드 4'

② 그림 삽입
  - 「내 PC\문서\ITQ\Picture\
    그림4.jpg」
  - 자르기 기능 이용

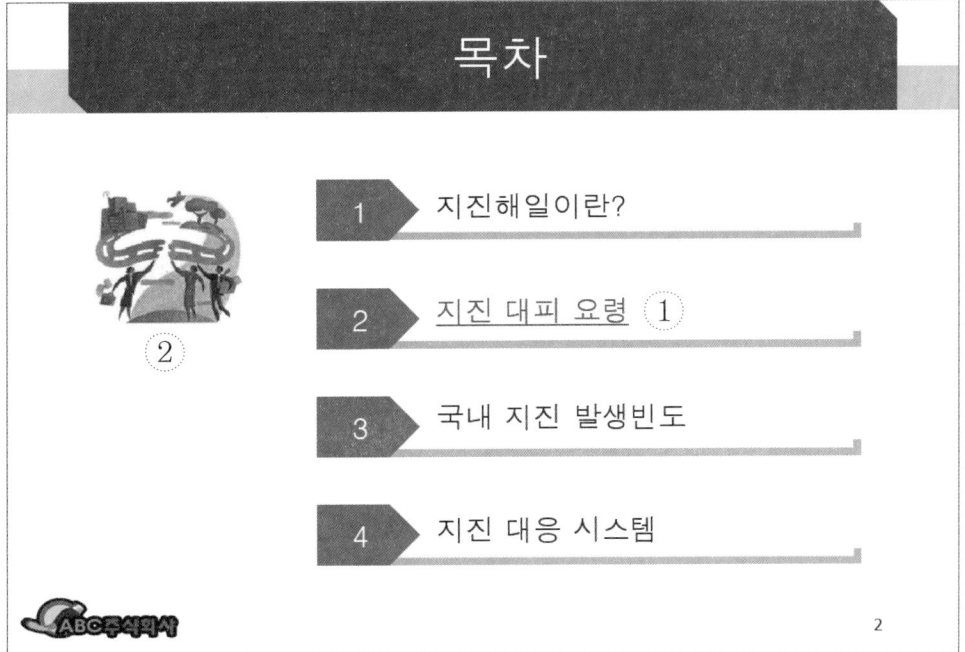

[슬라이드 3] ≪텍스트/동영상 슬라이드≫   (60점)

(1) 텍스트 작성 : 글머리 기호 사용(➢, ✓)
   ➢문단(굴림, 24pt, 굵게, 줄간격 : 1.5줄), ✓문단(굴림, 20pt, 줄간격 : 1.5줄)

세부조건

① 동영상 삽입 :
  - 「내 PC₩문서₩ITQ₩Picture₩동영상.wmv」
  - 자동실행, 반복재생 - 설정

1. 지진해일이란?

➢ Risk of Tsunamis
  ✓ A kind of long wave occurred in ocean
  ✓ It has super mighty power than the same kind of flowing and ebbing tide or storm surge

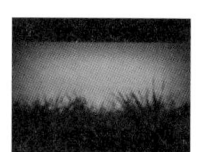

➢ 지진 해일이란?
  ✓ 해저나 해안에서 발생한 지진에 의해 바다 밑바닥이 솟아오르거나 가라 앉으면서 해수면의 변화가 발생하여 큰 물결이 일어나 사방으로 퍼지게 되고, 매우 높은 파도가 되는 현상

[슬라이드 4] ≪표 슬라이드≫   (80점)

(1) 도형과 표 작성 기능을 이용하여 슬라이드를 작성한다(글꼴 : 굴림, 18pt).

세부조건

① 상단 도형 :
  2개 도형의 조합으로 작성

② 좌측 도형 :
  그라데이션 효과(선형 아래쪽)

③ 테이블 디자인【표 스타일】:
  테마 스타일 1 - 강조 5

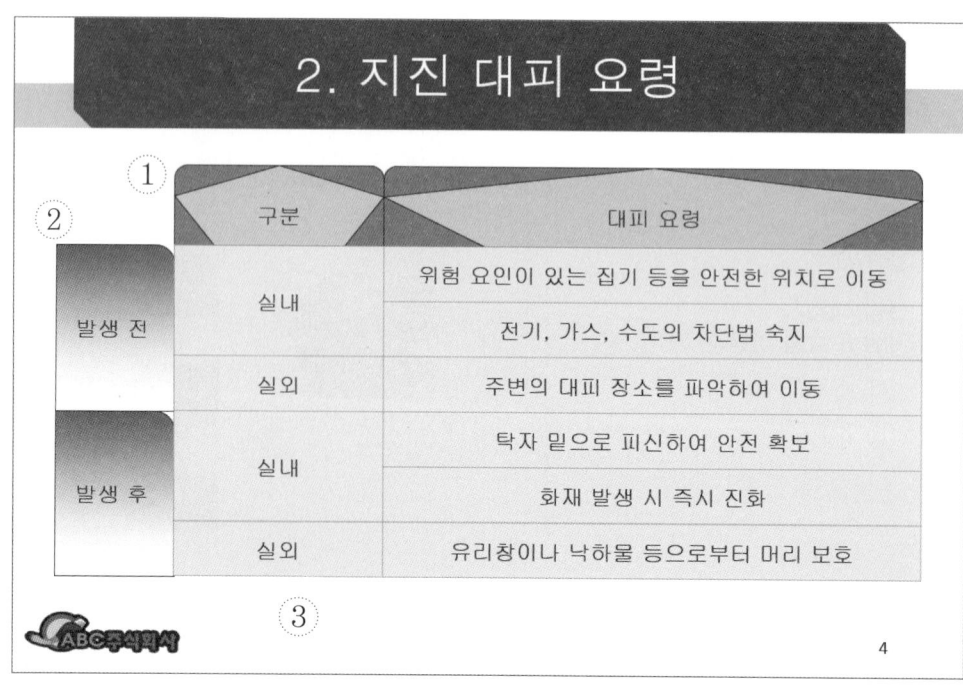

[슬라이드 5] ≪차트 슬라이드≫   (100점)

(1) 차트 작성 기능을 이용하여 슬라이드를 작성한다.
(2) 차트 : 종류(묶은 세로 막대형), 글꼴(돋움, 16pt), 외곽선

세부조건

※ 차트설명
- 차트제목 : 궁서, 24pt, 굵게, 채우기(흰색), 테두리, 그림자(오프셋 오른쪽)
- 차트영역 : 채우기(노랑) 그림영역 : 채우기(흰색)
- 데이터 서식 : 유감횟수 계열을 표식이 있는 꺾은선형으로 변경 후 보조축으로 지정
- 값 표시 : 2022년의 총횟수 계열만

① 도형 삽입
  - 스타일 :
    미세효과 – 파랑, 강조1
  - 글꼴 : 굴림, 18pt

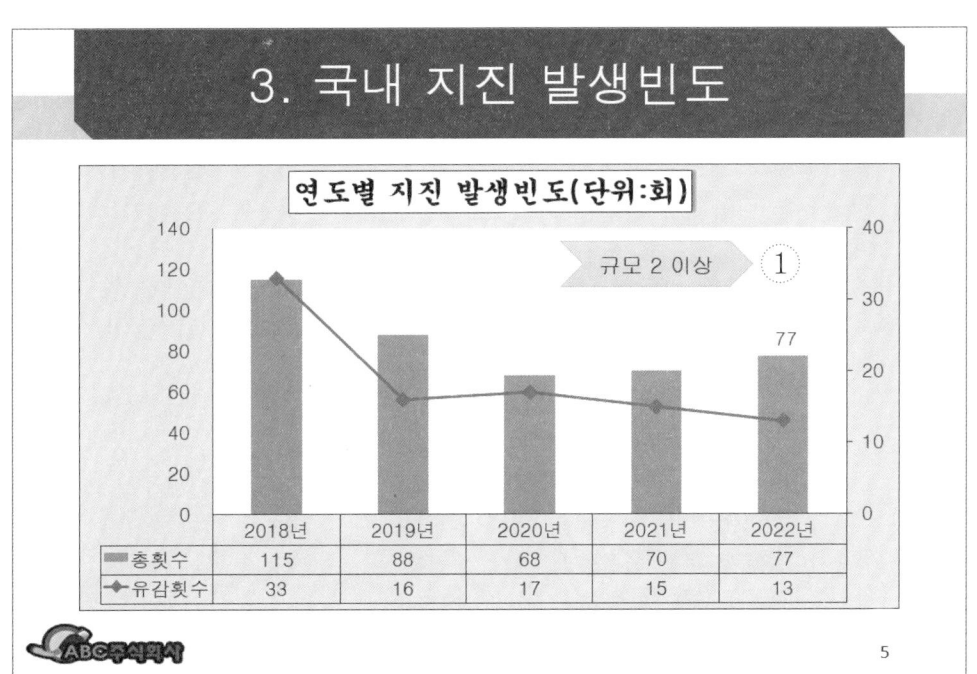

[슬라이드 6] ≪도형 슬라이드≫   (100점)

(1) 슬라이드와 같이 도형 및 스마트아트를 배치한다(글꼴 : 돋움, 18pt).
(2) 애니메이션 순서 : ① ⇒ ②

세부조건

① 도형 및 스마트아트 편집
  - 스마트아트 디자인
    : 3차원 벽돌,
    3차원 만화
  - 그룹화 후 애니메이션 효과
    : 닦아내기(위에서)

② 도형 편집
  - 그룹화 후 애니메이션 효과
    : 회전

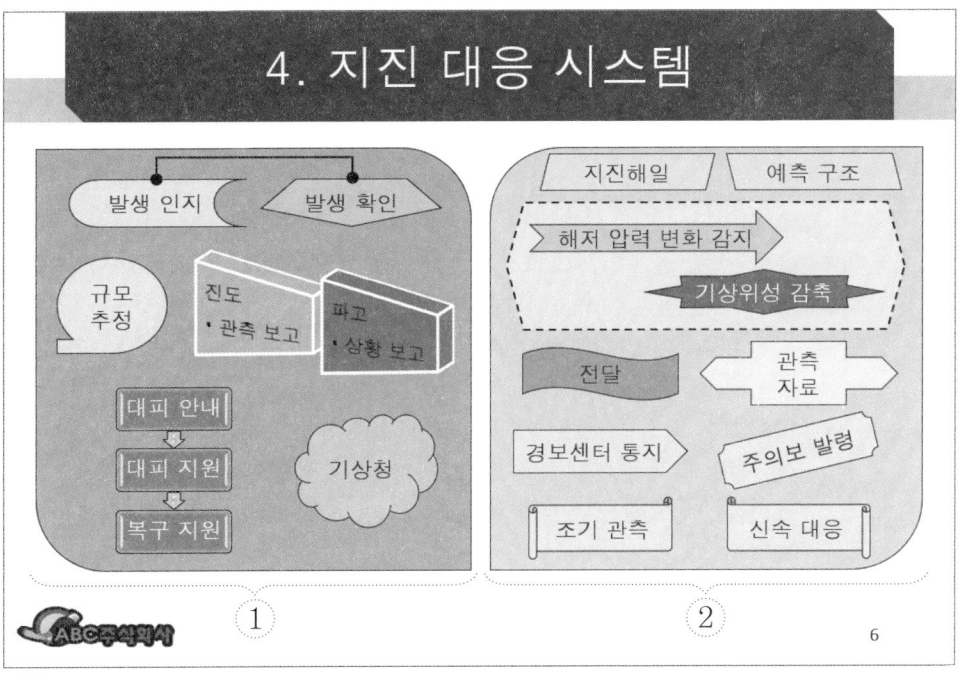

제03회 ITQ 실전모의문제

과목	코드	문제유형	시험시간	수험번호	성명
한글파워포인트	1142	C	60분		

수험자 유의사항

- 수험자는 문제지를 받는 즉시 문제지와 <u>수험표상의 시험과목(프로그램)이 동일한지 반드시 확인</u>하여야 합니다.
- 파일명은 본인의 "수험번호-성명"으로 입력하여 답안폴더(내 PC\문서\ITQ)에 하나의 파일로 저장해야 하며, 답안문서 파일명이 "수험번호-성명"과 일치하지 않거나, 답안파일을 전송하지 않아 미제출로 처리될 경우 실격 처리합니다(예:12345678-홍길동.pptx).
- 답안 작성을 마치면 파일을 저장하고, '답안 전송' 버튼을 선택하여 감독위원 PC로 답안을 전송하십시오. 수험생 정보와 저장한 파일명이 다를 경우 전송되지 않으므로 주의하시기 바랍니다.
- 답안 작성 중에도 <u>주기적으로 저장하고, '답안 전송'</u>하여야 문제 발생을 줄일 수 있습니다. 작업한 내용을 저장하지 않고 전송할 경우 이전에 저장된 내용이 전송되오니 이점 유의하시기 바랍니다.
- 답안문서는 지정된 경로 외의 다른 보조기억장치에 저장하는 경우, 지정된 시험 시간 외에 작성된 파일을 활용할 경우, 기타 통신수단(이메일, 메신저, 네트워크 등)을 이용하여 타인에게 전달 또는 외부 반출하는 경우는 부정 처리합니다.
- 시험 중 부주의 또는 고의로 시스템을 파손한 경우는 수험자가 변상해야 하며, 〈수험자 유의사항〉에 기재된 방법대로 이행하지 않아 생기는 불이익은 수험생 당사자의 책임임을 알려 드립니다.
- 문제의 조건은 MS오피스 2021 버전으로 설정되어 있으며 MS오피스 2016은 【 】에 표기되어 있습니다. 이와 관련하여 작성한 답안의 출력형태가 문제지와 다를 수 있습니다.
- 시험을 완료한 수험자는 답안파일이 전송되었는지 확인한 후 감독위원의 지시에 따라 문제지를 제출하고 퇴실합니다.

답안 작성요령

- 온라인 답안 작성 절차
  수험자 등록 ⇒ 시험 시작 ⇒ 답안파일 저장 ⇒ 답안 전송 ⇒ 시험 종료
- 슬라이드의 크기는 A4 Paper로 설정하여 작성합니다.
- 슬라이드의 총 개수는 6개로 구성되어 있으며 슬라이드 1부터 순서대로 작업하고 반드시 문제와 세부조건대로 합니다.
- 별도의 지시사항이 없는 경우 출력형태를 참조하여 글꼴색은 검정 또는 흰색으로 작성하고, 기타사항은 전체적인 균형을 고려하여 작성합니다.
- 슬라이드 도형 및 개체에 출력형태와 다른 스타일(그림자, 외곽선 등)을 적용했을 경우 감점처리 됩니다.
- 슬라이드 번호를 작성합니다(슬라이드 1에는 생략).
- 2~6번 슬라이드 제목 도형과 하단 로고는 슬라이드 마스터를 이용하여 출력형태와 동일하게 작성합니다 (슬라이드 1에는 생략).
- 문제와 세부조건, 세부조건 번호 ○(점선원)는 입력하지 않습니다.
- 각 개체의 위치는 오른쪽의 슬라이드와 동일하게 구성합니다.
- 그림 삽입 문제의 경우 반드시 「내 PC\문서\ITQ\Picture」폴더에서 정확한 파일을 선택하여 삽입하십시오.
- 각 슬라이드를 각각의 파일로 작업해서 저장할 경우 실격 처리됩니다.

[전체구성] (60점)

(1) 슬라이드 크기 및 순서 : 크기를 A4 용지로 설정하고 슬라이드 순서에 맞게 작성한다.
(2) 슬라이드 마스터 : 2~6슬라이드의 제목, 하단 로고, 슬라이드 번호는 슬라이드 마스터를 이용하여 작성한다.
 - 제목 글꼴(굴림, 40pt, 흰색), 가운데 맞춤, 도형(선 없음)
 - 하단 로고(「내 PC₩문서₩ITQ₩Picture₩로고2.jpg」, 배경(회색) 투명색으로 설정)

[슬라이드 1] ≪표지 디자인≫ (40점)

(1) 표지 디자인 : 도형, 워드아트 및 그림을 이용하여 작성한다.

세부조건

① 도형 편집
 - 도형에 그림 채우기 :
  「내 PC₩문서₩ITQ₩Picture₩그림3.jpg」, 투명도 50%
 - 도형 효과 :
  부드러운 가장자리 5포인트

② 워드아트 삽입
 - 변환 : 기울기, 위로
 【위로 기울기】
 - 글꼴 : 돋움, 굵게
 - 텍스트 반사 :
  근접 반사, 4pt 오프셋

③ 그림 삽입
 - 「내 PC₩문서₩ITQ₩Picture₩로고2.jpg」
 - 배경(회색) 투명색으로 설정

[슬라이드 2] ≪목차 슬라이드≫ (60점)

(1) 출력형태와 같이 도형을 이용하여 목차를 작성한다(글꼴 : 돋움, 24pt).
(2) 도형 : 선 없음

세부조건

① 텍스트에 하이퍼링크 적용
 → '슬라이드 6'

② 그림 삽입
 - 「내 PC₩문서₩ITQ₩Picture₩그림5.jpg」
 - 자르기 기능 이용

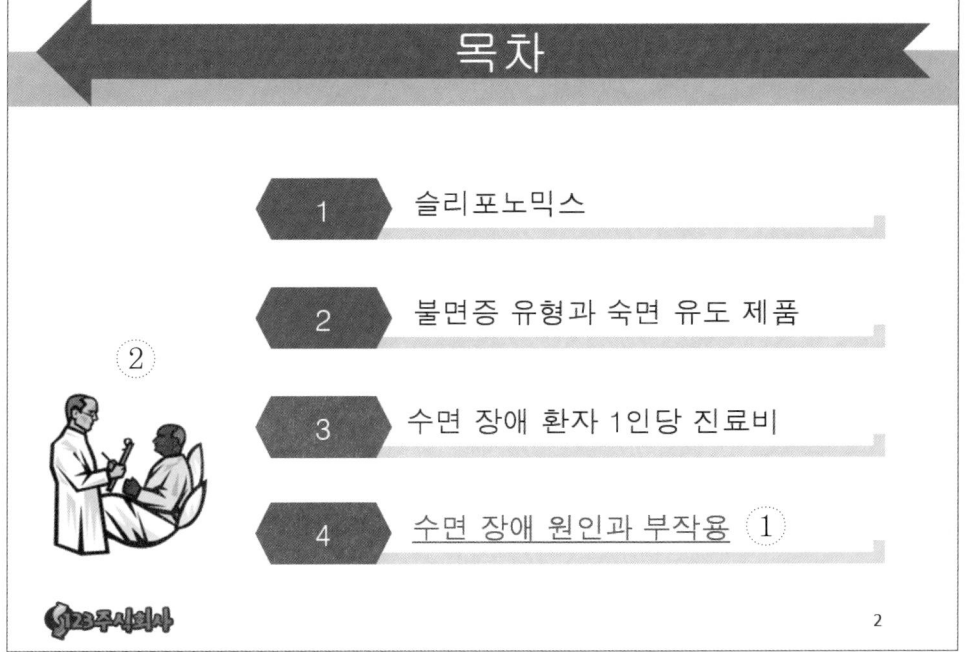

[슬라이드 3] ≪텍스트/동영상 슬라이드≫ (60점)

(1) 텍스트 작성 : 글머리 기호 사용(❖, ■)
    ❖문단(굴림, 24pt, 굵게, 줄간격 : 1.5줄), ■문단(굴림, 20pt, 줄간격 : 1.5줄)

세부조건

① 동영상 삽입 :
- 「내 PC\문서\ITQ\Picture\ 동영상.wmv」
- 자동실행, 반복재생- 설정

1. 슬리포노믹스

❖ Sleeponomics
- Sleeponomics is a compound word that combines 'sleep' and 'economy' and is a related industry that grows as it pays a lot of money for a good night's sleep

❖ 슬리포노믹스
- 수면과 경제를 합친 합성어로 숙면을 위해 많은 돈을 지불함에 따라 성장하는 관련 산업
- 수면상태를 분석하는 슬립테크와 함께 성장

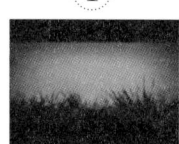

[슬라이드 4] ≪표 슬라이드≫ (80점)

(1) 도형과 표 작성 기능을 이용하여 슬라이드를 작성한다(글꼴 : 돋움, 18pt).

세부조건

① 상단 도형 :
   2개 도형의 조합으로 작성

② 좌측 도형 :
   그라데이션 효과(선형 아래쪽)

③ 테이블 디자인【표 스타일】:
   테마 스타일 1 - 강조 5

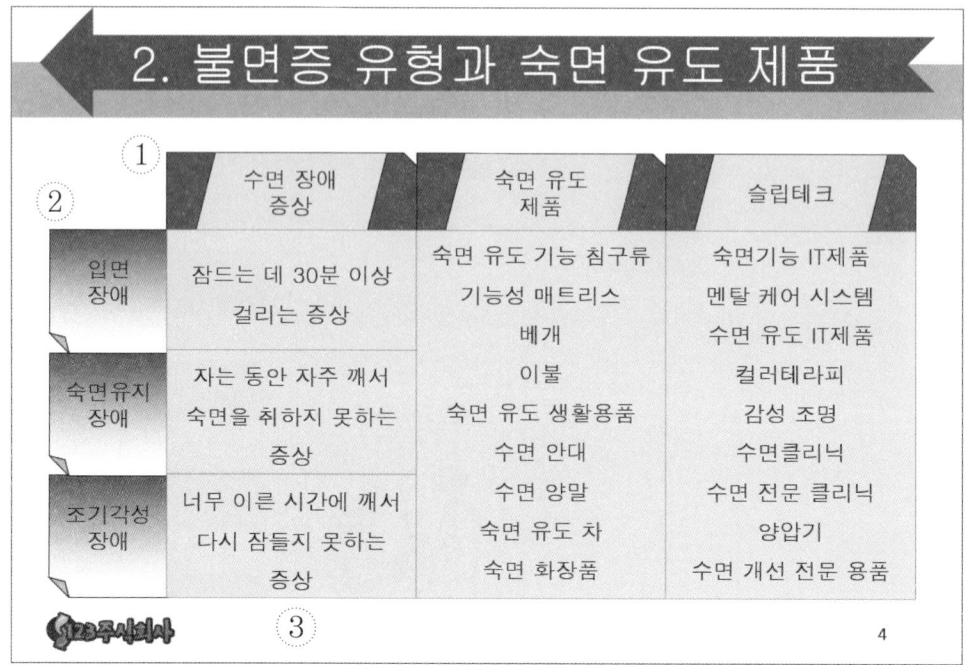

2. 불면증 유형과 숙면 유도 제품

	수면 장애 증상	숙면 유도 제품	슬립테크
입면 장애	잠드는 데 30분 이상 걸리는 증상	숙면 유도 기능 침구류 기능성 매트리스 베개	숙면기능 IT제품 멘탈 케어 시스템 수면 유도 IT제품
숙면유지 장애	자는 동안 자주 깨서 숙면을 취하지 못하는 증상	이불 숙면 유도 생활용품 수면 안대	컬러테라피 감성 조명 수면클리닉
조기각성 장애	너무 이른 시간에 깨서 다시 잠들지 못하는 증상	수면 양말 숙면 유도 차 숙면 화장품	수면 전문 클리닉 양압기 수면 개선 전문 용품

[슬라이드 5] ≪차트 슬라이드≫ (100점)

(1) 차트 작성 기능을 이용하여 슬라이드를 작성한다.
(2) 차트 : 종류(묶은 세로 막대형), 글꼴(돋움, 16pt), 외곽선

세부조건

※ 차트설명
- 차트제목 : 궁서, 24pt, 굵게, 채우기(흰색), 테두리, 그림자(오프셋 오른쪽)
- 차트영역 : 채우기(노랑) 그림영역 : 채우기(흰색)
- 데이터 서식 : 1인당 진료비 계열을 표식이 있는 꺾은선형으로 변경 후 보조축으로 지정
- 값 표시 : 2020년의 1인당 진료비 계열만

① 도형 삽입
 - 스타일 : 미세효과 - 파랑, 강조1
 - 글꼴 : 굴림, 18pt

[슬라이드 6] ≪도형 슬라이드≫ (100점)

(1) 슬라이드와 같이 도형 및 스마트아트를 배치한다(글꼴 : 굴림, 18pt).
(2) 애니메이션 순서 : ① ⇒ ②

세부조건

① 도형 및 스마트아트 편집
 - 스마트아트 디자인 : 3차원 경사, 3차원 벽돌
 - 그룹화 후 애니메이션 효과 : 닦아내기(위에서)

② 도형 편집
 - 그룹화 후 애니메이션 효과 : 바운드

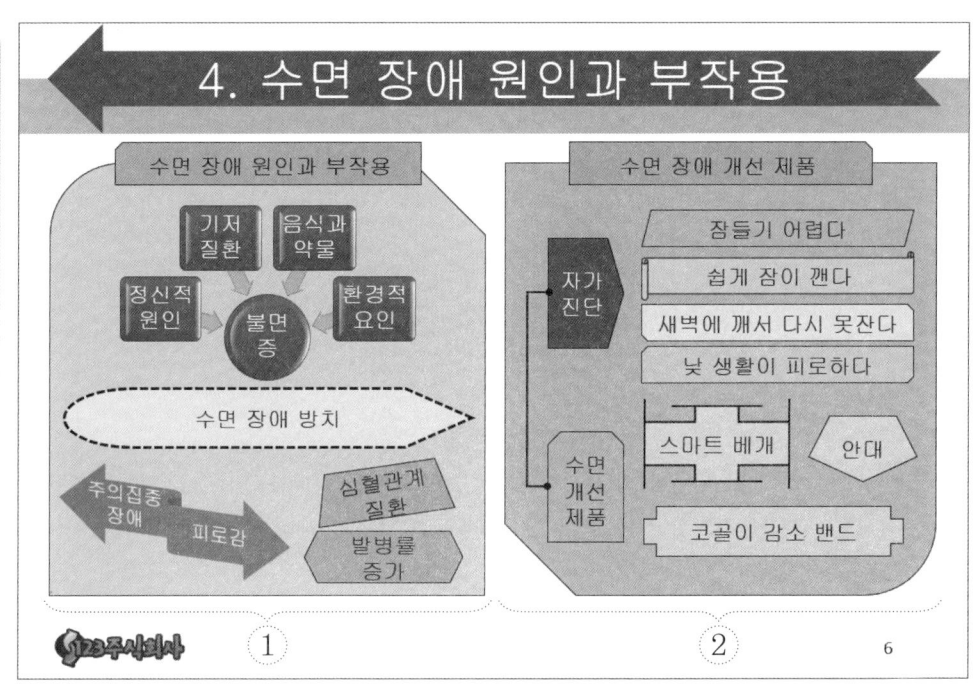

제 04 회 ITQ 실전모의문제

과목	코드	문제유형	시험시간	수험번호	성명
한글파워포인트	1142	A	60분		

수험자 유의사항

- 수험자는 문제지를 받는 즉시 문제지와 <u>수험표상의 시험과목(프로그램)이 동일한지 반드시 확인</u>하여야 합니다.
- 파일명은 본인의 "수험번호-성명"으로 입력하여 답안폴더(내 PC\문서\ITQ)에 하나의 파일로 저장해야 하며, 답안문서 파일명이 "수험번호-성명"과 일치하지 않거나, 답안파일을 전송하지 않아 미제출로 처리될 경우 실격 처리합니다(예:12345678-홍길동.pptx).
- 답안 작성을 마치면 파일을 저장하고, '답안 전송' 버튼을 선택하여 감독위원 PC로 답안을 전송하십시오. 수험생 정보와 저장한 파일명이 다를 경우 전송되지 않으므로 주의하시기 바랍니다.
- 답안 작성 중에도 <u>주기적으로 저장하고, '답안 전송'</u>하여야 문제 발생을 줄일 수 있습니다. 작업한 내용을 저장하지 않고 전송할 경우 이전에 저장된 내용이 전송되오니 이점 유의하시기 바랍니다.
- 답안문서는 지정된 경로 외의 다른 보조기억장치에 저장하는 경우, 지정된 시험 시간 외에 작성된 파일을 활용할 경우, 기타 통신수단(이메일, 메신저, 네트워크 등)을 이용하여 타인에게 전달 또는 외부 반출하는 경우는 부정 처리합니다.
- 시험 중 부주의 또는 고의로 시스템을 파손한 경우는 수험자가 변상해야 하며, 〈수험자 유의사항〉에 기재된 방법대로 이행하지 않아 생기는 불이익은 수험생 당사자의 책임임을 알려 드립니다.
- 문제의 조건은 MS오피스 2021 버전으로 설정되어 있으며 MS오피스 2016은 【 】에 표기되어 있습니다. 이와 관련하여 작성한 답안의 출력형태가 문제지와 다를 수 있습니다.
- 시험을 완료한 수험자는 답안파일이 전송되었는지 확인한 후 감독위원의 지시에 따라 문제지를 제출하고 퇴실합니다.

답안 작성요령

- 온라인 답안 작성 절차
  수험자 등록 ⇒ 시험 시작 ⇒ 답안파일 저장 ⇒ 답안 전송 ⇒ 시험 종료
- 슬라이드의 크기는 A4 Paper로 설정하여 작성합니다.
- 슬라이드의 총 개수는 6개로 구성되어 있으며 슬라이드 1부터 순서대로 작업하고 반드시 문제와 세부 조건대로 합니다.
- 별도의 지시사항이 없는 경우 출력형태를 참조하여 글꼴색은 검정 또는 흰색으로 작성하고, 기타사항은 전체적인 균형을 고려하여 작성합니다.
- 슬라이드 도형 및 개체에 출력형태와 다른 스타일(그림자, 외곽선 등)을 적용했을 경우 감점처리 됩니다.
- 슬라이드 번호를 작성합니다(슬라이드 1에는 생략).
- 2~6번 슬라이드 제목 도형과 하단 로고는 슬라이드 마스터를 이용하여 출력형태와 동일하게 작성합니다(슬라이드 1에는 생략).
- 문제와 세부조건, 세부조건 번호 ◯(점선원)는 입력하지 않습니다.
- 각 개체의 위치는 오른쪽의 슬라이드와 동일하게 구성합니다.
- 그림 삽입 문제의 경우 반드시 「내 PC\문서\ITQ\Picture」폴더에서 정확한 파일을 선택하여 삽입하십시오.
- 각 슬라이드를 각각의 파일로 작업해서 저장할 경우 실격 처리됩니다.

[전체구성] (60점)

(1) 슬라이드 크기 및 순서 : 크기를 A4 용지로 설정하고 슬라이드 순서에 맞게 작성한다.
(2) 슬라이드 마스터 : 2~6슬라이드의 제목, 하단 로고, 슬라이드 번호는 슬라이드 마스터를 이용하여 작성한다.
  - 제목 글꼴(굴림, 40pt, 흰색), 가운데 맞춤, 도형(선 없음)
  - 하단 로고(「내 PC\문서\ITQ\Picture\로고2.jpg」, 배경(회색) 투명색으로 설정)

[슬라이드 1] ≪표지 디자인≫ (40점)

(1) 표지 디자인 : 도형, 워드아트 및 그림을 이용하여 작성한다.

세부조건

① 도형 편집
  - 도형에 그림 채우기 :
    「내 PC\문서\ITQ\Picture\
    그림3.jpg」, 투명도 50%
  - 도형 효과 :
    부드러운 가장자리 5포인트

② 워드아트 삽입
  - 변환 : 삼각형, 위로
    【삼각형】
  - 글꼴 : 돋움, 굵게
  - 텍스트 반사 :
    근접 반사, 4pt 오프셋

③ 그림 삽입
  - 「내 PC\문서\ITQ\Picture\
    로고2.jpg」
  - 배경(회색) 투명색으로 설정

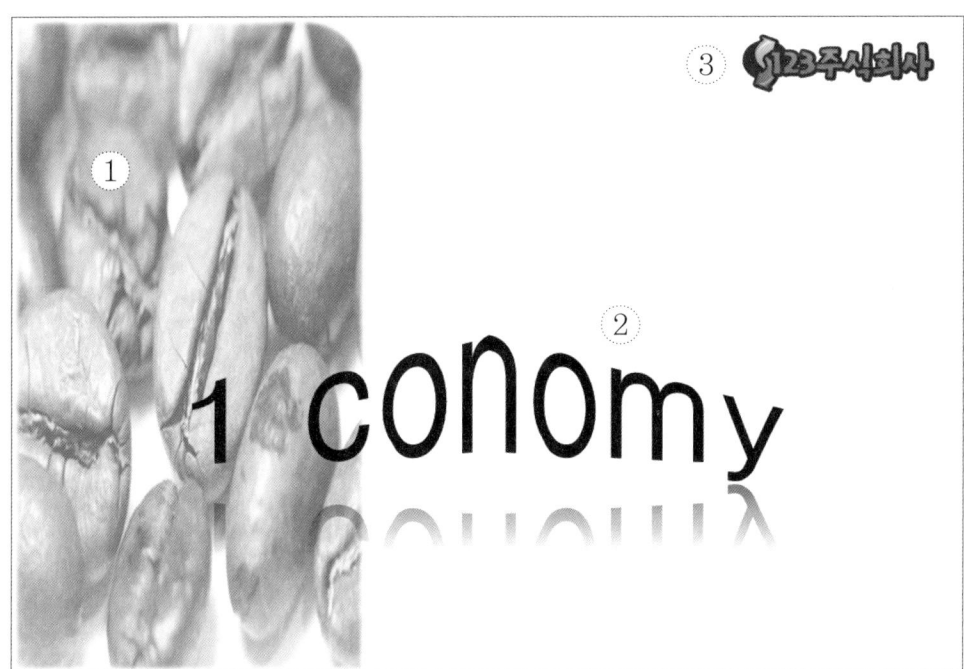

[슬라이드 2] ≪목차 슬라이드≫ (60점)

(1) 출력형태와 같이 도형을 이용하여 목차를 작성한다(글꼴 : 돋움, 24pt).
(2) 도형 : 선 없음

세부조건

① 텍스트에 하이퍼링크 적용
   → '슬라이드 6'

② 그림 삽입
  - 「내 PC\문서\ITQ\Picture\
    그림5.jpg」
  - 자르기 기능 이용

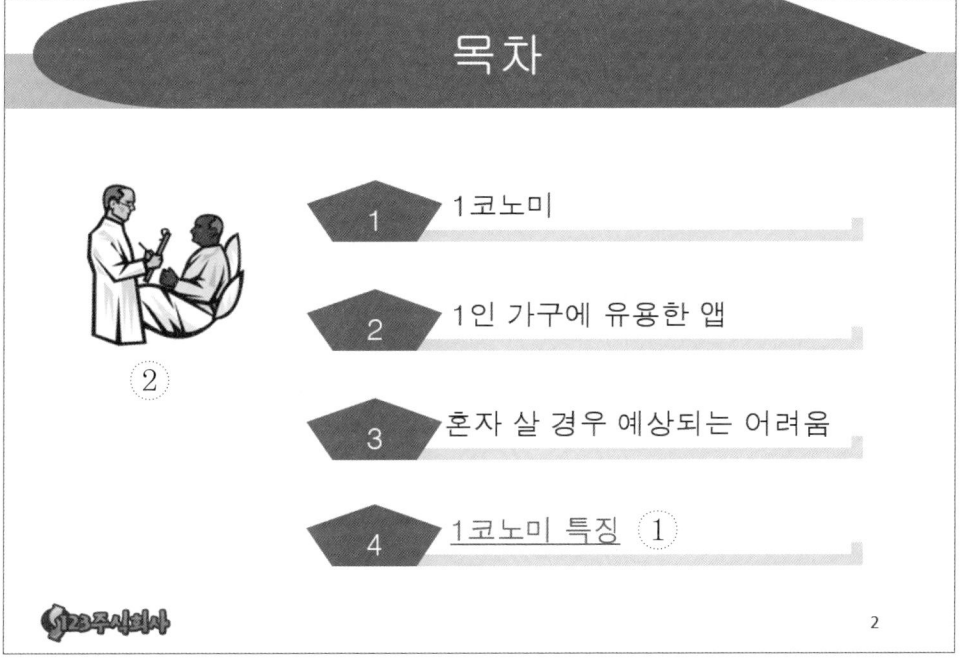

[슬라이드 3] ≪텍스트/동영상 슬라이드≫ (60점)

(1) 텍스트 작성 : 글머리 기호 사용(❖, ■)
  ❖문단(굴림, 24pt, 굵게, 줄간격 : 1.5줄), ■문단(굴림, 20pt, 줄간격 : 1.5줄)

세부조건

① 동영상 삽입 :
 - 「내 PC\문서\ITQ\Picture\
   동영상.wmv」
 - 자동실행, 반복재생- 설정

1. 1코노미

❖ 'Hon (Solo)' Economy
  ■ Recent socio-economic changes in Korea have given rise to the 'Hon (Solo)' Economy
  ■ As a consequence, phrases such as 'Hon-bab' have entered the lexicon

❖ 1코노미
  ■ 숫자 1과 경제(economy)의 합성어로 혼밥(혼자 밥 먹기), 혼술(혼자 술 마시기) 등 혼자만의 생활을 즐기며 소비 하는 경제활동

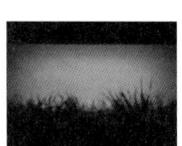

[슬라이드 4] ≪표 슬라이드≫ (80점)

(1) 도형과 표 작성 기능을 이용하여 슬라이드를 작성한다(글꼴 : 돋움, 18pt).

세부조건

① 상단 도형 :
  2개 도형의 조합으로 작성
② 좌측 도형 :
  그라데이션 효과(선형 아래쪽)
③ 테이블 디자인【표 스타일】:
  테마 스타일 1 - 강조 5

2. 1인 가구에 유용한 앱

	앱	기능
식사	이밥차	저렴하고 간단하게 차려 먹을 수 있는 요리 정보
	편의점 1+1	편의점 1+1 또는 2+1 행사 상품 목록 확인
	나만의 냉장고	편의점 증정 상품 보관해뒀다 필요 할 때 이용
사교	소모임	주제별 다양한 동호회 참여
	프렌트립	캠핑, 클라이밍 등 레포츠 위주 동호회 참여
	집밥	식사 같이 하며 친목 도모

[슬라이드 5] ≪차트 슬라이드≫   (100점)

(1) 차트 작성 기능을 이용하여 슬라이드를 작성한다.
(2) 차트 : 종류(묶은 세로 막대형), 글꼴(돋움, 16pt), 외곽선

세부조건

※ 차트설명
- 차트제목 : 궁서, 24pt, 굵게, 채우기(흰색), 테두리, 그림자(오프셋 오른쪽)
- 차트영역 : 채우기(노랑) 그림영역 : 채우기(흰색)
- 데이터 서식 : 취업 계열을 표식이 있는 꺾은선형으로 변경 후 보조축으로 지정
- 값 표시 : 건강악화의 취업 계열만

① 도형 삽입
 - 스타일 :
   미세효과 – 파랑, 강조1
 - 글꼴 : 굴림, 18pt

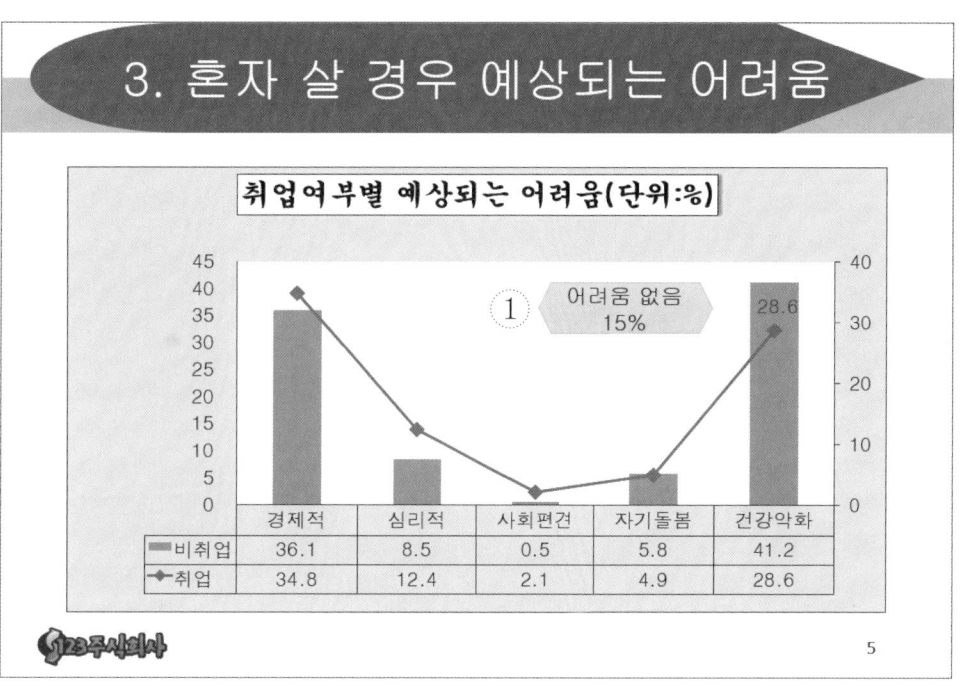

[슬라이드 6] ≪도형 슬라이드≫   (100점)

(1) 슬라이드와 같이 도형 및 스마트아트를 배치한다(글꼴 : 굴림, 18pt).
(2) 애니메이션 순서 : ① ⇒ ②

세부조건

① 도형 및 스마트아트 편집
 - 스마트아트 디자인
   : 3차원 벽돌,
     3차원 만화
 - 그룹화 후 애니메이션 효과
   : 닦아내기(위에서)

② 도형 편집
 - 그룹화 후 애니메이션 효과
   : 회전

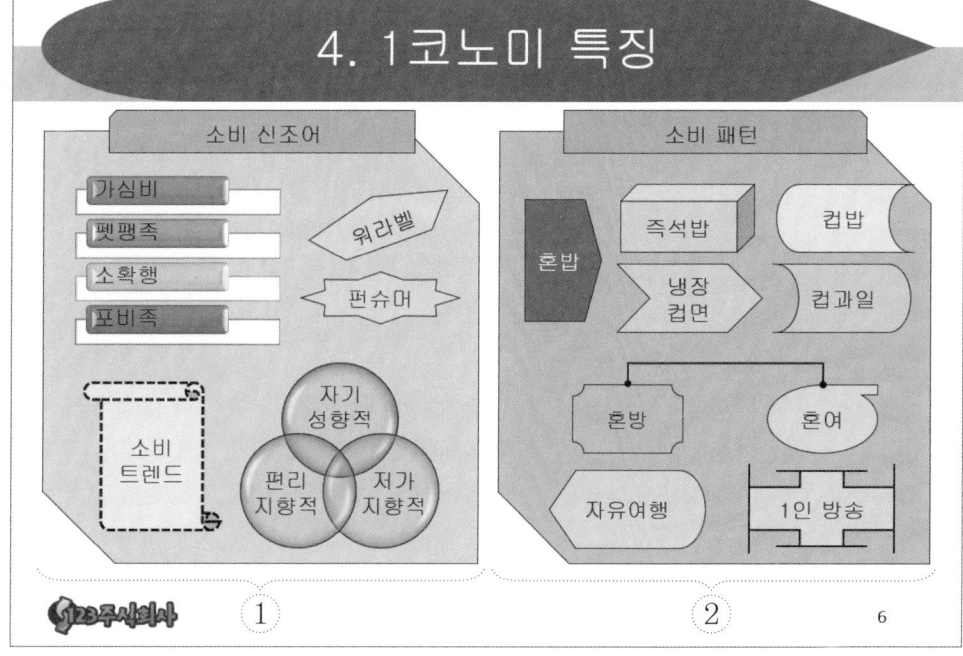

제05회 ITQ 실전모의문제

과목	코드	문제유형	시험시간	수험번호	성명
한글파워포인트	1142	B	60분		

수험자 유의사항

- 수험자는 문제지를 받는 즉시 문제지와 <u>수험표상의 시험과목(프로그램)이 동일한지 반드시 확인</u>하여야 합니다.
- 파일명은 본인의 "수험번호-성명"으로 입력하여 답안폴더(내 PC\문서\ITQ)에 하나의 파일로 저장해야 하며, 답안문서 파일명이 "수험번호-성명"과 일치하지 않거나, 답안파일을 전송하지 않아 미제출로 처리될 경우 실격 처리합니다(예:12345678-홍길동.pptx).
- 답안 작성을 마치면 파일을 저장하고, '답안 전송' 버튼을 선택하여 감독위원 PC로 답안을 전송하십시오. 수험생 정보와 저장한 파일명이 다를 경우 전송되지 않으므로 주의하시기 바랍니다.
- 답안 작성 중에도 <u>주기적으로 저장하고, '답안 전송'</u>하여야 문제 발생을 줄일 수 있습니다. 작업한 내용을 저장하지 않고 전송할 경우 이전에 저장된 내용이 전송되오니 이점 유의하시기 바랍니다.
- 답안문서는 지정된 경로 외의 다른 보조기억장치에 저장하는 경우, 지정된 시험 시간 외에 작성된 파일을 활용할 경우, 기타 통신수단(이메일, 메신저, 네트워크 등)을 이용하여 타인에게 전달 또는 외부 반출하는 경우는 부정 처리합니다.
- 시험 중 부주의 또는 고의로 시스템을 파손한 경우는 수험자가 변상해야 하며, 〈수험자 유의사항〉에 기재된 방법대로 이행하지 않아 생기는 불이익은 수험생 당사자의 책임임을 알려 드립니다.
- 문제의 조건은 MS오피스 2021 버전으로 설정되어 있으며 MS오피스 2016은 【 】에 표기되어 있습니다. 이와 관련하여 작성한 답안의 출력형태가 문제지와 다를 수 있습니다.
- 시험을 완료한 수험자는 답안파일이 전송되었는지 확인한 후 감독위원의 지시에 따라 문제지를 제출하고 퇴실합니다.

답안 작성요령

- 온라인 답안 작성 절차
  수험자 등록 ⇒ 시험 시작 ⇒ 답안파일 저장 ⇒ 답안 전송 ⇒ 시험 종료
- 슬라이드의 크기는 A4 Paper로 설정하여 작성합니다.
- 슬라이드의 총 개수는 6개로 구성되어 있으며 슬라이드 1부터 순서대로 작업하고 반드시 문제와 세부 조건대로 합니다.
- 별도의 지시사항이 없는 경우 출력형태를 참조하여 글꼴색은 검정 또는 흰색으로 작성하고, 기타사항은 전체적인 균형을 고려하여 작성합니다.
- 슬라이드 도형 및 개체에 출력형태와 다른 스타일(그림자, 외곽선 등)을 적용했을 경우 감점처리 됩니다.
- 슬라이드 번호를 작성합니다(슬라이드 1에는 생략).
- 2~6번 슬라이드 제목 도형과 하단 로고는 슬라이드 마스터를 이용하여 출력형태와 동일하게 작성합니다 (슬라이드 1에는 생략).
- 문제와 세부조건, 세부조건 번호 ◯(점선원)는 입력하지 않습니다.
- 각 개체의 위치는 오른쪽의 슬라이드와 동일하게 구성합니다.
- 그림 삽입 문제의 경우 반드시 「내 PC\문서\ITQ\Picture」폴더에서 정확한 파일을 선택하여 삽입하십시오.
- 각 슬라이드를 각각의 파일로 작업해서 저장할 경우 실격 처리됩니다.

[전체구성] (60점)

(1) 슬라이드 크기 및 순서 : 크기를 A4 용지로 설정하고 슬라이드 순서에 맞게 작성한다.
(2) 슬라이드 마스터 : 2~6슬라이드의 제목, 하단 로고, 슬라이드 번호는 슬라이드 마스터를 이용하여 작성한다.
 - 제목 글꼴(굴림, 40pt, 흰색), 가운데 맞춤, 도형(선 없음)
 - 하단 로고(「내 PC\문서\ITQ\Picture\로고2.jpg」, 배경(회색) 투명색으로 설정)

[슬라이드 1] ≪표지 디자인≫ (40점)

(1) 표지 디자인 : 도형, 워드아트 및 그림을 이용하여 작성한다.

세부조건

① 도형 편집
 - 도형에 그림 채우기 :
  「내 PC\문서\ITQ\Picture\그림3.jpg」, 투명도 50%
 - 도형 효과 :
  부드러운 가장자리 5포인트

② 워드아트 삽입
 - 변환 : 수축
 - 글꼴 : 돋움, 굵게
 - 텍스트 반사 :
  근접 반사, 4pt 오프셋

③ 그림 삽입
 - 「내 PC\문서\ITQ\Picture\로고2.jpg」
 - 배경(회색) 투명색으로 설정

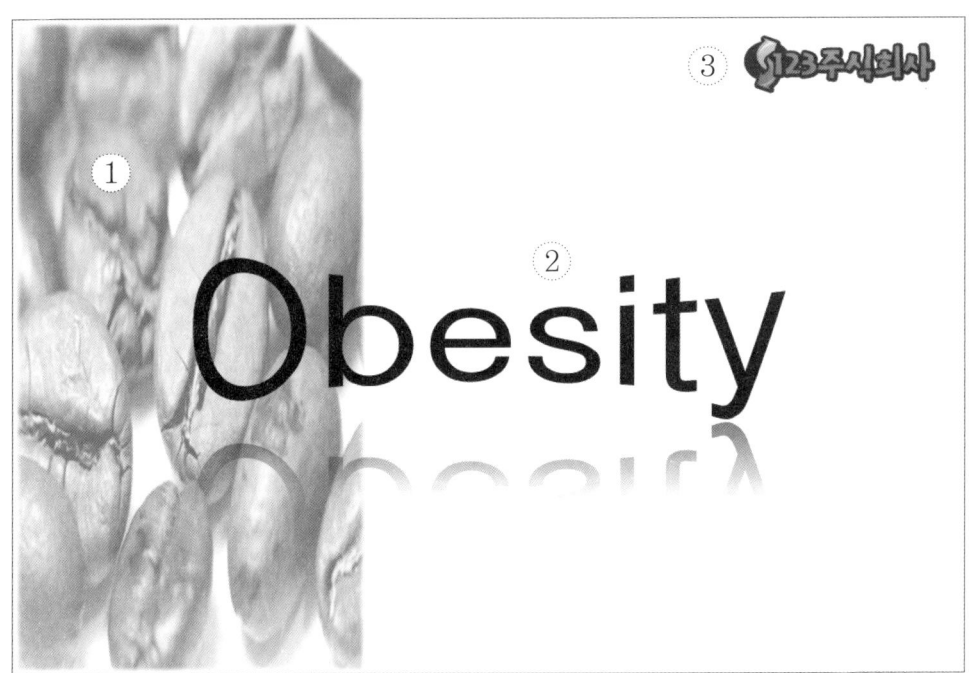

[슬라이드 2] ≪목차 슬라이드≫ (60점)

(1) 출력형태와 같이 도형을 이용하여 목차를 작성한다(글꼴 : 돋움, 24pt).
(2) 도형 : 선 없음

세부조건

① 텍스트에 하이퍼링크 적용
 → '슬라이드 6'

② 그림 삽입
 - 「내 PC\문서\ITQ\Picture\그림5.jpg」
 - 자르기 기능 이용

[슬라이드 3] ≪텍스트/동영상 슬라이드≫ (60점)

(1) 텍스트 작성 : 글머리 기호 사용(❖, ■)
　　❖문단(굴림, 24pt, 굵게, 줄간격 : 1.5줄), ■문단(굴림, 20pt, 줄간격 : 1.5줄)

세부조건

① 동영상 삽입 :
- 「내 PC₩문서₩ITQ₩Picture₩동영상.wmv」
- 자동실행, 반복재생 - 설정

1. 비만이란

❖ **Obesity**
- Obesity has been connected with almost all diseases such as cardiovascular diseases, diabetes mellitus, cancers, joint disorders and other many diseases

❖ **소아 비만증**
- 유아기에서 사춘기까지의 비만
- 이 시기 비만의 80~85%가 성인비만으로 이행되고 동맥경화, 당뇨병, 심근경색 등이 조기에 나타날 수 있음

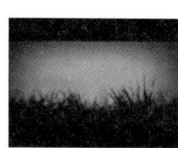

[슬라이드 4] ≪표 슬라이드≫ (80점)

(1) 도형과 표 작성 기능을 이용하여 슬라이드를 작성한다(글꼴 : 돋움, 18pt).

세부조건

① 상단 도형 :
　2개 도형의 조합으로 작성

② 좌측 도형 :
　그라데이션 효과(선형 아래쪽)

③ 테이블 디자인【표 스타일】:
　테마 스타일 1 - 강조 5

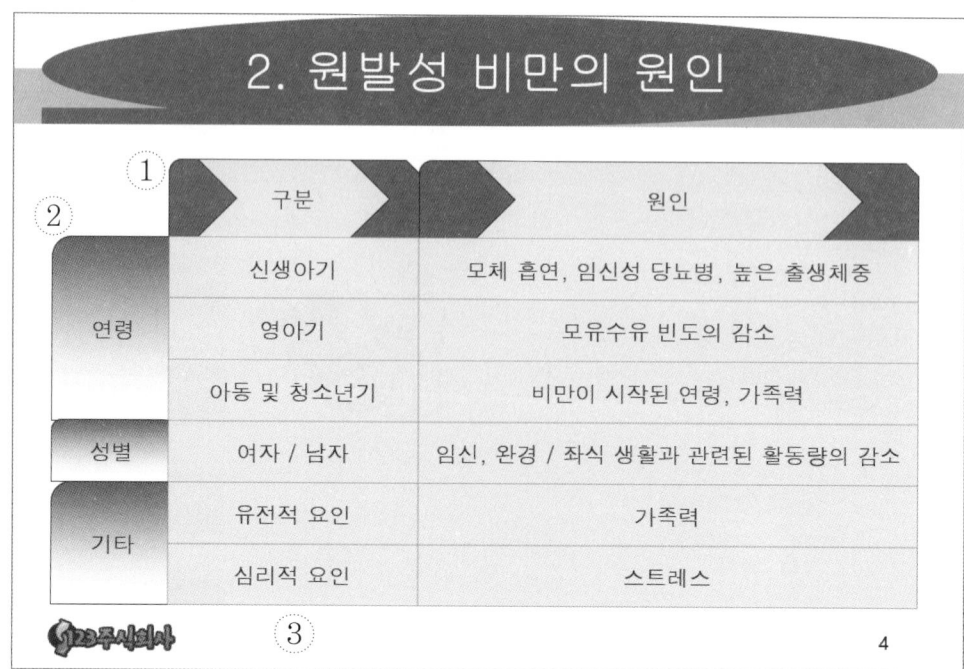

[슬라이드 5] ≪차트 슬라이드≫ (100점)

(1) 차트 작성 기능을 이용하여 슬라이드를 작성한다.
(2) 차트 : 종류(묶은 세로 막대형), 글꼴(돋움, 16pt), 외곽선

세부조건

※ 차트설명
- 차트제목 : 궁서, 24pt, 굵게, 채우기(흰색), 테두리, 그림자(오프셋 오른쪽)
- 차트영역 : 채우기(노랑) 그림영역 : 채우기(흰색)
- 데이터 서식 : 남학생 계열을 표식이 있는 꺾은선형으로 변경 후 보조축으로 지정
- 값 표시 : 인천의 남학생 계열만

① 도형 삽입
 - 스타일 :
   미세효과 – 파랑, 강조1
 - 글꼴 : 굴림, 18pt

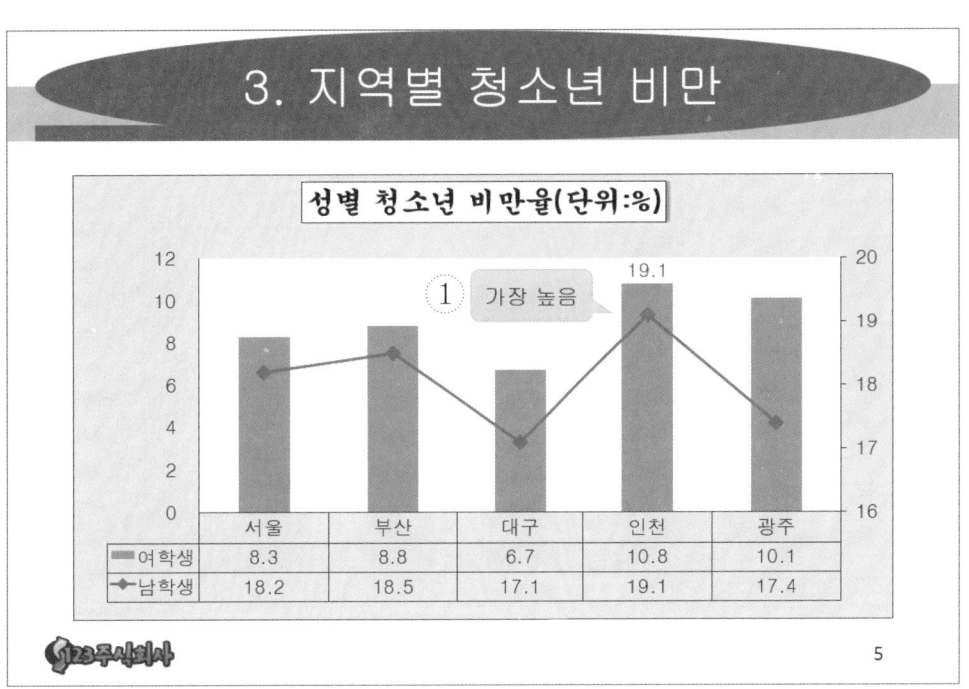

[슬라이드 6] ≪도형 슬라이드≫ (100점)

(1) 슬라이드와 같이 도형 및 스마트아트를 배치한다(글꼴 : 굴림, 18pt).
(2) 애니메이션 순서 : ① ⇒ ②

세부조건

① 도형 및 스마트아트 편집
 - 스마트아트 디자인
   : 3차원 벽돌,
     3차원 만화
 - 그룹화 후 애니메이션 효과
   : 닦아내기(위에서)

② 도형 편집
 - 그룹화 후 애니메이션 효과
   : 바운드

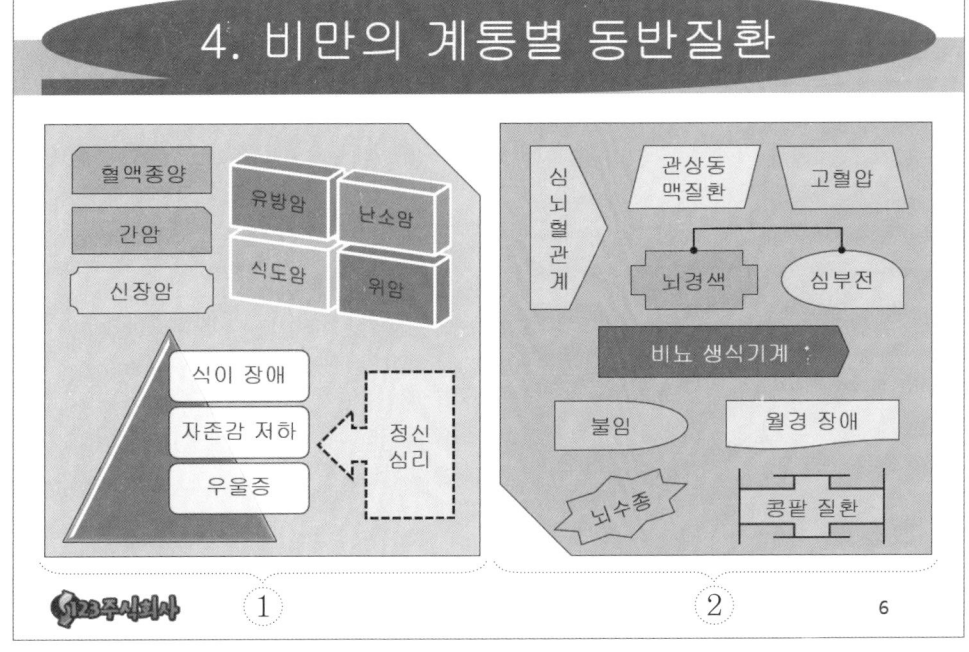

제 06 회 ITQ 실전모의문제

과목	코드	문제유형	시험시간	수험번호	성명
한글파워포인트	1142	C	60분		

수험자 유의사항

- 수험자는 문제지를 받는 즉시 문제지와 <u>수험표상의 시험과목(프로그램)이 동일한지 반드시 확인</u>하여야 합니다.
- 파일명은 본인의 "수험번호-성명"으로 입력하여 답안폴더(내 PC\문서\ITQ)에 하나의 파일로 저장해야 하며, 답안문서 파일명이 "수험번호-성명"과 일치하지 않거나, 답안파일을 전송하지 않아 미제출로 처리될 경우 실격 처리합니다(예:12345678-홍길동.pptx).
- 답안 작성을 마치면 파일을 저장하고, '답안 전송' 버튼을 선택하여 감독위원 PC로 답안을 전송하십시오. 수험생 정보와 저장한 파일명이 다를 경우 전송되지 않으므로 주의하시기 바랍니다.
- 답안 작성 중에도 <u>주기적으로 저장하고, '답안 전송'</u>하여야 문제 발생을 줄일 수 있습니다. 작업한 내용을 저장하지 않고 전송할 경우 이전에 저장된 내용이 전송되오니 이점 유의하시기 바랍니다.
- 답안문서는 지정된 경로 외의 다른 보조기억장치에 저장하는 경우, 지정된 시험 시간 외에 작성된 파일을 활용할 경우, 기타 통신수단(이메일, 메신저, 네트워크 등)을 이용하여 타인에게 전달 또는 외부 반출하는 경우는 부정 처리합니다.
- 시험 중 부주의 또는 고의로 시스템을 파손한 경우는 수험자가 변상해야 하며, 〈수험자 유의사항〉에 기재된 방법대로 이행하지 않아 생기는 불이익은 수험생 당사자의 책임임을 알려 드립니다.
- 문제의 조건은 MS오피스 2021 버전으로 설정되어 있으며 MS오피스 2016은 【 】에 표기되어 있습니다. 이와 관련하여 작성한 답안의 출력형태가 문제지와 다를 수 있습니다.
- 시험을 완료한 수험자는 답안파일이 전송되었는지 확인한 후 감독위원의 지시에 따라 문제지를 제출하고 퇴실합니다.

답안 작성요령

- 온라인 답안 작성 절차
  수험자 등록 ⇒ 시험 시작 ⇒ 답안파일 저장 ⇒ 답안 전송 ⇒ 시험 종료
- 슬라이드의 크기는 A4 Paper로 설정하여 작성합니다.
- 슬라이드의 총 개수는 6개로 구성되어 있으며 슬라이드 1부터 순서대로 작업하고 반드시 문제와 세부 조건대로 합니다.
- 별도의 지시사항이 없는 경우 출력형태를 참조하여 글꼴색은 검정 또는 흰색으로 작성하고, 기타사항은 전체적인 균형을 고려하여 작성합니다.
- 슬라이드 도형 및 개체에 출력형태와 다른 스타일(그림자, 외곽선 등)을 적용했을 경우 감점처리 됩니다.
- 슬라이드 번호를 작성합니다(슬라이드 1에는 생략).
- 2~6번 슬라이드 제목 도형과 하단 로고는 슬라이드 마스터를 이용하여 출력형태와 동일하게 작성합니다(슬라이드 1에는 생략).
- 문제와 세부조건, 세부조건 번호 ○(점선원)는 입력하지 않습니다.
- 각 개체의 위치는 오른쪽의 슬라이드와 동일하게 구성합니다.
- 그림 삽입 문제의 경우 반드시 「내 PC\문서\ITQ\Picture」폴더에서 정확한 파일을 선택하여 삽입하십시오.
- 각 슬라이드를 각각의 파일로 작업해서 저장할 경우 실격 처리됩니다.

[전체구성] (60점)

(1) 슬라이드 크기 및 순서 : 크기를 A4 용지로 설정하고 슬라이드 순서에 맞게 작성한다.
(2) 슬라이드 마스터 : 2~6슬라이드의 제목, 하단 로고, 슬라이드 번호는 슬라이드 마스터를 이용하여 작성한다.
  - 제목 글꼴(돋움, 40pt, 흰색), 가운데 맞춤, 도형(선 없음)
  - 하단 로고(「내 PC\문서\ITQ\Picture\로고2.jpg」, 배경(회색) 투명색으로 설정)

[슬라이드 1] ≪표지 디자인≫ (40점)

(1) 표지 디자인 : 도형, 워드아트 및 그림을 이용하여 작성한다.

세부조건

① 도형 편집
  - 도형에 그림 채우기 :
    「내 PC\문서\ITQ\Picture\그림1.jpg」, 투명도 50%
  - 도형 효과 :
    부드러운 가장자리 5포인트

② 워드아트 삽입
  - 변환 : 갈매기형 수장, 아래로
    【역갈매기형 수장】
  - 글꼴 : 돋움, 굵게
  - 텍스트 반사 :
    1/2 반사, 터치

③ 그림 삽입
  - 「내 PC\문서\ITQ\Picture\로고2.jpg」
  - 배경(회색) 투명색으로 설정

[슬라이드 2] ≪목차 슬라이드≫ (60점)

(1) 출력형태와 같이 도형을 이용하여 목차를 작성한다(글꼴 : 굴림, 24pt).
(2) 도형 : 선 없음

세부조건

① 텍스트에 하이퍼링크 적용
  → '슬라이드 6'

② 그림 삽입
  - 「내 PC\문서\ITQ\Picture\그림5.jpg」
  - 자르기 기능 이용

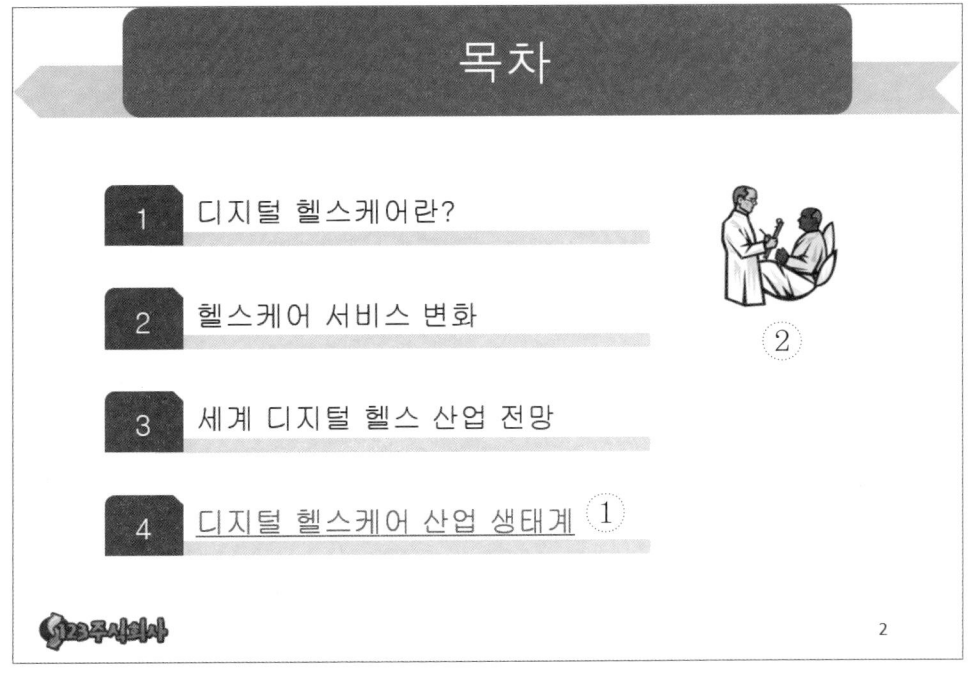

[슬라이드 3] ≪텍스트/동영상 슬라이드≫ (60점)

(1) 텍스트 작성 : 글머리 기호 사용(❖, ✓)
   ❖문단(굴림, 24pt, 굵게, 줄간격 : 1.5줄), ✓문단(굴림, 20pt, 줄간격 : 1.5줄)

세부조건

① 동영상 삽입 :
 - 「내 PC\문서\ITQ\Picture\
    동영상.wmv」
 - 자동실행, 반복재생 - 설정

1. 디지털 헬스케어란?

❖ Digital health
  ✓ Digital health is a discipline that includes digital care programs, living, and society to enhance the efficiency of healthcare delivery and to make medicine more precise

❖ 디지털 헬스케어 특징
  ✓ 보건의료용 정보통신기술, 디지털기술 등이 융합
  ✓ 개인 맞춤 의료
  ✓ 예방 의료 및 예측의료 가능

[슬라이드 4] ≪표 슬라이드≫ (80점)

(1) 도형과 표 작성 기능을 이용하여 슬라이드를 작성한다(글꼴 : 돋움, 18pt).

세부조건

① 상단 도형 :
   2개 도형의 조합으로 작성

② 좌측 도형 :
   그라데이션 효과(선형 아래쪽)

③ 테이블 디자인 【표 스타일】 :
   테마 스타일 1 - 강조 6

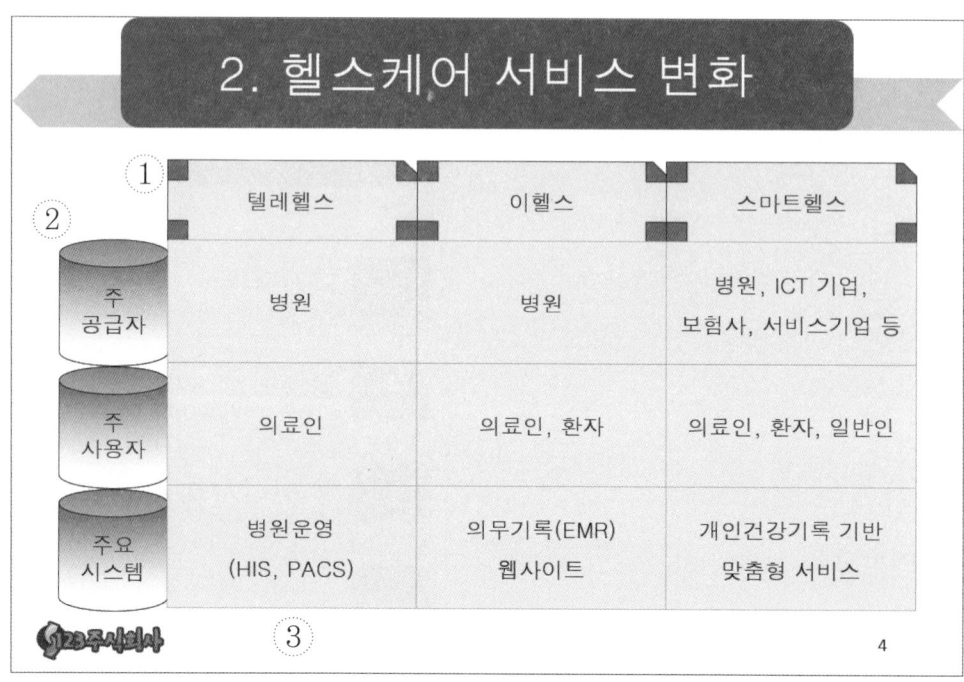

[슬라이드 5] ≪차트 슬라이드≫   (100점)

(1) 차트 작성 기능을 이용하여 슬라이드를 작성한다.
(2) 차트 : 종류(묶은 세로 막대형), 글꼴(돋움, 16pt), 외곽선

세부조건

※ 차트설명
- 차트제목 : 궁서, 24pt, 굵게, 채우기(흰색), 테두리, 그림자(오프셋 오른쪽)
- 차트영역 : 채우기(노랑) 그림영역 : 채우기(흰색)
- 데이터 서식 : 2027 계열을 표식이 있는 꺾은선형으로 변경 후 보조축으로 지정
- 값 표시 : 전체의 2020 계열만

① 도형 삽입
 - 스타일 :
   미세효과 – 파랑, 강조1
 - 글꼴 : 굴림, 18pt

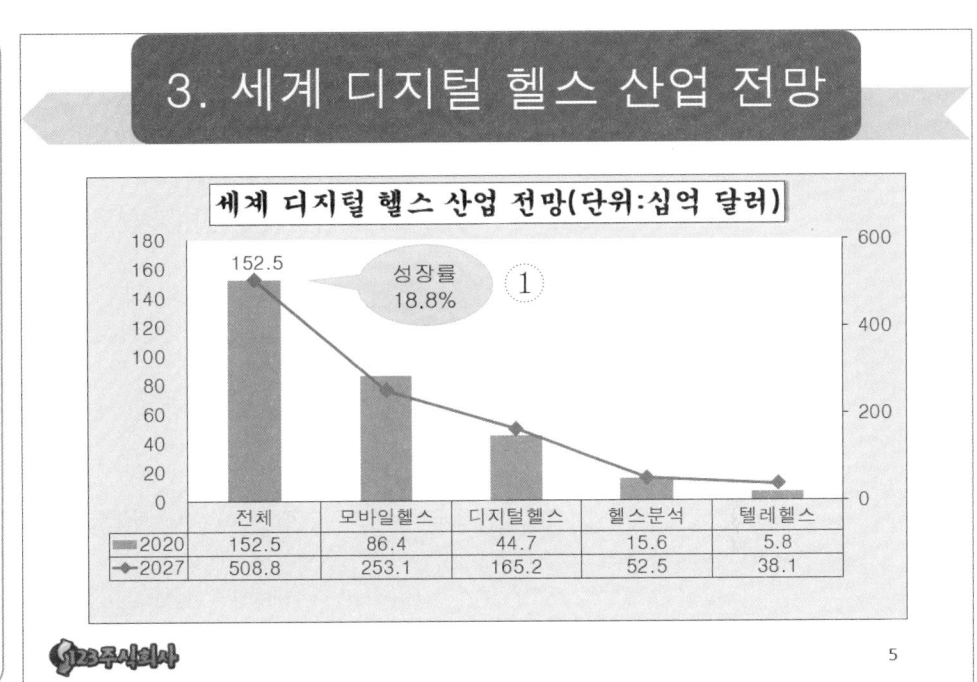

[슬라이드 6] ≪도형 슬라이드≫   (100점)

(1) 슬라이드와 같이 도형 및 스마트아트를 배치한다(글꼴 : 굴림, 18pt).
(2) 애니메이션 순서 : ① ⇒ ②

세부조건

① 도형 및 스마트아트 편집
 - 스마트아트 디자인
   : 3차원 만화,
    3차원 경사
 - 그룹화 후 애니메이션 효과
   : 닦아내기(위에서)

② 도형 편집
 - 그룹화 후 애니메이션 효과
   : 바운드

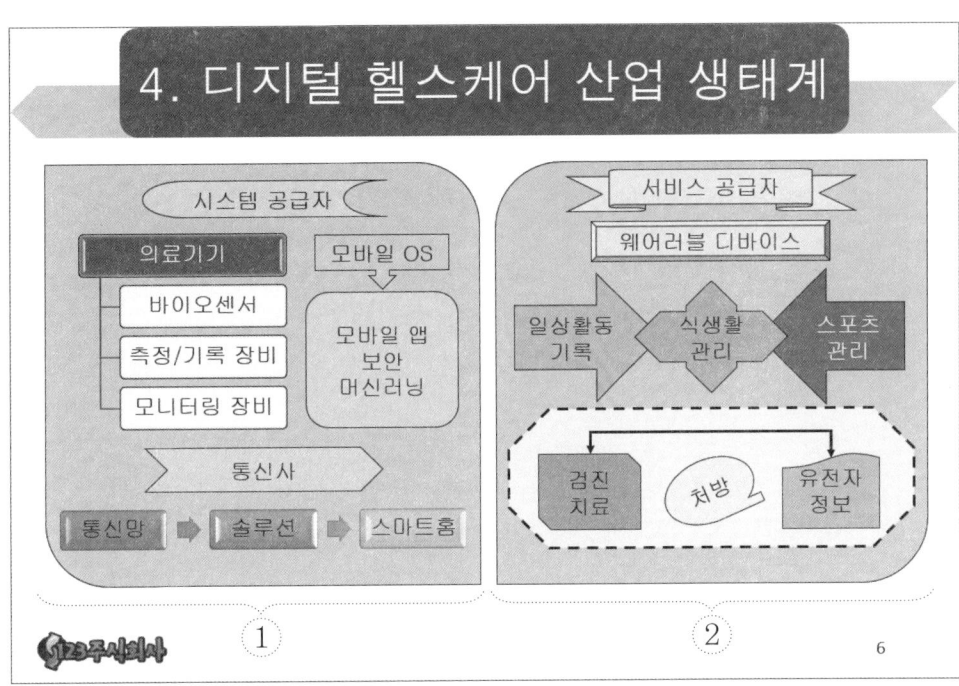

제 07 회 ITQ 실전모의문제

과목	코드	문제유형	시험시간	수험번호	성명
한글파워포인트	1142	A	60분		

수험자 유의사항

- 수험자는 문제지를 받는 즉시 문제지와 수험표상의 시험과목(프로그램)이 동일한지 반드시 확인하여야 합니다.
- 파일명은 본인의 "수험번호-성명"으로 입력하여 답안폴더(내 PC\문서\ITQ)에 하나의 파일로 저장해야 하며, 답안문서 파일명이 "수험번호-성명"과 일치하지 않거나, 답안파일을 전송하지 않아 미제출로 처리될 경우 실격 처리합니다(예:12345678-홍길동.pptx).
- 답안 작성을 마치면 파일을 저장하고, '답안 전송' 버튼을 선택하여 감독위원 PC로 답안을 전송하십시오. 수험생 정보와 저장한 파일명이 다를 경우 전송되지 않으므로 주의하시기 바랍니다.
- 답안 작성 중에도 주기적으로 저장하고, '답안 전송'하여야 문제 발생을 줄일 수 있습니다. 작업한 내용을 저장하지 않고 전송할 경우 이전에 저장된 내용이 전송되오니 이점 유의하시기 바랍니다.
- 답안문서는 지정된 경로 외의 다른 보조기억장치에 저장하는 경우, 지정된 시험 시간 외에 작성된 파일을 활용할 경우, 기타 통신수단(이메일, 메신저, 네트워크 등)을 이용하여 타인에게 전달 또는 외부 반출하는 경우는 부정 처리합니다.
- 시험 중 부주의 또는 고의로 시스템을 파손한 경우는 수험자가 변상해야 하며, 〈수험자 유의사항〉에 기재된 방법대로 이행하지 않아 생기는 불이익은 수험생 당사자의 책임임을 알려 드립니다.
- 문제의 조건은 MS오피스 2021 버전으로 설정되어 있으며 MS오피스 2016은 【 】에 표기되어 있습니다. 이와 관련하여 작성한 답안의 출력형태가 문제지와 다를 수 있습니다.
- 시험을 완료한 수험자는 답안파일이 전송되었는지 확인한 후 감독위원의 지시에 따라 문제지를 제출하고 퇴실합니다.

답안 작성요령

- 온라인 답안 작성 절차
  수험자 등록 ⇒ 시험 시작 ⇒ 답안파일 저장 ⇒ 답안 전송 ⇒ 시험 종료
- 슬라이드의 크기는 A4 Paper로 설정하여 작성합니다.
- 슬라이드의 총 개수는 6개로 구성되어 있으며 슬라이드 1부터 순서대로 작업하고 반드시 문제와 세부조건대로 합니다.
- 별도의 지시사항이 없는 경우 출력형태를 참조하여 글꼴색은 검정 또는 흰색으로 작성하고, 기타사항은 전체적인 균형을 고려하여 작성합니다.
- 슬라이드 도형 및 개체에 출력형태와 다른 스타일(그림자, 외곽선 등)을 적용했을 경우 감점처리 됩니다.
- 슬라이드 번호를 작성합니다(슬라이드 1에는 생략).
- 2~6번 슬라이드 제목 도형과 하단 로고는 슬라이드 마스터를 이용하여 출력형태와 동일하게 작성합니다 (슬라이드 1에는 생략).
- 문제와 세부조건, 세부조건 번호 ○(점선원)는 입력하지 않습니다.
- 각 개체의 위치는 오른쪽의 슬라이드와 동일하게 구성합니다.
- 그림 삽입 문제의 경우 반드시 「내 PC\문서\ITQ\Picture」폴더에서 정확한 파일을 선택하여 삽입하십시오.
- 각 슬라이드를 각각의 파일로 작업해서 저장할 경우 실격 처리됩니다.

[전체구성] (60점)

(1) 슬라이드 크기 및 순서 : 크기를 A4 용지로 설정하고 슬라이드 순서에 맞게 작성한다.
(2) 슬라이드 마스터 : 2~6슬라이드의 제목, 하단 로고, 슬라이드 번호는 슬라이드 마스터를 이용하여 작성한다.
 - 제목 글꼴(돋움, 40pt, 흰색), 가운데 맞춤, 도형(선 없음)
 - 하단 로고(「내 PC₩문서₩ITQ₩Picture₩로고2.jpg」, 배경(회색) 투명색으로 설정)

[슬라이드 1] ≪표지 디자인≫ (40점)

(1) 표지 디자인 : 도형, 워드아트 및 그림을 이용하여 작성한다.

세부조건

① 도형 편집
 - 도형에 그림 채우기 :
  「내 PC₩문서₩ITQ₩Picture₩
  그림1.jpg」, 투명도 50%
 - 도형 효과 :
  부드러운 가장자리 5포인트

② 워드아트 삽입
 - 변환 : 갈매기형 수장, 아래로
  【역갈매기형 수장】
 - 글꼴 : 돋움, 굵게
 - 텍스트 반사 : 1/2 반사, 터치

③ 그림 삽입
 - 「내 PC₩문서₩ITQ₩Picture₩
  로고2.jpg」
 - 배경(회색) 투명색으로 설정

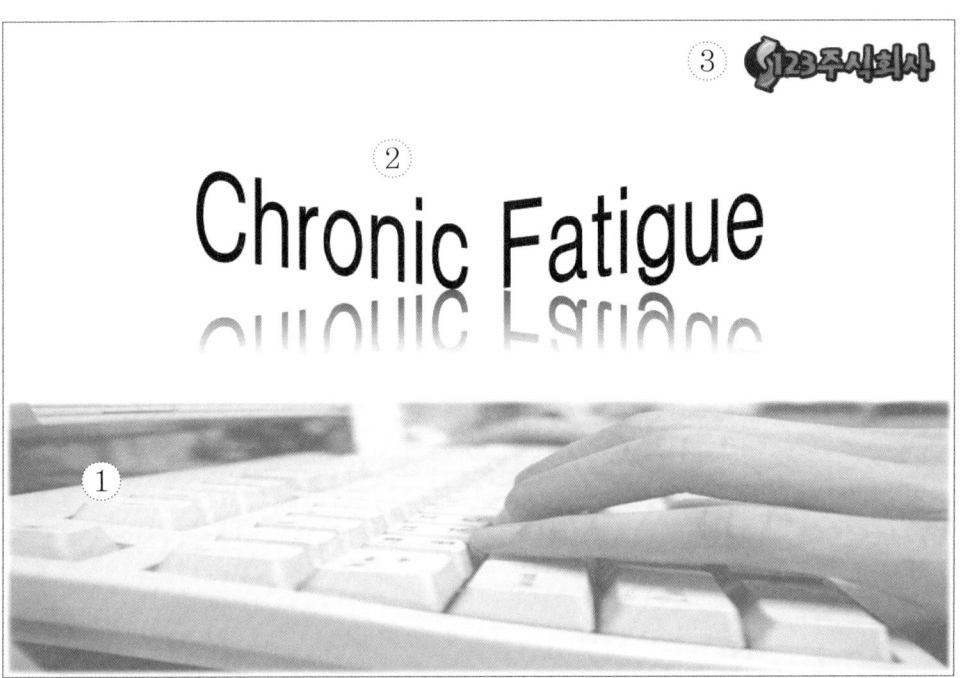

[슬라이드 2] ≪목차 슬라이드≫ (60점)

(1) 출력형태와 같이 도형을 이용하여 목차를 작성한다(글꼴 : 굴림, 24pt).
(2) 도형 : 선 없음

세부조건

① 텍스트에 하이퍼링크 적용
 → '슬라이드 6'

② 그림 삽입
 - 「내 PC₩문서₩ITQ₩Picture₩
  그림5.jpg」
 - 자르기 기능 이용

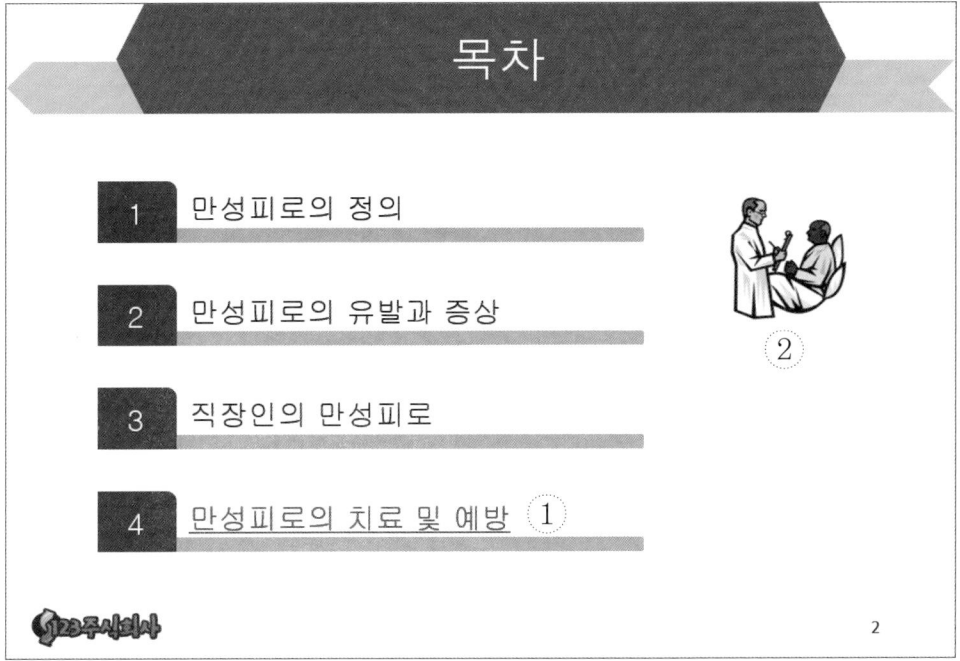

[슬라이드 3] ≪텍스트/동영상 슬라이드≫ (60점)

(1) 텍스트 작성 : 글머리 기호 사용(❖, ✓)
  ❖문단(굴림, 24pt, 굵게, 줄간격 : 1.5줄), ✓문단(굴림, 20pt, 줄간격 : 1.5줄)

세부조건

① 동영상 삽입 :
  - 「내 PC₩문서₩ITQ₩Picture₩동영상.wmv」
  - 자동실행, 반복재생- 설정

1. 만성피로의 정의

❖ Chronic fatigue syndrome
  ✓ Self-reported impairment in short-term memory or concentration
  ✓ Tender cervical or axillary nodes
  ✓ Post-exertional malaise lasting more than 24 hours

❖ 만성피로증후군
  ✓ 특별한 원인이 밝혀지지 않은 상태로, 일을 줄이고 휴식을 취해도 6개월 이상 지속되거나 반복되는 심한 피로 증상

[슬라이드 4] ≪표 슬라이드≫ (80점)

(1) 도형과 표 작성 기능을 이용하여 슬라이드를 작성한다(글꼴 : 돋움, 18pt).

세부조건

① 상단 도형 :
  2개 도형의 조합으로 작성

② 좌측 도형 :
  그라데이션 효과(선형 아래쪽)

③ 테이블 디자인【표 스타일】:
  테마 스타일 1 - 강조 6

[슬라이드 5] ≪차트 슬라이드≫ (100점)

(1) 차트 작성 기능을 이용하여 슬라이드를 작성한다.
(2) 차트 : 종류(묶은 세로 막대형), 글꼴(돋움, 16pt), 외곽선

세부조건

※ 차트설명
- 차트제목 : 궁서, 24pt, 굵게, 채우기(흰색), 테두리, 그림자(오프셋 오른쪽)
- 차트영역 : 채우기(노랑) 그림영역 : 채우기(흰색)
- 데이터 서식 : 남자 계열을 표식이 있는 꺾은선형으로 변경 후 보조축으로 지정
- 값 표시 : 2022의 여자 계열만

① 도형 삽입
- 스타일 :
  미세효과 – 파랑, 강조1
- 글꼴 : 굴림, 18pt

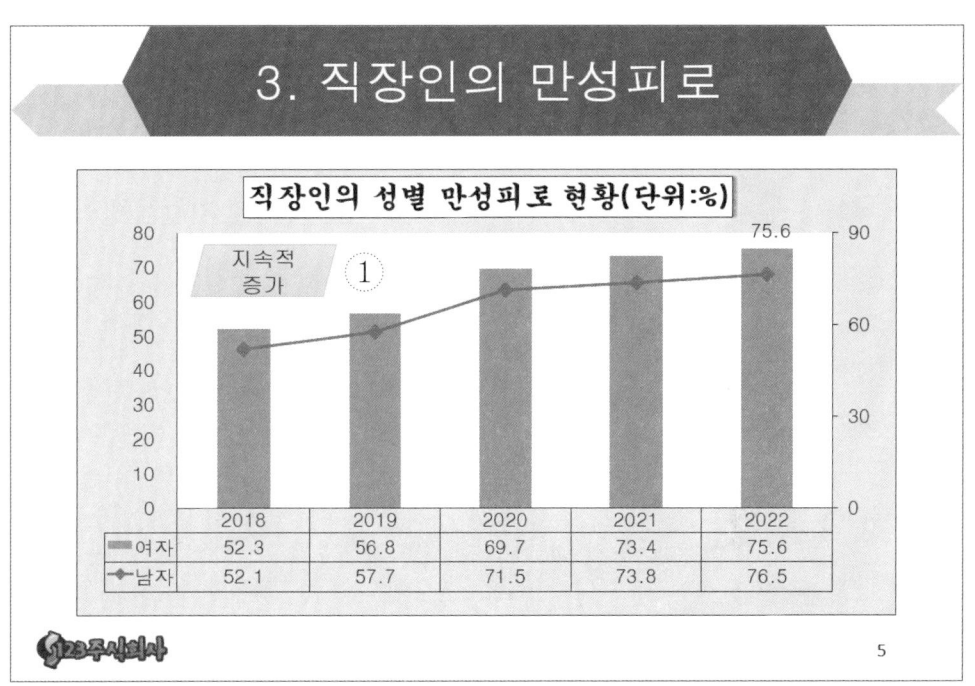

[슬라이드 6] ≪도형 슬라이드≫ (100점)

(1) 슬라이드와 같이 도형 및 스마트아트를 배치한다(글꼴 : 돋움, 18pt).
(2) 애니메이션 순서 : ① ⇒ ②

세부조건

① 도형 및 스마트아트 편집
- 스마트아트 디자인
  : 3차원 경사,
  3차원 만화
- 그룹화 후 애니메이션 효과
  : 닦아내기(위에서)

② 도형 편집
- 그룹화 후 애니메이션 효과
  : 바운드

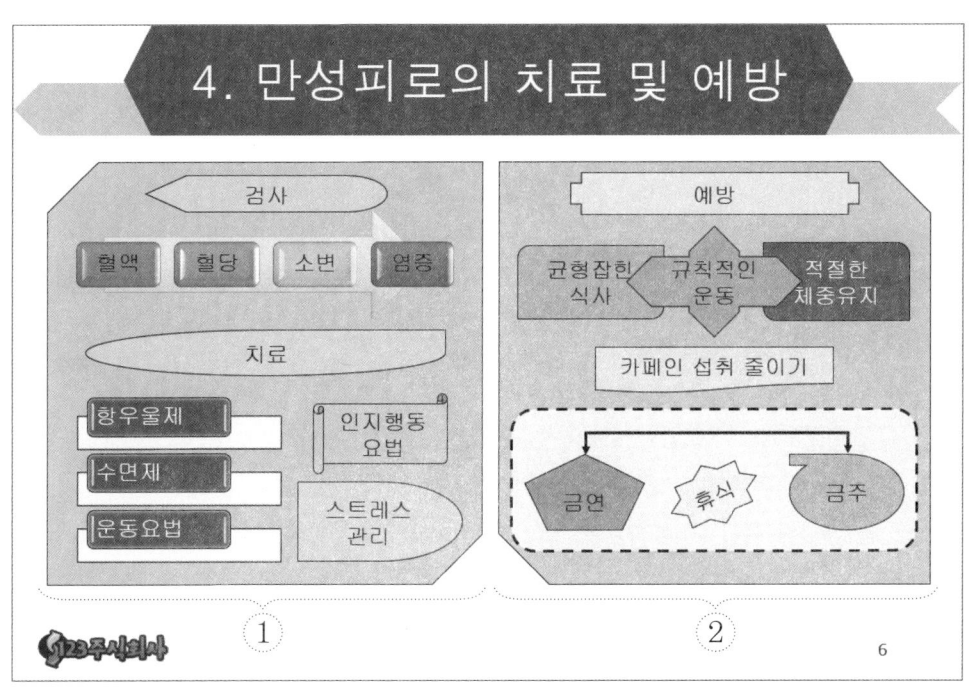

제08회 ITQ 실전모의문제

과목	코드	문제유형	시험시간	수험번호	성명
한글파워포인트	1142	B	60분		

수험자 유의사항

- 수험자는 문제지를 받는 즉시 문제지와 <u>수험표상의 시험과목(프로그램)이 동일한지 반드시 확인</u>하여야 합니다.
- 파일명은 본인의 "수험번호-성명"으로 입력하여 답안폴더(내 PC₩문서₩ITQ)에 하나의 파일로 저장해야 하며, 답안문서 파일명이 "수험번호-성명"과 일치하지 않거나, 답안파일을 전송하지 않아 미제출로 처리될 경우 실격 처리합니다(예:12345678-홍길동.pptx).
- 답안 작성을 마치면 파일을 저장하고, '답안 전송' 버튼을 선택하여 감독위원 PC로 답안을 전송하십시오. 수험생 정보와 저장한 파일명이 다를 경우 전송되지 않으므로 주의하시기 바랍니다.
- 답안 작성 중에도 <u>주기적으로 저장하고, '답안 전송'</u>하여야 문제 발생을 줄일 수 있습니다. 작업한 내용을 저장하지 않고 전송할 경우 이전에 저장된 내용이 전송되오니 이점 유의하시기 바랍니다.
- 답안문서는 지정된 경로 외의 다른 보조기억장치에 저장하는 경우, 지정된 시험 시간 외에 작성된 파일을 활용할 경우, 기타 통신수단(이메일, 메신저, 네트워크 등)을 이용하여 타인에게 전달 또는 외부 반출하는 경우는 부정 처리합니다.
- 시험 중 부주의 또는 고의로 시스템을 파손한 경우는 수험자가 변상해야 하며, 〈수험자 유의사항〉에 기재된 방법대로 이행하지 않아 생기는 불이익은 수험생 당사자의 책임임을 알려 드립니다.
- 문제의 조건은 MS오피스 2021 버전으로 설정되어 있으며 MS오피스 2016은 【 】에 표기되어 있습니다. 이와 관련하여 작성한 답안의 출력형태가 문제지와 다를 수 있습니다.
- 시험을 완료한 수험자는 답안파일이 전송되었는지 확인한 후 감독위원의 지시에 따라 문제지를 제출하고 퇴실합니다.

답안 작성요령

- 온라인 답안 작성 절차
  수험자 등록 ⇒ 시험 시작 ⇒ 답안파일 저장 ⇒ 답안 전송 ⇒ 시험 종료
- 슬라이드의 크기는 A4 Paper로 설정하여 작성합니다.
- 슬라이드의 총 개수는 6개로 구성되어 있으며 슬라이드 1부터 순서대로 작업하고 반드시 문제와 세부 조건대로 합니다.
- 별도의 지시사항이 없는 경우 출력형태를 참조하여 글꼴색은 검정 또는 흰색으로 작성하고, 기타사항은 전체적인 균형을 고려하여 작성합니다.
- 슬라이드 도형 및 개체에 출력형태와 다른 스타일(그림자, 외곽선 등)을 적용했을 경우 감점처리 됩니다.
- 슬라이드 번호를 작성합니다(슬라이드 1에는 생략).
- 2~6번 슬라이드 제목 도형과 하단 로고는 슬라이드 마스터를 이용하여 출력형태와 동일하게 작성합니다 (슬라이드 1에는 생략).
- 문제와 세부조건, 세부조건 번호 ○(점선원)는 입력하지 않습니다.
- 각 개체의 위치는 오른쪽의 슬라이드와 동일하게 구성합니다.
- 그림 삽입 문제의 경우 반드시 「내 PC₩문서₩ITQ₩Picture」폴더에서 정확한 파일을 선택하여 삽입하십시오.
- 각 슬라이드를 각각의 파일로 작업해서 저장할 경우 실격 처리됩니다.

[전체구성] (60점)

(1) 슬라이드 크기 및 순서 : 크기를 A4 용지로 설정하고 슬라이드 순서에 맞게 작성한다.
(2) 슬라이드 마스터 : 2~6슬라이드의 제목, 하단 로고, 슬라이드 번호는 슬라이드 마스터를 이용하여 작성한다.
 - 제목 글꼴(돋움, 40pt, 흰색), 가운데 맞춤, 도형(선 없음)
 - 하단 로고(「내 PC₩문서₩ITQ₩Picture₩로고2.jpg」, 배경(회색) 투명색으로 설정)

[슬라이드 1] ≪표지 디자인≫ (40점)

(1) 표지 디자인 : 도형, 워드아트 및 그림을 이용하여 작성한다.

세부조건

① 도형 편집
 - 도형에 그림 채우기 :
   「내 PC₩문서₩ITQ₩Picture₩그림1.jpg」, 투명도 50%
 - 도형 효과 :
   부드러운 가장자리 5포인트

② 워드아트 삽입
 - 변환 : 갈매기형 수장, 아래로
   【역갈매기형 수장】
 - 글꼴 : 굴림, 굵게
 - 텍스트 반사 : 1/2 반사, 터치

③ 그림 삽입
 - 「내 PC₩문서₩ITQ₩Picture₩로고2.jpg」
 - 배경(회색) 투명색으로 설정

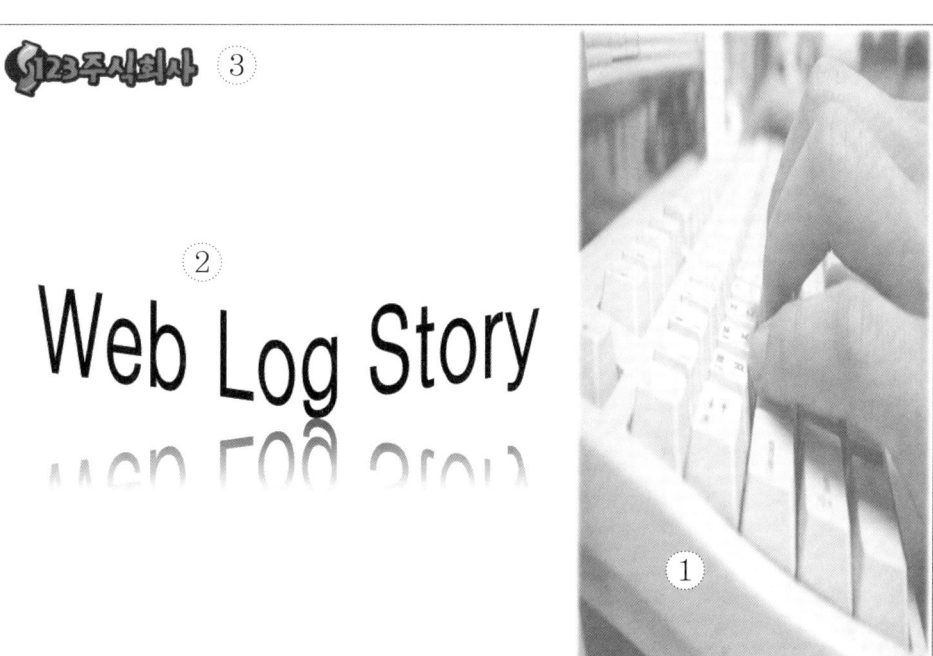

[슬라이드 2] ≪목차 슬라이드≫ (60점)

(1) 출력형태와 같이 도형을 이용하여 목차를 작성한다(글꼴 : 굴림, 24pt).
(2) 도형 : 선 없음

세부조건

① 텍스트에 하이퍼링크 적용
   → '슬라이드 6'

② 그림 삽입
 - 「내 PC₩문서₩ITQ₩Picture₩그림5.jpg」
 - 자르기 기능 이용

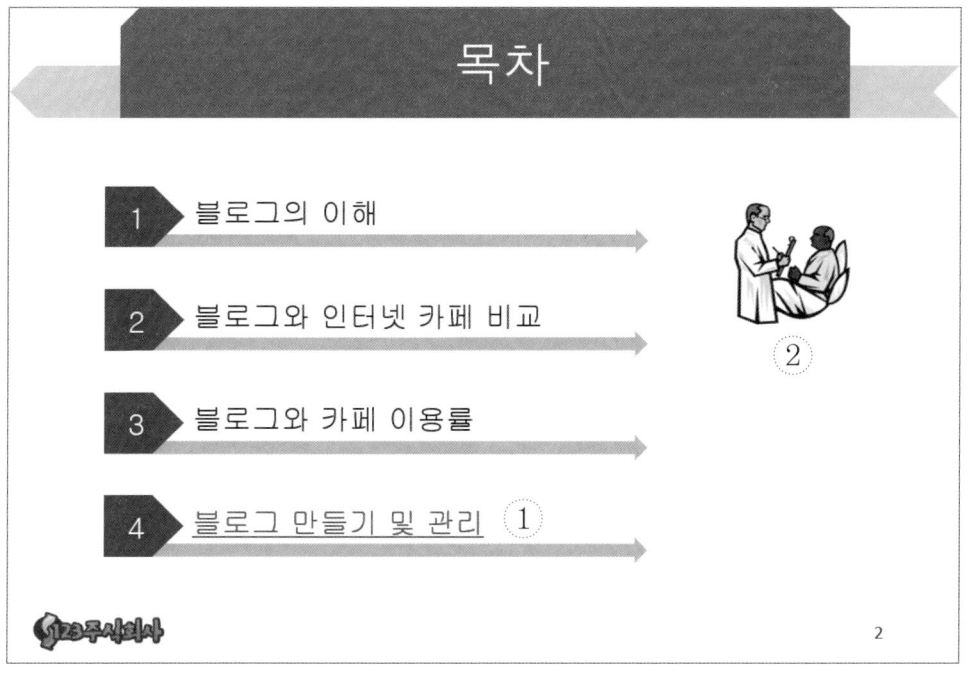

[슬라이드 3] ≪텍스트/동영상 슬라이드≫ (60점)

(1) 텍스트 작성 : 글머리 기호 사용(❖, ✓)
  ❖문단(굴림, 24pt, 굵게, 줄간격 : 1.5줄), ✓문단(굴림, 20pt, 줄간격 : 1.5줄)

세부조건

① 동영상 삽입 :
  -「내 PC₩문서₩ITQ₩Picture₩동영상.wmv」
  - 자동실행, 반복재생- 설정

1. 블로그의 이해

❖ What is a Weblog?
  ✓ A weblog is a website that consists of a series of entries arranged in reverse chronological order
  ✓ The information can be written by the site owner, gleaned from other Web site

❖ 블로그의 의미
  ✓ 자신의 관심사에 따라 자신의 일상이나 사회적인 이슈까지 글과 사진, 동영상 등을 자유롭게 올릴 수 있는 웹 사이트

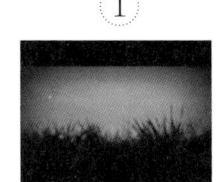

[슬라이드 4] ≪표 슬라이드≫ (80점)

(1) 도형과 표 작성 기능을 이용하여 슬라이드를 작성한다(글꼴 : 돋움, 18pt).

세부조건

① 상단 도형 :
  2개 도형의 조합으로 작성

② 좌측 도형 :
  그라데이션 효과(선형 아래쪽)

③ 테이블 디자인【표 스타일】:
  테마 스타일 1 - 강조 6

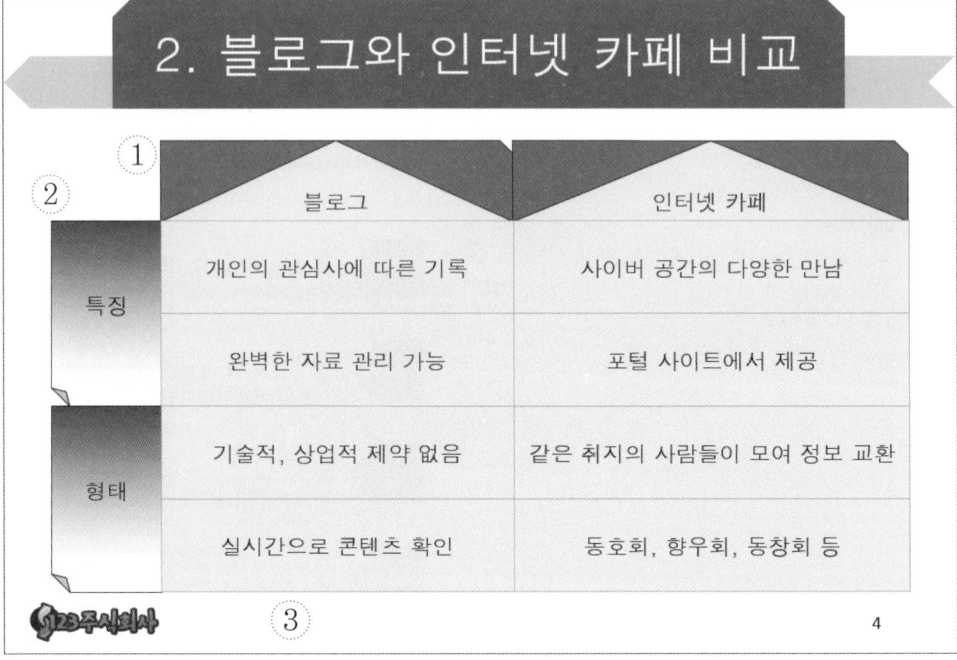

[슬라이드 5] ≪차트 슬라이드≫ (100점)

(1) 차트 작성 기능을 이용하여 슬라이드를 작성한다.
(2) 차트 : 종류(묶은 세로 막대형), 글꼴(돋움, 16pt), 외곽선

세부조건

※ 차트설명
- 차트제목 : 궁서, 24pt, 굵게, 채우기(흰색), 테두리, 그림자(오프셋 오른쪽)
- 차트영역 : 채우기(노랑) 그림영역 : 채우기(흰색)
- 데이터 서식 : 사용시간 분포(%) 계열을 표식이 있는 꺾은 선형으로 변경 후 보조축으로 지정
- 값 표시 : 30대의 평균 사용시간 계열만

① 도형 삽입
- 스타일 :
  미세효과 - 파랑, 강조1
- 글꼴 : 굴림, 18pt

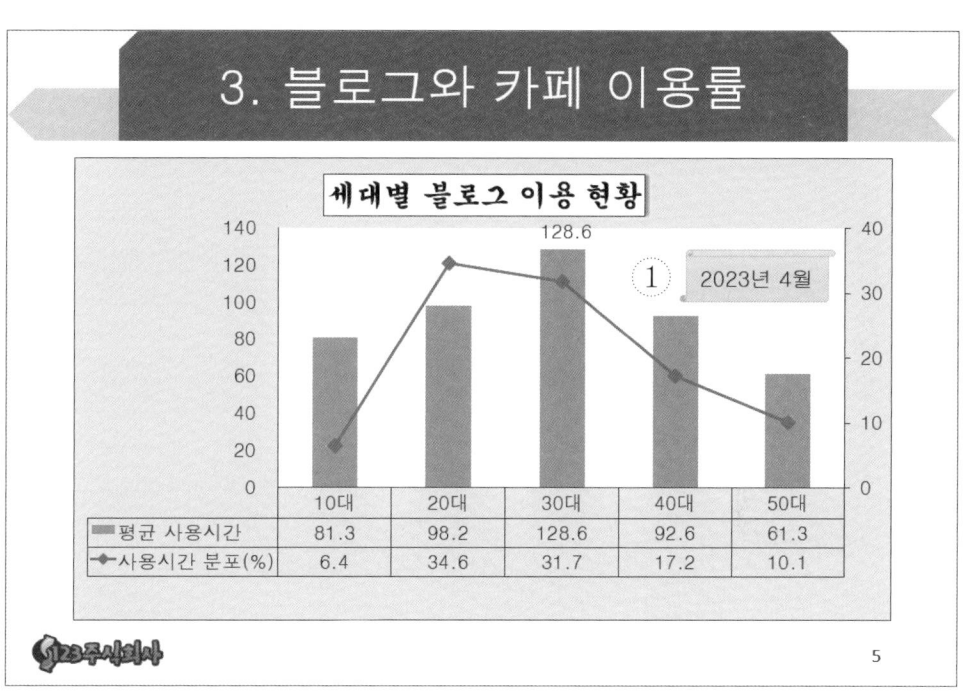

[슬라이드 6] ≪도형 슬라이드≫ (100점)

(1) 슬라이드와 같이 도형 및 스마트아트를 배치한다(글꼴 : 돋움, 18pt).
(2) 애니메이션 순서 : ① ⇒ ②

세부조건

① 도형 및 스마트아트 편집
- 스마트아트 디자인
  : 3차원 경사,
  3차원 만화
- 그룹화 후 애니메이션 효과
  : 닦아내기(위에서)

② 도형 편집
- 그룹화 후 애니메이션 효과
  : 바운드

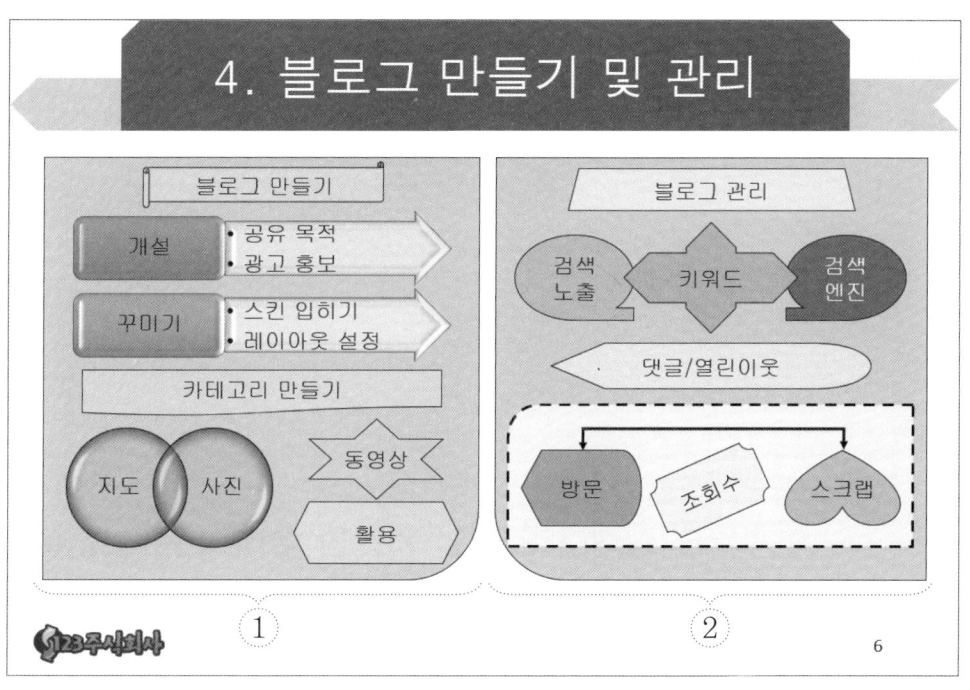

memo

이제부터 실제 시험지와 동일한 형태의 문제를 풀어 봅니다.
For the Top, Let's Go !!

BIG 1 빅 폰트(Big Font)
BIG 2 빅 픽쳐(Big Picture)
BIG 3 빅 북(Big Book)

ITQ 정보기술자격
EXCEL 2021

PART 01
출제유형분석

PART 01
출제유형분석 차례

BIG 라플

Chapter 1 수험자 유의사항 및 답안 작성요령 ·················· 3
- 수험자 등록하기
- 답안 작성 준비하기
- 답안 저장하고 전송하기

Chapter 2 표 서식 작성 ·················· 14
- 데이터 입력하고 셀 병합하기
- 열 너비 및 행 높이 지정하기
- 셀 테두리 지정하기
- 셀 서식 지정하기
- 제목 작성하기
- 결재란 작성하기
- 데이터 유효성 검사 설정하고 이름 정의하기

Chapter 3 값 계산 ·················· 42
- 함수를 사용하여 값 구하기
- 조건부 서식 지정하기
- 출제함수 정리

Chapter 4 필터 및 서식 ·················· 68
- 고급필터 사용하기
- 표 서식 지정하기

Chapter 5 목표값 찾기 ·················· 80
- 목표값 찾기와 수식 입력하기
- 목표값 찾기

Chapter 6 정렬 및 부분합 ·················· 90
- 데이터 정렬하기
- 부분합 구하기

Chapter 7 피벗 테이블 ·················· 104
- 피벗 테이블 삽입하기
- 피벗 테이블 편집하기

Chapter 8 그래프 ·················· 118
- 차트 삽입하기
- 차트 영역 서식 지정하기
- 차트 제목 및 서식 지정하기
- 차트에 도형 삽입하기
- 기관 이름 작성하기
- 페이지 번호 매기기

BIG 라플

- 각 페이지에서 문제를 해결할 수 있도록 문제조건을 상단에 추가하였습니다.
- 시험에 나오는 내용만 학습합니다.
- 시험문제는 흑백이지만, 교육 효과를 위해 칼라로 학습합니다.
- 실제 문제보다 글자와 화면이 조금 큽니다.

EXCEL 2021

수험자 유의사항 및 답안 작성요령

◆ 수험자 등록하기 ◆ 답안 작성 준비하기
◆ 답안 저장하고 전송하기

▶ 소스파일 : 없음   ▶ 완성파일 : Part 01\Chapter 01\Ch01_완성.xlsx

수험자 유의사항

- 수험자는 문제지를 받는 즉시 문제지와 <u>수험표상의 시험과목(프로그램)이 동일한지 반드시 확인</u>하여야 합니다.

- 파일명은 본인의 "수험번호-성명"으로 입력하여 답안폴더(내 PC\문서\ITQ)에 하나의 파일로 저장해야 하며, 답안문서 파일명이 "수험번호-성명"과 일치하지 않거나, 답안파일을 전송하지 않아 미제출로 처리될 경우 실격 처리합니다(예:12345678-홍길동.xlsx).

- 답안 작성을 마치면 파일을 저장하고, '답안 전송' 버튼을 선택하여 감독위원 PC로 답안을 전송하십시오. 수험생 정보와 저장한 파일명이 다를 경우 전송되지 않으므로 주의하시기 바랍니다.

- 답안 작성 중에도 <u>주기적으로 저장하고, '답안 전송'</u>하여야 문제 발생을 줄일 수 있습니다. 작업한 내용을 저장하지 않고 전송할 경우 이전에 저장된 내용이 전송되오니 이점 유의하시기 바랍니다.

- 답안문서는 지정된 경로 외의 다른 보조기억장치에 저장하는 경우, 지정된 시험 시간 외에 작성된 파일을 활용할 경우, 기타 통신수단(이메일, 메신저, 네트워크 등)을 이용하여 타인에게 전달 또는 외부 반출하는 경우는 부정 처리합니다.

- 시험 중 부주의 또는 고의로 시스템을 파손한 경우는 수험자가 변상해야 하며, 〈수험자 유의사항〉에 기재된 방법대로 이행하지 않아 생기는 불이익은 수험생 당사자의 책임임을 알려 드립니다.

- ==문제의 조건은 MS오피스 2021 버전으로 설정되어 있으며 MS오피스 2016은 【 】에 표기되어 있습니다. 이와 관련하여 작성한 답안의 출력형태가 문제지와 다를 수 있습니다.==

- 시험을 완료한 수험자는 답안파일이 전송되었는지 확인한 후 감독위원의 지시에 따라 문제지를 제출하고 퇴실합니다.

답안작성요령

- 온라인 답안 작성 절차
  수험자 등록 ⇒ 시험 시작 ⇒ 답안파일 저장 ⇒ 답안 전송 ⇒ 시험 종료

- 문제는 총 4단계, 즉 제1작업부터 제4작업까지 구성되어 있으며 반드시 제1작업부터 순서대로 작성하고 조건대로 작업하시오.

- 모든 작업시트의 A열은 열 너비 '1'로, 나머지 열은 적당하게 조절하시오.

- 모든 작업시트의 테두리는 ≪출력형태≫와 같이 작업하시오.

- 해당 작업란에서는 각각 제시된 조건에 따라 ≪출력형태≫와 같이 작업하시오.

- 답안 시트 이름은 "제1작업", "제2작업", "제3작업", "제4작업"이어야 하며 답안 시트 이외의 것은 감점 처리됩니다.

- 각 시트를 파일로 나누어 작업해서 저장할 경우 실격 처리됩니다.

체크! 체크!

수험자 유의사항 및 답안 작성요령

- **수험자 등록** : 수험번호를 입력한 후 수험 정보를 확인한 다음 감독위원의 지시사항에 따릅니다.
- **〔전체 구성〕 시트 설정**
  - 시트를 추가한 후 시트 이름("제1작업", "제2작업", "제3작업")을 변경합니다. 그런 다음 전체 시트를 선택한 후 A열의 너비를 '1'로 지정합니다.
  - 모든 셀을 선택한 후 글꼴과 글꼴 크기, 가운데 정렬(≡)을 지정한 다음 시트 및 셀 선택을 해제합니다.
- **답안 저장 및 전송**
  - 저장 위치(내 PC\문서\ITQ)를 선택한 후 파일명(수험번호-성명)으로 저장한 다음 감독위원 PC로 답안을 전송합니다.
  - 저장 위치 및 파일명을 잘못 지정할 경우 답안 전송이 되지 않으니 꼭! 확인해야 합니다.

STEP 01 수험자 등록하기

1 KOAS 수험자용 프로그램을 실행하기 위해 바탕화면에서 **KOAS 수험자용 아이콘을 더블클릭**합니다.

2 〔수험자 등록〕 대화상자가 나타나면 **수험자와 수험번호를 입력**한 후 **수험과목(한글엑셀)을 선택**한 다음 〔확인〕 **단추를 클릭**합니다.

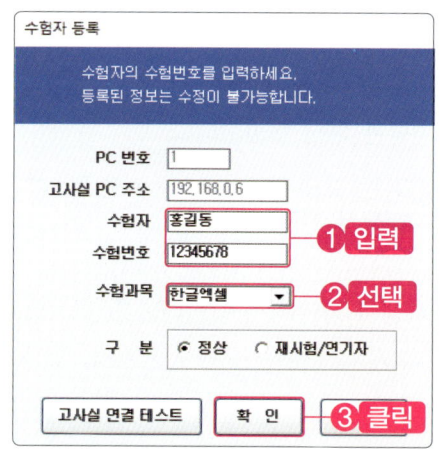

> 실제 시험에서는 수험번호(본인의 수험번호)만 입력합니다.

3 수험번호와 구분이 맞는지 묻는 대화상자가 나타나면 수험번호와 구분을 확인한 후 〔예〕 **단추를 클릭**합니다.

4 〔수험자 정보〕 대화상자가 나타나면 수험번호, 성명, 수험과목, 좌석번호, 답안 폴더를 확인한 후 〔확인〕 **단추를 클릭**합니다.

5 컴퓨터가 잠금 상태가 되면 감독위원이 시험을 시작할 때까지 대기합니다.

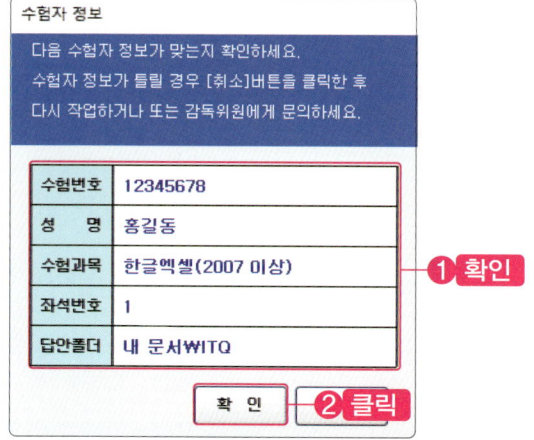

STEP 02 답안 작성 준비하기

〔작성요령〕
- 모든 작업시트의 A열은 열 너비 '1'로, 나머지 열은 적당하게 조절하시오.
- 답안 시트 이름은 "제1작업", "제2작업", "제3작업", "제4작업"이어야 하며 답안 시트 이외의 것은 감점처리됩니다.

〈조건〉
- 모든 데이터의 서식에는 글꼴(굴림, 11pt), 정렬은 숫자 및 회계 서식은 오른쪽 정렬, 나머지 서식은 가운데 정렬로 작성하며 예외적인 것은 ≪출력형태≫를 참조하시오.

1 엑셀을 실행하기 위해 〔**시작(■)**〕을 **클릭**한 후 앱 뷰에서 〔**Excel(X)**〕을 **클릭**합니다.

2 엑셀 시작 화면이 나타나면 〔**새 통합 문서**〕를 **클릭**합니다.

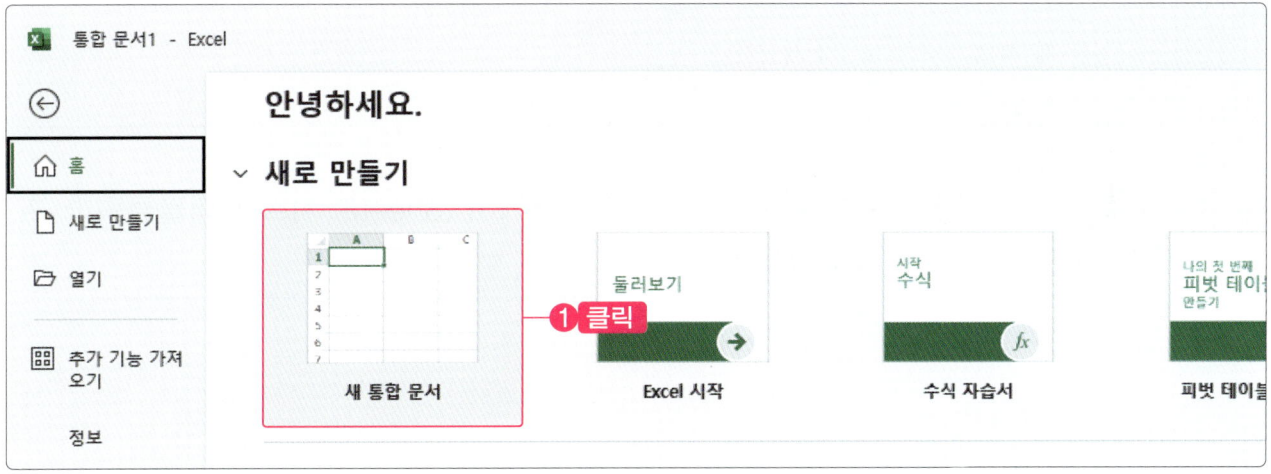

3 새 문서가 만들어지면 시트 이름을 바꾸기 위해 시트 탭에서 〔Sheet1〕 **시트를 더블클릭**한 후 '**제1작업**'을 **입력**한 다음 **Enter 를 누릅니다.**

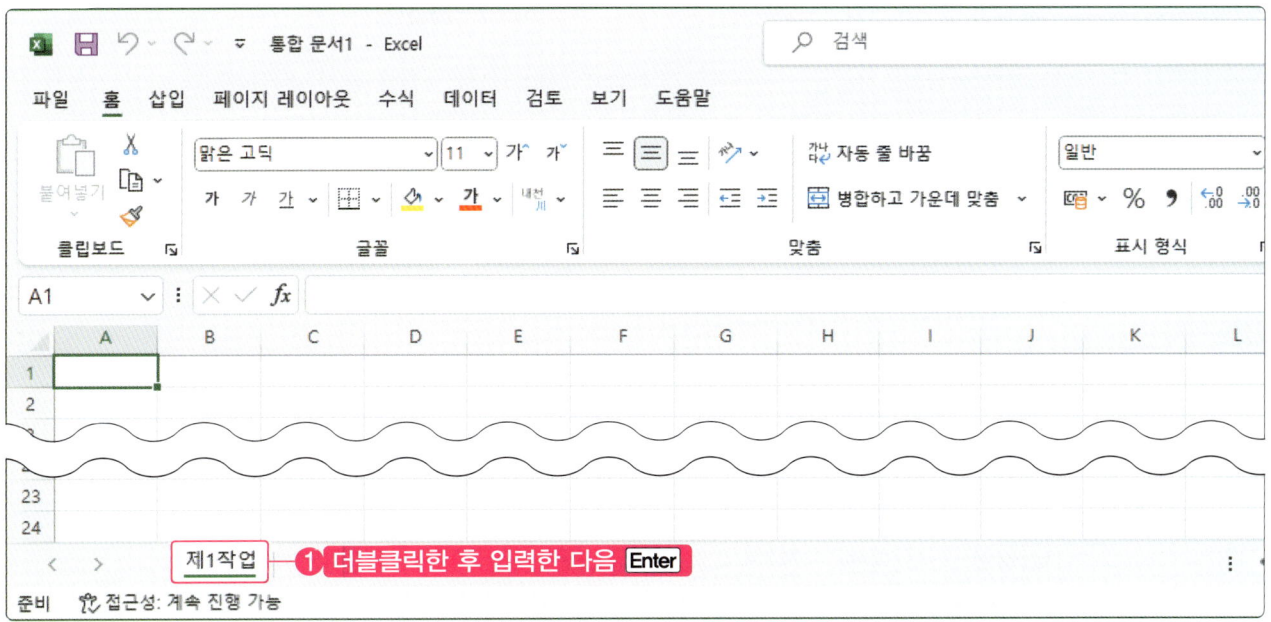

> 시트 탭에서 〔Sheet1〕 시트를 선택한 후 〔홈〕 탭-〔셀〕 그룹에서 〔서식〕을 클릭한 다음 〔시트 이름 바꾸기〕를 클릭하거나 〔Sheet1〕 시트의 바로 가기 메뉴에서 〔이름 바꾸기〕를 클릭하여 시트 이름을 바꿀 수도 있습니다.

> [작성요령] · 답안 시트 이름은 "제1작업", "제2작업", "제3작업", "제4작업"이어야 하며 답안 시트 이외의 것은 감점처리됩니다.

4 시트를 삽입하기 위해 시트 탭에서 [**새 시트(+)**]를 **클릭**합니다.

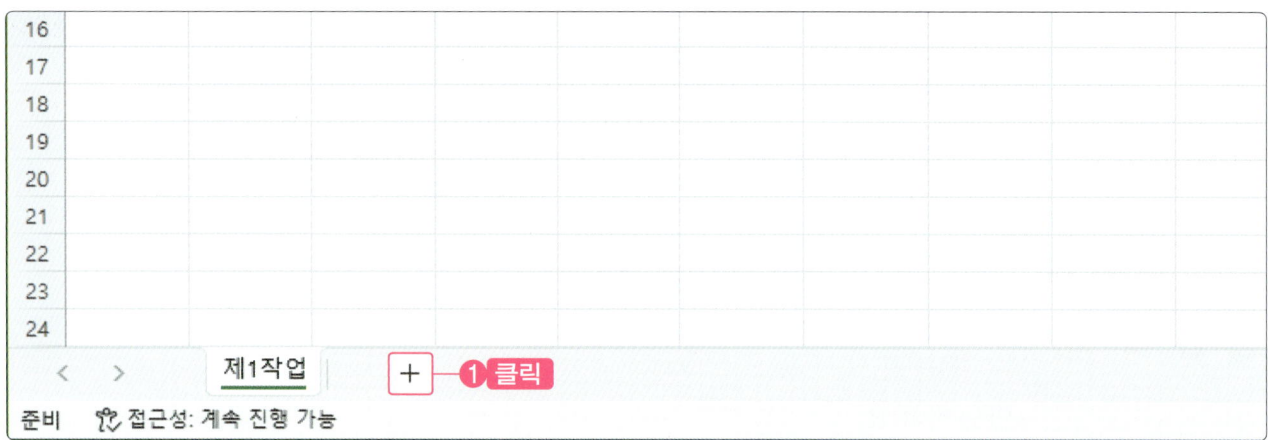

5 새 시트가 삽입되면 시트 이름을 바꾸기 위해 시트 탭에서 [Sheet2] **시트를 더블클릭**한 후 '**제2작업**'을 **입력**한 다음 Enter를 누릅니다.

6 같은 방법으로 다음과 같이 **시트를 1개 더 삽입**한 후 **시트 이름(제3작업)을 바꿉니다**.

> [제4작업] 시트는 시험의 '[제4작업] 그래프'에서 삽입합니다.

[작성요령] ○ 모든 작업시트의 A열은 열 너비 '1'로, 나머지 열은 적당하게 조절하시오.

7 모든 시트의 A열 너비를 변경하기 위해 시트 탭에서 [제1작업] 시트를 선택한 후 Shift 를 누른 상태에서 [제3작업] 시트를 선택한 다음 A열 머리글의 바로 가기 메뉴에서 [열 너비]를 클릭합니다.

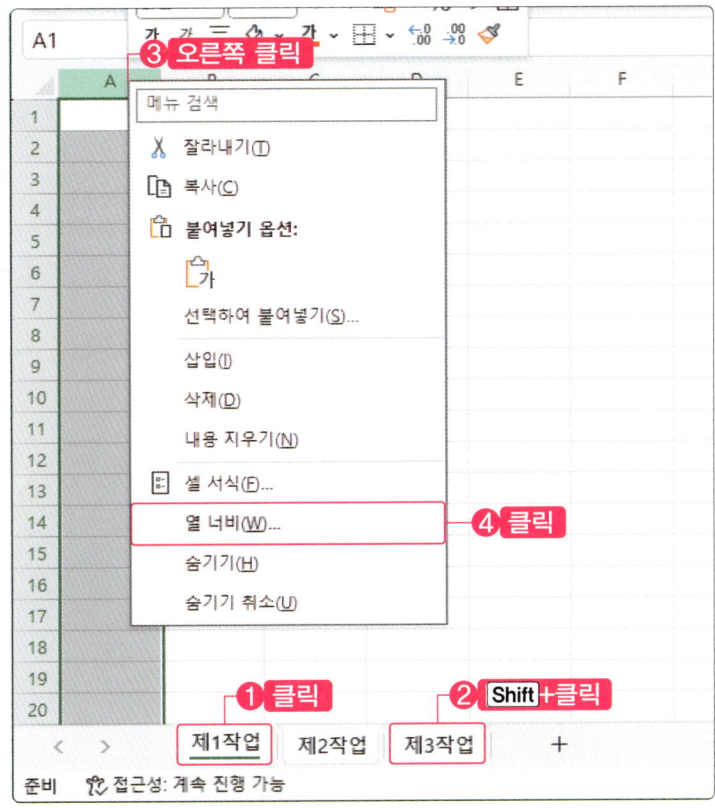

- [제1작업] 시트의 바로 가기 메뉴에서 [모든 시트 선택]을 클릭하여 모든 시트를 그룹화할 수도 있습니다.
- 시트를 그룹화한다는 것은 여러 시트를 선택한다는 것입니다. 시트를 그룹화하면 제목 표시줄에 '[그룹]'이라고 표시되며 모든 시트를 그룹화한 후 하나의 시트에서 작업하면 다른 모든 시트에도 똑같이 작업됩니다. 모든 시트의 A열 너비를 변경하기 위해 모든 시트를 그룹화한 것입니다.
- A열 머리글을 선택한 후 [홈] 탭-[셀] 그룹에서 [서식]을 클릭한 다음 [열 너비]를 클릭하여 A열 너비를 변경할 수도 있습니다.

한가지 더!

시트 선택하기
- **하나의 시트 선택** : 시트 탭에서 시트를 클릭합니다.
- **연속적인 시트 선택** : 시트 탭에서 첫 번째 시트를 선택한 후 Shift 를 누른 상태에서 마지막 시트를 선택합니다.
- **비연속적인 시트 선택** : 시트 탭에서 첫 번째 시트를 선택한 후 Ctrl 을 누른 상태에서 다른 시트를 선택합니다.

8 [열 너비] 대화상자가 나타나면 **열 너비(1)** 를 입력한 후 [확인] 단추를 클릭합니다.

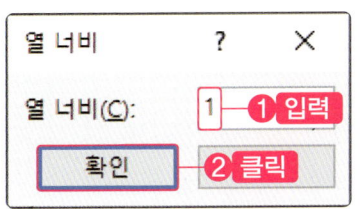

> **〈조건〉** • 모든 데이터의 서식에는 글꼴(굴림, 11pt), 정렬은 숫자 및 회계 서식은 오른쪽 정렬, 나머지 서식은 가운데 정렬로 작성하며 예외적인 것은 ≪출력형태≫를 참조하시오.

9 모든 시트의 모든 셀에 글꼴 서식과 맞춤 서식을 지정하기 위해 [모두 선택(　)] 단추를 클릭한 후 [홈] 탭-[글꼴] 그룹에서 **글꼴(굴림)과 글꼴 크기(11)를 선택**한 다음 [맞춤] 그룹에서 [**가운데 맞춤(≡)**]을 클릭합니다.

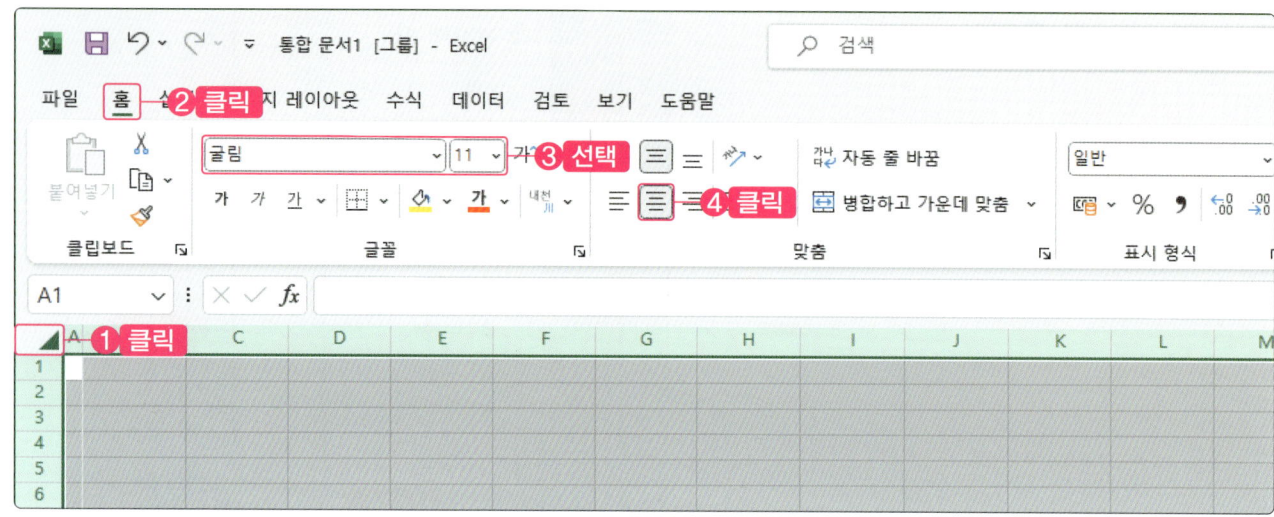

> 시험에서 [제1작업]의 첫 번째 조건을 보면 '모든 데이터의 서식에는 글꼴(굴림, 11pt), 정렬은 숫자 및 회계 서식은 오른쪽 정렬(≡), 나머지 서식은 가운데 정렬(≡)로 작성하며 예외적인 것은 ≪출력형태≫를 참조하시오.'와 같이 명시되어 있습니다. 맞춤 서식은 일반적으로 가운데 맞춤이 더 많으므로 먼저 가운데 맞춤을 지정한 후 가운데 맞춤이 아닌 셀은 따로 지정합니다.

한가지 더!

셀 선택하기

- **하나의 셀 선택** : 셀을 클릭합니다.
- **연속적인 셀 선택** : 셀 범위를 드래그하거나 첫 번째 셀을 선택한 후 `Shift`를 누른 상태에서 마지막 셀을 선택합니다.
- **비연속적인 셀 선택** : 셀을 선택한 후 `Ctrl`을 누른 상태에서 다른 셀을 선택합니다.
- **모든 셀 선택** : [모두 선택(　)] 단추를 클릭하거나 `Ctrl`+`A`를 누릅니다.

10 모든 시트의 모든 셀이 선택된 것을 해제하기 위해 **A1셀을 선택**한 후 시트 탭에서 [**제3작업] 시트를 선택**한 다음 [**제1작업] 시트를 선택**합니다.

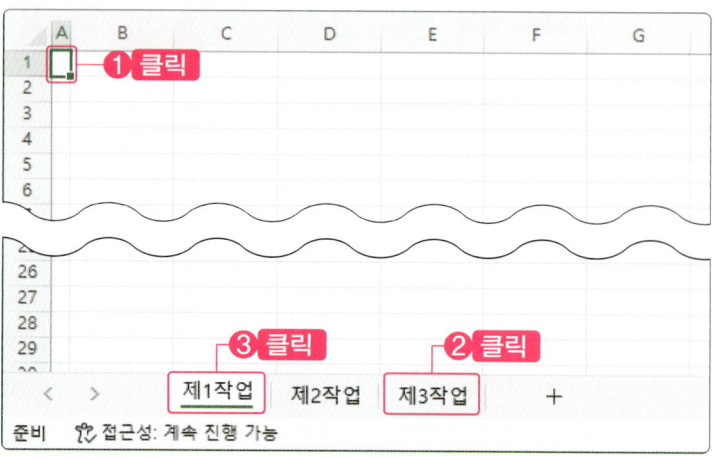

> [제1작업] 시트의 바로 가기 메뉴에서 [시트 그룹 해제]를 클릭하여 모든 시트가 그룹화된 것을 해제할 수도 있습니다.

STEP 03 답안 저장하고 전송하기

수험자 유의사항
파일명은 본인의 "수험번호-성명"으로 입력하여 답안폴더(내 PC₩문서₩ITQ)에 하나의 파일로 저장해야하며, 답안문서 파일명이 "수험번호-성명"과 일치하지 않거나, 답안파일을 전송하지 않아 미제출로 처리될 경우 실격 처리합니다(예:12345678-홍길동.xlsx).

1 답안을 저장하기 위해 [파일] 탭에서 [다른 이름으로 저장]을 클릭한 후 [찾아보기]를 클릭합니다.

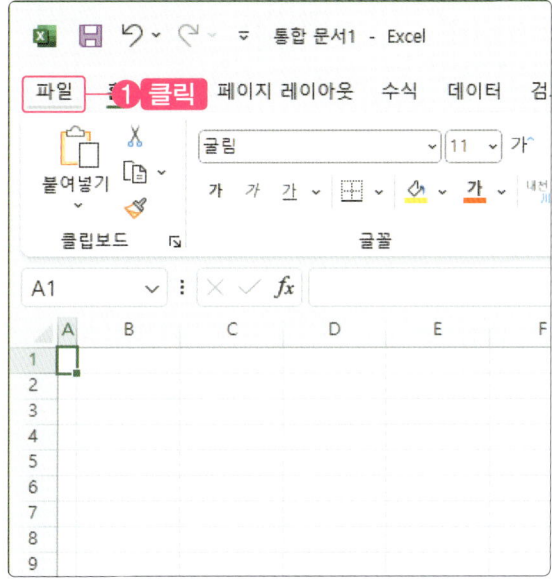
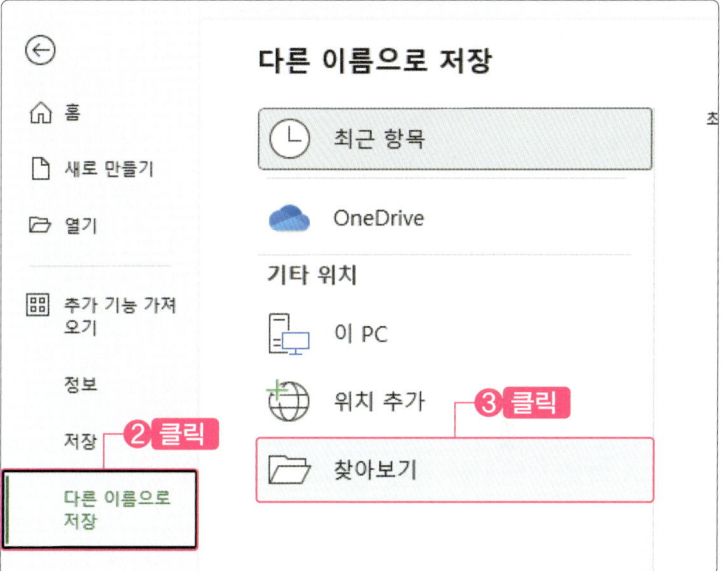

> 새 문서를 만든 후 답안을 작성한 경우에는 [파일] 탭에서 [다른 이름으로 저장]을 클릭한 후 [찾아보기]를 클릭하거나 Ctrl+S를 누르면 답안을 저장할 수 있습니다.

2 [다른 이름으로 저장] 대화상자가 나타나면 **위치(내 PC\문서\ITQ)를 지정**한 후 **파일 이름(12345678-홍길동)을 입력**한 다음 [**저장**] 단추를 클릭합니다.

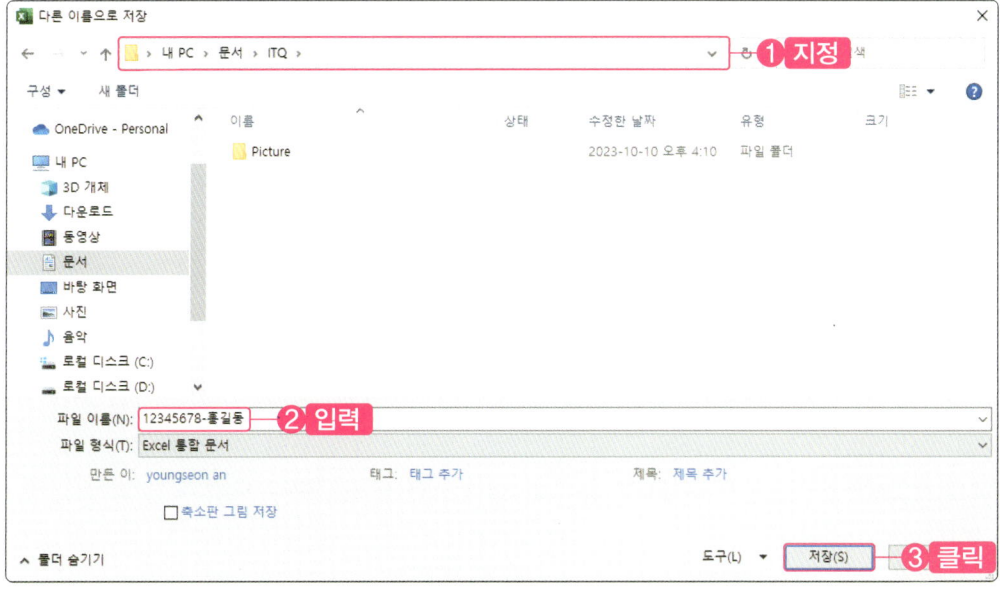

> 시험에서는 본인의 수험번호와 성명을 조합하여 '수험번호-성명' 형식의 파일 이름을 입력합니다.

3 다음과 같이 답안이 저장됩니다.

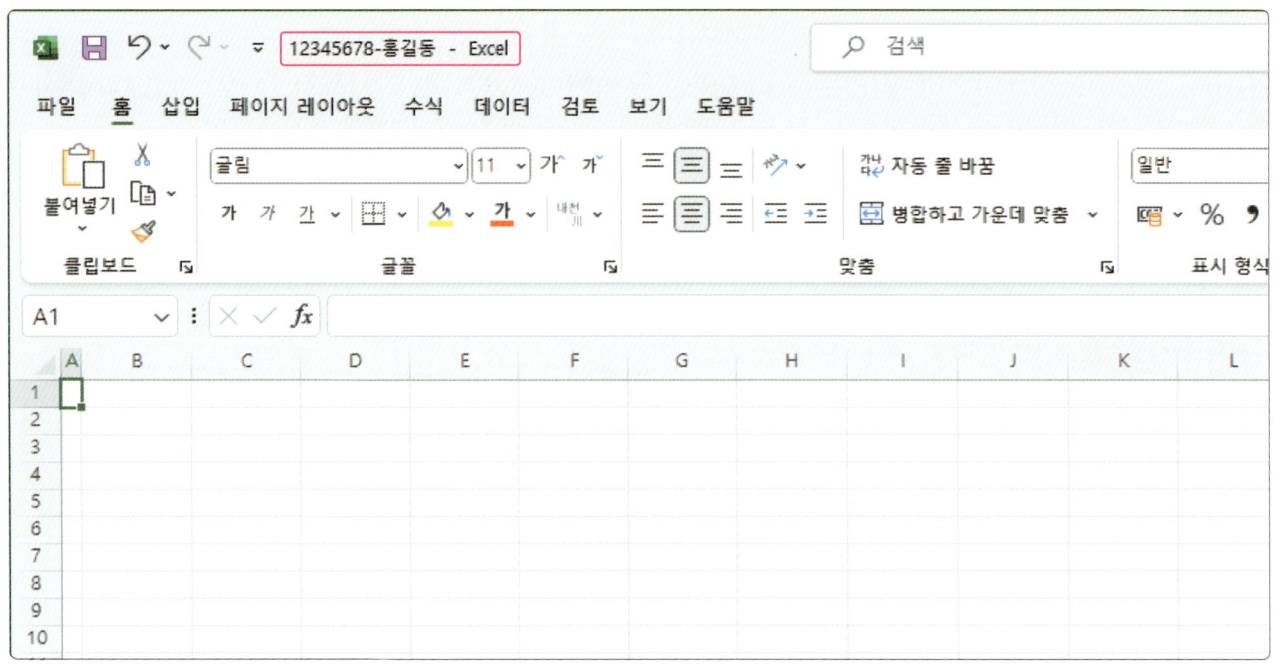

> 시험에서 위치를 잘못 선택하거나 파일 이름을 잘못 입력하여 답안을 저장한 경우에는 [파일] 탭에서 [다른 이름으로 저장]을 클릭한 후 [찾아보기]를 클릭하거나 를 눌러 답안을 다시 저장한 후 잘못 저장한 답안을 삭제합니다.

4 답안을 전송하기 위해 KOAS 수험자용 프로그램에서 **[답안 전송] 단추를 클릭**합니다.

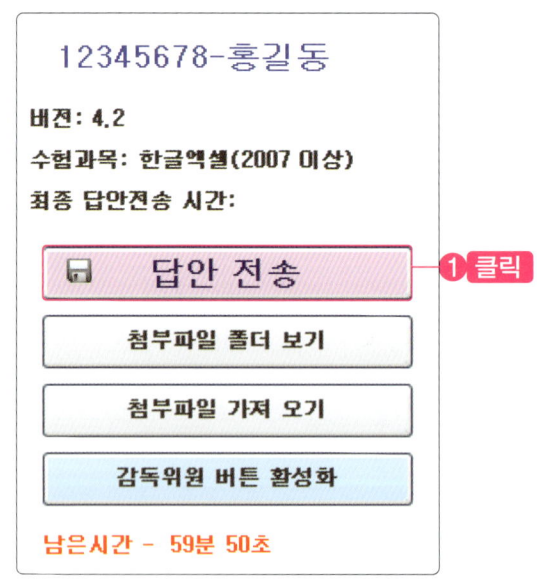

> - 답안을 작성하는 도중에 주기적으로 [파일] 탭에서 [저장]을 클릭하거나 Ctrl+S를 눌러 답안을 저장한 후 감독위원 PC로 전송해 두면 오류가 발생한 경우, 전송된 답안을 불러와서 복구할 수 있습니다. 전송된 답안은 KOAS 수험자용 프로그램에서 [답안 가져오기] 단추를 클릭하여 불러오므로 오류가 발생한 경우, 감독위원에게 문의합니다.
> - [첨부파일 폴더 보기] 단추를 클릭하면 답안을 작성할 때 사용할 그림이 있는지 확인할 수 있습니다.

5 지금 전송할 것인지 묻는 대화상자가 나타나면 〔예〕 **단추를 클릭**합니다.

6 〔답안전송〕 대화상자가 나타나면 **파일 목록(12345678-홍길동.xlsx)과 존재(있음)를 확인**한 후 〔**답안전송**〕을 **클릭**합니다.

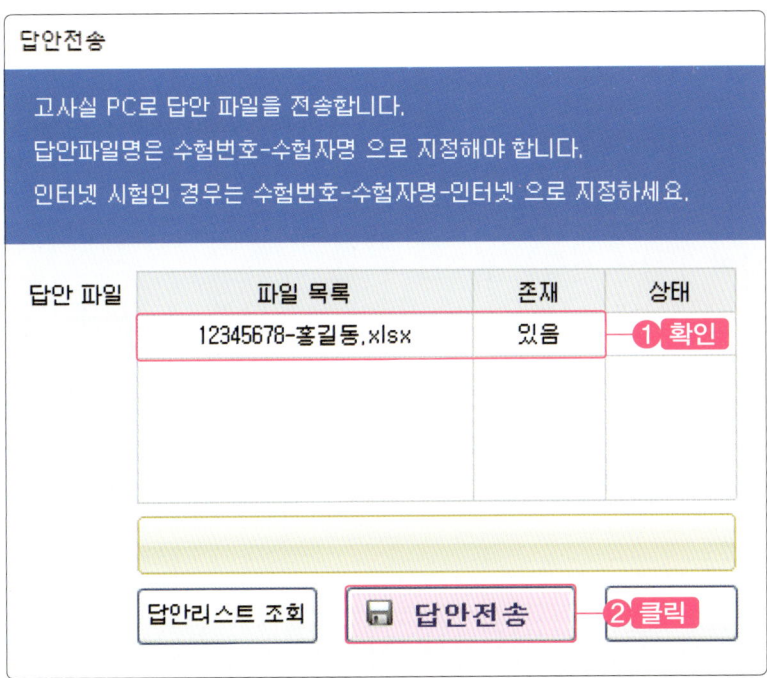

7 답안파일 전송을 성공하였다는 메시지가 나타나면 〔확인〕 **단추을 클릭**합니다.

8 〔답안전송〕 대화상자가 다시 나타나면 〔**상태**〕에 '**성공**'이 표시되는지 확인한 후 〔**닫기**〕 **단추를 클릭**합니다.

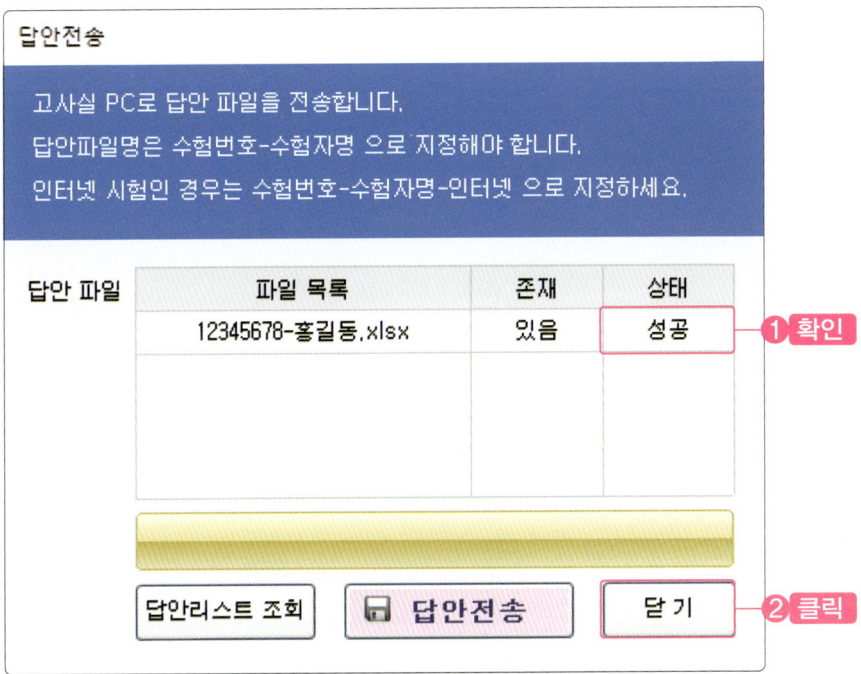

실전문제유형

1 다음과 같이 새 문서를 만든 후 답안 작성을 준비해 보세요.

▶ 완성파일 : Part 01\Chapter 01\문제01_완성.xlsx

《조건》

- 파일명은 본인의 "수험번호-성명"으로 입력하여 답안폴더(내 PC\문서\ITQ)에 하나의 파일로 저장해야 하며, 답안문서 파일명이 "수험번호-성명"과 일치하지 않거나, 답안파일을 전송하지 않아 미제출로 처리될 경우 실격 처리합니다(예:12345678-홍길동.xlsx).
- 모든 작업시트의 A열은 열 너비 '1'로, 나머지 열은 적당하게 조절하시오.
- 답안 시트 이름은 "제1작업", "제2작업", "제3작업", "제4작업"이어야 하며 답안 시트 이외의 것은 감점 처리됩니다.
- 모든 데이터의 서식에는 글꼴(굴림, 11pt), 정렬은 숫자 및 회계 서식은 오른쪽 정렬, 나머지 서식은 가운데 정렬로 작성하며 예외적인 것은 ≪출력형태≫를 참조하시오.

《출력형태》

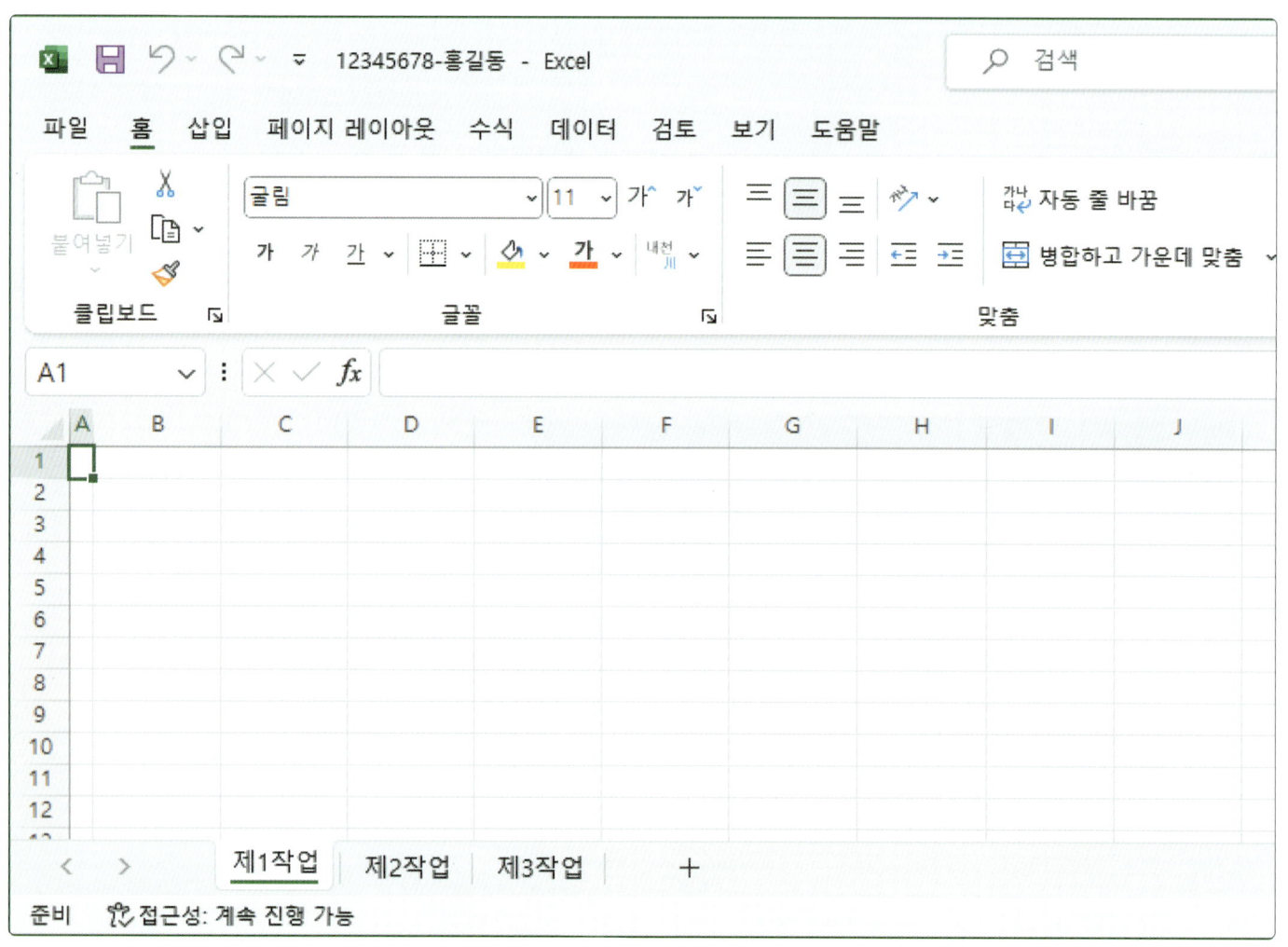

2 다음과 같이 새 문서를 만든 후 답안 작성을 준비해 보세요.

▶ 완성파일 : Part 01\Chapter 01\문제02_완성.xlsx

《조건》

- 파일명은 본인의 "수험번호-성명"으로 입력하여 답안폴더(내 PC\문서\ITQ)에 하나의 파일로 저장해야 하며, 답안문서 파일명이 "수험번호-성명"과 일치하지 않거나, 답안파일을 전송하지 않아 미제출로 처리될 경우 실격 처리합니다(예:12345678-홍길동.xlsx).
- 모든 작업시트의 A열은 열 너비 '1'로, 나머지 열은 적당하게 조절하시오.
- 답안 시트 이름은 "제1작업", "제2작업", "제3작업", "제4작업"이어야 하며 답안 시트 이외의 것은 감점 처리됩니다.
- 모든 데이터의 서식에는 글꼴(돋움, 11pt), 정렬은 숫자 및 회계 서식은 오른쪽 정렬, 나머지 서식은 가운데 정렬로 작성하며 예외적인 것은 ≪출력형태≫를 참조하시오.

《출력형태》

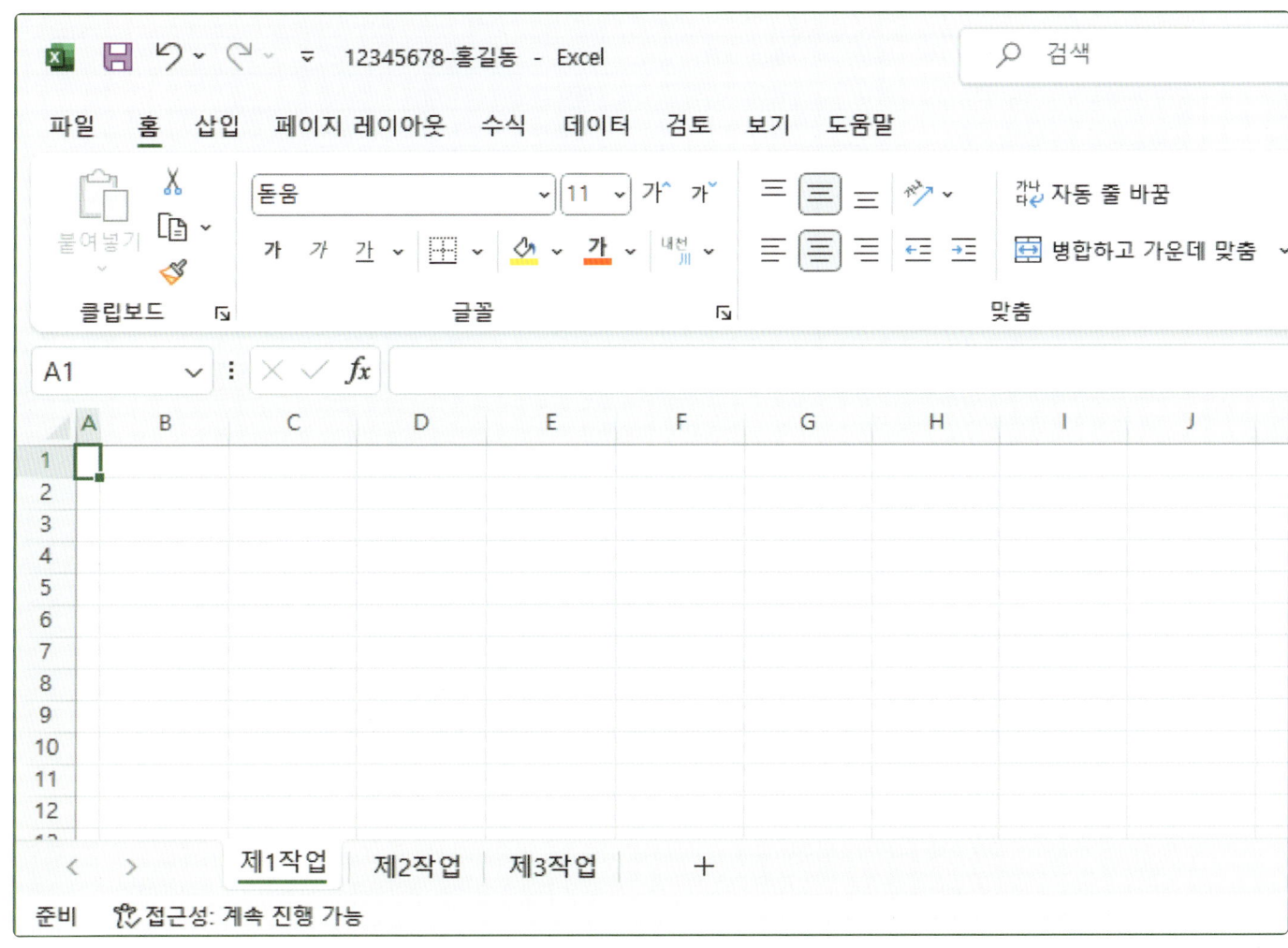

Chapter 02 표 서식 작성

EXCEL 2021

◆ 데이터 입력하고 셀 병합하기
◆ 셀 테두리 지정하기
◆ 제목 작성하기
◆ 데이터 유효성 검사 설정하기
◆ 열 너비 및 행 높이 지정하기
◆ 셀 서식 지정하기
◆ 결재란 작성하기
◆ 이름 정의하기

▶ **소스파일** : Part 01\Chapter 02\Ch02.xlsx   ▶ **완성파일** : Part 01\Chapter 02\Ch02_완성.xlsx

☞ 다음은 '컵라면 가격 및 판매수량'에 대한 자료이다. 자료를 입력하고 조건에 맞도록 작업하시오.

출력 형태

제품코드	제품명	제조사	용기	판매가격	환산가격 (1g)	판매수량 (단위:개)	순위	뚜껑
NG43-411	너구리	농심	종이(외면)	1,240	6.8	1,562	(1)	(2)
NP96-451	신라면	농심	폴리스틸렌	800	7.7	2,465	(1)	(2)
PL11-542	롯데라면컵	팔도	종이(외면)	750	7.6	954	(1)	(2)
RT27-251	진라면순한맛	오뚜기	종이(외면)	950	7.0	2,056	(1)	(2)
DT49-211	참깨라면	오뚜기	종이(외면)	840	8.6	1,625	(1)	(2)
PL13-252	손짬뽕컵	팔도	폴리스틸렌수지	1,280	11.0	865	(1)	(2)
PL11-422	공화춘짬뽕	팔도	폴리스틸렌	1,280	11.1	1,245	(1)	(2)
NA21-451	육개장	농심	폴리스틸렌	850	11.0	1,432	(1)	(2)
종이(외면) 용기 제품의 개수			(3)		최저 판매수량(단위:개)			(5)
오뚜기 제품의 판매가격 평균			(4)		제품코드	NG43-411	판매가격	(6)

확인 / 담당 / 대리 / 과장

제목: 컵라면 가격 및 판매수량

조건

○ 모든 데이터의 서식에는 글꼴(굴림, 11pt), 정렬은 숫자 및 회계 서식은 오른쪽 정렬, 나머지 서식은 가운데 정렬로 작성하며 예외적인 것은 ≪출력형태≫를 참조하시오.
○ 제 목 ⇒ 도형(사다리꼴)과 그림자(오프셋 오른쪽)를 이용하여 작성하고
　　　　　"컵라면 가격 및 판매수량"을 입력한 후 다음 서식을 적용하시오
　　　　　(글꼴-굴림, 24pt, 검정, 굵게, 채우기-노랑).
○ 임의의 셀에 결재란을 작성하여 그림으로 복사 기능을 이용하여 붙이기 하시오(단, 원본 삭제).
○ 「B4:J4, G14, I14」 영역은 '주황'으로 채우기 하시오.
○ 유효성 검사를 이용하여 「H14」셀에 제품코드(「B5:B12」 영역)가 선택 표시되도록 하시오.
○ 셀 서식 ⇒ 「F5:F12」영역에 셀 서식을 이용하여 숫자 뒤에 '원'을 표시하시오(예 : 1,240원).
○ 「F5:F12」영역에 대해 '판매가격'으로 이름정의를 하시오.

체크! 체크!

〔표 서식 작성〕

- **데이터 입력 및 셀 서식 지정하기**
  - 각 셀에 내용을 입력한 후 열 너비 및 행 높이를 지정하고 테두리를 지정합니다.
    (열 너비 및 행 높이, 테두리는 〈출력형태〉를 참고하여 지정합니다.)
  - 셀 서식(표시 형식)을 지정합니다.
- **제목 및 결재란 작성하기**
  - 도형을 이용하여 제목을 작성하고 글꼴, 글꼴 크기, 속성, 맞춤 등을 지정한 후 결재란을 작성합니다.
    (결재란은 그림으로 복사한 후 원본을 삭제합니다.)
- **데이터 유효성 검사 및 이름 정의하기**
  - 데이터 유효성 검사 및 이름을 정의합니다.

STEP 01 데이터 입력하고 셀 병합하기

〔작성요령〕 ○ 모든 작업시트의 테두리는 ≪출력형태≫와 같이 작업하시오.
〈조건〉 ○ 「B4:J4, G14, I14」 영역은 '주황'으로 채우기 하시오.

1 다음과 같이 B4셀부터 **데이터를 입력**합니다.

제품코드	제품명	제조사	용기	판매가격	환산가격(1g)	판매수량(단위:개)	순위	뚜껑
NG43-411	너구리	농심	종이(외면)	1240	6.8	1562		
NP96-451	신라면	농심	폴리스틸렌	800	7.7	2465		
PL11-542	롯데라면컵	팔도	종이(외면)	750	7.6	954		
RT27-251	진라면순한맛	오뚜기	종이(외면)	950	7.0	2056		
DT49-211	참깨라면	오뚜기	종이(외면)	840	8.6	1625		
PL13-252	손짬뽕컵	팔도	폴리스틸렌수지	1280	11.0	865		
PL11-422	공화춘짬뽕	팔도	폴리스틸렌	1280	11.1	1245		
NA21-451	육개장	농심	폴리스틸렌	850	11.0	1432		
종이(외면) 용기 제품의 개수					최저 판매수량(단위:개)			
오뚜기 제품의 판매가격 평균					제품코드		판매가격	

〈조건〉 • 모든 작업시트의 테두리는 ≪출력형태≫와 같이 작업하시오.

- 모든 셀에 글꼴(굴림), 글꼴 크기(11), 가운데 맞춤이 지정되어 있습니다.
- ≪출력형태≫에서 '(1)'~'(6)'이 입력되어 있는 셀은 함수를 사용하여 값을 구할 셀을 나타낸 것이고, H14셀의 데이터는 데이터 유효성 검사를 설정하여 입력하므로 여기서는 입력하지 않습니다.
- Alt+Enter를 사용하면 하나의 셀에 두 줄 이상 입력할 수 있습니다. G4셀의 데이터는 '환산가격'을 입력한 후 Alt+Enter를 눌러 줄을 바꾼 다음 '(1g)'을 입력한 것입니다. H4셀의 데이터도 같은 방법으로 입력합니다.
- '종이(외면) 용기 제품의 개수'는 B13셀, '오뚜기 제품의 판매가격 평균'은 B14셀, '최저 판매수량(단위:개)'는 G13셀에 입력합니다.
- 셀을 선택한 후 F2를 누르거나 셀을 더블클릭하면 데이터를 수정할 수 있습니다.

2 맞춤 서식을 지정하기 위해 **B13:D13셀 범위, B14:D14셀 범위, F13:F14셀 범위, G13:I13셀 범위를 선택**한 후 [홈] 탭-[맞춤] 그룹에서 [**병합하고 가운데 맞춤**]을 클릭합니다.

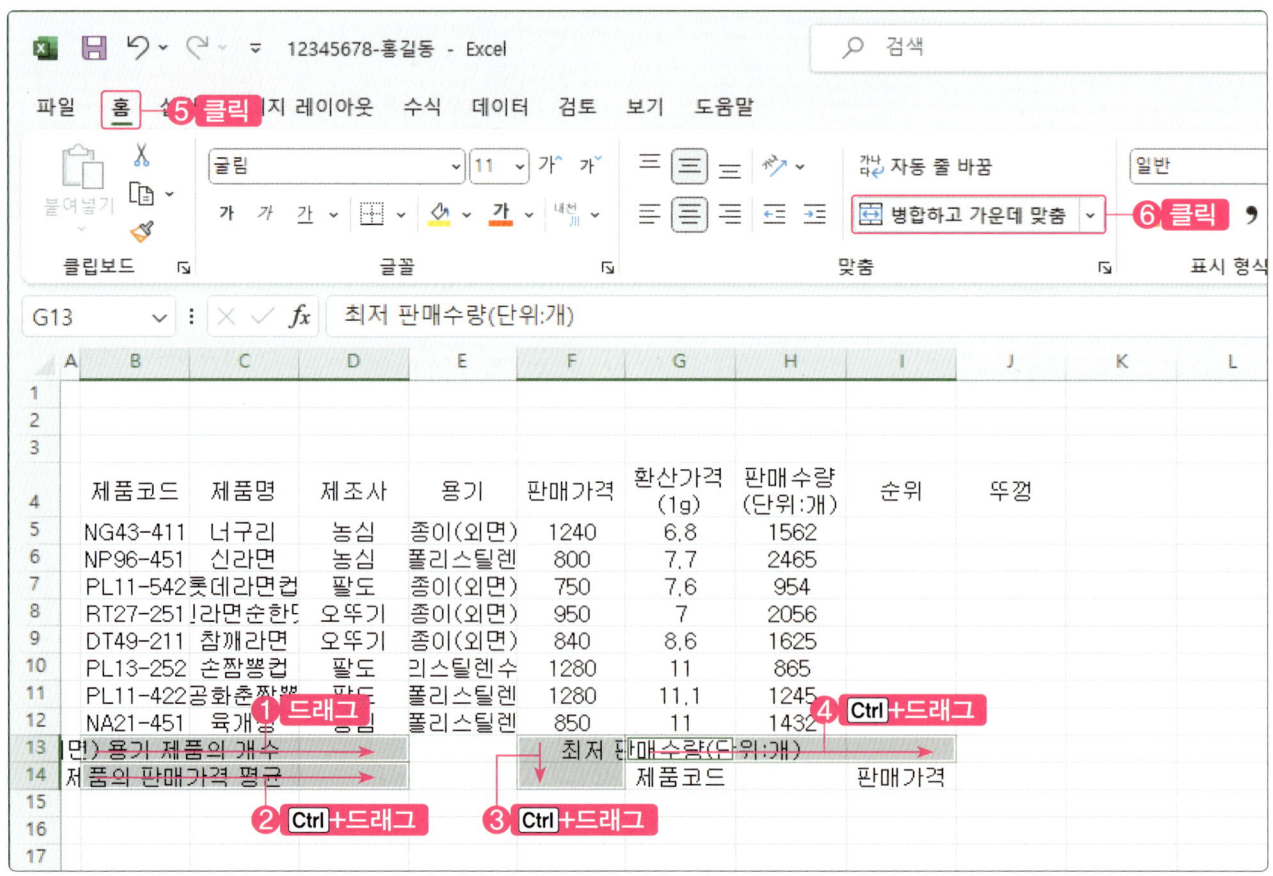

셀 서식은 셀과 데이터를 원하는 모양으로 변경할 수 있는 기능으로 글꼴 서식, 맞춤 서식, 테두리 서식, 채우기 서식, 표시 형식이 있습니다.

STEP 02 열 너비 및 행 높이 지정하기

〔작성요령〕 모든 작업시트의 A열은 열 너비 '1'로, 나머지 열은 적당하게 조절하시오.

1 B열의 열 너비를 조절하기 위해 B열과 C열 머리글 사이에 **마우스 포인터를 위치**시킨 후 **더블클릭**합니다.

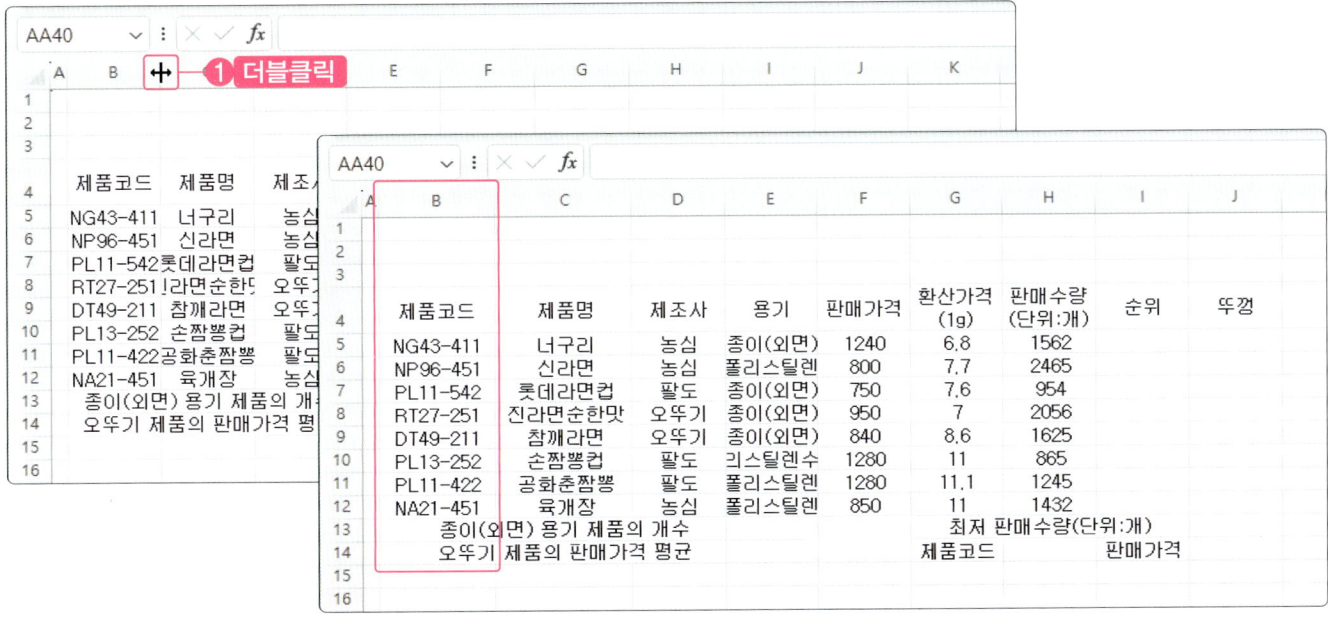

- 열의 너비는 ≪출력형태≫를 참고하여 조절합니다.
- 〔머리글〕 사이를 더블클릭하면 B열에 입력된 데이터 중 가장 긴 데이터의 길이에 맞추어 열 너비가 자동으로 조절됩니다.

2 같은 방법으로 ≪출력형태≫를 참고하여 **다른 열들의 열 너비를 조절**합니다.

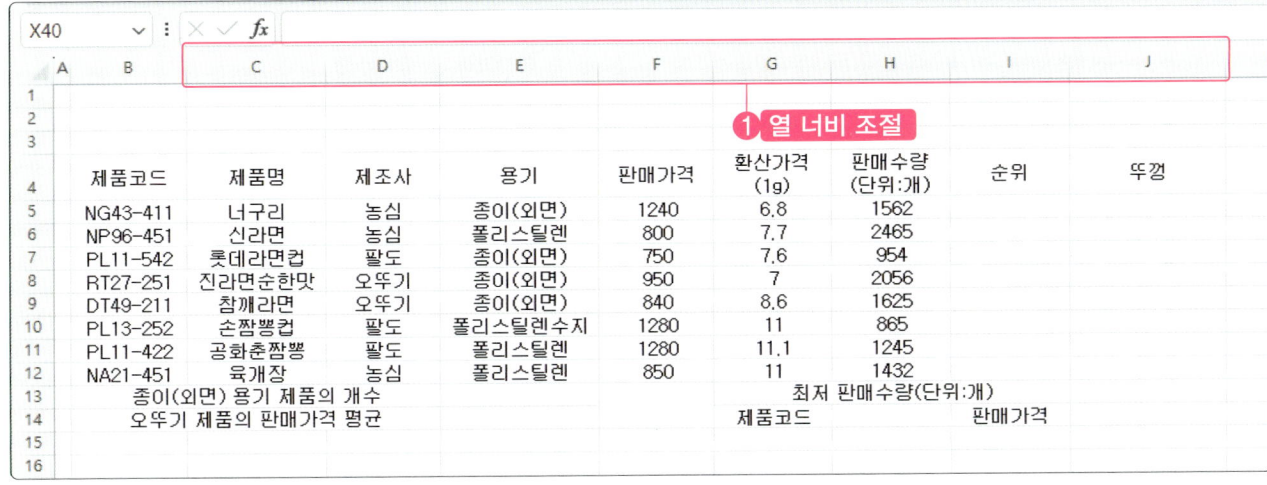

- C:J 열 머리글을 드래그한 후 머리글 사이를 더블클릭하면 한 번에 열의 너비를 조절할 수 있습니다.
- 열의 너비는 ≪출력형태≫를 참고하여 조절합니다.

3 1:3행을 드래그하여 블록으로 설정한 후 행 머리글의 바로 가기 메뉴에서 [행 높이]를 클릭합니다.

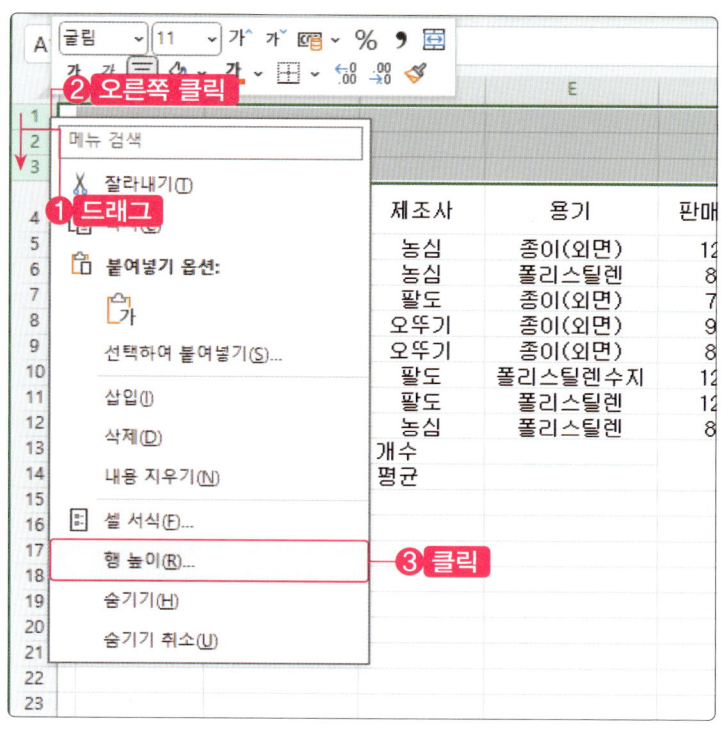

4 [행 높이] 대화상자가 나타나면 행 높이(23)를 입력한 후 [확인] 단추를 클릭합니다.

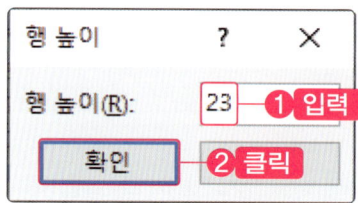

5 같은 방법으로 4행의 행 높이를 '35', 5:14행의 행 높이를 '21'로 지정합니다.

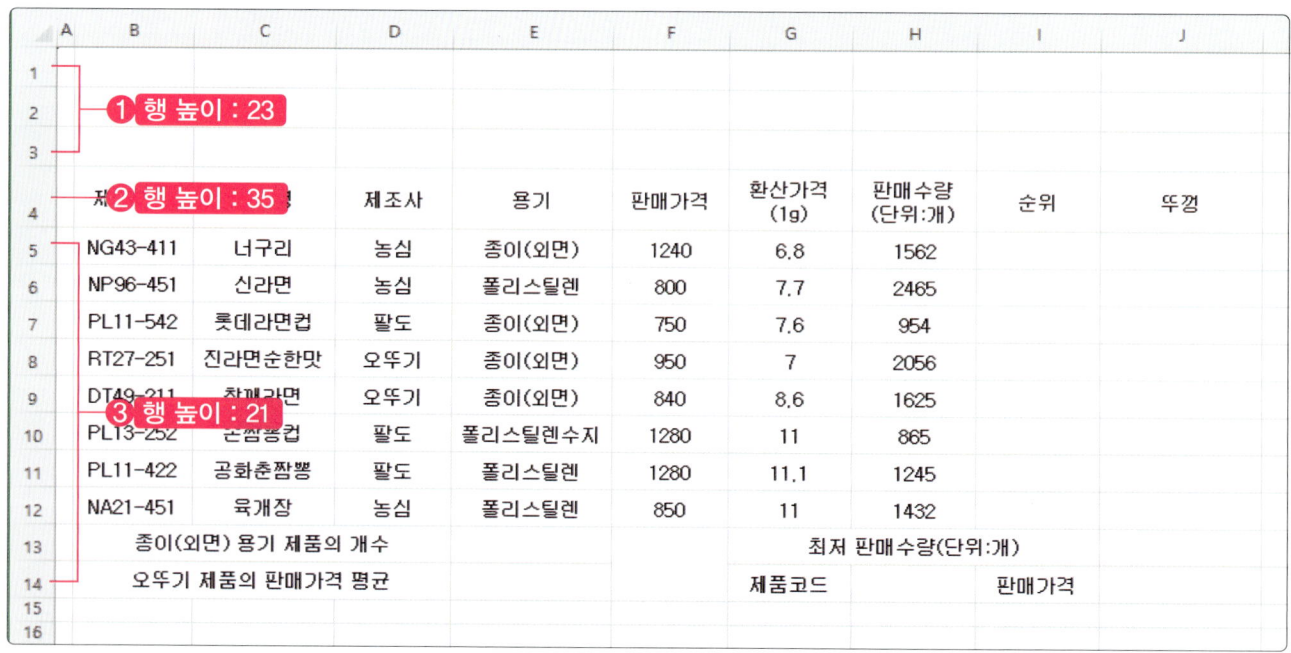

> 행의 높이는 별도의 조건이 없기 때문에 ≪출력형태≫를 참고하여 조절합니다.

STEP 03　셀 테두리 지정하기

[작성요령]　◦ 모든 작업시트의 테두리는 ≪출력형태≫와 같이 작업하시오.

1 테두리 서식을 지정하기 위해 **B4:J14셀 범위를 선택**한 후 [홈] 탭-[글꼴] 그룹에서 **[추가 옵션(⬓)]**
을 클릭합니다.

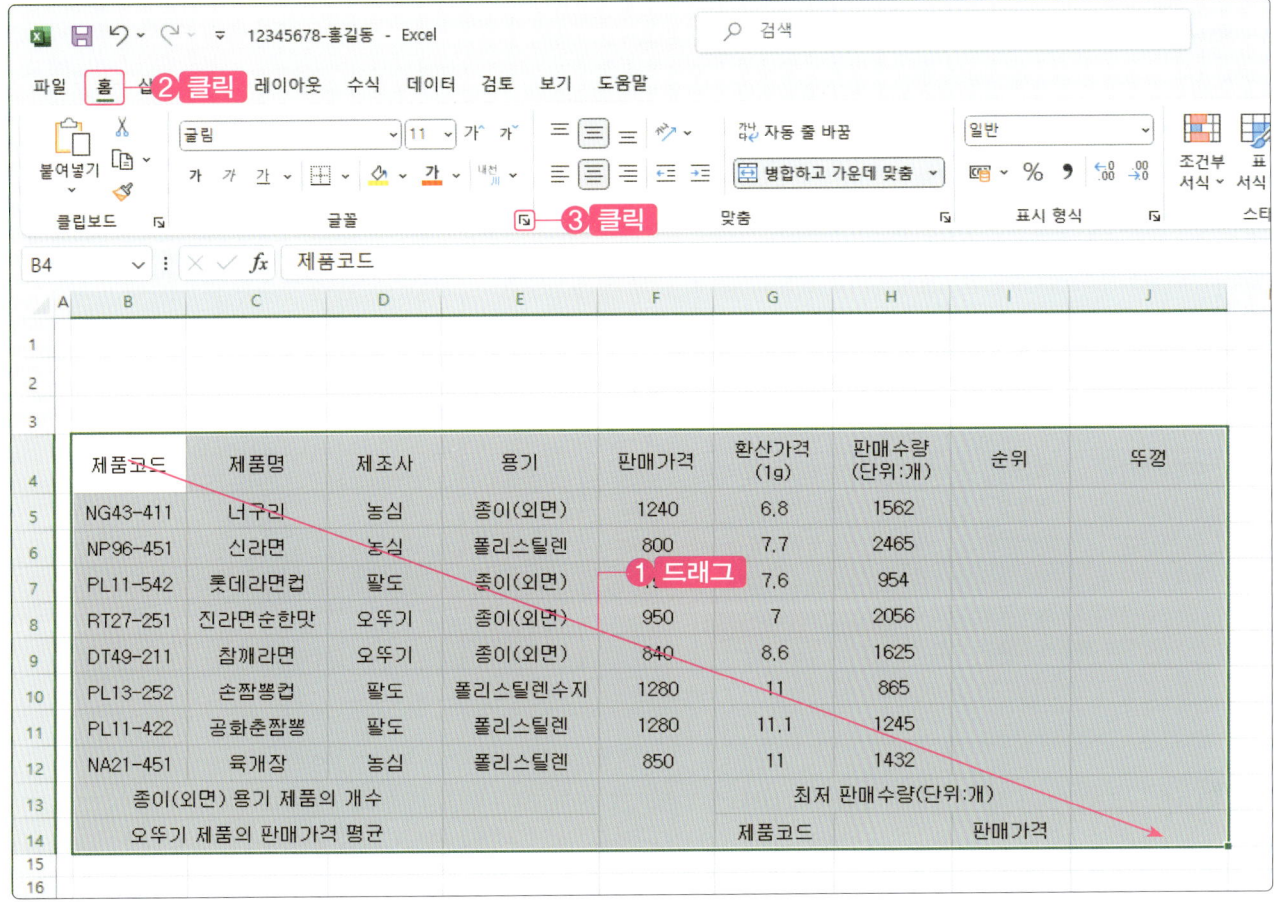

2 [셀 서식] 대화상자의 [글꼴] 탭이 나타나면 [테두리] 탭을 클릭한 후 **선 스타일(—)**을 **선택**한 다음 [안쪽(⊞)]을 클릭합니다. 그런 다음 다시 **선 스타일(—)을 선택**한 후 [윤곽선(⊡)]을 클릭한 다음 [확인] 단추를 클릭합니다.

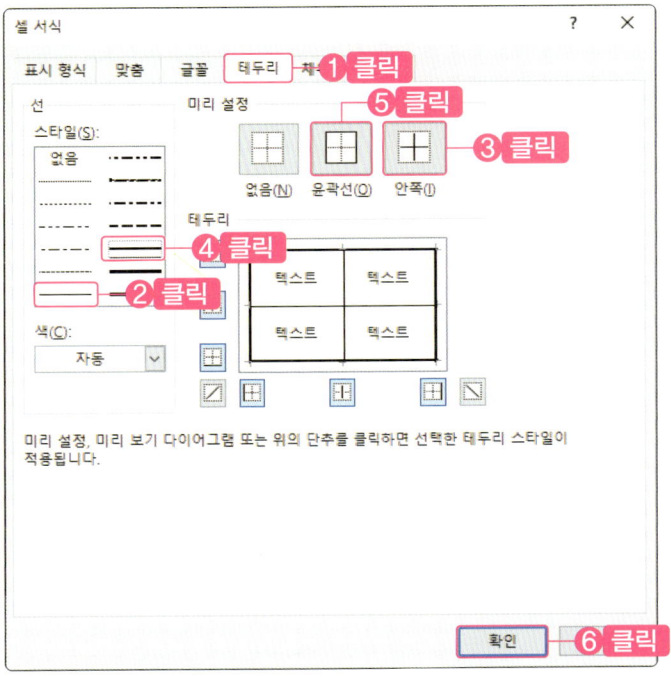

3 B4:J4셀 범위와 B12:J12셀 범위를 선택한 후 〔홈〕 탭-〔글꼴〕 그룹에서 〔추가 옵션(⬛)〕을 클릭합니다.

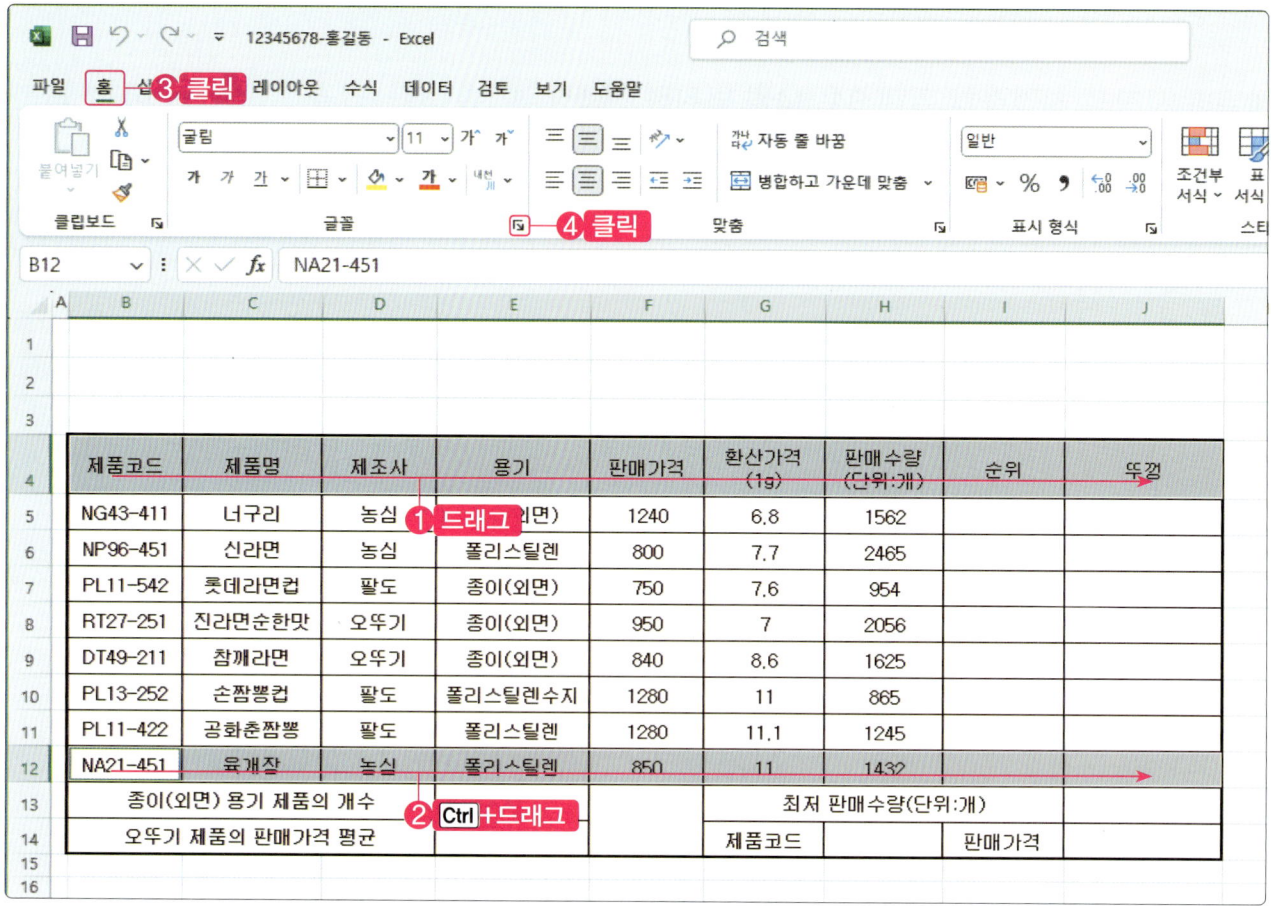

4 〔셀 서식〕 대화상자의 〔글꼴〕 탭이 나타나면 〔테두리〕 탭을 클릭한 후 선 스타일(─)을 선택한 다음 〔아래쪽(⬛)〕을 클릭한 다음 〔확인〕 단추를 클릭합니다.

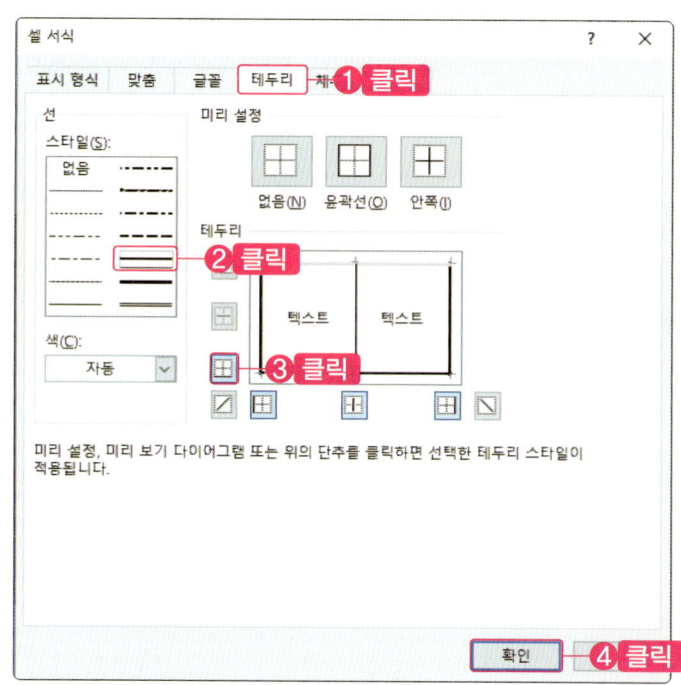

5 F13셀을 **선택**한 후 [홈] 탭-[글꼴] 그룹에서 [**추가 옵션(□)**]을 클릭합니다.

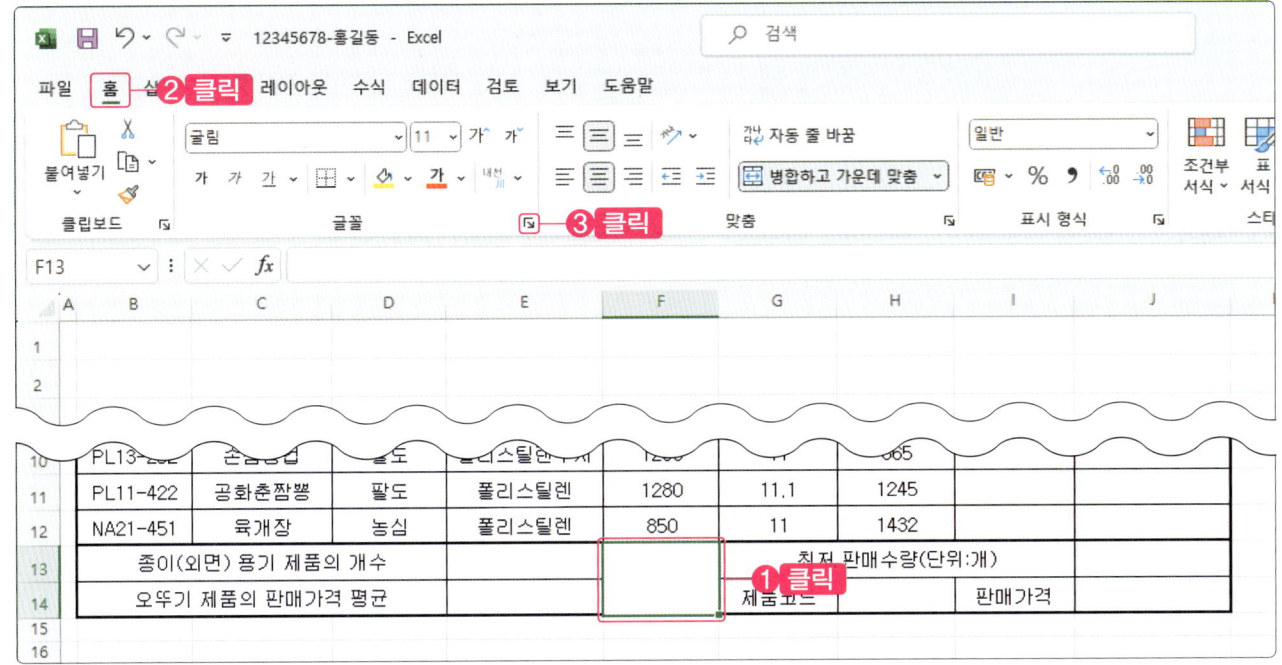

6 [셀 서식] 대화상자의 [글꼴] 탭이 나타나면 [테두리] 탭을 클릭한 후 **선 스타일(—)**을 선택한 다음 □와 □를 클릭하고 [확인] 단추를 클릭합니다.

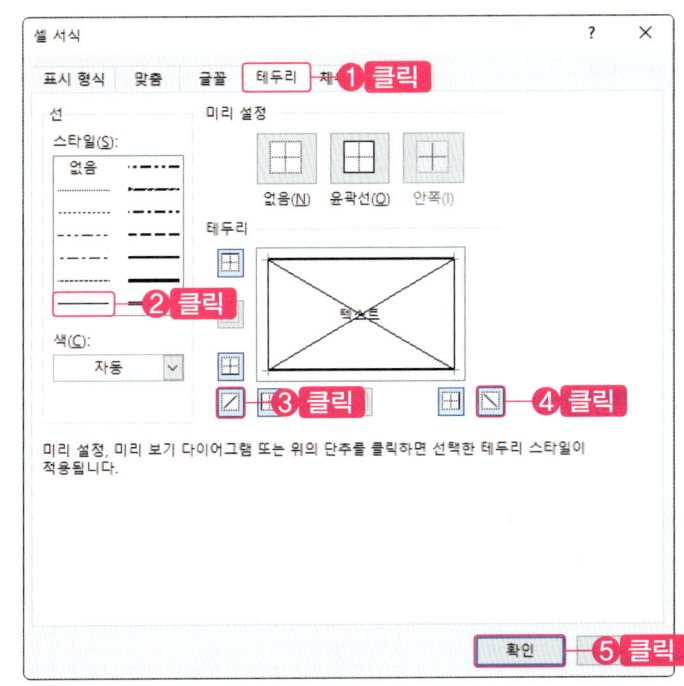

7 다음과 같이 대각선 셀 테두리가 지정됩니다.

7	PL11-542	롯데라면컵	팔도	종이(외면)	750	7.6	954	
8	RT27-251	진라면순한맛	오뚜기	종이(외면)	950	7	2056	
9	DT49-211	참깨라면	오뚜기	종이(외면)	840	8.6	1625	
10	PL13-252	손짬뽕컵	팔도	폴리스틸렌수지	1280	11	865	
11	PL11-422	공화춘짬뽕	팔도	폴리스틸렌	1280	11.1	1245	
12	NA21-451	육개장	농심	폴리스틸렌	850	11	1432	
13		종이(외면) 용기 제품의 개수			⊠		최저 판매수량(단위:개)	
14		오뚜기 제품의 판매가격 평균				제품코드		판매가격
15								
16								

STEP 04 셀 서식 지정하기

〈조건〉
- 「B4:J4, G14, I14」 영역은 '주황'으로 채우기 하시오.
- 셀 서식 ⇒ 「F5:F12」영역에 셀 서식을 이용하여 숫자 뒤에 '원'을 표시하시오(예 : 1,240원).

1 채우기 서식을 지정하기 위해 **B4:J4셀 범위, G14셀, I14셀을 선택**한 후 [홈] 탭-[글꼴] 그룹에서 [**채우기 색**]의 [목록(˅)] 단추를 클릭한 다음 [**주황**]을 클릭합니다.

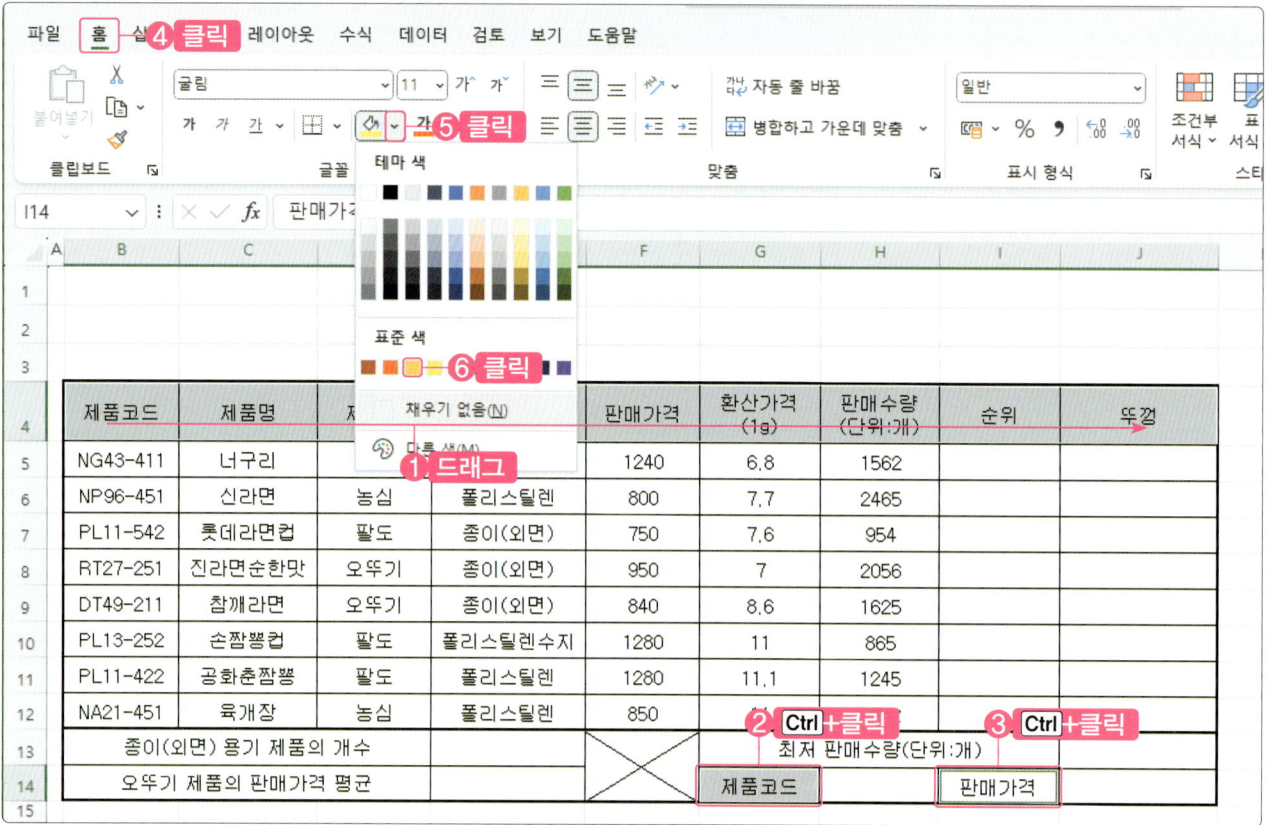

2 표시 형식을 지정하기 위해 **G5:G12셀 범위를 선택**한 후 [홈] 탭-[표시 형식] 그룹에서 [**추가 옵션(⤡)**]을 클릭합니다.

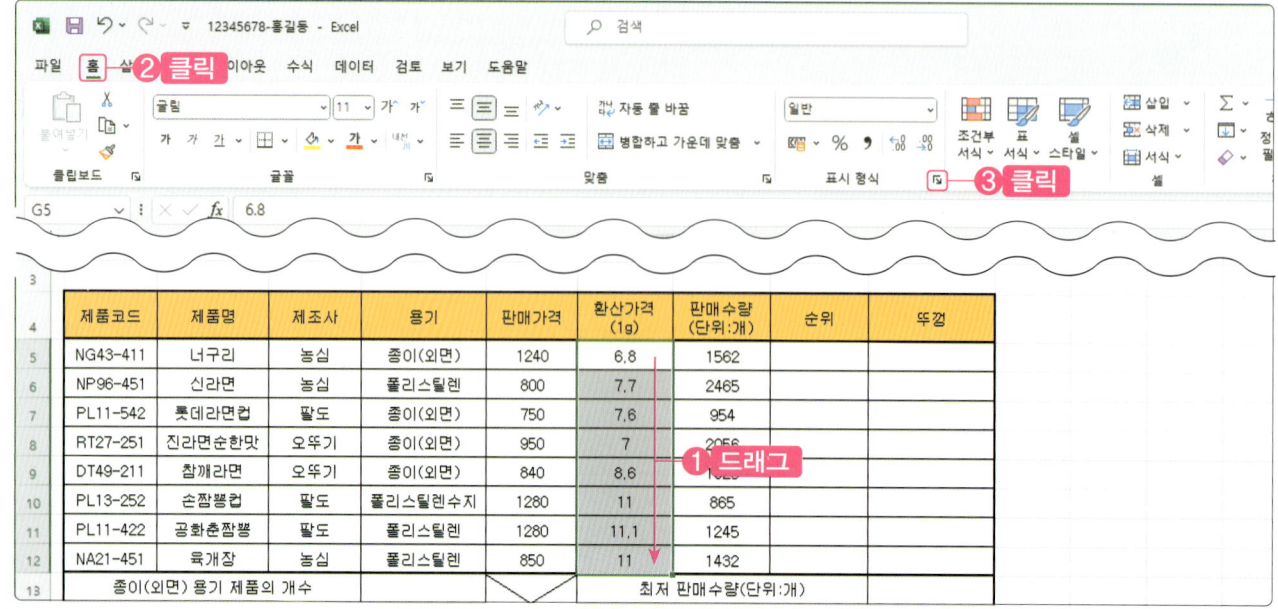

> 〈조건〉 • 셀 서식 ⇒ 「F5:F12」영역에 셀 서식을 이용하여 숫자 뒤에 '원'을 표시하시오(예 : 1,240원).

3 〔셀 서식〕 대화상자의 〔표시 형식〕 탭이 나타나면 **범주(숫자)를 선택**한 후 **소수 자릿수(1)를 지정**한 다음 〔확인〕 단추를 클릭합니다.

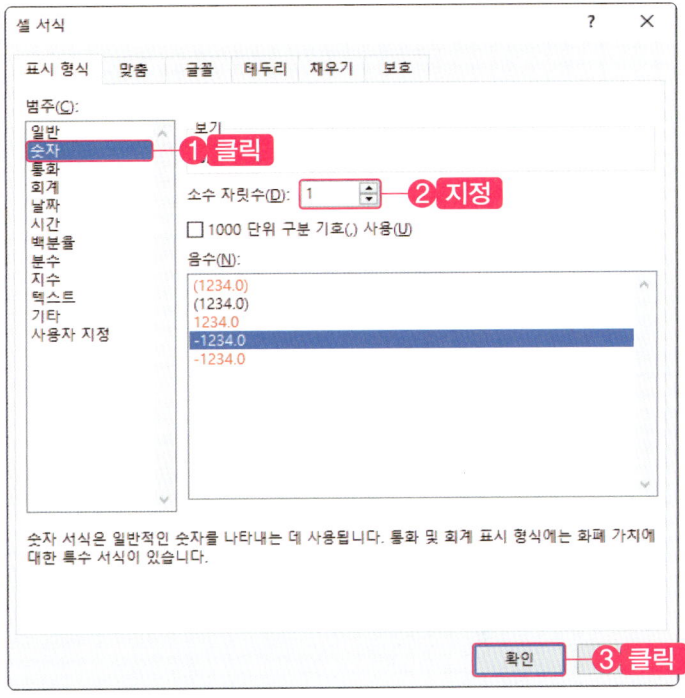

4 표시 형식을 지정하기 위해 **F5:F12셀 범위와 H5:H12셀 범위를 선택**한 후 〔홈〕 탭-〔표시 형식〕 그룹에서 〔**쉼표 스타일(,)**〕을 클릭합니다.

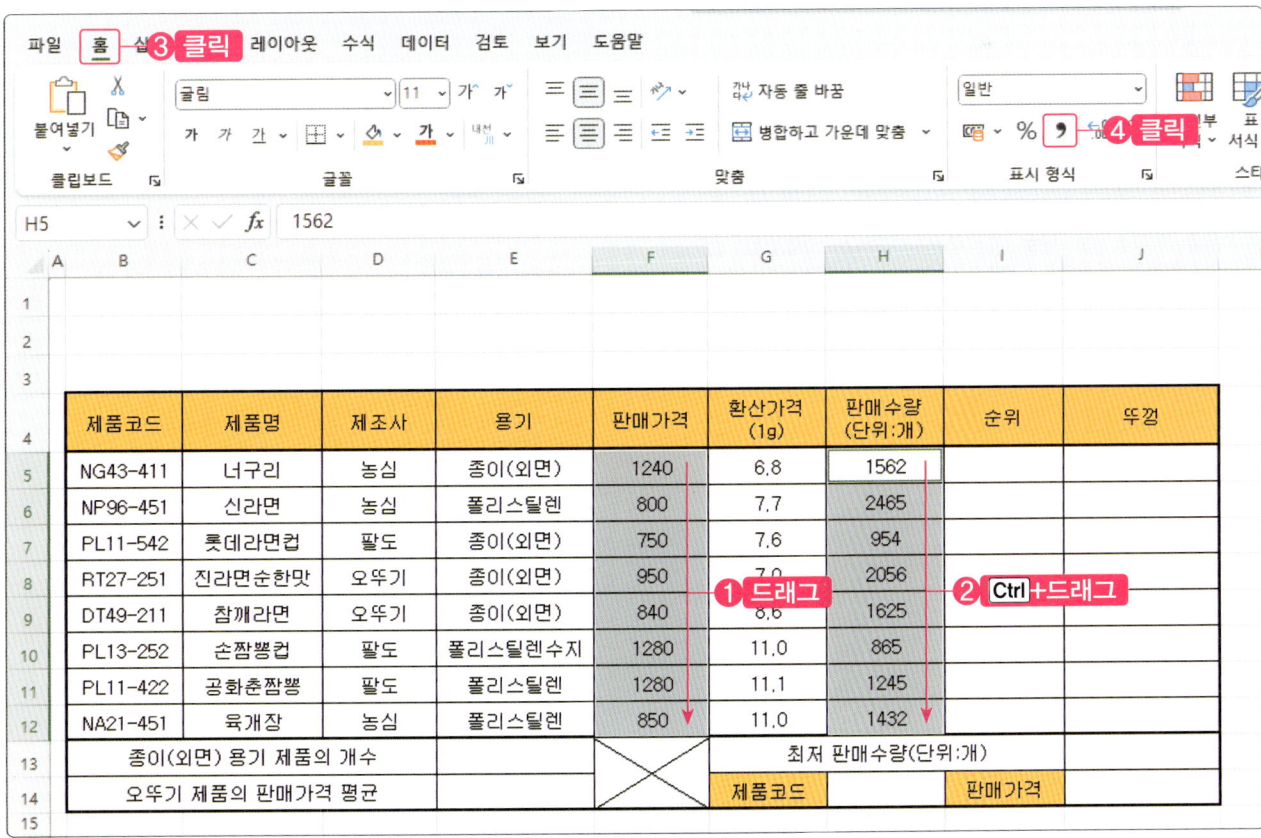

〔쉼표 스타일(,)〕은 천 단위 구분 기호(,)를 사용하여 셀 값을 표시합니다.

〈조건〉 • 셀 서식 ⇒ 「F5:F12」영역에 셀 서식을 이용하여 숫자 뒤에 '원'을 표시하시오(예 : 1,240원).

5 F5:F12셀 범위를 선택한 후 [홈] 탭-[표시 형식] 그룹에서 [추가 옵션(□)]을 클릭합니다.

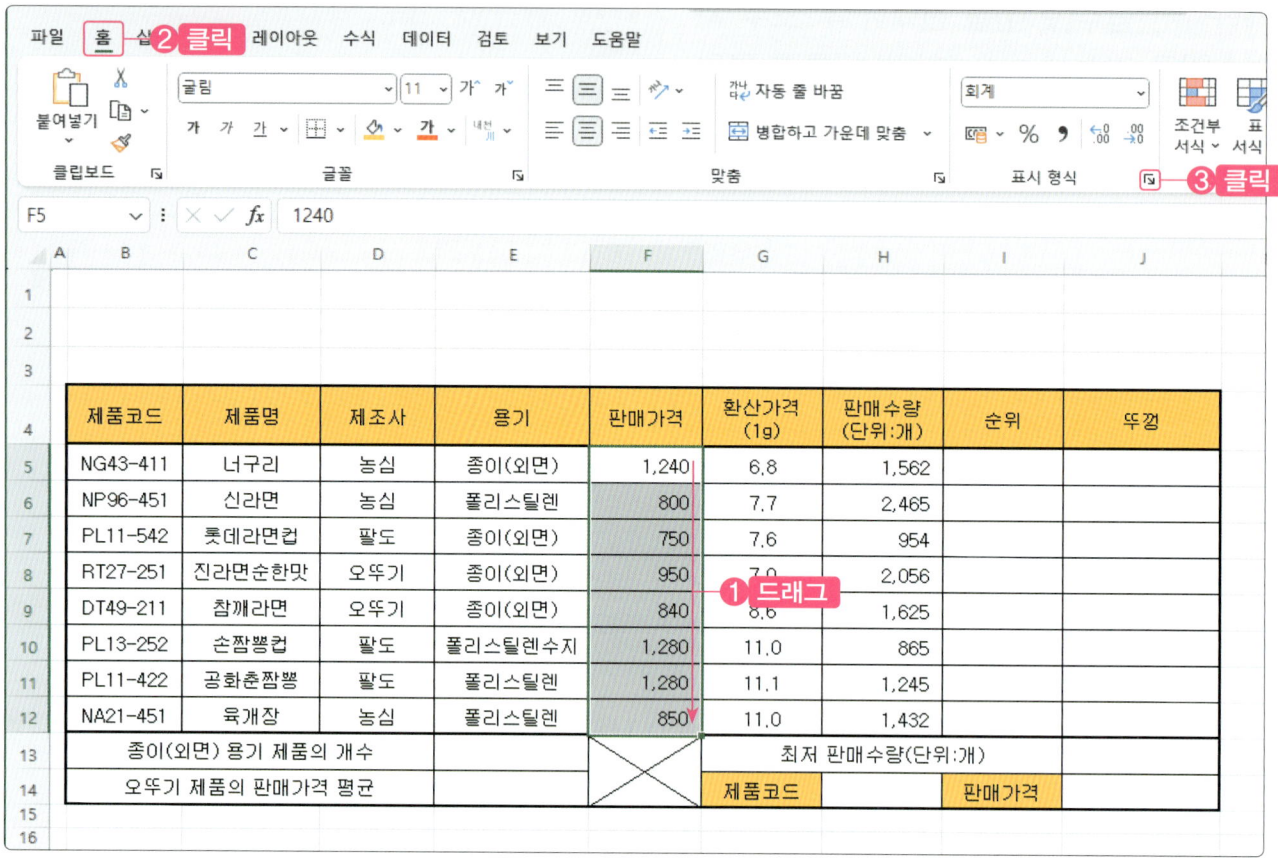

6 [셀 서식] 대화상자의 [표시 형식] 탭이 나타나면 **범주(사용자 지정)를 선택**한 후 **형식(#,##0"원")을 입력**한 다음 [확인] 단추를 클릭합니다.

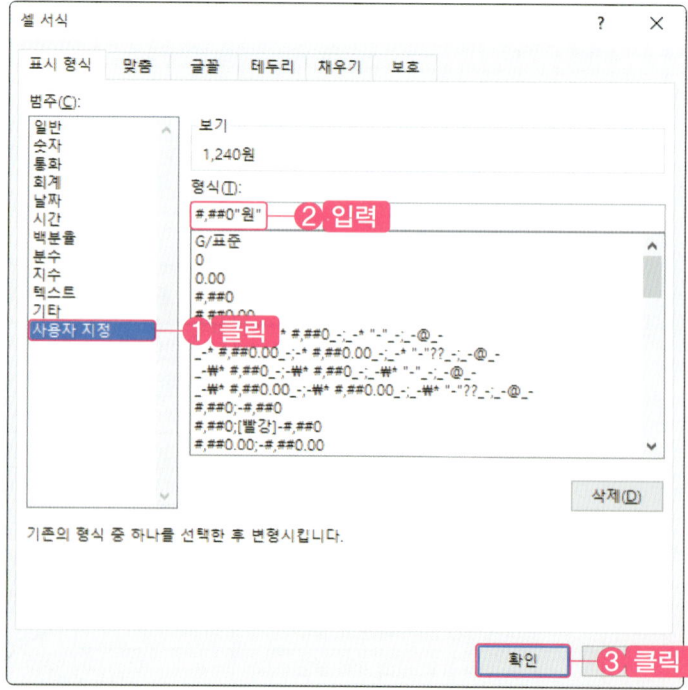

문자를 큰따옴표("")로 묶으면 그대로 표시합니다.

사용자 지정 표시 형식

사용자 지정 표시 형식은 사용자가 직접 표시 형식을 지정하여 숫자, 날짜, 시간 등을 원하는 형식으로 표시할 수 있는 표시 형식으로 [셀 서식] 대화상자의 [표시 형식] 탭에서 범주를 '사용자 지정'으로 선택하면 지정할 수 있습니다. 다음은 사용자 지정 표시 형식에 사용되는 주요 서식 코드입니다.

서식 코드	설명
#	• 숫자의 자릿수가 형식에 지정된 자릿수보다 많은 경우, 숫자를 반올림하여 형식에 지정된 소수 자릿수로 표시합니다. ❶ • 숫자의 자릿수가 형식에 지정된 자릿수보다 적은 경우, 숫자를 그대로 표시합니다. ❷
0	• 숫자의 자릿수가 형식에 지정된 자릿수보다 많은 경우, 숫자를 반올림하여 형식에 지정된 소수 자릿수로 표시합니다. ❸ • 숫자의 자릿수가 형식에 지정된 자릿수보다 적은 경우, 숫자를 형식에 지정된 자릿수만큼 0을 표시합니다. ❹
,	• 천 단위마다 천 단위 구분 기호(,)를 표시합니다. ❺ • 쉼표 서식 코드 다음에 다른 서식 코드가 없는 경우, 천 단위로 나눈 값을 반올림하여 표시합니다. ❻
@	• 문자의 표시 위치를 지정합니다. ❼

	A	B	C	D	E
2		데이터	형식	결과값	
3	❶	12.56	#.#	12.6	
4	❷	12.56	###.###	12.56	
5	❸	12.56	0.00	12.56	
6	❹	12.56	000.000	012.560	
7	❺	456789	#,##0	456,789	
8	❻	456789	#,	457	
9	❼	아슬란	@" 주식회사"	아슬란 주식회사	

7 맞춤 서식을 지정하기 위해 **F5:G12셀 범위를 선택**한 후 [홈] 탭-[맞춤] 그룹에서 **[오른쪽 맞춤(≡)]을 클릭**합니다.

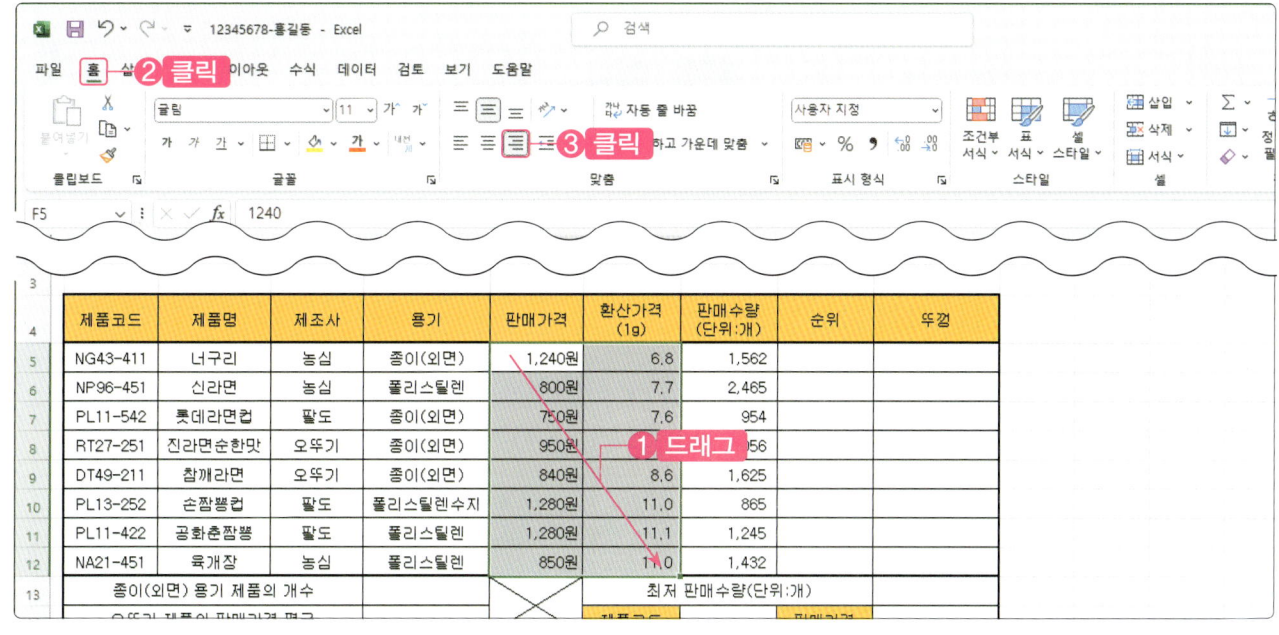

STEP 05 제목 작성하기

〈조건〉 · 제 목 ⇒ 도형(사다리꼴)과 그림자(오프셋 오른쪽)를 이용하여 작성하고
"컵라면 가격 및 판매수량"을 입력한 후 다음 서식을 적용하시오
(글꼴-굴림, 24pt, 검정, 굵게, 채우기-노랑).

1 도형을 삽입하기 위해 [삽입] 탭-[일러스트레이션] 그룹에서 [도형]을 클릭한 후 [사다리꼴(△)]을 클릭합니다.

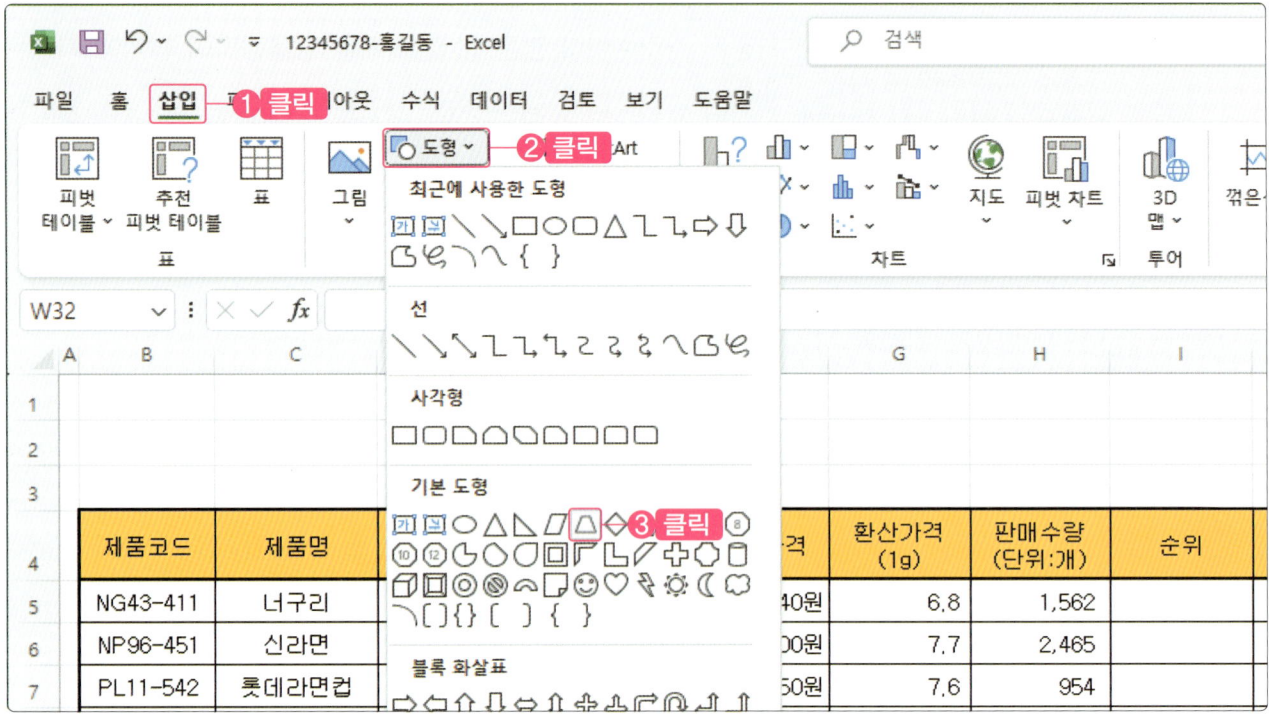

2 마우스 포인터가 + 모양으로 변경되면 다음과 같이 드래그하여 도형을 삽입합니다.

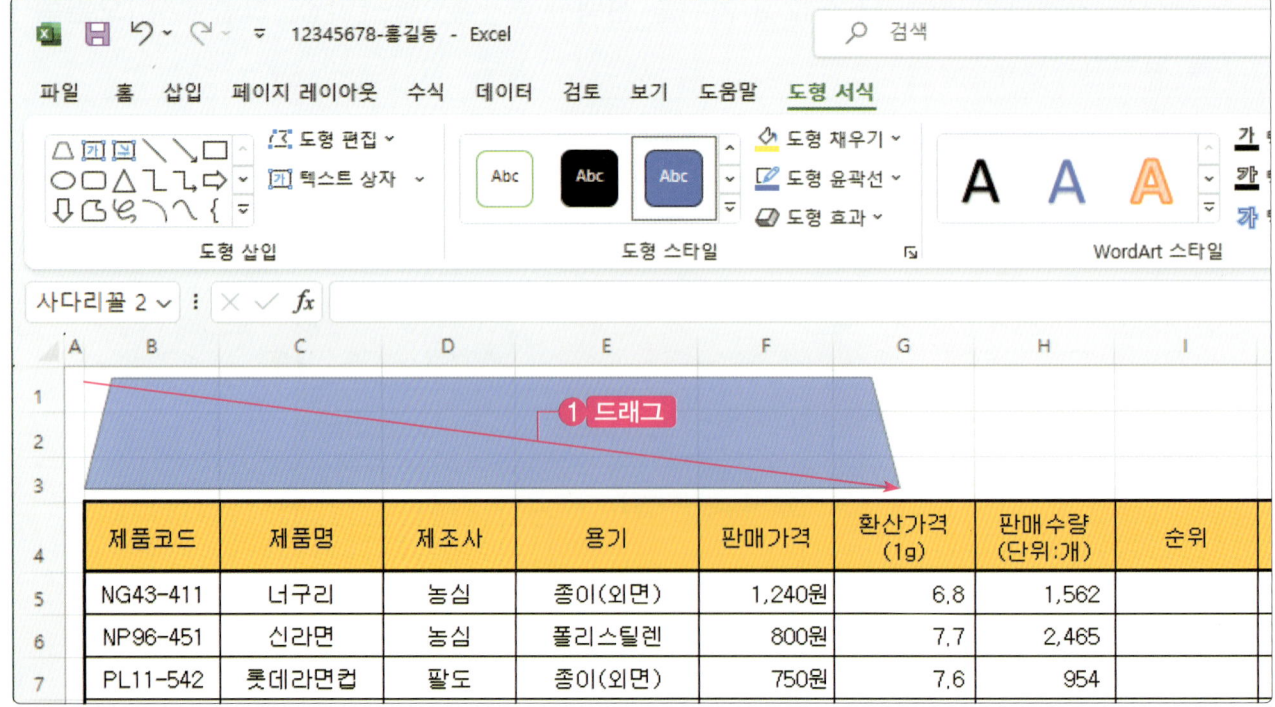

〈조건〉 • 제 목 ⇒ 도형(사다리꼴)과 그림자(오프셋 오른쪽)를 이용하여 작성하고
"컵라면 가격 및 판매수량"을 입력한 후 다음 서식을 적용하시오
(글꼴-굴림, 24pt, 검정, 굵게, 채우기-노랑).

3 도형이 삽입되면 도형에 **텍스트(컵라면 가격 및 판매수량)를 입력**합니다. 그런 다음 도형에 글꼴 서식과 맞춤 서식을 지정하기 위해 **도형을 선택**한 후 [홈] 탭-[글꼴] 그룹에서 **글꼴(굴림), 글꼴 크기(24), [굵게(가)], 글꼴 색(검정, 텍스트 1)을 선택**한 다음 [맞춤] 그룹에서 **[가운데 맞춤(세로)(≡)]과 [가운데 맞춤(가로)(≡)]을 클릭**합니다.

4 도형에 채우기 색을 지정하기 위해 [도형 서식] 정황 탭-[도형 스타일] 그룹에서 **[도형 채우기]의 [목록(⌄)] 단추를 클릭**한 후 **[노랑]을 클릭**합니다.

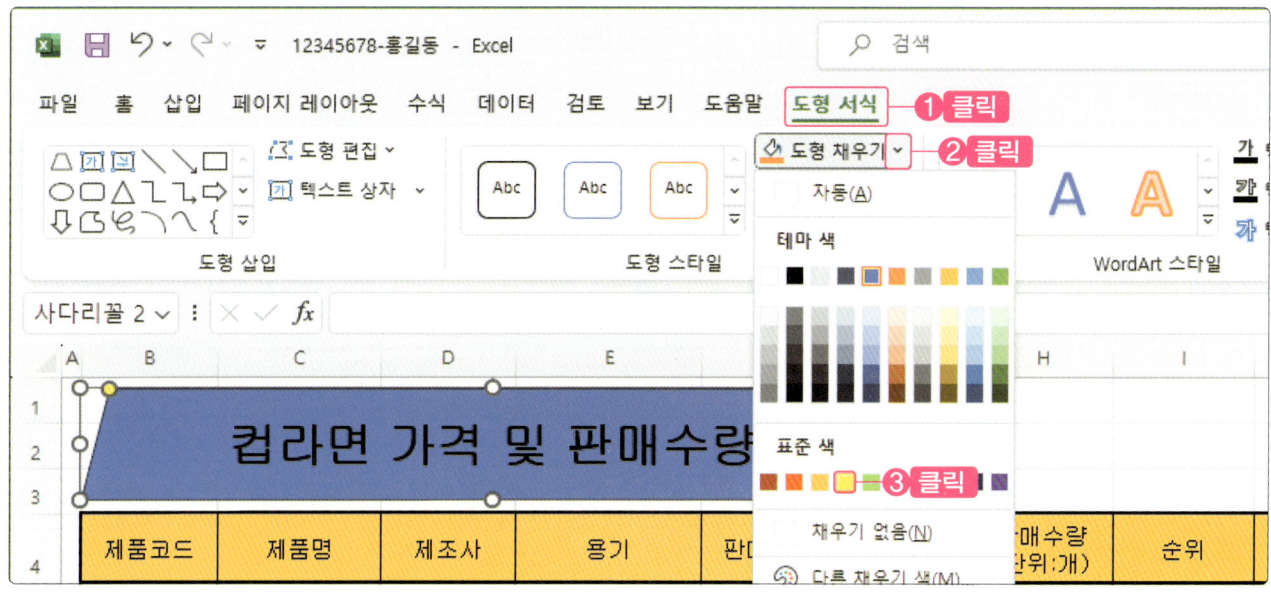

도형을 선택한 후 [홈] 탭-[글꼴] 그룹에서 [채우기 색]의 [목록(⌄)] 단추를 클릭한 다음 [노랑]을 클릭하여 도형에 채우기 색을 지정할 수도 있습니다.

〈조건〉 ・제 목 ⇒ 도형(사다리꼴)과 그림자(오프셋 오른쪽)를 이용하여 작성하고
"컵라면 가격 및 판매수량"을 입력한 후 다음 서식을 적용하시오
(글꼴-굴림, 24pt, 검정, 굵게, 채우기-노랑).

5 도형에 도형 효과를 지정하기 위해 [도형 서식] 정황 탭-[도형 스타일] 그룹에서 [**도형 효과**]를 클릭한 후 [그림자]-[**오프셋 오른쪽(■)**]을 클릭합니다.

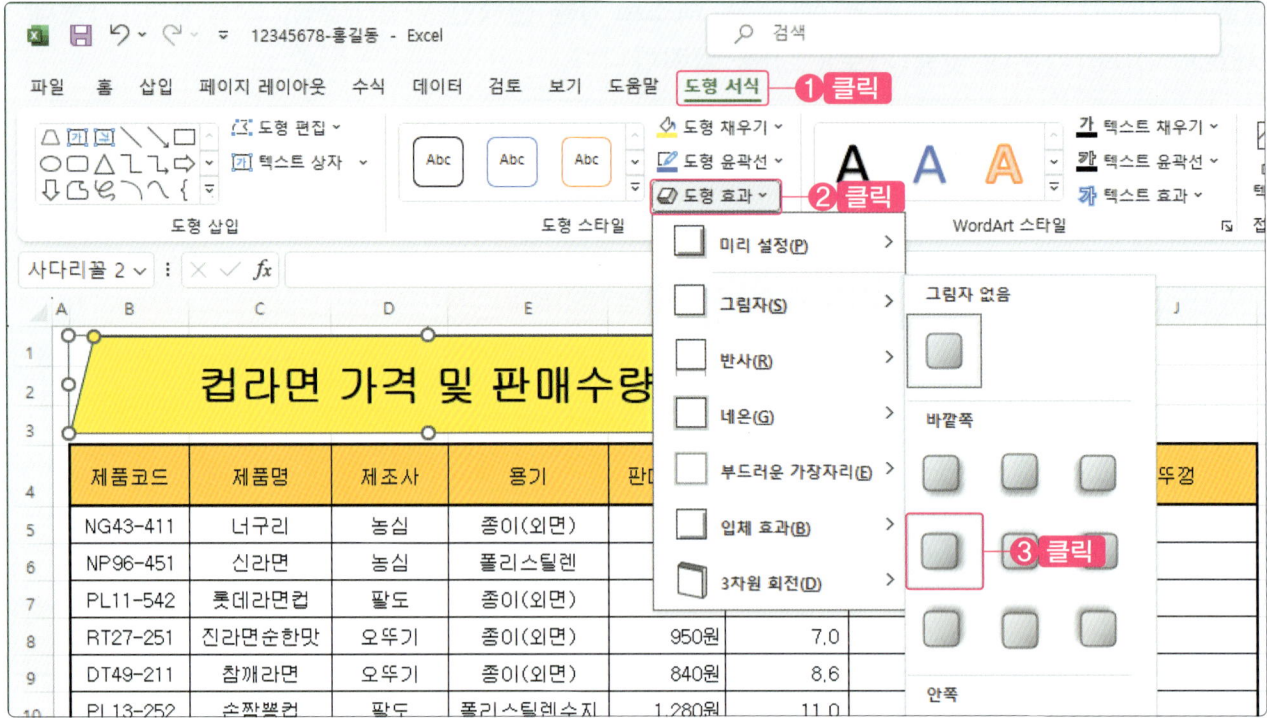

6 다음과 같이 도형에 도형 효과가 지정됩니다.

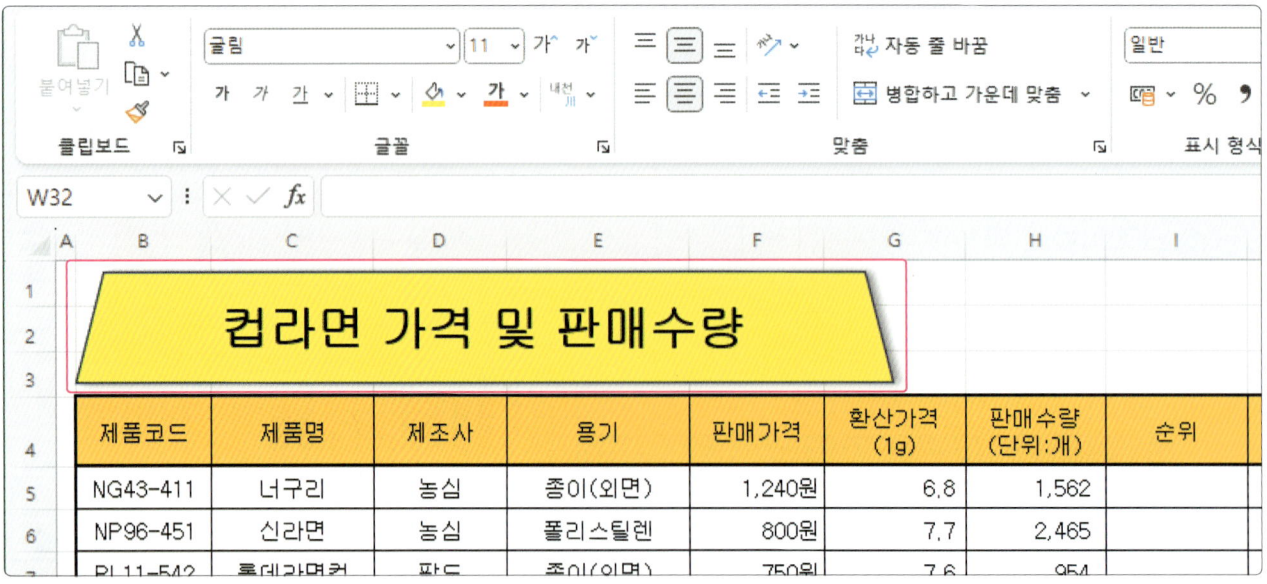

도형으로 마우스 포인터를 가져가서 마우스 포인터가 ✥ 모양으로 변경되었을 때 드래그하면 도형의 위치를 조정할 수 있고, 도형을 선택한 후 도형의 크기 조정 핸들(O)을 드래그하면 도형의 크기를 조정할 수 있습니다.

STEP 06 결재란 작성하기

[조건] 임의의 셀에 결재란을 작성하여 그림으로 복사 기능을 이용하여 붙이기 하시오(단, 원본 삭제).

1 결재란을 작성하기 위해 M3:O3셀에 내용(담당, 대리, 과장)을 입력한 후 L3:L4셀 범위를 선택한 다음 [홈] 탭-[맞춤] 그룹에서 [**병합하고 가운데 맞춤(⮌)**]을 클릭합니다.

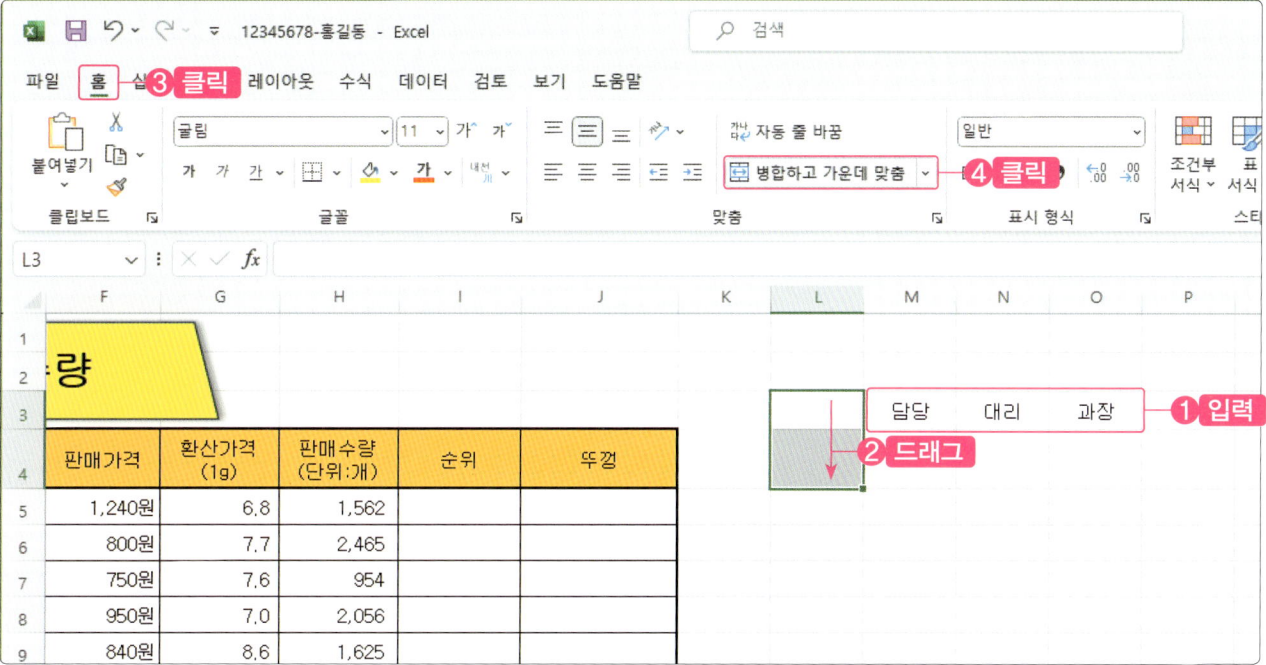

2 ≪출력형태≫를 참고하여 **병합된 셀에 '확인'을 입력**합니다. 그런 다음 L3:O4셀 범위를 선택한 후 [홈] 탭-[글꼴] 그룹에서 [테두리]의 [목록(˅)]을 클릭한 다음 [모든 테두리(⊞)]을 클릭합니다.

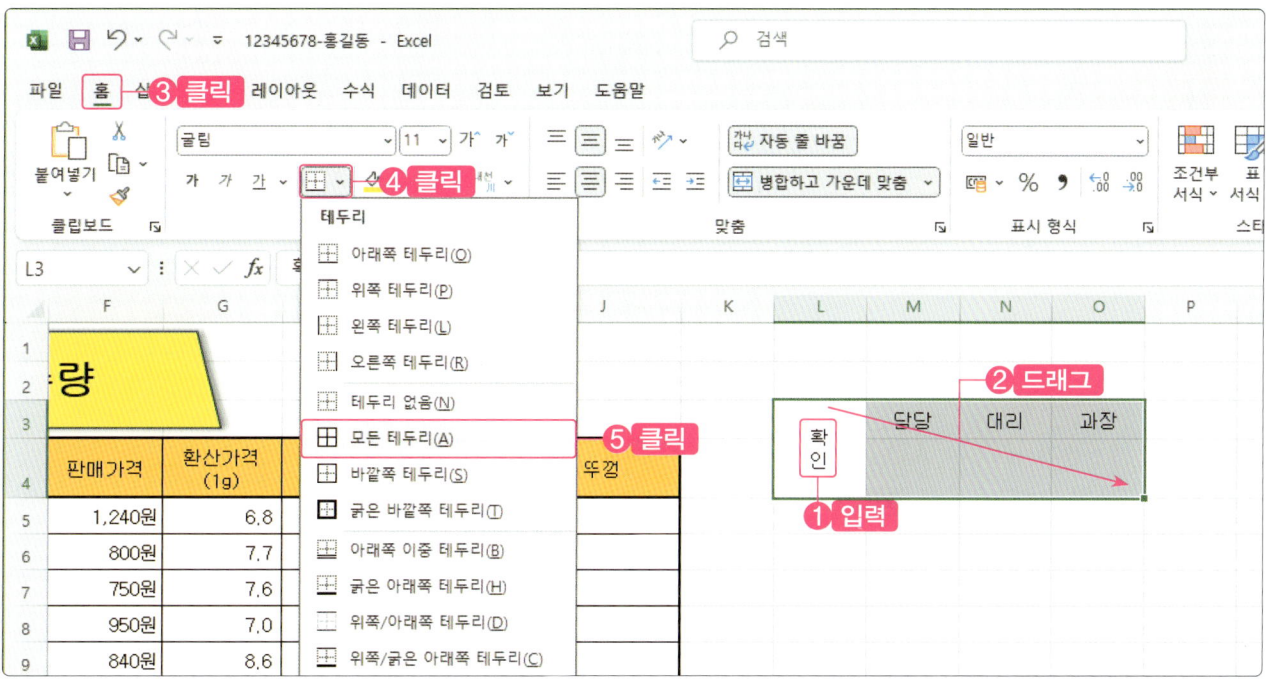

'확'을 입력한 후 Alt+Enter 를 눌러 줄을 바꾼 다음 '인'을 입력하고 Enter 를 누릅니다.

〈조건〉 임의의 셀에 결재란을 작성하여 그림으로 복사 기능을 이용하여 붙이기 하시오(단, 원본 삭제).

3 ≪출력형태≫를 참고하여 **L열의 열 너비를 '4', M:O열의 열 너비를 '10.5'로 지정**합니다.

> 열의 너비는 별도의 조건이 없기 때문에 ≪출력형태≫를 참고하여 조절합니다.

4 결재란을 그림으로 복사하기 위해 **L3:O4셀 범위를 선택**한 후 [홈] 탭-[클립보드] 그룹에서 [**복사**]의 [목록(▾)] 단추를 클릭한 다음 [그림으로 복사]를 클릭합니다.

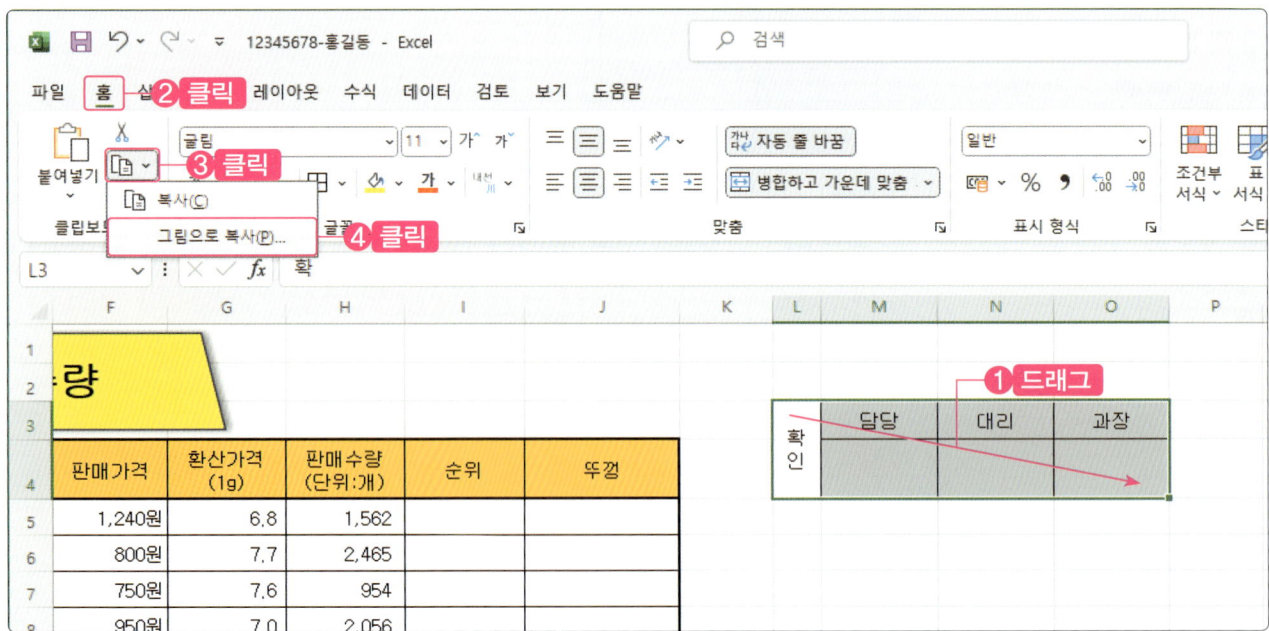

5 [그림 복사] 대화상자가 나타나면 **모양(화면에 표시된 대로)을 선택**한 후 **형식(그림)을 선택**한 다음 [확인] 단추를 클릭합니다.

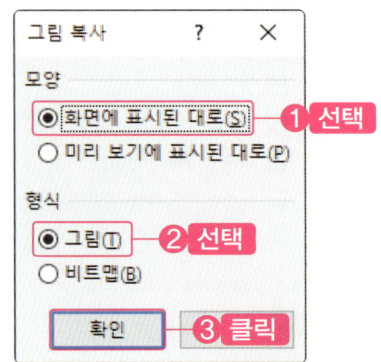

<조건> 임의의 셀에 결재란을 작성하여 그림으로 복사 기능을 이용하여 붙이기 하시오(단, 원본 삭제).

6 H1셀을 선택한 후 [홈] 탭-[클립보드] 그룹에서 [붙여넣기(📋)]를 클릭합니다.

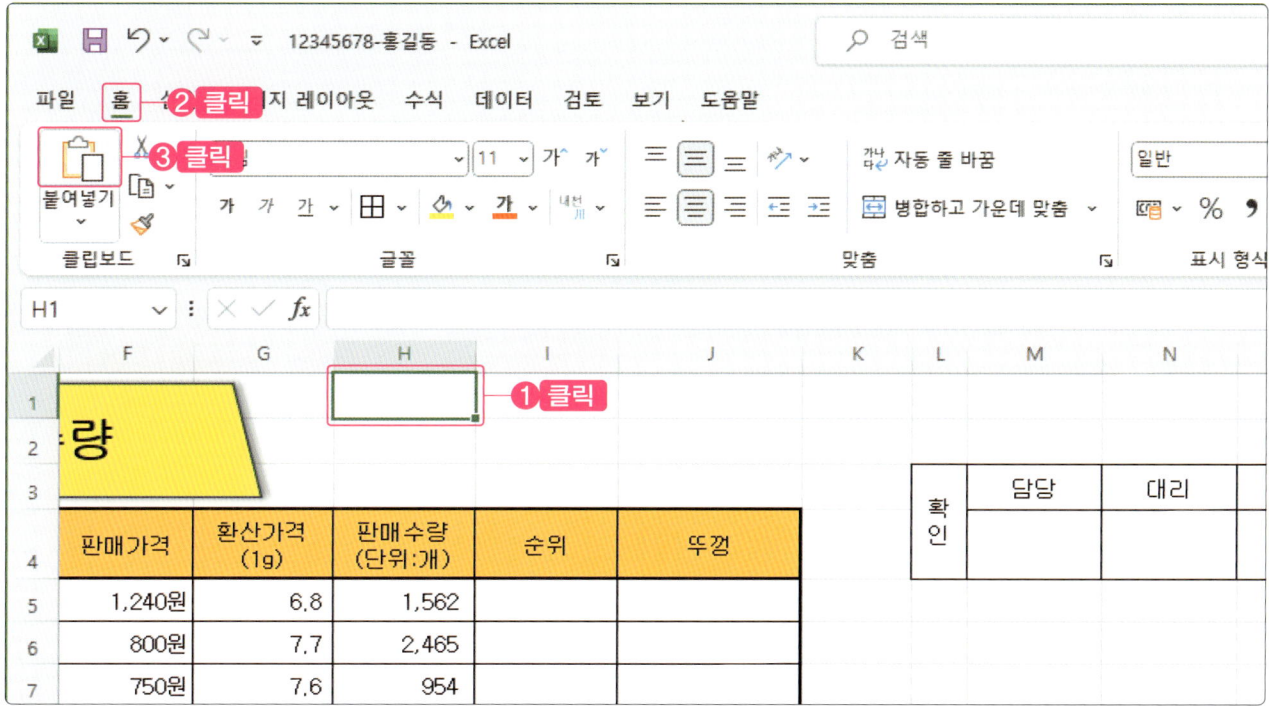

7 ≪출력형태≫를 참고하여 방향키(←,→,↑,↓) 또는 마우스를 이용하여 결재란의 위치를 조절합니다.

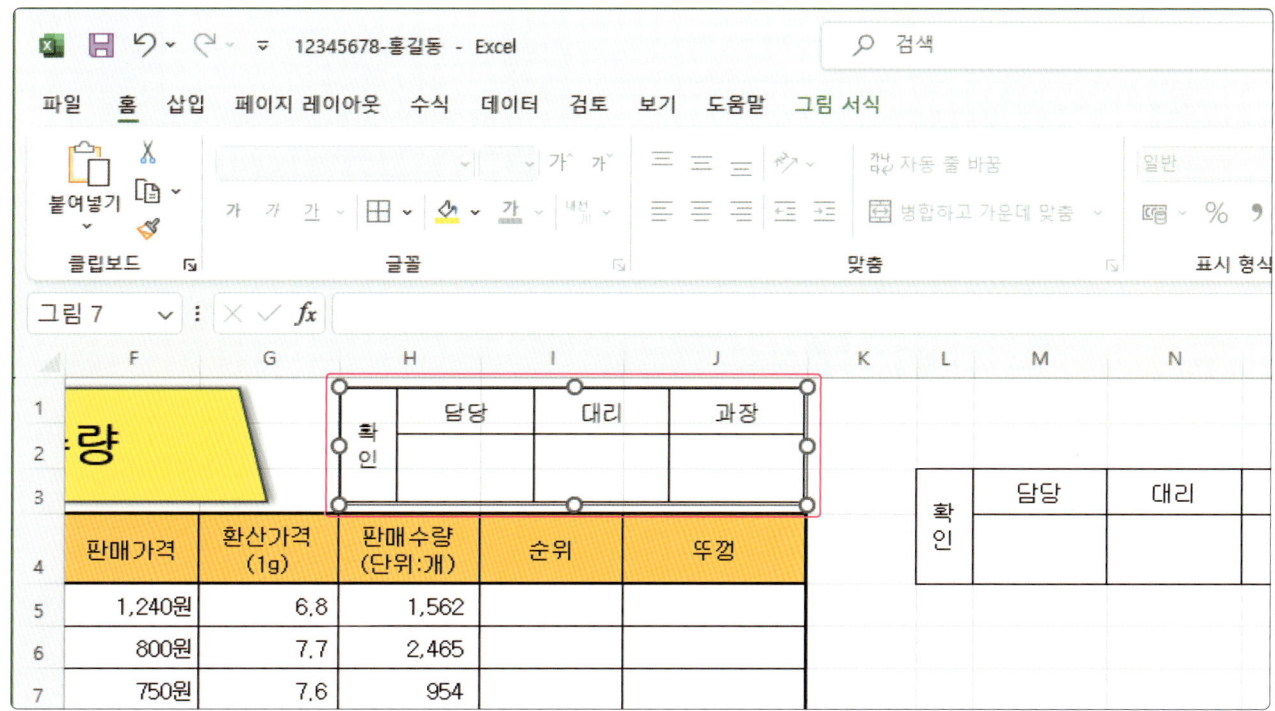

결재란은 H1:J3셀 범위 안에 들어갈 수 있도록 크기를 조절합니다.

> **〈조건〉** 임의의 셀에 결재란을 작성하여 그림으로 복사 기능을 이용하여 붙이기 하시오(단, 원본 삭제).

8 L3:O4셀 범위에 작성한 결재란을 삭제하기 위해 **L:O열 머리글을 선택**한 후 **바로 가기 메뉴의 [삭제]를 클릭**합니다.

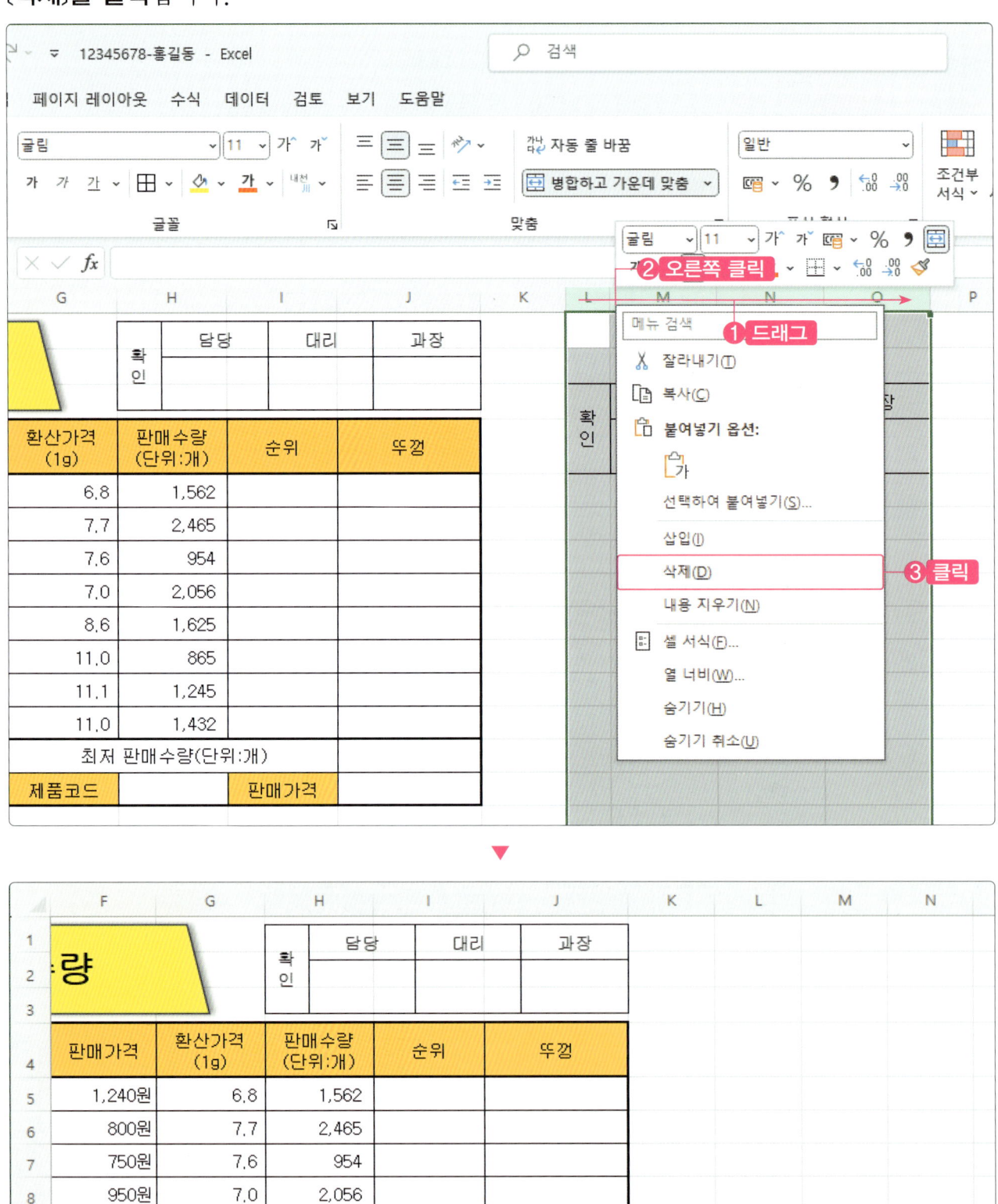

STEP 07 데이터 유효성 검사 설정하고 이름 정의하기

[조건]
- 유효성 검사를 이용하여 「H14」셀에 제품코드(「B5:B12」 영역)가 선택 표시되도록 하시오.
- 「F5:F12」영역에 대해 '판매가격'으로 이름정의를 하시오.

1 데이터 유효성 검사를 설정하기 위해 **H14셀을 선택**한 후 〔데이터〕 탭-〔데이터 도구〕 그룹에서 **〔데이터 유효성 검사〕를 클릭**합니다.

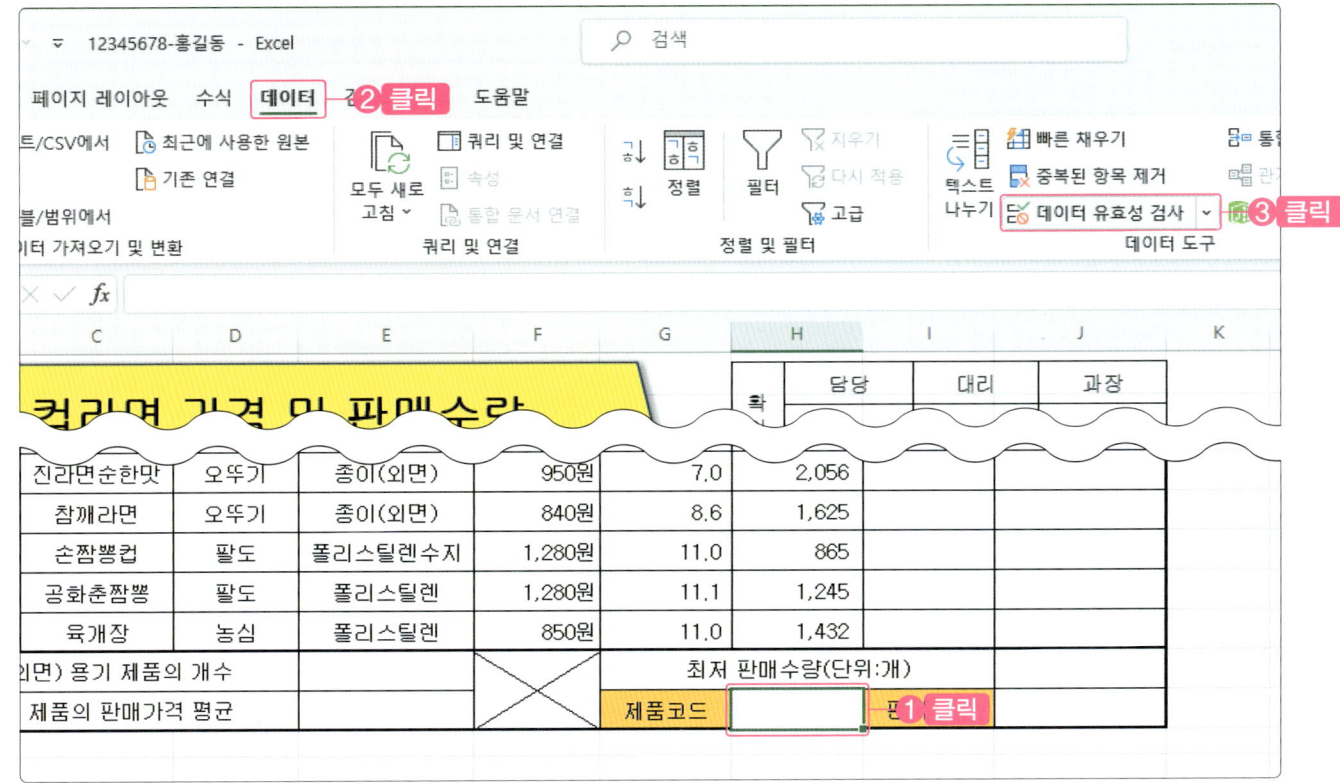

데이터 유효성 검사는 입력할 수 있는 데이터를 지정하여 데이터를 잘못 입력하면 입력할 수 없도록 제한하는 기능입니다.

2 〔데이터 유효성〕 대화상자가 나타나면 〔설정〕 탭에서 **제한 대상(목록)을 선택**한 후 **원본(=$B$5:$B$12)을 입력**한 다음 〔확인〕 단추를 **클릭**합니다.

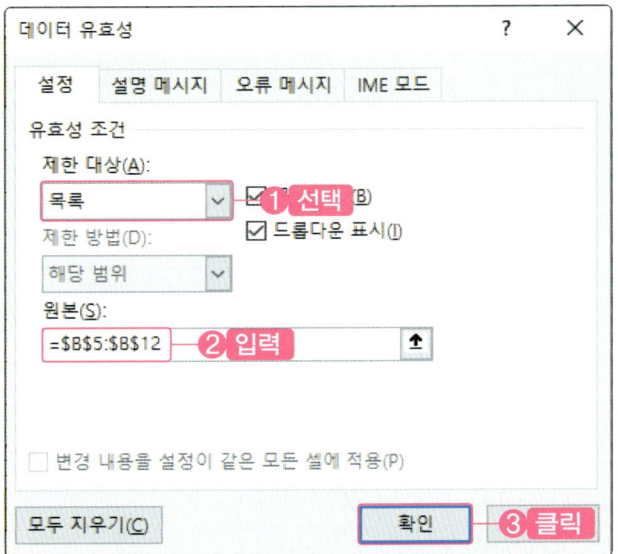

- 원본의 범위는 B5:B12셀을 드래그하여 지정할 수도 있습니다.
- 〔모두 지우기〕 단추를 클릭하면 설정된 데이터 유효성 검사가 제거됩니다.

〈조건〉
- 유효성 검사를 이용하여 「H14」셀에 제품코드(「B5:B12」 영역)가 선택 표시되도록 하시오.
- 「F5:F12」영역에 대해 '판매가격'으로 이름정의를 하시오.

3 데이터 유효성 검사가 설정되면 **H14셀을 선택**한 후 **데이터 유효성 검사의 [목록(▼)] 단추를 클릭**한 다음 '**NG43-411**'를 클릭합니다.

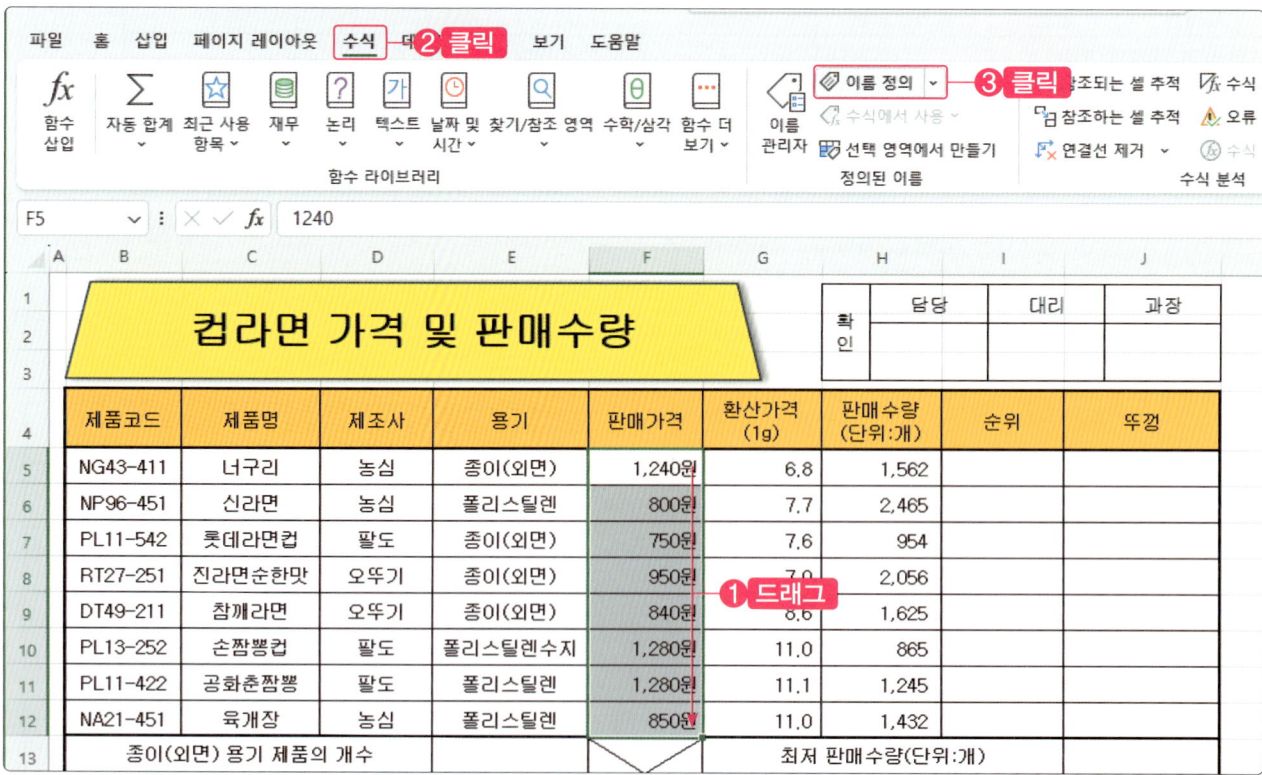

H14셀을 선택하면 [데이터 유효성] 대화상자의 [설정] 탭에서 [드롭다운 표시]가 선택되어 있었기 때문에 데이터 유효성 검사의 [목록(▼)] 단추가 나타납니다. 데이터 유효성 검사의 [목록(▼)] 단추를 클릭하면 [제한 대상]을 '목록'으로 지정하고 [원본]에 '=$B$5:$B$12'를 입력했기 때문에 B5:B12셀 범위에 있는 데이터가 나타납니다.

4 제품코드가 입력되면 이름을 정의하기 위해 **F5:F12셀 범위를 선택**한 후 [수식] 탭-[정의된 이름] 그룹에서 [**이름 정의**]를 클릭합니다.

- 이름 정의는 셀이나 셀 범위에 이름을 지정하여 셀이나 셀 범위를 참조할 때 정의한 이름으로 참조할 수 있도록 하는 기능입니다.
- F5:F12셀 범위를 선택한 후 이름 상자에 '판매가격'이라고 입력한 다음 Enter를 눌러 이름을 정의할 수도 있습니다.

〈조건〉 • 「F5:F12」영역에 대해 '판매가격'으로 이름정의를 하시오.

5 〔새 이름〕 대화상자가 나타나면 **이름(판매가격)을 입력**한 후 〔확인〕 단추를 클릭합니다.

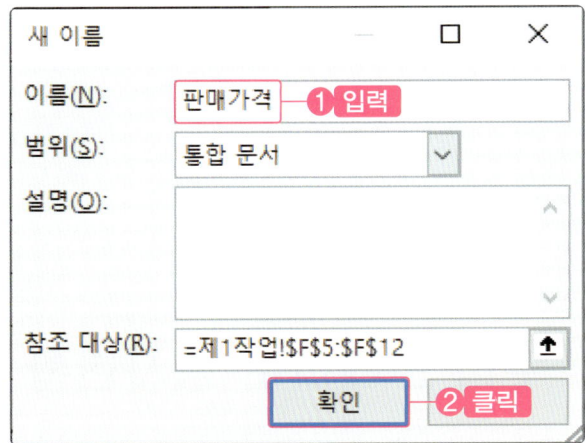

6 다음과 같이 **F5:F12셀 범위를 선택**하면 **이름이 정의된 것을 확인**할 수 있습니다.

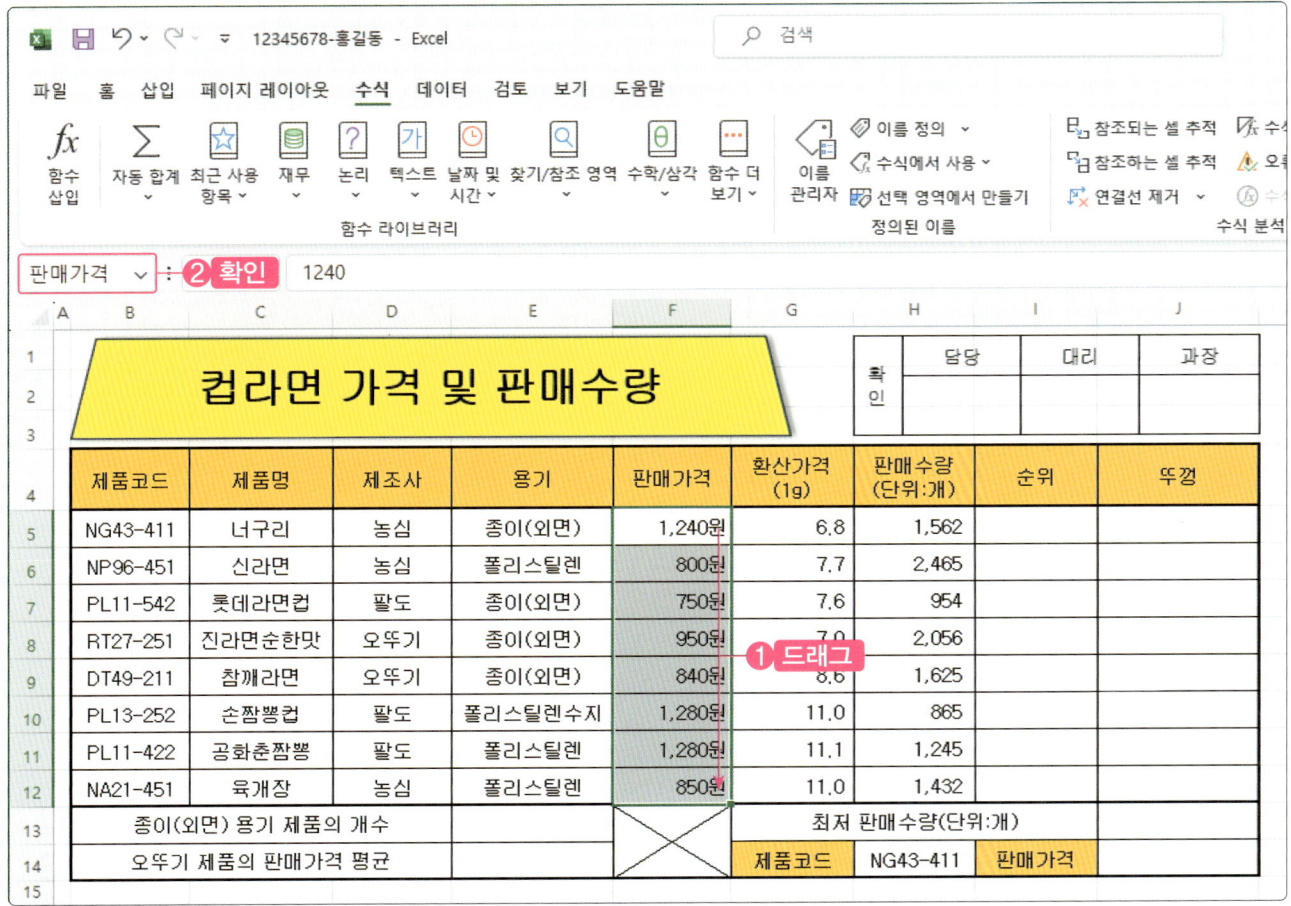

정의된 이름 삭제하기

〔수식〕 탭-〔정의된 이름〕 그룹에서 〔이름 관리자〕를 클릭하면 〔이름 관리자〕 대화상자가 나타납니다. 〔이름 관리자〕 대화상자에서 정의된 이름을 선택한 후 〔삭제〕 단추를 클릭하면 정의된 이름을 삭제할 수 있습니다.

실전문제유형

1 다음은 '우리 인테리어 공사현황보고'에 대한 자료이다. 자료를 입력하고 조건에 맞도록 작업하시오.

▶ 소스파일 : Part 01\Chapter 02\문제01.xlsx   ▶ 완성파일 : Part 01\Chapter 02\문제01_완성.xlsx

《출력형태》

관리번호	주택명	지역	공사기간(일)	총공사비	공사시작일	공사내용	구분	선수금(단위:원)
B2-001	화이트빌	경기	5	8,558,000	2023-02-06	욕실		
K1-001	푸르지오	서울	4	10,250,000	2023-03-20	주방		
K3-002	시그마	경기	3	7,870,000	2023-01-30	주방		
A1-001	아이파크	인천	13	28,850,000	2023-02-20	전체		
B1-002	파크타운	서울	5	5,778,000	2023-03-06	욕실		
B3-003	트레스벨	경기	6	9,560,000	2023-02-13	욕실		
A2-002	그린빌	서울	17	32,170,000	2023-02-27	전체		
K2-003	한솔마을	인천	4	6,768,000	2023-03-08	주방		
서울지역 총 공사건수					가장 긴 공사기간(일)			
욕실 총공사비 합계					관리번호	B2-001	총공사비	

결재 / 점장 / 부장 / 대표

《조건》

○ 모든 데이터의 서식에는 글꼴(굴림, 11pt), 정렬은 숫자 및 회계 서식은 오른쪽 정렬, 나머지 서식은 가운데 정렬로 작성하며 예외적인 것은 《출력형태》를 참조하시오.
○ 제 목 ⇒ 도형(배지)과 그림자(오프셋 오른쪽)를 이용하여 작성하고
　　　"우리 인테리어 공사현황보고"를 입력한 후 다음 서식을 적용하시오
　　　(글꼴-굴림, 24pt, 검정, 굵게, 채우기-노랑).
○ 임의의 셀에 결재란을 작성하여 그림으로 복사 기능을 이용하여 붙이기 하시오(단, 원본 삭제).
○ 「B4:J4, G14, I14」 영역은 '주황'으로 채우기 하시오.
○ 유효성 검사를 이용하여 「H14」 셀에 관리번호(「B5:B12」 영역)가 선택 표시되도록 하시오.
○ 셀 서식 ⇒ 「F5:F12」 영역에 셀 서식을 이용하여 숫자 뒤에 '원'을 표시하시오(예 : 8,558,000원).
○ 「E5:E12」 영역에 대해 '공사기간'으로 이름정의를 하시오.

실전문제유형

2 다음은 '1월 사원 출장 현황'에 대한 자료이다. 자료를 입력하고 조건에 맞도록 작업하시오.

▶ 소스파일 : Part 01\Chapter 02\문제02.xlsx   ▶ 완성파일 : Part 01\Chapter 02\문제02_완성.xlsx

《출력형태》

사원번호	사원명	직급	부서명	출장비 (단위:원)	출장일수	출발일자	출발요일	비고
C11-23	민시후	사원	영업부	520,000	6	2024-01-07		
C10-25	한창훈	사원	인사부	128,000	2	2024-01-21		
A07-01	윤정은	대리	영업부	225,000	2	2024-01-07		
A07-45	조재은	사원	기획부	415,000	3	2024-01-03		
E10-25	박금희	대리	인사부	280,000	2	2024-01-15		
A08-23	한효빈	과장	기획부	546,000	5	2024-01-17		
E09-53	김지은	과장	영업부	197,000	3	2024-01-06		
E09-12	김지효	대리	기획부	150,000	2	2024-01-12		

제목: 1월 사원 출장현황
결재: 담당 / 팀장 / 부장

인사부의 출장일수 평균
사원의 출장일수 합계
최대 출장비(단위:원)
사원번호 C11-23 출장일수

《조건》

○ 모든 데이터의 서식에는 글꼴(굴림, 11pt), 정렬은 숫자 및 회계 서식은 오른쪽 정렬, 나머지 서식은 가운데 정렬로 작성하며 예외적인 것은 ≪출력형태≫를 참조하시오.
○ 제 목 ⇒ 도형(평행 사변형)과 그림자(오프셋 오른쪽)를 이용하여 작성하고
   "1월 사원 출장 현황"을 입력한 후 다음 서식을 적용하시오
   (글꼴-굴림, 24pt, 검정, 굵게, 채우기-노랑).
○ 임의의 셀에 결재란을 작성하여 그림으로 복사 기능을 이용하여 붙이기 하시오(단, 원본 삭제).
○ 「B4:J4, G14, I14」 영역은 '주황'으로 채우기 하시오.
○ 유효성 검사를 이용하여 「H14」 셀에 사원번호(「B5:B12」 영역)가 선택 표시되도록 하시오.
○ 셀 서식 ⇒ 「G5:G12」 영역에 셀 서식을 이용하여 숫자 뒤에 '일'을 표시하시오(예 : 6일).
○ 「F5:F12」 영역에 대해 '출장비'로 이름정의를 하시오.

Practical question type
실전문제유형

EXCEL 2021

3 다음은 'JS렌터카 렌트 현황'에 대한 자료이다. 자료를 입력하고 조건에 맞도록 작업하시오.

▶ 소스파일 : Part 01\Chapter 02\문제03.xlsx   ▶ 완성파일 : Part 01\Chapter 02\문제03_완성.xlsx

《출력형태》

차량코드	렌트차종	출고일	제조사	렌트기간	렌트비용(단위:원)	연료	연식	차량구분
M-0571	SM3	2015-06-10	르노코리아	5	342,000	전기		
R-0253	스타렉스	2013-05-10	현대자동차	3	325,000	LPG		
L-9372	그랜져 TG	2011-02-20	현대자동차	2	175,000	가솔린		
R-8133	뉴카니발	2012-12-20	기아자동차	4	215,000	디젤		
L-4502	다이너스티	2010-09-30	현대자동차	1	85,000	가솔린		
C-6362	에쿠스	2012-05-20	현대자동차	2	165,000	가솔린		
M-7201	K5	2010-04-15	기아자동차	4	270,000	LPG		
R-9353	QM3	2014-03-15	르노코리아	1	95,000	디젤		
기아자동차 렌트기간의 평균					최대 렌트비용(단위:원)			
르노코리아 렌트비용(단위:원)의 합계					차량코드	M-0571	렌트기간	

제목: JS렌터카 렌트 현황
결재: 담당 / 과장 / 본부장

《조건》

○ 모든 데이터의 서식에는 글꼴(굴림, 11pt), 정렬은 숫자 및 회계 서식은 오른쪽 정렬, 나머지 서식은 가운데 정렬로 작성하며 예외적인 것은 ≪출력형태≫를 참조하시오.
○ 제 목 ⇒ 도형(사다리꼴)과 그림자(오프셋 오른쪽)를 이용하여 작성하고
　　　　"JS렌터카 렌트 현황"을 입력한 후 다음 서식을 적용하시오
　　　　(글꼴-굴림, 24pt, 검정, 굵게, 채우기-노랑).
○ 임의의 셀에 결재란을 작성하여 그림으로 복사 기능을 이용하여 붙이기 하시오(단, 원본 삭제).
○ 「B4:J4, G14, I14」 영역은 '주황'으로 채우기 하시오.
○ 유효성 검사를 이용하여 「H14」 셀에 차량코드(「B5:B12」 영역)가 선택 표시되도록 하시오.
○ 셀 서식 ⇒ 「F5:F12」 영역에 셀 서식을 이용하여 숫자 뒤에 '일'을 표시하시오(예 : 5일).
○ 「G5:G12」 영역에 대해 '렌트비용'으로 이름정의를 하시오.

Practical question type

실전문제유형

EXCEL 2021

4 다음은 '앱개발 경진대회 신청 현황'에 대한 자료이다. 자료를 입력하고 조건에 맞도록 작업하시오.

▶ 소스파일 : Part 01\Chapter 02\문제04.xlsx   ▶ 완성파일 : Part 01\Chapter 02\문제04_완성.xlsx

《출력형태》

코드	팀명	지도교수	지원분야	신청일	활동비(단위:원)	활동시간	서류심사 담당자	문자 발송일
E1451	지혜의 샘	이지은	교육	2024-09-01	55,000	152		
H2512	사물헬스케어	박순호	건강	2024-08-15	180,000	205		
C3613	자연힐링	김경호	문화	2024-09-03	65,500	115		
E1452	메타미래	정유미	교육	2024-09-15	195,500	235		
H2513	건강자가진단	손기현	건강	2024-08-27	178,000	170		
E1458	늘탐구	김철수	교육	2024-09-05	134,000	155		
H2518	코로나19	서영희	건강	2024-09-10	85,000	88		
C3615	시공담문화	장민호	문화	2024-08-25	195,000	190		
교육분야 평균 활동시간					최대 활동비(단위:원)			
문화분야 신청 건수				팀명	지혜의 샘	활동시간		

제목: 앱개발 경진대회 신청 현황
확인 / 담당 / 팀장 / 부장

《조건》

○ 모든 데이터의 서식에는 글꼴(굴림, 11pt), 정렬은 숫자 및 회계 서식은 오른쪽 정렬, 나머지 서식은 가운데 정렬로 작성하며 예외적인 것은 《출력형태》를 참조하시오.

○ 제 목 ⇒ 도형(육각형)과 그림자(오프셋 오른쪽)를 이용하여 작성하고
"앱개발 경진대회 신청 현황"을 입력한 후 다음 서식을 적용하시오
(글꼴-굴림, 24pt, 검정, 굵게, 채우기-노랑).

○ 임의의 셀에 결재란을 작성하여 그림으로 복사 기능을 이용하여 붙이기 하시오(단, 원본 삭제).

○ 「B4:J4, G14, I14」 영역은 '주황'으로 채우기 하시오.

○ 유효성 검사를 이용하여 「H14」 셀에 팀명(「C5:C12」 영역)이 선택 표시되도록 하시오.

○ 셀 서식 ⇒ 「H5:H12」 영역에 셀 서식을 이용하여 숫자 뒤에 '시간'을 표시하시오(예 : 100시간).

○ 「G5:G12」 영역에 대해 '활동비'로 이름정의를 하시오.

Chapter 02 · 표 서식 작성 **39**

Practical question type

실전문제유형

EXCEL 2021

5 다음은 '주요 국제 영화제 개최 현황'에 대한 자료이다. 자료를 입력하고 조건에 맞도록 작업하시오.

▶소스파일 : Part 01\Chapter 02\문제05.xlsx   ▶완성파일 : Part 01\Chapter 02\문제05_완성.xlsx

《출력형태》

관리코드	영화제 명칭	주최국	대륙	1회 개막일자	예상 관객수	개최 횟수 (단위:회)	개최 순위	비고
T6522	토론토 국제	캐나다	북미	1976-10-18	500,000	47		
B8241	베를린 국제	독일	유럽	1951-06-06	500,000	72		
B1543	베이징 국제	중국	아시아	2011-04-23	300,000	12		
B1453	부산 국제	한국	아시아	1996-09-13	180,000	27		
J6653	전주 국제	한국	아시아	2000-04-28	80,000	23		
S6323	선댄스	미국	북미	1985-01-20	70,000	38		
F7351	칸	프랑스	유럽	1946-09-20	650,000	75		
V2411	베네치아 국제	이탈리아	유럽	1932-08-06	700,000	79		
최대 개최 횟수(단위:회)					북미 대륙 예상 관객수 평균			
한국 영화제 개최 횟수(단위:회) 평균					관리코드	T6522	주최국	

결재란: 선임 / 책임 / 팀장

《조건》

○ 모든 데이터의 서식에는 글꼴(굴림, 11pt), 정렬은 숫자 및 회계 서식은 오른쪽 정렬, 나머지 서식은 가운데 정렬로 작성하며 예외적인 것은 《출력형태》를 참조하시오.
○ 제 목 ⇒ 도형(평행 사변형)과 그림자(오프셋 오른쪽)를 이용하여 작성하고
   "주요 국제 영화제 개최 현황"을 입력한 후 다음 서식을 적용하시오
   (글꼴-굴림, 24pt, 검정, 굵게, 채우기-노랑).
○ 임의의 셀에 결재란을 작성하여 그림으로 복사 기능을 이용하여 붙이기 하시오(단, 원본 삭제).
○ 「B4:J4, G14, I14」 영역은 '주황'으로 채우기 하시오.
○ 유효성 검사를 이용하여 「H14」 셀에 관리코드(「B5:B12」 영역)가 선택 표시되도록 하시오.
○ 셀 서식 ⇒ 「G5:G12」 영역에 셀 서식을 이용하여 숫자 뒤에 '명'을 표시하시오(예 : 500,000명).
○ 「D5:D12」 영역에 대해 '주최국'으로 이름정의를 하시오.

실전문제유형

Practical question type

EXCEL 2021

6 다음은 '현진대학특강 수강 현황'에 대한 자료이다. 자료를 입력하고 조건에 맞도록 작업하시오.

▶소스파일 : Part 01\Chapter 02\문제06.xlsx   ▶완성파일 : Part 01\Chapter 02\문제06_완성.xlsx

《출력형태》

강좌코드	강좌명	강사명	구분	수강인원	개강일	수강료 (단위:원)	강의실	개강요일
A5641	영어회화	김은희	어학	26	2025-12-05	100,000		
C6942	포토샵활용	정예인	컴퓨터	28	2025-12-06	110,000		
B6541	비즈니스 일본어	장현오	어학	42	2025-12-05	120,000		
V6312	엑셀과 파워포인트	박은빈	컴퓨터	31	2025-12-07	80,000		
W2321	중국어회화	김찬호	어학	19	2025-12-09	110,000		
F8923	ERP 1급	장서준	회계	36	2025-12-09	170,000		
M4513	ERP 2급	배은주	회계	29	2025-12-05	150,000		
E3942	인디자인 마스터	곽소형	컴퓨터	18	2025-12-06	90,000		
어학 강좌의 수강인원 합계						최대 수강인원		
어학 강좌의 평균 수강료(단위:원)					강좌코드	A5641	수강인원	

결재 / 사원 / 팀장 / 사장

《조건》

○ 모든 데이터의 서식에는 글꼴(굴림, 11pt), 정렬은 숫자 및 회계 서식은 오른쪽 정렬, 나머지 서식은 가운데 정렬로 작성하며 예외적인 것은 《출력형태》를 참조하시오.
○ 제 목 ⇒ 도형(사다리꼴)과 그림자(오프셋 오른쪽)를 이용하여 작성하고
 "현진대학특강 수강 현황"을 입력한 후 다음 서식을 적용하시오
 (글꼴-굴림, 24pt, 검정, 굵게, 채우기-노랑).
○ 임의의 셀에 결재란을 작성하여 그림으로 복사 기능을 이용하여 붙이기 하시오(단, 원본 삭제).
○ 「B4:J4, G14, I14」 영역은 '주황'으로 채우기 하시오.
○ 유효성 검사를 이용하여 「H14」 셀에 강좌코드(「B5:B12」 영역)가 선택 표시되도록 하시오.
○ 셀 서식 ⇒ 「F5:F12」 영역에 셀 서식을 이용하여 숫자 뒤에 '명'을 표시하시오(예 : 26명).
○ 「F5:F12」 영역에 대해 '수강인원'으로 이름정의를 하시오.

Chapter 02 · 표 서식 작성 **41**

Chapter 03 값 계산

◆ 함수를 사용하여 값 구하기 ◆ 조건부 서식 지정하기
◆ 출제함수 정리

▶ 소스파일 : Part 01\Chapter 03\Ch03.xlsx   ▶ 완성파일 : Part 01\Chapter 03\Ch03_완성.xlsx

☞ 다음은 '컵라면 가격 및 판매수량'에 대한 자료이다. 자료를 입력하고 조건에 맞도록 작업하시오.

출력 형태

제품코드	제품명	제조사	용기	판매가격	환산가격 (1g)	판매수량 (단위:개)	순위	뚜껑
NG43-411	너구리	농심	종이(외면)	1,240	6.8	1,562	(1)	(2)
NP96-451	신라면	농심	폴리스틸렌	800	7.7	2,465	(1)	(2)
PL11-542	롯데라면컵	팔도	종이(외면)	750	7.6	954	(1)	(2)
RT27-251	진라면순한맛	오뚜기	종이(외면)	950	7.0	2,056	(1)	(2)
DT49-211	참깨라면	오뚜기	종이(외면)	840	8.6	1,625	(1)	(2)
PL13-252	손짬뽕컵	팔도	폴리스틸렌수지	1,280	11.0	865	(1)	(2)
PL11-422	공화춘짬뽕	팔도	폴리스틸렌	1,280	11.1	1,245	(1)	(2)
NA21-451	육개장	농심	폴리스틸렌	850	11.0	1,432	(1)	(2)
종이(외면) 용기 제품의 개수			(3)		최저 판매수량(단위:개)			(5)
오뚜기 제품의 판매가격 평균			(4)		제품코드	NG43-411	판매가격	(6)

확인 담당 대리 과장

조건

☞ (1)~(6) 셀은 반드시 **주어진 함수를 이용**하여 값을 구하시오(결과값을 직접 입력하면 해당 셀은 0점 처리됨).
  (1) 순위 ⇒ 판매수량의 내림차순 순위를 구하시오(RANK.EQ 함수).
  (2) 뚜껑 ⇒ 제품코드의 마지막 글자가 1이면 '폴리에틸렌', 2이면 '에틸렌초산비닐'로 구하시오
       (CHOOSE, RIGHT 함수).
  (3) 종이(외면) 용기 제품의 개수 ⇒ 결과값에 '개'를 붙이시오. 단, 조건은 입력데이터를 이용하시오
       (DCOUNTA 함수, & 연산자)(예 : 1개).
  (4) 오뚜기 제품의 판매가격 평균 ⇒ 정의된 이름(판매가격)을 이용하여 구하시오(SUMIF, COUNTIF 함수).
  (5) 최저 판매수량(단위:개) ⇒ (MIN 함수)
  (6) 판매가격 ⇒ 「H14」셀에서 선택한 제품코드에 대한 판매가격을 구하시오(VLOOKUP 함수).
  (7) 조건부 서식의 수식을 이용하여 판매가격이 '1,000' 이상인 행 전체에 다음의 서식을 적용하시오
       (글꼴 : 파랑, 굵게).

체크! 체크!

[값 계산]

- **함수를 사용하여 값 구하기**
  - ITQ 엑셀 시험에서 가장 어렵고 중심이 되는 부분이 함수 문제입니다.
  - 출제 함수 목록에서 골고루 문제가 출제되고 있기 때문에 특정 부분만 학습해서는 안됩니다.
  - 단일 함수 및 중복 함수를 활용하는 문제를 반복 숙지합니다.
- **조건부 서식 지정하기**
  - 조건부 서식은 수식을 이용하는 방법과 데이터 막대를 이용하는 방법이 출제되고 있습니다. 수식을 이용하여 조건부 서식을 작성할 때 참조($)와 비교 연산자(>, <, >=, <=)를 숙지합니다.
- **출제함수 정리**
  - 출제 함수 목록의 함수들을 어떻게 사용하는지 숙지해야 합니다.

STEP 01 함수를 사용하여 값 구하기

〈조건〉 (1) 순위 ⇒ 판매수량의 내림차순 순위를 구하시오(RANK.EQ 함수).

1 [순위]를 구하기 위해 I5:I12셀 범위를 선택한 후 '=RANK.EQ(H5,$H$5:$H$12,0)&"위"'를 입력한 다음 Ctrl+Enter를 누릅니다.

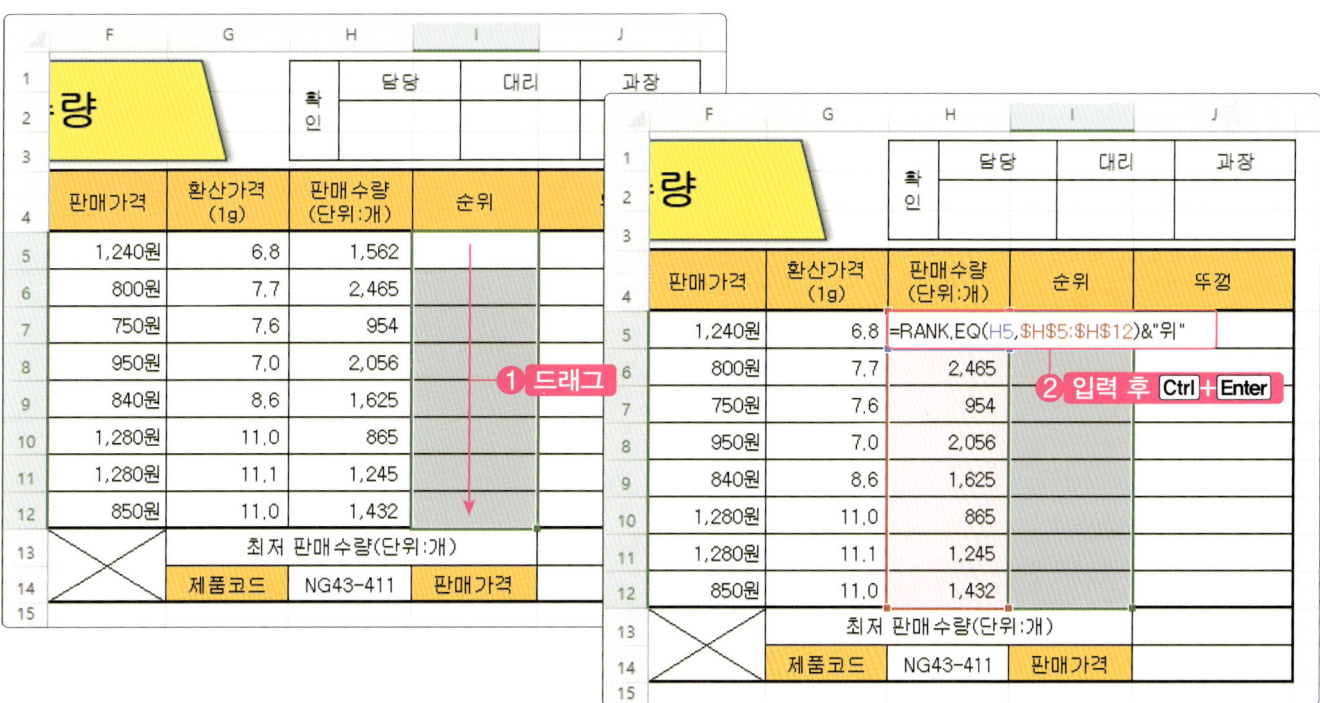

- 셀 범위를 선택한 후 수식을 입력한 다음 Ctrl+Enter를 누르면 입력한 수식이 선택한 모든 셀에 셀 주소가 상대적으로 변경되어 한 번에 입력됩니다.
- 여기에서 다루는 함수 이외의 함수는 [출제 함수 정리](P66~P75)를 참고합니다.

〈조건〉 (2) 뚜껑 ⇒ 제품코드의 마지막 글자가 1이면 '폴리에틸렌', 2이면 '에틸렌초산비닐'로 구하시오 (CHOOSE, RIGHT 함수).

RANK.EQ 함수
- 구문 : RANK.EQ(number, ref, [order])
- 설명 : ref에서 number의 순위를 구합니다. order가 0이거나 생략되면 가장 큰 number가 1위가 되고, 0 이외의 숫자이면 가장 작은 number가 1위가 됩니다. number가 같은 경우에는 가장 높은 순위를 구합니다.

=RANK.EQ(H5,$H$5:$H$12,0)&"위"

❶ ❷에서 구한 값과 '위'를 연결(&)하여 '1위'와 같이 표시합니다.
❷ 모든 제품의 판매수량(단위:개)($H$5:$H$12)에서 너구리의 판매수량(단위:개)(H5)가 몇 번째로 높은 판매수량(단위:개)인지(0)를 구합니다. 모든 제품의 판매수량(단위:개)($H$5:$H$12)는 I5:I12셀 범위의 모든 셀에서 변경되지 않고 참조해야 하므로 절대 참조로 입력해야 합니다.

2 [뚜껑]을 구하기 위해 **J5:J12셀 범위를 선택**한 후 '**=CHOOSE(RIGHT(B5,1),"폴리에틸렌","에틸렌초산비닐")**'를 입력한 다음 Ctrl+Enter를 누릅니다.

CHOOSE 함수
- 구문 : CHOOSE(index_num, value1, [value2], …)
- 설명 : value1, [value2], … 중 index_num 번째에 있는 값(index_num이 1이면 value1, index_num이 2면 value2, …)을 구합니다.

=CHOOSE(RIGHT(B5,1),"폴리에틸렌","에틸렌초산비닐")

❶ ❷에서 구한 값이 '1'이면 '폴리에틸렌'을 구하고, '2'이면 '에틸렌초산비닐'을 구합니다.
❷ 제품코드(B5)에서 오른쪽 첫 번째 문자(1)를 구합니다.

수식 알아보기

엑셀에서 수식은 셀 값을 계산하기 위한 식으로 등호, 함수, 연산자, 참조, 상수로 구성되어 있습니다.

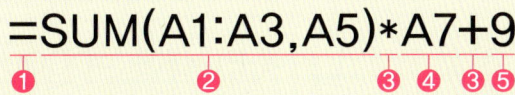

❶ **등호** : 다음에 오는 내용이 수식이라는 것을 나타내는 기호입니다. 엑셀에서 수식을 입력할 때는 먼저 등호를 입력해야 합니다. 등호를 입력하지 않고 'SUM(A1:A3,A5)*A7+9'만 입력하면 수식이 아닌 문자 데이터로 인식하여 계산할 수 없습니다.

❷ **함수** : 수식을 쉽고 빠르게 입력할 수 있도록 미리 정의되어 있는 수식으로 '인수'라는 특정값을 사용하여 결과값을 구합니다. TODAY 함수처럼 인수가 필요 없는 함수도 있지만 거의 대부분의 함수는 인수를 필요로 합니다. 인수는 괄호 안에 입력하며 괄호 안에서 인수와 인수를 구분할 때는 쉼표(,)를 사용합니다.

$$=SUM(A1:A3,A5)$$
함수 이름 인수1 인수2

❸ **연산자** : 계산의 종류를 나타내는 기호입니다. 연산자에는 산술 연산자, 비교 연산자, 텍스트 연결 연산자 등이 있습니다.

• **산술 연산자** : 더하기, 빼기, 곱하기, 나누기 등과 같이 기본적인 계산을 하는 연산자입니다.

연산자	기능	사용 방법	연산자	기능	사용 방법
+	더하기	=A1+A2	−	음수	=−A1
−	빼기	=A1−A2	%	백분율	=A1%
*	곱하기	=A1*A2	^	거듭제곱	=A1^2
/	나누기	=A1/A2			

• **비교 연산자** : 두 값을 비교하여 참이면 논리값 TRUE를 구하고, 거짓이면 논리값 FALSE를 구하는 연산자입니다.

연산자	기능	사용 방법	연산자	기능	사용 방법
=	같다	=A1=A2	>=	크거나 같다(이상)	=A1>=A2
>	크다(초과)	=A1>A2	<=	작거나 같다(이하)	=A1<=A2
<	작다(미만)	=A1<A2	<>	같지 않다	=A1<>A2

• **텍스트 연산자** : 여러 값을 연결하여 하나의 텍스트로 만드는 연산자입니다.

연산자	기능	사용 방법
&	여러 값을 연결	="엑셀"&A1

❹ **참조** : A7셀 값이 2인 경우, 셀 주소인 '=A7'을 입력하면 A7셀 값인 2를 가져오는데, 이렇게 셀 주소를 사용하여 셀 값을 가져오는 것을 '참조'라고 합니다. 참조에는 상대 참조, 절대 참조, 혼합 참조가 있으며 셀 주소를 입력한 후 F4를 누르면 F4를 누를 때마다 다음과 같은 순서로 참조가 변경됩니다.

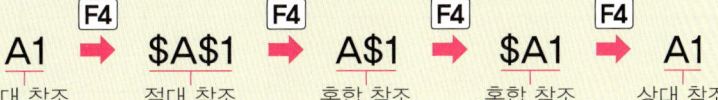

• **상대 참조** : 수식을 복사하면 셀 주소가 상대적으로 변경됩니다(예 A1).
• **절대 참조** : 수식을 복사해도 셀 주소가 변경되지 않습니다(예 $A$1).
• **혼합 참조** : 상대 참조와 절대 참조의 혼합으로 수식을 복사하면 행과 열 중에서 $ 기호가 없는 행(또는 열)은 상대적으로 변경되고, $ 기호가 있는 행(또는 열)은 변경되지 않습니다(예 A$1, $A1).

❺ **상수** : 수식에 직접 입력하는 문자나 숫자입니다.

〈조건〉 (3) 종이(외면) 용기 제품의 개수 ⇒ 결과값에 '개'를 붙이시오. 단, 조건은 입력데이터를 이용하시오
(DCOUNTA 함수, & 연산자)(예 : 1개).
(4) 오뚜기 제품의 판매가격 평균 ⇒ 정의된 이름(판매가격)을 이용하여 구하시오(SUMIF, COUNTIF 함수)

3 〔종이(외면) 용기 제품의 개수〕을 구하기 위해 E13셀에 '=DCOUNTA(B4:H12,2,E4:E5)&"개"'를 입력한 후 Enter를 누릅니다.

제품코드	제품명	제조사	용기	판매가격	환산가격(1g)	판매수량(단위:개)	순위	뚜껑
NG43-411	너구리	농심	종이(외면)	1,240원	6.8	1,562	4위	폴리에틸렌
NP96-451	신라면	농심	폴리스틸렌	800원	7.7	2,465	1위	폴리에틸렌
PL11-542	롯데라면컵	팔도	종이(외면)	750원	7.6	954	7위	에틸렌초산비닐
RT27-251	진라면순한맛	오뚜기	종이(외면)	950원	7.0	2,056	2위	폴리에틸렌
DT49-211	참깨라면	오뚜기	종이(외면)	840원	8.6	1,625	3위	폴리에틸렌
PL13-252	손짬뽕컵	팔도	폴리스틸렌수지	1,280원	11.0	865	8위	에틸렌초산비닐
PL11-422	공화춘짬뽕	팔도	폴리스틸렌	1,280원	11.1	1,245	6위	에틸렌초산비닐
NA21-451	육개장	농심	폴리스틸렌	850원	11.0	1,432	5위	폴리에틸렌
종이(외면) 용기 제품의 개수			=DCOUNTA(B4:H12,2,E4:E5)&"개"		❶ 입력 후 Enter	판매수량(단위:개)		
오뚜기 제품의 판매가격 평균					제품코드	NG43-411	판매가격	

DCOUNTA 함수
- 구문 : DCOUNTA(database, field, criteria)
- 설명 : database에서 criteria를 만족하는 데이터의 field 중 비어 있지 않은 셀의 개수를 구합니다.

=DCOUNTA(B4:H12,2,E4:E5)&"개"

데이터베이스(B4:H12)에서 용기가 종이(외면)(E4:E5)인 데이터의 제품명의 개수를 구합니다. 데이터베이스는 레코드(행)와 필드(열)로 이루어진 관련 데이터 목록을 말하며 각 필드(열)의 이름(여기서는 제품코드, 제품명, 제조사 등)을 '필드명'이라고 합니다.

4 〔오뚜기 제품의 판매가격 평균〕을 구하기 위해 E14셀에 '=SUMIF(D5:D12,"오뚜기",판매가격)/COUNTIF(D5:D12,"오뚜기")'를 입력한 후 Enter를 누릅니다.

제품코드	제품명	제조사	용기	판매가격	환산가격(1g)	판매수량(단위:개)	순위	뚜껑
NG43-411	너구리	농심	종이(외면)	1,240원	6.8	1,562	4위	폴리에틸렌
NP96-451	신라면	농심	폴리스틸렌	800원	7.7	2,465	1위	폴리에틸렌
PL11-542	롯데라면컵	팔도	종이(외면)	750원	7.6	954	7위	에틸렌초산비닐
RT27-251	진라면순한맛	오뚜기	종이(외면)	950원	7.0	2,056	2위	폴리에틸렌
DT49-211	참깨라면	오뚜기	종이(외면)	840원	8.6	1,625	3위	폴리에틸렌
PL13-252	손짬뽕컵	팔도	폴리스틸렌수지	1,280원	11.0	865	8위	에틸렌초산비닐
PL11-422	공화춘짬뽕	팔도	폴리스틸렌	1,280원	11.1	1,245	6위	에틸렌초산비닐
NA21-451	육개장	농심	폴리스틸렌	850원	11.0	1,432	5위	폴리에틸렌
종이(외면) 용기 제품의 개수				4개		최저 판매수량(단위:개)		
오뚜기 제	=SUMIF(D5:D12,"오뚜기",판매가격)/COUNTIF(D5:D12,"오뚜기")				❶ 입력 후 Enter	판매가격		

〈조건〉 (5) 최저 판매수량(단위:개) ⇒ (MIN 함수)

수식 꼼꼼히 보기

SUMIF 함수
- 구문 : SUMIF(range, criteria, (sum_range))
- 설명 : range에서 criteria를 만족하는 데이터를 검색한 후 sum_range에서 이와 대응하는 데이터의 합계를 구합니다.

COUNTIF 함수
- 구문 : COUNTIF(range, criteria)
- 설명 : range에서 criteria를 만족하는 셀의 개수를 구합니다.

=SUMIF(D5:D12,"오뚜기",판매가격)/COUNTIF(D5:D12,"오뚜기")
　　　❶
　　❷　　　　　　　　　　　　　　　　❸

❶ '❷에서 구한 값/❸에서 구한 값'을 구합니다.
❷ 제조사(D5:D12)가 '오뚜기'인 데이터의 '판매가격'이라고 이름을 정의한 셀 범위(F5:F12)에서 합계를 구합니다.
❸ 제조사(D5:D12)에서 '오뚜기'인 셀의 개수를 구합니다.

5 〔최저 판매수량(단위:개)〕을 구하기 위해 **J13셀에 '=MIN(H5:H12)'를 입력**한 후 Enter를 누릅니다.

제품코드	제품명	제조사	용기	판매가격	환산가격(1g)	판매수량(단위:개)	순위	뚜껑
NG43-411	너구리	농심	종이(외면)	1,240원	6.8	1,562	4위	폴리에틸렌
NP96-451	신라면	농심	폴리스틸렌	800원	7.7	2,465	1위	폴리에틸렌
PL11-542	롯데라면컵	팔도	종이(외면)	750원	7.6	954	7위	에틸렌초산비닐
RT27-251	진라면순한맛	오뚜기	종이(외면)	950원	7.0	2,056	2위	폴리에틸렌
DT49-211	참깨라면	오뚜기	종이(외면)	840원	8.6	1,625	3위	폴리에틸렌
PL13-252	손짬뽕컵	팔도	폴리스틸렌수지	1,280원	11.0	865	8위	에틸렌초산비닐
PL11-422	공화춘짬뽕	팔도	폴리스틸렌	1,280원	11.1	1,245	6위	에틸렌초산비닐
NA21-451	육개장	농심	폴리스틸렌	850원	11.0	1,432	5위	폴리에틸렌
종이(외면) 용기 제품의 개수			4개	✕		최저 판매수량(단위:개)		=MIN(H5:H12)
오뚜기 제품의 판매가격 평균			895		제품코드	NG43-411	판매가격	

❶ 입력 후 Enter

수식 꼼꼼히 보기

MIN 함수
- 구문 : MIN(number1, (number2), …)
- 설명 : number1, (number2), … 중 가장 작은 값을 구합니다.

=MIN(H5:H12)

판매수량(단위:개)(H4:H12)에서 가장 작은 값을 구합니다.

<조건>　(6) 판매가격 ⇒ 「H14」셀에서 선택한 제품코드에 대한 판매가격을 구하시오(VLOOKUP 함수).

6 〔판매가격〕을 구하기 위해 **J14셀**에 '**=VLOOKUP(H14,B5:F12,5,0)**'를 입력한 후 Enter 를 누릅니다.

VLOOKUP 함수
- 구문 : VLOOKUP(lookup_value, table_array, col_index_num, 〔range_lookup〕)
- 설명 : table_array의 첫 번째 열에서 lookup_value를 검색한 후 col_index_num에서 lookup_value와 같은 행에 있는 값을 구합니다.

$$=VLOOKUP(H14,B5:F12,5,0)$$

B5:F12셀 범위의 첫 번째 열(B5:F12셀 범위에서 첫 번째 열이므로 B5:B12셀 범위(제품코드))에서 NG43-411(H14)를 검색한 후 다섯 번째 열(B5:F12셀 범위에서 다섯 번째 열이므로 F5:F12셀 범위(판매가격))에서 NG43-411와 같은 행에 있는 판매가격을 구합니다.

7 F13:F14셀 범위와 J13:J14셀 범위를 선택한 후 〔홈〕 탭-〔맞춤〕 그룹에서 〔**오른쪽 맞춤(≡)**〕을 클릭한 다음 〔표시형식〕 그룹에서 〔**쉼표 스타일(,)**〕을 클릭합니다.

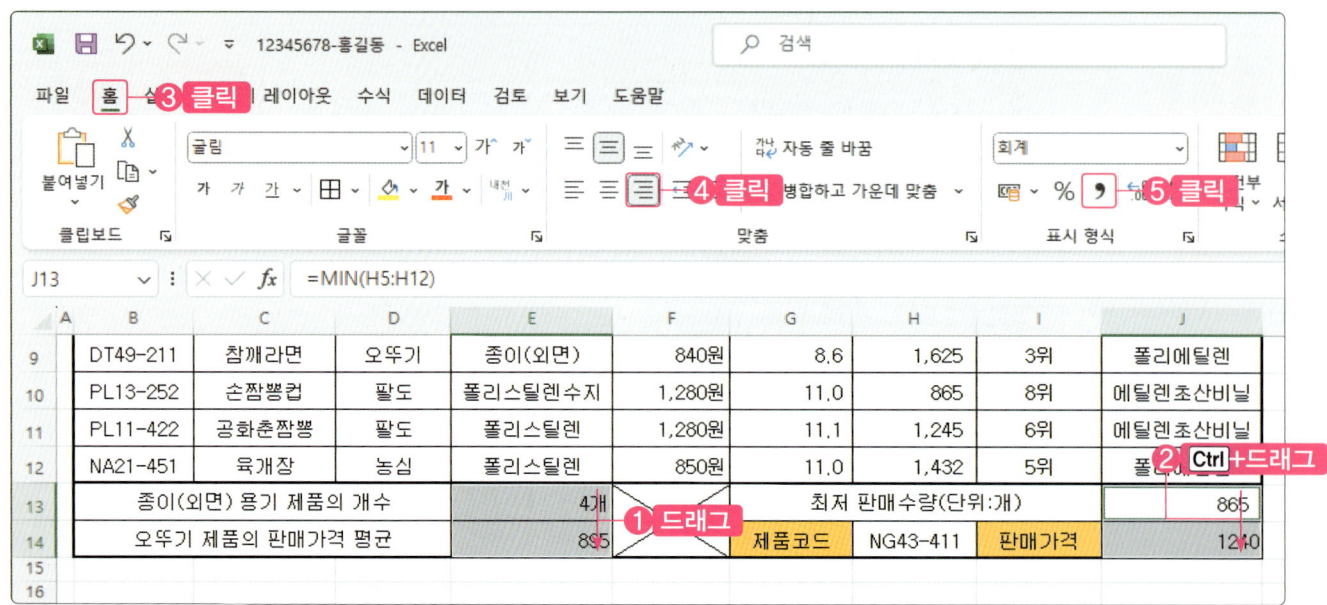

STEP 02 조건부 서식 지정하기

[조건] (7) 조건부 서식의 수식을 이용하여 판매가격이 '1,000' 이상인 행 전체에 다음의 서식을 적용하시오(글꼴 : 파랑, 굵게).

1 수식을 사용하여 조건부 서식을 지정하기 위해 **B5:J12셀 범위를 선택**한 후 [홈] 탭-[스타일] 그룹에서 [**조건부 서식**]을 클릭한 다음 [**새 규칙**]을 클릭합니다.

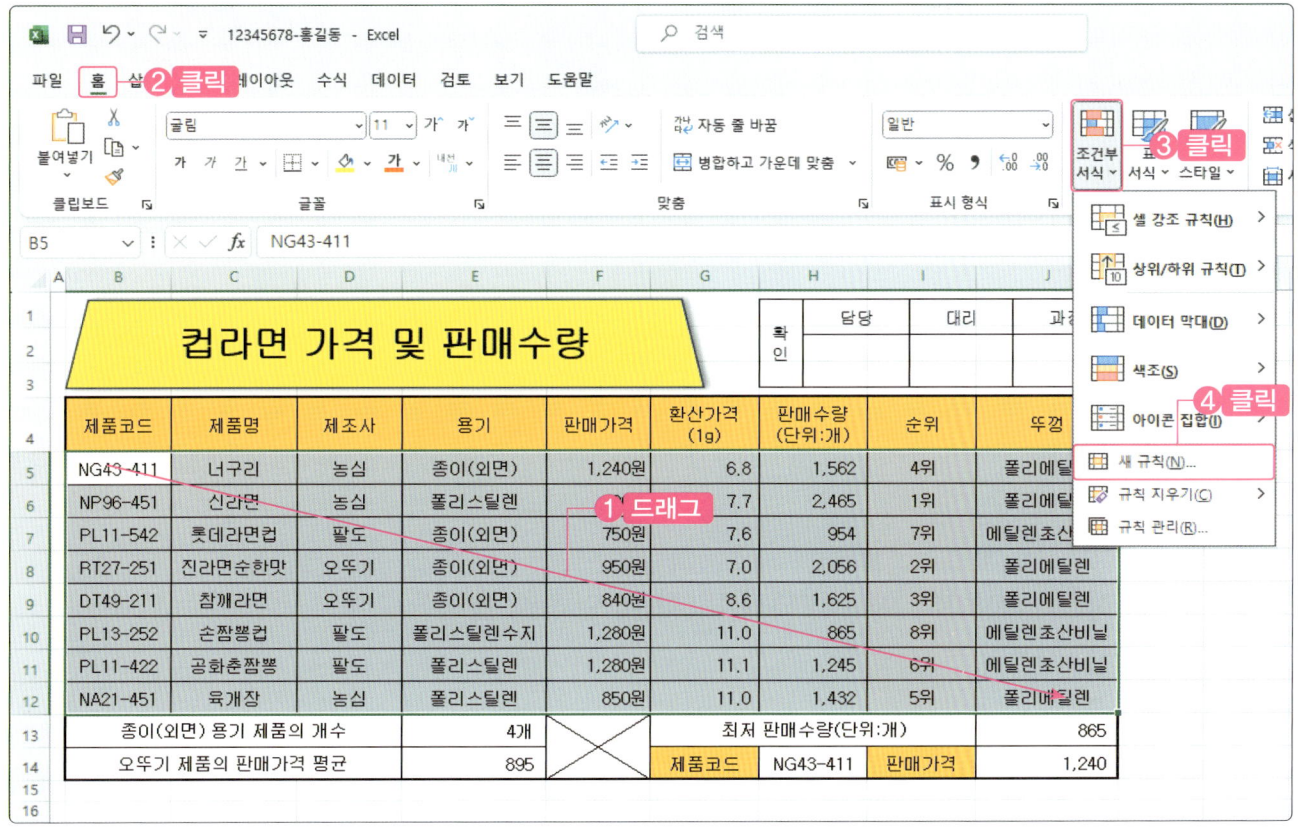

2 [새 서식 규칙] 대화상자가 나타나면 **규칙 유형(수식을 사용하여 서식을 지정할 셀 결정)을 선택**한 후 **수식(=$F5>=1000)을 입력**한 다음 [**서식**] 단추를 클릭합니다.

> =$G5>=1000
> B5:J12셀 범위에서 행별로 F열에 있는 값이 '1000' 이상(>=)이면 논리값 TRUE를 구하고, 그렇지 않으면 논리값 FALSE를 구합니다. 조건부 서식은 조건을 만족하는 경우에만 서식이 지정됩니다. 즉, 논리값 TRUE를 구한 행(F열에 있는 값이 '1000' 이상인 행)에만 서식이 지정됩니다.

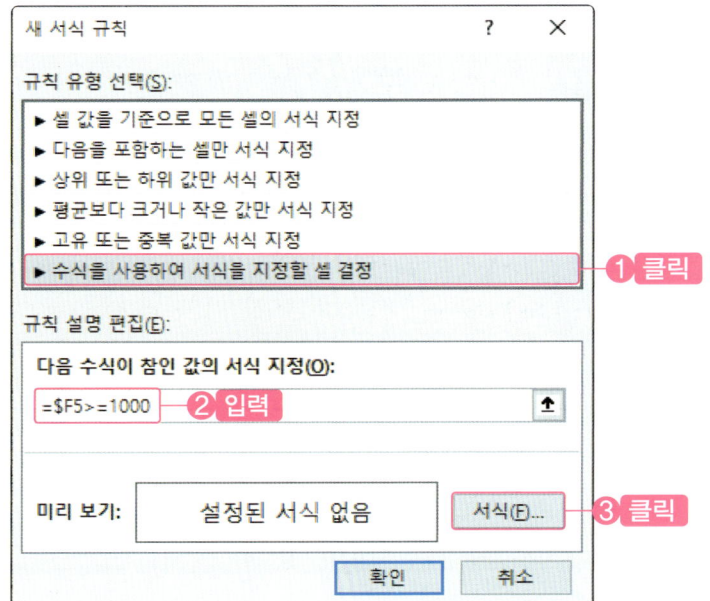

<조건> (7) 조건부 서식의 수식을 이용하여 판매가격이 '1,000' 이상인 행 전체에 다음의 서식을 적용하시오(글꼴 : 파랑, 굵게).

3 〔셀 서식〕 대화상자가 나타나면 〔글꼴〕 탭에서 글꼴 스타일(굵게)을 선택한 후 색(파랑)을 선택한 다음 〔확인〕 단추를 클릭합니다.

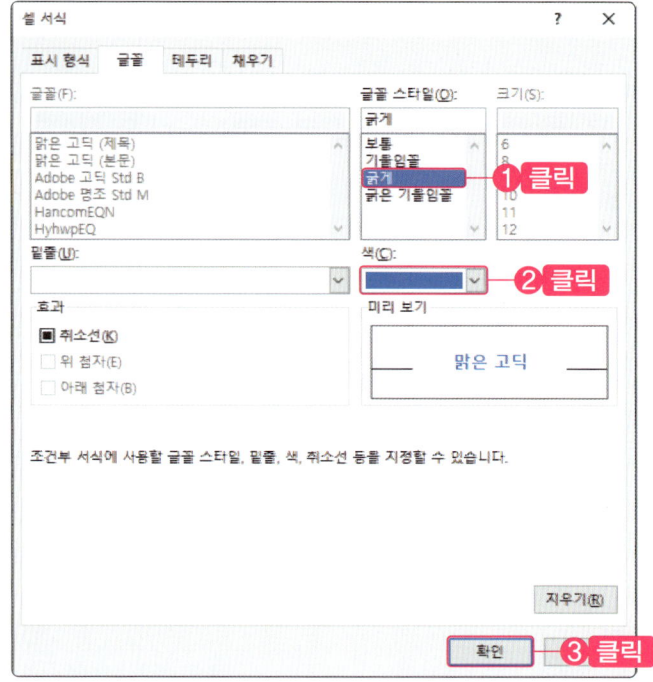

4 〔새 서식 규칙〕 대화상자가 다시 나타나면 〔확인〕 단추를 클릭합니다.

5 눈금선을 숨기기 위해 〔보기〕 탭-〔표시〕 그룹에서 〔눈금선〕을 선택 해제합니다.

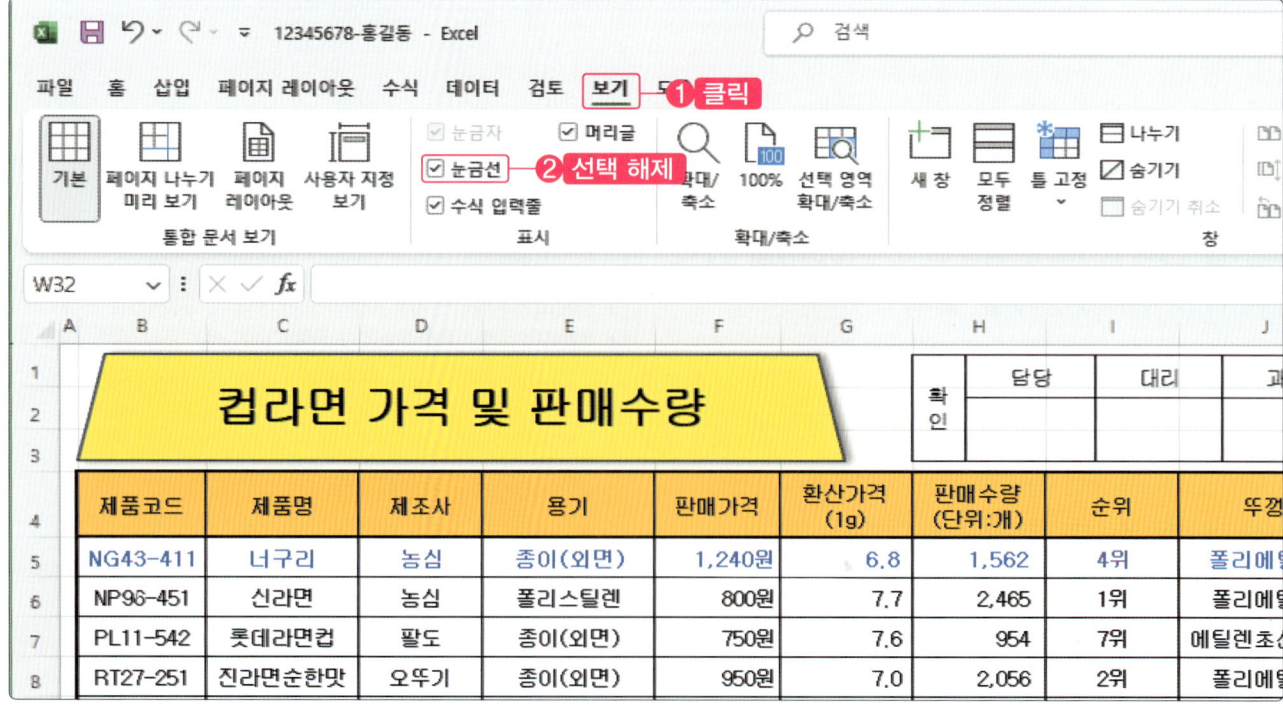

6 눈금선이 숨겨집니다.

데이터 막대를 사용하여 조건부 서식 지정하기

셀 범위를 선택한 후 [홈] 탭-[스타일] 그룹에서 [조건부 서식]을 클릭한 다음 [새 규칙]을 클릭하면 [새 서식 규칙] 대화상자가 나타납니다. [새 서식 규칙] 대화상자에서 규칙 유형을 '셀 값을 기준으로 모든 셀의 서식 지정'으로 선택한 후 서식 스타일을 '데이터 막대'로 선택하면 데이터 막대를 사용하여 조건부 서식을 지정할 수 있습니다. 다음은 가장 높은 중고가는 가장 긴 빨간색 막대로 표시되고, 가장 낮은 중고가는 가장 짧은 빨간색 막대로 표시되도록 데이터 막대를 사용하여 조건부 서식을 지정한 경우입니다.

조건부 서식 지우기

조건부 서식이 지정된 셀 범위를 선택한 후 [홈] 탭-[스타일] 그룹에서 [조건부 서식]을 클릭한 다음 [규칙 지우기]-[선택한 셀의 규칙 지우기]를 클릭하면 선택한 셀 범위에 지정된 조건부 서식을 지울 수 있고, [규칙 지우기]-[시트 전체에서 규칙 지우기]를 클릭하면 시트에 지정된 모든 조건부 서식을 지울 수 있습니다.

날짜 및 시간 함수

▶ YEAR 함수
- 구문 : YEAR(serial_number)
- 설명 : serial_number에서 연도를 구합니다.

▶ MONTH 함수
- 구문 : MONTH(serial_number)
- 설명 : serial_number에서 월을 구합니다.

▶ DAY 함수
- 구문 : DAY(serial_number)
- 설명 : serial_number에서 일을 구합니다.
- YEAR, MONTH, DAY 함수 사용 방법

날짜	함수	결과값
2024-12-01	❶ =YEAR(B3)	2024
	❷ =MONTH(B3)	12
	❸ =DAY(B3)	1

❶ 2024-12-01(B3)에서 연도를 구합니다.
❷ 2024-12-01(B3)에서 월을 구합니다.
❸ 2024-12-01(B3)에서 일을 구합니다.

▶ HOUR 함수
- 구문 : HOUR(serial_number)
- 설명 : serial_number에서 시를 구합니다.

▶ MINUTE 함수
- 구문 : MINUTE(serial_number)
- 설명 : serial_number에서 분을 구합니다.

▶ SECOND 함수
- 구문 : SECOND(serial_number)
- 설명 : serial_number에서 초를 구합니다.
- HOUR, MINUTE, SECOND 함수 사용 방법

시간	함수	결과값
13:20:35	❶ =HOUR(B3)	13
	❷ =MINUTE(B3)	20
	❸ =SECOND(B3)	35

❶ 13:20:35(B3)에서 시를 구합니다.
❷ 13:20:35(B3)에서 분을 구합니다.
❸ 13:20:35(B3)에서 초를 구합니다.

출제함수정리

▶ NOW 함수
- **구문** : NOW( )
- **설명** : 현재 시스템의 날짜와 시간을 표시합니다. NOW 함수에는 인수가 필요 없습니다.

▶ TODAY 함수
- **구문** : TODAY( )
- **설명** : 현재 시스템의 날짜를 표시합니다. TODAY 함수에는 인수가 필요 없습니다.
- **NOW, TODAY 함수 사용 방법**

	B	C
2	형식	결과값
3	❶ =NOW()	2023-12-01 13:44
4	❷ =TODAY()	2023-12-01

❶ 현재 시스템의 날짜와 시간을 표시합니다.
❷ 현재 시스템의 날짜를 표시합니다.

▶ WEEKDAY 함수
- **구문** : WEEKDAY(serial_number, [return_type])
- **설명** : serial_number의 요일을 나타내는 값을 구합니다. return_type은 결과값의 유형을 지정한 값으로 다음과 같이 1, 2, 3 중의 하나입니다. return_type을 생략하면 1로 간주합니다.

return_type	요일을 나타내는 값						
	일	월	화	수	목	금	토
1	1	2	3	4	5	6	7
2	7	1	2	3	4	5	6
3	6	0	1	2	3	4	5

- **WEEKDAY 함수 사용 방법**

	B	C	D	E
2	날짜		함수	결과값
3	2024-12-08	❶	=WEEKDAY(B3,1)	1
4		❷	=WEEKDAY(B3,2)	7
5		❸	=WEEKDAY(B3,3)	6

❶ 2024-12-08(B3)의 요일을 나타내는 값을 구합니다. 2024년 12월 8일이 일요일이고 return_type이 1이므로 1을 구합니다.
❷ 2024-12-08(B3)의 요일을 나타내는 값을 구합니다. 2024년 12월 8일이 일요일이고 return_type이 2이므로 7을 구합니다.
❸ 2024-12-08(B3)의 요일을 나타내는 값을 구합니다. 2024년 12월 8일이 일요일이고 return_type이 3이므로 6을 구합니다.

▶ DATE 함수
- **구문** : DATE(year, month, day)
- **설명** : year, month, day를 조합하여 날짜를 구합니다.

출제함수정리

▶ TIME 함수
- **구문** : TIME(hour, minute, second)
- **설명** : hour, minute, second를 조합하여 시간을 구합니다.
- **DATE, TIME 함수 사용 방법**

	B	C	D	E	F	G
2	연도	월	일		함수	결과값
3	2024	1	20	❶	=DATE(B3,C3,D3)	2024-01-20
4	시	분	초	❷	=TIME(B5,C5,D5)	3:17 AM
5	3	17	59			

❶ 2024(B3), 1(C3), 20(D3)를 조합하여 날짜를 구합니다.
❷ 3(B5), 17(C5), 59(D5)를 조합하여 시간을 구합니다. G4셀의 데이터는 '3:17:59'이지만 사용자 지정 표시 형식으로 'h:mm AM/PM'이 지정되어 '3:17 AM'이 표시된 것입니다.

통계 함수

▶ AVERAGE 함수
- **구문** : AVERAGE(number1, [number2], …)
- **설명** : number1, [number2], …의 평균을 구합니다.
- **AVERAGE 함수 사용 방법**

	B	C	D	E	F	G
2	날짜	지점	판매량		함수	결과값
3	12월 01일	강북점	16	❶	=AVERAGE(D3:D5)	22
4	12월 04일	강남점	30	❷	=AVERAGE(D3,D5)	18
5	12월 07일	강북점	20			

❶ 판매량(D3:D5) 평균을 구합니다.
❷ 강북점의 판매량(D3,D5) 평균을 구합니다.

▶ MAX 함수
- **구문** : MAX(number1, [number2], …)
- **설명** : number1, [number2], … 중 가장 큰 값을 구합니다.

▶ MIN 함수
- **구문** : MIN(number1, [number2], …)
- **설명** : number1, [number2], … 중 가장 작은 값을 구합니다.
- **MAX, MIN 함수 사용 방법**

	B	C	D	E	F
2	지점	판매량		함수	결과값
3	강동점	200	❶	=MAX(C3:C6)	210
4	강서점	160	❷	=MIN(C3:C6)	160
5	강남점	180			
6	강북점	210			

❶ 판매량(C3:C6) 중 가장 많은 판매량을 구합니다.
❷ 판매량(C3:C6) 중 가장 적은 판매량을 구합니다.

출제함수정리

▶ **LARGE 함수**
- 구문 : LARGE(array, k)
- 설명 : array에서 k 번째로 큰 값을 구합니다.

▶ **SMALL 함수**
- 구문 : SMALL(array, k)
- 설명 : array에서 k 번째로 작은 값을 구합니다.

▶ **MEDIAN 함수**
- 구문 : MEDIAN(number1, [number2], …)
- 설명 : number1, [number2], …의 중간값을 구합니다.
- SMALL, MEDIAN 함수 사용 방법

	B	C	D	E	F
2	부서	판매량		함수	결과값
3	영업1부	200	❶	=SMALL(C3:C7,2)	140
4	영업2부	160	❷	=MEDIAN(C3:C7)	160
5	영업3부	180	❸	=MEDIAN(C3:C6)	170
6	영업4부	130			
7	영업5부	140			

❶ 판매량(C3:C7)에서 두 번째(2)로 적은 판매량을 구합니다.

❷ 판매량(C3:C7)의 중간값을 구합니다. 판매량을 오름차순 정렬하면 130, 140, 160, 180, 200 순입니다. 판매량의 개수가 홀수 개인 경우, 중간에 있는 판매량(160)을 구합니다.

❸ 판매량(C3:C6)의 중간값을 구합니다. 판매량을 오름차순 정렬하면 130, 160, 180, 200 순입니다. 판매량의 개수가 짝수 개인 경우, 가운데에 있는 두 판매량(여기서는 160과 180)의 평균을 구합니다.

▶ **RANK.AVG 함수**
- 구문 : RANK.AVG(number, ref, [order])
- 설명 : ref에서 number의 순위를 구합니다. order가 0이거나 생략되면 가장 큰 number가 1위가 되고, 0 이외의 숫자이면 가장 작은 number가 1위가 됩니다. number가 같은 경우에는 순위의 평균을 구합니다.
- RANK.AVG 함수 사용 방법

	B	C	D	E	F
2	부서	판매량		함수	결과값
3	영업1부	200	❶	=RANK.AVG(C3,C3:C7,0)	2.5
4	영업2부	200	❷	=RANK.AVG(C7,C3:C7,1)	2
5	영업3부	180			
6	영업4부	250			
7	영업5부	190			

❶ 모든 부서의 판매량(C3:C7)에서 영업1부의 판매량(C3)이 몇 번째로 많은 판매량인지(0)를 구합니다. 영업1부의 판매량은 영업4부의 판매량 다음으로 많고 영업2부의 판매량과 같으므로 2위와 3위의 평균인 2.5위입니다. 즉, 영업4부의 판매량은 1위, 영업1부와 영업2부의 판매량은 2.5위, 영업5부의 판매량은 4위입니다.

❷ 모든 부서의 판매량(C3:C7)에서 영업5부의 판매량(C7)이 몇 번째로 적은 판매량인지(1)를 구합니다.

MOD 함수

- **구문** : MOD(number, divisor)
- **설명** : number를 divisor로 나눈 나머지를 구합니다.
- INT, TRUNC, MOD 함수 사용 방법

	A	B	C	D	E	F
1						
2		데이터		함수	결과값	
3		8.48	❶	=INT(B3)	8	
4		-8.48	❷	=INT(B4)	-9	
5		24	❸	=TRUNC(B3,1)	8.4	
6			❹	=MOD(B5,5)	4	

❶ 8.48(B3)보다 크지 않은 정수를 구합니다.
❷ -8.48(B4)보다 크지 않은 정수를 구합니다. -8은 -8.48보다 큰 정수입니다. -9를 구합니다.
❸ 8.48(B3)에서 소수 1자리(1)만 남기고 나머지 자리는 버린 값을 구합니다.
❹ 24(B5)를 5로 나눈 나머지를 구합니다.

텍스트 함수

LEFT 함수

- **구문** : LEFT(text, [num_chars])
- **설명** : text에서 왼쪽부터 num_chars만큼의 문자를 구합니다. num_chars를 생략하면 1로 간주합니다.

RIGHT 함수

- **구문** : RIGHT(text, [num_chars])
- **설명** : text에서 오른쪽부터 num_chars만큼의 문자를 구합니다. num_chars를 생략하면 1로 간주합니다.

MID 함수

- **구문** : MID(text, start_num, num_chars)
- **설명** : text에서 start_num 번째 문자부터 num_chars만큼의 문자를 구합니다.

REPT 함수

- **구문** : REPT(text, number_times)
- **설명** : text를 number_times만큼 반복한 문자를 구합니다.
- LEFT, RIGHT, MID, REPT 함수 사용 방법

	A	B	C	D	E	F
1						
2		데이터		함수	결과값	
3		MS 엑셀 2021	❶	=LEFT(B3,2)	MS	
4		대한민국	❷	=RIGHT(B3,7)	엑셀 2021	
5			❸	=MID(B3,4,2)	엑셀	
6			❹	=REPT(B4,2)	대한민국대한민국	

❶ MS 엑셀 2016(B3)에서 왼쪽부터 두 문자(2)를 구합니다.
❷ MS 엑셀 2016(B3)에서 오른쪽부터 일곱 문자(7)를 구합니다. '엑셀'과 '2016' 사이에 있는 공백 문자열(" ")도 하나의 문자입니다.
❸ MS 엑셀 2016(B3)에서 왼쪽부터 네 번째(4) 문자부터 두 문자(2)를 구합니다.
❹ 대한민국(B4)을 두 번(2) 반복한 문자를 구합니다.

논리 함수

▶ IF 함수
- 구문 : IF(logical_test, [value_if_true], [value_if_false])
- 설명 : logical_test가 참이면 value_if_true를 구하고, 거짓이면 value_if_false를 구합니다.
- IF 함수 사용 방법

	A	B	C	D	E	F
1						
2		데이터		함수	결과값	
3		40	❶	=IF(B3>B4,TRUE,FALSE)	FALSE	
4		70	❷	=IF(B3<B4,TRUE,FALSE)	TRUE	
5			❸	=IF(B4>=60,"합격","불합격")	합격	
6						

❶ 40(B3)이 70(B4) 보다 크면 참(TRUE), 그렇지 않으면 거짓(FALSE)을 구합니다.
❷ 40(B3)이 70(B4) 보다 작으면 참(TRUE), 그렇지 않으면 거짓(FALSE)을 구합니다.
❸ 70(B4)이 60 보다 크면 참(합격), 그렇지 않으면 거짓(불합격)을 구합니다.

▶ AND 함수
- 구문 : AND(logical1, [logical2], …)
- 설명 : logical이 모두 참이면 논리값 TRUE를 구하고, 하나라도 거짓이면 논리값 FALSE를 구합니다.

▶ OR 함수
- 구문 : OR(logical1, [logical2], …)
- 설명 : logical이 하나라도 참이면 논리값 TRUE를 구하고, 모두 거짓이면 논리값 FALSE를 구합니다.
- AND, OR 함수 사용 방법

	A	B	C	D	E	F
1						
2		데이터		함수	결과값	
3		3	❶	=AND(B3>=3,B4>=5)	TRUE	
4		5	❷	=AND(B3>=3,B4>=10)	FALSE	
5			❸	=OR(B3>=10,B4>=10)	FALSE	
6			❹	=OR(B3>=10,B4>=5)	TRUE	

❶ logical1(B3>=3)과 logical2(B4>=5)가 모두 참이므로 논리값 TRUE를 구합니다.
❷ logical2(B4>=10)가 거짓이므로 논리값 FALSE를 구합니다.
❸ logical1(B3>=10)과 logical2(B4>=10)가 모두 거짓이므로 논리값 FALSE를 구합니다.
❹ logical2(B4>=5)가 참이므로 논리값 TRUE를 구합니다.

데이터베이스 함수

▶ DSUM 함수
- 구문 : DSUM(database, field, criteria)
- 설명 : database에서 criteria를 만족하는 데이터의 field 합계를 구합니다.

▶ DAVERAGE 함수
- 구문 : DAVERAGE(database, field, criteria)
- 설명 : database에서 criteria를 만족하는 데이터의 field 평균을 구합니다.

출제함수정리

▶ DMAX 함수
- 구문 : DMAX(database, field, criteria)
- 설명 : database에서 criteria를 만족하는 데이터의 field 중 가장 큰 값을 구합니다.

▶ DMIN 함수
- 구문 : DMIN(database, field, criteria)
- 설명 : database에서 criteria를 만족하는 데이터의 field 중 가장 작은 값을 구합니다.

▶ DCOUNT 함수
- 구문 : DCOUNT(database, field, criteria)
- 설명 : database에서 criteria를 만족하는 데이터의 field 중 숫자가 있는 셀의 개수를 구합니다.

▶ DPRODUCT 함수
- 구문 : DPRODUCT(database, field, criteria)
- 설명 : database에서 criteria를 만족하는 데이터의 field를 모두 곱한 값을 구합니다.
- 데이터베이스 함수 사용 방법

	A	B	C	D	E	F	G	H
1								
2		날짜	지점	입고량	출고량		함수	결과값
3		12월 01일	강북점	10		❶	=DSUM(B2:E8,D2,C2:C3)	60
4		12월 05일	강북점		5	❷	=DAVERAGE(B2:E8,D2,C2:C3)	20
5		12월 08일	강남점	15		❸	=DMAX(B2:E8,D2,C2:C3)	30
6		12월 14일	강북점	20	확인	❹	=DMIN(B2:E8,D2,C2:C3)	10
7		12월 19일	강북점	30	40	❺	=DCOUNT(B2:E8,E2,C2:C3)	2
8		12월 21일	강남점	확인	확인	❻	=DPRODUCT(B2:E8,E2,C2:C3)	200

❶ 데이터베이스(B2:E8)에서 지점이 강북점(C2:C3)인 데이터의 입고량(D2) 합계를 구합니다.
❷ 데이터베이스(B2:E8)에서 지점이 강북점(C2:C3)인 데이터의 입고량(D2) 평균을 구합니다.
❸ 데이터베이스(B2:E8)에서 지점이 강북점(C2:C3)인 데이터의 입고량(D2) 중 가장 많은 입고량을 구합니다.
❹ 데이터베이스(B2:E8)에서 지점이 강북점(C2:C3)인 데이터의 입고량(D2) 중 가장 적은 입고량을 구합니다.
❺ 데이터베이스(B2:E8)에서 지점이 강북점(C2:C3)인 데이터의 출고량(E4) 중 숫자가 있는 셀의 개수를 구합니다.
❻ 데이터베이스(B2:E8)에서 지점이 강북점(C2:C3)인 데이터의 출고량(E4)을 모두 곱한 값을 구합니다.

찾기/참조 함수

▶ VLOOKUP 함수
- 구문 : VLOOKUP(lookup_value, table_array, col_index_num, [range_lookup])
- 설명 : table_array의 첫 번째 열에서 lookup_value를 검색한 후 col_index_num에서 lookup_value와 같은 행에 있는 값을 구합니다.
- VLOOKUP 함수 사용 방법

	A	B	C	D	E	F	G	H
2		상품코드	상품명	생산량		함수		결과값
3		SC	스캐너	120	❶	=VLOOKUP("PR",B3:D4,3,FALSE)		600
4		PR	프린터	600				

❶ B3:D4셀 범위의 첫 번째 열(B3:D4셀 범위에서 첫 번째 열이므로 B3:B4셀 범위(상품코드))에서 PR을 검색한 후 세 번째 열(B3:D4셀 범위에서 세 번째 행이므로 D3:D4셀 범위(생산량))에서 PR과 같은 행에 있는 생산량을 구합니다.

출제함수정리

▶ HLOOKUP 함수
- **구문** : HLOOKUP(lookup_value, table_array, row_index_num, 〔range_lookup〕)
- **설명** : table_array의 첫 번째 행에서 lookup_value를 검색한 후 row_index_num에서 lookup_value와 같은 열에 있는 값을 구합니다.
- **HLOOKUP 함수 사용 방법**

	A	B	C	D	E	F	G	H
1								
2		상품코드	SC	PR		함수	결과값	
3		상품명	스캐너	프린터	❶	=HLOOKUP("PR",C2:D4,3,FALSE)	600	
4		생산량	120	600				
5								

❶ C2:D4셀 범위의 첫 번째 행(C2:D4셀 범위에서 첫 번째 행이므로 C2:D2셀 범위(상품코드))에서 PR을 검색한 후 세 번째 행(C2:D4셀 범위에서 세 번째 행이므로 C4:D4셀 범위(생산량))에서 PR과 같은 열에 있는 생산량을 구합니다.

▶ INDEX 함수
- **구문** : INDEX(array, row_num, 〔column_num〕)
- **설명** : array에서 row_num행 column_num열에 있는 값을 구합니다.

▶ MATCH 함수
- **구문** : MATCH(lookup_value, lookup_array, 〔match_type〕)
- **설명** : lookup_array에서 lookup_value의 위치를 구합니다. match_type은 검색 방법을 지정한 값으로 1, 0, -1이 있으며 생략하면 1로 간주합니다. 다음은 match_type에 대한 설명입니다.

match_type	설명
1	lookup_array에서 lookup_value보다 작거나 같은 값 중 최대값을 구합니다. lookup_array는 반드시 오름차순으로 정렬되어 있어야 합니다.
0	lookup_array에서 lookup_value와 같은 첫 번째 값을 구합니다. lookup_array는 임의의 순서여도 됩니다.
-1	lookup_array에서 lookup_value보다 크거나 같은 값 중 최소값을 구합니다. lookup_array는 반드시 내림차순으로 정렬되어 있어야 합니다.

- **INDEX, MATCH 함수 사용 방법**

	A	B	C	D	E	F	G
1							
2		데이터			함수	결과값	
3		5	21	❶	=INDEX(B3:C5,3,2)	34	
4		7	9	❷	=MATCH(19,B3:B5,0)	3	
5		19	34				
6							

❶ 데이터(B3:C5)에서 3행 2열에 있는 값을 구합니다. 여기에서 3행 2열은 B3:C5셀 범위를 표로 보고 새로 부여한 행 번호와 열 번호입니다. 다음 표를 보면 3행 2열이 C5셀인 것을 확인할 수 있습니다.

	1열	2열
1행	B3셀	C3셀
2행	B4셀	C4셀
3행	B5셀	C5셀

❷ 데이터(B3:B5)에서 19의 위치를 구합니다.

Practical question type — 실전문제유형

EXCEL 2021

1 다음은 '우리 인테리어 공사현황보고'에 대한 자료이다. 자료를 입력하고 조건에 맞도록 작업하시오.

▶ 소스파일 : Part 01\Chapter 03\문제01.xlsx   ▶ 완성파일 : Part 01\Chapter 03\문제01_완성.xlsx

《출력형태》

관리번호	주택명	지역	공사기간(일)	총공사비	공사시작일	공사내용	구분	선수금(단위:원)
B2-001	화이트빌	경기	5	8,558,000	2023-02-06	욕실	(1)	(2)
K1-001	푸르지오	서울	4	10,250,000	2023-03-20	주방	(1)	(2)
K3-002	시그마	경기	3	7,870,000	2023-01-30	주방	(1)	(2)
A1-001	아이파크	인천	13	28,850,000	2023-02-20	전체	(1)	(2)
B1-002	파크타운	서울	5	5,778,000	2023-03-06	욕실	(1)	(2)
B3-003	트레스벨	경기	6	9,560,000	2023-02-13	욕실	(1)	(2)
A2-002	그린빌	서울	17	32,170,000	2023-02-27	전체	(1)	(2)
K2-003	한솔마을	인천	4	6,768,000	2023-03-08	주방	(1)	(2)
서울지역 총 공사건수			(3)		가장 긴 공사기간(일)			(5)
욕실 총공사비 합계			(4)		관리번호	B2-001	총공사비	(6)

결재: 점장 / 부장 / 대표

《조건》

☞ (1)~(6) 셀은 반드시 **주어진 함수를 이용**하여 값을 구하시오(결과값을 직접 입력하면 해당 셀은 0점 처리됨).

(1) 구분 ⇒ 관리번호 두 번째 글자가 1이면 '아파트', 2이면 '빌라' 3이면 '오피스텔'로 구하시오 (CHOOSE, MID 함수).

(2) 선수금(단위:원) ⇒ 공사내용이 전체이면 「총공사비×30%」, 그 외에는 「총공사비×20%」로 반올림하여 십만 단위까지 구하시오(ROUND, IF 함수)(예 : 1,456,273 → 1,500,000).

(3) 서울지역 총 공사건수 ⇒ 결과값에 '건'을 붙이시오(COUNTIF 함수, & 연산자)(예 : 1건).

(4) 욕실 총공사비 합계 ⇒ 공사내용이 욕실인 공사의 총공사비 합계를 구하시오. 단, 조건은 입력 데이터를 이용하시오(DSUM 함수).

(5) 가장 긴 공사기간(일) ⇒ 정의된 이름(공사기간)을 이용하여 구하시오(MAX 함수).

(6) 총공사비 ⇒ 「H14」 셀에서 선택한 관리번호에 대한 총공사비를 구하시오(VLOOKUP 함수).

(7) 조건부 서식의 수식을 이용하여 총공사비가 '8,000,000' 이하인 행 전체에 다음의 서식을 적용하시오 (글꼴 : 파랑, 굵게).

Practical question type

실전문제유형

EXCEL 2021

2. 다음은 '1월 사원 출장 현황'에 대한 자료이다. 자료를 입력하고 조건에 맞도록 작업하시오.

▶ 소스파일 : Part 01\Chapter 03\문제02.xlsx   ▶ 완성파일 : Part 01\Chapter 03\문제02_완성.xlsx

《출력형태》

사원번호	사원명	직급	부서명	출장비 (단위:원)	출장일수	출발일자	출발요일	비고
C11-23	민시후	사원	영업부	520,000	6	2024-01-07	(1)	(2)
C10-25	한창훈	사원	인사부	128,000	2	2024-01-21	(1)	(2)
A07-01	윤정은	대리	영업부	225,000	2	2024-01-07	(1)	(2)
A07-45	조재은	사원	기획부	415,000	3	2024-01-03	(1)	(2)
E10-25	박금희	대리	인사부	280,000	2	2024-01-15	(1)	(2)
A08-23	한효빈	과장	기획부	546,000	5	2024-01-17	(1)	(2)
E09-53	김지은	과장	영업부	197,000	3	2024-01-06	(1)	(2)
E09-12	김지효	대리	기획부	150,000	2	2024-01-12	(1)	(2)
인사부의 출장일수 평균			(3)			최대 출장비(단위:원)		(5)
사원의 출장일수 합계			(4)		사원번호	C11-23	출장일수	(6)

《조건》

☞ (1)~(6) 셀은 반드시 **주어진 함수를 이용**하여 값을 구하시오(결과값을 직접 입력하면 해당 셀은 0점 처리됨).

 (1) 출발요일 ⇒ 출발일자의 요일을 예와 같이 구하시오(CHOOSE, WEEKDAY 함수)(예 : 월요일).
 (2) 비고 ⇒ 출장일수가 '5' 이상이면 '출장일수 많음', 그 외에는 공백으로 표시하시오(IF 함수).
 (3) 인사부의 출장일수 평균 ⇒ (SUMIF, COUNTIF 함수)
 (4) 사원의 출장일수 합계 ⇒ 결과값에 '일'을 붙이시오. 단, 조건은 입력데이터를 이용하시오
     (DSUM 함수, & 연산자)(예 : 1일).
 (5) 최대 출장비(단위:원) ⇒ 정의된 이름(출장비)을 이용하여 구하시오(MAX 함수).
 (6) 출장일수 ⇒ 「H14」셀에서 선택한 사원번호에 대한 출장일수를 구하시오(VLOOKUP 함수).
 (7) 조건부 서식의 수식을 이용하여 출장비(단위:원)가 '200,000' 이하인 행 전체에 다음의 서식을 적용하시오(글꼴 : 파랑, 굵게).

Practical question type — 실전문제유형

EXCEL 2021

3 다음은 'JS렌터카 렌트 현황'에 대한 자료이다. 자료를 입력하고 조건에 맞도록 작업하시오.

▶ 소스파일 : Part 01\Chapter 03\문제03.xlsx ▶ 완성파일 : Part 01\Chapter 03\문제03_완성.xlsx

《출력형태》

차량코드	렌트차종	출고일	제조사	렌트기간	렌트비용(단위:원)	연료	연식	차량구분
M-0571	SM3	2015-06-10	르노코리아	5	342,000	전기	(1)	(2)
R-0253	스타렉스	2013-05-10	현대자동차	3	325,000	LPG	(1)	(2)
L-9372	그랜저 TG	2011-02-20	현대자동차	2	175,000	가솔린	(1)	(2)
R-8133	뉴카니발	2012-12-20	기아자동차	4	215,000	디젤	(1)	(2)
L-4502	다이너스티	2010-09-30	현대자동차	1	85,000	가솔린	(1)	(2)
C-6362	에쿠스	2012-05-20	현대자동차	2	165,000	가솔린	(1)	(2)
M-7201	K5	2010-04-15	기아자동차	4	270,000	LPG	(1)	(2)
R-9353	QM3	2014-03-15	르노코리아	1	95,000	디젤	(1)	(2)
기아자동차 렌트기간의 평균			(3)		최대 렌트비용(단위:원)			(5)
르노코리아 렌트비용(단위:원)의 합계			(4)		차량코드	M-0571	렌트기간	(6)

《조건》

☞ (1)~(6) 셀은 반드시 **주어진 함수를 이용**하여 값을 구하시오(결과값을 직접 입력하면 해당 셀은 0점 처리됨).

(1) 연식 ⇒ 출고일의 연도를 구한 결과값에 '년식'을 붙이시오(YEAR 함수, & 연산자)(예 : 2013년식).

(2) 차량구분 ⇒ 차량코드의 마지막 글자가 1이면 '중형', 2이면 '대형', 3이면 '승합'으로 구하시오 (CHOOSE, RIGHT 함수).

(3) 기아자동차 렌트기간의 평균 ⇒ (SUMIF, COUNTIF 함수).

(4) 르노코리아 렌트비용(단위:원)의 합계 ⇒ 조건은 입력데이터를 이용하시오(DSUM 함수).

(5) 최대 렌트비용(단위:원) ⇒ 정의된 이름(렌트비용)을 이용하여 구하시오(MAX 함수).

(6) 렌트기간 ⇒ 「H14」셀에서 선택한 차량코드에 대한 렌트기간을 구하시오(VLOOKUP 함수).

(7) 조건부 서식을 이용하여 렌트비용(단위:원) 셀에 데이터 막대 스타일(연한 녹색)을 최소값 및 최대값으로 적용하시오.

실전문제유형

4 다음은 '앱개발 경진대회 신청 현황'에 대한 자료이다. 자료를 입력하고 조건에 맞도록 작업하시오.

▶ 소스파일 : Part 01\Chapter 03\문제04.xlsx   ▶ 완성파일 : Part 01\Chapter 03\문제04_완성.xlsx

《출력형태》

코드	팀명	지도교수	지원분야	신청일	활동비(단위:원)	활동시간	서류심사 담당자	문자 발송일
E1451	지혜의 샘	이지은	교육	2024-09-01	55,000	152	(1)	(2)
H2512	사물헬스케어	박순호	건강	2024-08-15	180,000	205	(1)	(2)
C3613	자연힐링	김경호	문화	2024-09-03	65,500	115	(1)	(2)
E1452	메타미래	정유미	교육	2024-09-15	195,500	235	(1)	(2)
H2513	건강자가진단	손기현	건강	2024-08-27	178,000	170	(1)	(2)
E1458	늘탐구	김철수	교육	2024-09-05	134,000	155	(1)	(2)
H2518	코로나19	서영희	건강	2024-09-10	85,000	88	(1)	(2)
C3615	시공담문화	장민호	문화	2024-08-25	195,000	190	(1)	(2)
교육분야 평균 활동시간			(3)		최대 활동비(단위:원)			(5)
문화분야 신청 건수			(4)		팀명	지혜의 샘	활동시간	(6)

확인 : 담당 / 팀장 / 부장

《조건》

☞ (1)~(6) 셀은 반드시 **주어진 함수를 이용**하여 값을 구하시오(결과값을 직접 입력하면 해당 셀은 0점 처리됨).

(1) 서류심사 담당자 ⇒ 지원분야가 교육이면 '민수진', 건강이면 '변정훈', 문화이면 '신동진'으로 구하시오(IF 함수).

(2) 문자 발송일 ⇒ 신청일의 요일이 평일이면 「신청일+3」, 주말이면 「신청일+5」로 구하시오 (CHOOSE, WEEKDAY 함수).

(3) 교육분야 평균 활동시간 ⇒ 평균을 올림하여 정수로 구하시오. 단, 조건은 입력데이터를 이용하시오 (ROUNDUP, DAVERAGE 함수).

(4) 문화분야 신청 건수 ⇒ 결과값에 '건'을 붙이시오(COUNTIF 함수, & 연산자)(예 : 1건).

(5) 최대 활동비(단위:원) ⇒ 정의된 이름(활동비)을 이용하여 구하시오(LARGE 함수).

(6) 활동시간 ⇒ 「H14」셀에서 선택한 팀명에 대한 활동시간을 구하시오(VLOOKUP 함수).

(7) 조건부 서식의 수식을 이용하여 활동시간이 '200' 이상인 행 전체에 다음의 서식을 적용하시오 (글꼴 : 파랑, 굵게).

Practical question type

실전문제유형

EXCEL 2021

5 다음은 '주요 국제 영화제 개최 현황'에 대한 자료이다. 자료를 입력하고 조건에 맞도록 작업하시오.

▶ 소스파일 : Part 01\Chapter 03\문제05.xlsx   ▶ 완성파일 : Part 01\Chapter 03\문제05_완성.xlsx

《출력형태》

	A	B	C	D	E	F	G	H	I	J
1								결재	선임	책임	팀장
2			주요 국제 영화제 개최 현황								
3											
4		관리코드	영화제 명칭	주최국	대륙	1회 개막일자	예상 관객수	개최 횟수(단위:회)	개최 순위	비고
5		T6522	토론토 국제	캐나다	북미	1976-10-18	500,000	47	(1)	(2)
6		B8241	베를린 국제	독일	유럽	1951-06-06	500,000	72	(1)	(2)
7		B1543	베이징 국제	중국	아시아	2011-04-23	300,000	12	(1)	(2)
8		B1453	부산 국제	한국	아시아	1996-09-13	180,000	27	(1)	(2)
9		J6653	전주 국제	한국	아시아	2000-04-28	80,000	23	(1)	(2)
10		S6323	선댄스	미국	북미	1985-01-20	70,000	38	(1)	(2)
11		F7351	칸	프랑스	유럽	1946-09-20	650,000	75	(1)	(2)
12		V2411	베네치아 국제	이탈리아	유럽	1932-08-06	700,000	79	(1)	(2)
13		최대 개최 횟수(단위:회)			(3)			북미 대륙 예상 관객수 평균		(5)
14		한국 영화제 개최 횟수(단위:회) 평균			(4)			관리코드	T6522	주최국	(6)

《조건》

☞ (1)~(6) 셀은 반드시 **주어진 함수를 이용**하여 값을 구하시오(결과값을 직접 입력하면 해당 셀은 0점 처리됨).

   (1) 개최 순위 ⇒ 1회 개막일자의 오름차순 순위를 구한 결과값에 '위'를 붙이시오
              (RANK.EQ 함수, & 연산자)(예 : 1위).
   (2) 비고 ⇒ 관리코드의 마지막 글자가 1이면 '세계3대', 2이면 '세계4대', 그 외에는 공백으로 표시하시오
         (IF, RIGHT 함수).
   (3) 최대 개최 횟수(단위:회) ⇒ (MAX 함수)
   (4) 한국 영화제 개최 횟수(단위:회) 평균 ⇒ 정의된 이름(주최국)을 이용하여 구하시오
                 (SUMIF, COUNTIF 함수).
   (5) 북미 대륙 예상 관객수 평균 ⇒ 조건은 입력데이터를 이용하시오(DAVERAGE 함수).
   (6) 주최국 ⇒ 「H14」셀에서 선택한 관리코드에 대한 주최국을 구하시오(VLOOKUP 함수).
   (7) 조건부 서식의 수식을 이용하여 예상 관객수가 '100,000' 이하인 행 전체에 다음의 서식을 적용
      하시오(글꼴 : 파랑, 굵게).

Practical question type

실전문제유형

EXCEL 2021

6 다음은 '현진대학특강 수강 현황'에 대한 자료이다. 자료를 입력하고 조건에 맞도록 작업하시오.

▶ 소스파일 : Part 01\Chapter 03\문제06.xlsx　　▶ 완성파일 : Part 01\Chapter 03\문제06_완성.xlsx

《출력형태》

강좌코드	강좌명	강사명	구분	수강인원	개강일	수강료(단위:원)	강의실	개강요일
A5641	영어회화	김은희	어학	26	2025-12-05	100,000	(1)	(2)
C6942	포토샵활용	정예인	컴퓨터	28	2025-12-06	110,000	(1)	(2)
B6541	비즈니스 일본어	장현오	어학	42	2025-12-05	120,000	(1)	(2)
V6312	엑셀과 파워포인트	박은빈	컴퓨터	31	2025-12-07	80,000	(1)	(2)
W2321	중국어회화	김찬호	어학	19	2025-12-09	110,000	(1)	(2)
F8923	ERP 1급	장서준	회계	36	2025-12-09	170,000	(1)	(2)
M4513	ERP 2급	배은주	회계	29	2025-12-05	150,000	(1)	(2)
E3942	인디자인 마스터	곽소형	컴퓨터	18	2025-12-06	90,000	(1)	(2)
어학 강좌의 수강인원 합계			(3)		최대 수강인원			(5)
어학 강좌의 평균 수강료(단위:원)			(4)		강좌코드	A5641	수강인원	(6)

결재: 사원 / 팀장 / 사장

《조건》

☞ (1)~(6) 셀은 반드시 **주어진 함수를 이용**하여 값을 구하시오(결과값을 직접 입력하면 해당 셀은 0점 처리됨).

(1) 강의실 ⇒ 강좌코드의 마지막 글자가 1이면 '어학실', 그 외에는 '컴퓨터실'로 구하시오
　　(IF, RIGHT 함수).
(2) 개강요일 ⇒ 개강일의 요일을 구하시오(CHOOSE, WEEKDAY 함수)(예 : 월요일).
(3) 어학 강좌의 수강인원 합계 ⇒ 조건은 입력데이터를 이용하시오(DSUM 함수).
(4) 어학 강좌의 평균 수강료(단위:원) ⇒ 조건은 입력데이터를 이용하시오(DAVERAGE 함수).
(5) 최대 수강인원 ⇒ 정의된 이름(수강인원)을 이용하여 구한 결과값에 '명'을 붙이시오
　　(MAX 함수, & 연산자)(예 : 1명).
(6) 수강인원 ⇒ 「H14」 셀에서 선택한 강좌코드에 대한 수강인원을 구하시오(VLOOKUP 함수).
(7) 조건부 서식을 이용하여 수강료(단위:원) 셀에 데이터 막대 스타일(파랑)을 최소값 및 최대값으로 적용하시오.

Chapter 04 필터 및 서식

◆ 고급필터 사용하기   ◆ 표 서식 지정하기

▶ 소스파일 : Part 01\Chapter 04\Ch04.xlsx   ▶ 완성파일 : Part 01\Chapter 04\Ch04_완성.xlsx

☞ "제1작업" 시트의 「B4:H12」영역을 복사하여 "제2작업" 시트의 「B2」셀부터 모두 붙여넣기를 한 후 다음의 조건과 같이 작업하시오.

출력 형태

조건

(1) 고급필터 - 제품코드가 'P'로 시작하면서 환산가격(1g)이 '11' 이상인 자료의 제품명, 제조사, 판매가격, 환산가격(1g) 데이터만 추출하시오.
 - 조건 범위 : 「B14」 셀부터 입력하시오.
 - 복사 위치 : 「B18」 셀부터 나타나도록 하시오.

(2) 표 서식 - 고급필터의 결과셀을 채우기 없음으로 설정한 후 '표 스타일 보통 6'의 서식을 적용하시오.
 - 머리글 행, 줄무늬 행을 적용하시오.

체크! 체크!

〔필터 및 서식〕

- **고급필터**
  - 고급필터를 이용하여 데이터를 추출할 때 조건에 맞는 모든 데이터를 추출하는 형태와 특정 데이터만 추출하는 형태로 구분되어 출제되고 있습니다.
  - AND 조건과 OR 조건에 따른 입력 위치를 숙지해야 합니다.
- **표 서식**
  - 표 서식을 지정하기 전에 반드시 〔채우기 색〕-〔채우기 없음〕을 지정해야 합니다.
  - 【 】로 구분하지 않지만 엑셀 2021 버전에서는 '파랑, 표 스타일 보통 6', 엑셀 2016 버전에서는 '표 스타일 보통 6'을 지정합니다.

STEP 01 고급필터 사용하기

〈조건〉 ☞ "제1작업" 시트의 「B4:H12」영역을 복사하여 "제2작업" 시트의 「B2」셀부터 모두 붙여넣기를 한 후 다음의 조건과 같이 작업하시오.

1 〔제1작업〕 시트의 B4:H12셀 범위를 복사하기 위해 시트 탭에서 **〔제1작업〕 시트를 선택**한 후 **B4:H12셀 범위를 선택**한 다음 〔홈〕 탭-〔클립보드〕 그룹에서 **〔복사(📋)〕를 클릭**합니다.

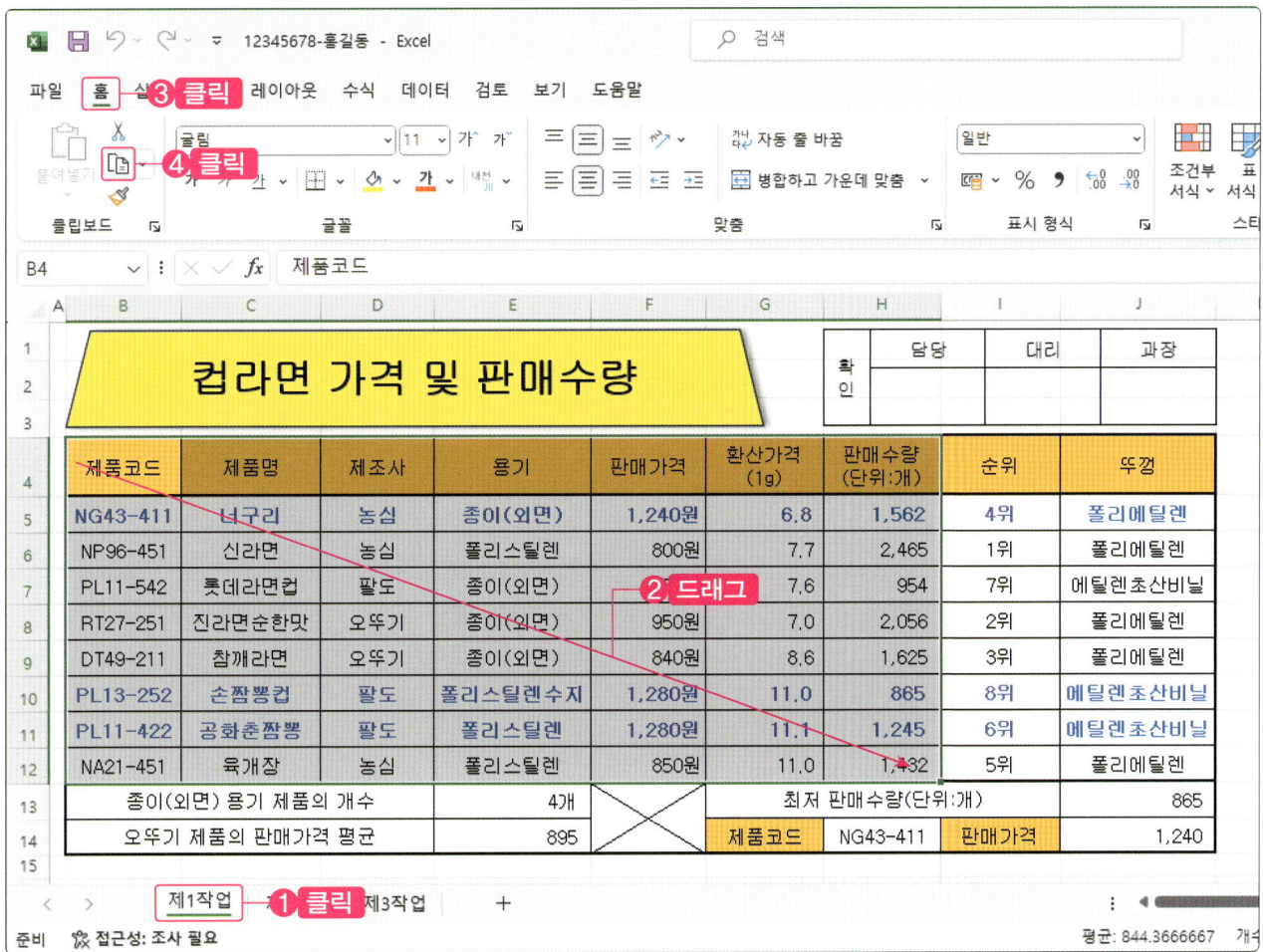

> Ctrl+C를 눌러 〔제1작업〕 시트의 B4:H12셀 범위를 복사할 수도 있습니다.

〈조건〉 ☞ "제1작업" 시트의 「B4:H12」영역을 복사하여 "제2작업" 시트의 「B2」셀부터 모두 붙여넣기를 한 후 다음의 조건과 같이 작업하시오.

2 〔제2작업〕 시트의 B2셀에 붙여넣기 위해 시트 탭에서 **〔제2작업〕 시트를 선택**한 후 **B2셀을 선택**한 다음 〔홈〕 탭-〔클립보드〕 그룹에서 **〔붙여넣기〕를 클릭**합니다.

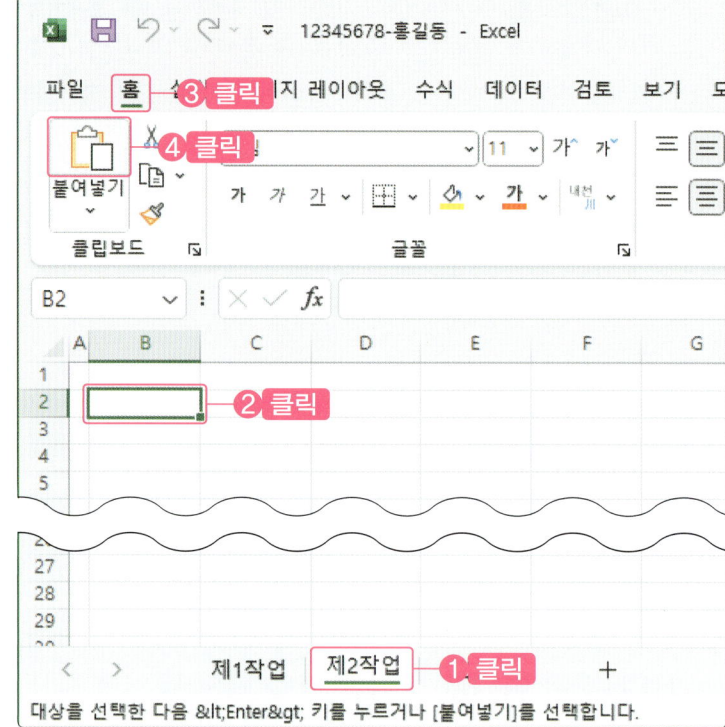

> Ctrl+V를 눌러 〔제1작업〕 시트의 B4:H12셀 범위를 〔제2작업〕 시트의 B2셀에 붙여넣을 수도 있습니다.

3 〔제1작업〕 시트의 B:H열 너비를 그대로 적용하기 위해 〔홈〕 탭-〔클립보드〕 그룹에서 **〔붙여넣기〕**의 〔목록(˅)〕 단추를 클릭한 후 **〔원본 열 너비 유지(🗐)〕를 클릭**합니다.

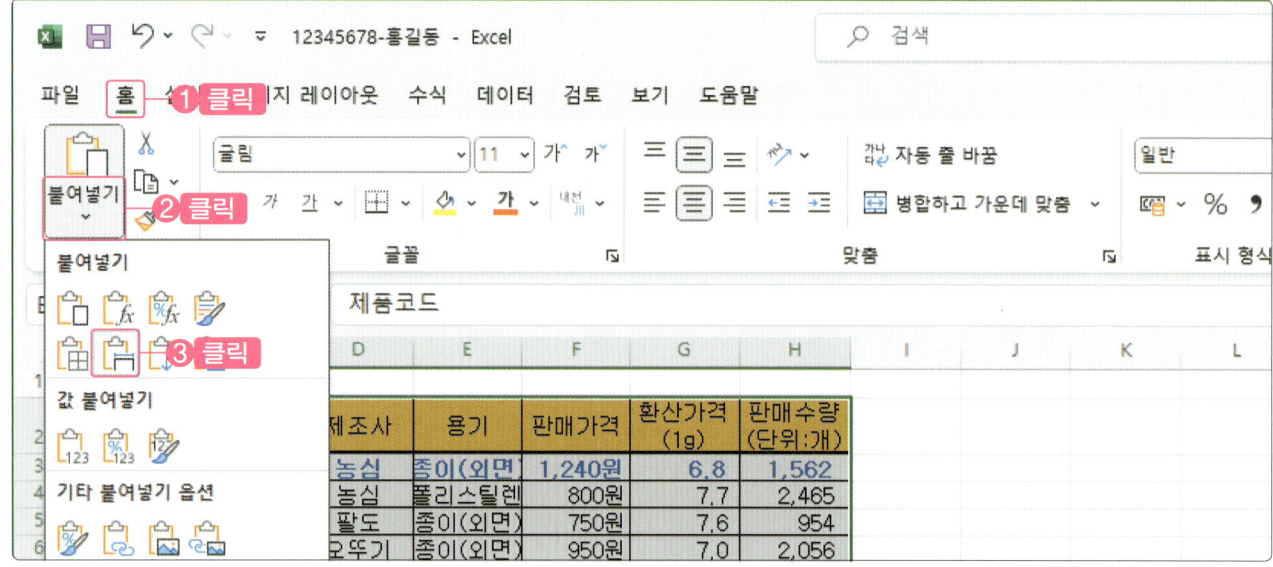

- Ctrl+Alt+V를 눌러 〔제1작업〕 시트의 B:H열 너비를 그대로 적용할 수도 있습니다.
- 선택하여 붙여넣기를 사용하면 수식, 값, 열 너비 등만 선택하여 붙여넣을 수 있습니다. 〔제1작업〕 시트의 B4:H12셀 범위를 복사하여 〔제2작업〕 시트의 B2셀에 붙여넣은 후 〔제1작업〕 시트의 B:H열 너비를 그대로 적용하기 위해 선택하여 붙여넣기를 사용한 것입니다.

〈조건〉 (1) 고급필터 – 제품코드가 'P'로 시작하면서 환산가격(1g)이 '11' 이상인 자료의 제품명,
　　　　　　　　　 제조사, 판매가격, 환산가격(1g) 데이터만 추출하시오.
　　　　　　　　– 조건 범위 : 「B14」 셀부터 입력하시오.
　　　　　　　　– 복사 위치 : 「B18」 셀부터 나타나도록 하시오.

4 B2셀과 G2셀을 **선택**한 후 [홈] 탭-[클립보드] 그룹에서 [**복사(🗐)**]를 클릭합니다.

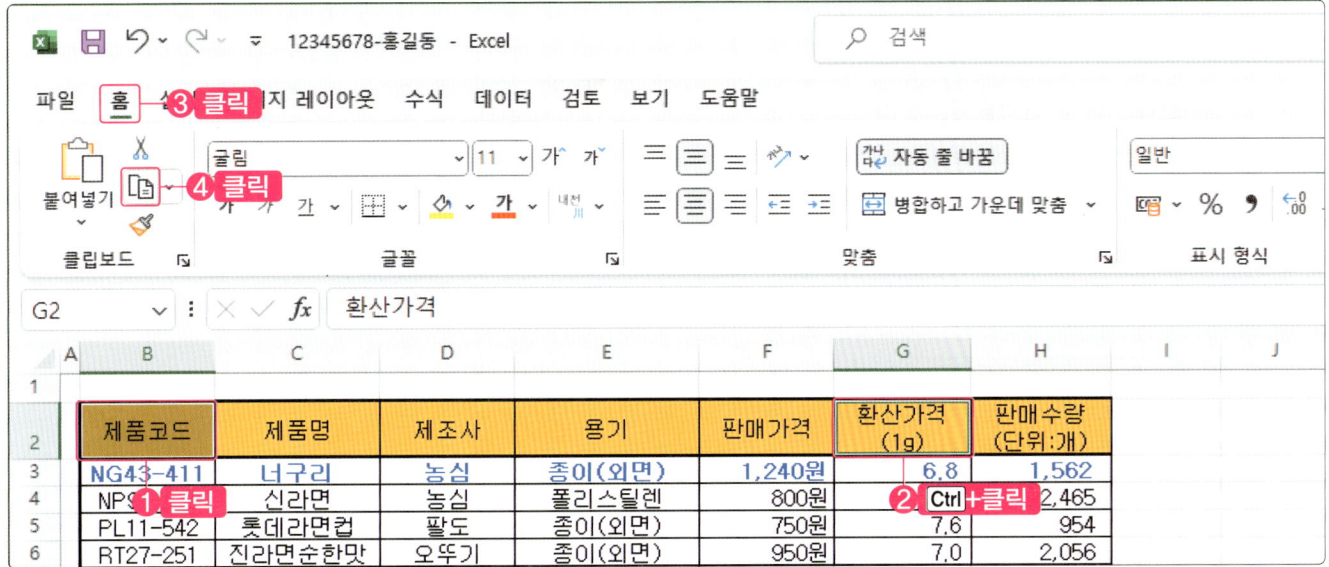

5 B14셀을 **선택**한 후 [홈] 탭-[클립보드] 그룹에서 [**붙여넣기**]를 클릭합니다.

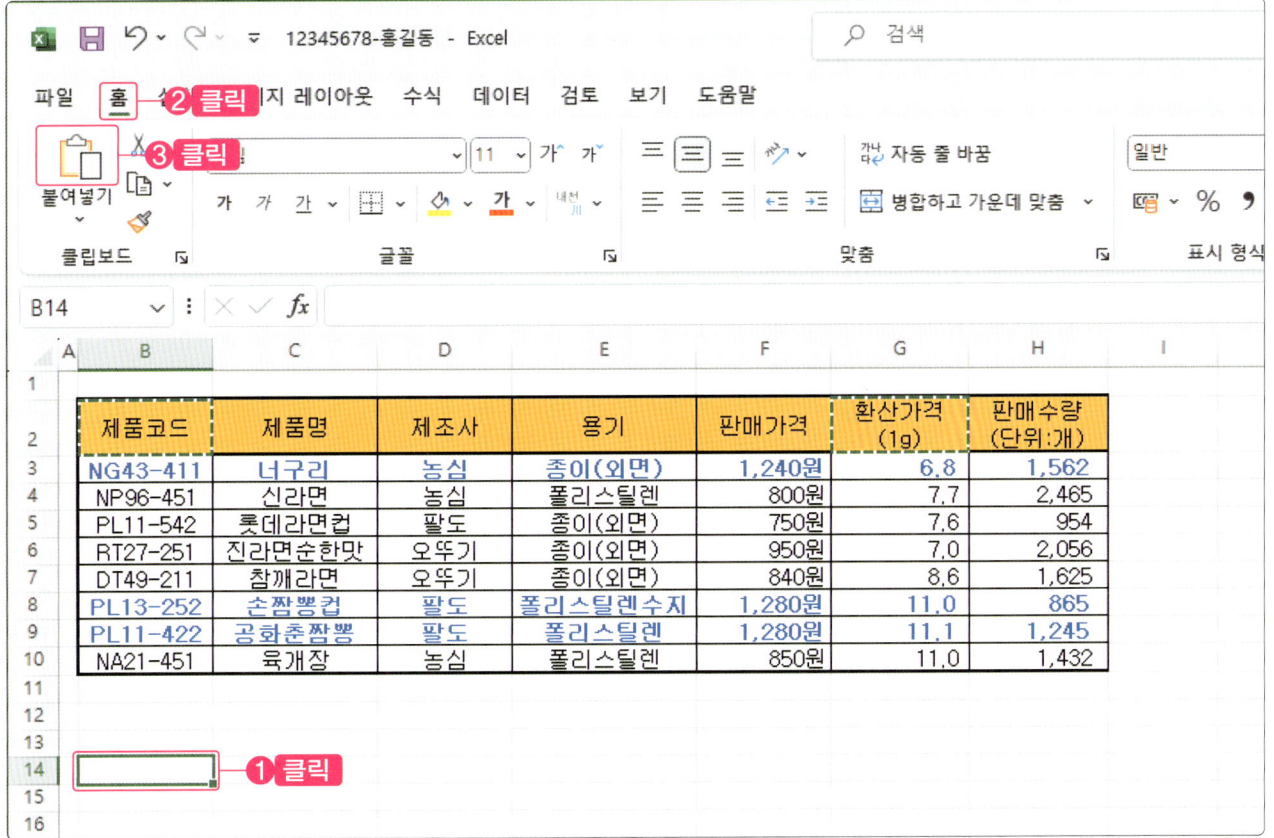

> 〈조건〉 (1) 고급필터 - 제품코드가 'P'로 시작하면서 환산가격(1g)이 '11' 이상인 자료의 제품명, 제조사, 판매가격, 환산가격(1g) 데이터만 추출하시오.
> - 조건 범위 : 「B14」 셀부터 입력하시오.
> - 복사 위치 : 「B18」 셀부터 나타나도록 하시오.

6 B15셀에 'P*', C15셀에 '>=11'을 입력합니다.

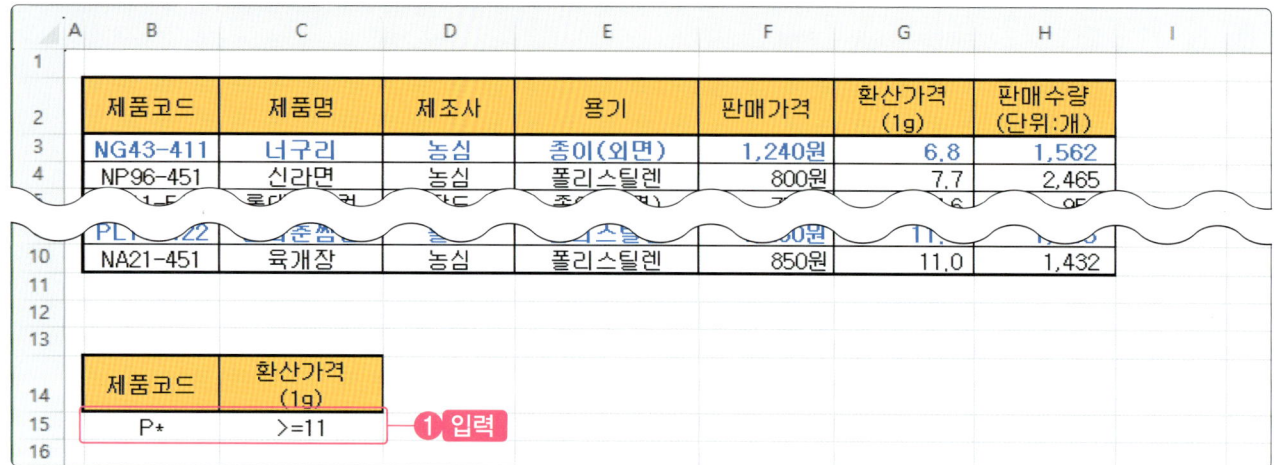

- 많은 데이터 중에서 원하는 데이터(조건을 만족하는 데이터)만 표시하는 작업을 '필터링'이라고 합니다. 고급필터는 입력한 조건을 사용하여 필터링을 할 수 있는 기능입니다. 그러므로 고급필터를 사용하려면 먼저 조건을 해당하는 필드명과 함께 입력해야 합니다.
- 시험에서 ≪조건≫에 '~ 자료의 제품명, 제조사, 판매가격, 환산가격(1g), 판매수량(단위:개) 데이터만 추출하시오.'와 같이 명시되어 있지 않고 '~ 자료의 데이터만 추출하시오.'와 같이 명시되어 있으면 조건을 만족하는 데이터의 모든 필드를 표시해야 하며 이런 경우에는 조건을 만족하는 데이터의 원하는 필드명을 복사하여 붙여넣는 작업(여기서는 C2:D2셀 범위와 F2:G2셀 범위를 복사하여 B18:E18셀 범위에 붙여넣는 작업)은 할 필요가 없습니다.

조건 입력하기

다음과 같이 같은 행에 조건을 입력하면 AND 조건으로 입력한 조건을 모두 만족하는 데이터만 표시하고, 다른 행에 조건을 입력하면 OR 조건으로 입력한 조건 중에서 하나라도 만족하는 데이터만 표시합니다.

- **물음표(?)** : 임의의 한 문자를 의미합니다. 예를 들어 '??4'는 'NG43-411', 'DT49-211' 등과 같이 세 번째 문자가 '4'인 데이터를 의미합니다.
- **별표(*)** : 임의의 여러 문자를 의미합니다. 예를 들어 'P*'는 'PL11-542', 'PL13-252', 'PL11-422' 등과 같이 'P'로 시작하는 데이터를 의미합니다.

◀ 제품코드가 'P'로 시작하면서 환산가격(1G)이 '11' 이상인 데이터 (AND 조건)

◀ 제품코드가 'P'로 시작하거나 환산가격(1G)이 '11' 이상인 데이터(OR 조건)

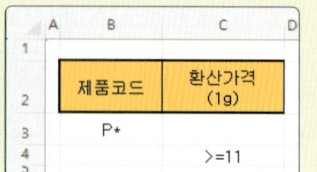

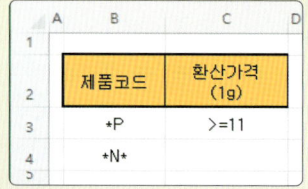

◀ 제품코드가 'P'로 끝나면서 환산가격(1G)이 '11' 이상인 데이터 이거나 제품코드에 'N'이 포함된 데이터(AND 조건과 OR 조건)

〈조건〉 (1) 고급필터 – 제품코드가 'P'로 시작하면서 환산가격(1g)이 '11' 이상인 자료의 제품명, 제조사, 판매가격, 환산가격(1g) 데이터만 추출하시오.
– 조건 범위 : 「B14」셀부터 입력하시오.
– 복사 위치 : 「B18」셀부터 나타나도록 하시오.

7 C2:D2셀과 F2:G2셀을 **선택**한 후 [홈] 탭-[클립보드] 그룹에서 [**복사(📋)**]를 **클릭**합니다.

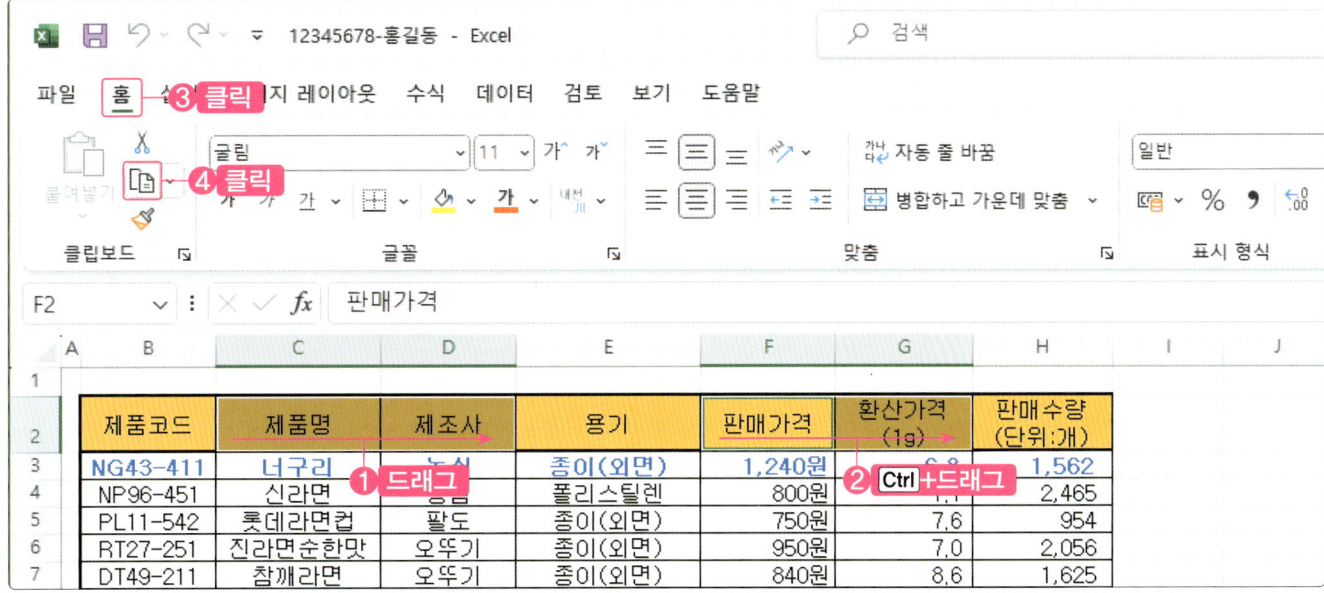

떨어져 있는 셀을 선택할 때는 셀을 선택한 후 Ctrl을 누른 상태에서 선택합니다.

8 B18셀을 **선택**한 후 [홈] 탭-[클립보드] 그룹에서 [**붙여넣기**]를 **클릭**합니다.

9 고급필터를 사용하기 위해 **B2셀을 선택**한 후 [데이터] 탭-[정렬 및 필터] 그룹에서 [**고급**]을 **클릭**합니다.

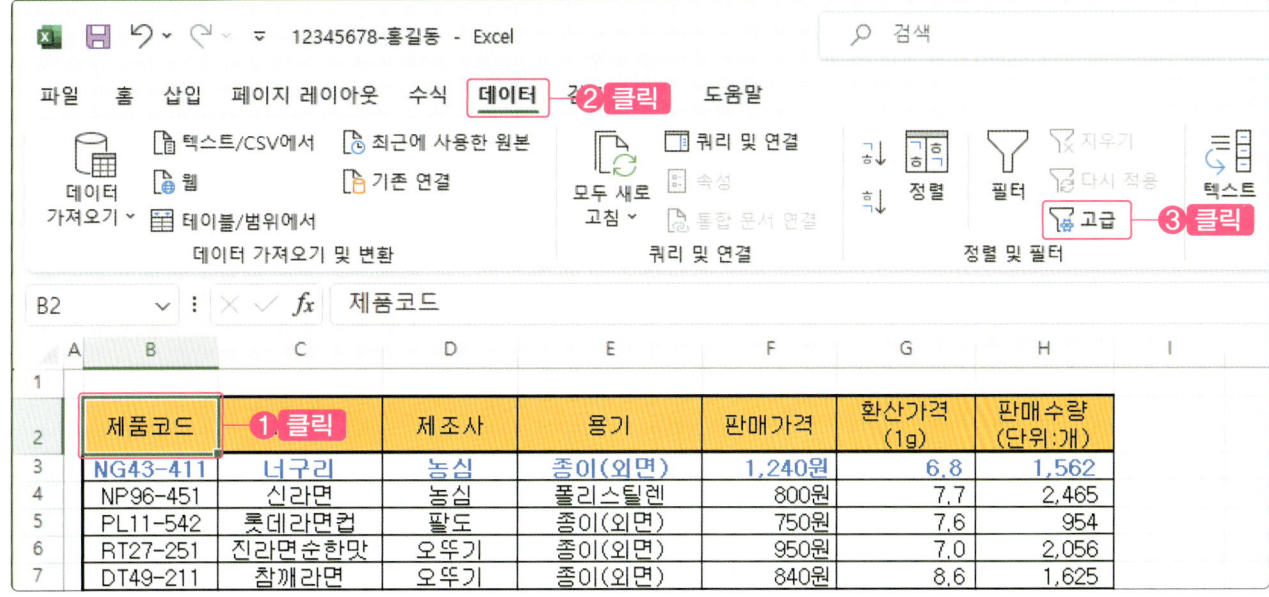

<조건> (1) 고급필터 – 제품코드가 'P'로 시작하면서 환산가격(1g)이 '11' 이상인 자료의 제품명, 제조사, 판매가격, 환산가격(1g) 데이터만 추출하시오.
– 조건 범위 : 「B14」 셀부터 입력하시오.
– 복사 위치 : 「B18」 셀부터 나타나도록 하시오.

10 [고급 필터] 대화상자가 나타나면 [다른 장소에 복사]를 선택한 후 목록 범위($B$2: $H$10), 조건 범위($B$14:$C$15), 복사 위치($B$18:$E$18)를 입력한 다음 [확인] 단추를 클릭합니다.

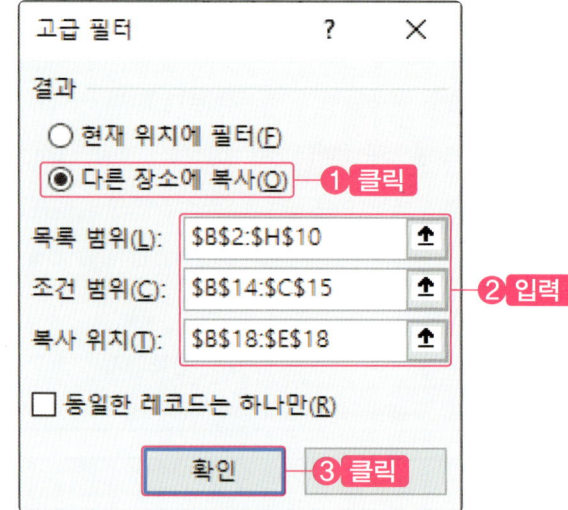

목록 범위는 데이터가 있는 셀 범위, 조건 범위는 조건이 있는 셀 범위, 복사 위치는 조건을 만족하는 데이터를 표시할 위치입니다.

11 다음과 같이 다른 위치에 제품코드가 'P'로 시작하고 환산가격(1g)이 '11' 이상인 데이터의 [제품명], [제조사], [판매가격], [환산가격(1g)] 필드만 표시됩니다.

제품코드	제품명	제조사	용기	판매가격	환산가격(1g)	판매수량(단위:개)
NG43-411	너구리	농심	종이(외면)	1,240원	6.8	1,562
NP96-451	신라면	농심	폴리스틸렌	800원	7.7	2,465
PL11-542	롯데라면컵	팔도	종이(외면)	750원	7.6	954
RT27-251	진라면순한맛	오뚜기	종이(외면)	950원	7.0	2,056
DT49-211	참깨라면	오뚜기	종이(외면)	840원	8.6	1,625
PL13-252	손짬뽕컵	팔도	폴리스틸렌수지	1,280원	11.0	865
PL11-422	공화춘짬뽕	팔도	폴리스틸렌	1,280원	11.1	1,245
NA21-451	육개장	농심	폴리스틸렌	850원	11.0	1,432

제품코드	환산가격(1g)
P*	>=11

제품명	제조사	판매가격	환산가격(1g)
손짬뽕컵	팔도	1,280원	11.0
공화춘짬뽕	팔도	1,280원	11.1

필터링이 제대로 안 되는 경우

목록 범위에 있는 필드명과 조건 범위에 있는 필드명이 서로 달라 필터링이 제대로 안 되는 경우가 있습니다. 예를 들어 '제품코드'를 '제품코드'와 같이 잘못 입력하거나 '제품 코드'와 같이 공백을 입력한 경우입니다. 조건 범위에 있는 필드명을 직접 입력하지 않고 목록 범위에 있는 필드명을 복사하여 붙여넣으면 이런 실수를 미연에 방지할 수 있습니다.

STEP 02 표 서식 지정하기

[조건] (2) 표 서식 – 고급필터의 결과셀을 채우기 없음으로 설정한 후 '표 스타일 보통 6'의 서식을 적용하시오.
– 머리글 행, 줄무늬 행을 적용하시오.

1. 고급필터 결과에 채우기 색을 지정하기 위해 B18:E20셀 범위를 선택한 후 [홈] 탭-[글꼴] 그룹에서 [채우기 색]의 [목록(▾)] 단추를 클릭한 다음 [채우기 없음]을 클릭합니다.

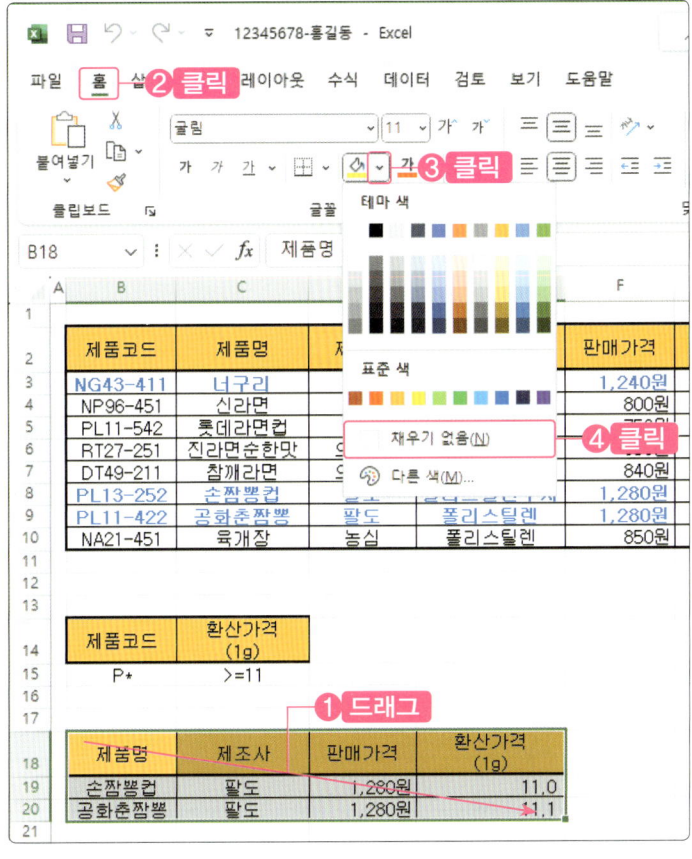

2. 고급필터 결과에 표 서식을 지정하기 위해 [홈] 탭-[스타일] 그룹에서 [표 서식]을 클릭한 후 [표 스타일 보통 6(▦)]을 클릭합니다.

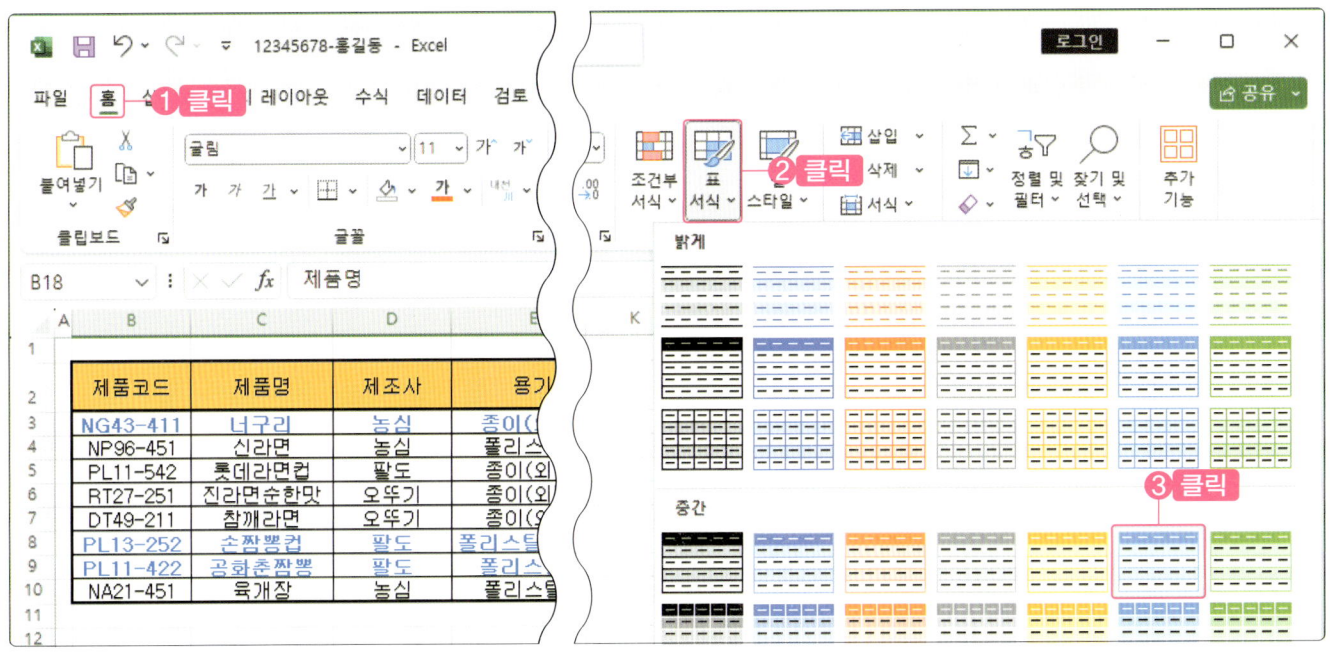

<조건> (2) 표 서식 – 고급필터의 결과셀을 채우기 없음으로 설정한 후 '표 스타일 보통 6'의 서식을 적용하시오.
– 머리글 행, 줄무늬 행을 적용하시오.

3 〔표 서식〕 대화상자가 나타나면 〔확인〕 단추를 클릭합니다.

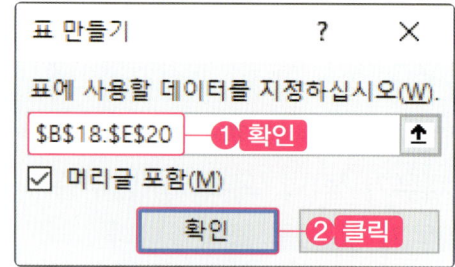

4 표 스타일 옵션을 지정하기 위해 〔테이블 디자인〕 정황 탭-〔표 스타일 옵션〕 그룹에서 **〔머리글 행〕과 〔줄무늬 행〕을 선택**합니다.

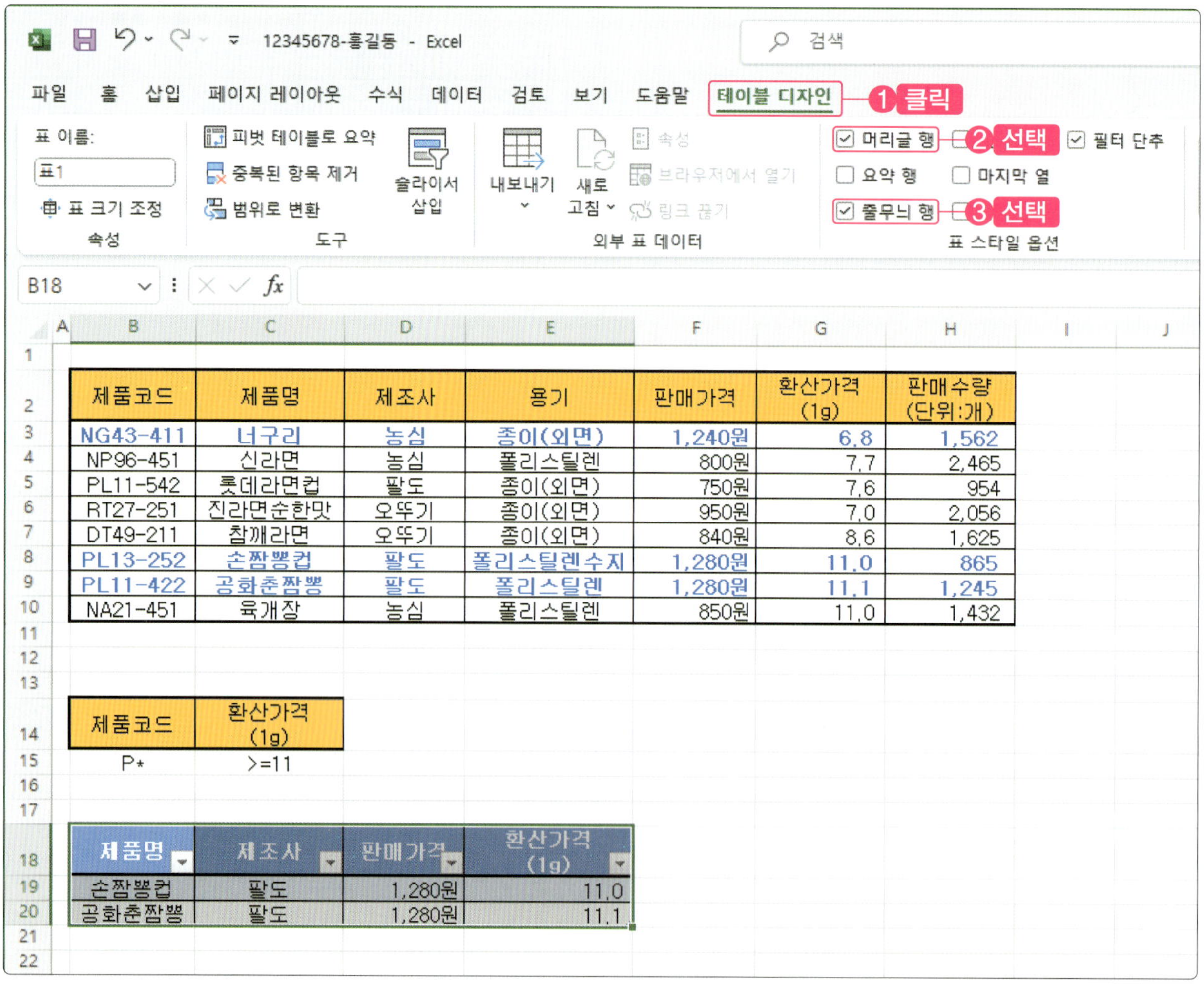

Practical question type

실전문제유형

EXCEL 2021

1 "**제1작업**" 시트의 「**B4:H12**」 영역을 복사하여 "**제2작업**" 시트의 「B2」 셀부터 모두 붙여넣기를 한 후 다음의 조건과 같이 작업하시오.

▶ 소스파일 : Part 01\Chapter 04\문제01.xlsx   ▶ 완성파일 : Part 01\Chapter 04\문제01_완성.xlsx

《조건》

(1) 고급 필터 - 지역이 '서울'이 아니면서 공사기간(일)이 '5' 이상인 자료의 관리번호, 주택명, 공사시작일, 공사내용 데이터만 추출하시오.
- 조건 범위 : 「B14」 셀부터 입력하시오.
- 복사 위치 : 「B18」 셀부터 나타나도록 하시오.

(2) 표 서식 - 고급필터의 결과셀을 채우기 없음으로 설정한 후 '표 스타일 보통 6'의 서식을 적용하시오.
- 머리글 행, 줄무늬 행을 적용하시오.

2 "**제1작업**" 시트의 「**B4:H12**」 영역을 복사하여 "**제2작업**" 시트의 「B2」 셀부터 모두 붙여넣기를 한 후 다음의 조건과 같이 작업하시오.

▶ 소스파일 : Part 01\Chapter 04\문제02.xlsx   ▶ 완성파일 : Part 01\Chapter 04\문제02_완성.xlsx

《조건》

(1) 고급 필터 - 부서명이 '영업부'가 아니면서 출장일수가 '4' 이하인 자료의 사원명, 직급, 출장일수, 출발일자 데이터만 추출하시오.
- 조건 범위 : 「B14」 셀부터 입력하시오.
- 복사 위치 : 「B18」 셀부터 나타나도록 하시오.

(2) 표 서식 - 고급필터의 결과셀을 채우기 없음으로 설정한 후 '표 스타일 보통 5'의 서식을 적용하시오.
- 머리글 행, 줄무늬 행을 적용하시오.

Practical question type — 실전문제유형

EXCEL 2021

3 "제1작업" 시트의 「B4:H12」 영역을 복사하여 "제2작업" 시트의 「B2」 셀부터 모두 붙여넣기를 한 후 다음의 조건과 같이 작업하시오.

▶ 소스파일 : Part 01\Chapter 04\문제03.xlsx   ▶ 완성파일 : Part 01\Chapter 04\문제03_완성.xlsx

《조건》

(1) 고급 필터 – 제조사가 '르노코리아'가 아니면서 렌트기간이 '2' 이하인 자료의 차량코드, 출고일, 렌트기간, 렌트비용(단위:원) 데이터만 추출하시오.
- 조건 범위 : 「B14」 셀부터 입력하시오.
- 복사 위치 : 「B18」 셀부터 나타나도록 하시오.

(2) 표 서식 – 고급필터의 결과셀을 채우기 없음으로 설정한 후 '표 스타일 보통 6'의 서식을 적용하시오.
- 머리글 행, 줄무늬 행을 적용하시오.

4 "제1작업" 시트의 「B4:H12」 영역을 복사하여 "제2작업" 시트의 「B2」 셀부터 모두 붙여넣기를 한 후 다음의 조건과 같이 작업하시오.

▶ 소스파일 : Part 01\Chapter 04\문제04.xlsx   ▶ 완성파일 : Part 01\Chapter 04\문제04_완성.xlsx

《조건》

(1) 고급 필터 – 지원분야가 '교육'이거나, 활동비(단위:원)가 '190,000' 이상인 자료의 팀명, 지도교수, 활동비(단위:원), 활동시간 데이터만 추출하시오.
- 조건 범위 : 「B14」 셀부터 입력하시오.
- 복사 위치 : 「B18」 셀부터 나타나도록 하시오.

(2) 표 서식 – 고급필터의 결과셀을 채우기 없음으로 설정한 후 '표 스타일 보통 5'의 서식을 적용하시오.
- 머리글 행, 줄무늬 행을 적용하시오.

Practical question type

실전문제유형

EXCEL 2021

5 "제1작업" 시트의 「B4:H12」 영역을 복사하여 "제2작업" 시트의 「B2」 셀부터 모두 붙여넣기를 한 후 다음의 조건과 같이 작업하시오.

▶ 소스파일 : Part 01\Chapter 04\문제05.xlsx   ▶ 완성파일 : Part 01\Chapter 04\문제05_완성.xlsx

《조건》

(1) 고급 필터 - 대륙이 '북미'이거나, 개최 횟수(단위:회)가 '20' 이하인 자료의 영화제 명칭, 주최국, 예상 관객수, 개최 횟수(단위:회) 데이터만 추출하시오.
　　　　　　 - 조건 범위 : 「B14」 셀부터 입력하시오.
　　　　　　 - 복사 위치 : 「B18」 셀부터 나타나도록 하시오.

(2) 표 서식 - 고급필터의 결과셀을 채우기 없음으로 설정한 후 '표 스타일 보통 6'의 서식을 적용하시오.
　　　　　 - 머리글 행, 줄무늬 행을 적용하시오.

6 "제1작업" 시트의 「B4:H12」 영역을 복사하여 "제2작업" 시트의 「B2」 셀부터 모두 붙여넣기를 한 후 다음의 조건과 같이 작업하시오.

▶ 소스파일 : Part 01\Chapter 04\문제06.xlsx   ▶ 완성파일 : Part 01\Chapter 04\문제06_완성.xlsx

《조건》

(1) 고급 필터 - 구분이 '회계'이거나, 수강료(단위:원)가 '100,000' 이하인 자료의 강좌명, 강사명, 수강인원, 수강료(단위:원) 데이터만 추출하시오.
　　　　　　 - 조건 범위 : 「B14」 셀부터 입력하시오.
　　　　　　 - 복사 위치 : 「B18」 셀부터 나타나도록 하시오.

(2) 표 서식 - 고급필터의 결과셀을 채우기 없음으로 설정한 후 '표 스타일 보통 7'의 서식을 적용하시오.
　　　　　 - 머리글 행, 줄무늬 행을 적용하시오.

Chapter 05 목표값 찾기

◆ 목표값 찾기의 수식 입력하기   ◆ 목표값 찾기

▶ 소스파일 : Part 01\Chapter 05\Ch05.xlsx   ▶ 완성파일 : Part 01\Chapter 05\Ch05_완성.xlsx

☞ "제1작업" 시트의 「B4:H12」영역을 복사하여 "제2작업" 시트의 「B2」셀부터 모두 붙여넣기를 한 후 다음의 조건과 같이 작업하시오.

출력 형태

제품코드	제품명	제조사	용기	판매가격	환산가격(1g)	판매수량(단위:개)
NG43-411	너구리	농심	종이(외면)	1,260원	6.8	1,562
NP96-451	신라면	농심	폴리스틸렌	800원	7.7	2,465
PL11-542	롯데라면컵	팔도	종이(외면)	750원	7.6	954
RT27-251	진라면순한맛	오뚜기	종이(외면)	950원	7.0	2,056
DT49-211	참깨라면	오뚜기	종이(외면)	840원	8.6	1,625
PL13-252	손짬뽕컵	팔도	폴리스틸렌수지	1,280원	11.0	865
PL11-422	공화춘짬뽕	팔도	폴리스틸렌	1,280원	11.1	1,245
NA21-451	육개장	농심	폴리스틸렌	850원	11.0	1,432
농심의 판매가격 평균						970

조건

(1) 목표값 찾기 - 「B11:G11」 셀을 병합하여 "농심의 판매가격 평균"을 입력한 후 「H11」 셀에
　　　　　　　　농심의 판매가격 평균을 구하시오. 단, 조건은 입력데이터를 이용하시오
　　　　　　　　(DAVERAGE 함수, 테두리, 가운데 맞춤).
　　　　　　 - '농심의 판매가격 평균'이 '970'이 되려면 너구리의 판매가격이 얼마가 되어야 하는지
　　　　　　　　목표값을 구하시오.

> **체크! 체크!**
>
> 〔필터 및 서식〕
>
> ■ 목표값 찾기의 수식 입력하기
> - B11:G11셀을 병합한 후 텍스트를 입력한 다음 B11:H11셀을 선택하고 테두리(모든 테두리(⊞))를 지정합니다.
> - 목표값 찾기를 하기 위한 수식(함수)을 작성합니다.
>   (함수를 잘못 작성할 경우 목표값 찾기가 되지 않습니다.)
>
> ■ 목표값 찾기
> - 목표값 찾기를 통해 찾는 값을 구합니다.
>   수식 셀은 '찾고자 하는 결과 값을 반환해 주는 셀'을 지정, 찾는 값은 '목표값을 입력', 값을 바꿀 셀은 '목표값을 찾기 위해 값이 변경되어야 할 셀'

STEP 01 목표값 찾기의 수식 입력하기

〈조건〉 ☞ "제1작업" 시트의 「B4:H12」영역을 복사하여 "제2작업" 시트의 「B2」셀부터 모두 붙여넣기를 한 후 다음의 조건과 같이 작업하시오.

1 〔제1작업〕 시트의 B4:H12셀 범위를 복사하기 위해 시트 탭에서 **〔제1작업〕 시트를 선택**한 후 **B4:H12셀 범위를 선택**한 다음 〔홈〕 탭-〔클립보드〕 그룹에서 **〔복사(📋)〕를 클릭**합니다.

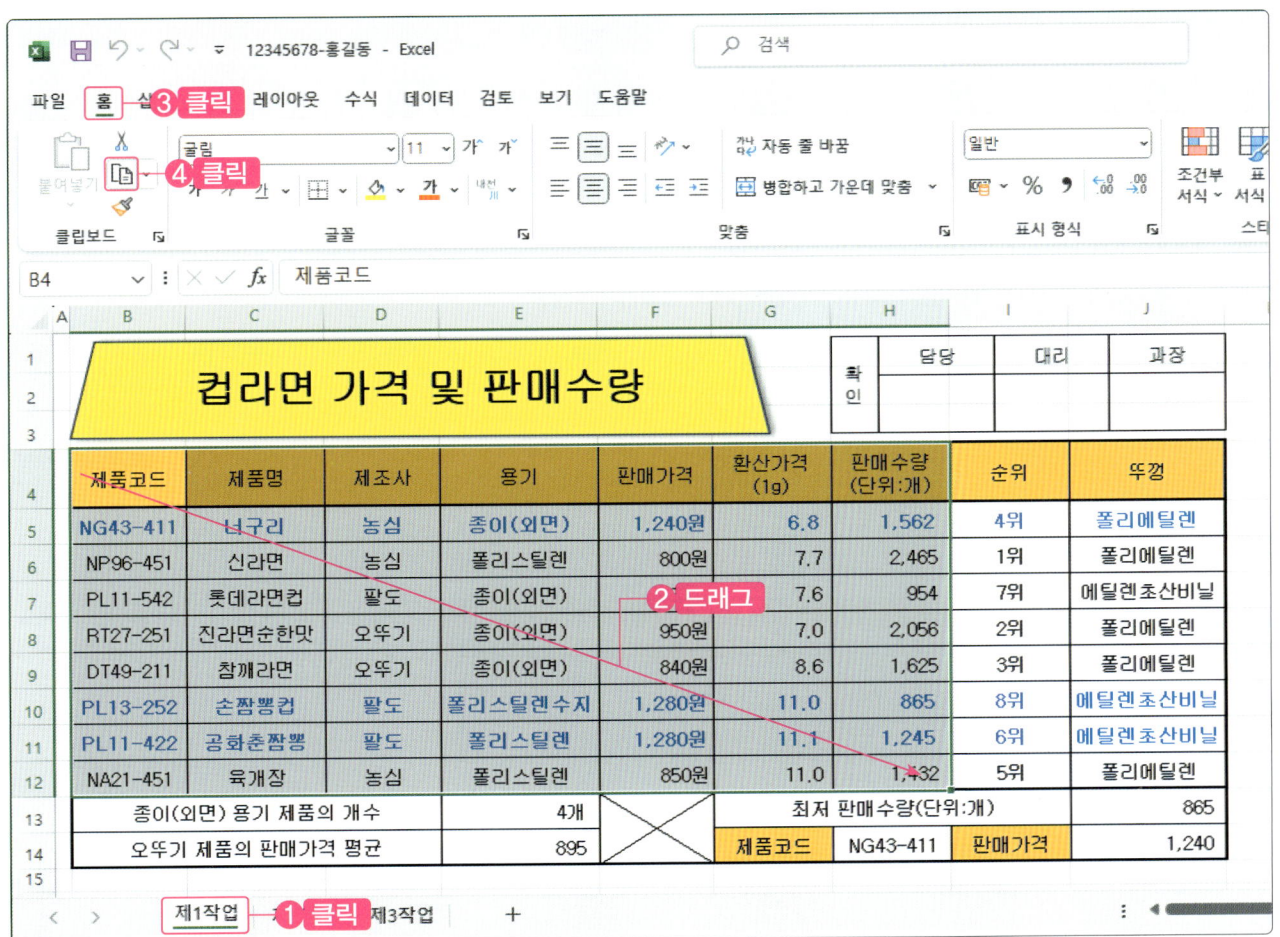

> Ctrl+C를 눌러 〔제1작업〕 시트의 B4:H12셀 범위를 복사할 수도 있습니다.

<조건> ☞ "제1작업" 시트의 「B4:H12」영역을 복사하여 "제2작업" 시트의 「B2」셀부터 모두 붙여넣기를 한 후 다음의 조건과 같이 작업하시오.

2 〔제2작업〕 시트의 B2셀에 붙여넣기 위해 시트 탭에서 〔**제2작업**〕 **시트를 선택**한 후 **B2셀을 선택**한 다음 〔홈〕 탭-〔클립보드〕 그룹에서 〔**붙여넣기**〕**를 클릭**합니다.

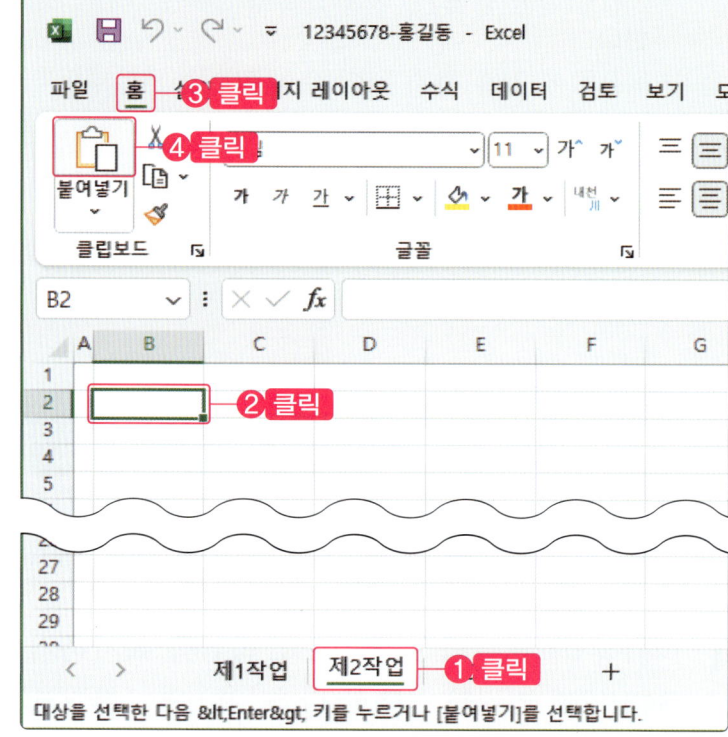

> Ctrl+V를 눌러 〔제1작업〕 시트의 B4:H12셀 범위를 〔제2작업〕 시트의 B2셀에 붙여넣을 수도 있습니다.

3 〔제1작업〕 시트의 B:H열 너비를 그대로 적용하기 위해 〔홈〕 탭-〔클립보드〕 그룹에서 〔**붙여넣기**〕의 〔**목록(˅)**〕 **단추를 클릭**한 후 〔**원본 열 너비 유지**〕**를 클릭**합니다.

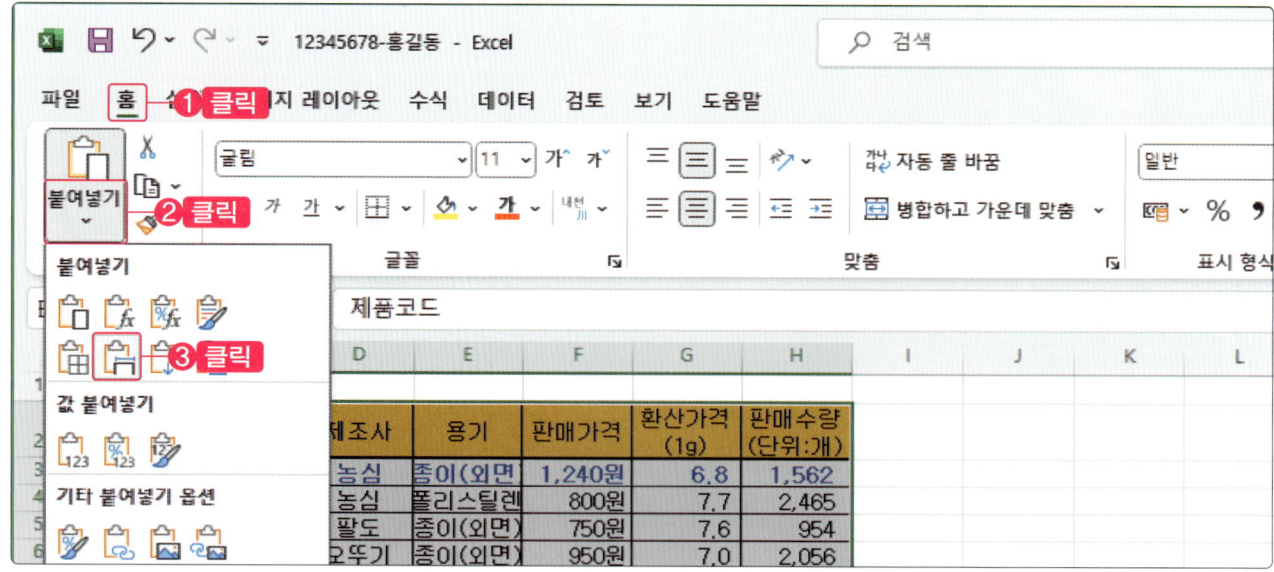

> - Ctrl+Alt+V를 눌러 〔제1작업〕 시트의 B:H열 너비를 그대로 적용할 수도 있습니다.
> - 선택하여 붙여넣기를 사용하면 수식, 값, 열 너비 등만 선택하여 붙여넣을 수 있습니다. 〔제1작업〕 시트의 B4:H12셀 범위를 복사하여 〔제2작업〕 시트의 B2셀에 붙여넣은 후 〔제1작업〕 시트의 B:H열 너비를 그대로 적용하기 위해 선택하여 붙여넣기를 사용한 것입니다.

〈조건〉 (1) 목표값 찾기 – 「B11:G11」 셀을 병합하여 "농심의 판매가격 평균"을 입력한 후 「H11」 셀에 농심의 판매가격 평균을 구하시오. 단, 조건은 입력데이터를 이용하시오 (DAVERAGE 함수, 테두리, 가운데 맞춤).

4 맞춤 서식을 지정하기 위해 **B11:G11셀 범위를 선택**한 후 〔홈〕 탭-〔맞춤〕 그룹에서 〔**병합하고 가운데 맞춤**(⊞)〕을 클릭합니다.

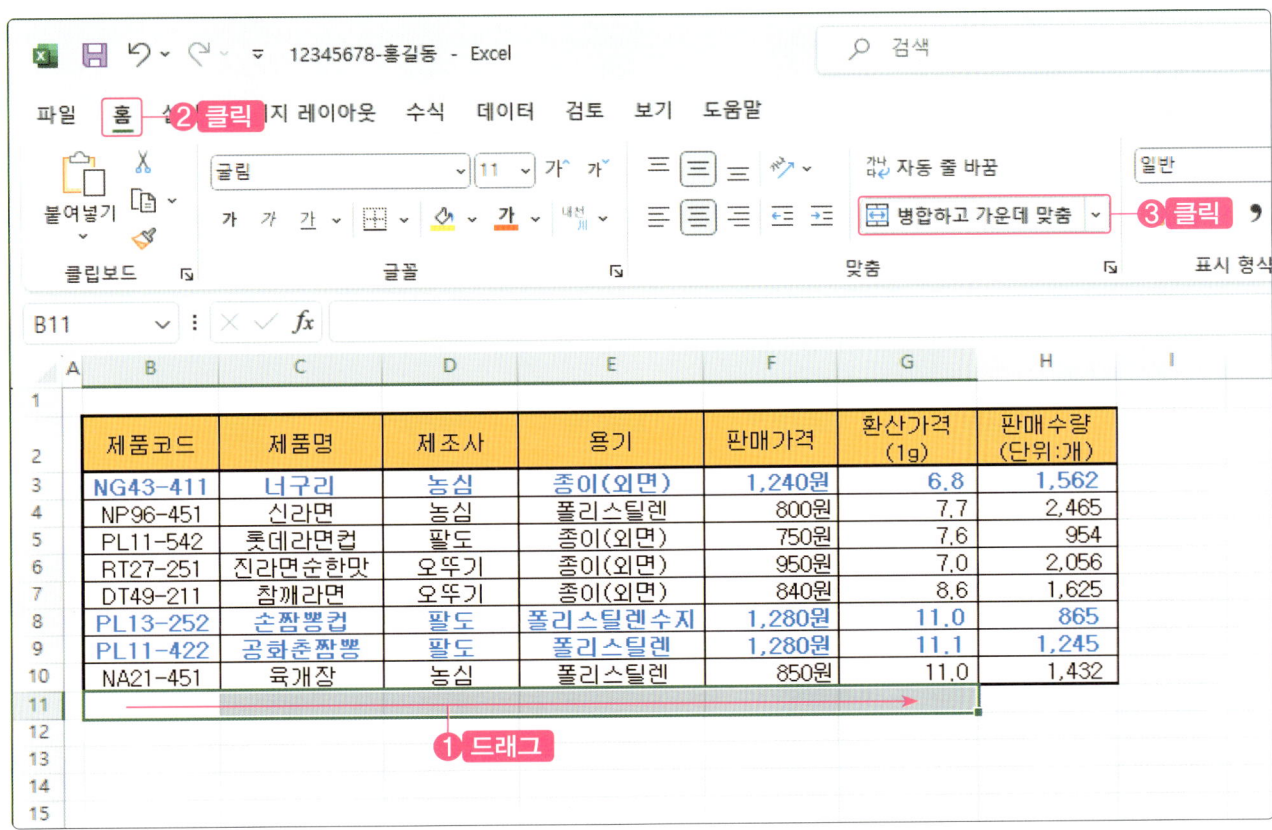

5 B11셀에 '농심의 판매가격 평균'을 입력한 후 H11셀에 '=DAVERAGE(B2:H10,5,D2:D3)'을 입력한 다음 Enter 를 누릅니다.

〈조건〉 (1) 목표값 찾기 – 「B11:G11」 셀을 병합하여 "농심의 판매가격 평균"을 입력한 후 「H11」 셀에 농심의 판매가격 평균을 구하시오. 단, 조건은 입력데이터를 이용하시오 (DAVERAGE 함수, 테두리, 가운데 맞춤).

6 테두리 서식을 지정하기 위해 **B11:H11셀 범위를 선택**한 후 〔홈〕 탭－〔글꼴〕 그룹에서 〔테두리〕의 〔목록(˅)〕 단추를 클릭한 다음 〔모든 테두리(⊞)〕를 클릭합니다.

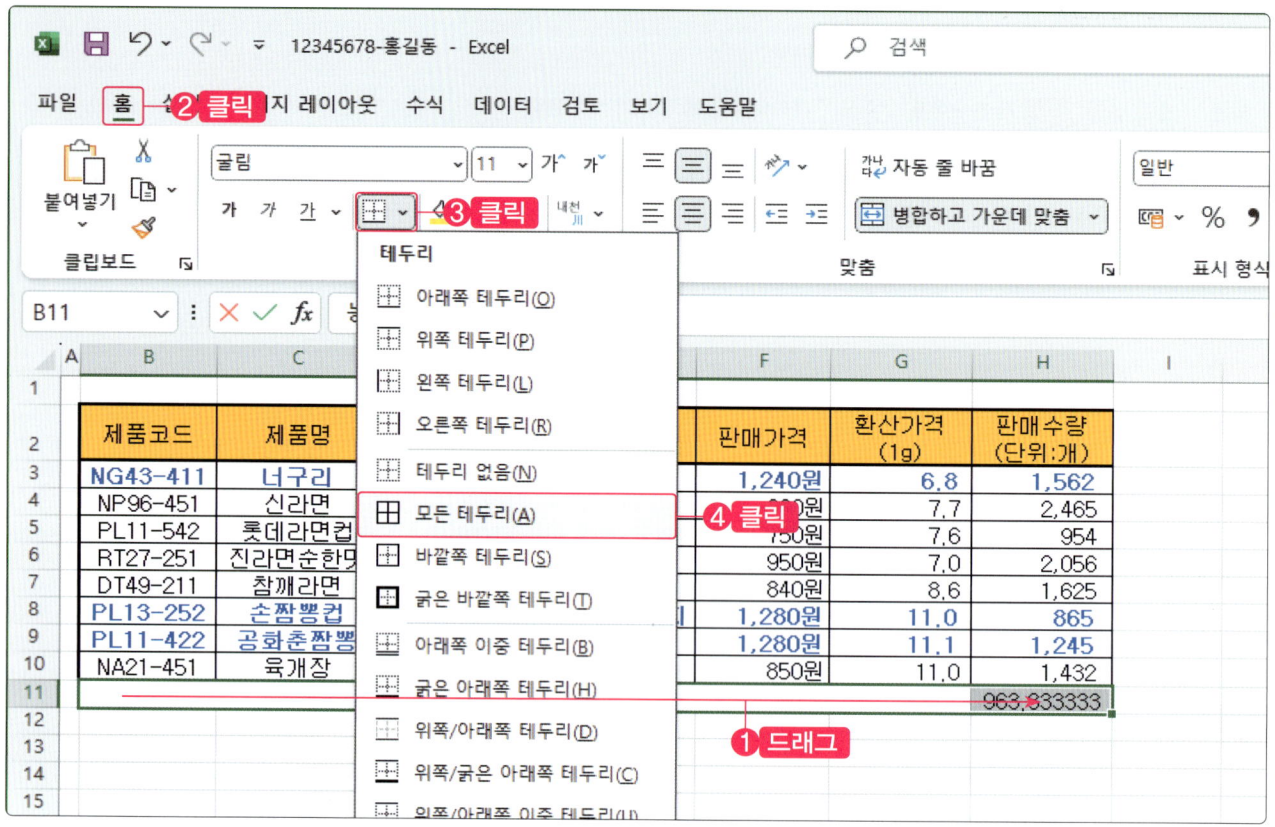

7 다음과 같이 테두리 서식이 지정됩니다.

	A	B	C	D	E	F	G	H	I
1									
2		제품코드	제품명	제조사	용기	판매가격	환산가격 (1g)	판매수량 (단위:개)	
3		NG43-411	너구리	농심	종이(외면)	1,240원	6.8	1,562	
4		NP96-451	신라면	농심	폴리스틸렌	800원	7.7	2,465	
5		PL11-542	롯데라면컵	팔도	종이(외면)	750원	7.6	954	
6		RT27-251	진라면순한맛	오뚜기	종이(외면)	950원	7.0	2,056	
7		DT49-211	참깨라면	오뚜기	종이(외면)	840원	8.6	1,625	
8		PL13-252	손짬뽕컵	팔도	폴리스틸렌수지	1,280원	11.0	865	
9		PL11-422	공화춘짬뽕	팔도	폴리스틸렌	1,280원	11.1	1,245	
10		NA21-451	육개장	농심	폴리스틸렌	850원	11.0	1,432	
11		농심의 판매가격 평균						963.333333	
12									
13									
14									
15									

STEP 02 목표값 찾기

[조건] (1) 목표값 찾기 – '농심의 판매가격 평균'이 '970'이 되려면 너구리의 판매가격이 얼마가 되어야 하는지 목표값을 구하시오.

1 목표값을 찾기 위해 [데이터] 탭-[예측] 그룹에서 [가상 분석]을 클릭한 후 [목표값 찾기]를 클릭합니다.

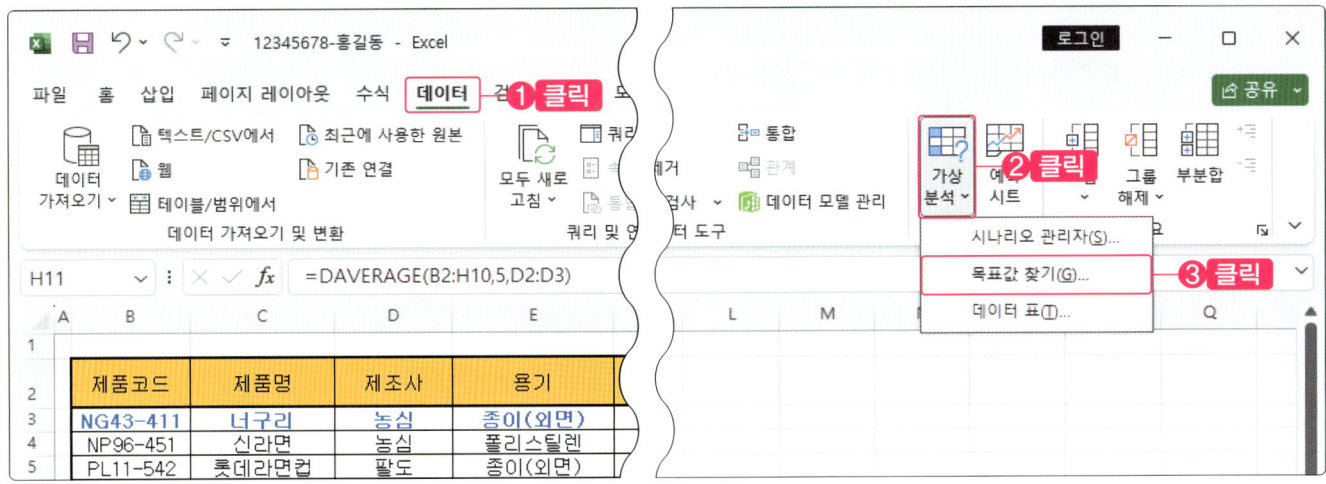

> 목표값 찾기는 결과값은 알지만 결과값을 구하는데 필요한 입력값을 모르는 경우에 사용하는 기능입니다.

2 [목표값 찾기] 대화상자가 나타나면 **수식 셀($H$11), 찾는 값(970), 값을 바꿀 셀($F$3)을 입력**한 후 [확인] 단추를 클릭합니다. 그런 다음 [목표값 찾기 상태] 대화상자가 나타나면 [확인] 단추를 클릭합니다.

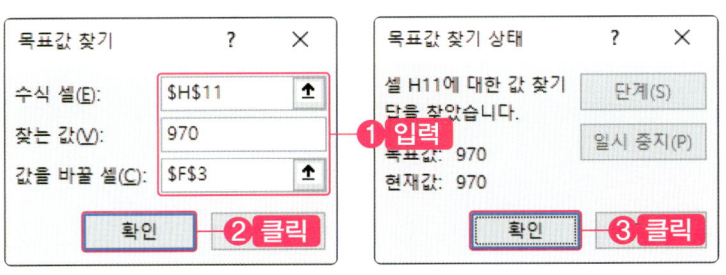

- **수식 셀** : 원하는 결과값이 표시되는 셀을 입력합니다. 수식 셀에는 반드시 수식이 입력되어 있어야 합니다.
- **찾는 값** : 원하는 결과값을 입력합니다.
- **값을 바꿀 셀** : 원하는 결과값을 구하기 위해 변경되는 값이 있는 셀을 입력합니다.

3 다음과 같이 너구리의 판매가격이 변경되어 목표값이 계산됩니다.

제품코드	제품명	제조사	용기	판매가격	환산가격 (1g)	판매수량 (단위:개)
NG43-411	너구리	농심	종이(외면)	1,260원	6.8	1,562
NP96-451	신라면	농심	폴리스틸렌	800원	7.7	2,465
PL11-542	롯데라면컵	팔도	종이(외면)	750원	7.6	954
RT27-251	진라면순한맛	오뚜기	종이(외면)	950원	7.0	2,056
DT49-211	참깨라면	오뚜기	종이(외면)	840원	8.6	1,625
PL13-252	손짬뽕컵	팔도	폴리스틸렌수지	1,280원	11.0	865
PL11-422	공화춘짬뽕	팔도	폴리스틸렌	1,280원	11.1	1,245
NA21-451	육개장	농심	폴리스틸렌	850원	11.0	1,432
농심의 판매가격 평균						970

실전문제유형

Practical question type

EXCEL 2021

1 "제1작업" 시트의 「B4:H12」 영역을 복사하여 "제2작업" 시트의 「B2」 셀부터 모두 붙여넣기를 한 후 다음의 조건과 같이 작업하시오.

▶ 소스파일 : Part 01\Chapter 05\문제01.xlsx   ▶ 완성파일 : Part 01\Chapter 05\문제01_완성.xlsx

《조건》

(1) 목표값 찾기 - 「B11:G11」 셀을 병합하여 "욕실의 총공사비 평균"을 입력한 후 「H11」 셀에 욕실의 총공사비 평균을 구하시오. 단, 조건은 입력데이터를 이용하시오 (DAVERAGE 함수, 테두리, 가운데 맞춤).
- '욕실의 총공사비 평균'이 '8,000,000'이 되려면 화이트빌의 총공사비가 얼마가 되어야 하는지 목표값을 구하시오.

2 "제1작업" 시트의 「B4:H12」 영역을 복사하여 "제2작업" 시트의 「B2」 셀부터 모두 붙여넣기를 한 후 다음의 조건과 같이 작업하시오.

▶ 소스파일 : Part 01\Chapter 05\문제02.xlsx   ▶ 완성파일 : Part 01\Chapter 05\문제02_완성.xlsx

《조건》

(1) 목표값 찾기 - 「B11:G11」 셀을 병합하여 "영업부의 출장비(단위:원) 평균"을 입력한 후 「H11」 셀에 영업부의 출장비(단위:원) 평균을 구하시오. 단, 조건은 입력데이터를 이용하시오 (DAVERAGE 함수, 테두리, 가운데 맞춤).
- '영업부의 출장비(단위:원) 평균'이 '300,000'이 되려면 민시후의 출장비(단위:원)가 얼마가 되어야 하는지 목표값을 구하시오.

Practical question type
실전문제유형

3 "**제1작업**" 시트의 「**B4:H12**」 영역을 복사하여 "**제2작업**" 시트의 「B2」 셀부터 모두 붙여넣기를 한 후 다음의 조건과 같이 작업하시오.

▶ 소스파일 : Part 01\Chapter 05\문제03.xlsx   ▶ 완성파일 : Part 01\Chapter 05\문제03_완성.xlsx

《조건》

(1) 목표값 찾기 - 「B11:G11」 셀을 병합하여 "르노코리아의 렌트비용(단위:원) 평균"을 입력한 후 「H11」 셀에 르노코리아의 렌트비용(단위:원) 평균을 구하시오.
단, 조건은 입력데이터를 이용하시오(DAVERAGE 함수, 테두리, 가운데 맞춤).
- '르노코리아의 렌트비용(단위:원) 평균'이 '230,000'이 되려면
SM3의 렌트비용(단위:원)이 얼마가 되어야 하는지 목표값을 구하시오.

4 "**제1작업**" 시트의 「**B4:H12**」 영역을 복사하여 "**제2작업**" 시트의 「B2」 셀부터 모두 붙여넣기를 한 후 다음의 조건과 같이 작업하시오.

▶ 소스파일 : Part 01\Chapter 05\문제04.xlsx   ▶ 완성파일 : Part 01\Chapter 05\문제04_완성.xlsx

《조건》

(1) 목표값 찾기 - 「B11:G11」 셀을 병합하여 "교육의 활동비(단위:원) 평균"을 입력한 후 「H11」 셀에 교육의 활동비(단위:원) 평균을 구하시오. 단, 조건은 입력데이터를 이용하시오 (DAVERAGE 함수, 테두리, 가운데 맞춤).
- '교육의 활동비(단위:원)'이 '130,000'이 되려면 이지은의 활동비가 얼마가 되어야 하는지 목표값을 구하시오.

5

"제1작업" 시트의 「B4:H12」 영역을 복사하여 **"제2작업"** 시트의 「B2」 셀부터 모두 붙여넣기를 한 후 다음의 조건과 같이 작업하시오.

▶ 소스파일 : Part 01\Chapter 05\문제05.xlsx   ▶ 완성파일 : Part 01\Chapter 05\문제05_완성.xlsx

《조건》

(1) 목표값 찾기 - 「B11:G11」 셀을 병합하여 "북미의 예상 관객수 평균"을 입력한 후 「H11」 셀에 북미의 예상 관객수 평균을 구하시오. 단, 조건은 입력데이터를 이용하시오 (DAVERAGE 함수, 테두리, 가운데 맞춤).
- '북미의 예상 관객수 평균'이 '300,000'이 되려면 캐나다의 예상 관객수가 얼마가 되어야 하는지 목표값을 구하시오.

6

"제1작업" 시트의 「B4:H12」 영역을 복사하여 **"제2작업"** 시트의 「B2」 셀부터 모두 붙여넣기를 한 후 다음의 조건과 같이 작업하시오.

▶ 소스파일 : Part 01\Chapter 05\문제06.xlsx   ▶ 완성파일 : Part 01\Chapter 05\문제06_완성.xlsx

《조건》

(1) 목표값 찾기 - 「B11:G11」 셀을 병합하여 "어학의 수강인원 평균"을 입력한 후 「H11」 셀에 어학의 수강인원 평균을 구하시오. 단, 조건은 입력데이터를 이용하시오 (DAVERAGE 함수, 테두리, 가운데 맞춤).
- '어학의 수강인원 평균'이 '30'이 되려면 김은희의 수강인원이 얼마가 되어야 하는지 목표값을 구하시오.

7 "제1작업" 시트의 「B4:H12」 영역을 복사하여 "제2작업" 시트의 「B2」 셀부터 모두 붙여넣기를 한 후 다음의 조건과 같이 작업하시오.

▶ 소스파일 : Part 01\Chapter 05\문제07.xlsx ▶ 완성파일 : Part 01\Chapter 05\문제07_완성.xlsx

《조건》

(1) 목표값 찾기 - 「B11:G11」 셀을 병합하여 "환산점수의 전체 평균"을 입력한 후 「H11」 셀에 환산점수의 전체 평균을 구하시오(AVERAGE 함수, 테두리, 가운데 맞춤).
- '환산점수의 전체 평균'이 '3.6'이 되려면 인문 일반의 환산점수가 얼마가 되어야 하는지 목표값을 구하시오.

8 "제1작업" 시트의 「B4:H12」 영역을 복사하여 "제2작업" 시트의 「B2」 셀부터 모두 붙여넣기를 한 후 다음의 조건과 같이 작업하시오.

▶ 소스파일 : Part 01\Chapter 05\문제08.xlsx ▶ 완성파일 : Part 01\Chapter 05\문제08_완성.xlsx

《조건》

(1) 목표값 찾기 - 「B11:G11」 셀을 병합하여 "연면적(제곱미터)의 전체 평균"을 입력한 후 「H11」 셀에 연면적(제곱미터)의 전체 평균을 구하시오(AVERAGE 함수, 테두리, 가운데 맞춤).
- '연면적(제곱미터)의 전체 평균'이 '361,000'이 되려면 CTF 빌딩의 연면적(제곱미터)이 얼마가 되어야 하는지 목표값을 구하시오.

Chapter 06 정렬 및 부분합

◆ 데이터 정렬하기　　　　◆ 부분합 구하기

▶ 소스파일 : Part 01\Chapter 06\Ch06.xlsx　　▶ 완성파일 : Part 01\Chapter 06\Ch06_완성.xlsx

☞ "제1작업" 시트의 「B4:H12」영역을 복사하여 "제3작업" 시트의 「B2」셀부터 모두 붙여넣기를 한 후 다음의 조건과 같이 작업하시오.

출력 형태

제품코드	제품명	제조사	용기	판매가격	환산가격(1g)	판매수량(단위:개)
PL11-542	롯데라면컵	팔도	종이(외면)	750원	7.6	954
PL13-252	손짬뽕컵	팔도	폴리스틸렌수지	1,280원	11.0	865
PL11-422	공화춘짬뽕	팔도	폴리스틸렌	1,280원	11.1	1,245
		팔도 평균				1,021
	3	팔도 개수				
RT27-251	진라면순한맛	오뚜기	종이(외면)	950원	7.0	2,056
DT49-211	참깨라면	오뚜기	종이(외면)	840원	8.6	1,625
		오뚜기 평균				1,841
	2	오뚜기 개수				
NG43-411	너구리	농심	종이(외면)	1,240원	6.8	1,562
NP96-451	신라면	농심	폴리스틸렌	800원	7.7	2,465
NA21-451	육개장	농심	폴리스틸렌	850원	11.0	1,432
		농심 평균				1,820
	3	농심 개수				
		전체 평균				1,526
	8	전체 개수				

조건

(1) 부분합 - ≪출력형태≫처럼 정렬하고, 제품명의 개수와 판매수량(단위:개)의 평균을 구하시오.
(2) 개요【윤곽】- 지우시오.
(3) 나머지 사항은 ≪출력형태≫에 맞게 작성하시오.

> **체크! 체크!**
>
> 〔정렬 및 부분합〕
>
> ■ 데이터 정렬하기
>   • 부분합을 하기 위해서는 부분합 할 항목으로 오름차순 또는 내림차순 정렬을 합니다.
>   • 2개 이상의 정렬을 지정하는 방법에 대해 숙지합니다.
> ■ 부분합 구하기
>   • 부분합의 아래쪽 위치한 항목을 먼저 지정합니다.
>   • 두 번째 부분합을 지정할 때 〔새로운 값으로 대치〕를 선택 해제해야 합니다.
>   (새로운 값으로 대치를 선택 해제하지 않을 경우 첫 번째 작성한 부분합이 두 번째 작성한 부분합으로 대치됩니다.)

STEP 01 데이터 정렬하기

〈조건〉 ☞ "제1작업" 시트의 「B4:H12」영역을 복사하여 "제3작업" 시트의 「B2」셀부터 모두 붙여넣기를 한 후 다음의 조건과 같이 작업하시오.

1 〔제1작업〕 시트의 B4:H12셀 범위를 복사하여 〔제3작업〕 시트의 B2셀에 붙여넣은 후 〔제1작업〕 시트의 B:H열 너비를 그대로 적용합니다.

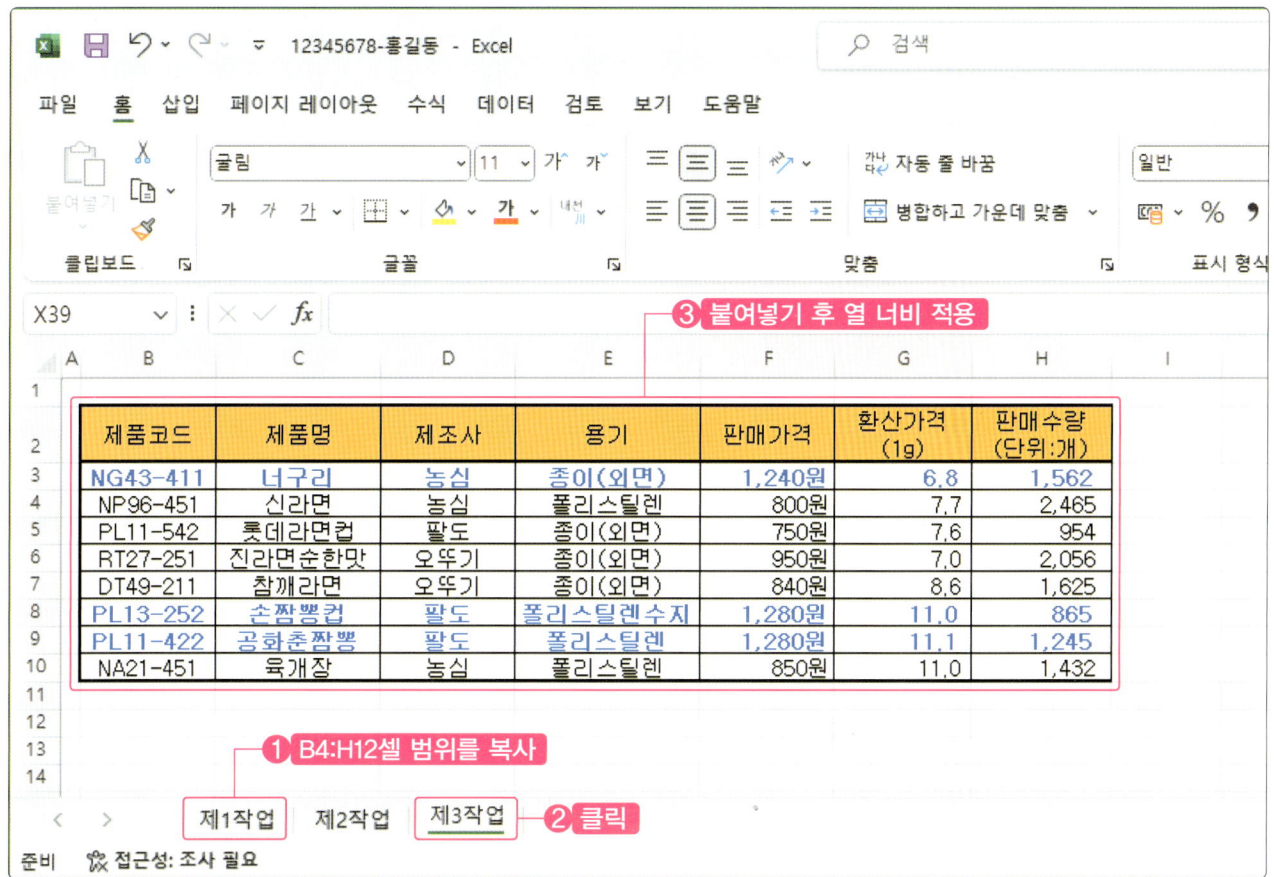

Chapter 06 • 정렬 및 부분합 **91**

〈조건〉 (1) 부분합 - 《출력형태》처럼 정렬하고, 제품명의 개수와 판매수량(단위:개)의 평균을 구하시오.

2 제조사를 기준으로 내림차순 정렬하기 위해 **D2셀을 선택**한 후 [데이터] 탭-[정렬 및 필터] 그룹에서 [**텍스트 내림차순 정렬(힣↓)**]을 클릭합니다.

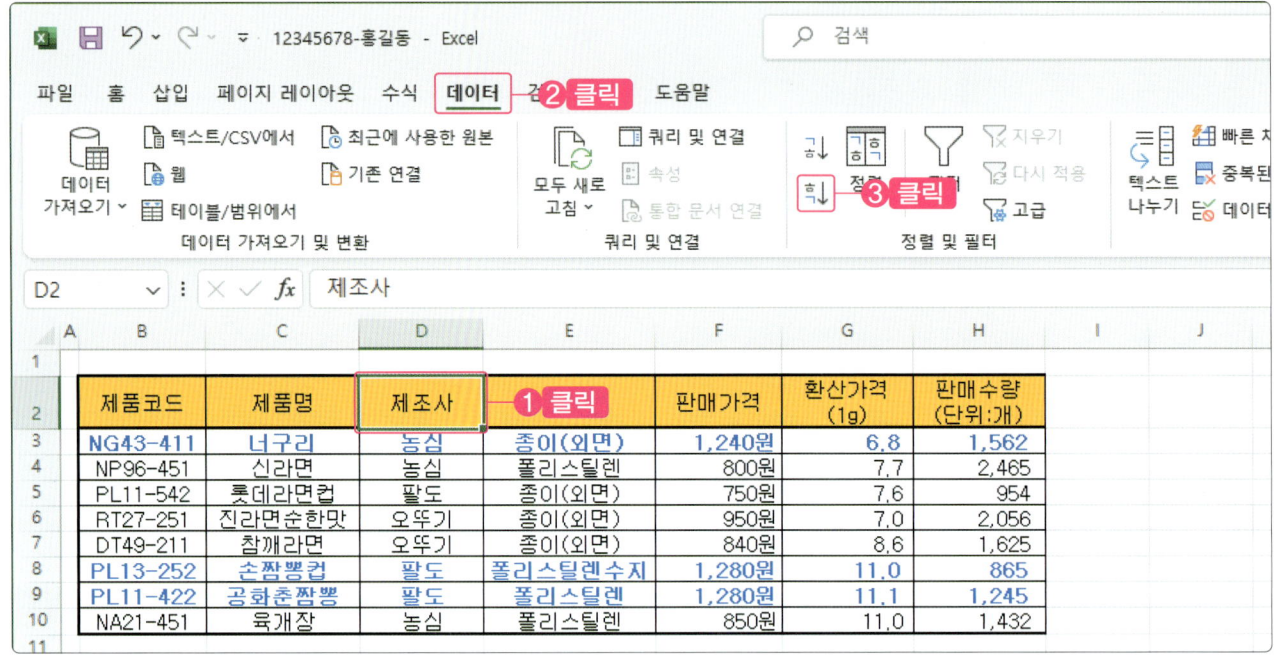

- 정렬은 데이터를 일정한 순서에 의해 차례대로 재배열하는 기능입니다.
- 《출력형태》를 보면 제조사 기준으로 내림차순 정렬(팔도, 오뚜기, 농심 순)된 것을 확인할 수 있습니다.
- D2셀을 선택한 후 [데이터] 탭-[정렬 및 필터] 그룹에서 [텍스트 오름차순 정렬(긁↓)]을 클릭하면 제조사를 기준으로 오름차순 정렬을 할 수 있습니다.

한가지 더!

정렬 순서

정렬에는 작은 값에서 큰 값 순으로 재배열하는 오름차순 정렬과 큰 값에서 작은 값 순으로 재배열하는 내림차순 정렬이 있습니다.

- **오름차순 정렬** : 숫자(작은 숫자 → 큰 숫자) ➡ 문자(A → Z → ㄱ → ㅎ) ➡ 논리값(FALSE → TRUE) ➡ 오류값 ➡ 빈 셀(데이터가 없는 셀)
- **내림차순 정렬** : 오류값 ➡ 논리값(TRUE → FALSE) ➡ 문자(ㅎ → ㄱ → Z → A) ➡ 숫자(큰 숫자 → 작은 숫자) ➡ 빈 셀(데이터가 없는 셀)

3 다음과 같이 제조사를 기준으로 내림차순 정렬됩니다.

제품코드	제품명	제조사	용기	판매가격	환산가격(1g)	판매수량(단위:개)
PL11-542	롯데라면컵	팔도	종이(외면)	750원	7.6	954
PL13-252	손짬뽕컵	팔도	폴리스틸렌수지	1,280원	11.0	865
PL11-422	공화춘짬뽕	팔도	폴리스틸렌	1,280원	11.1	1,245
RT27-251	진라면순한맛	오뚜기	종이(외면)	950원	7.0	2,056
DT49-211	참깨라면	오뚜기	종이(외면)	840원	8.6	1,625
NG43-411	너구리	농심	종이(외면)	1,240원	6.8	1,562
NP96-451	신라면	농심	폴리스틸렌	800원	7.7	2,465
NA21-451	육개장	농심	폴리스틸렌	850원	11.0	1,432

STEP 02 부분합 구하기

〔조건〕
(1) 부분합 – ≪출력형태≫처럼 정렬하고, 제품명의 개수와 판매수량(단위:개)의 평균을 구하시오.
(2) 개요【윤곽】 – 지우시오.
(3) 나머지 사항은 ≪출력형태≫에 맞게 작성하시오.

1 제조사로 제품명의 개수를 구하기 위해 **B2셀을 선택**한 후 〔데이터〕 탭-〔개요〕 그룹에서 〔**부분합( )**〕을 **클릭**합니다.

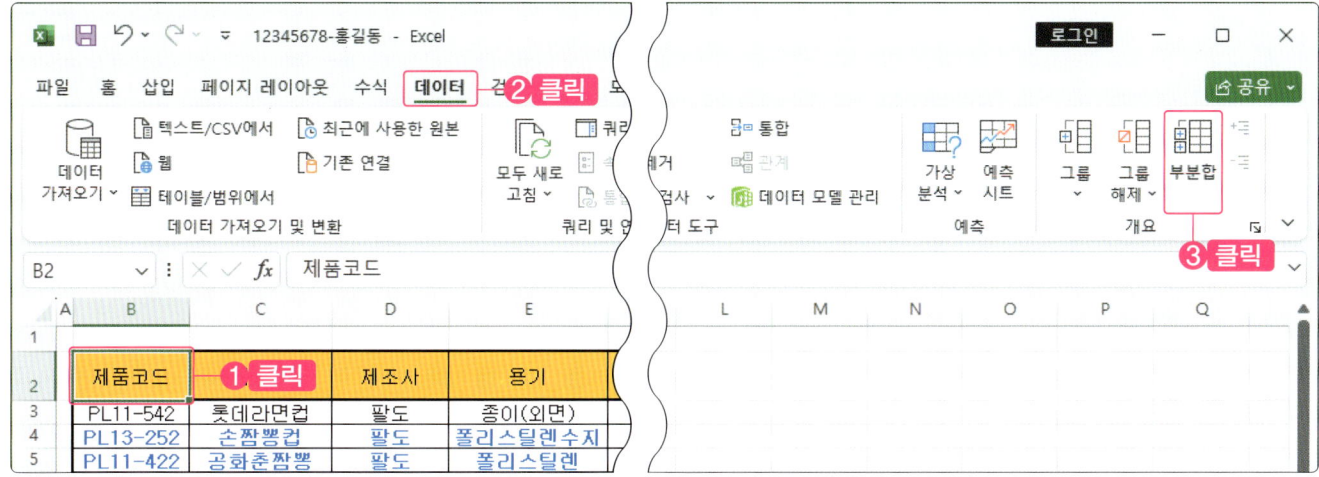

- 부분합은 데이터를 특정 항목별로 그룹화한 후 그룹별로 요약하는 기능입니다.
- 부분합을 제대로 구하려면 먼저 그룹화할 항목(여기서는 연료)을 기준으로 정렬해야 합니다.

2 〔부분합〕 대화상자가 나타나면 **그룹화할 항목(제조사), 사용할 함수(개수), 부분합 계산 항목(제품명)을 선택**한 후 〔확인〕 단추를 **클릭**합니다.

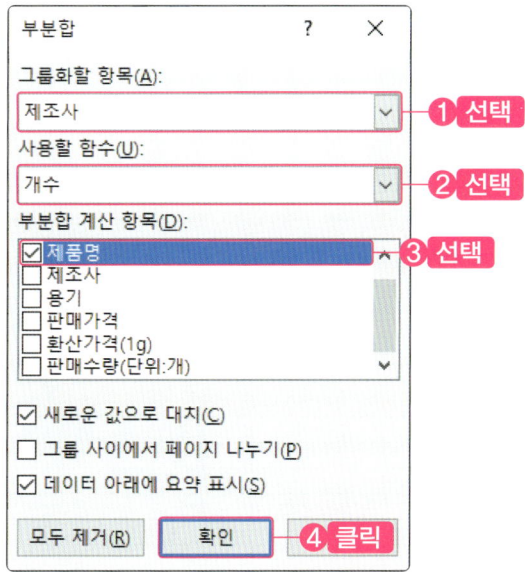

≪출력형태≫에서 아래에 있는 부분합(여기 서는 제품명의 개수)을 먼저 구해야 ≪출력 형태≫와 같이 부분합을 구할 수 있습니다.

〔부분합〕 대화상자의 항목
- **그룹화할 항목** : 데이터를 그룹화할 때 기준이 되는 항목입니다.
- **사용할 함수** : 그룹별로 계산할 때 사용할 함수입니다.
- **부분합 계산 항목** : 그룹별로 계산할 항목입니다.

<조건>
(1) 부분합 – ≪출력형태≫처럼 정렬하고, 제품명의 개수와 판매수량(단위:개)의 평균을 구하시오.
(2) 개요【윤곽】 – 지우시오.
(3) 나머지 사항은 ≪출력형태≫에 맞게 작성하시오.

3 제조사별로 제품명의 개수가 구해지면 제조사별로 판매수량(단위:개)의 평균을 구하기 위해 〔데이터〕 탭-〔개요〕 그룹에서 **〔부분합(▦)〕을 클릭**합니다.

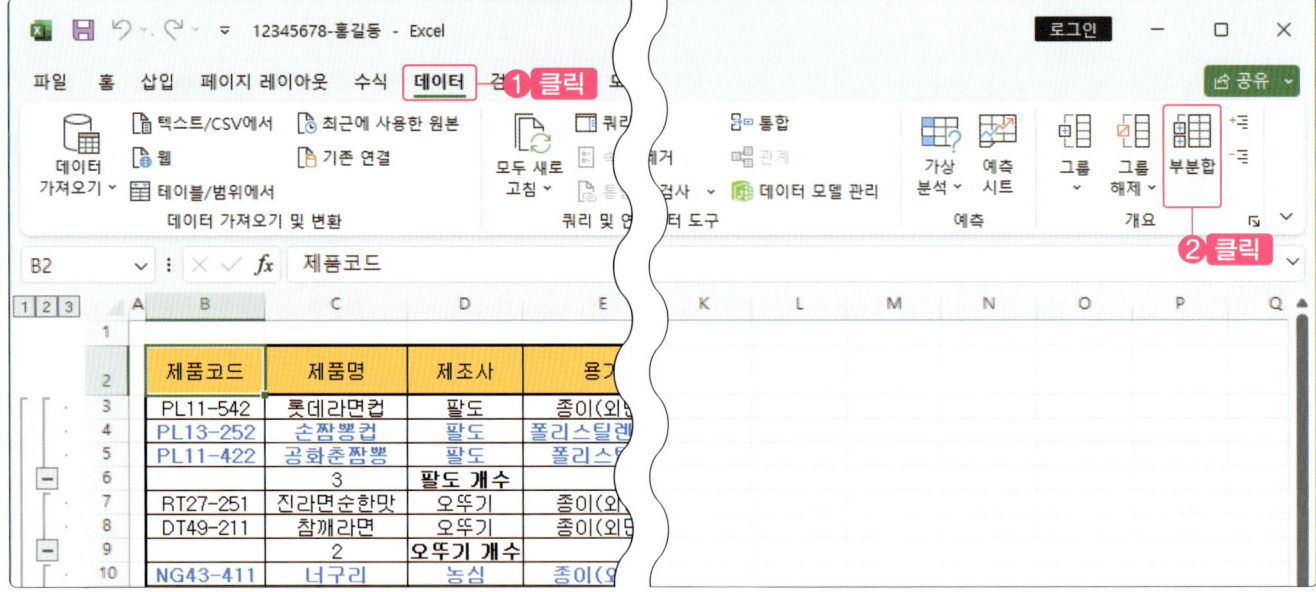

- 부분합을 구하면 워크시트 왼쪽에 하위 그룹을 숨기거나 나타나게 할 수 있는 1, 2, 3 등의 개요【윤곽】 기호가 나타납니다.
- 부분합을 잘못 구한 경우에는 〔부분합〕 대화상자에서 〔모두 제거〕 단추를 클릭하여 부분합을 제거한 후 다시 부분합을 구합니다.

한가지 더!

데이터를 그룹화할 항목을 기준으로 정렬하지 않고 부분합을 구한 경우

데이터를 그룹화할 항목인 제조사를 기준으로 정렬하지 않고 부분합을 구한 경우에는 다음과 같이 제조사가 다를 때마다 다른 그룹으로 인식하여 제조사의 개수가 구해집니다.

제품코드	제품명	제조사	용기	판매가격	환산가격(1g)	판매수량(단위:개)
NG43-411	너구리	농심	종이(외면)	1,240원	6.8	1,562
NP96-451	신라면	농심	폴리스틸렌	800원	7.7	2,465
	2	농심 개수				2
PL11-542	롯데라면컵	팔도	종이(외면)	750원	7.6	954
	1	팔도 개수				1
RT27-251	진라면순한맛	오뚜기	종이(외면)	950원	7.0	2,056
DT49-211	참깨라면	오뚜기	종이(외면)	840원	8.6	1,625
	2	오뚜기 개수				2
PL13-252	손짬뽕컵	팔도	폴리스틸렌수지	1,280원	11.0	865
PL11-422	공화춘짬뽕	팔도	폴리스틸렌	1,280원	11.1	1,245
	2	팔도 개수				2
NA21-451	육개장	농심	폴리스틸렌	850원	11.0	1,432
	1	농심 개수				1
	8	전체 개수				8

〈조건〉 (1) 부분합 – ≪출력형태≫처럼 정렬하고, 제품명의 개수와 판매수량(단위:개)의 평균을 구하시오.
(2) 개요【윤곽】 – 지우시오.
(3) 나머지 사항은 ≪출력형태≫에 맞게 작성하시오.

4 〔부분합〕 대화상자가 나타나면 **그룹화할 항목(제조사), 사용할 함수(평균), 부분합 계산 항목(제품명)을 선택 해제, 부분합 계산 항목(판매수량(단위:개))을 선택**한 후 〔새로운 값으로 대치〕를 **선택 해제**한 다음 〔확인〕단추를 클릭합니다.

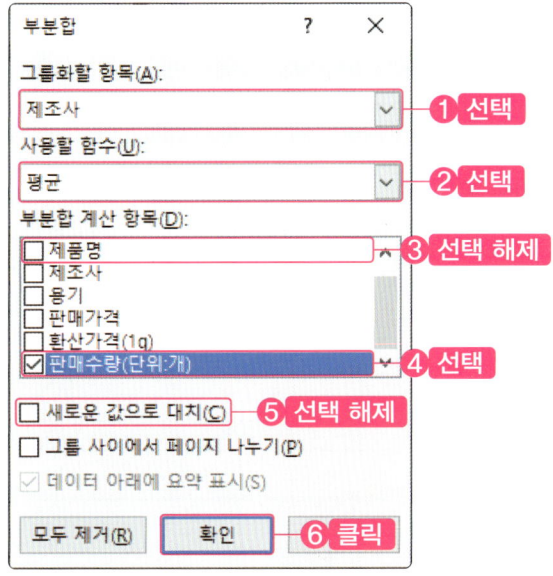

〔부분합〕 대화상자에서 〔새로운 값으로 대치〕를 선택한 경우

〔부분합〕 대화상자에서 〔새로운 값으로 대치〕를 선택한 경우에는 다음과 같이 기존에 구한 부분합(여기서는 제품명의 개수)을 제거한 후 새로 구한 부분합(여기서는 판매수량(단위:개)의 평균)이 나타나므로 반드시 선택 해제해야 합니다.

제품코드	제품명	제조사	용기	판매가격	환산가격(1g)	판매수량(단위:개)
PL11-542	롯데라면컵	팔도	종이(외면)	750원	7.6	954
PL13-252	손짬뽕컵	팔도	폴리스틸렌수지	1,280원	11.0	865
PL11-422	공화춘짬뽕	팔도	폴리스틸렌	1,280원	11.1	1,245
		팔도 평균				1,021
RT27-251	진라면순한맛	오뚜기	종이(외면)	950원	7.0	2,056
DT49-211	참깨라면	오뚜기	종이(외면)	840원	8.6	1,625
		오뚜기 평균				1,841
NG43-411	너구리	농심	종이(외면)	1,240원	6.8	1,562
NP96-451	신라면	농심	폴리스틸렌	800원	7.7	2,465
NA21-451	육개장	농심	폴리스틸렌	850원	11.0	1,432
		농심 평균				1,820
		전체 평균				1,526

〈조건〉
(1) 부분합 - ≪출력형태≫처럼 정렬하고, 제품명의 개수와 판매수량(단위:개)의 평균을 구하시오.
(2) 개요【윤곽】 - 지우시오.
(3) 나머지 사항은 ≪출력형태≫에 맞게 작성하시오.

5 제조사별로 판매수량(단위:개)의 평균이 구해지면 윤곽을 지우기 위해 〔데이터〕 탭-〔개요〕 그룹에서 〔그룹 해제〕의 〔목록(˅)〕 단추 클릭한 후 〔개요 지우기〕를 클릭합니다.

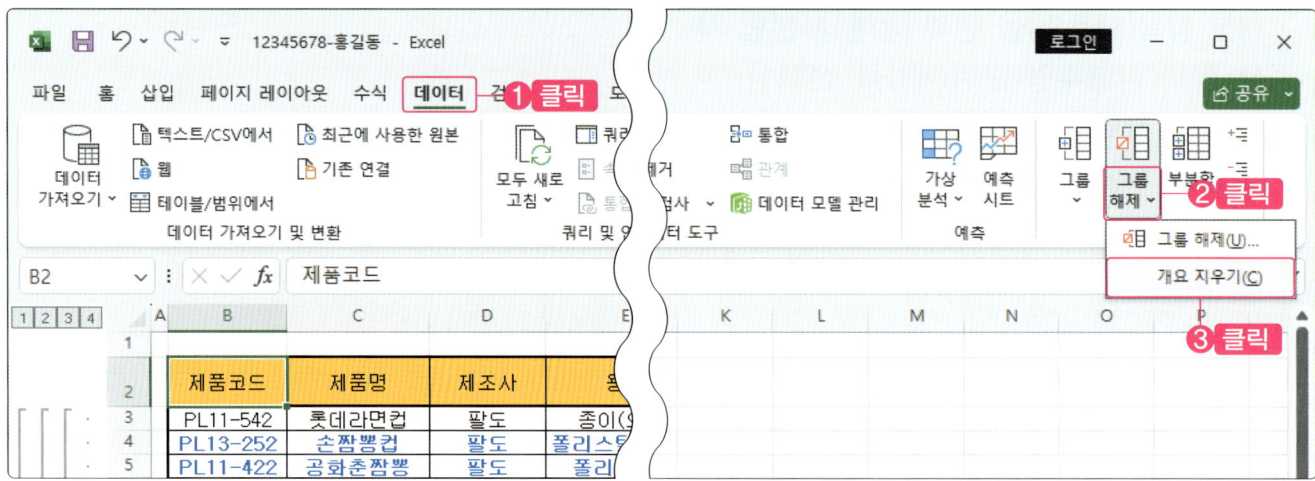

6 개요가 지워지면 D열 너비를 변경하기 위해 **D열 머리글과 E열 머리글의 경계선을 더블클릭**합니다.

열 머리글의 경계선을 더블클릭하면 열 너비가 데이터에 맞게 변경됩니다.

Practical question type
실전문제유형

EXCEL 2021

1 "**제1작업**" 시트의 「B4:H12」 영역을 복사하여 "**제3작업**" 시트의 「B2」 셀부터 모두 붙여넣기를 한 후 다음의 조건과 같이 작업하시오.

▶ 소스파일 : Part 01\Chapter 06\문제01.xlsx   ▶ 완성파일 : Part 01\Chapter 06\문제01_완성.xlsx

《조건》

(1) 부분합 - ≪출력형태≫처럼 정렬하고, 주택명의 개수와 총공사비의 평균을 구하시오.
(2) 개요【윤곽】- 지우시오.
(3) 나머지 사항은 ≪출력형태≫에 맞게 작성하시오.

《출력형태》

관리번호	주택명	지역	공사기간(일)	총공사비	공사시작일	공사내용
A1-001	아이파크	인천	13	28,850,000원	2023-02-20	전체
K2-003	한솔마을	인천	4	6,768,000원	2023-03-08	주방
		인천 평균		17,809,000원		
	2	인천 개수				
K1-001	푸르지오	서울	4	10,250,000원	2023-03-20	주방
B1-002	파크타운	서울	5	5,778,000원	2023-03-06	욕실
A2-002	그린빌	서울	17	32,170,000원	2023-02-27	전체
		서울 평균		16,066,000원		
	3	서울 개수				
B2-001	화이트빌	경기	5	8,558,000원	2023-02-06	욕실
K3-002	시그마	경기	3	7,870,000원	2023-01-30	주방
B3-003	트레스벨	경기	6	9,560,000원	2023-02-13	욕실
		경기 평균		8,662,667원		
	3	경기 개수				
		전체 평균		13,725,500원		
	8	전체 개수				

Practical question type — 실전문제유형

EXCEL 2021

2 "제1작업" 시트의 「B4:H12」 영역을 복사하여 "제3작업" 시트의 「B2」 셀부터 모두 붙여넣기를 한 후 다음의 조건과 같이 작업하시오.

▶ 소스파일 : Part 01\Chapter 06\문제02.xlsx   ▶ 완성파일 : Part 01\Chapter 06\문제02_완성.xlsx

《조건》

(1) 부분합 - ≪출력형태≫처럼 정렬하고, 사원명의 개수와 출장비(단위:원)의 평균을 구하시오.
(2) 개요【윤곽】 - 지우시오.
(3) 나머지 사항은 ≪출력형태≫에 맞게 작성하시오.

《출력형태》

A	B	C	D	E	F	G	H
	사원번호	사원명	직급	부서명	출장비 (단위:원)	출장일수	출발일자
	C10-25	한창훈	사원	인사부	128,000	2일	2024-01-21
	E10-25	박금희	대리	인사부	280,000	2일	2024-01-15
				인사부 평균	204,000		
		2		인사부 개수			
	C11-23	민시후	사원	영업부	520,000	6일	2024-01-07
	A07-01	윤정은	대리	영업부	225,000	2일	2024-01-07
	E09-53	김지은	과장	영업부	197,000	3일	2024-01-06
				영업부 평균	314,000		
		3		영업부 개수			
	A07-45	조재은	사원	기획부	415,000	3일	2024-01-03
	A08-23	한효빈	과장	기획부	546,000	5일	2024-01-17
	E09-12	김지효	대리	기획부	150,000	2일	2024-01-12
				기획부 평균	370,333		
		3		기획부 개수			
				전체 평균	307,625		
		8		전체 개수			

Practical question type — 실전문제유형

3 "제1작업" 시트의 「B4:H12」 영역을 복사하여 "제3작업" 시트의 「B2」 셀부터 모두 붙여넣기를 한 후 다음의 조건과 같이 작업하시오.

▶ 소스파일 : Part 01\Chapter 06\문제03.xlsx   ▶ 완성파일 : Part 01\Chapter 06\문제03_완성.xlsx

《조건》

(1) 부분합 - ≪출력형태≫처럼 정렬하고, 렌트차종의 개수와 렌트비용(단위:원)의 평균을 구하시오.
(2) 개요【윤곽】- 지우시오.
(3) 나머지 사항은 ≪출력형태≫에 맞게 작성하시오.

《출력형태》

	B	C	D	E	F	G	H
2	차량코드	렌트차종	출고일	제조사	렌트기간	렌트비용(단위:원)	연료
3	R-0253	스타렉스	2013-05-10	현대자동차	3일	325,000	LPG
4	L-9372	그랜저 TG	2011-02-20	현대자동차	2일	175,000	가솔린
5	L-4502	다이너스티	2010-09-30	현대자동차	1일	85,000	가솔린
6	C-6362	에쿠스	2012-05-20	현대자동차	2일	165,000	가솔린
7				현대자동차 평균		187,500	
8		4		현대자동차 개수			
9	M-0571	SM3	2015-06-10	르노코리아	5일	342,000	전기
10	R-9353	QM3	2014-03-15	르노코리아	1일	95,000	디젤
11				르노코리아 평균		218,500	
12		2		르노코리아 개수			
13	R-8133	뉴카니발	2012-12-20	기아자동차	4일	215,000	디젤
14	M-7201	K5	2010-04-15	기아자동차	4일	270,000	LPG
15				기아자동차 평균		242,500	
16		2		기아자동차 개수			
17				전체 평균		209,000	
18		8		전체 개수			

Practical question type — 실전문제유형

EXCEL 2021

4 "제1작업" 시트의 「B4:H12」 영역을 복사하여 "제3작업" 시트의 「B2」 셀부터 모두 붙여넣기를 한 후 다음의 조건과 같이 작업하시오.

▶ 소스파일 : Part 01\Chapter 06\문제04.xlsx   ▶ 완성파일 : Part 01\Chapter 06\문제04_완성.xlsx

《조건》

(1) 부분합 - ≪출력형태≫처럼 정렬하고, 팀명의 개수와 활동비(단위:원)의 평균을 구하시오.
(2) 개요【윤곽】- 지우시오.
(3) 나머지 사항은 ≪출력형태≫에 맞게 작성하시오.

《출력형태》

	A	B	C	D	E	F	G	H
1								
2		코드	팀명	지도교수	지원분야	신청일	활동비 (단위:원)	활동시간
3		C3613	자연힐링	김경호	문화	2024-09-03	65,500	115시간
4		C3615	시공담문화	장민호	문화	2024-08-25	195,000	190시간
5					문화 평균		130,250	
6			2		문화 개수			
7		E1451	지혜의 샘	이지은	교육	2024-09-01	55,000	152시간
8		E1452	메타미래	정유미	교육	2024-09-15	195,500	235시간
9		E1458	늘탐구	김철수	교육	2024-09-05	134,000	155시간
10					교육 평균		128,167	
11			3		교육 개수			
12		H2512	사물헬스케어	박순호	건강	2024-08-15	180,000	205시간
13		H2513	건강자가진단	손기현	건강	2024-08-27	178,000	170시간
14		H2518	코로나19	서영희	건강	2024-09-10	85,000	88시간
15					건강 평균		147,667	
16			3		건강 개수			
17					전체 평균		136,000	
18			8		전체 개수			
19								

5 "제1작업" 시트의 「B4:H12」 영역을 복사하여 "제3작업" 시트의 「B2」 셀부터 모두 붙여넣기를 한 후 다음의 조건과 같이 작업하시오.

▶ 소스파일 : Part 01\Chapter 06\문제05.xlsx   ▶ 완성파일 : Part 01\Chapter 06\문제05_완성.xlsx

《조건》

(1) 부분합 - ≪출력형태≫처럼 정렬하고, 영화제 명칭의 개수와 예상 관객수의 평균을 구하시오.
(2) 개요【윤곽】- 지우시오.
(3) 나머지 사항은 ≪출력형태≫에 맞게 작성하시오.

《출력형태》

	B	C	D	E	F	G	H
2	관리코드	영화제 명칭	주최국	대륙	1회 개막일자	예상 관객수	개최 횟수 (단위:회)
3	B8241	베를린 국제	독일	유럽	1951-06-06	500,000명	72
4	F7351	칸	프랑스	유럽	1946-09-20	650,000명	75
5	V2411	베네치아 국제	이탈리아	유럽	1932-08-06	700,000명	79
6				유럽 평균		616,667명	
7		3		유럽 개수			
8	B1543	베이징 국제	중국	아시아	2011-04-23	300,000명	12
9	B1453	부산 국제	한국	아시아	1996-09-13	180,000명	27
10	J6653	전주 국제	한국	아시아	2000-04-28	80,000명	23
11				아시아 평균		186,667명	
12		3		아시아 개수			
13	T6522	토론토 국제	캐나다	북미	1976-10-18	500,000명	47
14	S6323	선댄스	미국	북미	1985-01-20	70,000명	38
15				북미 평균		285,000명	
16		2		북미 개수			
17				전체 평균		372,500명	
18		8		전체 개수			

실전문제유형

Practical question type

EXCEL 2021

6 "제1작업" 시트의 「B4:H12」 영역을 복사하여 "제3작업" 시트의 「B2」 셀부터 모두 붙여넣기를 한 후 다음의 조건과 같이 작업하시오.

▶ 소스파일 : Part 01\Chapter 06\문제06.xlsx   ▶ 완성파일 : Part 01\Chapter 06\문제06_완성.xlsx

《조건》

(1) 부분합 - ≪출력형태≫처럼 정렬하고, 강좌명의 개수와 수강료(단위:원)의 평균을 구하시오.
(2) 개요【윤곽】- 지우시오.
(3) 나머지 사항은 ≪출력형태≫에 맞게 작성하시오.

《출력형태》

	B	C	D	E	F	G	H
2	강좌코드	강좌명	강사명	구분	수강인원	개강일	수강료 (단위:원)
3	F8923	ERP 1급	장서준	회계	36명	2025-12-09	170,000
4	M4513	ERP 2급	배은주	회계	29명	2025-12-05	150,000
5				회계 평균			160,000
6		2		회계 개수			
7	C6942	포토샵활용	정예인	컴퓨터	28명	2025-12-06	110,000
8	V6312	엑셀과 파워포인트	박은빈	컴퓨터	31명	2025-12-07	80,000
9	E3942	인디자인 마스터	곽소형	컴퓨터	18명	2025-12-06	90,000
10				컴퓨터 평균			93,333
11		3		컴퓨터 개수			
12	A5641	영어회화	김은희	어학	26명	2025-12-05	100,000
13	B6541	비즈니스 일본어	장현오	어학	42명	2025-12-05	120,000
14	W2321	중국어회화	김찬호	어학	19명	2025-12-09	110,000
15				어학 평균			110,000
16		3		어학 개수			
17				전체 평균			116,250
18		8		전체 개수			

7. "제1작업" 시트의 「B4:H12」 영역을 복사하여 "제3작업" 시트의 「B2」 셀부터 모두 붙여넣기를 한 후 다음의 조건과 같이 작업하시오.

▶ 소스파일 : Part 01\Chapter 06\문제07.xlsx   ▶ 완성파일 : Part 01\Chapter 06\문제07_완성.xlsx

《조건》

(1) 부분합 - 《출력형태》처럼 정렬하고, 검색어의 개수와 PC 클릭 수의 평균을 구하시오.
(2) 개요【윤곽】- 지우시오.
(3) 나머지 사항은 《출력형태》에 맞게 작성하시오.

《출력형태》

	A	B	C	D	E	F	G	H
1								
2		검색코드	검색어	분야	연령대	PC 클릭 수	모바일 클릭 비율	환산점수
3		LC-381	국내 숙박	여가/생활편의	30대	1,210회	48.9%	1.2
4		LC-122	꽃/케이크배달	여가/생활편의	30대	3,867회	62.8%	3.9
5				여가/생활편의 평균		2,539회		
6			2	여가/생활편의 개수				
7		LH-361	차량 실내용품	생활/건강	30대	4,067회	34.0%	4.1
8		LH-131	먼지 차단 마스크	생활/건강	50대	4,875회	78.5%	4.9
9		LH-155	안마기	생활/건강	60대	3,732회	69.3%	3.7
10				생활/건강 평균		4,225회		
11			3	생활/건강 개수				
12		BO-112	인문 일반	도서	40대	2,950회	28.5%	2.9
13		BO-223	어린이 문학	도서	40대	2,432회	52.6%	2.4
14		BO-235	장르소설	도서	20대	4,632회	37.8%	4.6
15				도서 평균		3,338회		
16			3	도서 개수				
17				전체 평균		3,471회		
18			8	전체 개수				
19								

Chapter 07 피벗 테이블

◆ 피벗 테이블 삽입하기　　　　◆ 피벗 테이블 편집하기

▶ 소스파일 : Part 01\Chapter 07\Ch07.xlsx　　▶ 완성파일 : Part 01\Chapter 07\Ch07_완성.xlsx

☞ "제1작업" 시트를 이용하여 "제3작업" 시트에 조건에 따라 ≪출력형태≫와 같이 작업하시오.

출력 형태

	제조사	팔도		오뚜기		농심	
판매가격	개수 : 제품코드	평균 : 판매수량(단위:개)	개수 : 제품코드	평균 : 판매수량(단위:개)	개수 : 제품코드	평균 : 판매수량(단위:개)
401-800	1	954	**	**	1	2,465
801-1200	**	**	2	1,841	1	1,432
1201-1600	2	1,055	**	**	1	1,562
총합계	3	1,021	2	1,841	3	1,820

조건

(1) 판매가격 및 제조사별 제품코드의 개수와 판매수량(단위:개)의 평균을 구하시오.
(2) 판매가격을 그룹화하고, 제조사를 ≪출력형태≫와 같이 정렬하시오.
(3) 레이블이 있는 셀 병합 및 가운데 맞춤 적용 및 빈 셀은 '**'로 표시하시오.
(4) 행의 총합계는 지우고, 나머지 사항은 ≪출력형태≫에 맞게 작성하시오.

체크! 체크!

〔피벗 테이블〕

- **피벗 테이블 삽입하기**
  - 피벗 테이블 작성은 '행' 필드, '열' 필드, '값' 필드 위치에 배치를 어떻게 해야 하는지 〈출력형태〉를 보고 판단해야 합니다.
  - 〔값 필드 설정〕을 통해 계산 형식을 변경하고 필드 레이블을 수정합니다.
- **피벗 테이블 편집하기**
  - 피벗 테이블의 그룹 지정은 다양한 형태로 출제되고 있습니다.
    (날짜를 그룹화 하는 방법과 값을 통해 '시작'과 '끝' 단위를 직접 입력하는 방법을 숙지합니다)

STEP 01 피벗 테이블 삽입하기

〈조건〉 (1) 판매가격 및 제조사별 제품코드의 개수와 판매수량(단위:개)의 평균을 구하시오.

1 피벗 테이블을 삽입하기 위해 시트 탭에서 〔제1작업〕 시트를 선택한 후 B4:H12셀 범위를 선택한 다음 〔삽입〕 탭-〔표〕 그룹에서 〔피벗 테이블〕을 클릭합니다.

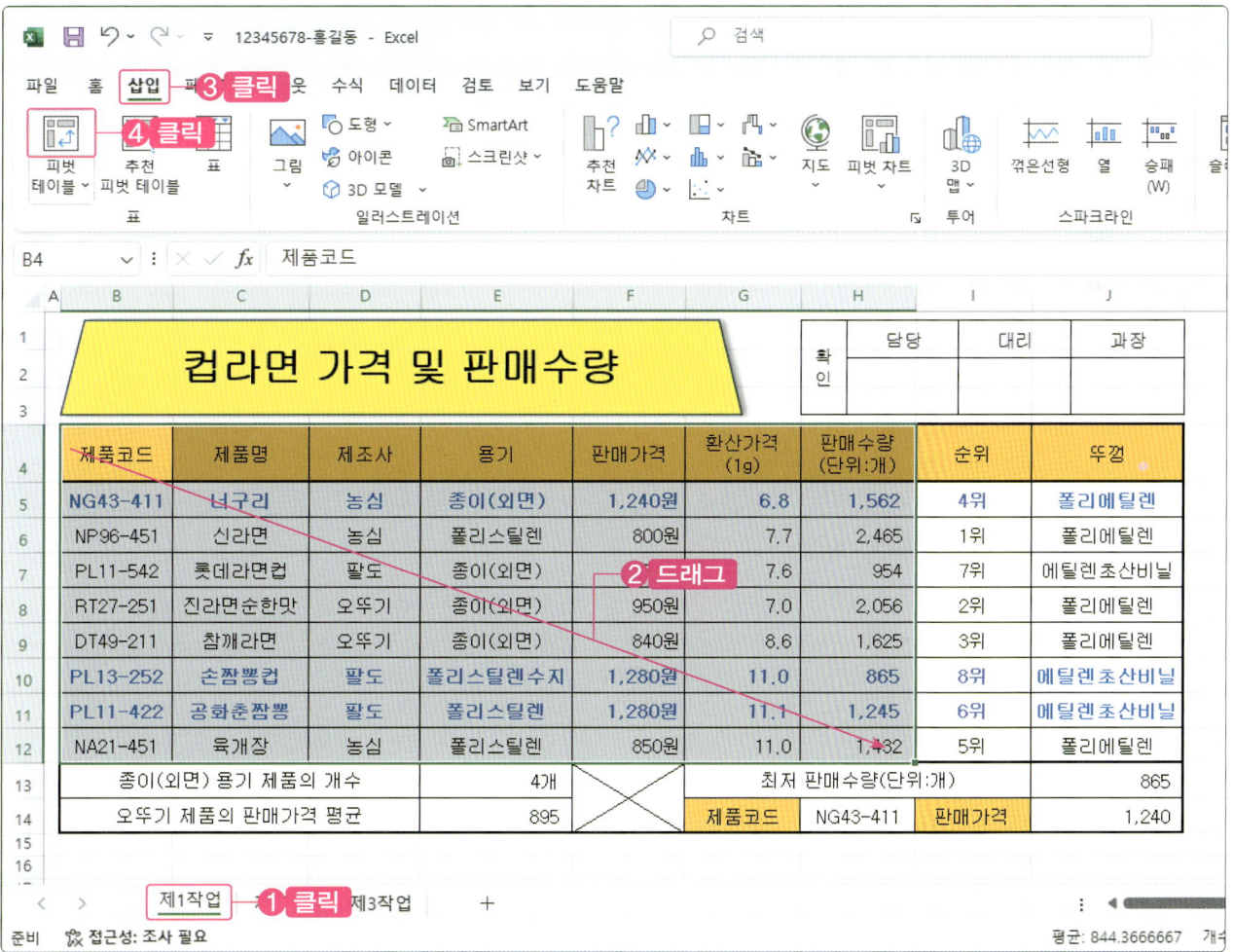

피벗 테이블은 데이터를 빠르게 요약하고 다각도로 분석하는데 사용하는 대화형 표입니다.

⟨조건⟩　(1) 판매가격 및 제조사별 제품코드의 개수와 판매수량(단위:개)의 평균을 구하시오.

2 〔표 또는 범위의 피벗 테이블〕 대화상자가 나타나면 〔**기존 워크시트**〕**를 선택**한 후 **위치(제3작업!$B$2)를 입력**한 다음 〔**확인**〕 **단추를 클릭**합니다.

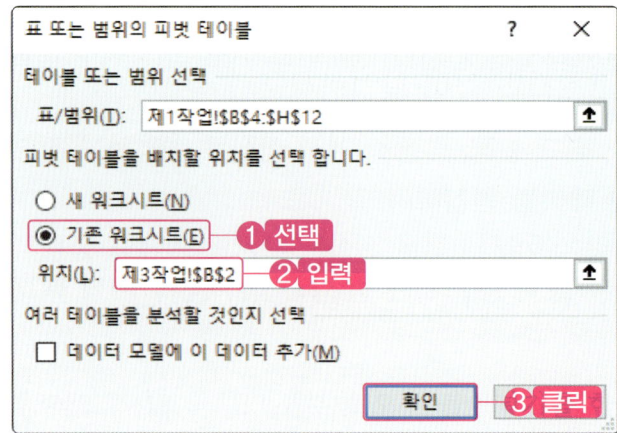

> 다른 시트의 셀을 참조하는 경우에는 '다른 시트의 이름!셀 주소' 형식으로 입력합니다.

3 〔제3작업〕 시트가 나타나면 **필드 구역에 있는** 〔**판매가격**〕 **필드의 바로 가기 메뉴에서** 〔**행 레이블에 추가**〕**를 클릭**합니다.

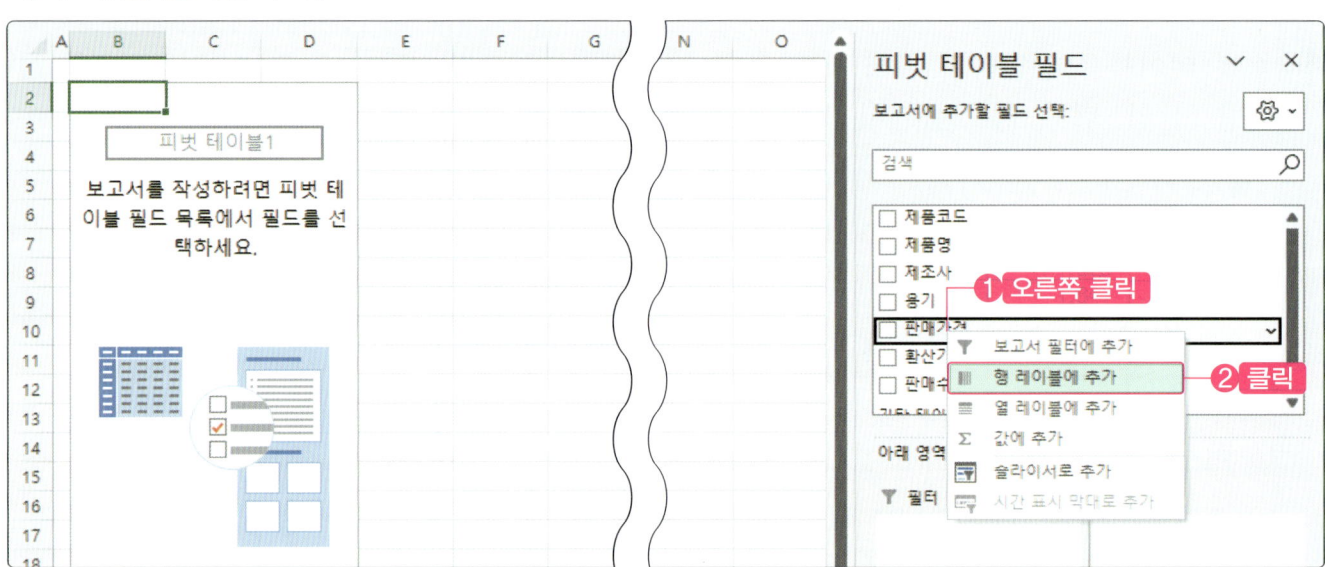

4 같은 방법으로 필드 구역에 있는 〔**제조사**〕 **필드는 열 레이블 영역**, 〔**제품코드**〕 **필드와** 〔**판매수량(단위:개)**〕 **필드는 값 영역에 배치**합니다.

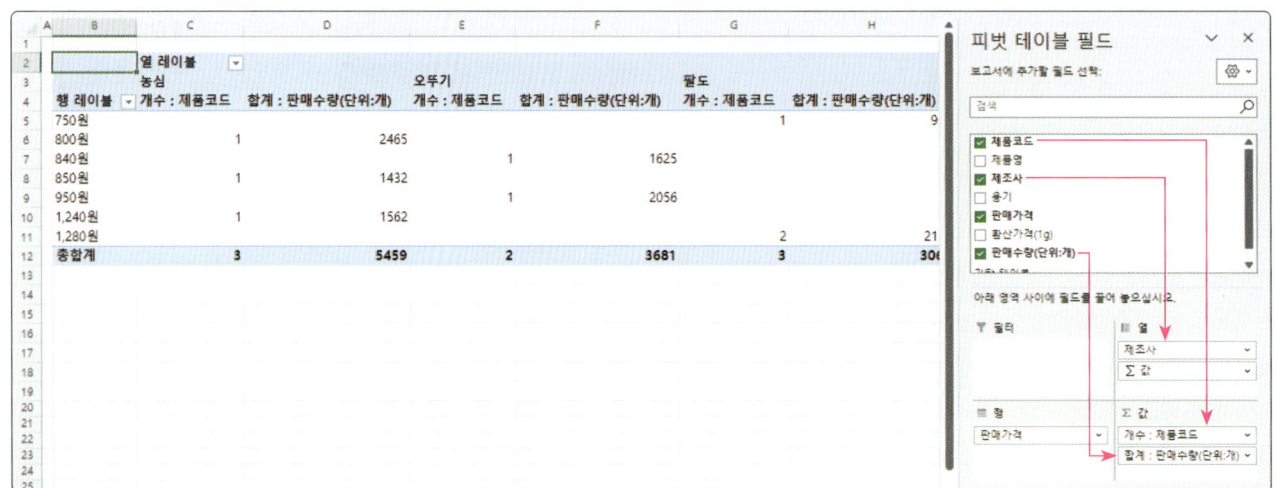

〈조건〉　(1) 판매가격 및 제조사별 제품코드의 개수와 판매수량(단위:개)의 평균을 구하시오.

5 값 필드를 설정하기 위해 값 영역에 있는 〔합계 : 판매수량(단위:개)〕 필드를 클릭한 후 〔값 필드 설정〕을 클릭합니다.

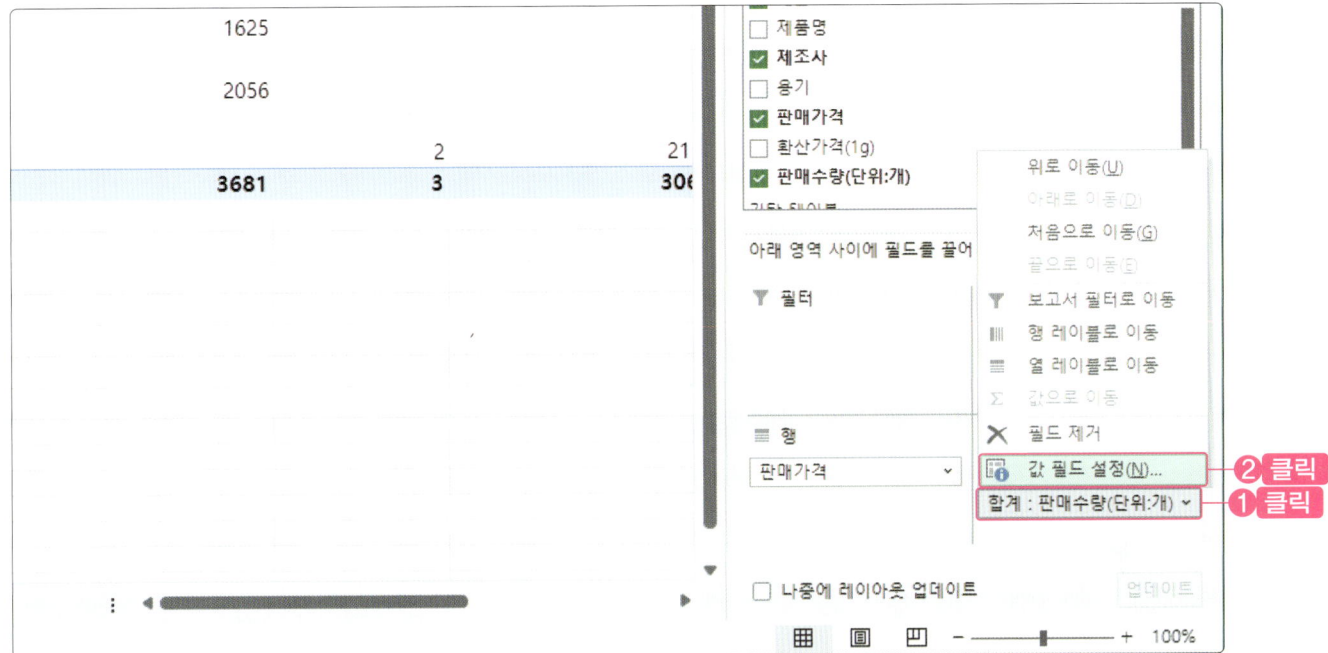

6 〔값 필드 설정〕 대화상자가 나타나면 〔값 요약 기준〕 탭에서 **요약에 사용할 계산 유형(평균)을 선택**한 후 **사용자 지정 이름(평균 : 판매수량(단위:개))을 입력**한 다음 〔확인〕 단추를 클릭합니다.

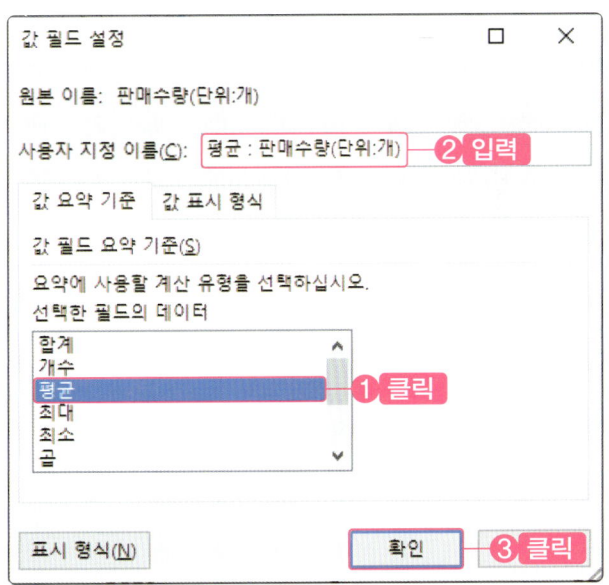

사용자 지정 이름을 입력한 후 요약에 사용할 계산 유형을 선택하면 입력한 사용자 지정 이름이 변경될 수 있으므로 먼저 요약에 사용할 계산 유형을 선택한 후 사용자 지정 이름을 입력합니다.

〈조건〉 (1) 판매가격 및 제조사별 제품코드의 개수와 판매수량(단위:개)의 평균을 구하시오.

7 행 레이블을 변경하기 위해 **B4셀에 '판매가격'을 입력**한 후 열 레이블을 변경하기 위해 **C2셀에 '제조사'를 입력**합니다.

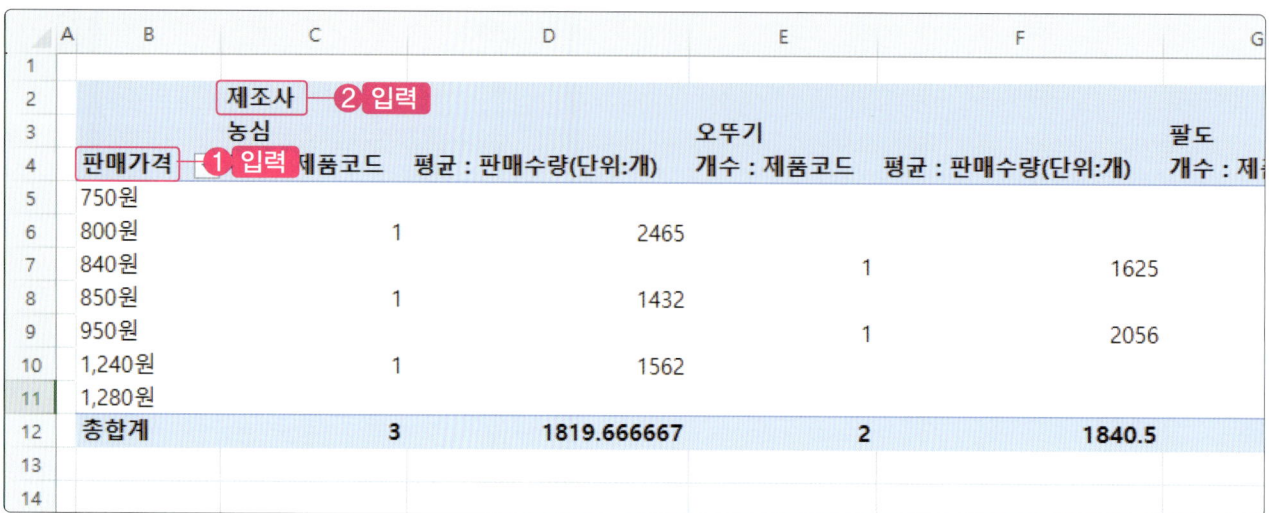

8 [피벗 테이블 필드] 작업 창을 닫기 위해 [피벗 테이블 분석] 정황 탭-[표시] 그룹에서 [**필드 목록**]을 **선택 해제**합니다.

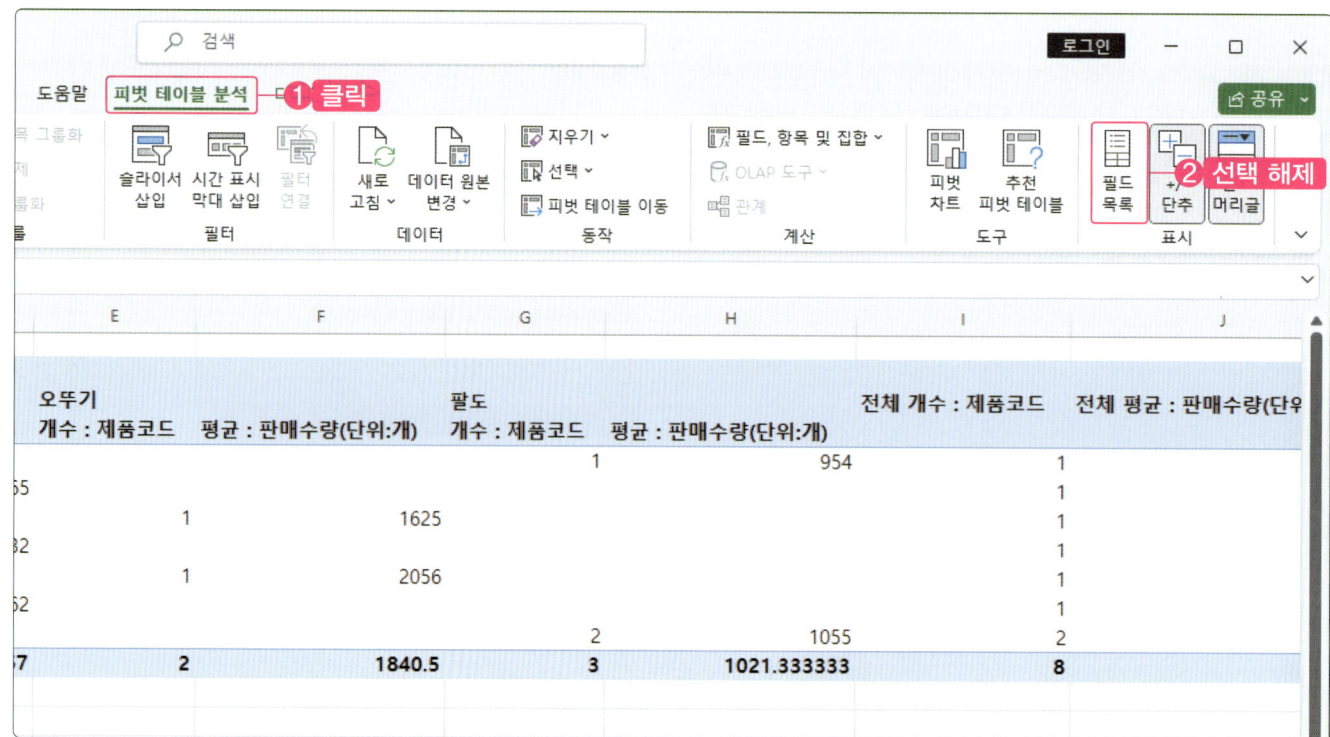

> 피벗 테이블에서 임의의 셀을 선택한 후 [피벗 테이블 도구] 정황 탭-[분석] 탭-[표시] 그룹에서 [필드 목록]을 선택하면 [피벗 테이블 필드] 작업 창을 다시 나타나게 할 수 있습니다.

STEP 02 피벗 테이블 편집하기

〔조건〕 (2) 판매가격을 그룹화하고, 제조사를 ≪출력형태≫와 같이 정렬하시오.
(3) 레이블이 있는 셀 병합 및 가운데 맞춤 적용 및 빈 셀은 '**'로 표시하시오.
(4) 행의 총합계는 지우고, 나머지 사항은 ≪출력형태≫에 맞게 작성하시오.

1 〔판매가격〕 필드를 그룹화하기 위해 **'750원' 항목(B5셀)을 선택**한 후 〔피벗 테이블 분석〕 정황 탭-〔그룹〕 그룹에서 〔**필드 그룹화**〕를 **클릭**합니다.

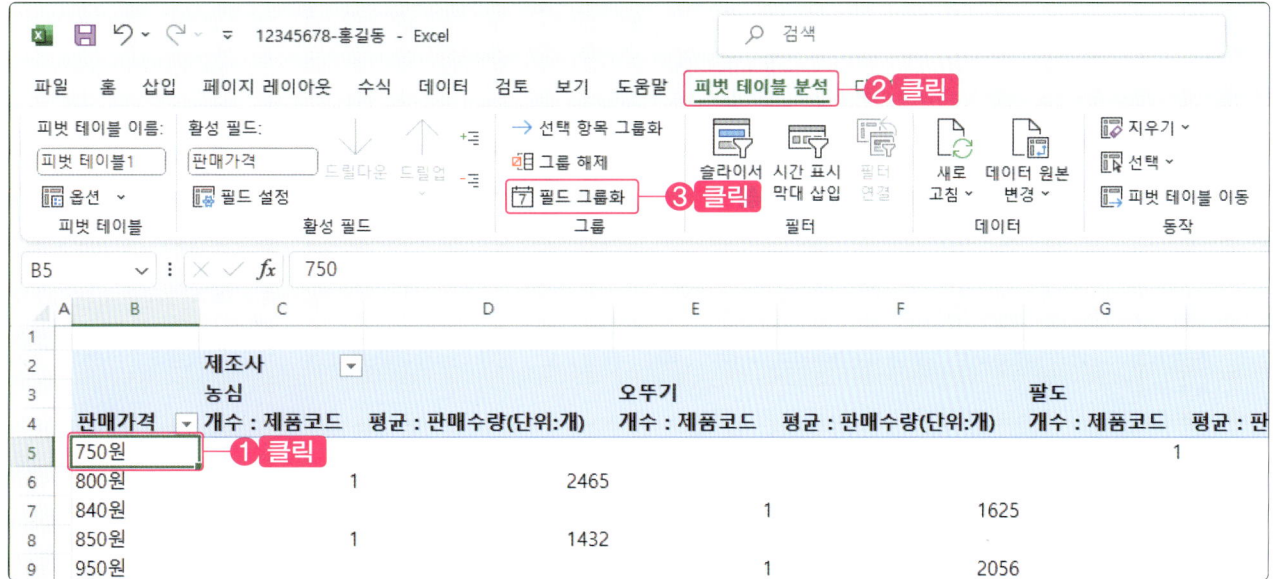

2 〔그룹화〕 대화상자가 나타나면 **시작(401), 끝(1600), 단위(400)를 입력**한 후 〔확인〕 단추를 클릭합니다.

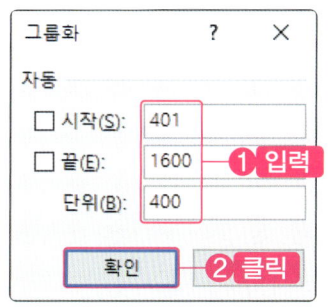

한가지 더!

날짜의 필드 그룹화

필드의 값이 날짜일 경우 단위가 자동으로 초, 분, 시, 일, 월, 분기, 연이 표시되고 해당되는 부분만 선택하고 나머지는 선택해제하면 됩니다.

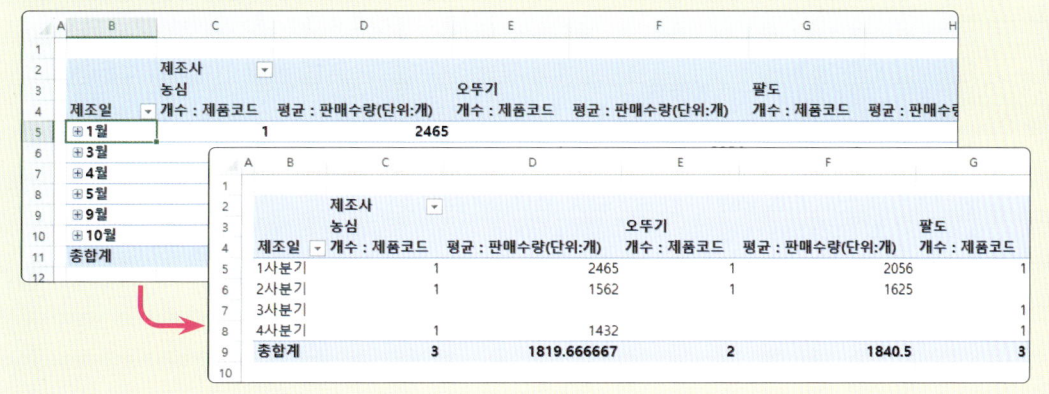

> 〈조건〉　(2) 판매가격을 그룹화하고, 제조사를 ≪출력형태≫와 같이 정렬하시오.
> (3) 레이블이 있는 셀 병합 및 가운데 맞춤 적용 및 빈 셀은 '**'로 표시하시오.
> (4) 행의 총합계는 지우고, 나머지 사항은 ≪출력형태≫에 맞게 작성하시오.

3 [제조사] 필드를 기준으로 내림차순 정렬하기 위해 **'농심' 항목(C3셀)을 선택**한 후 [데이터] 탭-[정렬 및 필터] 그룹에서 **[텍스트 내림차순 정렬(힣↓)]을 클릭**합니다.

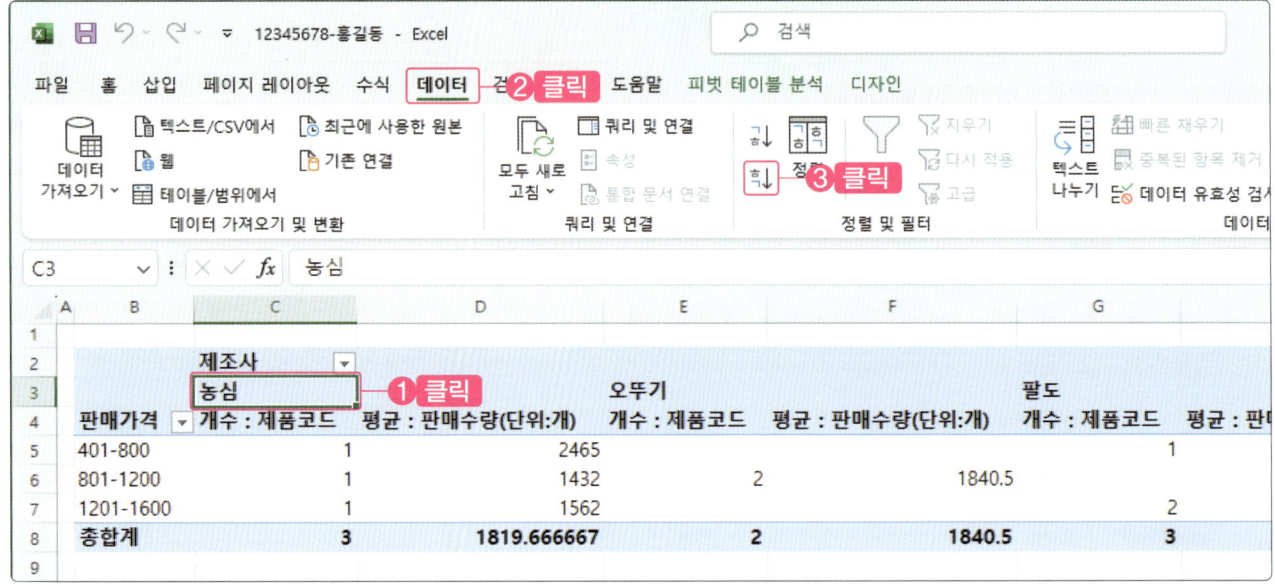

> ≪출력형태≫를 보면 제조사를 기준으로 내림차순 정렬(팔도, 오뚜기, 농심 순)된 것을 확인할 수 있습니다.

4 피벗 테이블 옵션을 지정하기 위해 [피벗 테이블 분석] 정황 탭-[피벗 테이블] 그룹에서 **[옵션]을 클릭**합니다.

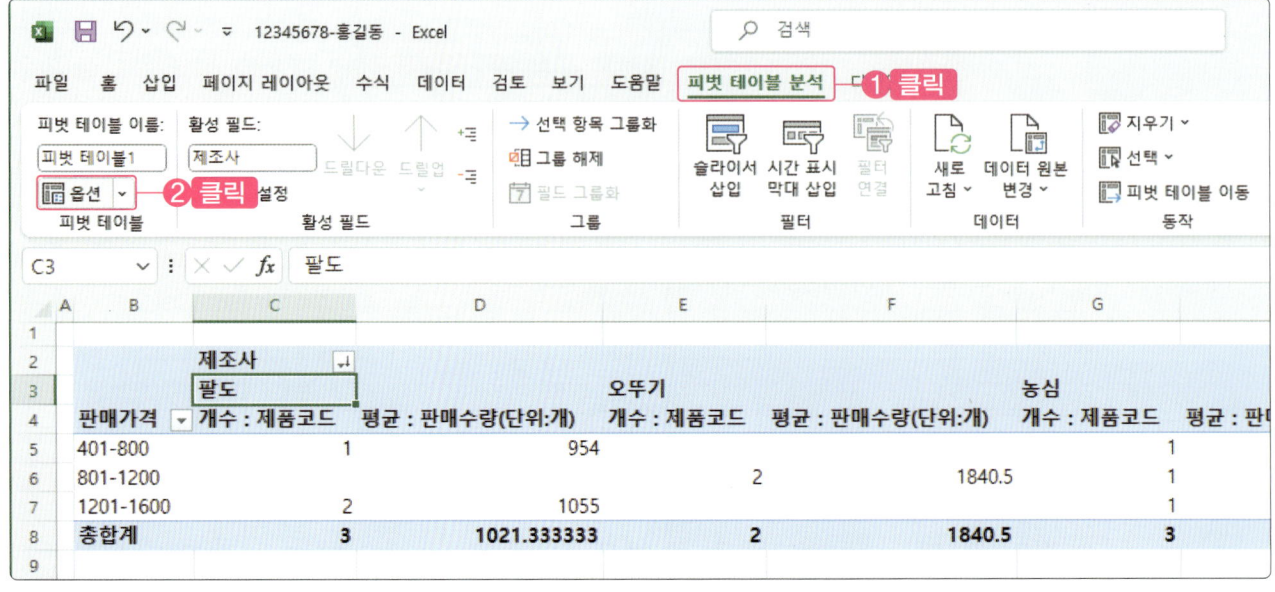

〈조건〉　(2) 판매가격을 그룹화하고, 제조사를 ≪출력형태≫와 같이 정렬하시오.
　　　　(3) 레이블이 있는 셀 병합 및 가운데 맞춤 적용 및 빈 셀은 '**'로 표시하시오.
　　　　(4) 행의 총합계는 지우고, 나머지 사항은 ≪출력형태≫에 맞게 작성하시오.

5 〔피벗 테이블 옵션〕 대화상자가 나타나면 〔레이아웃 및 서식〕 탭에서 〔**레이블이 있는 셀 병합 및 가운데 맞춤**〕을 **선택**한 후 **빈 셀 표시(**)를 입력**합니다. 그런 다음 〔요약 및 필터〕 탭을 클릭한 후 〔**행 총합계 표시**〕를 **선택 해제**한 다음 〔**확인**〕 단추를 클릭합니다.

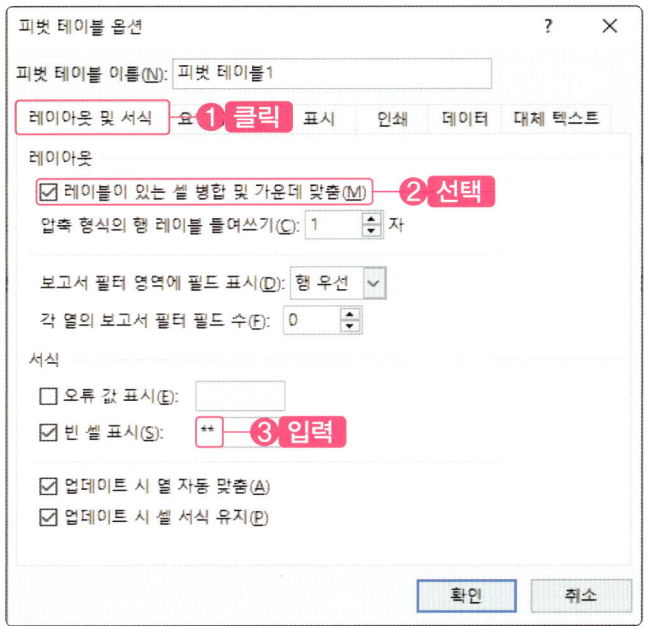 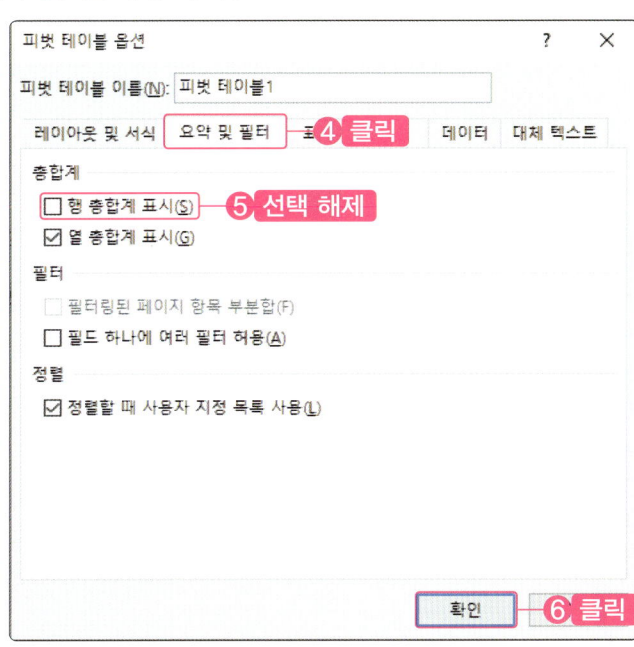

6 피벗 테이블에 맞춤 서식과 표시 형식을 지정하기 위해 **B5:H8셀 범위를 선택**한 후 〔홈〕 탭-〔맞춤〕 그룹에서 〔**가운데 맞춤(≡)**〕을 **클릭**한 다음 〔표시 형식〕 그룹에서 〔**쉼표 스타일(,)**〕을 **클릭**합니다.

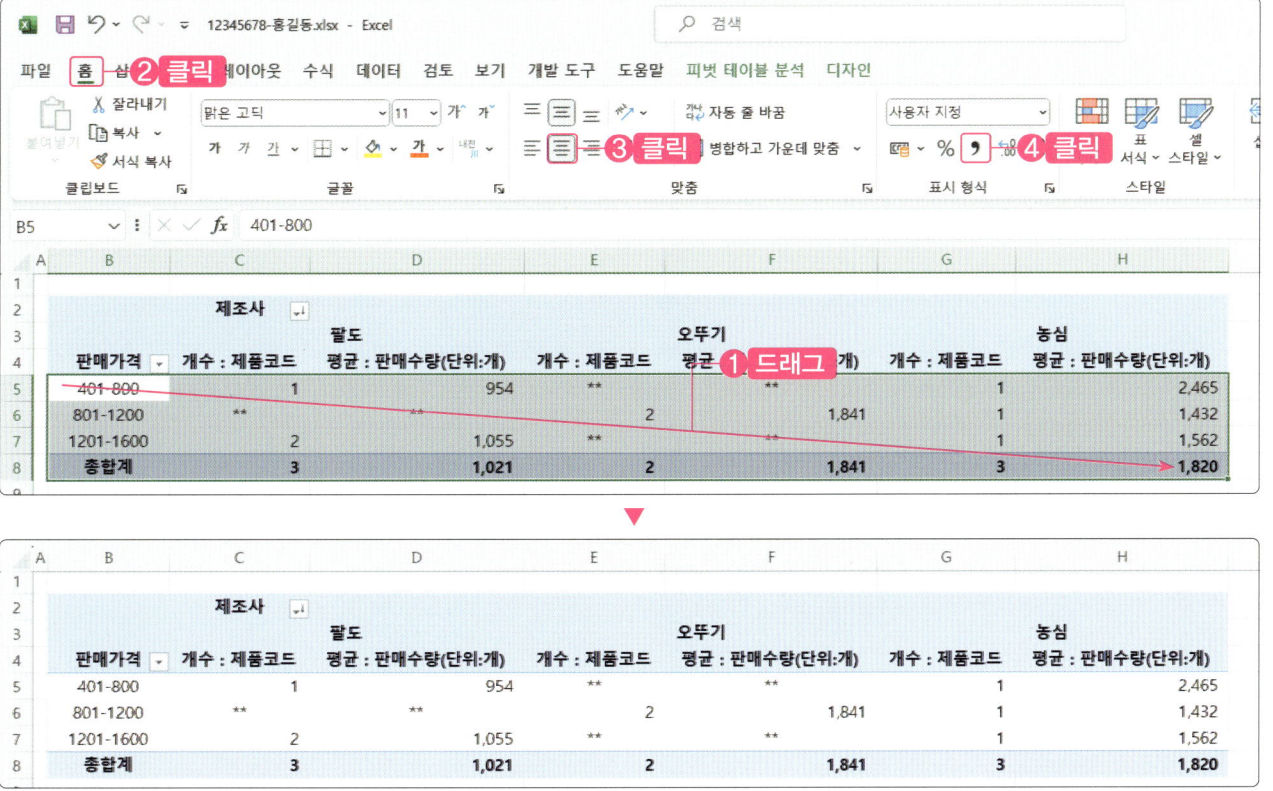

실전문제유형

Practical question type

EXCEL 2021

1. "제1작업" 시트를 이용하여 "제3작업" 시트에 조건에 따라 ≪출력형태≫와 같이 작업하시오.

▶ 소스파일 : Part 01\Chapter 07\문제01.xlsx   ▶ 완성파일 : Part 01\Chapter 07\문제01_완성.xlsx

《조건》

(1) 공사시작일 및 지역별 주택명의 개수와 총공사비의 평균을 구하시오.
(2) 공사시작일을 그룹화하고, 지역을 ≪출력형태≫와 같이 정렬하시오.
(3) 레이블이 있는 셀 병합 및 가운데 맞춤 적용 및 빈 셀은 '**'로 표시하시오.
(4) 행의 총합계는 지우고, 나머지 사항은 ≪출력형태≫에 맞게 작성하시오.

《출력형태》

	지역						
		인천		서울		경기	
공사시작일	개수 : 주택명	평균 : 총공사비	개수 : 주택명	평균 : 총공사비	개수 : 주택명	평균 : 총공사비
1월	**	**	**	**	1	7,870,000
2월	1	28,850,000	1	32,170,000	2	9,059,000
3월	1	6,768,000	2	8,014,000	**	**
총합계	2	17,809,000	3	16,066,000	3	8,662,667

2 "제1작업" 시트를 이용하여 "제3작업" 시트에 조건에 따라 ≪출력형태≫와 같이 작업하시오.

▶ 소스파일 : Part 01\Chapter 07\문제02.xlsx   ▶ 완성파일 : Part 01\Chapter 07\문제02_완성.xlsx

《조건》

(1) 출발일자 및 직급별 부서명의 개수와 출장비(단위:원)의 평균을 구하시오.
(2) 출발일자를 그룹화하고, 직급을 ≪출력형태≫와 같이 정렬하시오.
(3) 레이블이 있는 셀 병합 및 가운데 맞춤 적용 및 빈 셀은 '###'로 표시하시오.
(4) 행의 총합계는 지우고, 나머지 사항은 ≪출력형태≫에 맞게 작성하시오.

《출력형태》

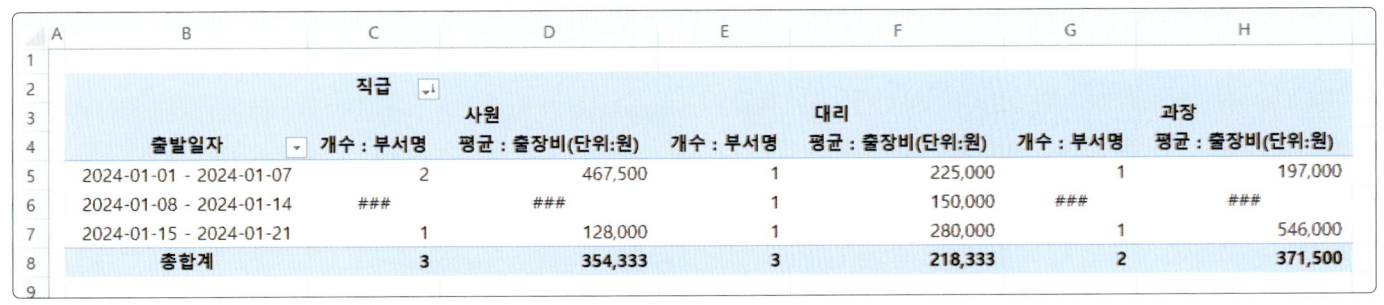

출발일자의 필드 그룹화

[그룹화] 대화상자에서 시작(2024-01-01)과 끝(2024-01-21)을 입력한 후 단위(일)을 선택한 다음 나머지는 선택 해제하고 날짜 수(7)을 입력합니다.

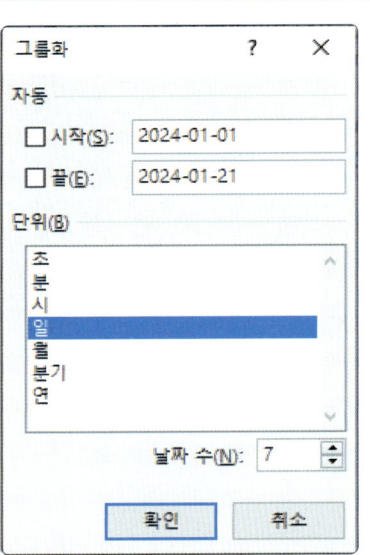

실전문제유형

3 "제1작업" 시트를 이용하여 "제3작업" 시트에 조건에 따라 ≪출력형태≫와 같이 작업하시오.

▶소스파일 : Part 01\Chapter 07\문제03.xlsx   ▶완성파일 : Part 01\Chapter 07\문제03_완성.xlsx

《조건》

(1) 렌트기간 및 제조사별 렌트차종의 개수와 렌트비용(단위:원)의 평균을 구하시오.
(2) 렌트기간을 그룹화하고, 제조사를 ≪출력형태≫와 같이 정렬하시오.
(3) 레이블이 있는 셀 병합 및 가운데 맞춤 적용 및 빈 셀은 '**'로 표시하시오.
(4) 행의 총합계는 지우고, 나머지 사항은 ≪출력형태≫에 맞게 작성하시오.

《출력형태》

렌트기간	제조사						
	현대자동차		르노코리아		기아자동차	
	개수 : 렌트차종	평균 : 렌트비용(단위:원)	개수 : 렌트차종	평균 : 렌트비용(단위:원)	개수 : 렌트차종	평균 : 렌트비용(단위:원)
1-2	3	141,667	1	95,000	**	**
3-4	1	325,000	**	**	2	242,500
5-6	**	**	1	342,000	**	**
총합계	4	187,500	2	218,500	2	242,500

실전문제유형

EXCEL 2021

4 "**제1작업**" 시트를 이용하여 "**제3작업**" 시트에 조건에 따라 ≪출력형태≫와 같이 작업하시오.

▶ 소스파일 : Part 01\Chapter 07\문제04.xlsx   ▶ 완성파일 : Part 01\Chapter 07\문제04_완성.xlsx

《조건》

(1) 활동시간 및 지원분야별 팀명의 개수와 활동비(단위:원)의 평균을 구하시오.
(2) 활동시간을 그룹화하고, 지원분야를 ≪출력형태≫와 같이 정렬하시오.
(3) 레이블이 있는 셀 병합 및 가운데 맞춤 적용 및 빈 셀은 '***'로 표시하시오.
(4) 행의 총합계는 지우고, 나머지 사항은 ≪출력형태≫에 맞게 작성하시오.

《출력형태》

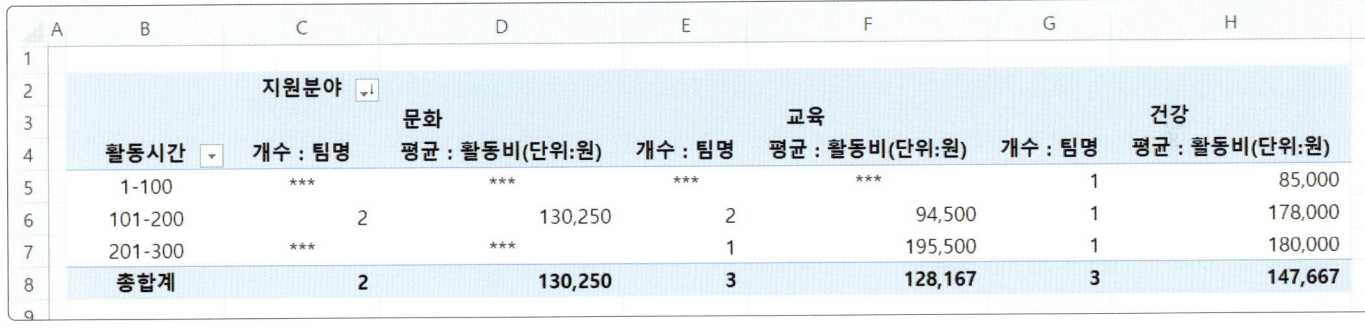

Practical question type — 실전문제유형

5 "**제1작업**" 시트를 이용하여 "**제3작업**" 시트에 조건에 따라 ≪출력형태≫와 같이 작업하시오.

▶ 소스파일 : Part 01\Chapter 07\문제05.xlsx   ▶ 완성파일 : Part 01\Chapter 07\문제05_완성.xlsx

《조건》

(1) 개최 횟수(단위:회) 및 대륙별 관리코드의 개수와 예상 관객수의 평균을 구하시오.
(2) 개최 횟수(단위:회)를 그룹화하고, 대륙을 ≪출력형태≫와 같이 정렬하시오.
(3) 레이블이 있는 셀 병합 및 가운데 맞춤 적용 및 빈 셀은 '**'로 표시하시오.
(4) 행의 총합계는 지우고, 나머지 사항은 ≪출력형태≫에 맞게 작성하시오.

《출력형태》

	대륙						
		유럽		아시아		북미	
개최 횟수(단위:회)	개수 : 관리코드	평균 : 예상 관객수	개수 : 관리코드	평균 : 예상 관객수	개수 : 관리코드	평균 : 예상 관객수
1-30	**	**	3	186,667	**	**
31-60	**	**	**	**	2	285,000
61-90	3	616,667	**	**	**	**
총합계	3	616,667	3	186,667	2	285,000

실전문제유형

Practical question type

EXCEL 2021

6 "제1작업" 시트를 이용하여 "제3작업" 시트에 조건에 따라 ≪출력형태≫와 같이 작업하시오.

▶ 소스파일 : Part 01\Chapter 07\문제06.xlsx   ▶ 완성파일 : Part 01\Chapter 07\문제06_완성.xlsx

《조건》

(1) 수강인원 및 구분별 강좌명의 개수와 수강료(단위:원)의 평균을 구하시오.
(2) 수강인원을 그룹화하고, 구분을 ≪출력형태≫와 같이 정렬하시오.
(3) 레이블이 있는 셀 병합 및 가운데 맞춤 적용 및 빈 셀은 '**'로 표시하시오.
(4) 행의 총합계는 지우고, 나머지 사항은 ≪출력형태≫에 맞게 작성하시오.

《출력형태》

수강인원	구분						
	회계		컴퓨터		어학		
	개수 : 강좌명	평균 : 수강료(단위:원)	개수 : 강좌명	평균 : 수강료(단위:원)	개수 : 강좌명	평균 : 수강료(단위:원)	
1-20	**	**	1	90,000	1	110,000	
21-40	2	160,000	2	95,000	1	100,000	
41-60	**	**	**	**	1	120,000	
총합계	2	160,000	3	93,333	3	110,000	

Chapter 08 그래프

EXCEL 2021

◆ 차트 삽입하기
◆ 차트 제목 및 서식 지정하기
◆ 차트 영역 서식 지정하기
◆ 차트에 도형 삽입하기

▶ 소스파일 : Part 01\Chapter 08\Ch08.xlsx   ▶ 완성파일 : Part 01\Chapter 08\Ch08_완성.xlsx

☞ "제1작업" 시트를 이용하여 조건에 따라 ≪출력형태≫와 같이 작업하시오.

조건

(1) 차트 종류 ⇒ <묶은 세로 막대형>으로 작업하시오.
(2) 데이터 범위 ⇒ "제1작업" 시트의 내용을 이용하여 작업하시오.
(3) 위치 ⇒ "새 시트"로 이동하고, "제4작업"으로 시트 이름을 바꾸시오.
(4) 차트 디자인 도구 ⇒ 레이아웃 3, 스타일 1을 선택하여 ≪출력형태≫에 맞게 작업하시오.
(5) 영역 서식 ⇒ 차트 : 글꼴(굴림, 11pt), 채우기 효과(질감-파랑 박엽지)
　　　　　　　그림 : 채우기(흰색, 배경1)
(6) 제목 서식 ⇒ 차트 제목 : 글꼴(굴림, 굵게, 20pt), 채우기(흰색, 배경1), 테두리
(7) 서식 ⇒ 판매수량(단위:개) 계열의 차트 종류를 <표식이 있는 꺾은선형>으로 변경한 후 보조 축으로 지정하시오.
　　　　　계열 : ≪출력형태≫를 참조하여 표식(세모, 크기 10)과 레이블 값을 표시하시오.
　　　　　눈금선 : 선 스타일-파선
　　　　　축 : ≪출력형태≫를 참조하시오.
(8) 범례 ⇒ 범례명을 변경하고 ≪출력형태≫를 참조하시오.
(9) 도형 ⇒ '모서리가 둥근 사각형 설명선'을 삽입한 후 ≪출력형태≫와 같이 내용을 입력하시오.
(10) 나머지 사항은 ≪출력형태≫에 맞게 작성하시오.

출력 형태

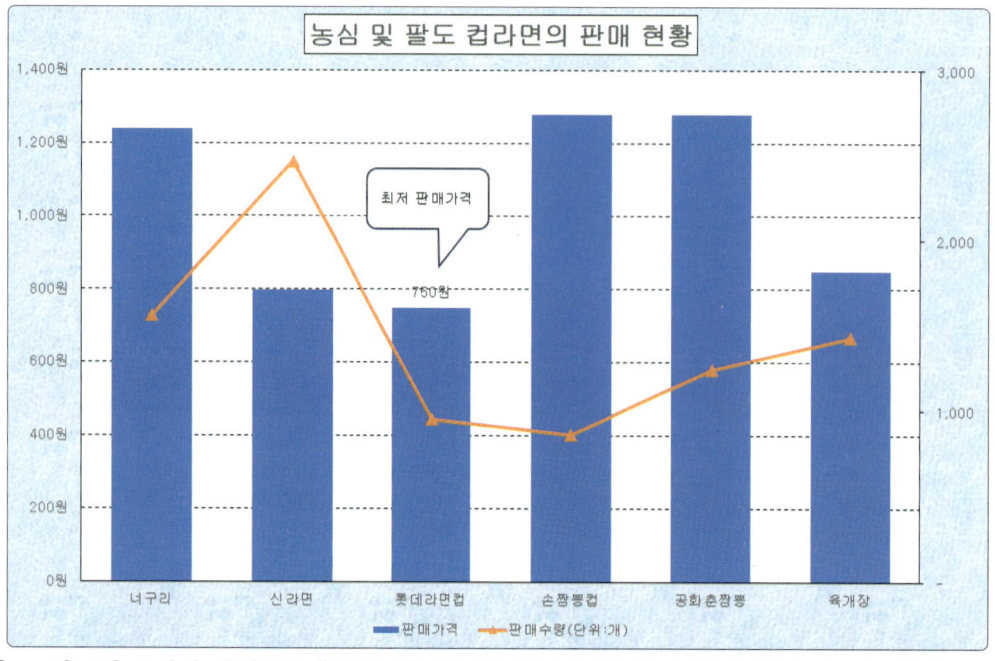

주의 ☞ 시트명 순서가 차례대로 "제1작업", "제2작업", "제3작업", "제4작업"이 되도록 할 것.

체크! 체크!

〔그래프〕
- **차트 종류**
  - 차트 종류는 '묶은 세로 막대형'으로 출제되며, 특정 계열을 '표식이 있는 꺾은선형'으로 변경하여 보조 축으로 지정합니다.
- **눈금선 및 축 변경**
  - 눈금선의 선 스타일(파선)을 지정하고 보조 세로 축의 '주 단위' 값을 변경합니다.
- **범례**
  - 범례는 아래쪽에 고정되어 출제되고, 범례명(계열 이름)을 변경합니다.
- **도형**
  - 차트를 선택한 후 도형을 삽입하고, 글꼴 및 글꼴 크기, 채우기 색, 글꼴 색, 맞춤 등을 지정합니다.

STEP 01 차트 삽입하기

〈조건〉
(1) 차트 종류 ⇒ 〈묶은 세로 막대형〉으로 작업하시오.
(2) 데이터 범위 ⇒ "제1작업" 시트의 내용을 이용하여 작업하시오.
(3) 위치 ⇒ "새 시트"로 이동하고, "제4작업"으로 시트 이름을 바꾸시오.
(4) 차트 디자인 도구 ⇒ 레이아웃 3, 스타일 1을 선택하여 ≪출력형태≫에 맞게 작업하시오.

1 차트를 삽입하기 위해 시트 탭에서 〔제1작업〕 **시트를 선택**한 후 C4:C7셀 범위, C10:C12셀 범위, F4:F7셀 범위, F10:F12셀 범위, H4:H7셀 범위, H10:H12셀 범위를 **선택**한 다음 〔삽입〕 탭-〔차트〕 그룹에서 **〔추천 차트( )〕를 클릭**합니다.

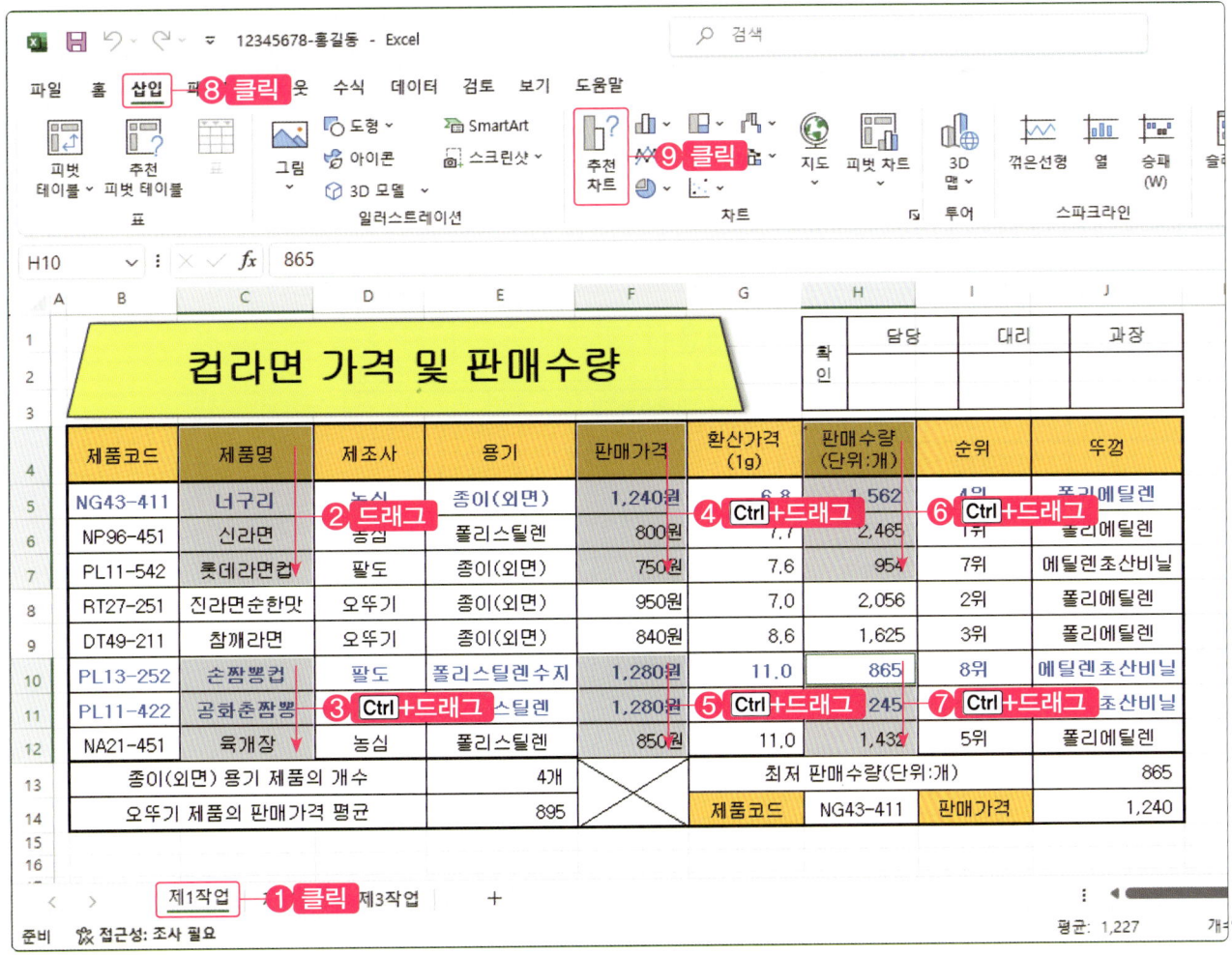

〈조건〉　(1) 차트 종류 ⇒ 〈묶은 세로 막대형〉으로 작업하시오.
　　　　(2) 데이터 범위 ⇒ "제1작업" 시트의 내용을 이용하여 작업하시오.
　　　　(3) 위치 ⇒ "새 시트"로 이동하고, "제4작업"으로 시트 이름을 바꾸시오.

2 〔차트 삽입〕 대화상자가 나타나면 〔모든 차트〕 탭을 클릭한 후 〔혼합〕 탭을 클릭한 다음 〔사용자 지정 조합〕을 선택합니다. 그런 다음 판매가격과 판매수량(단위:개) 계열의 차트 종류와 보조 축을 다음과 같이 지정한 후 〔확인〕 단추를 클릭합니다.

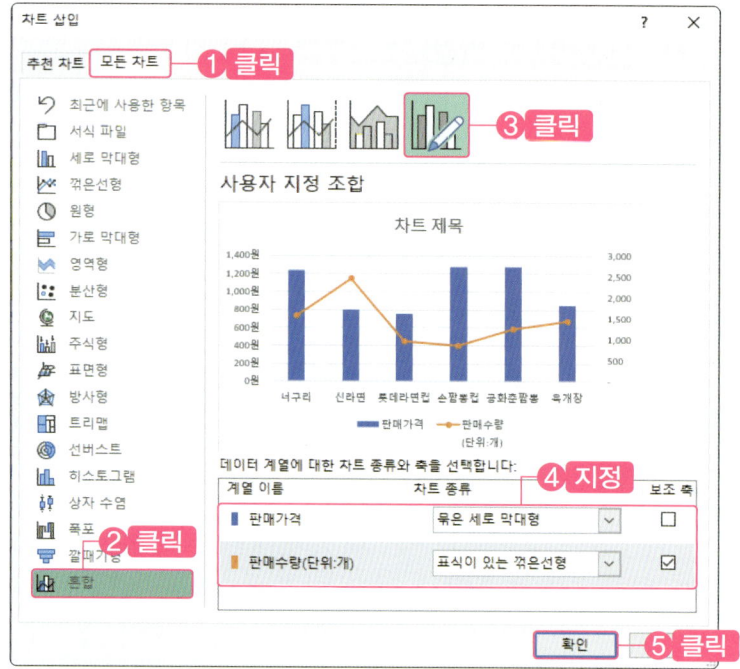

〔혼합〕 탭-〔사용자 지정 조합〕을 이용하여 차트를 작성하면 각 계열의 차트 모양과 보조축을 미리 지정할 수 있습니다.

3 차트가 삽입되면 〔차트 디자인〕 상황 탭-〔위치〕 그룹에서 〔차트 이동〕을 클릭합니다.

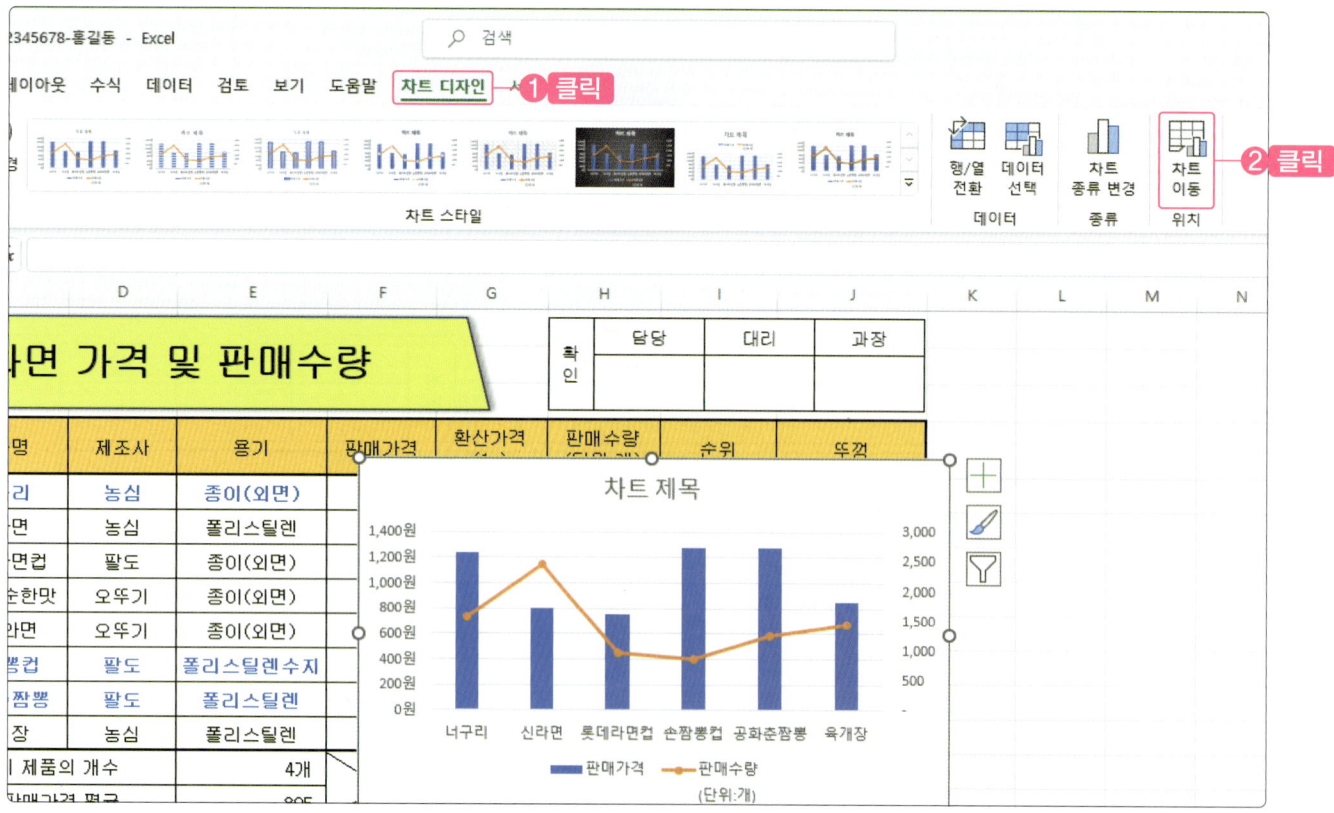

차트로 마우스 포인터를 가져가서 마우스 포인터가 ✥ 모양으로 변경되었을 때 클릭하면 차트를 선택할 수 있습니다.

〈조건〉　(2) 데이터 범위 ⇒ "제1작업" 시트의 내용을 이용하여 작업하시오.
　　　　(3) 위치 ⇒ "새 시트"로 이동하고, "제4작업"으로 시트 이름을 바꾸시오.

4 [차트 이동] 대화상자가 나타나면 [새 시트]를 선택한 후 새 시트의 이름(제4작업)을 입력한 다음 [확인] 단추를 클릭합니다.

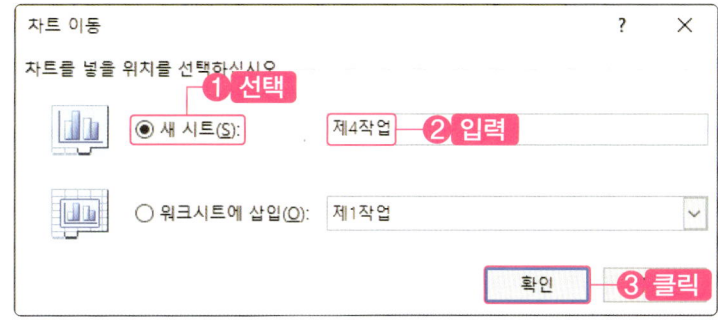

[새 시트]를 선택하면 워크시트가 아닌 차트 시트가 삽입됩니다.

5 차트가 새 시트([제4작업] 시트)로 이동되면 다음과 같이 시트 탭에서 **[제4작업] 시트를 드래그하여 [제4작업] 시트를 [제3작업] 시트 뒤로 이동**합니다.

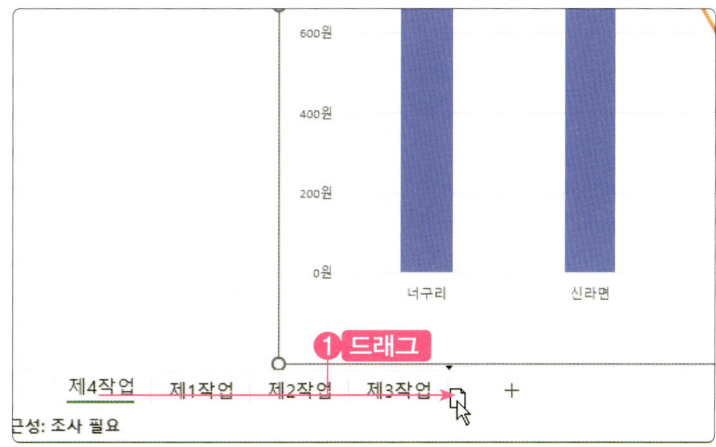

[홈] 탭-[셀] 그룹에서 [서식]을 클릭한 후 [시트 이동/복사]를 클릭하여 [제4작업] 시트를 [제3작업] 시트 뒤로 이동할 수도 있습니다.

차트의 구성

① 차트 영역　② 그림 영역　③ 차트 제목　④ 범례　⑤ 세로 축
⑥ 세로 축 제목　⑦ 보조 세로 축　⑧ 보조 세로 축 제목　⑨ 가로 축　⑩ 가로 축 제목
⑪ 데이터 계열　⑫ 데이터 레이블　⑬ 세로 축 주 눈금선

〈조건〉 (4) 차트 디자인 도구 ⇒ 레이아웃 3, 스타일 1을 선택하여 ≪출력형태≫에 맞게 작업하시오.

6 차트 레이아웃을 지정하기 위해 차트를 선택한 후 [차트 디자인] 정황 탭-[차트 레이아웃] 그룹에서 [빠른 레이아웃]을 클릭한 후 [레이아웃 3(📊)]을 클릭합니다.

7 차트 스타일을 지정하기 위해 [차트 디자인] 정황 탭-[차트 스타일] 그룹에서 [스타일 1(📊)]을 클릭합니다.

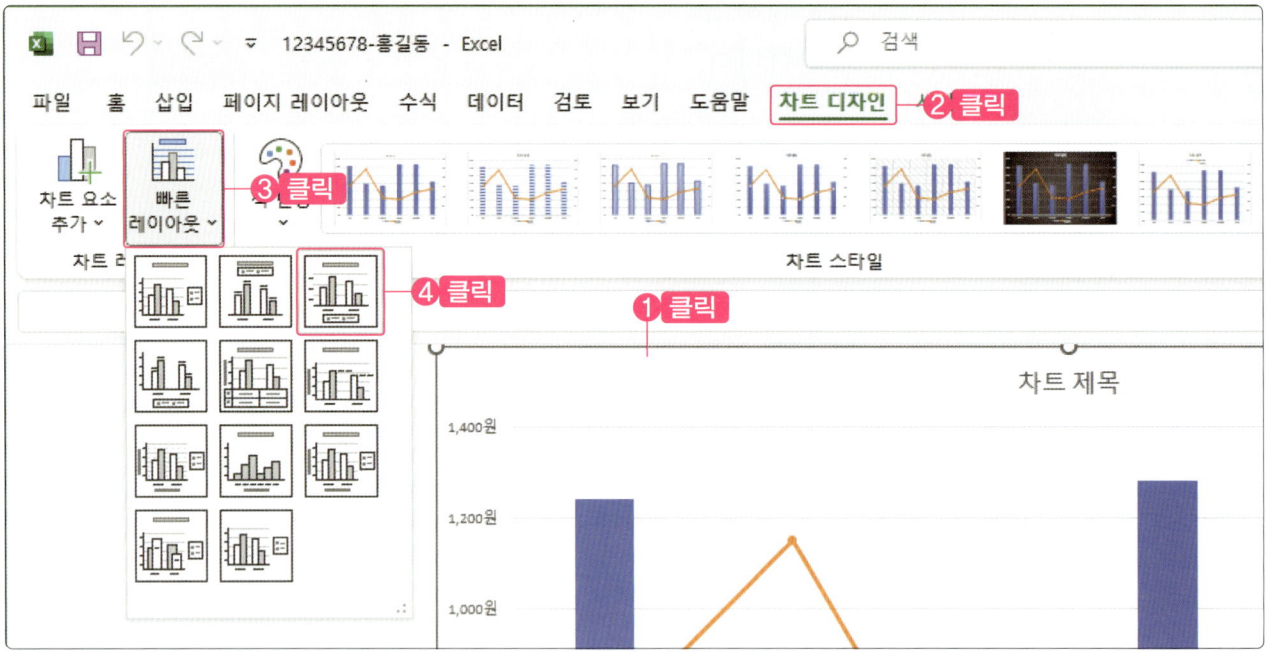

STEP 02 차트 영역 서식 지정하기

〔조건〕 (5) 영역 서식 ⇒ 차트 : 글꼴(굴림, 11pt), 채우기 효과(질감–파랑 박엽지)
그림 : 채우기(흰색, 배경1)

1 차트 영역에 글꼴 서식을 지정하기 위해 **차트 영역을 선택**한 후 〔홈〕 탭–〔글꼴〕 그룹에서 **글꼴(굴림)과 글꼴 크기(11)를 선택**합니다.

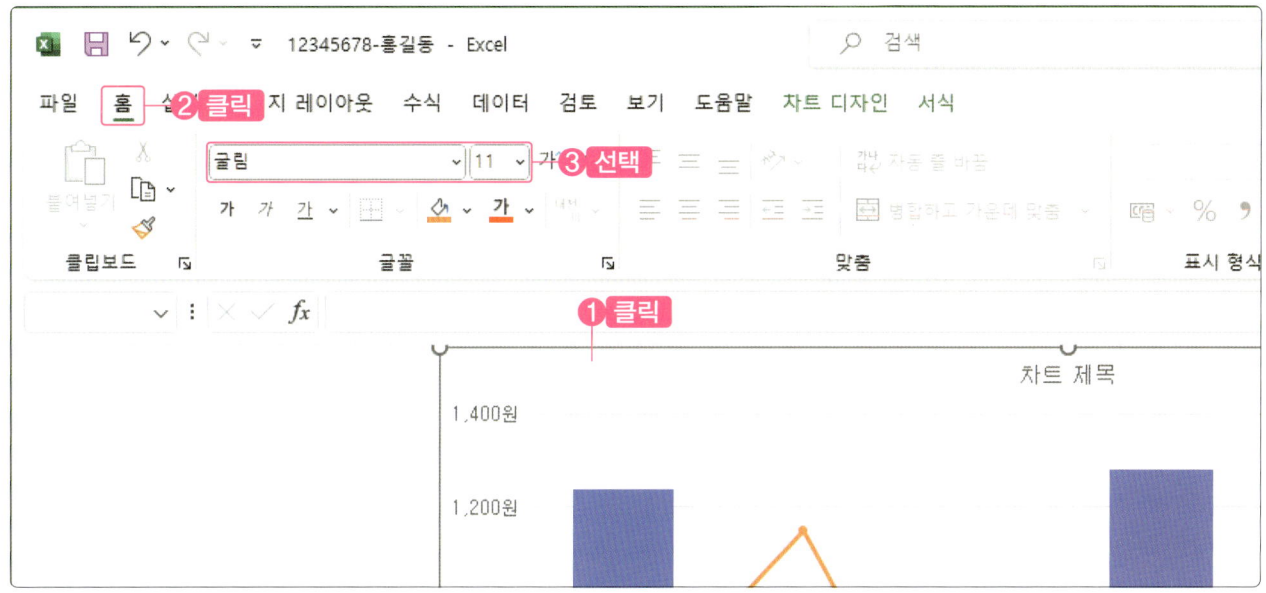

> 차트 제목에 글꼴 서식을 지정한 후 차트 영역에 글꼴 서식을 지정하면 차트 제목에 지정한 글꼴 서식이 차트 영역에 지정한 글꼴 서식으로 다시 지정되므로 먼저 차트 영역에 글꼴 서식을 지정한 후 차트 제목에 글꼴 서식을 지정합니다.

한가지 더!

차트 요소 선택하기

- **방법1** : 차트 요소(차트 영역, 그림 영역, 차트 제목 등)로 마우스 포인터를 가져가서 마우스 포인터가 모양이나 모양으로 변경되었을 때 클릭합니다.
- **방법2** : 차트를 선택한 후 〔서식〕 정황 탭–〔현재 선택 영역〕 그룹에서 〔차트 요소〕의 〔목록(▾)〕 단추를 클릭한 다음 차트 요소를 클릭합니다. 이 방법을 사용하면 지시사항에 명시되어 있는 차트 요소가 어떤 차트 요소인지 모르거나 한 번에 선택하기 힘든 차트 요소를 쉽고 빠르게 선택할 수 있습니다.

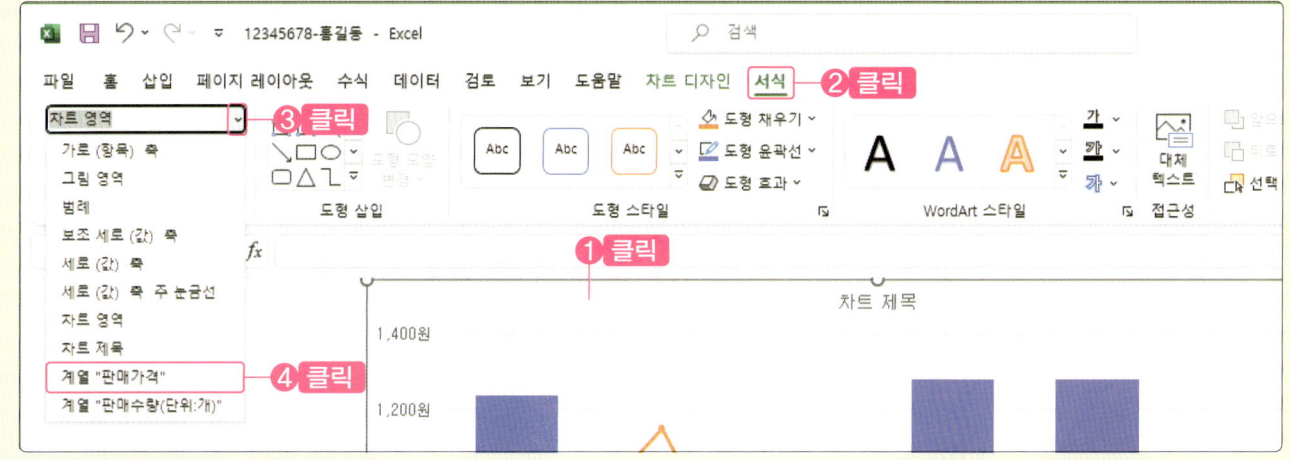

Chapter 08 · 그래프

> 〈조건〉 (5) 영역 서식 ⇒ 차트 : 글꼴(굴림, 11pt), 채우기 효과(질감-파랑 박엽지)
> 그림 : 채우기(흰색, 배경1)

2 차트 영역 서식을 지정하기 위해 〔서식〕 정황 탭-〔현재 선택 영역〕 그룹에서 **〔선택 영역 서식〕**을 **클릭**합니다.

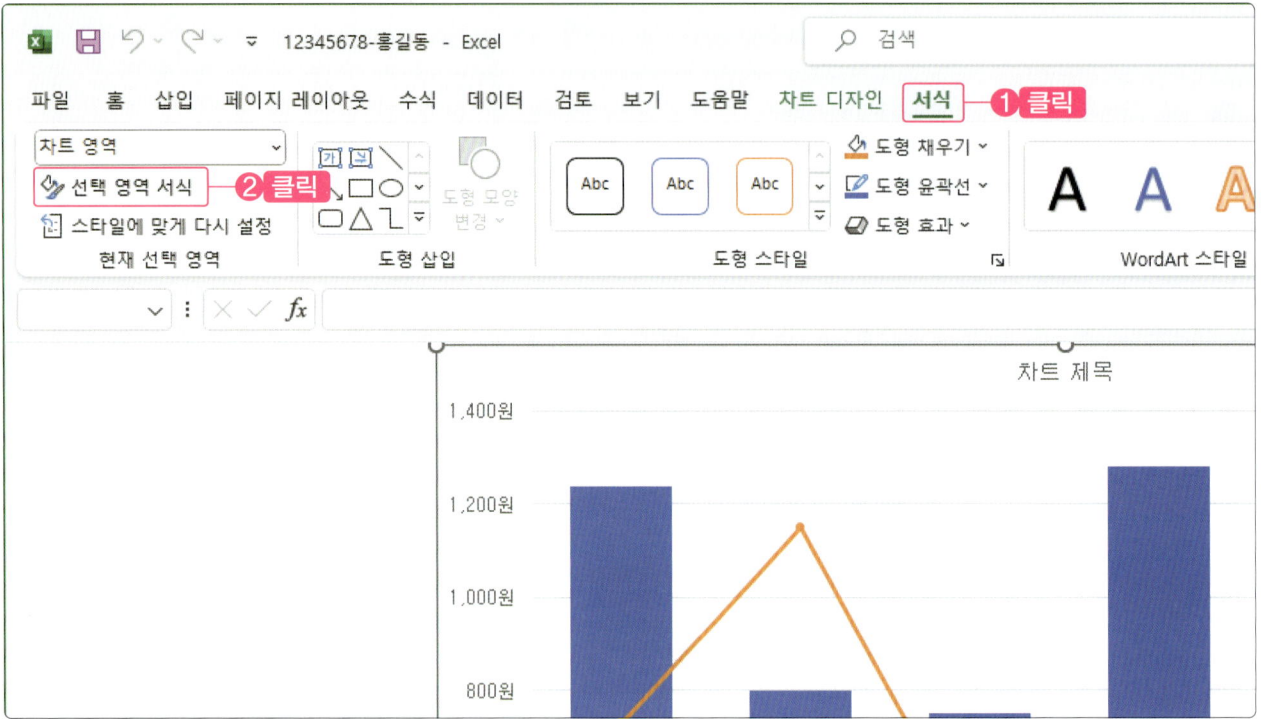

3 〔차트 영역 서식〕 작업 창이 나타나면 〔차트 옵션〕-〔채우기 및 선( )〕-〔채우기〕에서 **〔그림 또는 질감 채우기〕**를 **선택**한 후 **질감(파랑 박엽지)**을 **선택**합니다.

<조건>　(5) 영역 서식 ⇒ 차트 : 글꼴(굴림, 11pt), 채우기 효과(질감-파랑 박엽지)
　　　　　　　　그림 : 채우기(흰색, 배경1)

4 그림 영역 서식을 지정하기 위해 **그림 영역을 선택**한 후 [그림 영역 서식] 작업 창의 [그림 영역 옵션]-[채우기 및 선(🎨)]-[채우기]에서 **[단색 채우기]를 선택**한 다음 **색(흰색, 배경 1)을 선택**합니다.

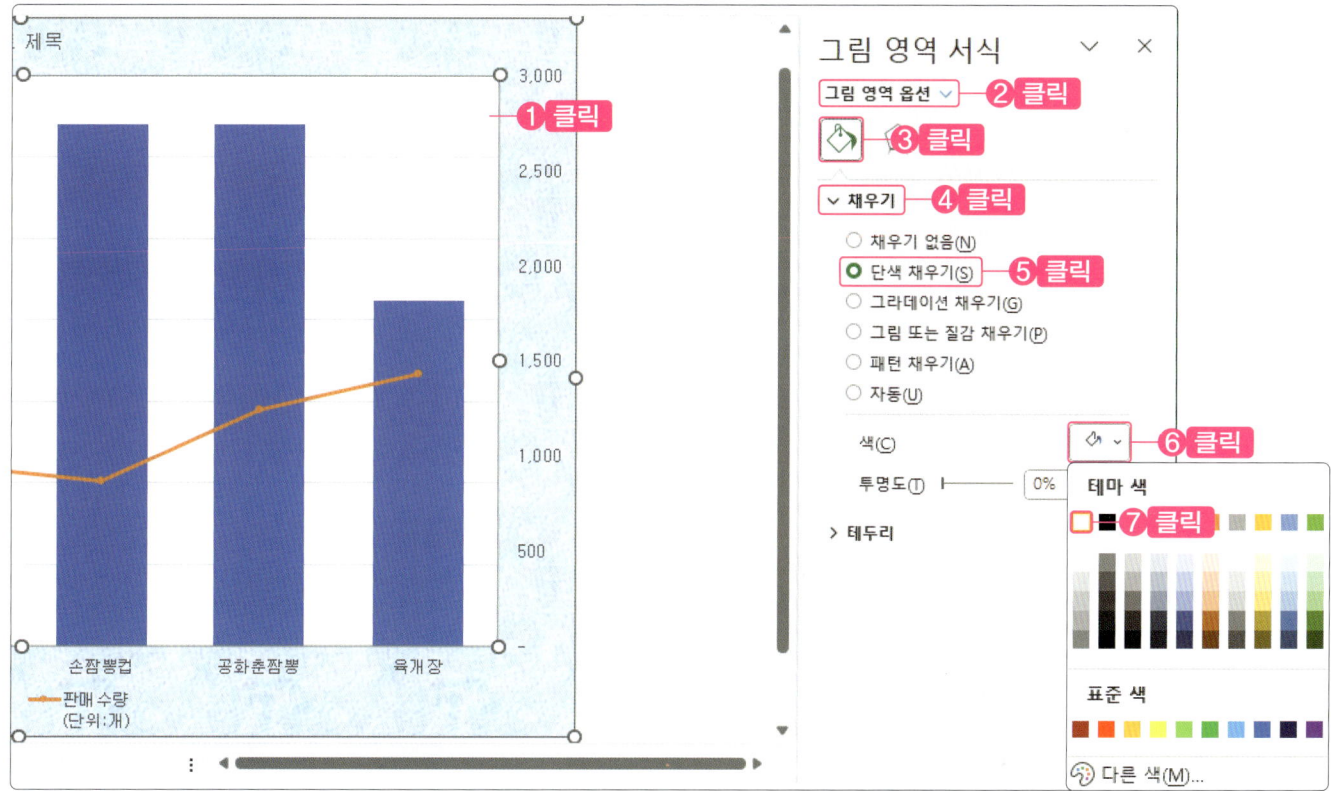

> 그림 영역을 선택하면 [차트 영역 서식] 작업 창이 [그림 영역 서식] 작업 창으로 변경됩니다.

STEP 03 차트 제목 및 서식 지정하기

〔조건〕
(6) 제목 서식 ⇒ 차트 제목 : 글꼴(굴림, 굵게, 20pt), 채우기(흰색, 배경1), 테두리
(7) 서식 ⇒ 판매수량(단위:개) 계열의 차트 종류를 〈표식이 있는 꺾은선형〉으로 변경한 후 보조 축으로 지정하시오.
    계열 : ≪출력형태≫를 참조하여 표식(세모, 크기 10)과 레이블 값을 표시하시오.
    눈금선 : 선 스타일–파선
    축 : ≪출력형태≫를 참조하시오.
(8) 범례 ⇒ 범례명을 변경하고 ≪출력형태≫를 참조하시오.

1 **차트 제목(농심 및 팔도 컵라면의 판매 현황)을 수정**한 후 차트 제목에 글꼴 서식을 지정하기 위해 **차트 제목을 선택**한 다음 〔홈〕 탭-〔글꼴〕 그룹에서 **글꼴(굴림)과 글꼴 크기(20)를 선택**하고 〔**굵게(가)**〕를 **클릭**합니다.

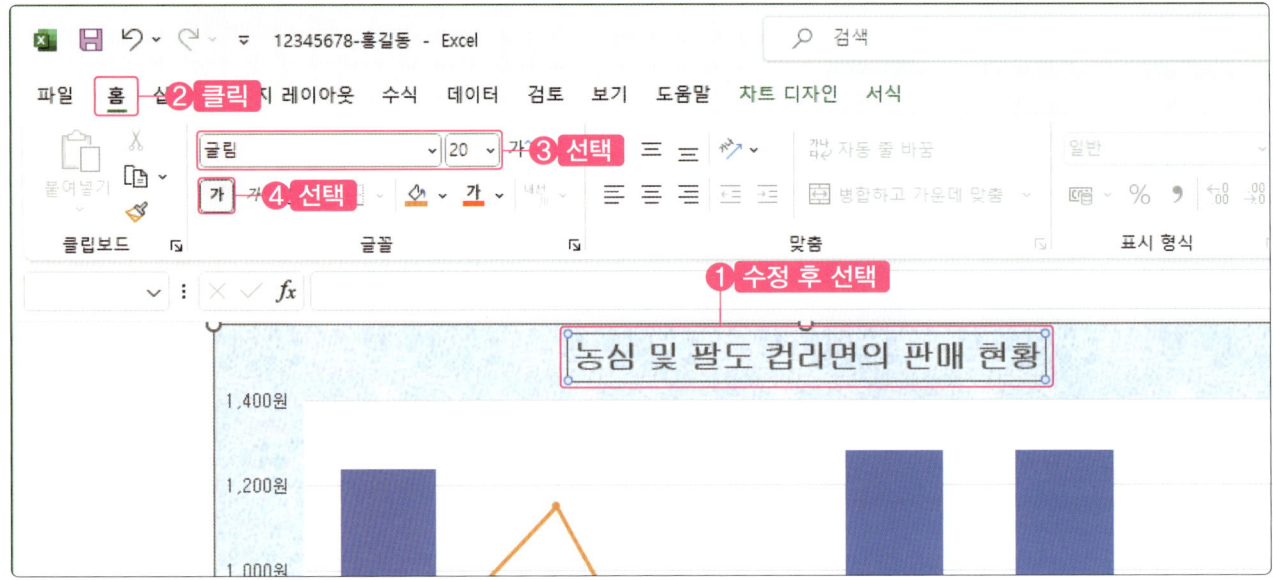

> 차트 제목을 선택한 후 차트 제목으로 마우스 포인터를 가져가서 마우스 포인터가 I 모양으로 변경되었을 때 클릭하면 차트 제목을 수정할 수 있습니다.

2 차트 제목에 채우기 색을 지정하기 위해 〔서식〕 정황 탭-〔도형 스타일〕 그룹에서 〔**도형 채우기**〕의 〔**목록(▼)**〕 **단추를 클릭**한 후 〔**흰색, 배경 1**〕을 **클릭**합니다.

〈조건〉 (6) 제목 서식 ⇒ 차트 제목 : 글꼴(굴림, 굵게, 20pt), 채우기(흰색, 배경1), 테두리
 (7) 서식 ⇒ 판매수량(단위:개) 계열의 차트 종류를 〈표식이 있는 꺾은선형〉으로 변경한 후 보조 축으로 지정하시오.
 계열 : ≪출력형태≫를 참조하여 표식(세모, 크기 10)과 레이블 값을 표시하시오.
 눈금선 : 선 스타일-파선
 축 : ≪출력형태≫를 참조하시오.

3 차트 제목에 윤곽선 색을 지정하기 위해 [서식] 정황 탭-[도형 스타일] 그룹에서 [**도형 윤곽선**]의 [**목록(˅)**] **단추를 클릭**한 후 [**검정, 텍스트 1**]**을 클릭**합니다.

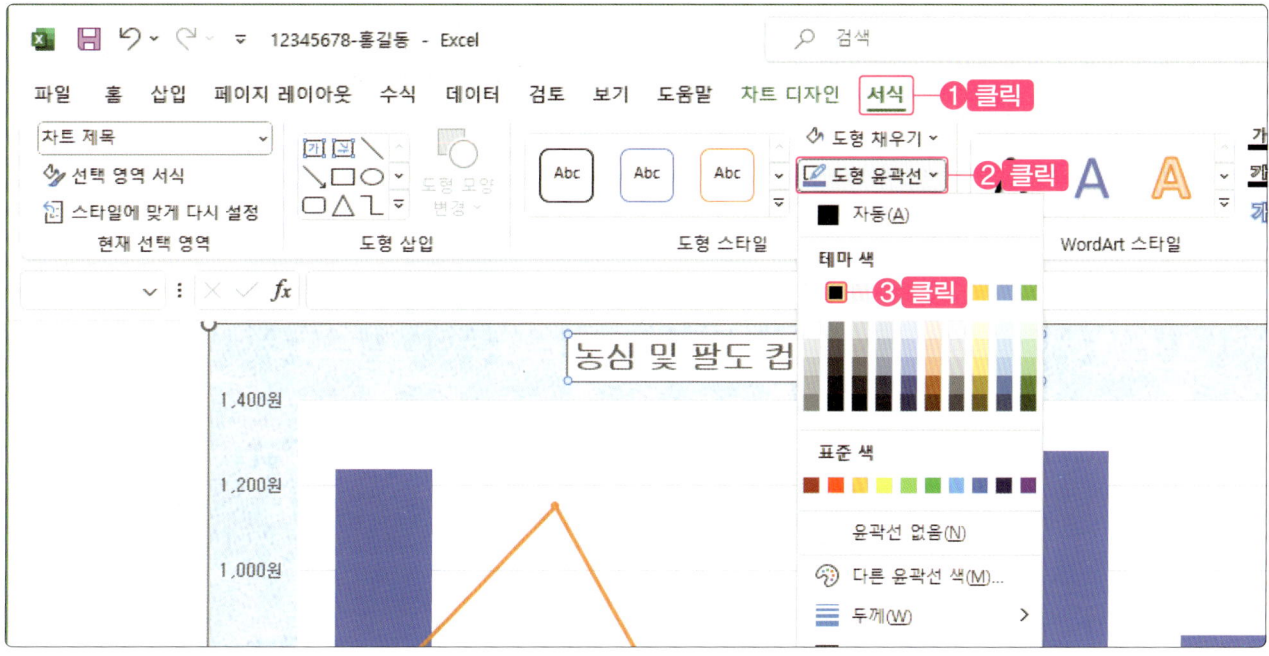

4 표식 옵션을 지정하기 위해 '**판매수량(단위:개)**' **데이터 계열을 선택**한 후 [데이터 계열 서식] 작업 창의 [계열 옵션]-[채우기 및 선(◇)]-[표식]-[표식 옵션]에서 [**기본 제공**]**을 선택**한 후 **형식(▲)을 선택**한 다음 **크기(10)를 입력**합니다.

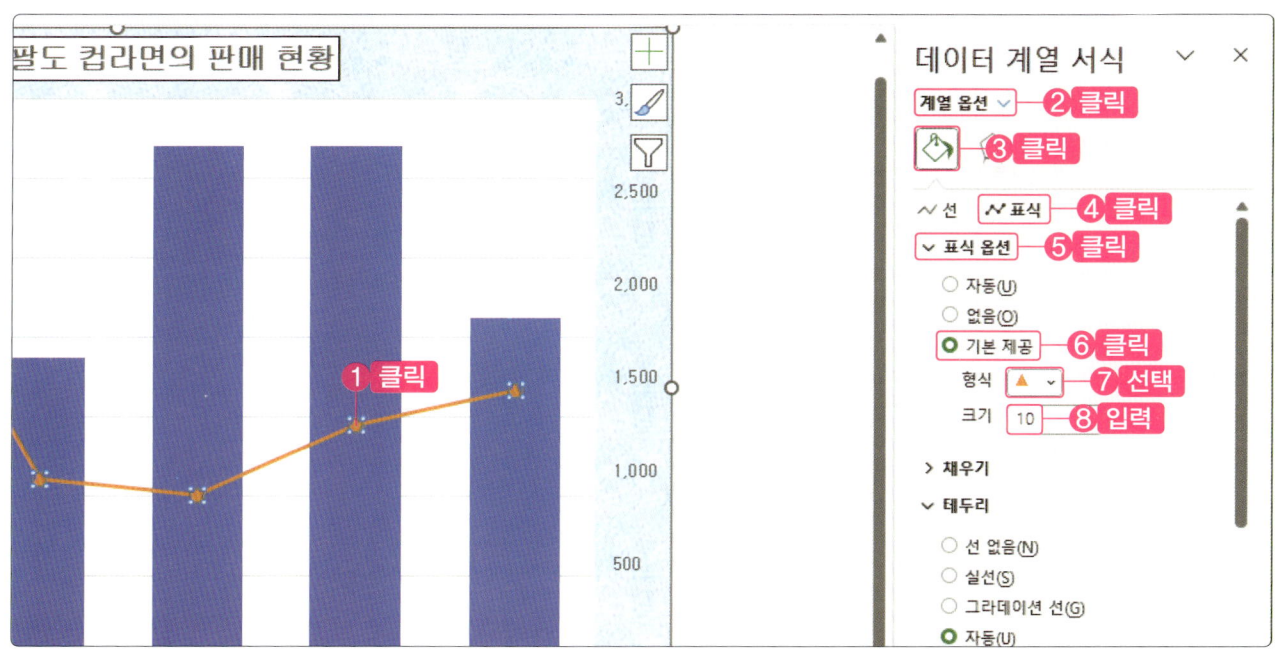

<조건> (7) 서식 ⇒ 판매수량(단위:개) 계열의 차트 종류를 〈표식이 있는 꺾은선형〉으로 변경한 후 보조 축으로 지정하시오.
계열 : ≪출력형태≫를 참조하여 표식(세모, 크기 10)과 레이블 값을 표시하시오.
눈금선 : 선 스타일-파선
축 : ≪출력형태≫를 참조하시오.

5 데이터 레이블을 표시하기 위해 **'판매수량(단위:개)' 데이터 계열의 '롯데라면컵' 데이터 요소만 선택**한 후 [차트 디자인] 정황 탭-[차트 레이아웃] 그룹에서 [**차트 요소 추가**]**를 클릭**한 다음 [데이터 레이블]-[**바깥쪽 끝에**]**을 클릭**합니다.

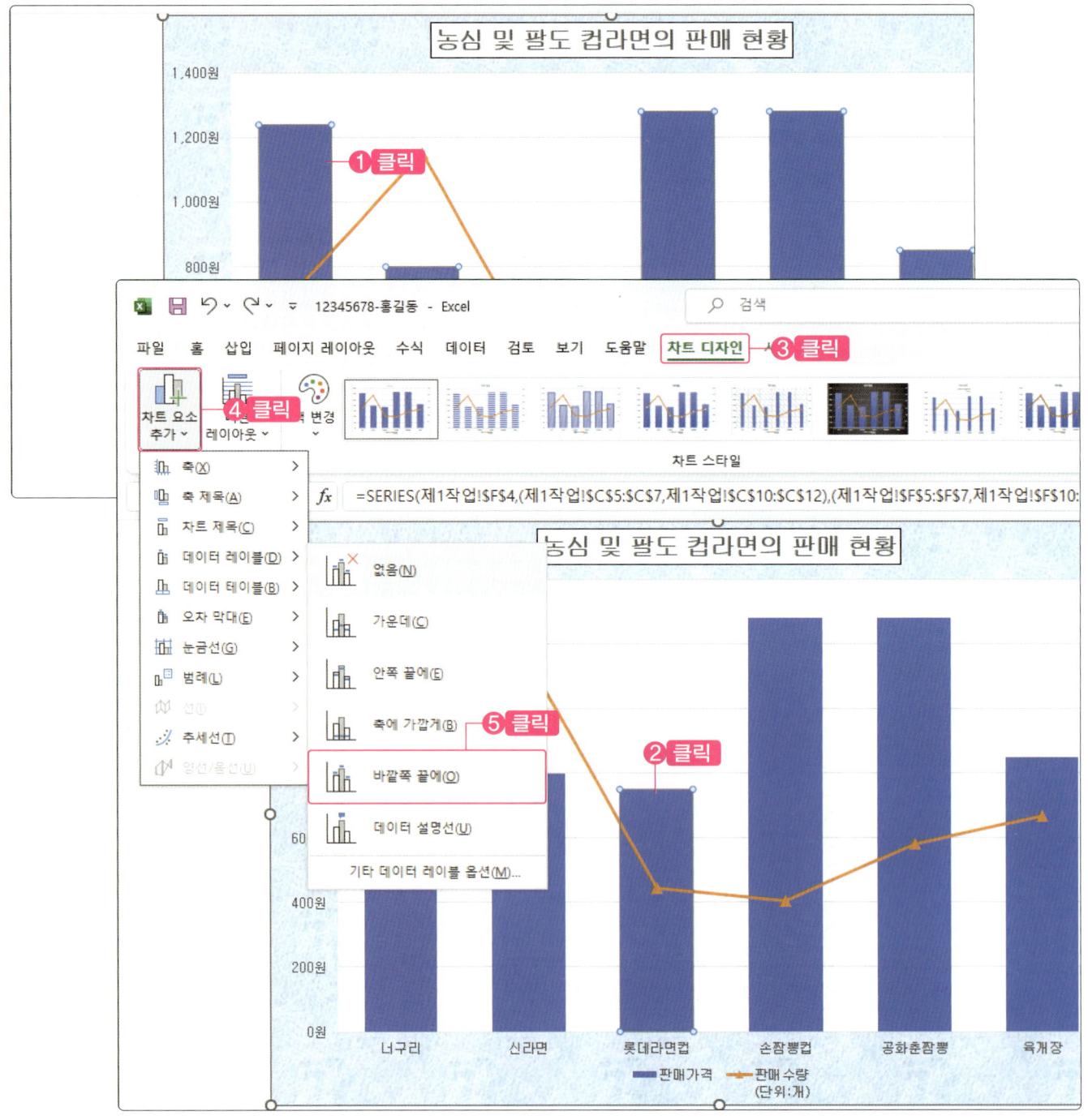

'판매수량(단위:개)' 데이터 계열의 '롯데라면컵' 데이터 요소를 클릭한 후 다시 클릭하면 '판매수량(단위:개)' 데이터 계열의 '롯데라면컵' 데이터 요소만 선택할 수 있습니다.

> 〈조건〉　(7) 서식 ⇒ 판매수량(단위:개) 계열의 차트 종류를 〈표식이 있는 꺾은선형〉으로 변경한 후
> 　　　　　　보조 축으로 지정하시오.
> 　　　　　계열 : ≪출력형태≫를 참조하여 표식(세모, 크기 10)과 레이블 값을 표시하시오.
> 　　　　　눈금선 : 선 스타일-파선
> 　　　　　축 : ≪출력형태≫를 참조하시오.

6 세로 축 주 눈금선에 선 스타일을 지정하기 위해 **세로 축 주 눈금선을 선택**한 후 [주 눈금선 서식] 작업 창의 [주 눈금선 옵션]-[채우기 및 선(◇)]-[선]에서 [**실선**]을 **선택**한 다음 **색(검정, 텍스트 1)을 선택**하고 **대시 종류([파선(- - -)])를 선택**합니다.

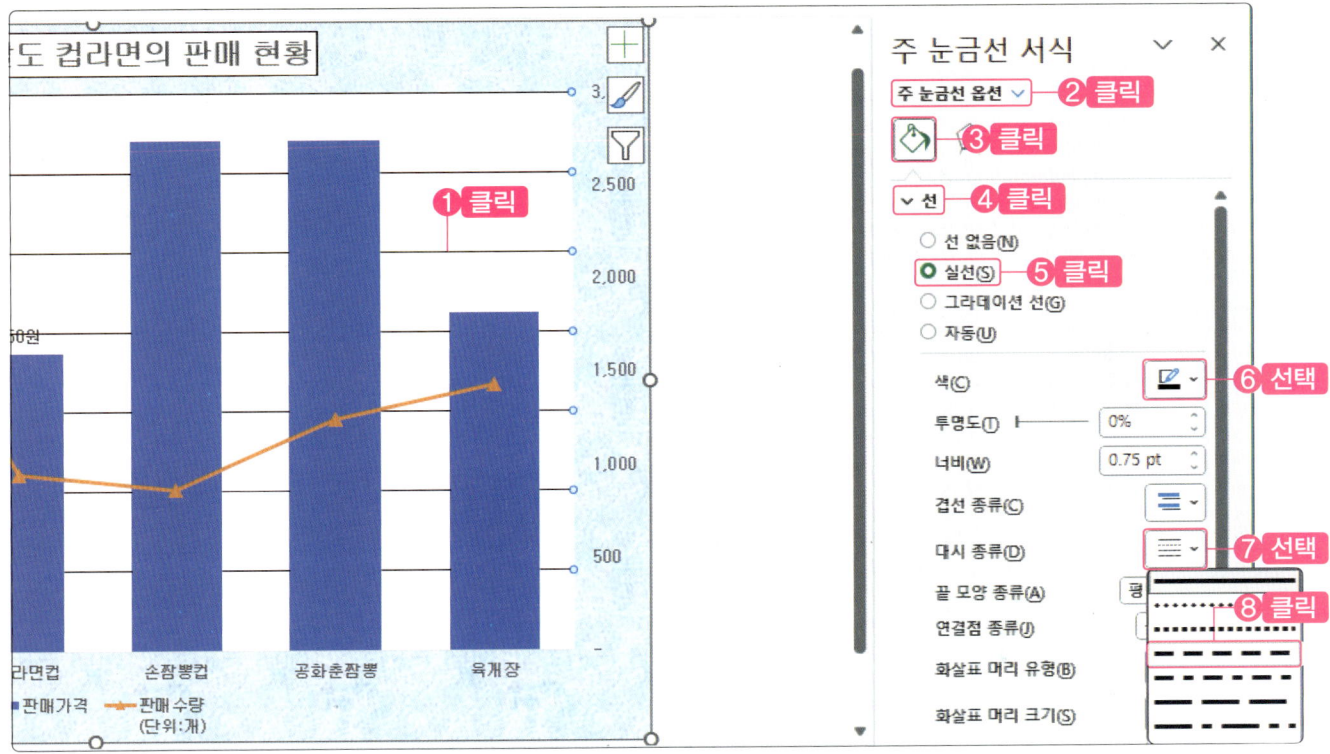

7 보조 세로 축 서식을 지정하기 위해 **보조 세로 축을 선택**한 후 [축 서식] 작업 창의 [축 옵션]-[축 옵션(📊)]-[축 옵션]에서 **기본 단위(1000)를 입력**합니다

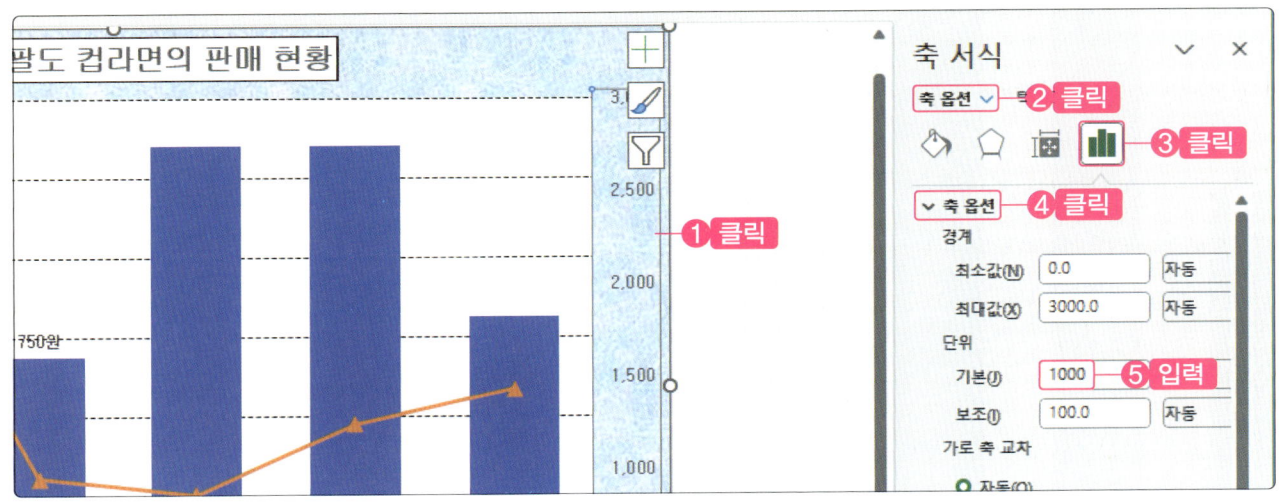

> 보조 세로 축을 선택하면 [주 눈금선 서식] 작업 창이 [축 서식] 작업 창으로 변경됩니다.

> 〈조건〉　(7) 서식 ⇒ 판매수량(단위:개) 계열의 차트 종류를 〈표식이 있는 꺾은선형〉으로 변경한 후
> 　　　　　　　보조 축으로 지정하시오.
> 　　　　　계열 : ≪출력형태≫를 참조하여 표식(세모, 크기 10)과 레이블 값을 표시하시오.
> 　　　　　눈금선 : 선 스타일-파선
> 　　　　　축 : ≪출력형태≫를 참조하시오.

8 〔축 서식〕 작업 창의 〔축 옵션〕-〔축 옵션(▮▮)〕-〔눈금〕에서 **주 눈금(바깥쪽)을 선택**합니다

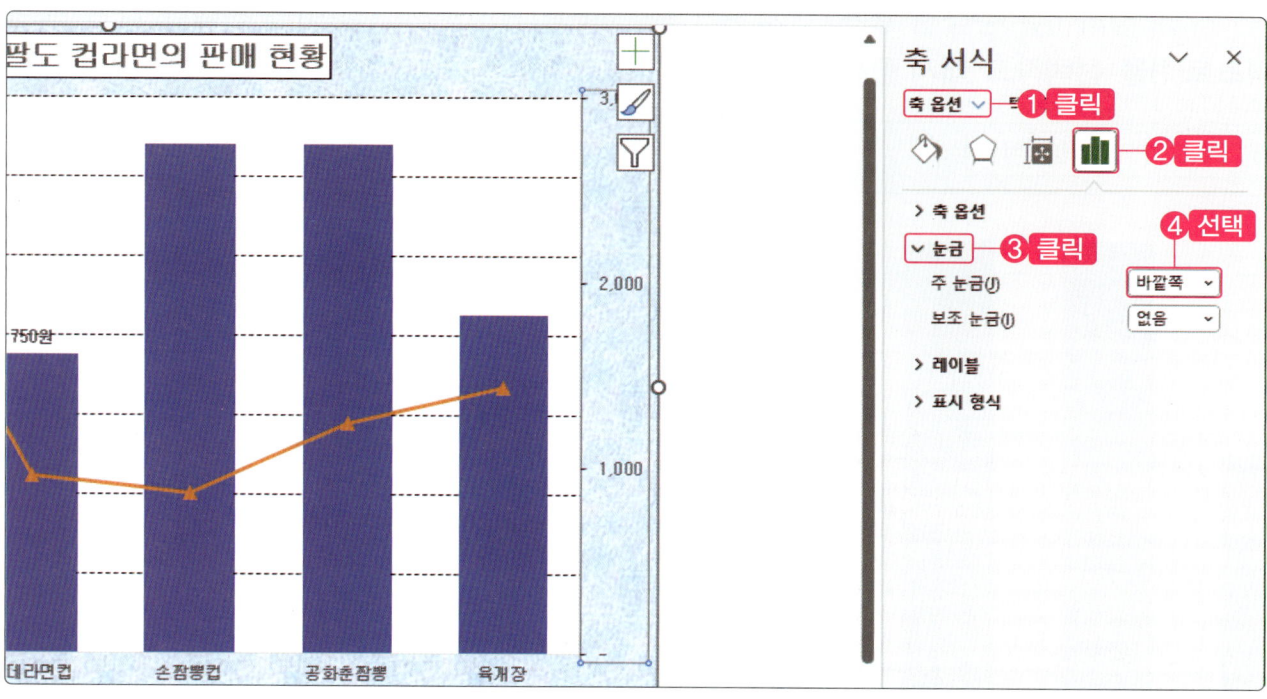

9 〔축 서식〕 작업 창의 〔축 옵션〕-〔채우기 및 선(🪣)〕-〔선〕에서 〔**실선**〕을 **선택**한 후 **색(검정, 텍스트 1)을 선택**합니다.

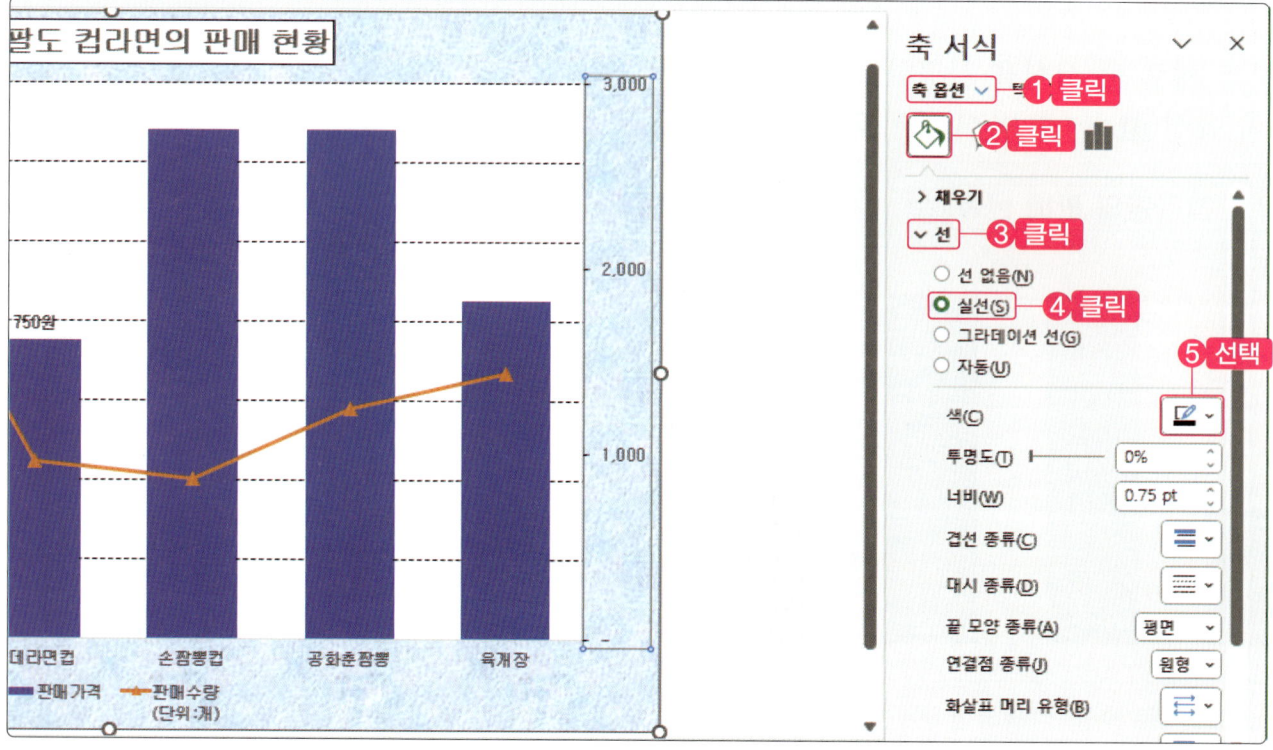

<조건> (7) 서식 ⇒ 판매수량(단위:개) 계열의 차트 종류를 〈표식이 있는 꺾은선형〉으로 변경한 후 보조 축으로 지정하시오.
계열 : ≪출력형태≫를 참조하여 표식(세모, 크기 10)과 레이블 값을 표시하시오.
눈금선 : 선 스타일-파선
축 : ≪출력형태≫를 참조하시오.

10 세로 축 서식을 지정하기 위해 **세로 축을 선택**한 후 〔축 서식〕 작업 창의 〔축 옵션〕-〔채우기 및 선(♦)〕-〔선〕에서 〔실선〕을 선택한 다음 **색(검정, 텍스트 1)을 선택**합니다.

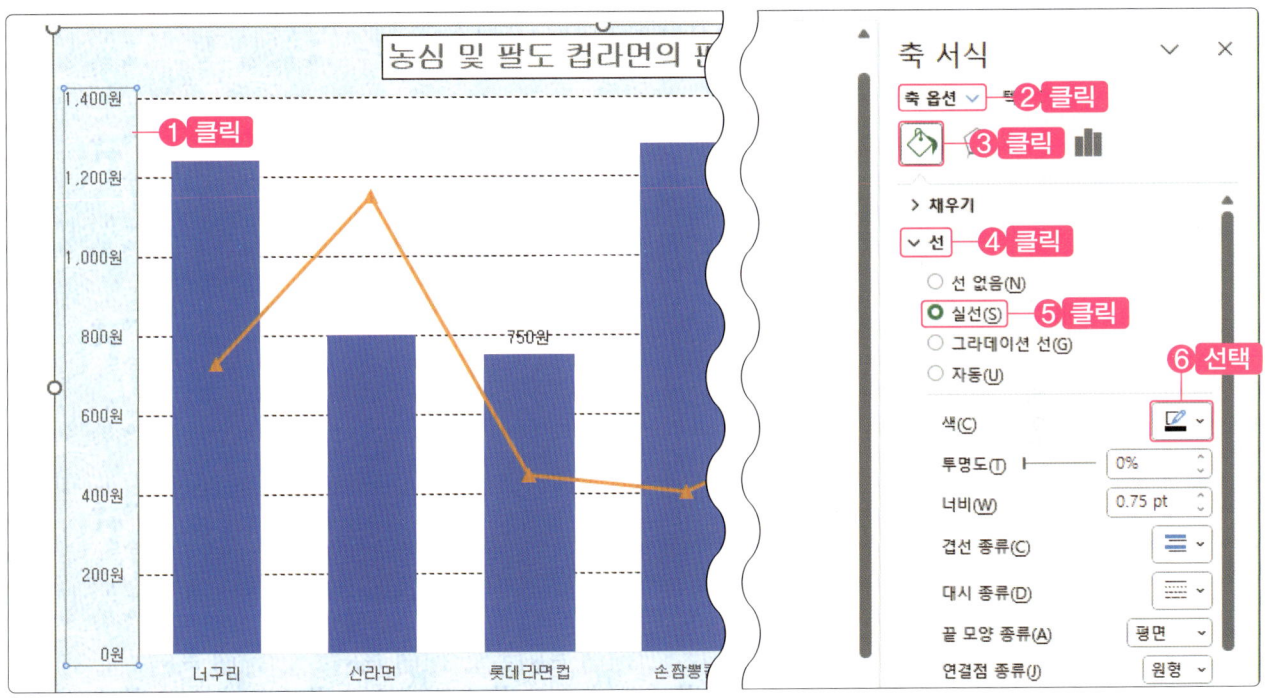

11 가로 축 서식을 지정하기 위해 **가로 축을 선택**한 후 〔축 서식〕 작업 창의 〔축 옵션〕-〔채우기 및 선(♦)〕-〔선〕에서 〔실선〕을 선택한 다음 **색(검정, 텍스트 1)을 선택**하고 〔닫기(×)〕를 클릭합니다.

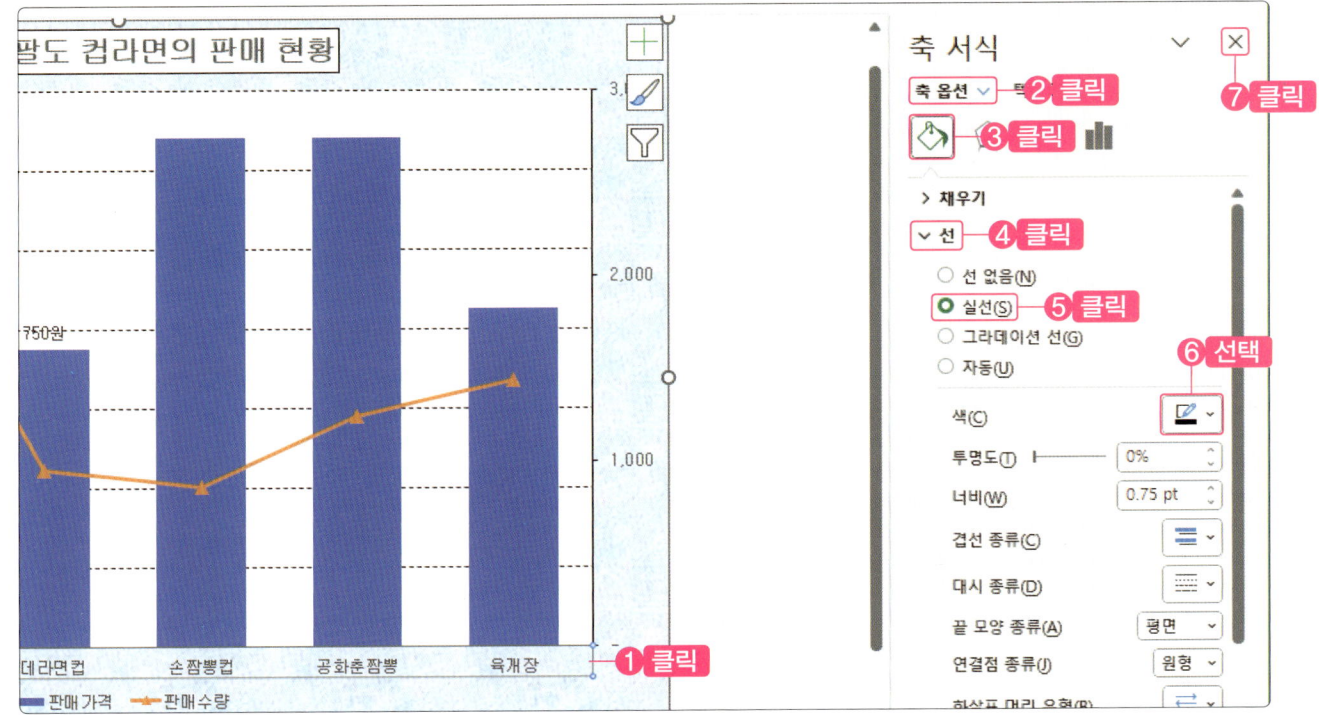

⟨조건⟩　(8) 범례 ⇒ 범례명을 변경하고 ≪출력형태≫를 참조하시오.

12 데이터 계열 이름을 변경하기 위해 차트를 선택한 후 [차트 디자인] 정황 탭-[데이터] 그룹에서 [데이터 선택(🗒)]을 클릭합니다.

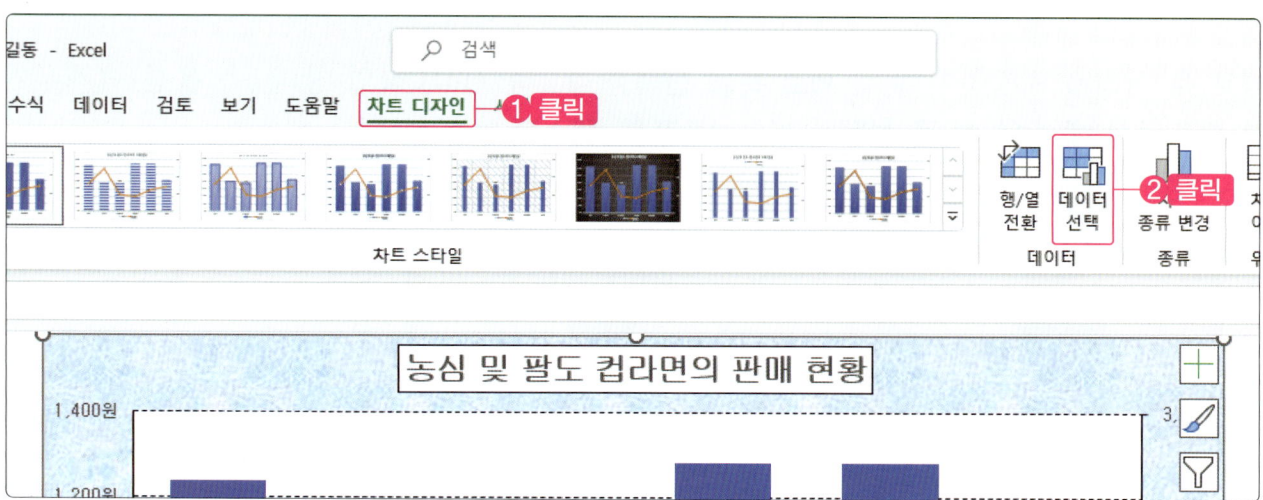

13 [데이터 원본 선택] 대화상자가 나타나면 [범례 항목(계열)]에서 [판매수량(단위:개)]를 선택한 후 [편집] 단추를 클릭합니다. 그런 다음 [계열 편집] 대화상자가 나타나면 **계열 이름(판매수량(단위:개))을 입력**한 후 [확인] 단추를 클릭합니다.

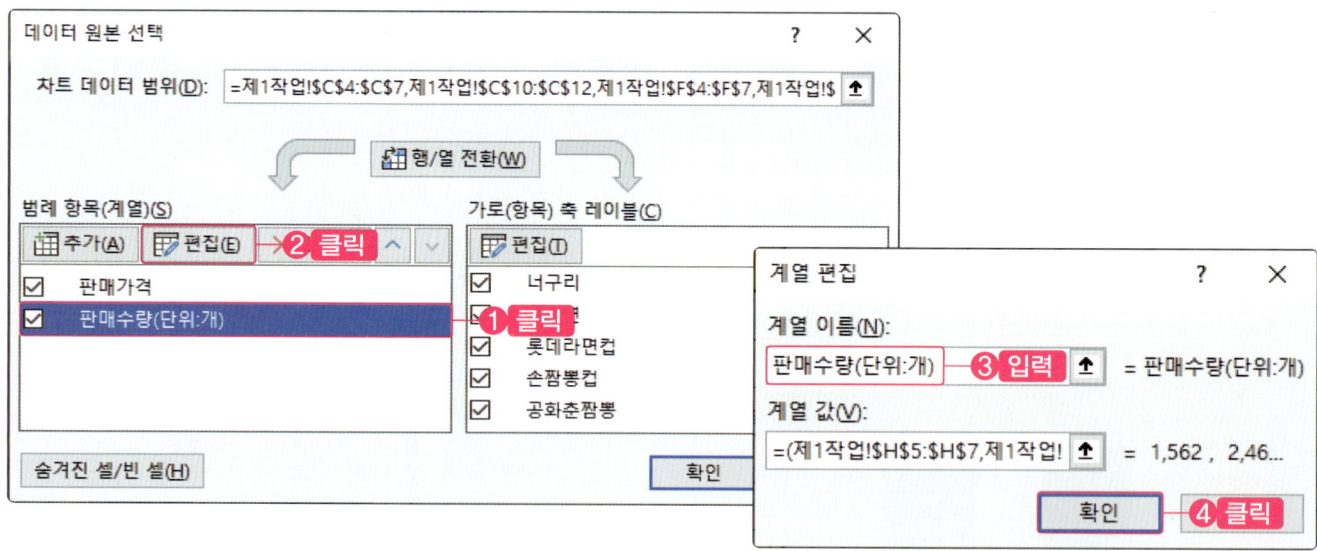

14 [데이터 원본 선택] 대화상자가 다시 나타나면 [확인] 단추를 클릭합니다.

15 다음과 같이 범례가 변경됩니다.

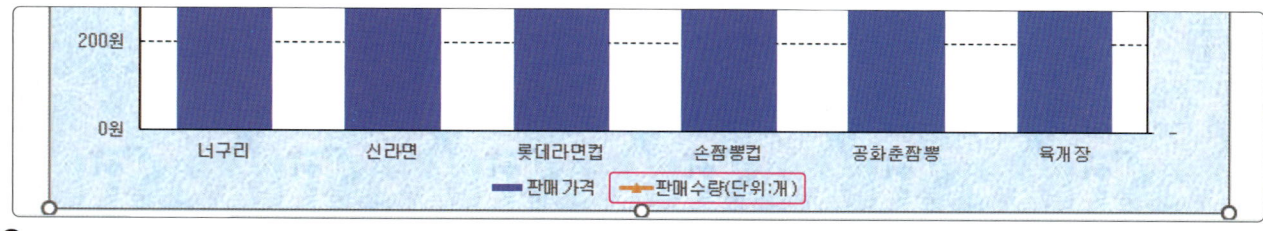

STEP 04 차트에 도형 삽입하기

[조건]
(9) 도형 ⇒ '모서리가 둥근 사각형 설명선'을 삽입한 후 ≪출력형태≫와 같이 내용을 입력하시오.
(10) 나머지 사항은 ≪출력형태≫에 맞게 작성하시오.

1 차트에 도형을 삽입하기 위해 **차트를 선택**한 후 [삽입] 탭-[일러스트레이션] 그룹에서 [도형]을 **클릭**한 다음 [말풍선 : 모서리가 둥근 사각형(♡)]을 **클릭**합니다.

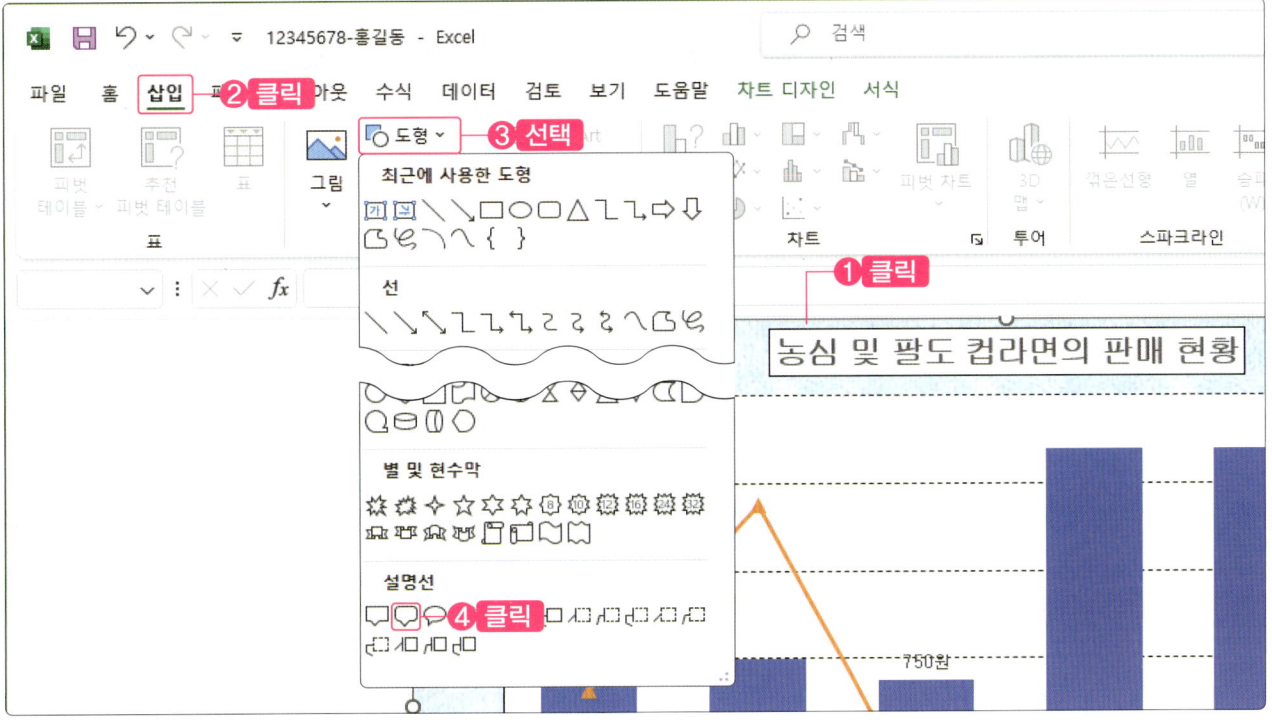

2 마우스 포인터가 + 모양으로 변경되면 다음과 같이 **드래그하여 차트에 도형을 삽입**합니다.

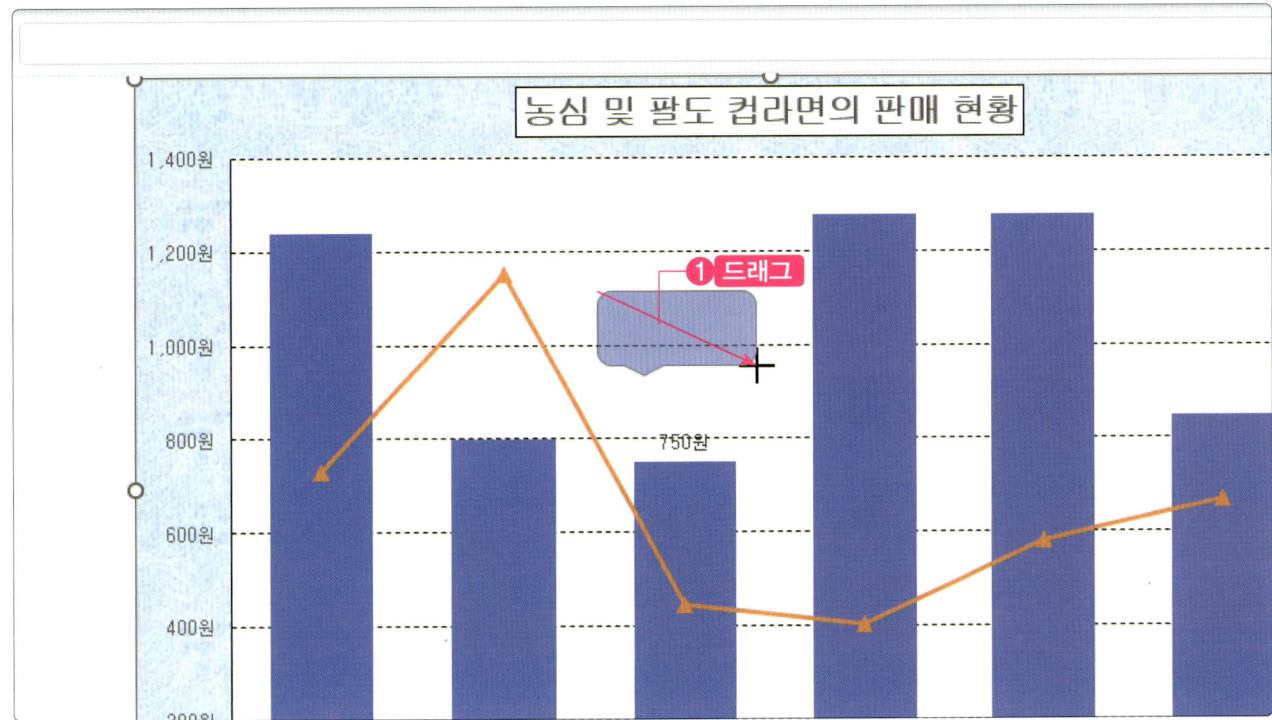

〈조건〉 ⑼ 도형 ⇒ '모서리가 둥근 사각형 설명선'을 삽입한 후 ≪출력형태≫와 같이 내용을 입력하시오.
⑽ 나머지 사항은 ≪출력형태≫에 맞게 작성하시오.

3 차트에 도형이 삽입되면 **도형에 텍스트(최저 판매가격)를 입력**한 후 **도형을 선택**합니다. 그런 다음 〔홈〕 탭-〔글꼴〕 그룹에서 **글꼴(굴림), 글꼴 크기(11), 채우기 색(흰색, 배경 1), 글꼴 색(검정, 텍스트 1)을 선택**한 다음 〔맞춤〕 그룹에서 〔**가운데 맞춤(세로)(≡)**〕과 〔**가운데 맞춤(가로)(≡)**〕을 클릭합니다.

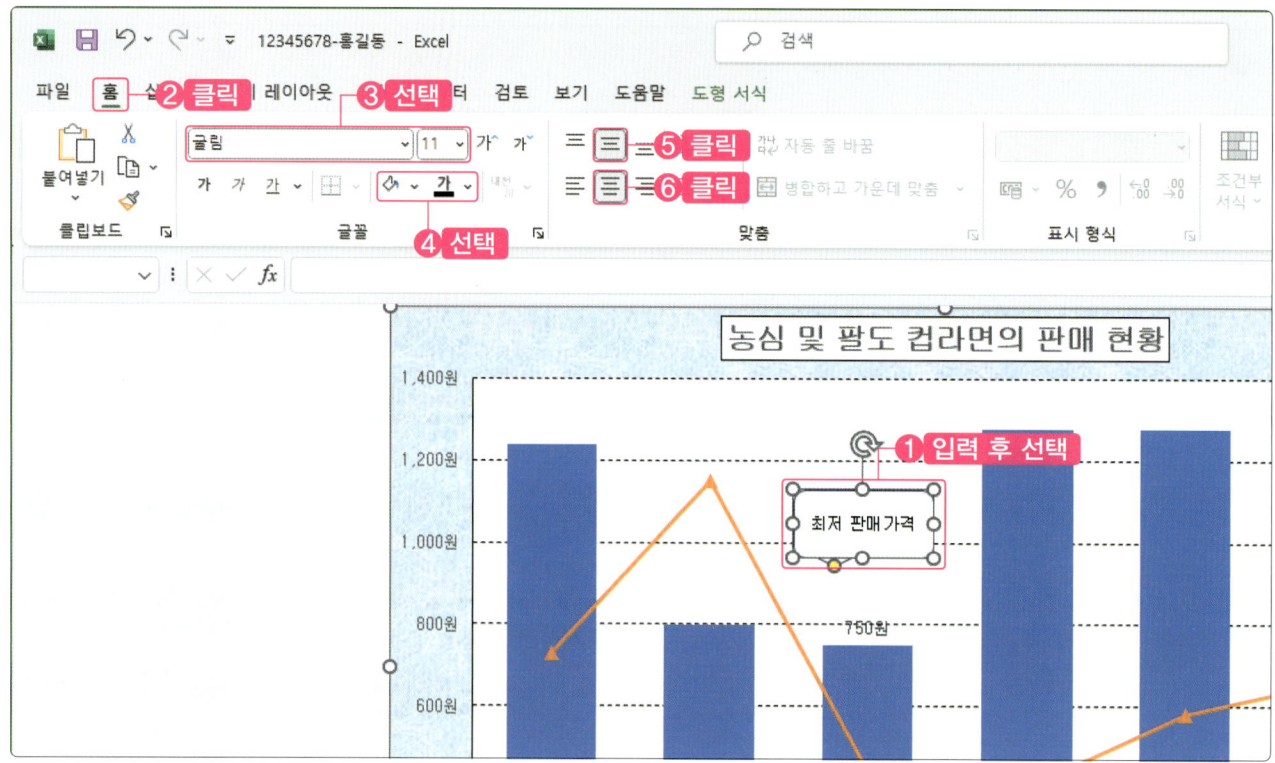

> 도형을 선택한 후 〔도형 서식〕 정황 탭-〔도형 스타일〕 그룹에서 〔도형 채우기〕의 〔목록(˅)〕 단추를 클릭한 다음 〔흰색, 배경 1〕을 클릭하여 도형에 채우기 색을 지정할 수도 있습니다.

4 도형의 모양을 조정하기 위해 다음과 같이 **도형의 모양 조절점(○)을 드래그**합니다.

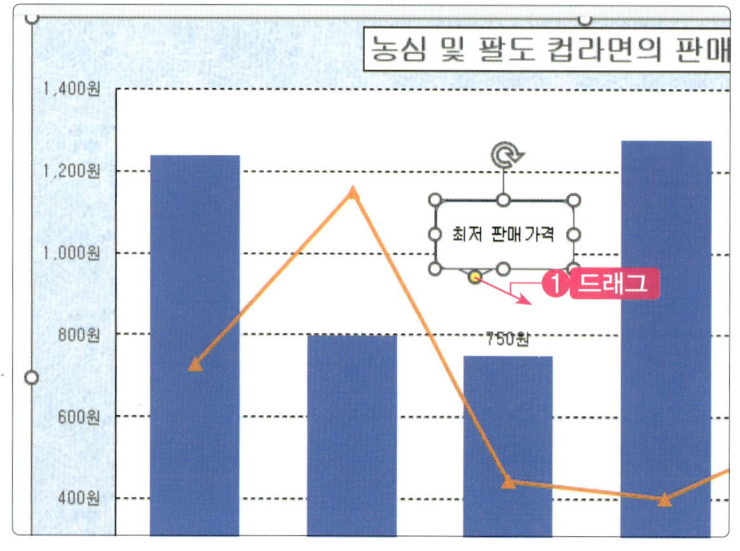
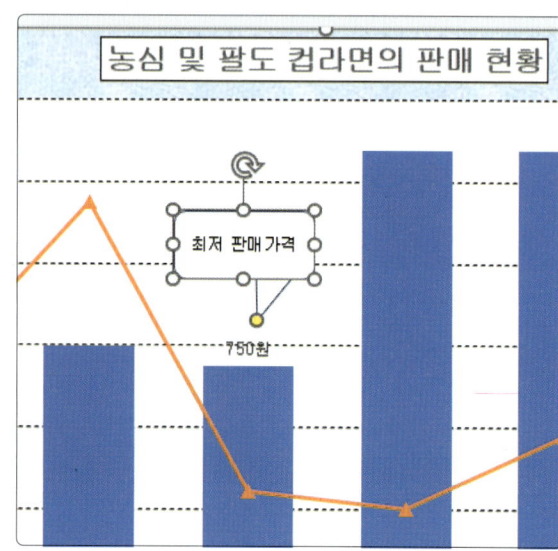

실전문제유형

Practical question type

EXCEL 2021

1 "제1작업" 시트를 이용하여 조건에 따라 ≪출력형태≫와 같이 작업하시오.

▶ 소스파일 : Part 01\Chapter 08\문제01.xlsx   ▶ 완성파일 : Part 01\Chapter 08\문제01_완성.xlsx

《조건》

(1) 차트 종류 ⇒ <묶은 세로 막대형>으로 작업하시오.
(2) 데이터 범위 ⇒ "제1작업" 시트의 내용을 이용하여 작업하시오.
(3) 위치 ⇒ "새 시트"로 이동하고, "제4작업"으로 시트 이름을 바꾸시오.
(4) 차트 디자인 도구 ⇒ 레이아웃 3, 스타일 1을 선택하여 ≪출력형태≫에 맞게 작업하시오.
(5) 영역 서식 ⇒ 차트 : 글꼴(굴림, 11pt), 채우기 효과(질감-파랑 박엽지)
　　　　　　　　 그림 : 채우기(흰색, 배경1)
(6) 제목 서식 ⇒ 차트 제목 : 글꼴(굴림, 굵게, 20pt), 채우기(흰색, 배경1), 테두리
(7) 서식 ⇒ 공사기간(일) 계열의 차트 종류를 <표식이 있는 꺾은선형>으로 변경한 후 보조 축으로 지정하시오.
　　　　　계열 : ≪출력형태≫를 참조하여 표식(세모, 크기 10)과 레이블 값을 표시하시오.
　　　　　눈금선 : 선 스타일-파선
　　　　　축 : ≪출력형태≫를 참조하시오.
(8) 범례 ⇒ 범례명을 변경하고 ≪출력형태≫를 참조하시오.
(9) 도형 ⇒ '모서리가 둥근 사각형 설명선'을 삽입한 후 ≪출력형태≫와 같이 내용을 입력하시오.
(10) 나머지 사항은 ≪출력형태≫에 맞게 작성하시오.

《출력형태》

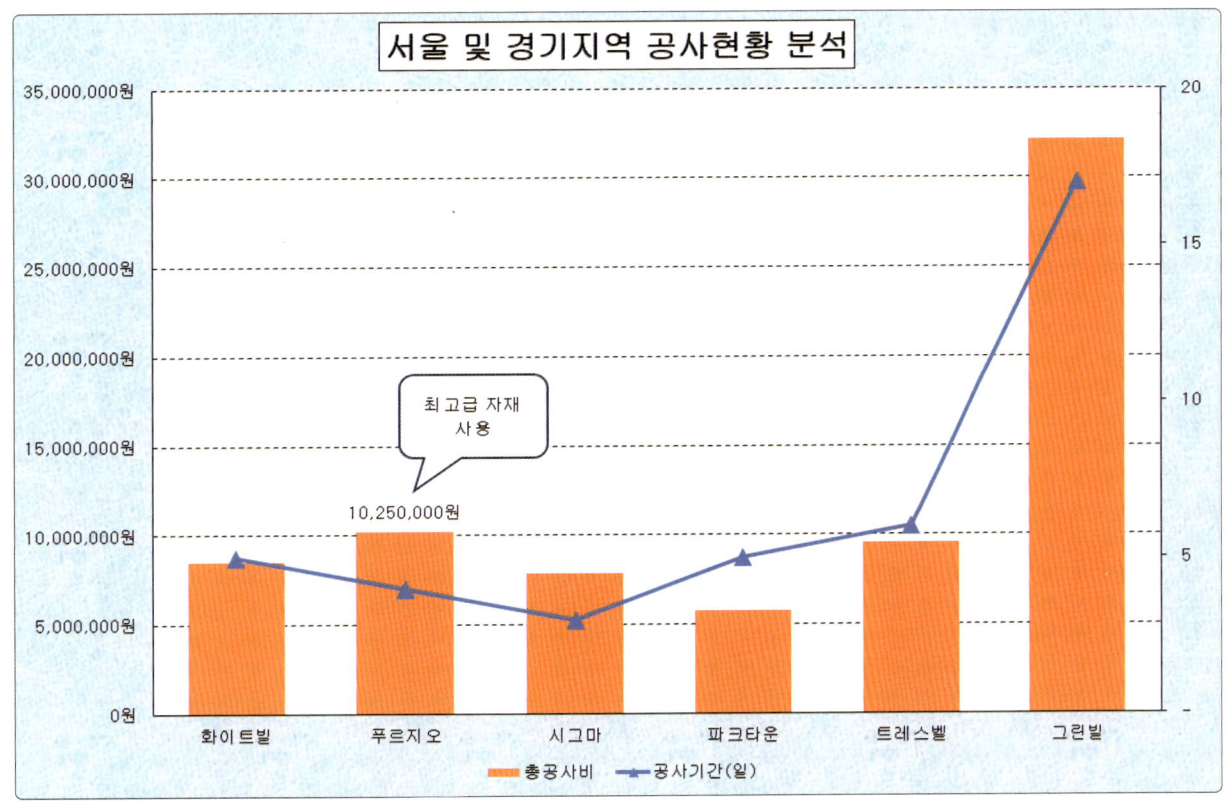

주의 ☞ 시트명 순서가 차례대로 "제1작업", "제2작업", "제3작업", "제4작업"이 되도록 할 것.

Chapter 08 · 그래프 **135**

실전문제유형

2 "제1작업" 시트를 이용하여 조건에 따라 ≪출력형태≫와 같이 작업하시오.

▶ 소스파일 : Part 01\Chapter 08\문제02.xlsx   ▶ 완성파일 : Part 01\Chapter 08\문제02_완성.xlsx

《조건》

(1) 차트 종류 ⇒ <묶은 세로 막대형>으로 작업하시오.
(2) 데이터 범위 ⇒ "제1작업" 시트의 내용을 이용하여 작업하시오.
(3) 위치 ⇒ "새 시트"로 이동하고, "제4작업"으로 시트 이름을 바꾸시오.
(4) 차트 디자인 도구 ⇒ 레이아웃 3, 스타일 1을 선택하여 ≪출력형태≫에 맞게 작업하시오.
(5) 영역 서식 ⇒ 차트 : 글꼴(굴림, 11pt), 채우기 효과(질감-파랑 박엽지)
             그림 : 채우기(흰색, 배경1)
(6) 제목 서식 ⇒ 차트 제목 : 글꼴(굴림, 굵게, 20pt), 채우기(흰색, 배경1), 테두리
(7) 서식 ⇒ 출장일수 계열의 차트 종류를 <표식이 있는 꺾은선형>으로 변경한 후 보조 축으로 지정하시오.
       계열 : ≪출력형태≫를 참조하여 표식(세모, 크기 10)과 레이블 값을 표시하시오.
       눈금선 : 선 스타일-파선
       축 : ≪출력형태≫를 참조하시오.
(8) 범례 ⇒ 범례명을 변경하고 ≪출력형태≫를 참조하시오.
(9) 도형 ⇒ '모서리가 둥근 사각형 설명선'을 삽입한 후 ≪출력형태≫와 같이 내용을 입력하시오.
(10) 나머지 사항은 ≪출력형태≫에 맞게 작성하시오.

《출력형태》

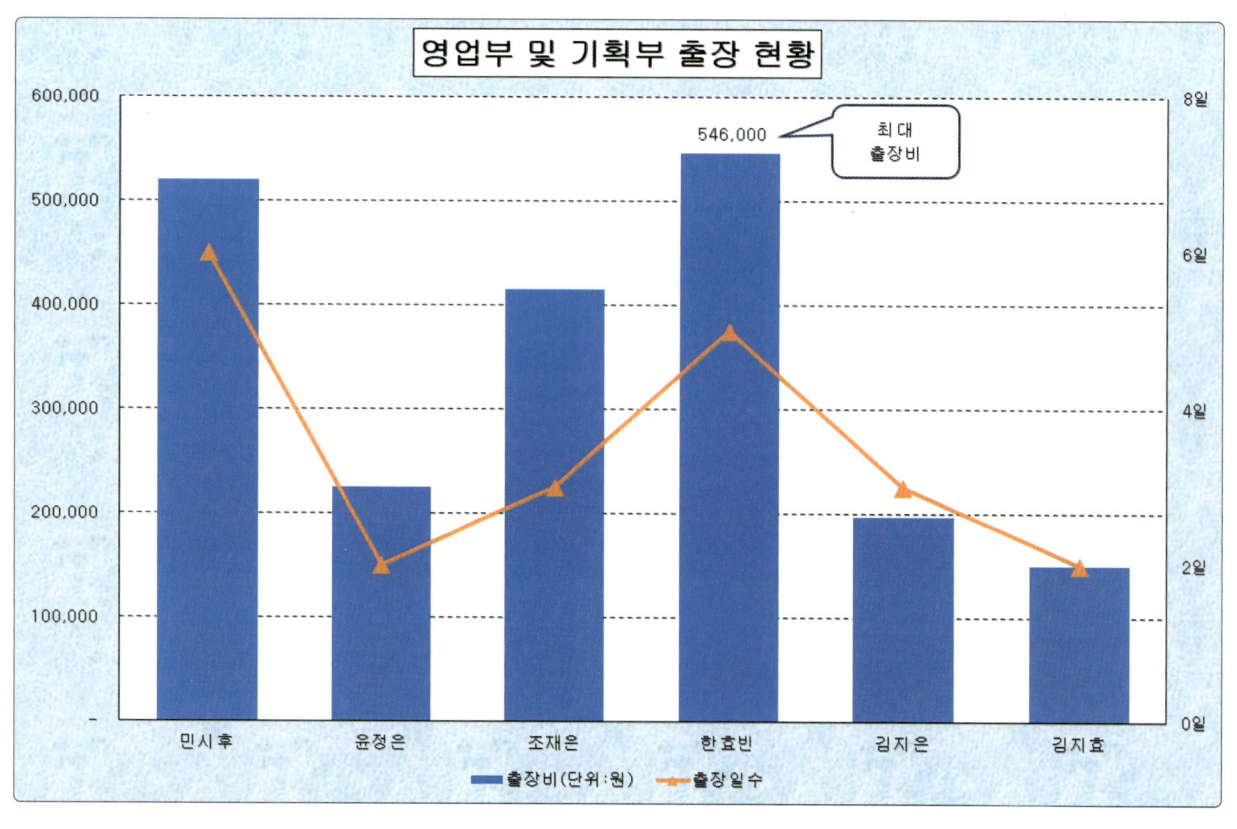

주의 ☞ 시트명 순서가 차례대로 "제1작업", "제2작업", "제3작업", "제4작업"이 되도록 할 것.

3 "제1작업" 시트를 이용하여 조건에 따라 ≪출력형태≫와 같이 작업하시오.

▶ 소스파일 : Part 01\Chapter 08\문제03.xlsx　　▶ 완성파일 : Part 01\Chapter 08\문제03_완성.xlsx

《조건》

(1) 차트 종류 ⇒ <묶은 세로 막대형>으로 작업하시오.
(2) 데이터 범위 ⇒ "제1작업" 시트의 내용을 이용하여 작업하시오.
(3) 위치 ⇒ "새 시트"로 이동하고, "제4작업"으로 시트 이름을 바꾸시오.
(4) 차트 디자인 도구 ⇒ 레이아웃 3, 스타일 1을 선택하여 ≪출력형태≫에 맞게 작업하시오.
(5) 영역 서식 ⇒ 차트 : 글꼴(굴림, 11pt), 채우기 효과(질감-분홍 박엽지)
　　　　　　　 그림 : 채우기(흰색, 배경1)
(6) 제목 서식 ⇒ 차트 제목 : 글꼴(굴림, 굵게, 20pt), 채우기(흰색, 배경1), 테두리
(7) 서식 ⇒ 렌트비용(단위:원) 계열의 차트 종류를 <표식이 있는 꺾은선형>으로 변경한 후 보조 축으로 지정하시오.
　　　　　계열 : ≪출력형태≫를 참조하여 표식(세모, 크기 10)과 레이블 값을 표시하시오.
　　　　　눈금선 : 선 스타일-파선
　　　　　축 : ≪출력형태≫를 참조하시오.
(8) 범례 ⇒ 범례명을 변경하고 ≪출력형태≫를 참조하시오.
(9) 도형 ⇒ '모서리가 둥근 사각형 설명선'을 삽입한 후 ≪출력형태≫와 같이 내용을 입력하시오.
(10) 나머지 사항은 ≪출력형태≫에 맞게 작성하시오.

《출력형태》

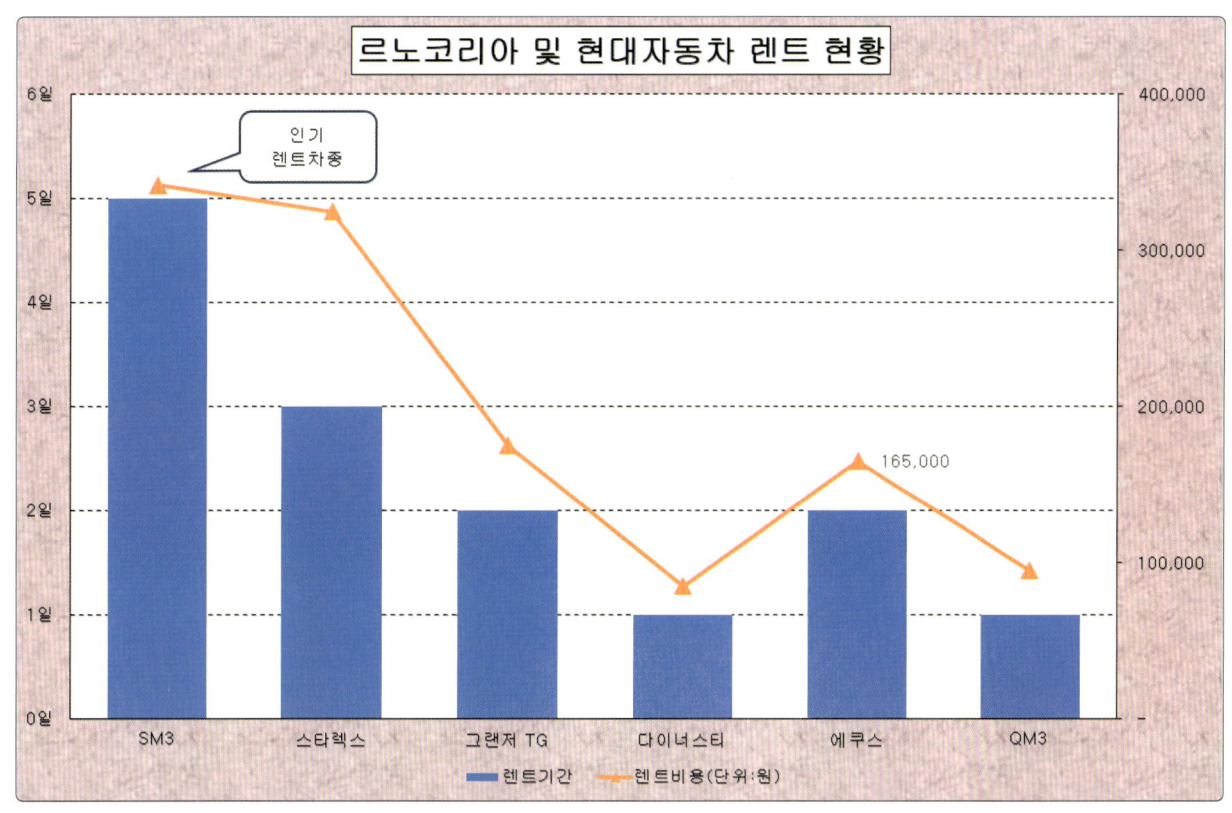

주의 ☞ 시트명 순서가 차례대로 "제1작업", "제2작업", "제3작업", "제4작업"이 되도록 할 것.

4. "제1작업" 시트를 이용하여 조건에 따라 ≪출력형태≫와 같이 작업하시오.

▶ 소스파일 : Part 01\Chapter 08\문제04.xlsx   ▶ 완성파일 : Part 01\Chapter 08\문제04_완성.xlsx

《조건》

(1) 차트 종류 ⇒ <묶은 세로 막대형>으로 작업하시오.
(2) 데이터 범위 ⇒ "제1작업" 시트의 내용을 이용하여 작업하시오.
(3) 위치 ⇒ "새 시트"로 이동하고, "제4작업"으로 시트 이름을 바꾸시오.
(4) 차트 디자인 도구 ⇒ 레이아웃 3, 스타일 1을 선택하여 ≪출력형태≫에 맞게 작업하시오.
(5) 영역 서식 ⇒ 차트 : 글꼴(굴림, 11pt), 채우기 효과(질감-파랑 박엽지)
   그림 : 채우기(흰색, 배경1)
(6) 제목 서식 ⇒ 차트 제목 : 글꼴(굴림, 굵게, 20pt), 채우기(흰색, 배경1), 테두리
(7) 서식 ⇒ 활동비(단위:원) 계열의 차트 종류를 <표식이 있는 꺾은선형>으로 변경한 후 보조 축으로 지정하시오.
   계열 : ≪출력형태≫를 참조하여 표식(세모, 크기 10)과 레이블 값을 표시하시오.
   눈금선 : 선 스타일-파선
   축 : ≪출력형태≫를 참조하시오.
(8) 범례 ⇒ 범례명을 변경하고 ≪출력형태≫를 참조하시오.
(9) 도형 ⇒ '모서리가 둥근 사각형 설명선'을 삽입한 후 ≪출력형태≫와 같이 내용을 입력하시오.
(10) 나머지 사항은 ≪출력형태≫에 맞게 작성하시오.

《출력형태》

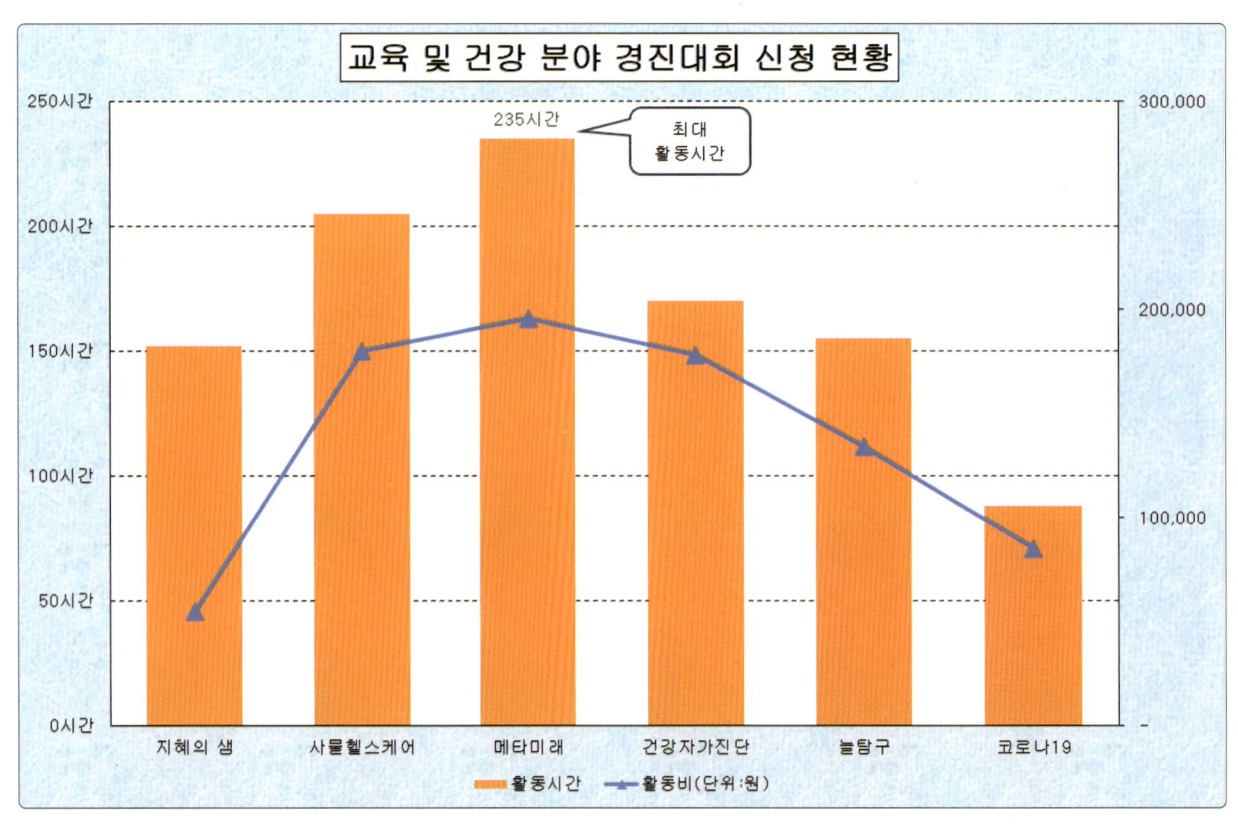

주의 ☞ 시트명 순서가 차례대로 "제1작업", "제2작업", "제3작업", "제4작업"이 되도록 할 것.

5 "제1작업" 시트를 이용하여 조건에 따라 ≪출력형태≫와 같이 작업하시오.

▶ 소스파일 : Part 01\Chapter 08\문제05.xlsx   ▶ 완성파일 : Part 01\Chapter 08\문제05_완성.xlsx

《조건》

(1) 차트 종류 ⇒ <묶은 세로 막대형>으로 작업하시오.
(2) 데이터 범위 ⇒ "제1작업" 시트의 내용을 이용하여 작업하시오.
(3) 위치 ⇒ "새 시트"로 이동하고, "제4작업"으로 시트 이름을 바꾸시오.
(4) 차트 디자인 도구 ⇒ 레이아웃 3, 스타일 1을 선택하여 ≪출력형태≫에 맞게 작업하시오.
(5) 영역 서식 ⇒ 차트 : 글꼴(굴림, 11pt), 채우기 효과(질감-파랑 박엽지)
  그림 : 채우기(흰색, 배경1)
(6) 제목 서식 ⇒ 차트 제목 : 글꼴(굴림, 굵게, 20pt), 채우기(흰색, 배경1), 테두리
(7) 서식 ⇒ 개최 횟수(단위:회) 계열의 차트 종류를 <표식이 있는 꺾은선형>으로 변경한 후 보조 축으로 지정하시오.
  계열 : ≪출력형태≫를 참조하여 표식(세모, 크기 10)과 레이블 값을 표시하시오.
  눈금선 : 선 스타일-파선
  축 : ≪출력형태≫를 참조하시오.
(8) 범례 ⇒ 범례명을 변경하고 ≪출력형태≫를 참조하시오.
(9) 도형 ⇒ '모서리가 둥근 사각형 설명선'을 삽입한 후 ≪출력형태≫와 같이 내용을 입력하시오.
(10) 나머지 사항은 ≪출력형태≫에 맞게 작성하시오.

《출력형태》

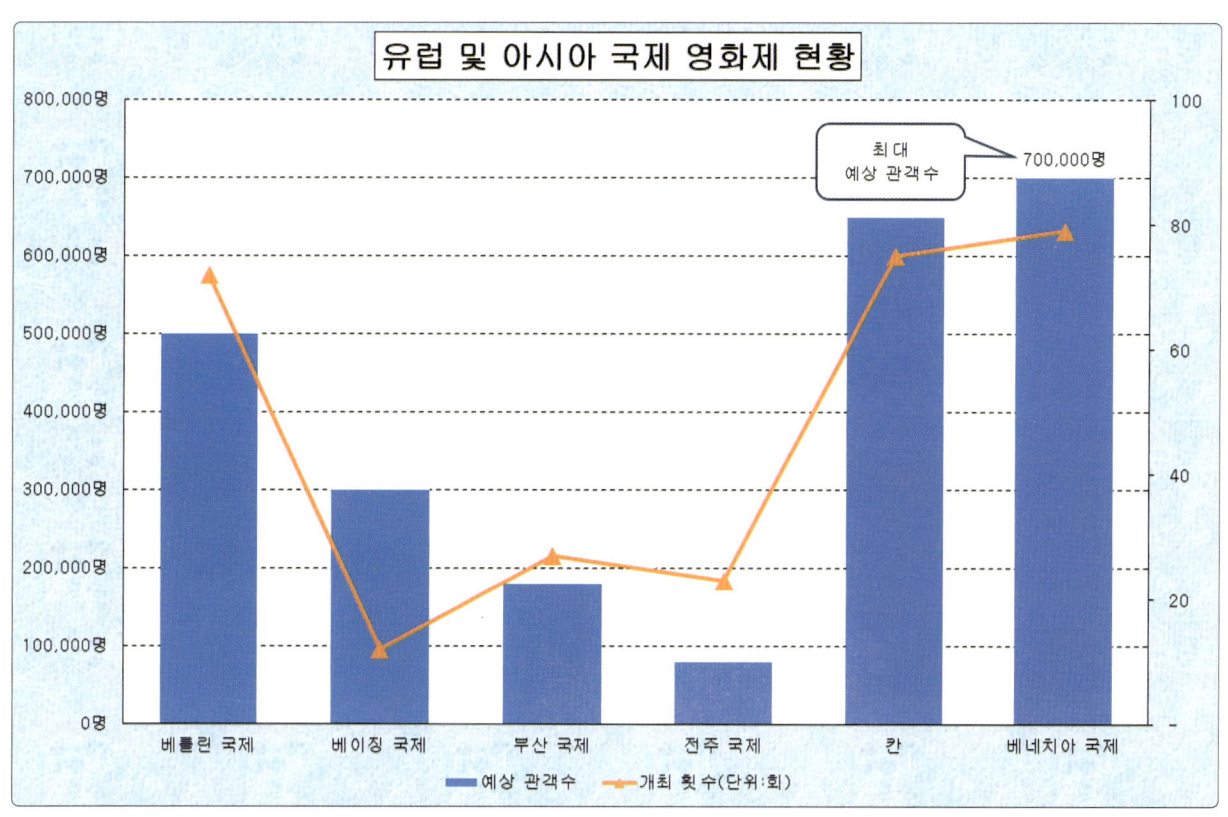

주의 ☞ 시트명 순서가 차례대로 "제1작업", "제2작업", "제3작업", "제4작업"이 되도록 할 것.

Practical question type — 실전문제유형

EXCEL 2021

6 "제1작업" 시트를 이용하여 조건에 따라 ≪출력형태≫와 같이 작업하시오.

▶ 소스파일 : Part 01\Chapter 08\문제06.xlsx   ▶ 완성파일 : Part 01\Chapter 08\문제06_완성.xlsx

《조건》

(1) 차트 종류 ⇒ <묶은 세로 막대형>으로 작업하시오.
(2) 데이터 범위 ⇒ "제1작업" 시트의 내용을 이용하여 작업하시오.
(3) 위치 ⇒ "새 시트"로 이동하고, "제4작업"으로 시트 이름을 바꾸시오.
(4) 차트 디자인 도구 ⇒ 레이아웃 3, 스타일 1을 선택하여 ≪출력형태≫에 맞게 작업하시오.
(5) 영역 서식 ⇒ 차트 : 글꼴(굴림, 11pt), 채우기 효과(질감-분홍 박엽지)
    그림 : 채우기(흰색, 배경1)
(6) 제목 서식 ⇒ 차트 제목 : 글꼴(굴림, 굵게, 20pt), 채우기(흰색, 배경1), 테두리
(7) 서식 ⇒ 수강료(단위:원) 계열의 차트 종류를 <표식이 있는 꺾은선형>으로 변경한 후 보조 축으로 지정하시오.
    계열 : ≪출력형태≫를 참조하여 표식(마름모, 크기 10)과 레이블 값을 표시하시오.
    눈금선 : 선 스타일-파선
    축 : ≪출력형태≫를 참조하시오.
(8) 범례 ⇒ 범례명을 변경하고 ≪출력형태≫를 참조하시오.
(9) 도형 ⇒ '모서리가 둥근 사각형 설명선'을 삽입한 후 ≪출력형태≫와 같이 내용을 입력하시오.
(10) 나머지 사항은 ≪출력형태≫에 맞게 작성하시오.

《출력형태》

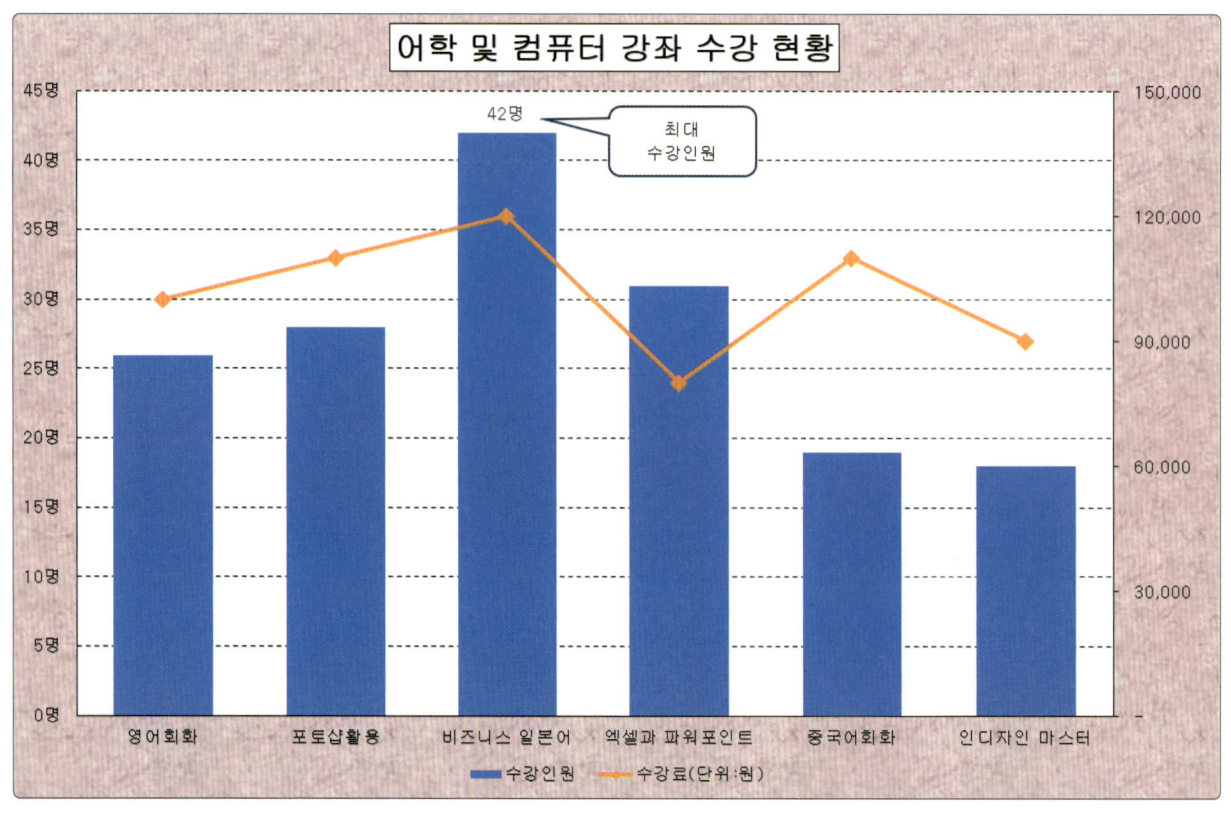

주의 ☞ 시트명 순서가 차례대로 "제1작업", "제2작업", "제3작업", "제4작업"이 되도록 할 것.

BiG 1 빅 폰트(Big Font)
BiG 2 빅 픽쳐(Big Picture)
BiG 3 빅 북(Big Book)

ITQ 정보기술자격
EXCEL 2021

PART 02
실전모의문제

PART 02
실전모의문제 차례

BIG 라플 License Plus

제01회 실전모의문제	144
제02회 실전모의문제	148
제03회 실전모의문제	152
제04회 실전모의문제	156
제05회 실전모의문제	160
제06회 실전모의문제	164
제07회 실전모의문제	168
제08회 실전모의문제	172

BIG 라플 License Plus

- 2025년 부터 적용되는 문제 조건으로 만들었습니다.
- 실제 시험지와 같이 흑백으로 9회분 구성하였습니다.
- 각 문제에 대한 글자와 화면을 크게 만들었습니다.
- 채점프로그램을 이용하여 점수를 확인할 수 있습니다.

실전모의문제 및 기출예상문제 정답(값 계산)

실전모의문제

제01회 실전모의문제
(1) =F5*H5*IF(H5>=3,0.8,0.9)
(2) =CHOOSE(MID(B5,3,1),"서귀포","제주","동부권","서부권")
(3) =ROUND(DAVERAGE(B4:H12,5,C4:C5),-3)
(4) =COUNTIF(H5:H12,">=4")&"건"
(5) =MIN(입실일)
(6) =VLOOKUP(H14,D5:H12,4,FALSE)

제02회 실전모의문제
(1) =CHOOSE(LEFT(G5,1),"50천원","52천원","55천원")
(2) =IF(G5>=30,"☆","")
(3) =ROUNDDOWN(DAVERAGE(B4:H12,G4,D4:D5),0)
(4) =COUNTIF(분류,"플라워")&"개"
(5) =MIN(E5:E12)
(6) =VLOOKUP(H14,$C$5:$H$12,5,0)

제03회 실전모의문제
(1) =MONTH(F5)&"월"
(2) =CHOOSE(WEEKDAY(F5,2),"월요일","화요일","수요일","목요일","금요일","토요일","일요일")
(3) =MAX(G5:G12)
(4) =ROUNDUP(DAVERAGE(B4:H12,7,D4:D5),-3)
(5) =COUNTIF(부서,"마케팅")
(6) =VLOOKUP(H14,C4:H12,6,0)

제04회 실전모의문제
(1) =ROUND(F5*115%,-3)
(2) =IF(MID(B5,2,1)="P","부산역",IF(MID(B5,2,1)="K","김해공항","해운대구"))
(3) =ROUNDDOWN(AVERAGE(F5:F12),-2)
(4) =SUMIF(C5:C12,"승용차",전월예약)&"건"
(5) =COUNTIF(C5:C12,"SUV")
(6) =VLOOKUP(H14,D5:H12,3,FALSE)

제05회 실전모의문제
(1) =RANK.EQ(G5,$G$5:$G$12)
(2) =CHOOSE(RIGHT(B5,1),"초식성","육식성")
(3) =SUMIF(D5:D12,"우정마을",G5:G12)/COUNTIF(D5:D12,"우정마을")
(4) =DSUM(B4:H12,4,D4:D5)&"마리"
(5) =MAX(몸무게)
(6) =VLOOKUP(H14,C5:H12,6,0)

제06회 실전모의문제
(1) =IF(AND(E5>=15,H5>=10000),G5*10%,G5*5%)
(2) =RANK.EQ(H5,$H$5:$H$12)
(3) =SUMIF(D5:D12,"경기도",체험비용)/COUNTIF(D5:D12,"경기도")
(4) =DCOUNTA(B4:H12,3,D4:D5)&"개"
(5) =MIN(H5:H12)
(6) =VLOOKUP(H14,C4:H12,6,0)

제07회 실전모의문제
(1) =RANK.EQ(F5,$F$5:$F$12)&"위"
(2) =IF(E5="국내","4일","14일")
(3) =SUMIF(D5:D12,D6,F5:F12)/COUNTIF(D5:D12,D6)
(4) =INDEX(H5:H12,MATCH(C8,C5:C12,0))
(5) =SMALL(재고수량,1)
(6) =VLOOKUP(H14,C4:H12,6,0)

제08회 실전모의문제
(1) =IF(MID(B5,4,1)="1", "대한항공",IF(MID(B5,4,1)="2","아시아나항공","저가항공"))
(2) =RANK.EQ(G5,예약인원)
(3) =INDEX(H5:H12,MATCH("이탈리아/프랑스",D5:D12,0))
(4) =COUNTIF(E5:E12,"인천")&"개"
(5) =LARGE(H5:H12,2)
(6) =VLOOKUP(H14,$D$5:$H$12,4,0)

기출예상문제

제1회 정보기술자격(ITQ) 시험
(1) =IF(MID(B5,4,1)="1","제2강의실",IF(MID(B5,4,1)="2","제3강의실","제4강의실"))
(2) =RANK.EQ(G5,$G$5:$G$12)
(3) =INDEX(B5:H12,MATCH(C11,C5:C12,0),7)
(4) =DMAX(B4:H12,G4,D4:D5)&"명"
(5) =SMALL(수강료,1)
(6) =VLOOKUP(H14,C5:H12,4,0)

제01회 ITQ 실전모의문제

과목	코드	문제유형	시험시간	수험번호	성명
한글엑셀	1122	A	60분		

수험자 유의사항

- 수험자는 문제지를 받는 즉시 문제지와 <u>수험표상의 시험과목(프로그램)이 동일한지 반드시 확인</u>하여야 합니다.

- 파일명은 본인의 "수험번호-성명"으로 입력하여 답안폴더(내 PC\문서\ITQ)에 하나의 파일로 저장해야 하며, 답안문서 파일명이 "수험번호-성명"과 일치하지 않거나, 답안파일을 전송하지 않아 미제출로 처리될 경우 실격 처리합니다(예:12345678-홍길동.xlsx).

- 답안 작성을 마치면 파일을 저장하고, '답안 전송' 버튼을 선택하여 감독위원 PC로 답안을 전송하십시오. 수험생 정보와 저장한 파일명이 다를 경우 전송되지 않으므로 주의하시기 바랍니다.

- 답안 작성 중에도 <u>주기적으로 저장하고, '답안 전송'</u>하여야 문제 발생을 줄일 수 있습니다. 작업한 내용을 저장하지 않고 전송할 경우 이전에 저장된 내용이 전송되오니 이점 유의하시기 바랍니다.

- 답안문서는 지정된 경로 외의 다른 보조기억장치에 저장하는 경우, 지정된 시험 시간 외에 작성된 파일을 활용할 경우, 기타 통신수단(이메일, 메신저, 네트워크 등)을 이용하여 타인에게 전달 또는 외부 반출하는 경우는 부정 처리합니다.

- 시험 중 부주의 또는 고의로 시스템을 파손한 경우는 수험자가 변상해야 하며, 〈수험자 유의사항〉에 기재된 방법대로 이행하지 않아 생기는 불이익은 수험생 당사자의 책임임을 알려 드립니다.

- 문제의 조건은 MS오피스 2021 버전으로 설정되어 있으며 MS오피스 2016은 【 】에 표기되어 있습니다. 이와 관련하여 작성한 답안의 출력형태가 문제지와 다를 수 있습니다.

- 시험을 완료한 수험자는 답안파일이 전송되었는지 확인한 후 감독위원의 지시에 따라 문제지를 제출하고 퇴실합니다.

답안 작성요령

- 온라인 답안 작성 절차
  수험자 등록 ⇒ 시험 시작 ⇒ 답안파일 저장 ⇒ 답안 전송 ⇒ 시험 종료

- 문제는 총 4단계, 즉 제1작업부터 제4작업까지 구성되어 있으며 반드시 제1작업부터 순서대로 작성하고 조건대로 작업하시오.

- 모든 작업시트의 A열은 열 너비 '1'로, 나머지 열은 적당하게 조절하시오.

- 모든 작업시트의 테두리는 ≪출력형태≫와 같이 작업하시오.

- 해당 작업란에서는 각각 제시된 조건에 따라 ≪출력형태≫와 같이 작업하시오.

- 답안 시트 이름은 "제1작업", "제2작업", "제3작업", "제4작업"이어야 하며 답안 시트 이외의 것은 감점 처리됩니다.

- 각 시트를 파일로 나누어 작업해서 저장할 경우 실격 처리됩니다.

kpc 한국생산성본부

[제1작업] 표 서식 작성 및 값 계산 (240점)

☞ 다음은 '우리제주로 숙소 예약 현황'에 대한 자료이다. 자료를 입력하고 조건에 맞도록 작업하시오.

≪출력형태≫

예약번호	종류	숙소명	입실일	1박요금(원)	예약인원	숙박일수	숙박비(원)	위치
HA1-01	호텔	엠스테이	2023-08-03	120,000	4	2	(1)	(2)
RE3-01	리조트	스완지노	2023-07-25	135,000	2	3	(1)	(2)
HA2-02	호텔	더비치	2023-07-20	98,000	3	3	(1)	(2)
PE4-01	펜션	화이트캐슬	2023-08-10	115,000	5	4	(1)	(2)
RE1-02	리조트	베스트뷰	2023-08-01	125,000	3	2	(1)	(2)
RE4-03	리조트	그린에코	2023-09-01	88,000	4	3	(1)	(2)
HA2-03	호텔	크라운유니	2023-07-27	105,000	2	4	(1)	(2)
PE4-03	펜션	푸른바다	2023-09-10	75,000	6	2	(1)	(2)
호텔 1박요금(원) 평균			(3)			가장 빠른 입실일		(5)
숙박일수 4 이상인 예약건수			(4)			숙소명	엠스테이	예약인원	(6)

결재란: 사원 / 과장 / 부장

≪조건≫

- 모든 데이터의 서식에는 글꼴(굴림, 11pt), 정렬은 숫자 및 회계 서식은 오른쪽 정렬, 나머지 서식은 가운데 정렬로 작성하며 예외적인 것은 ≪출력형태≫를 참조하시오.
- 제 목 ⇒ 도형(사다리꼴)과 그림자(오프셋 오른쪽)를 이용하여 작성하고
  "우리제주로 숙소 예약 현황"을 입력한 후 다음 서식을 적용하시오
  (글꼴-굴림, 24pt, 검정, 굵게, 채우기-노랑).
- 임의의 셀에 결재란을 작성하여 그림으로 복사 기능을 이용하여 붙이기 하시오(단, 원본 삭제).
- 「B4:J4, G14, I14」 영역은 '주황'으로 채우기 하시오.
- 유효성 검사를 이용하여 「H14」 셀에 숙소명(「D5:D12」 영역)이 선택 표시되도록 하시오.
- 셀 서식 ⇒ 「G5:G12」 영역에 셀 서식을 이용하여 숫자 뒤에 '명'을 표시하시오(예 : 4명).
- 「E5:E12」 영역에 대해 '입실일'로 이름정의를 하시오.

☞ (1)~(6) 셀은 반드시 **주어진 함수를 이용**하여 값을 구하시오(결과값을 직접 입력하면 해당 셀은 0점 처리됨).

(1) 숙박비(원) ⇒ 「1박요금(원)×숙박일수×할인율」로 구하시오. 단, 할인율은 숙박일수가 3 이상이면 '0.8', 그 외에는 '0.9'로 계산하시오(IF 함수).

(2) 위치 ⇒ 예약번호 세 번째 값이 1이면 '서귀포', 2이면 '제주', 3이면 '동부권', 4이면 '서부권'으로 구하시오(CHOOSE, MID 함수).

(3) 호텔 1박요금(원) 평균 ⇒ 반올림하여 천원 단위까지 구하고, 조건은 입력 데이터를 이용하시오 (ROUND, DAVERAGE 함수)(예 : 123,567 → 124,000).

(4) 숙박일수 4 이상인 예약건수 ⇒ 결과값에 '건'을 붙이시오(COUNTIF 함수, & 연산자)(예 : 1건).

(5) 가장 빠른 입실일 ⇒ 정의된 이름(입실일)을 이용하여 날짜로 표시하시오(MIN 함수)(예 : 2023-08-03).

(6) 예약인원 ⇒ 「H14」 셀에서 선택한 숙소명에 대한 예약인원을 구하시오(VLOOKUP 함수).

(7) 조건부 서식의 수식을 이용하여 예약인원이 '3' 이하인 행 전체에 다음의 서식을 적용하시오 (글꼴 : 파랑, 굵게).

[제2작업] 필터 및 서식 (80점)

☞ "제1작업"시트의 「B4:H12」영역을 복사하여 "제2작업"시트의 「B2」셀부터 모두 붙여넣기를 한 후 다음의 조건과 같이 작업하시오.

≪조건≫
(1) 고급필터 - 종류가 '리조트'이거나 입실일이 '2023-09-01' 이후인(해당일 포함) 자료의 예약번호, 숙소명, 예약인원, 숙박일수 데이터만 추출하시오.
- 조건 범위 : 「B13」셀부터 입력하시오.
- 복사 위치 : 「B18」셀부터 나타나도록 하시오.

(2) 표 서식 - 고급필터의 결과셀을 채우기 없음으로 설정한 후 '표 스타일 보통 6'의 서식을 적용하시오.
- 머리글 행, 줄무늬 행을 적용하시오.

[제3작업] 피벗 테이블 (80점)

☞ "제1작업"시트를 이용하여 "제3작업"시트에 조건에 따라 ≪출력형태≫와 같이 작업하시오.

≪조건≫
(1) 1박요금(원) 및 종류별 숙소명의 개수와 예약인원의 평균을 구하시오.
(2) 1박요금(원)을 그룹화하고, 종류를 ≪출력형태≫와 같이 정렬하시오.
(3) 레이블이 있는 셀 병합 및 가운데 맞춤 적용과 빈 셀은 '***'로 표시하시오.
(4) 행의 총합계는 지우고, 나머지 사항은 ≪출력형태≫에 맞게 작성하시오.

≪출력형태≫

	종류	호텔		펜션		리조트	
1박요금(원)		개수 : 숙소명	평균 : 예약인원	개수 : 숙소명	평균 : 예약인원	개수 : 숙소명	평균 : 예약인원
70001-95000		***	***	1	6	1	4
95001-120000		3	3	1	5	***	***
120001-145000		***	***	***	***	2	3
총합계		3	3	2	6	3	3

[제4작업] 그래프 (100점)

☞ "제1작업" 시트를 이용하여 조건에 따라 ≪출력형태≫와 같이 작업하시오.

≪조건≫

(1) 차트 종류 ⇒ <묶은 세로 막대형>으로 작업하시오.
(2) 데이터 범위 ⇒ "제1작업" 시트의 내용을 이용하여 작업하시오.
(3) 위치 ⇒ "새 시트"로 이동하고, "제4작업"으로 시트 이름을 바꾸시오.
(4) 차트 디자인 도구 ⇒ 레이아웃 3, 스타일 1을 선택하여 ≪출력형태≫에 맞게 작업하시오.
(5) 영역 서식 ⇒ 차트 : 글꼴(굴림, 11pt), 채우기 효과(질감-파랑 박엽지)
　　　　　　　　그림 : 채우기(흰색, 배경1)
(6) 제목 서식 ⇒ 차트 제목 : 글꼴(굴림, 굵게, 20pt), 채우기(흰색, 배경1), 테두리
(7) 서식 ⇒ 예약인원 계열의 차트 종류를 <표식이 있는 꺾은선형>으로 변경한 후 보조 축으로 지정하시오.
　　　계열 : ≪출력형태≫를 참조하여 표식(세모, 크기 10)과 레이블 값을 표시하시오.
　　　눈금선 : 선 스타일-파선
　　　축 : ≪출력형태≫를 참조하시오.
(8) 범례 ⇒ 범례명을 변경하고 ≪출력형태≫를 참조하시오.
(9) 도형 ⇒ '모서리가 둥근 사각형 설명선'을 삽입한 후 ≪출력형태≫와 같이 내용을 입력하시오.
(10) 나머지 사항은 ≪출력형태≫에 맞게 작성하시오.

≪출력형태≫

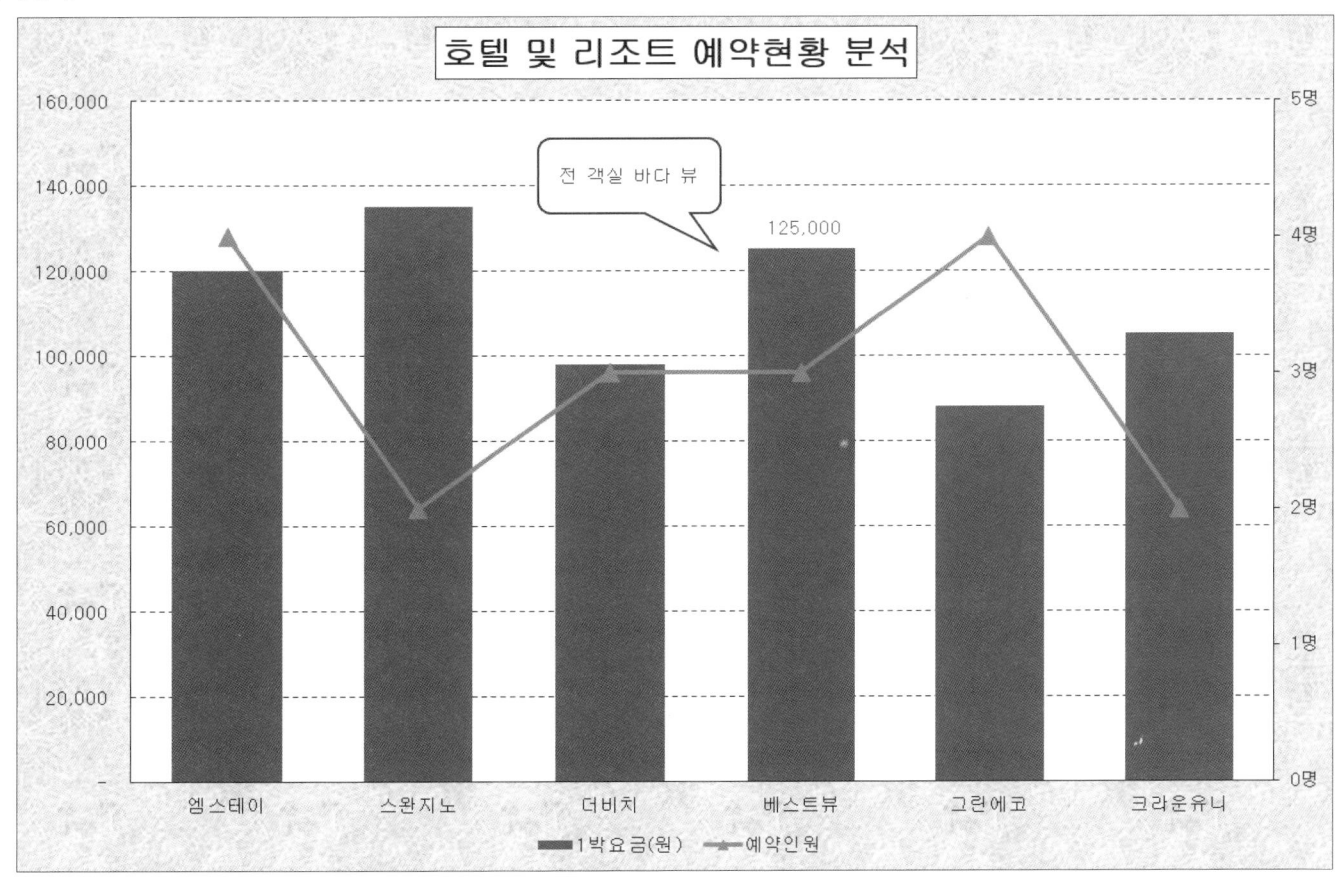

주의 ☞ 시트명 순서가 차례대로 "제1작업", "제2작업", "제3작업", "제4작업"이 되도록 할 것.

제02회 ITQ 실전모의문제

과목	코드	문제유형	시험시간	수험번호	성명
한글엑셀	1122	B	60분		

수험자 유의사항

- 수험자는 문제지를 받는 즉시 문제지와 수험표상의 시험과목(프로그램)이 동일한지 반드시 확인하여야 합니다.

- 파일명은 본인의 "수험번호-성명"으로 입력하여 답안폴더(내 PC\문서\ITQ)에 하나의 파일로 저장해야 하며, 답안문서 파일명이 "수험번호-성명"과 일치하지 않거나, 답안파일을 전송하지 않아 미제출로 처리될 경우 실격 처리합니다(예:12345678-홍길동.xlsx).

- 답안 작성을 마치면 파일을 저장하고, '답안 전송' 버튼을 선택하여 감독위원 PC로 답안을 전송하십시오. 수험생 정보와 저장한 파일명이 다를 경우 전송되지 않으므로 주의하시기 바랍니다.

- 답안 작성 중에도 주기적으로 저장하고, '답안 전송'하여야 문제 발생을 줄일 수 있습니다. 작업한 내용을 저장하지 않고 전송할 경우 이전에 저장된 내용이 전송되오니 이점 유의하시기 바랍니다.

- 답안문서는 지정된 경로 외의 다른 보조기억장치에 저장하는 경우, 지정된 시험 시간 외에 작성된 파일을 활용할 경우, 기타 통신수단(이메일, 메신저, 네트워크 등)을 이용하여 타인에게 전달 또는 외부 반출하는 경우는 부정 처리합니다.

- 시험 중 부주의 또는 고의로 시스템을 파손한 경우는 수험자가 변상해야 하며, 〈수험자 유의사항〉에 기재된 방법대로 이행하지 않아 생기는 불이익은 수험생 당사자의 책임임을 알려 드립니다.

- 문제의 조건은 MS오피스 2021 버전으로 설정되어 있으며 MS오피스 2016은 【 】에 표기되어 있습니다. 이와 관련하여 작성한 답안의 출력형태가 문제지와 다를 수 있습니다.

- 시험을 완료한 수험자는 답안파일이 전송되었는지 확인한 후 감독위원의 지시에 따라 문제지를 제출하고 퇴실합니다.

답안 작성요령

- 온라인 답안 작성 절차
  수험자 등록 ⇒ 시험 시작 ⇒ 답안파일 저장 ⇒ 답안 전송 ⇒ 시험 종료

- 문제는 총 4단계, 즉 제1작업부터 제4작업까지 구성되어 있으며 반드시 제1작업부터 순서대로 작성하고 조건대로 작업하시오.

- 모든 작업시트의 A열은 열 너비 '1'로, 나머지 열은 적당하게 조절하시오.

- 모든 작업시트의 테두리는 ≪출력형태≫와 같이 작업하시오.

- 해당 작업란에서는 각각 제시된 조건에 따라 ≪출력형태≫와 같이 작업하시오.

- 답안 시트 이름은 "제1작업", "제2작업", "제3작업", "제4작업"이어야 하며 답안 시트 이외의 것은 감점 처리됩니다.

- 각 시트를 파일로 나누어 작업해서 저장할 경우 실격 처리됩니다.

kpc 한국생산성본부

[제1작업] 표 서식 작성 및 값 계산 (240점)

☞ 다음은 '주민자치센터 강좌 현황'에 대한 자료이다. 자료를 입력하고 조건에 맞도록 작업하시오.

≪출력형태≫

강의코드	강좌명	분류	개강일	차시	수강인원	수강료(단위:원)	강사료	인기강좌
YA2-11	대바늘 인형	바느질	2023-08-05	3	38	100,000	(1)	(2)
ZA1-23	화훼장식	플라워	2023-08-15	8	32	230,000	(1)	(2)
CB2-14	마크라메	공예	2023-08-21	3	23	120,000	(1)	(2)
ZP1-23	티피스트리 위빙	바느질	2023-08-19	2	19	100,000	(1)	(2)
BE2-34	꽃바구니	플라워	2023-08-05	4	24	150,000	(1)	(2)
VN1-22	드라이 플라워	플라워	2023-08-17	6	37	80,000	(1)	(2)
EL3-21	캔들공예	공예	2023-08-04	2	15	70,000	(1)	(2)
RA1-31	코바늘 가방	바느질	2023-08-10	10	11	210,000	(1)	(2)
바느질 강좌의 평균 수강인원			(3)			가장 빠른 개강일		(5)
플라워 강좌 개수			(4)		강좌명	대바늘 인형	수강인원	(6)

결재: 담당, 팀장, 본부장

≪조건≫

○ 모든 데이터의 서식에는 글꼴(굴림, 11pt), 정렬은 숫자 및 회계 서식은 오른쪽 정렬, 나머지 서식은 가운데 정렬로 작성하며 예외적인 것은 ≪출력형태≫를 참조하시오.
○ 제 목 ⇒ 도형(사다리꼴)과 그림자(오프셋 오른쪽)를 이용하여 작성하고
  "주민자치센터 강좌 현황"을 입력한 후 다음 서식을 적용하시오
  (글꼴-굴림, 24pt, 검정, 굵게, 채우기-노랑).
○ 임의의 셀에 결재란을 작성하여 그림으로 복사 기능을 이용하여 붙이기 하시오(단, 원본 삭제).
○ 「B4:J4, G14, I14」 영역은 '주황'으로 채우기 하시오.
○ 유효성 검사를 이용하여 「H14」셀에 강좌명(「C5:C12」 영역)이 선택 표시되도록 하시오.
○ 셀 서식 ⇒ 「G5:G12」 영역에 셀 서식을 이용하여 숫자 뒤에 '명'을 표시하시오(예 : 38명).
○ 「D5:D12」 영역에 대해 '분류'로 이름정의를 하시오.

☞ (1)~(6) 셀은 반드시 **주어진 함수를 이용**하여 값을 구하시오(결과값을 직접 입력하면 해당 셀은 0점 처리됨).

(1) 강사료 ⇒ 수강인원의 첫 번째 숫자가 1이면 '50천원', 2이면 '52천원', 3이면 '55천원'으로 표시하시오
  (CHOOSE, LEFT 함수).
(2) 인기강좌 ⇒ 수강인원이 '30' 이상이면 '☆', 그 외에는 공백으로 구하시오(IF 함수).
(3) 바느질 강좌의 평균 수강인원 ⇒ 내림하여 정수로 구하시오. 단, 조건은 입력데이터를 이용하시오
  (ROUNDDOWN, DAVERAGE 함수)(예 : 12.83 → 12).
(4) 플라워 강좌 개수 ⇒ 정의된 이름(분류)을 이용하여 구한 결과값에 '개'를 붙이시오
  (COUNTIF 함수, & 연산자)(예 : 1개).
(5) 가장 빠른 개강일 ⇒ 날짜로 표시하시오(MIN 함수)(예 : 2023-08-05).
(6) 수강인원 ⇒ 「H14」셀에서 선택한 강좌명에 대한 수강인원을 구하시오(VLOOKUP 함수).
(7) 조건부 서식의 수식을 이용하여 수강료(단위:원)가 '200,000' 이상인 행 전체에 다음의 서식을 적용하시오
  (글꼴 : 파랑, 굵게).

[제2작업] 필터 및 서식 (80점)

☞ "제1작업" 시트의 「B4:H12」 영역을 복사하여 "제2작업" 시트의 「B2」 셀부터 모두 붙여넣기를 한 후 다음의 조건과 같이 작업하시오.

≪조건≫

(1) 고급필터 - 분류가 '공예'이거나 개강일이 '2023-08-15' 이후인(해당일 포함) 자료의 강의코드, 강좌명, 수강인원, 수강료(단위:원) 데이터만 추출하시오.
  - 조건 범위 : 「B13」 셀부터 입력하시오.
  - 복사 위치 : 「B18」 셀부터 나타나도록 하시오.

(2) 표 서식 - 고급필터의 결과셀을 채우기 없음으로 설정한 후 '표 스타일 보통 6'의 서식을 적용하시오.
  - 머리글 행, 줄무늬 행을 적용하시오.

[제3작업] 피벗 테이블 (80점)

☞ "제1작업" 시트를 이용하여 "제3작업" 시트에 조건에 따라 ≪출력형태≫와 같이 작업하시오.

≪조건≫

(1) 수강료(단위:원) 및 분류별 강좌명의 개수와 수강인원의 평균을 구하시오.
(2) 수강료(단위:원)을 그룹화하고, 분류를 ≪출력형태≫와 같이 정렬하시오.
(3) 레이블이 있는 셀 병합 및 가운데 맞춤 적용과 빈 셀은 '***'로 표시하시오.
(4) 행의 총합계는 지우고, 나머지 사항은 ≪출력형태≫에 맞게 작성하시오.

≪출력형태≫

분류	플라워		바느질		공예	
수강료(단위:원)	개수 : 강좌명	평균 : 수강인원	개수 : 강좌명	평균 : 수강인원	개수 : 강좌명	평균 : 수강인원
1-100000	1	37	2	29	1	15
100001-200000	1	24	***	***	1	23
200001-300000	1	32	1	11	***	***
총합계	3	31	3	23	2	19

[제4작업] 그래프 (100점)

☞ "제1작업" 시트를 이용하여 조건에 따라 ≪출력형태≫와 같이 작업하시오.

≪조건≫

(1) 차트 종류 ⇒ <묶은 세로 막대형>으로 작업하시오.
(2) 데이터 범위 ⇒ "제1작업" 시트의 내용을 이용하여 작업하시오.
(3) 위치 ⇒ "새 시트"로 이동하고, "제4작업"으로 시트 이름을 바꾸시오.
(4) 차트 디자인 도구 ⇒ 레이아웃 3, 스타일 1을 선택하여 ≪출력형태≫에 맞게 작업하시오.
(5) 영역 서식 ⇒ 차트 : 글꼴(굴림, 11pt), 채우기 효과(질감-파랑 박엽지)
　　　　　　　　그림 : 채우기(흰색, 배경1)
(6) 제목 서식 ⇒ 차트 제목 : 글꼴(굴림, 굵게, 20pt), 채우기(흰색, 배경1), 테두리
(7) 서식 ⇒ 수강료(단위:원) 계열의 차트 종류를 <표식이 있는 꺾은선형>으로 변경한 후 보조 축으로 지정하시오.
　　　　계열 : ≪출력형태≫를 참조하여 표식(세모, 크기 10)과 레이블 값을 표시하시오.
　　　　눈금선 : 선 스타일-파선
　　　　축 : ≪출력형태≫를 참조하시오.
(8) 범례 ⇒ 범례명을 변경하고 ≪출력형태≫를 참조하시오.
(9) 도형 ⇒ '모서리가 둥근 사각형 설명선'을 삽입한 후 ≪출력형태≫와 같이 내용을 입력하시오.
(10) 나머지 사항은 ≪출력형태≫에 맞게 작성하시오.

≪출력형태≫

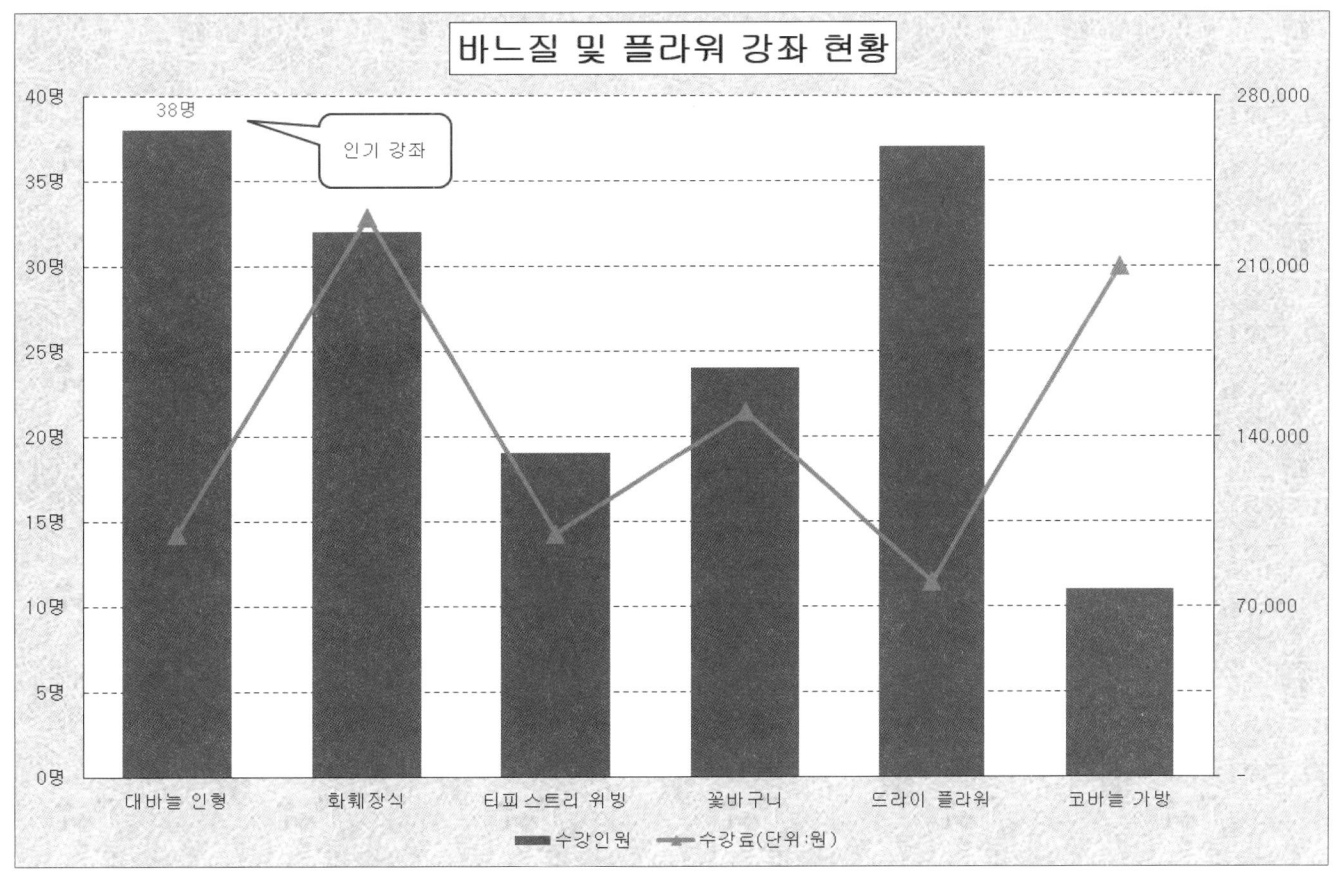

주의 ☞ 시트명 순서가 차례대로 "제1작업", "제2작업", "제3작업", "제4작업"이 되도록 할 것.

제03회 ITQ 실전모의문제

과목	코드	문제유형	시험시간	수험번호	성명
한글엑셀	1122	C	60분		

수험자 유의사항

- 수험자는 문제지를 받는 즉시 문제지와 <u>수험표상의 시험과목(프로그램)이 동일한지 반드시 확인</u>하여야 합니다.

- 파일명은 본인의 "수험번호-성명"으로 입력하여 답안폴더(내 PC₩문서₩ITQ)에 하나의 파일로 저장해야 하며, 답안문서 파일명이 "수험번호-성명"과 일치하지 않거나, 답안파일을 전송하지 않아 미제출로 처리될 경우 실격 처리합니다(예:12345678-홍길동.xlsx).

- 답안 작성을 마치면 파일을 저장하고, '답안 전송' 버튼을 선택하여 감독위원 PC로 답안을 전송하십시오. 수험생 정보와 저장한 파일명이 다를 경우 전송되지 않으므로 주의하시기 바랍니다.

- 답안 작성 중에도 <u>주기적으로 저장하고, '답안 전송'</u>하여야 문제 발생을 줄일 수 있습니다. 작업한 내용을 저장하지 않고 전송할 경우 이전에 저장된 내용이 전송되오니 이점 유의하시기 바랍니다.

- 답안문서는 지정된 경로 외의 다른 보조기억장치에 저장하는 경우, 지정된 시험 시간 외에 작성된 파일을 활용할 경우, 기타 통신수단(이메일, 메신저, 네트워크 등)을 이용하여 타인에게 전달 또는 외부 반출하는 경우는 부정 처리합니다.

- 시험 중 부주의 또는 고의로 시스템을 파손한 경우는 수험자가 변상해야 하며, 〈수험자 유의사항〉에 기재된 방법대로 이행하지 않아 생기는 불이익은 수험생 당사자의 책임임을 알려 드립니다.

- 문제의 조건은 MS오피스 2021 버전으로 설정되어 있으며 MS오피스 2016은 【 】에 표기되어 있습니다. 이와 관련하여 작성한 답안의 출력형태가 문제지와 다를 수 있습니다.

- 시험을 완료한 수험자는 답안파일이 전송되었는지 확인한 후 감독위원의 지시에 따라 문제지를 제출하고 퇴실합니다.

답안 작성요령

- 온라인 답안 작성 절차
  수험자 등록 ⇒ 시험 시작 ⇒ 답안파일 저장 ⇒ 답안 전송 ⇒ 시험 종료

- 문제는 총 4단계, 즉 제1작업부터 제4작업까지 구성되어 있으며 반드시 제1작업부터 순서대로 작성하고 조건대로 작업하시오.

- 모든 작업시트의 A열은 열 너비 '1'로, 나머지 열은 적당하게 조절하시오.

- 모든 작업시트의 테두리는 ≪출력형태≫와 같이 작업하시오.

- 해당 작업란에서는 각각 제시된 조건에 따라 ≪출력형태≫와 같이 작업하시오.

- 답안 시트 이름은 "제1작업", "제2작업", "제3작업", "제4작업"이어야 하며 답안 시트 이외의 것은 감점 처리됩니다.

- 각 시트를 파일로 나누어 작업해서 저장할 경우 실격 처리됩니다.

[제1작업] 표 서식 작성 및 값 계산 (240점)

☞ 다음은 '상반기 주말근무 현황'에 대한 자료이다. 자료를 입력하고 조건에 맞도록 작업하시오.

≪출력형태≫

사원코드	사원명	부서	나이	근무일	근무시간	근무수당 (단위:원)	근무월	근무요일
BU7-31	최서준	홍보	26	2023-04-08	6	52,000	(1)	(2)
CY2-22	전영희	마케팅	35	2023-05-07	7	45,000	(1)	(2)
CA2-22	문지영	마케팅	29	2023-06-18	8	72,500	(1)	(2)
BE2-11	권현호	홍보	43	2023-01-28	9	77,000	(1)	(2)
CL3-51	기현석	기획	45	2023-03-11	5	54,500	(1)	(2)
MY9-31	김현승	기획	50	2023-06-10	4	51,000	(1)	(2)
PR5-22	정현숙	마케팅	43	2023-05-28	6	45,000	(1)	(2)
SR6-22	이은주	홍보	44	2023-04-15	6	63,500	(1)	(2)
최대 근무시간				(3)		마케팅부서 사원 수		(5)
홍보부서 근무수당(단위:원) 평균				(4)		사원명	최서준	근무수당 (단위:원)	(6)

결재란: 담당 / 대리 / 팀장

≪조건≫

○ 모든 데이터의 서식에는 글꼴(굴림, 11pt), 정렬은 숫자 및 회계 서식은 오른쪽 정렬, 나머지 서식은 가운데 정렬로 작성하며 예외적인 것은 ≪출력형태≫를 참조하시오.
○ 제 목 ⇒ 도형(사다리꼴)과 그림자(오프셋 오른쪽)를 이용하여 작성하고
"상반기 주말근무 현황"을 입력한 후 다음 서식을 적용하시오
(글꼴-굴림, 24pt, 검정, 굵게, 채우기-노랑).
○ 임의의 셀에 결재란을 작성하여 그림으로 복사 기능을 이용하여 붙이기 하시오(단, 원본 삭제).
○ 「B4:J4, G14, I14」 영역은 '주황'으로 채우기 하시오.
○ 유효성 검사를 이용하여 「H14」 셀에 사원명(「C5:C12」 영역)이 선택 표시되도록 하시오.
○ 셀 서식 ⇒ 「G5:G12」 영역에 셀 서식을 이용하여 숫자 뒤에 '시간'을 표시하시오(예 : 6시간).
○ 「D5:D12」 영역에 대해 '부서'로 이름정의를 하시오.

☞ (1)~(6) 셀은 반드시 **주어진 함수를 이용**하여 값을 구하시오(결과값을 직접 입력하면 해당 셀은 0점 처리됨).

(1) 근무월 ⇒ 근무일의 월을 추출하여 '월'을 붙이시오(MONTH 함수, & 연산자)(예 : 1월).
(2) 근무요일 ⇒ 근무일의 요일을 구하시오(CHOOSE, WEEKDAY 함수)(예 : 월요일).
(3) 최대 근무시간 ⇒ (MAX 함수)
(4) 홍보부서 근무수당(단위:원) 평균 ⇒ 올림하여 천원 단위까지 구하시오. 단, 조건은 입력데이터를 이용하시오
(ROUNDUP, DAVERAGE 함수)(예 : 12,345.6 → 13,000).
(5) 마케팅부서 사원 수 ⇒ 정의된 이름(부서)을 이용하여 구하시오(COUNTIF 함수).
(6) 근무수당(단위:원) ⇒ 「H14」셀에서 선택한 사원명의 근무수당(단위:원)을 구하시오(VLOOKUP 함수).
(7) 조건부 서식을 이용하여 근무수당(단위:원) 셀에 데이터 막대 스타일(연한 파랑)을 최소값 및 최대값으로 적용하시오.

[제2작업] 필터 및 서식 (80점)

☞ "제1작업" 시트의 「B4:H12」영역을 복사하여 "제2작업" 시트의 「B2」셀부터 모두 붙여넣기를 한 후 다음의 조건과 같이 작업하시오.

≪조건≫
(1) 고급필터 - 부서가 '기획'이거나 근무일이 '2023-03-31' 이전인(해당일 포함) 자료의 사원코드, 사원명, 근무시간, 근무수당(단위:원) 데이터만 추출하시오.
- 조건 범위 : 「B13」셀부터 입력하시오.
- 복사 위치 : 「B18」셀부터 나타나도록 하시오.

(2) 표 서식 - 고급필터의 결과셀을 채우기 없음으로 설정한 후 '표 스타일 보통 6'의 서식을 적용하시오.
- 머리글 행, 줄무늬 행을 적용하시오.

[제3작업] 피벗 테이블 (80점)

☞ "제1작업" 시트를 이용하여 "제3작업" 시트에 조건에 따라 ≪출력형태≫와 같이 작업하시오.

≪조건≫
(1) 근무수당(단위:원) 및 부서별 사원명의 개수와 근무시간의 평균을 구하시오.
(2) 근무수당(단위:원)을 그룹화하고, 부서를 ≪출력형태≫와 같이 정렬하시오.
(3) 레이블이 있는 셀 병합 및 가운데 맞춤 적용과 빈 셀은 '***'로 표시하시오.
(4) 행의 총합계는 지우고, 나머지 사항은 ≪출력형태≫에 맞게 작성하시오.

≪출력형태≫

	A	B	C	D	E	F	G	H
1								
2			부서					
3			홍보		마케팅		기획	
4		근무수당(단위:원)	개수 : 사원명	평균 : 근무시간	개수 : 사원명	평균 : 근무시간	개수 : 사원명	평균 : 근무시간
5		25001-50000	***	***	2	7	***	***
6		50001-75000	2	6	1	8	2	5
7		75001-100000	1	9	***	***	***	***
8		총합계	3	7	3	7	2	5

[제4작업] 그래프 (100점)

☞ "제1작업" 시트를 이용하여 조건에 따라 ≪출력형태≫와 같이 작업하시오.

≪조건≫

(1) 차트 종류 ⇒ <묶은 세로 막대형>으로 작업하시오.
(2) 데이터 범위 ⇒ "제1작업" 시트의 내용을 이용하여 작업하시오.
(3) 위치 ⇒ "새 시트"로 이동하고, "제4작업"으로 시트 이름을 바꾸시오.
(4) 차트 디자인 도구 ⇒ 레이아웃 3, 스타일 1을 선택하여 ≪출력형태≫에 맞게 작업하시오.
(5) 영역 서식 ⇒ 차트 : 글꼴(굴림, 11pt), 채우기 효과(질감-파랑 박엽지)
    그림 : 채우기(흰색, 배경1)
(6) 제목 서식 ⇒ 차트 제목 : 글꼴(굴림, 굵게, 20pt), 채우기(흰색, 배경1), 테두리
(7) 서식 ⇒ 근무수당(단위:원) 계열의 차트 종류를 <표식이 있는 꺾은선형>으로 변경한 후 보조 축으로 지정하시오.
    계열 : ≪출력형태≫를 참조하여 표식(세모, 크기 10)과 레이블 값을 표시하시오.
    눈금선 : 선 스타일-파선
    축 : ≪출력형태≫를 참조하시오.
(8) 범례 ⇒ 범례명을 변경하고 ≪출력형태≫를 참조하시오.
(9) 도형 ⇒ '모서리가 둥근 사각형 설명선'을 삽입한 후 ≪출력형태≫와 같이 내용을 입력하시오.
(10) 나머지 사항은 ≪출력형태≫에 맞게 작성하시오.

≪출력형태≫

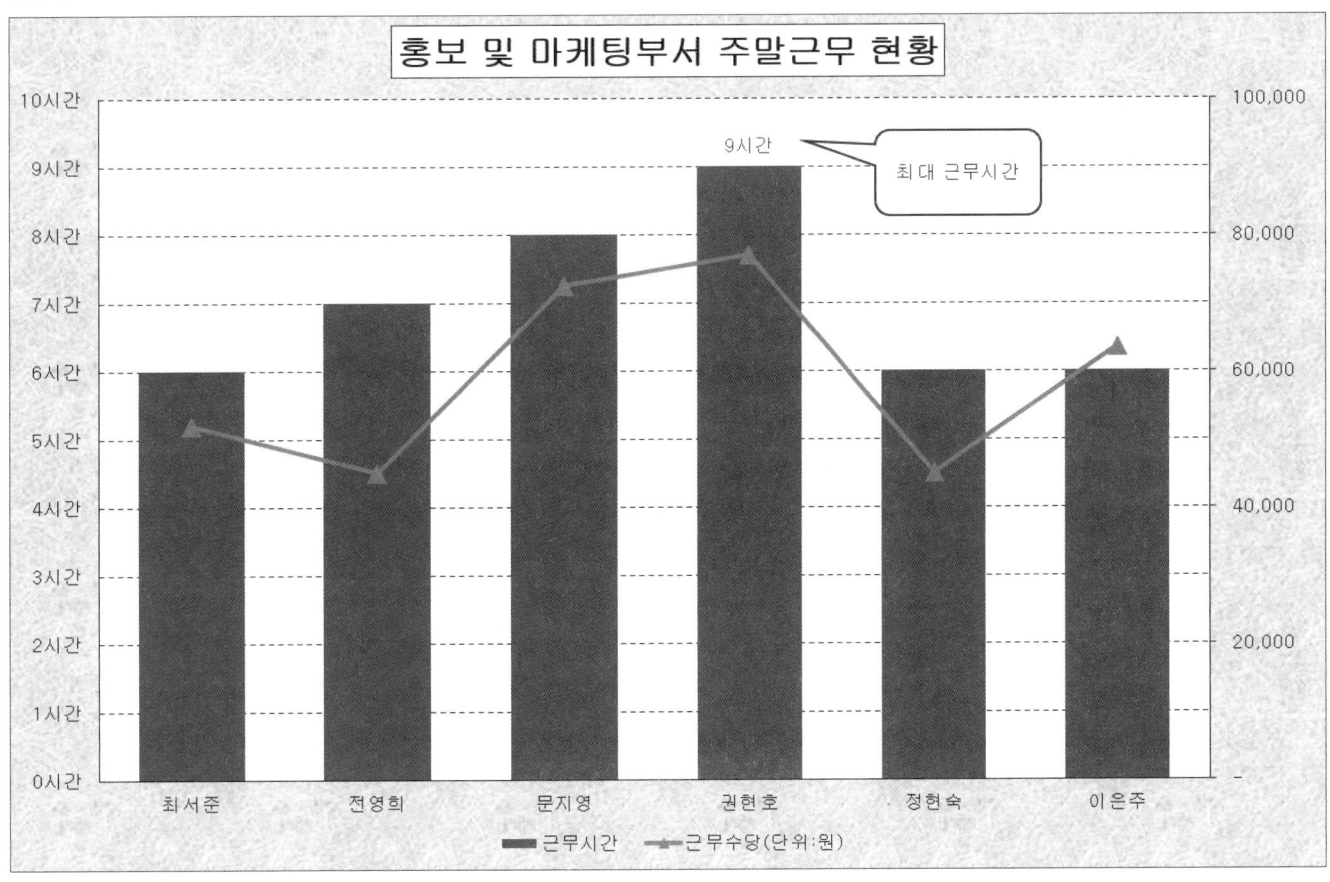

주의 ☞ 시트명 순서가 차례대로 "제1작업", "제2작업", "제3작업", "제4작업"이 되도록 할 것.

제04회 ITQ 실전모의문제

과목	코드	문제유형	시험시간	수험번호	성명
한글엑셀	1122	A	60분		

수험자 유의사항

- 수험자는 문제지를 받는 즉시 문제지와 **수험표상의 시험과목(프로그램)이 동일한지 반드시 확인**하여야 합니다.

- 파일명은 본인의 "수험번호-성명"으로 입력하여 답안폴더(내 PC₩문서₩ITQ)에 하나의 파일로 저장해야 하며, 답안문서 파일명이 "수험번호-성명"과 일치하지 않거나, 답안파일을 전송하지 않아 미제출로 처리될 경우 실격 처리합니다(예:12345678-홍길동.xlsx).

- 답안 작성을 마치면 파일을 저장하고, '답안 전송' 버튼을 선택하여 감독위원 PC로 답안을 전송하십시오. 수험생 정보와 저장한 파일명이 다를 경우 전송되지 않으므로 주의하시기 바랍니다.

- 답안 작성 중에도 **주기적으로 저장하고, '답안 전송'**하여야 문제 발생을 줄일 수 있습니다. 작업한 내용을 저장하지 않고 전송할 경우 이전에 저장된 내용이 전송되오니 이점 유의하시기 바랍니다.

- 답안문서는 지정된 경로 외의 다른 보조기억장치에 저장하는 경우, 지정된 시험 시간 외에 작성된 파일을 활용할 경우, 기타 통신수단(이메일, 메신저, 네트워크 등)을 이용하여 타인에게 전달 또는 외부 반출하는 경우는 부정 처리합니다.

- 시험 중 부주의 또는 고의로 시스템을 파손한 경우는 수험자가 변상해야 하며, 〈수험자 유의사항〉에 기재된 방법대로 이행하지 않아 생기는 불이익은 수험생 당사자의 책임임을 알려 드립니다.

- 문제의 조건은 MS오피스 2021 버전으로 설정되어 있으며 MS오피스 2016은 【 】에 표기되어 있습니다. 이와 관련하여 작성한 답안의 출력형태가 문제지와 다를 수 있습니다.

- 시험을 완료한 수험자는 답안파일이 전송되었는지 확인한 후 감독위원의 지시에 따라 문제지를 제출하고 퇴실합니다.

답안 작성요령

- 온라인 답안 작성 절차
  수험자 등록 ⇒ 시험 시작 ⇒ 답안파일 저장 ⇒ 답안 전송 ⇒ 시험 종료

- 문제는 총 4단계, 즉 제1작업부터 제4작업까지 구성되어 있으며 반드시 제1작업부터 순서대로 작성하고 조건대로 작업하시오.

- 모든 작업시트의 A열은 열 너비 '1'로, 나머지 열은 적당하게 조절하시오.

- 모든 작업시트의 테두리는 ≪출력형태≫와 같이 작업하시오.

- 해당 작업란에서는 각각 제시된 조건에 따라 ≪출력형태≫와 같이 작업하시오.

- 답안 시트 이름은 "제1작업", "제2작업", "제3작업", "제4작업"이어야 하며 답안 시트 이외의 것은 감점 처리됩니다.

- 각 시트를 파일로 나누어 작업해서 저장할 경우 실격 처리됩니다.

[제1작업] 표 서식 작성 및 값 계산 (240점)

☞ 다음은 '부산 하나로 렌트카 대여안내'에 대한 자료이다. 자료를 입력하고 조건에 맞도록 작업하시오.

≪출력형태≫

관리번호	차종	차량	연식	1일 렌탈료	일렌탈료 (5일이상)	전월예약건수	주말렌탈료	대여지역
CP-001	승용차	신형K5	2022년	50,000	42,000	8	(1)	(2)
SK-001	SUV	쏘렌토	2020년	85,000	75,000	6	(1)	(2)
CK-002	승용차	신형소나타	2022년	60,000	50,000	11	(1)	(2)
VH-001	승합차	카니발	2020년	100,000	85,000	8	(1)	(2)
SP-002	SUV	SM-QM6	2022년	110,000	95,000	10	(1)	(2)
SH-003	SUV	싼타페	2021년	90,000	83,000	7	(1)	(2)
VP-002	승합차	스타리아	2022년	105,000	90,000	5	(1)	(2)
CK-003	승용차	그랜져	2021년	90,000	80,000	7	(1)	(2)
1일 렌탈료 전체평균			(3)		SUV 차량의 개수			(5)
승용차 전월예약건수 합계			(4)		차량	신형K5	1일 렌탈료	(6)

제목: 부산 하나로 렌트카 대여안내

결재: 담당 / 점장 / 대표

≪조건≫

○ 모든 데이터의 서식에는 글꼴(굴림, 11pt), 정렬은 숫자 및 회계 서식은 오른쪽 정렬, 나머지 서식은 가운데 정렬로 작성하며 예외적인 것은 ≪출력형태≫를 참조하시오.
○ 제 목 ⇒ 도형(사다리꼴)과 그림자(오프셋 오른쪽)를 이용하여 작성하고
  "부산 하나로 렌트카 대여안내"를 입력한 후 다음 서식을 적용하시오
  (글꼴-굴림, 24pt, 검정, 굵게, 채우기-노랑).
○ 임의의 셀에 결재란을 작성하여 그림으로 복사 기능을 이용하여 붙이기 하시오(단, 원본 삭제).
○ 「B4:J4, G14, I14」 영역은 '주황'으로 채우기 하시오.
○ 유효성 검사를 이용하여 「H14」 셀에 차량(「D5:D12」 영역)이 선택 표시되도록 하시오.
○ 셀 서식 ⇒ 「F5:G12」 영역에 셀 서식을 이용하여 숫자 뒤에 '원'을 표시하시오(예 : 50,000원).
○ 「H5:H12」 영역에 대해 '전월예약'으로 이름정의를 하시오.

☞ (1)~(6) 셀은 반드시 **주어진 함수를 이용**하여 값을 구하시오(결과값을 직접 입력하면 해당 셀은 0점 처리됨).

(1) 주말렌탈료 ⇒ 「1일 렌탈료 × 115%」를 계산하고, 반올림하여 천원 단위까지 구하시오
  (ROUND 함수)(예 : 55,850 → 56,000).
(2) 대여지역 ⇒ 관리번호 두 번째 글자가 P이면 '부산역', K이면 '김해공항', 그 외에는 '해운대구'로
  구하시오(IF, MID 함수).
(3) 1일 렌탈료 전체평균 ⇒ 내림하여 백원 단위까지 구하시오
  (ROUNDDOWN, AVERAGE 함수)(예 : 82,350 → 82,300).
(4) 승용차 전월예약건수 합계 ⇒ 정의된 이름(전월예약)을 이용하여 구한 결과값에 '건'을 붙이시오
  (SUMIF 함수, & 연산자)(예 : 1건).
(5) SUV 차량의 개수 ⇒ (COUNTIF 함수)
(6) 1일 렌탈료 ⇒ 「H14」 셀에서 선택한 차량에 대한 1일 렌탈료를 구하시오(VLOOKUP 함수).
(7) 조건부 서식의 수식을 이용하여 전월예약건수가 '10' 이상인 행 전체에 다음의 서식을 적용하시오
  (글꼴 : 파랑, 굵게).

[제2작업] 목표값 찾기 및 필터 (80점)

☞ "제1작업" 시트의 「B4:H12」영역을 복사하여 "제2작업" 시트의 「B2」셀부터 모두 붙여넣기를 한 후 다음의 조건과 같이 작업하시오.

≪조건≫

(1) 목표값 찾기 - 「B11:G11」 셀을 병합하고, 가운데 맞춤한 후 "승용차 1일 렌탈료 평균"을 입력하고, 「H11」 셀에 승용차 1일 렌탈료 평균을 구하시오. 단, 조건은 입력데이터를 이용하시오
   (DAVERAGE 함수, 테두리).
   - '승용차 1일 렌탈료 평균'이 '67,000'이 되려면 신형K5의 1일 렌탈료가 얼마가 되어야 하는지 목표값을 구하시오.

(2) 고급필터 - 차종이 '승합차'가 아니면서 일렌탈료(5일이상)가 '80,000' 이상인 자료의 관리번호, 차량, 1일 렌탈료, 전월예약건수 데이터만 추출하시오.
   - 조건 범위 : 「B14」 셀부터 입력하시오.
   - 복사 위치 : 「B18」 셀부터 나타나도록 하시오.

[제3작업] 정렬 및 부분합 (80점)

☞ "제1작업" 시트의 「B4:H12」영역을 복사하여 "제3작업" 시트의 「B2」셀부터 모두 붙여넣기를 한 후 다음의 조건과 같이 작업하시오.

≪조건≫

(1) 부분합 - ≪출력형태≫처럼 정렬하고, 차량의 개수와 1일 렌탈료의 평균을 구하시오.
(2) 개요【윤곽】- 지우시오.
(3) 나머지 사항은 ≪출력형태≫에 맞게 작성하시오.

≪출력형태≫

	관리번호	차종	차량	연식	1일 렌탈료	일렌탈료 (5일이상)	전월예약건수
	VH-001	승합차	카니발	2020년	100,000원	85,000원	8
	VP-002	승합차	스타리아	2022년	105,000원	90,000원	5
		승합차 평균			102,500원		
		승합차 개수	2				
	CP-001	승용차	신형K5	2022년	50,000원	42,000원	8
	CK-002	승용차	신형소나타	2022년	60,000원	50,000원	11
	CK-003	승용차	그랜져	2021년	90,000원	80,000원	7
		승용차 평균			66,667원		
		승용차 개수	3				
	SK-001	SUV	쏘렌토	2020년	85,000원	75,000원	6
	SP-002	SUV	SM-QM6	2022년	110,000원	95,000원	10
	SH-003	SUV	싼타페	2021년	90,000원	83,000원	7
		SUV 평균			95,000원		
		SUV 개수	3				
		전체 평균			86,250원		
		전체 개수	8				

[제4작업] 그래프 (100점)

☞ "제1작업" 시트를 이용하여 조건에 따라 ≪출력형태≫와 같이 작업하시오.

≪조건≫

(1) 차트 종류 ⇒ <묶은 세로 막대형>으로 작업하시오.
(2) 데이터 범위 ⇒ "제1작업" 시트의 내용을 이용하여 작업하시오.
(3) 위치 ⇒ "새 시트"로 이동하고, "제4작업"으로 시트 이름을 바꾸시오.
(4) 차트 디자인 도구 ⇒ 레이아웃 3, 스타일 1을 선택하여 ≪출력형태≫에 맞게 작업하시오.
(5) 영역 서식 ⇒ 차트 : 글꼴(굴림, 11pt), 채우기 효과(질감-분홍 박엽지)
　　　　　　　그림 : 채우기(흰색, 배경1)
(6) 제목 서식 ⇒ 차트 제목 : 글꼴(굴림, 굵게, 20pt), 채우기(흰색, 배경1), 테두리
(7) 서식 ⇒ 전월예약건수 계열의 차트 종류를 <표식이 있는 꺾은선형>으로 변경한 후 보조 축으로 지정하시오.
　　　계열 : ≪출력형태≫를 참조하여 표식(마름모, 크기 10)과 레이블 값을 표시하시오.
　　　눈금선 : 선 스타일-파선
　　　축 : ≪출력형태≫를 참조하시오.
(8) 범례 ⇒ 범례명을 변경하고 ≪출력형태≫를 참조하시오.
(9) 도형 ⇒ '모서리가 둥근 사각형 설명선'을 삽입한 후 ≪출력형태≫와 같이 내용을 입력하시오.
(10) 나머지 사항은 ≪출력형태≫에 맞게 작성하시오.

≪출력형태≫

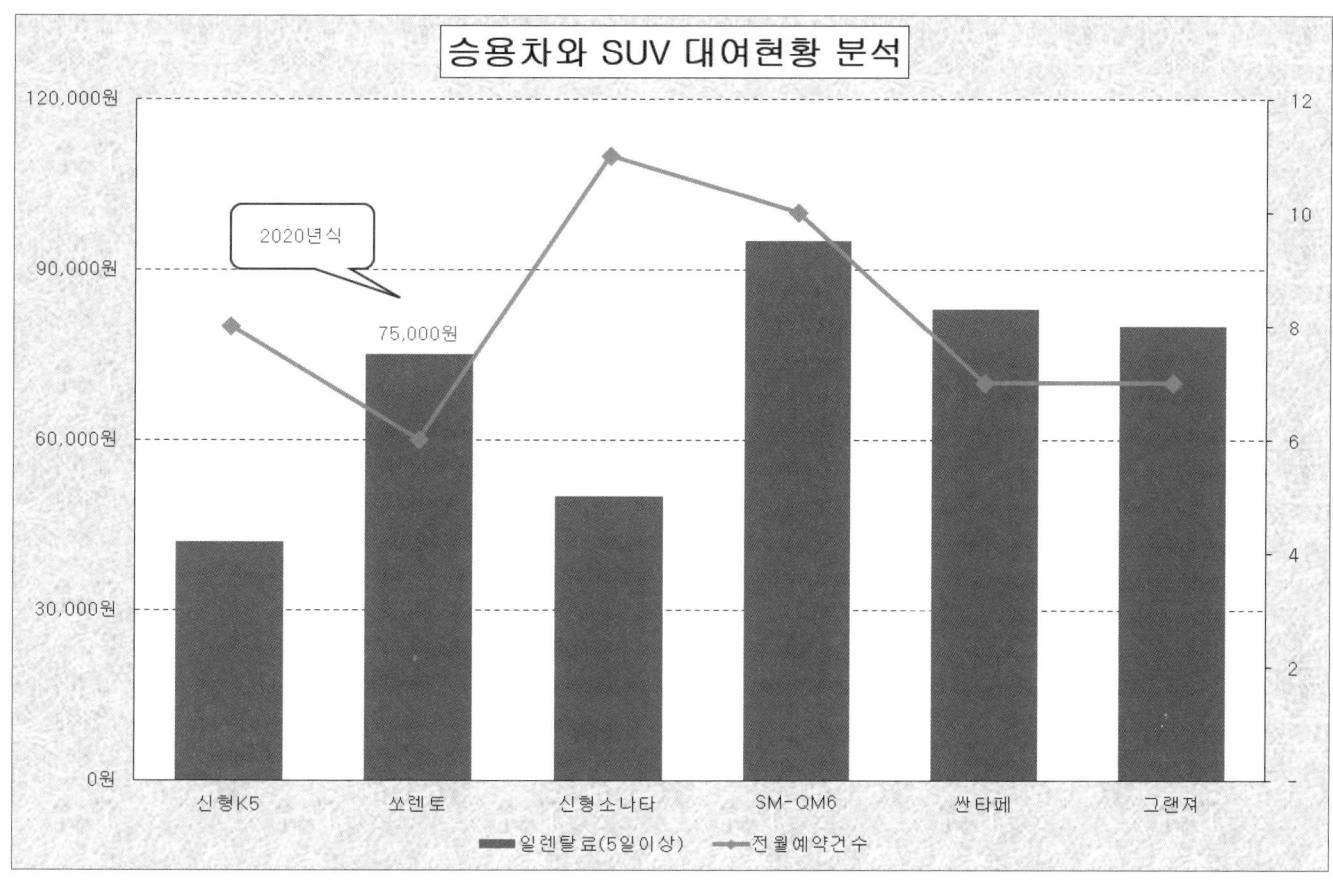

주의 ☞ 시트명 순서가 차례대로 "제1작업", "제2작업", "제3작업", "제4작업"이 되도록 할 것.

제05회 ITQ 실전모의문제

과목	코드	문제유형	시험시간	수험번호	성명
한글엑셀	1122	B	60분		

수험자 유의사항

- 수험자는 문제지를 받는 즉시 문제지와 <u>수험표상의 시험과목(프로그램)이 동일한지 반드시 확인</u>하여야 합니다.

- 파일명은 본인의 "수험번호-성명"으로 입력하여 답안폴더(내 PC\문서\ITQ)에 하나의 파일로 저장해야 하며, 답안문서 파일명이 "수험번호-성명"과 일치하지 않거나, 답안파일을 전송하지 않아 미제출로 처리될 경우 실격 처리합니다(예:12345678-홍길동.xlsx).

- 답안 작성을 마치면 파일을 저장하고, '답안 전송' 버튼을 선택하여 감독위원 PC로 답안을 전송하십시오. 수험생 정보와 저장한 파일명이 다를 경우 전송되지 않으므로 주의하시기 바랍니다.

- 답안 작성 중에도 <u>주기적으로 저장하고, '답안 전송'</u>하여야 문제 발생을 줄일 수 있습니다. 작업한 내용을 저장하지 않고 전송할 경우 이전에 저장된 내용이 전송되오니 이점 유의하시기 바랍니다.

- 답안문서는 지정된 경로 외의 다른 보조기억장치에 저장하는 경우, 지정된 시험 시간 외에 작성된 파일을 활용할 경우, 기타 통신수단(이메일, 메신저, 네트워크 등)을 이용하여 타인에게 전달 또는 외부 반출하는 경우는 부정 처리합니다.

- 시험 중 부주의 또는 고의로 시스템을 파손한 경우는 수험자가 변상해야 하며, 〈수험자 유의사항〉에 기재된 방법대로 이행하지 않아 생기는 불이익은 수험생 당사자의 책임임을 알려 드립니다.

- 문제의 조건은 MS오피스 2021 버전으로 설정되어 있으며 MS오피스 2016은 【 】에 표기되어 있습니다. 이와 관련하여 작성한 답안의 출력형태가 문제지와 다를 수 있습니다.

- 시험을 완료한 수험자는 답안파일이 전송되었는지 확인한 후 감독위원의 지시에 따라 문제지를 제출하고 퇴실합니다.

답안 작성요령

- 온라인 답안 작성 절차
  수험자 등록 ⇒ 시험 시작 ⇒ 답안파일 저장 ⇒ 답안 전송 ⇒ 시험 종료

- 문제는 총 4단계, 즉 제1작업부터 제4작업까지 구성되어 있으며 반드시 제1작업부터 순서대로 작성하고 조건대로 작업하시오.

- 모든 작업시트의 A열은 열 너비 '1'로, 나머지 열은 적당하게 조절하시오.

- 모든 작업시트의 테두리는 ≪출력형태≫와 같이 작업하시오.

- 해당 작업란에서는 각각 제시된 조건에 따라 ≪출력형태≫와 같이 작업하시오.

- 답안 시트 이름은 "제1작업", "제2작업", "제3작업", "제4작업"이어야 하며 답안 시트 이외의 것은 감점 처리됩니다.

- 각 시트를 파일로 나누어 작업해서 저장할 경우 실격 처리됩니다.

kpc 한국생산성본부

[제1작업] 표 서식 작성 및 값 계산 (240점)

☞ 다음은 '달수 동물원 관리 현황'에 대한 자료이다. 자료를 입력하고 조건에 맞도록 작업하시오.

≪출력형태≫

식별번호	동물명	위치	마리 수	평균 몸무게	월별 사료비용 (단위:원)	동물 투입 연도	순위	구분
RJ-001	코끼리	사랑마을	2	2,500	634,000	2019년	(1)	(2)
SM-001	판다	숲속마을	3	120	765,000	2019년	(1)	(2)
SH-002	사자	숲속마을	5	250	1,205,000	2019년	(1)	(2)
QJ-001	양	우정마을	6	223	232,000	2018년	(1)	(2)
ER-001	사슴	사랑마을	5	121	372,000	2019년	(1)	(2)
FE-001	얼룩말	우정마을	2	116	348,000	2018년	(1)	(2)
AU-001	기린	우정마을	4	1,000	560,000	2020년	(1)	(2)
SD-002	호랑이	숲속마을	6	332	1,501,000	2020년	(1)	(2)
우정마을의 월별 사료비용(단위:원) 평균			(3)		가장 큰 평균 몸무게			(5)
사랑마을 마리 수 합계			(4)		동물명	코끼리	동물 투입 연도	(6)

≪조건≫

- 모든 데이터의 서식에는 글꼴(굴림, 11pt), 정렬은 숫자 및 회계 서식은 오른쪽 정렬, 나머지 서식은 가운데 정렬로 작성하며 예외적인 것은 ≪출력형태≫를 참조하시오.
- 제 목 ⇒ 도형(육각형)과 그림자(오프셋 오른쪽)를 이용하여 작성하고
  "달수 동물원 관리 현황"을 입력한 후 다음 서식을 적용하시오
  (글꼴-굴림, 24pt, 검정, 굵게, 채우기-노랑).
- 임의의 셀에 결재란을 작성하여 그림으로 복사 기능을 이용하여 붙이기 하시오(단, 원본 삭제).
- 「B4:J4, G14, I14」 영역은 '주황'으로 채우기 하시오.
- 유효성 검사를 이용하여 「H14」셀에 동물명(「C5:C12」 영역)이 선택 표시되도록 하시오.
- 셀 서식 ⇒ 「F5:F12」 영역에 셀 서식을 이용하여 숫자 뒤에 'kg'을 표시하시오(예 : 2,500kg).
- 「F5:F12」 영역에 대해 '몸무게'로 이름정의를 하시오.

☞ (1)~(6) 셀은 반드시 **주어진 함수를 이용**하여 값을 구하시오(결과값을 직접 입력하면 해당 셀은 0점 처리됨).

(1) 순위 ⇒ 월별 사료비용(단위:원)의 내림차순 순위를 구하시오(RANK.EQ 함수).
(2) 구분 ⇒ 식별번호의 마지막 글자가 1이면 '초식성', 2이면 '육식성'으로 구하시오(CHOOSE, RIGHT 함수).
(3) 우정마을의 월별 사료비용(단위:원) 평균 ⇒ (SUMIF, COUNTIF 함수)
(4) 사랑마을 마리 수 합계 ⇒ 결과값에 '마리'를 붙이시오. 단, 조건은 입력데이터를 이용하시오
   (DSUM 함수, & 연산자)(예 : 1마리).
(5) 가장 큰 평균 몸무게 ⇒ 정의된 이름(몸무게)을 이용하여 구하시오(MAX 함수).
(6) 동물 투입 연도 ⇒ 「H14」 셀에서 선택한 동물명에 대한 동물 투입 연도를 구하시오(VLOOKUP 함수).
(7) 조건부 서식의 수식을 이용하여 평균 몸무게가 '1,000' 이상인 행 전체에 다음의 서식을 적용하시오
   (글꼴 : 파랑, 굵게).

[제2작업] 목표값 찾기 및 필터 (80점)

☞ "제1작업" 시트의 「B4:H12」영역을 복사하여 "제2작업" 시트의 「B2」셀부터 모두 붙여넣기를 한 후 다음의 조건과 같이 작업하시오.

≪조건≫

(1) 목표값 찾기 - 「B11:G11」 셀을 병합하고, 가운데 맞춤한 후 "사랑마을 월별 사료비용(단위:원) 평균"을 입력하고, 「H11」 셀에 사랑마을 월별 사료비용(단위:원) 평균을 구하시오. 단, 조건은 입력데이터를 이용하시오(DAVERAGE 함수, 테두리).
- '사랑마을 월별 사료비용(단위:원) 평균'이 '500,000'이 되려면 코끼리의 월별 사료비용(단위:원)이 얼마가 되어야 하는지 목표값을 구하시오.

(2) 고급필터 - 위치가 '사랑마을'이 아니면서 평균 몸무게가 '300' 이하인 자료의 동물명, 마리 수, 평균 몸무게, 월별 사료비용(단위:원) 데이터만 추출하시오.
- 조건 범위 : 「B14」 셀부터 입력하시오.
- 복사 위치 : 「B18」 셀부터 나타나도록 하시오.

[제3작업] 정렬 및 부분합 (80점)

☞ "제1작업" 시트의 「B4:H12」영역을 복사하여 "제3작업" 시트의 「B2」셀부터 모두 붙여넣기를 한 후 다음의 조건과 같이 작업하시오.

≪조건≫

(1) 부분합 - ≪출력형태≫처럼 정렬하고, 동물명의 개수와 월별 사료비용(단위:원)의 평균을 구하시오.
(2) 개요【윤곽】 - 지우시오.
(3) 나머지 사항은 ≪출력형태≫에 맞게 작성하시오.

≪출력형태≫

식별번호	동물명	위치	마리 수	평균 몸무게	월별 사료비용(단위:원)	동물 투입 연도
QJ-001	양	우정마을	6	223kg	232,000	2018년
FE-001	얼룩말	우정마을	2	116kg	348,000	2018년
AU-001	기린	우정마을	4	1,000kg	560,000	2020년
		우정마을 평균			380,000	
	3	우정마을 개수				
SM-001	판다	숲속마을	3	120kg	765,000	2019년
SH-002	사자	숲속마을	5	250kg	1,205,000	2019년
SD-002	호랑이	숲속마을	6	332kg	1,501,000	2020년
		숲속마을 평균			1,157,000	
	3	숲속마을 개수				
RJ-001	코끼리	사랑마을	2	2,500kg	634,000	2019년
ER-001	사슴	사랑마을	5	121kg	372,000	2019년
		사랑마을 평균			503,000	
	2	사랑마을 개수				
		전체 평균			702,125	
	8	전체 개수				

[제4작업] 그래프 (100점)

☞ "제1작업" 시트를 이용하여 조건에 따라 ≪출력형태≫와 같이 작업하시오.

≪조건≫

(1) 차트 종류 ⇒ <묶은 세로 막대형>으로 작업하시오.
(2) 데이터 범위 ⇒ "제1작업" 시트의 내용을 이용하여 작업하시오.
(3) 위치 ⇒ "새 시트"로 이동하고, "제4작업"으로 시트 이름을 바꾸시오.
(4) 차트 디자인 도구 ⇒ 레이아웃 3, 스타일 1을 선택하여 ≪출력형태≫에 맞게 작업하시오.
(5) 영역 서식 ⇒ 차트 : 글꼴(굴림, 11pt), 채우기 효과(질감-파랑 박엽지)
　　　　　　　　그림 : 채우기(흰색, 배경1)
(6) 제목 서식 ⇒ 차트 제목 : 글꼴(굴림, 굵게, 20pt), 채우기(흰색, 배경1), 테두리
(7) 서식 ⇒ 월별 사료비용(단위:원) 계열의 차트 종류를 <표식이 있는 꺾은선형>으로 변경한 후 보조 축으로 지정하시오.
　　　　　계열 : ≪출력형태≫를 참조하여 표식(마름모, 크기 10)과 레이블 값을 표시하시오.
　　　　　눈금선 : 선 스타일-파선
　　　　　축 : ≪출력형태≫를 참조하시오.
(8) 범례 ⇒ 범례명을 변경하고 ≪출력형태≫를 참조하시오.
(9) 도형 ⇒ '모서리가 둥근 사각형 설명선'을 삽입한 후 ≪출력형태≫와 같이 내용을 입력하시오.
(10) 나머지 사항은 ≪출력형태≫에 맞게 작성하시오.

≪출력형태≫

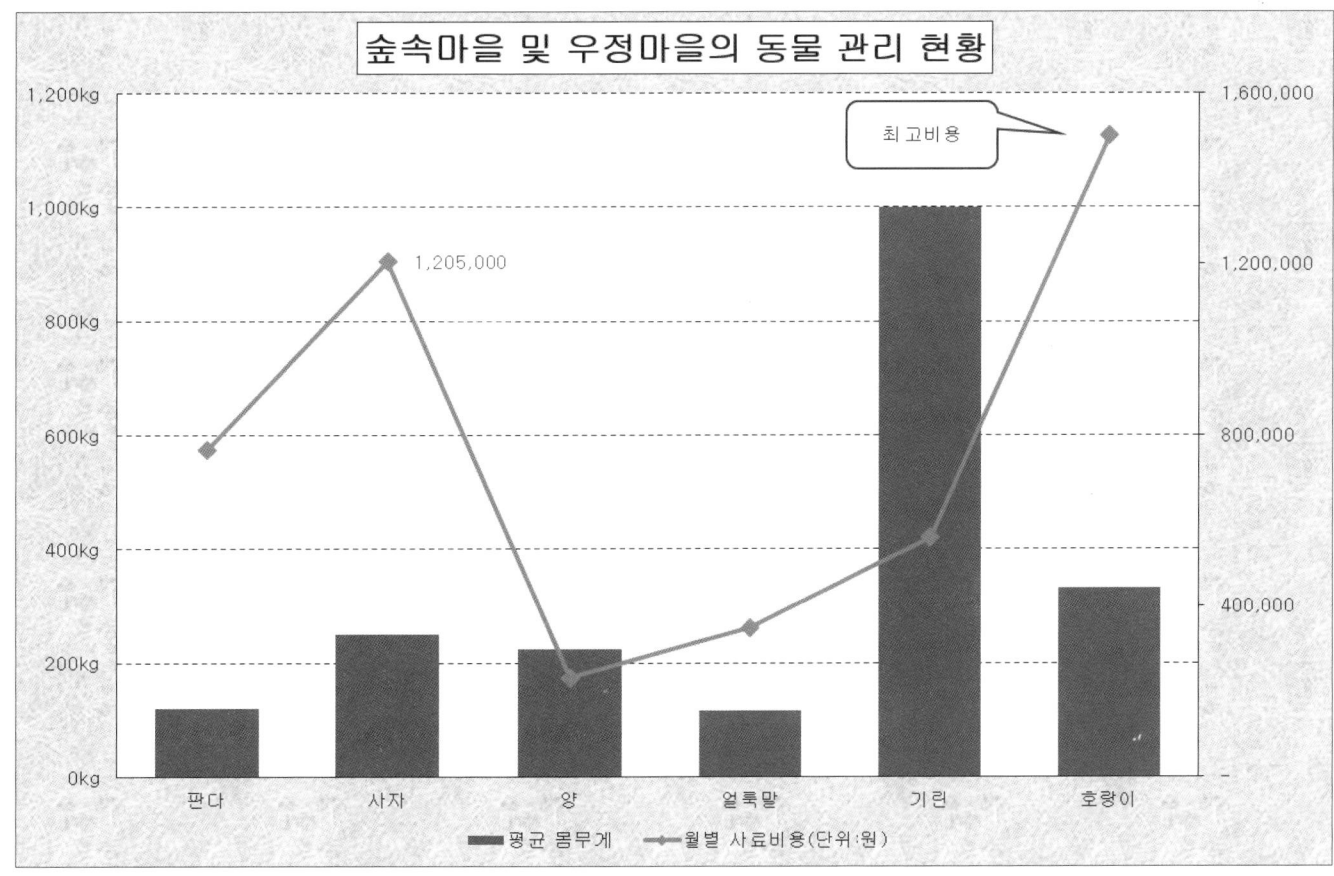

주의 ☞ 시트명 순서가 차례대로 "제1작업", "제2작업", "제3작업", "제4작업"이 되도록 할 것.

제06회 ITQ 실전모의문제

과목	코드	문제유형	시험시간	수험번호	성명
한글엑셀	1122	C	60분		

수험자 유의사항

- 수험자는 문제지를 받는 즉시 문제지와 <u>수험표상의 시험과목(프로그램)이 동일한지 반드시 확인</u>하여야 합니다.

- 파일명은 본인의 "수험번호-성명"으로 입력하여 답안폴더(내 PC\문서\ITQ)에 하나의 파일로 저장해야 하며, 답안문서 파일명이 "수험번호-성명"과 일치하지 않거나, 답안파일을 전송하지 않아 미제출로 처리될 경우 실격 처리합니다(예:12345678-홍길동.xlsx).

- 답안 작성을 마치면 파일을 저장하고, '답안 전송' 버튼을 선택하여 감독위원 PC로 답안을 전송하십시오. 수험생 정보와 저장한 파일명이 다를 경우 전송되지 않으므로 주의하시기 바랍니다.

- 답안 작성 중에도 <u>주기적으로 저장하고, '답안 전송'</u>하여야 문제 발생을 줄일 수 있습니다. 작업한 내용을 저장하지 않고 전송할 경우 이전에 저장된 내용이 전송되오니 이점 유의하시기 바랍니다.

- 답안문서는 지정된 경로 외의 다른 보조기억장치에 저장하는 경우, 지정된 시험 시간 외에 작성된 파일을 활용할 경우, 기타 통신수단(이메일, 메신저, 네트워크 등)을 이용하여 타인에게 전달 또는 외부 반출하는 경우는 부정 처리합니다.

- 시험 중 부주의 또는 고의로 시스템을 파손한 경우는 수험자가 변상해야 하며, 〈수험자 유의사항〉에 기재된 방법대로 이행하지 않아 생기는 불이익은 수험생 당사자의 책임임을 알려 드립니다.

- 문제의 조건은 MS오피스 2021 버전으로 설정되어 있으며 MS오피스 2016은 【 】에 표기되어 있습니다. 이와 관련하여 작성한 답안의 출력형태가 문제지와 다를 수 있습니다.

- 시험을 완료한 수험자는 답안파일이 전송되었는지 확인한 후 감독위원의 지시에 따라 문제지를 제출하고 퇴실합니다.

답안 작성요령

- 온라인 답안 작성 절차
  수험자 등록 ⇒ 시험 시작 ⇒ 답안파일 저장 ⇒ 답안 전송 ⇒ 시험 종료

- 문제는 총 4단계, 즉 제1작업부터 제4작업까지 구성되어 있으며 반드시 제1작업부터 순서대로 작성하고 조건대로 작업하시오.

- 모든 작업시트의 A열은 열 너비 '1'로, 나머지 열은 적당하게 조절하시오.

- 모든 작업시트의 테두리는 ≪출력형태≫와 같이 작업하시오.

- 해당 작업란에서는 각각 제시된 조건에 따라 ≪출력형태≫와 같이 작업하시오.

- 답안 시트 이름은 "제1작업", "제2작업", "제3작업", "제4작업"이어야 하며 답안 시트 이외의 것은 감점 처리됩니다.

- 각 시트를 파일로 나누어 작업해서 저장할 경우 실격 처리됩니다.

kpc 한국생산성본부

[제1작업] 표 서식 작성 및 값 계산 (240점)

☞ 다음은 '7월의 체험 행사 현황'에 대한 자료이다. 자료를 입력하고 조건에 맞도록 작업하시오.

《출력형태》

행사코드	체험행사명	개최지역	행사기간(일)	시작연도	체험비용	참석인원(단위:명)	체험비 지원금	순위
AV-001	농장체험	전남	7	1990년	43,000	6,552	(1)	(2)
TE-002	한지체험	충남	30	2006년	12,000	2,500	(1)	(2)
AE-001	농부체험	경기도	14	2001년	23,600	12,250	(1)	(2)
NT-003	생태체험	충남	20	2002년	21,000	1,320	(1)	(2)
AQ-002	목장체험	전남	10	2005년	34,000	7,320	(1)	(2)
MV-001	해양레저	경기도	5	1998년	27,000	3,210	(1)	(2)
TK-003	전통놀이	전남	10	1995년	10,000	10,320	(1)	(2)
NP-001	벽화체험	충남	15	2000년	30,000	12,150	(1)	(2)
경기도지역의 체험비용 평균			(3)		최소 참석인원(단위:명)			(5)
전남지역의 체험행사 수			(4)		체험행사명	농장체험	참석인원(단위:명)	(6)

제목: 7월의 체험 행사 현황
결재: 과장 / 팀장 / 대표

《조건》

○ 모든 데이터의 서식에는 글꼴(굴림, 11pt), 정렬은 숫자 및 회계 서식은 오른쪽 정렬, 나머지 서식은 가운데 정렬로 작성하며 예외적인 것은 《출력형태》를 참조하시오.
○ 제 목 ⇒ 도형(평행 사변형)과 그림자(오프셋 오른쪽)를 이용하여 작성하고 "7월의 체험 행사 현황"을 입력한 후 다음 서식을 적용하시오 (글꼴-굴림, 24pt, 검정, 굵게, 채우기-노랑).
○ 임의의 셀에 결재란을 작성하여 그림으로 복사 기능을 이용하여 붙이기 하시오(단, 원본 삭제).
○ 「B4:J4, G14, I14」 영역은 '주황'으로 채우기 하시오.
○ 유효성 검사를 이용하여 「H14」 셀에 체험행사명(「C5:C12」 영역)이 선택 표시되도록 하시오.
○ 셀 서식 ⇒ 「G5:G12」 영역에 셀 서식을 이용하여 숫자 뒤에 '원'을 표시하시오(예 : 43,000원).
○ 「G5:G12」 영역에 대해 '체험비용'으로 이름정의를 하시오.

☞ (1)~(6) 셀은 반드시 **주어진 함수를 이용**하여 값을 구하시오(결과값을 직접 입력하면 해당 셀은 0점 처리됨).

(1) 체험비 지원금 ⇒ 행사기간(일)이 '15' 이상이면서 참석인원(단위:명)이 '10,000' 이상이면 체험비용의 10%, 그 외에는 체험비용의 5%를 구하시오(IF, AND 함수).
(2) 순위 ⇒ 참석인원(단위:명)의 내림차순 순위를 구하시오(RANK.EQ 함수).
(3) 경기도지역의 체험비용 평균 ⇒ 정의된 이름(체험비용)을 이용하여 구하시오(SUMIF, COUNTIF 함수).
(4) 전남지역의 체험행사 수 ⇒ 결과값에 '개'를 붙이시오. 단, 조건은 입력데이터를 이용하시오 (DCOUNTA 함수, & 연산자)(예 : 1개).
(5) 최소 참석인원(단위:명) ⇒ (MIN 함수)
(6) 참석인원(단위:명) ⇒ 「H14」 셀에서 선택한 체험행사명에 대한 참석인원(단위:명)을 구하시오(VLOOKUP 함수).
(7) 조건부 서식을 이용하여 참석인원(단위:명) 셀에 데이터 막대 스타일(빨강)을 최소값 및 최대값으로 적용하시오.

[제2작업] 목표값 찾기 및 필터 (80점)

☞ "제1작업" 시트의 「B4:H12」영역을 복사하여 "제2작업" 시트의 「B2」셀부터 모두 붙여넣기를 한 후 다음의 조건과 같이 작업하시오.

≪조건≫

(1) 목표값 찾기 - 「B11:G11」셀을 병합하고, 가운데 맞춤한 후 "전남지역 체험비용 평균"을 입력하고, 「H11」셀에 전남지역 체험비용 평균을 구하시오. 단, 조건은 입력데이터를 이용하시오(DAVERAGE 함수, 테두리).
  - '전남지역 체험비용 평균'이 '30,000'이 되려면 농장체험의 체험비용이 얼마가 되어야 하는지 목표값을 구하시오.

(2) 고급필터 - 개최지역이 '전남'이 아니면서 참석인원(단위:명)이 '10,000' 이상인 자료의 체험행사명, 행사기간(일), 체험비용, 참석인원(단위:명) 데이터만 추출하시오.
  - 조건 범위 : 「B14」셀부터 입력하시오.
  - 복사 위치 : 「B18」셀부터 나타나도록 하시오.

[제3작업] 정렬 및 부분합 (80점)

☞ "제1작업" 시트의 「B4:H12」영역을 복사하여 "제3작업" 시트의 「B2」셀부터 모두 붙여넣기를 한 후 다음의 조건과 같이 작업하시오.

≪조건≫

(1) 부분합 - ≪출력형태≫처럼 정렬하고, 체험행사명의 개수와 참석인원(단위:명)의 평균을 구하시오.
(2) 개요【윤곽】- 지우시오.
(3) 나머지 사항은 ≪출력형태≫에 맞게 작성하시오.

≪출력형태≫

	B	C	D	E	F	G	H
2	행사코드	체험행사명	개최지역	행사기간(일)	시작연도	체험비용	참석인원(단위:명)
3	TE-002	한지체험	충남	30	2006년	12,000원	2,500
4	NT-003	생태체험	충남	20	2002년	21,000원	1,320
5	NP-001	벽화체험	충남	15	2000년	30,000원	12,150
6			충남 평균				5,323
7		3	충남 개수				
8	AV-001	농장체험	전남	7	1990년	43,000원	6,552
9	AQ-002	목장체험	전남	10	2005년	34,000원	7,320
10	TK-003	전통놀이	전남	10	1995년	10,000원	10,320
11			전남 평균				8,064
12		3	전남 개수				
13	AE-001	농부체험	경기도	14	2001년	23,600원	12,250
14	MV-001	해양레저	경기도	5	1998년	27,000원	3,210
15			경기도 평균				7,730
16		2	경기도 개수				
17			전체 평균				6,953
18		8	전체 개수				

[제4작업] 그래프 (100점)

☞ "제1작업" 시트를 이용하여 조건에 따라 ≪출력형태≫와 같이 작업하시오.

≪조건≫

(1) 차트 종류 ⇒ <묶은 세로 막대형>으로 작업하시오.
(2) 데이터 범위 ⇒ "제1작업" 시트의 내용을 이용하여 작업하시오.
(3) 위치 ⇒ "새 시트"로 이동하고, "제4작업"으로 시트 이름을 바꾸시오.
(4) 차트 디자인 도구 ⇒ 레이아웃 3, 스타일 1을 선택하여 ≪출력형태≫에 맞게 작업하시오.
(5) 영역 서식 ⇒ 차트 : 글꼴(굴림, 11pt), 채우기 효과(질감-파랑 박엽지)
　　　　　　　　그림 : 채우기(흰색, 배경1)
(6) 제목 서식 ⇒ 차트 제목 : 글꼴(굴림, 굵게, 20pt), 채우기(흰색, 배경1), 테두리
(7) 서식 ⇒ 참석인원(단위:명) 계열의 차트 종류를 <표식이 있는 꺾은선형>으로 변경한 후 보조 축으로 지정하시오.
　　　　　　계열 : ≪출력형태≫를 참조하여 표식(마름모, 크기 10)과 레이블 값을 표시하시오.
　　　　　　눈금선 : 선 스타일-파선
　　　　　　축 : ≪출력형태≫를 참조하시오.
(8) 범례 ⇒ 범례명을 변경하고 ≪출력형태≫를 참조하시오.
(9) 도형 ⇒ '모서리가 둥근 사각형 설명선'을 삽입한 후 ≪출력형태≫와 같이 내용을 입력하시오.
(10) 나머지 사항은 ≪출력형태≫에 맞게 작성하시오.

≪출력형태≫

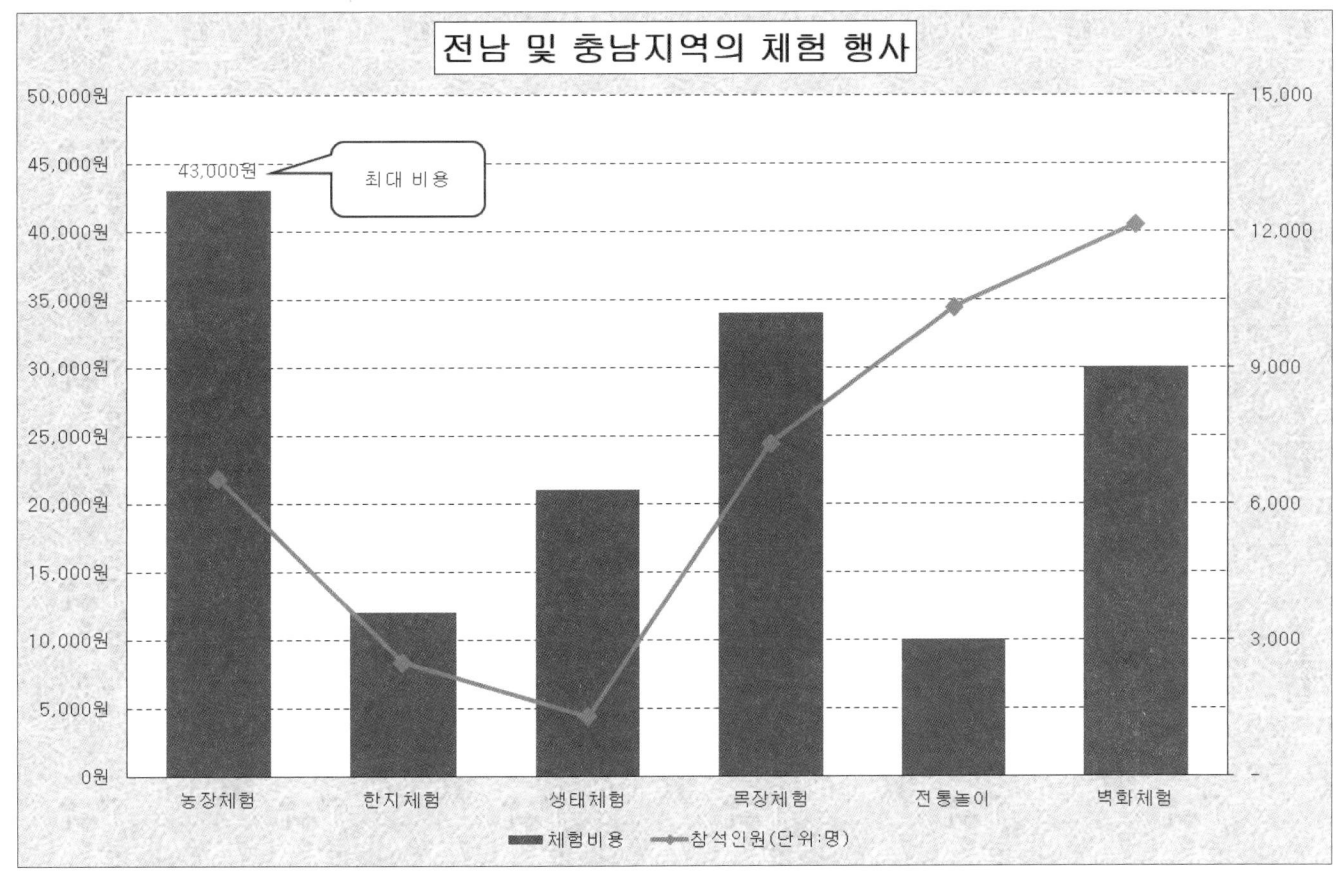

주의 ☞ 시트명 순서가 차례대로 "제1작업", "제2작업", "제3작업", "제4작업"이 되도록 할 것.

제07회 ITQ 실전모의문제

과목	코드	문제유형	시험시간	수험번호	성명
한글엑셀	1122	A	60분		

수험자 유의사항

- 수험자는 문제지를 받는 즉시 문제지와 **수험표상의 시험과목(프로그램)이 동일한지 반드시 확인**하여야 합니다.

- 파일명은 본인의 "수험번호-성명"으로 입력하여 답안폴더(내 PC₩문서₩ITQ)에 하나의 파일로 저장해야 하며, 답안문서 파일명이 "수험번호-성명"과 일치하지 않거나, 답안파일을 전송하지 않아 미제출로 처리될 경우 실격 처리합니다(예:12345678-홍길동.xlsx).

- 답안 작성을 마치면 파일을 저장하고, '답안 전송' 버튼을 선택하여 감독위원 PC로 답안을 전송하십시오. 수험생 정보와 저장한 파일명이 다를 경우 전송되지 않으므로 주의하시기 바랍니다.

- 답안 작성 중에도 **주기적으로 저장하고, '답안 전송'**하여야 문제 발생을 줄일 수 있습니다. 작업한 내용을 저장하지 않고 전송할 경우 이전에 저장된 내용이 전송되오니 이점 유의하시기 바랍니다.

- 답안문서는 지정된 경로 외의 다른 보조기억장치에 저장하는 경우, 지정된 시험 시간 외에 작성된 파일을 활용할 경우, 기타 통신수단(이메일, 메신저, 네트워크 등)을 이용하여 타인에게 전달 또는 외부 반출하는 경우는 부정 처리합니다.

- 시험 중 부주의 또는 고의로 시스템을 파손한 경우는 수험자가 변상해야 하며, 〈수험자 유의사항〉에 기재된 방법대로 이행하지 않아 생기는 불이익은 수험생 당사자의 책임임을 알려 드립니다.

- 문제의 조건은 MS오피스 2021 버전으로 설정되어 있으며 MS오피스 2016은 【 】에 표기되어 있습니다. 이와 관련하여 작성한 답안의 출력형태가 문제지와 다를 수 있습니다.

- 시험을 완료한 수험자는 답안파일이 전송되었는지 확인한 후 감독위원의 지시에 따라 문제지를 제출하고 퇴실합니다.

답안 작성요령

- 온라인 답안 작성 절차
  수험자 등록 ⇒ 시험 시작 ⇒ 답안파일 저장 ⇒ 답안 전송 ⇒ 시험 종료

- 문제는 총 4단계, 즉 제1작업부터 제4작업까지 구성되어 있으며 반드시 제1작업부터 순서대로 작성하고 조건대로 작업하시오.

- 모든 작업시트의 A열은 열 너비 '1'로, 나머지 열은 적당하게 조절하시오.

- 모든 작업시트의 테두리는 ≪출력형태≫와 같이 작업하시오.

- 해당 작업란에서는 각각 제시된 조건에 따라 ≪출력형태≫와 같이 작업하시오.

- 답안 시트 이름은 "제1작업", "제2작업", "제3작업", "제4작업"이어야 하며 답안 시트 이외의 것은 감점 처리됩니다.

- 각 시트를 파일로 나누어 작업해서 저장할 경우 실격 처리됩니다.

kpc 한국생산성본부

[제1작업] 표 서식 작성 및 값 계산 (240점)

☞ 다음은 '웨어러블 디바이스 판매 현황'에 대한 자료이다. 자료를 입력하고 조건에 맞도록 작업하시오.

≪출력형태≫

코드	상품명	분류	원산지	판매수량(단위:개)	재고수량(단위:개)	판매가격	판매수량 순위	배송기간
JN-323	스마트 링	주얼리	국내	2,450	550	84,320	(1)	(2)
WE-131	에어엑스워치	시계	국외	1,325	675	48,000	(1)	(2)
SN-212	교정밸런스	신발용품	국내	763	1,235	109,000	(1)	(2)
JN-312	멘탈플러스	주얼리	국내	3,250	750	107,800	(1)	(2)
WN-132	미 밴드5	시계	국외	1,089	911	51,000	(1)	(2)
SA-213	깔창 핏가이더	신발용품	국내	567	433	112,970	(1)	(2)
WE-134	애플워치 SE	시계	국외	987	1,013	309,000	(1)	(2)
WN-231	갤럭시 워치5	시계	국내	1,830	1,166	439,000	(1)	(2)
시계 판매수량(단위:개) 평균			(3)		최소 재고수량(단위:개)			(5)
멘탈플러스의 판매가격			(4)		상품명	스마트 링	판매가격	(6)

≪조건≫

○ 모든 데이터의 서식에는 글꼴(굴림, 11pt), 정렬은 숫자 및 회계 서식은 오른쪽 정렬, 나머지 서식은 가운데 정렬로 작성하며 예외적인 것은 ≪출력형태≫를 참조하시오.
○ 제 목 ⇒ 도형(배지)과 그림자(오프셋 오른쪽)를 이용하여 작성하고
    "웨어러블 디바이스 판매 현황"을 입력한 후 다음 서식을 적용하시오
    (글꼴-굴림, 24pt, 검정, 굵게, 채우기-노랑).
○ 임의의 셀에 결재란을 작성하여 그림으로 복사 기능을 이용하여 붙이기 하시오(단, 원본 삭제).
○ 「B4:J4, G14, I14」 영역은 '주황'으로 채우기 하시오.
○ 유효성 검사를 이용하여 「H14」셀에 상품명(「C5:C12」 영역)이 선택 표시되도록 하시오.
○ 셀 서식 ⇒ 「H5:H12」영역에 셀 서식을 이용하여 숫자 뒤에 '원'을 표시하시오(예 : 84,320원).
○ 「G5:G12」영역에 대해 '재고수량'으로 이름정의를 하시오.

☞ (1)~(6) 셀은 반드시 **주어진 함수를 이용**하여 값을 구하시오(결과값을 직접 입력하면 해당 셀은 0점 처리됨).

(1) 순위 ⇒ 판매수량(단위:개)의 내림차순 순위를 구한 결과에 '위'를 붙이시오
    (RANK.EQ 함수, & 연산자)(예 : 1위).
(2) 배송기간 ⇒ 원산지가 국내이면 '4일', 그 외에는 '14일'로 구하시오(IF 함수).
(3) 시계 판매수량(단위:개) 평균 ⇒ 시계 상품의 판매수량(단위:개) 평균을 구하시오(SUMIF, COUNTIF 함수).
(4) 멘탈플러스의 판매가격 ⇒ (INDEX, MATCH 함수)
(5) 최소 재고수량(단위:개) ⇒ 정의된 이름(재고수량)을 이용하여 구하시오(SMALL 함수).
(6) 판매가격 ⇒ 「H14」셀에서 선택한 상품명에 대한 판매가격을 구하시오(VLOOKUP 함수).
(7) 조건부 서식의 수식을 이용하여 판매수량(단위:개)이 '1,500' 이상인 행 전체에 다음의 서식을 적용하시오
    (글꼴 : 파랑, 굵게).

[제2작업] 목표값 찾기 및 필터 (80점)

☞ "제1작업" 시트의 「B4:H12」영역을 복사하여 "제2작업" 시트의 「B2」셀부터 모두 붙여넣기를 한 후 다음의 조건과 같이 작업하시오.

≪조건≫

(1) 목표값 찾기 - 「B11:G11」 셀을 병합하고 가운데 맞춤한 후 "국내 원산지 상품의 판매수량(단위:개) 평균"을 입력하고, 「H11」셀에 국내 원산지 상품의 판매수량(단위:개) 평균을 구하시오. 단, 조건은 입력데이터를 이용하시오(DAVERAGE 함수, 테두리).
 - '국내 원산지 상품의 판매수량(단위:개) 평균'이 '1,800'이 되려면 교정밸런스의 판매수량(단위:개)이 얼마가 되어야 하는지 목표값을 구하시오.

(2) 고급필터 - 원산지가 '국내'이면서 재고수량(단위:개)이 '500' 이상인 자료의 상품명, 분류, 판매수량(단위:개), 판매가격 데이터만 추출하시오.
 - 조건 범위 : 「B14」셀부터 입력하시오.
 - 복사 위치 : 「B18」셀부터 나타나도록 하시오.

[제3작업] 정렬 및 부분합 (80점)

☞ "제1작업" 시트의 「B4:H12」영역을 복사하여 "제3작업" 시트의 「B2」셀부터 모두 붙여넣기를 한 후 다음의 조건과 같이 작업하시오.

≪조건≫

(1) 부분합 - ≪출력형태≫처럼 정렬하고, 상품명의 개수와 판매가격의 평균을 구하시오.
(2) 개요【윤곽】 - 지우시오.
(3) 나머지 사항은 ≪출력형태≫에 맞게 작성하시오.

≪출력형태≫

	A	B	C	D	E	F	G	H
1								
2		코드	상품명	분류	원산지	판매수량 (단위:개)	재고수량 (단위:개)	판매가격
3		WE-131	에어엑스워치	시계	국외	1,325	675	48,000원
4		WN-132	미 밴드5	시계	국외	1,089	911	51,000원
5		WE-134	애플워치 SE	시계	국외	987	1,013	309,000원
6		WN-231	갤럭시 워치5	시계	국내	1,830	1,166	439,000원
7				시계 평균				211,750원
8			4	시계 개수				
9		SN-212	교정밸런스	신발용품	국내	763	1,235	109,000원
10		SA-213	깔창 핏가이더	신발용품	국내	567	433	112,970원
11				신발용품 평균				110,985원
12			2	신발용품 개수				
13		JN-323	스마트 링	주얼리	국내	2,450	550	84,320원
14		JN-312	멘탈플러스	주얼리	국내	3,250	750	107,800원
15				주얼리 평균				96,060원
16			2	주얼리 개수				
17				전체 평균				157,636원
18			8	전체 개수				

[제4작업] 그래프 (100점)

☞ "제1작업" 시트를 이용하여 조건에 따라 ≪출력형태≫와 같이 작업하시오.

≪조건≫

(1) 차트 종류 ⇒ <묶은 세로 막대형>으로 작업하시오.
(2) 데이터 범위 ⇒ "제1작업" 시트의 내용을 이용하여 작업하시오.
(3) 위치 ⇒ "새 시트"로 이동하고, "제4작업"으로 시트 이름을 바꾸시오.
(4) 차트 디자인 도구 ⇒ 레이아웃 3, 스타일 1을 선택하여 ≪출력형태≫에 맞게 작업하시오.
(5) 영역 서식 ⇒ 차트 : 글꼴(굴림, 11pt), 채우기 효과(질감-파랑 박엽지)
    그림 : 채우기(흰색, 배경1)
(6) 제목 서식 ⇒ 차트 제목 : 글꼴(굴림, 굵게, 20pt), 채우기(흰색, 배경1), 테두리
(7) 서식 ⇒ 판매가격 계열의 차트 종류를 <표식이 있는 꺾은선형>으로 변경한 후 보조 축으로 지정하시오.
    계열 : ≪출력형태≫를 참조하여 표식(세모, 크기 10)과 레이블 값을 표시하시오.
    눈금선 : 선 스타일-파선
    축 : ≪출력형태≫를 참조하시오.
(8) 범례 ⇒ 범례명을 변경하고 ≪출력형태≫를 참조하시오.
(9) 도형 ⇒ '모서리가 둥근 사각형 설명선'을 삽입한 후 ≪출력형태≫와 같이 내용을 입력하시오.
(10) 나머지 사항은 ≪출력형태≫에 맞게 작성하시오.

≪출력형태≫

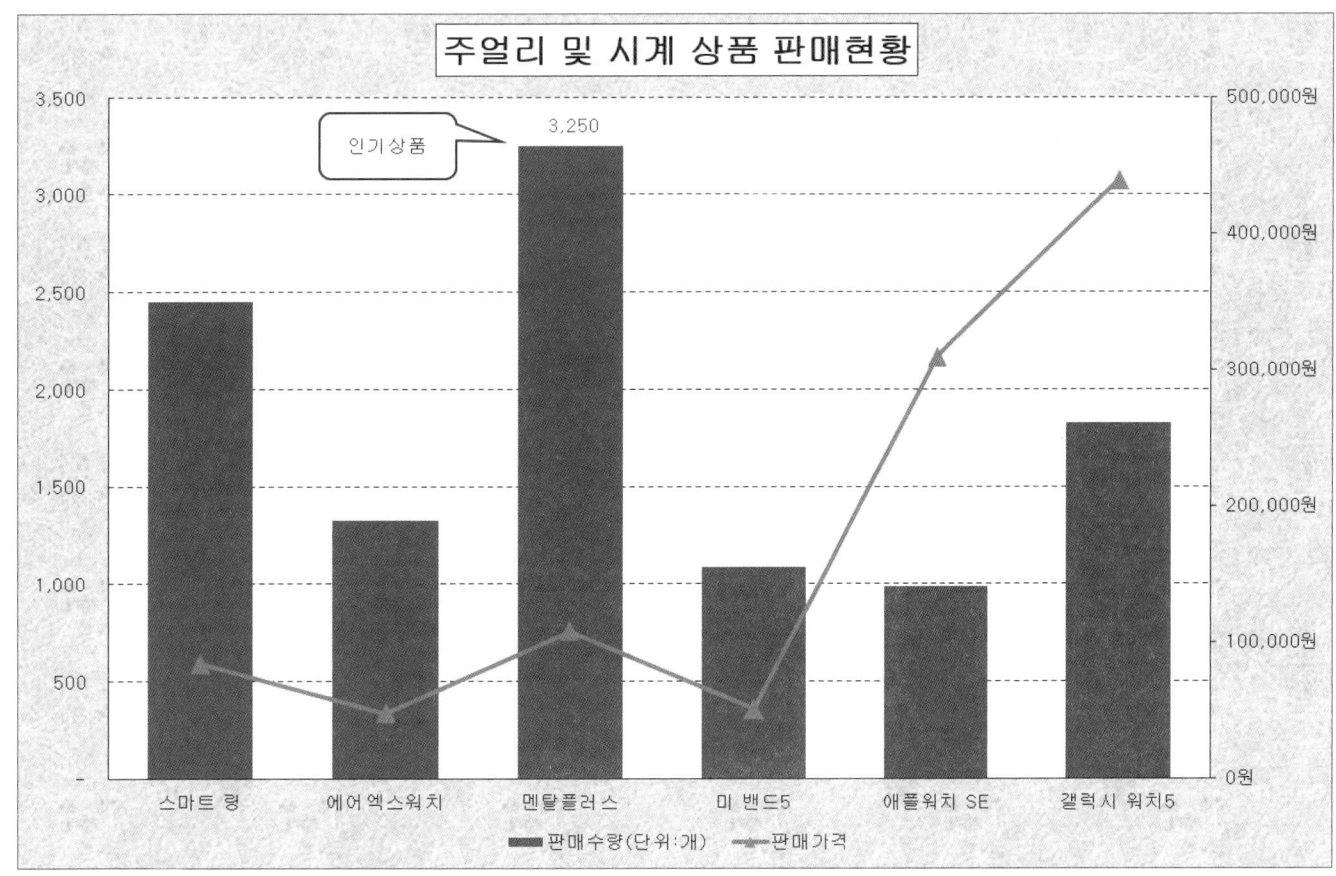

주의 ☞ 시트명 순서가 차례대로 "제1작업", "제2작업", "제3작업", "제4작업"이 되도록 할 것.

제08회 ITQ 실전모의문제

과목	코드	문제유형	시험시간	수험번호	성명
한글엑셀	1122	B	60분		

수험자 유의사항

- 수험자는 문제지를 받는 즉시 문제지와 <u>수험표상의 시험과목(프로그램)이 동일한지 반드시 확인</u>하여야 합니다.

- 파일명은 본인의 "수험번호-성명"으로 입력하여 답안폴더(내 PC\문서\ITQ)에 하나의 파일로 저장해야 하며, 답안문서 파일명이 "수험번호-성명"과 일치하지 않거나, 답안파일을 전송하지 않아 미제출로 처리될 경우 실격 처리합니다(예:12345678-홍길동.xlsx).

- 답안 작성을 마치면 파일을 저장하고, '답안 전송' 버튼을 선택하여 감독위원 PC로 답안을 전송하십시오. 수험생 정보와 저장한 파일명이 다를 경우 전송되지 않으므로 주의하시기 바랍니다.

- 답안 작성 중에도 <u>주기적으로 저장하고, '답안 전송'</u>하여야 문제 발생을 줄일 수 있습니다. 작업한 내용을 저장하지 않고 전송할 경우 이전에 저장된 내용이 전송되오니 이점 유의하시기 바랍니다.

- 답안문서는 지정된 경로 외의 다른 보조기억장치에 저장하는 경우, 지정된 시험 시간 외에 작성된 파일을 활용할 경우, 기타 통신수단(이메일, 메신저, 네트워크 등)을 이용하여 타인에게 전달 또는 외부 반출하는 경우는 부정 처리합니다.

- 시험 중 부주의 또는 고의로 시스템을 파손한 경우는 수험자가 변상해야 하며, 〈수험자 유의사항〉에 기재된 방법대로 이행하지 않아 생기는 불이익은 수험생 당사자의 책임임을 알려 드립니다.

- 문제의 조건은 MS오피스 2021 버전으로 설정되어 있으며 MS오피스 2016은 【 】에 표기되어 있습니다. 이와 관련하여 작성한 답안의 출력형태가 문제지와 다를 수 있습니다.

- 시험을 완료한 수험자는 답안파일이 전송되었는지 확인한 후 감독위원의 지시에 따라 문제지를 제출하고 퇴실합니다.

답안 작성요령

- 온라인 답안 작성 절차
  수험자 등록 ⇒ 시험 시작 ⇒ 답안파일 저장 ⇒ 답안 전송 ⇒ 시험 종료

- 문제는 총 4단계, 즉 제1작업부터 제4작업까지 구성되어 있으며 반드시 제1작업부터 순서대로 작성하고 조건대로 작업하시오.

- 모든 작업시트의 A열은 열 너비 '1'로, 나머지 열은 적당하게 조절하시오.

- 모든 작업시트의 테두리는 ≪출력형태≫와 같이 작업하시오.

- 해당 작업란에서는 각각 제시된 조건에 따라 ≪출력형태≫와 같이 작업하시오.

- 답안 시트 이름은 "제1작업", "제2작업", "제3작업", "제4작업"이어야 하며 답안 시트 이외의 것은 감점 처리됩니다.

- 각 시트를 파일로 나누어 작업해서 저장할 경우 실격 처리됩니다.

[제1작업] 표 서식 작성 및 값 계산 (240점)

☞ 다음은 '크루즈 여행상품 예약 현황'에 대한 자료이다. 자료를 입력하고 조건에 맞도록 작업하시오.

≪출력형태≫

상품코드	크루즈 선사명	여행지	출발도시	할인율	예약인원	상품가격 (단위:원)	항공사	순위
CH-316	실버시	홍콩/마카오	부산	15%	158	1,450,000	(1)	(2)
EN-110	셀러브시티	노르웨이 피요르드	인천	10%	198	2,750,000	(1)	(2)
EW-230	아자마라	영국/스코트랜드	인천	5%	236	1,050,000	(1)	(2)
AT-201	큐나드	대만/오키나와	대구	7%	167	1,200,000	(1)	(2)
EM-120	크리스탈	이탈리아/프랑스	인천	5%	268	4,490,000	(1)	(2)
CH-325	캐리비안	심천/나트랑/다낭	대구	10%	495	1,290,000	(1)	(2)
EM-110	씨번	슬로베니아/알바니아	인천	15%	185	2,540,000	(1)	(2)
EW-232	사파이어	독일/벨기에/영국	부산	7%	168	3,150,000	(1)	(2)
이탈리아/프랑스 여행지의 상품가격(단위:원)			(3)		두 번째로 큰 상품가격(단위:원)			(5)
인천출발 여행 상품 수			(4)		여행지	홍콩/마카오	예약인원	(6)

확인: 사원 / 대리 / 과장

≪조건≫

○ 모든 데이터의 서식에는 글꼴(굴림, 11pt), 정렬은 숫자 및 회계 서식은 오른쪽 정렬, 나머지 서식은 가운데 정렬로 작성하며 예외적인 것은 ≪출력형태≫를 참조하시오.
○ 제 목 ⇒ 도형(사다리꼴)과 그림자(오프셋 오른쪽)를 이용하여 작성하고
"크루즈 여행상품 예약 현황"을 입력한 후 다음 서식을 적용하시오
(글꼴-굴림, 24pt, 검정, 굵게, 채우기-노랑).
○ 임의의 셀에 결재란을 작성하여 그림으로 복사 기능을 이용하여 붙이기 하시오(단, 원본 삭제).
○ 「B4:J4, G14, I14」영역은 '주황'으로 채우기 하시오.
○ 유효성 검사를 이용하여 「H14」셀에 여행지(「D5:D12」영역)가 선택 표시되도록 하시오.
○ 셀 서식 ⇒ 「G5:G12」영역에 셀 서식을 이용하여 숫자 뒤에 '명'을 표시하시오(예 : 158명).
○ 「G5:G12」영역에 대해 '예약인원'으로 이름정의를 하시오.

☞ (1)~(6) 셀은 반드시 **주어진 함수를 이용**하여 값을 구하시오(결과값을 직접 입력하면 해당 셀은 0점 처리됨).

(1) 항공사 ⇒ 상품코드 4번째 글자가 1이면 '대한항공', 2이면 '아시아나항공', 그 외에는 '저가항공'으로 구하시오
(IF, MID 함수).
(2) 순위 ⇒ 정의된 이름(예약인원)을 이용하여 예약인원의 내림차순 순위를 구하시오(RANK.EQ 함수).
(3) 이탈리아/프랑스 여행지의 상품가격(단위:원) ⇒ (INDEX, MATCH 함수)
(4) 인천출발 여행 상품 수 ⇒ 출발도시가 인천인 개수를 구한 결과값에 '개'를 붙이시오
(COUNTIF 함수, & 연산자)(예 : 1개).
(5) 두 번째로 큰 상품가격(단위:원) ⇒ (LARGE 함수)
(6) 예약인원 ⇒ 「H14」셀에서 선택한 여행지에 대한 예약인원을 구하시오(VLOOKUP 함수).
(7) 조건부 서식의 수식을 이용하여 예약인원이 '200' 이상인 행 전체에 다음의 서식을 적용하시오
(글꼴 : 파랑, 굵게).

[제2작업] 목표값 찾기 및 필터 (80점)

☞ "제1작업" 시트의 「B4:H12」영역을 복사하여 "제2작업" 시트의 「B2」셀부터 모두 붙여넣기를 한 후 다음의 조건과 같이 작업하시오.

≪조건≫

(1) 목표값 찾기 - 「B11:G11」 셀을 병합하고 가운데 맞춤한 후 "부산출발 여행상품의 예약인원 평균"을 입력하고, 「H11」 셀에 부산출발 여행상품의 예약인원 평균을 구하시오. 단, 조건은 입력 데이터를 이용하시오(DAVERAGE 함수, 테두리).
 - '부산출발 여행상품의 예약인원 평균'이 '165'가 되려면 설버시의 예약인원이 얼마가 되어야 하는지 목표값을 구하시오.

(2) 고급필터 - 출발도시가 '인천'이면서 상품가격(단위:원)이 '2,000,000' 이상인 자료의 크루즈 선사명, 할인율, 예약인원, 상품가격(단위:원) 데이터만 추출하시오.
 - 조건 범위 : 「B14」셀부터 입력하시오.
 - 복사 위치 : 「B18」셀부터 나타나도록 하시오.

[제3작업] 정렬 및 부분합 (80점)

☞ "제1작업" 시트의 「B4:H12」영역을 복사하여 "제3작업" 시트의 「B2」셀부터 모두 붙여넣기를 한 후 다음의 조건과 같이 작업하시오.

≪조건≫

(1) 부분합 - ≪출력형태≫처럼 정렬하고, 크루즈 선사명의 개수와 예약인원의 평균을 구하시오.
(2) 개요【윤곽】 - 지우시오.
(3) 나머지 사항은 ≪출력형태≫에 맞게 작성하시오.

≪출력형태≫

상품코드	크루즈 선사명	여행지	출발도시	할인율	예약인원	상품가격 (단위:원)
EN-110	셀러브시티	노르웨이 피요르드	인천	10%	198명	2,750,000
EW-230	아자마라	영국/스코트랜드	인천	5%	236명	1,050,000
EM-120	크리스탈	이탈리아/프랑스	인천	5%	268명	4,490,000
EM-110	씨번	슬로베니아/알바니아	인천	15%	185명	2,540,000
			인천 평균		222명	
	4		인천 개수			
CH-316	설버시	홍콩/마카오	부산	15%	158명	1,450,000
EW-232	사파이어	독일/벨기에/영국	부산	7%	168명	3,150,000
			부산 평균		163명	
	2		부산 개수			
AT-201	큐나드	대만/오키나와	대구	7%	167명	1,200,000
CH-325	캐리비안	심천/나트랑/다낭	대구	10%	495명	1,290,000
			대구 평균		331명	
	2		대구 개수			
			전체 평균		234명	
	8		전체 개수			

[제4작업] 그래프 (100점)

☞ "제1작업" 시트를 이용하여 조건에 따라 ≪출력형태≫와 같이 작업하시오.

≪조건≫

(1) 차트 종류 ⇒ <묶은 세로 막대형>으로 작업하시오.
(2) 데이터 범위 ⇒ "제1작업" 시트의 내용을 이용하여 작업하시오.
(3) 위치 ⇒ "새 시트"로 이동하고, "제4작업"으로 시트 이름을 바꾸시오.
(4) 차트 디자인 도구 ⇒ 레이아웃 3, 스타일 1을 선택하여 ≪출력형태≫에 맞게 작업하시오.
(5) 영역 서식 ⇒ 차트 : 글꼴(굴림, 11pt), 채우기 효과(질감-분홍 박엽지)
  그림 : 채우기(흰색, 배경1)
(6) 제목 서식 ⇒ 차트 제목 : 글꼴(굴림, 굵게, 20pt), 채우기(흰색, 배경1), 테두리
(7) 서식 ⇒ 상품가격(단위:원) 계열의 차트 종류를 <표식이 있는 꺾은선형>으로 변경한 후 보조 축으로 지정하시오.
  계열 : ≪출력형태≫를 참조하여 표식(세모, 크기 10)과 레이블 값을 표시하시오.
  눈금선 : 선 스타일-파선
  축 : ≪출력형태≫를 참조하시오.
(8) 범례 ⇒ 범례명을 변경하고 ≪출력형태≫를 참조하시오.
(9) 도형 ⇒ '모서리가 둥근 사각형 설명선'을 삽입한 후 ≪출력형태≫와 같이 내용을 입력하시오.
(10) 나머지 사항은 ≪출력형태≫에 맞게 작성하시오.

≪출력형태≫

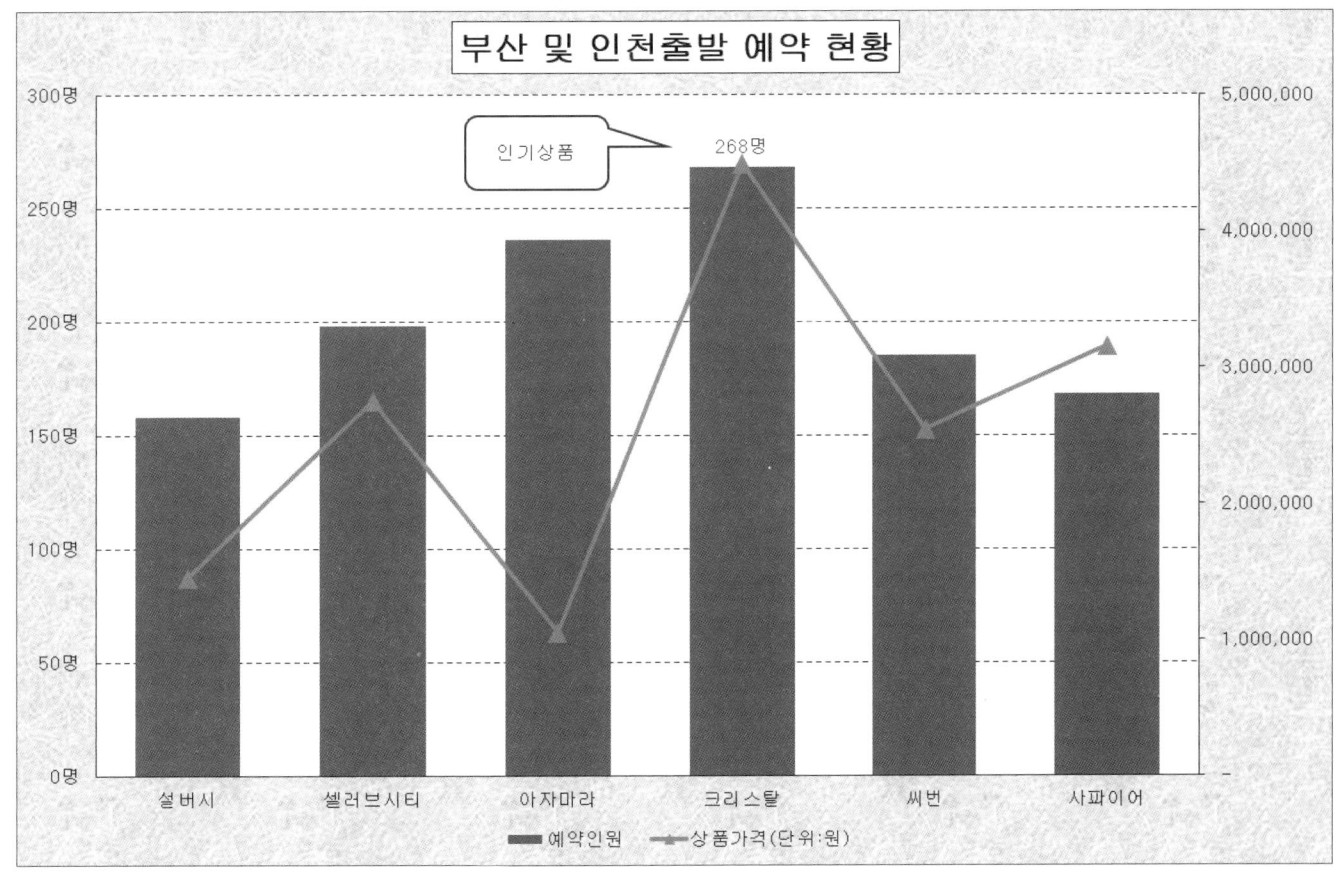

주의 ☞ 시트명 순서가 차례대로 "제1작업", "제2작업", "제3작업", "제4작업"이 되도록 할 것.

memo

이제부터 실제 시험지와 동일한 형태의 문제를 풀어 봅니다.
For the Top, Let's Go !!

기능평가 I (150점)

1. 다음의 ≪조건≫에 따라 스타일 기능을 적용하여 ≪출력형태≫와 같이 작성하시오. (50점)

≪조건≫ (1) 스타일 이름 - delivery
(2) 문단 모양 - 왼쪽 여백 : 15pt, 문단 아래 간격 : 10pt
(3) 글자 모양 - 글꼴 : 한글(돋움)/영문(굴림), 크기 : 10pt, 장평 : 95%, 자간 : 5%

≪출력형태≫

To efficient placement and operation of the joint delivery center, it is necessary to analyze the systematic collection of delivery centers, and regional economic indicators.

공동배송센터 구축사업의 효율적 배치와 운영을 위해 택배 물동량 자료의 체계적인 수집방안을 모색하고, 물동량 자료와 지역별 사회경제지표를 연계하여 분석할 필요가 있다.

2. 다음의 ≪조건≫에 따라 ≪출력형태≫와 같이 표와 차트를 작성하시오. (100점)

≪표 조건≫ (1) 표 전체(표, 캡션) - 돋움, 10pt
(2) 정렬 - 문자 : 가운데 정렬, 숫자 : 오른쪽 정렬
(3) 셀 배경(면색) : 노랑
(4) 한글의 계산 기능을 이용하여 빈칸에 합계를 구하고, 캡션 기능 사용할 것
(5) 선 모양은 ≪출력형태≫와 동일하게 처리할 것

≪출력형태≫

연도별 주요 택배사 점유율(단위 : 백 개)

구분	2022년	2023년	2024년	2025년	합계
A택배	1,054	1,224	1,320	1,689	
B택배	293	332	387	453	
C택배	282	317	368	465	
D택배	188	214	263	246	

≪차트 조건≫ (1) 차트 데이터는 표 내용에서 연도별 A택배, B택배, C택배의 값만 이용할 것
(2) 종류 - <묶은 세로 막대형>으로 작업할 것
(3) 제목 - 글꼴 : 굴림, 진하게, 12pt,
속성 : 채우기(밝은 색 : 하양), 테두리, 그림자(바깥쪽 : 대각선 오른쪽 아래)
(4) 제목 이외의 전체 글꼴 - 굴림, 보통, 10pt
(5) 축제목과 범례는 ≪출력형태≫와 동일하게 처리할 것

≪출력형태≫

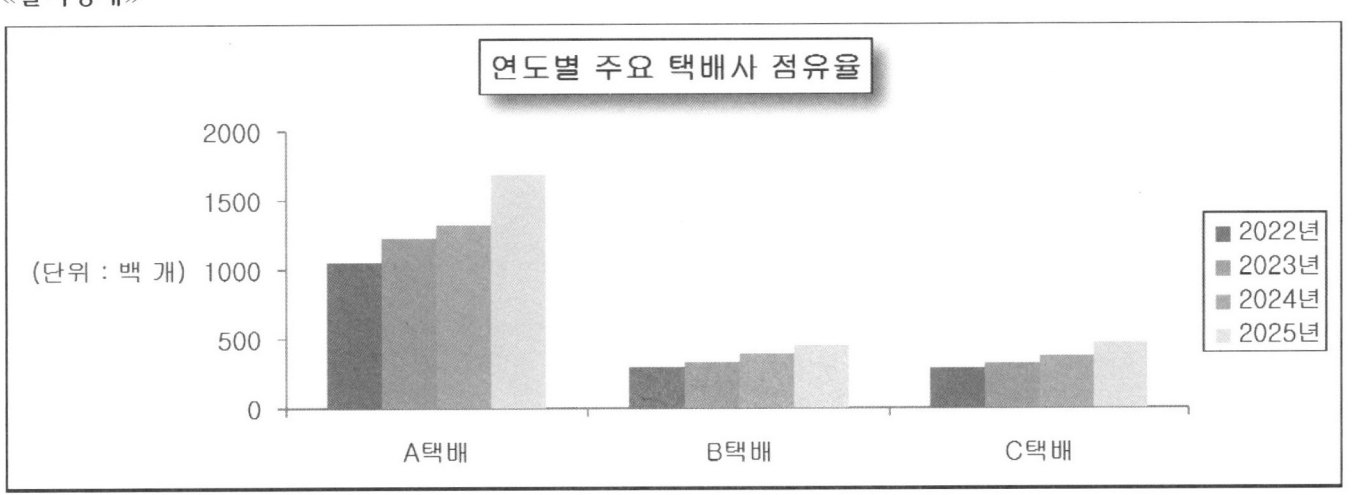

기능평가 II (150점)

3. 다음 (1), (2)의 수식을 수식 편집기로 각각 입력하시오. (40점)

≪출력형태≫

(1) $V = \dfrac{1}{R}\int_0^q qdq = \dfrac{1}{2}\dfrac{q^2}{R}$

(2) $\int_0^1 (\sin x + \dfrac{x}{2})dx = \int_0^1 \dfrac{1+\sin x}{2}dx$

4. 다음의 ≪조건≫에 따라 ≪출력형태≫와 같이 문서를 작성하시오. (110점)

≪조건≫
(1) 그리기 도구를 이용하여 작성하고, 모든 도형(글맵시, 지정된 그림 포함)을 ≪출력형태≫와 같이 작성하시오.
(2) 도형의 면색은 지시사항이 없으면 색 없음을 제외하고 서로 다르게 임의로 지정하시오.

≪출력형태≫

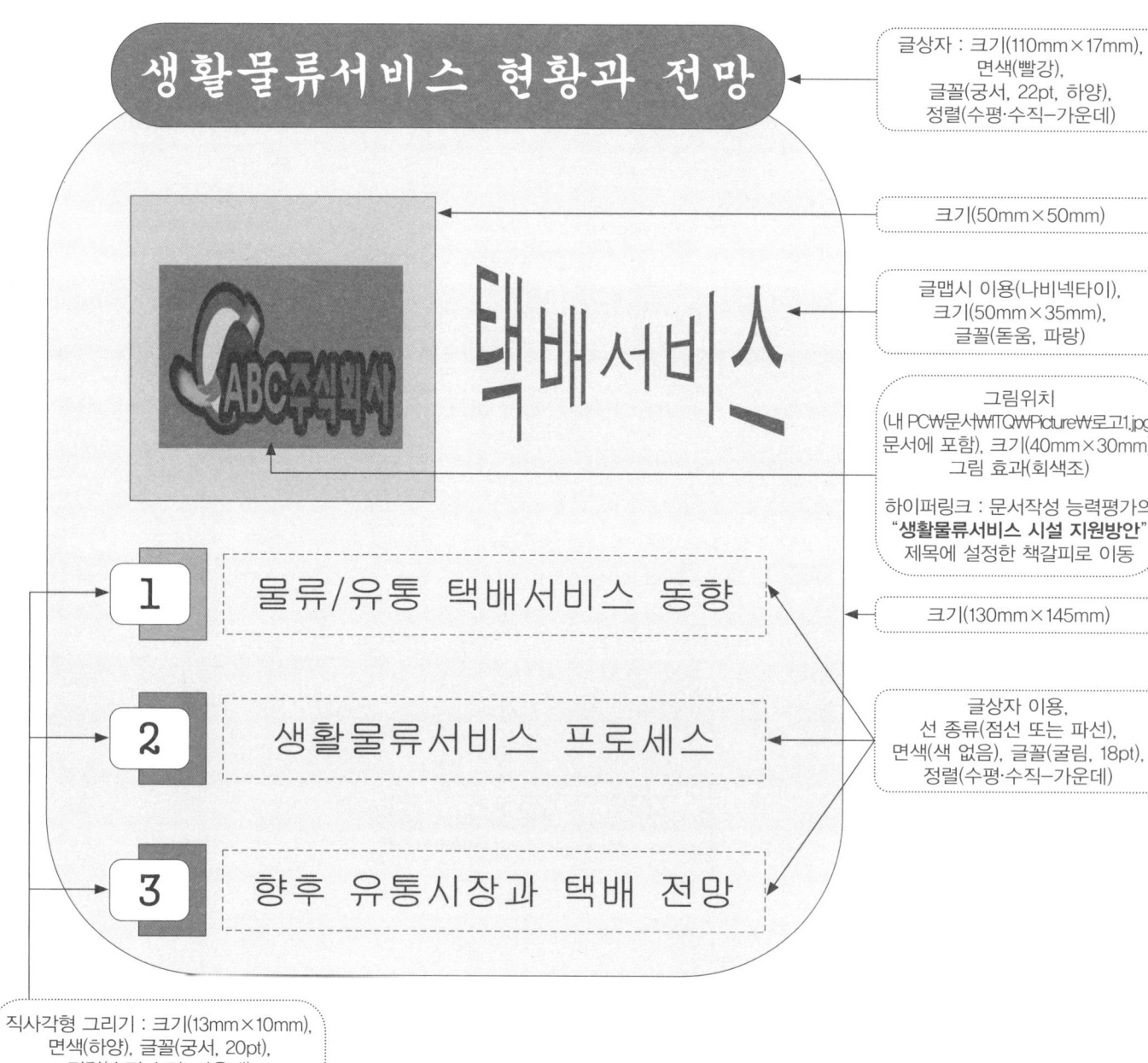

제1회 정보기술자격(ITQ) 시험 — 한컴오피스

과 목	코드	문제유형	시험시간	수험번호	성 명
아래한글	1111	A	60분		

수험자 유의사항

- 수험자는 문제지를 받는 즉시 문제지와 <u>수험표상의 시험과목(프로그램)이 동일한지 반드시 확인</u>하여야 합니다.
- 파일명은 본인의 "수험번호-성명"으로 입력하여 답안폴더(내 PC\문서\ITQ)에 하나의 파일로 저장해야 하며, 답안문서 파일명이 "수험번호-성명"과 일치하지 않거나, 답안파일을 전송하지 않아 미제출로 처리될 경우 실격 처리합니다(예:12345678-홍길동.hwp).
- 답안 작성을 마치면 파일을 저장하고, '답안 전송' 버튼을 선택하여 감독위원 PC로 답안을 전송하십시오. 수험생 정보와 저장한 파일명이 다를 경우 전송되지 않으므로 주의하시기 바랍니다.
- 답안 작성 중에도 <u>주기적으로 저장하고, '답안 전송'</u>하여야 문제 발생을 줄일 수 있습니다. 작업한 내용을 저장하지 않고 전송할 경우 이전에 저장된 내용이 전송되오니 이점 유의하시기 바랍니다.
- 답안문서는 지정된 경로 외의 다른 보조기억장치에 저장하는 경우, 지정된 시험 시간 외에 작성된 파일을 활용할 경우, 기타 통신수단(이메일, 메신저, 네트워크 등)을 이용하여 타인에게 전달 또는 외부 반출하는 경우는 부정 처리합니다.
- 시험 중 부주의 또는 고의로 시스템을 파손한 경우는 수험자가 변상해야 하며, 〈수험자 유의사항〉에 기재된 방법대로 이행하지 않아 생기는 불이익은 수험생 당사자의 책임임을 알려 드립니다.
- 문제의 조건은 한컴오피스 2022 버전으로 설정되어 있으니 유의하시기 바랍니다.
- 시험을 완료한 수험자는 답안파일이 전송되었는지 확인한 후 감독위원의 지시에 따라 문제지를 제출하고 퇴실합니다.

답안 작성요령

- **온라인 답안 작성 절차**
  수험자 등록 ⇒ 시험 시작 ⇒ 답안파일 저장 ⇒ 답안 전송 ⇒ 시험 종료

- **공통 부문**
  - 글꼴에 대한 기본설정은 함초롬바탕, 10포인트, 검정, 줄간격 160%, 양쪽정렬로 합니다.
  - 색상은 조건의 색을 적용하고 색의 구분이 안 될 경우에는 RGB 값을 적용하십시오.
    (빨강 255,0,0 / 파랑 0,0,255 / 노랑 255,255,0).
  - 각 문항에 주어진 ≪조건≫에 따라 작성하고 언급하지 않은 조건은 ≪출력형태≫와 같이 작성합니다.
  - 용지여백은 왼쪽·오른쪽 11mm, 위쪽·아래쪽·머리말·꼬리말 10mm, 제본 0mm로 합니다.
  - 그림 삽입 문제의 경우 「내 PC\문서\ITQ\Picture」 폴더에서 지정된 파일을 선택하여 삽입하십시오.
  - 삽입한 그림은 반드시 문서에 포함하여 저장해야 합니다(미포함 시 감점 처리).
  - 각 항목은 지정된 페이지에 출력형태와 같이 정확히 작성하시기 바라며, 그렇지 않을 경우에 해당 항목은 0점 처리됩니다.
      ※ 페이지구분 : 1페이지 - 기능평가 I (문제번호 표시 : 1. 2.),
                   2페이지 - 기능평가 II (문제번호 표시 : 3. 4.),
                   3페이지 - 문서작성 능력평가

- **기능평가**
  - 문제와 ≪조건≫은 입력하지 않으며 문제번호와 답(≪출력형태≫)만 작성합니다.
  - 4번 문제는 묶기를 했을 경우 0점 처리됩니다.

- **문서작성 능력평가**
  - A4 용지(210mm×297mm) 1매 크기, 세로 서식 문서로 작성합니다.
  - ◯ 표시는 문서작성에 대한 지시사항이므로 작성하지 않습니다.

kpc 한국생산성본부

생활물류서비스 시설 지원방안

디지털과 모바일 기술의 발전과 함께 소비자의 취향과 소비패턴도 다양해지면서 온라인 쇼핑이 계속해서 늘어나고 있다. 서울과 수도권에 집중(集中)된 택배 물동량을 처리하기 위한 택배 시설은 턱없이 부족한 실정이다.

서울 외곽으로 밀려난 물류시설은 허브 앤 스포크⊙ 방식의 국내 택배 처리 시스템에서 서울시 물동량이 멀리 떨어진 물류터미널까지 이동 후 다시 서울로 유입되는 비효율을 발생시키고 있으며, 이는 다시 택배 차량의 통행 거리를 증가시켜 에너지 소비 증가, 환경오염 등 많은 사회적 부작용을 유발(誘發)한다. 택배 차량의 통행거리 증가는 교통정체 증가, 종사자 근로환경 악화 등 사회적 갈등의 한 요인이다. 문제 해결을 위해 택배 물동량 처리에 상응하는 적정 택배 서브터미널의 추가 확보가 이루어져야 한다. 택배 시장 현황과 이슈를 살펴보고 서울시 택배 물동량을 분석하여 추가로 필요한 택배 서브터미널의 규모와 위치를 도출한다. 서울시 내부에 택배 서브터미널을 구축하기 위한 가용부지의 활용을 위해 관련 법과 제도를 검토한다. 택배 서브터미널의 적정 규모와 위치는 '시설 입지 문제'를 우선 구축하고 택배 물동량 현황과 전망을 토대로 시나리오를 설정한 후 시나리오별 최적해를 도출한다.

■ 물류시설 확보를 위한 법/제도 개선

가. 물류 인프라 확충 지원 및 규제 완화
 ㉠ 정부차원의 생활물류서비스 발전법 제정
 ㉡ 공공 주도 개발방식 적극 활용
나. 도시계획시설의 입체/복합개발 현실적 대안
 ㉠ 일정 규모의 부지 확보, 차량 통행 유출입 유연
 ㉡ 교통시설과 유수지 등 방재시설 적합

■ 서브터미널 추정 결과

구분	시나리오	우선 배정	서브터미널 수(개)	경제 타당성
현재 물동량	원안	수도권 내 기존 물류터미널 67개	63	3.46
	시나리오 1	기존 서울 인근 터미널 51개	63	1.40
장래 물동량	시나리오 2	서울 내부 터미널 23개	72	1.38
	시나리오 3	서울 내부 터미널 51개	69	1.01
현재 및 장래 물동량 원안		수도권 내 기존 물류터미널 우선 배정 후 후보 대상지(168개) 추가		

도시인프라계획센터

⊙ 국가 간 공항 중심의 작은 노선이 연결된 항공 네트워크 형태

[제4작업] 그래프 (100점)

☞ "제1작업"시트를 이용하여 조건에 따라 ≪출력형태≫와 같이 작업하시오.

≪조건≫

    (1) 차트 종류 ⇒ <묶은 세로 막대형>으로 작업하시오.
    (2) 데이터 범위 ⇒ "제1작업" 시트의 내용을 이용하여 작업하시오.
    (3) 위치 ⇒ "새 시트"로 이동하고, "제4작업"으로 시트 이름을 바꾸시오.
    (4) 차트 디자인 도구 ⇒ 레이아웃 3, 스타일 1을 선택하여 ≪출력형태≫에 맞게 작업하시오.
    (5) 영역 서식 ⇒ 차트 : 글꼴(굴림, 11pt), 채우기 효과(질감-분홍 박엽지)
                그림 : 채우기(흰색, 배경1)
    (6) 제목 서식 ⇒ 차트 제목 : 글꼴(굴림, 굵게, 20pt), 채우기(흰색, 배경1), 테두리
    (7) 서식 ⇒ 신청인원 계열의 차트 종류를 <표식이 있는 꺾은선형>으로 변경한 후 보조 축으로 지정하시오.
        계열 : ≪출력형태≫를 참조하여 표식(세모, 크기 10)과 레이블 값을 표시하시오.
        눈금선 : 선 스타일-파선
        축 : ≪출력형태≫를 참조하시오.
    (8) 범례 ⇒ 범례명을 변경하고 ≪출력형태≫를 참조하시오.
    (9) 도형 ⇒ '모서리가 둥근 사각형 설명선'을 삽입한 후 ≪출력형태≫와 같이 내용을 입력하시오.
    (10) 나머지 사항은 ≪출력형태≫에 맞게 작성하시오.

≪출력형태≫

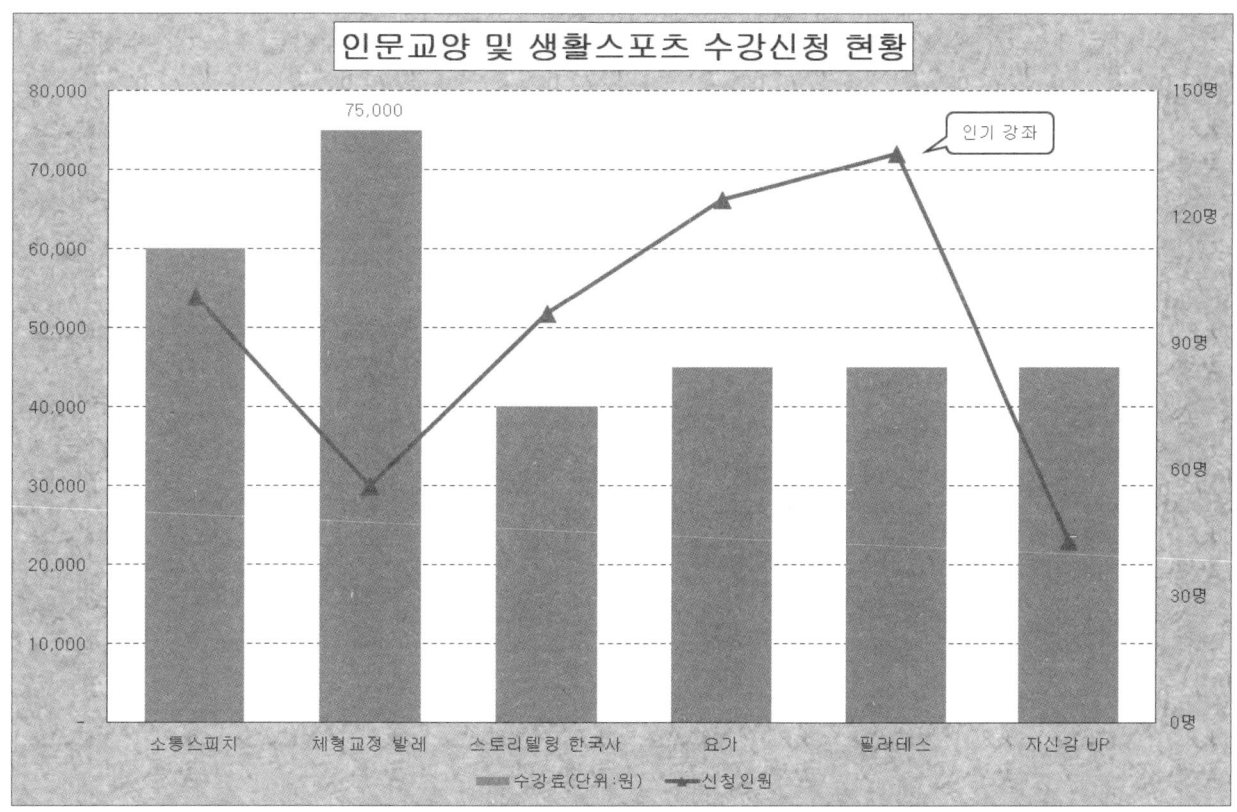

주의 ☞ 시트명 순서가 차례대로 "제1작업", "제2작업", "제3작업", "제4작업"이 되도록 할 것.

제1회 정보기술자격(ITQ) 시험 [MS오피스]

과 목	코 드	문제유형	시험시간	수험번호	성 명
한글엑셀	1122	A	60분		

수험자 유의사항

- 수험자는 문제지를 받는 즉시 문제지와 <u>수험표상의 시험과목(프로그램)이 동일한지 반드시 확인</u>하여야 합니다.

- 파일명은 본인의 "수험번호-성명"으로 입력하여 답안폴더(내 PC₩문서₩ITQ)에 하나의 파일로 저장해야 하며, 답안문서 파일명이 "수험번호-성명"과 일치하지 않거나, 답안파일을 전송하지 않아 미제출로 처리될 경우 실격 처리합니다(예:12345678-홍길동.xlsx).

- 답안 작성을 마치면 파일을 저장하고, '답안 전송' 버튼을 선택하여 감독위원 PC로 답안을 전송하십시오. 수험생 정보와 저장한 파일명이 다를 경우 전송되지 않으므로 주의하시기 바랍니다.

- 답안 작성 중에도 주기적으로 저장하고, '답안 전송'하여야 문제 발생을 줄일 수 있습니다. 작업한 내용을 저장하지 않고 전송할 경우 이전에 저장된 내용이 전송되오니 이점 유의하시기 바랍니다.

- 답안문서는 지정된 경로 외의 다른 보조기억장치에 저장하는 경우, 지정된 시험 시간 외에 작성된 파일을 활용할 경우, 기타 통신수단(이메일, 메신저, 네트워크 등)을 이용하여 타인에게 전달 또는 외부 반출하는 경우는 부정 처리합니다.

- 시험 중 부주의 또는 고의로 시스템을 파손한 경우는 수험자가 변상해야 하며, 〈수험자 유의사항〉에 기재된 방법대로 이행하지 않아 생기는 불이익은 수험생 당사자의 책임임을 알려 드립니다.

- 문제의 조건은 MS오피스 2021 버전으로 설정되어 있으며 MS오피스 2016은 【 】에 표기되어 있습니다. 이와 관련하여 작성한 답안의 출력형태가 문제지와 다를 수 있습니다.

- 시험을 완료한 수험자는 답안파일이 전송되었는지 확인한 후 감독위원의 지시에 따라 문제지를 제출하고 퇴실합니다.

답안 작성요령

- 온라인 답안 작성 절차
  수험자 등록 ⇒ 시험 시작 ⇒ 답안파일 저장 ⇒ 답안 전송 ⇒ 시험 종료

- 문제는 총 4단계, 즉 제1작업부터 제4작업까지 구성되어 있으며 반드시 제1작업부터 순서대로 작성하고 조건대로 작업하시오.

- 모든 작업시트의 A열은 열 너비 '1'로, 나머지 열은 적당하게 조절하시오.

- 모든 작업시트의 테두리는 ≪출력형태≫와 같이 작업하시오.

- 해당 작업란에서는 각각 제시된 조건에 따라 ≪출력형태≫와 같이 작업하시오.

- 답안 시트 이름은 "제1작업", "제2작업", "제3작업", "제4작업"이어야 하며 답안 시트 이외의 것은 감점 처리됩니다.

- 각 시트를 파일로 나누어 작업해서 저장할 경우 실격 처리됩니다.

kpc 한국생산성본부

[제1작업] 표 서식 작성 및 값 계산 (240점)

☞ 다음은 '평생학습센터 온라인 수강신청 현황'에 대한 자료이다. 자료를 입력하고 조건에 맞도록 작업하시오.

≪출력형태≫

수강코드	강좌명	분류	교육대상	개강날짜	신청인원	수강료 (단위:원)	교육장소	신청인원 순위
CS-210	소통스피치	인문교양	성인	2024-04-03	101	60,000	(1)	(2)
SL-101	체형교정 발레	생활스포츠	청소년	2024-03-06	56	75,000	(1)	(2)
ST-211	스토리텔링 한국사	인문교양	직장인	2024-03-13	97	40,000	(1)	(2)
CE-310	어린이 영어회화	외국어	청소년	2024-04-10	87	55,000	(1)	(2)
YL-112	요가	생활스포츠	성인	2024-03-04	124	45,000	(1)	(2)
ME-312	미드로 배우는 영어	외국어	직장인	2024-03-10	78	65,000	(1)	(2)
PL-122	필라테스	생활스포츠	성인	2024-03-06	135	45,000	(1)	(2)
SU-231	자신감 UP	인문교양	청소년	2024-04-03	43	45,000	(1)	(2)
필라테스 수강료(단위:원)			(3)			최저 수강료(단위:원)		(5)
인문교양 최대 신청인원			(4)			강좌명	소통스피치	개강날짜	(6)

≪조건≫

○ 모든 데이터의 서식에는 글꼴(굴림, 11pt), 정렬은 숫자 및 회계 서식은 오른쪽 정렬, 나머지 서식은 가운데 정렬로 작성하며 예외적인 것은 ≪출력형태≫를 참조하시오.
○ 제 목 ⇒ 도형(사다리꼴)과 그림자(오프셋 오른쪽)를 이용하여 작성하고
    "평생학습센터 온라인 수강신청 현황"을 입력한 후 다음 서식을 적용하시오
    (글꼴-굴림, 24pt, 검정, 굵게, 채우기-노랑).
○ 임의의 셀에 결재란을 작성하여 그림으로 복사 기능을 이용하여 붙이기 하시오(단, 원본 삭제).
○ 「B4:J4, G14, I14」 영역은 '주황'으로 채우기 하시오.
○ 유효성 검사를 이용하여 「H14」셀에 강좌명(「C5:C12」 영역)이 선택 표시되도록 하시오.
○ 셀 서식 ⇒ 「G5:G12」영역에 셀 서식을 이용하여 숫자 뒤에 '명'을 표시하시오(예 : 30명).
○ 「H5:H12」영역에 대해 '수강료'로 이름정의를 하시오.

☞ (1)~(6) 셀은 반드시 **주어진 함수를 이용**하여 값을 구하시오(결과값을 직접 입력하면 해당 셀은 0점 처리됨).

(1) 교육장소 ⇒ 수강코드의 네 번째 글자가 1이면 '제2강의실', 2이면 '제3강의실', 3이면 '제4강의실'로 구하시오(IF, MID 함수).
(2) 신청인원 순위 ⇒ 신청인원의 내림차순 순위를 구하시오(RANK.EQ 함수).
(3) 필라테스 수강료(단위:원) ⇒ (INDEX, MATCH 함수).
(4) 인문교양 최대 신청인원 ⇒ 인문교양 강좌 중에서 최대 신청인원을 구한 후 결과값에 '명'을 붙이시오. 단, 조건은 입력데이터를 이용하시오(DMAX 함수, &연산자)(예 : 10명).
(5) 최저 수강료(단위:원) ⇒ 정의된 이름(수강료)을 이용하여 구하시오(SMALL 함수).
(6) 개강날짜 ⇒ 「H14」셀에서 선택한 강좌명에 대한 개강날짜를 구하시오(VLOOKUP 함수).
(7) 조건부 서식의 수식을 이용하여 신청인원이 '100' 이상인 행 전체에 다음의 서식을 적용하시오
    (글꼴 : 파랑, 굵게).

[제2작업] 목표값 찾기 및 필터 (80점)

☞ "제1작업" 시트의 「B4:H12」영역을 복사하여 "제2작업" 시트의 「B2」셀부터 모두 붙여넣기를 한 후 다음의 조건과 같이 작업하시오.

≪조건≫

(1) 목표값 찾기 - 「B11:G11」 셀을 병합하고 가운데 맞춤한 후 "인문교양 신청인원 평균"을 입력하고 「H11」 셀에 인문교양 신청인원 평균을 구하시오. 단, 조건은 입력데이터를 이용하시오 (DAVERAGE 함수, 테두리).
- '인문교양 신청인원 평균'이 '85'가 되려면 소통스피치의 신청인원이 얼마가 되어야 하는지 목표값을 구하시오.

(2) 고급필터 - 교육대상이 '성인'이 아니면서, 수강료(단위:원)가 '50,000' 이상인 자료의 강좌명, 개강날짜, 신청인원, 수강료(단위:원) 데이터만 추출하시오.
- 조건 범위 : 「B14」 셀부터 입력하시오.
- 복사 위치 : 「B18」 셀부터 나타나도록 하시오.

[제3작업] 정렬 및 부분합 (80점)

☞ "제1작업" 시트의 「B4:H12」영역을 복사하여 "제3작업" 시트의 「B2」셀부터 모두 붙여넣기를 한 후 다음의 조건과 같이 작업하시오.

≪조건≫
(1) 부분합 - ≪출력형태≫처럼 정렬하고, 강좌명의 개수와 신청인원의 평균을 구하시오.
(2) 개요【윤곽】- 지우시오.
(3) 나머지 사항은 ≪출력형태≫에 맞게 작성하시오.

≪출력형태≫

	B	C	D	E	F	G	H
2	수강코드	강좌명	분류	교육대상	개강날짜	신청인원	수강료 (단위:원)
3	CS-210	소통스피치	인문교양	성인	2024-04-03	101명	60,000
4	ST-211	스토리텔링 한국사	인문교양	직장인	2024-03-13	97명	40,000
5	SU-231	자신감 UP	인문교양	청소년	2024-04-03	43명	45,000
6			인문교양 평균			80명	
7		3	인문교양 개수				
8	CE-310	어린이 영어회화	외국어	청소년	2024-04-10	87명	55,000
9	ME-312	미드로 배우는 영어	외국어	직장인	2024-03-10	78명	65,000
10			외국어 평균			83명	
11		2	외국어 개수				
12	SL-101	체형교정 발레	생활스포츠	청소년	2024-03-06	56명	75,000
13	YL-112	요가	생활스포츠	성인	2024-03-04	124명	45,000
14	PL-122	필라테스	생활스포츠	성인	2024-03-06	135명	45,000
15			생활스포츠 평균			105명	
16		3	생활스포츠 개수				
17			전체 평균			90명	
18		8	전체 개수				

[전체구성] (60점)
(1) 슬라이드 크기 및 순서 : 크기를 A4 용지로 설정하고 슬라이드 순서에 맞게 작성한다.
(2) 슬라이드 마스터 : 2~6슬라이드의 제목, 하단 로고, 슬라이드 번호는 슬라이드 마스터를 이용하여 작성한다.
 - 제목 글꼴(돋움, 36pt, 흰색), 가운데 맞춤, 도형(선 없음)
 - 하단 로고(「내 PC₩문서₩ITQ₩Picture₩로고2.jpg」, 배경(회색) 투명색으로 설정)

[슬라이드 1] ≪표지 디자인≫ (40점)
(1) 표지 디자인 : 도형, 워드아트 및 그림을 이용하여 작성한다.

세부조건

① 도형 편집
 - 도형에 그림 채우기 :
   「내 PC₩문서₩ITQ₩Picture₩
   그림1.jpg」, 투명도 50%
 - 도형 효과 :
   부드러운 가장자리 5포인트

② 워드아트 삽입
 - 변환 : 갈매기형 수장, 위로
   【갈매기형 수장】
 - 글꼴 : 돋움, 굵게
 - 텍스트 반사 :
   근접 반사, 4pt 오프셋

③ 그림 삽입
 -「내 PC₩문서₩ITQ₩Picture₩
   로고2.jpg」
 - 배경(회색) 투명색으로 설정

[슬라이드 2] ≪목차 슬라이드≫ (60점)
(1) 출력형태와 같이 도형을 이용하여 목차를 작성한다(글꼴 : 굴림, 24pt).
(2) 도형 : 선 없음

세부조건

① 텍스트에 하이퍼링크 적용
 → '슬라이드 4'

② 그림 삽입
 -「내 PC₩문서₩ITQ₩Picture₩
   그림5.jpg」
 - 자르기 기능 이용

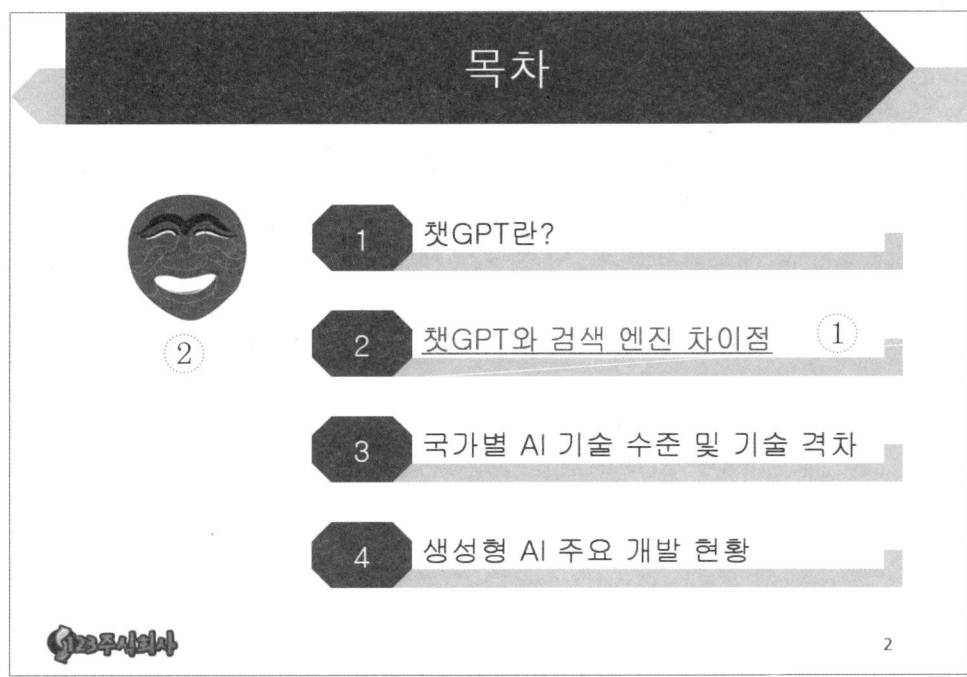

[슬라이드 3] ≪텍스트/동영상 슬라이드≫ (60점)

(1) 텍스트 작성 : 글머리 기호 사용(❖, ■)
  ❖문단(굴림, 24pt, 굵게, 줄간격 : 1.5줄), ■문단(굴림, 20pt, 줄간격 : 1.5줄)

세부조건

① 동영상 삽입 :
- 「내 PC₩문서₩ITQ₩Picture₩동영상.wmv」
- 자동실행, 반복재생- 설정

1. 챗GPT란?

❖ ChatGPT
  - ChatGPT is OpenAI's AI model, 'GPT-3.5' Chatbot made available in a way
  - GPT stands for Generative Pretrained Transformer

❖ 챗GPT
  - 챗GPT는 초거대 인공지능 모델 GPT-3.5를 누구나 쉽게 사용할 수 있도록 만든 미국 오픈에이아이의 챗봇으로 질문을 하면 체계적 구성을 가진 문서로 만들어주는 생성형 AI 모델

[슬라이드 4] ≪표 슬라이드≫ (80점)

(1) 도형과 표 작성 기능을 이용하여 슬라이드를 작성한다(글꼴 : 돋움, 18pt).

세부조건

① 상단 도형 :
  2개 도형의 조합으로 작성

② 좌측 도형 :
  그라데이션 효과(선형 아래쪽)

③ 테이블 디자인【표 스타일】:
  테마 스타일 1 - 강조 5

2. 챗GPT와 검색 엔진 차이점

	챗GPT	검색 엔진
인공지능 기술	인공지능 기술인 언어 모델링을 사용해 사용자의 질문에 답변	키워드 검색을 통한 정보 제공
생산성	사용자 질문에 새로운 질문을 생성하는 답변 제공	새로운 정보 생성할 수 없음
상호작용	사용자 친화적 상호작용을 통해 질문을 이해하고 대답하는 방식	사용자와 상호작용 없음

[슬라이드 5] ≪차트 슬라이드≫ (100점)
(1) 차트 작성 기능을 이용하여 슬라이드를 작성한다.
(2) 차트 : 종류(묶은 세로 막대형), 글꼴(돋움, 16pt) 외곽선

세부조건

※ 차트설명
- 차트제목 : 굴림, 20pt, 굵게, 채우기(흰색), 테두리, 그림자(오프셋 오른쪽)
- 차트영역 : 채우기(노랑) 그림영역 : 채우기(흰색)
- 데이터 서식 : 기술 격차(년) 계열을 표식이 있는 꺾은선형으로 변경 후 보조축으로 지정
- 값 표시 : 기술 수준의 한국 계열만

① 도형 삽입
 - 스타일 :
   미세효과 - 파랑, 강조1
 - 글꼴 : 굴림, 18pt

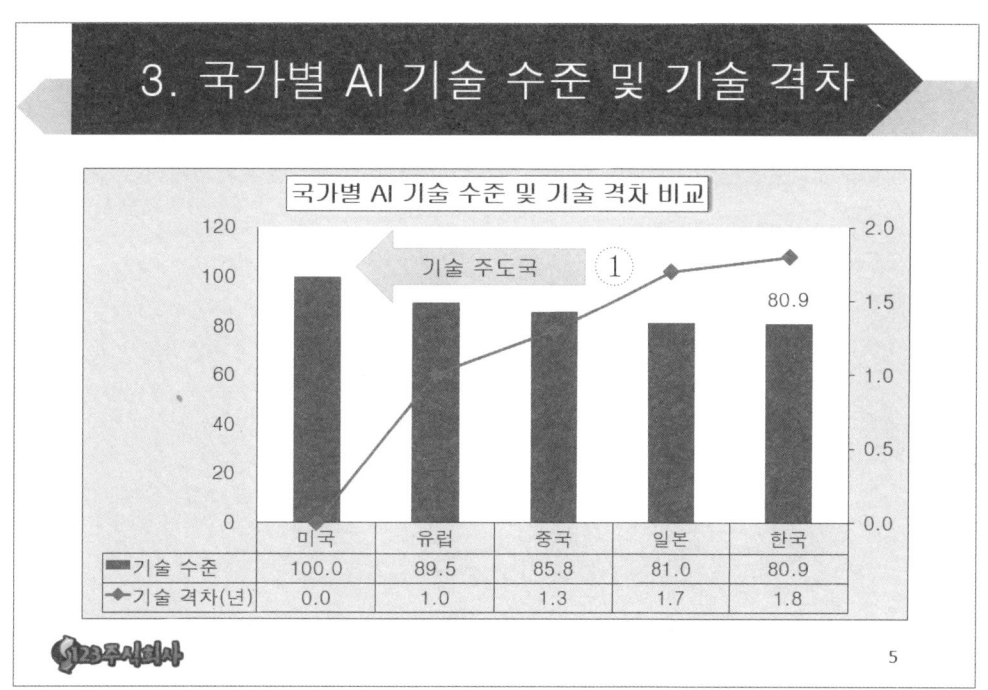

[슬라이드 6] ≪도형 슬라이드≫ (100점)
(1) 슬라이드와 같이 도형 및 스마트아트를 배치한다(글꼴 : 돋움, 18pt).
(2) 애니메이션 순서 : ① ⇒ ②

세부조건

① 도형 및 스마트아트 편집
 - 스마트아트 디자인
   : 3차원 경사,
     3차원 광택 처리
 - 그룹화 후 애니메이션 효과
   : 닦아내기(위에서)

② 도형 편집
 - 그룹화 후 애니메이션 효과
   : 회전

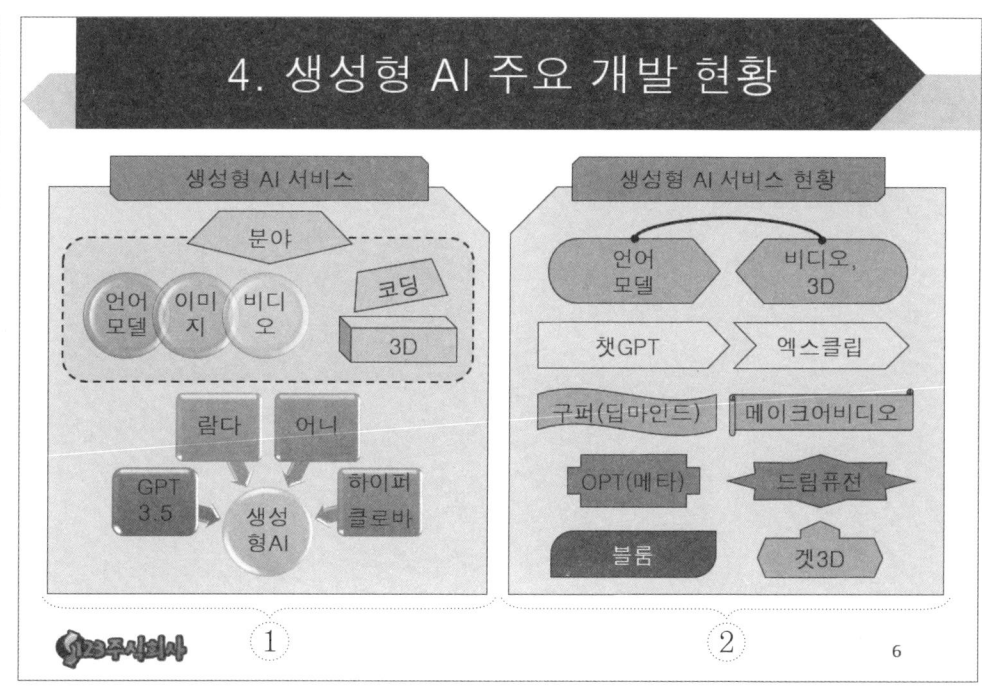

과 목	코드	문제유형	시험시간	수험번호	성 명
한글 파워포인트	1142	A	60분		

수험자 유의사항

- 수험자는 문제지를 받는 즉시 문제지와 수험표상의 시험과목(프로그램)이 동일한지 반드시 확인하여야 합니다.
- 파일명은 본인의 "수험번호-성명"으로 입력하여 답안폴더(내 PC₩문서₩ITQ)에 하나의 파일로 저장해야 하며, 답안문서 파일명이 "수험번호-성명"과 일치하지 않거나, 답안파일을 전송하지 않아 미제출로 처리될 경우 실격 처리합니다(예:12345678-홍길동.pptx).
- 답안 작성을 마치면 파일을 저장하고, '답안 전송' 버튼을 선택하여 감독위원 PC로 답안을 전송하십시오. 수험생 정보와 저장한 파일명이 다를 경우 전송되지 않으므로 주의하시기 바랍니다.
- 답안 작성 중에도 주기적으로 저장하고, '답안 전송'하여야 문제 발생을 줄일 수 있습니다. 작업한 내용을 저장하지 않고 전송할 경우 이전에 저장된 내용이 전송되오니 이점 유의하시기 바랍니다.
- 답안문서는 지정된 경로 외의 다른 보조기억장치에 저장하는 경우, 지정된 시험 시간 외에 작성된 파일을 활용할 경우, 기타 통신수단(이메일, 메신저, 네트워크 등)을 이용하여 타인에게 전달 또는 외부 반출하는 경우는 부정 처리합니다.
- 시험 중 부주의 또는 고의로 시스템을 파손한 경우는 수험자가 변상해야 하며, 〈수험자 유의사항〉에 기재된 방법대로 이행하지 않아 생기는 불이익은 수험생 당사자의 책임임을 알려 드립니다.
- 문제의 조건은 MS오피스 2021 버전으로 설정되어 있으며 MS오피스 2016은 【 】에 표기되어 있습니다. 이와 관련하여 작성한 답안의 출력형태가 문제지와 다를 수 있습니다.
- 시험을 완료한 수험자는 답안파일이 전송되었는지 확인한 후 감독위원의 지시에 따라 문제지를 제출하고 퇴실합니다.

답안 작성요령

- 온라인 답안 작성 절차
  수험자 등록 ⇒ 시험 시작 ⇒ 답안파일 저장 ⇒ 답안 전송 ⇒ 시험 종료
- 슬라이드의 크기는 A4 Paper로 설정하여 작성합니다.
- 슬라이드의 총 개수는 6개로 구성되어 있으며 슬라이드 1부터 순서대로 작업하고 반드시 문제와 세부 조건대로 합니다.
- 별도의 지시사항이 없는 경우 출력형태를 참조하여 글꼴색은 검정 또는 흰색으로 작성하고, 기타사항은 전체적인 균형을 고려하여 작성합니다.
- 슬라이드 도형 및 개체에 출력형태와 다른 스타일(그림자, 외곽선 등)을 적용했을 경우 감점처리 됩니다.
- 슬라이드 번호를 작성합니다(슬라이드 1에는 생략).
- 2~6번 슬라이드 제목 도형과 하단 로고는 슬라이드 마스터를 이용하여 출력형태와 동일하게 작성합니다 (슬라이드 1에는 생략).
- 문제와 세부조건, 세부조건 번호 ○(점선원)는 입력하지 않습니다.
- 각 개체의 위치는 오른쪽의 슬라이드와 동일하게 구성합니다.
- 그림 삽입 문제의 경우 반드시 「내 PC₩문서₩ITQ₩Picture」폴더에서 정확한 파일을 선택하여 삽입 하십시오.
- 각 슬라이드를 각각의 파일로 작업해서 저장할 경우 실격 처리됩니다.

kpc 한국생산성본부